国家出版基金项目
NATIONAL PUBLICATION FOUNDATION

湘江战役史料文丛

第七卷

总　主　编◎田　玄
本卷主编◎范国平
本卷编者◎申艳广

广西师范大学出版社
GUANGXI NORMAL UNIVERSITY PRESS
·桂林·

本卷前言

广西是红军长征途经省份之一，长征先遣队红六军团和中央红军均曾借道广西并在此发生战斗，当中尤以湘江战役至为激烈。红军长征流传下来的史料，主要有三种类型：一种是国共双方在当时的电文、公函、政策、法令、报告等（此即档案资料的主要来源）；一种是当时各方报刊登载的新闻报道、讲演、社评等；还有一种是后来亲历者的回忆资料以及对历史知情人的调访资料。此外，为数不多的私人日记也是一种重要的长征史料。上世纪八十年代由中共桂林地委组织编写出版的《红军长征过广西》一书，曾经分门别类地对上述各种史料有所收集。惟当时限于条件，编者对相关报刊史料的遴选数量不多，难以全面反映国统区各方媒体的动态报道。

近现代报刊是研究红军长征史不容忽视的史料来源。当时不但国民党中央及地方当局透过报刊对外发布追堵红军的军政讯息，红军有时也从缴获或购买的报纸上获得重要消息。中共领导人毛泽东在长征途中据说就是透过一张报纸，获知陕北红军和根据地的资讯，从而解决了红军当时非常急迫的长征落脚点问题。《湘江战役史料文丛》收集涉及全国各地报刊共49种，除收录《中央日报》《中央周报》等“央媒”和《申报》《大公报》《天津益世报》等名报外，还收录了《湖南民国日报》《江西民国日报》等地方报刊，其中不少报刊选自北方地区，例如《庸报》《山东日报》等，其遴选范围远及内蒙古地区（《绥远社会日报》）。所选史料主要囊括三方面的内容：（一）长征先遣队——中国工农红军第六军团转战湘桂黔边及国民党中央和湘桂黔等省实力派之反应的报刊记载；（二）中央红军长征经过湘桂黔边及国民党各方进行“追剿”“堵剿”的报刊记载；（三）中国工农红军第二、六军团会合后对中央红军长征的策应行动及其影响的报刊记载。

这些报刊史料的主要价值，首先在于它是逐日逐地的历史记录，采用编年体的方式反映了红军在湘桂黔边的转战经过和国民党方面的应对情况，具有一种由时间串联起来的历史真实感。在长征史料的主要类型当中，档案史料对长征的事件和过程的记载一般最直接、最准确，但这类史料往往分散在不同的部门、地方或当事人的档案中，因此通常需要从时间、过程、逻辑等方面进行梳理和缀合，才有可能反映事件或过程的全貌；回忆史料的优点在于对长征细节的描述和披露，但有可能在事实层面出现不准确的地方，尤其是对时间的回忆容易出错。报刊上的红军长征资料，由于是逐日登载的，可以较为完整地呈现红军长征转战各地并引起各方反应的全过程，并在时间、空间等史实方面与相关档案、日记、回忆等史料形成互证关系。基于“时间之流”而依序形成的报刊类长征史料，没有“后见之明”对长征记忆与书写的影响，相对原始、真实地反映了当时的动态过程。换言之，只要将某份或某几份报纸关于红军长征的新闻报道从头至尾看完，就有可能大致了解其来龙去脉，从中获得的现场感往往比阅读相关的专业书籍更为强烈。

需要指出的是，二十世纪三十年代各大报纸的新闻来源，多为国民党中央或地方军政当局借助中央社或地方通讯社发布的官方电文。这些电文除了在极少数情况下可能出于军事保密需要，以“□□”代替部队番号或行军动向以外，其主要内容大多可与国民党当局的内部档案相互印证，新闻报道的真实性较高。即便报道当中出现红军将领姓名或身体状况等方面的信息错误，也有助于从某些方面反映国民党当局对红军长征情况的掌握程度或判断能力。例如，红六军团第十八师师长龙云在贵州石阡被俘时，贵州省政府主席王家烈在电告中就先称其为“龙灵”，后来可能经过核实，才改称“龙云”。在湘江战役中担任掩护任务的红三十四师师长陈树湘，其姓名在包括国民党中央社在内的多家媒体的报道中都被写成“陈树香”。从这两个师长级红军将领的事例可以看出，在紧张激烈的战场环境当中，国民党当局实际上难以准确、全面地掌握红军将领的个人信息，因此不仅在人名上可能出错，有时还会出现朱德、彭德怀等高级将领重伤甚至毙命之类的谣言。但是，报刊史料终究为红军长征保留下了基本的历史活动轨迹。

此次选择的 40 多种报刊，均在相应版面连续报道了国民党当局对红军的追击过程，仔细检视其内容，可以发现这些报道具有相当大的重叠性。从通常的角度而言，这种重叠性无疑会减损其史料价值，但从另一方面来看，正是这种几乎遍及全国的重叠性，反映了全国舆论对红军由闽赣中央苏区转战粤湘桂黔之突围行动的普遍关切，也因而在一定程度上反映了红军长征所关联的社会心态。这无疑可以提供红军长征途经区域的社会心态史研究的视角和素材。更深入地观察，可以发现对于红军长征的社会心态反映，各省似略有差别。如江西省，当时的头等大事是筹谋“善后”，对所谓“赣匪”转战湘桂黔等省的报道虽未间断，但已缺少置身其中的急迫感；而湖南省作为红军长征突围初期的主要战场，全省上下对与此有关的军事行动高度关切，何键作为最高军政长官尤其如此，由此才有湖南本地的报纸以连载的方式刊登其个人所作的报告，以安慰人心，缓和危机。红军长征初期，对湖南省的影响可以说既深且巨。从这一时期多种报刊的报道内容来看，如果说其他省份是以省的视角来观察红军长征所引发的军事行动，那么湖南省差不多是以县为单位密切关注着红军行动可能对本县的影响。湘江战役前夕，广西当局也几乎陷入同样的紧张战备当中，本地报纸当中与红军有关的报道随之增多。湘江战役期间，广西随着其“堵剿”地位的提升，频繁在“央媒”及各地报纸上“亮相”，李宗仁、白崇禧等军政长官也是如此。贵州在湘江战役之前，随时关注着红军行军与湘桂两省及中央军“追剿”“堵剿”的动态消息，到湘江战役之后，则与之前的湖南一样，成为国共交战的主要省份，这些均反映在当时的报道之中。

还可注意的是，全国各种报纸共同登载红军长征有关消息的新闻现象，实际上营造或显示出一种有利于国民党中央调动各省力量追击红军的舆论话语和舆论氛围。由中央红军战略转移所广泛引发的国民党中央及地方当局“围剿”的军事行动，透过国民党中央军的跨省追击行动，以及中央社的报道和其他各种报纸的转载，至少从舆论表象看来，已逐渐演化为一场在全国范围内塑造国民政府统治合法性的政治运动。如果说 1930 年的中原大战，使蒋介石取得了对其他军系的压倒性军事胜利，蒋介石由此在军事上确立了其控制中央的统治地位，那么这次以“剿共”为名义扩散至粤湘桂黔等十余个省份的“追剿”行动，则不仅在军事上，更在政治上有利于蒋介石进一步树立其中央统治和军事进入各地的合法性。当时的广西军政当局，虽与广东军政当局共同组有西南政务委员会，以抗拒南京中央的权力控制或渗透，但在这场带有浓厚政治意味的“追剿”行动面前，即使是足智多谋的白崇禧，也只能表面顺应这种全国上下高度一致的舆论氛围，在报纸上公开表态响应和支持国民党中央的“追剿”行动。在此舆论氛围之下，广西有两件事情均遭蒋介石否决：一件是欲与广东联合抽调兵力组织一支特别军队，入贵州追击红军，此种含有独立倾向的军事运作，显然不可能获得南京中央同意；一件是拟将在湘江战役期间俘虏的一批江西籍红军将士解至广东，再由广东运交江西，但最终广西军政当局只好听命于南京中央，将非桂籍的红军俘虏解湘处置。这两件公诸报端的事情的处理结果，只能是进一步强化广西服从中央的舆论形象。

毋须否认，国民党统治区内许多报刊登载的关于红军长征的相关报道，都具有向上请功和安民告示的宣传作用。正因如此，这些报道有许多实则是自我表功的电文和报告，它们共同在报刊上汇合成国民党军队追击长征红军的舆论舞台和所谓“胜利”场景。中央红军从江西出发时有 8 万余人，到湘江战役后已锐减过半，这个减员过程在国统区的报刊当中，几乎每次都被国民党军队或当局渲染成一场作战胜利。红军在人和枪方面的一次次损失，在对手那里就被转换成缴获了多少人和枪的战绩，被一次次地登载在国统区的报刊上。红军每次撤出某个地方，也自然地被对手视为作战收复之功而在报刊上宣扬。很显然，如果只看这些报道，难免觉得红军屡遭惨败，几无生机。这种舆论指向与国民党方面对中国共产党和红军的蔑称一样，都是国统区报刊史料固有的一些局限性。要想克服这种局限性，唯有结合红军方面的史料与国民党方面的其他史料进行比对，才能考证出红军长征过程中的准确情形，才能感受到中国共产党及其领导下的工农红军内部极其强大的政治力、组织力和坚韧力。

本卷编辑说明

一、《湘江战役史料文丛》报刊部分共分为三卷，以与红军长征经过广西互有因果关联的时空为遴选原则，选录1933—1936年与红军长征有关的全国各地报刊共49种。所收史料一般按其标题内容全部予以收录，残缺不全的则标注“残”。

二、本卷以报刊为分类单位，每种报刊下面按时间、版次先后顺序排列每则资料的标题文字和图影，时间、版次相同的则按标题首字母排序。

三、为方便读者阅读，对于一些字迹过小的图片，本卷采取局部图的形式对原图进行了放大处理。局部图有两种：一种是将部分文字用黑色框线圈出以示放大的部分，一种是将原图分为多个部分做局部图予以分别放大。此外，对于个别因条件所限拍摄不清、辨识困难的图片，图后附上了相应的释读文字，以供读者参酌使用。

四、本卷以简体字编排。每则史料的题名一般照录报刊原有标题，并予以重新标点。旧词形、非推荐词形改为规范词形，如“澈底”改为“彻底”；旧时对少数民族的蔑称“猺”一律改为规范字“瑶”；残缺的字以“□”代之，据史料补全的用圆括号加以括注；错别字径改，如“何健”改为“何键”，“武岗”改为“武冈”；人名、地名因省写而影响阅读的，据报刊正文或考证其他相关资料补全，如“李白”录为“李（宗仁）、白（崇禧）”，“兴全”录为“兴（安）、全（州）”，不确定的则照录；同一地名写法不一致的，统一为一种写法，如“珠兰铺”改为“朱兰铺”，“马厂坪”改为“马场坪”。

五、需要特别说明的是，这些国民党统治区内的报刊中有不少对中国共产党、红军等的攻击、污蔑、丑化的词句，本卷本着客观反映史料原貌的态度，未做删改，望读者以批判的态度予以甄别使用。拟定题名时，仅对诸如“赤匪”“共匪”“匪共”等一类词加引号处理。

六、因民国报刊年代久远，获取或拍摄不便，本卷所选有关湘江战役的报刊恐难囊括完全，所录史料也有拍摄不清或不完整者，敬请读者谅解。

本卷目录

报刊（上）

中央日报

申　报

大公报（天津版）

大公报（长沙版）

天津益世报

民 报

湖南民国日报

绥远民国日报

中央周报

中央日报

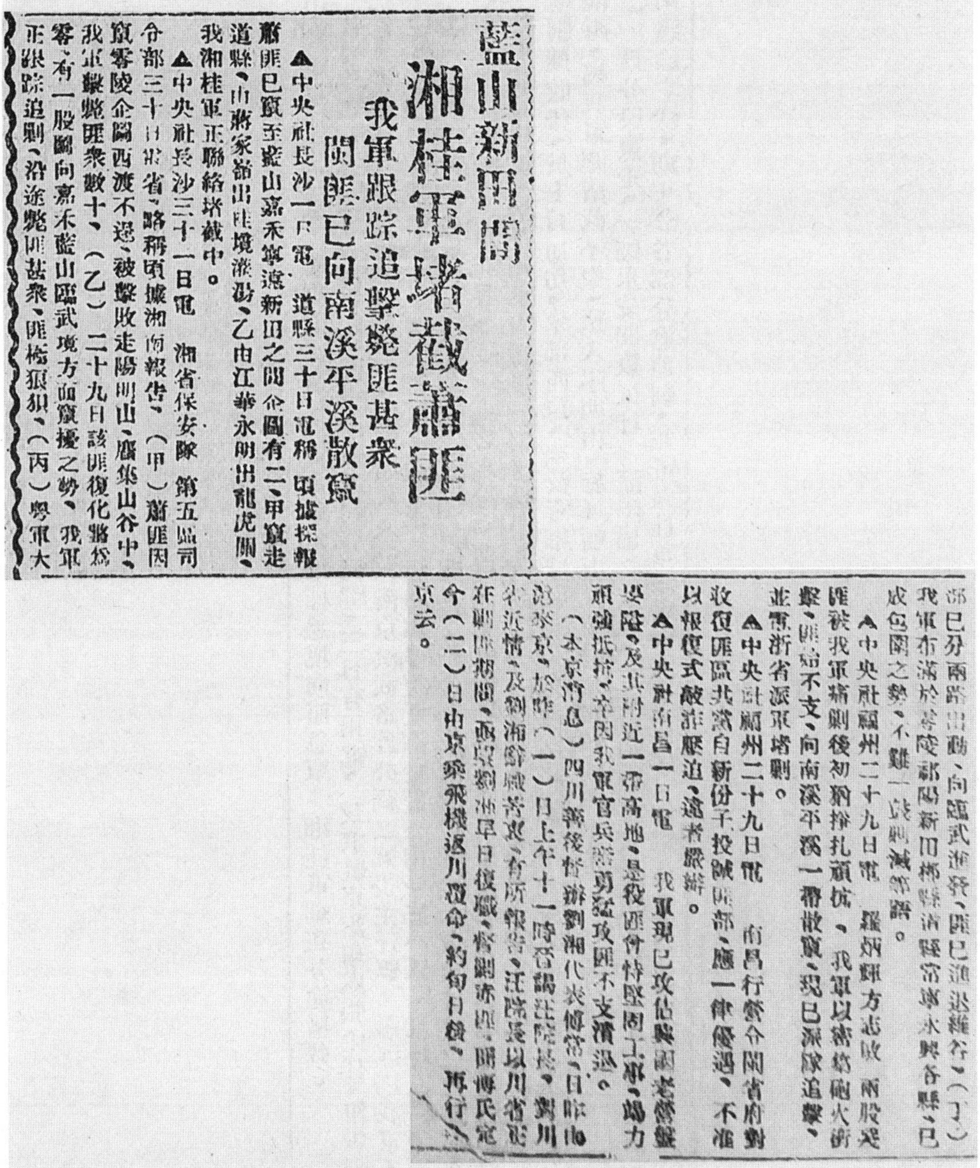

藍山新田間

湘桂軍堵截蕭匪

我軍跟踪追擊斃匪甚衆

閩匪已向南溪平溪散竄

▲中央社長沙一日電 道縣三十日電稱、頃據探報、蕭匪已竄至藍山嘉禾寧遠新田之間、企圖有二、甲竄走道縣、由蔣家嶺出桂境潰逃、乙由江華永明出龍虎關、我湘桂軍正聯絡堵截中。

▲中央社長沙三十一日電 湘省保安隊第五區司令部三十日電省、略稱頃據湘南報告、（甲）蕭匪因竄零陵企圖西渡不逞、被擊敗走陽明山、麕集山谷中、我軍擊斃匪衆數十、（乙）二十九日該匪復化整為零、有一股竄向嘉禾藍山臨武境方面竄擾之勢、我軍正跟踪追剿、沿途斃匪甚衆、匪極狼狽、（丙）粵軍大部已分兩路出動、向臨武進發、匪已迫退嘉禾、（丁）我軍布滿於零陵祁陽新田桂陽常寧永興各縣、已成包圍之勢、不難一戰剿滅完結。

▲中央社福州二十九日電 羅炳輝方志敏兩股殘匪被我軍痛剿後、初猶掙扎頑抗、我軍以密集砲火衝擊、匪始不支、向南溪平溪一帶散竄、現已派隊追擊、並電浙省派軍堵剿。

▲中央社福州二十九日電 南昌行營令閩省府對收復匪區共黨自新份子投誠匪部、應一律優遇、不准以報復式敲詐壓迫、違者嚴辦。

▲中央社南昌一日電 我軍現已攻佔閩西老營盤要隘、及其附近一帶高地、是役匪倚恃堅固工事、竭力頑強抵抗、幸因我軍官兵奮勇猛攻、匪不支潰退。

（本京消息）四川善後督辦劉湘代表傅常、日昨由渝來京、於昨（一）日上午十一時晉謁汪院長、對川省近情、及劉湘辭職苦衷、有所報告、汪院長以川省正在剿匪期間、函促劉湘早日復職、督剿赤匪、聞傅氏定今（二）日由京乘飛機返川覆命、約旬日後、再行來京云。

1. 蓝山、新田间湘桂军堵截萧匪，我军跟踪追击毙匪甚众，闽匪已向南溪、平溪散窜，1934 年 9 月 2 日第 2 版

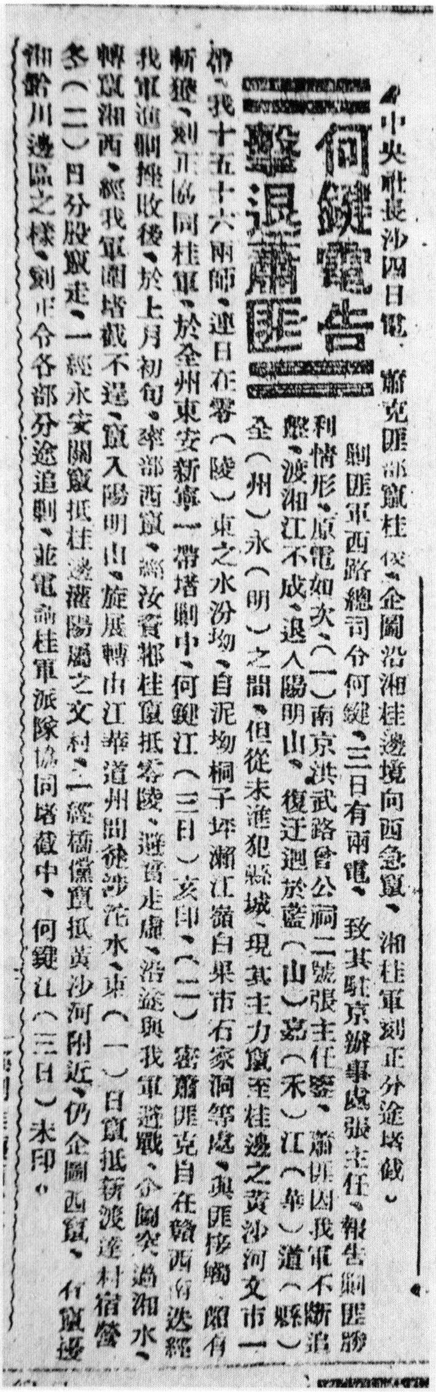
【中央社長沙四日電】蕭克匪部竄桂後，企圖沿湘桂邊境向西急竄，湘桂軍劉正分途堵截。

何鍵電告 擊退蕭匪

剿匪軍西路總司令何鍵，三日有兩電，致其駐京辦事處張主任，報告剿匪勝利情形，原電如次：（一）南京洪武路會公祠二號張主任鑒，蕭匪因我軍不斷追擊，渡湘江不成，退入陽明山，復迂迴於藍（山）嘉（禾）江（華）道（縣）全（州）永（明）之間，但從未進犯縣城，現其主力竄至桂邊之黃沙河文市一帶，我十五十六兩師，連日在零（陵）東之水汾坳，自泥坳桐子坪瀨江嶺白果市石家洞等處，與匪接觸，頗有斬獲，劉正協同桂軍，於全州東安新寧一帶堵剿中，何鍵江（三日）亥印，（二）密，蕭匪克自在贛西，迭經我軍追剿挫敗後，於上月初旬，率部西竄，經汝資鄉桂竄抵零陵，避實走虛，沿途與我軍避戰，分闖突過湘水，轉竄湘西，經我軍圍堵截不遑，竄入陽明山，旋展轉由江華道州間徙涉沱水，東（一）日竄抵新渡達村宿營，冬（二）日分股竄走，一經永安關竄抵桂邊灌陽屬之文村，一經橋黨竄抵黃沙河附近，仍企圖西竄，有竄擾湘黔川邊區之模樣，劉正令各部分途追剿，並電商桂軍派隊協同堵截中，何鍵江（三日）未印。

2. 何键电告击退萧匪，1934 年 9 月 5 日第 2 版

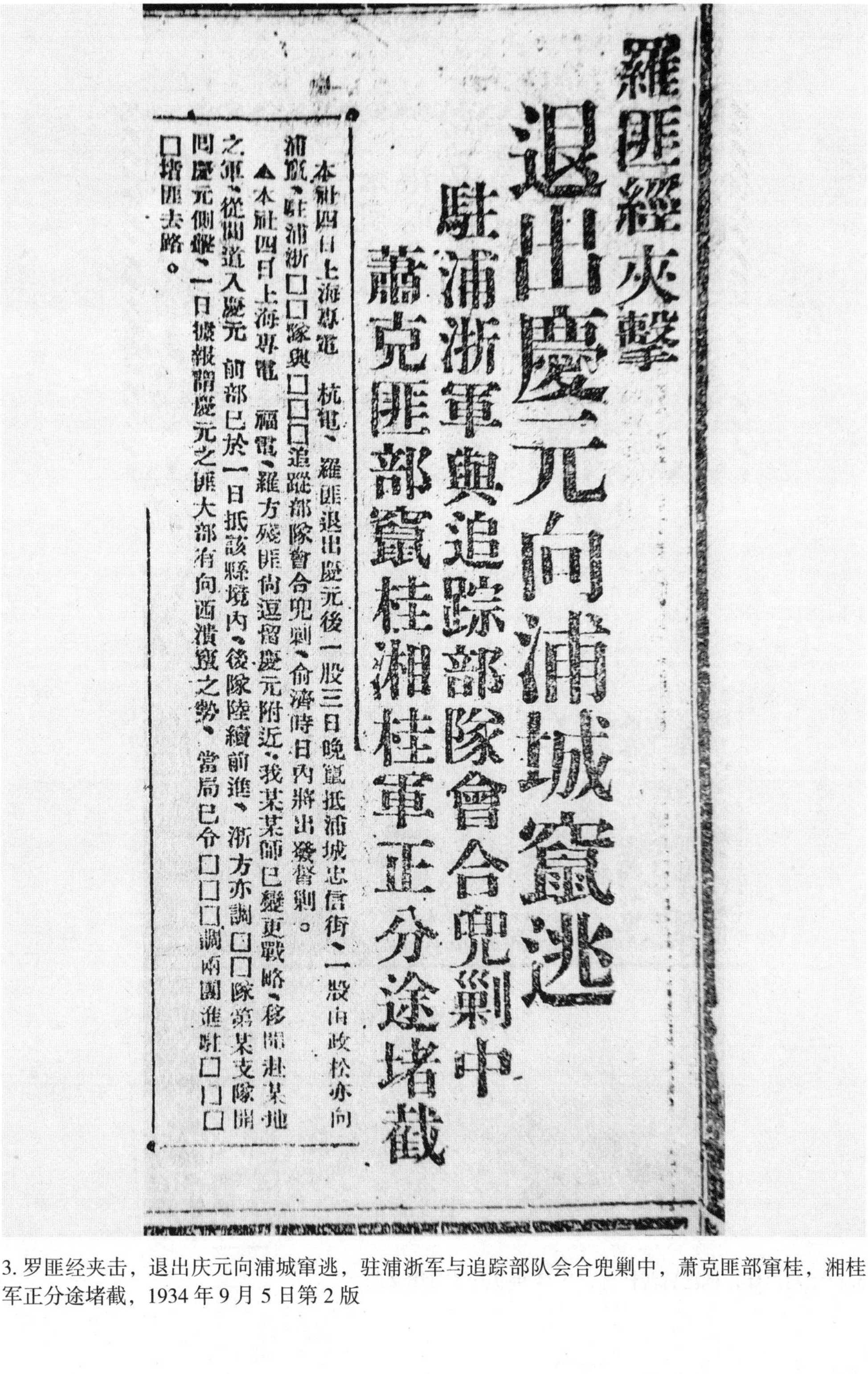

羅匪經夾擊
退出慶元向浦城竄逃
駐浦浙軍與追蹤部隊會合兜剿中
蕭克匪部竄桂湘桂軍正分途堵截

本社四日上海專電 杭電、羅匪退出慶元後一股三日晚竄抵浦城忠信街、一股由政松亦向浦竄、駐浦浙□□隊與□□□追蹤部隊會合兜剿、俞濟時日內將出發督剿。

▲本社四日上海專電 福電、羅方殘匪尚逗留慶元附近、我某某師已變更戰略、移開赴某地之軍、從間道入慶元 前部已於一日抵該縣境內、後隊陸續前進、浙方亦調□□隊蔣某支隊開向慶元側擊、一日據報謂慶元之匪大部有向西潰竄之勢、當局已令□□□調兩團進駐□□□□堵匪去路。

3. 罗匪经夹击，退出庆元向浦城窜逃，驻浦浙军与追踪部队会合兜剿中，萧克匪部窜桂，湘桂军正分途堵截，1934 年 9 月 5 日第 2 版

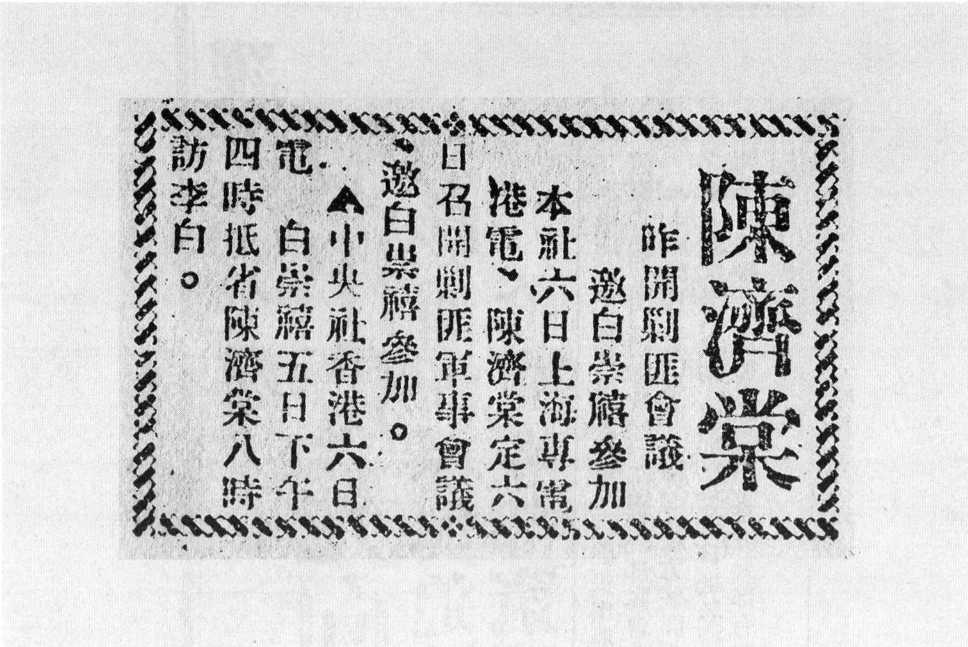

陳濟棠
昨開剿匪會議
邀白崇禧參加
本社六日上海專電
港電、陳濟棠定六
日召開剿匪軍事會議
、邀白崇禧參加。
▲中央社香港六日
電．白崇禧五日下午
四時抵省陳濟棠八時
訪李白。

4. 陈济棠昨开剿匪会议，邀白崇禧参加，1934 年 9 月 7 日第 2 版

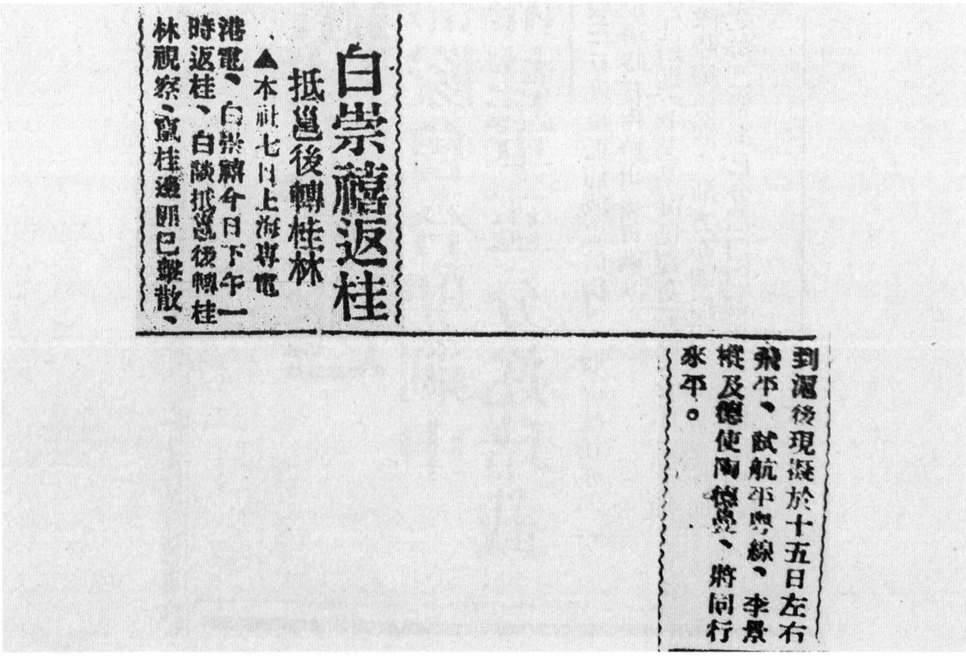

白崇禧返桂
抵邕後轉桂林
▲本社七日上海專電
港電、白崇禧今日下午一
時返桂、白隊抵邕後轉桂
林視察、竄桂邊匪已離散、

到滬後現擬於十五日左右
飛平、試航平粵線、李景
樅及德使陶德曼、將同行
來平。

5. 白崇禧返桂，抵邕后转桂林，1934 年 9 月 8 日第 2 版

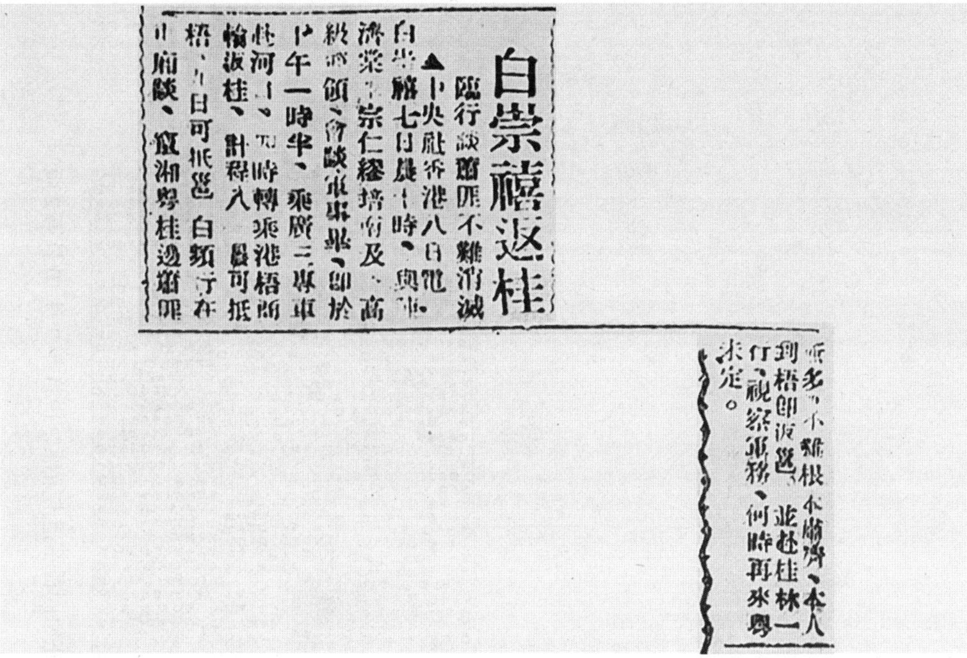

白崇禧返桂

臨行談蕭匪不難消滅

▲中央社香港八日電　白崇禧七日晨十時、與陳濟棠李宗仁繆培南及高級將領、會談軍事畢、即於下午一時半、乘廣三專車赴河口、再轉乘港梧輪返桂、計程八日晨可抵梧、九日可抵邕、白臨行在省府談、竄湘粵桂邊蕭匪無多、不難根本肅清、本人到梧即返邕、並赴桂林一行、視察軍務、何時再來粵未定。

6. 白崇禧返桂，临行谈萧匪不难消灭，1934 年 9 月 9 日第 2 版

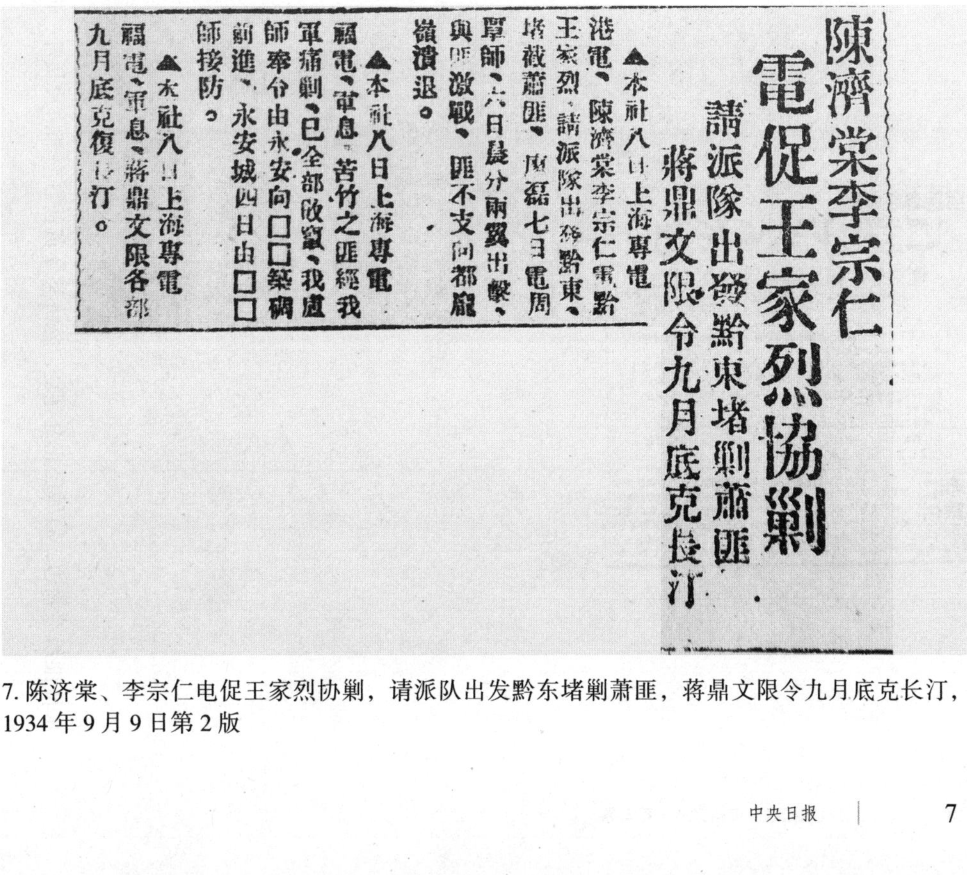

陳濟棠李宗仁

電促王家烈協剿

請派隊出發黔東堵剿蕭匪

蔣鼎文限令九月底克長汀

▲本社八日上海專電　港電、陳濟棠李宗仁電黔王家烈、請派隊出發黔東、堵截蕭匪、廖磊七日電周覃師、六日晨分兩翼出擊、與匪激戰、匪不支向都龐嶺潰退。

▲本社八日上海專電　福電、軍息、苦竹之匪經我軍痛剿、已全部敗竄、我盧師奉令由永安向□□築碉前進、永安城四日由□□師接防。

▲本社八日上海專電　福電、軍息、蔣鼎文限各部九月底克復長汀。

7. 陈济棠、李宗仁电促王家烈协剿，请派队出发黔东堵剿萧匪，蒋鼎文限令九月底克长汀，1934 年 9 月 9 日第 2 版

闽匪纷溃赣边

石城已完全克复

陈济棠令黄任寰率部协攻长汀

何键电告正协同桂军追击萧匪

长汀孤立

推进小陶

萧匪西窜

赣匪惨败

1/2

8. 闽匪纷溃赣边，石城已完全克复，陈济棠令黄任寰率部协攻长汀，何键电告正协同桂军追击萧匪，1934 年 9 月 10 日第 2 版

閩匪紛潰贛邊
石城已完全克復
陳濟棠令黃任寰率部協攻長汀
何鍵電告正協同桂軍追擊蕭匪

▲本社九日上海專電　港電、陳濟棠昨令黃任寰率所部協攻長汀、并將山萬作勝存米石收。

▲本服九日上海專電　福電、軍息、某某師跟剿殘匪、七日隨巴全部到浦城、沿途與匪激戰、匪利用複雜地形、出沒無定、該師極力搜剿前進、大小數役斃匪數百人、傷亡不計、獲匪械及僞軍要文件頗多。

▲本社九日上海專電　福電、政浦某界電告、該縣上村有匪六七百人盤踞、經派第五連進剿、即攻佔該村、斃匪數十、又瓦窯頭之匪、亦經該團一連擊潰、俘獲甚多。

長汀孤立

▲中央社福州九日電　閩西各地匪衆、近經閩北方面匪部、公路沿谷部分被剿、紛紛敗竄、恐後路被我軍截斷、故連城北赤匪、均向清流寧化邊境抵竄、據諸閩北殘匪退却、並圖犯猶門溪、以分本軍現在東南兩方軍陣線、又訊、僞第一第三第七各軍團、殖逃竄溪坊、經我軍向匪猛攻、激戰一晝夜、匪死僞五千餘名、俘獲無數、匪再退平沙、現我軍在追剿中、□□□部亦由閩邊間道向石城推進、中途截擊匪衆、

（局部图 1）

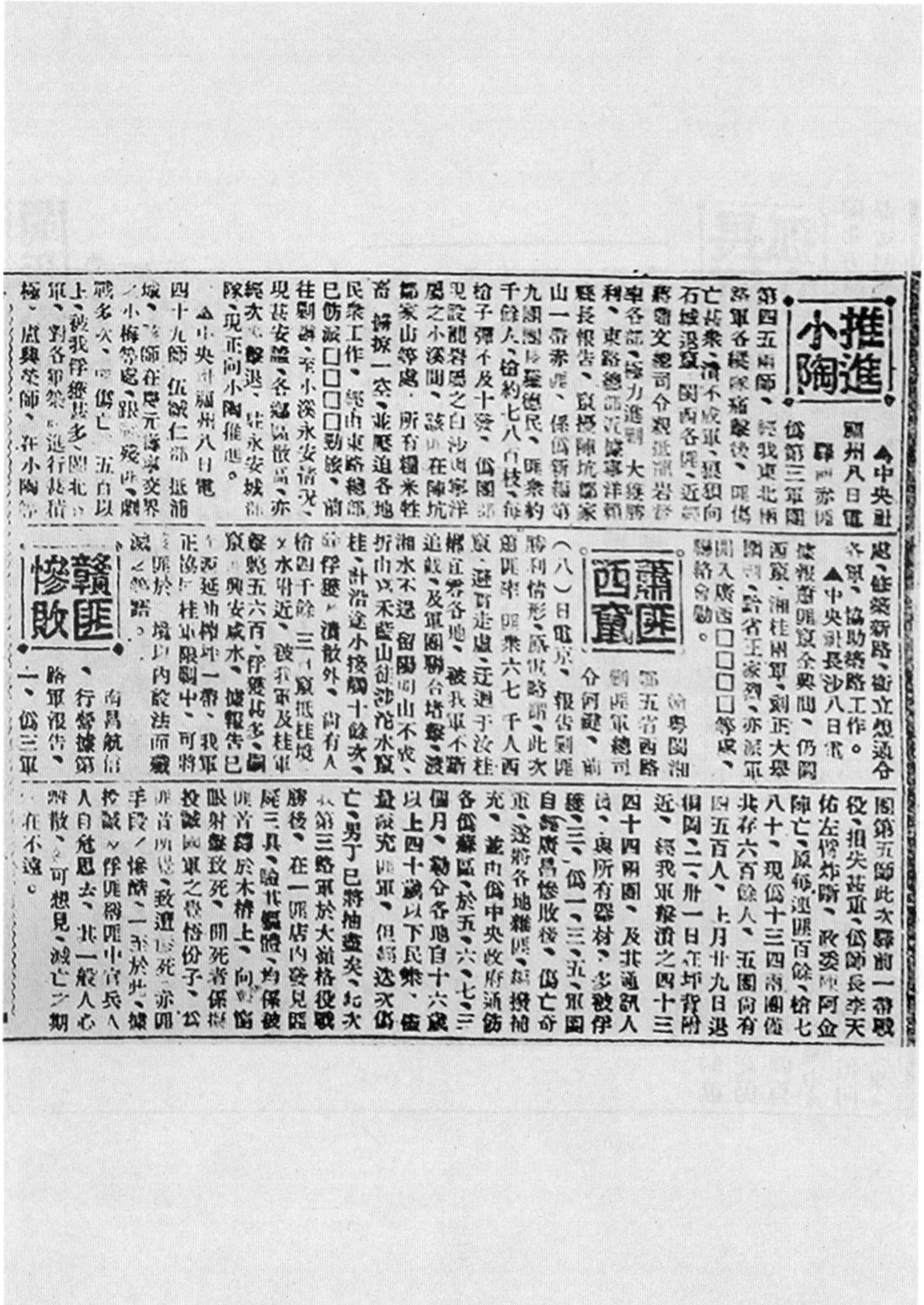

推進小陶

▲中央社贛州八日電　驛前赤匪偽第三軍團第四五兩師，經我東北兩路軍各縱隊痛擊後，匪偽傷亡甚衆，潰不成軍，狼狽向石城退竄，閩西各匪，近經蔣鼎文總司令親赴龍岩督率各部，極力進剿，大獲勝利，東路總部近據寧洋縣長報告，竄擾陳坑鄧家山一帶赤匪，係偽新編第九團團長羅德民，匪衆約千餘人，槍約七八百枝，每槍子彈不及十發，偽團部現設龍岩屬之白沙西寧洋屬之小溪間，該匪在陳坑鄧家山等處，所有糧米牲畜，掠搶一空，並壓迫各地民衆工作，經由東路總部已飭派□□□□勁旅，前往剿辦，至小溪永安情況，現甚安謐，各鄉區散匪，亦經次第擊退，[illegible]永安城[illegible]部隊，現正向小陶推進。

▲中央社福州八日電　四十九師伍誠仁部抵浦城，該師在[illegible]元寺交界之小梅等處，跟蹤痛剿，激戰多次，匪傷亡五百以上，被我俘獲甚多，閩北[illegible]軍，對各部[illegible]進行甚積極，[illegible]與[illegible]師，在小陶等[illegible]起，修築新路，樹立想通合作，協助築路工作。

蕭匪西竄

▲中央社長沙八日電　據報蕭匪竄全興間，仍圖西竄，湘桂兩軍，刻正大舉圍剿，黔省王家烈，亦派軍開入廣西□□□□等處，聯絡會剿。

（粵閩湘鄂五省西路剿匪軍總司令何鍵，前（八）日電京，報告剿匪勝利情形，原電略謂，此次蕭匪率匪衆六七千人西竄，避實走虛，迂迴于汝桂郴宜等各地，被我軍不斷追截，及軍團聯合堵擊，渡湘水不遂，留陽明山不成，折由汶禾藍山衙沙花水竄桂，計沿途小接觸十餘次，[illegible]俘獲外，潰散外，尚有人槍四千餘，三日竄抵桂境[illegible]水附近，被我軍及桂軍擊斃五六百，俘獲甚多，匪竄[illegible]興安咸水，據報告已[illegible]至西延油榨坪一帶，我軍正協同桂軍限制中，可將[illegible]匪於[illegible]境以內設法而殲滅之[illegible]路。

贛匪慘敗

南昌航信，行營據第[illegible]路軍報告，偽三軍團第五師此次驛前一帶戰役，損失甚重，偽師長李天佑左臂炸斷，政委陳阿金陣亡，原師直匪百餘，槍七八十，現偽十三四兩團僅共存六百餘人，五團尚有四五百人，上月廿九日退偶岡、二二、卅一日在坪背附近，經我軍擊潰之四十三四十四兩團，及其通訊人員，與所有器材，多數俘獲，三、偽一、三、五、軍團自驛前慘敗後，傷亡奇重，遂將各地雜匪，[illegible]補充，並由偽中央政府派赴各偽蘇區，於五、六、七三個月，勒令各鄉自十六歲以上四十歲以下民衆，儘量徵充匪軍，但經迭次傷亡，男丁已將抽盡矣，此次第三路軍於大[illegible]格役戰勝後，在一匪店內發見匪屍三具，驗其屍體，均係被匪[illegible]於木樁上，向其胸膛射擊致死，聞死者係[illegible]非當[illegible]所[illegible]，致遭[illegible]死，亦匪投誠國軍之[illegible]份子，公[illegible]手段，慘酷一至於此，據投誠之俘匪稱匪中官兵人人自危思去，其一般人心渙散，[illegible]可想見，滅亡之期[illegible]在不遠。

（局部图 2）

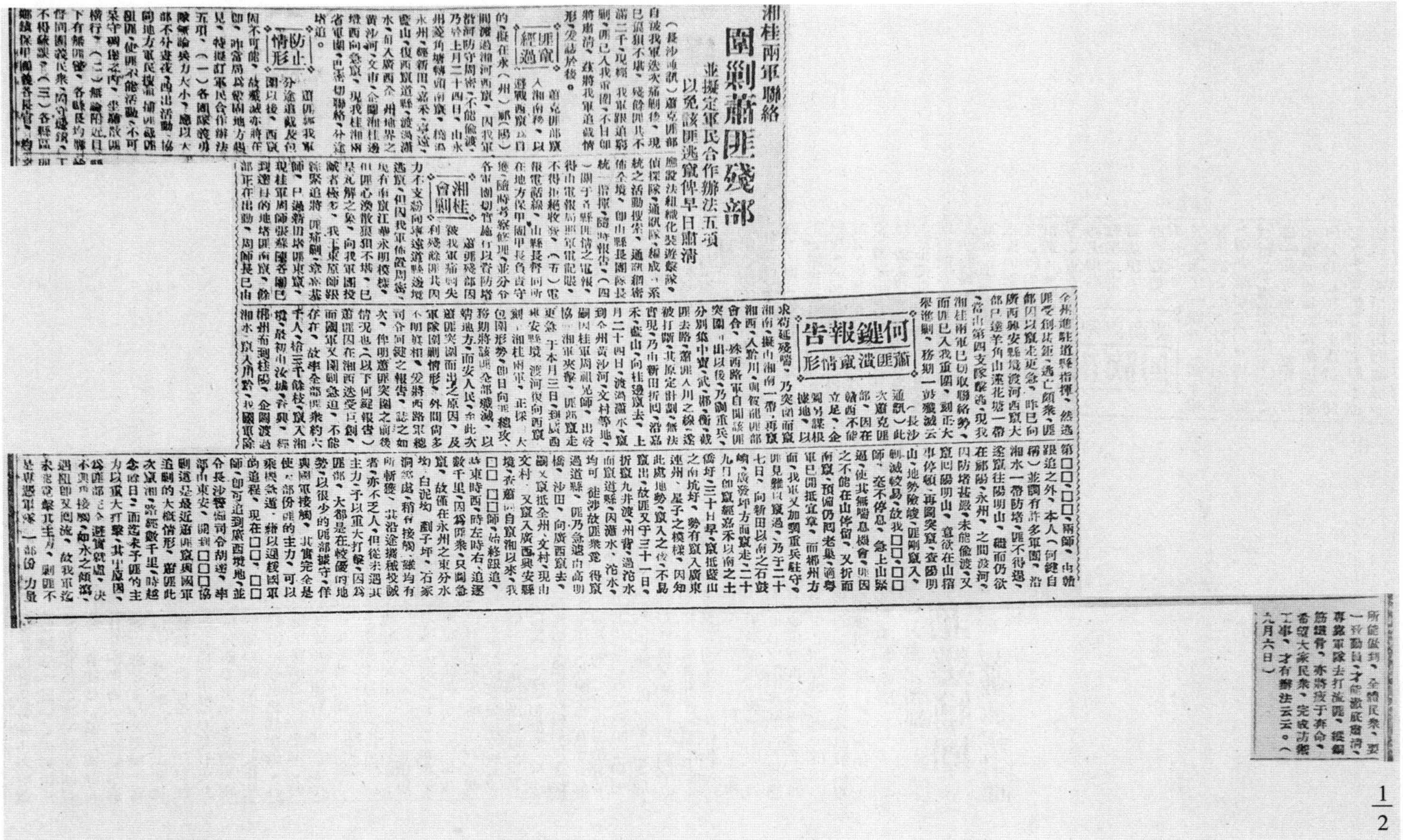

湘桂兩軍聯絡

圍剿蕭匪殘部

並擬定軍民合作辦法五項

以免該匪逃竄俾早日肅清

何鍵報告

蕭匪潰竄情形

9. 湘桂两军联络围剿萧匪残部，并拟定军民合作办法五项，以免该匪逃窜俾早日肃清，1934 年 9 月 10 日第 3 版

湘桂两军联络 围剿萧匪残部

并拟定军民合作办法五项 以免该匪逃窜俾早日肃清

（局部图1）

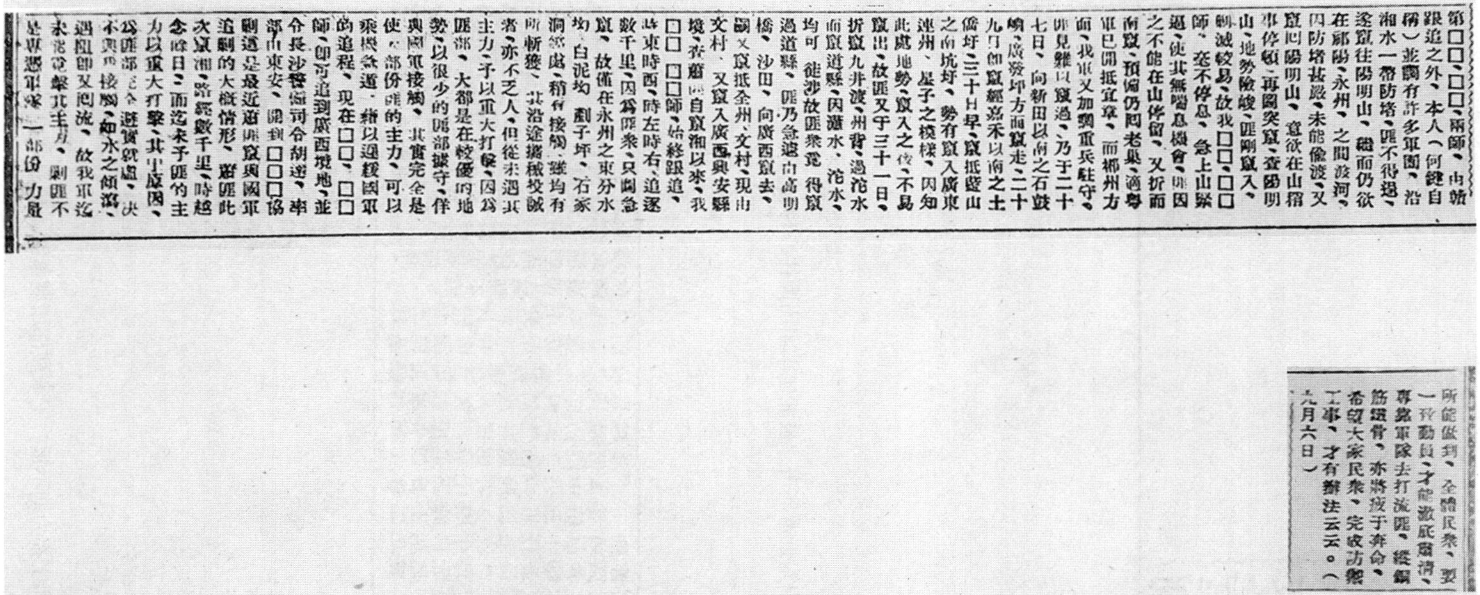

第□□、□□、兩師、由贛跟追之外、本人（何鍵自稱）並調有許多軍團、沿湘水一帶防堵、匪不得逞、遂竄往陽明山、繼而仍欲在郴陽、永州、之間渡河、因防堵甚嚴、未能偷渡、又竄回陽明山、意欲在山稍事停頓、再圖突竄、查陽明山、地勢險峻、匪剛竄入、剿滅較易、故我□□、□□師、毫不停息、急上山緊逼、使其無喘息機會、匪因之不能在山停留、又折而南竄、預備仍回老巢、適粵軍已開抵宜章、而郴州方面、我軍又加派重兵駐守、匪見難以竄過、乃于二十七日、向新田以南之石鼓嶺、廣發坪方面竄走、二十九日卽竄經嘉禾以南之土橋圩、三十日早、竄抵鹽山之南坑圩、勢有竄入廣東連州、星子之模樣、因知此處地勢、竄入之後、不易竄出、故匪又于三十一日、折竄九井渡、州背、過沱水、而竄道縣、因瀟水、沱水、均可徒涉故匪乘隙得竄過道縣、匪乃急遽由高明橋、沙田、向廣西竄去、副又竄抵全州、文村、現由文村、又竄入廣西興安縣境、查竄□自竄湘以來、我□□ □□師、始終跟追、時東時西、時左時右、追逐數千里、因爲匪衆、只圖急竄、故僅在永州之東分水均、白泥均、劃子坪、石家洞等處、稍有接觸、雖均有所斬獲、其沿途擄械投誠者、亦不乏人、但從未遇其主力、予以重大打擊、因爲匪部、大都是在較優的地勢、以很少的匪部據守、佯與國軍接觸、其實完全是使大部份匪的主力、可以乘機急逃、藉以遲緩國軍的追程、現在□□、□□師、卽可追到廣西境地、並令長沙警備司令胡達、率部由東安、開到□□□協剿、這是最近匪竄與國軍追剿的大概情形、竊匪此次竄湘、路經數千里、時越念餘日、而迄未予匪的主力以重大打擊、其中原因、公匪部之全避實就虛、決不與我接觸、如水之傾瀉、遇阻卽又回流、故我軍迄未能擊其主力、剿匪不是專憑軍隊一部份力量

所能做到、全體民衆、要一致動員、才能澈底肅清、專靠軍隊去打流匪、縱鋼筋鐵骨、亦將疲于奔命、希望大家民衆、完成防禦工事、才有辦法云云。（六月六日）

（局部图 2）

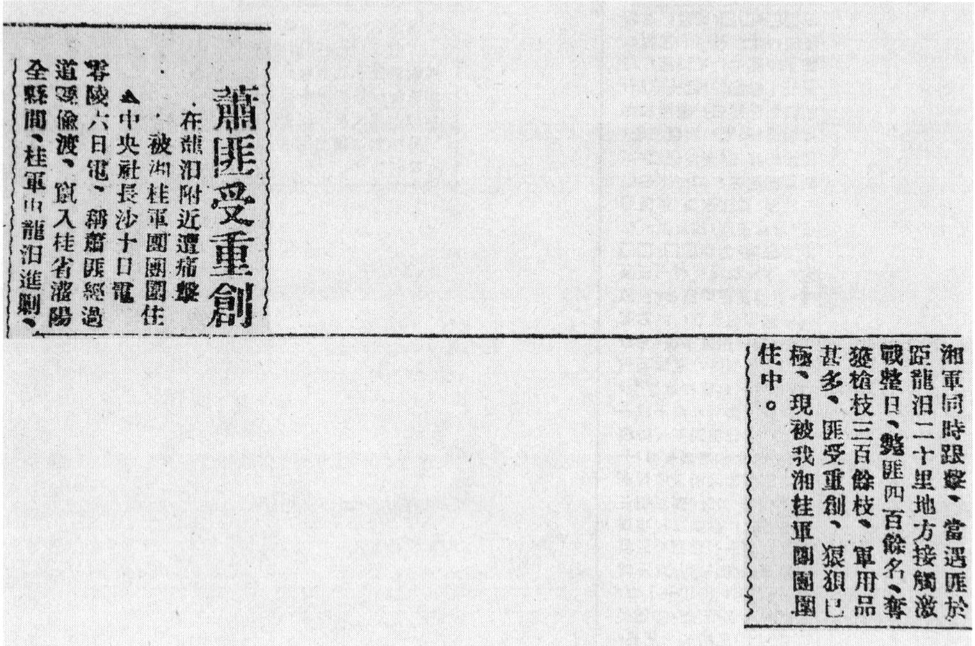

蕭匪受重創

在龍汨附近遭痛擊 被湘桂軍團團圍住

▲中央社長沙十日電 零陵六日電、稱蕭匪經過道縣偷渡、竄入桂省灌陽全縣間、桂軍由龍汨進剿、湘軍同時跟蹤、當遇匪於距龍汨二十里地方接觸激戰整日、斃匪四百餘名、奪獲槍枝三百餘枝、軍用品甚多、匪受重創、狼狽已極、現被我湘桂軍團團圍住中。

10. 萧匪受重创，在龙汨附近遭痛击，被湘桂军团团围住，1934 年 9 月 12 日第 2 版

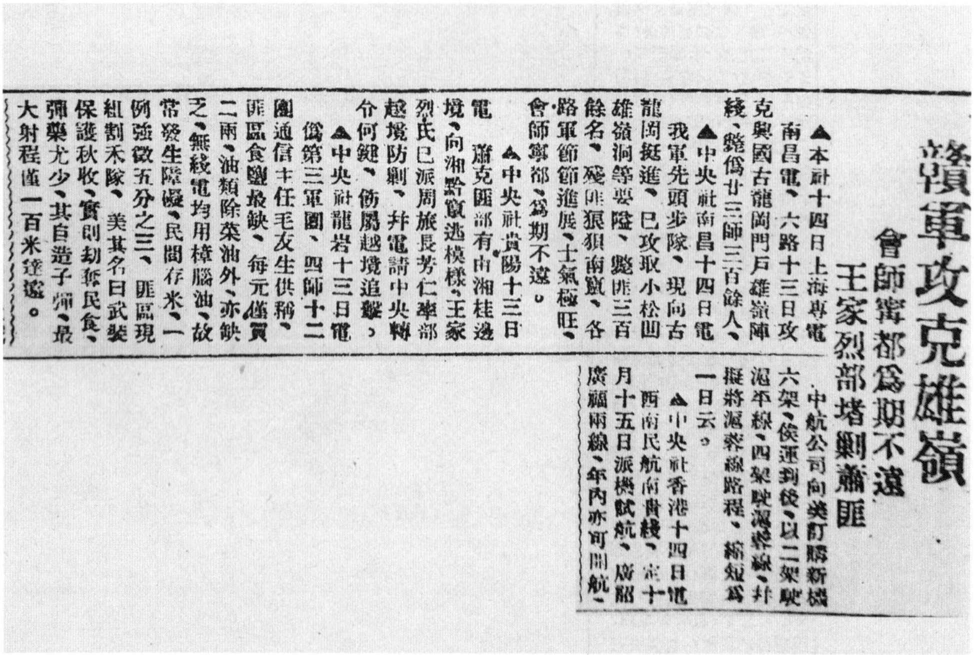

贛軍攻克雄嶺

會師寧都爲期不遠

王家烈部堵剿蕭匪

▲本社十四日上海專電 南昌電、六路十三日攻克興國古龍岡門戶雄嶺陣綫、斃僞廿三師三百餘人、

▲中央社南昌十四日電 我軍先頭步隊、現向古龍岡挺進、已攻取小松山雄嶺洞等要隘、斃匪三百餘名、殘匪狼狽南竄、各路軍節節進展、士氣極旺、會師寧都、爲期不遠。

▲中央社貴陽十三日電 蕭克匪部有由湘桂邊境、向湘黔竄逃模樣、王家烈氏已派周旅長芳仁率部越境防剿、幷電請中央轉令何鍵、飭屬越境追剿、

▲中央社龍岩十三日電 僞第三軍團、四師十二團通信主任毛友生供稱、匪區食鹽最缺、每元僅買二兩、油類除菜油外、亦缺乏、無綫電均用樟腦油、故常發生障礙、民間存米、一例強徵五分之三、匪區現組割禾隊、美其名曰武裝保護秋收、實則劫奪民食、彈藥尤少、其自造子彈、最大射程僅一百米達遠。

中航公司向美訂購新機六架、俟運到後、以二架駛滬平線、四架駛滬蓉線、幷擬將滬蓉綫路程、縮短爲一日云。

▲中央社香港十四日電 西南民航南寧綫、定十月十五日派機試航、廣韶廣龍兩線、年內亦可開航、

11. 赣军攻克雄岭，会师宁都为期不远，王家烈部堵剿萧匪，1934 年 9 月 15 日第 2 版

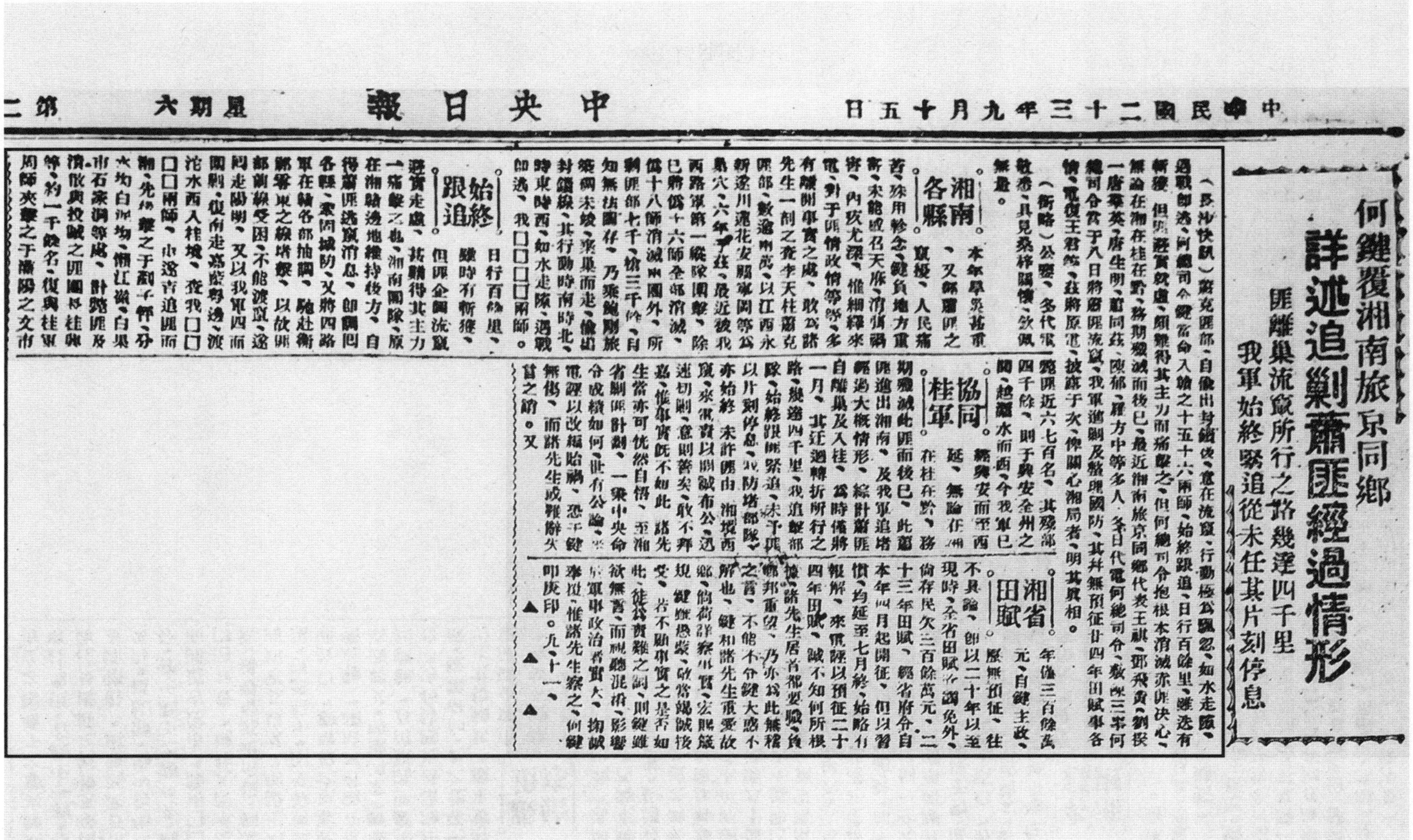

中華民國二十三年九月十五日　中央日報　星期六　第二

何鍵覆湘南旅京同鄉

詳述追剿蕭匪經過情形

匪離巢流竄所行之路幾逹四千里

我軍始終緊追從未任其片刻停息

12. 何键复湘南旅京同乡，详述追剿萧匪经过情形，匪离巢流窜所行之路几达四千里，我军始终紧追从未任其片刻停息，1934 年 9 月 15 日第 2 版

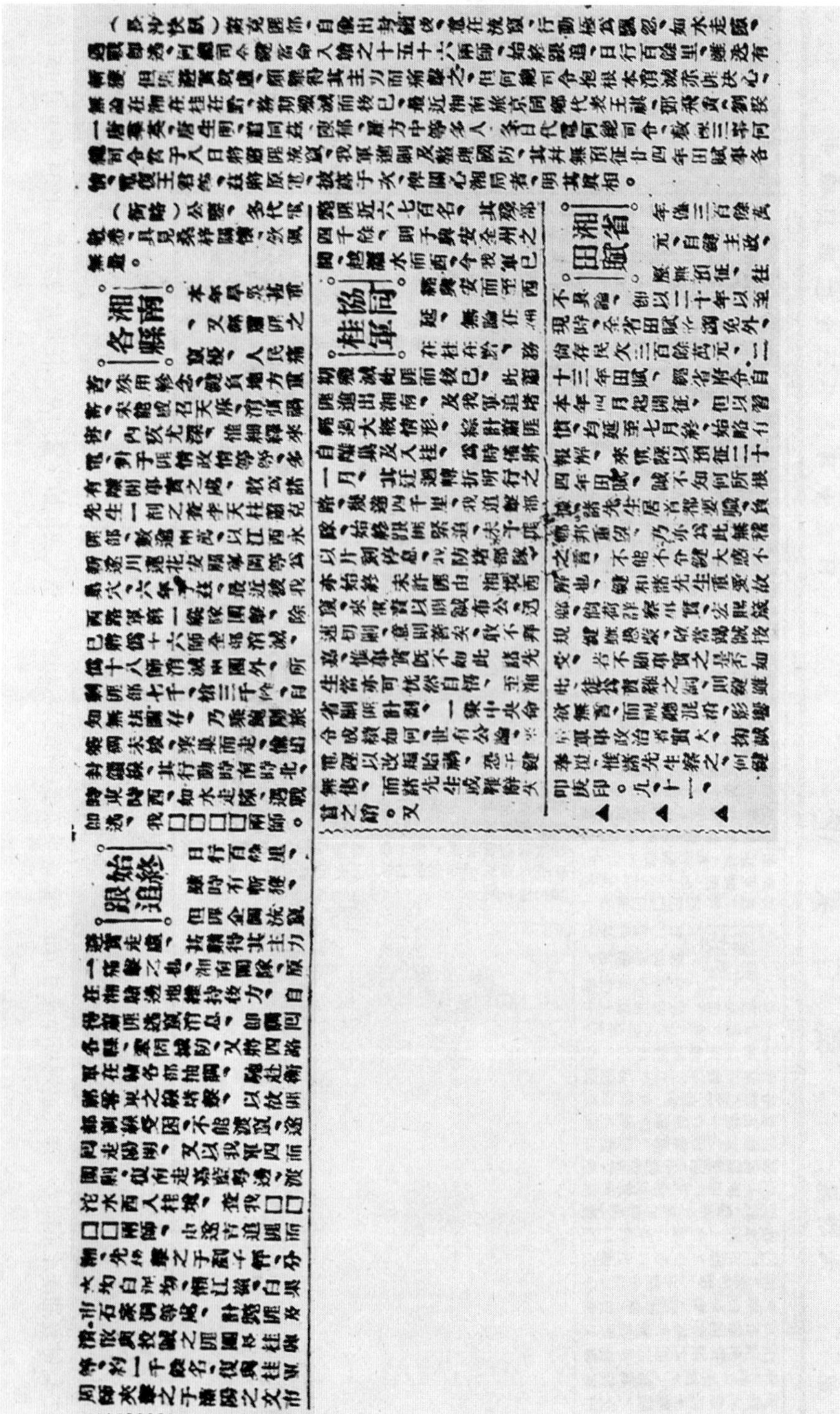

（局部图）

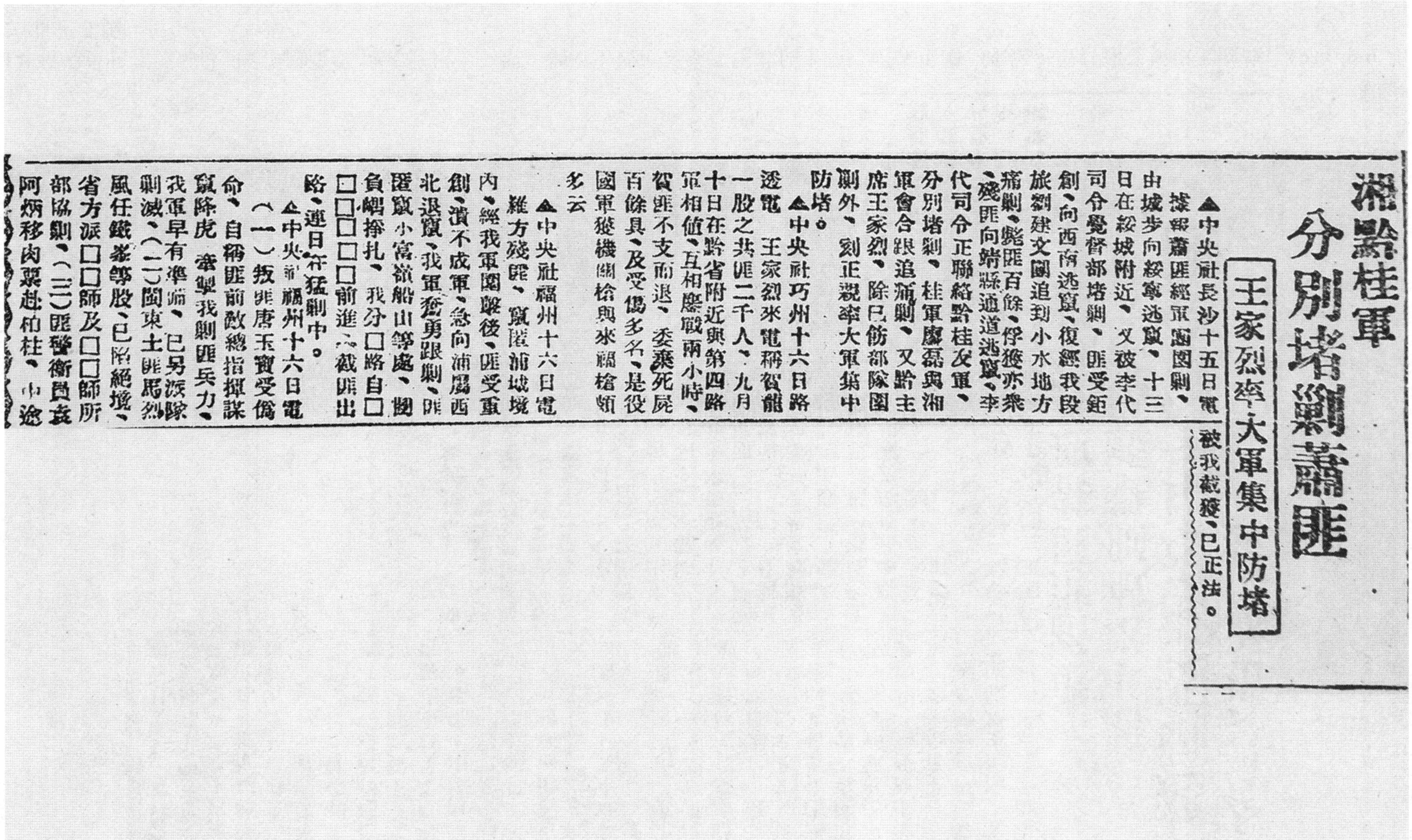

湘黔桂軍分別堵剿蕭匪

王家烈率大軍集中防堵

△中央社長沙十五日電 據報蕭匪經眾圍剿、由城步向綏寧逃竄、十三日在綏城附近、又被李代司令覺督部堵剿、匪受鉅創、向西南逃竄、復經我段旅劉建文團追到小水地方痛剿、斃匪百餘、俘獲亦衆、殘匪向靖縣通道逃竄、李代司令正聯絡黔桂友軍、分別堵剿、桂軍廖磊與湘軍會合跟追痛剿、又黔主席王家烈、除已飭部隊圍剿外、刻正親率大軍集中防堵。

被我截獲、已正法。

△中央社巧州十六日路透電 王家烈來電稱賀龍一股之共匪二千人、九月十日在黔省附近與第四路軍相值、互相鏖戰兩小時、賀匪不支而退、委棄死屍百餘具、及受傷多名、是役國軍獲機關槍與來福槍頗多云

△中央社福州十六日電 維方殘匪、竄擾浦城境內、經我軍圍擊後、匪受重創、潰不成軍、急向浦屬西北退竄、我軍猛勇跟剿、匪匪竄小富嶺船山等處、圖負嵎掙扎、我分□路自□□□□□□前進、截匪出路、連日在猛剿中。

△中央社福州十六日電 （一）叛匪唐玉寶受偽命、自稱匪前敵總指揮謀竄降虎、牽掣我剿匪兵力、我軍早有準備、已另派隊剿滅、（二）閩東土匪馬烈風任鐵峯等股、已陷絕境、省方派□□師及□□師所部協剿、（三）匪醫衛員袁阿炳移肉票赴柏柱、中途

13. 湘黔桂军分别堵剿萧匪，王家烈率大军集中防堵，1934 年 9 月 17 日第 2 版

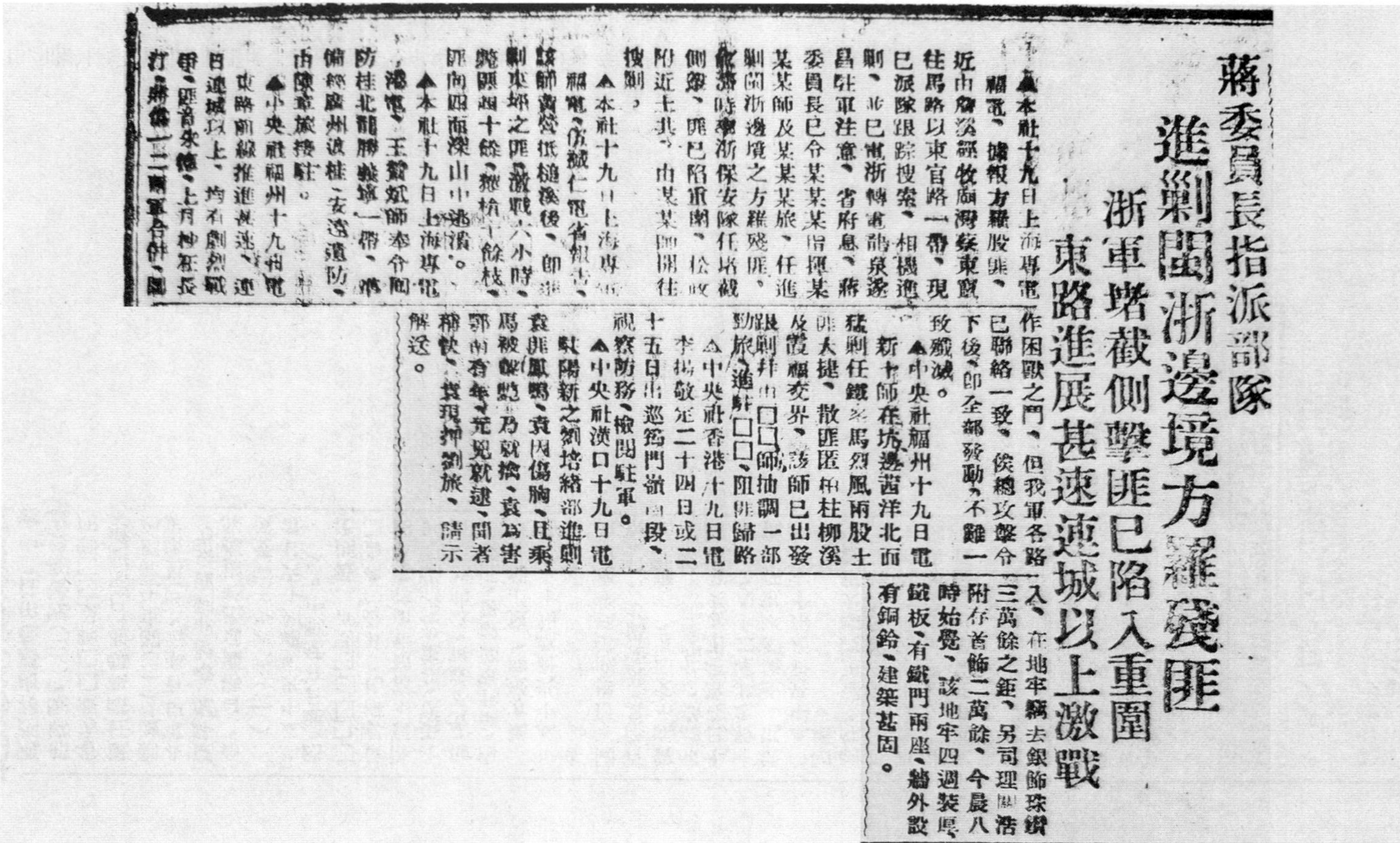

蔣委員長指派部隊
進剿閩浙邊境方羅殘匪
浙軍堵截側擊匪已陷入重圍
東路進展甚速連城以上激戰

▲本社十九日上海專電 福電、據報方羅股匪、近由鶴溪經牧廟灣蔡東寶往馬路以東官路一帶、現已派隊跟踪搜索、相機進剿、並已電浙轉電龍泉遂昌駐軍注意、省府息、蔣委員長已令某某某指揮某某某師及某某某旅、任進剿閩浙邊境之方羅殘匪。[illegible]時與浙保安隊任堵截側擊、匪已陷重圍、於收附近土共、由某某師開往搜剿，

▲本社十九日上海專電 福電、[illegible]仁匪省報告、該師[illegible]營抵樋溪後、即與剿東竄之匪激戰六小時、斃匪四十餘、獲槍十餘枝、匪向四面深山中逃竄。

▲本社十九日上海專電 港電、王贊斌師奉令開防桂北龍勝鱗埠一帶、遺備[illegible]廣州退桂、安遂遺防、由陳章旅接駐。

▲中央社福州十九日電 東路前線推進甚速、連日連城以上、均有劇烈戰爭、匪首朱德、上月抄在長汀、[illegible]三軍合併、圖作困獸之鬥、但我軍各路已聯絡一致、俟總攻擊令下後、即全部發動、不難一致殲滅。

▲中央社福州十九日電 新十師在坑邊茜洋北面殘剿任鐵峯、馬烈風兩股土匪大捷、散匪匿柏柱柳溪及霞雨交界、該師已出發跟剿、并由□□師抽調一部勁旅、進駐□□、阻匪歸路

▲中央社香港十九日電 李揚敬定二十四日或二十五日出巡駕門嶺一段、視察防務、檢閱駐軍。

▲中央社漢口十九日電 駐陽新之劉培緒部進剿袁匪鳳鳴、袁因傷胸、且乘馬被創斃、乃就擒、袁爲害鄂南有年、究見就逮、聞者稱快、袁現押劉旅、請示解送。

[illegible]入、在地牢竊去銀飾珠鑽三萬餘之鉅、另司理陶浩附存首飾二萬餘、今晨八時始覺、該地牢四週裝厚鐵板、有鐵門兩座、給外設有銅鈴、建築甚固。

14. 蒋委员长指派部队进剿闽浙边境方（志敏）、罗（炳辉）残匪，浙军堵截侧击匪已陷入重围，东路进展甚速连城以上激战，1934 年 9 月 20 日第 3 版

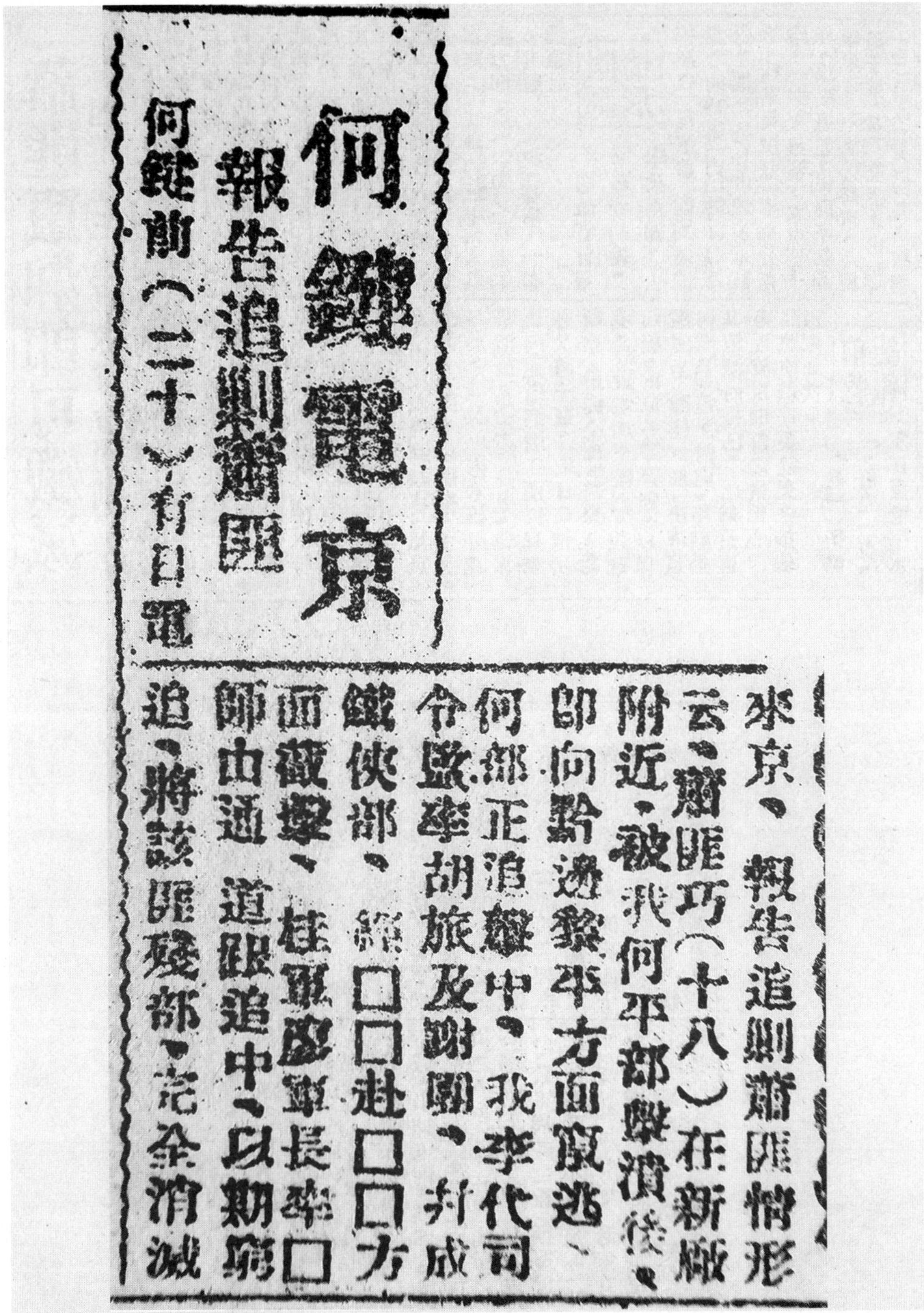

何鍵電京

報告追剿蕭匪

何鍵前（二十）有日電來京、報告追剿蕭匪情形云、蕭匪巧（十八）在新廠附近、被我何平部擊潰後、即向黔邊黎平方面竄逃、何部正追擊中、我李代司令覺率胡旅及謝團、并成鐵俠部、經□□赴□□方面截擊、桂軍廖軍長率□師由通道跟追中、以期窮追、將該匪殘部、完全消滅

15. 何键电京报告追剿萧匪，1934 年 9 月 22 日第 2 版

蕭匪竄湘即可殲滅

湘黔桂三省軍隊會合圍剿

王家烈親赴前綫努力督師

(長沙通訊)蕭克匪部、自由贛西竄入湘南後、經西路軍追擊、乃由湘南而入廣西興安邊境、復被湘桂兩軍夾剿、前進固屬不能、後退亦復不可、又因桂境民團組織嚴密、軍隊進剿、亦甚利害、故不能在桂立足、遂折回竄入湘境、本月十二日、先頭匪隊、即抵岩寨、距城步約三十里、其主力則在孟公均、新老寨及多關向城步、綏寧、一帶逃竄。

圍剿情形

適值省會警備司令胡達、率兵兩團、由梅溪口尾追竄匪到達城步、同時第□□師師長李覺、則於是日由城步抵綏寧、桂軍長廖磊、率部分兩路、一向石邊溪、一下山寨子坪、跟蹤追進、使匪不能到城步、又不能入綏寧、乃旋迴于城、綏、交界之山地、十三日李(覺)師長、派劉純文團、趕到小水塘截擊、匪遇戰即逃、未曾抵抗、比向彬木橋、寨牙、一帶逃竄、餘匪散于大南山附近、國軍原來進剿計劃、係由桂軍跟蹤尾追、黔軍則在靖縣、通道堵截、因匪行動迅速、故李師長(覺)于十二日、由城步趕到綏寧、堵匪前面、準備予以痛擊、十五日晨、匪又由彬木橋分兩路消竄、現李師長覺、業派員向通道進剿、而匪部勢必又將流竄、依目前情勢觀察、蕭匪全部、將竄入黔境、故黔主席王家烈、親赴前線、指揮各師督剿、以保邊圍、至湘桂兩軍、決匪竄何處、即追至何處、務期將其消滅而後已、此為蕭匪最近流竄湘西之情形也、茲將前線重要電文、摘錄數則如次。

前線捷報

(電一)衛路、一、蕭克一部、寒日竄抵彬木橋、企圖進犯綏寧、黔軍周芳仁旅、會同我游擊隊、龍運鵬、李國治各團、奮勇堵剿、將匪擊退、斃匪數十、除一部竄黃山之線外、餘皆散竄寨牙之間、刻正會同李可逵旅、及補充總隊各部包剿中。二、據王軍長家烈電告、湘黔邊區板溪一帶之殘匪、經李成章率第□團、將其擊潰、斃匪團長一名、匪兵四十餘名、並派部窮追、務絕根株外、並已率兵一部、由鎮遠向湘邊推進堵剿蕭匪等語、第□保安區司令楊石松呈印、(電二)蕭匪經桂回竄、企圖竄入川、茲調派李可逵旅全部、開赴會同 協同保安團隊、駐往堵截、頃據派稱、匪部探知我部猛進、遂退走通縣邊境之石家沖、比予痛擊、時李師長覺督部抄擊匪之右、黔軍周芳仁旅、抄擊匪之左、混戰數小時、斃匪二百餘、俘匪百餘、奪獲步槍、匪遭此慘敗、已進退維谷、不難殲滅、等語、特聞、師長陳渠珍呈叩銑。

16. 萧匪窜湘即可歼灭，湘黔桂三省军队会合围剿，王家烈亲赴前线努力督师，1934 年 9 月 22 日第 2 版

北路軍進攻寧都

克福林寨一帶跟蹤追擊

蕭匪圖竄西北在堵剿中

△本社二十二日上海專電 南昌電、北路軍進取寧都、十四日克福林寨一帶、匪潰竄、我仍跟進中。

△中央社福州二十二日電 竄擾白沙之匪、經我保安團迎擊、十九日激戰一晝夜、我軍變更戰略、分路包圍、匪敗退向漳坑逃竄、又僞閩南丁甌游擊隊二支隊踞擾芹菜隴白鶴一帶、我保安團進剿、匪死傷百餘、並生擒匪隊長鄭夥等、餘匪不支、向安南邊區潰散。

軍息、蕭匪經四路軍湘平部、在新廠擊斃三百餘名、殘匪紛向黔省之黎平方向竄走、其先頭匪部、在黎平邊境之鋪口、被黔省駐軍扼要堵擊、該匪仍圖向西北竄走、與賀匪會合、湘桂兩省追剿部隊、刻分路跟蹤推進、覓匪進擊、以期將該匪于黔邊一鼓聚殲之。

17. 北路军进攻宁都，克福林寨一带跟踪追击，萧匪图窜西北在堵剿中，1934 年 9 月 23 日第 2 版

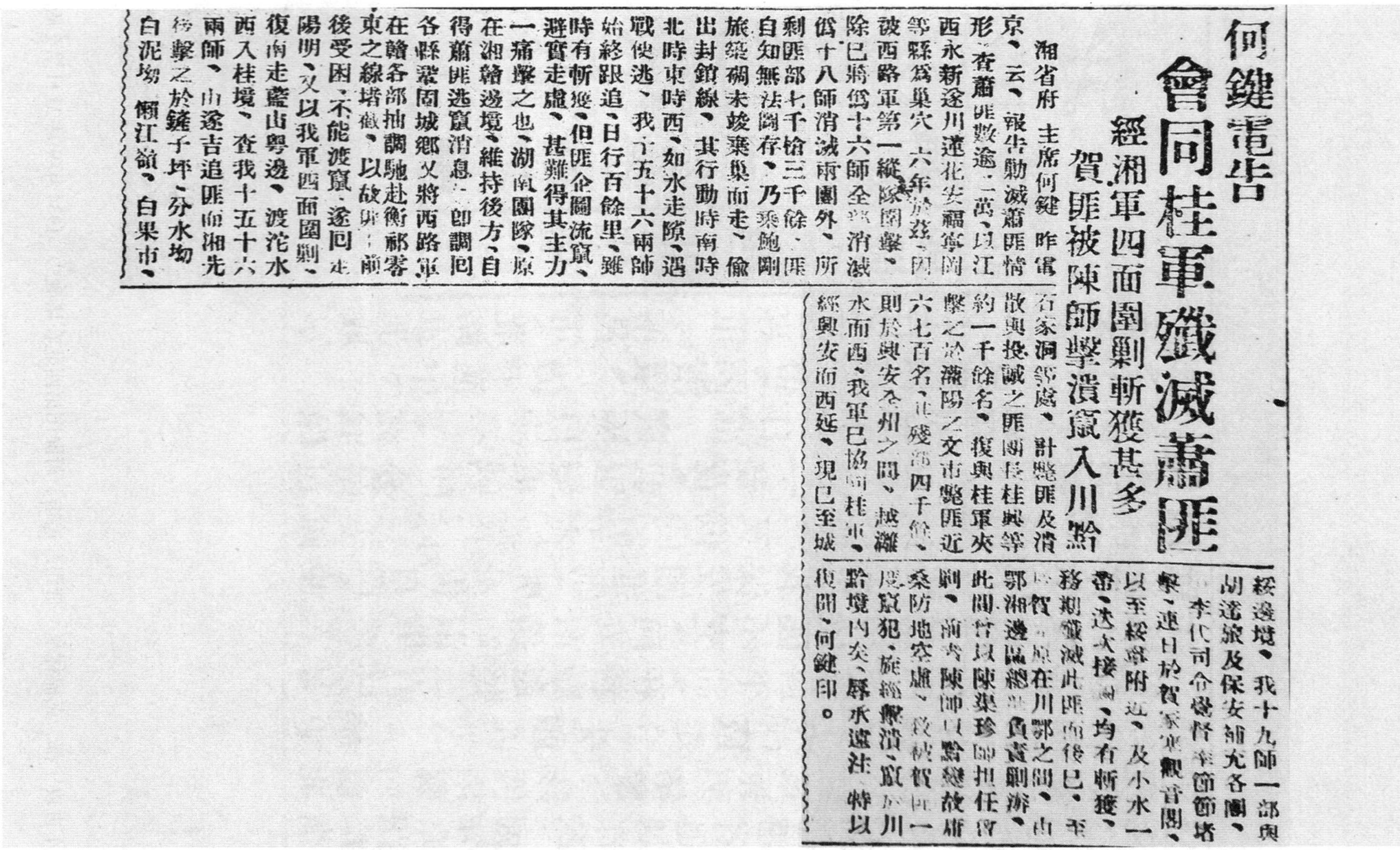
何鍵電告
會同桂軍殲滅蕭匪
經湘軍四面圍剿斬獲甚多
賀匪被陳師擊潰竄入川黔

湘省府 主席何鍵 昨電京、云、報告勦滅蕭匪情形、查蕭匪數逾二萬、以江西永新遂川蓮花安福寧岡等縣爲巢穴、六年於茲、因被西路軍第一縱隊圍擊、除已將僞十六師全部消滅、僞十八師消滅兩團外、所剩匪部七千餘三千餘、匪自知無法圖存、乃乘鮑剛旅縱禍未竣、棄巢而走、偷出封鎖線、其行動時南時北時東時西、如水走隙、遇戰使逃、我十五十六兩師始終跟追、日行百餘里、雖時有斬獲、但匪企圖流竄、避實走虛、甚難得其主力一痛擊之也、湖南團隊、原在湘贛邊境、維持後方、自得蕭匪逃竄消息、即調回各縣衛固城鄉、又將西路軍在贛各部抽調馳赴衡郴零東之線堵截、以故匪前後受困、不能渡竄、遂回走陽明、又以我軍西面圍剿、復南走藍山粵邊、渡沱水西入桂境、查我十五十六兩師、由遂吉追匪向湘先行堵擊之於鏵子坪、分水坳、白泥坳、櫥江嶺、白果市、石家洞等處、計斃匪及潰散與投誠之匪圍侵桂興等約一千餘名、復與桂軍夾擊之於灌陽之文市、斃匪近六七百名、其殘部四千餘、則於興安全州之間、越灘水而西、我軍已協同桂軍、經興安而西延、現已至城綏邊境、我十九師一部與胡達旅及保安補充各團、由李代司令覺督率節節堵擊、連日於賀家衝觀音閣、以至綏寧附近、及小水一帶、迭次接觸、均有斬獲、本務期殲滅此匪而後已、至賀匪原在川鄂之間、由鄂湘邊區總指揮負責剿辦、此間曾以陳渠珍師担任會剿、前者陳師因黔變故、崩桑防地空虛、致被賀匪一度竄犯、旋經擊潰、竄向川黔境內矣、辱承遠注、特以復聞、何鍵印。

18. 何键电告：会同桂军歼灭萧匪，经湘军四面围剿斩获甚多，贺匪被陈师击溃窜入川黔，1934 年 9 月 26 日第 2 版

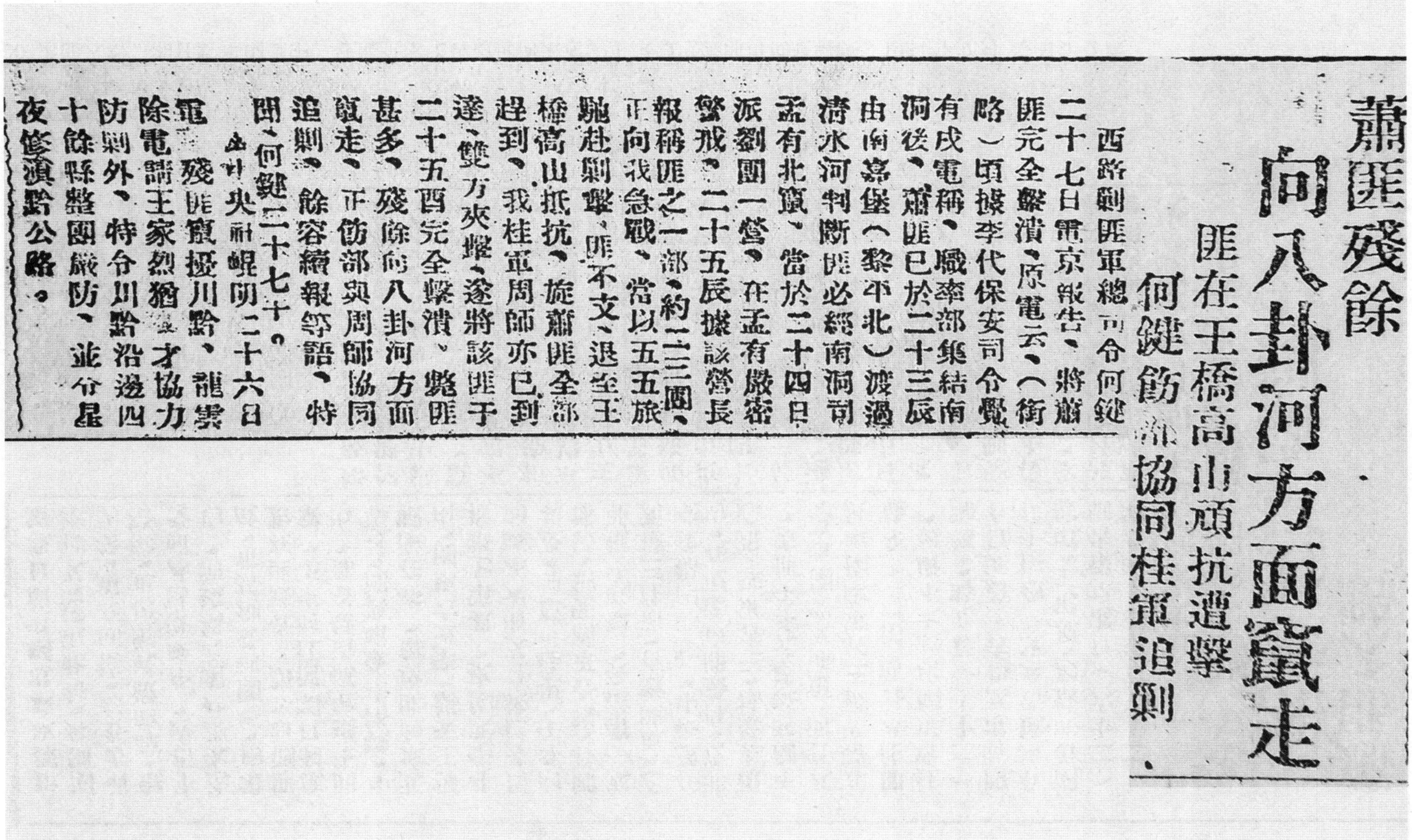

蕭匪殘餘向八卦河方面竄走

匪在王橋高山頑抗遭擊 何鍵飭部協同桂軍追剿

西路剿匪軍總司令何鍵二十七日電京報告、將蕭匪完全擊潰、原電云、（衡路）頃據李代保安司令覺有戌電稱、職率部集結南洞後、蕭匪已於二十三辰由南嘉堡（黎平北）渡過清水河、判斷匪必經南洞司孟有北竄、當於二十四日派劉團一營、在孟有嚴密警戒、二十五辰據該營長報稱匪之一部、約二三團、正向我急戰、當以五五旅馳赴剿擊、匪不支、退至王橋高山抵抗、旋蕭匪全部趕到、我桂軍周師亦已到達、雙方夾擊、遂將該匪于二十五酉完全擊潰、斃匪甚多、殘餘向八卦河方面竄走、正飭部與周師協同追剿、餘容續報等語、特聞、何鍵二十七午。

（中央社昆明二十六日電）殘匪竄擾川黔、龍雲除電請王家烈猶國才協力防剿外、特令川黔沿邊四十餘縣整團嚴防、並令星夜修滇黔公路。

19. 萧匪残余向八卦河方面窜走，匪在王桥高山顽抗遭击，何键饬部协同桂军追剿，1934 年 9 月 29 日第 2 版

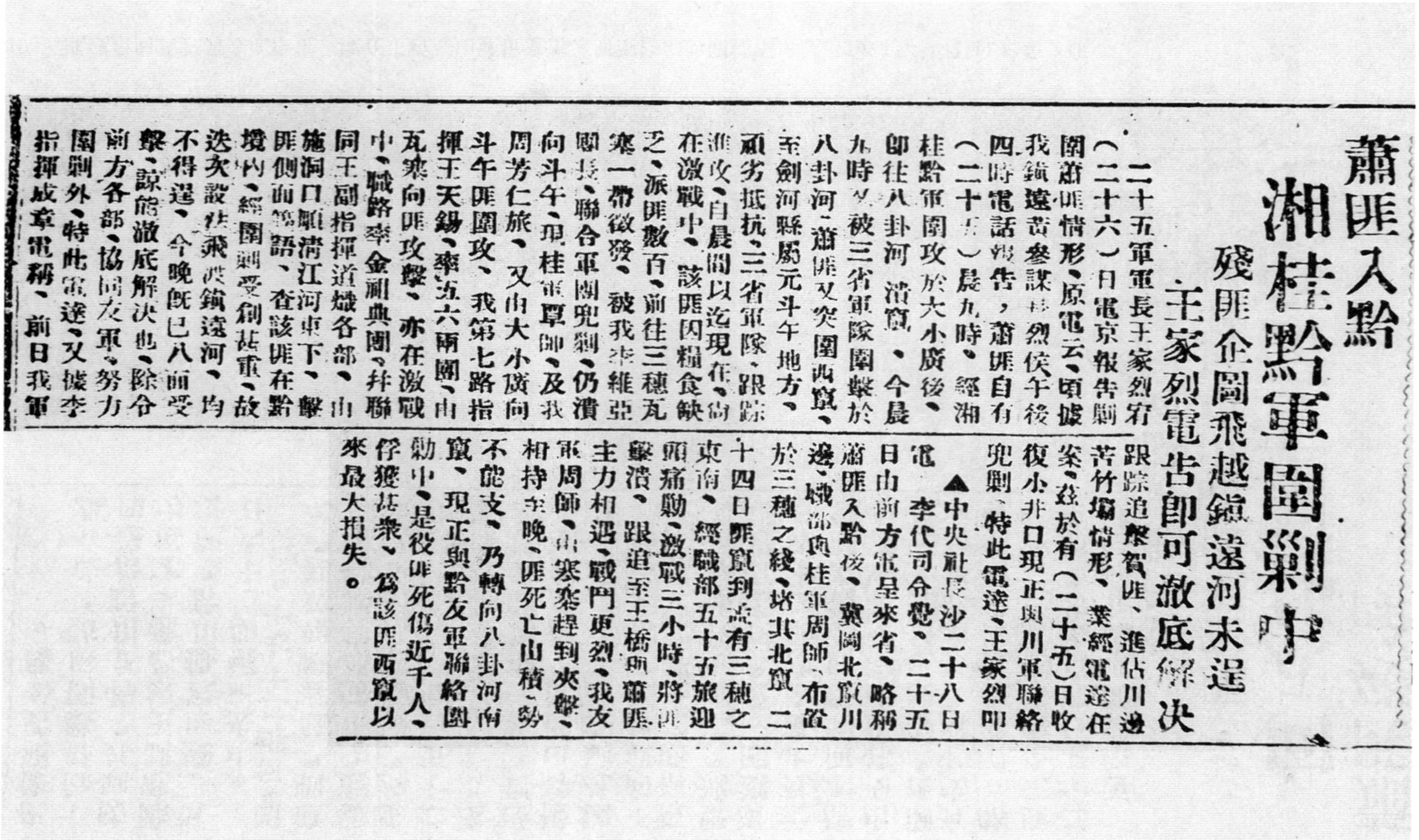

蕭匪入黔

湘桂黔軍圍剿中

殘匪企圖飛越鎮遠河未逞

王家烈電告即可澈底解決

二十五軍軍長王家烈宥（二十六）日電京報告剿閣蕭匪情形、原電云、頃據我鎮遠耑參謀長烈侯午後四時電話報告，蕭匪自有（二十五）晨九時、經湘桂黔軍圍攻於六小廣後、即往八卦河潰竄、今晨九時又被三省軍隊圍擊於八卦河、蕭匪又突圍西竄、至劍河縣屬元斗午地方、頑劣抵抗、三省軍隊、跟踪進攻、自晨間以迄現在、尚在激戰中、該匪因糧食缺乏、派匪數百、前往三穗瓦寨一帶徵發、被我李維亞團長、聯合軍團兜剿、仍潰向斗午、現桂軍覃師、及我周芳仁旅、又由大小廣向斗午匪圍攻、我第七路指揮王天錫、率五六兩團、由瓦寨向匪攻擊、亦在激戰中、職路率金福典團、幷聯同王副指揮道熾各部、由施洞口順清江河東下、截匪側面、等語、查該匪在黔境內、經圍剿受創甚重、故迭次設法飛渡鎮遠河、均不得逞、今晚既已八面受敵、諒能激底解決也、除令前方各部、協同友軍、努力圍剿外、特此電達、又據李指揮成章電稱、前日我軍跟踪追擊賀匪、進佔川邊苦竹壩情形、業經電達在案、茲於有（二十五）日收復小井口現正與川軍聯絡兜剿、特此電達、王家烈叩

▲中央社長沙二十八日電　李代司令覺、二十五日由前方電呈來省、略稱蕭匪入黔後、冀圖北竄川邊、職部與桂軍周師、布置於三穗之綫、堵其北竄　二十四日匪竄到流有三穗之東南、經職部五十五旅迎頭痛勦、激戰三小時、將匪擊潰、跟追至王橋與蕭匪主力相遇、戰鬥更烈、我友軍周師、由寨麥趕到夾擊、相持至晚、匪死亡山積、勢不能支、乃轉向八卦河南竄、現正與黔友軍聯絡圍勦中、是役匪死傷近千人、俘獲甚衆、爲該匪西竄以來最大損失。

20. 萧匪入黔，湘桂黔军围剿中，残匪企图飞越镇远河未逞，王家烈电告即可彻底解决，1934年9月30日第2版

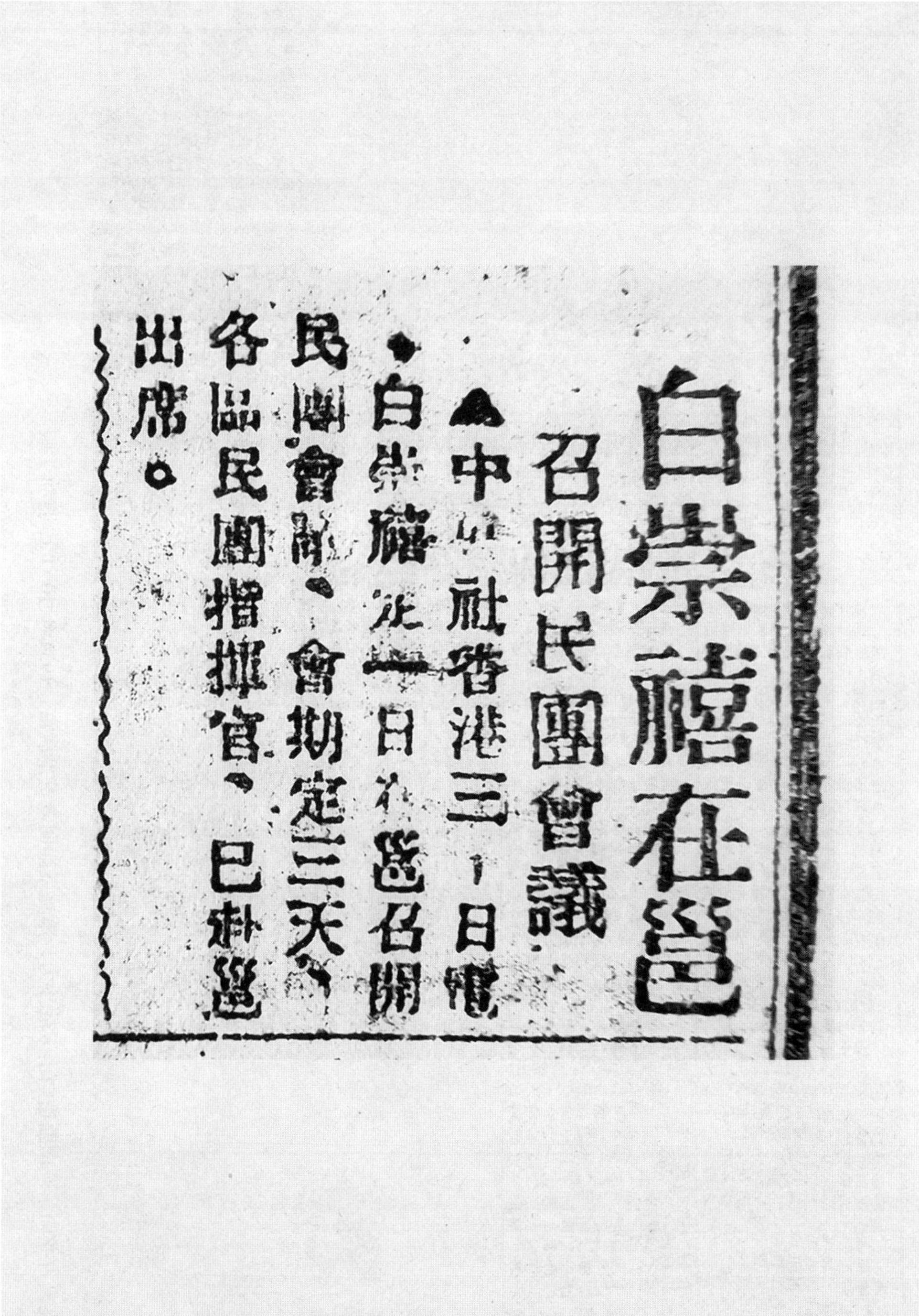

白崇禧在邕
召開民團會議

（中央社香港三十日電）白崇禧定一日在邕召開民團會議、會期定三天、各區民團指揮官、已赴邕出席。

21. 白崇禧在邕召开民团会议，1934 年 10 月 1 日第 3 版

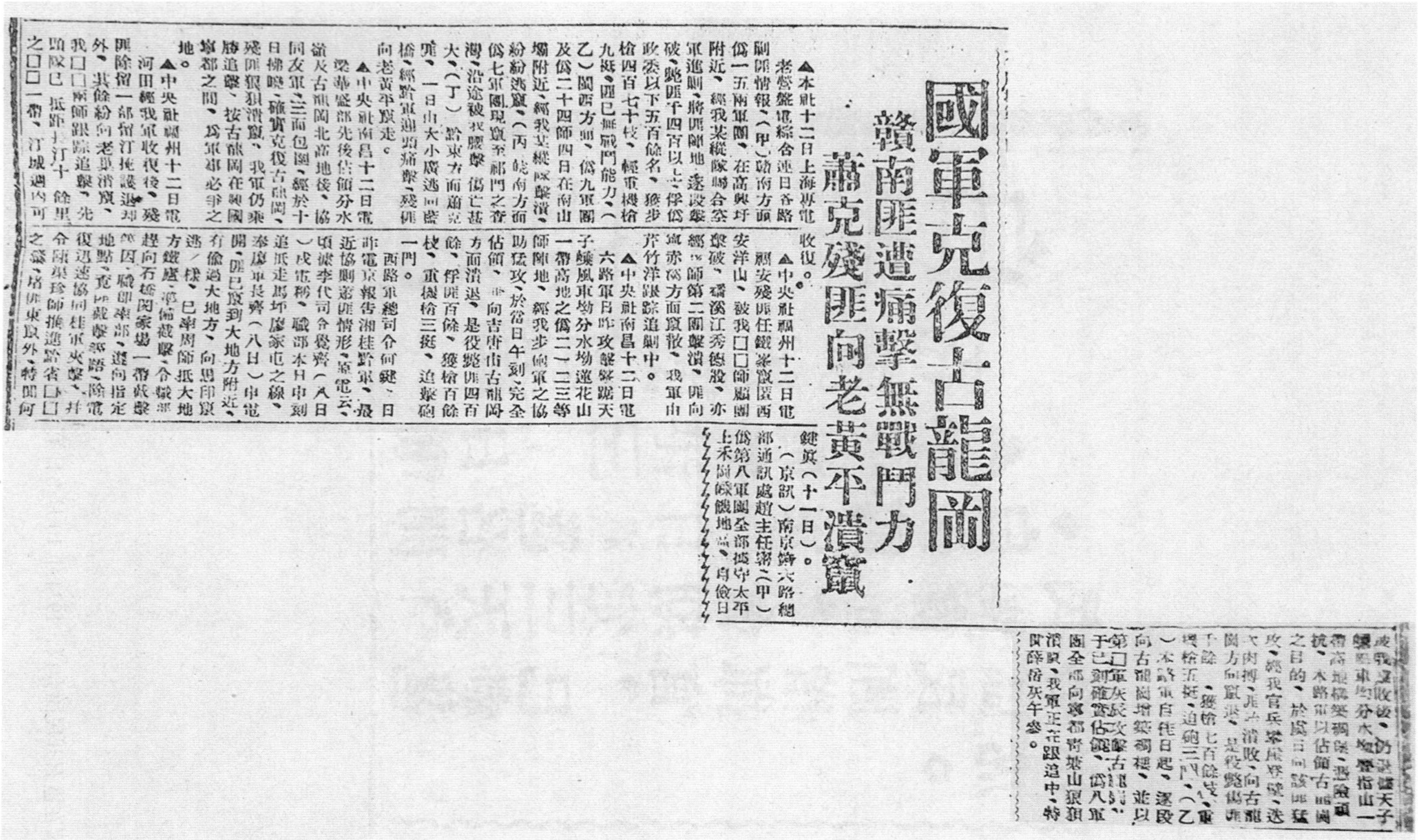

國軍克復古龍岡

贛南匪遭痛擊無戰鬥力

蕭克殘匪向老黃平潰竄

▲本社十二日上海專電 老營盤電綜合連日各路剿匪情報、(甲)贛南方面偽一五兩軍團、在高興圩附近、經我某縱隊嚇合夾軍進剿、將匪陣地逐段擊破、斃匪千四百以上、俘偽政委以下五百餘名、獲步槍四百七十枝、輕重機槍九挺、匪已無戰鬥能力、(乙)閩西方面、偽九軍團及偽二十四師四日在南山壩附近、經我某縱隊擊潰、紛紛逃竄、(丙)皖南方面偽七軍團現竄至祁門之香潭、沿途被我腰擊、傷亡甚大、(丁)黔東方面蕭克殘匪、一日由大小廣逃回齒橋、經黔軍迎頭痛擊、殘匪向老黃平潰走。

▲中央社南昌十二日電 粵軍余漢謀部先後佔領分水嶺及古龍岡北高地後、協同友軍、三面包圍、經於十日拂曉、確實克復古龍岡、殘匪狼狽潰竄、我軍仍乘勝追擊、按古龍岡在興國寧都之間、為軍事必爭之地。

▲中央社福州十二日電 河田經我軍收復後、殘匪除留一部留汀掩護逃外、其餘紛向老巢潰竄、我口口兩師跟蹤追擊、先頭隊已抵距長汀十餘里之口口一帶、汀城週內可收復。

▲中央社福州十二日電 訊安殘匪任鐵峯竄匿西安洋山、被我口口師痛剿擊破、匪首江秀德歿、亦經口師第二團擊潰、匪向寧赤方面竄散、我軍由芹竹洋跟踪追剿中。

▲中央社南昌十二日電 六路軍日昨攻擊蠶蹤天子嶂風東坳分水坳蓮花山一帶高地之偽二一二三等師陣地、經我步兵軍之協助猛攻、於當日午刻、完全佔領、匪向吉寮由古龍岡方面潰退、是役斃匪四百餘、俘匪百餘、獲槍百餘枝、重機槍三挺、迫擊砲一門。

西路軍總司令何鍵、日昨電京報告湘桂黔軍、最近協剿蕭匪情形、原電云、頃據李代司令覺齊(八日)戌電稱、職部本日申刻追抵走馬坪廖家屯之線、秦廣軍長齊(八日)申電開、匪已竄到大地方附近、有偷過大地方、向思印竄逃模樣、已率周師抵大地方截堵、準備截擊、令職部趕向石橋閃家場一帶截擊等因、職即率部、遵向指定地點、竟與截擊路、除電復迅速協同桂軍夾擊、并令陳渠珍師推進路省口口之線、堵匪東竄外、特聞何鍵真(十一日)。

(京訊)南京錄六路總部通訊處趙主任密二(甲)偽第八軍團全部據守太平上禾陽嶺饑地帶、自於日成我又收後、仍據天子嶂東均分水坳雲指山一帶高地構築碉堡、憑險頑抗、本路軍以佔領古龍岡之目的、於感日向該匪猛攻、經我官兵奮勇登壞、迭次肉搏、匪始潰敗、向古龍岡方向竄退、是役斃傷匪千餘、獲槍七百餘支、重機槍五挺、迫砲三門、(乙)本路軍自佳日起、逐段向古龍岡增築碉堡、並以第口軍於灰晨攻擊古龍岡、于已刻確實佔領、偽八軍團全部向寧都背塘山狼狽潰退、我軍正在跟追中、特聞薛岳灰午參。

22. 国军克复古龙岗，赣南匪遭痛击无战斗力，萧克残匪向老黄平溃窜，1934 年 10 月 13 日第 2 版

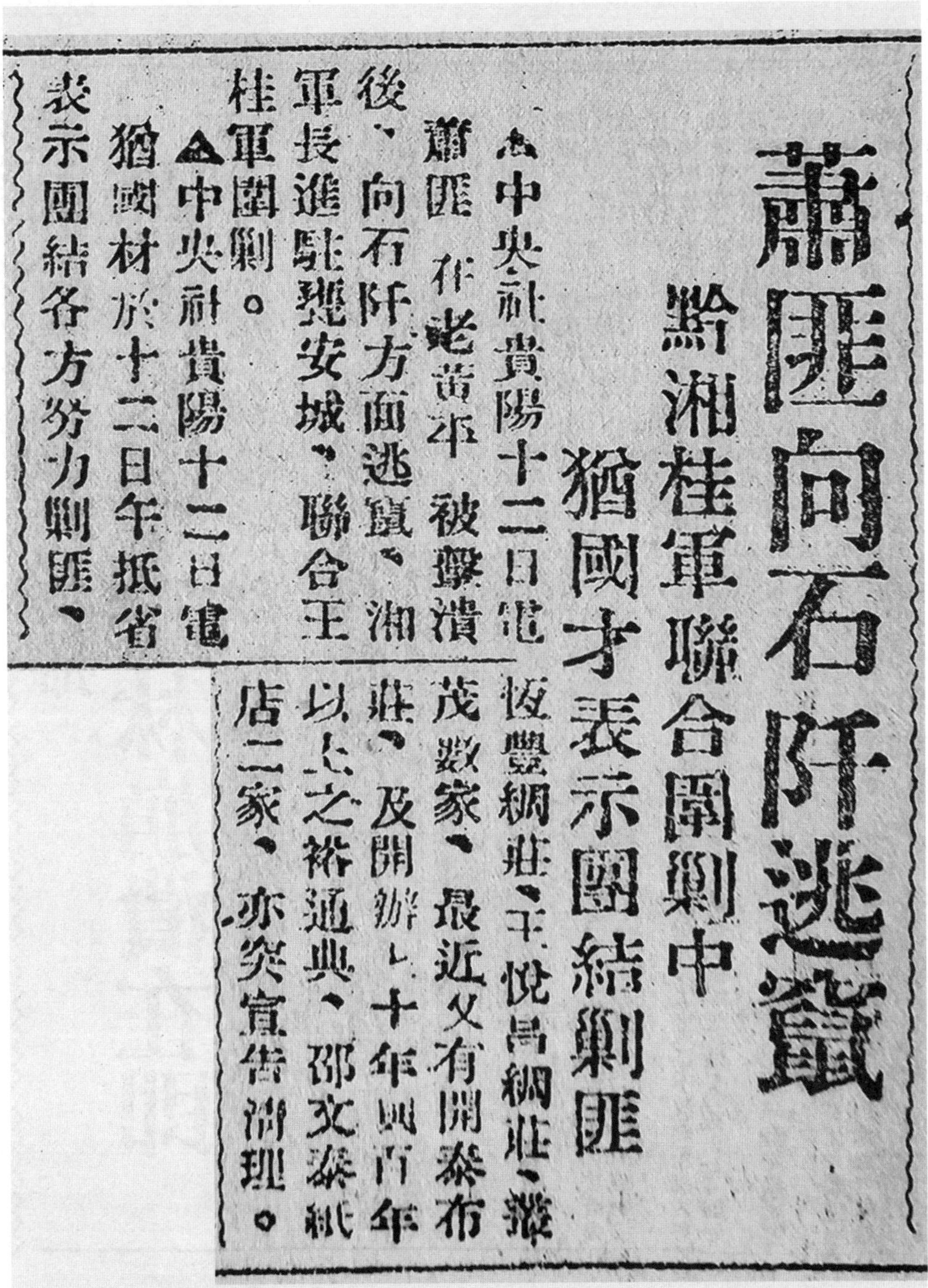

蕭匪向石阡逃竄

黔湘桂軍聯合圍剿中

猶國才表示團結剿匪

△中央社貴陽十二日電 蕭匪在老黃平被擊潰後、向石阡方面逃竄、湘軍長進駐甕安城、聯合王桂軍圍剿。

△中央社貴陽十二日電 猶國材於十二日午抵省表示團結各方努力剿匪、

恢豐綢莊、干悅昌綢莊、灘茂數家、最近又有開泰布莊、及開辦七十年四百年以上之裕通典、邵文泰紙店二家、亦突宣告清理。

23. 萧匪向石阡逃窜，黔湘桂军联合围剿中，犹国才表示团结剿匪，1934 年 10 月 14 日第 2 版

桂湘黔各軍分頭清掃

蕭匪散竄山林崩潰在即

在石施鎮餘各縣間被我軍擊潰

閩贛匪自知負固難逞企圖西竄

▲中央社貴陽廿一日電　蕭匪於十五日偷渡烏江、被黔軍擊退、折回梁頭及川岫塘附近、被湘黔軍夾擊、繳獲槍械甚多、現蕭匪僅率偽四十團及五十四團千餘人、其餘四個團、均擊潰於石施鎮餘各縣間、桂湘黔各軍、正分頭清掃中。

▲中央社貴陽廿一日電　王家烈今日由餘慶行營赴石阡晤廖磊李覺會商清剿賀蕭兩匪計劃。

▲中央社貴陽二十日電　蕭匪現竄踞由餘慶通石阡之道路、惟該匪連日在坡灘橋猴場甜溪一帶、被聯軍擊潰後、大多化整為零、潛伏山林、各尋小徑圖逃、殘破不堪、崩潰在即。

▲中央社福州二十二日電　連江七區各鄉、被土匪魏耿、糾合羅源炳輝殘部、並煽惑當地流氓、火攻透堡鄉、焚燬民房百餘座、經駐軍察覺、督同保衛團撲滅、並奮力痛剿、激戰十餘小時、匪死傷甚衆、餘竄海邊連江民衆推代表來省、請加派大隊、殲滅餘匪。

▲中央社廈門二十二日電　偽匪要員供匪之物資接濟、向賴汀江運輸、（按汀江自長汀下流經上杭入粵而通汕頭）今東路軍佔河田、將江面封鎖、一切接濟斷絕、困守自難圖存、故決棄閩贛地盤、另謀出路、匪如西竄、必取道會昌、向西經南豐大庾而入湘川。

▲中央社福州廿二日電　漳浦專員朱熙、電告匪隊何鳳喃聚黨出擾靖和邊界、肆意焚掠、經派隊嚴密會剿、現將長輿東山肅清、匪向小山城洋尾溪竄逃、我追剿部隊、已跟踪窮辦、務絕根株。

▲中央社開封二十二日電　豫鄂皖邊區赤匪內部、近日益形分化呈崩潰狀、前偽廿八軍軍長江求順近經赤匪內部、指為改組派、每日非刑拷打、體無完膚、偽廿八軍委員吳保彩、亦以改組派嫌疑、致被誅戮、匪衆以饑與大獄、人人自危、因是向國軍投誠、日益衆多云。

24. 桂湘黔各军分头清扫，萧匪散窜山林崩溃在即，在石（阡）、施（秉）、镇（远）、余（庆）各县间被我军击溃，闽赣匪自知负固难逞企图西窜，1934 年 10 月 23 日第 2 版

偽都瑞金屏障已失

東路軍昨午克長汀城

贛匪西竄大部抵大庾上猶間

黔軍窮追蕭賀殘匪電川夾擊

▲本社一日上海專電　南昌電、李縱隊一日午克長汀城。

▲中央社龍巖一日電　東路軍一日午刻確實佔領長汀。

▲本社一日上海專電　虔電、前方電、我李縱隊一日向長汀進展、一日晚或二日晨定可收復、贛匪西竄、現大部已抵贛西南大庾上猶之間、又總部息、一日至遲二日晨、準可克長汀、正式捷報、晨入城、晚可發出、晚入城、次晨發出、前方直接通電各處、贛滬電局可先到。

▲本社一日上海專電　港電、陳濟棠三十一日下午二時、召各軍師旅團軍需及後方主任會議、決按各部餉緩急、定發餉次序、先發十二月份以前積餉、俟將北中教場八旗會館及燕塘等公地變賣後再清償。

▲中央社貴陽三十一日電　王家烈委參軍長劉鶴炎為剿匪前敵總指揮、跟剿蕭賀兩匪、匪不支、有全部退秀山勢、此間已電川軍夾擊。

▲中央社貴陽三十一日電　桂軍廖磊所部、湘軍李覺所部奉湘省當局電調返省作截擊共匪一五軍團準備

25.“伪都”瑞金屏障已失，东路军昨午克长汀城，赣匪西窜大部抵大庾、上犹间，黔军穷追萧（克）、贺（龙）残匪电川夹击，1934 年 11 月 2 日第 2 版

湘桂川黔協力兜剿

蕭賀匪已陷包圍中

酉陽一度被擾當卽逐竄

閩仍厲行封鎖築堡工作

（酉陽航訊）自赤匪蕭克出竄湘黔、中央視爲腹心之患、迭電川鄂湘黔四省當軸加意防剿、該匪連衆六團、晝伏夜行、飄忽不定、擾黔省時、雖經湘桂川黔三四十團兵力之圍剿、實力仍未大減、蕭匪尙率四團之衆、其餘兩團未散、故爲獨立縱隊、由匪參謀長統率依附夏曦、又被川軍達旅長痛擊、各軍正包圍壓迫、隔斷蕭賀、窮促無歸之蕭賀、正計無所出、而秀山駐軍某部、因回防秀城、致蕭賀得以合股、從容由南腰界竄入川境、直陷酉陽、擄掠屠殺、姦人之妻、孤人之子、獨人之父、傷心慘死者已矣、生者何託、幸達旅長梧生聞警由酉河兼城回援酉陽、率所部四團尾追蕭賀、故蕭賀匪部晨入酉城、暮卽竄去。

閩省赤匪雖已大部肅淸、但關於封鎖及碉堡工作、仍極重要、近南昌行營、特將本省分爲七封鎖區、每區各派一員監察、現各該員已由南昌首途、日內當可抵省、茲將委員姓名、及監察縣份探誌於下、（一）張冠文監察淸流、明溪、永安、漳平等四縣、（二）蕭榮啓監察建甌、南平、順昌、沙縣等四縣、（三）鄭李瀛監察浦城、崇安、建陽、邵武等四縣、（四）伊紫紳監察將樂、泰寧、建寧等四縣、（五）程慕頤監察尤溪、大田、德化、寧洋等四縣、（六）唐英國監察連城、龍巖、華安、南靖等四縣、（七）王楓春監察武平、上杭、永定、平和等四縣、 閩將來各監察員出發各縣時、如發現各處封鎖辦理不力、或有舞弊情事者、卽可與當地軍事長官、或各軍政訓處長、就近處理、同時省政府亦以現在冬防開始、編各組保甲、已屆完成期限及查烟縣分禁種烟苗、綏匪各區辦理封鎖諸事宜、尤關重要、昨日特令各區行政督察專員、及時親赴所轄周縣巡視、詳加考察、分別督飭辦理、幷將巡視情形具報查核、其封鎖機關、如火油食鹽公賣會、巡查卡等、各縣俱早成立、辦理尙屬精密、其餘保甲公路、未完備者、經已限期告成、又由閩北至省會、要隘之水口、前本設有閩江警備司令部、嗣於赤匪擾閩江時裁撤、改歸第八十七師口口旅劉安琪部防守、駐旅現在自沙閩清安仁溪大雄水口谷口黃田三都口樟湖板各駐防區域內、均架有電話、信息極爲靈通、分備區內各緊要隘口、業經築成之碉堡、已有三十餘座、野堡亦有六十餘座、建築頗完善、其強度可抵野砲彈、並足支持五十年不致崩塌、所有碉樓、均由二六一旅士兵自行構築、所需材料、概係就地採伐、費用較省、惟水口以前曾受僞十九師蹂躪、故建築該處碉樓之鐵板等項材料費、係由省府撥發、約計每座二百元左右、該處碉堡築中、計有五樓、取名「定遠」「守仁」「可法」「繼光」「壯繆」、使守土者、效法先賢、與樓共存亡之深意、近復分兵剿搜古田西區、及余東西水口谷口大坪中坪地區之散匪、決可使沿江附近安全云。（十一月十日）

26. 湘桂川黔协力兜剿，萧（克）、贺（龙）匪已陷包围中，酉阳一度被扰当即逐窜，闽仍厉行封锁筑堡工作，1934年11月15日第2版

消滅共匪無問題

大包圍下匪無法他竄

英國泰晤士報之觀察

▲中央社倫敦十七日路透電　泰晤士報今日社論、稱中國中央政府與贛閩兩省蘇維埃組織之長期戰爭、顯已達一頂點、截至去年秋間爲止、赤黨尚佔上風、然年來蔣介石將軍、加緊經濟及軍事壓迫之後、匪已被逐出　老巢瑞金、刻以佔地日蹙、有西竄之勢、然粵桂兩省當局、均與中央合作剿匪、故政府若能將赤匪加以大包圍、使其無法他竄、則完全剿滅、實無問題、該報又稱赤匪冀圖竄入四川、故劉湘已決意求助　於蔣介石將軍云。

27. 消灭“共匪”无问题，大包围下匪无法他窜——英国泰晤士报之观察，1934年11月18日第2版

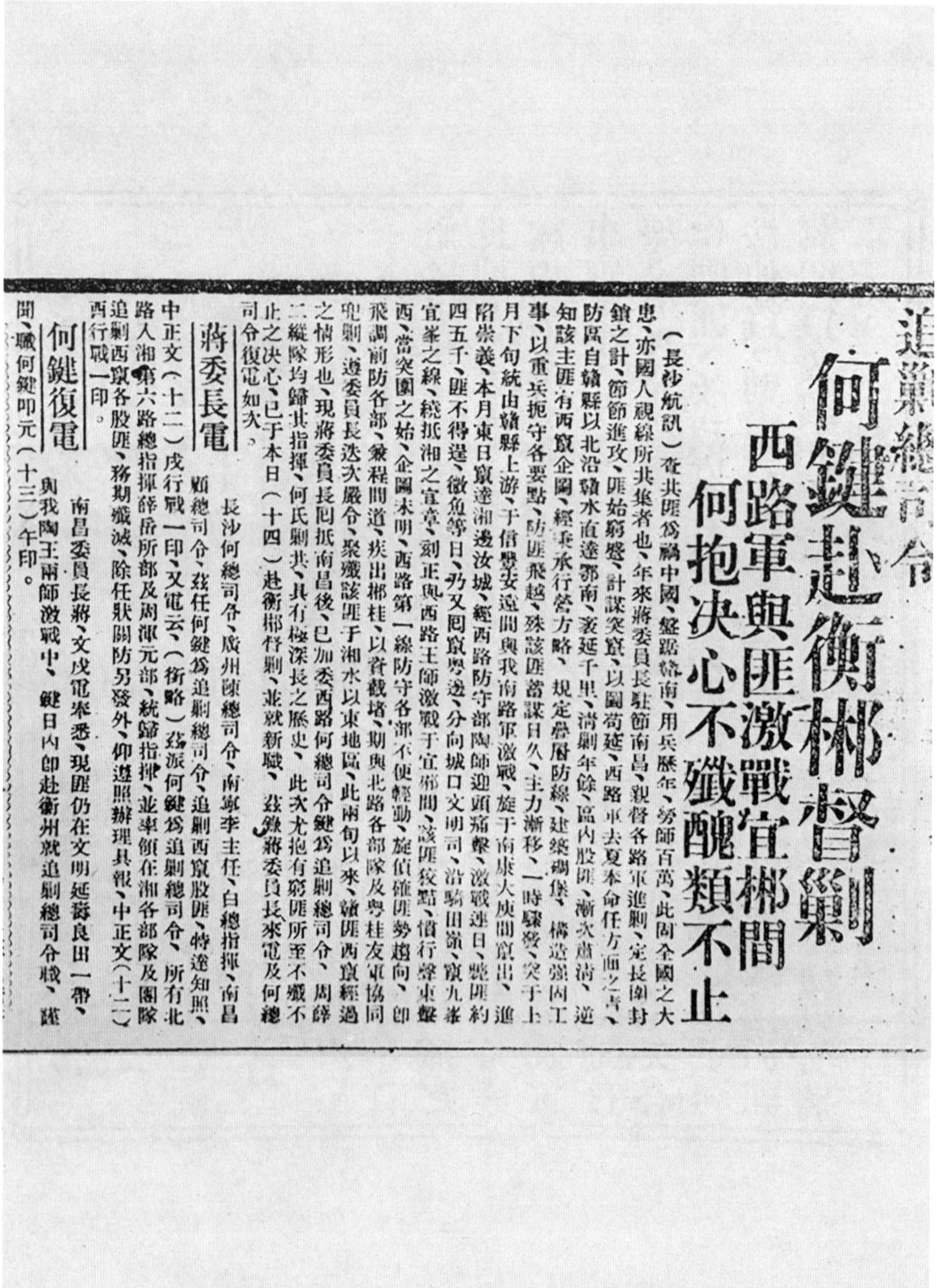

追剿總司令

何鍵赴衡郴督剿

西路軍與匪激戰宜郴間

何抱決心不殲醜類不止

(長沙航訊)查共匪爲禍中國、盤踞贛南、用兵歷年、勞師百萬、此固全國之大患、亦國人視線所共集者也、年來蔣委員長駐節南昌、親督各路軍進剿、定長圍封鎖之計、節節進攻、匪始窮蹙、計謀突竄、以圖苟延、西路軍去夏奉命任方面之責、防區自贛縣以北沿贛水直達鄂南、袤延千里、清剿年餘、區內股匪、漸次肅清、逆知該主匪有西竄企圖、經秉承行營方略、規定疊層防線、建築碉堡、構造強固工事、以重兵扼守各要點、防匪飛越、殊該匪蓄謀日久、主力漸移、一時驟發、突于上月下旬統由贛縣上游、于信豐安遠間與我南路軍激戰、旋于南康大庾間竄出、進陷崇義、本月東日竄達湘邊汝城、經西路防守部陶師迎頭痛擊、激戰連日、斃匪約四五千、匪不得逞、微魚等日、乃又回竄粵邊、分向城口文明司、沿騎田嶺、竄九峯宜峯之線、統扺湘之宜章、刻正與西路王師激戰于宜郴間、該匪狡黠、慣行聲東擊西、當突圍之始、企圖未明、西路第一線防守各部不便輕動、旋偵確匪勢趨向、即飛調前防各部、兼程間道、疾出郴桂、以資截堵、期與北路各部隊及粵桂友軍協同兜剿、遵委員長迭次嚴令、聚殲該匪于湘水以東地區、此兩旬以來、贛匪西竄經過之情形也、現蔣委員長囘抵南昌後、已加委西路何總司令鍵爲追剿總司令、周薛二縱隊均歸其指揮、何氏剿共、具有極深長之歷史、此次尤抱有窮匪所至不殲不止之決心、已于本日(十四)赴衡郴督剿、並就新職、玆錄蔣委員長來電及何總司令復電如次。

蔣委員長電

長沙何總司令、廣州陳總司令、南寧李主任、白總指揮、南昌顧總司令、玆任何鍵爲追剿總司令、追剿西竄股匪、特達知照、中正文(十二)戌行戰一印、又電云、(銜略)玆派何鍵爲追剿總司令、所有北路入湘第六路總指揮薛岳所部及周渾元部、統歸指揮、並率領在湘各部隊及團隊追剿西竄各股匪、務期殲滅、除任狀關防另發外、仰遵照辦理具報、中正文(十二)酉行戰一印。

何鍵復電

南昌委員長蔣、文戌電奉悉、現匪仍在文明延壽良田一帶、與我陶王兩師激戰中、鍵日內即赴衡州就追剿總司令職、謹聞、職何鍵叩元(十三)午印。

28. 追剿总司令何键赴衡（州）、郴（州）督剿，西路军与匪激战宜（章）、郴（州）间，何抱决心不歼丑类不止，1934 年 11 月 18 日第 2 版

□民國二十三年十一月二十日　中央日報　星期二

國軍續進會昌即下
明溪寧化殘匪已鼠竄
贛閩剿匪軍事已屆最後階段
蔣委長勉軍政兩方協同肅清

李白布置桂湘邊境防務

▲中央社香港十九日電　梧息、李宗仁白崇禧十七日抵桂林、策劃剿匪軍事、李來粵期未定。

▲本社十九日上海專電　港電、總部接桂電、白崇禧十六日由邕赴桂湘邊佈置軍事、李宗仁亦於十七日午趕梧轉桂後、赴桂北湘西視察防務。

▲中央社南昌十九日電　前方電訊、雩都收復後、我軍續進會昌指日可下、按贛八十三縣僅會昌一縣未收復、匪無險可守、指顧間可收復。

▲中央社福州十九日電　閩省剿匪軍事、已入善後階段、蔣鼎文赴贛、面謁蔣委員長、請示收復匪區善後、及東路軍今後展進機宜、何日內即返閩。

▲中央社福州十九日電　明溪寧化殘餘土匪、聞我軍追攻、喪胆逃遁、兩城週內可下、閩省陷匪各地、年內可完全收復。

▲中央社韶關十九日電　北路軍十八日午三時收復雩都、口總部接粵電告匪一軍團在延壽悉數殲滅林彪被擊斃。

▲中央社長沙十九日電　宜章之匪、經我王東原師痛擊、向臨武潰退、我軍進駐宜城、現正分途追剿。

▲中央社長沙十九日電　六十二師長陶廣十四日西電稱十三日率部由小折橋向百丈嶺文明司進擊、僞五軍團廿三師約一千五百餘、機槍十餘挺、佔領我進路兩翼水澳油之線、恃險搏擊、激戰五小時、匪受鉅傷、退扼百丈嶺碉堡、比令鍾旅從右翼包圍、王旅向正面衝擊、又激戰四小時、鍾旅進至文明司西端、王旅亦衝至百丈嶺、本可一鼓殲滅、不料天忽大霧、匪乘機蜂擁渡河向赫石逃竄、是役我軍獲槍三十一枝、斃匪五六百、俘匪百餘。

蔣遠巡返贛之首次報告

▲中央社南昌十九日電　蔣委員長十九日晨在行營擴大紀念週報告、首謂江西黨政軍及各界同志、三年來共同努力、卒使剿匪工作得告一段落、應向各同志特別表示敬意、現值剿匪工作即將完成之際、尤應加倍努力、自強不息、否則諸位過去之勞苦功績、將一筆勾銷、次謂過去剿匪期間、曾提出三分軍事七分政治之口號、但事實上或者還是用了七分軍事三分政治的力量、今後黨政兩方、務須協同一致、至少做到七分的努力、以掃除殘匪、從事整理與建設、末謂此次到華北各省視察、覺各省政治均有進步、有幾省人才經濟、俱感缺乏、但成績特別好、更爲難得、江西方面就更應加緊工作云云。

▲中央社南昌十九日電　南昌黨政軍各界十九日晨九時在行營舉行擴大紀念週、聆蔣委員長遠巡歸來第一次報告、蔣氏並謂剿匪軍事、現已告一段落、均係黨政軍三年來共同努力之結果、若能自強不息、任何困難、均可克復、繼述及贛省黨政各方成績、並加以指示、末謂此次出巡感想、深感各省進步之可驚云、至十時始講畢。

贛省府計劃收復區善後

▲中央社南昌十九日電　省政府以全省匪區即將完全收復、亟應辦理各縣清鄉善後、經飭各廳處、合擬計劃、廿日全部可擬竣、省府定廿一日開會審查、彙呈行營鑒核施行、現建教兩廳計劃已擬妥、建設方面側重各收復區之道路及敷設電話及農村建設教育、力求推廣各縣教育、並由特種教育處在寧都設立特教推行處、推進教養衛三項工作、並於各縣廣設民校。

▲中央社南昌十九日電　雩都未收復前、即委李詠懷爲縣長、已隨軍抵縣、辦理善後、省府撥五千元賑濟、並限期修築雩寧路、並日恢復郵電。

▲中央社襄陽十八日電　陸軍第四十一師特別黨部、十八日致蔣委員長并轉各路剿匪將士慰勞電一件、電文云、南昌蔣委員長鈞鑒、並懇轉各路將士勛鑒、頃聞我東路剿匪軍、已克瑞金、查該地被匪久踞、號稱僞都、今既收復、使匪失其根據、逖聞露布、驩忭曷極、竊念數年以來、我委員長擘畫殷勤、未遑寢饋、一旦犂庭掃穴、丕振國威、具見決策運籌、算操必勝、溯溪蘇醜、陽明戡破寨之勳、淮蔡堅城、裴度奏擒吳之績、指揮負定、端賴容襄、至各路將士、殺敵致果、忠勇兼優、實爲勞苦功高、增榮戰史、仍冀乘此大捷、順風而前、殄彼凶頑、不使稍留餘孽、則章流貫水、咸助歡聲、庾嶺匯峯、並開笑貌、光天化日、皆我委員長暨各將士所再造也、翹誠頌勝、伏維垂督、陸軍第四十一師特黨部叩巧（十八）印。

2|1

29. 国军续进会昌即下，明溪、宁化残匪已鼠窜，赣闽剿匪军事已届最后阶段，蒋委长勉军政两方协同肃清，1934 年 11 月 20 日第 2 版

中華民國二十三年十一月二十日

國軍續進會昌即下
明溪寧化殘匪已鼠竄
贛閩剿匪軍事已屆最後階段
蔣委長勉軍政兩方協同肅清

李白佈置桂湘邊境防務

▲中央社香港十九日電　梧息、李宗仁白崇禧十七日抵桂林、策劃剿匪軍事、李來粵期未定。

▲本社十九日上海專電　港電、總部接桂電、白崇禧十六日由邕赴桂湘邊佈置軍事、李宗仁亦於十七日午趕桂、俟離桂後、赴桂北湘西視察防務。

▲中央社南昌十九日電　前方電訊、雩都收復後、我軍續進會昌指日可下、按贛八十三縣僅會昌一縣未收復、匪無險可守、指顧間可收復。

▲中央社福州十九日電　閩省剿匪軍事、已入善後階段、蔣鼎文赴贛、面謁蔣委員長、請示收復匪區善後、及東路軍今後進展機宜、旬日內即返閩。

▲中央社福州十九日電　明溪寧化殘餘土匪、聞我軍進攻、喪膽逃遁、兩城週內可下、閩省陷匪各地、年內可完全收復。

▲中央社龍岩十九日電　北路軍十八日午三時收復寧都、口總部接粵電告匪一軍團在延壽悉數殲滅林彪被擊斃。

▲中央社長沙十九日電　宜章之匪、經我王東原師痛擊、向臨武潰退、我軍進駐宜城、現正分途追剿。

▲中央社長沙十九日電　六十二師長陶廣十四日西電稱十三日率部由小折橋向百丈嶺文明司進擊、偽五軍團廿三師槍約一千五百餘、機槍十餘挺、佔領我進路兩翼水澳油之線、恃險搏擊、激戰五小時、匪受鉅傷、退扼百丈嶺碉堡、比令錘旅從右翼包圍、王旅向正面衝擊、又激戰四小時、錘旅進至文明司西端、王旅亦衝至百丈嶺、本可一鼓殲滅、不料天忽大霧、匪乘機蜂擁渡河向赫石逃竄、是役我軍獲槍三十一枝、斃匪五六百、俘匪百餘。

蔣[illegible]巡[illegible]

▲中央社南昌十九日電　蔣委員長十九日晨在行營擴大紀念週報告、首

（局部图 1）

中央日報　星期二

蔣遠巡返贛之首次報告

▲中央社南昌十九日電　蔣委員長十九日晨在行營擴大紀念週報告、首開江西黨政軍及各界同志、三年來共同努力、卒使剿匪工作得告一段落、應向各同志特別表示敬意、現值剿匪工作即將完成之際、尤應加倍努力、自強不息、否則諸位過去之艱苦功績、將一筆勾銷、次謂過去剿匪期間、曾提出三分軍事七分政治之口號、但事實上或者還是用了七分軍事三分政治的力量、今後黨政兩方、務須協同一致、至少做到七分的努力、以掃除殘匪、從事整理與建設、末謂此次到華北各省視察、覺各省政治均有進步、有幾省人才經濟、但感缺乏、但成績特別好、更爲難得、江西方面就更應加緊工作云云。

▲中央社南昌十九日電　南昌黨政軍各界十九日晨九時在行營舉行擴大紀念週、聆蔣委員長遠巡歸來第一次報告、蔣氏並闡剿匪軍事、現已告一段落、均係黨政軍三年來共同努力之結果、若能自強不息、任何困難、均可克復、繼述及贛省黨政各方成績、並加以指示、末謂此次出巡感想、深感各省進步之可驚云、至十時始講畢。

贛省府計劃收復區善後

▲中央社南昌十九日電　省政府以全省匪區即將完全收復、亟應辦理各縣清鄉善後、經飭各廳處、會擬計劃、廿日全部可擬竣、省府定廿一日開會審查、俟呈行營覈核施行、現建教兩廳計劃已擬妥、建設方面側重各收復區之道路及敷設電話及農村建設教育、力求推廣各縣教育、並由特種教育處在寧都設立特教推行處、推進教養衛三項工作、並於各縣廣設民校。

▲中央社南昌十九日電　雩都未收復前、即委李詠懷爲縣長、已隨軍抵縣、辦理善後、省府撥五千元賑濟、並限期修築雩寧路、越日恢復郵電。

▲中央社襄陽十八日電　陸軍第四十一師特別黨部、十八日致蔣委員長并轉各路剿匪將士慰勞電一件、電文云、南昌蔣委員長鈞鑒、並懇轉各路將士勛鑒、頃聞我東路剿匪軍、已克瑞金、查該地被匪久踞、號稱僞都、今既收復、使匪失其根據、遙聞露布、歡忭莫極、緬念數年以來、我委員長擘畫殷勤、未遑寢饋、一旦犁庭掃穴、丕振國威、具見決策運籌、算操必勝、溯溪[illegible]、陽明戰破寨之勳、淮蔡堅城、裴度奏擒吳之績、指揮與定、端賴容衷、至各路將士、殺敵致果、忠勇兼優、實爲勞苦功高、增榮戰史、仍冀秉此大捷、順風而前、殄彼凶頑、不使稍留餘孽、則章流貢水、成功獻凱、庾嶺歡聲、並開笑貌、光天化日、皆我委員長暨各將士所再造也、竭誠頌賀、伏維垂鑒、陸軍第四十一師特黨部叩巧（十八）印。

（局部图2）

江西全境已無匪蹤

南昌開慶祝慰勞大會

行營責成各縣辦理清鄉善後

何鍵督飭追剿各路均告勝利

桂邊防堵嚴密白崇禧抵桂林

▲中央社南昌二十四日電 會昌克復後、全境已無匪踪、該縣被匪佔據六年、縣政府曾遷筠門嶺辦公、省府已電令遷回縣治、責成縣長辦理地方善後、撫輯流亡、并併入特別政治區、與各收復縣區統籌清鄉善後。

▲中央社南昌二十四日電 贛行營爲督察各部隊剿匪情形、後方勤務及地方善後事宜、決按剿匪計劃所定各清剿區、每區派遣剿匪督察專員一人、特訂定服務規則十三條、並經派定劉一公爲贛皖浙邊區剿匪督察專員。

▲中央社南昌二十四日電 省會各界慶祝剿匪勝利、暨慰勞大會、爲擴大慶祝、并定下月二日舉行遊藝會三日、晚舉行提燈大會、通告各機關團體學校、屆時在體育場集合參加。

▲本社二十四日上海專電 虔電、總部軍報我第□師李玉堂部、廿三日午後三時入會昌城、殘匪西竄。

▲中央社龍岩二十四日電 東路軍第□師李玉堂部、二十三日午三時入會昌、殘匪向西南潰退、臨行將城內所積糧食悉燒毀、房屋破壞甚多。

▲中央社龍岩廿三日電 東路追擊部隊、已迫近會昌、沿途與潰竄之殘匪、曾有小接觸。

▲中央社福州二十四日電 東路第四縱隊收復瑞金後、匪主力分竄湘南粵北及贛東一帶、瑞金附近五十里山間、仍有殘匪伏、現已派隊搜剿、瑞金善後如保甲工作等、均在進行中、我軍直迫會昌、日內即可攻入會昌城。

▲本社廿四日上海專電 虔電、漳訊、蔣鼎文廿二日自贛飛返龍岩、定廿四日回漳、因雨展期、擬廿四日夜總部駐虔辦事處息、蔣鼎文原定廿二日飛返、惟尚未得抵龍岩報。

▲本社二十四日上海專電 福電、保安處前派員赴閩東會同省委林知淵、徵集兵民築碉堡、現福安寧德壽寧三縣已築七百餘座、匪勢漸戢。

▲本社二十四日上海專電 贛訊、南昌行營撥二萬元爲長汀回籍難民急賑、省府已令八區行政專員籌備民貸款所、並令財廳每月撥萬元、以十個月爲期、作收復區善後費。

▲中央社廈門二十四日電 廈各界代表周延洛等五人、本日赴前方慰勞東路軍將士、慰勞品頗豐。

▲中央社福州二十四日電 長汀民衆、廿三日舉行新運促進會、及軍民聯歡會、慶祝剿匪勝利、重見天日。

又訊云、追剿總司令何鍵前（廿三）日由衡州電京、報告追剿赤匪情形、原電云、（一）據李師長雲杰馬（二十一）電稱、我六九旅號（廿日）午將洪觀墟士橋圩北高山之僞三軍團四五兩師擊潰後、佔領七橋圩洪觀圩間之三眼頭、向洪觀圩追擊、於馬（二十一）午佔領洪觀圩、匪仍在抵抗、僞三軍團第六師及僞一軍團、旋亦相繼加入、戰鬥甚烈、其竄永樂圩方匪、已被我六七旅擊潰、向石圩落山廟等處竄走、現正分途追截中、所俘之匪、僞一三五八九軍團均有、（二）據周指揮官養（二十二）電、我薛師現正與大股匪在寧城南之萬石山黃家橋天堂圩南河口一帶激戰等語、特聞。

▲本社二十四日上海專電 港電王贊斌二十二日電、僞三軍團楊廣華部千餘人、二十二日晨犯永州之河墟、黃鎮國師派兵一團圍剿、激戰約一小時、匪不支潰退、據探報匪八千糧由藍山江華來犯、我已有備、各地均有我軍駐守、匪二千二十二日犯黃沙河、與桂軍戰、二十三日匪始退、四集團息、匪仍徘徊江華永明間、尚未竄抵桂境、桂已嚴陣待、白崇禧已抵桂林、二十四日赴全州視察。

30. 江西全境已无匪踪，南昌开庆祝慰劳大会，行营责成各县办理清乡善后，何键督饬追剿各路均告胜利，桂边防堵严密白崇禧抵桂林，1934年11月25日第2版

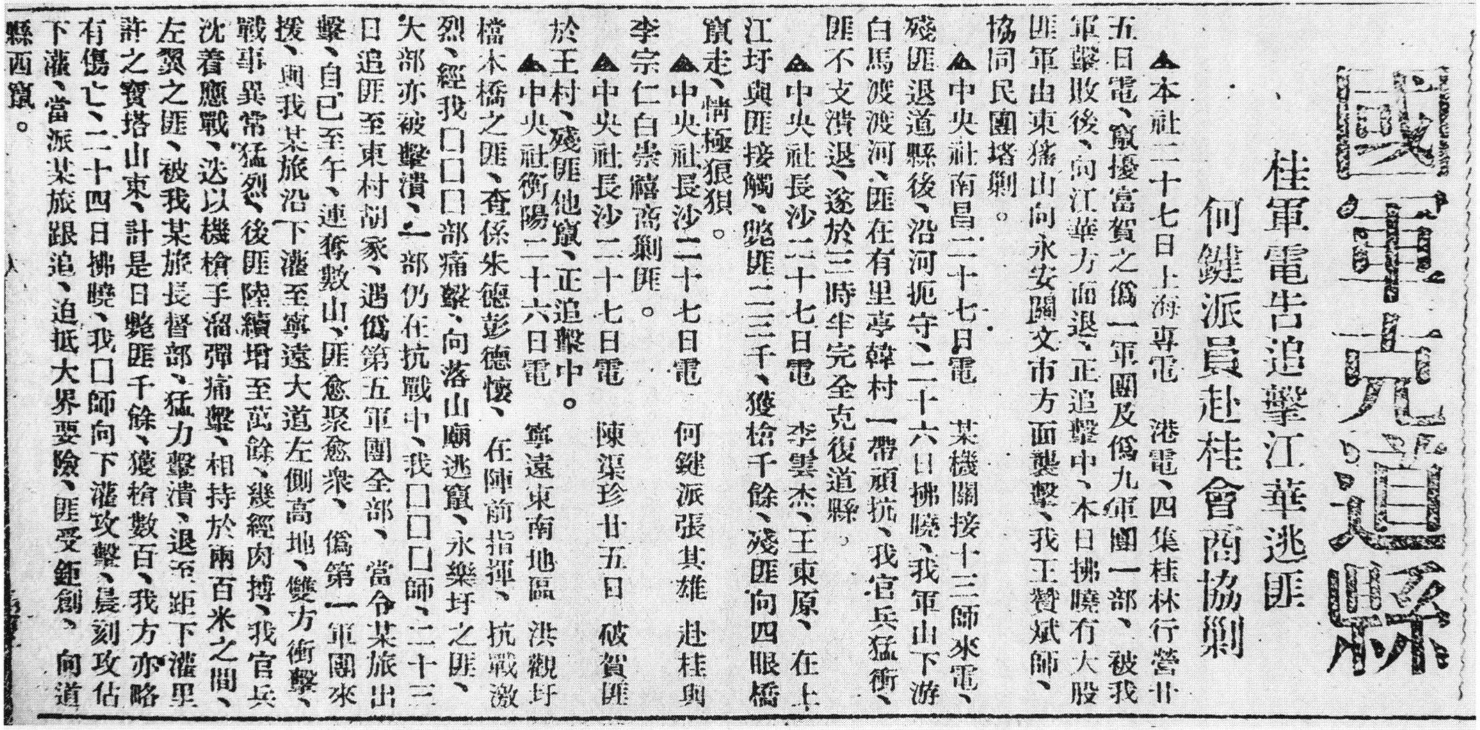

國軍克道縣

桂軍電告追擊江華逃匪
何鍵派員赴桂會商協剿

▲本社二十七日上海專電　港電、四集桂林行營廿五日電、竄擾富賀之僞一軍團及僞九軍團一部、被我軍擊敗後、向江華方面退、正追擊中、本日拂曉有大股匪軍由東豬山向永安關文市方面襲擊、我王贊斌師、協同民團堵剿。

▲中央社南昌二十七日電　某機關接十三師來電、殘匪退道縣後、沿河扼守、二十六日拂曉、我軍由下游白馬渡渡河、匪在有里亭韓村一帶頑抗、我官兵猛衝、匪不支潰退、遂於三時半完全克復道縣。

▲中央社長沙二十七日電　李雲杰、王東原、在上江圩與匪接觸、斃匪二三千、獲槍千餘、殘匪向四眼橋竄走、情極狼狽。

▲中央社長沙二十七日電　何鍵派張其雄　赴桂與李宗仁白崇禧商剿匪。

▲中央社長沙二十七日電　陳渠珍廿五日　破賀匪於王村、殘匪他竄、正追擊中。

▲中央社衡陽二十六日電　寧遠東南地區　洪觀圩檔木橋之匪、查係朱德彭德懷、在陣前指揮、抗戰激烈、經我口口部痛擊、向落山廟逃竄、永樂圩之匪、大部亦被擊潰、一部仍在抗戰中、我口口口師、二十三日追匪至東村劉家、遇僞第五軍團全部、當令某旅出擊、自已至午、連奪數山、匪愈聚愈衆、僞第一軍團來援、與我某旅沿下灌至寧遠大道左側高地、雙方衝擊、戰事異常猛烈、後匪陸續增至萬餘、幾經肉搏、我官兵沈着應戰、迭以機槍手溜彈痛擊、相持於兩百米之間、左翼之匪、被我某旅長督部、猛力擊潰、退至距下灌里許之寶塔山東、計是日斃匪千餘、獲槍數百、我方亦略有傷亡、二十四日拂曉、我口師向下灌攻擊、晨刻攻佔下灌、當派某旅跟追、追抵大界要險、匪受鉅創、向道縣西竄。

31. 国军克道县，桂军电告追击江华逃匪，何键派员赴桂会商协剿，1934年11月28日第2版

閩邊殘匪將告肅清

清流已收復寧化即下

湘南匪據寧遠頑抗包圍擊潰

湘粵軍會合追剿中斃匪無算

▲中央社龍岩二十八日電　清流已於二十六日申刻收復、東路軍入城時、曾與城內殘匪巷戰數小時、刻正向寧化推進、寧化今明亦可收復。

▲中央社福州二十七日電　東路總部捷報、我六九旅將洪觀圩土橋圩之僞三軍團四五兩師擊潰後、隨佔領三眼泮洪觀橋、匪仍在抵抗、僞三軍第六師、及僞一軍團、亦相繼加入、戰鬥甚烈、其竄永樂圩匪、亦被我□口部擊潰、向脊石圩崙山嶺等處竄去、現分途追擊中、同時我衛師與大股匪在城之萬石山黃家嶺大路圩一帶激戰、陳主席已撥款二萬元、飭交民政廳派員購貨入汀救濟。

▲中央社廣州二十八日路透電　自十一月二十三日起、由贛西竄之共匪、為覓衣食與彈藥、以度寒冬計、現圖侵入桂省、桂軍總司令李宗仁、現調所有軍隊、從事防堵、按數日前據官報、共匪小隊曾侵入桂東邊若數縣、經桂省第十五軍激戰擊退、共匪驟遭此挫衄、現仍圖大舉攻桂云、今日李宗仁致電西南政務會、謂數日前喬裝縣民、混入桂境之共匪、均經擒獲云。

▲中央社衡陽二十七日電　匪主力四五萬、在道縣蔣佛寺之線、一部萬餘、在道縣北王母橋附近、積竄桂境龍虎關附近之匪約萬餘、向永明北之上江附近行進、匪後隊萬餘、連日在寧遠西南之把截河大界一帶、與我周渾元李雲杰各路軍、節節抗戰、我軍斃匪甚多、獲槍千餘、又寧遠之匪、於二十三日在該縣天堂圩、與我周渾元、李雲杰、王東原等部激戰、我軍猛力痛擊、斃匪二三千、獲槍千餘、我軍亦有傷亡、二十四日晨、周渾元部向道縣大道攻擊、匪利用楊梓洞五六里之隘道、節節抗戰、我□師由右迂迴襲擊、其後匪始不支、向把截河以西潰退、現正跟擊中。

▲中央社長沙二十七日電　衡訊、我周渾元、李雲杰、王東原各部、將道縣、臨武、藍山各處共匪、完全擊潰、業與粵軍獨三等師會合向匪猛剿斃匪無算。

▲中央社長沙二十八日電　我周渾元李雲杰王東原各部、將下灌水打鋪之匪、完全擊潰、業與粵軍獨立三師會合向北進剿。

▲中央社長沙二十八日電　何鍵以此次竄匪西竄、經我各路軍各縣團隊、協同痛擊、挺進堵截、計先後斃匪近萬、俘匪數千、而沿途潰散傷病落伍之匪、尤為不少、茲據汝城宜章兩縣呈報、汝城俘匪二千餘、宜章作餘、其他經過各縣、當亦類是、二十五日特電令湘南各區司令、各縣長、乘其潰散狼狽之際、嚴督各縣團隊義勇隊、趕緊搜捕殘匪、並令對於友軍沿途因病落伍士兵、隨時護送、轉報各該長官接收歸隊。

▲中央社南昌二十八日電　殘匪竄至衛與縣屬之黃柏塘、王耀武旅命李團進剿、於二十日晚佔領黃柏塘、匪豺反攻、激戰數小時、卒不得逞、計斃僞縣蘇維埃僞獨立營長各一、斃匪四百俘匪五十、及地雷土砲甚多。

▲中央社福州二十七日電　蔣鼎文電省、李玉堂師廿二日未時確將會昌佔領、李二十三日未時進駐會昌、全縣民衆被匪壓迫、隨行將所有糧秣搬行焚燬、現在招撫綏輯中、又林斯賢電省、我第三師新淦迫會昌時、匪以三倍我軍之主力頑抗、卒被擊散、收復名城、我軍奮勇爭先、僅受傷團營長各一人、士兵數十人云云。

32. 闽边残匪将告肃清，清流已收复宁化即下，湘南匪据宁远顽抗包围击溃，湘粤军会合追剿中毙匪无算，1934 年 11 月 28 日第 2 版（附正文释文）

释文：

▲中央社龙岩二十八日电　清流已于二十六日申刻收复。东路军入城时，曾与城内残匪巷战数小时，刻正向宁化推进，宁化今明亦可收复。

▲中央社福州二十七日电　东路总部捷报，我六九旅将洪观圩、土桥圩之“伪三军团”四、五两师击破后，随占领三眼洪洪观桥。匪仍在抵抗，“伪三军第六师”及“伪一军团”亦相继加入，战斗甚烈。其窜永乐圩匪亦被我□□部击溃，向肴石圩、落山庙等处窜去，现分途追击中。同时我萧师与大股匪在城之万石山、黄家桥、天踞圩一带激战。陈主席已拨款二万元，饬交民政厅派员购货入汀救济。

▲中央社广州二十八日路透电　自十一月二十三日起，由赣西窜之“共匪”，为觅衣食与弹药以度寒冬计，现图侵入桂省，桂军总司令李宗仁现调所有军队，从事防堵。按数日前据官报，“共匪”小队曾侵入桂东边界数县，经桂军第十五军激战击退。“共匪”虽遭此挫衄，现仍图大举攻桂云。今日李宗仁致电西南政务会，谓数日前乔装难民混入桂境之“共匪”，均经擒获云。

▲中央社衡阳二十七日电　匪主力四五万在道县寿佛寺之线，一部万余在道县北王母桥附近，绕窜桂境龙虎关附近之匪约万余，向永明北之上江附近行进。匪后队万余，连日在宁远西南之把戏河、大界一带与我周浑元、李云杰各路军节节抗战，我军毙匪甚多，获枪千余。又宁远之匪于二十三日在该县天堂境与我周浑元、李云杰、王东原等部激战，我军猛力轰击，毙匪二三千，获枪千余，我军亦有伤亡。二十四日晨，周浑元部向道县大道攻击，匪利用梧□洞五六里之隘道节节抗战，我□师由右迂回袭击，其后匪始不支，向把戏河以西溃退，现正跟击中。

▲中央社长沙二十七日电　衡讯，我周浑元、李云杰、王东原各部，将道县、临武、蓝山各处“共匪”完全击溃，业与粤军独二等师会合向匪猛剿，毙匪无算。

▲中央社长沙二十八日电　我周浑元、李云杰、王东原各部，将下灌水打铺之匪完全击溃，业与粤军独立三师会合向北进剿。

▲中央社长沙二十八日电　何键以此次赣匪西窜，经我各路军、各县团队协同痛击，扼要堵截，计先后毙匪近万，俘匪数千，而沿途溃散、伤病、落伍之匪尤为不少。迭据汝城、宜章两县呈报，汝城俘匪二千余，宜章千余。其他经遇各县当亦类是。二十五日特电令湘南各区司令、各县长乘其溃散狼狈之际，严督各县团队义勇队赶为搜捕净尽，并令对于友军沿途因病落伍士兵随时护送，转报各□长官接收回队。

▲中央社南昌二十八日电　残匪窜至德兴县属之黄柏塘，王耀武旅命李团进剿，于二十日晚占领黄柏塘。匪部反攻，激战数小时，卒不得逞。计毙“伪县”苏维埃“伪独立营长”各一，毙匪四百，俘匪五十，及地雷、土炮甚多。

▲中央社福州二十七日电　蒋鼎文电省，李玉堂师廿二日未时确将会昌占领，李二十三日未时进驻会昌。全县民众被匪压迫，临行将所有粮秣概行焚烧，现在招抚绥辑中。又林斯贤电省，我第三师新进迫会昌时，匪以三倍我军之主力顽抗，卒被击散，收复名城。我军奋勇争先，仅受伤团、营长各一人，士兵数十人云云。

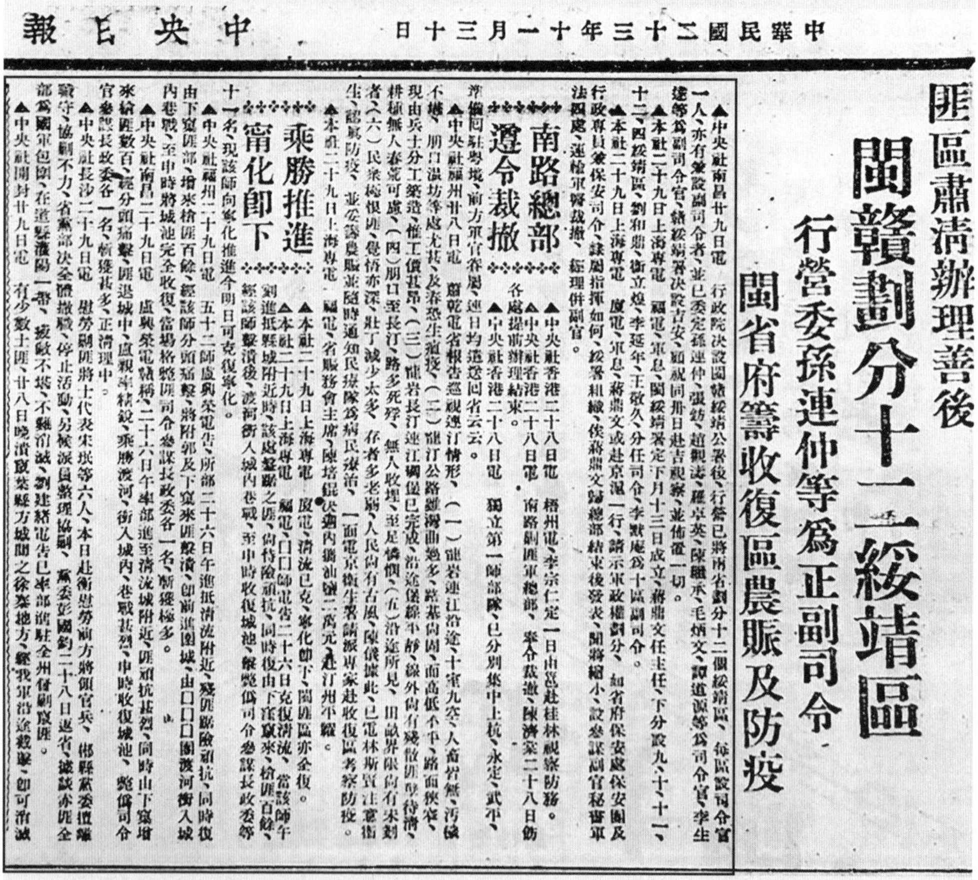

中央日報　中華民國二十三年十一月三十日

匪區肅清辦理善後
閩贛劃分十二綏靖區
行營委孫連仲等爲正副司令
閩省府籌收復區農賑及防疫

▲中央社南昌廿九日電　行政院決設閩贛綏靖公署後、行營已將兩省劃分十二個綏靖區、每區設司令官一人、亦有兼設副司令者、並已委定孫連仲、張鈁、趙觀濤、羅卓英、陳繼承、毛炳文、譚道源等爲司令官、李生達等爲副司令官、贛綏靖署決設吉安、顧祝同卅日赴吉視察、並佈置一切。

▲本社二十九日上海專電　福電、軍息、閩綏靖署定下月十三日成立、蔣鼎文任主任、下分設九、十、十一、十二、四綏靖區、劉和鼎、衛立煌、李延年、王敬久、分任司令、李默庵爲十區副司令。

▲本社二十九日上海專電　廈電、軍息、蔣鼎文或赴京滬一行、請示軍政權劃分、如省府保安處保安團及行政專員兼保安司令、隸屬指揮如何、綏署組織、俟蔣鼎文歸總部結束後發表、聞將縮小、設參謀副官秘書軍法四處、運輸軍醫裁撤、經理併副官。

南路總部遵令裁撤

▲中央社香港二十八日電　梧州電、李宗仁定一日由邕赴桂林視察防務。

▲中央社香港二十八日電　南路剿匪軍總部、奉令裁撤、陳濟棠二十八日飭各處提前辦理結束。

▲中央社香港二十八日電　獨立第一師部隊、已分別集中上杭、永定、武平、準備回駐粵境、南方軍官眷屬、連日均遣送回省云云。

▲中央社福州廿八日電　蕭乾電省報告巡視連汀情形、（一）龍岩連江沿途、十室九空、人畜皆無、汚穢不堪、朋口溫坊等處尤甚、及春恐生瘟疫、（二）龍汀公路雖灣曲過多、路基尚固、而高低不平、路面狹窄、現由兵士分工築造、惟工價甚昂、（三）龍岩長汀連江碉僅已完成、沿途堡線平靜、線外尚有殘散匪尋待清、耕稼無人春荒可慮、（四）朋口至長汀、路多死殍、無人收埋、至足憐憫、（五）沿途所見、田畝界限尚有未劃者、（六）民衆痛恨匪、覺悟亦深、壯丁減少太多、存者多老弱、人民尚有古風、陳儀據此、已電林斯賢注意衞生、認眞防疫、並妥籌農賑並隨時通知民援隊爲病民療治、一面電京衞生署請派專家赴收復區考察防疫。

▲本社二十九日上海專電　廈電、省賑務會主席、陳培焜決籌內撥油鹽二萬元、赴汀州平糶。

乘勝推進　甯化即下

▲本社二十九日上海專電　廈電、淸流已克、寧化即下、閩匪區亦全復。

▲本社二十九日上海專電　福電、□□師電告二十六日克復淸流、當該師午到進抵縣城附近時、該處盤踞之匪、尚恃險頑抗、同時復由下窪竄來、股匪百餘、經該師擊潰後、渡河衝入城內巷戰、至申時收復城池、擊斃僞司令參謀長政委等十一名、現該師向寧化推進今明日可克復寧化。

▲中央社福州二十九日電　五十二師盧興榮電告、所部二十六日午進抵淸流附近、發現匪踞險頑抗、同時復由下窪匪部、增來槍匪百餘、經該師分頭痛擊、將附郭及下窪來匪擊潰、即向淸流城、由□□□鬪渡河衝入城內巷戰、至申時將城池完全收復、當場格斃匪司令參謀長政委各一名、斬獲極多。

▲中央社南昌二十九日電　盧興榮電稱、二十六日午率部進至淸流城附近、匪頑抗甚烈、同時由下窪增來槍匪數百、經分頭痛擊、匪退城中、盧親率精銳、乘勝渡河、衝入城內、巷戰甚烈、申時收復城池、斃僞司令官參謀長政委各一名、俘獲甚多、正淸理中。

▲中央社長沙二十九日電　慰勞剿匪將士代表宋垿等六人、本日赴衡慰勞南方將領官兵、郴縣黨委擅離職守、協剿不力、省黨部決全體撤職、停止活動、另派委員整理協剿、黨委彭國鈞二十八日返省、據談赤匪全部爲國軍包圍、在道縣瀟陽一帶、疲敝不堪、不難消滅、劉建緒電告已率部南駐全州督剿竄匪。

▲中央社開封廿九日電　有少數土匪、廿八日晚潰竄柴縣方城間之徐寨地方、經我軍沿途截擊、即可消滅

33. 匪区肃清办理善后，闽赣划分十二绥靖区，行营委孙连仲等为正副司令，闽省府筹收复区农赈及防疫，1934 年 11 月 30 日第 2 版

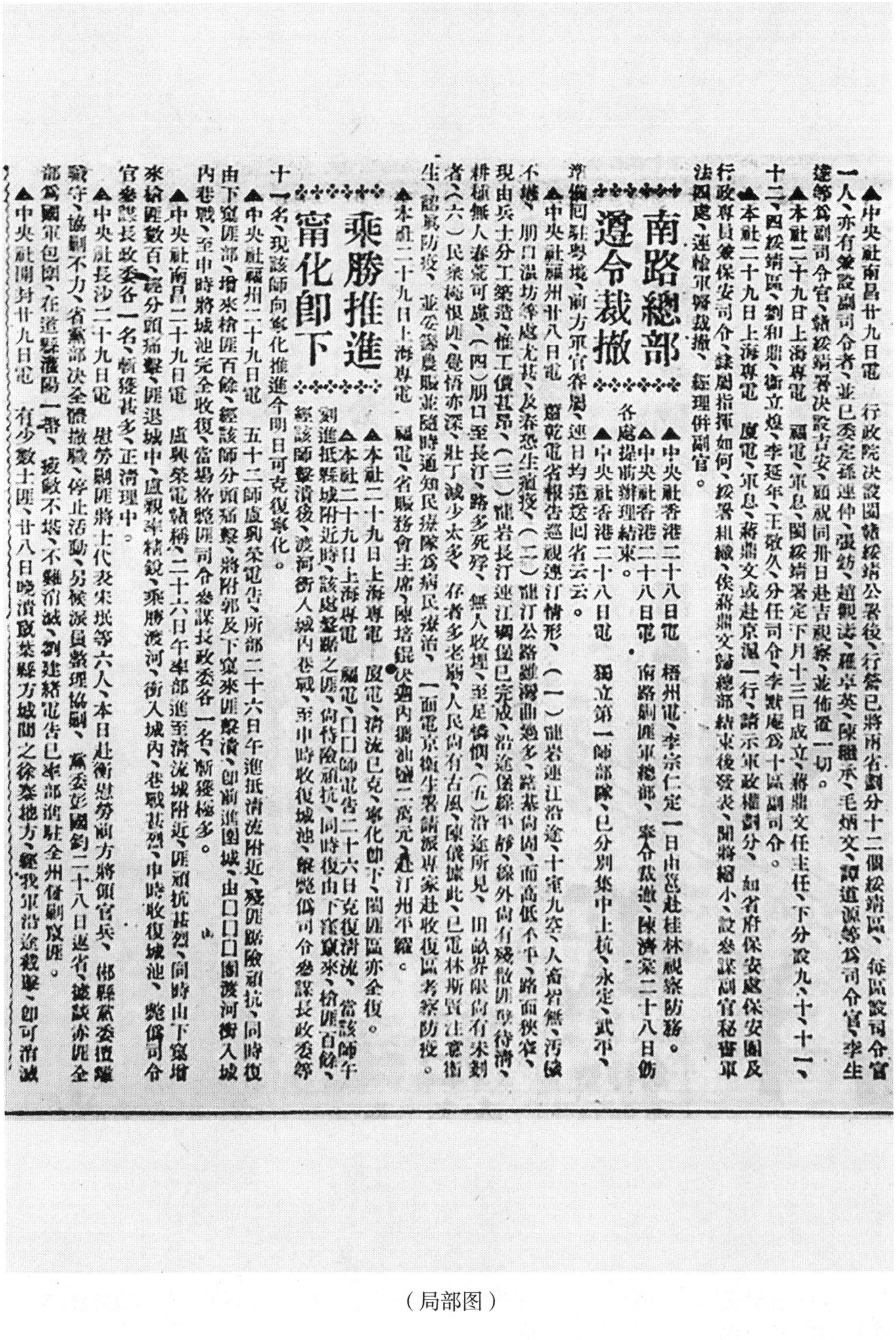

▲中央社南昌廿九日電　行政院决設閩贛綏靖公署後、行營已將兩省劃分十二個綏靖區、每區設司令官一人、亦有兼設副司令者、並已委定孫連仲、張鈁、趙觀濤、羅卓英、陳繼承、毛炳文、譚道源等為司令官、李生達等為副司令官、贛綏靖署决設吉安、顧祝同卅日赴吉視察、並佈置一切。

▲本社二十九日上海專電　福電、軍息、閩綏靖署定下月十三日成立、蔣鼎文任主任、下分設九、十、十一、十二、四綏靖區、劉和鼎、衛立煌、李延年、王敬久、分任司令、李默庵為十區副司令。

▲本社二十九日上海專電　廈電、軍息、蔣鼎文或赴京滬一行、請示軍政權劃分、如省府保安處保安團及行政專員兼保安司令、隸屬指揮如何、綏署組織、俟蔣鼎文歸總部結束後發表、聞將縮小、設參謀副官秘書軍法四處、運輸軍醫裁撤、經理併副官。

南路總部 遵令裁撤

各處提前辦理結束

▲中央社香港二十八日電　梧州電、李宗仁定一日由邕赴桂林視察防務。

▲中央社香港二十八日電　南路剿匪軍總部、奉令裁撤、陳濟棠二十八日飭各處提前辦理結束。

▲中央社香港二十八日電　獨立第一師部隊、已分別集中上杭、永定、武平、準備回駐粵境、南方軍官吞閒、連日均遣送回省云云。

▲中央社福州廿八日電　蕭乾電省報告巡視連汀情形、(一)龍岩連江沿途、十室九空、人畜皆無、汚穢不堪、朋口溫坊等處尤甚、及春恐生瘟疫、(二)龍汀公路雖灣曲過多、路基尚固、而高低不平、路面狹窄、現由兵士分工築造、惟工價甚昂、(三)龍岩長汀連江䋲電已完成、沿途綫路平靜、綫外尚有殘散匪尋待清、耕植無人春荒可虞、(四)朋口至長汀、路多死殍、無人收埋、至足憐憫、(五)沿途所見、田畝界限尚有未劃者、(六)民衆痛恨匪、覺悟亦深、壯丁減少太多、存者多老弱、人民尚有古風、陳儀據此、已電林斯賢注意衛生、認真防疫、並發籌農賑並隨時通知民撲隊為病民療治、一面電京衛生署請派專家赴收復區考察防疫。

▲本社二十九日上海專電　福電、省賑務會主席陳培焜決攜內撥賑款二萬元赴汀州平糶。

乘勝推進 甯化即下

▲本社二十九日上海專電　廈電、清流已克、寧化即下、閩匪區亦全復。

▲本社二十九日上海專電　福電、□□師電告二十六日克復清流、當該師午刻進抵縣城附近時、該處盤踞之匪、尚恃險頑抗、同時復由下窪竄來、槍匪百餘、經該師擊潰後、渡河衝入城內巷戰、至申時收復城池、擊斃偽司令參謀長政委等十一名、現該師向寧化推進今明日可克復寧化。

▲中央社福州二十九日電　五十二師盧興榮電告、所部二十六日午進抵清流附近、殘匪踞險頑抗、同時復由下窪匪部、增來槍匪百餘、經該師分頭痛擊、將附郭及下窪來匪擊潰、即前進圍城、由□□□圍渡河衝入城內巷戰、至申時將城池完全收復、當場格斃匪司令參謀長政委各一名、斬獲極多。

▲中央社南昌二十九日電　盧興榮電贛稱、二十六日午率部進至清流城附近、匪頑抗甚烈、同時由下窪增來槍匪數百、經分頭痛擊、匪退城中、盧親率精銳、乘勝渡河、衝入城內、巷戰甚烈、申時收復城池、斃偽司令官參謀長政委各一名、斬獲甚多、正清理中。

▲中央社長沙二十九日電　慰勞剿匪將士代表宋垘等六人、本日赴衡慰勞前方將領官兵、郴縣黨委擅離職守、協剿不力、省黨部決全體撤職、停止活動、另候派員整理協剿、黨委彭國鈞二十八日返省、據談赤匪全部為國軍包圍、在道縣瀟陽一帶、疲敝不堪、不難消滅、劉建緒電告已率部進駐全州督剿竄匪。

▲中央社開封廿九日電　有少數土匪、廿八日晚潰竄葉縣方城間之徐寨地方、經我軍沿途截擊、即可消滅

（局部图）

亡

勝向寧化推進

連日寧遠道縣一帶斃匪甚衆

桂邊匪已擊潰粵軍中止開入

▲中央社福州三十日電　清流經五十二師收復後、已分兵向寧化推進、盧興榮電省報告、匪僞閩贛游擊司令員陳葉珍、政委林勝佑、參謀長王發春等、及重要匪員兵四十餘名、確被擊斃、清邑陷匪日久、丁口流離、田園荒蕪、民房被毀、無一完者、經清查、全城老幼、不及二百人、現我軍除派隊搜剿殘孽、並撫輯流亡外、一面趕速修築碉堡、烏村泉上僞第十八團及游擊隊千餘人、寧城匪四百餘人、來去不定、二十八日晨竄蘭坊各部、現在追剿中。

▲中央社香港二十九日電　省訊、粵前擬派兩師入桂、協助桂軍清剿共匪、現匪已潰散、故暫時中止出發、僅警戒小北江一帶。

▲中央社香港二十九日電　省訊、白崇禧二十九日電粵、報告桂邊共匪、已被擊散、匪衆死傷甚夥、刻仍飭所部追剿。

▲中央社衡陽二十八日電　贛匪經我周李王各部、在寧遠道縣痛擊斃匪甚衆、詳情如下、（一）匪先頭於二十六二十七兩日、由全州興安元勾牌山山頭七木頭四賽圩沙子岸、向西延湘四扼橋企圖偷渡、經我軍趕至在脚板鋪蔣村一帶截擊、斃匪甚多、（二）匪一部由永安關右邊竄抵黃牌洞、二十六日被我軍擊潰、（三）匪數千人、在文市架橋被我側擊、將浮橋撤去圖逃、現正追攻中。

▲中央社長沙三十日電　何鍵電令各縣加重懸賞緝拿匪首、捕獲朱德、彭德懷、毛澤東、周恩來、李特者、除照行營規定給賞外、每名加獎五萬元。

▲中央社長沙二十九日電　行營剿匪宣傳大隊劉道琳率隊抵長沙、晚在省公映革命影片定明日赴衡工作

▲中央社香港二十九日電　省訊、李揚敬定一日在汕頭召集東區各縣長、開綏靖會議。

▲中央社福州三十日電　二區行政專員徐虎、偕省委林知淵、新十師師長陳齊煊、在福安召集剿匪會議、商定肅清閩東各縣匪共計劃。

▲中央社福州卅日電　省農村救濟處、派指導員四人、赴順昌辦理農村救濟工作、邵武浦城、日內亦將派員前往。

▲中央社福州三十日電　蕭乾電省府、請先撥款一萬元、設立信用合作社、已由財廳照撥。

▲中央社福州三十日電　長汀留省同鄉電蔣委員長、慰勞剿匪勝利、並請賑濟災民、又電東路軍將領、謝克復汀閩匪區。

▲中央社福州三十日電　陳肇英分電蔣鼎文、顧祝同、賀謝閩贛綏靖主任新職、陳定十二月五日赴京出席五全會。

▲中央社南昌三十日電　保安處所擬團隊試行徵兵方案、因與各廳均有關係、特請省府召各有關機關組織高等徵兵委員會、俟核准後成立、至徵兵辦法、經已擬定、計分年齡及期限與延期或免徵兩項、共十餘條。

34.（清流正抚辑流）亡，（国军乘）胜向宁化推进，连日宁远、道县一带毙匪甚众，桂边匪已击溃，粤军中止开入，1934 年 12 月 1 日第 2 版

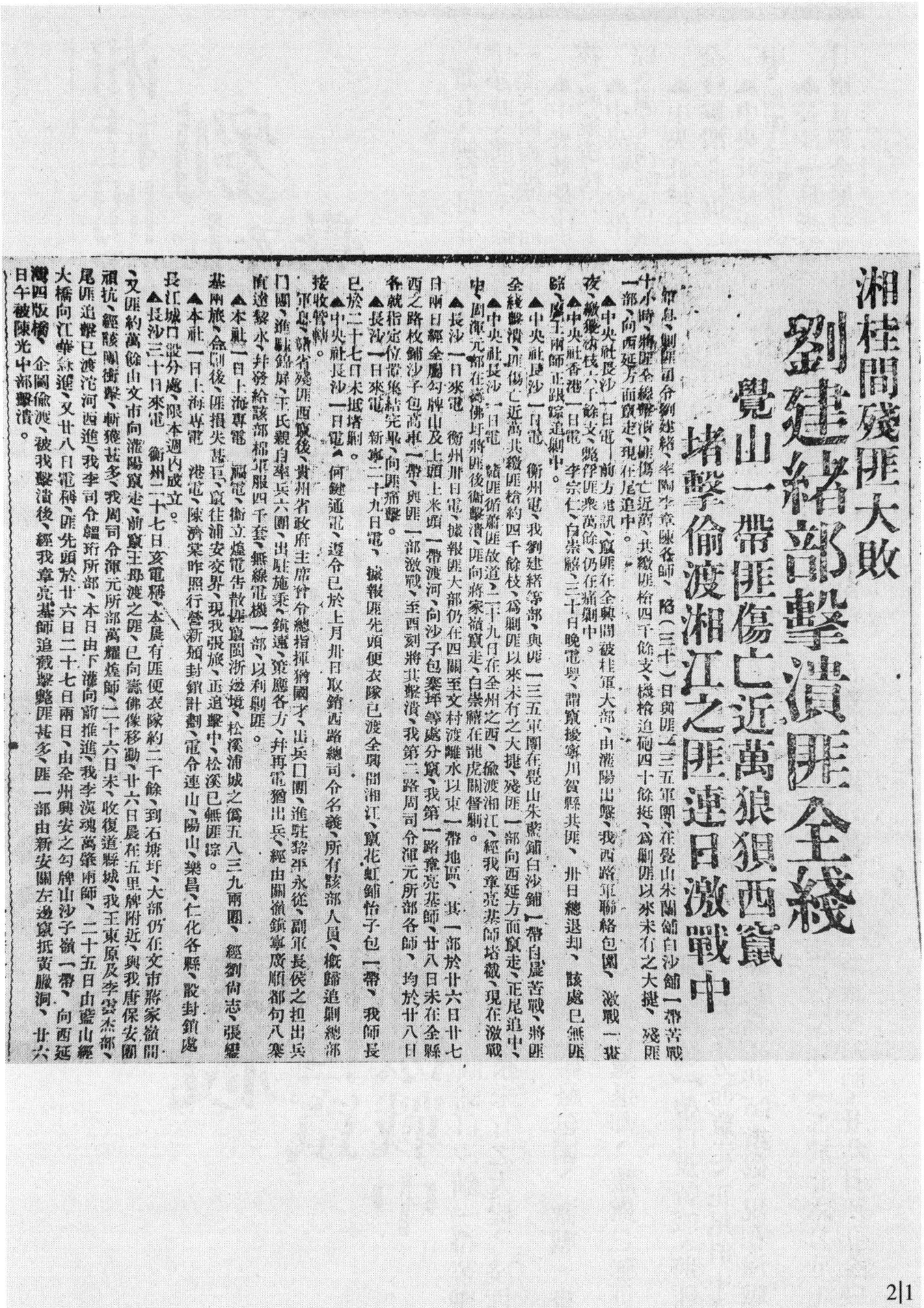

湘桂間殘匪大敗

劉建緒部擊潰匪全綫

覺山一帶匪傷亡近萬狼狽西竄

堵擊偷渡湘江之匪連日激戰中

軍息、剿匪司令劉建緒、率陶李章陳各師、於(三十)日與匪一三五軍團、在覺山朱蘭舖白沙舖一帶苦戰十小時、將匪全綫擊潰、匪傷亡近萬、共繳匪槍四千餘支、機槍迫砲四十餘挺、爲剿匪以來未有之大捷、殘匪一部、向西延方面竄走、現在尾追中。

▲中央社長沙一日電　前方電訊、竄匪在全興間被桂軍大部、由灌陽出擊、我西路軍聯絡包圍、激戰一晝夜、繳獲步槍六千餘支、虜俘匪衆萬餘、仍在痛剿中。

▲中央社香港一日電　李宗仁、白崇禧、三十日晚電粵、謂竄擾富川賀縣共匪、卅日總退却、該處已無匪踪、廖王兩師正跟踪追剿中。

▲中央社長沙一日電　衡州電、我劉建緒等部、與匪一三五軍團在覺山朱蘭舖白沙舖一帶白晝苦戰、將匪全綫擊潰、匪傷亡近萬共繳匪槍約四千餘枝、爲剿匪以來未有之大捷、殘匪一部向西延方面竄走、正尾追中。

▲中央社長沙一日電　殘匪循蕭匪故道、二十九日在全州之西、偷渡湘江、經我章亮基師堵截、現在激戰中、周渾元部在壽佛圩將匪後衛擊潰、匪向蔣家嶺竄走、白崇禧在龍虎關督剿。

▲長沙一日來電　衡州卅日電、據報匪大部仍在四關至文村渡離水以東一帶地區、其一部於廿六日廿七日兩日經全縣勾牌山及上頭上米頭一帶渡河、向沙子包寨坪等處分竄、我第一路章亮基師、廿八日未在全縣西之路枚鋪沙子包高車一帶、與匪一部激戰、至酉刻將其擊潰、我第二路周司令渾元所部各師、均於廿八日各就指定位置集結完畢、向匪痛擊。

▲長沙一日來電　新寧二十九日電、據報匪先頭便衣隊已渡全興間湘江、竄花紅鋪怡子包一帶、我師長已於二十七日未抵堵剿。

▲中央社長沙一日電　何鍵通電、遵令已於上月卅日取銷西路總司令名義、所有該部人員、概歸追剿總部接收管轄。

軍息、黔省殘匪西竄後、貴州省政府主席飭令總指揮猶國才、出兵□團、進駐黎平永從、副軍長侯之担出兵□團、進駐錦屏、王氏親自率兵六團、出駐施秉、鎮遠、策應各方、并再電猶出兵、經由關嶺鎮寧廣順都匀八寨直達黎水、并發給該部棉軍服四千套、無線電機一部、以利剿匪。

▲本社一日上海專電　福電、衛立煌電告、散匪竄閩浙邊境、松溪浦城之僞五八三九兩團、經劉尚志、張鑾基兩旅、會剿後、匪損失甚巨、竄往浦安交界、現我張旅、正追擊中、松溪已無匪踪。

▲本社一日上海專電　港電、陳濟棠昨照行營新頒封鎖計劃、電令連山、陽山、樂昌、仁化各縣、設封鎖處長江城口設分處、限本週內成立。

▲長沙三十日來電　衡州二十七日亥電稱、本晨有匪便衣隊約二千餘、到石塘圩、大部仍在文市蔣家嶺間、又匪約萬餘由文市向灌陽竄走、前竄王母渡之匪、已向壽佛圩移動、廿六日晨在五里牌附近、與我唐保安團頑抗、經該團衝擊、斬獲甚多、我周司令渾元所部萬耀煌師、二十六日未、收復道縣城、我王東原及李雲杰部、尾匪追擊已渡沱河西進、我李司令韞珩所部、本日由下灌向前推進、我李漢魂萬肇兩師、二十五日由藍山經大橋向江華緊進、又廿八日電稱、匪先頭於廿六日二十七日兩日、由全州興安之勾牌山沙子嶺一帶、向西延灣四版橋、企圖偷渡、被我擊潰後、經我章亮基師追截擊斃匪甚多、匪一部由新安關左邊竄抵黃臘洞、廿六日午被陳光中部擊潰。

2|1

35. 湘桂间残匪大败，刘建绪部击溃匪全线，觉山一带匪伤亡近万狼狈西窜，堵击偷渡湘江之匪连日激战中，1934 年 12 月 2 日第 2 版

湘桂間殘匪大敗

劉建緒部擊潰匪全綫

覺山一帶匪傷亡近萬狼狽西竄

堵擊偷渡湘江之匪連日激戰中

知息、劉匪團介劉建緒、率陶李章陳各師、昭（三十）日與匪一三五軍團、在覺山朱蘭鋪白沙鋪一帶苦戰十小時、將匪全綫擊潰、匪傷亡近萬、共繳匪槍四千餘支、機槍迫砲四十餘挺、爲剿匪以來未有之大捷、殘匪一部、向西延方面竄走、現在尾追中。

▲中央社長沙一日電　前方迭訊、竄匪在全興間被桂軍大部、由灌陽出擊、我西路軍聯絡包圍、激戰一晝夜、繳獲槍枝六千餘支、俘匪衆萬餘、仍在痛剿中。

▲中央社香港一日電　李宗仁、白崇禧、三十日晚電粵、謂竄擾寧川賀縣共匪、卅日總退却、該處已無匪踪、廖王兩師正跟踪追剿中。

▲中央社長沙一日電　衡州電、我劉建緒等部、與匪一三五軍團在覺山朱蘭鋪白沙鋪一帶自晨苦戰、將匪全綫擊潰、匪傷亡近萬、共繳匪槍約四千餘枝、爲剿匪以來未有之大捷、殘匪一部向西延方面竄走、正尾追中、

▲中央社長沙一日電　殘匪循蕭匪故道、二十九日在全州之西、偷渡湘江、經我章亮基師堵截、現在激戰中、劉滌元部在蔣佛圩將匪後衛擊潰、匪向蔣家嶺竄走、白崇禧在龍虎關督剿。

▲長沙一日來電　衡州卅日電、據報匪大部仍在四關至文村渡離水以東一帶地區、其一部於廿六日廿七日兩日經全縣勾牌山及上頭上米頭一帶渡河、向沙子包塞坪等處分竄、我第一路章亮基師、廿八日未在全縣

（局部图 1）

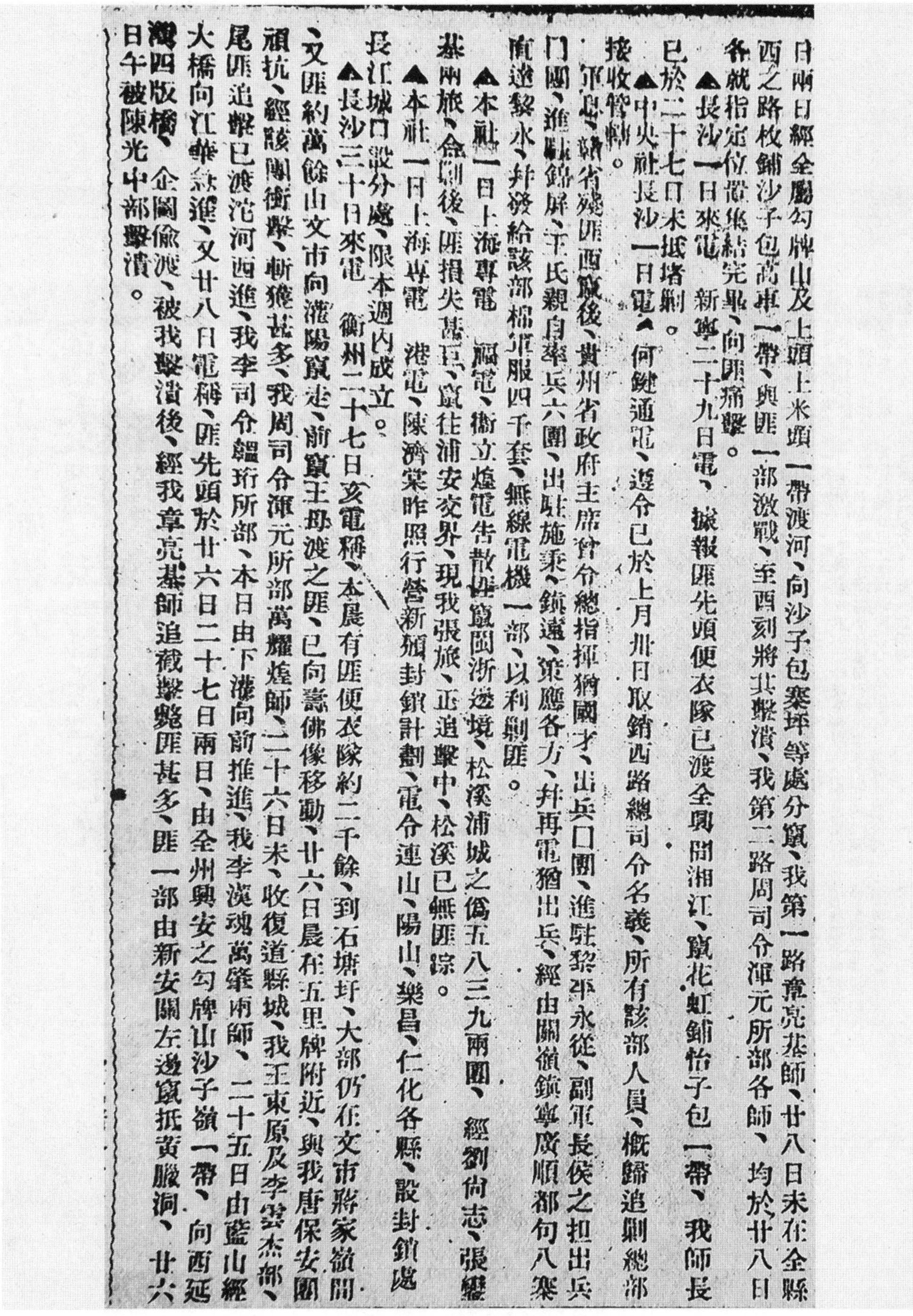

日兩日經全縣勾牌山及上頭上米頭一帶渡河、向沙子包寨坪等處分竄、我第一路章亮基師、廿八日未在全縣西之路枚鋪沙子包高車一帶、與匪一部激戰、至酉刻將其擊潰、我第二路周司令渾元所部各師、均於廿八日各就指定位置集結完畢、向匪痛擊。

▲長沙一日來電 新寧二十九日電、據報匪先頭便衣隊已渡全興間湘江、竄花虹鋪恰子包一帶、我師長已於二十七日未抵堵剿。

▲中央社長沙一日電▲何鍵通電、遵令已於上月卅日取銷西路總司令名義、所有該部人員、概歸追剿總部接收管轄。

軍息、黔省殘匪西竄後、貴州省政府主席猶令總指揮猶國才、出兵口團、進駐黎平永從、副軍長侯之担出兵門團、進駐錦屏、王氏親自率兵六團、出駐施秉、鎮遠、策應各方、并再電猶出兵、經由關嶺鎮寧廣順都匀八寨南逆黎水、并發給該部棉軍服四千套、無線電機一部、以利剿匪。

▲本社一日上海專電 福電、衛立煌電告散匪竄閩浙邊境、松溪浦城之偽五八三九兩團、經劉尚志、張鑾基兩旅、會剿後、匪損失甚巨、竄往浦安交界、現我張旅、正追擊中、松溪已無匪踪。

▲本社一日上海專電 港電、陳濟棠昨照行營新頒封鎖計劃、電令連山、陽山、樂昌、仁化各縣、設封鎖處長江城口設分處、限本週內成立。

▲長沙三十日來電 衡州二十七日亥電稱、本晨有匪便衣隊約二千餘、到石塘圩、大部仍在文市蔣家嶺間、文匪約萬餘由文市向灌陽竄走、前竄王母渡之匪、已向蕊佛像移動、廿六日晨在五里牌附近、與我唐保安團頑抗、經該團衛擊、斬獲甚多、我周司令渾元所部萬耀煌師、二十六日未、收復道縣城、我王東原及李雲杰部、尾匪追擊已渡沱河西進、我李司令韞珩所部、本日由下灌向前推進、我李漢魂萬籙兩師、二十五日由藍山經大橋向江華繞進、又廿八日電稱、匪先頭於廿六日二十七日兩日、由全州興安之勾牌山沙子嶺一帶、向西延灣四版橋、企圖偷渡、被我擊潰後、經我章亮基師追截擊斃匪甚多、匪一部由新安關左邊竄抵黃騰洞、廿六日午被陳光中部擊潰。

（局部图 2）

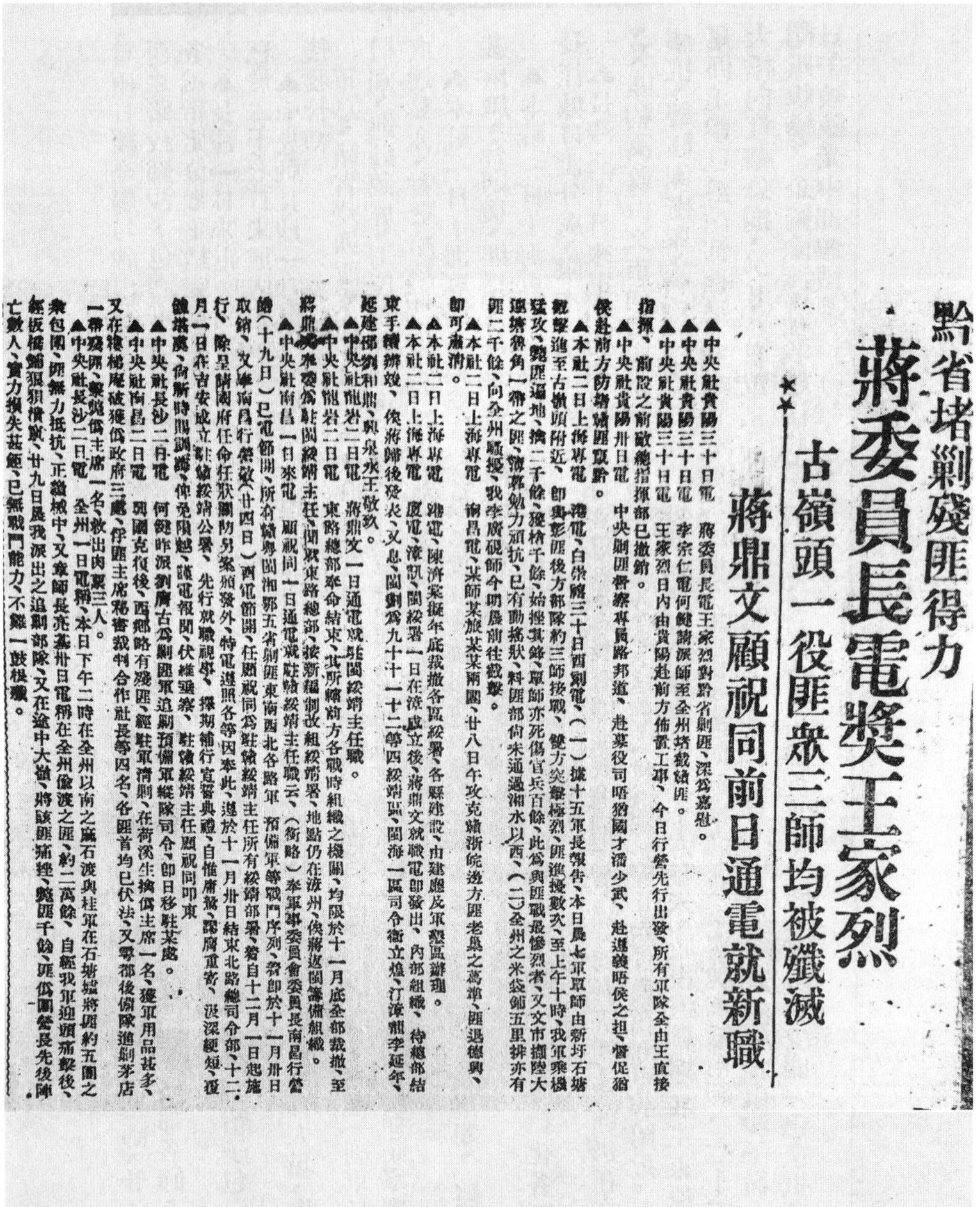

黔省堵剿殘匪得力
蔣委員長電奬王家烈
古嶺頭一役匪衆三師均被殲滅
蔣鼎文顧祝同前日通電就新職

▲中央社貴陽三十日電　蔣委員長電王家烈對黔省剿匪、深爲嘉慰。

▲中央社貴陽三十日電　李宗仁電何鍵請派師至全州堵截殘匪。

▲中央社貴陽三十日電　王家烈日內由貴陽赴前方佈置工事、今日行營先行出發、所有軍隊全由王直接指揮、前設之前敵總指揮部已撤銷。

▲中央社貴陽卅日電　中央剿匪督察專員路邦道、赴募役司晤猶國才潘少武、赴遵義晤侯之担、督促猶侯赴前方防堵殘匪竄黔。

▲本社二日上海專電　港電、白崇禧三十日酉刻電、（一）據十五軍長報告、本日晨七軍軍師由新圩石塘截擊進至古嶺頭附近、即與彭匪後方部隊約三師接戰、雙方突擊極烈、匪進援數次、至上午十時、我軍乘機猛攻、殘匪遍地、擒二千餘、獲槍千餘、始挫其鋒、軍師亦死傷官兵百餘、此爲與匪戰最慘烈者、又文市擱陸大塘犄角一帶之匪、猶再勉力頑抗、已有動搖狀、料匪部尚未通過湘水以西、（二）全州之米袋舖五里排亦有匪二千餘、向全州驅援、我李廣硯師今明晨前往截擊。

▲本社二日上海專電　南昌電、某師某旅某某兩團、廿八日午攻克贛浙皖邊方匪老巢之萬準、匪遇德興、即可肅清。

▲本社二日上海專電　港電、陳濟棠擬年底裁撤各區綏署、各縣建設、由建廳及軍墾區辦理。

▲本社二日上海專電　廈電、漳訊、閩綏署一日在漳成立後、蔣鼎文就職電即發出、內部組織、待總部結束手續辦竣、俟蔣歸後發表、又息、閩劃爲九十十一十二等四綏靖區、閩海一區司令衛立煌、汀漳龍李延年、延建邵劉和鼎、興泉永王敬玖。

▲中央社龍岩二日電　蔣鼎文一日通電就駐閩綏靖主任職。

▲中央社龍岩二日電　東路總部奉命結束、其所轄前方各戰時組織之機關、均限於十一月底全部裁撤、至蔣鼎文本兼爲駐閩綏靖主任、閩就東路總部、接新編制改組綏靖署、地點仍在漳州、俟蔣返閩籌備組織。

▲中央社南昌一日來電　顧祝同一日通電就駐贛綏靖主任職云、（衡略）奉軍事委員會委員長南昌行營鈐（十九日）巳電節開、所有贛粵閩湘鄂五省剿匪東南西北各路軍預備軍等戰鬥序列、着即於十一月卅日取銷、又奉南昌行營敬（廿四日）酉電節開、任顧祝同爲駐贛綏靖主任所有綏靖部署、着自十二月一日起施行、除呈請國府任命狀關防另案頒發外、特電遵照各等因奉此、遵於十一月卅日結束北路總司令部、十二月一日在吉安成立駐贛綏靖公署、先行就職視事、擇期補行宣誓典禮、自惟庸駑、謬膺重寄、汲深綆短、覆餗堪虞、尚祈時賜訓誨、俾免隕越、謹電報聞、伏維垂察、駐贛綏靖主任顧祝同叩東

▲中央社長沙二日電　何鍵昨派劉膺古爲剿匪軍追剿預備軍縱隊司令、即日移駐某處。

▲中央社南昌二日電　興國克復後、西鄉路有殘匪、經駐軍清剿、在荷溪生擒僞主席一名、獲軍用品甚多、又在樟樹尾破獲僞政府三處、俘匪主席秘書裁判合作社長等四名、各匪首均已伏法、又粵部後備隊進剿茅店一帶殘匪、擊斃僞主席一名、救出肉票三人。

▲中央社長沙二日電　全州一日電稱、本日下午二時在全州以南之廟石渡與桂軍在石塘墟將匪約五團之衆包圍、匪無力抵抗、正激戰中、又章師長亮基卅日電稱在全州偸渡之匪、約二萬餘、自經我軍迎頭痛擊後、經板橋舖狼狽潰竄、廿九日晨我派出之追剿部隊、又在途中大嶺、將該匪痛擊、斃匪千餘、匪僞團營長先後陣亡數人、實力損失甚鉅、已無戰鬥能力、不難一鼓根殲。

36. 黔省堵剿残匪得力，蒋委员长电奖王家烈，古岭头一役匪众三师均被歼灭，蒋鼎文、顾祝同前日通电就新职，1934 年 12 月 3 日第 2 版

黔省堵剿殘匪得力

蔣委員長電獎王家烈

古嶺頭一役匪衆三師均被殲滅

蔣鼎文顧祝同前日通電就新職

▲中央社貴陽三十日電　蔣委員長電王家烈對黔省剿匪、深爲嘉慰。

▲中央社貴陽三十日電　李宗仁電何鍵請派師至全州堵截殘匪。

▲中央社貴陽三十日電　王家烈日內由貴陽赴前方佈置工事、今日行營先行出發、所有軍隊全由王直接指揮、前設之前敵總指揮部已撤銷。

▲中央社貴陽卅日電　中央剿匪督察專員路邦道、赴募役司唔猶國才潘少武、赴遵義唔侯之担、督促猶侯赴前方防堵殘匪竄黔。

▲本社二日上海專電　港電、白崇禧三十日酉刻電、(一)據十五軍長報告、本日晨七軍覃師由新圩石塘截擊進至古嶺頭附近、即與彭匪後方部隊約三師接戰、雙方突擊極烈、匪進援數次、至上午十時、我軍乘機猛攻、斃匪遍地、擒二千餘、獲槍千餘、始挫其鋒、覃師亦死傷官兵百餘、此爲與匪戰最慘烈者、又文市擄陸大遠塘各角一帶之匪、猶再勉力頑抗、已有動搖狀、料匪部尚未通過湘水以西、(二)全州之米袋舖五里排亦有匪二千餘、向全州竄擾、我李府硯師今明晨前往截擊。

▲本社二日上海專電　南昌電、某師某旅某某兩團、廿八日午攻克贛浙皖邊方匪老巢之葛源、匪退德興、即可肅清。

▲本社二日上海專電　港電、陳濟棠擬年底裁撤各區綏署、各縣建設、由建廳及軍墾區辦理。

（局部图 1）

▲本社二日上海專電　滬電、陳濟棠擬年底裁撤各區綏署、各縣建設、由建廳及軍墾區辦理。

▲本社二日上海專電　廈電、漳訊、閩綏署一日在漳成立後、蔣鼎文就職電即發出、內部組織、待總部結束手續辦竣、俟蔣歸後發表、又息、閩劃為九十十一十二等四綏靖區、閩海一區司令衞立煌、汀漳龍李延年、延建邵劉和鼎、興泉永王敬玖。

▲中央社龍岩二日電　蔣鼎文一日通電就駐閩綏靖主任職。

▲中央社龍岩二日電　東路總部奉命結束、其所轄前方各戰時組織之機關、均限於十一月底全部裁撤、至蔣鼎文奉委為駐閩綏靖主任、閩狀東路總部、按新編制改組綏靖署、地點仍在漳州、俟蔣返閩籌備組織。

▲中央社南昌一日來電　顧祝同一日通電就駐贛綏靖主任職云、（銜略）奉軍事委員會委員長南昌行營皓（十九日）巳電節開、所有贛粵閩湘鄂五省剿匪東南西北各路軍　預備軍等戰鬥序列、著即於十一月卅日取銷、又奉南昌行營敬（廿四日）酉電節開、任顧祝同為駐贛綏靖主任所有綏靖部署、着自十二月一日起施行、除呈請國府任命任狀關防另案頒發外、特電遵照各等因奉此、遵於十一月卅日結束北路總司令部、十二月一日在吉安成立駐贛綏靖公署、先行就職視事、擇期補行宣誓典禮、自惟庸愚、謬膺重寄、汲深綆短、覆餗堪虞、尚祈時賜訓誨、俾免隕越、謹電報聞、伏維垂察、　駐贛綏靖主任顧祝同叩東

▲中央社長沙二日電　何鍵昨派劉膺古為剿匪軍追剿預備軍縱隊司令、即日移駐某處。

▲中央社南昌二日電　興國克復後、西鄉路有殘匪、經駐軍清剿、在荷溪生擒偽主席一名、獲軍用品甚多、又在樓梯嶺破獲偽政府三處、俘匪主席秘書裁判合作社長等四名、各匪首均已伏法、又雩都後備隊進剿茅店一帶殘匪、擊斃偽主席一名、救出肉票三人。

▲中央社長沙二日電　全州一日電稱、本日下午二時在全州以南之咸石渡與桂軍在石塘墟將匪約五團之衆包圍、匪無力抵抗、正激戰中、又章師長亮基卅日電稱在全州偸渡之匪、約二萬餘、自經我軍迎頭痛擊後、經板橋鋪狼狽潰竄、廿九日晨我派出之追剿部隊、又在途中大嶺、將該匪痛擊、斃匪千餘、匪偽團營長先後陣亡數人、實力損失甚鉅、已無戰鬥能力、不難一鼓殲滅。

（局部图 2）

贛閩十二綏靖區

行營規定各區司令職權

指揮所轄區內各團隊及專員縣長

增設三省邊境軍事專員負責肅清

▲中央社南昌四日電 贛閩匪區綏靖後，劃分八綏靖區，閩劃四綏靖區，行營頃規定各綏靖區司令職權，除指定之國軍暨保安團隊，凡所轄區內保安團隊、行政督察專員、縣長及特別區政治局長，均歸其調遣指揮。

▲本社四日上海電 旅電，粵□□師久駐閩西上杭永定武平一帶，現擬全部撤回，由東路軍接防。

▲中央社貴陽三日電 王家烈氏定三四日內出發，防堵餘匪西竄，頃電猶國才侯之担催促，派兵開赴指定地點，王本人親赴前線指揮。

▲中央社福州三日電 東路軍攻克寧化，破獲逃匪在該地之偽贛省蘇維埃機關，俘匪要員甚夥，閩匪區僅剩寧化一縣，今已攻克，閩省匪區完全收復。

蔣鼎文 赴漳組設綏署

▲中央社福州四日電 蔣鼎文三日午返抵龍巖，即赴漳州組織綏署，四綏靖區司令駐在地，日內可擬定。

▲中央社福州四日電 省府委員李祖虞、徐桴、鄭貞文、及蕭乾、高登艇，三日電蔣鼎文祝賀就綏靖主任新職。

▲中央社福州四日電 東北兩路軍奉令結束，改設綏靖主任後，擬再設一閩贛浙邊境軍事專員，負責肅清邊境土匪，以軍委會委員劉□□充任。

▲中央社漢口四日電 上官雲相總指揮，各（二日）午電稱，偽二十五二十八兩軍，自陶家河被我擊潰後，以傷亡過重，合併為偽二十五□□，□轄七四七五兩師西竄時，所有偽部東北道及所屬三個游擊師，均俱巢隨逃，合共偽入偽二十五軍內，竄過平漢路後，經我各支隊痛剿，傷亡逃散尤多，又將七四七五兩師，合併為七五一師，該師原有馬匹甚多，因缺糧殺充軍食，一月以來，匪不分晝夜逃竄，疲勞已極，病者日增，行進時哭聲不絕，預料不難消滅淨盡。

▲中央社杭州三日電 浙竄昌化小六都殘匪，昨復向西北竄逃，正途我軍趕剿，業經激戰數小時，斃匪甚衆，匪殘部傷甚多，匪不支，潰向績溪邊境竄逃，我軍正在追擊中。

李宗仁 電告剿匪勝利

▲南寧三日專電 各報館各省民衆團體均鑒，共匪盤踞贛閩，荼毒七年，自五次圍剿以來，節節潰敗，仍企圖西竄，另造赤匪，乃令偽第五軍團蕭克，率匪萬餘，作西竄之前鋒，偵察途徑，取道湘桂邊境，深入黔省東北地區，轉戰月餘，幸將該匪主力消滅，剩餘匪衆，不及千人，槍械僅存數百枝，方期一鼓盪平，以絕後患，適遇赭匪主力，又復傾巢西竄，桂省毗連湘粵方面，五嶺綿亘，逾七百餘里，防線太寬，兵力單薄，除遵委座電令，一面集中□□軍全部，於全桂方面，協同民團，從事佈防外，並撤調第□軍兼程回桂參加堵截，功虧一簣，遺恨實深，第□軍于十月十六日回抵桂林，適共匪主力，已犯至湘南寧遠藍山之線，復奉委座電令，以追剿各軍獨在西北，須防共匪避實就虛，南繞富賀而竄粵桂黔，□囑剿所屬，同時以兵力不足，若處處佈防，必處處薄弱，遂一面分兵協同民團守備灌陽桂江沿岸及邊境之險隘，同時集中兩軍主力，位置於桂林興安□□一帶地區，相機策應富賀及興全兩方，藉以機動作戰，捕捉匪之主力，□匪偵察我軍，乃匪自西竄後，以偽一九兩軍團由江華永明方面分擾富賀邊境，及龍虎關雖經我軍數日力戰，將匪擊潰，而其主力，亦於斯時經道縣突破我灌陽北方之四關，經全州南方之文市西北截江新墟水界首之線，向匪側面攻擊，同時與進入全州附近之湘軍協定，兩方夾擊，實乘全州以西之山地阻匪之利，於全州南方地區，將匪激戰，二十七日以來，我十五軍主力，在文市南方，與偽三五兩軍團全部，及偽八軍團之一部，激戰至烈，以新墟一地，我軍奮勇肉搏，匪軍死傷過半，目下在興安北方之伏擊，匪軍佈防之□，現我軍已於二十九日加入文市南方戰線，令據曉由文市西方之古嶺頭渤塘城方面，突破敵線，傷斃匪衆，擄獲赤匪二千餘，獲槍一千二百餘枝，彭匪僅以身免，本軍官兵亦傷亡五百餘人，正向界首方面追擊中，剩據報告，全州附近之湘軍，今晨已開始向南運動，計程本日下午可達某地，迎頭堵截，務令明兩日，可殲將匪之主力殲清也，謹電路陳，李宗仁叩三十日印。

2|1

37. 赣闽十二绥靖区行营规定各区司令职权，指挥所辖区内各团队及专员县长，增设三省边境军事专员负责肃清，1934年12月5日第2版

贛閩十二綏靖區

行營規定各區司令職權

指揮所轄區內各團隊及專員縣長

增設三省邊境軍事專員負責肅清

▲中央社南昌四日電 [illegible]贛閩設綏署後、贛劃分八綏靖區、閩劃四綏靖區、行營頃規定各綏靖區司令職權、除指定之國軍建制部隊外、凡所轄區內保安團隊、行政督察專員、縣長及特別區政治局長、均歸其調遣指揮、

▲本社四日上海專電 匪軍[illegible]師久駐閩西上杭永定武平一帶、現擬全部撤回、由東路軍接防。

▲中央社貴陽三日電 王家烈氏定三四日內出發、防堵贛匪西竄、頃電猶國才侯之担催促、派兵開赴指定地點、王本人親赴前線指揮。

▲中央社龍岩三日電 東路軍攻克寧化、破獲避匿在該地之偽贛省蘇維埃機關、俘匪要員甚夥、閩匪區僅剩寧化一縣、今已攻克、閩省匪區完全收復。

蔣鼎文 赴漳組設綏署

▲中央社福州四日電 蔣鼎文三日午返抵[illegible]、即赴漳州組織綏署、四綏靖區司令駐在地、日內可擬定。

▲中央社福州四日電 省府委員李祖虞、徐桴、鄭貞文、及蕭乾、高登艇、三日電蔣鼎文賀就綏靖主任新職。

▲中央社福州四日電 東北兩路軍奉令結束、改設綏靖主任後、擬再設一閩贛浙邊境軍事專員、負責肅清邊境土匪、以省委會委員劉[illegible]公充任。

▲中央社漢口四日電 上官雲相總指揮、冬（二日）午電稱、偽二十五二十八兩軍、自陶家河被我擊潰後、以傷亡過重、合併為偽二十五一軍、轄七四七五兩師、西竄時、所有偽部東北道、及所屬三個游擊師、均傾巢隨逃、合斷編入偽二十五軍內、竄過[illegible]潢川斷後、逃經各支隊痛剿、傷亡逃散尤多、又將七四七五兩師、合併為

（局部图 1）

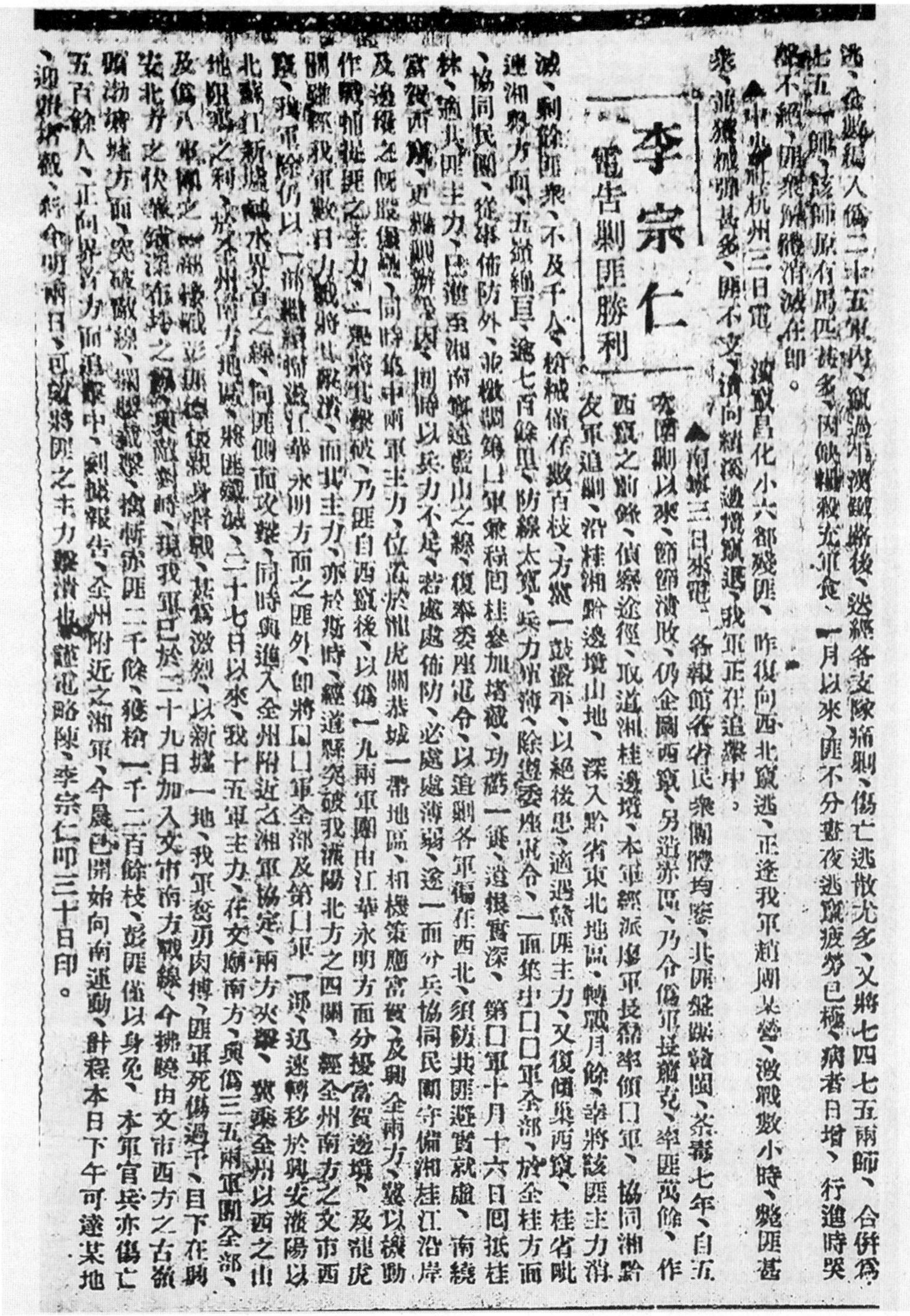

逃、企圖編入偽二十五軍內、竄過湘潭黔鄂後、迭經各支隊痛剿、傷亡逃散尤多、又將七四七五兩師、合併為七五一師、該師原有馬匹甚多、因飢餓殺充軍食、一月以來、匪不分晝夜逃竄疲勞已極、病者日增、行進時哭聲不絕、匪[illegible]殲滅在即。

◆中央社杭州三日電 湘敵昌化小六部殘匪、昨復向西北竄逃、正逢我軍趕剿某營、激戰數小時、斃匪甚眾、並獲械彈甚多、匪不支、續向[illegible]邊境竄逃、我軍正在追擊中。

李宗仁

電告剿匪勝利

◆南寧三日來電 各報館各省民衆團體均鑒、共匪盤踞贛閩、荼毒七年、自五次圍剿以來、節節潰敗、仍企圖西竄、另造赤區、乃令偽軍長蕭克、率匪萬餘、作西竄之前鋒、偵察途徑、取道湘桂邊境、本軍經派廖軍長磊率領某軍、協同湘黔友軍追剿、沿桂湘黔邊境山地、深入黔省東北地區、轉戰月餘、幸將該匪主力消滅、剩餘匪衆、不及千人、槍械僅存數百枝、方期一鼓蕩平、以絕後患、適遇贛匪主力、又復傾巢西竄、桂省毗連湘粵方面、五嶺綿亘、逾七百餘里、防線太寬、兵力單薄、除遵委座電令、一面集中某某軍全部、於全桂方面、協同民團、從事佈防外、並檄調第某軍集積回桂參加堵截、功虧一簣、遺恨實深、第某軍十月十六日回抵桂林、適共匪主力、已進至湘南寧遠藍山之線、復奉委座電令、以追剿各軍偏在西北、須防共匪避實就虛、南繞窺賀富、更難剿辦、[illegible]同時以兵力不足、若處處佈防、必處處薄弱、遂一面分兵協同民團守備湘桂江沿岸及邊境之險要據點、同時集中兩軍主力、位置於灌陽恭城一帶地區、相機策應富賀、及興全南方、襲以機動作戰捕捉匪之主力、一舉將其擊破、乃匪自西竄後、以偽一九兩軍團由江華永明方面分擾富賀邊境、及龍虎關諸隘、我軍數日力戰將其擊潰、而其主力、亦於斯時、經道縣突破我灌陽北方之四關、經全州南方之文市西竄、我軍除仍以一部[illegible]江華永明方面之匪外、即將某某軍全部及第某軍一部、迅速轉移於興安灌陽以北、[illegible]新墟[illegible]水界首之線、向匪側面攻擊、同時與進入全州附近之湘軍協定、兩方夾擊、冀[illegible]全州以西之山地[illegible]之利、於全州南方地區、將匪殲滅、二十七日以來、我十五軍主力、在文廟南方、與偽三五兩軍團全部、及偽八軍團之一部[illegible]、匪[illegible]親身督戰、甚為激烈、以新墟一地、我軍奮勇肉搏、匪軍死傷過千、目下在興安北方之[illegible]一帶與匪對峙、現我軍已於二十九日加入文市南方戰線、今拂曉由文市西方之古嶺頭渤塘城方面、突破敵線、猛烈截擊、擊斃赤匪二千餘、獲槍一千二百餘枝、該匪僅以身免、 本軍官兵亦傷亡五百餘人、正向界首方面追擊中、剿據報告、全州附近之湘軍、今晨已開始向南運動、計程本日下午可達某地、迎頭[illegible]截、約[illegible]今明兩日、可[illegible]將匪之主力殲滅也、謹電略陳、李宗仁叩三十日印。

（局部图 2）

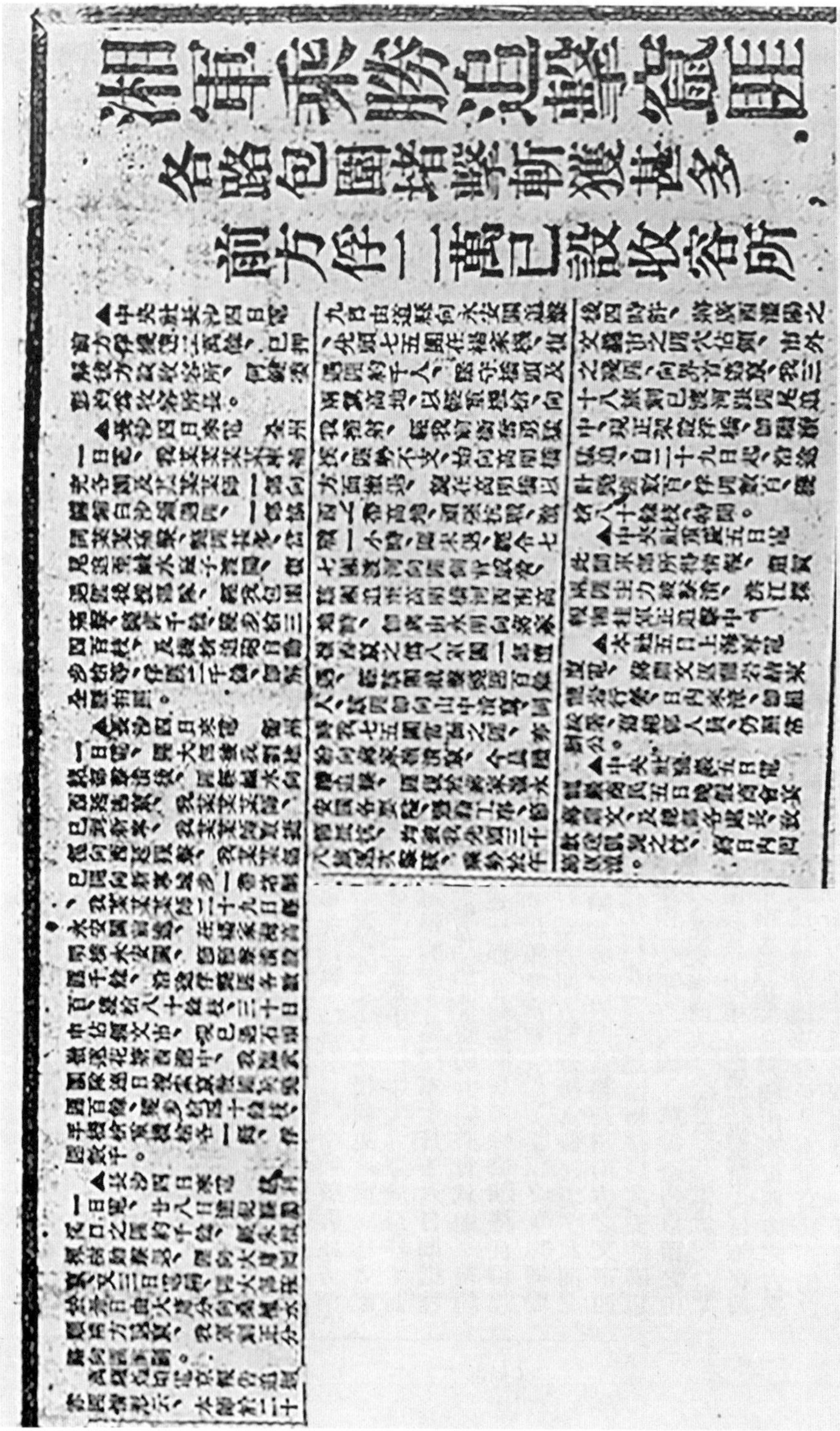

湘軍乘勝追擊竄匪，各路包圍堵擊斬獲甚多，前方俘二萬已設收容所

38. 湘军乘胜追击窜匪，各路包围堵击斩获甚多，前方俘二万已设收容所，1934 年 12 月 6 日第 2 版（附正文释文）

释文：

▲中央社长沙四日电　前方俘获达三万余，已押解后方。设收容所，何键委彭灼为收容所长。

▲长沙四日来电　全州一日电，我某某某某军补充各团及某某某师，一部向鳝铺白沙铺遇匪，一部协同某某痛击，毙匪甚多。当尾追至咸水、麻子渡间，复遇匪后援部队。经我包围痛击，毙匪千余，获步枪三四百支，及机枪、迫炮、自动步枪等，俘匪二千余，即解全县拍照。

▲长沙四日来电　衡州一日电，匪大部被我刘建绪部击溃后，匪经咸水向西延逃窜。我某某某师已到新宁；我某某师取捷径向西延跟出；我某某部已开向新宁、城步一带堵剿；我某某某师二十九日经永安关前进，在杨家湾、高明桥、永安关节节击溃股匪千余，沿途俘毙匪各数百，获枪八十余支。三十日申占领文市，现已过石头岭、莲花塘西进中。我临武团队连日搜索窜散匪兵，毙匪百余，获步枪四十余支，手机枪、重机枪各一挺，俘匪数千。

▲长沙四日来电　慈利一日电，廿八日进犯县属溪口之匪约千余，经朱指挥树勋击退，匪向大庸回窜。又三日电称，匪大部确于卅日由大庸分向桑植、永顺两方退窜，我军刻正分路向匪进剿。

万耀煌顷电京报告追剿“赤匪”情形云，本师于二十九日由道县向永安关追击，先头七五团在杨家桥复遇匪约千人，据守桥头及两翼高地，以轻重机枪向我扫射。经我前卫奋勇猛扑，匪势不支，始向高明桥方面撤退。旋在高明桥以西一带高地顽强抗战，激战一小时，匪未退，经令七七团渡河向匪侧背威胁。该团追至高明桥河西南高地时，即与由永明向蒋家岭西窜之“伪八军团”一部遭遇。经该团截击毙匪百余人，该匪即向山中溃窜。同时我七五团当面之匪，亦纷向蒋家岭溃窜。今晨继续追击，匪复于蒋家岭、永安关各要隘，凭借工事节节抵抗，均被我先头三十八旅逐次击破。乘势于午后四时许，将广西灌阳之文□市之匪穴占领。市外之残匪向界首逃窜，我三十八旅刻已渡河跟匪尾追中。现正架设浮桥，即继续猛追。自二十九日起，沿途计毙匪数百，俘匪数百，获枪八十余支。特闻。

▲中央社重庆五日电　此间军部所得情报，萧、贺两匪主力被击溃，洪江探报湘桂军正在追击中。

▲本社五日上海专电　厦电，蒋鼎文返龙岩结束龙岩行营，日内来漳即组绥署，旧总部人员仍照常办公。

▲中央社龙岩五日电　龙岩商民五日晚假商会宴蒋鼎文及总部各处长，致欢送凯旋之忱，蒋日内回旋迁漳。

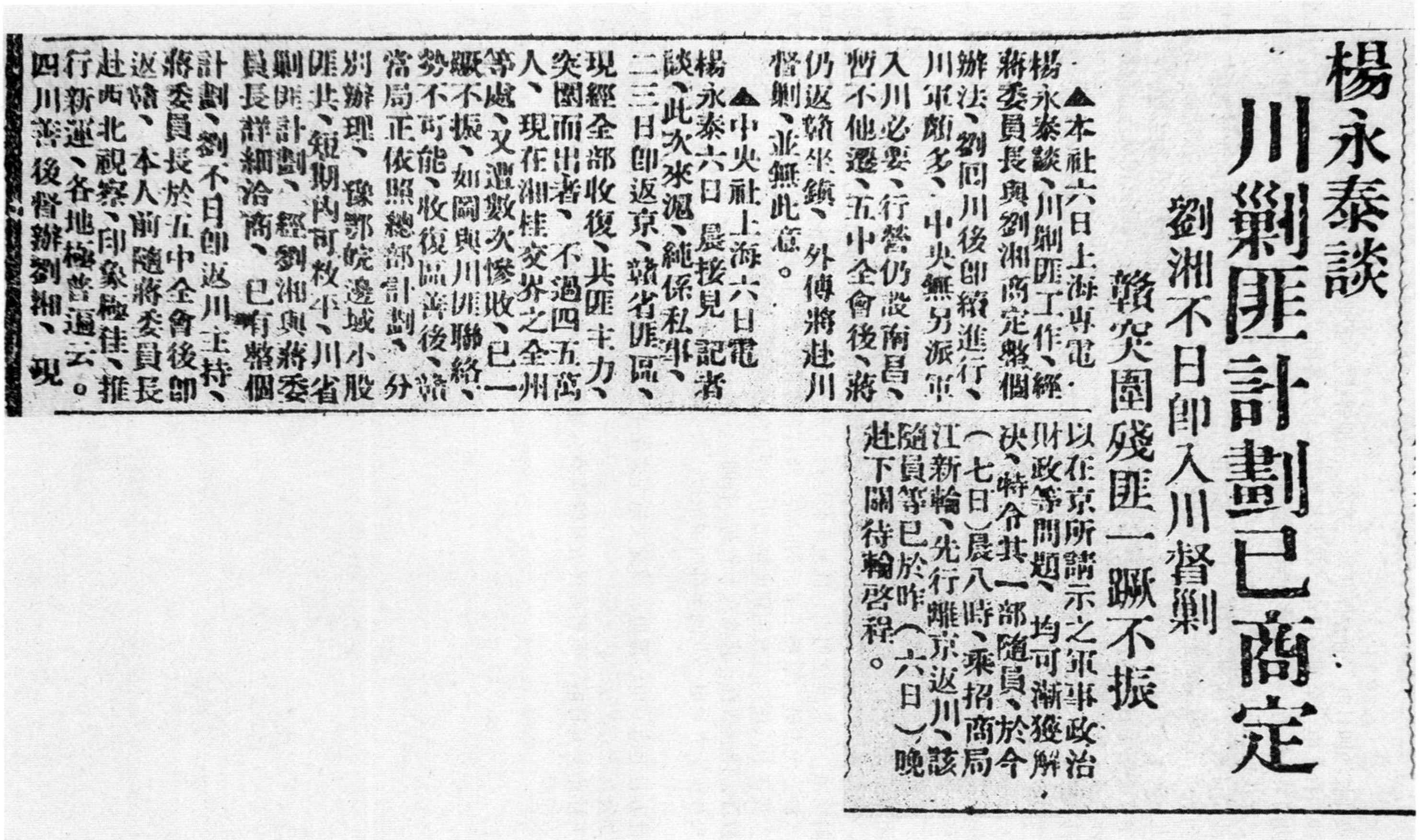

楊永泰談 川剿匪計劃已商定

劉湘不日即入川督剿

贛突圍殘匪一蹶不振

▲本社六日上海專電 楊永泰談、川剿匪工作、經蔣委員長與劉湘商定整個辦法、劉回川後即積進行、川軍頗多、中央無另派軍入川必要、行營仍設南昌、暫不他遷、五中全會後、將仍返贛坐鎮、外傳將赴川督剿、並無此意。

▲中央社上海六日電 楊永泰六日晨接見記者談、此次來滬、純係私事、二三日即返京、贛省匪區、現經全部收復、共匪主力、突圍而出者、不過四五萬人、現在湘桂交界之全州等處、又遭數次慘敗、已一蹶不振、如圖與川匪聯絡、勢不可能、收復區善後、贛當局正依照總部計劃、分別辦理、豫鄂皖邊境小股匪共、短期內可救平、川省剿匪計劃、經劉湘與蔣委員長詳細洽商、已有整個計劃、劉不日即返川主持、蔣委員長於五中全會後即返贛、本人前隨蔣委員長赴西北視察、印象極佳、推行新運、各地極普遍云。

四川善後督辦劉湘、現以在京所請示之軍事政治財政等問題、均可漸獲解決、特令其一部隨員、於今(七日)晨八時、乘招商局江新輪、先行離京返川、該隨員等已於昨(六日)晚赴下關待輪啓程。

39. 杨永泰谈川剿匪计划已商定，刘湘不日即入川督剿，赣突围残匪一蹶不振，1934 年 12 月 7 日第 2 版

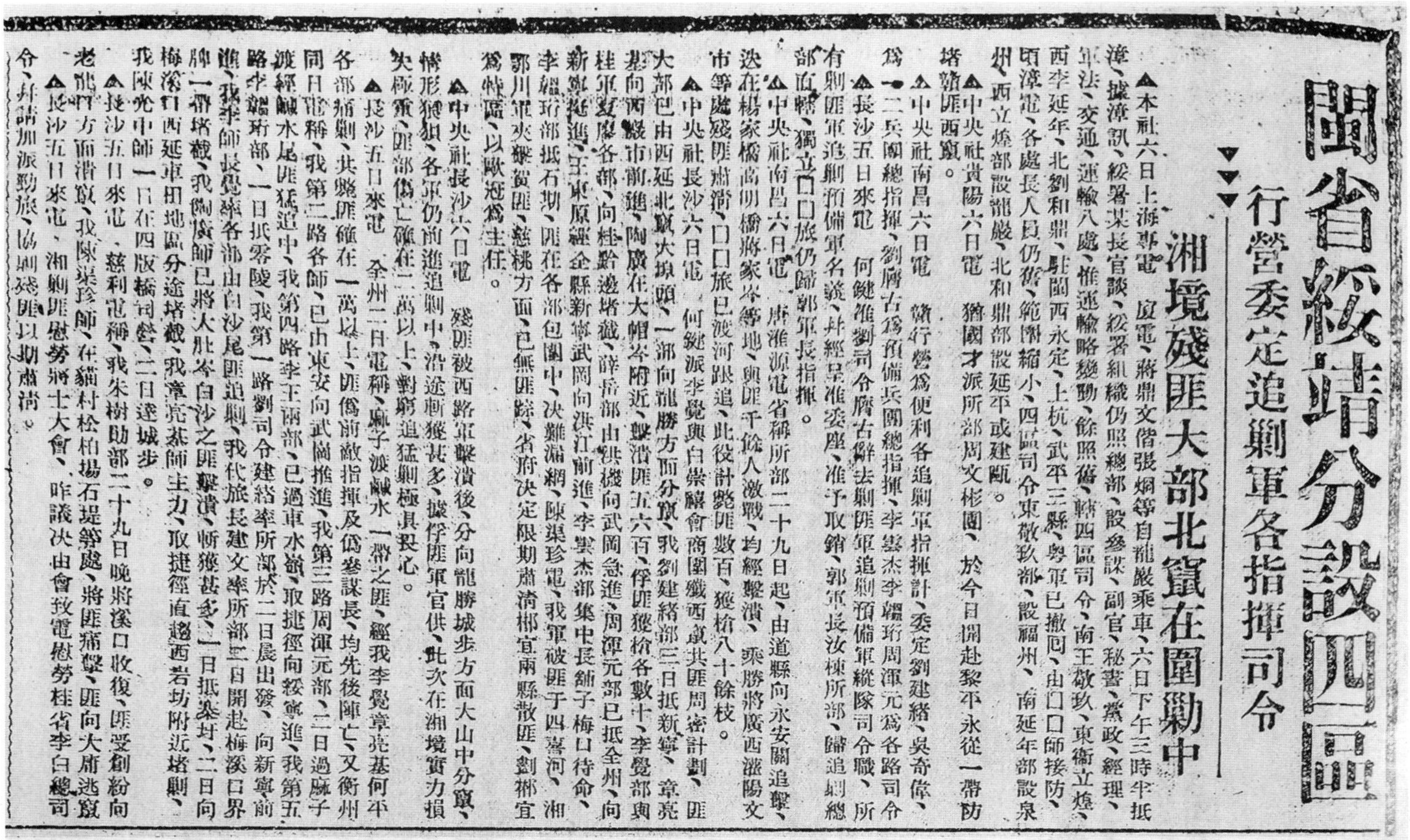

閩省綏靖分設四區

行營委定追剿軍各指揮司令

湘境殘匪大部北竄在圍剿中

▲本社六日上海專電 廈電、蔣鼎文偕張炯等自龍巖乘車、六日下午三時半抵漳、據漳訊、綏署某長官談、綏署組織仍照總部、設參謀、副官、秘書、黨政、經理、軍法、交通、運輸八處、惟運輸略變動、餘照舊、轄四區司令、南王敬玖、東衛立煌、西李延年、北劉和鼎、駐閩西永定、上杭、武平三縣、粵軍已撤回、由口口師接防、頃漳電、各處長人員仍舊、範圍縮小、四區司令東敬玖部、設福州、南延年部設泉州、西立煌部設龍巖、北和鼎部設延平或建甌。

▲中央社貴陽六日電 猶國才派所部周文彬團、於今日開赴黎平永從一帶防堵贛匪西竄。

▲中央社南昌六日電 贛行營爲便利各追剿軍指揮計、委定劉建緒、吳奇偉、爲一二兵團總指揮、劉膺古爲預備兵團總指揮、李雲杰李韞珩周渾元爲各路司令

▲長沙五日來電 何鍵准劉司令膺古辭去剿匪軍追剿預備軍縱隊司令職、所有剿匪軍追剿預備軍名義、并經呈准委座、准予取銷、郭軍長汝棟所部、歸追剿總部直轄、獨立口口旅仍歸郭軍長指揮。

▲中央社南昌六日電 南淮源電省稱所部二十九日起、由道縣向永安關追擊、淡在楊家橋高明橋蔣家嶺等地、與匪千餘人激戰、均經擊潰、乘勝將廣西灌陽文市等處殘匪肅清、口口旅已渡河跟追、此役計斃匪數百、獲槍八十餘枝。

▲中央社長沙六日電 何鍵派李覺與白崇禧會商圍殲西竄共匪周密計劃、匪大部已由西延北竄大埠頭、一部向龍勝方面分竄、我劉建緒部三日抵新寧、章亮基向西巖市前進、陶廣在大帽岑附近、擊潰匪五六百、俘匪獲槍各數十、李覺部與桂軍夏威各部、向桂黔邊堵截、薛岳部由洪橋向武岡急進、周渾元部已抵全州、向新寧推進、王東原經全縣新寧武岡向洪江前進、李雲杰部集中長鋪子梅口待命、李韞珩部抵石期、匪在各部包圍中、決難漏網、陳渠珍電、我軍破匪于四簥河、湘鄂川軍夾擊賀匪、慈桃方面、已無匪踪、省府決定限期肅清郴宜兩縣散匪、劃郴宜爲特區、以歐冠爲主任。

▲中央社長沙六日電 殘匪被西路軍擊潰後、分向龍勝城步方面大山中分竄、情形狼狽、各軍仍前進追剿中、沿途斬獲甚多、據俘匪軍官供、此次在湘境實力損失極重、匪部傷亡確在二萬以上、對窮追猛剿極具戒心。

▲長沙五日來電 全州二日電稱、麻子渡鹹水一帶之匪、經我李覺章亮基何平各部痛剿、共斃匪確在一萬以上、匪僞前敵指揮及僞參謀長、均先後陣亡、又衡州同日電稱、我第二路各師、已由東安向武崗推進、我第三路周渾元部、二日過麻子渡經鹹水尾匪猛追中、我第四路李王兩部、已過東水嶺、取捷徑向綏寧進、我第五路李韞珩部、一日抵零陵、我第一路劉司令建緒率所部於二日晨出發、向新寧前進、我李師長覺率各部由白沙尾匪追剿、我代旅長建文率所部三日開赴梅溪口界牌一帶堵截、我陶廣師已將大肚岑白沙之匪擊潰、斬獲甚多、一日抵桑圩、二日向梅溪口西延車田地區分途堵截、我章亮基師主力、取捷徑直趨西岩坊附近堵剿、我陳光中師一日在四版橋司令、二日達城步。

▲長沙五日來電 慈利電稱、我朱樹勛部二十九日晚將溪口收復、匪受創紛向老鷹坪方面潰竄、我陳渠珍師、在貓村桧柏揚石提第處、將匪痛擊、匪向大庸逃竄

▲長沙五日來電 湘剿匪慰勞將士大會、昨議決由會致電慰勞桂省李白總司令、并請加派勁旅、協剿殘匪以期肅清。

40. 闽省绥靖分设四区，行营委定追剿军各指挥司令，湘境残匪大部北窜在围剿中，1934 年 12 月 7 日第 3 版

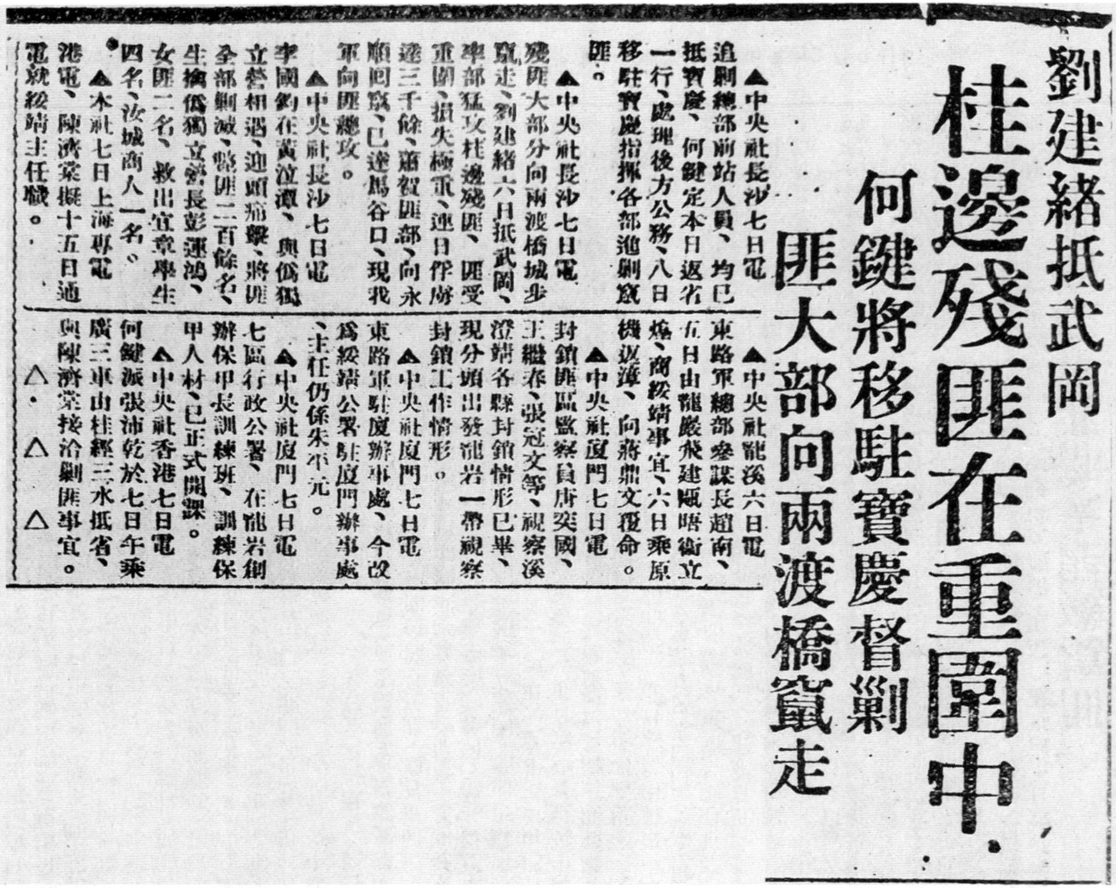

劉建緒抵武岡

桂邊殘匪在重圍中

何鍵將移駐寶慶督剿

匪大部向兩渡橋竄走

▲中央社長沙七日電　追剿總部前站人員、均已抵寶慶、何鍵定本日返省一行、處理後方公務、八日移駐寶慶指揮各部追剿竄匪。

▲中央社長沙七日電　殘匪大部分向兩渡橋城步竄走、劉建緒六日抵武岡、率部猛攻桂邊殘匪、匪受重創、損失極重、連日俘虜達三千餘、蕭賀匪部、向永順回竄、已達馬谷口、現我軍向匪總攻。

▲中央社長沙七日電　李國鈞在黃泣潭、與僞獨立營相遇、迎頭痛擊、將匪全部剿滅、斃匪二百餘名、生擒僞獨立營長彭運鴻、女匪二名、救出宜章學生四名、汝城商人一名。

▲本社七日上海專電　港電、陳濟棠擬十五日通電就綏靖主任職。

▲中央社龍溪六日電　東路軍總部參謀長趙南、五日由龍巖飛建甌晤衛立煌、商綏靖事宜、六日乘原機返漳、向蔣鼎文覆命。

▲中央社廈門七日電　封鎖匪區監察員唐奕國、王繼春、張冠文等、視察溪澄靖各縣封鎖情形已畢、現分頭出發龍岩一帶視察封鎖工作情形。

▲中央社廈門七日電　東路軍駐廈辦事處、今改爲綏靖公署駐廈門辦事處、主任仍係朱平元。

▲中央社廈門七日電　七區行政公署、在龍岩創辦保甲長訓練班、訓練保甲人材、已正式開課。

▲中央社香港七日電　何鍵派張沛乾於七日午乘廣三車由桂經三水抵省、與陳濟棠接洽剿匪事宜。

△・△　△

41. 刘建绪抵武冈，桂边残匪在重围中，何键将移驻宝庆督剿，匪大部向两渡桥窜走，1934 年 12 月 8 日第 3 版

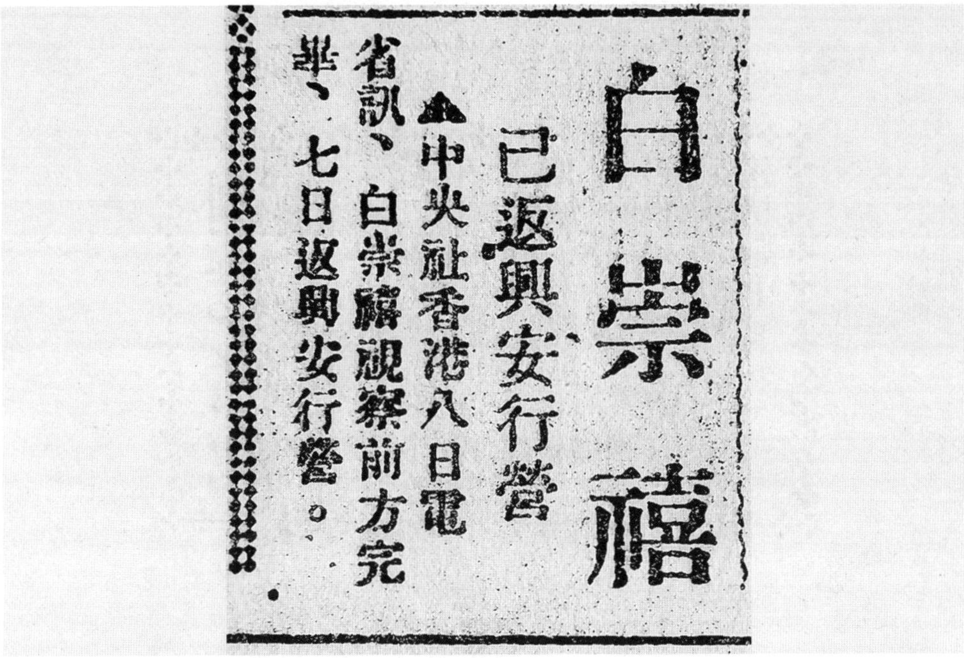

白崇禧

已返興安行營

▲中央社香港八日電省訊、白崇禧視察前方完畢、七日返興安行營。

42. 白崇禧已返兴安行营，1934 年 12 月 9 日第 2 版

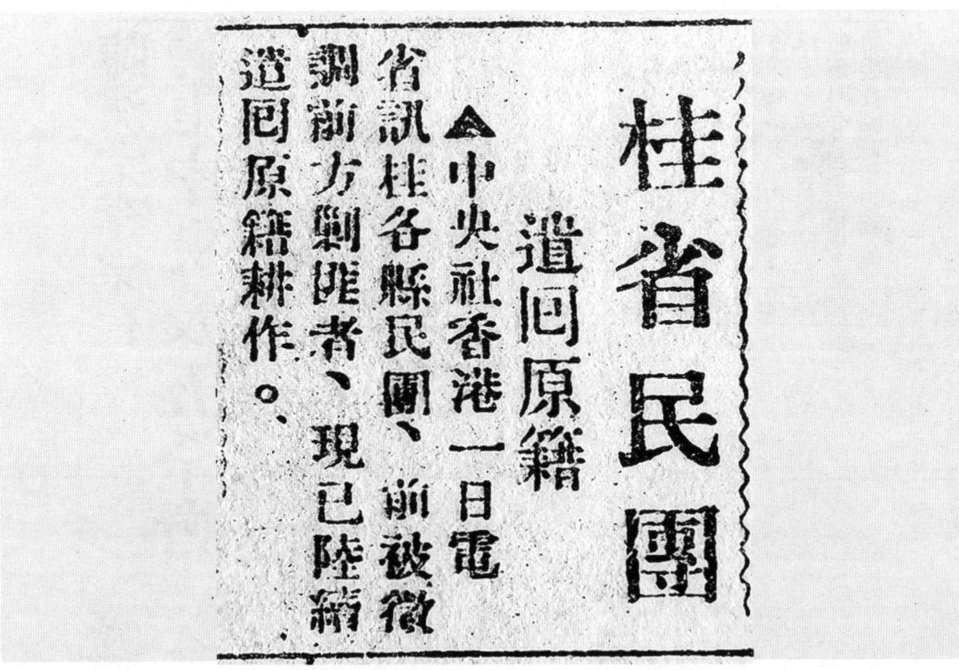

桂省民團

遣回原籍

▲中央社香港一日電省訊桂各縣民團、前被徵調前方剿匪者、現已陸續遣回原籍耕作。

43. 桂省民团遣回原籍，1934 年 12 月 9 日第 2 版

劉建緒部

向桂邊堵剿中

▲中央社長沙九日電　衡訊、匪大部仍在桂境司門前龍勝以北深山中、另一部竄抵城步南埦丁坪紅沙洲一帶、無衣無食、情形狼狽、劉建緒部由武崗進駐城步、向桂邊堵剿中。

44. 刘建绪部向桂边堵剿中，1934 年 12 月 11 日第 2 版

陳濟棠李宗仁

電中央及五全會

請頒布明令用專責成

匪竄川黔正繼續窮追

▲本社十一日上海專電　港電、陳濟棠李宗仁白崇禧十一日電中央及五全會、西南執行部、政委會、國府林主席、行政院汪院長、軍委會蔣委長、詳述匪竄川黔危、謂此時若不趁匪徬徨未定之際、加以猛烈攻剿、則匪將赤化西南、擾亂黔桂、而黨國民族之危亡、勢將無法挽救、粵桂兩省已另抽調勁旅、編組追剿部隊、由宗仁統率、會同各路友軍、繼續窮追、以竟全功、如蒙採納、即請頒佈明令、用專責成、並請蔣委長隨時指示機宜。

45. 陈济棠、李宗仁电中央及五全会，请颁布明令用专责成，匪窜川黔正继续穷追，1934 年 12 月 12 日第 2 版

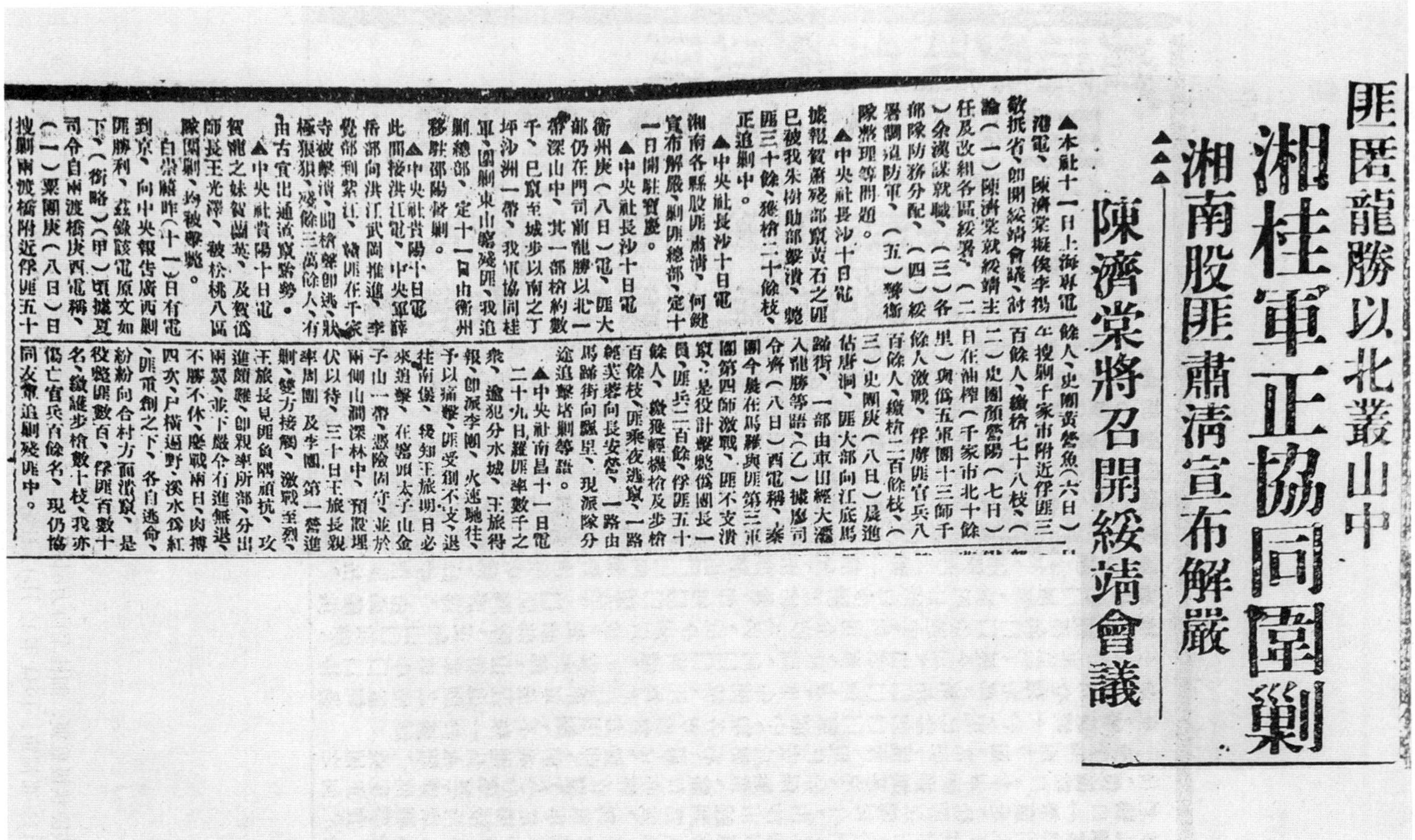

匪匿龍勝以北叢山中
湘桂軍正協同圍剿
湘南股匪肅清宣布解嚴
陳濟棠將召開綏靖會議

▲本社十一日上海專電　港電、陳濟棠擬俟李揚敬抵省、即開綏靖會議、討論（一）陳濟棠就綏靖主任及改組各區綏署、（二）余漢謀就職、（三）各部隊防務分配、（四）綏署調遣防軍、（五）整衛隊整理等問題。

▲中央社長沙十日電　據報賀蕭殘部竄黃石之匪已被我朱樹勛部擊潰、斃匪三十餘、獲槍二十餘枝、正追剿中。

▲中央社長沙十日電　湘南各縣股匪肅清、何鍵宣布解嚴、剿匪總部、定十一日開駐寶慶。

▲中央社長沙十日電　衡州庚（八日）電、匪大部仍在門司前龍勝以北一帶深山中、其一部槍約數千、已竄至城步以南之丁坪沙洲一帶、我軍協同桂軍、圍剿東山瑤殘匪、我追剿總部、定十一日由衡州移駐邵陽督剿。

▲中央社貴陽十日電　此間接洪江電、中央軍薛岳部向洪江武岡推進、李覺部到紫江、犄匪在千家寺被擊潰、即槍斃即逃、狀極狼狽、殘餘三萬餘人、有由古宜出通道竄黔勢。

▲中央社貴陽十日電　賀龍之妹賀幽英、及賀偽師長王光澤、被於桃八區隊圍剿、均被擊斃。

白崇禧昨(十一)日有電到京、向中央報告廣西剿匪勝利、茲錄該電原文如下、（銜略）（甲）頃據夏司令自兩渡橋庚西電稱、（一）粟團庚（八日）日搜剿兩渡橋附近俘匪五十餘人、史團黃巻魚（六日）在搜剿千家市附近俘匪三百餘人、繳槍七十八枝、（二）史團顏營陽（七日）日在油榨（千家市北十餘里）與偽五軍團十三師千餘人激戰、俘虜匪官兵八百餘人、繳槍二百餘枝、（三）史團庚（八日）晨進佔唐洞、匪大部向江底馬蹄街、一部由車田經大灘入龍勝等語、（乙）據廖司令齊（八日）酉電稱、秦團今晨在馬蹄街與匪第三軍團第四師激戰、匪不支潰竄、是役計擊斃偽團長一員、匪兵二百餘、俘匪五十餘人、繳獲輕機槍及步槍百餘枝、匪乘夜逃竄、一路經荚蓉向長安營、一路由馬蹄街向飄里、現派隊分途追擊堵剿等語。

▲中央社南昌十一日電　二十九日羅匪率數千之衆、逾犯分水坳、王旅得報、即派李團、火速馳往、予以痛擊、匪受創不支、退往南儸、我知王旅明日必來追擊、在寨頭太子山金子山一帶、憑險固守、並於兩側山澗深林中、預設埋伏以待、三十日王旅長親率周團及李團第一營進剿、雙方接觸、激戰至烈、王旅長見匪負隅頑抗、攻進頗難、即親率所部、分出兩翼、並下嚴令有進無退、不勝不休、鏖戰兩日、肉搏四次、尸橫遍野、溪水爲紅、匪重創之下、各自逃命、紛紛向合村方面潰竄、是役斃匪數百、俘匪百數十名、繳維步槍數十枝、我亦傷亡官兵百餘名、現仍協同友軍追剿殘匪中。

46. 匪匿龙胜以北丛山中，湘桂军正协同围剿，湘南股匪肃清宣布解严，陈济棠将召开绥靖会议，1934 年 12 月 12 日第 3 版

竄湘殘匪狀極狼狽

湘桂軍協力圍剿

各軍佈置嚴密不難一鼓殲匪

蕭賀匪股向老鴉口一帶潰竄

（長沙特約通訊）竄湘殘匪，現已越過湘江，循蕭克舊路，竄往桂邊西延，情形極狼狽，經我軍分途追剿，復由西延之北，竄大埠頭附近一帶深山中，一部向龍勝方面分竄，劉總指揮建緒，率各部，于四日到達新寧附近，章亮基師，經市板橋、新寧，向口口前進中，陶廣師則在口口附近，準備側擊，李覺師長，率口口口口兩部，及章亮基師杜從周旅，陶廣師陳旅，於三日到達全州，白崇禧原駐樂安、龍虎關一帶，指揮督剿，現因李覺已抵全州，何鍵飭李與白氏會商湘桂進剿計劃，業已晤面，已有具體辦法，毋使該匪漏網，故白崇禧已派夏威全部，担任追擊部隊，與蕭全部，附廣西民團一部分，由龍勝出口口向湘黔邊境堵截，薛總指揮岳，統率口口兩師，於四日抵白沙附近宿營，即向口口繳進，口師陶廣部，由祁陽洪橋，取捷徑向口口急進中，副司令源元部，抵全州以後，先頭部隊，正向口口前進，王司令東原部，經全州，由新寧，武岡，向口口前進，李雲杰部，由新寧集中口口待命，李司令韞珩部，於結口口地方，奉命開拔，此爲湘桂兩軍最近追剿之佈置經過也，查該匪大股，現已急向口口竄進中，現各軍均努力圍剿，不難一鼓殲滅。

至于湘西方面，常德，桃源，現已安於盤石，蕭克，賀龍，前次進佔永順，桑植之後，復擴谿口，李軍隊推進甚速，始保無恙，谿口亦經收復，人心遂定，匪部現正向老鴉口一帶竄走，徐源泉總司令，由沙市趕到常城，與軍事當局接洽堵剿事宜，並抽調該部周旅進駐津市，澧州，又加派羅啓疆部，星夜馳抵湘西，於必要時，徐總司令將親率所部口口師至常，總計湘西前方部隊，連同陳渠珍師，兵力頗厚，蕭賀所股，以形勢觀察，決難作進犯常德之妄想云。（十二月六日）

47. 窜湘残匪状极狼狈，湘桂军协力围剿，各军布置严密不难一鼓歼匪，萧（克）、贺（龙）匪股向老鸦口一带溃窜，1934 年 12 月 12 日第 4（？）版

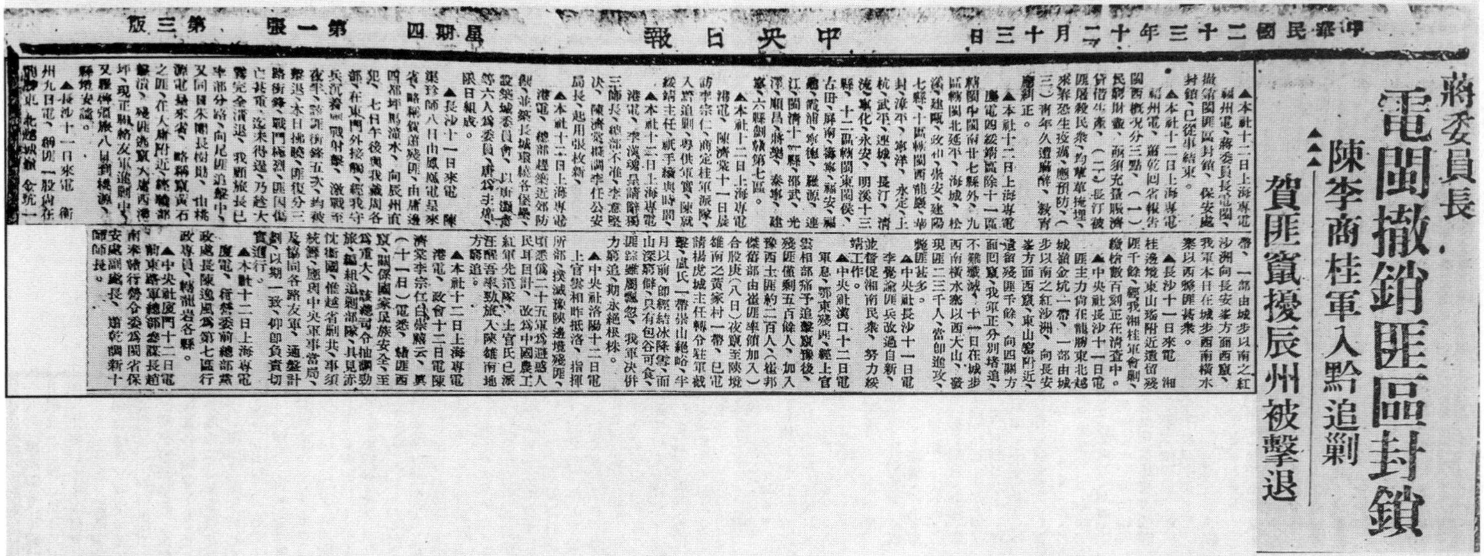

中華民國二十三年十二月十三日 中央日報 星期四 第一張 第三版
蔣委員長
電閩撤銷匪區封鎖
陳李商桂軍入黔追剿
賀匪竄擾辰州被擊退

48. 蒋委员长电闽撤销匪区封锁，陈（济棠）、李（宗仁）商桂军入黔追剿，贺匪窜扰辰州被击退，1934 年 12 月 13 日第 3 版

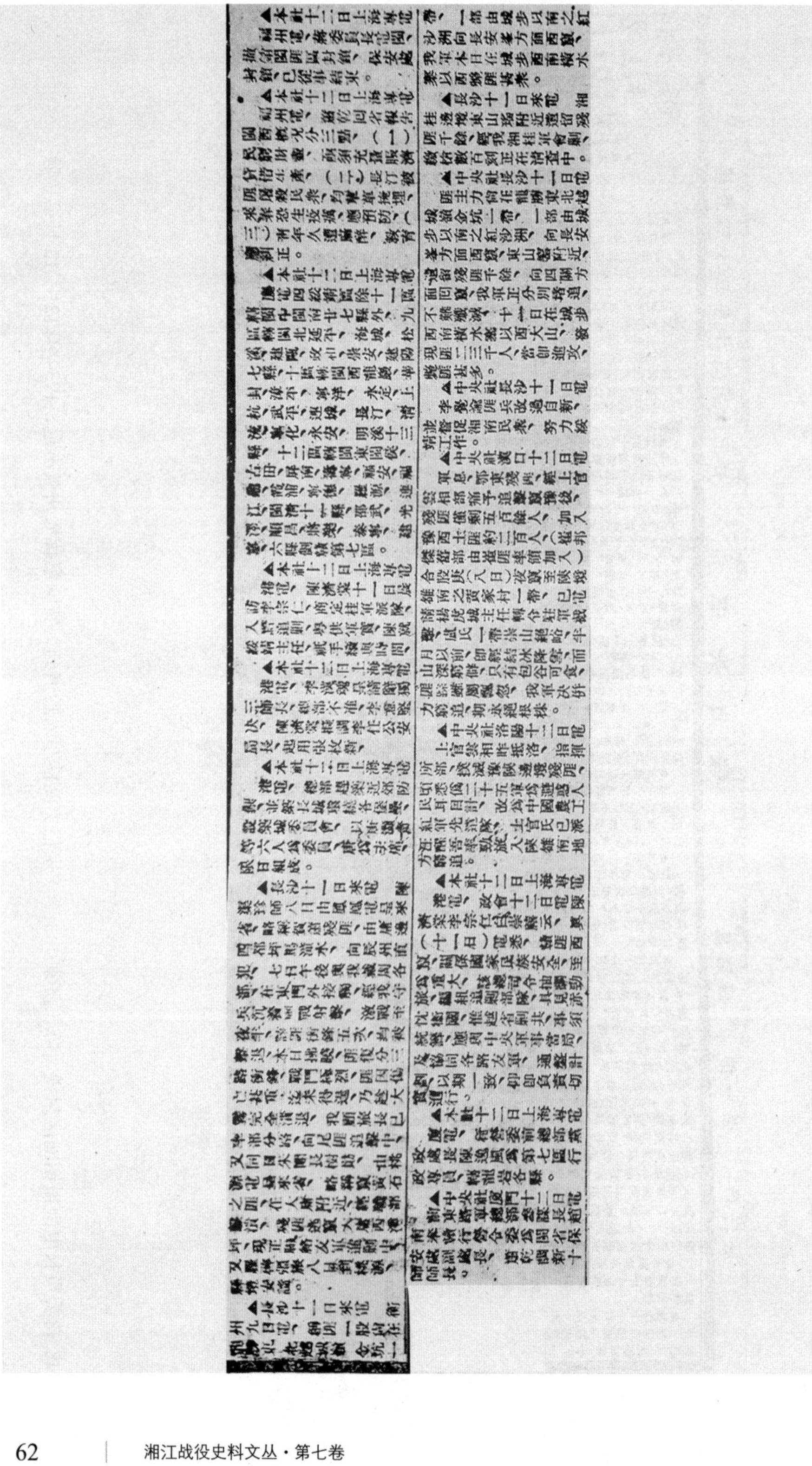

（局部图）

中華民國二十三年十二月十四日　中央日報

何鍵電告各方追剿湘南竄匪經過

匪部實力消滅達三分之一

何移駐寶慶作第二步圍剿

（長沙特約通信）湘南方面剿匪任務、現已告一段落、朱（德）毛（澤東）兩匪部到下有由桂邊潰竄湘城步之勢、我總指揮劉建緒、業率部馳抵□口、即日指揮向桂邊殘匪猛攻、又派重兵扼守要隘、故該匪見我軍防務緊密、竄擾無計、追剿軍總司令何鍵、以湘南之匪、業竄桂邊、圖出湘西、定於即日移駐寶慶、以便指揮將領、而收殲滅之功、特在移駐寶慶之前、將湘南半月以來、追剿各役情況、彙集電告各方、俾明真實狀態、查此次赤匪竄經湘南、損失極重、匪部斃於戰剿之下者、當在三萬人以上、槍枝損失、為數更多、現在我軍若乘匪於寶武而殲之、則大功告成矣、爰將何總司令原電、誌之如下、

（銜略）均鑒、敝部奉令追剿西竄股匪、未能完全達到殲匪於瀟水以東地區之任務、實深慚悚、謹將經過、摘陳察照、當該股匪、初由贛南突圍、我李覺部尚追剿竄匪、該股匪擾陷宜章、□我陶廣師仍在汝城文明司與其一部激戰、我陳光中師防堵□□、我薛周李李各部、始次第由贛西開抵入湘、僅有王東原師、一位置於□口、一位置□□江防線、湘南地區遼闊、以我兩師兵力、兼顧追剿二者、誠不自量、惟奉委座新命、義無反顧、元日奉電、寒日抵衡、一面以王師東原收復宜章、兇匪追擊、一面馳調周李李各部、取道嘉禾、藍山、向南側擊、一面調薛岳、李覺、陶廣、章亮基、陳光中各部、布防前線、除章王兩師外、皆剋星夜兼程、強行千里、本在匪後、而先匪到達、尤以薛周兩部、久戰遠道、勞苦更甚、所幸各部將士、莫不忠勇奮發、予匪重創、陶（廣）師汝城東崗嶺、勾刀坳各役、斃匪近千、文明司之役、斃匪六七百、獲槍百三十餘枝、王（東原）師良田、萬會橋之役、斃匪數百、獲槍百數十枝、棲鳳橋之役、獲槍百餘枝、梅田、保和墟之役、俘匪百餘、繳槍百五十餘枝、下灌之役、斃匪千餘、李（雲杰）師、仙人橋、冷水鋪、土橋圩、洪觀圩、永安圩、下灌各役、共計擊斃匪衆二千餘、獲槍五百餘枝、周部、寧遠附近之役、斬匪數百、文市之役、斃匪數百、獲槍八十餘支、匪經過之各縣團防、義勇隊、所俘獲之散匪散槍已據電報部者、如汝城、宜章、郴縣等、多則千餘、少亦數百、迨該股匪將抵桂邊、一部竄龍虎關、經桂軍痛擊、一面由道縣北竄王母橋、及西鄉、東山嶺等處、而其主力、則由將軍嶺、出四關、步□（克）匪故轍、其先頭漾午已達文市、幸我因顧慮桂軍堵截、未敢急進、硬日奉委座齊西電、准桂軍南移、敝部向南延伸、雖以時間兵力、難以辦到、但事機迫切、故立令劉司令建緒、率章亮基、李覺、陶廣、陳光中各師、趕赴全州、于歲晚到達、我司令建緒、急率所部、向鹹水、界首、猛力堵截、自歲晚起、經儉、艷、等日、在秦圩、路板橋、沙子包、珠蘭鋪、五里牌、覺山、一帶、連日激戰、匪死傷約六千餘、俘虜二千餘、繳獲步槍三千餘枝、機槍、迫砲、三四十門、殘匪乘夜向西潰竄、此半月來、剿匪經過之大概情形也、弟力薄任重、一簣功虧、總計各役、匪部實力、確已消滅三分之一、而殘部西竄、仍勞廑慮、惶愧之餘、惟有再督各部、遵照委座指示方略、為第二步之圍剿、所有以後追剿情形、當隨時奉達、何鍵徵未衡參機印云。（十二月七日）

49. 何键电告各方追剿湘南窜匪经过，匪部实力消灭达三分之一，何移驻宝庆作第二步围剿，1934 年 12 月 14 日第 2 版（附正文释文）

释文：

（长沙特约通信）湘南方面剿匪任务现已告一段落，朱（德）、毛（泽东）两匪部刻下有由桂边龙胜窜湘城步之势。我总指挥刘建绪，业率部驰抵□□，即日指挥向桂边残匪猛攻，又派重兵扼守要隘，故该匪见我军防务巩固，窜扰无计。追剿军总司令何键，以湘南之匪业窜桂边，闯出湘西，定于即日移驻宝庆，以便指挥督剿，而收歼灭之功。特在移驻宝庆之前，将湘南半月以来追剿各役情况，汇集电告各方，俾明真实状态。查此次赣匪窜经湘南，损失极重，匪部毙于战剿之下者，当在三万人以上，枪支损失，为数更多。现在我军若聚匪于宝、武而歼之，则大功告成矣。爰将何总司令原电，志之如下：

（衔略）钧鉴，敝部奉令追剿西窜股匪，未能完全达到歼匪于漓水以东地区之任务，实深惭悚，谨将经过摘陈察照。当该股匪初由赣南突围，我李觉部尚追剿萧匪；该股匪扰陷宜章，我陶广师仍在汝城文明司与其一部激战；我陈光中师防堵北窜；我薛、周、李、李各部始次第由赣西开拔入湘；仅有王、章两师，一位置于□□，一位置□□江防线。湘南地区辽阔，以我两师兵力，兼顾追与剿二者，诚不自量，惟奉委座新命，义无反顾。元日奉电，寒日抵衡。一面以王师东原收复宜章，尾匪追击，一面驰调周、李、李各部取道嘉禾、蓝山，向南侧击，一面调薛岳、李觉、陶广、章亮基、陈光中各部布防前线。除章、王两师外，皆属星夜兼程，强行千里，本在匪后，而先匪到达。尤以薛、周两部，久战道远，劳苦更甚。所幸各部将士，莫不忠勇奋发，予匪重创。陶（广）师汝城、东岗岭、勾刀坳各役，毙匪近千，文明司之役，毙匪六七百，获枪百三十余支。王（东原）师良田、万会桥之役，毙匪数百，获枪百数十支；樟树桥之役，获枪百余支；梅田、保和墟之役，俘匪百余，获枪百五十余支；下灌之役毙匪千余。李云杰师仙人桥、冷水铺、土桥圩、洪观圩、永业圩、下灌各役，共计击毙匪众二千余，获枪五百余支。周部宁远附近之役，斩匪数百；文市之役，毙匪数百，获枪八十余支。匪经过之各县团防义勇队所俘获之散匪散枪，已据电解报部者，如汝城、宜章、郴县等，多则千余，少亦数百。迨该股匪将抵桂边，一部窜龙虎关，经桂军痛击，一面由道县北窜王母桥及西头、东山瑶等处。而其主力则由蒋家岭出四关，步萧（克）匪故辙。其先头漾午已达文市，幸彼因顾虑桂军堵截，未敢急进。梗日奉委座养西电，准桂军南移。敝部向南延伸，虽以时间、兵力难以办到，但事机迫切，故立命刘司令建绪率章亮基、李觉、陶广、陈光中各师，赶赴全州，于感晚到达。我司令建绪，急率所部向咸水、界首猛力堵截。自感晚起，经俭、艳等日，在寨圩、路板桥、沙子包、朱兰铺、五里牌、觉山一带连日激战。匪死伤约六千余，俘虏二千余，夺获步枪三千余支，机枪、迫炮三四十门，残匪乘夜向西溃窜。此半月来剿匪经过之大概情形也。弟力薄任重，一篑功亏。总计各役，匪部实力确已消灭三分之一，而残部西窜，仍劳廑虑。惶愧之余，惟有再督各部，遵照委座指示方略，为第二步之围剿。所有以后追剿情形，当随时奉达。何键微未衡参机印云。（十二月七日）

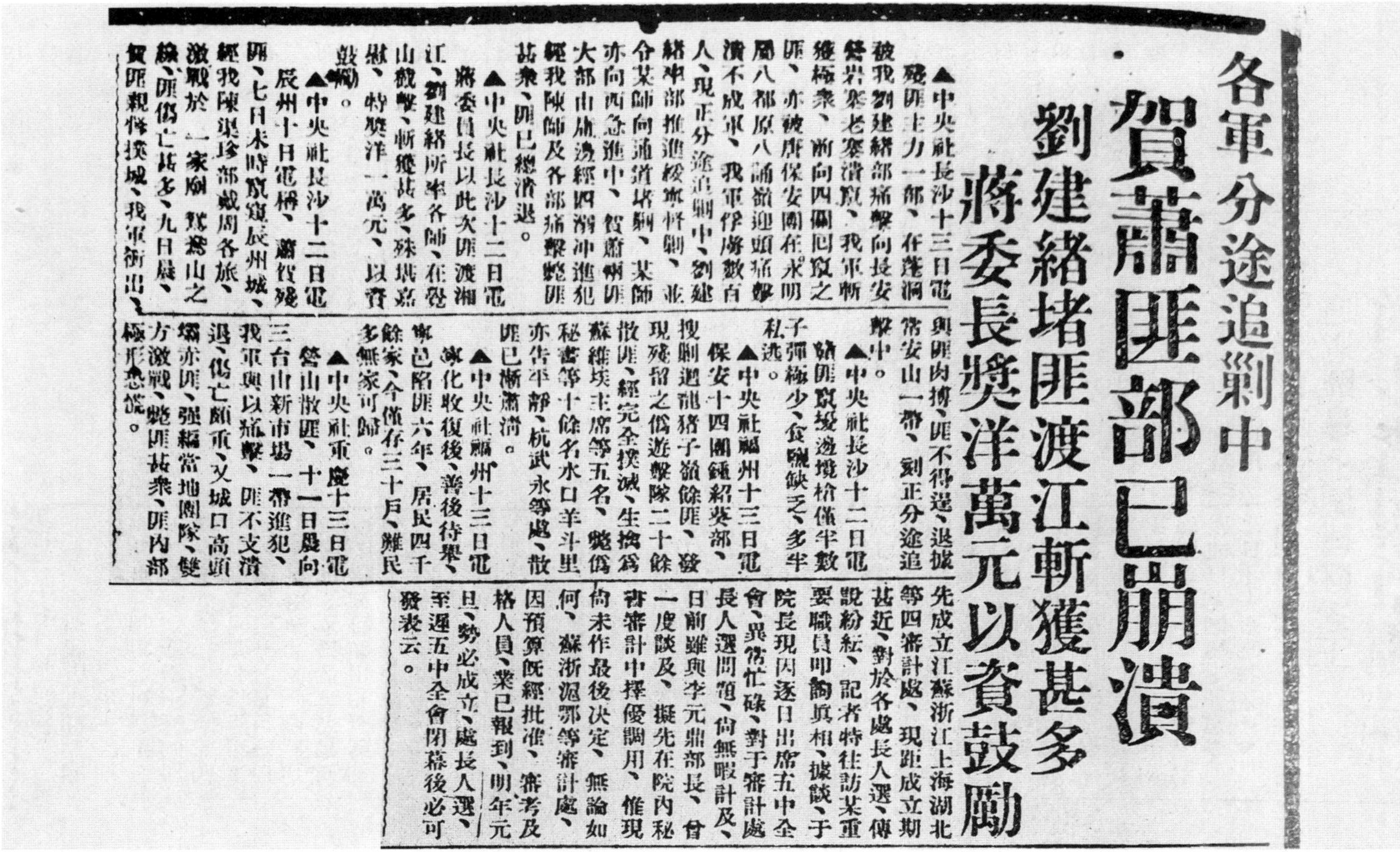

各軍分途追剿中

·賀蕭匪部已崩潰

劉建緒堵匪渡江斬獲甚多

蔣委長獎洋萬元以資鼓勵

▲中央社長沙十三日電 殘匪主力一部、在蓮洞被我劉建緒部痛擊向長安營岩寨老寨潰竄、我軍斬獲極衆、向四個囘竄之匪、亦被唐保安團在永明屬八都原八涌嶺迎頭猛擊潰不成軍、我軍俘虜數百人、現正分途追剿中、劉建緒率部推進綏寧將劉、並令某師向通道堵剿、某師亦向西急進中、賀蕭兩匪大部由龍潭經四溪沖進犯經我陳師及各部痛擊、斃匪甚衆、匪已總潰退。

▲中央社長沙十二日電 蔣委員長以此次匪渡湘江、劉建緒所率各師、在發山截擊、斬獲甚多、殊堪嘉獎、特獎洋一萬元、以資鼓勵。

▲中央社長沙十二日電 辰州十日電稱、蕭賀殘匪、七日未時竄寇辰州城、經我陳渠珍部戴周各旅、激戰於一家廟、鴛鴦山之線、匪傷亡甚多、九日晨、賀匪親督撲城、我軍衝出、與匪肉搏、匪不得逞、退據常安山一帶、刻正分途追擊中。

▲中央社長沙十二日電 竄匪竄越邊境槍僅半數子彈極少、食鹽缺乏、多半私逃。

▲中央社福州十三日電 保安十四團鍾紹葵部、搜剿連龍猪子嶺餘匪、發現殘留之僞遊擊隊二十餘散匪、經完全撲滅、生擒僞蘇維埃主席等五名、斃僞秘書等十餘名、水口羊斗里亦告平靖、杭武永等處、散匪已漸肅清。

▲中央社福州十三日電 寧化收復後、善後待舉、寧邑陷匪六年、居民四千餘家、今僅存三十戶、難民多無家可歸。

▲中央社重慶十三日電 營山散匪、十一日晨向三台山新市場一帶進犯、我軍與以猛擊、匪不支潰退、傷亡頗重、又城口高頭壩赤匪、强編當地團隊、雙方激戰、斃匪甚衆、匪內部極形恐慌。

先成立江蘇浙江上海湖北等四審計處、現距成立期甚近、對於各處長人選、傳說紛紜、記者特往訪某重要職員叩詢眞相、據談、于院長現因逐日出席五中全會、異常忙碌、對于審計處長人選問題、尚無暇計及、日前雖與李元鼎部長、曾一度談及、擬先在院內秘書審計中擇優調用、惟現尚未作最後決定、無論如何、蘇浙滬鄂等審計處、因預算既經批准、審考及格人員、業已報到、明年元旦、勢必成立、處長人選、至遲五中全會閉幕後必可發表云。

50. 各军分途追剿中，贺（龙）、萧（克）匪部已崩溃，刘建绪堵匪渡江斩获甚多，蒋委长奖洋万元以资鼓励，1934 年 12 月 14 日第 3 版

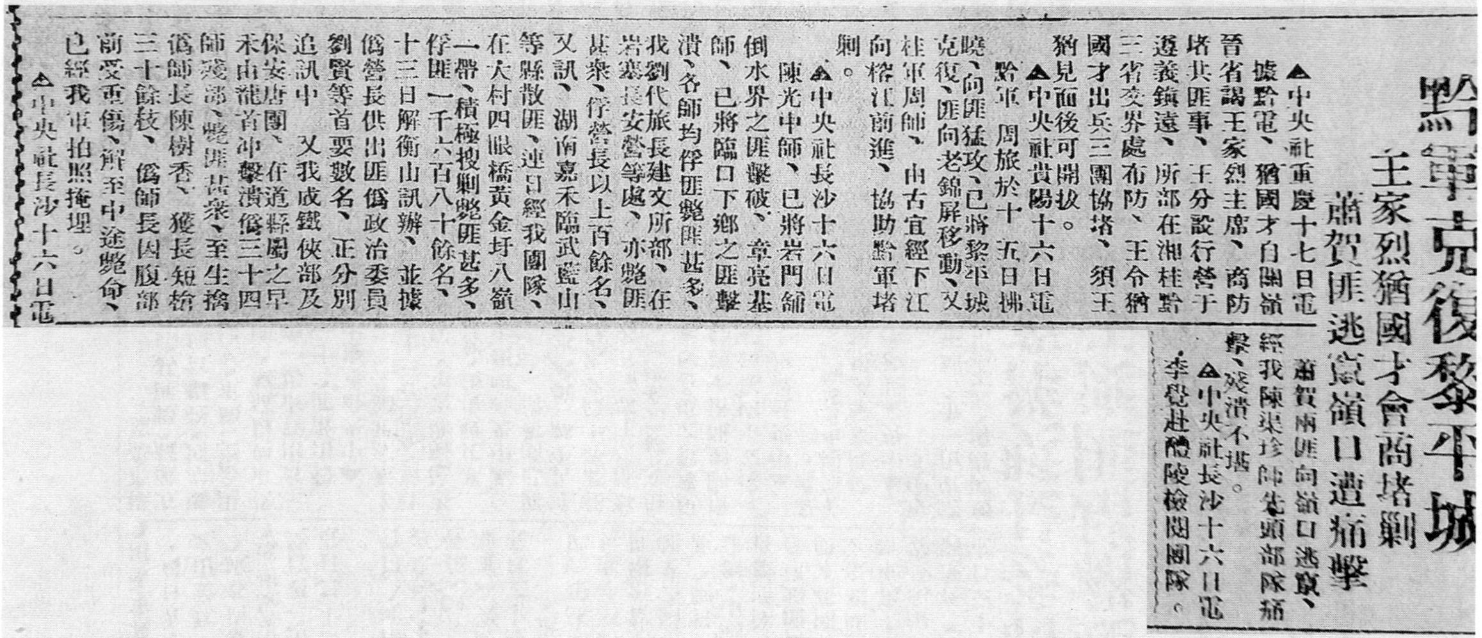

黔軍克復黎平城

王家烈猶國才會商堵剿

蕭賀匪逃竄嶺口遭痛擊

△中央社重慶十七日電 據黔電、猶國才自關嶺晉省謁王家烈主席、商防堵共匪事、王分設行營于遵義鎮遠、所部在湘桂黔三省交界處布防、王令猶國才出兵三團協堵、須王猶見面後可開拔。

△中央社貴陽十六日電 黔軍周旅於十五日拂曉、向匪猛攻、已將黎平城克復、匪向老錦屏移動、又桂軍周師、由古宜經下江向榕江前進、協助黔軍堵剿。

△中央社長沙十六日電 陳光中師、已將岩門舖倒水界之匪擊破、章亮基師、已將臨口下鄉之匪擊潰、各師均俘匪甚多、我劉代旅長建文所部、在岩寨長安營等處、亦斃匪甚衆、俘營長以上百餘名、又訊、湖南嘉禾臨武藍山等縣散匪、連日經我團隊、在大村四眼橋黃金圩八嶺一帶、積極搜剿、斃匪甚多、俘匪一千六百八十餘名、十三日解衡山訊辦、並據僞營長供出匪僞政治委員劉賢等首要數名、正分別追訊中 又我成鐵俠部及保安唐團、在道縣屬之早禾由龍首冲擊潰僞三十四師殘部、斃匪甚衆、至生擒僞師長陳樹香、獲長短槍三十餘枝、僞師長因腹部前受重傷、行至中途斃命、已經我軍拍照掩埋。

△中央社長沙十六日電 蕭賀兩匪向嶺口逃竄、經我陳渠珍師先頭部隊痛擊、殘潰不堪。

△中央社長沙十六日電 李覺赴醴陵檢閱團隊。

51. 黔军克复黎平城，王家烈、犹国才会商堵截，萧（克）、贺（龙）匪逃窜岭口遭痛击，1934 年 12 月 18 日第 2 版

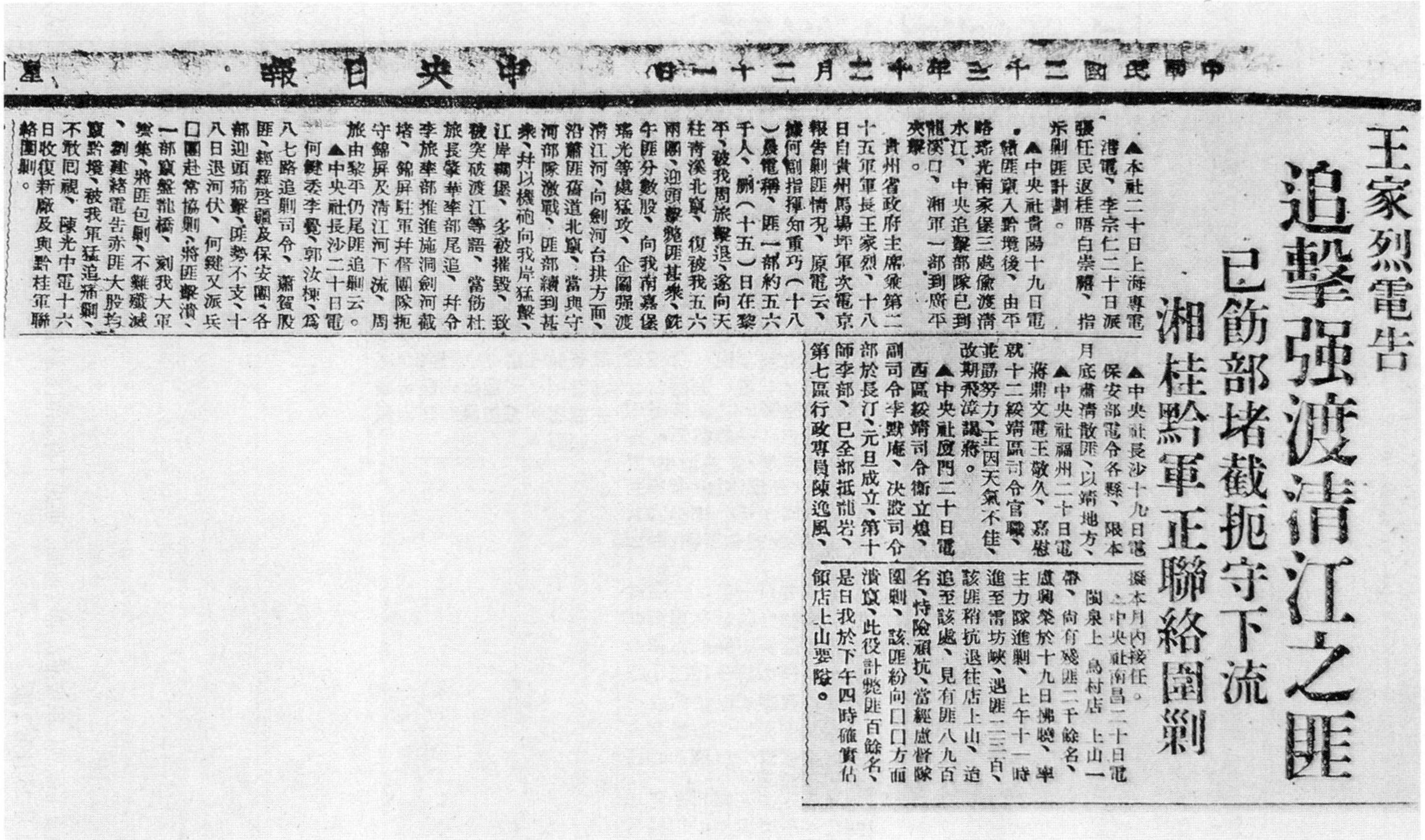

中華民國二十三年十二月二十一日 中央日報 星

王家烈電告

追擊強渡清江之匪

已飭部堵截扼守下流

湘桂黔軍正聯絡圍剿

▲本社二十日上海專電 港電、李宗仁二十日派張任民返桂晤白崇禧、指示剿匪計劃。

▲中央社貴陽十九日電 赣匪竄入黔境後、由平略、瑤光、南家堡三處偷渡清水江、中央追擊部隊已到瓏溪口、湘軍一部到[illegible]平夾擊。

貴州省政府主席兼第二十五軍軍長王家烈、十八日自貴州馬場坪軍次電京報告剿匪情況、原電云、據何旅指揮知重巧（十八）晨電稱、匪一部約五六千人、刪（十五）日在黎平、被我周旅擊退、遂向天柱青溪北竄、復被我五六兩團、迎頭痛擊、斃匪甚衆、餘匪分數股、向我南嘉堡瑞光等處猛攻、企圖強渡清江河、向劍河台拱方面、沿前匪舊道北竄、當與守河部隊激戰、匪部續到甚衆、并以機砲向我岸猛轟、江岸碉堡、多被摧毀、致被突破渡江等語、當飭杜旅長肇華率部尾追、并令李旅肇華部推進施洞劍河截堵、錦屏駐軍并督團隊扼守錦屏及清江河下流、周旅由黎平仍尾匪追剿云。

▲中央社長沙二十日電 何鍵委李覺、郭汝棟、爲八七路追剿司令、蕭賀股匪、經羅啓疆及保安團、各部迎頭痛擊、匪勢不支、十八日退河伏、何鍵又派兵口團赴常協剿、將匪擊潰、一部竄盤龍橋、刻我大軍雲集、將匪包剿、不難殲滅、劉建緒電告赤匪大股均竄黔境、被我軍猛追痛剿、不敢回視、陳光中電十六日收復新廠及與黔桂軍聯絡圍剿。

▲中央社長沙十九日電 保安部電令各縣、限本月底肅清散匪、以靖地方、

▲中央社福州二十日電 蔣鼎文電王敬久、嘉慰就十二綏靖區司令官職、並勗努力、王因天氣不佳、改期飛漳謁蔣。

▲中央社廈門二十日電 西區綏靖司令衞立煌、副司令李默庵、決設司令部於長汀、元旦成立、第十師李部、已全部抵龍岩、第七區行政專員陳逸風、擬本月內接任。

▲中央社南昌二十日電 閩泉上烏村店上山一帶、向有殘匪二千餘名、率盧興榮於十九日拂曉、率主力隊進剿、上午十一時進至雷坊峽、遇匪一二三百、該匪稍抗退往店上山、追追至該處、見有匪八九百名、恃險頑抗、當經盧督隊圍剿、該匪紛向口口方面潰竄、此役計斃匪百餘名、是日我於下午四時確實佔領店上山要隘。

52. 王家烈电告追击强渡清江之匪，已饬部堵截扼守下流，湘桂黔军正联络围剿，1934 年 12 月 21 日第 3 版

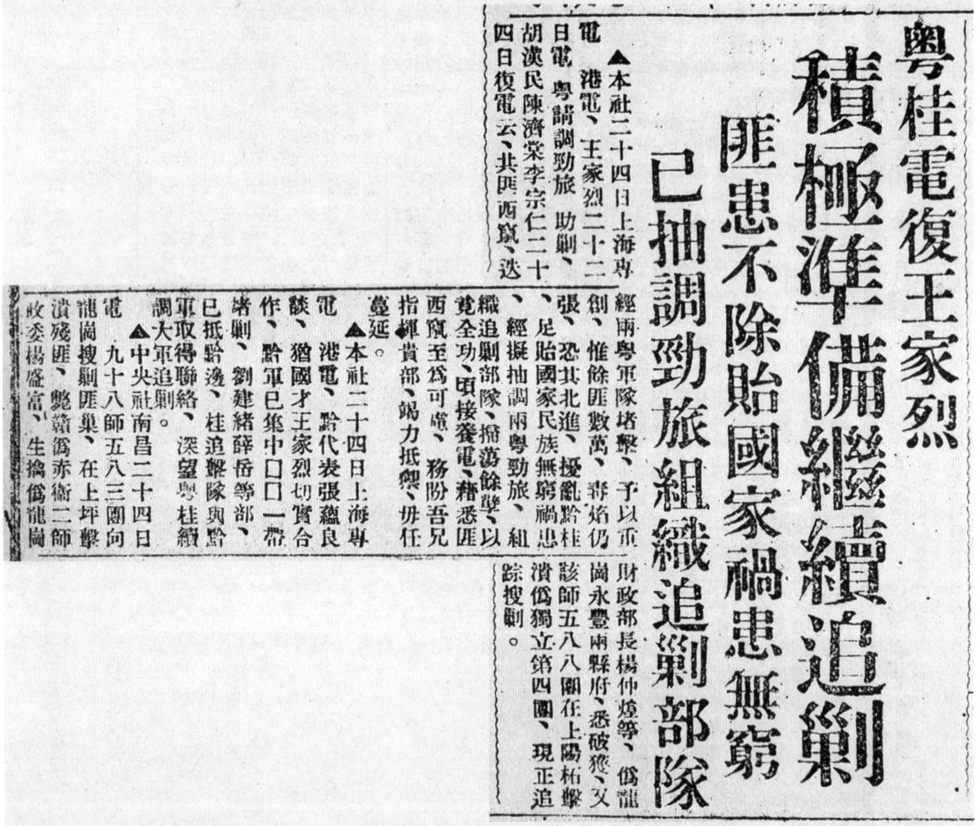

粵桂電復王家烈

積極準備繼續追剿

匪患不除貽國家禍患無窮

已抽調勁旅組織追剿部隊

▲本社二十四日上海專電、港電、王家烈二十二日電、粵請調勁旅助剿、胡漢民陳濟棠李宗仁二十四日復電云、共匪西竄、迭經兩粵軍隊堵擊、予以重創、惟餘匪數萬、幷焰仍張、恐其北進、擾亂黔桂、足貽國家民族無窮禍患、經擬抽調兩粵勁旅、組織追剿部隊、擣蕩餘孽、以竟全功、頃接養電、藉悉匪西竄至爲可慮、務盼吾兄指揮貴部、竭力抵禦、毋任蔓延。

▲本社二十四日上海專電、港電、黔代表張藴良談、猶國才王家烈切實合作、黔軍已集中口口一帶堵剿、劉建緒薛岳等部、已抵黔邊、桂追剿隊與黔軍取得聯絡、深望粵桂續調大軍追剿。

▲中央社南昌二十四日電 九十八師五八三團向龍崗搜剿匪巢、在上坪擊潰殘匪、斃贛僞赤衛二師政委楊盛富、生擒僞龍崗財政部長楊仲煊等、僞龍崗永豐兩縣府、悉破獲、又該師五八八團在上陽柘擊潰僞獨立第四團、現正追蹤搜剿。

53. 粤桂电复王家烈：积极准备继续追剿，匪患不除贻国家祸患无穷，已抽调劲旅组织追剿部队，1934 年 12 月 25 日第 2 版

何鍵重要報告

湘軍追剿殘匪情形

竄黔之匪已在我大軍包圍中
蕭賀殘股回竄大庸不難撲滅

（長沙特約通訊）近日湘軍追剿各股赤匪、迭獲勝利、贛匪朱毛一部、已深入黔北、刻湘桂黔三省部隊、正聯絡圍剿中、而竄擾常德、桃源之蕭（克）賀（龍）殘部、亦經我各軍擊潰、正向大庸、慈利、回竄、不難撲滅、追剿總司令何鍵、因各方對剿匪情形、甚為關心、特于日昨（卅一日）舉行紀念週中、報告各方面情況、玆摘錄重要者如次、（一）追剿朱毛股匪近況、查朱毛大股、現已完全竄入黔境、並陷鎮遠、我追剿軍薛（岳）總指揮所部之吳司令奇偉、已于二十七日、將匪擊潰、收復鎮遠、股匪一部分向鎮遠以北潰竄、另一部竄在施洞口以南地域、刻正在跟匪追剿中、又周司令渾元、早已率部到達貴州之三穗、向匪追剿、以上兩路軍連日剿匪情形、極為順利、斬獲頗衆、 至于劉（建緒）總指揮所部之李（韞珩）陳（光中）兩師、已由錦屏、南嘉堡、天柱、施洞口、向口口追剿、又李雲杰、王東原、兩師、已由會同、遠口、追入黔境、覓匪追擊、照目前情況觀察、貴州方面、已有大軍堵截、我們追剿各軍、又均已追上、取得聯絡、 匪已陷于大包圍中、相信在最近期間、至少可以殲滅匪一大部份、（二）湘西剿匪經過情形、賀龍、蕭克、兩匪、最近在湘西方面、甚為猖獗、當本人（按係何鍵自稱）駐在衡陽督剿股匪時、即接得常德、沅陵、等縣來電、 謂蕭賀兩匪、已陷永順、匪已抵王村、 並有一部份達到沅陵附近之烏宿、辰州危急、人民多逃避桃常云云、 但同時連接陳師長渠珍三個電報、第一個電報、是報告該師佈置情形、第二個電報、係報告與匪接觸情形、 第三個電報、 謂已準備兵力、進剿蕭賀兩匪、就陳師長電報看來、情形似不大緊急、兩方面報告的情況、 雖不相同、但在本人判斷、賀蕭兩匪、 恐不無進犯沅陵或竄瀘浦、 但不能不加以顧慮、惟湘省所有部隊、均各担有重要任務、事實上未能抽調、乃電請蔣委員長、另行調派軍隊、前往湘西剿匪、以厚兵力、無如當時因為江西殘匪、尚未肅清、故未奉准調派、待賀匪等、確已沅陵附近發現之後、以賀蕭兩匪、總計有槍不過四千餘枝、力量不大、湘西方面、原有軍隊、與團隊為數甚多、 足資應付、嗣後郭汝棟師與羅啓疆旅前往協剿當蕭賀兩匪初次到達王村時、因聞得調有大軍馳剿、乃不敢進犯、而退回大庸、圖犯慈利、經陳渠珍師在沅陵迎頭痛擊、卒未得逞、匪又竄常城附近、此十二月十七日事也、幸羅旅長異常努力、守住常德縣城、又令李師長覺、率陶柳旅、馳往常德協剿、 現在常桃一帶、均已收復、 匪竄慈利、我李郭等部、刻正追進、慈利縣城、馬上即可收復、 同時本人以為朱毛大股竄入黔境、希圖入川、而湘西地方、與黔川毗連、關係極重、必先搗毀賀蕭匪巢、使湘西地方完全肅清、才可以利整個剿匪前途的進展、所以於李郭羅等部之外、並加調章亮基、陶廣各師、集中口口、協剿賀蕭兩匪、以期兵力雄厚、一鼓殲滅、大約日內即可到齊、一俟集結、即向口口總攻、總計現在担剿賀蕭兩匪之國軍、除原有陳渠珍師、又增有章亮基、陶廣、王東原、郭汝棟等師、羅啓疆旅、與徐總指揮源泉所轄各師、是今後對於湘西剿匪軍事上、確有把握云（一月一日寄）

54. 何键重要报告：湘军追剿残匪情形，窜黔之匪已在我大军包围中，萧（克）、贺（龙）残股回窜大庸不难扑灭，1935 年 1 月 7 日第 2 版

開始追擊渡江之匪

國軍抵貴陽民衆歡騰

薛岳談期於烏江長江間消滅殘匪

湘軍以全力對湘西策應川黔軍事

▲本社八日上海專電　港電、黔省王家烈七日電薛岳、吳奇偉、周渾元、四日晚先後抵馬場坪、五日與家烈在農會商軍事、決定追擊渡江之匪、五日晚開始渡江追擊、據報匪渡江後一路抵思南、一部竄石阡、一部追遵義桐梓、烈部與國軍正趕程追剿中。

▲中央社貴陽七日電　國軍七日午由龍里步行到貴陽、紀律甚佳、一般民衆、夾道而觀、頗爲擁擠。

▲中央社貴陽七日電　中央軍第六路總指揮薛岳、第四軍副軍長陳芝馨、總指揮部參謀長柳善、今日上午十時乘車抵貴陽、王家烈、吳奇偉、猶國才、及各廳處長、均往大西門慈母園歡迎、薛等均衣灰粗布軍衣綁腿、沾滿泥點、具見長途辛苦、但精神均極好、薛語記者、匪爲國家民衆公敵、現既渡江、期在烏江以北、長江以南、將其消滅、中央軍經由貴陽者共口師、後日可到齊、卽出發前方追剿。

楊森談努力剿匪

應絕對服從中央

▲中央社重慶八日電　楊森八日午謁劉湘、報告前方近況、俟崔國光到渝、請示剿匪機宜後回防、楊森八日晨語記者、徐匪現有人槍四五萬、前線只有小接觸、無激戰、惟須隨時嚴防、今後剿匪須長期不懈努力、絕對服從中央、今後必須軍人努力剿匪、不干政治、始有利於四川前途。

▲中央社重慶八日電　黔軍大部集遵義、一部開梓桐、堵截北竄股匪、中央軍卽入川、口口部開夔萬、口口部駐涪陵、二十一軍集南岸者甚衆、南岸防務極鞏固。

▲中央社重慶八口電　劉總司令湘昨電各部、嚴令整頓軍風紀、幷令川江南岸各縣民團、一律集中訓練、分段防守、各要口皆屯紮重兵、以防共匪北竄。

桂黔軍併力殲匪

▲中央社重慶八日電　川剿匪總部、爲整頓軍紀清除匪患援豫鄂贛三省剿匪總部先例、對接近匪區各縣長、擇要委爲總部軍法官、頒佈暫行條例九條。

湘軍卽進攻大庸

▲中央社長沙七日電　何鍵本日上午、在總理紀念週報告追剿近情、略謂竄黔匪部、上星期連陷施秉黃平、隨被我第二兵團吳奇偉部擊潰、將所陷地方、一律收復、最近匪主力集中孫家渡老渡口江界河袁家渡梁家渡岩門迴龍司一帶、圖渡烏江、因江寬水急、又有黔軍侯部阻擊、匪未得逞、本月二日、匪突集結全力、猛攻岩門老渡口、又被黔軍擊斃匪千餘人、匪大部份現竄逵石阡龍口附近、除黔軍仍在極力堵截外、我第一二兵團部隊、正分途協同桂軍追剿中、匪自湘南竄經桂黔邊境猫山、備受困頓、散失甚多、據前方報告、現尚殘留約四萬人、湘西方面、賀蕭兩匪、由常桃潰竄慈利後、上月三十一日、經我陶柳旅、協同朱樹勛部、將慈利收復、匪向大庸潰竄、我李覺郭汝棟等部、一俟將羊毛灘太平橋貫市漆家河李公港三陽港一帶散匪肅清後、卽向大庸進攻、賀蕭實力、原不甚大、不難殲滅、惟因湘西地接川黔、情勢複雜、民衆痛苦亦深、省府今後決以軍事政治全力、改進湘西、策應川黔剿匪軍事。

▲中央社長沙七日電　何鍵爲便利指揮各部、進剿賀蕭殘匪起見、決在常德設立追剿總部、行營已派員前往佈置。

55. 开始追击渡江之匪，国军抵贵阳民众欢腾，薛岳谈期于乌江、长江间消灭残匪，湘军以全力对湘西策应川黔军事，1935 年 1 月 9 日第 2 版

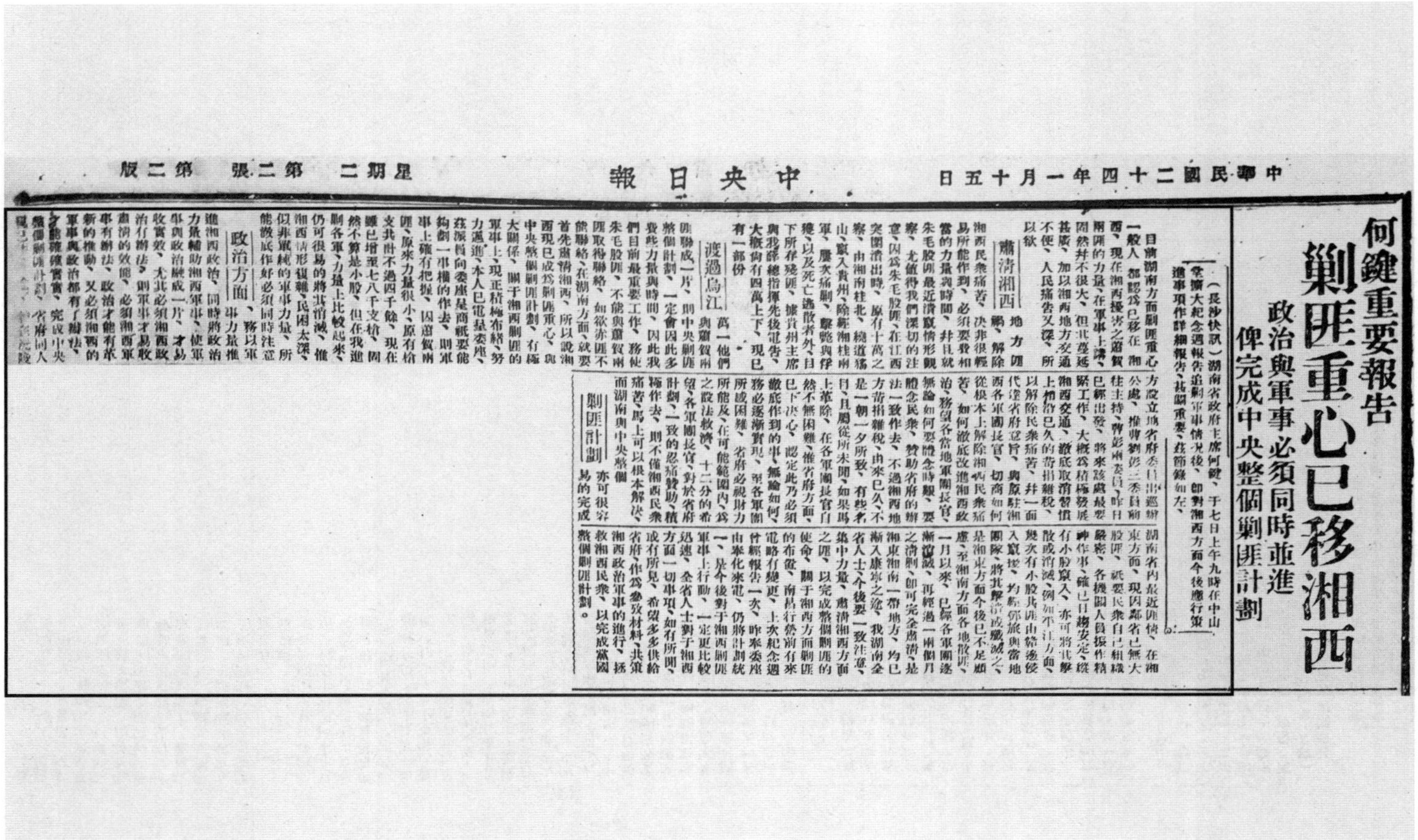

中華民國二十四年一月十五日　中央日報　星期二　第二張　第二版

何鍵重要報告
剿匪重心已移湘西
政治與軍事必須同時並進　俾完成中央整個剿匪計劃

（長沙快訊）湖南省政府主席何鍵、于七日上午九時在中山堂擴大紀念週報告追剿軍事情况後、即對湘西方面今後應行策進事項作詳細報告、茲節錄如左、

目前湖南方面剿匪重心、一般人都認為已移在湘西、現在湘西擾害之蕭賀兩匪的力量、在軍事上講、固然並不很大、但其蔓延甚廣、加以湘西地方交通不便、人民痛苦又深、所以欲

肅清湘西

地方匪禍、解除湘西民衆痛苦、決非很輕易所能作到、必須要費相當的力量與時間、並且就朱毛股匪最近潰竄情形觀察、尤值得我們深切的注意、因為朱毛股匪、在江西突圍潰出時、原有十萬之衆、由湘南桂北、繞道猺山、竄入貴州、除經湘桂兩軍、屢次痛剿、擊斃與俘獲、以及死亡逃散者外、目下所存殘匪、據貴州主席與我薛總指揮先後電告、大概尚有四萬上下、現已有一部份

渡過烏江

萬一他們與蕭賀兩匪聯成一片、則中央剿匪整個計劃、一定會因此多發些力量與時間、因此我們目前最重要工作、務使朱毛股匪、不能與蕭賀兩匪取得聯絡、如欲赤匪不能聯絡、在湖南方面、就要首先肅清湘西、所以說湘西現已成為剿匪重心、與中央整個剿匪計劃、有極大關係、關于湘西剿匪的軍事上、現正積極布置、努力邁進、本人已電懇委座、茲派員向委座呈商、祇要能夠劃一事權的作去、則軍事上確有把握、因蕭賀兩匪、原來力量很小、原有槍支共計不過四千餘、現在雖已增至七八千支槍、固然不算是小股、但在我進剿各軍、力量上比較起來、仍可很易的將其消滅、惟湘西情形複雜、民困太深、似非單純的軍事力量、所能徹底作好、必須同時注意

政治方面

務以軍事力量推進湘西政治、同時將政治力量輔助湘西軍事、使軍事與政治融成一片、才易收實效、尤其必須湘西政治有辦法、則軍事才易收肅清的效能、必須湘西軍事有辦法、政治才能有革新的推動、又必須湘西的軍事與政治都有了辦法、才能確確實實、完成中央整個剿匪計劃、省府同人、[illegible]方設立地省府委員出巡辦公處、推與劉彭二委員前往主持、彭委員昨日已經出發、將來該處最要緊工作、大概為積極發展湘西交通、澈底取消習慣上相沿已久的苛捐雜稅、以解除民衆痛苦、并一面代達省府意旨、與原駐湘西各軍團長官、切商如何從根本上解除湘西民衆痛苦、如何澈底改進湘西政治、務望各當地軍團長官、無論如何要體念時艱、要體念民衆、贊助省府的辦法一致作去、不過湘西地方苛捐雜稅、由來已久、不是一朝一夕所致、有些名目、且屬從所未聞、如果馬上革除、在各軍團長官自然不無困難、惟省府方面、已下決心、認定此乃必須徹底作到的事、無論如何、務必逐漸實現、至各軍團所感困難、省府必視財力所能及、在可能範圍內、為之設法救濟、十二分的希望各軍團長官、對於省府計劃、一致的忍痛贊助、積極作去、則不僅湘西民衆痛苦、馬上可以根本解決、而湖南與中央整個

剿匪計劃

亦可很容易的完成

湖南省內最近匪情、在湘東方面、現因鄰省已無大股匪、祇要民衆自己組織嚴密、各機關人員振作精神作事、確已日趨安定、縱有小股竄入、亦可將其擊散或消滅、例如平江方面、幾次有小股共匪由贛邊竄入竄擾、均經郊旅與當地團隊、將其擊潰或殲滅之、是湘東方面今後已不足慮、至湘南方面各地散匪、一月以來、已經各軍團逐漸消滅、再經過一兩個月之清剿、即可完全肅清、是湘東湘南一帶地方、均已漸入康寧之途、我湖南全省人士、今後要一致注意、集中力量、肅清湘西方面之匪、以完成整個剿匪的使命、關于湘西方面剿匪的布置、南昌行營前有來電略有變更、上次紀念週曾經報告一次、昨奉委座由奉化來電、仍將計劃恢復一、是今後對于湘西剿匪軍事上行動、一定更比較迅速、全省人士對于湘西方面一切事項、如有所聞、或有所見、希望多多供給省府、作為參攷材料、共策湘西政治軍事的進行、拯救湘西民衆、以完成黨國整個剿匪計劃。

56. 何键重要报告：剿匪重心已移湘西，政治与军事必须同时并进，俾完成中央整个剿匪计划，1935 年 1 月 15 日第 2 版

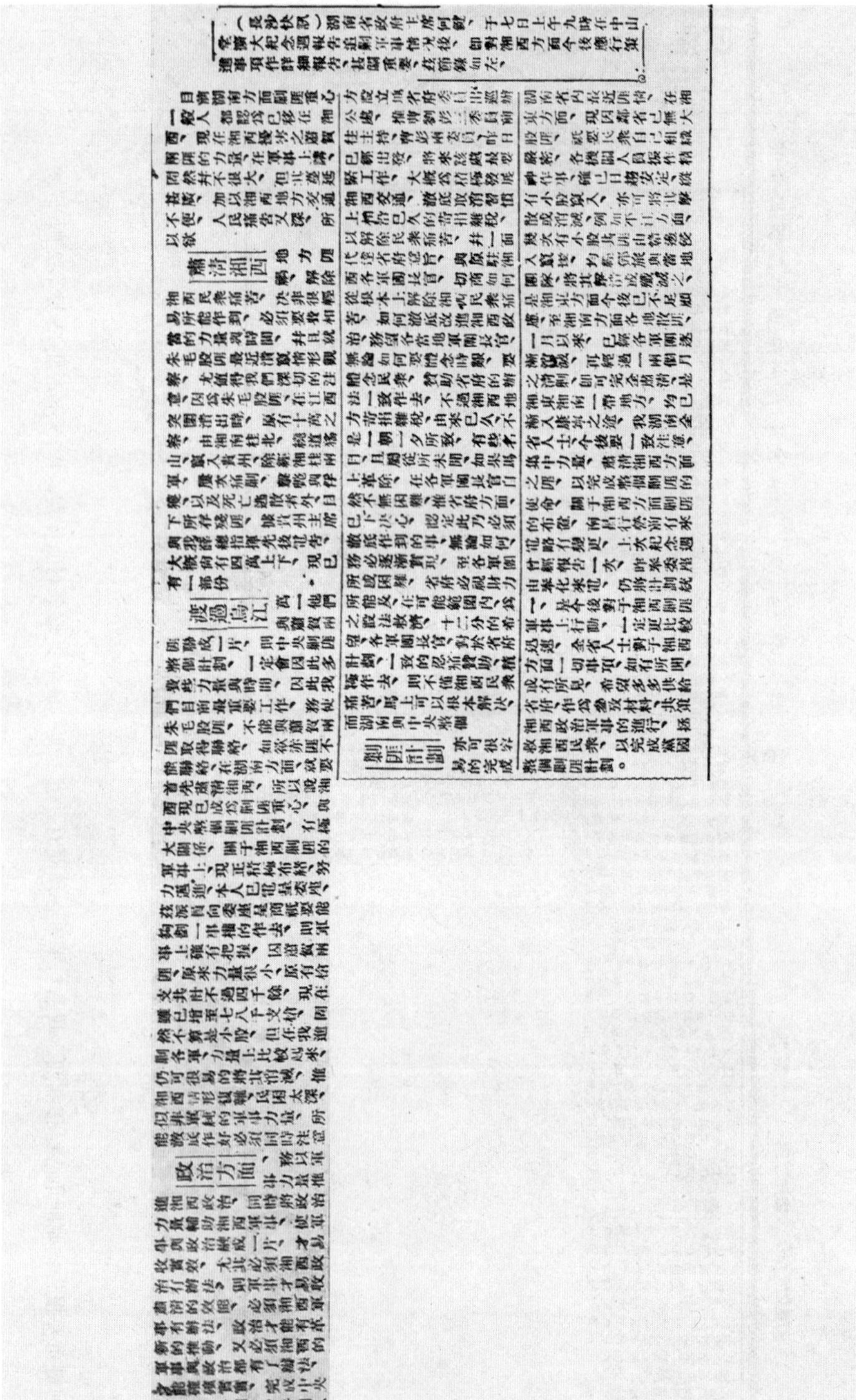

（局部图）

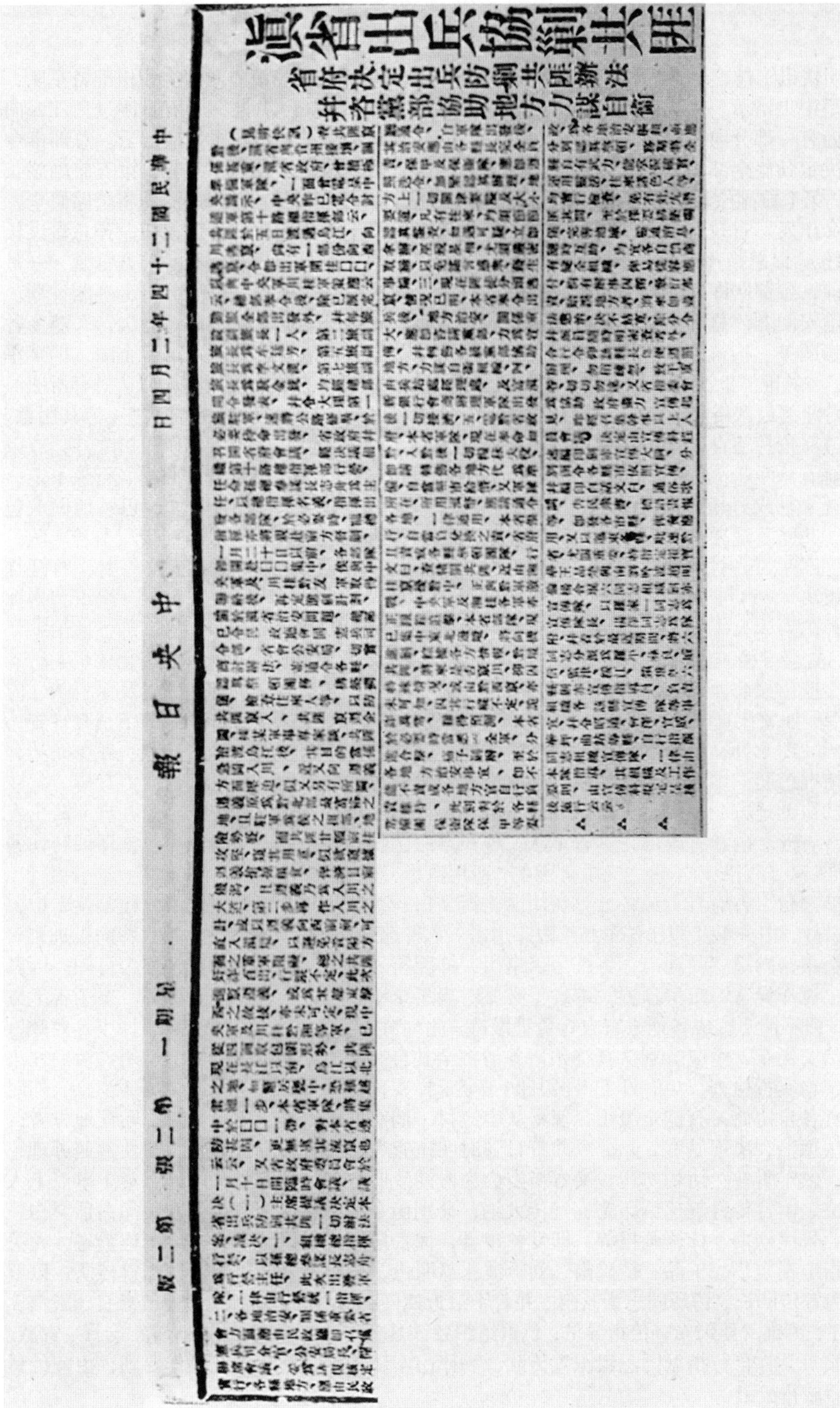

中華民國二十四年二月四日 中央日報

滇省出兵協剿共匪

省府決定出兵防剿共匪辦法

并咨黨部協助地方力謀自衛

57. 滇省出兵协剿“共匪”，省府决定出兵防剿“共匪”办法，并咨党部协助地方力谋自卫，1935 年 2 月 4 日第 2 版（附正文释文）

释文：

（昆明快讯）查“共匪”窜黔后，滇省与贵州接壤，关系甚重，滇省政府会积极准备军队，一面会电呈中央请示。中央昨已电令讨逆军第十路总指挥部云，“共匪”于五日渡过乌江，向川逃窜，尚有一部分向西逃窜，令即出军开往□□，以向中央军、川桂军策应云云。总部奉令后，除已决定劲旅全部出发外，并每旅设副旅长一人，第二旅副旅长为牟廷芳，第五旅副旅长为李文汉，第七旅副旅长为耿金铳，均经总部明令发表，并令大理第一旅驻军，速将公路修毕，于必要待命出发。省政府并召开省府会议，经决议组织第十路总指挥部行营，任命孙总参谋长志舟为主任， 以总指挥名义，指挥出发各部队。于必要时，龙总指挥亦将亲赴前方督剿，一月二十日以前，各部队即开赴□□集中，俟同中央军及川桂黔友军取得联络后，再定进剿计划。关于滇省治安问题，总部已令民政厅会同宪兵司令部、省会公安局，切实商讨办法，并遵令各县认真整顿团务、构筑碉堡、检查往来人等，以防“共匪”窜入。“共匪”窜遵企图，据某军事专家谈，“共匪”抢渡乌江后，其目的当系急闯入川，近又向遵义方面压迫，似又另有所图。遵义原为黔北部最富裕之地，且驻军为侯之担部，地险势□，而“共匪”甘愿前往攻坚，穷其用意，似欲窥据遵义抢掠粮食，俾济目前饥渴。且遵义乃为入川之大道，第二步再作入川之计，或以遵义向西前前，可直入滇境，以避免贵阳方面之重军阻碍。总之“共匪”奸诈百出，行踪不定，此次进窜遵义，或为其声东击西之故技，亦未可定。现中央军及川桂黔湘等军，已从四面取包围形势，“共匪”现在长江以南、乌江以北之地，如鳖居瓮中，恐难越雷池一步。本省军队，将集中于□□一带，对本省边防甚固，更无虑其流窜也云云。又省政府委员会于一月十日开临时会议，议决（一）主席提议决定本省出兵防剿“共匪”一切办法案，议决：一、组织总指挥行营，以孙总参谋长志舟为行营主任，此次出发军队，一律由行营统一指挥。二、各地治安，关系重要，省会方面应由民政厅即召集总兵司令官、公安局长开联席会议，妥为请复核定实行。各县地方，应由民政厅通令，自军队出发后，其治安应由各县长完全负责。保甲及保卫队，应即遵照迭令，加紧认真办理。地方上一切关津要隘及大小要道，凡有往来，均须节节认真盘查，如遇可疑，立即拿办。巫觋星相，尤须严密取缔，以免谣言惑众，发生事端。三、现在匪徒分头逃窜，情况已明。本省奉令出兵后，地方治安，关系重大。应即咨请党部，力为宣传，并转饬各级党部协助地方，力谋自卫组织。四、由兵站处、经理处及富滇新银行会商办理军队出发后一切接济。五、电黔省政府，本省军队，现在奉命□黔。入黔后一切粮秣夫役，即请转饬各地方代为准备，自当照市给价。又军队所在、所用滇币，应请通令各地，一律通用。本省银行，自当负兑换之责。省府且责成各县整顿团队，行文曰，查赣间“共匪”，近由滇桂窜扰黔中，正与黔军激战，中央军及湘桂各军亦正跟踪追击。本省部队，现已集中东北边境，将向机进剿。综据各方情报，黔境“共匪”，将来是否窜川，抑因特殊情况，或由黔西窜，亦未可知。因其行踪不定，诡诈异常，难得预测，本省于必要时当悉全军，分进合击，痛予剿办。至于各地方治安事宜，即不能不责成各地方官自行负责维持。此刻对于各县常备团、保卫队、保甲等要政，为各地方治安极杂，亟应分别认真整顿。务请将全县自有武力，能掌握确实，运用灵活。往来诸色人等，均实行检查，免有奸宄潜匿其间。至于择要构筑碉堡，完善池城，灵通消息，随时互助，均宜各自协商，有健全组织，俾易从容应付。倘有办事因循、敷衍赛责、贻误地方者，将来即尽法惩治，决不姑宽。除分令并责日随时明审查考外，合行令即该县长将使遵照办理，勿稍疏忽，致千重咎，切切勿达。又省指委会为协助政府尽力宣传起见，昨经召集干事以上人员会议，决定由宣传科赶速编印剿赤宣传大纲，分别函令各县市按照宣传。并编印白话文白、通俗歌词、告民众书、标语画报等，即发各市县，俾责应用。又以滇东各县，毗连黔省，尤关重要，特指定崔宝华、王品、楚兴南、刘吟波、赵明伦、杨合琨六同志组织剿赤宣传队，以罗家一同志为宣传队长，杨泽同志为队附。并着于最近期间，将六同志分派为罗平、彝良、威信、监津、绥江、镇雄六县剿赤宣传指导员，负责组织各该县宣传队等事宜。并令昭通、会泽、宣威、华坪、曲站等县，自行指派同志组织宣传队，一律由本队指导，其组织及工作要则，由宣传科拟定呈核后施行云云。

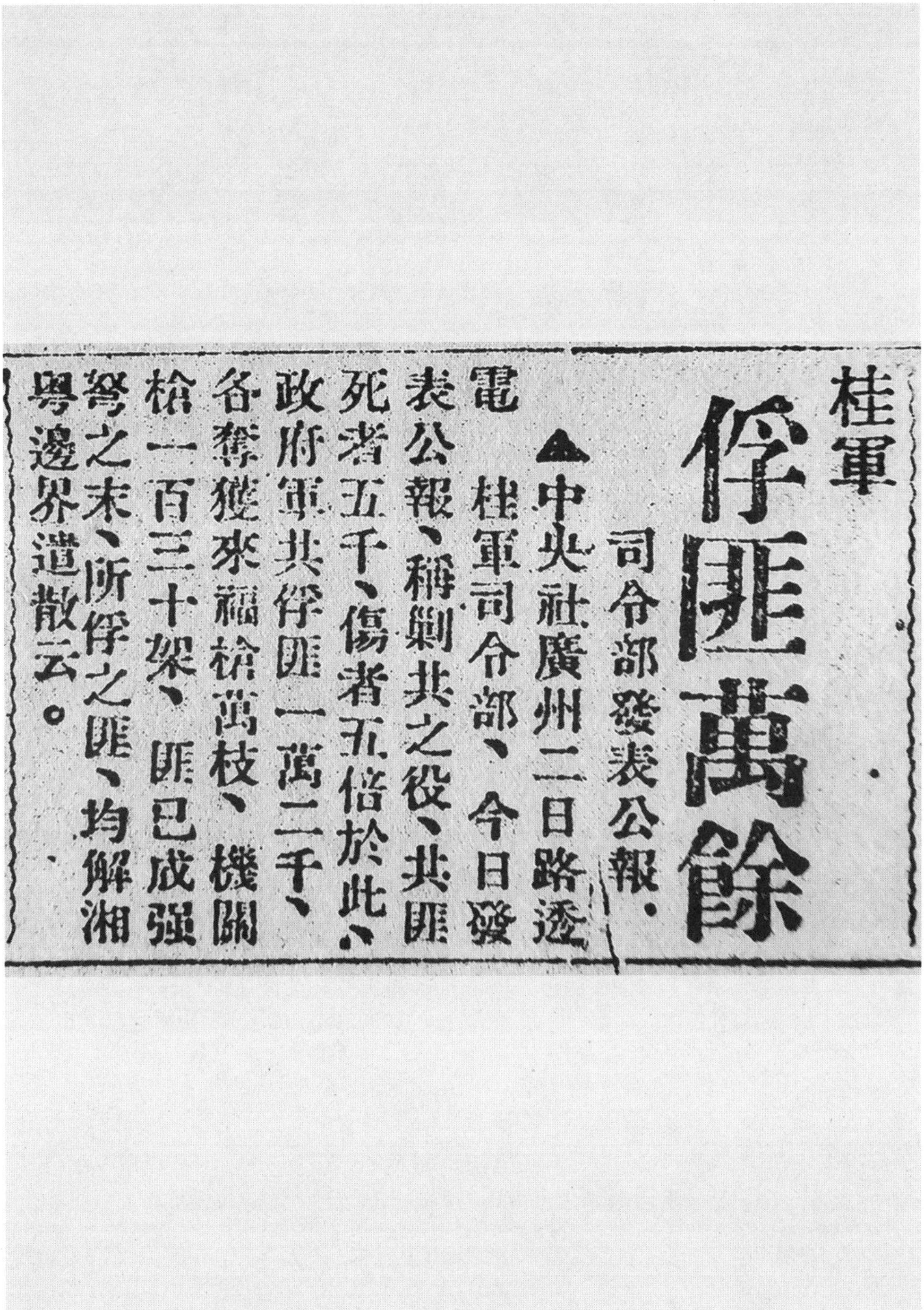

桂軍俘匪萬餘

司令部發表公報

△中央社廣州二日路透電 桂軍司令部、今日發表公報、稱剿共之役、共匪死者五千、傷者五倍於此、政府軍共俘匪一萬二千、各奪獲來福槍萬枝、機關槍一百三十架、匪已成强弩之末、所俘之匪、均解湘粵邊界遣散云。

58. 桂军俘匪万余，司令部发表公报，1935 年 2 月 4 日第 2 版

申　报

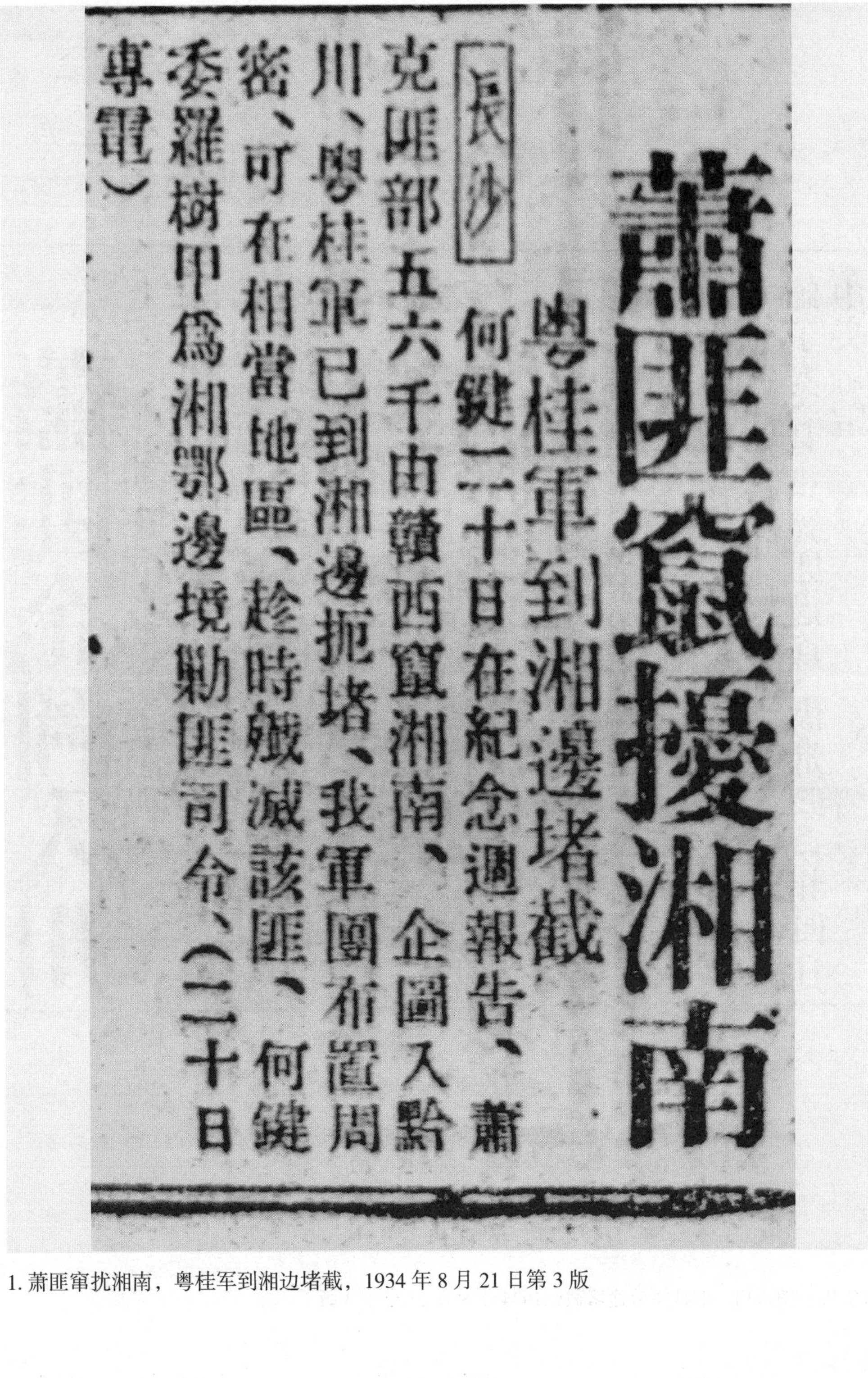

蕭匪竄擾湘南

粵桂軍到湘邊堵截

〔長沙〕何鍵二十日在紀念週報告、蕭克匪部五六千由贛西竄湘南、企圖入黔川、粵桂軍已到湘邊扼堵、我軍圖布置周密、可在相當地區、趁時殲滅該匪、何鍵委羅樹甲爲湘鄂邊境勦匪司令、（二十日專電）

1. 萧匪窜扰湘南，粤桂军到湘边堵截，1934 年 8 月 21 日第 3 版

蕭匪企圖入川

湘桂軍分途堵截

〔長沙〕何鍵以蕭匪克鄂部西竄、企圖入川、連日調集團分途堵截、並電粵桂派隊圍剿、現桂軍已到達某某地點、匪陷重圍、不難將其消滅、（二十三日中央社電）

〔香港〕何鍵電告、湘南匪向湘西竄擾、主力仍在新田祁陽零陵、約萬人、槍五千、□□□率□□追剿、□□二十克汝城向郴州追擊中、（二十四日專電）

〔香港〕李漢魂定二十四日返省報告湘南匪退情形、（二十四日專電）

〔香港〕余漢謀廿三日電省報告、廿一日晨偽獨立第一團及游擊隊七八百人、突犯我龍佈圩陣綫、當被我軍痛擊、潰竄師子寨、是役斃匪過百、傷卅餘、（廿四日中央社電）

2. 萧匪企图入川，湘桂军分途堵截，1934 年 8 月 25 日第 3 版

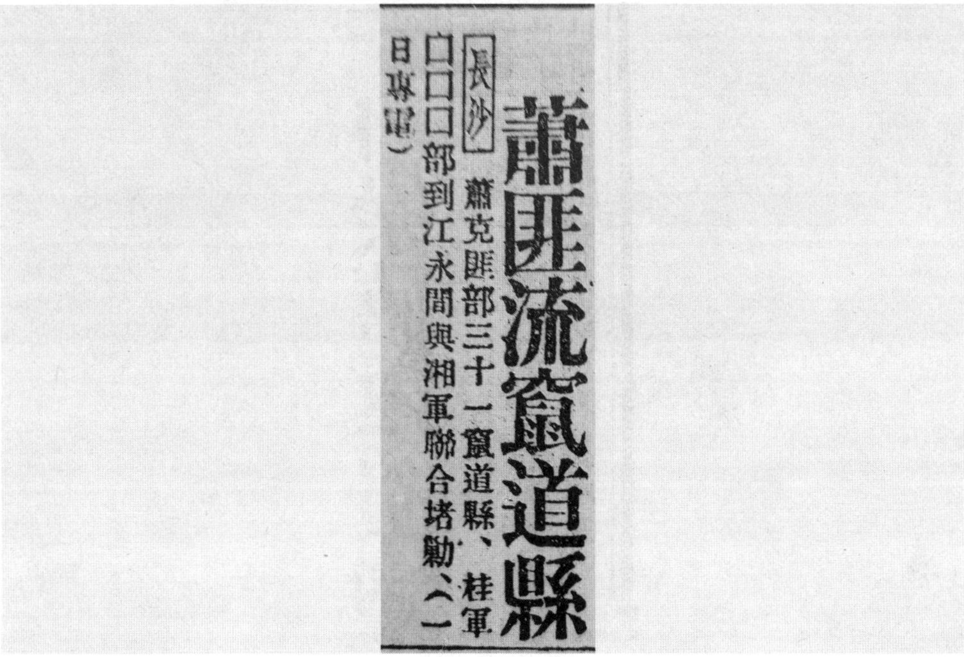

蕭匪流竄道縣

（長沙）蕭克匪部三十一竄道縣、桂軍口口口部到江永間與湘軍聯合堵勦、（一日專電）

3. 萧匪流窜道县，1934 年 9 月 2 日第 4 版

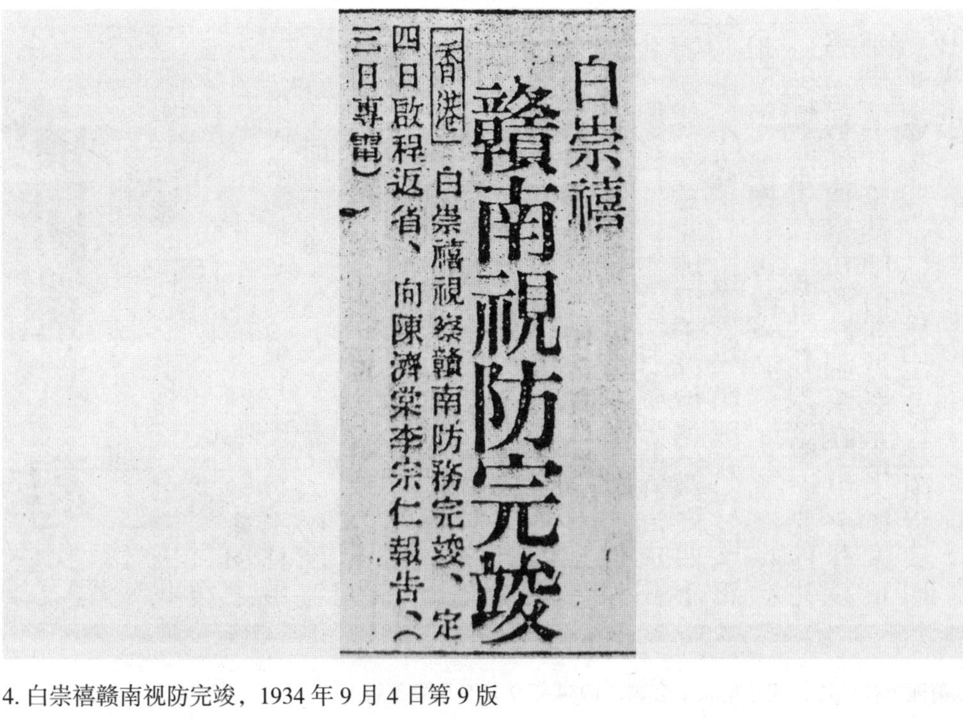

白崇禧贛南視防完竣

（香港）白崇禧視察贛南防務完竣、定四日啟程返省、向陳濟棠李宗仁報告、（三日專電）

4. 白崇禧赣南视防完竣，1934 年 9 月 4 日第 9 版

白崇禧返韶關

（香港）白崇禧四日離大庾乘汽車返韶轉省、廣韶路四日晚派花車赴韶迎候、五日或六日可到、張瑞貴四日由汕乘汽車抵省、報告閩粵邊防務、（四日專電）

5. 白崇禧返韶关，1934 年 9 月 5 日第 3 版

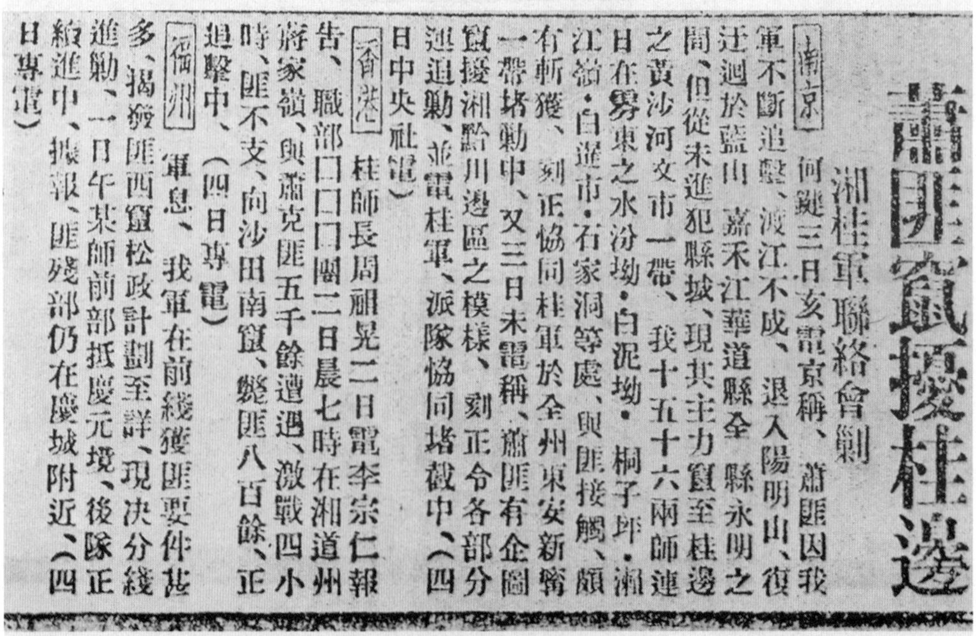

蕭匪竄擾桂邊

湘桂軍聯絡會剿

（南京）何鍵三日亥電京稱、蕭匪因我軍不斷追擊、渡江不成、退入陽明山、復迂迴於藍山 嘉禾江華道縣全 縣永明之間、但從未進犯縣城、現其主力竄至桂邊之黃沙河文市一帶、我十五十六兩師連日在零東之水汾坳·白泥坳·桐子坪·瀨江嶺·白蓮市·石家洞等處、與匪接觸、頗有斬獲、劉正協同桂軍於全州東安新寧一帶堵勦中、又三日末電稱、蕭匪有企圖竄擾湘黔川邊區之模樣、劉正令各部分進追勦、並電桂軍、派隊協同堵截中、（四日中央社電）

（香港）桂師長周祖晃二日電李宗仁報告、職部口口口團二日晨七時在湘道州蔣家嶺、與蕭克匪五千餘遭遇、激戰四小時、匪不支、向沙田南竄、斃匪八百餘、正追擊中、（四日專電）

（梧州）軍息、我軍在前綫獲匪要件甚多、揭發匪西竄松政計劃至詳、現決分綫進勦、一日午某師前部抵慶元境、後隊正續進中、據報、匪殘部仍在慶城附近、（四日專電）

6. 萧匪窜扰桂边，湘桂军联络会剿，1934 年 9 月 5 日第 3 版

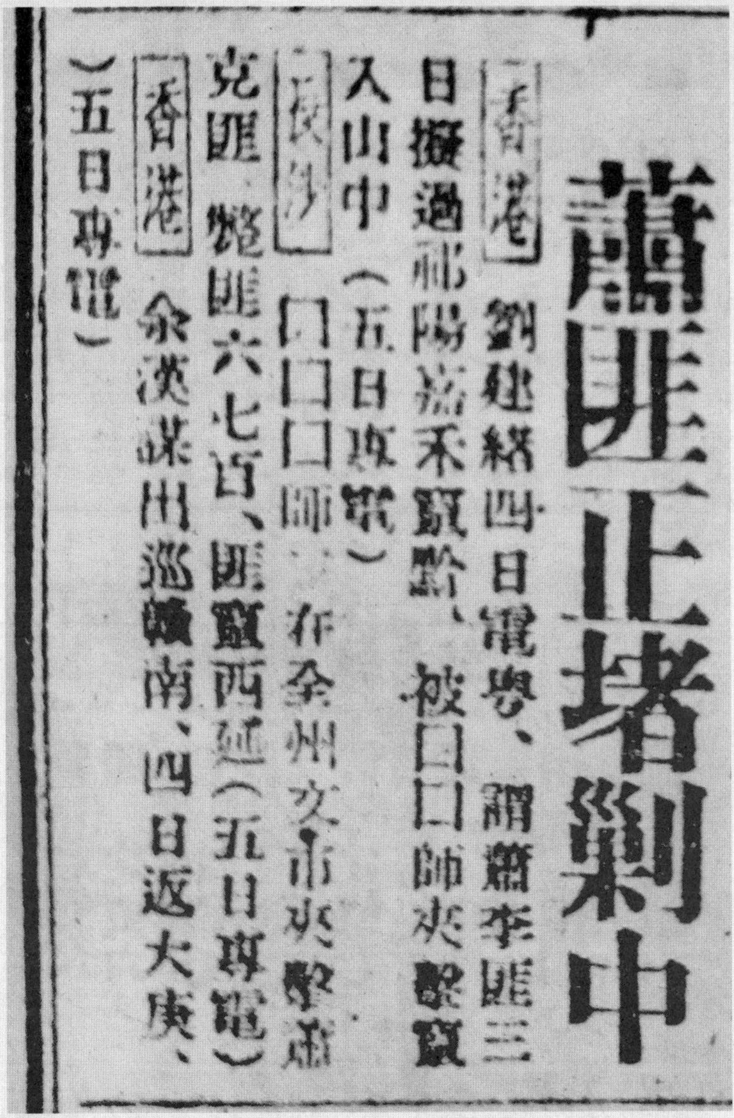

蕭匪正堵剿中

〔香港〕劉建緒四日電粵、謂蕭李匪三日擬過祁陽嘉禾竄黔、被□□師夾擊竄入山中（五日專電）

〔長沙〕□□□師、在全州文市夾擊蕭克匪、蕭匪六七百、匪竄西延（五日專電）

〔香港〕余漢謀出巡贛南、四日返大庾、）五日專電）

7. 蕭匪正堵剿中，1934 年 9 月 6 日第 8 版

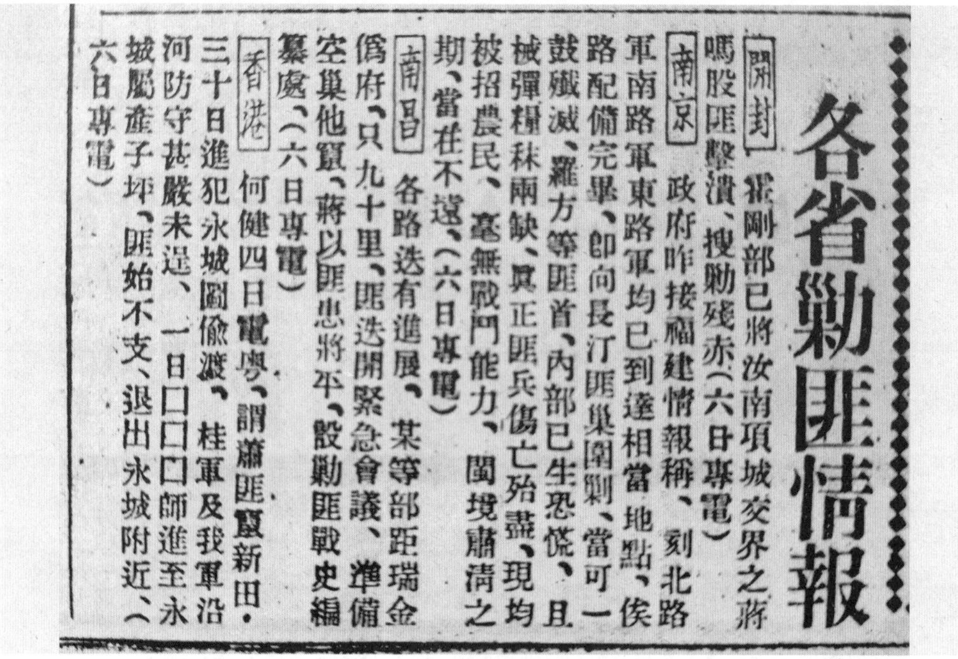

各省剿匪情報

〔開封〕猛剛部已將汝南項城交界之蔣嗎股匪擊潰、搜剿殘赤(六日專電)

〔南京〕政府昨接福建情報稱、剿北路軍南路軍東路軍均已到達相當地點、俟路配備完畢、即向長汀匪巢圍剿、當可一鼓殲滅、羅方等匪首、內部已生恐慌、且械彈糧秣兩缺、真正匪兵傷亡殆盡、現均被招農民、毫無戰鬥能力、閩境肅清之期、當在不遠、(六日專電)

〔南昌〕各路迭有進展、某等部距瑞金偽府、只九十里、匪迭開緊急會議、準備空集他竄、蔣以匪患將平、設剿匪戰史編纂處、(六日專電)

〔香港〕何健四日電粵、謂蕭匪竄新田、三十日進犯永城圖偷渡、桂軍及我軍沿河防守甚嚴未逞、一日口口口師進至永城屬茬子坪、匪始不支、退出永城附近、(六日專電)

8. 各省剿匪情报，1934 年 9 月 7 日第 3 版

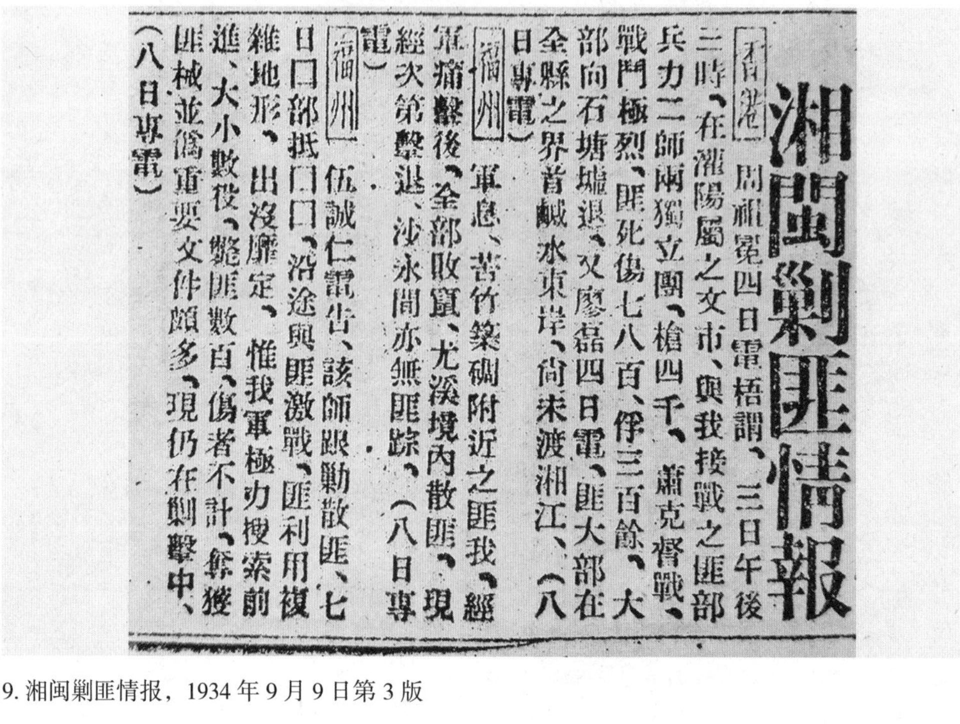

湘閩剿匪情報

〔香港〕周祖晃四日電梧謂、三日午後三時、在灌陽屬之文市、與我接戰之匪部兵力二師兩獨立團、槍四千、蕭克督戰、戰鬥極烈、匪死傷七八百、俘三百餘、大部向石塘墟退、又廖磊四日電、匪大部在全縣之界首鹹水東岸、尚未渡湘江、(八日專電)

〔福州〕軍息、苦竹築碉附近之匪我、經軍痛擊後、全部敗竄、尤溪境內散匪、現經次第擊退、沙永間亦無匪踪、(八日專電)

〔福州〕伍誠仁電告、該師跟剿散匪、七日口部抵口口、沿途與匪激戰、匪利用複雜地形、出沒靡定、惟我軍極力搜索前進、大小數役、斃匪數百、傷者不計、繳獲匪械並偽軍要文件頗多、現仍在剿擊中、(八日專電)

9. 湘闽剿匪情报，1934 年 9 月 9 日第 3 版

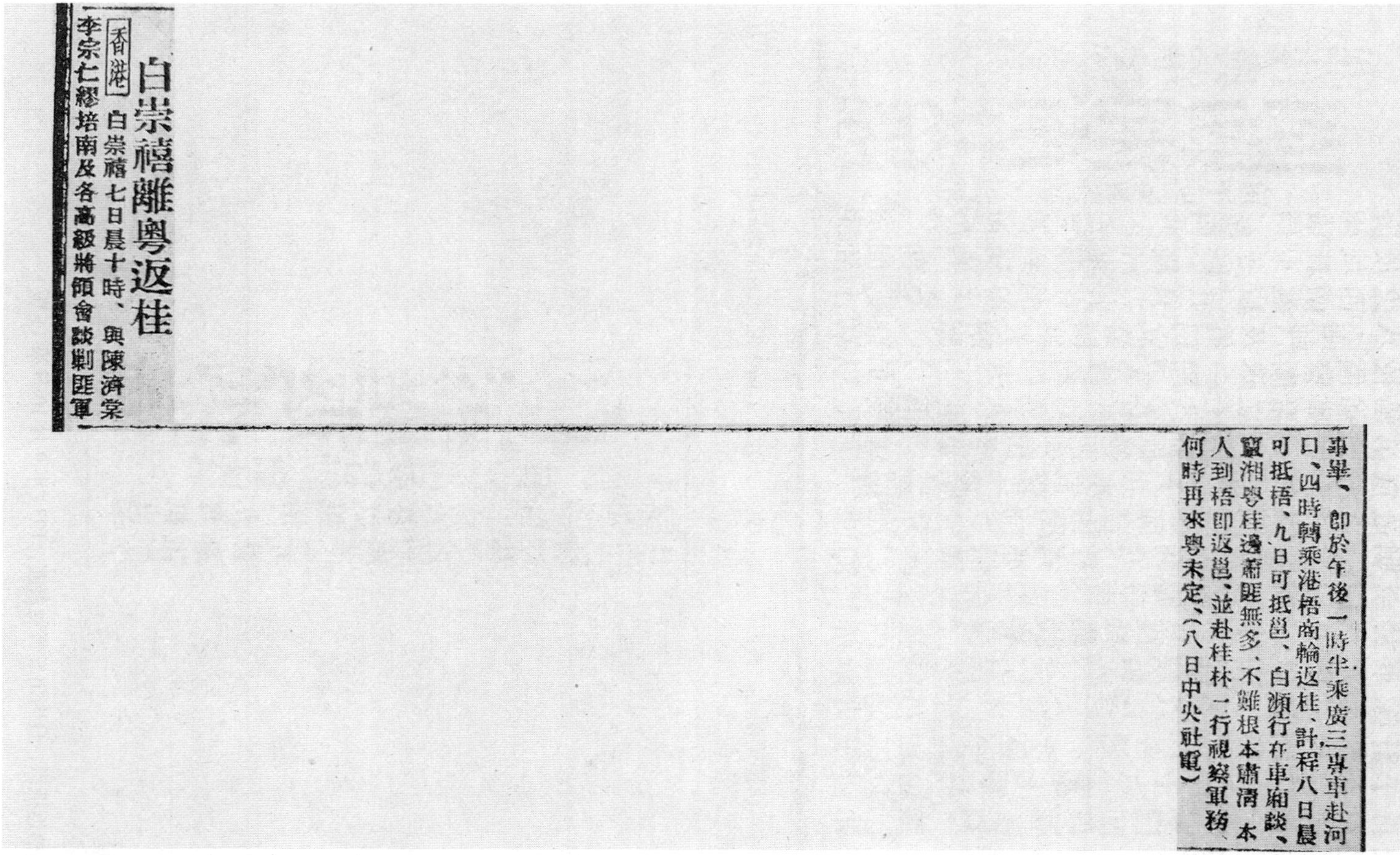

白崇禧離粵返桂

（香港）白崇禧七日晨十時、與陳濟棠李宗仁鄒魯培南及各高級將領會談剿匪軍事畢、即於午後一時半乘廣三專車赴河口、四時轉乘港梧商輪返桂、計程八日晨可抵梧、九日可抵邕、白瀕行在車廂談、本屆湘粵桂邊剿匪無多、不難根本肅清、本人到梧即返邕、並赴桂林一行視察軍務、何時再來粵未定、（八日中央社電）

10. 白崇禧离粤返桂，1934年9月9日第11版

湘桂粵軍隊
圍剿湘南共匪
蕭李匪股經痛剿後退潰

廣州通信、贛西共匪蕭克股竄湘後、南犯汝城桂東各縣、經湘軍開到痛剿、卽向湘之西南逃竄、共實力計有僞第十七·第十八·兩師、及僞獨立第四第五兩團（紅軍校僞警衛隊一團、人數約四五千人、加以沿途嘯聚之土共、合計約萬人、其僞獨立第三團、刻仍盤據贛西禾山老巢、蕭匪竄湘南後、卽以土共李宗保一股爲嚮導、最近湘軍口口等師已由衡南下、分途兜剿、與匪戰於菱角塘、桂省亦派軍隊、開至口口布防、頃據報告、蕭李匪三千餘、於八月二十六日竄抵祁陽零陵、經西路軍大舉包圍、匪氛頓衰、李宗保之僞游擊隊第三營、二十六日退入叢林、近乃變更計劃、回竄郴州各屬、李匪一股約二三千人、於上月二十六二十七等日、由桂陽再犯郴州、湘軍口師與戰甚烈、匪因不支乃退（三日）

11. 湘桂粤军队围剿湘南“共匪”，萧（克）、李（宗保）匪股经痛剿后退溃，1934 年 9 月 9 日第 11 版

白崇禧返抵邕
日內出發督勦蕭匪

（香港）白崇禧八日返抵梧、九日抵邕、日內出發桂林、督勦蕭匪、（九日專電）

12. 白崇禧返抵邕，日内出发督剿萧匪，1934 年 9 月 10 日第 11 版

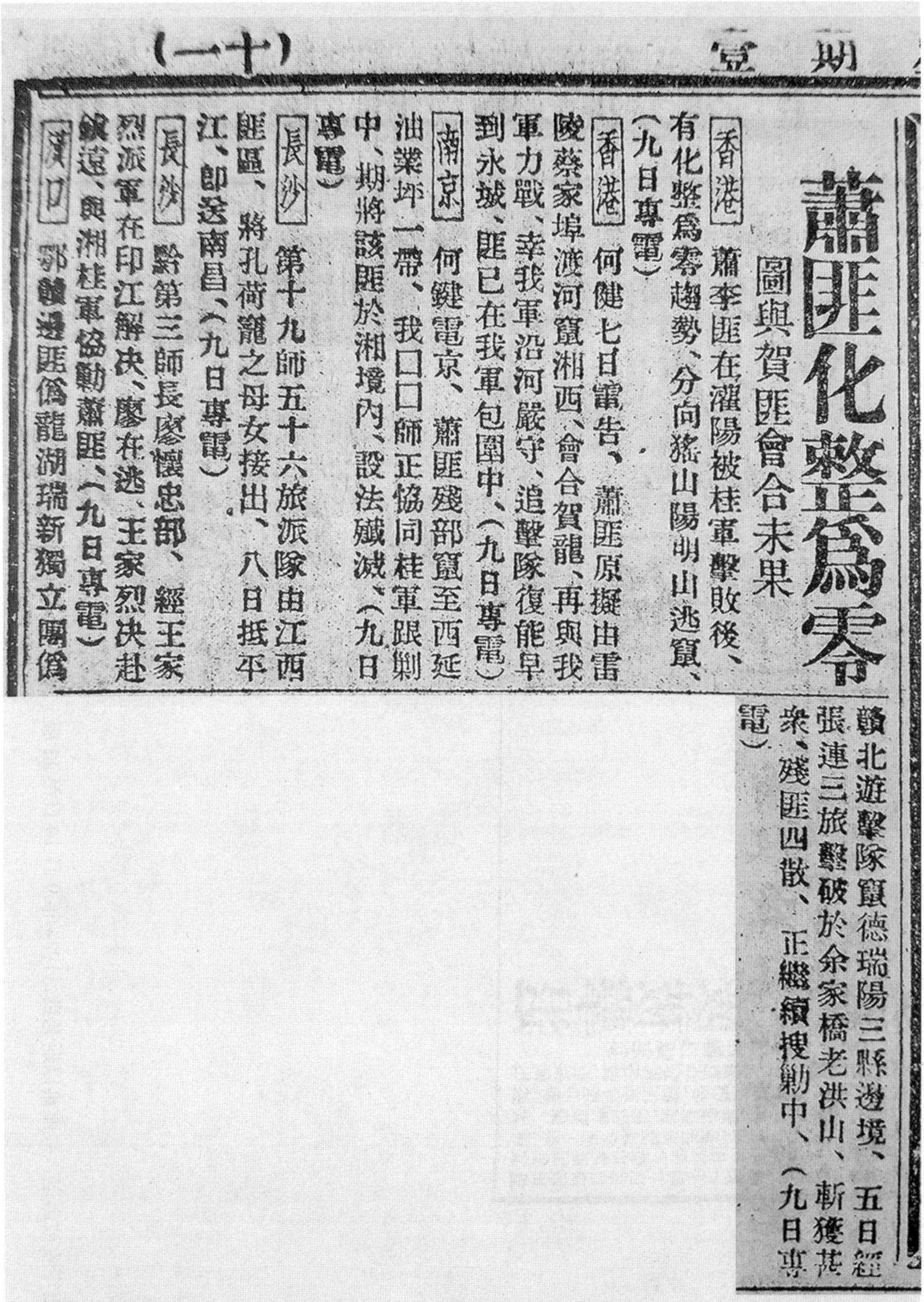

蕭匪化整爲零
圖與賀匪會合未果

【香港】蕭李匪在灌陽被桂軍擊敗後、有化整爲零趨勢、分向貓山陽明山逃竄、（九日專電）

【香港】何健七日電告、蕭匪原擬由雷陵蔡家埠渡河竄湘西、會合賀龍、再與我軍力戰、幸我軍沿河嚴守、追擊隊復能早到永城、匪已在我軍包圍中、（九日專電）

【南京】何鍵電京、蕭匪殘部竄至西延油業坪一帶、我□□師正協同桂軍跟勦中、期將該匪於湘境內、設法殲滅、（九日專電）

【長沙】第十九師五十六旅派隊由江西匪區、將孔荷寵之母女接出、八日抵平江、即送南昌、（九日專電）

【長沙】黔第三師長廖懷忠部、經王家烈派軍在印江解決、廖在逃、王家烈決赴銅遠、與湘桂軍協勦蕭匪、（九日專電）

【漢口】鄂贛邊匪僞龍湖瑞新獨立團僞贛北遊擊隊竄德瑞陽三縣邊境、五日經張連三旅擊破於佘家橋老洪山、斬獲甚衆、殘匪四散、正繼續搜勦中、（九日專電）

13. 萧匪化整为零，图与贺匪会合未果，1934 年 9 月 10 日第 11 版

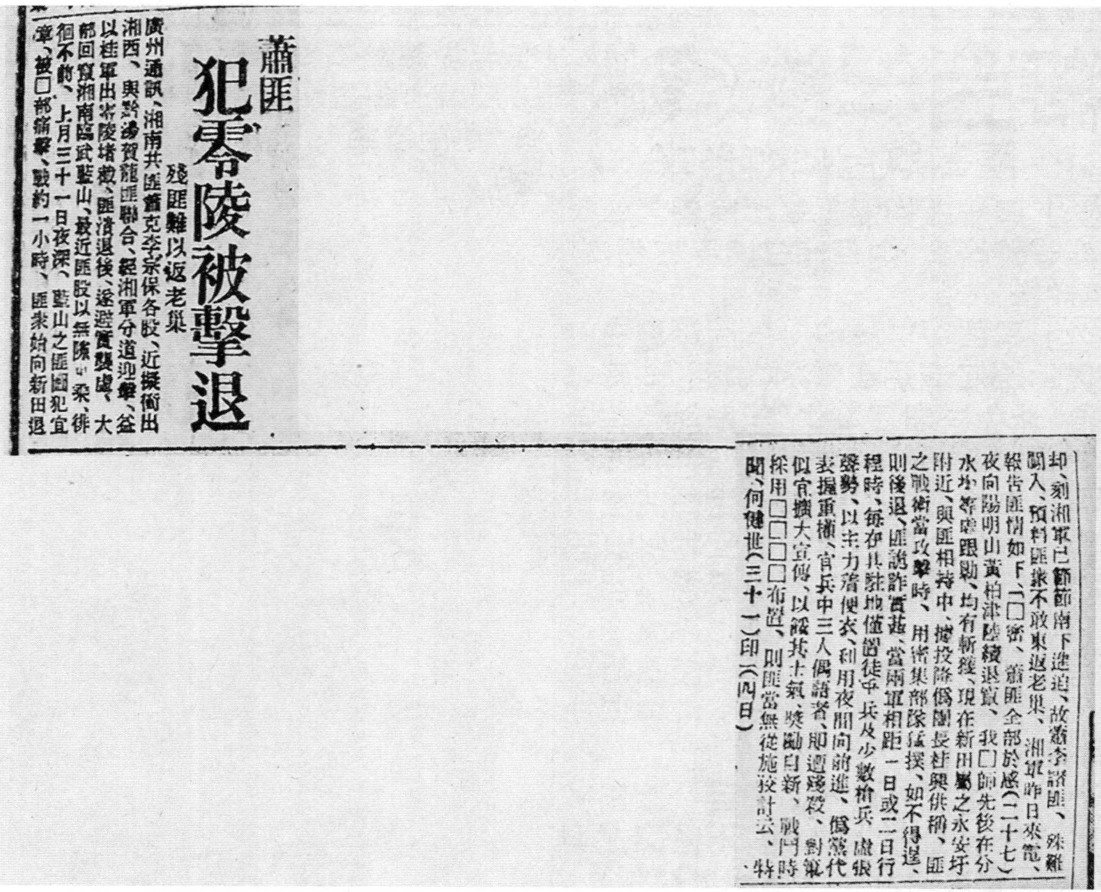

萧匪犯零陵被击退
残匪难以返老巢

廣州通訊、湘南共匪蕭克李宗保各股、近擬衝出湘西、與黔湯賀龍匪聯合、經湘軍分道迎擊、益以桂軍出岑陵堵截、匪潰退後、遂避實襲虛、大部回竄湘南臨武藍山、最近匪股以無隙可桀、徘徊不前、上月三十一日夜深、藍山之匪圖犯宜章、被□部痛擊、戰約一小時、匪衆始向新田退卻、刻湘軍已節節南下進追、故蕭李諸匪、殊難闖入、預料匪衆不敢東返老巢、湘軍昨日來電、報告匪情如下、（一）□密、蕭匪全部於感（二十七）夜向陽明山黃柏津陸續退竄、我□師先後在分水坳等處跟剿、均有斬獲、現在新田屬之永安圩附近、與匪相持中、據投降僞團長杜興供稱、匪之戰術當攻擊時、用密集部隊猛撲、如不得逞、則後退、匪詭詐實甚、當兩軍相距一日或二日行程時、每存其駐地僅留徒手兵及少數槍兵、虛張聲勢、以主力着便衣、利用夜間向前進、僞黨代表擅重權、官兵中三人偶語者、即遭殘殺、對氣似宜擴大宣傳、以殺其士氣、獎勵自新、戰鬥時特採用□□□□布置、則匪當無從施技討云、特聞、何鍵世（三十一）印（四日）

14. 萧匪犯零陵被击退，残匪难以返老巢，1934 年 9 月 10 日第 12 版

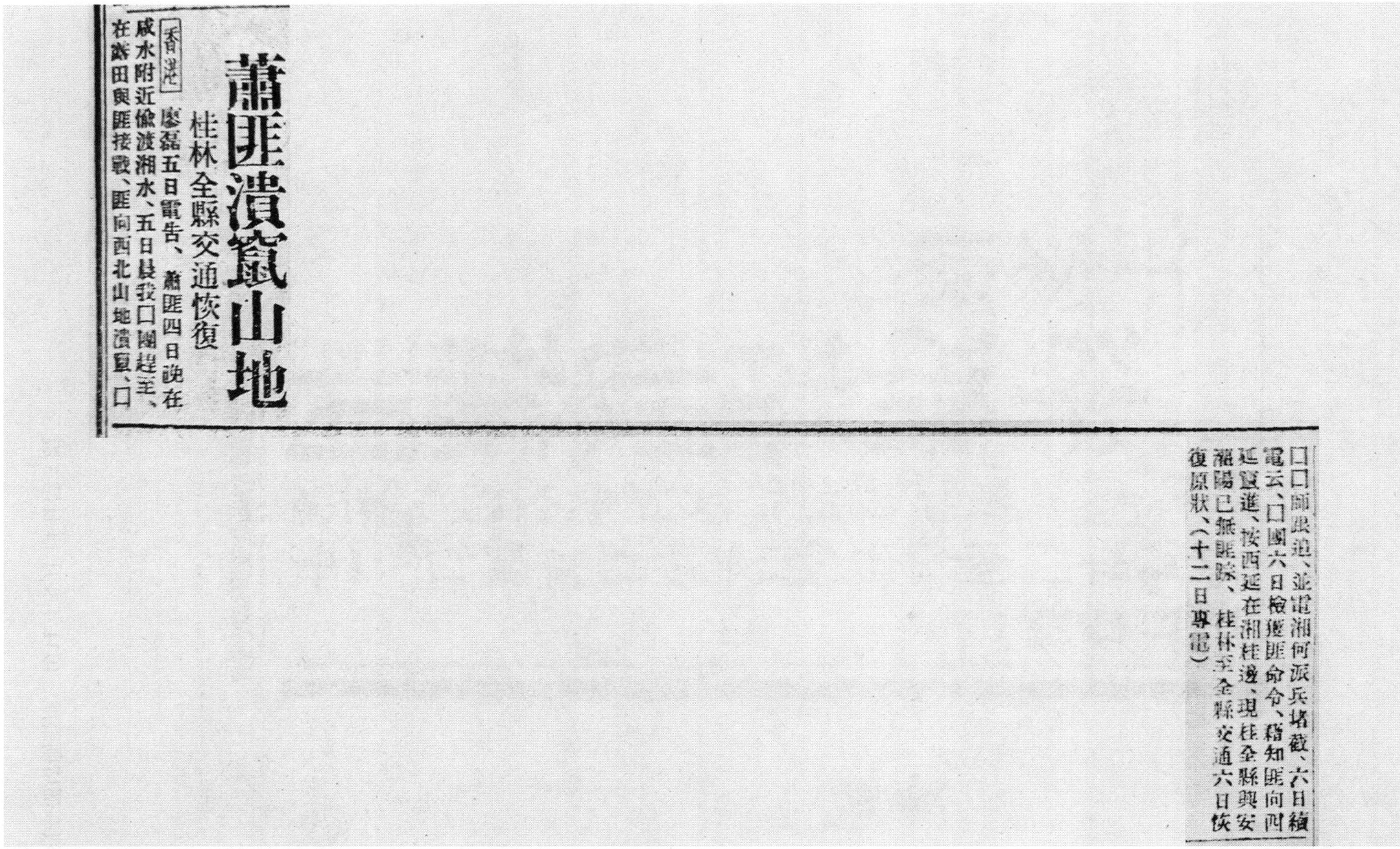

蕭匪潰竄山地

桂林全縣交通恢復

〔香港〕廖磊五日電告、蕭匪四日晚在咸水附近偸渡湘水、五日晨我□團趕至、在蔣田與匪接戰、匪向西北山地潰竄、□□師跟追、並電湘何派兵堵截、六日續電云、□團六日檢獲匪命令、稽知匪向西延竄進、按西延在湘桂邊、現桂全縣興安灌陽已無匪踪、桂林至全縣交通六日恢復原狀、（十二日專電）

15. 萧匪溃窜山地，桂林全县交通恢复，1934 年 9 月 13 日第 6 版

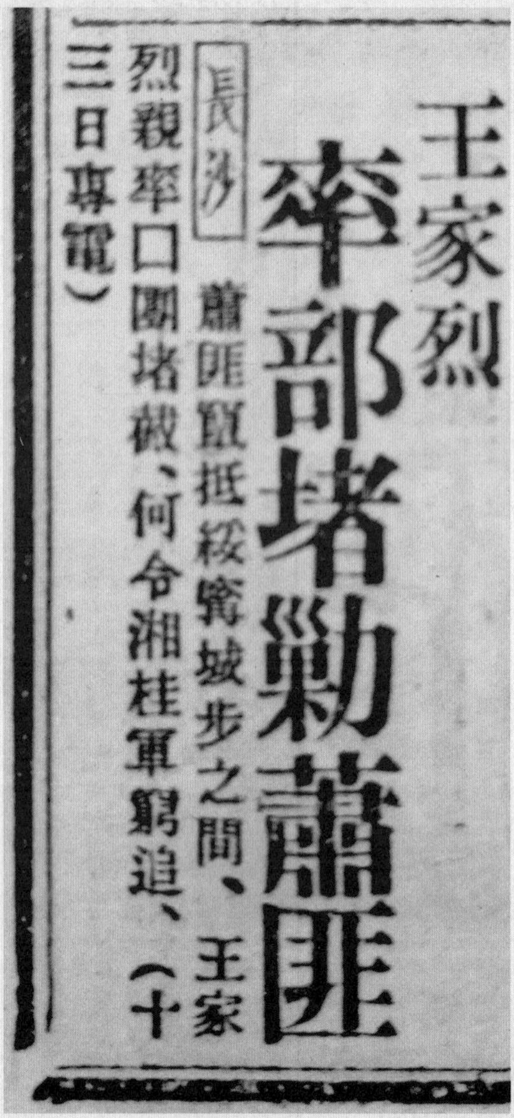

王家烈
率部堵剿蕭匪

〔長沙〕蕭匪竄抵綏寗城步之間、王家烈親率口團堵截、何令湘桂軍窮追、（十三日專電）

16. 王家烈率部堵剿萧匪，1934 年 9 月 14 日第 3 版

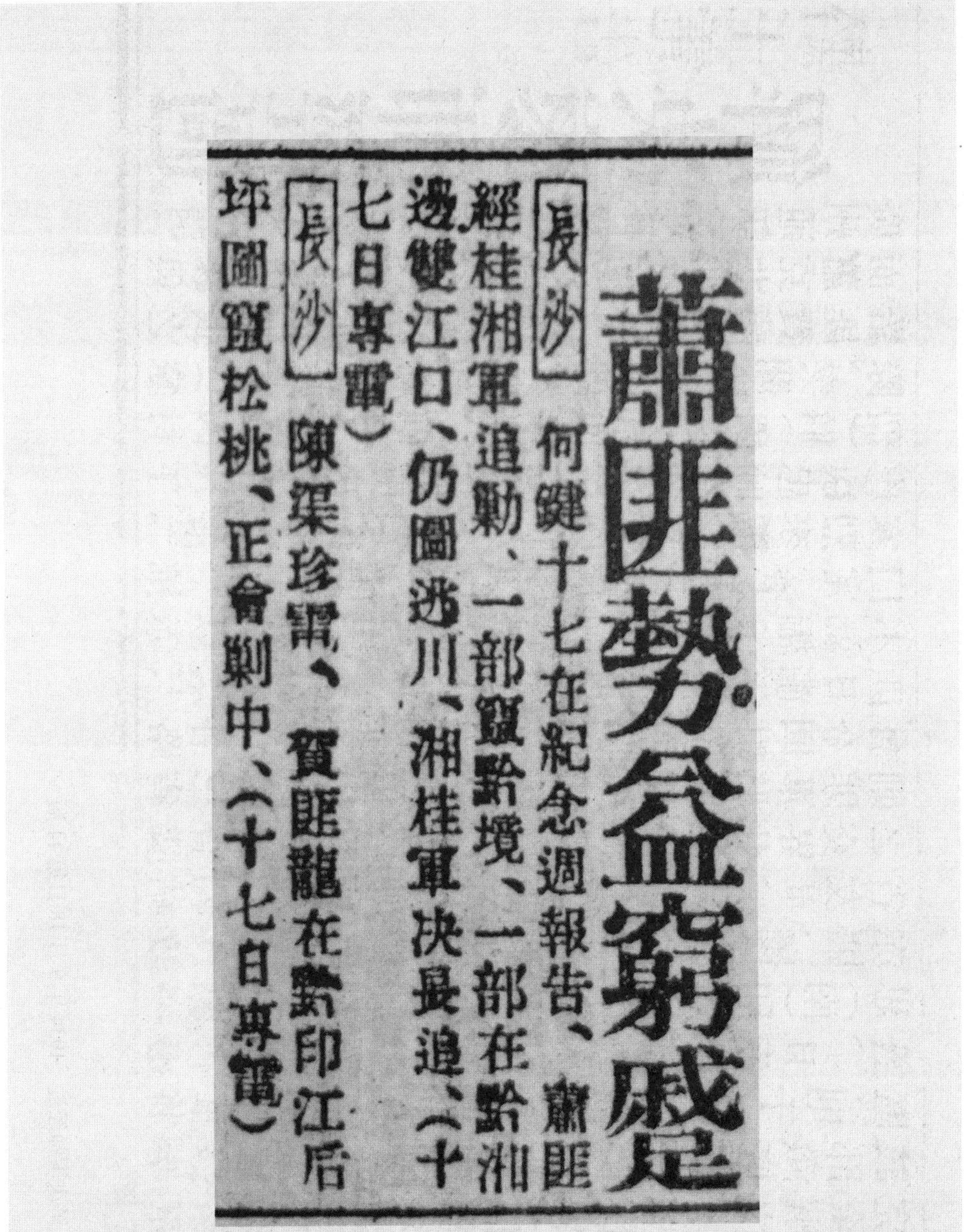

蕭匪勢益窮蹙

（長沙）何鍵十七在紀念週報告、蕭匪經桂湘軍追勦、一部竄黔境、一部在黔湘邊雙江口、仍圖逃川、湘桂軍決長追、（十七日專電）

（長沙）陳渠珍電、賀匪龍在黔印江后坪圖竄松桃、正會剿中、（十七日專電）

17. 萧匪势益穷蹙，1934 年 9 月 18 日第 8 版

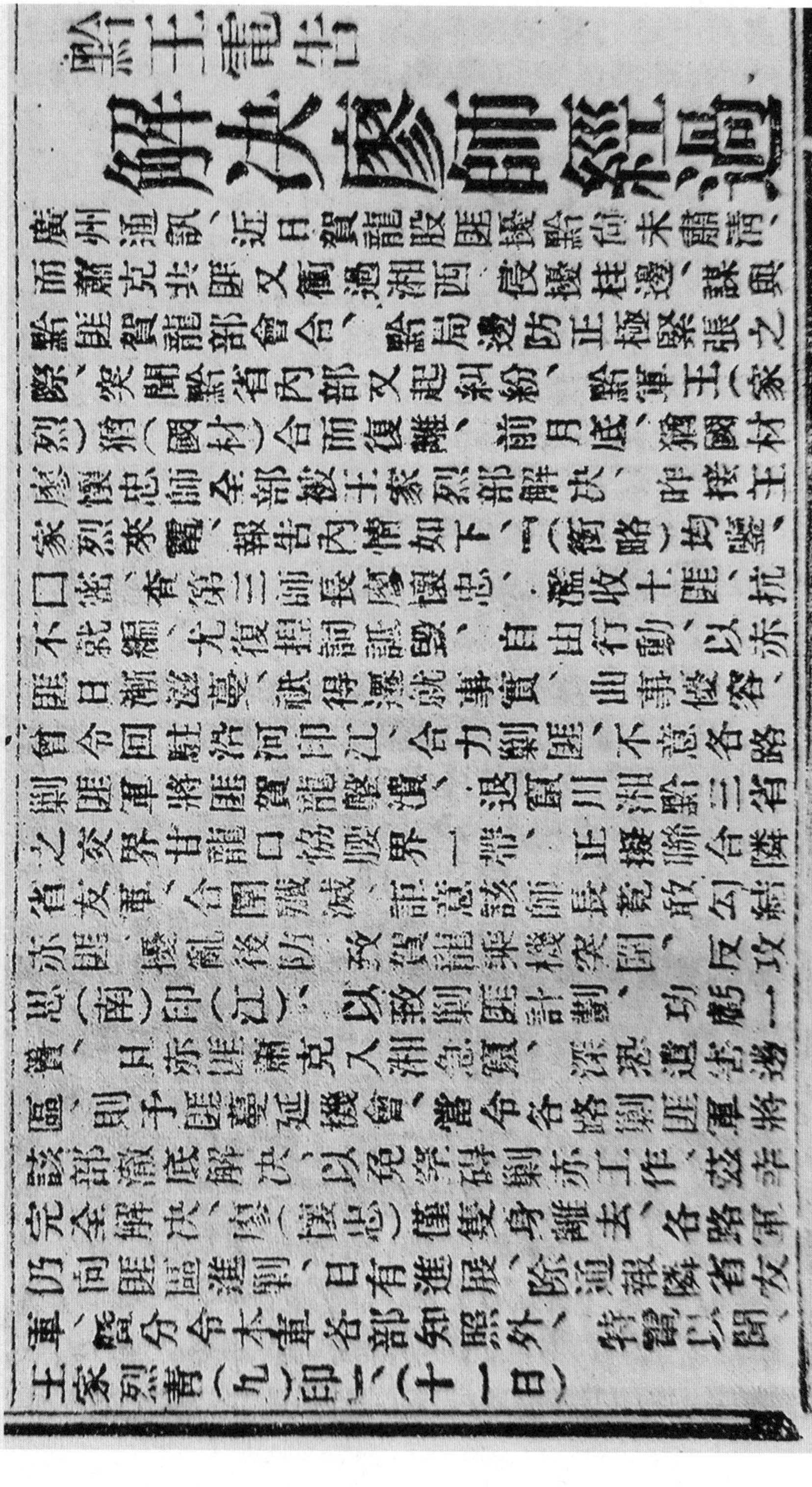

黔王電告

解決廖師經過

廣州通訊、近日賀龍股匪擾黔尚未肅清、而蕭克匪又竄過湘西、侵擾桂邊、謀與黔匪賀龍部會合、黔局邊防正極緊張之際、突聞黔省內部又起糾紛、黔軍王（家烈）猶（國材）合而復離、前月底、猶國材廖懷忠師全部被王家烈部解決、昨據王家烈來電、報告內情如下、『（銜略）均鑒、口巡、查第三師長廖懷忠、濫收土匪、抗不就編、尤復把持詞訟、自由行動、以赤匪日漸滋蔓、欲得懸就事實、仙事縱容、曾令回駐沿河印江、合力剿匪、不意各路剿匪軍將匪賀龍殘遺、退竄川湘黔三省之交界甘龍口協腰界一帶、正擬聯合鄰省友軍、合圍殲滅、詎意該師長竟敢勾結赤匪、擾亂後防、致賀龍乘機突圍、反攻思（南）印（江）、以致剿匪計劃、功虧一簣、且赤匪蕭克入湘急竄、深恐遺誤湯區、則予匪蔓延機會、當令各路剿匪軍將該部徹底解決、以免牽制剿赤工作、茲幸完全解決、廖（懷忠）僅隻身離去、各路軍仍向匪區進剿、日有進展、除通報鄰省友軍、暨分令本軍各部知照外、特電以聞、王家烈青（九）印』、（十一日）

18. 黔王（家烈）电告解决廖师经过，1934 年 9 月 18 日第 11 版

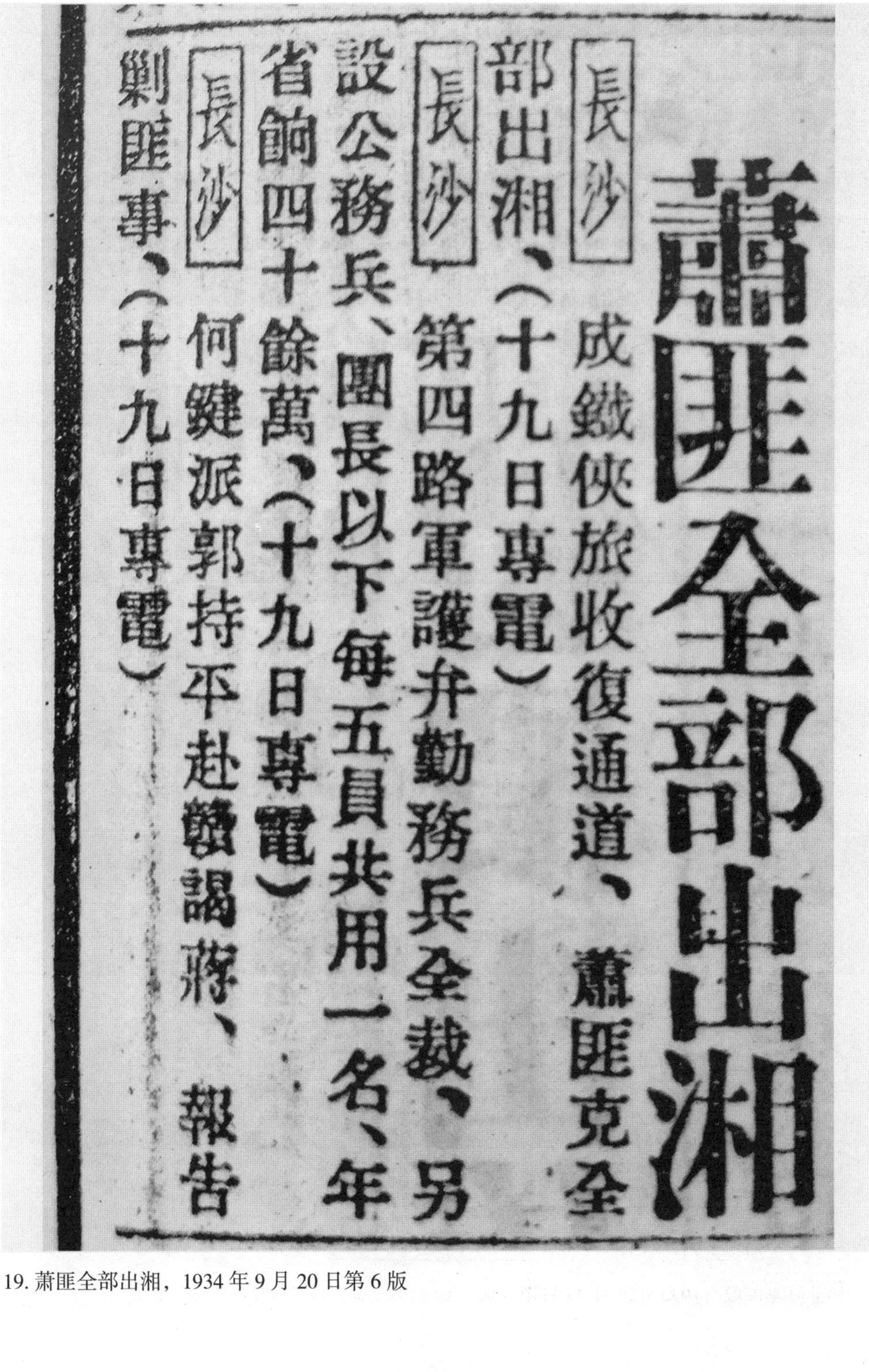
蕭匪全部出湘

長沙　成鐵俠旅收復通道、蕭匪克全部出湘、（十九日專電）

長沙　第四路軍護弁勤務兵全裁、另設公務兵、團長以下每五員共用一名、年省餉四十餘萬、（十九日專電）

長沙　何鍵派郭持平赴贛謁蔣、報告剿匪事、（十九日專電）

19. 萧匪全部出湘，1934 年 9 月 20 日第 6 版

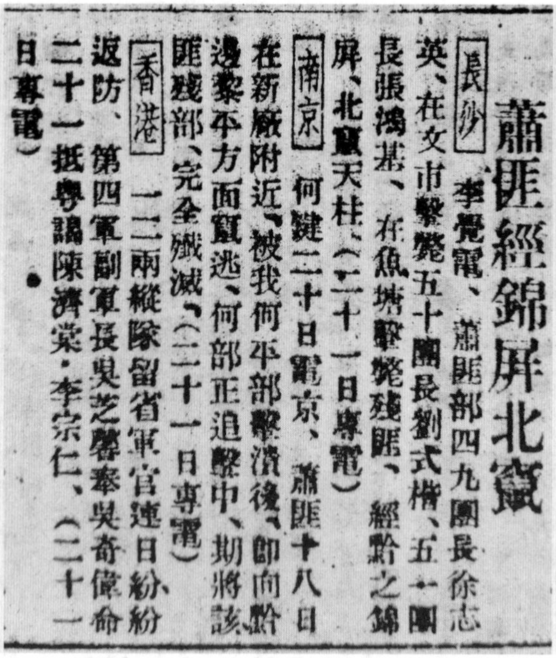

蕭匪經錦屏北竄

【長沙】李覺電、蕭匪部四九團長徐志英、在文市擊斃五十團長劉式楷、五十一團長張鴻猷、在魚塘擊斃殘匪、經黔之錦屏、北竄天柱、（二十一日專電）

【南京】何鍵二十日電京、蕭匪十八日在新廠附近、被我何平部擊潰後、即向黔邊黎平方面竄逃、何部正追擊中、期將該匪殘部、完全殲滅、（二十一日專電）

【香港】一二兩縱隊留省軍官連日紛紛返防、第四軍副軍長吳芝馨奉吳奇偉命二十一抵粵謁陳濟棠・李宗仁、（二十一日專電）

20. 萧匪经锦屏北窜，1934 年 9 月 22 日第 8 版

桂北已無匪踪

【香港】桂北已無匪踪、通道縣匪亦退盡、李漢魂・張瑞貴二十三離省返防、（二十三日專電）

21. 桂北已无匪踪，1934 年 9 月 24 日第 3 版

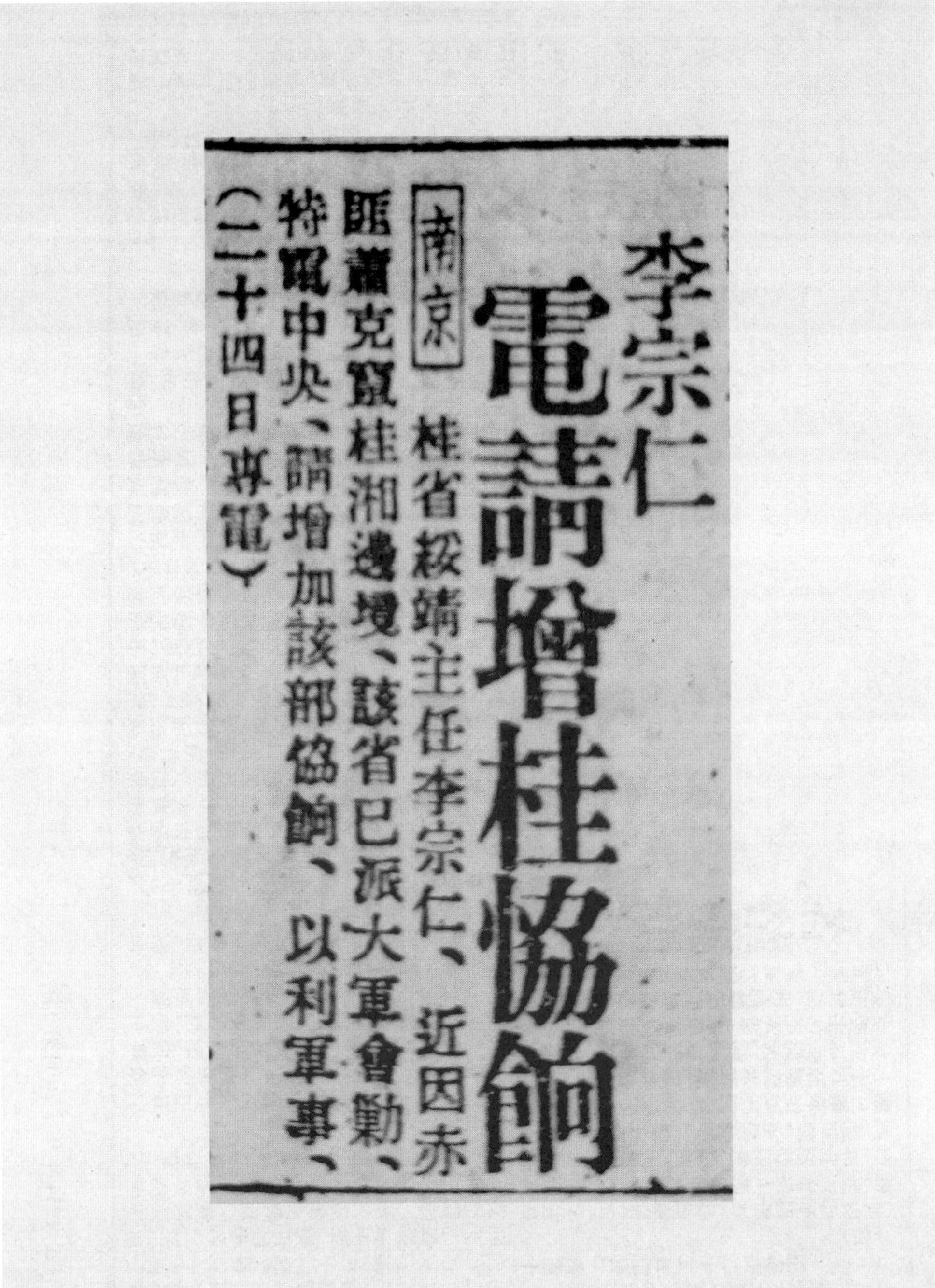

李宗仁電請增桂協餉

（南京）桂省綏靖主任李宗仁、近因赤匪蕭克竄桂湘邊境、該省已派大軍會勦、特電中央、請增加該部協餉、以利軍事、（二十四日專電）

22. 李宗仁电请增桂协饷，1934 年 9 月 25 日第 3 版

各路勦匪情報

【南昌】國軍在陽夏傘獲僞湘贛兒童團委王世芸、供湘贛邊匪崩潰甚詳、僞中央執委主席毛澤東·副項英張國濤、人民委會主席張聞天、僞湘贛主席譚余保、僞十七十八師編爲六軍團、蕭克任團長、匪近應付國軍作戰計劃、轉移戰區、僞六團竄湘、即明證、主要企圖、想在野戰游擊戰中、專我運動困難、牽制西路軍攻僞中央區、並注意擴大游擊隊獨立團、收集糧食、匪內部派別紛岐、自相殘殺、(二十五日專電)

【香港】王家烈二十二日電告、蕭匪十九日午竄抵平茶後、竄黠企圖不明、又電稱、口口口旅二十日午後在黎平屬之潭溪與蕭匪戰五小時、匪向中方橋方面潰退、(二十五日專電)

【香港】蔣鼎文二十三日電告、我口口口口師二十二日、與匪在貫橋血戰、並以飛砲掩護、將匪堡壘毀、斃匪千四百五十餘人、(二十五日專電)

【福州】軍息、閩東任鐵峯馬烈風兩匪、現因內鬨、均解軍職任改充僞政委、馬充僞特委、另由僞中央委賴匪金標接充、僞獨立二團長詹宜任僞團政委、該匪以迭遭敗挫、竭力避免再與我軍接觸、(二十五日專電)

【南京】何鍵電復湖南旅京同鄉會謂、蕭匪以江西永新·遂川·蓮花·安福·寧岡等縣爲巢穴、六年於茲、因被四路軍第一縱隊圍擊、除已將僞十六師全部消滅、僞十八師消潰兩團外、所剩匪部七千、槍三千餘、匪自知無法圖存、乃偷出封鎖綫、其行動時南時北、時東時西、如水走隙、遇戰便逃、我十五十六兩師、始終跟追、日行百餘里、雖時有斬獲、但匪企圖流竄、避實就虛、難得其主力一痛擊之也、湖南團隊原在湘贛邊境、維持後方、自得蕭匪逃竄消息、即調回各縣鞏固城鄉、又將四路軍在贛各部抽調、馳赴衡祈離東之綫堵截、以故匪部前後受困、不能渡竄、遂回走陽明、又以我軍四面圍剿、復南走藍山粵邊、渡沱水西入桂境、旋我十五十六兩師、會進追匪、而湘先後擊之於鏵子坪分水坳、白泥坳·懶江嶺·白果市·石家洞等處、計斃匪及潰散與投誠之匪團長桂興等約一千餘名、復與桂軍夾擊之於灌陽之文市、斃匪近六七百名、其殘部四千餘、則於興安全州之間、我軍已飭節堵擊、務期殲滅此匪而後已、(二十五日專電)

【福州】軍息、㈠進江匪乘夜擾亂、經保安第十一團在口口嶺堵擊匪、死亡甚多、現在追勦中、㈡八十七師派隊遊擊嵐下東坪杯溪謝墩一帶、已將散匪肅清、㈢白沙及西浦營之匪、十八日被我痛擊、向羅岔高山竄去、十九日我軍與匪激戰十餘小時、匪受重創、向高山竄匿、(廿五日中央社電)

◉漢中 鎮巴電、廿一日晚十二時左右、有匪三四百名乘大雨傾盆之際、分兩路襲擊我鎮巴屬之降頭山陣地、當經該地駐軍先發現一小股、約百數十名、由正面向我佯攻、正抵抗中、忽又發現一大股、約二百餘名、由右側背向我山頂來襲、幸我軍奮勇分頭迎擊、雙方激戰約三四小時、匪不支、狼狽經黎壩觀音寺、向兩河口潰竄、計是役斃匪數十名、獲宣傳品甚多、我軍傷亡無幾、(廿五日中央社電)

23: 各路剿匪情报，1934 年 9 月 26 日第 3 版

桂軍堵擊蕭匪

〔香港〕桂廖磊二十日電告、蕭匪被□師及□旅在通道堵截、十九日始向黔黎平逃竄、刻我軍與□軍會合、磊仍遵令尾追入黔、（二十六日專電）

〔南京〕何鍵二十五日電京稱、蕭匪自新廠擊潰後、竄入黔錦屏以北瑤光南嘉堤附近、渡過清水河、我李代司令覺率□口兩路及□團已由錦屏抄抵南洞司向匪堵截、廖軍長部亦抵錦屏、成鐵俠部與桂軍覃師仍尾西跟追、如黔軍二十日在玉屏清溪鎮遠一帶沿途堵截、可期於兩河之間予匪以猛烈打擊、（二十六日中央社電）

24. 桂军堵击萧匪，1934 年 9 月 27 日第 7 版

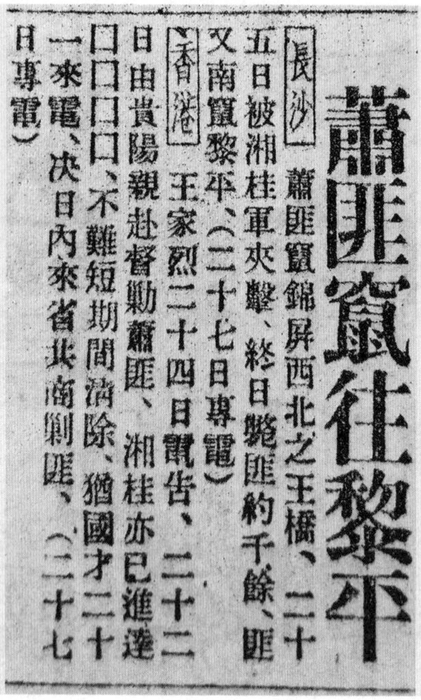

蕭匪竄往黎平

（長沙）蕭匪竄錦屏西北之王橋、二十五日被湘桂軍夾擊、終日斃匪約千餘、匪又南竄黎平、（二十七日專電）

（香港）王家烈二十四日電告、二十二日由貴陽親赴督剿蕭匪、湘桂亦已進逼口口口口口、不難短期間消除、猶國才二十一來電、決日內來省共商剿匪、（二十七日專電）

25. 萧匪窜往黎平，1934 年 9 月 28 日第 3 版

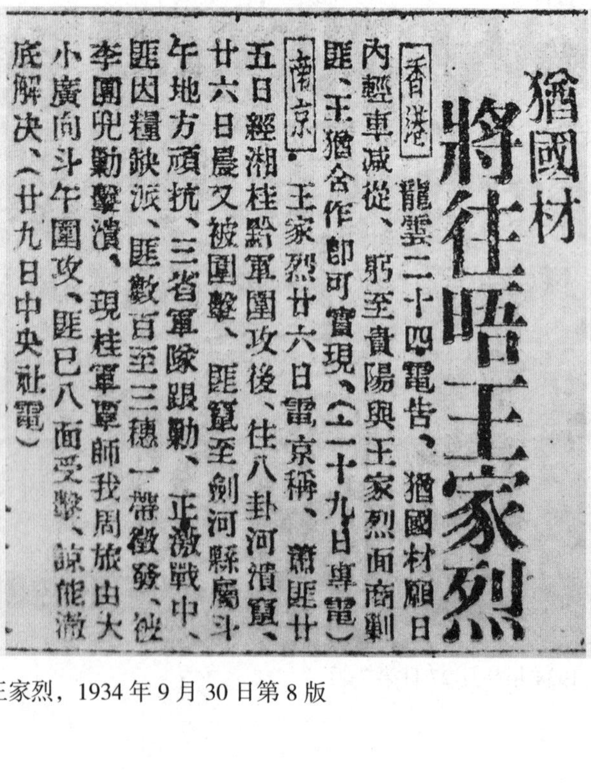

猶國材將往晤王家烈

（香港）龍雲二十四電告、猶國材願日內輕車減從、躬至貴陽與王家烈面商剿匪、王猶合作卽可實現、（二十九日專電）

（南京）王家烈廿六日電京稱、蕭匪廿五日經湘桂黔軍圍攻後、往八卦河潰竄、廿六日晨又被圍擊、匪竄至劍河縣屬斗午地方頑抗、三省軍隊跟剿、正激戰中、匪因糧缺派、匪數百至三穗一帶徵發、被李團兜剿擊潰、現桂軍覃師我周旅由大小廣向斗午圍攻、匪已八面受擊、諒能澈底解决、（廿九日中央社電）

26. 犹国才将往晤王家烈，1934 年 9 月 30 日第 8 版

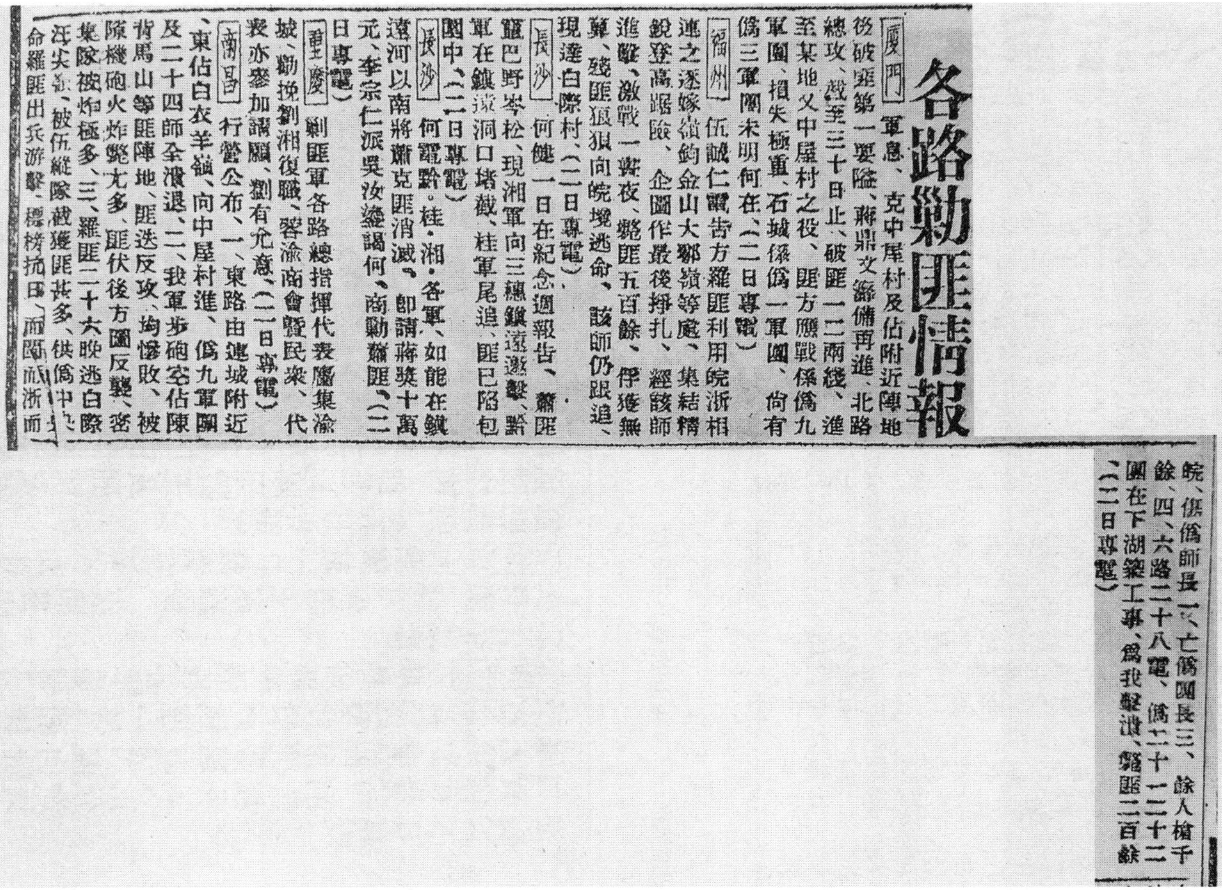

各路勦匪情報

〔廈門〕軍息、克中厝村及佔附近陣地後、破匪第一要隘、蔣鼎文籌備再進、北路總攻、截至三十日止、破匪一二兩綫、進至某地、又中屋村之役、匪方應戰係偽九軍團、損失極重、石城係偽一軍團、尚有偽三軍團未明何在、（二日專電）

〔福州〕伍誠仁電告方羅匪利用皖浙相連之遂嫁嶺鈞金山大鄉嶺等處、集結精銳登高踞險、企圖作最後掙扎、經該師進擊、激戰一晝夜、斃匪五百餘、俘獲無算、殘匪狼狽向皖境逃命、該師仍跟追、現達白際村、（二日專電）

〔長沙〕何健一日在紀念週報告、蕭匪竄巴野岑松、現湘軍向三穗鎮遠邀擊、黔軍在鎮遠洞口堵截、桂軍尾追、匪已陷包圍中、（二日專電）

〔長沙〕何電黔。桂·湘·各軍、如能在鎮遠河以南將蕭克匪消滅、即請蔣獎十萬元、李宗仁派吳汝澄謁何、商勦蕭匪、（二日專電）

〔重慶〕剿匪軍各路總指揮代表應集渝城、勸挽劉湘復職、留渝商會暨民衆、代表亦參加請願、劉有允意、（二日專電）

〔南昌〕行營公布、一、東路由連城附近、東佔白衣羊嶺、向中屋村進、偽九軍團及二十四師全潰退、二、我軍步砲容佔陳背馬山等匪陣地、匪迭反攻、均慘敗、被隙機砲火炸斃尤多、匪伏後方圖反襲、密集隊被炸極多、三、羅匪二十六晚逃白際汪尖[illegible]、被伍縱隊截獲匪甚多、俘偽中[illegible]命羅匪出兵游擊、標榜抗日、而[illegible]浙而[illegible]皖、俘偽師長一、亡偽團長三、餘人槍千餘、四、六路二十八電、偽二十一二十二團在下湖築工事、爲我擊潰、斃匪二百餘（二日專電）

27. 各路剿匪情报，1934 年 10 月 3 日第 8 版

各路勦匪情報

〔廈門〕五區專員楊用斌決在安溪設行署、(三日專電)

〔長沙〕蕭匪由施秉黃平間渡河北竄、湘黔桂軍正圍勦中、(三日專電)

〔南昌〕公布捷電、㈠某路軍已進至興國某地、將偽二十一二十三軍擊潰、距古龍崗二十里、三數日可收復、㈡匪在石城正面作戰者、有偽四五六之三個師、另三個獨立團、傷亡患病者極多、匪新編之偽八軍團、轄二十二·二十三·二十四師、周任軍團長、㈢石城以北各大山嶺、均為我佔、縣城即下、縣長蕭春良駐驛前、又瑞金縣長駐白水、辦收復地善後、(三日專電)

〔南昌〕我攻佔中華山鍾子寨後、二十七日晨繼續進攻、又克大排嶺·羅家寨·馬山等要地、(三日中央社電)

〔南昌〕竄擾皖贛邊境之羅匪、經伍縱隊再四痛勦、匪損失奇重、目下僅八槍千數、連日山谷奔竄、益形狼狽、(三日中央社電)

〔南昌〕東路軍在白衣峯嶺擊潰偽九軍團全部、匪傷亡約在二千左右、(三日中央社電)

〔南昌〕第六路軍廿八日晨在大排嶺不崗、擊潰偽十一廿三兩師、(三日中央社電)

28. 各路剿匪情报，1934 年 10 月 4 日第 3 版

王家烈電告 率部擊潰蕭匪

猶國材已赴貴陽

〔長沙〕王家烈電、率□□□、在老黃平擊潰蕭匪、斃匪三四百、獲槍二百餘支、匪向甕安餘慶潰竄、現率□□□團跟勦、猶國才電、即赴貴陽與黔王及湘桂友軍協勦共匪、(五日專電)

〔香港〕猶國材一日離黃草壩、九日可到貴陽、轉重安晤王家烈後、復回貴陽、(五日專電)

〔南京〕軍息蕭匪經湘桂各軍追勦、已受重創、殘匪竄往貴州鎮遠一帶、湘桂各軍正追勦中、聞蕭匪勢窮力竭、擬向黔境與賀匪會合、現湘黔桂各軍、正分途堵截進勦、(五日專電)

29. 王家烈电告率部击溃萧匪，犹国才已赴贵阳，1934 年 10 月 6 日第 3 版

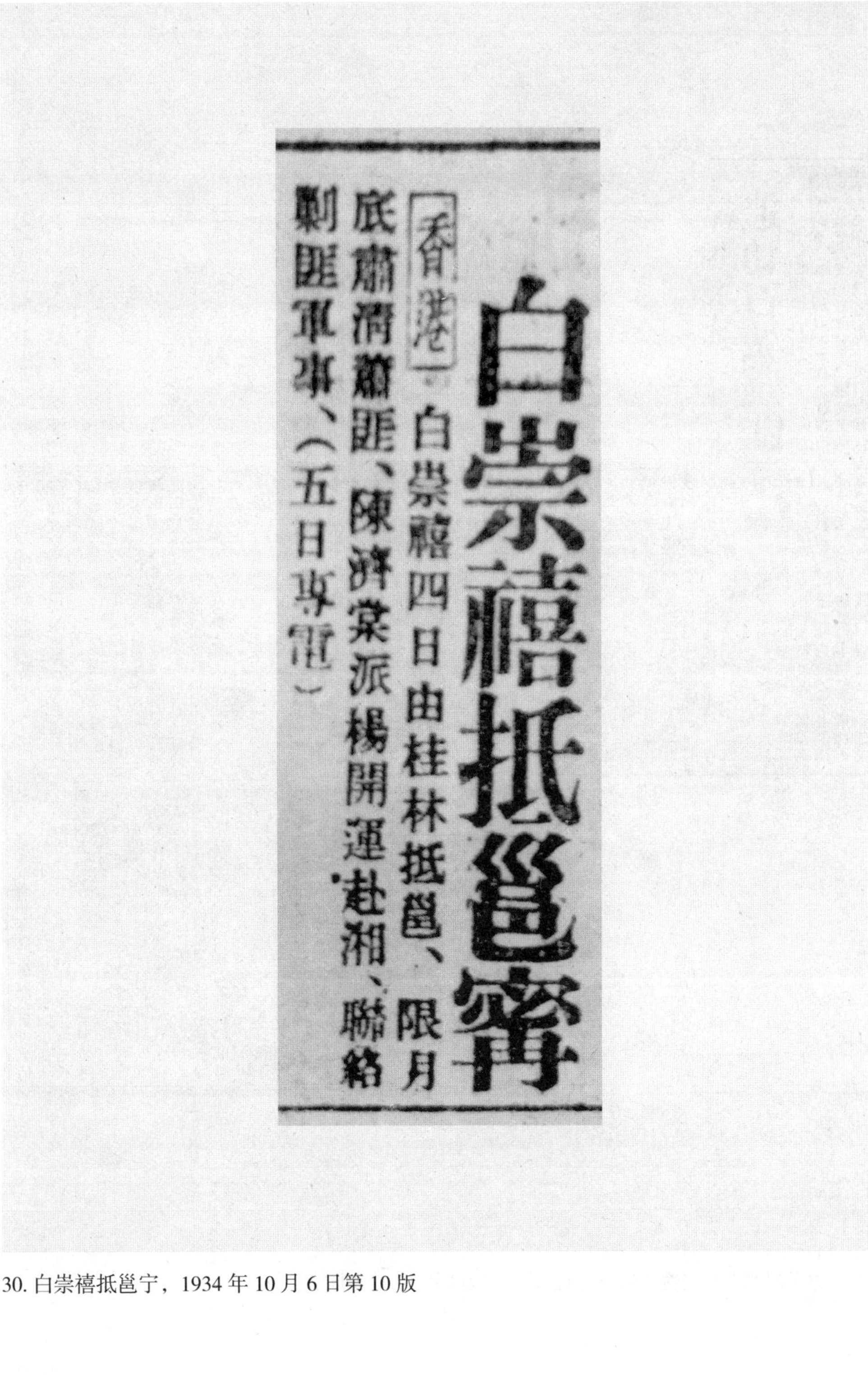

白崇禧抵邕寧

（香港）白崇禧四日由桂林抵邕、限月底肅清贛匪、陳濟棠派楊開運赴湘、聯絡剿匪軍事、（五日專電）

30. 白崇禧抵邕宁，1934 年 10 月 6 日第 10 版

三路軍追勦石城殘匪

河田計日可下

【南昌】第三路軍於本月六日晨收復石城縣、俘獲無算、正在清查中、匪第三軍團全部及偽一軍團第十五師狼狽向石城以西逃竄、我軍仍跟踪追勦中、（七日專電）

【南昌】綜合贛閩邊境最近情報、甲、偽三軍團與偽一軍團十五師自在驛前潰敗後、退踞驛前以南一帶深山、利用該處複雜地形、搆築寬廣與縱深鱗次形數綫工事、企圖頑抗、二十六日以來、經我第三路軍連合空軍追勦、卒被我節節摧破、斃匪遍野、六日晨我軍又勝進、佔石城縣城、殘匪遂紛向石城以西地區狼狽潰竄、是役擒獲無算、綜計匪方前後傷亡約在六千名以上、乙、現我口縱隊已擊潰偽一軍團主力、及偽五軍團十三師佔領距興國北約三十里之高興圩又盤據長汀惟一屏障白衣洋嶺之偽九軍團及偽二十四師、已被我口縱隊擊潰、逼近河田、故長汀與興國均指顧可下、丙、近據前偽湘鄂贛軍區總指揮兼偽六軍團長孔荷寵、及現任偽三軍團第四師師長日本士官第二十一期畢業生、張翼等先後投誠、供匪軍近經國軍迭次痛擊、傷亡極衆、匪區壯丁已徵抽殆盡、新補匪兵多屬老弱、加以匪區物資日感缺乏、現怨聲載道、是匪已到窮途末路、不難即告消滅、（七日專電）

【南昌】王家烈二十六日電、略謂蕭克股匪、自上月有晨、經湘桂黔軍於錦屏劍河界之大小廣圍擊後、即向八卦河潰竄、至劍河縣屬之斗五地方、復經我三省軍隊跟踪追勦、現仍激戰中、該匪因糧食絕乏、曾派匪數百往三穗瓦寨一帶徵發、當被我軍團隊兜戰、仍向斗五回竄、現桂軍某部及我黔軍某部、已由大小廣向斗五包圍、另我第七路由瓦寨向匪攻擊、亦在激戰中、現親率各部由清江河東下側擊、以期一舉殲之、査該匪在黔境、迭經圍勦、受創甚重、偸渡鎮遠河、又不得逞、今既四面受擊、諒能澈底解決也等語、（六日專電）

【南昌】蕭致平陷電云、本師奉令於陷辰向沙科腦藍坡一帶攻擊協取高興圩、當即先攻獅子壩沙科腦藍坡及其西側高地、經數次衝鋒、於十時以前始將各該處完全佔領、復乘勝續向牛牯棟央尾棟竹篙山之匪攻擊、該匪憑據工事、頑强抗戰、至我官兵奮勇猛攻、卒將匪堡次第佔領三十餘座、匪不支狼狽向竹篙山西南各高地潰竄、本師遂完全達成任務、是役斃匪四五百、俘匪官兵約二百餘、繳獲步槍一百五十枝等語、（六日專電）

【廈門】四日克南山壩後、略事籌備、即進攻河田、交部決在長汀設無綫電台、機已到廈、工程師已委就、長汀一下、立往設立、（七日專電）

【福州】軍方捷報、四日晨我李延年部由中屋村以西向南山壩攻擊前進、偽第九軍團佔踞該處西北及以西高地、偽廿四師在後憑高築壘頑抗、陣地前地雷甚多、我奮勇痛擊、激戰至午後二時、匪陣地完全爲我占領、斃匪二百餘、俘匪數十餘、匪自相踐蹈、被地雷及槍傷者甚多、現我軍正在趕築碉堡、並搜索殘匪、即乘勝繼續前進、河田計日可下、（七日中央社電）

【福州】七十八師鄧經儒團電省報告、盤踞烏頭洋之匪設立偽政府、該部四日子時進勦、至辰時將匪完全擊散、敗匪向福安逃竄、偽政府及匪構築之工事均毀平、坑口慈竹之匪經痛擊後、向福鼎逃竄、現該部除游擊及保護農民秋收外、正趕築碉堡、本月十五日前後可完成、各部即向西北區推進、（七日中央社電）

31. 三路军追剿石城残匪，河田计日可下，1934 年 10 月 8 日第 3 版

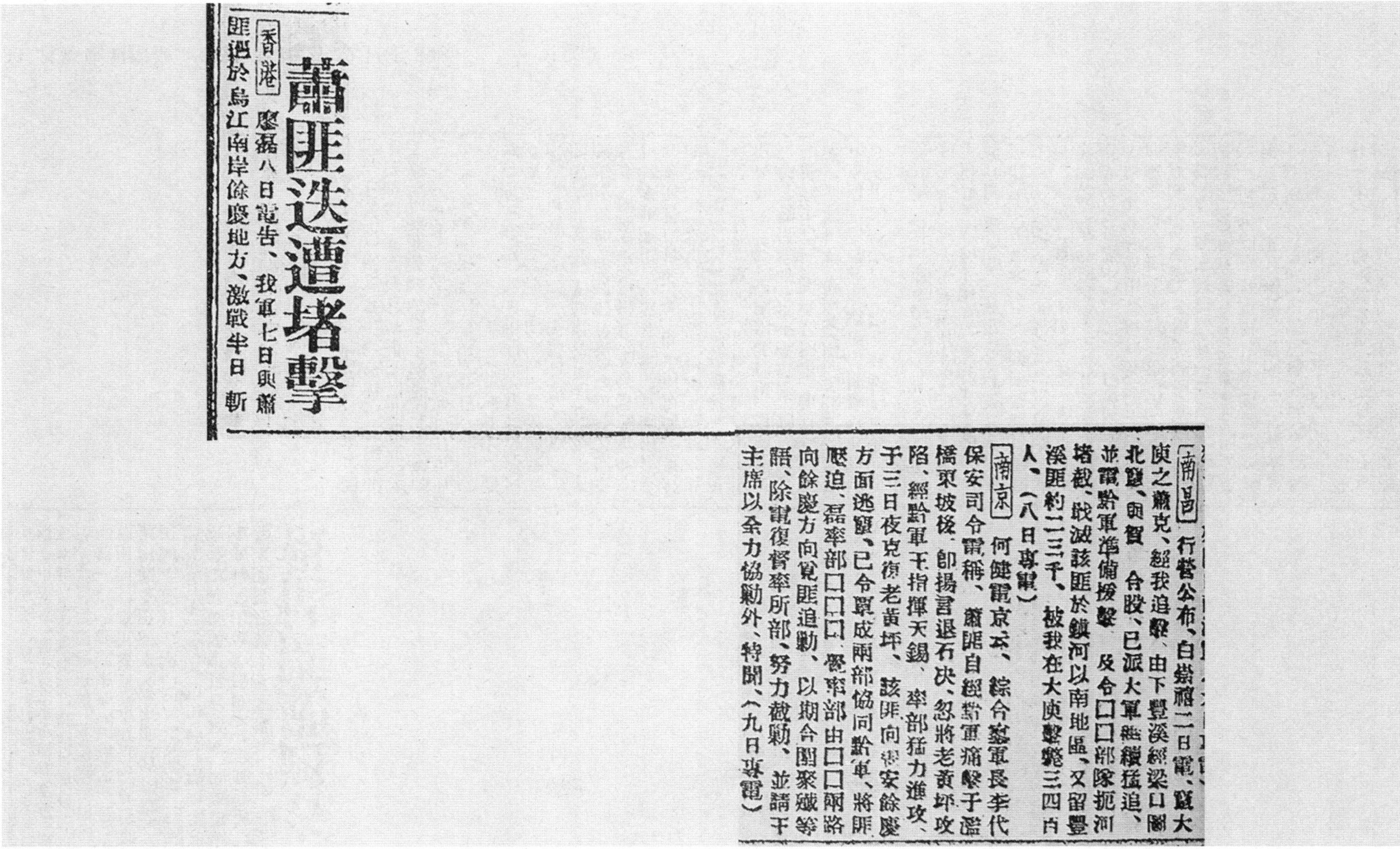

蕭匪迭遭堵擊

〔香港〕廖磊八日電告、我軍七日與蕭匪遇於烏江南岸餘慶地方、激戰半日、斬

〔南昌〕行營公布、白崇禧二日電、竄大庾之蕭克、經我追擊、由下豐溪經梁口關北竄、與賀 合股、已派大軍繼續猛追、並電黔軍準備援擊、及令口口部隊扼河堵截、設滅該匪於鎮河以南地區、又留豐溪匪約二三千、被我在大庾擊斃三四百人、（八日專電）

〔南京〕何鍵電京云、綜合劉軍長李代保安司令電稱、蕭匪自經黔軍痛擊于溫橋耶坡後、即揚言退石決、忽將老黃坪攻陷、經黔軍王指揮天錫、率部猛力進攻、于三日夜克復老黃坪、該匪向甕安餘慶方面逃竄、已令羅成兩部協同黔軍、將匪壓迫、羅率部口口口、鄧率部由口口兩路向餘慶方向覓匪追勦、以期合圍聚殲等語、除電復督率所部、努力截勦、並請王主席以全力協勦外、特聞、（九日專電）

32. 萧匪迭遭堵击，1934 年 10 月 10 日第 11 版（残）

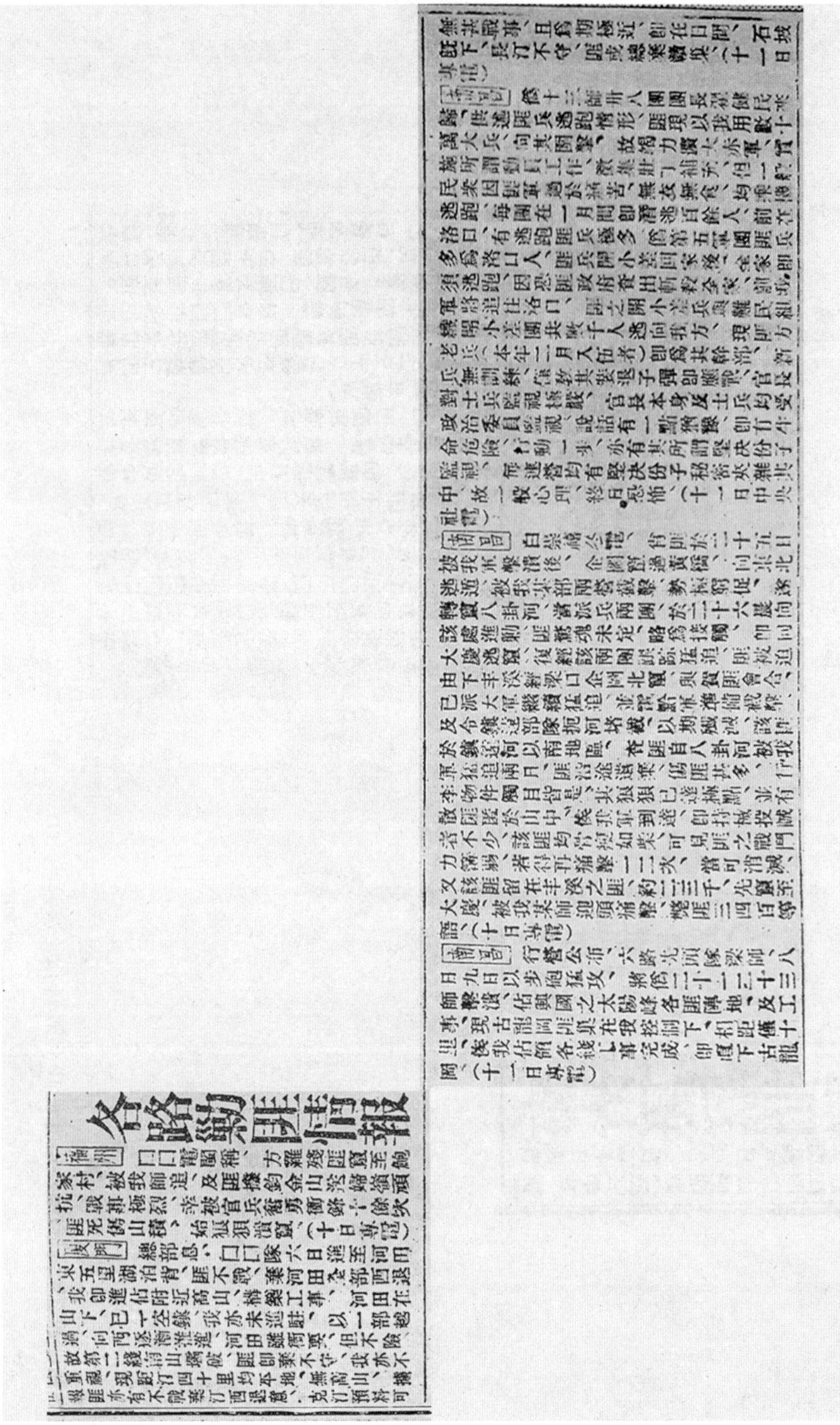

各路剿匪情报

33. 各路剿匪情报，1934年10月12日第8版

李宗仁將返桂

——桂軍向黔追剿蕭匪——黔省王猶再度合作——

廣州通信、桂省第四集團軍總司令李宗仁、去月二十七日赴香港、訪胡漢民商洽時局大計、本月三日、始偕副官邱昌渭返廣州、在私寓早餐後、即往梅花村陳濟棠私邸密談一小時、是日下午一時、李陳二人先後到西南政務會、與蕭佛成・鄒魯・鄧澤如等、作長時間討論、直至三時許始散、聞李氏定日間返桂、將與白崇禧會晤於南寧、白氏因桂軍入黔追剿蕭匪、日前曾出發柳州桂林一帶、視察防務、近據桂軍軍長廖磊電稱、蕭匪在孟被李周兩師擊潰、企圖竄過王橋、向東北逃遁、復被汪團明營截擊、勢已窮蹙、回竄八卦河、桂軍兩團、於前月二十六日向八卦河追剿、匪驚魂未定、略爲接觸、即向大廠逃竄、共留在半溪之二三千人、先竄至大廠、被覃師及獨立團劈成旅、迎頭截擊、斃匪三四百名、八卦河之匪、復被汪張兩團追擊、遂分兩路由下半溪而梁上逃走、有北竄之勢、桂軍除以覃師追剿外、并以李周兩師向西推移、黔軍王家烈率部在鎮遠施洞堵截、自八卦河至半裸、兩日行程、沿途遺棄傷匪甚多、行李等物觸目皆是、若再痛擊一二次、蕭匪全部、當可瓦解云云、白氏擬俟視察柳桂軍事完竣、即回南寧、候晤李宗仁、白氏近對黔事頗注意、除派兵協助王家烈夾擊蕭匪外、并主張黔省內部早日統一團結、共禦赤寇、故近日王已派員向猶國才聯絡、猶亦於前月二十六日電王、表示誠意合作、王氏遂親行赴鎮遠指揮剿匪、并畀猶以民政廳長職、代行省府主席職務、猶已允單騎晉省、商決大計、日昨又電白崇禧、對協剿蕭匪、表示謝意、白氏旋覆猶電云、「頃接猶軍長用優兄勤電、德一兄轉來宥電誦悉、共匪竄擾黔境愈深、我兄愛國愛鄉、能見其大、單騎晉省、坦白襟懷、廉藺交驩、千秋佳話、恢宏器局、仰佩曷勝、此後合作統籌、共謀大計、黔省之幸、西南之福也、白崇禧叩、」(十月五日)

34. 李宗仁将返桂，桂军向黔追剿萧匪，黔省王（家烈）、犹（国才）再度合作，1934 年 10 月 12 日第 11 版

黔桂湘軍圍攻蕭匪情形

【南京】何鍵十一日電告、湘桂黔軍最近協勦蕭匪情形、李司令覺部八日追抵走馬坪廖家屯之綫、匪已竄到大地方附近、晚有偸過大地方、向思印竄逃模樣、已派口師抵大地方鐵廬、準備截擊、口部趕向石橋閔家塲一帶堵截、除令各部迅速協同各軍夾擊、並令口口口師推進黔省口口之綫、堵匪東竄外、特聞、（十二日專電）

【香港】王家烈十日電告、蕭匪圖由孫家渡菁口偸渡猪江竄遵義、被黔桂湘軍圍攻、七日將匪擊潰、斃匪五百餘、（十二日專電）

35. 黔桂湘军围攻萧匪情形，1934 年 10 月 13 日第 3 版

黔湘桂軍圍剿蕭匪

◉貴陽　蕭匪在老黃平、被擊潰後、向石阡方面逃竄、王軍長進駐甕安城、聯合湘桂軍圍剿、（十二日中央社電）

〔南京〕何鍵電京、謂准廖軍長庚佳兩電、一、蕭匪七日在甘溪被我軍擊潰、星夜向大地方竄走、適周師趕到、當予截擊、激戰約三小時、匪大部即向路那方向逃竄、當令周師張團繞道至路那截擊、進到營盤山附近、與匪遭遇、經該團猛擊、匪不支、一部向原路潰退、大部向羊場方向逃竄、已令蘇秦兩團隨後尾追、且請李代司令推進至口口口口口口口寬　匪截擊、二、據俘匪供稱、蕭匪在黃平改編爲五團、將僞五十四團裁併、除僞五十團總編兩營外、餘每團三營、每營三連、機關槍一排、每連四班至六班不等、總計現有人數約三千餘、甘溪之役、匪傷亡散逃、不下一團、大地方之役、逃亡亦屬不少、子彈極缺乏、（十三日專電）

36. 黔湘桂军围剿萧匪，1934 年 10 月 14 日第 9 版

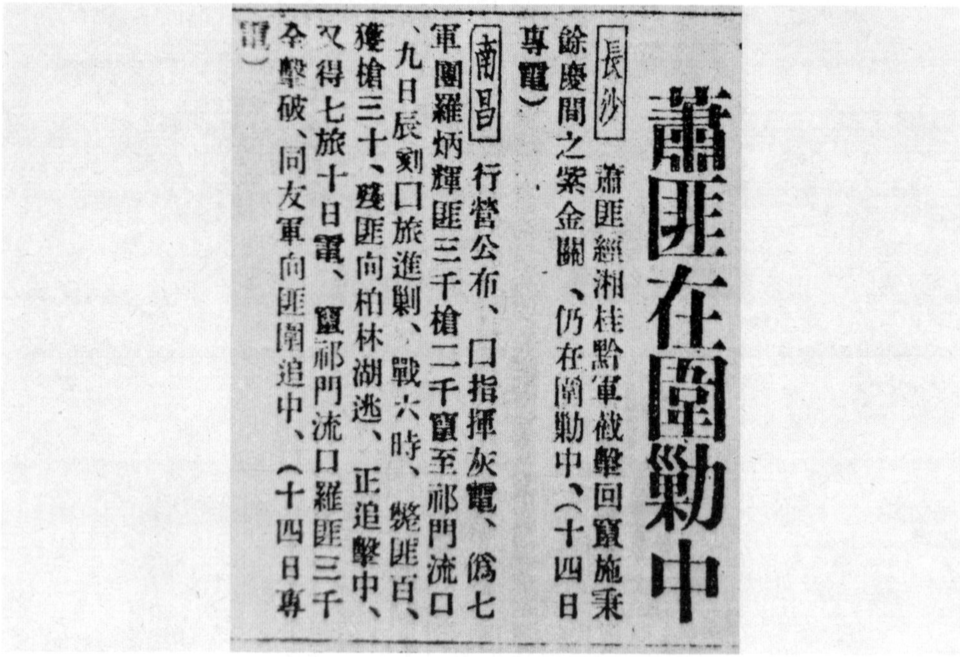

蕭匪在圍勦中

長沙 蕭匪經湘桂黔軍截擊回竄施秉餘慶間之紫金關、仍在圍勦中、（十四日專電）

南昌 行營公布、口指揮灰電、僞七軍團羅炳輝匪三千槍二千竄至祁門流口、九日晨劉口旅進剿、戰六時、斃匪百、獲槍三十、殘匪向柏林湖逃、正追擊中、又得七旅十日電、竄祁門流口羅匪三千仝擊破、同友軍向匪圍追中、（十四日專電）

37. 萧匪在围剿中，1934 年 10 月 15 日第 3 版

蕭匪竄紫金關

長沙 蕭匪經湘桂黔軍圍剿、潰竄紫金關、（十五日中央社電）

南京 何鍵電京、湘桂黔三省圍剿蕭匪情形、謂廖軍長磊文電稱、㈠頃據周師長貞電稱、蕭匪軍部及隨營學校、十日晚宿營白垛半夜、向大慶逃竄、我口口即跟追、匪在大慶接觸、匪且戰且走、沿途頑抗、口口已追過大慶二十餘里、本日斃匪營連長數名、兵百餘名、俘匪百餘、奪槍四十、連日經我數次猛擊、輜重悉行拋棄、狼狽已極等語、㈡口師及口口口部十一晚到達金慣牛大塲、向匪截擊、㈢我口師及口口仍控制羊塲石阡綫上、防匪北竄、已請王主席速飭部在西南方面截擊、據李代司令覺文電稱、綜合各方情報判斷、蕭匪連日被我擊潰、無力突圍、似仍散匿石闕施秉餘慶三縣境內深山、（十五日專電）

38. 萧匪窜紫金关，1934 年 10 月 16 日第 3 版

蕭匪竄匿深山

（漢口）川總部十六日電漢告捷稱、蕭匪竄黔、經各軍圍擊、已竄匿石阡施秉餘慶一帶深山中、賀匪由川鄂邊境移轉黔邊、經□師□□兩團從沙子場進攻、將其擊潰、十四日佔領沿河、匪向淇灘退竄、現在追剿中（十七日專電）

（長沙）湘黔桂軍連日躡擊克匪部團長四、營長七、兵七八百、匪分兩股逃竄、僞十七師竄餘慶東北之甕溪、僞十六師竄石阡北之龍洞、何鍵派劉膺厚赴京公幹、（十七日專電）

39. 萧匪窜匿深山，1934 年 10 月 18 日第 8 版

（十二）

蕭匪竄黔未逞

沿途被堵截僅餘四千 王家烈親自督師追剿

新聲社云、閩贛剿匪軍事、日益進展、赤匪已呈總崩潰之勢、蕭克匪部竄湘、爲湘桂軍擊潰後、復竄入黔省、頃本埠某機關得黔省軍報、謂二十五軍長王家烈、親自督師進剿、蕭匪已潰不成軍、茲誌原電如下、(一)蕭匪將到龍溪、閩黔軍追到、復由太平浦折回甕安附近、被黔軍由龍溪折回猴場截剿、擊斃甚衆、匪乘夜取道河壩場本莊向石阡城頭潰竄、黔軍跟踪追擊王軍長家烈並親自督隊跟進、庚(八日)已到口口、(二)湘軍李師長覺魚(六日)到石阡白沙桂軍廖軍長磊、則到達地方塲坪石阡之綫截剿、匪已竄至餘慶境內、烏江咽扼係口口部夜密防堵、王軍長家烈、親督所部晝夜追剿、連日斃匪甚衆、匪被窮追、毫無休復、極形狼狽、(三)蕭克匪部由黃平竄餘慶屬之龍溪口、沿途被黔軍日夜追剿傷亡甚大、剩匪不足四千槍約二千餘矣、

40. 萧匪窜黔未逞，沿途被堵截仅余四千，王家烈亲自督师追剿，1934 年 10 月 18 日第 12 版

蕭匪在流竄中

［漢口］川總部十八日電漢稱、蕭匪入黔後、恐與賀匪聯合、特令口旅率兵往剿、旋探賀匪由秀山回陷黔屬沿河、力戰收復、現殘匪竄洪灘上壩、正會同口旅及黔軍圍剿、（十八日專電）

［長沙］李覺電何、追剿蕭匪、共繳匪槍千餘、殘匪縮爲三團、散竄石阡山中、（十八日專電）

［南京］何健十七日電京稱、（甲）據廖軍長磊李代司令覺、十五・十六・等電稱、㈠蕭匪僞十八師殘部、約千餘人、竄至龍濟西瑞二十里之處、十六日已被李代司令所部擊潰、一小股向川巖壩、大股向寨家灣其溪方向逃竄、㈡成鐵根部十五日向金台山進剿、僞五十團佔領該山憑險頑抗、經該部猛擊、匪向灰黎山逃竄、仍搜剿中、（乙）綜合廖軍長李代司令十三・十四・十五・等日情報、蕭匪十一日被周師在大慶一帶痛擊、輜重概行拋棄、匪分兩股、僞十八師殘部約千人、槍半數、向鬧溪僞十七師殘部人槍約千餘、向紫金山逃竄、沿途潰散甚多、殘匪各深山中、我軍正分區搜剿、十三寅刻毛指揮部在鬧溪附近、與僞十八師激戰三小時、匪向廖家屯潰竄、又十三申刻、桂軍蘇團及柏指揮部、向紫金關僞十七師進攻、匪狼狽向鬧溪潰竄、計擊斃僞團長四、營長七、匪兵七八百名等語、特聞、（十八日專電）

41. 蕭匪在流竄中，1934 年 10 月 19 日第 3 版

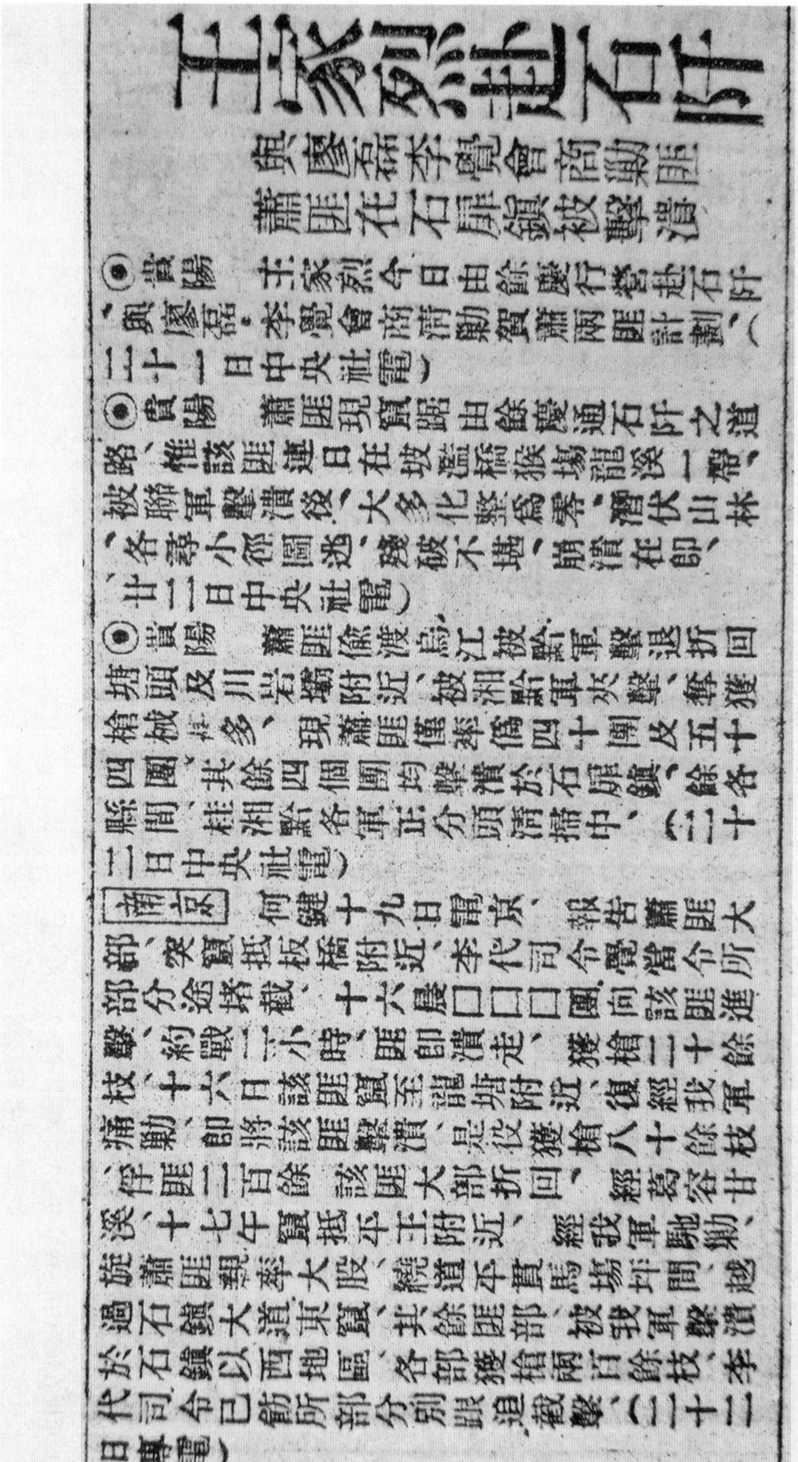

王家烈赴石阡

與廖磊李覺會商剿匪
蕭匪在石扉鎮被擊潰

◉貴陽 王家烈今日由餘慶行營赴石阡、與廖磊、李覺會商清剿賀蕭兩匪計劃、（二十一日中央社電）

◉貴陽 蕭匪現竄踞由餘慶通石阡之道路、惟該匪連日在坡溫梯猴塲龍溪一帶、被聯軍擊潰後、大多化整爲零、潛伏山林、各尋小徑圖逃、殘破不堪、崩潰在即、（廿二日中央社電）

◉貴陽 蕭匪係渡烏江被黔軍擊退折回塘頭及川岩壩附近、被湘黔軍夾擊、奪獲槍械甚多、現蕭匪僅殘餘四十團及五十四團、其餘四個團均擊潰於石扉鎮、餘各縣間、桂湘黔各軍正分頭清剿中、（二十二日中央社電）

【南京】 何鍵十九日電京、報告蕭匪大部、突竄抵板橋附近、李代司令覺當令所部分途堵截、十六晨口口口團向該匪進擊、約戰一小時、匪即潰走、獲槍二十餘枝、十六日該匪竄至龍塘附近、復經我軍痛剿、即將該匪擊潰、是役獲槍八十餘枝、俘匪二百餘、該匪大部折回、經葛容廿溪、十七午竄抵平王附近、經我軍馳剿、旋蕭匪親率大股、繞道平貫馬塲坪間、越過石鎮大道東竄、其餘匪部、被我軍擊潰於石鎮以西地區、各部獲槍兩百餘枝、李代司令已飭所部分別跟追截擊、（二十二日專電）

42. 王家烈赴石阡与廖磊、李觉会商剿匪，萧匪在石扉镇被击溃，1934 年 10 月 23 日第 3 版

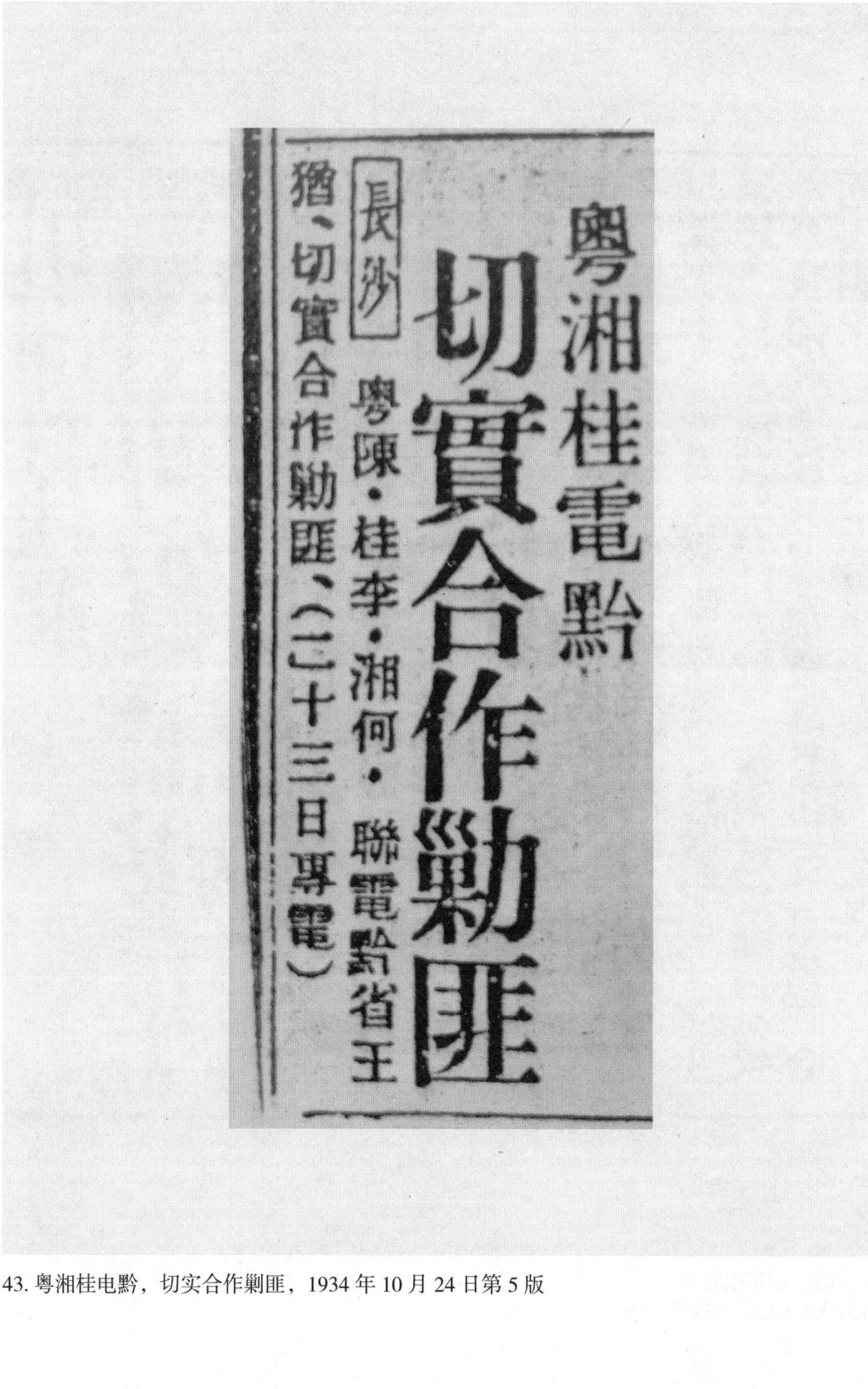

粵湘桂電黔

切實合作勦匪

〔長沙〕粵陳・桂李・湘何・聯電黔省王猶、切實合作勦匪、（二十三日專電）

43. 粵湘桂电黔，切实合作剿匪，1934 年 10 月 24 日第 5 版

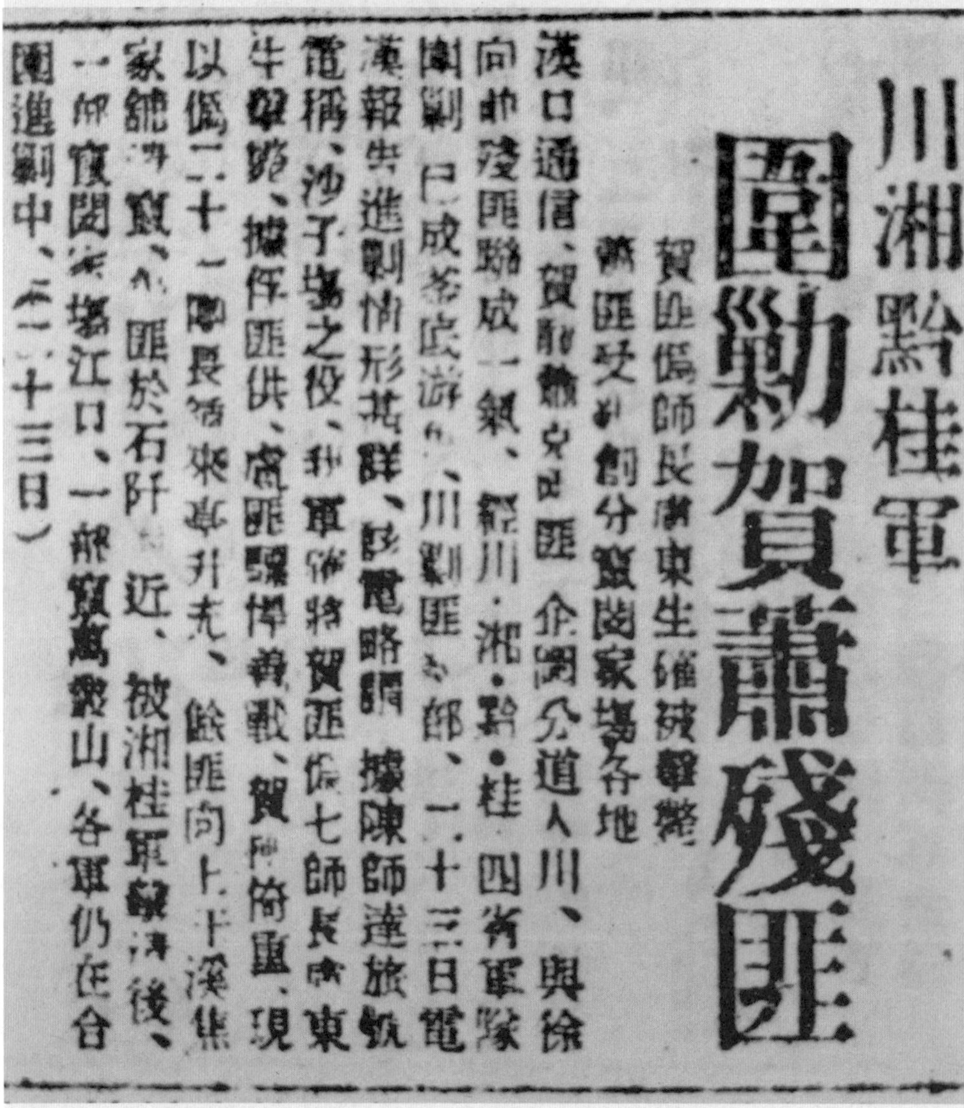

川湘黔桂軍
圍剿賀蕭殘匪

賀匪偽師長盧東生確被擊斃
蕭匪受□創分竄閔家塲各地

漢口通信、賀龍蕭克兩匪、企圖分道入川、與徐向前殘匪聯成一氣、經川·湘·黔·桂、四省軍隊圍剿、已成釜底游魂、川剿匪總部、二十三日電漢報告進剿情形甚詳、該電略謂、據陳師達旅執電稱、沙子壩之役、我軍擊斃賀匪偽七師長盧東生擊斃、據俘匪供、盧匪驍悍善戰、賀匪倚重、現以偽二十一團長張來升充、餘匪向上千溪集家館潰竄、蕭匪於石阡附近、被湘桂軍擊潰後、一部竄閔家塲江口、一部竄萬縣山、各軍仍在合圍進剿中、（二十三日）

44. 川湘黔桂军围剿贺（龙）、萧（克）残匪，贺匪“伪师长”卢东生确被击毙，萧匪受□创分窜闵家场各地，1934 年 10 月 26 日第 8 版

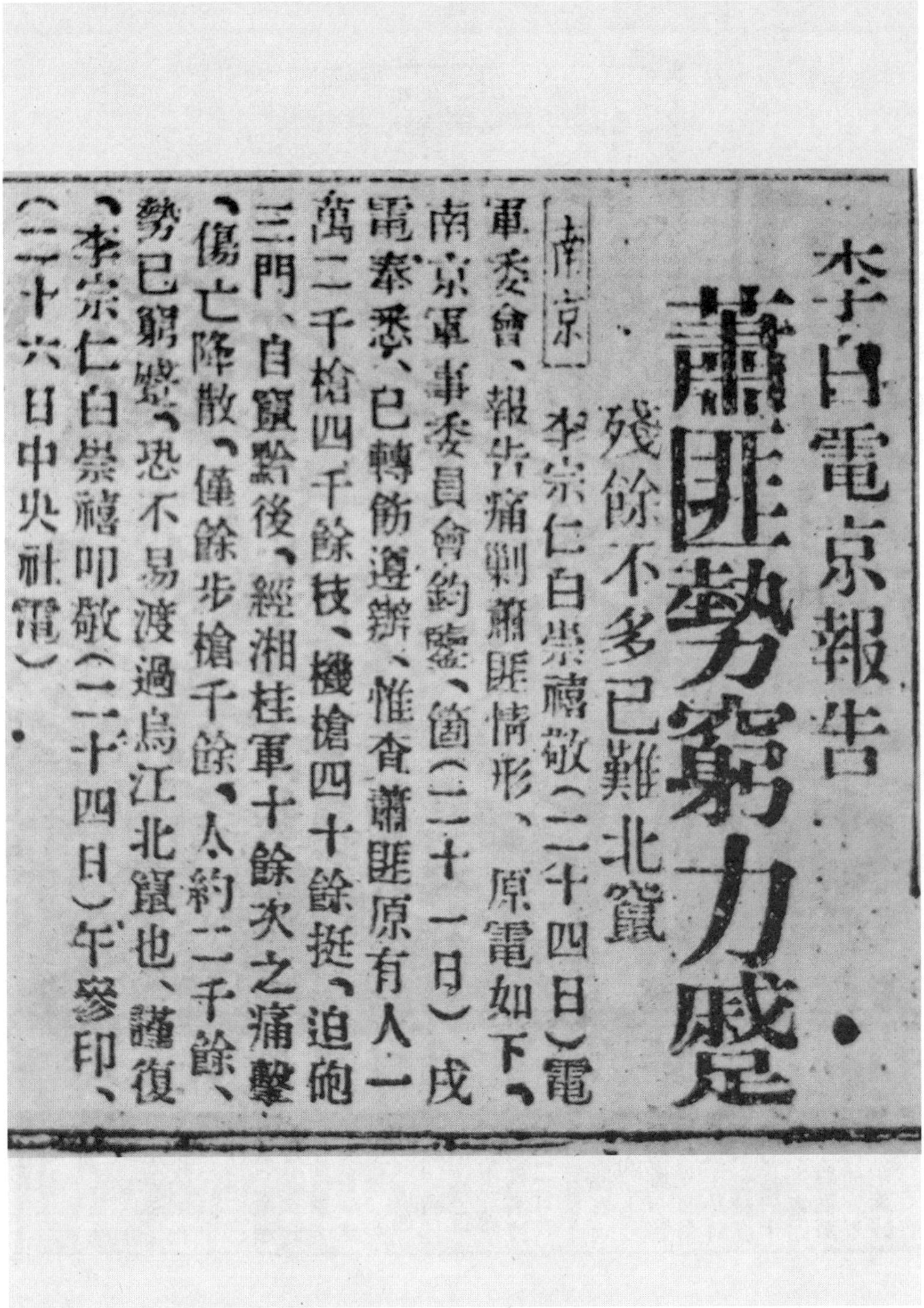

李白電京報告

蕭匪勢窮力蹙

殘餘不多已難北竄

［南京］李宗仁白崇禧敬（二十四日）電軍委會、報告痛剿蕭匪情形、原電如下、南京軍事委員會鈞鑒、箇（二十一日）戌電奉悉、已轉飭遵辦、惟查蕭匪原有人一萬二千槍四千餘枝、機槍四十餘挺、迫砲三門、自竄黔後、經湘桂軍十餘次之痛擊、傷亡降散、僅餘步槍千餘、人約二千餘、勢已窮蹙、恐不易渡過烏江北竄也、謹復、李宗仁白崇禧叩敬（二十四日）午參印、（二十六日中央社電）

45. 李（宗仁）、白（崇禧）电京报告萧匪势穷力蹙，残余不多已难北窜，1934 年 10 月 27 日第 5 版

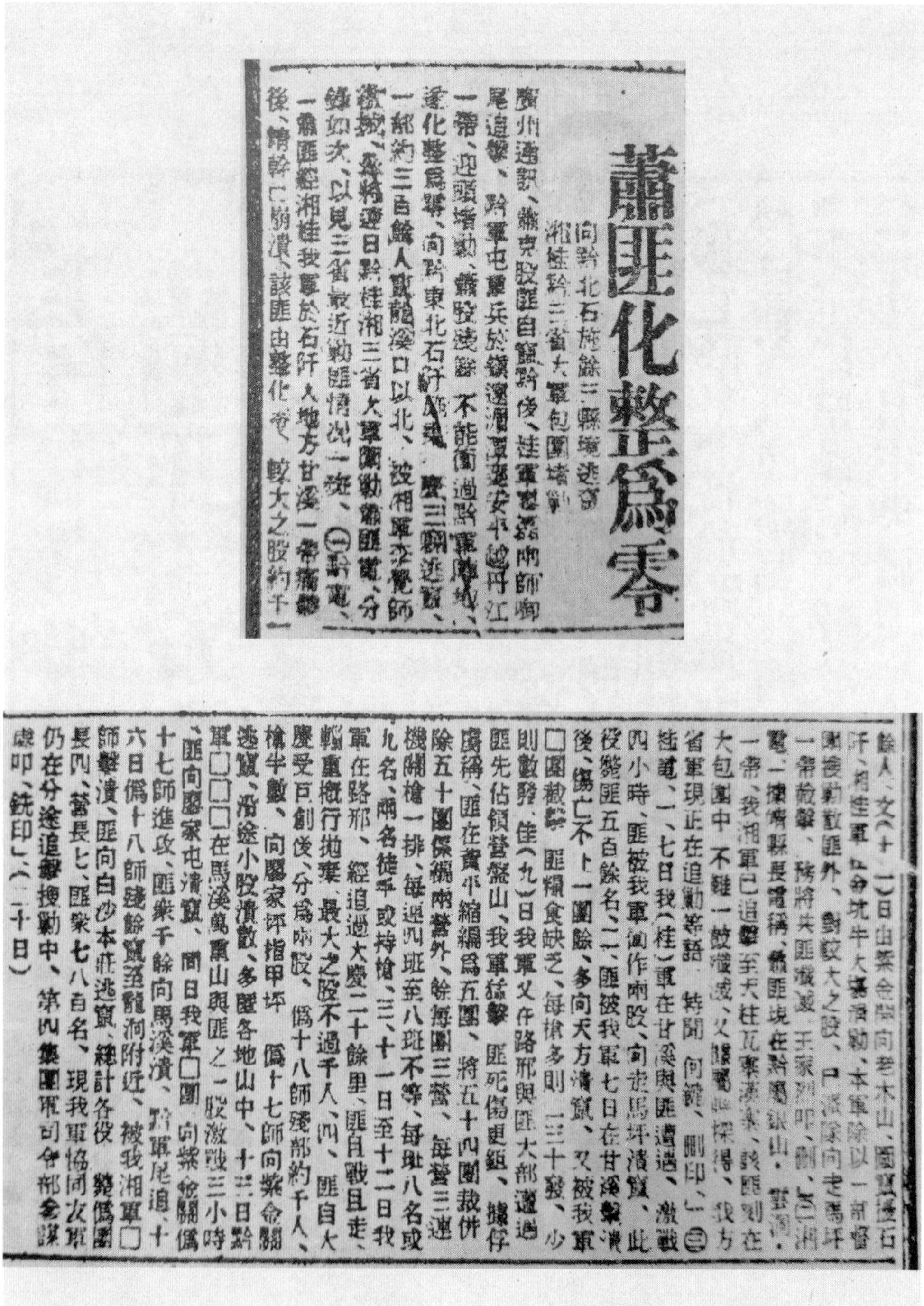

蕭匪化整爲零

向黔北石阡施餘三縣境逃竄
湘桂黔三省大軍包圍堵剿

貴州通訊、蕭克股匪自竄黔後、桂軍廖磊兩師躡尾追擊、黔軍屯駐兵於鎮遠濕潭甕安平越丹江一帶、迎頭堵剿、蕭股遂以不能衝過黔軍防綫、遂化整爲零、向黔東北石阡施餘三縣逃竄、一部約三百餘人竄龍溪口以北、被湘軍李覺師截擊、茲將連日黔桂湘三省大軍圍剿蕭匪電、分錄如次、以見三省最近剿匪情況一斑、(一)黔電、一蕭匪經湘桂我軍於石阡大地方甘溪一帶痛擊後、情勢已崩潰、該匪由整化零、較大之股約千一餘人、文(十一)日由紫命關向老木山、圍竄擾石阡、湘桂軍正分坑牛大塘清剿、本軍除以一部督團搜剿散匪外、對較大之股、已派隊向老馬坪一帶截擊、務將共匪殲滅、王家烈叩、刪、(二)湘電、一據偏縣長電稱、蕭匪現在黔屬銀山、雲洞、一帶、我湘軍已追擊至大柱瓦寨凍溪、該匪刻在大包圍中、不難一鼓殲滅、又據電兩探得、我方省軍現正在追剿等語、特聞、何鍵、刪印、(三)桂電、一、七日我(桂)軍在甘溪與匪遭遇、激戰四小時、匪被我軍衝作兩股、向走馬坪潰竄、此役斃匪五百餘名、二、匪被我軍七日在甘溪擊潰後、傷亡不下一團餘、多向天方潰竄、又被我軍□團截擊、匪糧食缺乏、每槍多則二三十發、少則數發、佳(九)日我軍又在路邢與匪大部遭遇匪先佔領營盤山、我軍猛擊、匪死傷更鉅、據俘虜稱、匪在黃平縮編爲五團、將五十四團裁併除五十團保編兩營外、餘每團三營、每營三連機關槍一排、每連四班至八班不等、每班八名或九名、兩名徒手或持槍、三、十一日至十二日我軍在路邢、經追過大慶二十餘里、匪且戰且走、輜重概行拋棄、最大之股不過千人、四、匪自大慶受巨創後、分爲兩股、僞十八師殘部約千人、槍半數、向嚴家坪指甲坪 僞十七師向紫命關逃竄、沿途小股潰散、多匿各地山中、十三日黔軍□□□在馬溪萬重山與匪之一股激戰三小時、匪向嚴家屯潰竄、同日我軍□團向紫命關僞十七師進攻、匪衆千餘向馬溪潰、黔軍尾追、十六日僞十八師殘餘竄至龍洞附近、被我湘軍□師擊潰、匪向白沙本莊逃竄、總計各役斃僞團長四、營長七、匪衆七八百名、現我軍協同友軍仍在分途追擊搜剿中、第四集團軍司令部參謀處叩、銑印」、(二十日)

46. 萧匪化整为零，向黔北石（阡）、施（秉）、余（庆）三县境逃窜，湘桂黔三省大军包围堵剿，1934年10月27日第8版

蕭賀殘匪 兩旬內可完全肅清

王家烈進駐思南跟踪追剿

蔣電猶國才與王並力聚殲

◉貴陽 蕭匪被聯軍圍剿、現率匪五六酉溝梯凱樓小鷄場一帶、僞主席任弼時負重傷、僞團長鄒鵬被擊斃、僞師長龍雲・副師長吳厚仁・等部被擊潰於四方鎭、奪獲匪械甚多、斃匪約三千、生擒千餘、現王家烈與廖磊李覺在石阡會商、決於兩旬內將蕭賀兩部完全肅清、(二十六日中央社電)

◉貴陽 川黔軍現已取得確切聯絡、王家烈由石阡進駐思南、跟踪追剿、期在短期內將蕭賀兩匪完全撲滅、(二十六日中央社電)

◉貴陽 蔣委員長電猶國才、希與王家烈激勵黔軍、一致堵截、並力聚殲蕭賀殘匪、(二十六日中央社電)

[南昌] 行營公布、蕭匪原轄僞十七十八師、計六團、及紅軍學校萬餘、自入黔後、迭經桂軍於大小廣寬沙、湘軍於雲台山板橋、黔軍於紫荊關川巖壩等處、匪死傷逃亡及被繳、只餘槍七八百、由蕭匪親率東竄、在石阡鎭遠以東、連日被我軍分途痛剿、均擊潰、李覺十九日電已連合各部、嚴密堵截、期早消滅等語、(二十七日專電)

[香港] 王家烈二十一日由餘慶赴石阡晤廖磊李覺、商清剿蕭匪、(二十七日專電)

47. 萧（克）、贺（龙）残匪两旬内可完全肃清，王家烈进驻思南跟踪追剿，蒋（介石）电犹国才与王并力聚歼，1934 年 10 月 28 日第 3 版

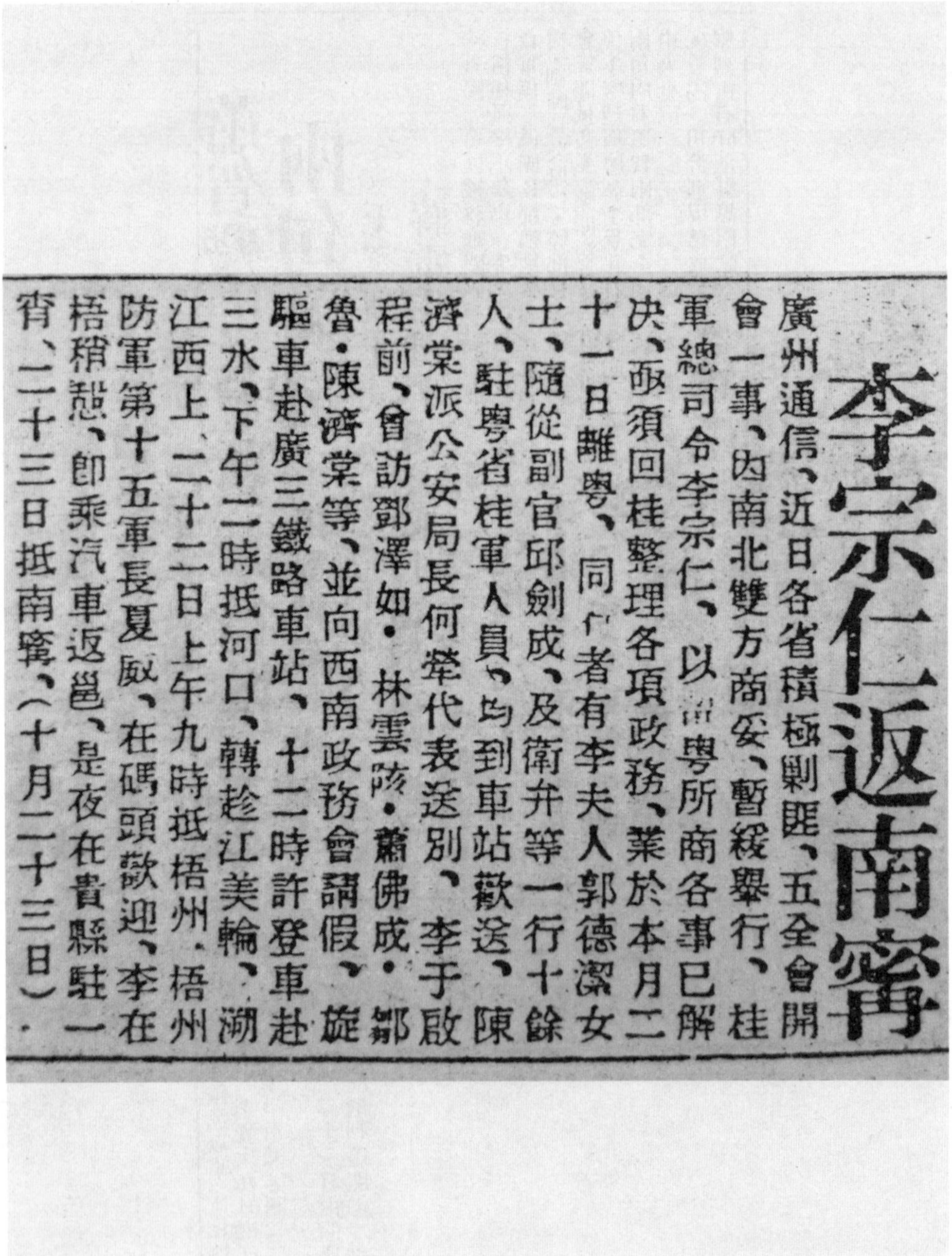
李宗仁返南寧

廣州通信、近日各省積極剿匪、五全會開會一事、因南北雙方商妥、暫緩舉行、桂軍總司令李宗仁、以[illegible]粵所商各事已解決、亟須回桂整理各項政務、業於本月二十一日離粵、同行者有李夫人郭德潔女士、隨從副官邱劍成、及衛弁等一行十餘人、駐粵省桂軍人員、均到車站歡送、陳濟棠派公安局長何犖代表送別、李于啟程前、曾訪鄧澤如・林雲陔・蕭佛成・鄒魯・陳濟棠等、並向西南政務會請假、旋驅車赴廣三鐵路車站、十二時許登車赴三水、下午二時抵河口、轉趁江美輪、溯江西上、二十二日上午九時抵梧州・梧州防軍第十五軍長夏威、在碼頭歡迎、李在梧稍憩、即乘汽車返邕、是夜在貴縣駐一宵、二十三日抵南寧、（十月二十三日）

48. 李宗仁返南宁，1934 年 10 月 29 日第 10 版

廖李兩師返防

蕭賀殘匪有竄秀山勢

◉貴陽　桂軍廖磊所部湘軍李覺所部、奉湘桂當局分別電調返省、作截擊共匪一五軍團準備、（一日中央社電）

◉貴陽　王家烈委參軍長劉維炎爲剿匪前敵總指揮、跟剿蕭賀兩匪、匪不支有全部退秀山勢、此間已電川軍夾擊、（一日中央社電）

49. 廖（磊）、李（觉）两师返防，萧（克）、贺（龙）残匪有窜秀山势，1934 年 11 月 2 日第 9 版

白崇禧將親赴桂北

〔香港〕白崇禧電粵、謂將親赴桂北佈防、堵截蕭部殘匪、（六日中央社電）

50. 白崇禧将亲赴桂北，1934 年 11 月 7 日第 7 版

南路軍勦匪大捷

延壽附近發生激戰
僞一九軍團全消滅
殘匪竄宜章臨武間

【香港】余漢謀十二日電告、昨距在九一及九軍團全部、今日午爲我粟師獨三柰二十餘里之延壽附近、與我相持之僞一師及陳章旅夾擊、斃匪四五千、奪槍八千餘、俘數千人、僞一九軍團已全部消滅、（十三日專電）

【香港】粵機偵得匪主力在宜章臨武間、匪行軍爲避機轟炸計、每人頭上插樹枝、聞機聲即圍聚一起、由機下望、每誤爲樹林、此計已爲空軍窺破、連日出發、遇見類似樹林者、即轟炸、匪死傷數千、延壽一役、僞一九軍團僅有千餘人逃脫、向宜章竄、此爲開戰以來南路空前大勝、（十三日專電）

【長沙】劉建緒電、匪部竄過汝城及城口、大部在粵九峯塘村一帶、共右衛在郴宜間之良田、被王師迎擊、匪向臨武念竄、何促桂粵軍速出會勦、（十三日專電）

【南京】何鍵十一日電京報告、㊀汝城方面之大股匪、與我陶師鍾旅及胡鳳泰部、自三十一日至八日、激戰八晝夜、匪傷亡一千餘、俘匪數百名、繳獲頗多、汝城民兵亦有斬獲、㊁匪經我陶胡各部痛擊、犯汝城未退、後其大部已經城口分竄文明・赤石・九峯一帶、城口被匪焚燒、㊂據報、宜章駐軍劉已與匪接觸、王東原師在萬會橋、正與匪激戰中、（十三日專電）

【南京】何鍵電行政院報告、赤匪僞三軍彭德懷、率部犯湘、已在湘邊汝城一帶接觸、犯汝城之匪已被擊退、向城口文明司等處透竄、蕭西路軍已集合重兵、扼守要地堵截、汪院長接電後、已復電何慰勉、（十三日專電）

【厦門】四縱隊克瑞金、副指揮李默庵入城辦理善後、另派一部向會昌推進、與南路會取會昌、即可收復、十二日總部紀念週報告匪盡西竄、現抵湘南汝城・仁化間、南西兩路截擊中、雩都會昌僅餘零星散匪、及老弱民衆、十二十三漳厦均開勦匪祝捷大會、（十三日專電）

【廣州】今日午後此間接前綫官電、謂粵軍在湘邊延壽附近續獲大勝、共俘共匪數千人、奪獲來福槍八千枝、共匪之第一軍爲此次進攻之主軍、聞已全被勦滅、（十三日路透電）

1/2

51. 南路军剿匪大捷，延寿附近发生激战，“伪一、九军团”全消灭，残匪窜宜章、临武间，1934 年 11 月 14 日第 3 版

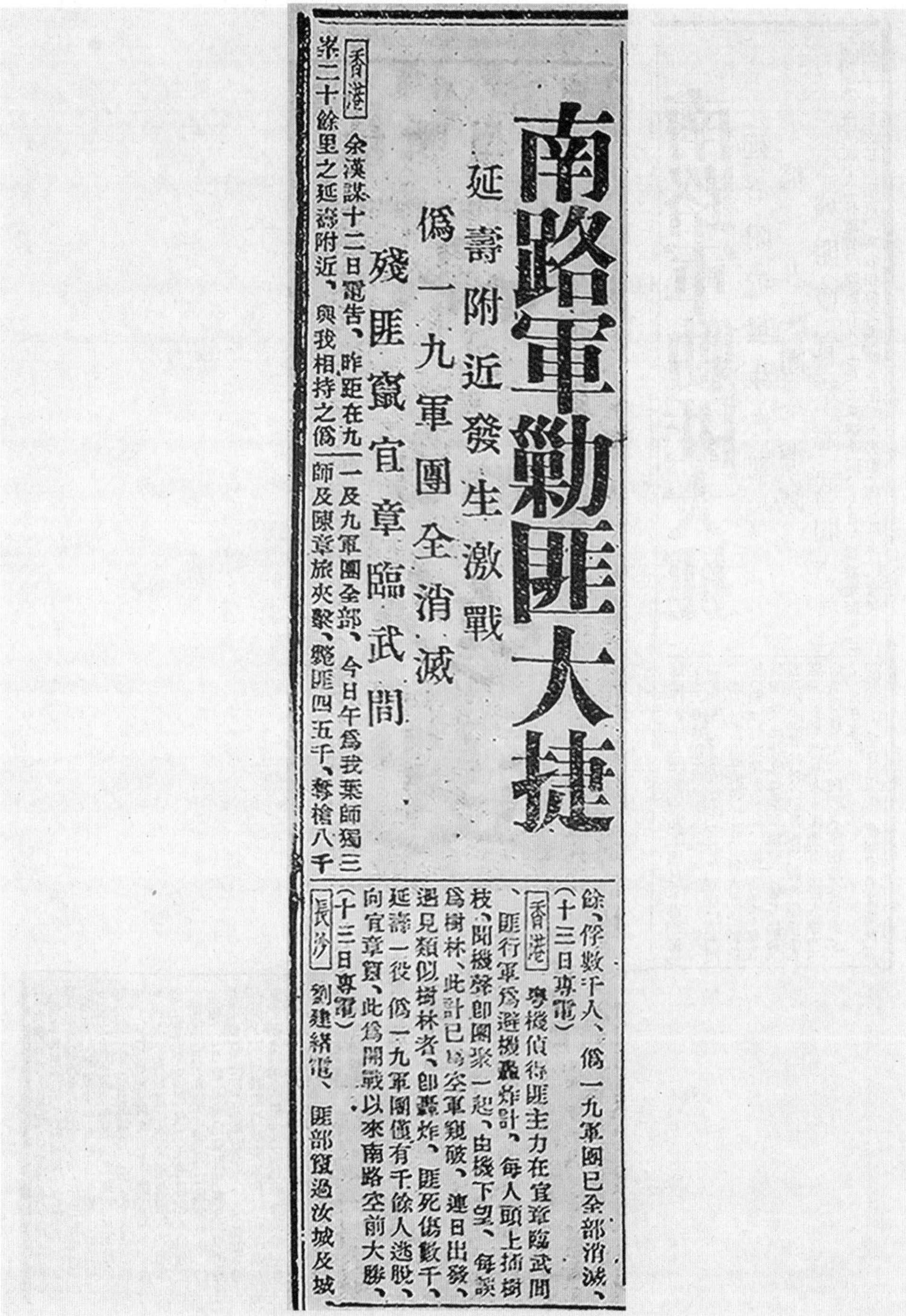

南路軍勦匪大捷

延壽附近發生激戰
僞一九軍團全消滅
殘匪竄宜章臨武間

【香港】余漢謀十二日電告、昨距在九一及九軍團全部、今日午爲我粟師獨三苯二十餘里之延壽附近、與我相持之僞一師及陳章旅夾擊、斃匪四五千、奪槍八千餘、俘數千人、僞一九軍團已全部消滅、(十三日專電)

【香港】粵機偵得匪主力在宜章臨武間、匪行軍爲避機轟炸計、每人頭上插樹枝、聞機聲即團聚一起、由機下望、每誤爲樹林、此計已爲空軍窺破、連日出發、遇見類似樹林者、即轟炸、匪死傷數千、延壽一役僞一九軍團僅有千餘人逃脫、向宜章竄、此爲開戰以來南路空前大勝、(十三日專電)

【長沙】劉建緒電、匪部竄過汝城及城

（局部图 1）

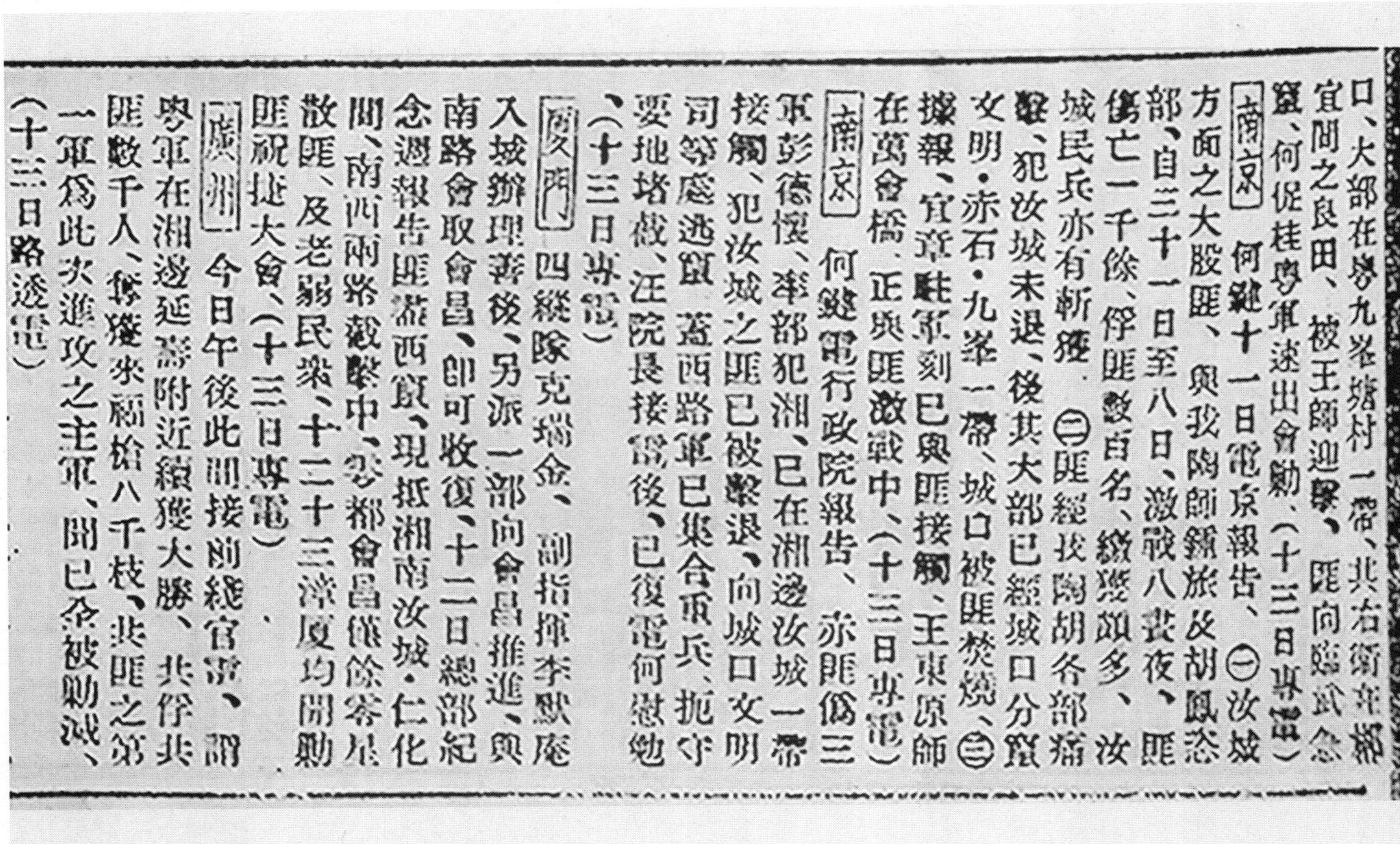

口、大部在粵九峯塘村一帶、共右衛茸鄉
宜間之良田、被王師迎擊、匪向臨武急
竄、何促桂粵軍速出會剿、(十三日專電)
〔南京〕何鍵十一日電京報告、㈠汝城
方面之大股匪、與我陶師鍾旅及胡鳳璋
部、自三十一日至八日、激戰八晝夜、匪
傷亡一千餘、俘匪數百名、繳獲頗多、汝
城民兵亦有斬獲、㈡匪經我陶胡各部痛
擊、犯汝城未退、後其大部已經城口分竄
文明·赤石·九峯一帶、城口被匪焚燒、㈢
據報、宜章駐軍刻已與匪接觸、王東原師
在萬會橋、正與匪激戰中、(十三日專電)
〔南京〕何鍵電行政院報告、赤匪偽三
軍彭德懷、率部犯湘、已在湘邊汝城一帶
接觸、犯汝城之匪已被擊退、向城口文明
司等處逃竄、贛西路軍已集合重兵、扼守
要地堵截、汪院長接電後、已復電何慰勉
、(十三日專電)
〔廈門〕四縱隊克瑞金、副指揮李默庵
入城辦理善後、另派一部向會昌推進、與
南路會取會昌、即可收復、十二日總部紀
念週報告匪竄西竄、現抵湘南汝城·仁化
間、南西兩粵截擊中、零都會昌俘餘零星
散匪、及老弱民衆、十二十三漳廈均開勦
匪祝捷大會、(十三日專電)
〔廣州〕今日午後此間接前綫官電、謂
粵軍在湘邊延壽附近續獲大勝、共俘共
匪數千人、獲槍約八千枝、共匪之第
一軍爲此次進攻之主軍、聞已全被勦滅、
(十三日路透電)

（局部图 2）

東路軍會師僞都瑞金

五次圍剿之回溯

南昌通信、瑞金僻處贛省東南部之閩邊、北連石城寧都、西與雩都並行、南可由會昌入粵、東則與長汀脣齒相依、自民國十八年朱毛敗棄井岡山老巢後、沿贛粵邊入閩、擾武平上杭、陷汀州、瑞金亦入匪手、迨東固爲國軍擊破、匪以瑞金處於贛南閩西之中、處於匪區、頗爲適中、乃定爲僞都、並開僞全國代表大會、建僞中華蘇維埃政府於是、成爲指揮共匪發號施令中心地、僞中央黨部政府・僞軍事委員會・僞紅軍學校・僞兵工廠・等首腦機關、應有盡有、遂有小莫斯科之號、蔣委員長督率贛粵閩湘桂五省大軍、分東西南北、先後作第五次圍剿、即以會師瑞金爲犂庭掃穴之目標、而匪則或避實就虛、或死守硬打、或四散流竄、亦莫不以固守僞中央區、保持此指揮根據、徐圖發展爲目的、去年國軍開始圍剿以來、贛東閩北匪區、完全收復、東北兩路大軍、逼近匪之腹心、贛南閩西毗連地區、當時匪以瑞金門戶爲石城及長汀、石城之險要在血禾嶺、長汀之險要在龍巖邊區、故以最精銳之僞一・三・五・九・軍團、配置於此、並構縱橫交錯工事、以期負隅、同時以羅炳輝方志敏之僞七・九・兩軍團一部、竄擾皖浙、僞六軍團蕭克之十七十八師、流竄湘川、以圖分散國軍兵力、乃守石汀之匪、爲國軍擊破、流竄之匪、又經皖浙湘桂黔軍沿途堵截、直至石汀失陷、瑞金無險可守、朱毛乃召集僞中央會議議決放棄僞中央區、率中僞一・三・五・七・八・九・軍團西竄、僞中央各首腦機關、悉數西遷、匪首自朱德・毛澤東・項英・博古・張聞天・李德・以至下級幹部、亦盡隨軍逃命、上月二十日、由雩都突過信豐南康大庾之綫、掠崇義上猶及粵邊之仁化以入湘之汝城桂東、冀圖竄至川黔邊區、而留守贛閩邊之匪、不過爲僞地方獨立團暨游擊隊・及當地散匪耳、先是東路軍克汀州之際、以李默庵師經古城西進、直取瑞金城、宋希濂師出瑞金之南、以斷雩都會昌赤匪之接應、並絕匪南竄之路、另以攻下石城之三路軍、直取瑞北、藉資策應、李師過古城後、沿途只遇散匪、進行順利、本月十日上午十時半、遂駐瑞金城、宋師亦達瑞南之瓏米街、散匪向雩會南逃、正追擊中、惟瑞金被匪踞作僞都、經已六年、赤化之深、國內無出其右、國軍入城時、只餘少數老弱民衆、各僞機關人悉空洞無人、荒涼悽愴、一如死城、惟反動標語、則觸目皆是、國軍入城後、當即布告化民、只餘少數殘匪流散雩都・會昌・寧化・淸流各處、自可迎刃而解也、

贛省當民國十六年、賀龍葉挺在南昌叛變以還、即浸淫于水深火熱之赤禍中、東南半壁、以及豫鄂皖川、亦爲匪氛彌漫、國力民力、兩受其傷、但自民國十九年以後、即爲剿赤軍事中心、中央用全副精神、平亂安內、五次圍剿經過、係十九年夏至十二月東固之役爲第一次、二十年三月以至廣昌之役爲第二次、由克復寧都雩都以至高興圩之役、頗爲勝利、乃因九一八事變而功敗垂成、是爲第三次、二十一年下半年開、第四次圍剿、至二十二年三月間、匪乘國軍五十二・五十九兩師、正在蛟湖集中、由宜黃南進時、在宜樂交界襲擊、全綫被其牽制、于是蔣委員長乃在廬山將剿匪軍幹部、一一加以嚴格訓練、二十二年十月初、開始五次圍剿、除軍事外、並極力注意政治善後、乃有今日之成功、瑞金收復、實肅淸赤匪安定內部之一大分野、匪化最深之贛南、從此踏入淸匪善後時期、不過匪之主力、仍有一部分竄至湘邊、剿赤重心、又由贛轉移于川湘黔邊、本省今後任務、一則傾全力于淸散匪善後、一則須以全力追匪、合粵湘桂黔川軍、以消滅朱毛徐賀・蕭劉赤匪任務、全部完成也、（十一月十一日）

2|1

52. 东路军会师“伪都”瑞金，五次围剿之回溯，1934 年 11 月 14 日第 9 版

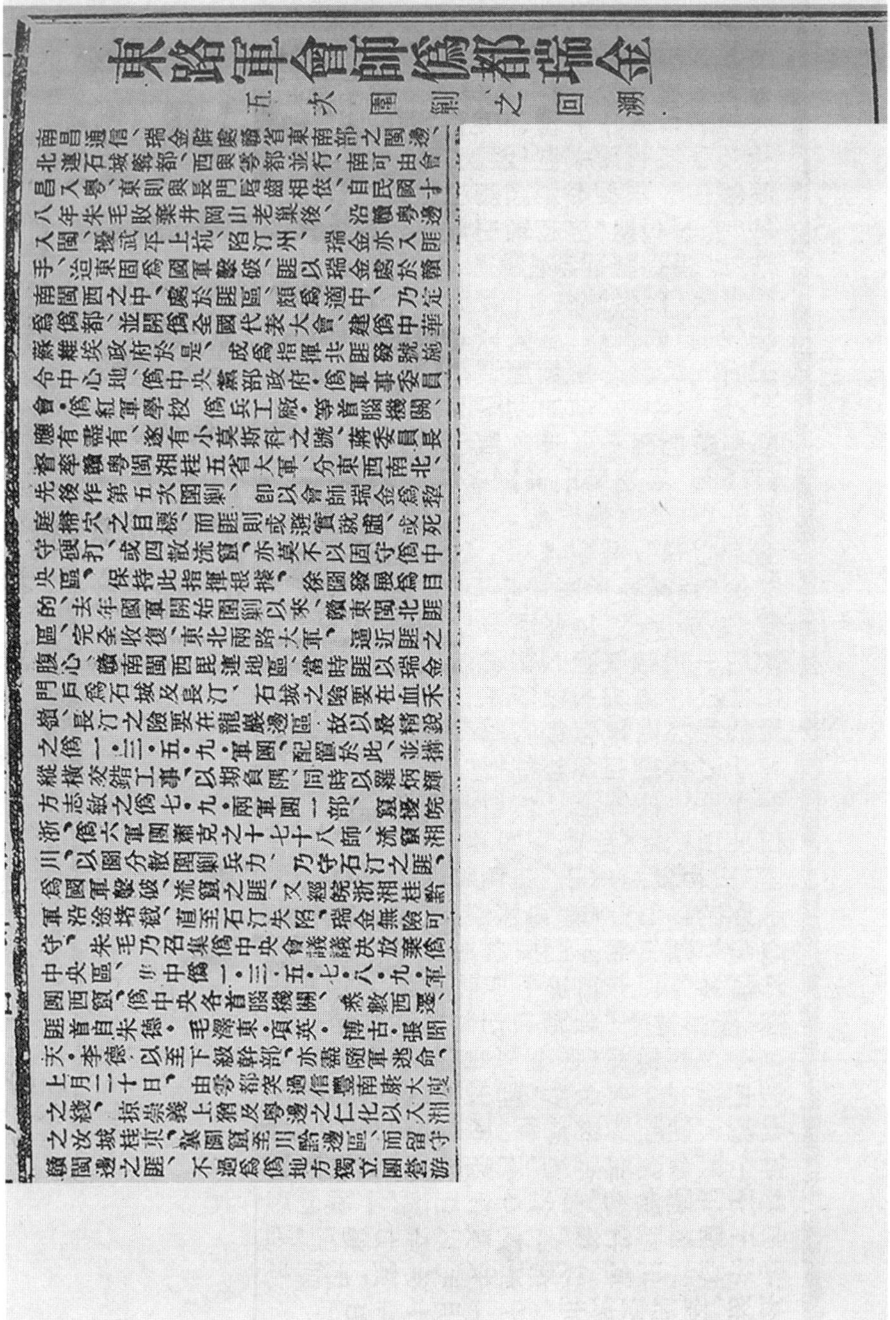

東路軍會師偽都瑞金

五次圍剿之回溯

南昌通信、瑞金位於贛省東南部之閩邊、北通石城寧都、西與雩都並行、南可由會昌入粵、東則與長汀唇齒相依、自民國十八年朱毛敗棄井岡山老巢後、沿贛粵邊入閩、擾武平上杭、陷汀州、瑞金亦入匪手、迨東固為國軍擊破、匪以瑞金處於贛南閩西之中、處於匪區、頗為適中、乃定為偽都、並開偽全國代表大會、建偽中華蘇維埃政府於是、成為指揮北匪發號施令中心地、偽中央黨部政府・偽軍事委員會・偽紅軍學校 偽兵工廠・等首腦機關、應有盡有、遂有小莫斯科之號、蔣委員長督率贛粵閩湘桂五省大軍、分東西南北、先後作第五次圍剿、 即以會師瑞金為殲匪搗穴之目標、而匪則或避實就虛、或死守硬打、或四散流竄、亦莫不以固守偽中央區、保持此指揮根據、 徐圖發展為目的、去年國軍開始圍剿以來、贛東閩北匪區、完全收復、東北兩路大軍、逼近匪之腹心、贛南閩西毘連地區、當時匪以瑞金門戶為石城及長汀、石城之險要在血禾嶺、長汀之險要在龍巖邊區・故以最精銳之偽一・三・五・九・軍團、配置於此、並攤縱橫交錯工事、以期負隅、同時以羅炳輝方志敏之偽七・九・兩軍團一部、竄擾皖浙、偽六軍團蕭克之十七十八師、流竄湘川、以圖分散圍剿兵力、乃守石汀之匪、為國軍擊破、流竄之匪、又經皖浙湘桂黔軍、沿途堵截、直至石汀失陷、瑞金無險可守、朱毛乃召集偽中央會議、議決放棄偽中央區、非中偽一・三・五・七・八・九・軍團西竄、偽中央各首腦機關、悉數西遷、匪首自朱德・毛澤東・項英・博古・張聞天・李德・以至下級幹部、亦難隨軍逃命、上月二十日、由雩都奔過信豐南康大庾之錢、掠崇義上猶及粵邊之仁化以入湘之汝城桂東、竄圖宜章至川黔邊區、而留守贛閩邊之匪、不過為偽地方獨立團營游

（局部图1）

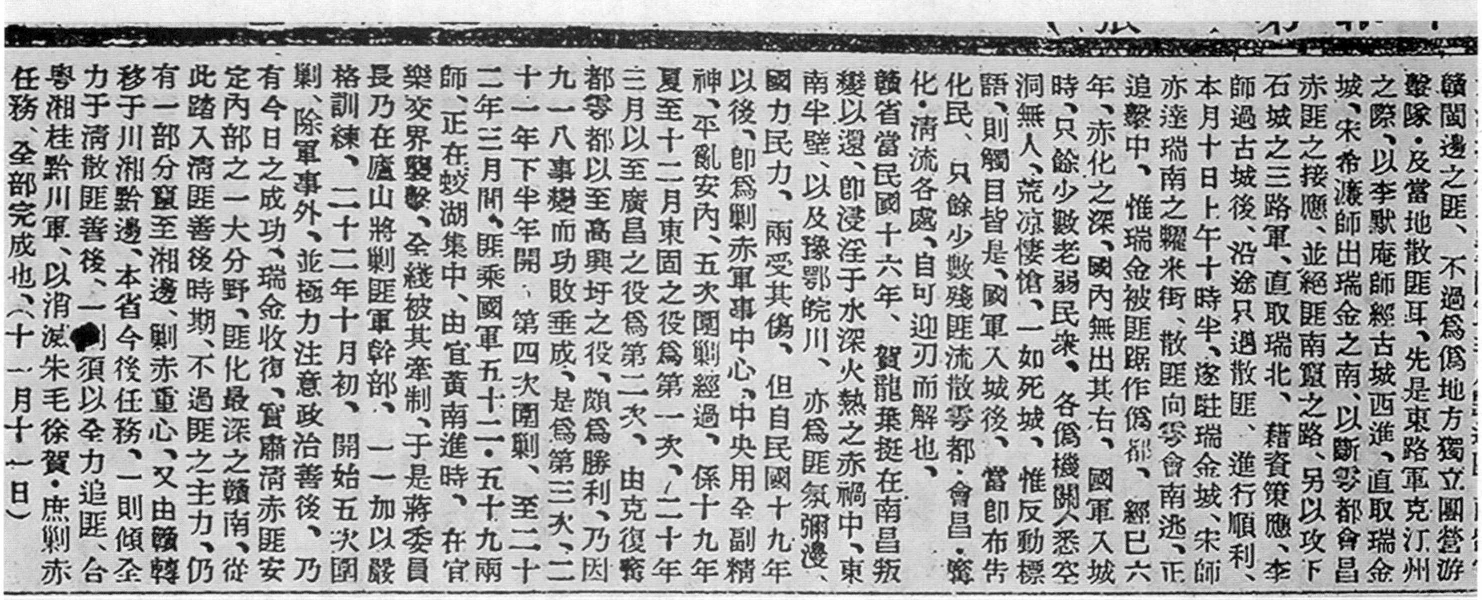

贛閩邊之匪、不過爲僞地方獨立團營游擊隊·及當地散匪耳、先是東路軍克汀州之際、以李默庵師經古城西進、直取瑞金城、宋希濂師出瑞金之南、以斷雩都會昌赤匪之接應、並絕匪南竄之路、另以攻下石城之三路軍、直取瑞北、藉資策應、李師過古城後、沿途只遇散匪、進行順利、本月十日上午十時半、遂駐瑞金城、宋師亦逹瑞南之羅米街、散匪向雩會南逃、正追擊中、惟瑞金被匪踞作僞都、經已六年、赤化之深、國內無出其右、國軍入城時、只餘少數老弱民衆、各僞機關悉空洞無人、荒涼悽愴、一如死城、惟反動標語、則觸目皆是、國軍入城後、當即布告化民、只餘少數殘匪流散雩都·會昌·寧化·清流各處、自可迎刃而解也、

贛省當民國十六年、賀龍葉挺在南昌叛變以還、卽浸淫于水深火熱之赤禍中、東南半壁、以及豫鄂皖川、亦爲匪氛彌漫、國力民力、兩受其傷、但自民國十九年以後、卽爲剿赤軍事中心、中央用全副精神、平亂安內、五次圍剿經過、係十九年夏至十二月東固之役爲第一次、二十年三月以至廣昌之役爲第二次、由克復寧都雩都以至高興圩之役、頗爲勝利、乃因九一八事變而功敗垂成、是爲第三次、二十一年下半年開、第四次圍剿、至二十二年三月間、匪乘國軍五十二·五十九兩師、正在蛟湖集中、由宜黃南進時、在宜樂交界襲擊、全綫被其牽制、于是蔣委員長乃在廬山將剿匪軍幹部、一一加以嚴格訓練、二十二年十月初、開始五次圍剿、除軍事外、並極力注意政治善後、乃有今日之成功、瑞金收復、實肅清赤匪安定內部之一大分野、匪化最深之贛南、從此踏入清匪善後時期、不過匪之主力、仍有一部分竄至湘邊、剿赤重心、又由贛轉移于川湘黔邊、本省今後任務、一則傾全力于清散匪善後、一則須以全力追匪、合粵湘桂黔川軍、以消滅朱毛徐賀·庶剿赤任務、全部完成也、（十一月十一日）

（局部图 2）

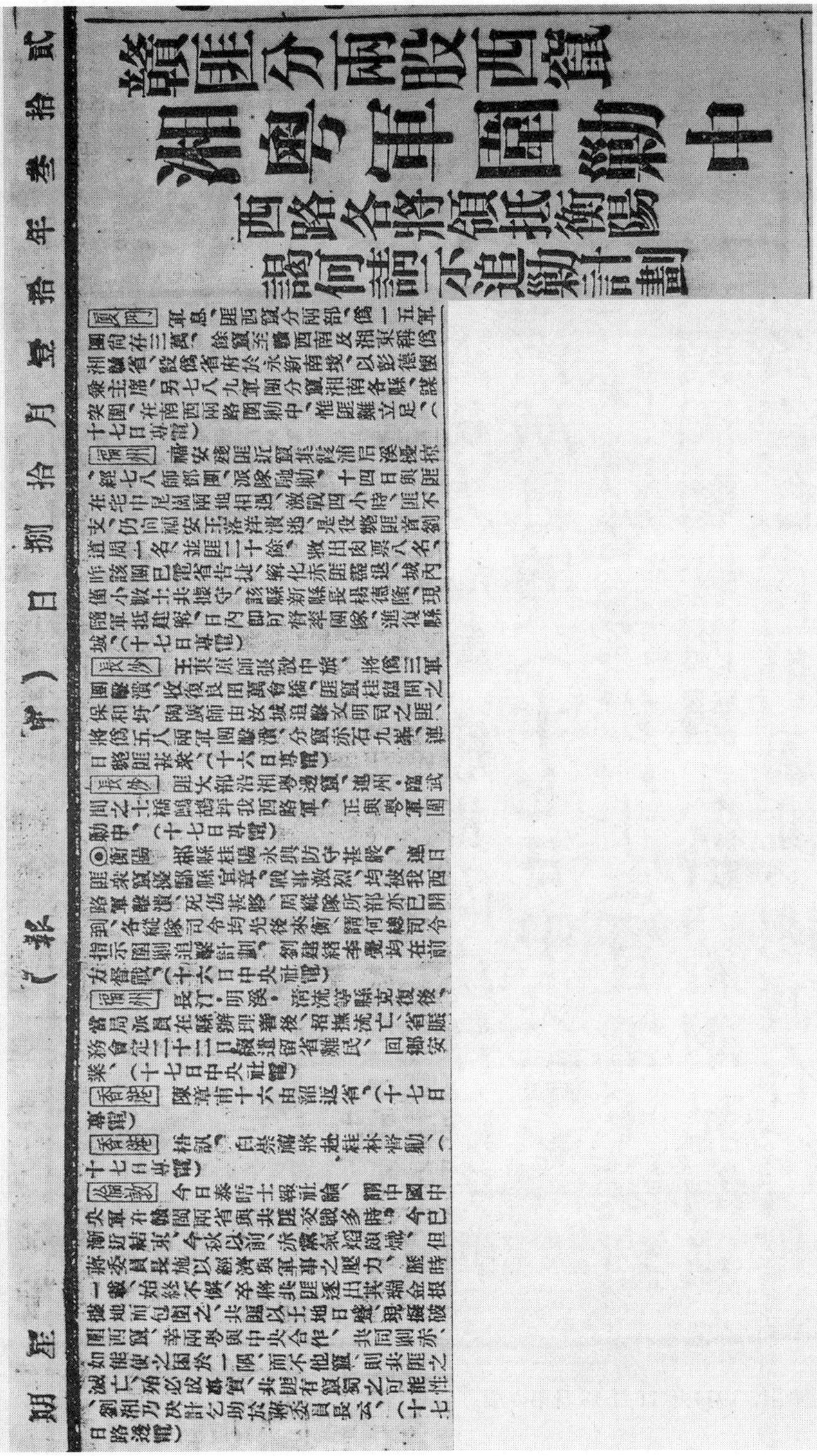

赣匪分两股西窜 湘粤军围剿中

西路各将领抵衡阳 谒何请示追剿计划

53. 赣匪分两股西窜，湘粤军围剿中，西路各将领抵衡阳，谒何（键）请示追剿计划，1934 年 11 月 18 日第 4 版

王家烈返貴陽

◉貴陽 王家烈氏於十七日抵省、各界往歡迎者甚衆、對勦匪意見、王謂、匪爲人類公敵、望民衆一致協助政府、本人因勦匪事、返後方計劃、短期內决往前方督勦、期達消滅目的、（十七日中央電）

〔香港〕陳濟棠李宗仁十三日電王家烈猶國材、謂因贛匪西竄入黔、希兩兄商定大計、分負責任、堵勦竄匪、開誠合作、共濟時艱、（十七日專電）

54. 王家烈返贵阳，1934 年 11 月 18 日第 4 版

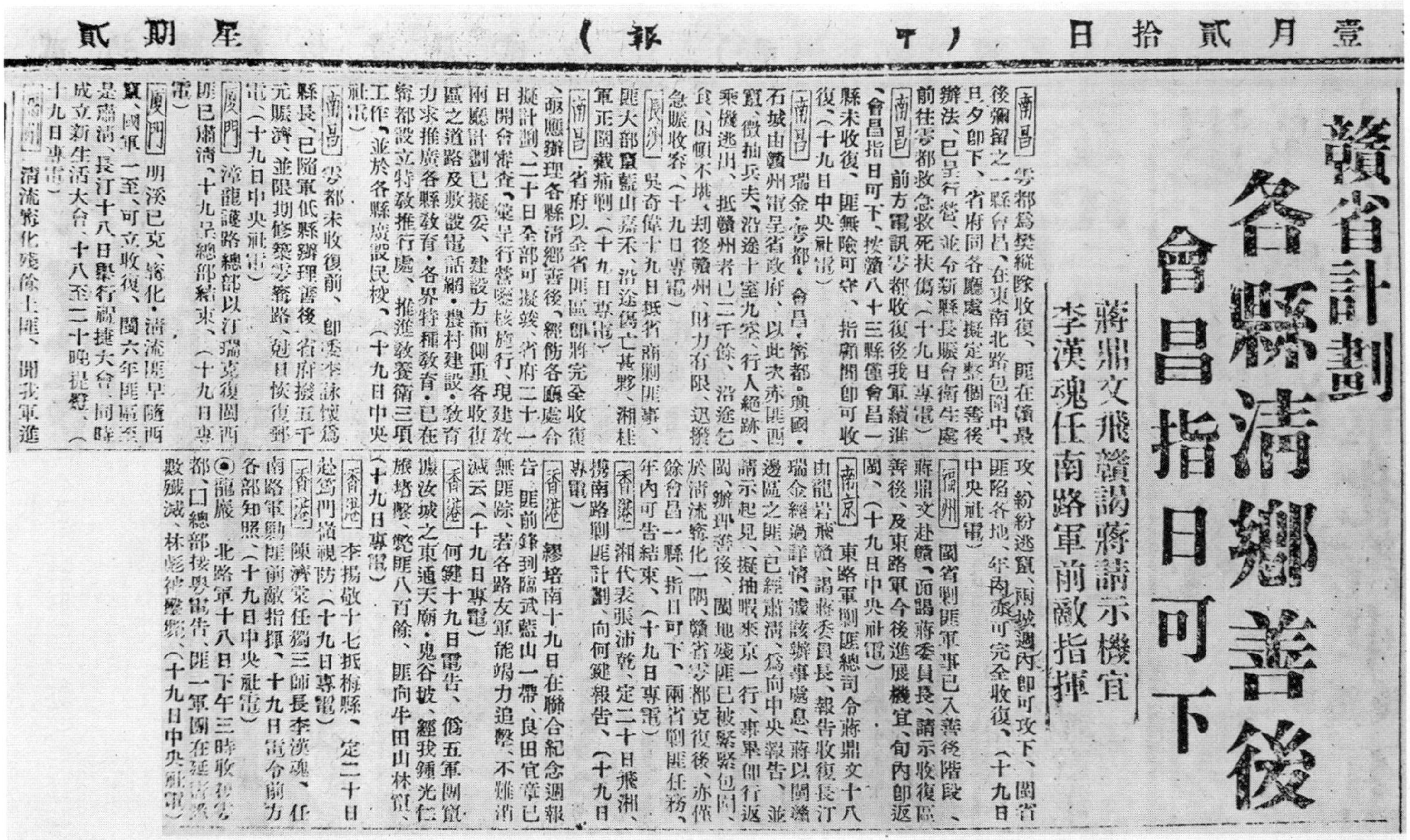

壹月貳拾日　（刊報）　星期貳

贛省計劃各縣清鄉善後
會昌指日可下

蔣鼎文飛贛謁蔣請示機宜
李漢魂任南路軍前敵指揮

〔南昌〕雩都爲樊縱隊收復、匪在嶺最後彌留之一縣會昌、在東南北路包圍中、旦夕即下、省府同各廳處擬定整個善後辦法、已呈行營、並令新縣長賑會衛生處前往雩都救急救死扶傷、（十九日專電）

〔南昌〕前方電訊、雩都收復後我軍續進、會昌指日可下、揆贛八十三縣僅會昌一縣未收復、匪無險可守、指顧間即可收復、（十九日中央社電）

〔南昌〕瑞金・雩都・會昌・寧都・興國・石城由贛州電呈省政府、以此次赤匪西竄、徵拙兵夫、沿途十室九空、行人絕跡、乘機逃出、抵贛州者已二千餘、沿途乞食、困頓不堪、到後贛州、財力有限、迅撥急賑收容、（十九日專電）

〔長沙〕吳奇偉十九日抵省商剿匪事、匪大部竄藍山嘉禾、沿途傷亡甚夥、湘桂軍正圍截痛剿、（十九日專電）

〔南昌〕省府以全省匪區即將完全收復、亟應辦理各縣清鄉善後、經飭各廳處合擬計劃、二十日全部可擬竣、省府二十一日開會審查、彙呈行營核施行、現建教兩廳計劃已擬妥、建設方面側重各收復區之道路及敷設電話網・農村建設・教育力求推廣各縣教育・各界特種教育・已在寧都設立特教推行處、推進教養衛三項工作、並於各縣廣設民校、（十九日中央社電）

〔南昌〕雩都未收復前、即委李詠懷爲縣長、已隨軍低縣辦理善後、省府撥五千元賑濟、並限期修築雩寧路、剋日恢復郵電、（十九日中央社電）

〔廈門〕漳龍護路總部以汀瑞克復閩西匪已肅清、十九呈總部結束、（十九日專電）

〔廈門〕明溪已克、寧化・清流匪早隨西竄、國軍一至、可立收復、閩六年匪區至是肅清、長汀十八日舉行祝捷大會、同時成立新生活大會、十八至二十晚提燈、（十九日專電）

〔福州〕清流寧化殘餘土匪、聞我軍進攻、紛紛逃竄、兩城週內即可攻下、閩省匪陷各地、年內亦可完全收復、（十九日中央社電）

〔福州〕閩省剿匪軍事已入善後階段、蔣鼎文赴贛、面謁蔣委員長、請示收復區善後、及東路軍今後進展機宜、旬內即返閩、（十九日中央社電）

〔南京〕東路軍剿匪總司令蔣鼎文十八由龍岩飛贛、謁蔣委員長、報告收復長汀瑞金經過詳情、據該辦事處息、蔣以閩贛邊區之匪、已經肅清、爲向中央報告、並請示起見、擬抽暇來京一行、事畢即行返閩、辦理善後、閩地殘匪已被緊緊包圍、於清流寧化一隅、贛省雩都克復後、亦僅餘會昌一縣、指日可下、兩省剿匪任務、年內可告結束、（十九日專電）

〔香港〕湘代表張沛乾、定二十日飛湘、攜南路剿匪計劃、向何鍵報告、（十九日專電）

〔香港〕繆培南十九日在聯合紀念週報告、匪前鋒到臨武藍山一帶、良田宜章已無匪蹤、若各路友軍能竭力追擊、不難消滅云、（十九日專電）

〔香港〕何鍵十九日電告、僞五軍團竄據汝城之東通天廟・鬼谷坡、經我鍾光仁旅堵擊、斃匪八百餘、匪向牛田山林竄、（十九日專電）

〔香港〕李揚敬十七抵梅縣、定二十日赴蕉嶺視防、（十九日專電）

〔香港〕陳濟棠任獨三師長李漢魂、任南路軍剿匪前敵指揮、十九日電令前方各部知照、（十九日中央社電）

◉龍巖 北路軍十八日下午三時[illegible]雩都、口總部接粵電告、匪一軍團在[illegible]數殲滅、林彪被擊斃、（十九日中央社電）

55. 赣省计划各县清乡善后，会昌指日可下，蒋鼎文飞赣谒蒋（介石）请示机宜，李汉魂任南路军前敌指挥，1934 年 11 月 20 日第 3 版

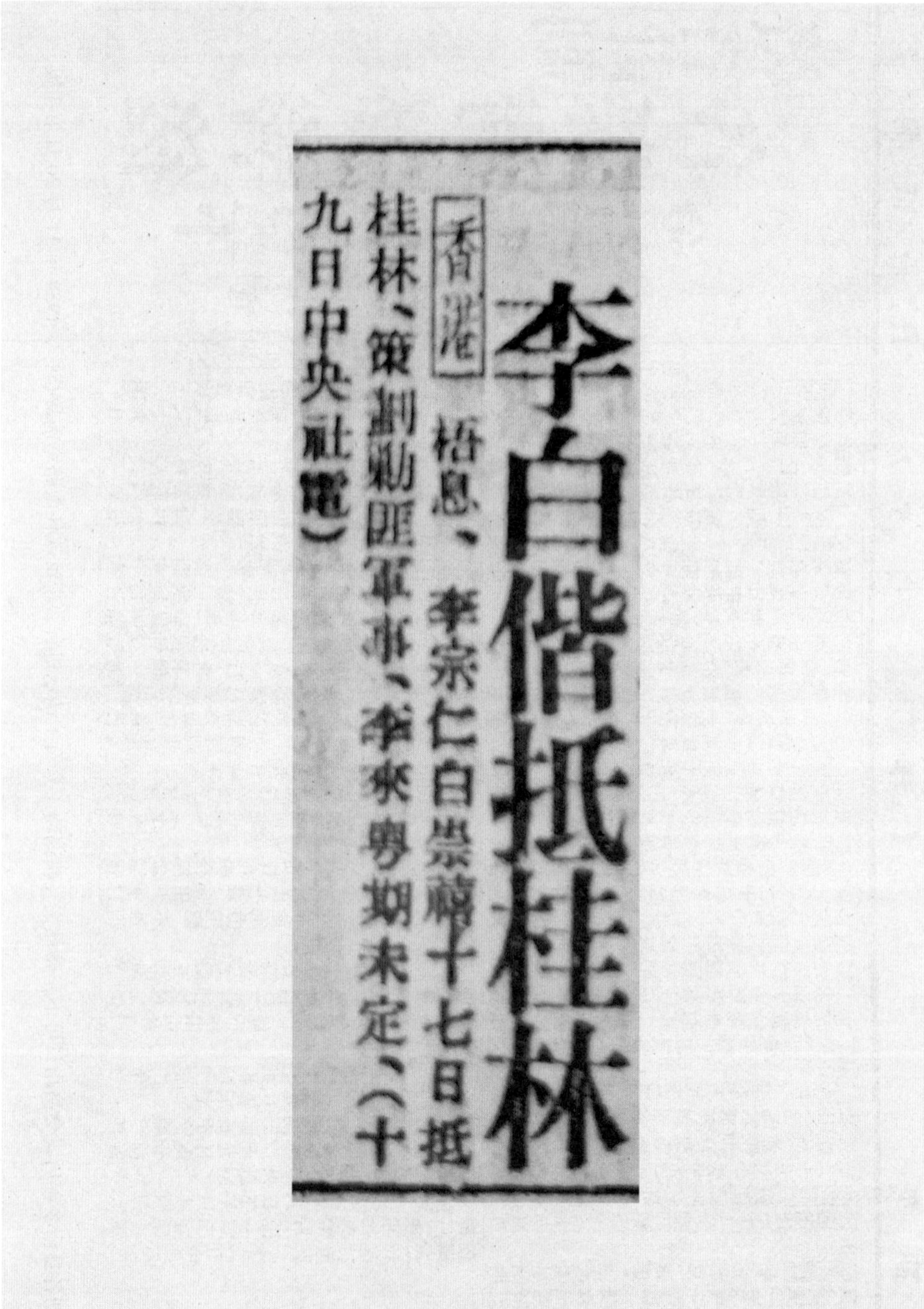

李白偕抵桂林

（香港）梧息、李宗仁白崇禧十七日抵桂林、籌劃剿匪軍事、李來粵期未定、（十九日中央社電）

56. 李（宗仁）、白（崇禧）偕抵桂林，1934 年 11 月 20 日第 7 版

湘粵軍
聯絡會剿殘匪

［[illegible]］湘軍王陶兩師收復郴宜間之良田、萬會橋、汝宜間之文明司後、跟蹤追剿沿途殘匪甚衆、大部向臨武及粵邊十橋鷓鴣坪西竄、正與粵軍聯絡會剿、又賀匪一度竄陷永順、經陳師克復、匪竄桑植邊境、（二十日專電）

［[illegible]］李雲杰部十八日將竄犯嘉禾之匪數千擊潰、斃匪五六百 獲槍二百餘支、匪向西南逃竄、（二十日專電）

［香港］匪前鋒抵永明、與桂師接觸、（二十日專電）

57. 湘粤军联络会剿残匪，1934年11月21日第5版

南路軍克復臨武城
匪向藍山嘉禾潰竄
白崇禧到桂林成立四集團行營

〔香港〕軍息、匪大部越過臨武、分兩路退、一經藍山·嘉禾·寧遠·向道縣·全州·西竄、一經桂陽·新田·向零陵逃竄、獨三師及陳章旅由宜章取道鴿鵠坪、向臨武兼程進、匪稍抵抗即退、獨三師十九克臨武城、粵派入贛鐵甲車隊、因匪退離、二十日旋省、陳章甫二十一日乘車返韶、（二十一日專電）

〔香港〕李漢魂二十一日電告、獨三師十九克臨武城、匪向藍山·嘉禾·潰竄·李副師長三日率部在附近搜剿（二十一日專電）

〔香港〕白崇禧十日抵桂林、成立四集團行營、指揮剿匪軍事（二十一日專電）

58. 南路军克复临武城，匪向蓝山、嘉禾溃窜，白崇禧到桂林成立四集团行营，1934 年 11 月 22 日第 3 版

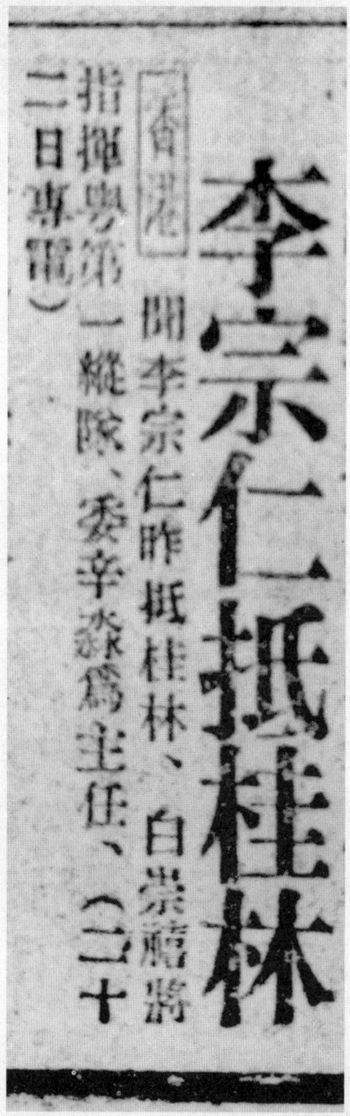

李宗仁抵桂林

〔香港〕聞李宗仁昨抵桂林、白崇禧將指揮粵第一縱隊、委辛烝爲主任、（二十二日專電）

59. 李宗仁抵桂林，1934 年 11 月 23 日第 3 版

湘粵邊匪竄江華永明間

〔香港〕李漢魂派員赴臨武、設前敵指揮部行營、匪主力徘徊於江華永明間、將向灌陽全縣西竄、南西路及中央軍啣尾追擊、（二十三日專電）

〔香港〕會昌僞六軍團葉劍英部、因中央軍壓逼、向重石安遠潰竄、（二十三日專電）

〔香港〕四集桂林行營設警備司令部、駐桂軍警民團、均歸指揮（二十三日專電）

〔廈門〕二十三晚續據漳總部息、會昌確已收復、（二十三日專電）

〔福州〕軍方息、朱德匪首確到宜章附近、贛西僞新十九師及獨立團在龍王廟錢山、經我軍進勦、向武功山箪山竄去、我軍沿途節節擊潰殘匪、十八日克復雩都城後、仍繼續搜勦中、（二十三日中央社電）

〔南昌〕蔣以贛匪卽將澄平、殘匪集會昌一隅、擒斬匪首、尤爲重要、特電令各部、于此大功將竣時、加倍努力、㈠嚴拿匪首免漏網、㈡剿撫兼施、使散匪自新、並可縮短剿匪時間、（二十三日專電）

60. 湘粤边匪窜江华、永明间，1934 年 11 月 24 日第 3 版

伍　日　（申　報）

東路軍入會昌城
殘匪已向西南潰退
瑞金進行保甲工作

【廈門】總部軍報、我第三師李玉堂部、二十三日午後三時入會昌城、殘匪西南竄、（二十四日專電）

【廈門】漳訊、蔣鼎文二十二自南昌飛返龍巖、定二十四回漳、因雨緩期、據總部廈辦事處二十四晚息、蔣原定二十二日自漳飛巖、惟尚未得抵巖報（二十四日專電）

●龍巖　東路追擊部隊已迫近會昌、沿途與潰竄之殘匪、曾有小接觸、（二十四日中央社電）

◉龍岩　東路軍第三師李玉堂部、二十三日下午三時入會昌、殘匪向西南潰退、臨行時城內所積糧食悉燒毀、房屋破壞甚多、（二十四日中央社電）

【福州】我軍直迫會昌、日內即可攻入會昌城、（二十四日中央社電）

【南昌】會昌克復後全贛已無匪踪、該縣被匪佔據六年、縣政府曾遷筠門嶺辦公、省府已電令遷回縣治、責成縣長辦理地方善後、撫輯流亡、則併入特別政治區、與各收復縣區、統籌清鄉善後、（二十四日中央社電）

【長沙】□□□部□□□師、二十三日在寧遠道縣間柄溪洞、截擊匪部、斃匪甚衆、匪先頭二十三日竄入桂境文村龍虎關、湘桂軍正堵剿、（二十四日專電）

【南京】何鍵電京、一、據李師長雲杰馬午西兩電稱、我□□旅二十午將洪觀墟・七橋圩・北高山・之僞三軍團四五兩師擊潰後、佔領七橋圩洪觀圩間之三眼頭、向洪觀追擊、於二十一日午佔領洪觀圩、匪仍在抵抗、僞三軍團第六師及僞一軍團旋亦相繼加入戰鬥甚烈、其竄永樂圩之匪、已被我□□旅擊潰、向均石圩落山廟等處竄走、現正分途追擊中、所俘之匪僞三三五八九軍均有、二、據□指揮官養未由寧遠轉來電話、我□師現正與大股匪在寧城南之萬石山・黃家橋・天堂圩・兩河口一帶激戰等語、特聞、（二十四日專電）

【香港】葉肇李江二十三電告、職部等二十二二十三由臨武向藍山前進、二十三晨即由田心舖之綫、向藍山縣進攻、與匪激戰數小時、匪即不支潰退、是日酉刻即佔藍山城、俘獲甚多云、匪主力漸逼近湘桂邊、將來大戰當在永明・灌陽・全州一帶、（二十四日專電）

【廈門】厦各界代表周廷洛等五人、二十四日赴前方慰勞東路軍將士、慰勞品頗豐、（二十四日中央社電）

【福州】東路第四縱隊收復瑞金後、匪主力分竄湘南粵北及贛東一帶、瑞金附近五十銅山間、仍有殘匪伏、現已派隊搜剿、瑞金善後、如保甲工作等均在進行、（二十四日中央社電）

【福州】第九師在長汀設軍士學校、訓練一級幹部人材、（二十四日中央社電）

【福州】長汀民衆二十三日舉行新運促進會、及軍民聯歡會、慶祝剿匪勝利、重見天日、（二十四日中央社電）

【南昌】省會各界慶祝勦匪勝利暨慰勞大會、爲擴大慶祝、并定下月二日舉行遊藝會、三日晚舉行提燈大會、通告各機關團體學校、屆時在體育場集合參加、（二十四日中央社電）

61. 东路军入会昌城，残匪已向西南溃退，瑞金进行保甲工作，1934 年 11 月 25 日第 3 版

李宗仁
留邕主持軍事
調派勁旅圍勦殘匪

【香港】省訊、李宗仁二十四日電粵、謂殘匪竄擾永明一帶、已調勁旅圍勦、不日即可肅清、本人現決留邕主持軍政、短期內不能來粵、（廿四日中央社電）

62. 李宗仁留邕主持军事，调派劲旅围剿残匪，1934 年 11 月 25 日第 3 版

匪竄灌陽全縣
突圍不逞退去

【香港】匪先隊竄抵灌陽全縣、因桂邊大軍密佈、難突圍、與口口口師稍接觸即退、仍徘徊於道縣江華永明寧遠一帶、另一部萬餘、現在嘉禾與口口軍劇戰中、血戰兩晝夜、仍相持不下、桂二十五轉來夏威電、接韋師長雲淞報告、白芒營匪部二十二下午六時被我軍擊潰、紛向界牌逃竄、俘匪數百、擊斃甚多、據俘供、當面之匪係僞一九軍團、數近萬餘、爲共主力軍左側衛云、（二十五日專電）

63. 匪窜灌阳、全县，突围不逞退去，1934 年 11 月 26 日第 3 版

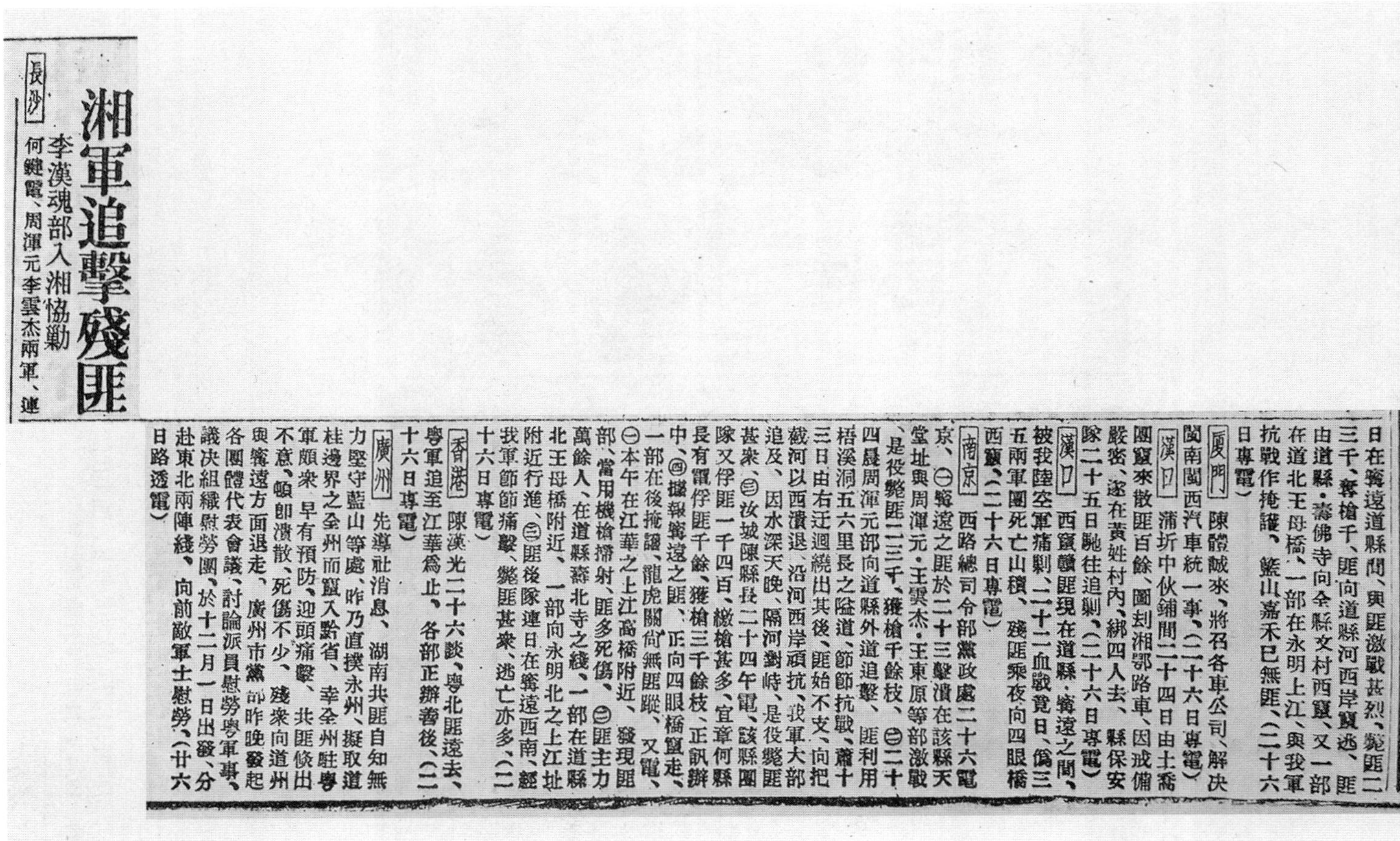

湘軍追擊殘匪

李漢魂部入湘協勦

[長沙] 何鍵電、周渾元李雲杰兩軍、連日在甯遠道縣間、與匪激戰甚烈、斃匪二三千、奪槍千、匪向道縣河西岸竄逃、匪由道縣・壽佛寺向全縣文村西竄、又一部在道北王母橋、一部在永明上江、與我軍抗戰作掩護、鷲山嘉禾已無匪、(二十六日專電)

[廈門] 陳體誠來、將召各車公司、解決閩南閩西汽車統一事、(二十六日專電)

[漢口] 蒲圻中伙舖間二十四日由土豨圍竄來散匪百餘、圍刦湘鄂路車、因戒備嚴密、遂在黃姓村內、綁四人去、縣保安隊二十五日馳往追剿、(二十六日專電)

[漢口] 西竄贛匪現在道縣・甯遠之間、被我陸空軍痛剿、二十二血戰竟日、僞三五兩軍團死亡山積、殘匪乘夜向四眼橋西竄、(二十六日專電)

[南京] 西路總司令部黨政處二十六電京、㈠甯遠之匪於二十三擊潰在該縣天堂圩與周渾元・王雲杰・王東原等部激戰、是役斃匪二三千、獲槍千餘枝、㈡二十四晨周渾元部向道縣外道追擊、匪利用梧溪洞五六里長之隘道、節節抗戰、薦十三日由右迂迴繞出其後、匪始不支、向把截河以西潰退、沿河西岸頑抗、我軍大部追及、因水深天晚、隔河對峙、是役斃匪甚衆、㈢汝城陳縣長二十四午電、該縣團隊又俘匪一千四百、繳槍甚多、宜章何縣長有電俘匪千餘、獲槍三千餘枝、正訊辦中、㈣據報甯遠之匪、正向四眼橋竄走、一部在後掩護、龍虎關尚無匪蹤、又電、㈠本午在江華之上江圩高橋附近、發現匪部、當用機槍掃射、匪多死傷、㈡匪主力萬餘人、在道縣壽北寺之綫、一部在道縣北王母橋附近、一部向永明北之上江圩附近行進、㈢匪後隊連日在甯遠西南、經我軍節節痛擊、斃匪甚衆、逃亡亦多、(二十六日專電)

[香港] 陳漢光二十六談、粵北匪遠去、粵軍追至江華爲止、各部正辦善後、(二十六日專電)

[廣州] 先導社消息、湖南共匪自知無力堅守藍山等處、昨乃直撲永州、擬取道桂邊界之全州而竄入黔省、幸全州駐粵軍頗衆、早有預防、迎頭痛擊、共匪倏出不意、頓即潰散、死傷不少、殘衆向道州與甯遠方面退走、廣州市黨部昨晚發起各團體代表會議、討論派員慰勞粵軍事、議決組織慰勞團、於十二月一日出發、分赴東北兩陣綫、向前敵軍士慰勞、(廿六日路透電)

64. 湘军追击残匪，李汉魂部人湘协剿，1934 年 11 月 27 日第 3 版

粵桂軍取得聯絡
江華永明均收復
湘軍接防臨武藍恭
四集團行營移平樂
白崇禧往桂林督剿

【香港】湘軍二十六日克下灌、俘匪千餘、獲槍七八百、匪向寧遠西南山中潰竄、粵李漢魂·葉肇·兩師二十六日收復江華與富川、與桂軍韋雲淞師取得聯絡、準備向永明道縣挺進、(二十七日專電)

【香港】干遜志談、接邕電、韋雲淞師二十二日將僞一九軍團擊潰、匪又擾恭城灌陽全州龍虎關永安關清水關等處、二十三日至二十五日先後被千贊斌·周祖晃·覃連芳·黃鎮國·等師擊退、李宗仁已回邕云、(二十七日專電)

【香港】粵教導一師二十七日克永明、與桂王贊斌師取得聯絡(二十七日專電)

【香港】南昌行營以贛匪肅淸、决分區綏靖、委余漢謀爲六區綏靖主任、主管大庾·信豐·定南·虔南·龍南·南康·七縣、張達爲七區綏靖主任、主管贛川崇義·上猶·興國·雩都·安遠·六縣、前贛南各行政機關裁撤、余張定一日就職、(二十七日專電)

【香港】桂林行營參謀處二十五日電、擾富賀僞一九軍團一部、被我擊潰後、向江華退、本晚有大股由東豬川向永安關文市襲擊、自辰至酉、激戰甚烈、二十六日續電、㊀據廖軍長二十六日電、本晨匪從江華大股向我陣地衝鋒十餘次、均經擊退、現仍在龍虎關與我相持中、(二十七日專電)

【香港】白崇禧廿七日電粵報告、本人廿六日親赴桂林、督率所部、痛擊殘匪、邕方一切、由李宗仁主持、(二十七日中央社電)

【長沙】粵陳章等師追抵藍山道縣間之四眼橋、與湘軍聯合、向道縣全州追剿、臨藍已收復、甯遠無匪踪、賀蕭兩匪由大庸下竄、陳渠珍·徐源泉·各軍合剿、各界慰勞剿匪將士代表黃佩石等、二十八日赴衡慰勞、(二十七日專電)

【福州】某某師近在福安仙洋英山裏兩處擊敗僞閩東獨立師馮炳泰股匪、斬獲甚衆、並斃僞村主席阮勤妹葉細弟兩名、據俘匪稱、匪部共兩團、人數七百餘、槍三分二、每到一村、即挨家洗搶、財物均由僞官長拿去、匪兵日僅得一飽、僞語者即槍決、(二十六日專電)

65. 粤桂军取得联络，江华、永明均收复，湘军接防临武、蓝恭[①]，四集团行营移平乐，白崇禧往桂林督剿，1934 年 11 月 28 日第 8 版

① “蓝恭”疑为“蓝山”。

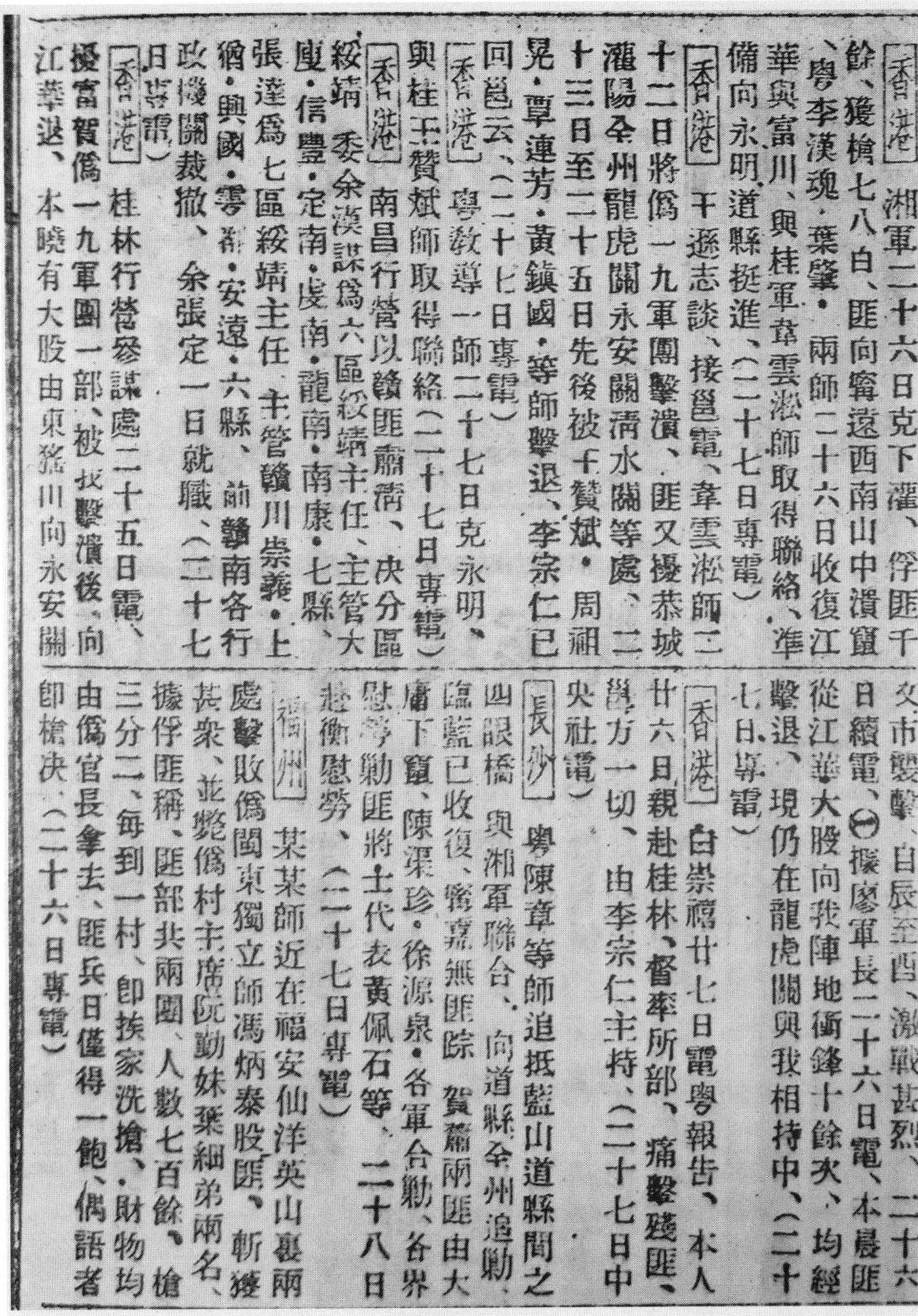

【香港】湘軍二十六日克下灌、俘匪千餘、獲槍七八白、匪向寧遠西南山中潰竄、粵李漢魂·葉肇·兩師二十六日收復江華與富川、與桂軍韋雲淞師取得聯絡、準備向永明·道縣挺進、（二十七日專電）

【香港】干遜志談、接邕電、韋雲淞師二十二日將僞一九軍團擊潰、匪又擾恭城灌陽全州龍虎關永安關淸水關等處、二十三日至二十五日先後被千贊斌·周祖晃·覃連芳·黃鎮國·等師擊退、李宗仁已回邕云、（二十七日專電）

【香港】粵教導一師二十七日克永明、與桂王贊斌師取得聯絡（二十七日專電）

【香港】南昌行營以贛匪肅淸、決分區綏靖 委余漢謀爲六區綏靖主任、主管大庾·信豐·定南·虔南·龍南·南康·七縣、張達爲七區綏靖主任 主管贛川崇義·上猶·興國·雩都·安遠·六縣、前贛南各行政機關裁撤、余張定一日就職、（二十七日專電）

【香港】桂林行營參謀處二十五日電、擾富賀僞一九軍團一部、被我擊潰後、向江華退、本曉有大股由東谿川向永安關文市襲擊、自辰至酉、激戰甚烈、二十六日續電、㈠擾廖軍長二十六日電、本晨匪從江華大股向我陣地衝鋒十餘次、均經擊退、現仍在龍虎關與我相持中、（二十七日專電）

【香港】白崇禧廿七日電粵報告、本人廿六日親赴桂林、督率所部、痛擊殘匪、與粵方一切、由李宗仁主持、（二十七日中央社電）

【長沙】粵陳章等師追抵藍山道縣間之四眼橋 與湘軍聯合、向道縣全州追剿、臨藍已收復、寧嘉無匪踪 賀蕭兩匪由大庸下竄、陳渠珍·徐源泉·各軍合剿、各界慰勞剿匪將士代表黃佩石等、二十八日赴衡慰勞、（二十七日專電）

【福州】某某師近在福安仙洋英山裏兩處擊敗僞閩東獨立師馮炳泰股匪、斬獲甚衆、並斃僞村主席阮勤妹葉細弟兩名、據俘匪稱、匪部共兩團、人數七百餘、槍三分二、每到一村、即挨家洗搶、財物均由僞官長拿去、匪兵日僅得一飽、偶語者即槍決、（二十六日專電）

（局部图）

桂邊殘匪潰竄

【廣州】自十一月二十三日起由贛西竄之共匪、爲覓衣食與彈藥以度寒冬計、現圖侵入桂省、 桂軍總司令李宗仁現調所有軍隊、從事防堵、按數日前據官報、共匪小隊曾侵入桂東邊界數縣、 經桂省第十五軍激戰擊退、共匪雖遭此挫衂、現仍圖大舉攻桂云、 今日李宗仁致電西南政務會、謂數日前喬裝難民混入桂境之共匪、均經擒獲云、(二十八日路透電)

【長沙】 匪大部竄集全州・道縣間、我周渾元等部克復道縣、強迫渡河進追、劉建緒部在全州・黃沙河截擊、白崇禧督部在灌湯截擊、已將龍虎關之匪擊潰、匪部仍沿蕭克路綫、向興安西延竄去、(二十八日專電)

66. 桂边残匪溃窜，1934 年 11 月 29 日第 3 版

白崇禧在龍虎關督剿

匪偷渡湘江在堵截中
覺山一帶匪全綫擊潰
黔出兵策應各方協剿

長沙 贛匪循蕭匪故道、二十九日在全州之西偷渡湘江、經我章亮基師堵截、現在激戰中、周渾元部在蔣佛圩、將匪後衛擊潰、匪向蔣家嶺竄走、白崇禧在龍虎關督剿、（一日中央社電）

長沙 劉運乾部三十日收復溪口、棠桃安謐、劉建緒部三十日在全興間覺山白沙舖、將匪一三九五軍團包圍痛剿、自四辰至酉、斃匪近萬、獲槍六千餘機關迫砲十餘挺、殘匪向右延竄潰、（一日專電）

南京 湘剿匪各師三十日與匪一三五軍團在覺山朱蘭舖白沙舖一帶苦戰十小時、匪全線擊潰、匪傷亡近萬、獲步槍四千餘、機槍迫砲四十餘挺、殘匪一部向西延竄走、又黔主席王家烈以匪西竄、促[illegible]國才出兵[illegible]國、尉黎中永從 王親率兵[illegible]、駐施秉鎮遠・策應各方、（一日中央社電）

香港 王家烈二十七日電告、日內赴鎮遠佈置防剿湘匪、（三十日專電）

香港 白崇禧二十九日由平樂電告、我王贊斌師二十九午後一時、在回新墟、當面匪係偽三軍團主力右翼、蘇江莽師方面之敵 不下萬餘 二十八晚由永明北竄之匪 本午亦由永安關方面增援、戰甚烈、斃匪甚多、俘六百、獲槍八百餘、繳槍二十餘、二十九克文市、俘匪千餘、匪向江華退（三十日專電）

香港 犯富川匪被擊退、三十梧當局撤銷封鎖撫河令、白崇禧陷電告、㊀見軍長本晨以覃師由新墟方面堵滑偽三軍團、該師進佔句嶺與附近、即彭匪後方、三十午十時起以六機轟炸、斃匪遍地、擒斬二千餘、獲槍千餘、始挫其鋒、爲此次作戰最慘烈者、又文市方面大進塘與蚌一帶、匪雖苦依然頑抗、無搖動勢、料匪主力尚未通過湘江以西、㊁全州馬路朱蘭舖五里排亦有匪二千餘、㊂廖軍長率十九師向興安方面之匪首截擊（一日專電）

◉桂林 此間軍報、㊀湘軍主力目下集結於全州飛鸞橋、及黃沙河一帶、㊁江華之匪被我軍驅逐後、我凌壓西團本午進駐縣城 永明境內有匪數百人、其西北地區三峯山・劉家莊・劉家岡一帶、尚有萬人、㊂我十五軍主力刻正由灌陽北方蘇江新墟之線、向文市方面之匪出擊、我黃師右翼深布坪麻子渡南方方面、本日午前九時與匪之先頭部隊接觸、刻正在激戰中、（一日專電）

廣州 桂軍參謀長長英明（譯音）今日語客、謂共匪侵入桂北者、已開始作總退却、刻在全州爲桂軍湘軍包圍、據白崇禧續來捷報、謂桂軍在古嶺渡（譯音）附近獲大勝共匪、激戰後、俘獲二千餘人、桂第七軍頃已克復新墟、向前推進、擊敗共匪於石塘（譯音）云、（一日路透電）

67. 白崇禧在龙虎关督剿，匪偷渡湘江在堵截中，觉山一带匪全线击溃，黔出兵策应各方协剿，1934 年 12 月 2 日第 3 版

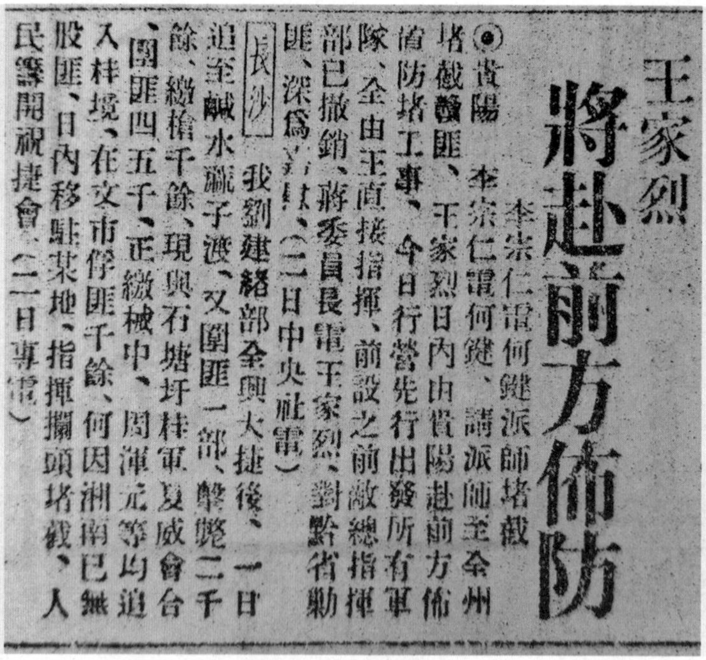

王家烈將赴前方佈防

李宗仁電何鍵派師堵截

◎貴陽　李宗仁電何鍵、請派師至全州堵截赤匪、王家烈日內由貴陽赴前方佈防堵工事、今日行營先行出發所有軍隊、全由王直接指揮、前設之前敵總指揮部已撤銷、蔣委員長電王家烈、對黔省剿匪、深爲[illegible]、（二日中央社電）

〔長沙〕我劉建緒部全興大捷後、一日追至鹹水灑子渡、又圍匪一部、擊斃二千餘、繳槍千餘、現與石塘圩桂軍夏威會合、圍匪四五千、正繳械中、周渾元等均追入桂境、在文市俘匪千餘、何因湘南已無股匪、日內移駐某地、指揮攔頭堵截、人民籌開祝捷會、（二日專電）

68. 王家烈将赴前方布防，李宗仁电何键派师堵截，1934 年 12 月 3 日第 3 版

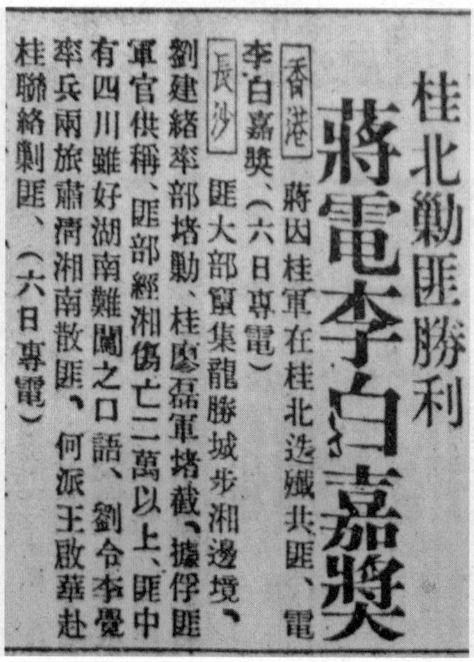

桂北剿匪勝利

蔣電李白嘉獎

〔香港〕蔣因桂軍在桂北迭殲共匪、電李白嘉獎、（六日專電）

〔長沙〕匪大部竄集龍勝城步湘邊境、劉建緒率部堵勦、桂廖磊軍堵截、據俘匪軍官供稱、匪部經湘傷亡二萬以上、匪中有四川雖好湖南難關之口語、劉令李覺率兵兩旅肅清湘南散匪、何派王啟蕃赴桂聯絡剿匪、（六日專電）

69. 桂北剿匪胜利，蒋（介石）电李（宗仁）、白（崇禧）嘉奖，1934 年 12 月 7 日第 3 版

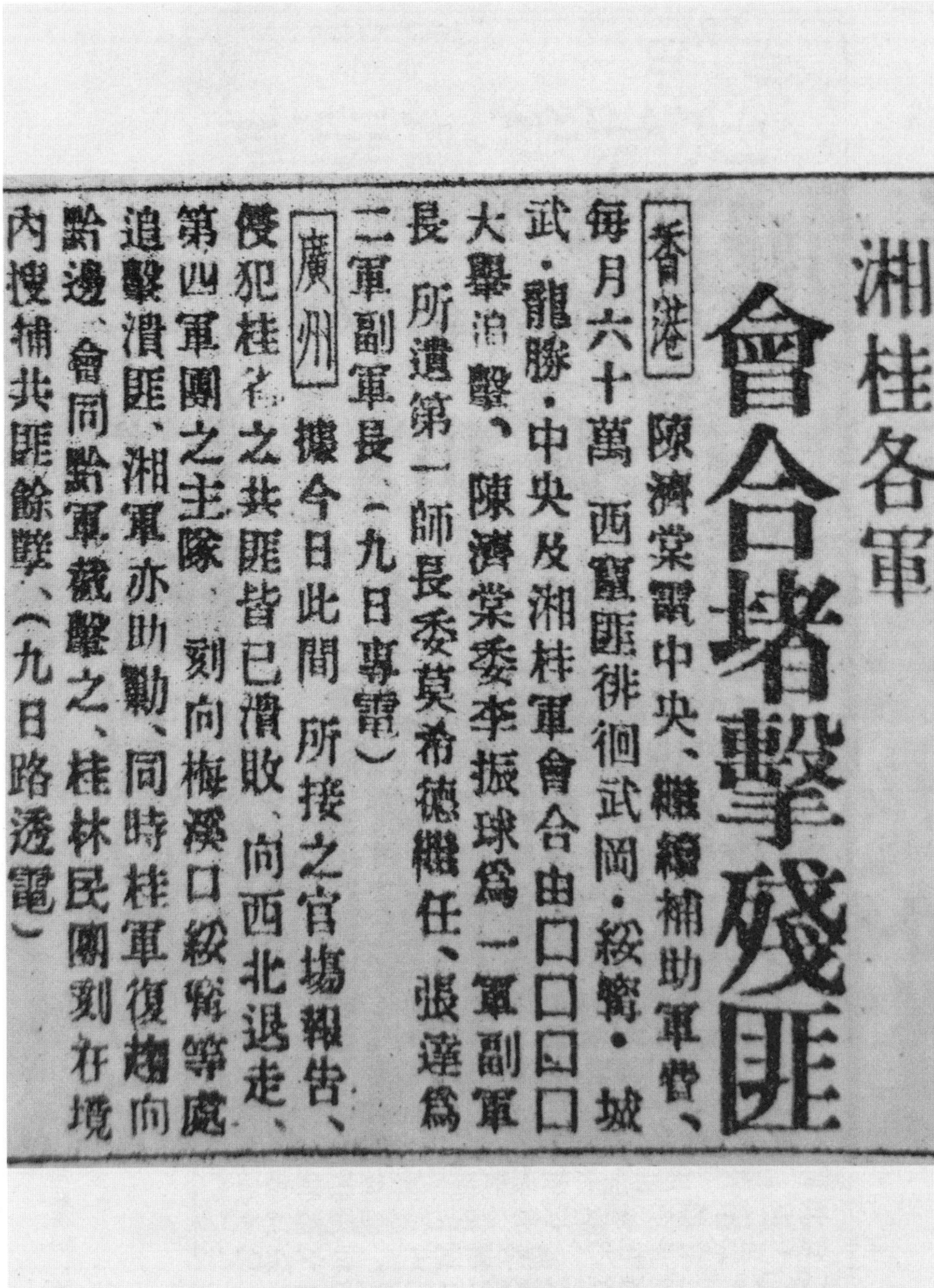

湘桂各軍

會合堵擊殘匪

（香港）陳濟棠電中央、繼續補助軍費、每月六十萬 西竄匪徘徊武岡・綏寧・城武・龍勝・中央及湘桂軍會合由口口口口大舉追擊、陳濟棠委李振球爲一軍副軍長 所遺第一師長委莫希德繼任、張達爲二軍副軍長（九日專電）

（廣州）據今日此間 所接之官場報告、侵犯桂省之共匪皆已潰敗、向西北逃走、第四軍團之主隊 刻向梅溪口綏寧等處追擊潰匪、湘軍亦助勦、同時桂軍復趨向黔邊、會同黔軍截擊之、桂林民團刻在境內搜捕共匪餘孽、（九日路透電）

70. 湘桂各军会合堵击残匪，1934 年 12 月 10 日第 3 版

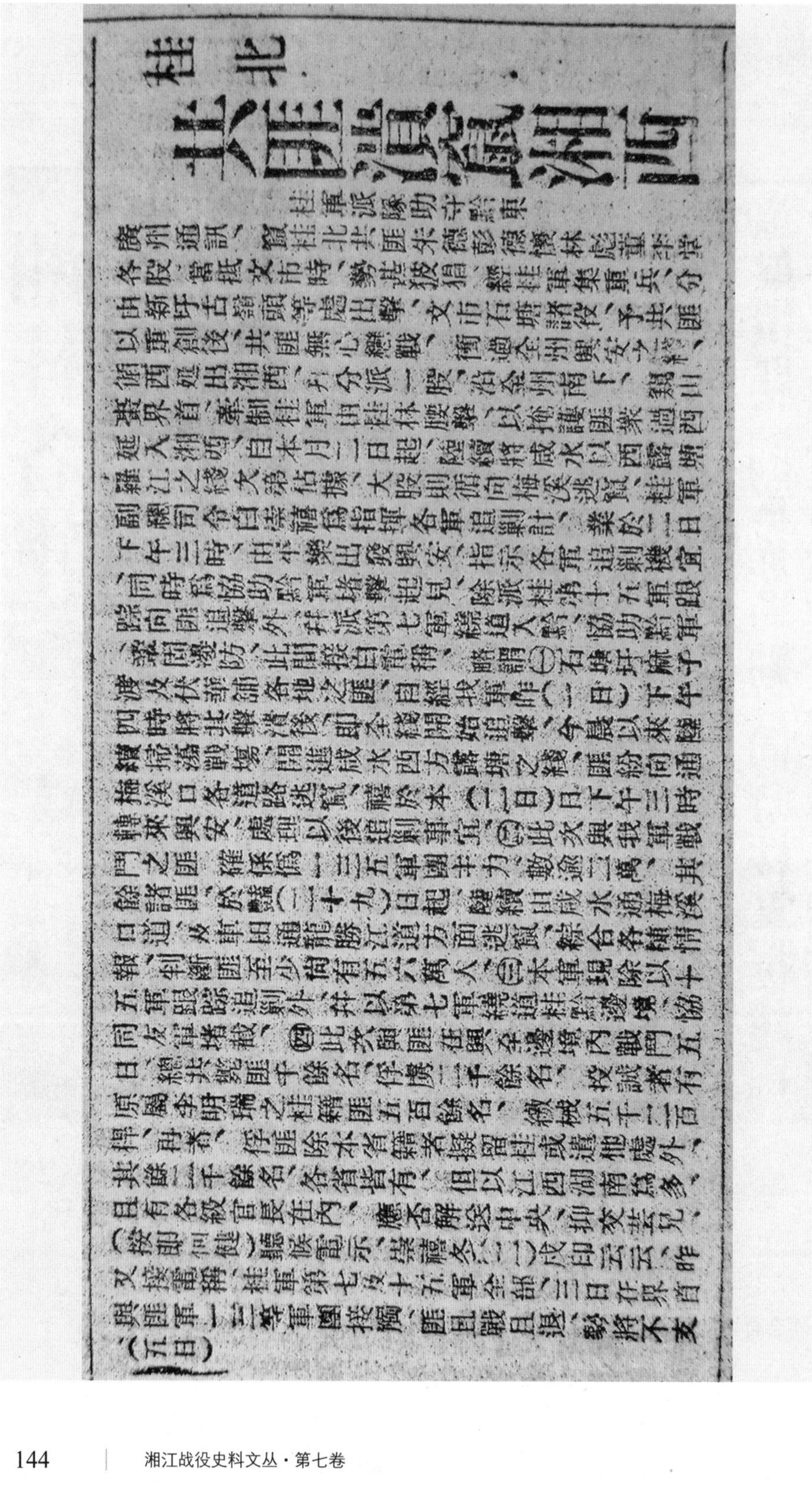

桂北共匪潰竄湘西

桂軍派隊助守黔東

廣州通訊、竄桂北共匪朱德彭德懷林彪董萍岸各股、竄抵文市時、勢甚猖獗、經桂軍集重兵、分由新圩古嶺頭等處出擊、文市石塘諸役、予共匪以重創後、共匪無心戀戰、旋向全州興安之梓、循西延出湘西、並分派一股、沿全州南下、觀川叢界首、牽制桂軍、由桂林腰擊、以掩護匪衆過西延入湘西、自本月一日起、陸續將咸水以西露嶺、羅江之綫、交第佔據、大股則循向梅溪逃竄、桂軍副總司令白崇禧爲指揮各軍追剿計、業於一日下午三時、由桂林出發興安、指示各軍追剿機宜、同時爲協助黔軍堵擊起見、除派桂第十五軍跟蹤向前追擊外、并派第七軍繼續入黔、協助黔軍于黎閩邊防、此間接白電稱、略謂㈠石塘坪廂子渡及伏灘鋪各地之匪、自經我軍昨（一日）下午中門時將其擊潰後、即全綫開始追擊、今晨以來隨續掃蕩戰場、開進咸水四方鋪塘之綫、匪紛向通梅溪口各道路逃竄、聞於本（二日）日下午三時轉來興安、處理以後追剿事宜、㈡此次與我軍戰門之匪、確係僞一三五軍團主力、數逾二萬、其餘諸匪、於艷（二十九）日起、陸續由咸水過梅溪口道、並判斷匪至少尚有五六萬人、㈢本軍現除以十五軍跟蹤追剿外、并以第七軍繞道桂黔邊境、協同友軍堵截、㈣此次與匪在興全邊境內戰鬥五日、總共斃匪千餘名、俘虜二千餘名、投誠者有原屬余明瑞之桂籍匪五百餘名、繳械五千一百桿、附者、俘匪除本省籍者擬留桂或遣他處外、其餘二千餘名、各省皆有、但以江西湖南爲多、且有各級官長在內、應否解送中央、抑交[illegible]、（按即俘虜）聽候電示、崇禧冬（二）戌印云云、昨又接電稱、桂軍第七及十五軍全部、二日在界首與匪軍一三等軍團接觸、匪且戰且退、勢將不支（五日）

71. 桂北“共匪”溃窜湘西，桂军派队助守黔东，1934年12月12日第8版

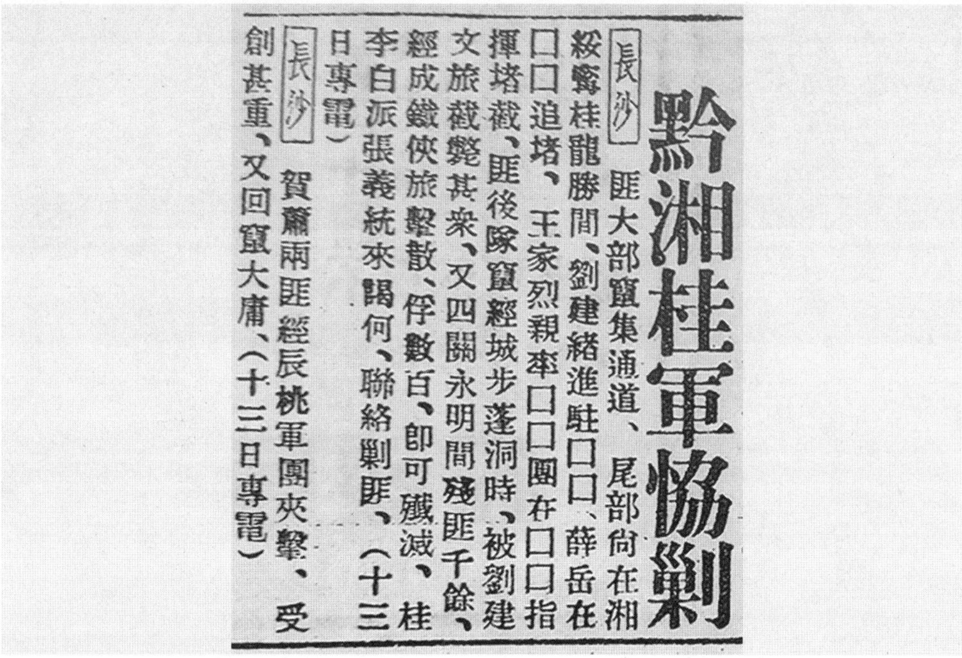

黔湘桂軍協剿

〔長沙〕匪大部竄集通道、尾部尚在湘綏黔桂龍勝間、劉建緒進駐口口、薛岳在口口追堵、王家烈親率口口圍在口口指揮堵截、匪後隊竄經城步蓬洞時、被劉建文旅截斃甚衆、又四關永明間殘匪千餘、經成鐵俠旅擊散、俘數百、即可殲滅、桂李白派張義統來謁何、聯絡剿匪、(十三日專電)

〔長沙〕賀蕭兩匪經辰桃軍團夾擊、受創甚重、又回竄大庸、(十三日專電)

72. 黔湘桂军协剿，1934 年 12 月 14 日第 3 版

陳濟棠在韶關設行營

余漢謀已抵大庾

〔香港〕香翰屏定新年後來省、余漢謀二十三日抵大庾、蔣昨電覆陳李白、對蕭纓追勦赤匪、嘉勉、李宗仁決留粵渡歲、暫不回桂、張任民謁白、商追勦赤匪、即返粵覆命、(二十三日專電)

〔南昌〕萍鄉訊、粵陳奉令結束南路總部後、爲便利指揮追勦竄匪起見、特在韶設行營、任余漢謀爲主任、行營組織分參謀・副官・軍務・軍需・軍醫・運輸・六處、(二十三日中央社電)

〔香港〕省訊新任一軍副軍長張達、定二十四日在省就職、陳濟棠親臨監誓、並訓話、又一軍副軍長李振球、亦定二十四日在庾就職、由余漢謀監誓、(廿三日中央社電)

〔廣州〕白崇禧決計在桂林設反省院、容納被俘共匪、已諭令第四軍政治訓練部、繕擬具體辦法、聞共匪近被擒獲者共七千人、除五千將解交湘省當局外、餘二千人皆桂籍、故將遣入反省院、冀其悔改自新、(二十三日路透電)

〔香港〕省訊五師長李振良二十三日由新街乘汽車抵省、謁陳濟棠、報告並參加張達就二軍副軍長典禮、(廿三日中央社電)

73. 陈济棠在韶关设行营，余汉谋已抵大庾，1934 年 12 月 24 日第 3 版

大公报（天津版）

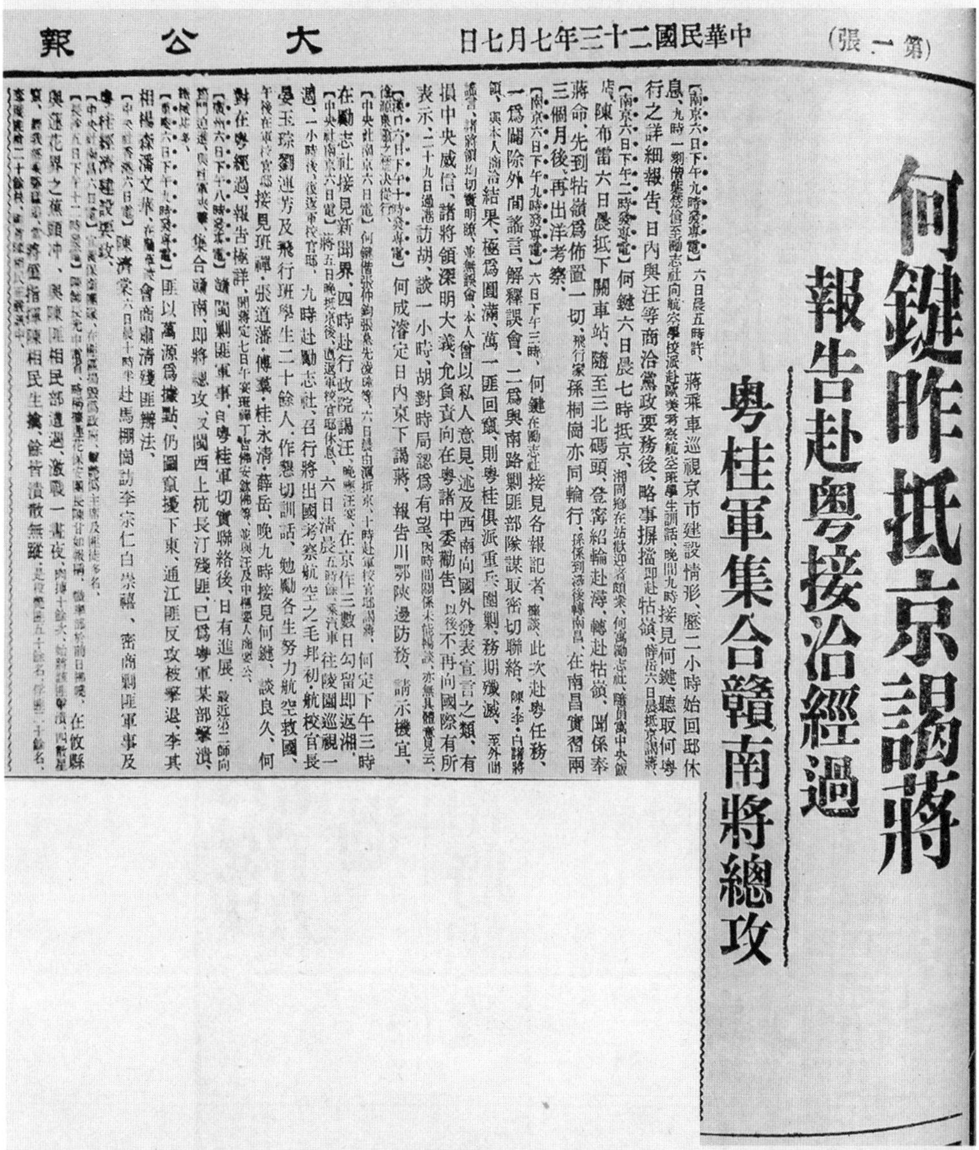

大公報　中華民國二十三年七月七日　(第一張)

何鍵昨抵京謁蔣

報告赴粵接洽經過

粵桂軍集合贛南將總攻

【南京六日下午九時發專電】六日晨五時許、蔣乘車巡視京市建設情形、歷二小時始回邸休息、九時一刻偕張群至勵志社向航空學校派赴歐美考察航空班學生訓話、晚間九時接見何鍵、聽取何粵行之詳細報告、日內與汪等商洽黨政要務後、略事摒擋即赴牯嶺、[illegible]

【南京六日下午二時發專電】何鍵六日晨七時抵京、湘同鄉在站歡迎者頗衆、何寓勵志社、隨員寓中央飯店、陳布雷六日晨抵下關車站、隨至三北碼頭、登寧紹輪赴滬、轉赴牯嶺、聞係奉蔣命、先到牯嶺爲佈置一切、飛行家孫桐崗亦同輪行、孫係到滬後轉南昌、在南昌實習兩三個月後、再出洋考察、

【南京六日下午九時發專電】六日下午三時、何鍵在勵志社接見各報記者、據談、此次赴粵任務、一爲闢除外間謠言、解釋誤會、二爲與南路剿匪部隊謀取密切聯絡、陳·李·白諸將領、與本人商洽結果、極爲圓滿、萬一匪回竄、則粵桂俱派重兵圍剿、務期殲滅、至外間謠言、諸將領均切實明瞭、並無誤會、本人曾以私人意見、述及西南向國外發表宣言之類、有損中央威信、諸將領深明大義、允負責向在粵諸中委勸告、以後不再向國際有所表示、二十九日過港訪胡、談一小時、胡對時局認爲有望、因時間關係未能暢談、亦無具體意見云、

【漢口六日下午十時發專電】何成濬定日內京下謁蔣、報告川鄂陝邊防務、請示機宜、[illegible]

【中央社南京六日電】何鍵偕張仲鈞張泉先後陳等、六日晨由滬抵京、十時赴軍校官邸謁蔣、何定下午三時在勵志社接見新聞界、四時赴行政院謁汪、晚應汪宴、在京作三數日勾留即返湘、

【中央社南京六日電】蔣五日晚抵京後、逕返軍校官邸休息、六日清晨五時餘、乘汽車往陵園巡視一週、一小時後、復返軍校官邸、九時赴勵志社、召行將出國考察航空之毛邦初·航校官長晏玉琮劉進芳及飛行班學生二十餘人、作懇切訓話、勉勵各生努力航空救國、午後在軍校官邸接見班禪·張道藩·傅汝霖·桂永清·薛岳、晚九時接見何鍵、談良久、何對在粵經過、報告極詳、聞蔣定七日午宴班禪丁惟汾安欽佛等、並與汪及中樞要人商要公、

【贛州六日下午八時發專電】贛閩剿匪軍事、自粵桂軍切實聯絡後、日有進展、最近第二師向[illegible]、集合贛南、即將總攻、又閩西上杭長汀殘匪、已爲粵軍某部擊潰、[illegible]

【香港六日下午十時發專電】匪以萬源爲據點、仍圖竄擾下東、通江匪反攻被擊退、李其相楊森潘文華、[illegible]會商肅清殘匪辦法、

【中央社香港六日電】陳濟棠六日晨十時半赴馬棚崗訪李宗仁白崇禧、密商剿匪軍事及粵桂經濟建設與政、

【中央社汕頭六日電】[illegible]

【長沙六日下午十一時發專電】[illegible]在攸縣與蓮花界之蕉頭沖、與陳匪相民部遭遇、激戰一晝夜、[illegible]陳相民生擒、餘皆潰散無蹤、[illegible]

2|1

1. 何键昨抵京谒蒋（介石），报告赴粤接洽经过，粤桂军集合赣南将总攻，1934 年 7 月 7 日第 3 版

中華民國二十三年七月七日　（第一張）

何鍵昨抵京謁蔣

報告赴粵接洽經過

粵桂軍集合贛南將總攻

【南京六日下午九時發專電】六日晨五時許、蔣乘車巡視京市建設情形、歷二小時始回邸休息、九時一刻偕[illegible]至勵志社向航空學校派赴歐美考察航空班學生訓話、晚間九時接見何鍵、聽取何粵行之詳細報告、日內與汪等商洽黨政要務後、略事摒擋即赴牯嶺、（何於六日晨抵京謁蔣、

【南京六日下午二時發專電】何鍵六日晨七時抵京、湘同鄉在站歡迎者頗衆、何寓勵志社、隨員寓中央飯店、陳布雷六日晨抵下關車站、隨至三北碼頭、登齊紹輪赴潯、轉赴牯嶺、聞係奉蔣命、先到牯嶺爲佈置一切、飛行家孫桐崗亦同輪行、孫係到潯後轉南昌、在南昌實習兩三個月後、再出洋考察、

【南京六日下午九時發專電】六日下午三時、何鍵在勵志社接見各報記者、據談、此次赴粵任務、一爲闢除外間謠言、解釋誤會、二爲與南路剿匪部隊謀取密切聯絡、陳・李・白諸將領、與本人商洽結果、極爲圓滿、萬一匪回竄、則粵桂俱派重兵、圍剿、務期殲滅、至外間謠言、諸將領均切實明瞭、並無誤會、本人曾以私人意見、述及西南向國外發表宣言之類、有

（局部图 1）

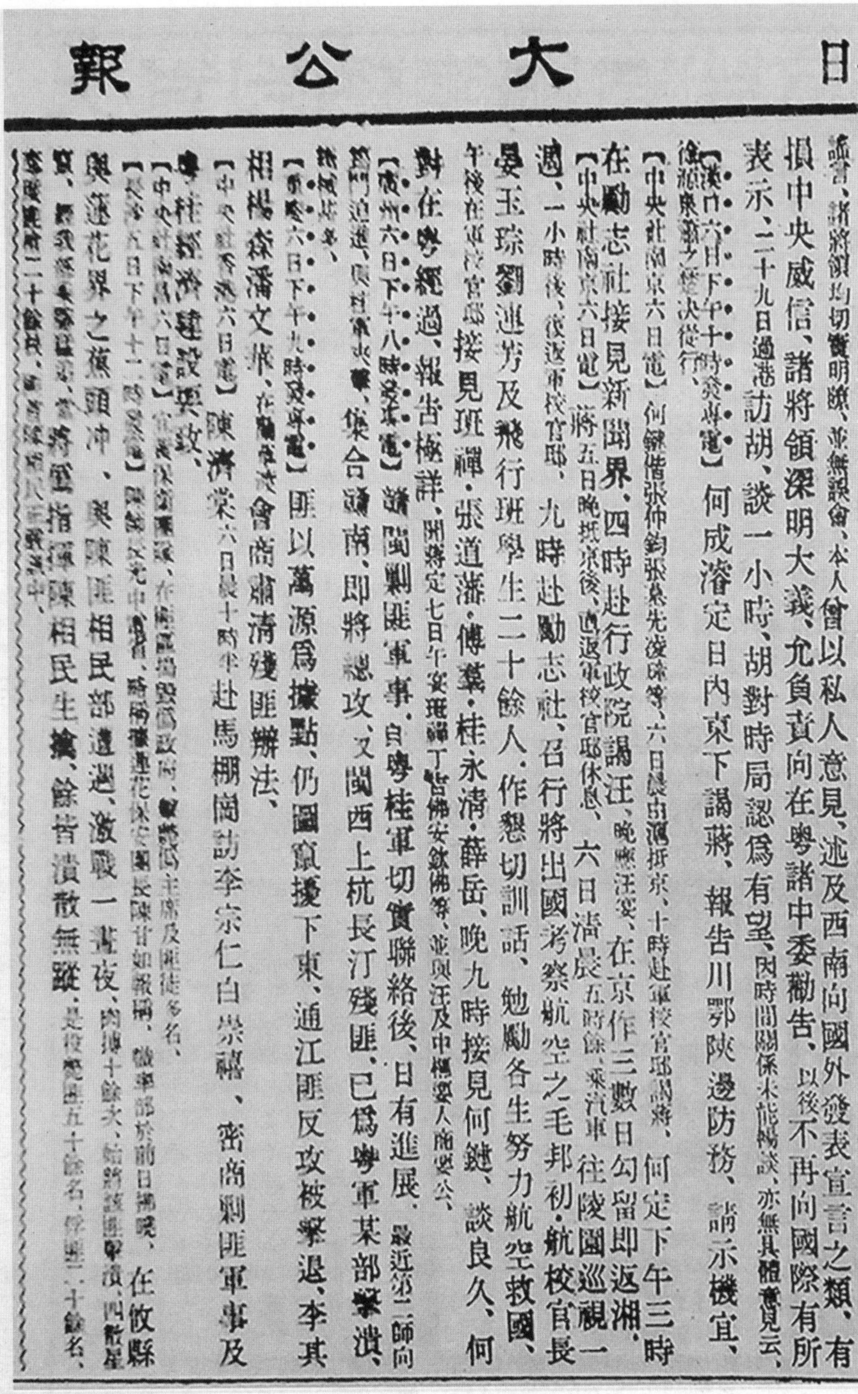

大公報

諭書、諸將領均切實明瞭、並無誤會、本人曾以私人意見、述及西南向國外發表宣言之類、有損中央威信、諸將領深明大義、允負責向在粵諸中委勸告、以後不再向國際有所表示、二十九日過港訪胡、談一小時、胡對時局認爲有望、因時間關係未能暢談、亦無具體意見云、

【漢口六日下午十時發專電】何成濬定日內東下謁蔣、報告川鄂陝邊防務、請示機宜、俟湘東勦匪之策決後行、

【中央社南京六日電】何鍵偕張仲鈞張炎先後等、六日晨由滬抵京、十時赴軍校官邸謁蔣、何定下午三時在勵志社接見新聞界、四時赴行政院謁汪、晚應汪宴、在京作三數日勾留即返湘、

【中央社南京六日電】蔣五日晚抵京後、逕返軍校官邸休息、六日清晨五時餘、乘汽車往陵園巡視一週、一小時後、復返軍校官邸、九時赴勵志社、召行將出國考察航空之毛邦初·航校官長晏玉琮劉逆芳及飛行班學生二十餘人·作懇切訓話、勉勵各生努力航空救國、午後在軍校官邸接見班禪·張道藩·傅葆·桂永清·薛岳、晚九時接見何鍵、談良久、何對在粵經過、報告極詳、聞將定七日午宴班禪丁皆佛安欽佛等、並與汪及中樞要人商要公、

【廣州六日下午八時發專電】討閩剿匪軍事、自粵桂軍切實聯絡後、日有進展、最近第二師向龍門迫進、與林東火拼、集合漳南、即將總攻、又閩西上杭長汀殘匪、已爲粵軍某部擊潰、熱被拔奪、

【香港六日下午九時發專電】匪以萬源爲據點、仍圖竄擾下東、通江匪反攻被擊退、李其相楊森潘文華、在渝召集會商肅清殘匪辦法、

【中央社香港六日電】陳濟棠六日晨十時半赴馬棚崗訪李宗仁白崇禧、密商剿匪軍事及粵桂經濟建設要政、

【中央社南昌六日電】官軍保衛團隊、在偽區搗毀偽政府、擊斃偽主席及匪徒多名、

【長沙五日下午十一時發專電】陳師文光中雲省、時兩擁進花垣保安團長陳甘如報稱、彼率部於前日拂曉、在攸縣與蓮花界之蔴頭沖、與陳匪相民部遭遇、激戰一晝夜、肉搏十餘次、始將該匪擊潰、四散星竄、匪我傷亡二十餘名、當將匪指揮陳相民生擒、餘皆潰散無蹤、是役斃匪五十餘名、俘匪二十餘名、奪獲匪槍二十餘枝、匪首陳相民正審訊中、

（局部图 2）

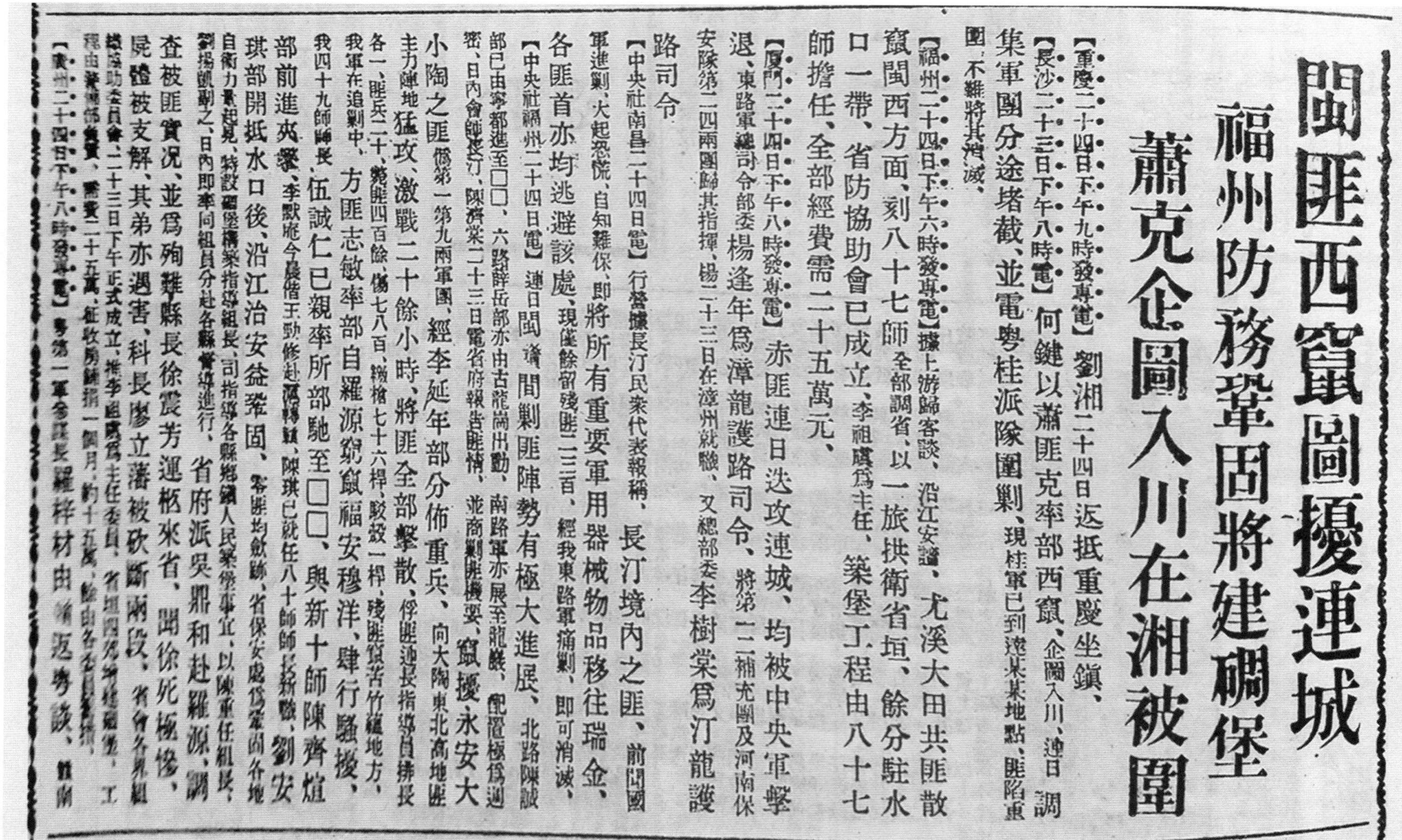

閩匪西竄圖擾連城
福州防務鞏固將建碉堡
蕭克企圖入川在湘被圍

【重慶二十四日下午九時發專電】劉湘二十四日返抵重慶坐鎮、

【長沙二十三日下午八時電】何鍵以蕭匪克率部西竄、企圖入川、連日調集軍團分途堵截、並電粵桂派隊圍剿、現桂軍已到達某某地點、匪陷重圍、不難將其殲滅、

【福州二十四日下午六時發專電】據上游歸客談、沿江安謐、尤溪大田共匪散竄閩西方面、刻八十七師全部調省、以一旅拱衛省垣、餘分駐水口一帶、省防協助會已成立、李祖虞爲主任、築堡工程由八十七師擔任、全部經費需二十五萬元、

【厦門二十四日下午八時發專電】赤匪連日迭攻連城、均被中央軍擊退、東路軍總司令部委楊逢年爲漳龍護路司令、將第二二補充團及河南保安隊第二四兩團歸其指揮、楊二十三日在漳州就職、又總部委李樹棠爲汀龍護路司令

【中央社南昌二十四日電】行營據長汀民衆代表報稱、長汀境內之匪、前閩國軍進剿、大起恐慌、自知難保、即將所有重要軍用器械物品移往瑞金、各匪首亦均逃避該處、現僅餘留殘匪二三百、經我東路軍痛剿、即可消滅、

【中央社福州二十四日電】連日閩省間剿匪陣勢有極大進展、北路陳誠部已由寧都進至□□、六路薛岳部亦由古龍崗出動、南路軍亦展至龍巖、佈置極爲週密、日內會師長汀、陳齊棠二十三日電省府報告匪情、並商剿匪機要、竄擾永安大小陶之匪係第一第九兩軍團、經李延年部分佈重兵、向大陶東北高地匪主力陣地猛攻、激戰二十餘小時、將匪全部擊散、俘匪連長指導員排長各一、匪兵二十、斃匪四百餘、傷七八百、獲槍七十六桿、駁殼一桿、殘匪竄苦竹羅地方、我軍在追剿中、方匪志敏率部自羅源竄福安穆洋、肆行騷擾、我四十九師師長伍誠仁已親率所部馳至□□、與新十師陳齊煊部前進夾擊、李默庵今晨偕王勁修赴福清轉赴□□、陳琪已就任八十師師長新職、劉安琪部開抵水口後、沿江治安益鞏固、零匪均斂跡、省保安處爲肅清各地自衛力量起見、特設碉堡構築指導組長、司指導各縣鄉鎮人民築堡事宜、以陳重任組長、劉揚凱副之、日內即率同組員分赴各縣督導進行、省府派吳鼎和赴羅源、調查被匪實況、並爲殉難縣長徐震芳運柩來省、聞徐死極慘、省令各界組屍體被支解、其弟亦遇害、科長廖立藩被砍斷兩段、[illegible]

[illegible]二十三日下午正式成立、推李祖虞爲主任委員、省垣四郊碉堡[illegible]工程由[illegible]經費、需費二十五萬、征收房鋪捐一個月、約十五萬、餘由各委員[illegible]

【廣州二十四日下午八時發專電】粵第一軍參謀長羅梓材由贛返粵談、[illegible]

2. 闽匪西窜图扰连城，福州防务巩固将建碉堡，萧克企图入川在湘被围，1934 年 8 月 25 日第 3 版（残）

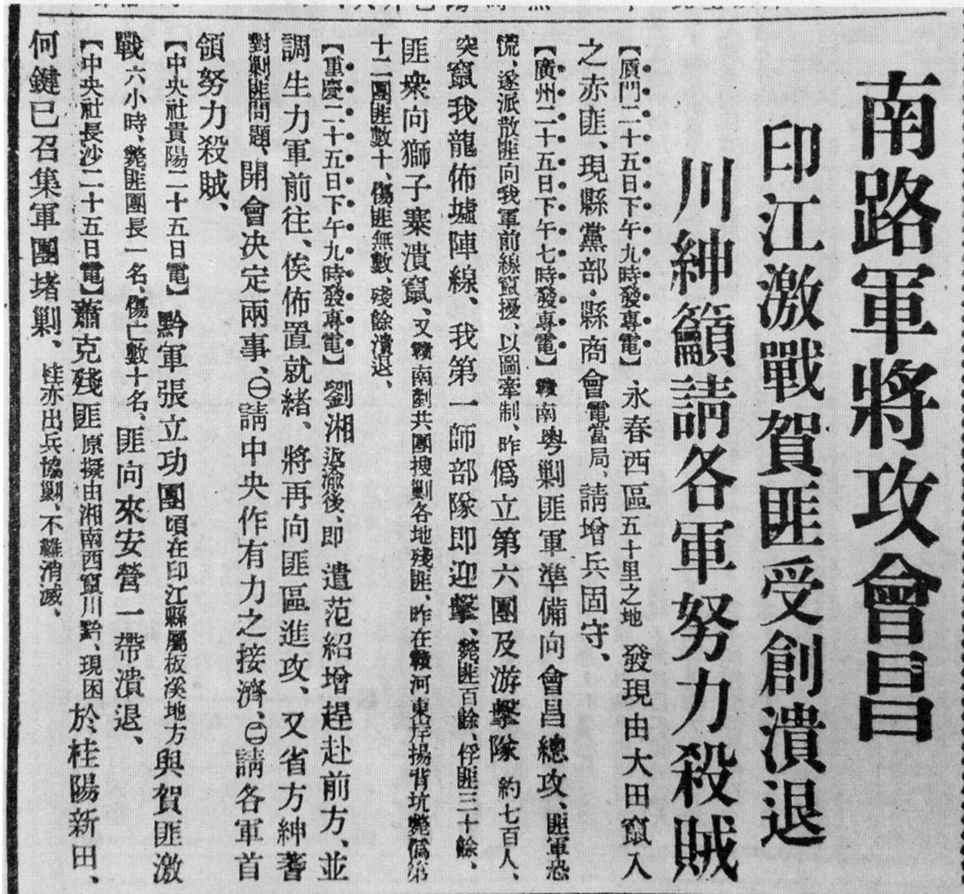

南路軍將攻會昌

印江激戰賀匪受創潰退

川紳籲請各軍努力殺賊

【廈門二十五日下午九時發專電】永春西區五十里之地發現由大田竄入之赤匪、現縣黨部·縣商會電當局、請增兵固守、

【廣州二十五日下午七時發專電】贛南粵剿匪軍準備向會昌總攻、匪軍恐慌、遂派散匪向我軍前線竄擾、以圖牽制、昨僞立第六團及游擊隊約七百人、突竄我龍佈墟陣線、我第一師部隊即迎擊、斃匪百餘、俘匪三十餘、匪衆向獅子寨潰竄、又贛南剿共團搜剿各地殘匪、昨在贛河東岸揚背坑斃僞第十二團匪數十、傷匪無數、殘餘潰退、

【重慶二十五日下午九時發專電】劉湘返渝後、即遣范紹增趕赴前方、並調生力軍前往、俟佈置就緒、將再向匪區進攻、又省方紳耆對剿匪問題、開會決定兩事、㈠請中央作有力之接濟、㈡請各軍首領努力殺賊、

【中央社貴陽二十五日電】黔軍張立功團頃在印江縣屬板溪地方與賀匪激戰六小時、斃匪團長一名、傷亡數十名、匪向來安營一帶潰退、

【中央社長沙二十五日電】蕭克殘匪原擬由湘南西竄川黔、現困於桂陽新田、何鍵已召集軍團堵剿、桂亦出兵協剿、不難消滅、

3. 南路军将攻会昌，印江激战贺匪受创溃退，川绅吁请各军努力杀贼，1934 年 8 月 26 日第 3 版

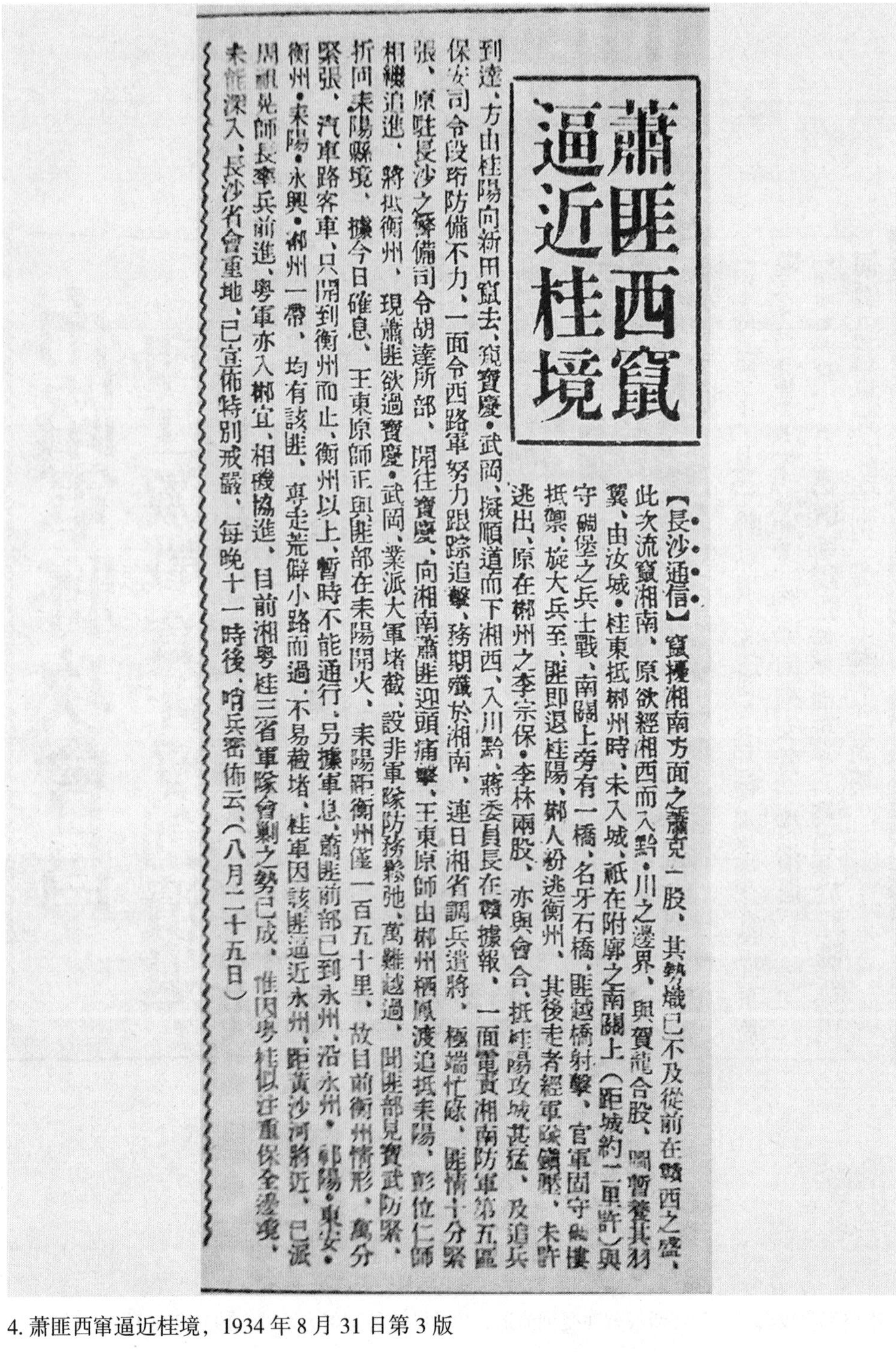

蕭匪西竄逼近桂境

【長沙通信】竄擾湘南方面之蕭克一股、其勢燄已不及從前在贛西之盛、此次流竄湘南、原欲經湘西而入黔・川之邊界、與賀龍合股、喘暫養其羽翼、由汝城・桂東抵郴州時、未入城、祇在附廓之南關上（距城約一里許）與守碉堡之兵士戰、南關上旁有一橋、名牙石橋、匪越橋射擊、官軍固守碉樓抵禦、旋大兵至、匪即退桂陽、郴人紛逃衡州、其後走者經軍隊鎮壓、未許逃出、原在郴州之李宗保・李林兩股、亦與會合、抵桂陽攻城甚猛、及追兵到達、方由桂陽向新田竄去、窺寶慶・武岡、擬順道而下湘西、入川黔、蔣委員長在贛據報、一面電責湘南防軍第五區保安司令段珩防備不力、一面令西路軍努力跟踪追擊、務期殲於湘南、連日湘省調兵遣將、極端忙碌、匪情十分緊張、原駐長沙之警備司令胡達所部、開往寶慶、向湘南蕭匪迎頭痛擊、王東原師由郴州栖鳳渡追抵耒陽、彭位仁師相繼追進、將抵衡州、現蕭匪欲過寶慶・武岡、業派大軍堵截、設非軍隊防務鬆弛、萬難越過、聞匪部見寶武防緊、折回耒陽縣境、據今日確息、王東原師正與匪部在耒陽開火、耒陽距衡州僅一百五十里、故目前衡州情形、萬分緊張、汽車路客車、只開到衡州而止、衡州以上、暫時不能通行、另據軍息、蕭匪前部已到永州、沿永州・祁陽・東安・衡州・耒陽・永興・郴州一帶、均有該匪、專走荒僻小路而過、不易截堵、桂軍因該匪逼近永州、距黃沙河較近、已派周祖晃師長率兵前進、粵軍亦入郴宜、相機協進、目前湘粵桂三省軍隊會剿之勢已成、惟因粵桂似存重保全邊境、未能深入、長沙省會重地、已宣佈特別戒嚴、每晚十一時後、哨兵密佈云、（八月二十五日）

4. 萧匪西窜逼近桂境，1934 年 8 月 31 日第 3 版

大公報 中華民國二十三年八月三十一日

粵桂軍會剿湘匪

陳濟棠李宗仁商決辦法

東北兩路將攻長汀興國

5. 粤桂军会剿湘匪，陈济棠、李宗仁商决办法，东北两路将攻长汀、兴国，1934 年 8 月 31 日第 3 版

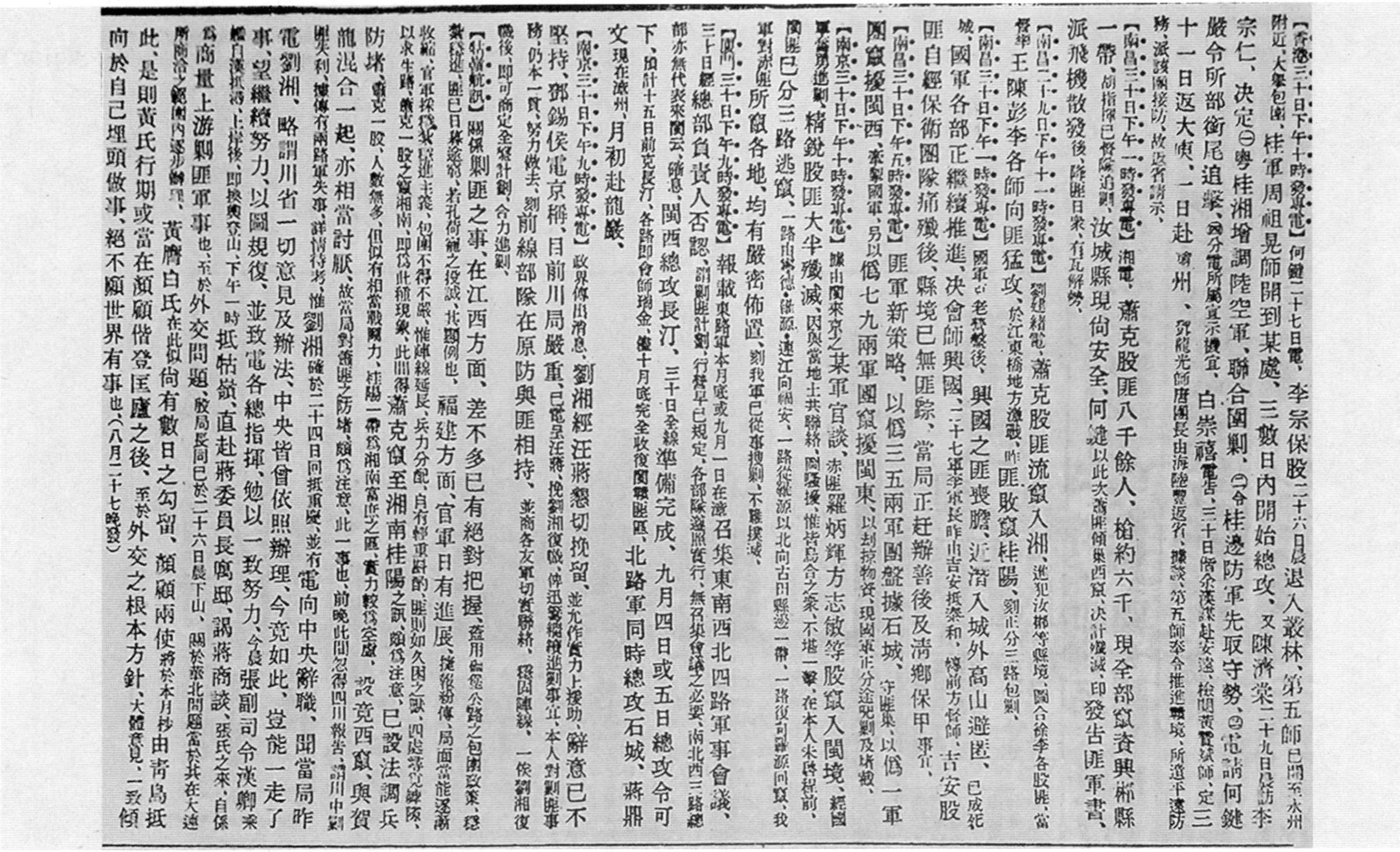

【香港三十日下午十時發專電】何鍵二十七日電、李宗保股二十六日晨退入叢林、第五師已開至永州附近、大舉包圍、桂軍周祖晃師開到某處、三數日內開始總攻、又陳濟棠二十九日覆訪李宗仁、決定㈠粵桂湘增調陸空軍、聯合圍剿、㈡令桂邊防軍先取守勢、㈢電請何鍵嚴令所部銜尾追擊、㈣分電所屬宣示機宜、白崇禧電告、三十日偕余漢謀赴安遠、檢閱黃質斌師、定三十一日返大庾、一日赴贛州、與龍光師唐團長由海陸豐返省、據談、第五師奉令推進贛境、所遺平遠防務、派該團接防、故返省請示、

【南昌三十日下午一時發專電】湘電、蕭克股匪八千餘人、槍約六千、現全部竄資興郴縣一帶、胡指揮已督隊追剿、汝城縣現尚安全、何鍵以此次蕭匪傾巢西竄、決計殲滅、印發告匪軍書、派飛機散發後、降匪日衆、有瓦解勢、

【南昌二十九日下午十一時發專電】劉建緒電、蕭克股匪流竄入湘、進犯汝郴等縣境、圖合徐李各股匪、當督率王陳彭李各師向匪猛攻、於江東橋地方激戰、昨匪敗竄桂陽、劉正分三路包剿、

【南昌三十日下午一時發專電】國軍克老營盤後、興國之匪喪膽、近潛入城外高山避匿、已成死城、國軍各部正繼續推進、決會師興國、二十七軍李宗長昨由吉安抵泰和、轉前方督師、吉安股匪自經保衛團隊痛殲後、縣境已無匪蹤、當局正趕辦善後及清鄉保甲事宜、

【南昌三十日下午五時發專電】匪軍新策略、以偽三五兩軍團盤據石城、守匪巢、以偽一軍團竄擾閩西、牽掣國軍、另以偽七九兩軍團竄擾閩東、以劫掠物資、現國軍正分途兜剿及堵截、

【南京三十日下午十時發專電】據由閩來京之某軍官談、赤匪羅炳輝方志敏等股竄入閩境、經國軍奮勇進剿、精銳股匪大半殲滅、因與當地土共聯絡、圖騷擾、惟皆烏合之衆、不堪一擊、在本人未啓程前、閩匪已分三路逃竄、一路由將德·徐源·連江向綿安、一路從[illegible]源以北向古田縣邊一帶、一路復向[illegible]源向竄、我軍對赤匪所竄各地、均有嚴密佈置、剿我軍已從事搜剿、不難撲滅、

【廈門三十日下午九時發專電】報載東路軍本月底或九月一日在漳召集東南西北四路軍事會議、三十日經總部負責人否認、謂剿匪計劃、行營早已規定、各部隊遵照實行、無召集會議之必要、南北西三路總部亦無代表來閩云、確息、閩西總攻長汀、三十日全線準備完成、九月四日或五日總攻令可下、預計十五日前克長汀、各路即會師瑞金、於十月底完全收復閩贛匪區、北路軍同時總攻石城、蔣鼎文現在漳州、月初赴龍巖、

【南京三十日下午九時發專電】政界傳出消息、劉湘經汪蔣懇切挽留、並允作實力上援助、辭意已不堅持、鄧錫侯電京稱、目前川局嚴重、已電呈汪蔣、挽劉湘復職、俾迅速繼續進剿事宜、本人對剿匪事務、仍本一貫、努力做去、劉前線部隊在原防與匪相持、並商各友軍切實聯絡、穩固陣線、一俟劉湘復職後、即可商定全盤計劃、合力進剿、

【牯嶺航訊】關係剿匪之事、在江西方面、差不多已有絕對把握、蓋用由堡公路之包圍政策、穩紮穩進、匪已日暮途窮、若孔荷寵之投誠、其顯例也、福建方面、官軍日有進展、捷報紛傳、局面當能逐漸收縮、官軍採穩紮穩進主義、包圍不得不嚴、惟陣線延長、兵力分配、自有轉重斟酌、匪則如久困之獸、四處奔竄衝隊、以求生路、蕭克一股之竄湘南、即爲此種現象、此間得蕭克竄至湘南桂陽之訊、頗爲注意、已設法調兵防堵、蕭克一股、人數無多、但似有相當戰鬭力、桂陽一帶爲湘南富庶之區、實力較爲空虛、設竟西竄、與賀龍混合一起、亦相當討厭、故當局對蕭匪之防堵、頗爲注意、此一事也、前晚此間忽得四川報告、謂川中剿匪失利、據傳有兩路軍失事、詳情待考、惟劉湘確於二十四日同抵重慶、並有電向中央辭職、聞當局昨電劉湘、略謂川省一切意見及辦法、中央皆會依照辦理、今竟如此、豈能一走了事、望繼續努力、以圖規復、並致電各總指揮、勉以一致努力、今晨張副司令漢卿乘艦自漢抵潯、上岸後、即換輿登山、下午一時抵牯嶺、直赴蔣委員長寓邸、謁蔣商談、張氏之來、自係爲商量上游剿匪軍事也、至於外交問題、汪院長同已於二十六日晨下山、關於華北問題當於其在大連所商洽之範圍內逐步辦理、黃膺白氏在此似尚有數日之勾留、顏顧兩使將於本月杪由青島抵此、是則黃氏行期或當在顏顧偕登匡廬之後、至於外交之根本方針、大體意見、一致傾向於自己埋頭做事、絕不願世界有事也、（八月二十七晚發）

（局部图）

（第一張） 中華民國二十三年九月二日 大公報 （星期日）

蕭匪圖由湘南入桂

何鍵電請粵軍入湘會剿

中央責成劉湘收拾川局

【中央社南昌一日電】我軍現已攻佔興國老營盤要隘及其附近一帶高地、匪役張背恃堅固工事竭力頑抗、卒因我軍奮勇猛攻、匪不支潰退、

【杭州一日下午七時半發專電】浙保安隊在屯溪協剿股匪、甚順利、休寧之匪已退婺源段莘、浙軍轉趨桃林子偏左溪、與淳安邊境某村駐軍取得聯絡、婺源縣司令亦派兵會剿、竄段莘股匪已被四面包圍、即可消滅、徽州擾黃尖股匪在大龍山被挫後、欲至悟田嶺、途經青山牛田嶺、被壯丁隊截擊、即由嶺南向婺源境竄去、意欲取道婺源大畈、回竄贛省老巢、適大畈有軍隊駐守、難以通過、即繞道折回休寧南境之黃茅、[illegible]二小時、即向龍池方面竄去、該處又保小村落、於是乃竄婺境、自浙軍協剿、直搗[illegible]追擊、匪有改竄祁門勢、一說將竄五龍山、陳調元部已派隊駐官亭、將抵黃茅、祁門西南有重兵守禦、防務鞏固、

【香港一日下午十時發專電】陳濟棠昨接何鍵電、粵軍會剿蕭匪、可越境入湘追擊、陳當令李漢魂相機進行、又陳濟棠三十一日電貴州王家烈、[illegible]

【長沙一日下午四時發專電】據道縣三十日電稱、[illegible]蕭匪已竄至藍山・嘉禾・寧遠・新田之間、企圖有二、㈠竄向道縣、由蔣家嶺入桂境灌陽縣、㈡由江華永明出龍虎關、湘桂軍正聯絡堵截中、

【中央社長沙三十一日電】湘省保安第五區司令部三十日電省府稱、(甲)蕭匪竄零陵、企圖西渡、不逞、敗走陽明山、竄集山谷中、我軍殲斃匪衆數十、(乙)二十九日[illegible]股圖向嘉禾・藍山・臨武方面竄擾、我軍正跟踪追剿、沿途斃匪甚衆、(丙)粵軍大部已分兩路出動、向臨武進發、匪已進退維谷、(丁)我軍布滿於零陵・祁陽・新田・寧遠・道縣・常寧・永興各縣、已成包圍之勢、不難一鼓剿滅等語、

【南昌一日下午三時發專電】匪首李堅吾率部投降西路軍、解省後、據稱、贛西股匪自孔荷寵投誠、[illegible]高詠生陣亡、[illegible]內部已動搖、現由徐彥剛任僞六軍團總指揮、蕭克副之、

【南京一日下午十時發專電】劉湘代表傅其晉一日午謁汪、報告川省情形、中央及汪意、希望劉能早日打消辭意、負責督剿、據悉、傅定二日返川、傳達中央意旨、

【本報特訊】近兩日此間所聞之四川問題、似不如初傳者之甚、[illegible]其誘因則爲擁神派與反神派之內訌、劉從雲以一妖道、任剿匪軍事委員長、[illegible]毋寧當然、劉湘信劉老師既專、假與之威權文貢、及與匪周旋、竟不奏效、反神派積憤已久、一旦發洩、衝突以起、匪即利用此時機全力乘之、[illegible]尤有一惡根性、即同床各夢、互看笑話、毫無團結精神、[illegible]此間當局[illegible]電川省各將領、勉以團結、合力殺匪、謂川匪坐大、將爲國家心腹之患、尤爲四川心腹之患、諸君爲國家爲桑梓、皆應一致團結、共平匪禍、[illegible]措詞極誠懇沈痛、[illegible]當局又有電致劉湘、大意中央對川事、仍責成彼負責擔任、若須中央帮助、則請彼自言、中央無成見、[illegible]中央之意、川事仍責劉辦理、至若由夔門進兵一層、[illegible]根本不成爲擬議之問題也、（八月二十九晚發）

【萬縣航訊】[illegible]（八月二十九日）

6. 萧匪图由湘南入桂，何键电请粤军入湘会剿，中央责成刘湘收拾川局，1934 年 9 月 2 日第 3 版

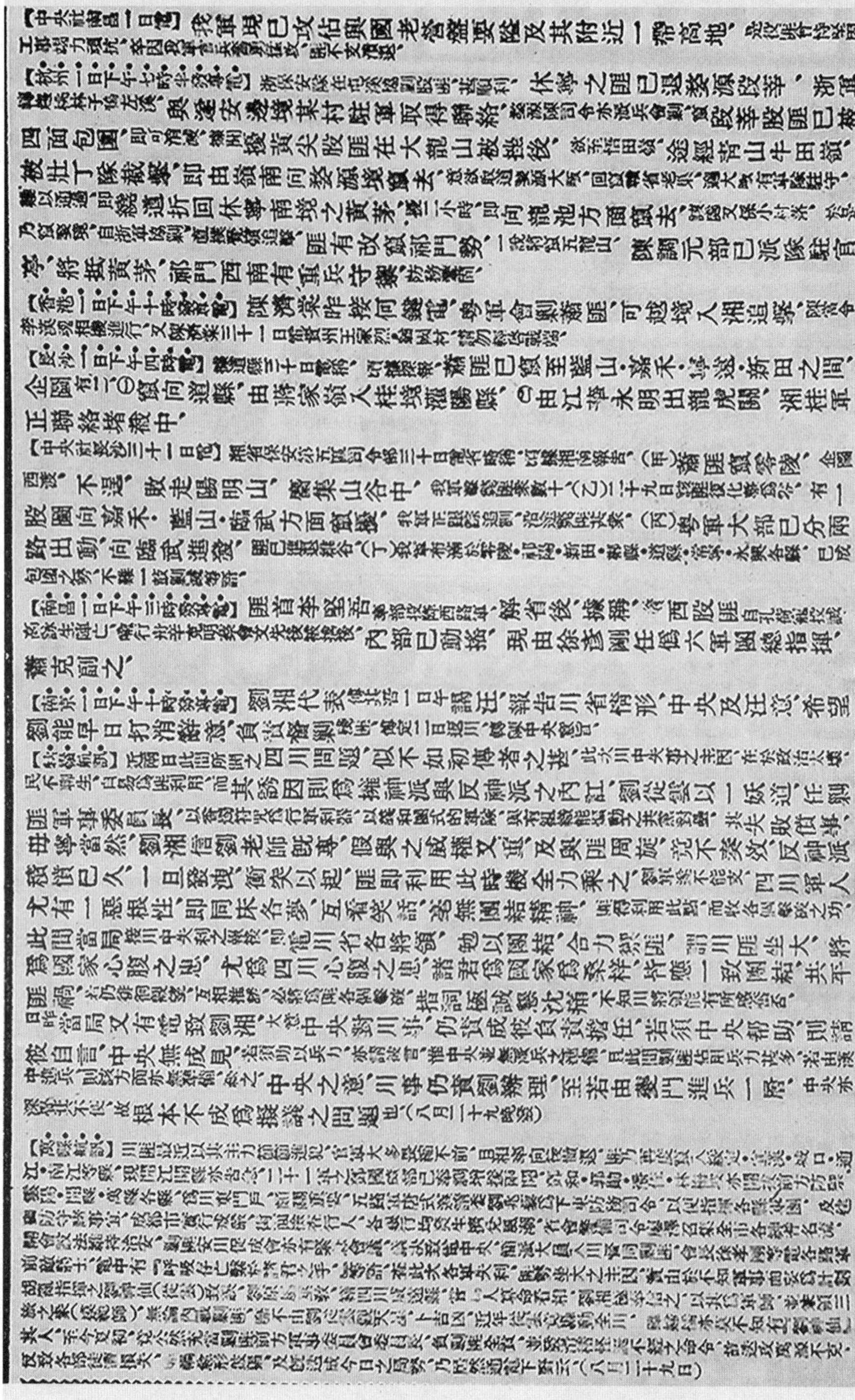

【中央社南昌一日電】我軍現已攻佔與國老營盤要隘及其附近一帶高地，[illegible]

【杭州一日下午七時半專電】[illegible]休寧之匪已退婺源段莘，浙軍[illegible]與遂安邊境某村駐軍取得聯絡，[illegible]段莘股匪已被四面包圍，即可消滅，[illegible]皖贛邊黃尖股匪在大鄣山被挫後，[illegible]途經背山牛田嶺，被壯丁隊截擊，即由嶺南向婺源境竄去，[illegible]即繼續折回休寧南境之黃茅，[illegible]即向龍池方面竄去，[illegible]匪有攻竄祁門勢，[illegible]陳調元部已派隊駐官亭、將抵黃茅，祁門西南有重兵守禦，[illegible]

【香港一日下午十時專電】陳濟棠昨接何鍵電，粵軍會剿蕭匪，可越境入湘追擊，[illegible]

【長沙一日下午四時專電】[illegible]蕭匪已竄至藍山、嘉禾、寧遠、新田之間，企圖有一、⊖竄向道縣，由將家嶺入桂境灌陽縣，⊖由江華永明出龍虎關，湘桂軍正聯絡堵截中，

【中央社長沙三十一日電】[illegible]（甲）蕭匪竄零陵，企圖西渡，不逞，敗走陽明山，麕集山谷中，[illegible]（乙）[illegible]有一股圖向嘉禾、藍山、臨武方面竄擾，[illegible]（丙）粵軍大部已分兩路出動，向臨武進發，[illegible]（丁）[illegible]

【南昌一日下午三時專電】匪首李臨吾[illegible]內部已動搖，現由徐彥剛任偽六軍團總指揮，蕭克副之，

【南京一日下午十時專電】劉湘代表[illegible]中央及汪，希望劉能早日打消辭意，負責督剿，[illegible]

【社論】[illegible]四川問題，似不如初傳者之甚，[illegible]其誘因則為擁劉派與反劉派之內訌，劉從雲以一妖道，任剿匪軍事委員長，[illegible]非失敗僨事，毋寧當然，劉湘信劉老師既專，假與之威權又重，及與匪周旋，遂不旋踵，反劉派蓄憤已久，一旦變起，衝突以起，匪即利用此時機全力乘之，[illegible]四川軍人尤有一惡根性，即同床各夢，互爭猜詐，遂無團結精神，[illegible]此間當局[illegible]川省各將領，勉以團結，合力剿匪，謂川匪坐大，將為國家心腹之患，尤為四川心腹之患，諸君為國家為桑梓，皆應一致團結，共平匪禍，[illegible]當局又有電致劉湘，大意中央對川事，仍望成彼負責擔任，若須中央幫助，則請彼自言，中央無成見，[illegible]中央之意，川事仍責劉辦理，至若由夔門進兵一節，中央亦[illegible]根本不成為議論之問題也，（八月三十九晚）

【要聞訊】[illegible]（八月二十九日）

（局部图）

大公報

中華民國二十三年九月四日

（第一張）

蕭匪一部竄入桂境
三路軍克復驛前進迫石城
林主席到京顧使過京赴滬

7. 萧匪一部窜入桂境，三路军克复驿前进迫石城，林主席到京，顾使过京赴沪，1934 年 9 月 4 日第 3 版

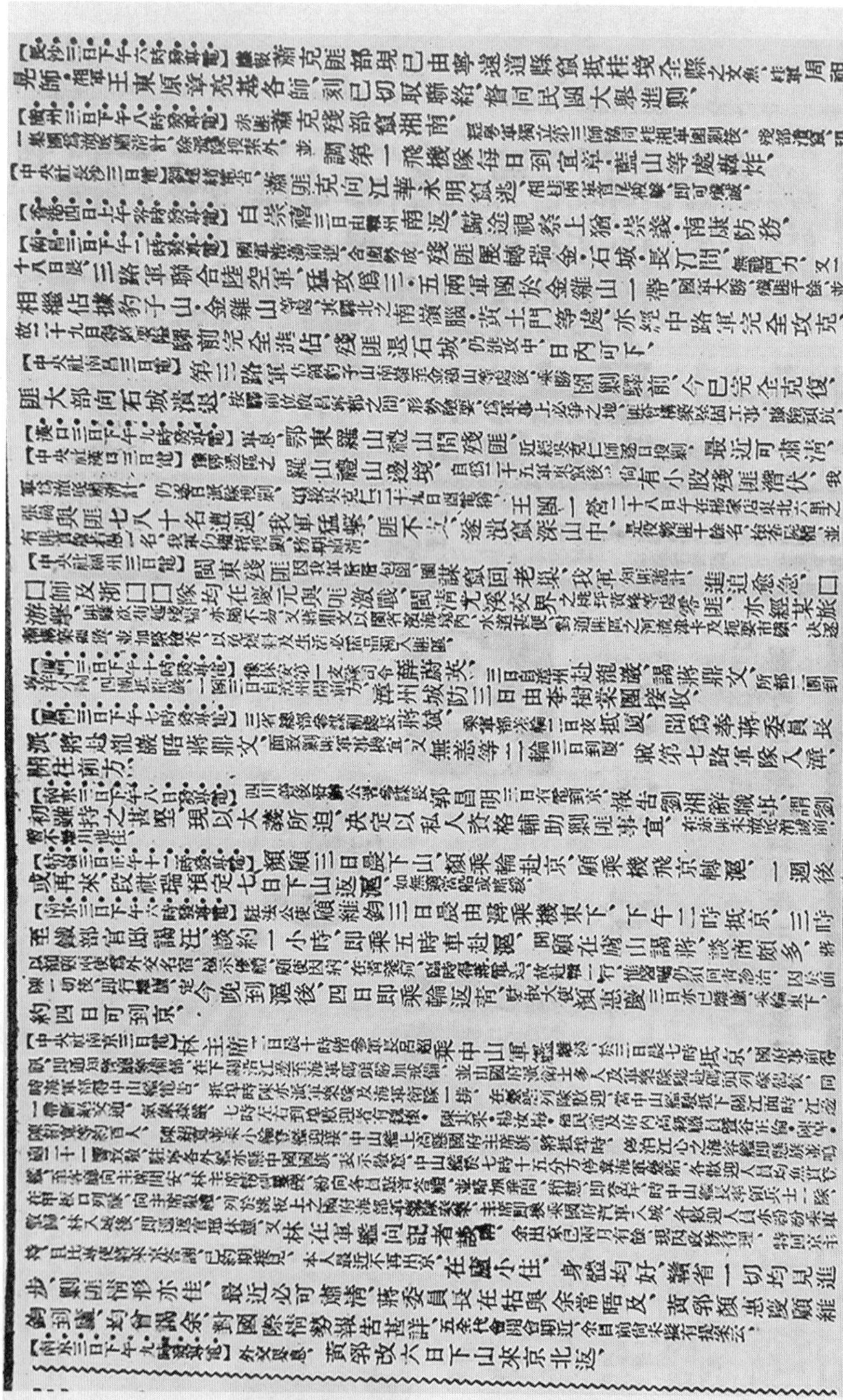

【長沙三日下午六時發專電】[illegible]蕭克匪部現已由寧遠道縣竄抵桂境全縣之文市，桂軍周祖晃師、湘軍王東原、章亮基各師，刻已切取聯絡，督同民團大舉進剿。

【衡州三日下午八時發專電】赤匪蕭克殘部竄湘南，[illegible]並調第一飛機隊每日到宜章、藍山等處轟炸。

【中央社長沙三日電】[illegible]蕭匪克向江華、永明竄逃，[illegible]

【零陵三日上午[illegible]時發專電】白崇禧三日由衡州南返，歸途視察上猶、崇義、南康防務。

【南昌三日下午一時發專電】[illegible]殘匪屢竄瑞金、石城、長汀間，[illegible]又二十八日晨，三路軍聯合陸空軍，猛攻偽三、五兩軍團於金雞山一帶，[illegible]相繼佔據豹子山、金雞山等處，[illegible]南嶺腦、渡土門等處，亦經中路軍完全攻克，故二十九日[illegible]前完全進佔，殘匪退石城，仍在進攻中，日內可下。

【中央社南昌三日電】第三路軍[illegible]今已完全克復，匪大部向石城潰退，[illegible]

【漢口三日下午九時發專電】[illegible]鄂東羅山、麻城山間殘匪，[illegible]最近可肅清。

【中央社漢口三日電】[illegible]羅山、禮山邊境，[illegible]尚有小股殘匪潛伏，我軍[illegible]與匪七八十名遭遇，我軍猛擊，匪不支，遂潰竄深山中，[illegible]

【中央社福州三日電】閩東殘匪因我軍[illegible]謀竄回老巢，我軍[illegible]進迫愈急，[illegible]

【[illegible]三日下午十時發專電】[illegible]三日由[illegible]赴[illegible]，謁蔣鼎文，[illegible]三日由李樹棠團接收。

【廈門三日下午七時發專電】[illegible]閩省[illegible]蔣委員長[illegible]蔣鼎文，[illegible]第七路軍陸續入閩，[illegible]

【[illegible]三日下午八時發專電】四川[illegible]郭昌明三日[illegible]到京，[illegible]以大義所迫，決定以私人資格輔助剿匪事宜，[illegible]

【牯嶺三日下午十一時發專電】[illegible]三日晨下山，轉乘輪赴京，顧乘機飛京轉滬，一週後或再來，段祺瑞預定七日下山返滬，[illegible]

【南京三日下午六時發專電】駐法公使顧維鈞三日晨由潯乘機東下，下午二時抵京，三時至鐵道部官邸謁汪，談約一小時，即乘五時車赴滬，[illegible]定今晚到滬後，四日即乘輪返潯，[illegible]約四日可到京。

【中央社南京三日電】林主席[illegible]乘中山軍艦[illegible]林在軍艦向記者談，[illegible]本人最近不再出京，在廬小住，身體均好，[illegible]一切均見進步，剿匪情形亦佳，最近必可肅清，蔣委員長在牯與余常晤及，黃郛[illegible]對國際情勢報告甚詳，[illegible]

【南京三日下午九時發專電】外交界息，黃郛改六日下山來京北返。

（局部图）

大公報
浙閩兩軍克復慶元
桂軍兩師出動湘邊協擊蕭匪
東路各軍進迫長汀即日總攻

8. 浙闽两军克复庆元，桂军两师出动湘边协击萧匪，东路各军进迫长汀即日总攻，1934 年 9 月 5 日第 3 版（残）

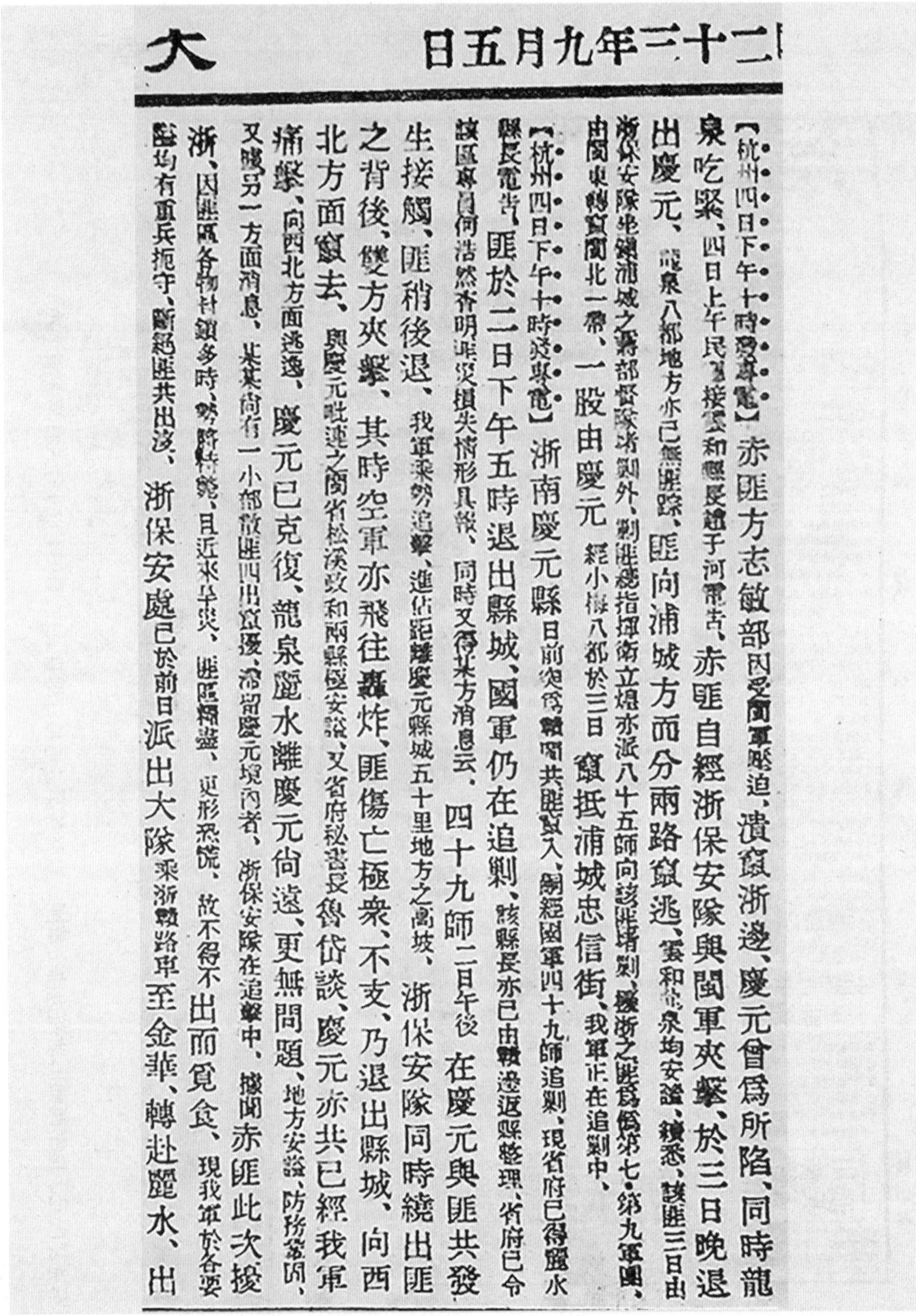

二十三年九月五日

大

【杭州四日下午十時發專電】赤匪方志敏部因受閩軍壓迫、潰竄浙邊、慶元曾爲所陷、同時龍泉吃緊、四日上午民軍接雲和縣長趙子河電告、赤匪自經浙保安隊與閩軍夾擊、於三日晚退出慶元、龍泉八都地方亦已無匪踪、匪向浦城方面分兩路竄逃、雲和龍泉均安謐、續悉、該匪三日由浙保安隊光鑽浦城之宗部督隊堵剿外、剿匪總指揮衛立煌亦派八十五師向該匪堵剿、據浙之匪爲僞第七·第九軍團、由閩東轉竄閩北一帶、一股由慶元經小梅八部於三日竄抵浦城忠信街、我軍正在追剿中、

【杭州四日下午十時發專電】浙南慶元縣日前突爲竄閩共匪攻入、嗣經國軍四十九師追剿、現省府已得麗水縣長電告、匪於二日下午五時退出縣城、國軍仍在追剿、該縣長亦已由贛邊返縣整理、省府已令該區專員何浩然查明兵災損失情形具報、同時又得某方消息云、四十九師二日午後在慶元與匪共發生接觸、匪稍後退、我軍乘勢追擊、進佔距離慶元縣城五十里地方之高坡、浙保安隊同時繞出匪之背後、雙方夾擊、其時空軍亦飛往轟炸、匪傷亡極衆、不支、乃退出縣城、向西北方面竄去、與慶元毗連之閩省松溪政和兩縣極安謐、又省府秘書長魯岱談、慶元赤共已經我軍痛擊、向西北方面逃遁、慶元已克復、龍泉麗水離慶元尚遠、更無問題、地方安謐、防務鞏固、又據另一方面消息、某某尚有一小部散匪四出竄擾、滯留慶元境內者、浙保安隊在追擊中、據聞赤匪此次擾浙、因匪區各物封鎖多時、勢將枯竭、且近來旱災、匪區糧盡、更形恐慌、故不得不出而覓食、現我軍於各要隘均有重兵扼守、斷絕匪共出路、浙保安處已於前日派出大隊乘浙贛路車至金華、轉赴麗水、出

（局部图 1）

大公報

匪均有重兵扼守、斷絕匪共出路、浙保安處已於前日派出大隊乘浙贛路車至金華、轉赴麗水、出動協剿、公路局已將奉化至新昌公路內駛行之車輛、集中海門應用、

【香港四日下午十時發專電】王聯志談、周祖晃師張秦兩團、二日到達湘邊道縣之蔣家嶺、遇蕭匪五千餘、戰數小時、匪不支、向河田潰退、覃連芳尚在途中、向全縣灌縣推進、

【中央社南京四日電】何鍵三日亥刻電京稱、蕭匪因我軍不斷追擊、渡江不成、退入陽明山、復迂迴於藍山・嘉禾・江華・道縣・永明之間、但從未進犯縣城、現共主力竄至桂邊之黃沙河文市一帶、十五十六兩師連日在零東之水汾坳・梟泥坳・桐子坪・瀟江嶺・白果市・石家洞等與匪接觸、頗有斬獲、劉正協同桂軍於全州・東安・新寧一帶堵剿中、又三日未刻電稱、蕭匪有企圖竄擾黔川邊區之模樣、劉正令各部分途追剿、並電桂軍派隊協同堵截中、

【廈門四日下午十時發專電】粵兵第一旅第一團長李汝炯率一・二兩營、砲數十尊、三日乘新安輪赴閩抵廈門、四日到漳州、即開攻汀前線、第三營即續到、空軍四日晨派飛機携傳單二十萬份、飛長汀寧化散放、總攻令明後日可下、民廳長李祖虞四日由廈門赴泉州、

【南昌四日上午八時發專電】北路軍獲大勝利後、前鋒僅距瑞金偽政府九十里、匪魁曾一度召開緊急會議、決劃瑞金為軍事區、偽中央政府遷寧化、

【漢口四日下午十時發專電】川駐漢代表鄧鳴階傳真吾三日抵漢、四日晨飛渝、又駐京代表范崇實四日抵漢、擬渡江謁張羣、定明日返渝、

【漢口四日下午七時發專電】蔣令[illegible]閩粵湘鄂五省、謂邇來各部隊掩護民衆深入匪區、只知收割少數禾稻、嗣後務盡量收割、如爲情況不許、亦應設法銷燬、並注意宣傳、招徠民衆、使絕秋收、民衆解體、匪自崩潰、

【中央社南昌四日電】贛皖邊區剿匪指揮官廖士翹將彭澤殘匪完全肅清、贛皖邊區剿匪軍

（局部图 2）

（第三版）　（三期星）

【中央社南昌四日電】贛皖邊區剿匪指揮官廖士翹將彭澤殘匪完全肅清、贛皖邊區剿匪軍事已告一段落、特呈准行營、將指揮部移駐浮梁、

慶元北境軍匪激戰

【福州二日下午七時發專電（遲到）】第某某師前鋒抵慶元、浙保安團第某支隊亦由某地開回慶元、會同浙各軍夾擊竄擾慶元之赤匪、

【中央社福州四日電】[illegible]由永安電省報告、赤匪主力竄清流後、有向瑞金移動模樣、安砂附近殘匪正在追剿中、方志敏・羅炳輝殘匪在龍泉小梅與浙保安隊方志英部在激戰中、匪有向北潰竄勢、福安[illegible]溪柏柱溪北等處之匪、經新十師搜剿後、紛紛竄匿寧德之赤溪、企圖未明、又第二區行政專員徐虎侯電省報告、在某某[illegible]搜獲方志敏・羅炳輝二匪與土匪馬烈風任鐵峯等來往信札多件、任馬[illegible]方入閩東、[illegible]尚有其他任務、暫不能來、並贈馬任兩匪洋一千元、快槍二十枝、受傷匪卒百餘、[illegible]已[illegible]搜剿、以清匪孽、霞浦石門坑之匪七百餘人、被八十七師[illegible]、[illegible]狼狽向裏洋潰退、我部在追剿中、

川紳籲請派兵入川

【[illegible]航信】自劉湘於八月二十三日在省發出辭職通電、二十四日返[illegible]後、一時全川各縣、均有群龍無首之感、經林[illegible]等先後來電慰留、及川中各將領送電挽留、劉始允暫不離[illegible]、仍以私人資格、協助剿匪軍事、連日劉湘左右、除各[illegible]力[illegible]・[illegible]・[illegible]元局外、並[illegible]經費、以作剿匪之用、[illegible]軍方傳出可靠消息、劉現仍在[illegible]期中、並未到部辦公、對各方[illegible]文電、亦未答復、[illegible]、非中央方面有[illegible]之表示、尚不能即行復職也、劉前方軍事、已由[illegible]進至宣漢境內、[illegible]指揮部[illegible]、唐式遵[illegible]宣漢[illegible]・劉邦俊及各高級將領、會商反攻辦法、通江方面、自五六兩路失利後、[illegible]山以[illegible]之[illegible]、亦已放棄[illegible]、扼守通河沿岸、三四兩路、刻以烏木坎為第一防線、得勝山為第二防線、潘文華在江口、[illegible]均在巴中、指揮一切、一二兩路、無甚變化、[illegible]在

（局部图 3）

旺蒼壩、田頌堯在南部、有主張請中央軍入川剿匪之逕電發表、但各方應否參審、且
宜部隊、多爲劉湘所直屬、故劉旣不復職、亦不能作軍上之調、聞劉已決於日內離省
明辭職原因、及以私人資格補助剿匪之意義、各將士照常負責、完成使命、維成都
現已由嘉定返省、如能得劉湘諒解、再起或亦可能、同時又電請中央責成劉湘復職
國急、南昌蔣委員長・南京林主席・汪院長鈞鑒、昨上梗電、計邀鈞覽、四川省國上
整個計畫、似不能僅四川而不顧、川省獨力撐柱、又將一年、人民旣淪水火、當軸
災區、仰見中央不忘四川之心、尤深感泣、近各總司令劉湘因各路步調不齊、川中
持無人、竟見魚爛瓦解、赤匪動作甚速、萬一竄擾巫、下窺武漢、旣足致全川赤化之
斯時即勞中央大舉興師、而蜀亂旣成、蜀山又險、欲加戡定、須歷歲年、外患來之
於兵疲、二由於彈缺、而餉糈太絀、尤爲不能力戰之總因、至劉總司令所部之二十
力周旋、損失較大、更因補充各軍之故、已竭庫儲、目前餉彈俱空、非籌實無辦法、
定有效辦法、從同普援、拯救川人、並乞迅令前電、簡派大員、飛來督戰而有紀律
迅予慰留、更爲補充大批餉彈、責其督飭各路川軍、指定任務、一心作力、同赴國危
必至神州陸沉、上下淪胥、同歸於盡矣、臨電懸迫、並盼立覆、曾鑑・方旭・徐炯・劉咸
鈺・陳國棟・張瀾・胡校生・林思懋・張寅・李秋・馮元勛・劉從樂・郭彥誠・文澄・國天

（局部图4）

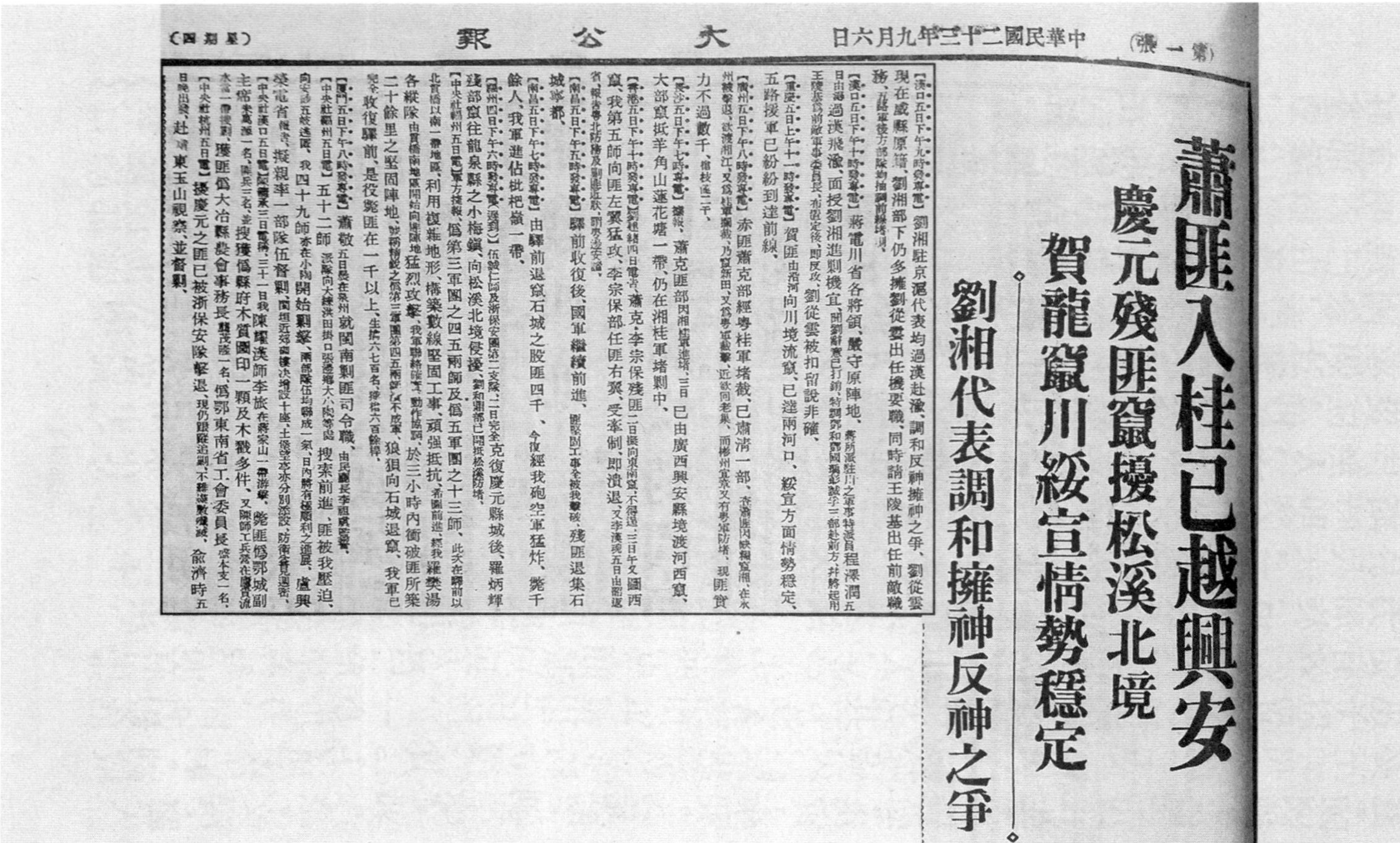

(第一張) 中華民國二十三年九月六日 大公報 (星期四)

蕭匪入桂已越興安

慶元殘匪竄擾松溪北境

賀龍竄川綏宣情勢穩定

劉湘代表調和擁神反神之爭

【漢口五日下午九時發專電】劉湘駐京滬代表均過漢赴渝、調和反神擁神之爭、劉從雲現在威縣原籍、劉湘部下仍多擁劉從雲出任機要職、同時請王陵基出任前敵職務、五路軍後方部隊均抽調前線堵剿、

【漢口五日下午十時發專電】蔣電川省各將領、嚴守原陣地、蔣所派駐川之軍事特派員程澤潤五日由渝過漢飛渝、面授劉湘進剿機宜、聞劉甫澄已打銷、特調鄧和郭國璘彭誠孚三部赴前方、并將起用王陵基為前敵軍事委員長、布置定後、即反攻、劉從雲被扣留說非確、

【重慶五日上午十一時發專電】賀匪由沿河向川境流竄、已達兩河口、綏宣方面情勢穩定、五路援軍已紛紛到達前線、

【廣州五日下午八時發專電】赤匪蕭克部經粵桂軍堵截、已肅清一部、在湘匪因缺糧竄湘、在永州被擊退、欲渡湘江、又為桂軍擱截、乃竄新田、又為粵軍截擊、近欲同老巢、而郴州宜章又有粵軍防堵、現匪實力不過數千、槍枝僅二千、

【長沙五日下午七時專電】據報、蕭克匪部因湘桂軍進堵、三日已由廣西興安縣境渡河西竄、大部竄抵羊角山蓮花塘一帶、仍在湘桂軍堵剿中、

【香港五日下午十時發專電】劉桂堂四日電港、蕭克・李宗保殘匪一日擬向東南竄、不得逞、三日午又圖西竄、我第五師向匪左翼猛攻、李宗保部任匪右翼、受牽制、即潰退、又李漢魂五日出韶返省、報告粵北防務及剿匪近狀、明晨返安議、

【南昌五日下午五時發專電】驛前收復後、國軍繼續前進、匪堅固工事全被我擊破、殘匪退集石城寧都、

【南昌五日下午七時發專電】由驛前退竄石城之股匪四千、今復經我砲空軍猛炸、斃千餘人、我軍進佔枇杷嶺一帶、

【福州四日下午六時發專電(遲到)】伍誠仁師及浙保安團第二支隊、二日完全克復慶元縣城後、羅炳輝殘部竄往龍泉縣之小梅鎮、向松溪北境侵擾、劉和鼎部已開抵松溪防堵、

【中央社鄞州五日電】軍方接報、偽第三軍團之四五兩師及偽五軍團之十三師、此次在驛前以北貫橋以南一帶地區、利用複雜地形、構築數線堅固工事、頑強抵抗、希圖前進、經我羅樊湯各縱隊由貫橋南地區開始向匪陣地猛烈攻擊、我軍聯絡確實、動作協同、於三小時內衝破匪所築二十餘里之堅固陣地、該行狡猾之偽第三軍團第四五兩師乃不成軍、狼狽向石城退竄、我軍已完全收復驛前、是役斃匪在一千以上、生擒六七百名、擄槍六百餘桿、

【廈門五日下午八時發專電】蕭敬五日晨在泉州就閩南剿匪司令職、由民廳長李祖賢監誓、

【中央社鄞州五日電】五十二師派隊向大糧洪田掛口張家鄉大小陂等處搜索前進、匪被我壓迫、向安遠五岐逃匿、我四十九師亦在小陶開始剿擊、兩部隊伍均聯成一氣、日內將有極順利之進展、盧興榮電省報告、擬親率一部隊伍督剿、閩垣近郊碉堡決增設十座、土堡建築亦分別添設、防衛益臻周密、

【中央社漢口五日電】鄂東三日電稱、三十一日我陳耀漢師李旅在蔣家山一帶游擊、斃匪偽鄂城副主席朱萬源一名、匪兵三名、並搜獲偽縣府木質圖印一顆及木戳多件、又陳師工兵營在朦貫流水富一帶搜剿、獲匪偽大冶縣農會事務長龔茂隆一名、偽鄂東南省工會委員長嚴本支一名、

【中央社杭州五日電】擾慶元之匪已被浙保安隊擊退、現仍跟蹤追剿、不難盡數殲滅、俞濟時五日晚出發、赴浙東玉山視察、並督剿、

9. 萧匪人桂已越兴安，庆元残匪窜扰松溪北境，贺龙窜川，绥（定）、宣（汉）情势稳定，刘湘代表调和拥神反神之争，1934 年 9 月 6 日第 3 版

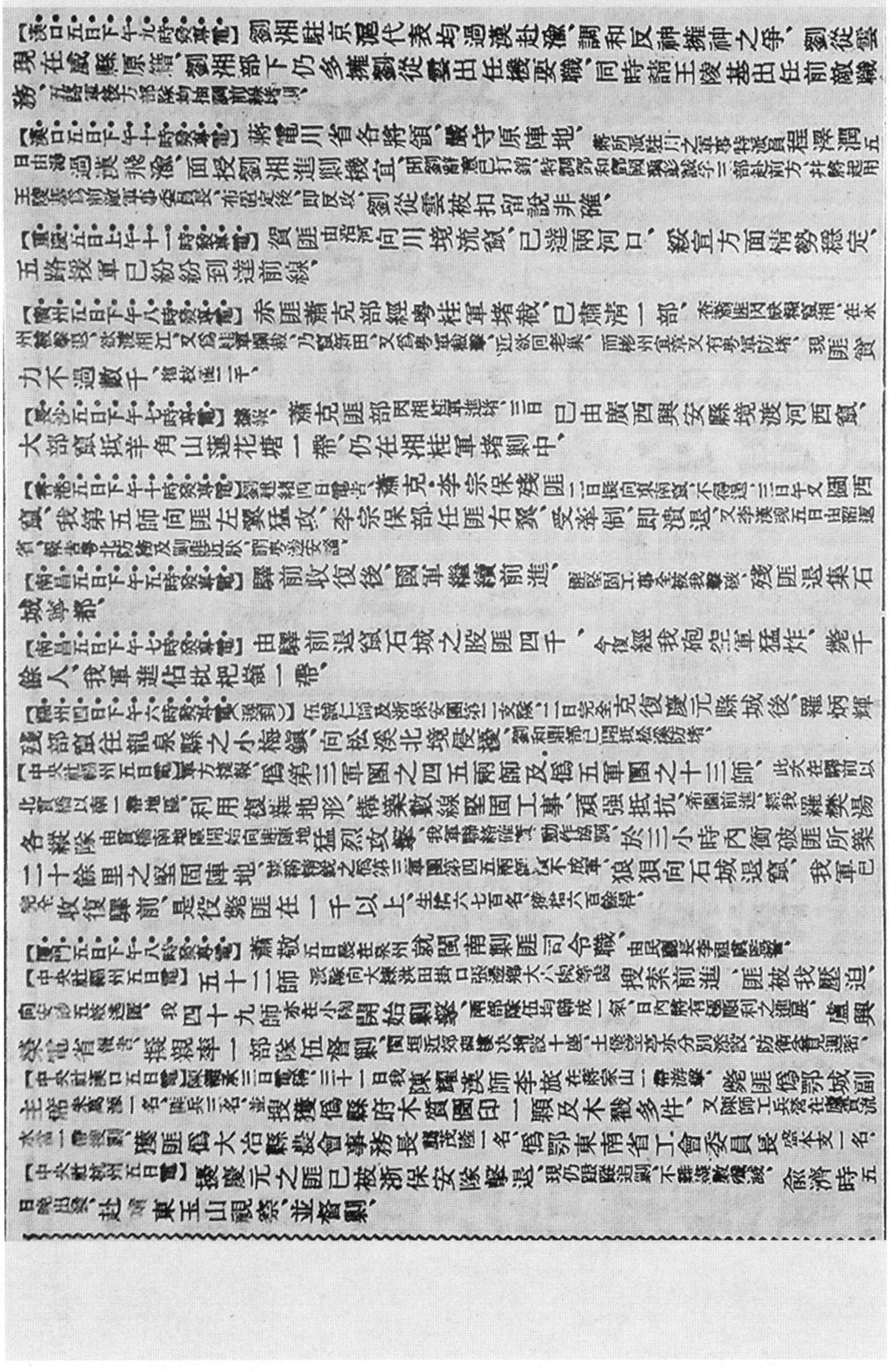

【漢口五日下午九時發專電】劉湘駐京代表均過漢赴渝，調和反劉擁劉之爭。劉從雲現在成縣原籍，劉湘部下仍多擁劉從雲出任總要職，同時請王陵基出任前敵總務。[illegible]

【漢口五日下午十時發專電】蔣電川省各將領，嚴守原陣地。蔣前派駐川之[illegible]五日由渝過漢飛滬，面報劉湘近期機宜，[illegible]劉從雲被扣說非確。

【重慶五日上午十一時發專電】徐匪由潘河向川境流竄，已逃兩河口。綏宣方面情勢穩定，五路援軍已紛紛到達前線。

【廣州五日下午八時發專電】赤匪蕭克部經粵桂軍堵截，已肅清一部。[illegible]現匪實力不過數千。[illegible]

【長沙五日下午七時發專電】蕭克匪部[illegible]三日已由廣西興安縣境渡河西竄，大部竄抵羊角山蓮花塘一帶，仍在湘桂軍堵剿中。

【常德五日下午十時發專電】[illegible]蕭克、李宗保殘匪[illegible]竄，我第五師向匪左翼猛攻，李宗保部任匪右翼，受牽制，即潰退。[illegible]

【南昌五日下午五時發專電】驛前收復後，國軍繼續前進。[illegible]殘匪退集石城等都。

【南昌五日下午七時發專電】由驛前退竄石城之殘匪四千，今夜經我飛空軍猛炸，斃千餘人，我軍進佔拔把嶺一帶。

【福州四日下午六時發專電（遲到）】[illegible]克復慶元縣城後，羅炳輝殘部竄往龍泉縣之小梅鎮，向松溪北境侵擾。[illegible]

【中央社福州五日電】東方捷報，偽第三軍團之四五兩師及偽五軍團之十三師，[illegible]北[illegible]一帶地區，利用複雜地形，構築數線堅固工事，頑強抵抗。[illegible]各縱隊[illegible]猛烈攻擊，[illegible]於三小時內衝破匪所築二十餘里之堅固陣地，[illegible]狼狽向石城退竄，我軍已[illegible]收復驛前，是役斃匪在一千以上，[illegible]

【廈門五日下午八時發專電】蕭𢫬[illegible]就閩南剿匪司令職，[illegible]

【中央社福州五日電】五十二師[illegible]搜索前進，匪被我壓迫[illegible]我四十九師亦在小[illegible]開始剿擊，[illegible]擬親率一部隊伍督剿，[illegible]

【中央社漢口五日電】[illegible]三十一日我陳耀漢師李旅在蒋家山一帶游擊，斃匪偽鄂城副主席[illegible]，並搜獲偽縣府木質圖印一顆及木戳多件，又[illegible]獲匪偽大冶縣數會事務長[illegible]一名，偽鄂東南省工會委員長[illegible]一名。

【中央社杭州五日電】擾慶元之匪已被浙保安隊擊退，現仍跟蹤追剿，不難殲滅。俞濟時五日晚出發，赴浙東玉山視察，並督剿。

（局部图）

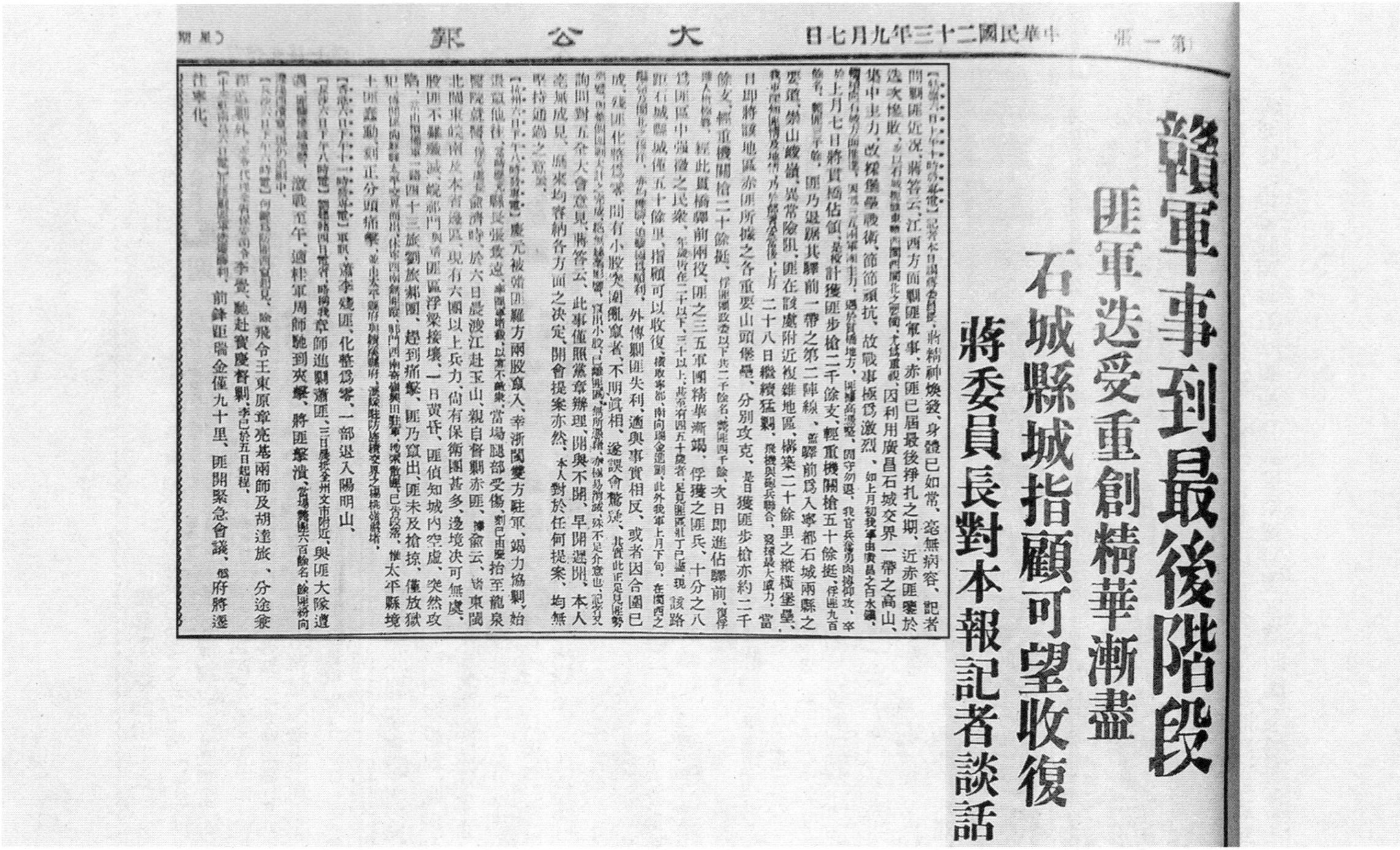

第一張　中華民國二十三年九月七日　大公報　（星期

贛軍事到最後階段

匪軍迭受重創精華漸盡

石城縣城指顧可望收復

蔣委員長對本報記者談話

【牯嶺九日下午十時發專電】記者本日謁蔣委員長，將精神煥發，身體已如常，毫無病容，記者問剿匪近況，蔣答云，江西方面剿匪軍事，赤匪已屆最後掙扎之期，近赤匪麇於[illegible]因利用廣昌石城交界一帶之高山，集中主力，改採堡壘戰術，節節頑抗，故戰事極爲激烈，[illegible]於上月七日將貫橋佔領，是役計獲匪步槍二千餘支，輕重機關槍五十餘挺，俘匪九百餘名，斃匪三千餘，匪乃退踞其驛前一帶之第二陣線，蓋驛前爲入寧都石城兩縣之要道，崇山峻嶺，異常險阻，匪在該處附近複雜地區，構築二十餘里之縱橫堡壘，[illegible]上月二十八日繼續猛剿，分別攻克，是日獲匪步槍亦約二千餘支，輕重機關槍二十餘挺，[illegible]次日即進佔驛前，[illegible]經此貫橋驛前兩役，匪之三五軍團精華漸竭，俘獲之匪兵，十分之八爲匪區中強徵之民衆，[illegible]現該路距石城縣城僅五十餘里，指顧可以收復，[illegible]外傳剿匪失利，適與事實相反，或者因合圍已成，殘匪化整爲零，間有小股突圍亂竄者，不明眞相，遂誤會驚疑，[illegible]記者又詢問對五全大會意見，蔣答云，此事僅照黨章辦理，開與不開，早開遲開，本人毫無成見，屆來均容納各方面之決定，開會提案亦然，本人對於任何提案，均無堅持通過之意見。

【杭州六日下午八時發專電】慶元被竄匪羅方兩股竄入，幸浙閩雙方駐軍，竭力協剿，始退竄仙往，[illegible]當場腿部受傷，[illegible]抬至龍泉醫院就醫，[illegible]於六日晨渡江赴玉山，親自督剿赤匪，據俞云，皖東閩北閩東皖南及本省邊區，現有六團以上兵力，尚有保衛團甚多，邊境決可無虞，股匪不難殲滅，[illegible]匪區浮梁接壤，一日黃昏，匪偵知城內空虛，突然攻陷，[illegible]趕到痛擊，匪乃竄出，匪未及搶掠，僅放獄犯，[illegible]惟太平縣境十四團義勇，刻正分頭痛擊，[illegible]

【香港六日下午十一時發專電】軍訊，[illegible]匪，化整爲零，一部退入陽明山，

【長沙六日下午八時電】[illegible]師進剿蕭匪，三日晨抵全州文市附近，與匪大隊遭遇，[illegible]激戰至午，適桂軍周師馳到夾擊，將匪擊潰，[illegible]

【長沙六日下午六時電】[illegible]除飛令王東原章亮基兩師及胡達旅，分途兼程[illegible]李覺，馳赴寶慶督剿，李已於五日起程，

【中央社南昌六日電】[illegible]前鋒距瑞金僅九十里，匪開緊急會議，[illegible]府將遷往寧化，

10. 赣军事到最后阶段，匪军迭受重创精华渐尽，石城县城指顾可望收复，蒋委员长对本报记者谈话，1934 年 9 月 7 日第 3 版

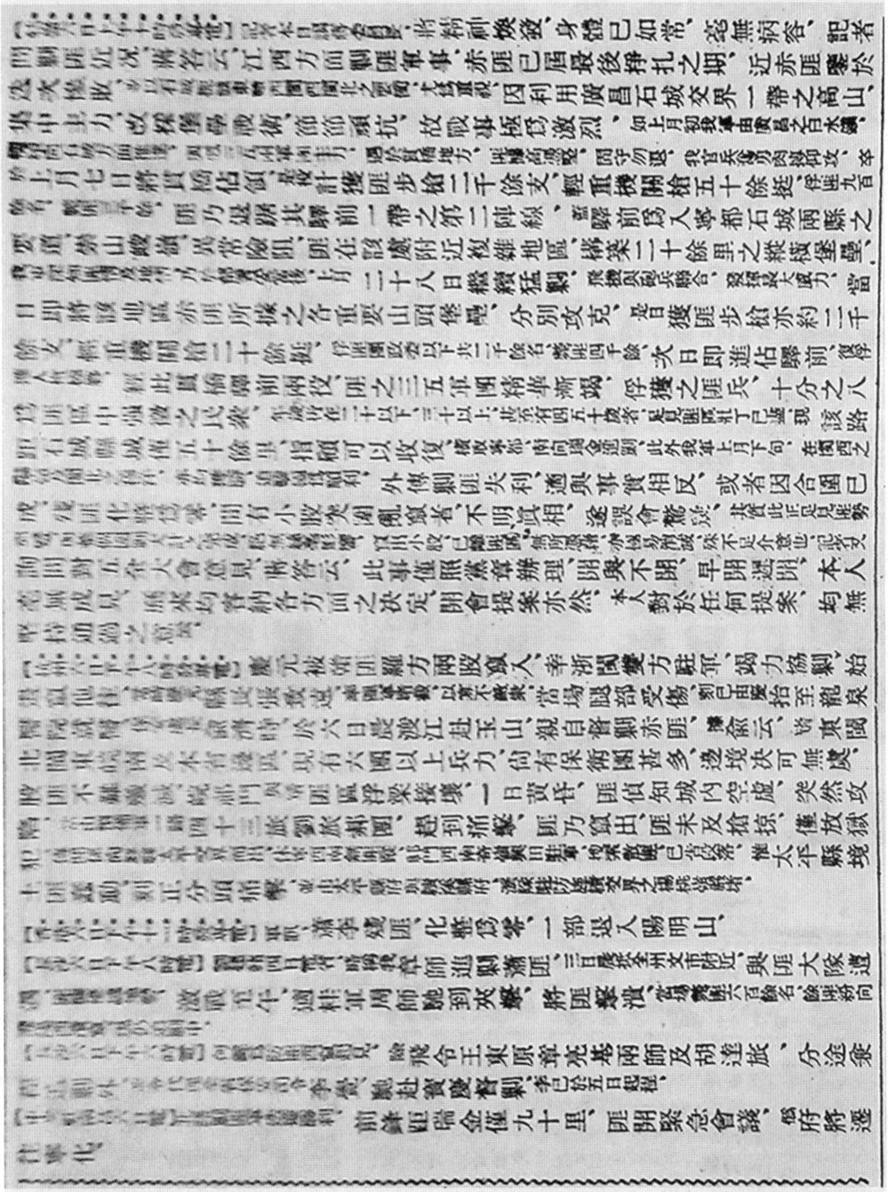

（局部图）

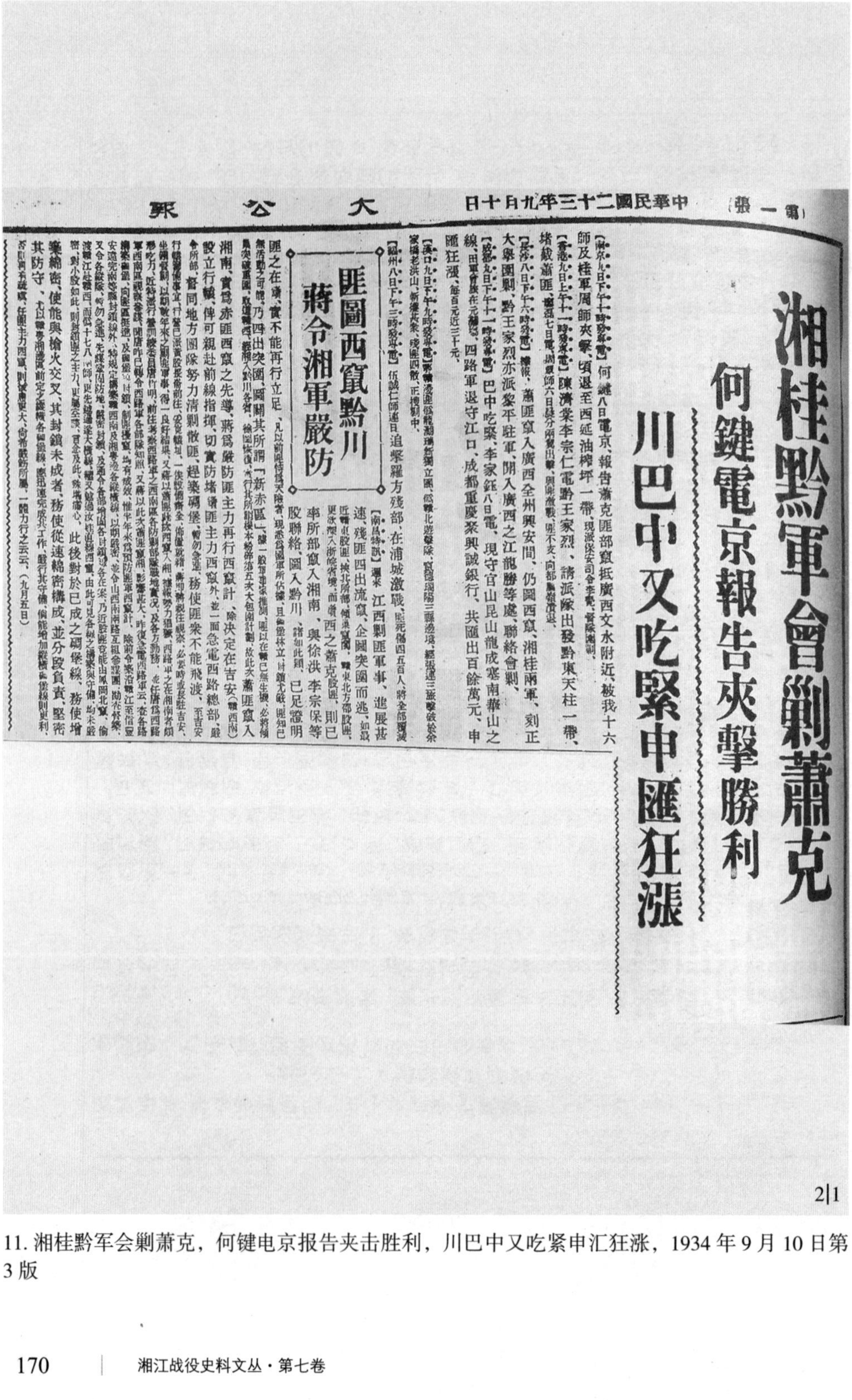

（第一張） 中華民國二十三年九月十日 大公報

湘桂黔軍會剿蕭克

何鍵電京報告夾擊勝利

川巴中又吃緊申匯狂漲

【南京九日下午十時發專電】何鍵八日電京、報告蕭克匪部竄抵廣西文水附近、被我十六師及桂軍周師夾擊、頃退至西延油榨坪一帶、現派保安司令李覺、督隊圍剿、

【香港九日上午十一時發專電】陳濟棠李宗仁電黔王家烈、請派隊出發黔東天柱一帶、堵截蕭匪、廣西七日電、周祖晃師六日分兩翼出擊、與匪激戰、匪不支、向都[illegible]潰退、

【長沙八日下午六時發電】據報、蕭匪竄入廣西全州興安間、仍圖西竄、湘桂兩軍、刻正大舉圍剿、黔王家烈亦派黎平駐軍、開入廣西之江龍勝等處、聯絡會剿、

【成都九日下午十一時發專電】巴中吃緊、李家鈺八日電、現守官山昆山龍成寨南華山之線、田軍會旅在元[illegible]、四路軍退守江口、成都重慶聚興誠銀行、共匯出百餘萬元、申匯狂漲、每百元近三十元、

【漢口九日下午九時發專電】[illegible]匪徐能湖瑞新獨立團、[illegible]贛北遊擊隊、竄[illegible]瑞陽三縣邊境、經張達三旅擊破於余家橋老洪山、斬獲甚衆、殘匪四散、正搜剿中、

【福州八日下午三時發專電】伍誠仁師連日追擊羅方殘部、在浦城激戰、匪死傷四五百人、將全部殲滅

匪圖西竄黔川 蔣令湘軍嚴防

【南昌特訊】邇來江西剿匪軍事、進展甚速、殘匪四出流竄、企圖突圍而逃、如最近贛東股匪、挾北所部、傾巢竄閩、贛東北方邵股匪、更決深入浙皖省境、而贛西之蕭克股匪、則已率所部竄入湘南、與徐洪李宗保等股聯絡、圖入黔川、諸如此類、已足證明匪之在贛、實不能再行立足、凡以前恃爲天險者、現悉爲國軍所佔據、且碉堡林立、封鎖尤嚴、匪知已無活動之可能、乃四出突圍、圖闢其所謂「新赤區」、據一般軍事家推測、匪以在贛已無生機、必將傾巢突破重圍、取道贛西、經湘入黔川各省、倫圖恢復、[illegible]行其所謂根本粉碎第五次大包圍計劃、故此次蕭匪竄入湘南、實爲赤匪西竄之先導、蔣爲嚴防匪主力再行西竄計、除決定在吉安（贛西南）設立行轅、俾可親赴前線指揮、切實防堵贛匪主力西竄外、並一面急電西路總部、嚴令所部、督同地方團隊努力清剿散匪、趕築碉堡、[illegible]勿急進、務使匪衆不能飛渡、至吉安行轅籌備事宜、行營已派[illegible]前往、[illegible]俟[illegible]齊全、佈置就緒、蔣即將親往視察、必要時或長駐吉安、坐鎮督剿、以期數年來之剿匪軍事、得一良好結果、又蔣以蕭匪此次西竄入湘、據報努力猖獗、西路軍之在湘南者頗形吃力、近特派行營[illegible]前往、前往考察西路軍之西南區各防剿部隊駐地實況、及各方動務、並任唐爲西路軍西南區視察專員、聞唐昨已轉令西路軍各部隊知照、又蔣以此次蕭匪竄湘、影響甚大、昨復急電西路軍云、查各路[illegible]區、向匪區挺進、及構築[illegible]封鎖、制匪擾竄、均有成效、惟半年來爲預防匪軍西竄計、除前令粵沿贛江至信豐安遠完南等縣封鎖線外、特規定湘粵贛西南及湘粵沿各縱橫線、以期嚴密、並令山西南兩路互組參謀團、勘查督築、又令各縱隊、[illegible]勿急進、先謀鞏固防地、嚴密封鎖、及通令各部增固各封鎖[illegible]各在案、乃近股匪竟能由鳳岡北竄、偷渡贛江趕贛西、西竄十七八兩師、更先期造達大橫線、權又竄過汝城直線西竄、由此可見各縱之構築與守備、均未嚴密、對小股如此、則對竄匪之主力、更屬空談、言念及此、殊堪痛心、此後對於已成之碉堡線、務使增築綿密、使能與槍火交叉、其封鎖未成者、務使從速綿密構成、並分段負責、堅密其防守、尤以贛粵湘邊區前定之縱橫各碉堡線、應迅速完成其工作、嚴行其守備、倘能增加縱橫碉堡線則更利、否則倘有疏虞、任匪主力西竄、則貽害更大、尚希嚴飭所屬、一體力行之云云、（九月五日）

2|1

11. 湘桂黔军会剿萧克，何键电京报告夹击胜利，川巴中又吃紧申汇狂涨，1934 年 9 月 10 日第 3 版

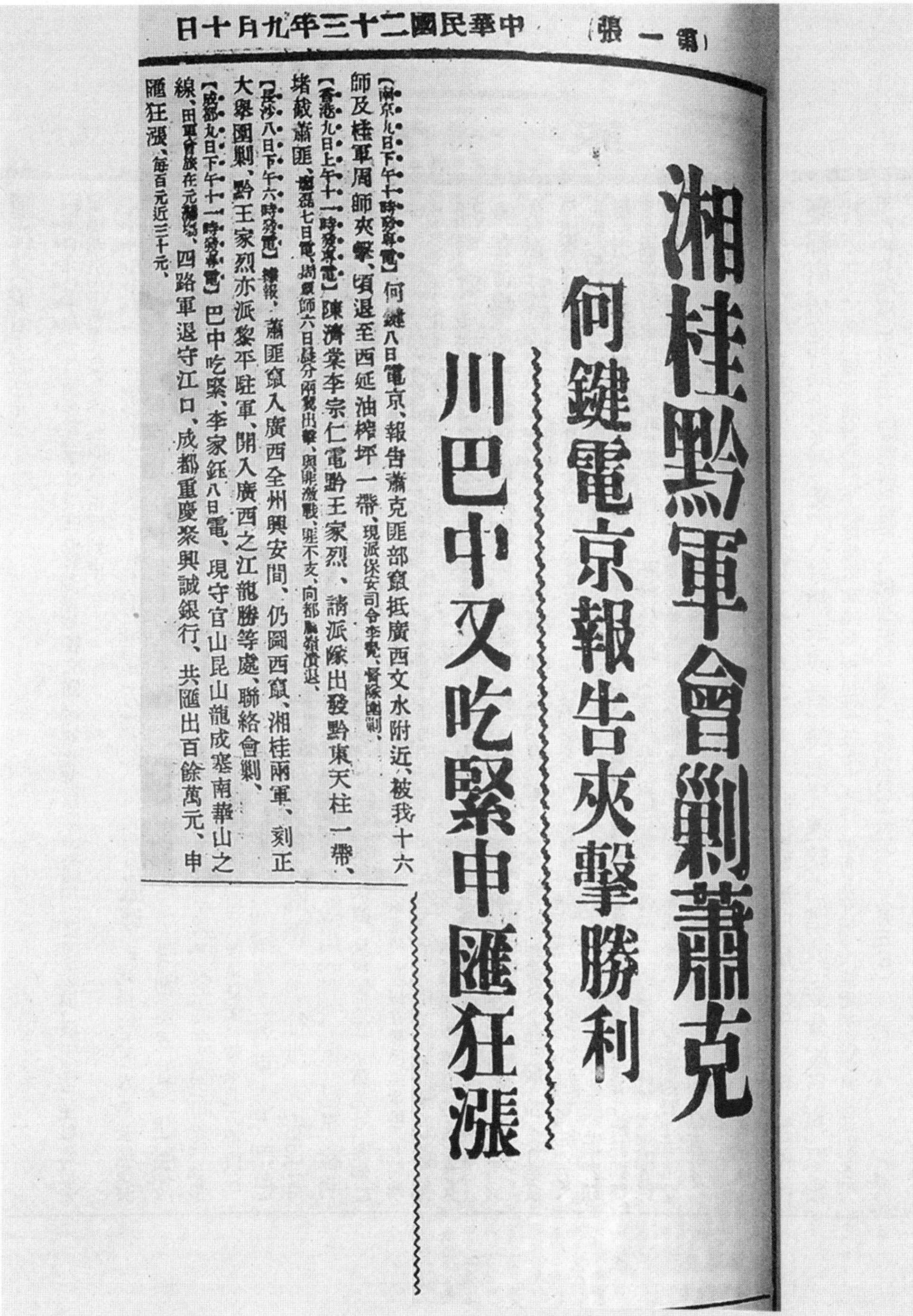

第一張） 中華民國二十三年九月十日

湘桂黔軍會剿蕭克

何鍵電京報告夾擊勝利

川巴中又吃緊申匯狂漲

【南京九日下午十時發專電】何鍵八日電京、報告蕭克匪部竄抵廣西文水附近、被我十六師及桂軍周師夾擊、頃退至西延油榨坪一帶、現派保安司令李覺、督隊圍剿、

【香港九日上午十一時發專電】陳濟棠李宗仁電黔王家烈、請派隊出發黔東天柱一帶、堵截蕭匪、廣西七日電、周[illegible]師六日晨分兩翼出擊、與匪激戰、匪不支、向都龐嶺潰退、

【長沙八日下午六時發電】據報、蕭匪竄入廣西全州興安間、仍圖西竄、湘桂兩軍、刻正大舉圍剿、黔王家烈亦派黎平駐軍、開入廣西之江龍勝等處、聯絡會剿、

【成都九日下午十一時發專電】巴中吃緊、李家鈺八日電、現守官山昆山龍成寨南華山之線、田軍曾旅在元壩場、四路軍退守江口、成都重慶聚興誠銀行、共匯出百餘萬元、申匯狂漲、每百元近三十元、

（局部图 1）

大公報

匪狂張、每百元近三十元、

【漢口九日下午九時發專電】鄂贛邊匪僞龍湖瑞新獨立團、僞贛北遊擊隊、竄擾瑞陽三縣邊境、經張達三旅擊破於余家橋老洪山、斬獲甚衆、殘匪四散、正搜剿中、

【撫州八日下午三時發專電】伍誠仁師連日追擊羅方殘部、在浦城激戰、匪死傷四五百人、將全部殲滅

匪圖西竄黔川
蔣令湘軍嚴防

【南昌特訊】週來江西剿匪軍事、進展甚速、殘匪四出流竄、企圖突圍而逃、如最近贛東股匪、挾北所部、傾巢竄閩、贛東北方部股匪、更欲深入浙皖省境、而贛西之蕭克股匪、則已率所部竄入湘南、與徐洪 李宗保等股聯絡、圖入黔川、諸如此類、已足證明匪之在贛、實不能再行立足、凡以前匪恃爲天險者、現悉爲國軍所佔據、且碉堡林立、封鎖尤嚴、匪知已無活動之可能、乃四出突圍、圖闢其所謂「新赤區」、據一般軍事家推測、匪以在贛已無生機、必將傾巢突破重圍、取道贛西、經湘入黔川各省、徐圖恢復、再行其所謂根本辦法第五次大包圍計劃、故此次蕭匪竄入湘南、實爲赤匪西竄之先導、蔣爲嚴防匪主力再行西竄計、除決定在吉安（贛西南）設立行營、俾可親赴前線指揮、切實防堵贛匪主力西竄外、並一面急電西路總部、嚴令所部、督同地方團隊努力清剿散匪、趕築碉堡、暫勿急進、務使匪衆不能飛渡、至吉安行營籌備事宜、行營已派黃股長前往、妥覓地址、一俟設備齊全、佈置就緒、蔣即將親往視察、必要時或長駐吉安、坐鎮督剿、以期數年來之剿匪軍事、得一良好結果、又蔣以蕭匪此次西竄入湘、據報努力猖獗、西路軍之在湘南者頗形吃力、近特派行營剿匪委員唐行明、前往考察西路軍之西南區各防剿部隊戰地實況、及各方勤務、並任唐爲西路軍西南區視察委員、聞唐昨已偕令西路軍各部隊知照、又蔣以此次蕭匪竄湘、影響甚大、昨復急電西路軍云、查各路構築碉堡、向匪區挺進、及碉堡線封鎖、制匪擾竄、均有成效、惟半年來爲預防匪軍西竄計、除前令築沿贛江至信豐安遠完南等縣封鎖線外、特規定構築贛西南及湘粵邊各縱橫線、以期嚴密、並令山西南兩路互組參謀團、勘查修築、又令各縱隊、暫勿急進、先確守固防地、嚴密封鎖、及通令各部增固各封鎖線各在案、乃近股匪竟能由鳳岡北竄、偷渡贛江赴贛西、而僞十七八兩師、更先越過遂大橫線、繼又越過汝城追線西竄、由此可見各線之構築與守備、均未嚴密、對小股如此、則封鎖匪之主力、更屬空談、言念及此、殊堪痛心、 此後對於已成之碉堡線、務使增築綿密、使能與槍火交叉、其封鎖未成者、務使從速綿密構成、並分段負責、堅密其防守、尤以贛粵湘邊區前定之縱橫各碉堡線、應迅速完成其工作、嚴行其守備、倘能增加縱橫碉堡線則更利、否則再有疏虞、任匪主力西竄、則後患更大、尚希嚴飭所屬、一體力行之云云、（九月五日）

（局部图 2）

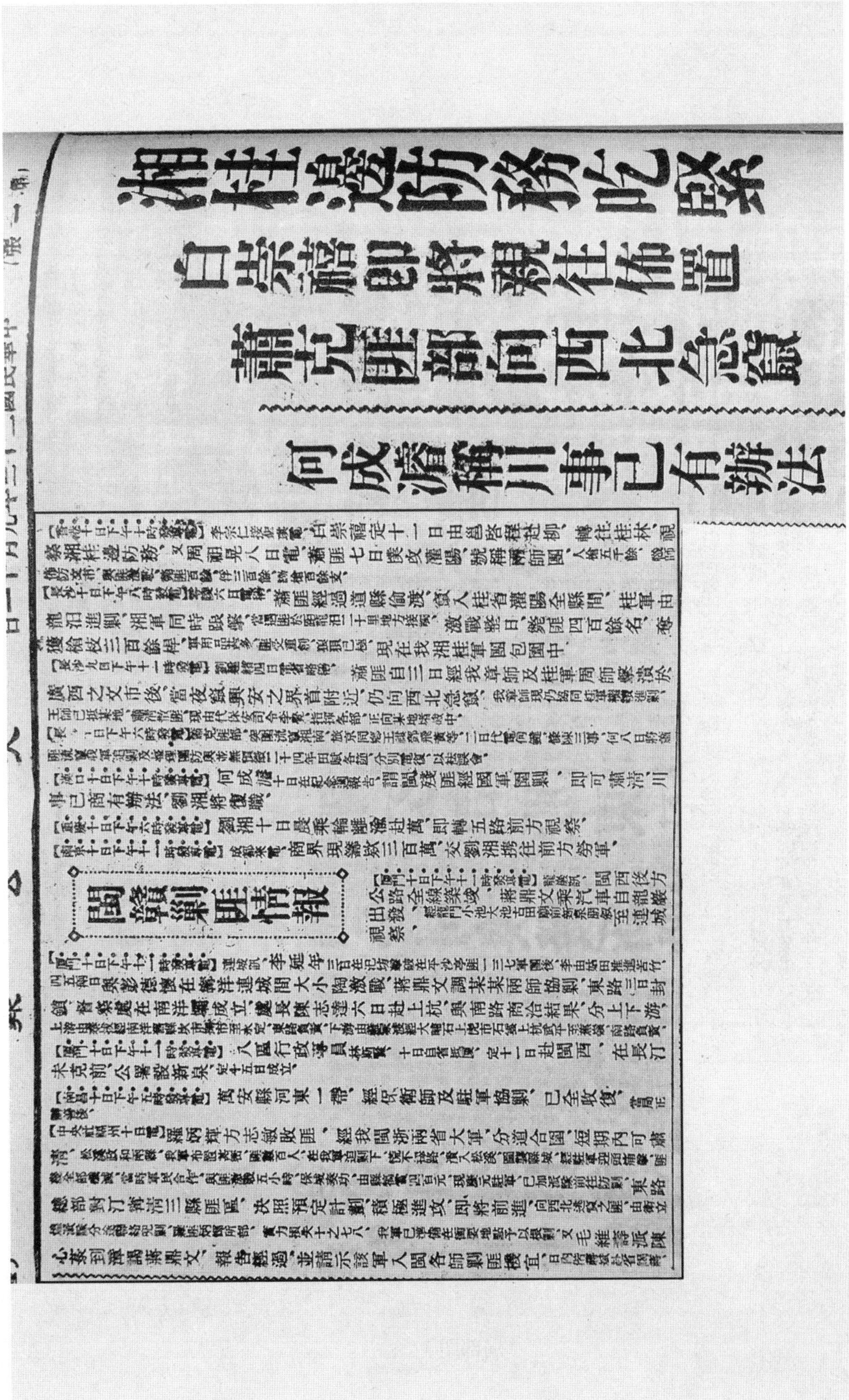

湘桂边防务吃紧
白崇禧即将亲往布置
萧克匪部向西北急窜
何成濬称川事已有办法

闽赣剿匪情报

12. 湘桂边防务吃紧，白崇禧即将亲往布置，萧克匪部向西北急窜，何成濬称川事已有办法，1934年9月11日第3版

【香港十日下午十時發專電】李宗仁接伍琪電、白崇禧定十一日由邕啓程赴柳、轉往桂林、視察湘桂邊防務、又周祖晃八日電、蕭匪七日陷攻灌陽、號稱兩師團、人槍五千餘、縱飾佈防文市、與匪激戰、斃匪百餘、俘三百餘、獲槍百餘支、

【長沙十日下午八時發專電】零陵六日電稱、蕭匪經過道縣偷渡、竄入桂省灌陽全縣間、桂軍由龍沿進剿、湘軍同時跟擊、當遇匪於距龍沿二十里地方接觸、激戰整日、斃匪四百餘名、奪獲槍枝三百餘桿、軍用品甚多、匪受重創、狼狽已極、現在我湘桂軍圍包圍中、

【長沙九日下午十一時發電】劉建緒四日電省略稱、蕭匪自三日經我章師及桂軍周師擊潰於廣西之文市後、當夜竄興安之界首附近、仍向西北急竄、我章師現仍協同桂軍繼續進剿、王師已抵某地、痛剿散匪、現由代保安司令李覺、指揮各部、正向某地堵截中、

【長、一日下午六時發電】蕭克匪部、突圍流竄湘南、旅京同鄉王祺鄧飛黃等、二日代電何鍵、條陳三事、何八日將蕭匪流竄我軍追剿及整理國防與並無預徵二十四年田賦各節、分別電復、以袪誤會、

【漢口十日下午十時發專電】何成濬十日在紀念週報告、謂閩殘匪經國軍圍剿、即可肅清、川事已商有辦法、劉湘將復職、

【重慶十日下午六時發專電】劉湘十日晨乘輪離渝赴萬、即轉五路前方視察、

【南京十日下午十一時發專電】成都來電、商界現籌款三百萬、交劉湘携往前方勞軍、

閩贛剿匪情報

【廈門十日下午十一時發專電】龍巖訊、閩西後方公路全線築竣、蔣鼎文乘汽車自龍巖出發、經龍門小池大池古田廟前新泉朋口至連城視察、

【廈門十日下午十二時發專電】連城訊、李延年三日在汜坊擊破在平沙亭匪一三七軍團後、李由姑田推進苦竹、四五兩日與彭德懷在鄉洋連城間大小陶激戰、蔣鼎文調某某兩師協剿、東路三日封鎖、督察處在南洋鄉成立、處長陳志達六日赴上杭、與南路商洽結果、分上下游、上游由泰拔經南洋舊縣坎市鄉市至永定、東路負責、下游由藍家渡經大陽石上汔市石邊上杭武平至蕉嶺、南路負責、

【廈門十日下午十一時發專電】八區行政專員林斯賢、十日自省抵廈、定十一日赴閩西、在長汀未克前、公署設新泉、定十五日成立、

【南昌十日下午五時發專電】萬安縣河東一帶、經保衛師及駐軍協剿、已全收復、當局正辦善後、

【中央社福州十日電】羅炳輝方志敏敗匪、經我閩浙兩省大軍、分道合圍、短期內可肅清、松溪政和兩縣、我軍布置甚密、匪數百人、在我軍追剿下、慌不擇路、竄入松溪、圍襲縣城、經駐軍迎頭痛擊、匪幾全部殲滅、當時軍民合作、與匪激戰五小時、保城奏功、由縣捐賞四百元、現劉元駐軍、已加派隊前往防剿、東路總部對汀寧清三縣匪區、決照預定計劃、積極進攻、即將前進、向西北逃竄之匪、由衛立煌派隊分途聯絡兜剿、羅匪炳輝所部、實力損失十之七八、我軍已準備在衝要地點予以根剿、又毛維壽派陳心恭到漳謁蔣鼎文、報告經過、並請示該軍入閩各師剿匪機宜、日內偕蔣斌赴省謁蔣、

（局部图）

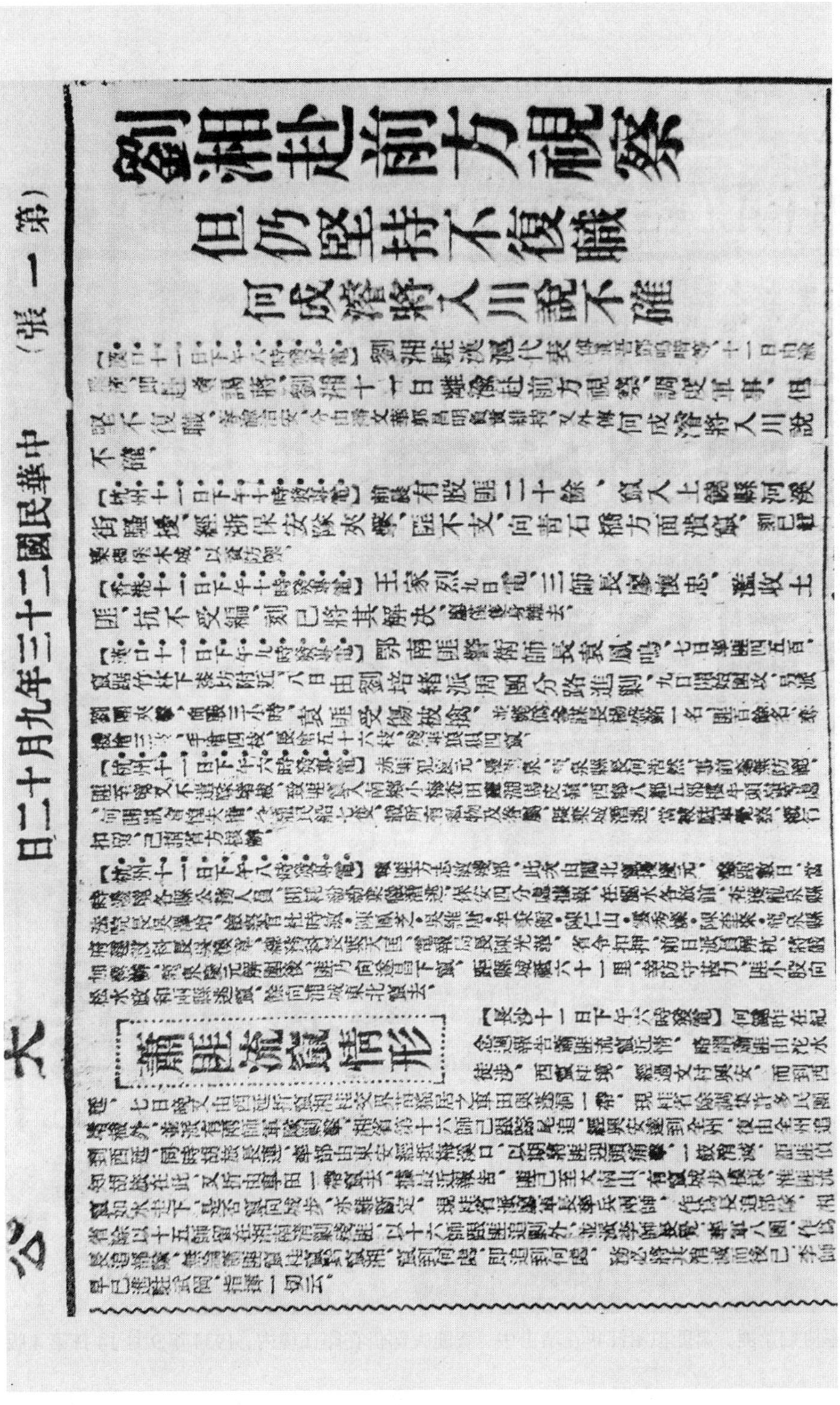

大公報　中華民國二十三年九月十二日　（第一張）

劉湘赴前方視察
但仍堅持不復職
何成濬將入川說不確

【重慶十一日下午六時發專電】劉湘辭職後[illegible]十一日[illegible]劉湘十一日離渝赴前方視察、調度軍事、但堅不復職、[illegible]何成濬將入川說不確、

【[illegible]十一日下午十時發專電】[illegible]有股匪二十餘、竄入上饒縣河溪街騷擾、經游保安隊來擊、匪不支、向青石橋方面逃竄、[illegible]

【[illegible]十一日下午十時發專電】王家烈九日電、三師長[illegible]、[illegible]匪、抗不受編、刻已將其解決、[illegible]

【[illegible]十一日下午九時發專電】鄂南匪[illegible]師長袁[illegible]、七日[illegible]、八日由劉培緒派兩團分路進剿、九日[illegible]、[illegible]三小時、該匪受傷被擒、[illegible]

【[illegible]十一日下午六時發專電】[illegible]

【[illegible]十一日下午六時發專電】[illegible]

蕭匪流竄情形

【長沙十一日下午六時發專電】[illegible]

13. 刘湘赴前方视察，但仍坚持不复职，何成濬将入川说不确，1934 年 9 月 12 日第 4 版

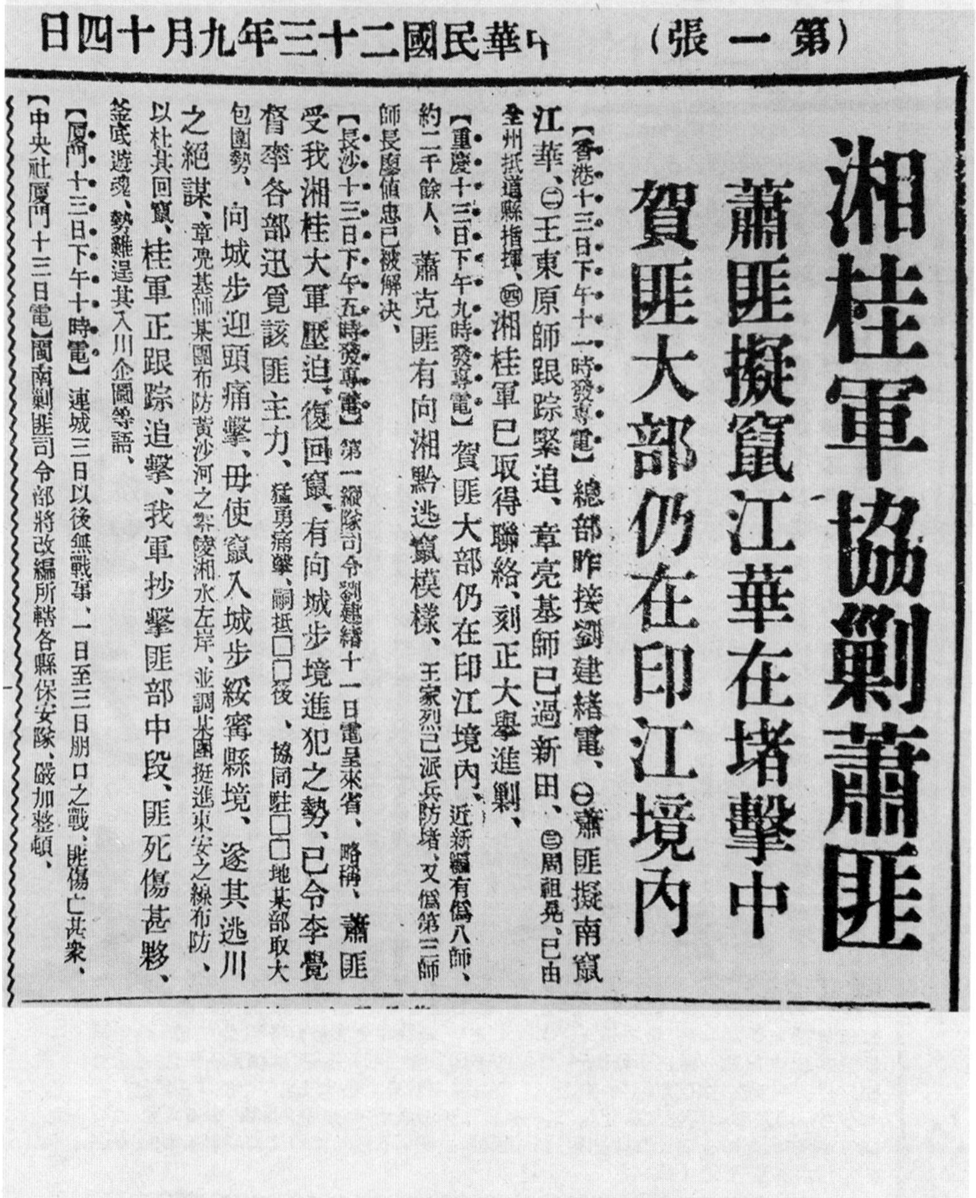

（第一張）　華民國二十三年九月十四日

湘桂軍協剿蕭匪

蕭匪擬竄江華在堵擊中

賀匪大部仍在印江境內

【香港十三日下午十一時發專電】總部昨接劉建緒電、㊀蕭匪擬南竄江華、㊁王東原師跟踪緊追、章亮基師已過新田、㊂周祖晃、已由全州抵道縣指揮、㊃湘桂軍已取得聯絡、刻正大舉進剿、

【重慶十三日下午九時發專電】賀匪大部仍在印江境內、近新編有偽八師、約二千餘人、蕭克匪有向湘黔逃竄模樣、王家烈已派兵防堵、又偽第三師師長廖偵忠已被解决、

【長沙十三日下午五時發專電】第一縱隊司令劉建緒十一日電呈來省、略稱、蕭匪受我湘桂大軍壓迫、復回竄、有向城步境進犯之勢、已令李覺督率各部迅覓該匪主力、猛勇痛擊、嗣抵□□後、協同駐□□地某部取大包圍勢、向城步迎頭痛擊、毋使竄入城步綏寧縣境、遂其逃川之絕謀、章亮基師某團布防黃沙河之零陵湘水左岸、並調某團挺進東安之綠布防、以杜其回竄、桂軍正跟踪追擊、我軍抄擊匪部中段、匪死傷甚夥、殘匪遊魂、勢難逞其入川企圖等語、

【廈門十三日下午十時電】連城三日以後無戰事、一日至三日朋口之戰、匪傷亡甚衆、

【中央社廈門十三日電】閩南剿匪司令部將改編所轄各縣保安隊、嚴加整頓、

14. 湘桂军协剿萧匪，萧匪拟窜江华在堵击中，贺匪大部仍在印江境内，1934 年 9 月 14 日第 4 版

15. 浙边“共匪”企图窜赣，俞济时在常山督剿中，湘桂军将入黔追剿萧匪，1934 年 9 月 19 日第 4 版（残）

大公報　中華民國二十三年九月十九日　（第一張）

浙邊共匪企圖竄贛

俞濟時在常山督剿中

湘桂軍將入黔追剿蕭匪

【重慶十八日下午五時發專電】劉湘在開江召集五路前線將領談話、關於整理陣線工作、業經決定、定二十日開始發放軍餉、士氣大振、前竄入秀山西區之賀匪、現經軍團圍剿、又竄回酉陽、

【杭州十八日下午八時發專電】十六日赤匪四五十竄常山、犯縣城、天未明與官軍接觸、激戰終日、下午七時匪二三百衝入縣城、經我軍圍擊、匪不支退去、又保安處俞濟時亦率隊馳援、向匪猛擊、當斃匪數百、匪乃向芳村方面退去、距縣城五十里、地方無損失、常山國軍雲集、可無虞、十七日無戰事、常山匪敗退後、竄至上源埠、開化駐軍派隊由華埠向南邀擊、匪已無路可走、有竄贛境企圖、但球川隘村為入贛必經之道、我軍已有重兵駐守、匪已成甕中之鼈、

【杭州十八日下午八時發專電】江山縣境上召鎮十六日發現土匪、經官軍剿滅、十七日始擊散、現二十八都清湖鎮已無匪蹤、江山常山間電話亦通、匪尚有一部匿江常兩縣邊境、援軍已陸續開往、會齊進剿、俞濟時刻在常山督剿、中央派來大軍、亦歸俞指揮、

【杭州十八日下午八時發專電】十六日衢縣附近南鄉有赤匪發見、當爲地方團隊擊散、十七日始由浙保安處俞濟時率隊肅清、中央亦派大隊由衢過杭赴衢江一帶鎮懾、杭江路杭州客票仍售至衢州、衢州至江山有區間車可通衢州、江山港大橋尚在趕修中、

【香港十八日下午十時發專電】王家烈十八日有電致粵、略謂、黔邊雖甚吃緊、但防線內可保無虞、

【長沙十八日下午八時電】蕭匪經我軍追剿、現由通道紛向湘黔邊境之牙屯堡雙江口一帶逃潰、湘桂兩軍決定入黔追剿、何鍵昨已派員赴黔、担任聯絡、接洽一切剿匪軍事、

閩省剿匪 將有開展

【福州十八日上午九時電】閩西各縣安靖、匪糧食不足、到處流竄、冀圖刦奪、我前方兵力早經妥爲配置、攻擊準備完畢、劉正候命挺進、北路總司令顧祝同會飛至龍巖、與蔣有所會商、大約日內即總攻、東北兩路會師長汀、進取瑞金、直搗赤匪老巢、爲期不遠、

【福州十八日上午九時電】軍息、省派飛機偵炸連江羅源魏耿股匪、並派八七師部隊往協助、福寧各股匪已責成新十師跟剿、閩東剿匪漸開展、

【福州十八日電】陳秀嗔師奉省令搜剿寧福安土共、陳十六日電稱、所部顧嶺於十五

中華民國二十三年九月二十日　（第一張）

浙邊殘匪在包圍中

江山大軍雲集開始運輸

蕭匪疲憊返竄通道一帶

【杭州十九日下午九時發專電】江山離城數十里之大背山地方、發現股匪、官軍聞訊往剿、在追擊中、中央派來生力軍某師某旅、已抵江山縣境、日來大軍雲集、省方派去之三十大車、已在開始運輸、交通便利、殘匪在包圍中、

【香港十九日下午十一時發專電】劉湘代表王少南十九日經桂抵粵、王家烈十七日電、李成章部第九團十六日與賀匪戰於板溪、匪不支潰退、擊斃偽團長一、匪四十餘、

【南京十九日下午十時發專電】何鍵電京報告、蕭匪竄向杉木橋寨牙後、十六日返竄文星橋通道一帶、該匪經我軍與桂軍月餘追剿、受創已鉅、疲憊不堪、

【厦門十九日下午八時發專電】漳訊、顧祝同偕趙啓騄抵龍岩開北東剿匪軍會、顧十六日飛返南城、

【重慶十九日下午十時發專電】「匪攻二路甚急、巴縣義勇隊一千名十九日晨離渝、赴前線參加剿赤、渝市洋水飛漲、莊票掉現金、每百元須補水六元五角、

【漢口十九日下午十時發專電】湘鄂邊區剿匪指揮官羅樹田定二十日在羊樓峒召湘屬岳陽臨湘鄂屬蒲圻·崇陽·咸寧·通城等縣黨委縣長、開湘鄂邊區聯防會議、陳繼承派部掩護難民入匪區割穀、並以投誠匪組吶喊隊、分五組、晚登高山、喚醒匪之迷夢、

【中央社杭州十八日電】路息、十八日晨消息、江山附近股匪、現已潰竄、杭江路全段照常通車、杭州玉山間電話亦已無阻、杭江路全線完全平安、

16. 浙边残匪在包围中，江山大军云集开始运输，萧匪疲惫返窜通道一带，1934 年 9 月 20 日第 4 版

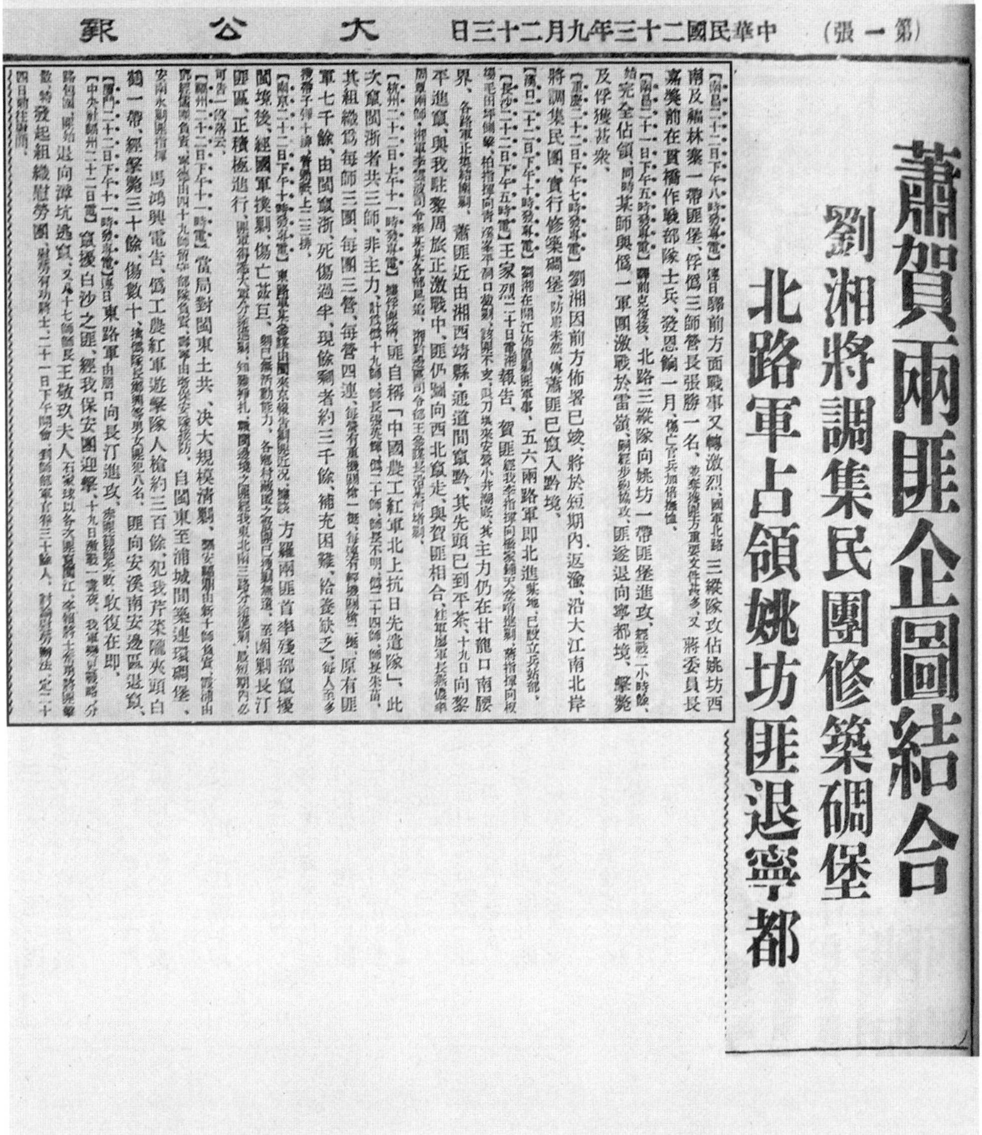

大公報　中華民國二十三年九月二十三日　（第一張）

蕭賀兩匪企圖結合

劉湘將調集民團修築碉堡

北路軍占領姚坊匪退寧都

【南昌二十二日下午八時發專電】連日驛前方面戰事又轉激烈，國軍北路三縱隊攻佔姚坊西南及緬林寨一帶匪堡，俘偽三師營長張勝一名，並奪獲匪方重要文件甚多，又蔣委員長嘉獎前在貫橋作戰部隊士兵，發恩餉一月，傷亡官兵加倍撫恤。

【南昌二十一日下午五時發專電】驛前克復後，北路三縱隊向姚坊一帶匪堡進攻，經戰二小時餘，始完全佔領，同時某師與偽一軍團激戰於雷嶺，嗣經步砲協攻，匪遂退向寧都境，擊斃及俘獲甚衆。

【重慶二十二日下午七時發專電】劉湘因前方佈署已竣，將於短期內返渝，沿大江南北岸將調集民團，實行修築碉堡，防患未然，傳蕭匪已竄入黔境。

【漢口二十二日下午十時發專電】劉湘在閬江佈置剿匪軍事，五六兩路軍即北進集堆，已設立兵站部。

【長沙二十二日下午五時發專電】王家烈二十日電湘報告，賀匪經我李指揮向楊家鋪[illegible]，蔣指揮向板場毛田坪側擊，[illegible]，其主力仍在甘龍口南腰界，各路軍正集結圍剿。蕭匪近由湘西竦縣·通道間竄黔，其先頭已到平茶，十九日向黎平進竄，與我駐黎周旅正激戰中，匪仍圖向西北竄走，與賀匪相合，[illegible]

【杭州二十二日上午十一時發專電】據俘匪稱，匪自稱「中國農工紅軍北上抗日先遣隊」，此次竄閩浙者共三師，非主力，計為偽十九師，師長張[illegible]輝，偽二十師，師長不明，偽二十四師，師長朱苗，其組織偽每師三團，每團三營，每營四連，每營有重機關槍一挺，每連有輕機關槍一挺，原有匪軍七千餘，由閩竄浙，死傷過半，現餘剩者約三千餘，補充困難，給養缺乏，每人至多帶子彈十餘[illegible]上二三排。

【南京二十二日下午十時發專電】東路軍某參謀長由閩來京報告剿匪近況，據談方羅兩匪首率殘部竄擾閩境後，經國軍換剿，傷亡甚巨，[illegible]已無活動能力，各鄉村屬匪之各組已殘剿無遺，至閩剿長汀匪區，正積極進行，[illegible]

【福州二十二日下午十一時電】當局對閩東土共，決大規模清剿，[illegible]自閩東至浦城間築連環碉堡，[illegible]馬鴻興電告，偽工農紅軍遊擊隊人槍約三百餘，犯我芹菜隴夾頭白獅一帶，經擊斃三十餘，傷數十，[illegible]匪向安溪南安邊區退竄。

【廈門二十二日下午十一時發專電】連日東路軍由居口向長汀進攻，[illegible]收復在即。

【中央社福州二十二日電】竄擾白沙之匪，經我保安團迎擊，十九日激戰一晝夜，[illegible]分路包圍，匪始退向漳坑逃竄，又八十七師師長王敬玖夫人[illegible]，特發起組織慰勞團，慰勞有功將士，二十一日下午開會，到師部軍官眷三十餘人，討論慰勞辦法，定二十四日動往前[illegible]。

17. 萧（克）、贺（龙）两匪企图结合，刘湘将调集民团修筑碉堡，北路军占领姚坊匪退宁都，1934 年 9 月 23 日第 3 版

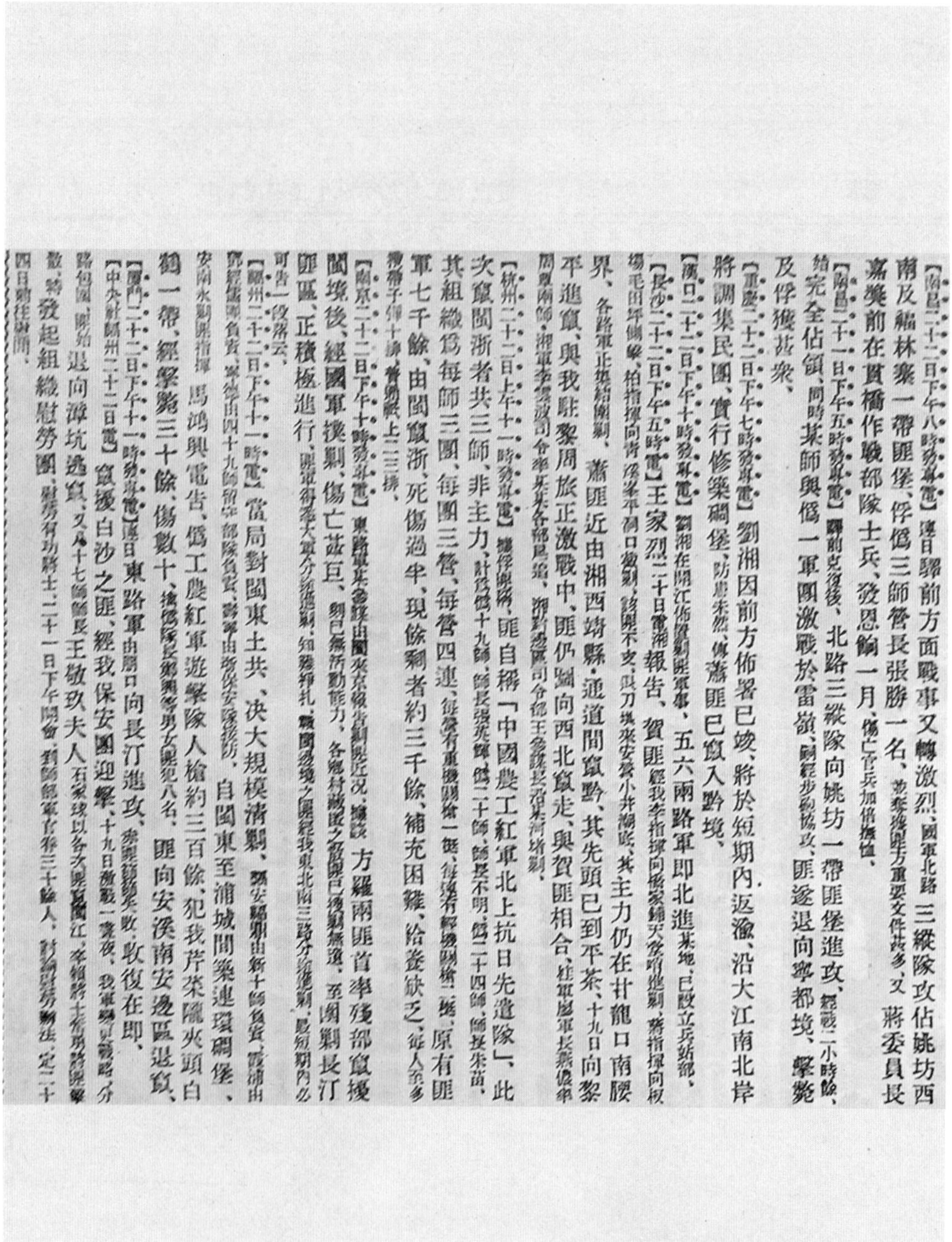

【南昌二十二日下午八時發專電】連日贛前方面戰事又轉激烈，國軍北路三縱隊攻佔姚坊西南及縮林寨一帶匪堡，俘偽三師營長張勝一名，並奪獲匪方重要文件甚多，又蔣委員長嘉獎前在貫橋作戰部隊士兵，發恩餉一月，傷亡官兵加倍撫恤。

【南昌二十一日下午五時發專電】贛前克復後，北路三縱隊向姚坊一帶匪堡進攻，經戰二小時餘，始完全佔領，同時某師與偽一軍團激戰於雷嶺，嗣經步砲協攻，匪遂退向寧都境，擊斃及俘獲甚衆。

【重慶二十二日下午七時發專電】劉湘因前方佈署已竣，將於短期內返渝，沿大江南北岸將調集民團，實行修築碉堡，防患未然，傳蕭匪已竄入黔境。

【漢口二十二日下午十時發專電】劉湘在閬江佈置剿匪軍事、五六兩路軍即北進某地，已設立兵站部、

【長沙二十二日下午五時電】王家烈二十日電湘報告、賀匪經我李指揮向侯家鋪天堂哨進剿，蔣指揮向枚場毛田坪側擊，柏指揮向青溪峯平洞口截剿，該匪不支，即刀塊來安營小井湖底，其主力仍在甘龍口南腰界、各路軍正集結圍剿、蕭匪近由湘西靖縣‧通道間竄黔、其先頭已到平茶、十九日向黎平進竄、與我駐黎周旅正激戰中、匪仍竄向西北竄走、與賀匪相合、桂軍廖軍長磊偕率周覃兩師‧湘軍李覺波司令率其來各部尾追、湘黔邊區司令部王參謀長沿某河堵剿、

【杭州二十二日上午十一時發專電】據俘匪稱、匪自稱「中國農工紅軍北上抗日先遣隊」、此次竄閩浙者共三師、非主力、計為偽十九師、師長張亮輝，偽二十師、師長不明，偽二十四師、師長朱苗、其組織為每師三團、每團三營、每營四連、每營有重機關槍一挺、每連有輕機關槍二挺、原有匪軍七千餘、由閩竄浙、死傷過半、現餘剩者約三千餘、補充困難、給養缺乏、每人至多攜帶子彈十排、普通祇上二三排、

【南京二十二日下午十時發專電】東路軍某參謀由閩來京報告剿匪近況、據談、方羅兩匪首率殘部竄擾閩境後、經國軍掩剿、傷亡甚巨、匪已無活動能力、各鄉村藏匪之窟巢已被剿蕩無遺、至閩剿長汀匪區、正積極進行、匪軍得悉大軍分路進剿、知難掙扎、戰閩邊境之匪經我東北南三路分路進剿、最短期內必可告一段落云、

【福州二十二日下午十一時電】當局對閩東土共、決大規模清剿、福安縣東由新十師負責、霞浦由福經保師負責、寧德由四十九師留守部隊負責、羅源由省保安隊擔防、自閩東至浦城間築連環碉堡、安南水剿匪指揮馬鴻興電告、偽工農紅軍遊擊隊人槍約三百餘、犯我芹菜隴夾頭白鶴一帶、經擊斃三十餘、傷數十、擒偽隊長鄭興等男女匪犯八名、匪向安溪南安邊區退竄、

【廈門二十二日下午十一時發專電】連日東路軍由閩口向長汀進攻、余匪節節失敗、收復在即、

【中央社福州二十二日電】竄擾白沙之匪、經我保安團迎擊、十九日激戰一晝夜、我軍轉取包圍，匪始退向漳坑逃竄，又八十七師師長王敬玖夫人石家球以各次匪竄閩江、李領將士奮勇殺敵，特發起組織慰勞團，慰勞有功將士，二十一日下午開會，對師部軍官等三十餘人，討論慰勞辦法，定二十四日動往樹湖、

（局部图）

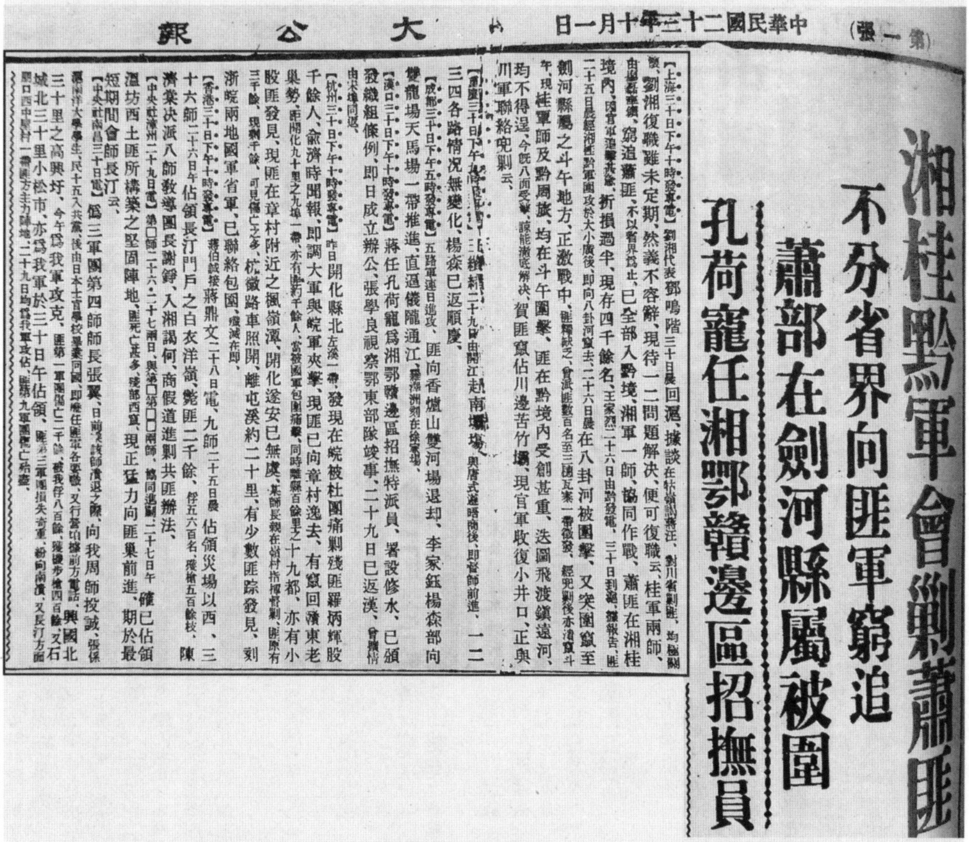

(第一張) 中華民國二十三年十月一日 大公報

湘桂黔軍會剿蕭匪
不分省界向匪軍窮追
蕭部在劍河縣屬被圍
孔荷寵任湘鄂贛邊區招撫員

【上海三十日下午十時發專電】劉湘代表鄧鳴階三十日晨回渝、據談在牯嶺謁蔣汪、對川省剿匪、均極關懷、劉湘復職雖未定期、然義不容辭、現待一二問題解決、便可復職云、桂軍兩師、由廖磊率領、窮追蕭匪、不以省界為止、已全部入黔境、湘軍一師、協同作戰、蕭匪在湘桂境內、因官軍追擊甚急、折損過半、現存四千餘名、王家烈二十六日由黔發電、三十日到漢、據報告、匪二十五日晨經湘匪黔軍圍攻於大小廣後、即向八卦河竄去、二十六日晨在八卦河被圍擊、又突圍竄至劍河縣屬之斗午地方、正激戰中、匪糧缺乏、曾派匪數百名至三穗瓦寨一帶徵發、經兜剿後亦潰竄斗午、現桂軍師及黔周旅、均在斗午圍擊、匪在黔境內受創甚重、迭圖飛渡鎮遠河、均不得逞、今既八面受敵、諒能澈底解決、賀匪竄佔川邊苦竹壩、現官軍收復小井口、正與川軍聯絡兜剿云、

【重慶三十日下午九時發專電】王纘緒二十九日由開江赴南壩場、與唐式遵晤商後、即督師前進、一二三四各路情況無變化、楊森已返順慶、

【成都三十日下午五時發專電】五路軍連日進攻、匪向香爐山雙河場退却、李家鈺楊森部向雙龍場天馬場一帶推進、直逼儀隴通江、羅澤洲刻在徐家場、

【漢口三十日下午十時發專電】蔣任孔荷寵為湘鄂贛邊區招撫特派員、署設修水、已頒發組織條例、即日成立辦公、張學良視察鄂東部隊竣事、二十九日已返漢、曾擴情由宋埠同返、

【杭州三十日下午十時發專電】昨日開化縣北左溪一帶、發現在皖被杜園痛剿殘匪羅炳輝股千餘人、俞濟時聞報、即調大軍與皖軍夾擊、現匪已向章村逸去、有竄回贛東老巢勢、距開化九十里之九華一帶、亦有散約千餘人、當被國軍包圍痛擊、同時離縣百餘里之十九都、亦有小股匪發見、現匪在章村附近之楓嶺溪、開化遂安已無虞、某師長親在前村指揮督剿、匪原有三千餘、現剩千餘、可見傷亡之多、杭徽路車照開、離屯溪約二十里、有少數匪踪發見、刻浙皖兩地國軍省軍、已聯絡包圍、殲滅在即、

【香港三十日下午十時發專電】蔣伯誠接蔣鼎文二十八日電、九師二十五日晨佔領災場以西、三十六師二十六日午佔領長汀門戶之白衣洋嶺、斃匪二千餘、俘五六百名、獲槍五百餘枝、陳濟棠決派八師教導團長謝鉧、入湘謁何、商假道進剿共匪辦法、

【中央社漳州二十九日電】第□師二十六・二十七兩日、與第□第□□兩師、協同進剿、二十七日午確已佔領溫坊西土匪所構築之堅固陣地、匪死亡甚多、殘部西竄、現正猛力向匪巢前進、期於最短期間會師長汀云、

【中央社南昌三十日電】偽三軍團第四師師長張翼、日前於該師潰退之際、向我周師投誠、張係湖南洋大學學生、民十五入共黨、後由日本士官學校畢業回國、即被任匪軍各要職、又行營頃據前方電話、興國北三十里之高興圩、今午為我軍攻克、匪第一軍團傷亡二千餘、被我俘八百餘、獲機步槍四百餘、又石城北三十里小松市、亦為我軍於三十日午佔領、匪第三軍團損失奇重、紛向南竄、又長汀方面關口西中屋村一帶匪方主力陣地、二十九日均為我軍攻佔、匪第九軍團傷亡殆盡、

18. 湘桂黔军会剿萧匪，不分省界向匪军穷追，萧部在剑河县属被围，孔荷宠任湘鄂赣边区招抚员，1934 年 10 月 1 日第 3 版

【上海三十日下午十時發專電】劉湘代表鄧鳴階三十日晨回滬、據談在牯嶺謁蔣汪、對川省剿匪、均極關懷、劉湘復職雖未定期、然義不容辭、現待一二問題解決、便可復職云、桂軍兩師、由廖磊率領、窮追蕭匪、不以省界爲止、已全部入黔境、湘軍一師、協同作戰、蕭匪在湘桂境內、因官軍追擊兵險、折損過半、現存四千餘名、王家烈二十六日由黔發電、三十日到湘、據報告、匪二十五日晨經湘桂黔軍圍攻於大小廣後、即向八卦河竄去、二十六日晨在八卦河被圍擊、又突圍竄至劍河縣屬之斗午地方、正激戰中、匪糧缺乏、曾派匪數百名至三穗瓦寨一帶徵發、經兜剿後亦潰竄斗午、現桂軍師及黔周旅、均在斗午圍擊、匪在黔境內受創甚重、迭圖飛渡鎮遠河、均不得逞、今既八面受擊、諒能澈底解決、賀匪竄佔川邊苦竹壩、現官軍收復小井口、正與川軍聯絡兜剿云、

【重慶三十日下午九時發專電】[illegible]紹二十九日由開江赴南壩場、與唐式遵晤商後、即督師前進、一二三四各路情況無變化、楊森已返順慶、

【成都三十日下午五時發專電】五路軍連日進攻、匪向香爐山雙河場退卻、李家鈺楊森部向雙龍場天馬場一帶推進、直逼儀隴通江、羅澤洲刻在徐家場、

【漢口三十日下午十時發專電】蔣任孔荷寵爲湘鄂贛邊區招撫特派員、署設修水、已頒發組織條例、即日成立辦公、張學良視察鄂東部隊竣事、二十九日已返漢、曾擴情由宋埠同返、

【杭州三十日下午十時發專電】昨日開化縣北左溪一帶、發現在皖被杜圍痛剿殘匪羅炳輝股千餘人、俞濟時聞報、即調大軍與皖軍夾擊、現匪已向章村逸去、有竄回贛東老巢勢、距開化九十里之九埠一帶、亦有匪約千餘人、當被國軍包圍痛擊、同時離縣百餘里之十九都、亦有小股匪發見、現匪在章村附近之楓嶺潭、開化遂安已無虞、某師長親在嶺村指揮督剿、匪除有三千餘、現剩千餘、可見傷亡之多、杭徽路車照開、離屯溪約二十里、有少數匪踪發見、刻浙皖兩地國軍省軍、已聯絡包圍、殲滅在即、

【香港三十日下午十時發專電】蔣伯誠接蔣鼎文二十八日電、九師二十五日晨佔領災場以西、三十六師二十六日午佔領長汀門戶之白衣洋嶺、斃匪二千餘、俘五六百名、獲槍五百餘枝、陳濟棠決派八師教導團長謝鐸、入湘謁何、商假道進剿共匪辦法、

【中央社漳州二十九日電】第□師二十六·二十七兩日、與第□第□兩師、協同進剿、二十七日午確已佔領溫坊西土匪所構築之堅固陣地、匪死亡甚多、殘部西竄、現正猛力向匪巢前進、期於最短期間會師長汀云、

【中央社南昌三十日電】僞三軍團第四師師長張翼、日前於該師潰退之際、向我周師投誠、張係滬南洋大學學生、民十五入共黨、後由日本士官學校畢業回國、即擔任匪軍各要職、又行營頃據前方電話、興國北三十里之高興圩、今午爲我軍攻克、匪第一軍團傷亡二千餘、被我俘八百餘、獲機步槍四百餘、又石城北三十里小松市、亦爲我軍於三十日午佔領、匪第三軍團損失奇重、紛向南潰、又長汀方面朋口西中屋村一帶匪方主力陣地、二十九日均爲我軍攻佔、匪第九軍團傷亡殆盡、

（局部图）

蔣令各省實行聯防

劃分聯防區備相當兵力

嚴密民衆組織發展交通

【漢口一日下午九時發專電】蔣令各省政府實行要區聯防、劃分聯防區、備置相當兵力、嚴密民衆組織、發展交通、

【長沙一日下午五時發電】李代司令覺二十八日由前方電省略稱、蕭匪竄入黔境後、不料我湘桂大軍、不分畛域、跟踪追剿、二十五日大小廣孟有王村之役、三次擊斃匪衆六百餘名、奪槍二百餘枝、傷者相等、二十六日八卦河之役、將匪擊潰、匪圖東竄突圍、現仍在我軍包圍痛剿中、斃匪甚衆、據俘匪供稱、匪團長趙雄營長周某陣亡、餘匪膽寒、逃散甚衆、又黔王家烈二十七日電湘略稱、蕭匪敗困八卦河、復遇我三省聯軍痛剿、受創極重、茲爲一鼓殲滅計、除派調李指揮向黔川邊追擊賀匪外、本人親率一六五各團、進抵馬廠坪督剿云、

【廈門一日下午十時發專電】克中屋村後、我軍向西追擊、匪向河田退去、

【中央社成都一日電】(一)劉湘電省稱、五路軍自二十五日奉令出擊後、業將當面之匪擊退、進佔百岩寺貓家山高家山一帶要隘、范紹增師亦佔領鄧家坪牛尾寨崇寶寨苦竹溪等地、(二)羅澤洲電省稱、決率五路軍出擊之際、恢復儀隴、楊森電劉、決誓死進攻、詞意極誠懇、(三)劉在渝談、此次赴前線布防、頗著成效、對渝市金融、將再加一度整理、

19. 蒋（介石）令各省实行联防，划分联防区备相当兵力，严密民众组织发展交通，1934 年 10 月 2 日第 3 版

中華民國二十三年十月四日　大

第一張

川各軍促劉湘復職

劉表示返成都後決定

劉峙昨赴漢會商剿匪

【漢口三日下午十時發專電】總部奉蔣一日電稱、川匪依然猖獗、各軍渙散如故、已電令劉湘嚴辦望風奔逃之軍官、以資儆懲云、

【南京三日下午十時發專電】政訊、連日川省剿匪順利、劉湘決即赴成都復職、劉部近整理竣事、

【漢口三日下午十時發專電】何成濬因事暫緩出巡鄂北、徐源泉亦留漢、出巡之民廳長孟廣澎、教廳長程其保、均定五日前趕回、

【重慶三日下午五時發專電】日來三四五六路前方、皆有小接觸、且獲勝利、各路均派有代表來渝、促劉湘復職、據劉表示、須返蓉後始能決定、又賀匪經黔軍擊敗、又竄入甘龍口小井一帶、

【開封三日上午十一時發專電】劉峙應張學良電召、三日晨專車赴漢、商三省邊區剿匪事宜、豫西視察因此中止、

【南昌三日上午九時發專電】中華山鐵子寨攻克後、匪近次反攻、均慘敗南竄、被我軍聯合猛攻、傷斃極多、又僞中央命羅匪出兵遊擊不利、竄山谷中、

【南昌三日上午九時發專電】頃悉六路軍復攻破大排嶂禾崗匪堡、並乘勝進佔切金塅高地、

【長沙三日下午八時發電】李代司令覺三十日電呈來省、略稱職統率所部、開抵黔之順洞一帶時、忽據探報稱、蕭匪復據巴野松崖等地、旋接廖軍長磊電話、黔軍某部、已推進至重安江鎮遠洞口之線、王軍長家烈本人坐鎮重安、指揮各部督剿、我周師部隊進達松崖之線、本人駐節瓦寨督剿云云、職比即率部調赴三穗鎮遠之線、剿均達到目的地、依照計劃、切取聯絡、分六路陣線、向匪部包圍、決即下總攻令、向匪猛撲、

【中央社福州三日電】攻汀軍事、我軍連日正測兩面同時猛進、白衣洋嶺收復後、汀匪以我大軍跟剿甚急、將主力集中興國、有南竄模樣、但南路軍已有準備、蔣委員長通令、限期掃蕩各處匪氛、並嚴密注意封鎖事宜、省府昨分電各區專員、轉飭嚴密封鎖、

20. 川各军促刘湘复职，刘表示返成都后决定，刘峙昨赴汉会商剿匪，1934 年 10 月 4 日第 3 版

(第一張) 中華民國二十三年十月五日 大公報

黔軍團結一致剿匪

蕭匪越過鎮遠仍圖北竄

贛南激戰梁師大獲勝利

【漢口四日下午十一時發專電】蔣電令川省各軍一致反攻、

【上海四日下午七時發專電】猶國材九月二十七日通電、賀匪竄黔之初、即令蔣丕緒車鳴翼會同王家烈部堵剿、嗣聞蕭匪企圖入黔、又電王預防、如感兵力不敷、本部可以調用、惟王統籌大計、迄未宣布、已通電各軍放棄一切主張、團結救省、並尅日晉省、與王面商防剿、俟分配確定、即率所部盡赴前方、盼剿匪部隊不分畛域、越境窮追、又猶電滬、一日由興義啓程入省、十日前後可到、

【香港四日下午十一時發專電】余漢謀一日派李振球張達視察贛州南雄防務、廖磊九月二十七日電、二十六日晨率汪張兩團向八卦河追剿蕭匪、略接觸、匪即向大廣竄去、同時覃師在豐溪亦殲匪三四百、現令覃師猛追、李周兩師向西推移、請電王家烈截擊、

【長沙四日下午五時電】李覺二日由前方電省、略稱蕭匪已竄過鎮遠、達到施秉縣以西黃平縣以東之東壙地方、仍圖渡河北竄、我黔軍正嚴厲堵剿、湘桂軍亦急進夾擊、俾殲滅該匪、

【杭州四日下午八時發專電】赤匪羅炳輝殘部八百餘、於昨晨向白沙關口帶橋一帶流竄、經國省軍合力圍剿、匪即潰去向皖婺源山林中竄去、

【南昌四日上午九時發專電】蔣特命□□師梁華盛部由廬馳赴前方參戰、匪亦增調僞二十一師與之對抗、九月二十八日晨、雙方開始激戰於雄嶺南十里之太平山石井坑一帶、匪不支、墜岩死者甚衆、梁師一氣連破匪堡二十餘座、太平山石井坑當即完全佔領、匪後曾全力反攻、亦大敗、

【南昌三日下午六時發專電】西路郭師搜剿大馬山股匪、並將匪兵工廠搗毀、殘匪退竄楊柳山等處、該師復與馬師聯絡圍剿、股匪兩千餘頑抗、並肉搏數次、匪傷亡甚多、

【中央社龍巖三日電】添泉電、瑞金僞府因國軍壓迫、已移距瑞城五十里之江西圩、一說現遷至會昌瑞金交界處之[illegible]云、

【長沙四日下午五時電】西路總司令何鍵、因贛西殘匪漸告肅清、地方善後急待規劃、同時第二縱隊司令劉膺古召集轄區縣長局長專員等、於四日在萍鄉舉行黨政會議、特於四日下午二時乘專車赴萍、親臨訓導、

【廈門四日下午十時發專電】報載、蔣委員長以長汀將下、調毛維壽來閩、毛二十六日自平抵滬、將入閩、毛部六十・六十一師亦將調閩、連日閩西沈寂、正補充築路、籌備進攻河田中、六十七師等電推蔡[illegible]文出席五中全會、已足[illegible]、港傳蔣伯誠返閩、總部否認、謂蔣近並無來閩意、

【中央社上海四日電】劉湘駐滬代表鄧鳴階談、劉即可復職、川中金融亦趨穩定云、

【中央社南京四日電】川民衆代表龍文治黃憲乾、三日謁汪院長、四日覲林主席、陳述川民疾苦及剿匪近情、並請中央令劉湘尅日復職、負責剿匪、結果圓滿、

【中央社福州四日電】泰寧清流縣境殘匪、即可肅清、泰寧縣長胡宗鎔、本日乘輪赴滬往贛轉泰赴任、清流縣長[illegible]文、四日[illegible]云、

【中央社南昌四日電】(一)北路第六路軍自收復中洲堆崗各地、更積極邁進、二十七日下午、將胡家段攻克、現前線距古龍崗只二十里、三數日內即可收復、以阻斷僞國匪軍歸路、(二)東路隊三十日晨向鋼形高地攻擊、匪利用堅固碉大堡壘、頑强抵抗、我軍以飛機大砲掩護、勇猛進擊、遂將鋼形高地匪堡十餘座完全佔領、

2|1

21. 黔军团结一致剿匪，萧匪越过镇远仍图北窜，赣南激战梁师大获胜利，1934 年 10 月 5 日第 3 版

中華民國二十三年十月五日　（第一張）

黔軍團結一致剿匪

蕭匪越過鎮遠仍圖北竄

贛南激戰粱師大獲勝利

【漢口四日下午十一時發專電】蔣電令川省各軍一致反攻、

【上海四日下午七時發專電】猶國材九月二十七日通電、賀匪竄黔之初、即令蔣丕緒車鳴翼會同王家烈部堵剿、嗣聞蕭匪企圖入黔、又電王預防、如慮兵力不敷、本部可以調用、惟王毓籌大計、迄未宣布、已通電各軍放棄一切主張、團結救省、並尅日晉省、與王面商防剿、俟分配稍定、即率所部盡赴前方、盼剿匪部隊不分畛域、越境窮追、又猶電渥、一日由興義啓程入省、十日前後可到、

【香港四日下午十時發專電】余漢謀一日派李振球張達視察贛州南雄防務、廖磊九月二十七日電、二十六日辰率汪張兩團向八卦河追剿蕭匪、略接觸、匪即向大廣竄去、同時覃師在豐溪亦斃匪三四百、現令覃師猛追、李周兩師向西推移、請電王家烈截擊、

【長沙四日下午五時電】李覺二日由前方電省、略稱蕭匪已竄過鎮遠、達到施秉縣以西黃平縣以東之東嶺地方、仍圖渡河北竄、我黔軍正嚴厲堵剿、湘桂軍亦急進夾擊、俾殲滅該匪、

【杭州四日下午八時發專電】赤匪羅炳輝殘部八百餘、於昨晨向白沙關口帶橋一帶流竄、經

（局部图 1）

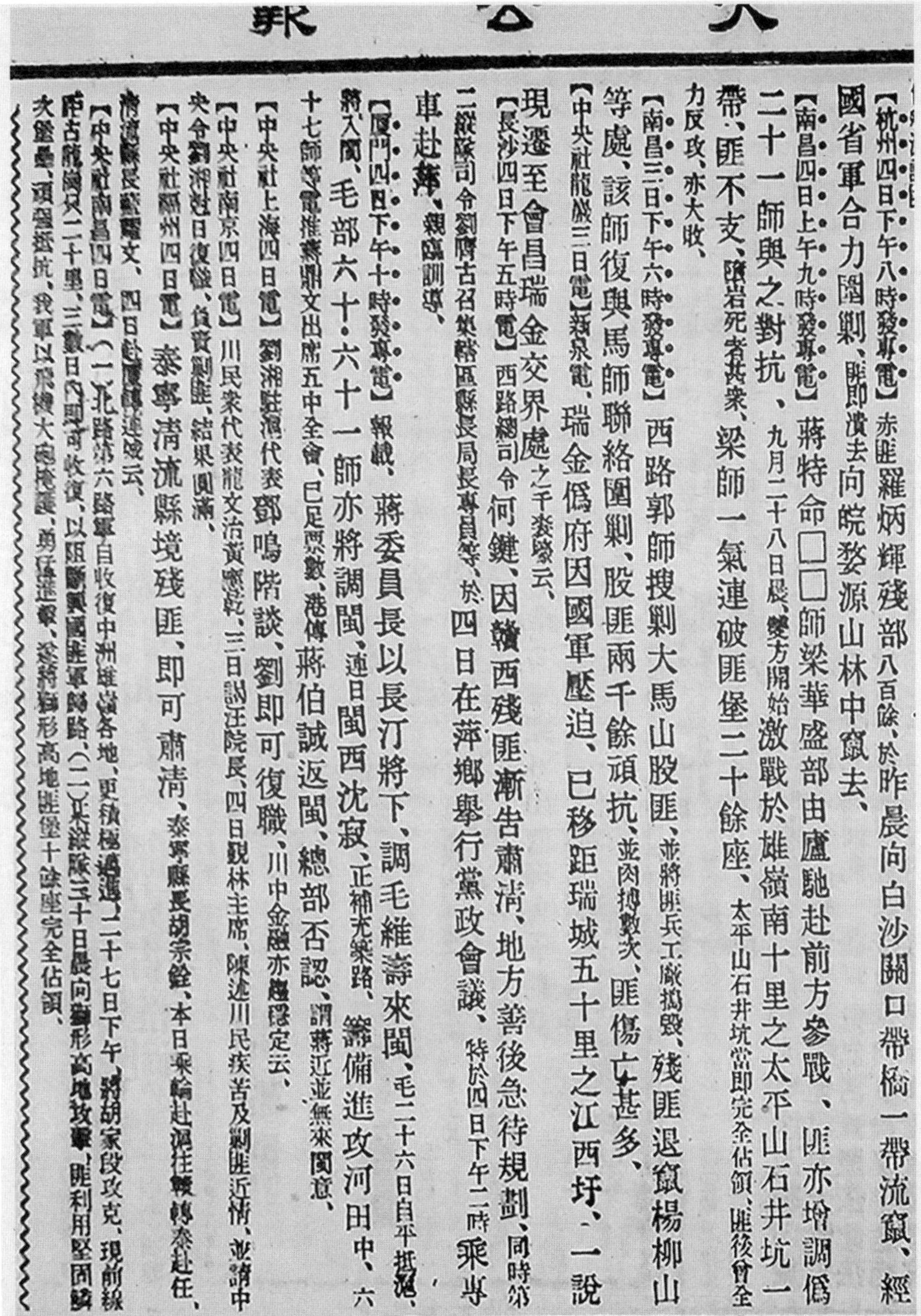

大公報

【杭州四日下午八時發專電】赤匪羅炳輝殘部八百餘、於昨晨向白沙關口帶橋一帶流竄、經國省軍合力圍剿、匪即潰去向皖婺源山林中竄去、

【南昌四日上午九時發專電】蔣特命□□師梁華盛部由廬馳赴前方參戰、匪亦增調偽二十一師與之對抗、九月二十八日晨、雙方開始激戰於雄嶺南十里之太平山石井坑一帶、匪不支、墜岩死者甚衆、梁師一氣連破匪堡二十餘座、太平山石井坑當即完全佔領、匪後曾全力反攻、亦大敗、

【南昌三日下午六時發專電】西路郭師搜剿大馬山股匪、並將匪兵工廠搗毀、殘匪退竄楊柳山等處、該師復與馬師聯絡圍剿、股匪兩千餘頑抗、並肉搏數次、匪傷亡甚多、

【中央社龍巖三日電】新泉電、瑞金偽府因國軍壓迫、已移距瑞城五十里之江西圩、一說現遷至會昌瑞金交界處之千奏啄云、

【長沙四日下午五時電】西路總司令何鍵、因贛西殘匪漸告肅清、地方善後急待規劃、同時第二縱隊司令劉膺古召集各區縣長局長專員等、於四日在萍鄉舉行黨政會議、特於四日下午二時乘專車赴萍、親臨訓導、

【廈門四日下午十時發專電】報載、蔣委員長以長汀將下、調毛維壽來閩、毛二十六日自平抵滬、將入閩、毛部六十·六十一師亦將調閩、連日閩西沈寂、正補充築路、籌備進攻河田中、六十七師劉和鼎電推蔡廷鍇文出席五中全會、已足法數、港傳蔣伯誠返閩、總部否認、謂蔣近並無來閩意、

【中央社上海四日電】劉湘駐滬代表鄧鳴階談、劉即可復職、川中金融亦趨穩定云、

【中央社南京四日電】川民衆代表龍文治黃憲章、三日謁汪院長、四日覲林主席、陳述川民疾苦及剿匪近情、並請中央令劉湘即日復職、負責剿匪、結果圓滿、

【中央社福州四日電】泰寧清流縣境殘匪、即可肅清、泰寧縣長胡宗銓、本日乘輪赴閩往轉泰赴任、清流縣長鄭耀文、四日赴閩轉進發云、

【中央社南昌四日電】（一）北路第六路軍自收復中洲雄溪各地、更積極邁進、二十七日下午、將胡家段攻克、現前線距古龍岡只二十里、二三數日內即可收復、以阻斷興國匪軍歸路、（二）第三縱隊三十日晨向螺形高地攻擊、匪利用堅固碉及鐵蒺、頑強抵抗、我軍以飛機大砲掩護、勇猛進擊、終將螺形高地匪堡十餘座完全佔領、

（局部图 2）

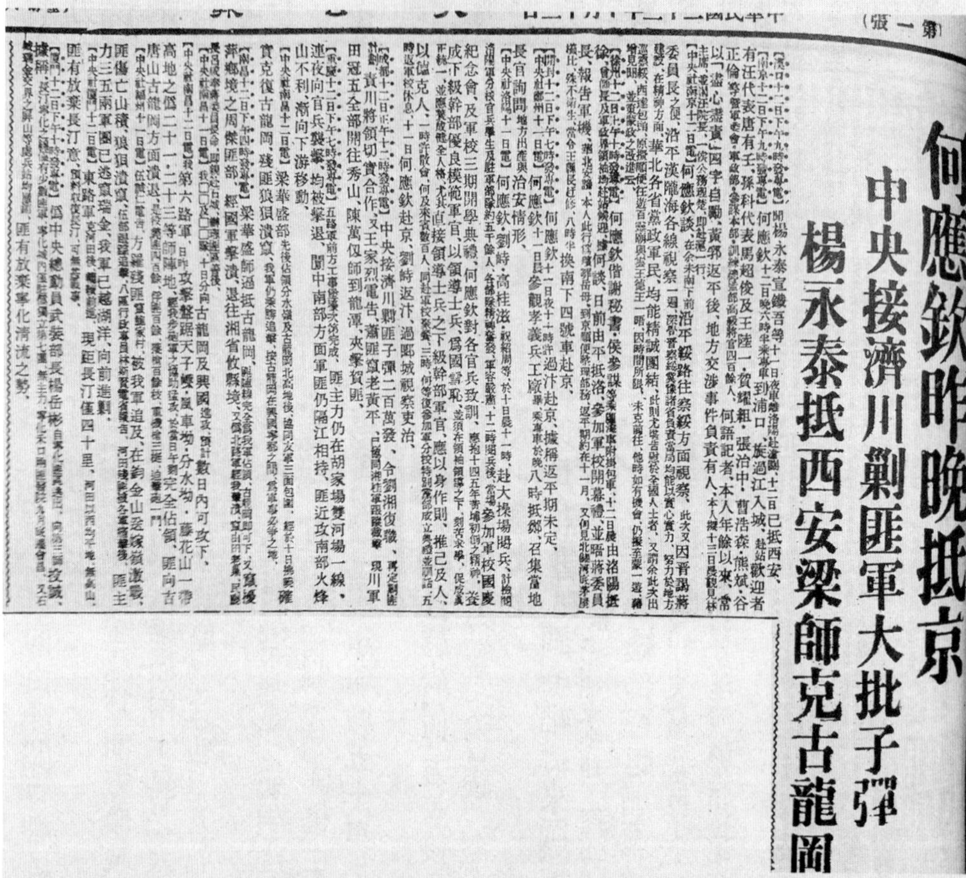

何應欽昨晚抵京

中央接濟川剿匪軍大批子彈

楊永泰抵西安梁師克古龍岡

【漢口十二日下午九時發專電】聞楊永泰宣鐵吾等十一日夜車離洛陽赴潼關，十二日已抵西安。

【南京十二日下午九時發專電】何應欽十二日晚六時半乘專車到浦口，旋過江入城，赴站歡迎者有汪代表唐有壬、孫科代表馬超俊及王陸一、賀耀組、張治中、曹浩森、熊斌、谷正倫、尊警備司令部、軍政部、參謀本部、訓練總監部高級將官四百餘人，何語記者，本人年餘以來，常以「盡心盡責」四字自勵，黃郛返平後，地方交涉事件負責有人，本人擬十三日晨覲見林主席，並謁汪院長，一俟公務理楚，即赴滬一行。

【中央社南京十二日電】何應欽談，在余未南下前，沿平綏路往察綏方面視察，此次又因晉謁蔣委員長之便，沿平漢隴海各線視察一週，深覺晉察綏冀豫諸省負責當局均能以實心實力，努力於地方建設，在精神方面，華北各省黨政軍民，均能精誠團結，此則尤堪告慰於全國人士者，又謂余此次出巡察綏，西達包頭，原擬順便往遊百靈廟與雲王德王一晤，因時間所限，未克前往，他時如有機會，仍擬至蒙一遊，藉資見聞，並策蒙政之改進云。

【徐州十二日上午十時發專電】何應欽偕謝秘書、侯參謀[illegible]乘隴海車附掛包車，十二日晨由洛陽抵徐，會師長及軍政界領袖均赴站歡迎，據何談，日前由平抵洛，參加軍校開幕禮，並晤蔣委員長，報告軍機，冀北安謐，本人此行係[illegible]，到京順便[illegible]部務，返平期約在十一月，又何見北鐵[illegible]，殊不衛生，當令王隴長[illegible]，八時半換南下四號車赴京。

【開封十二日下午七時發專電】何應欽十一日夜十一時許過汴赴京，據稱返平期未定。

【中央社鄭州十一日電】何應欽十一日晨參觀孝義兵工廠畢，乘專車於晚八時抵鄭，召集當地長官詢問地方出產與治安情形。

【中央社洛陽十一日電】何應欽、劉峙、高桂滋、祝紹周等，於十日晨十一時，赴大操場閱兵，計檢閱洛陽軍分校官兵學生及駐軍部隊約五千餘人，各部隊精神奮發，軍容嚴肅，十二時閱兵後，當場參加軍校國慶紀念會，及軍校三期開學典禮，何應欽對各官兵致訓，應抱十四五年黃埔初創之精神，養成下級幹部優良模範軍官，以領導士兵，爲國雪恥，並須在領袖領導之下，刻苦求學，促成真正統一，並應養成健全人格，尤其直接領導士兵之下級幹部軍官，應以身作則，推己及人，以儆克人，一時許散會，何及來賓數百人，同赴軍校聚餐，三時，何等復參加軍分校特別黨部成立典禮並訓話，五時返軍校休息，十一日何應欽赴京，劉峙返汴，過鄢城視察吏治。

【成都十二日正午十二時發專電】中央接濟川剿匪子彈二百萬發，令劉湘復職，再定剿匪計劃，責川將領切實合作，又王家烈電告，蕭匪竄老黃平，已飭同湘桂軍跟蹤截擊，現川軍田冠五全部開往秀山，陳萬仞師到龍潭，夾擊賀匪。

【重慶十二日下午七時發專電】五路軍前方工事堡壘大部完成，匪主力仍在胡家場雙河場一線，連夜向官兵襲擊，均被擊退，聞中南部方面軍匪仍隔江相持，匪近攻南部火烽山不利，漸向下游移動。

【中央社南昌十二日電】梁華盛部先後佔領分水嶺及古龍岡北高地後，協同友軍三面包圍，經於十日將要確實克復古龍岡，殘匪狼狽潰竄，我軍仍乘勝追擊，按古龍岡在興國寧都之間，爲軍事必爭之地。

【南昌十二日下午四時發專電】梁華盛師逕抵古龍岡，興國縣完全爲我軍佔領，古龍岡即可下，又竄擾萍鄉境之周傑匪部，經國軍擊潰，退往湘省攸縣境，又偽北路軍經我擊潰，竄由田[illegible]，民[illegible]長官成奉蔣委員長令，即親赴古城，[illegible]。

【中央社南昌十一日電】我□□及□□縱，十日分向古龍岡及興國進攻，預計數日內可攻下。

【中央社南昌十二日電】我第六路軍，日昨攻擊盤踞天子嶂、風車坳、分水坳、藤花山一帶高地之偽二十一、二十三等師陣地，經我步砲軍之協助猛攻，於當日午刻完全佔領，匪向古唐山古龍岡方面潰退，是役斃匪四百餘，俘匪百餘，獲槍百餘枝，重機槍三挺，迫擊砲一門。

【中央社福州十一日電】伍誠仁電告，方羅殘匪竄鍾家村，被我軍追及，在鈎金山至嵊嶺激戰，匪傷亡山積，狼狽潰竄，伍部跟踪追擊，八區行政專員林[illegible]電省報告，河田殘匪被[illegible]擊潰後，匪主力三五兩軍團已逃竄瑞金，我軍已越湖洋，向前進剿。

【中央社廈門十二日電】東路軍克河田後，續積前進，現距長汀僅四十里，河田以西均平地，無高山，匪有放棄長汀意，預料克復長汀，可無若何戰事。

【廈門十二日下午十時發專電】偽中央總動員武裝部長楊岳彬自寧化逃赴長汀，向第三路投誠，據稱，長汀寧化之間僅有少數匪軍，寧化城內匪部係偽獨立第七團，無主力，寧化禾口兩匪部於九月底[illegible]，又石城寧金交界之歸山等處兵站均撤銷，匪有放棄寧化清流之勢。

22. 何应钦昨晚抵京，中央接济川剿匪军大批子弹，杨永泰抵西安梁师克古龙岗，1934 年 10 月 13 日第 3 版

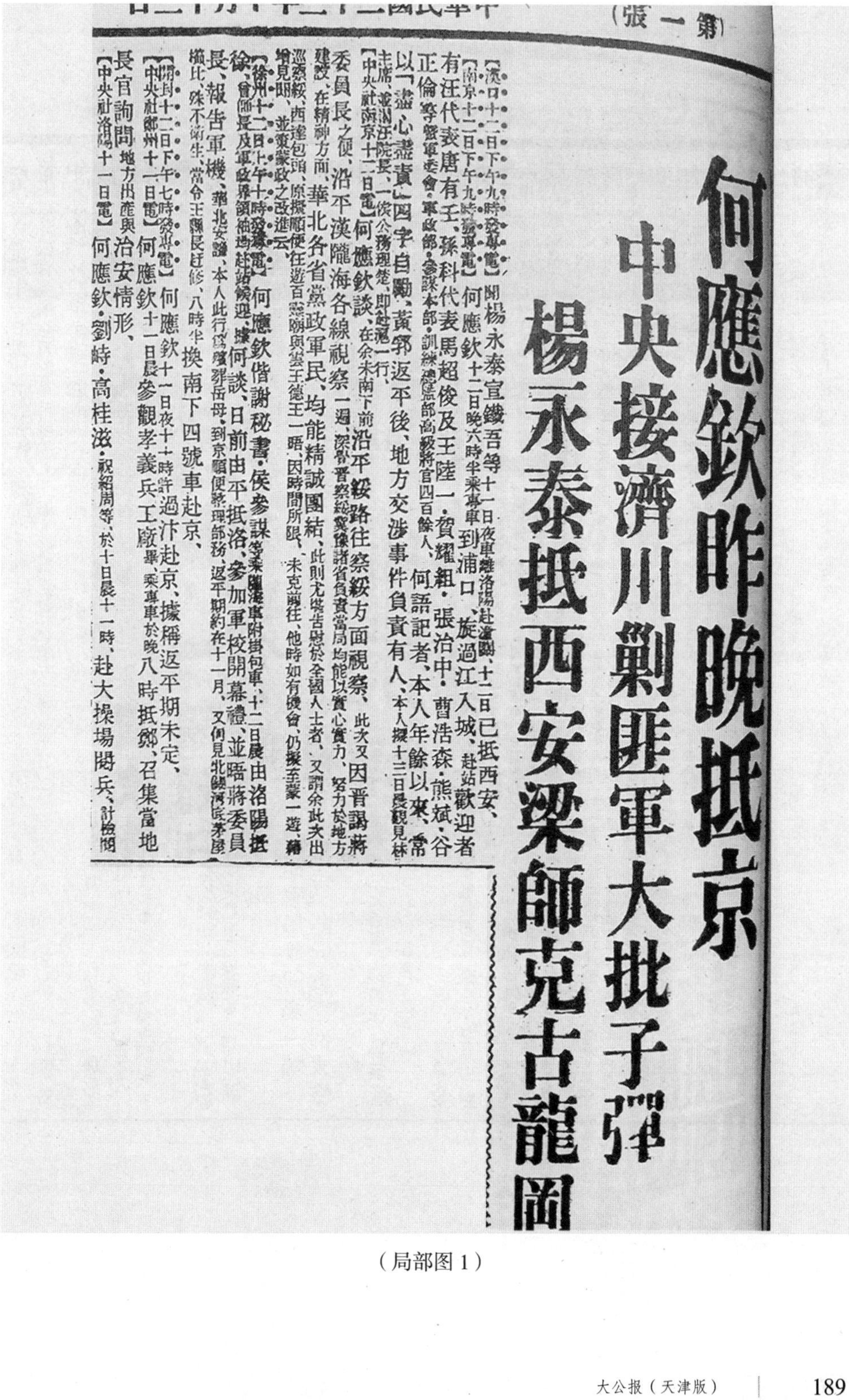

第一張　　中華民國二十二年十月十三日

何應欽昨晚抵京

中央接濟川剿匪軍大批子彈

楊永泰抵西安梁師克古龍岡

【漢口十二日下午九時發專電】聞楊永泰宣鐵吾等十一日夜車離洛陽赴潼關、十二日已抵西安、

【南京十二日下午九時發專電】何應欽十二日晚六時半乘專車到浦口、旋過江入城、赴站歡迎者有汪代表唐有壬、孫科代表馬超俊及王陸一・賀耀組・張治中・曹浩森・熊斌・谷正倫等暨軍委會・軍政部・參謀本部・訓練總監部高級將官四百餘人、何語記者、本人年餘以來、常以「盡心盡責」四字自勵、黃郛返平後、地方交涉事件負責有人、本人擬十三日晨覲見林主席、並謁汪院長、一俟公務理楚、即赴滬一行、

【中央社南京十二日電】何應欽談、在余未南下前沿平綏路往察綏方面視察、此次又因晉謁蔣委員長之便、沿平漢隴海各線視察一週、深覺晉察綏冀豫諸省負責當局均能以實心實力、努力於地方建設、在精神方面、華北各省黨政軍民、均能精誠團結、此則尤堪告慰於全國人士者、又謂余此次出巡察綏、西達包頭、原擬順便往遊百靈廟與雲王德王一晤、因時間所限、未克前往、他時如有機會、仍擬至蒙一遊、藉資見聞、並策蒙政之改進云

【徐州十二日上午十時發專電】何應欽偕謝秘書・侯參謀等乘隴海車附掛包車、十二日晨由洛陽抵徐、曾師長及軍政界領袖均赴站候迎、據何談、日前由平抵洛、參加軍校開幕禮、並晤蔣委員長、報告軍機、華北安謐、本人此行爲殯葬岳母、到京順便整理部務、返平期約在十一月、又偶見北關河底茅屋櫛比、殊不衛生、當令王縣長趕修、八時半換南下四號車赴京、

【開封十二日下午七時發專電】何應欽十一日夜十一時許過汴赴京、據稱返平期未定、

【中央社鄭州十一日電】何應欽十一日晨參觀孝義兵工廠畢、乘專車於晚八時抵鄭、召集當地長官詢問地方出產與治安情形、

【中央社洛陽十一日電】何應欽・劉峙・高桂滋・祝紹周等、於十日晨十一時、赴大操場閱兵、計檢閱

（局部图 1）

【中央社洛陽十一日電】何應欽·劉峙·高桂滋·祝紹周等、於十日晨十一時、赴大操場閱兵、計檢閱洛陽軍分校官兵學生及駐軍部隊約五千餘人、各部隊精神奮發、軍容嚴肅、十二時閱兵後、當場參加軍校國慶紀念會、及軍校三期開學典禮、何應欽對各官兵致訓、應抱十四五年黃埔初創之精神、養成下級幹部優良模範軍官、以領導士兵、爲國雪恥、並須在領袖領導之下、刻苦求學、促成眞正統一、並應養成健全人格、尤其直接領導士兵之下級幹部軍官、應以身作則、推己及人、以儆克人、一時許散會、何及來賓數百人、同赴軍校聚餐、三時、何等復參加軍分校特別黨部成立典禮並訓話、五時返軍校休息、十一日何應欽赴京、劉峙返汴、過郾城視察吏治、

【成都十二日正午十二時發專電】中央接濟川剿匪子彈二百萬發、令劉湘復職、再定剿匪計劃、責川將領切實合作、又王家烈電告、蕭匪竄老黃平、已協同湘桂軍跟蹤截擊、現川軍田冠五全部開往秀山、陳萬仞師到龍潭、夾擊賀匪、

【重慶十二日下午七時發專電】五路軍前方工事堡壘次第完成、匪主力仍在胡家場雙河場一線、連夜向官兵襲擊、均被擊退、閬中南部方面軍匪仍隔江相持、匪近攻南部火烽山不利、漸向下游移動、

【中央社南昌十二日電】梁華盛部先後佔領分水嶺及古龍岡北高地後、協同友軍三面包圍、經於十日將興國確實克復古龍岡、殘匪狼狽潰竄、我軍仍乘勝追擊、按古龍岡在興國寧都之間、爲軍事必爭之地、

【南昌十二日下午四時發專電】梁華盛師逼抵古龍岡、匪陣線完全爲我軍佔領、古龍岡即可下、又竄擾萍鄉境之周傑匪部、經國軍擊潰、退往湘省攸縣境、又僞北路軍經我擊潰、竄由田老巢、民[illegible]奉委員長命、即親赴古城、辦理善後、

【中央社南昌十一日電】我□□及□□隊、十日分向古龍岡及興國進攻、預計數日內可攻下、

【中央社南昌十二日電】我第六路軍、日昨攻擊盤踞天子嶂·鳳車坳·分水坳·藤花山一帶高地之僞二十一·二十三等師陣地、經我步砲軍之協助猛攻、於當日午刻完全佔領、匪向吉唐山古龍岡方面潰退、是役斃匪四百餘、俘匪百餘、獲槍百餘枝、重機槍三挺、迫擊砲一門、

【中央社福州十一日電】伍誠仁電告、方羅殘匪竄寶塘家村、被我軍追及、在鈞金山至家嶺激戰、匪傷亡山積、狼狽潰竄、伍部跟蹤追擊、八區行政專員林新民電省報告、河田殘匪被各軍痛擊後、匪主力三五兩軍團已逃竄瑞金、我軍已越湖洋、向前進剿、

【中央社廈門十二日電】東路軍克河田後、續被前進、現距長汀僅四十里、河田以西多平地、無高山、匪有放棄長汀意、預料收復長汀、可無甚戰事、

【廈門十二日下午十時發專電】僞中央總動員武裝部長楊岳彬自寧化逃至連城、向第三師投誠、據稱、長汀寧化之間僅有少數匪軍、寧化城內僅駐僞獨立第七團、無主力、寧化禾口兩匪醫院九月底遷會昌、又石城瑞金交界之屏山等處兵站均撤銷、匪有放棄寧化清流之勢、

（局部图 2）

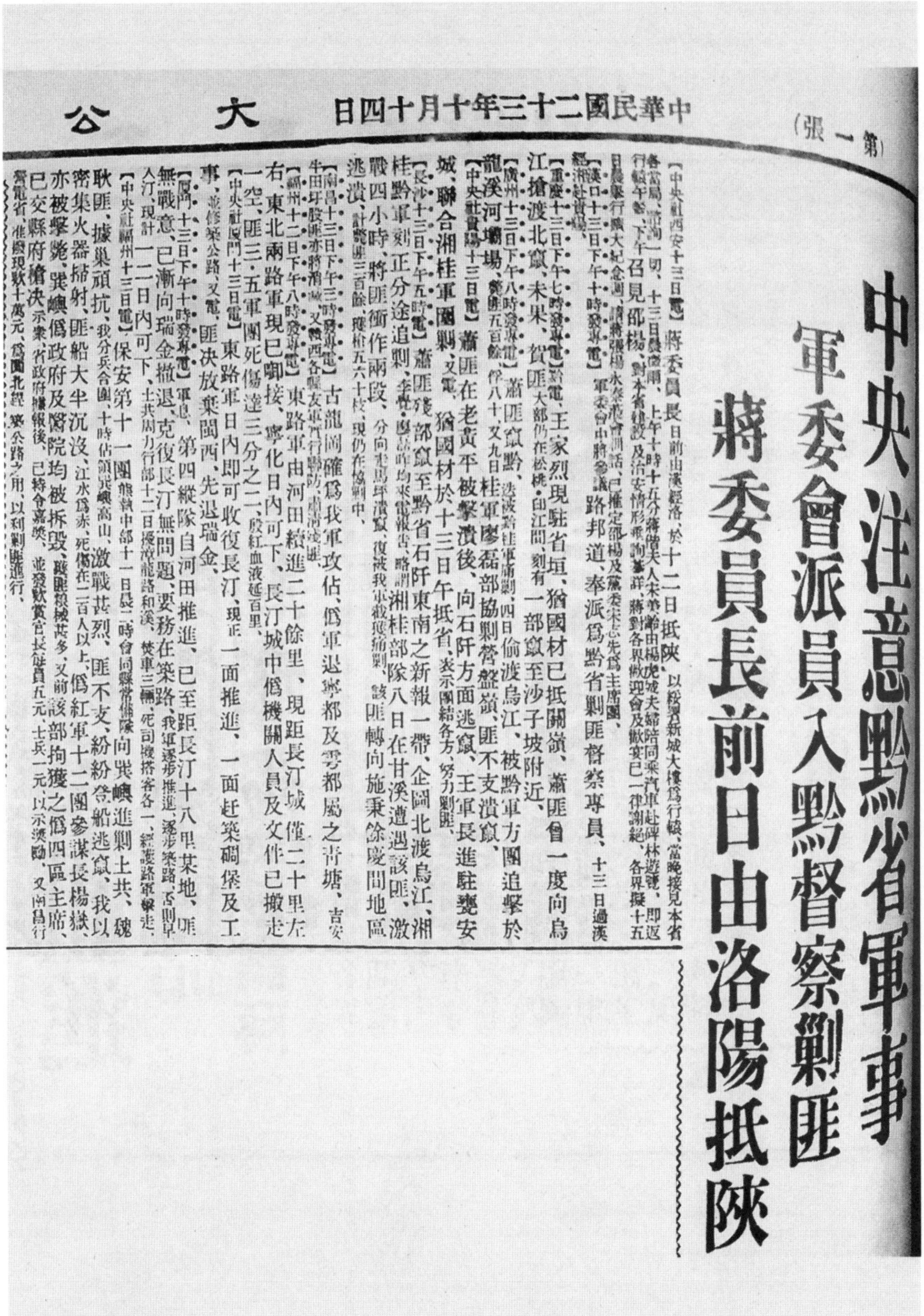

中華民國二十三年十月十四日　大公

（第一張）

中央注意黔省軍事

軍委會派員入黔督察剿匪

蔣委員長前日由洛陽抵陝

【中央社西安十三日電】蔣委員長日前由漢經洛，於十二日抵陝，以綏署新城大樓爲行轅，當晚接見本省各當局，詢問一切，十三日晨微雨，上午十時十五分蔣偕夫人宋美齡由楊虎城夫婦陪同乘汽車赴碑林遊覽，即返行轅午餐，下午召見邵楊，對本省建設及治安情形垂詢綦詳，蔣對各界歡迎會及歡宴已一律謝絕，各界擬十五日晨舉行擴大紀念週，請蔣楊永泰訓話，已推定邵楊及黨委宋志先爲主席團。

【漢口十三日下午十時發專電】軍委會中將參議路邦道，奉派爲黔省剿匪督察專員，十三日過漢經湘赴貴陽。

【重慶十三日下午七時發專電】黔電，王家烈現駐省垣，猶國材已抵關嶺，蕭匪曾一度向烏江搶渡北竄，未果，賀匪大部仍在松桃、印江間，刻有一部竄至沙子坡附近。

【廣州十三日下午八時發專電】蕭匪竄黔，迭被黔桂軍痛剿，四日偷渡烏江，被黔軍方團追擊於龍溪河壩場，斃匪五百餘，俘八十，又九日桂軍廖磊部協剿袴盤嶺，匪不支潰竄。

【中央社貴陽十三日電】蕭匪在老黃平被擊潰後，向石阡方面逃竄，王軍長進駐甕安城，聯合湘桂軍圍剿，又電，猶國材於十三日午抵省，表示團結各方，努力剿匪。

【長沙十三日下午五時電】蕭匪殘部竄至黔省石阡東南之新報一帶，企圖北渡烏江，湘桂黔軍刻正分途追剿，李覺、廖磊昨均來電報告，略謂湘桂部隊八日在甘溪遭遇該匪，激戰四小時，將匪衝作兩段，分向老馬坪潰竄，復被我軍截擊痛剿，該匪轉向施秉餘慶間地區逃潰，計斃匪三百餘，獲槍五六十枝，現仍在圍剿中。

【南昌十三日下午三時發專電】古龍岡確爲我軍攻佔，僞軍退寧都及雩都屬之青塘，吉安牛田圩股匪亦將消滅，又贛西各縣友軍正行聯防，盡清殘匪。

【福州十二日下午八時發專電】東路軍由河田續進二十餘里，現距長汀城僅二十里左右，東北兩路軍現已啣接，寧化日內可下，長汀城中僞機關人員及文件已搬走一空，匪三、五軍團死傷達三分之二，殷紅血液延百里。

【中央社廈門十三日電】東路軍日內即可收復長汀，現正一面推進，一面趕築碉堡及工事，並修築公路，又電，匪決放棄閩西，先退瑞金。

【廈門十三日下午十時發專電】軍息，第四縱隊自河田推進，已至距長汀十八里某地，匪無戰意，已漸向瑞金撤退，克復長汀無問題，要務在築路，我軍逐步推進，逐步築路，否則早入汀，現計一二日內可下，士共周力行部十二日擾滄龍路和溪，焚車三輛，死司機搭客各一，經護路軍擊走。

【中央社福州十三日電】保安第十一團熊營中部十一日晨二時會同縣常備隊向巽嶼進剿土共，魏耿匪，據巢頑抗，我分兵合圍，十時佔領巽嶼高山，激戰甚烈，匪不支，紛紛登船逃竄，我以密集火器掃射，匪船大半沉沒，江水爲赤，死傷在二百人以上，僞紅軍十二團參謀長楊嶽亦被擊斃，巽嶼僞政府及醫院均被拆毀，獲匪械甚多，又前該部拘獲之僞四區主席、已交縣府槍決示衆，省政府據報後，已特令嘉奬，並發獎賞官長每員五元，士兵一元，以示獎勵，又閩省行營電省，准撥現欵十萬元，爲閩北建築公路之用，以利剿匪進行。

23. 中央注意黔省军事，军委会派员入黔督察剿匪，蒋委员长前日由洛阳抵陕，1934 年 10 月 14 日第 3 版

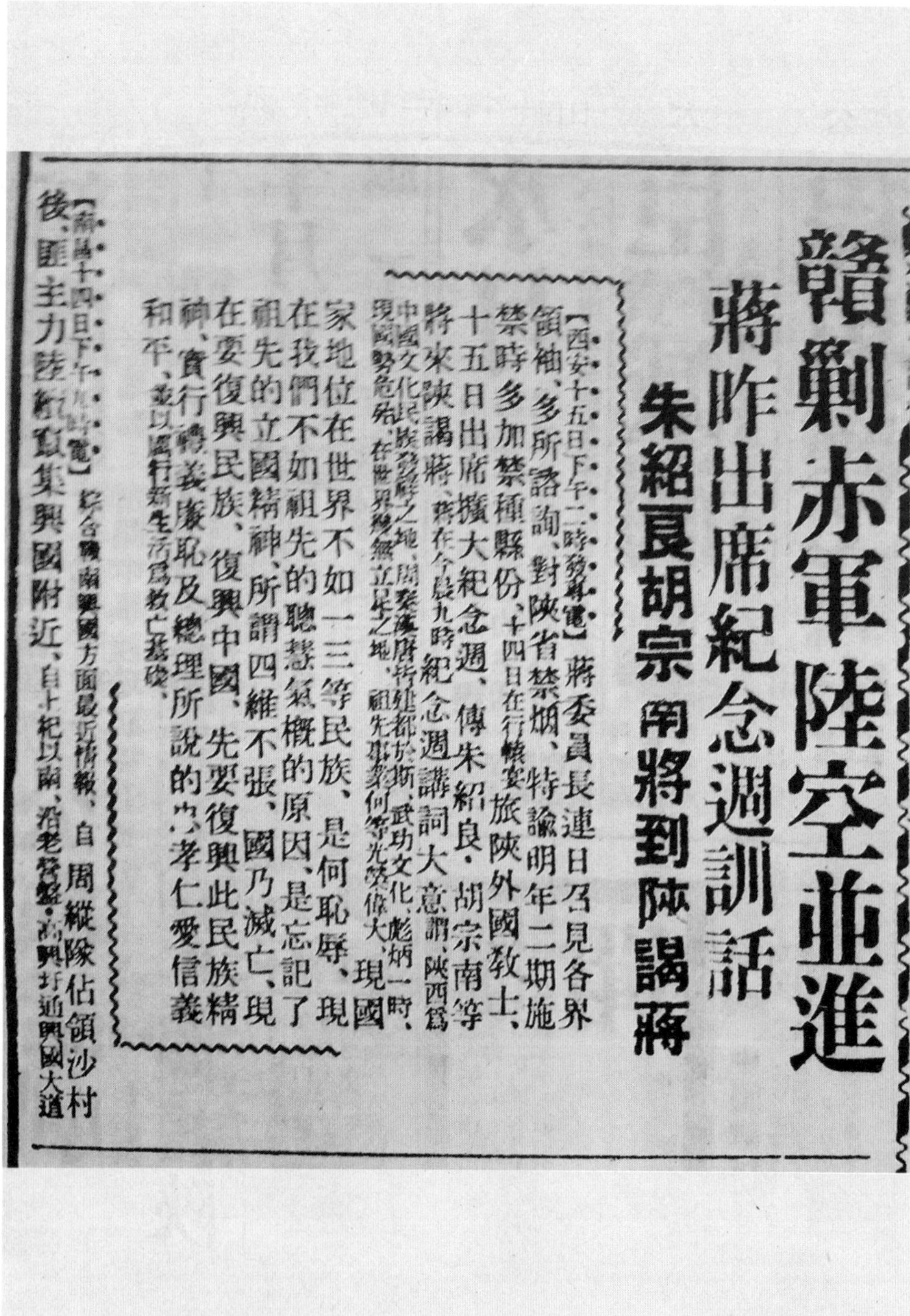

贛剿赤軍陸空並進

蔣昨出席紀念週訓話

朱紹良胡宗南將到陝謁蔣

【西安十五日下午二時發專電】蔣委員長連日召見各界領袖、多所諮詢、對陝省禁烟、特諭明年二期施禁時多加禁種縣份、十四日在行營宴旅陝外國教士、十五日出席擴大紀念週、傳朱紹良・胡宗南等將來陝謁蔣、蔣在今晨九時紀念週講詞大意謂、陝西爲中國文化民族發祥之地、周秦漢唐皆建都於斯、武功文化、彪炳一時、現國勢危殆、在世界幾無立足之地、祖先事業何等光榮偉大、現國家地位在世界不如一三等民族、是何恥辱、現在我們不如祖先的聰慧氣概的原因、是忘記了祖先的立國精神、所謂四維不張、國乃滅亡、現在要復興民族、復興中國、先要復興此民族精神、實行禮義廉恥及總理所說的忠孝仁愛信義和平、並以厲行新生活爲救亡基礎、

【南昌十四日下午九時電】綜合贛南興國方面最近情報、自周縱隊佔領沙村後、匪主力陸續竄集興國附近、自上犯以南、沿老營盤・高興圩通興國大道

24. 赣剿“赤军”陆空并进，蒋（介石）昨出席纪念周训话，朱绍良、胡宗南将到陕谒蒋，1934 年 10 月 16 日第 3 版（残）

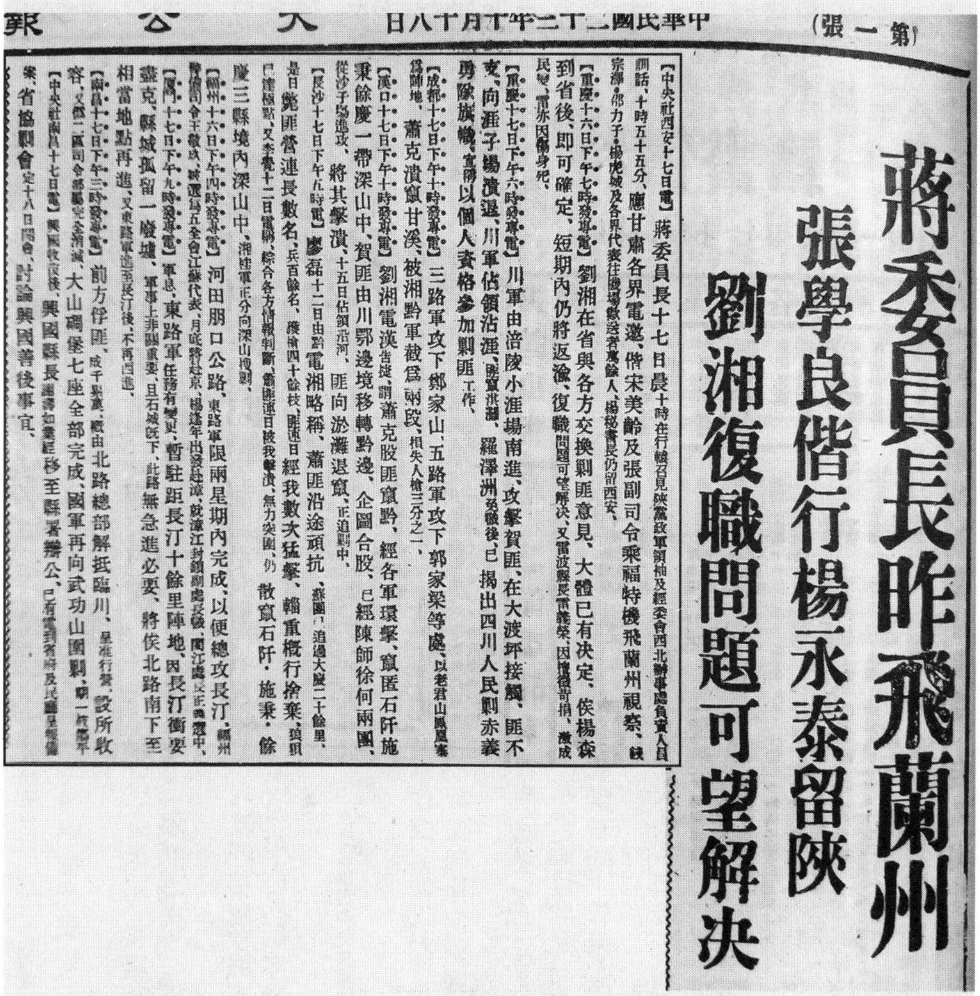

第一張　中華民國二十三年十月十八日　大公報

蔣委員長昨飛蘭州

張學良偕行楊永泰留陝

劉湘復職問題可望解決

【中央社西安十七日電】蔣委員長十七日晨十時在行轅召見陝黨政軍領袖及經委會西北辦事處負責人員訓話、十時五十五分、應甘肅各界電邀、偕宋美齡及張副司令乘福特機飛蘭州視察、錢宗澤、邵力子、楊虎城及各界代表往機場歡送者萬餘人、楊秘書長仍留西安、

【重慶十六日下午七時發專電】劉湘在省與各方交換剿匪意見、大體已有決定、俟楊森到省後、即可確定、短期內仍將返渝、復職問題可望解決、又雷波縣長雷輯榮、因擅徵苛捐、激成民變、雷亦因傷身死、

【重慶十七日下午六時發專電】川軍由涪陵小涯場南進、攻擊賀匪、在大渡坪接觸、匪不支、向涯子場潰退、川軍佔領沾涯、[illegible]、羅澤洲[illegible]後、已揭出四川人民剿赤義勇隊旗幟、宣稱以個人資格參加剿匪工作、

【成都十七日下午十時發專電】三路軍攻下鄭家山、五路軍攻下郭家梁等處、以老君山鳳凰寨為陣地、

【漢口十七日下午十時發專電】劉湘電漢告捷、謂蕭克股匪竄黔、經各軍環擊、竄匿石阡施秉餘慶一帶深山中、賀匪由川鄂邊境移轉黔邊、企圖合股、已經陳師徐何兩團、從沙子坳進攻、將其擊潰、十五日佔領沿河、匪向淤灘退竄、正追剿中、

【長沙十七日下午九時電】廖磊十二日由黔電湘略稱、蕭匪沿途頑抗、[illegible]追過大廠二十餘里、是日斃匪營連長數名、兵百餘名、獲槍四十餘枝、匪連日經我數大猛擊、輜重概行捨棄、損失已達極點、又李覺十二日電稱、綜合各方情報判斷、蕭匪連日被我擊潰、無力突圍、仍散竄石阡・施秉・餘慶三縣境內深山中、湘桂軍正分向深山搜剿、

【福州十六日下午四時發專電】河田朋口公路、東路軍限兩星期內完成、以便總攻長汀、福州警備司令王敬玖、被選為五全會江蘇代表、月底將赴京、楊逵年內決赴漳、就漳江封鎖副處長職、閩江處長正物色中、

【廈門十七日下午九時發專電】軍息、東路軍任務有變更、暫駐距長汀十餘里陣地、因長汀衝要盡克、縣城孤留一廢墟、軍事上非關重要、且石城既下、此路無急進必要、將俟北路南下至相當地點再進、又東路軍進至長汀後、不再西進、

【南昌十七日下午三時發專電】前方俘匪、成千累萬、概由北路總部解抵臨川、呈准行營、設所收容、又偽二[illegible]區司令部[illegible]全消滅、大山碉堡七座全部完成、國軍再向武功山圍剿、[illegible]

【中央社南昌十七日電】興國收復後、興國縣長[illegible]經移至縣署辦公、已有電到省府及民廳呈報備案、省協剿會定十八日開會、討論興國善後事宜、

25. 蒋委员长昨飞兰州，张学良偕行杨永泰留陕，刘湘复职问题可望解决，1934 年 10 月 18 日第 3 版

【中央社西安十七日電】蔣委員長十七日晨十時在行轅召見陝黨政軍領袖及經委會西北辦事處負責人員訓話、十時五十五分、應甘肅各界電邀、偕宋美齡及張副司令乘福特機飛蘭州視察、錢宗濂•邵力子•楊虎城及各界代表往機場歡送者萬餘人、楊秘書長仍留西安、

【重慶十六日下午七時發專電】劉湘在省與各方交換剿匪意見、大體已有決定、俟楊森到省後、即可確定、短期內仍將返渝、復職問題可望解決、又雷波縣長雷慈榮、因撤徵苛捐、激成民變、雷亦因傷身死、

【重慶十七日下午六時發專電】川軍由涪陵小涯場南進、攻擊賀匪、在大渡坪接觸、匪不支、向涯子場潰退、川軍佔領沾涯、匪竄洪灘、羅澤洲免職後、已揭出四川人民剿赤義勇隊旗幟、宣稱以個人資格參加剿匪工作、

【成都十七日下午十時發專電】三路軍攻下鄭家山、五路軍攻下郭家梁等處、以老君山鳳凰寨爲陣地、蕭克潰竄甘溪、被湘黔軍截爲兩段、損失人槍三分之一、

【漢口十七日下午十時發專電】劉湘電漢告捷、謂蕭克股匪竄黔、經各軍環擊、竄匿石阡施秉餘慶一帶深山中、賀匪由川鄂邊境移轉黔邊、企圖合股、已經陳師徐何兩團、從沙子塲進攻、將其擊潰、十五日佔領沿河、匪向淤灘退竄、正追剿中、

【長沙十七日下午五時電】廖磊十二日由黔電湘略稱、蕭匪沿途頑抗、森團追過大廠二十餘里、是日斃匪營連長數名、兵百餘名、獲槍四十餘枝、匪迭日經我數次猛擊、輜重概行捨棄、狼狽已達極點、又李覺十二日電稱、綜合各方情報判斷、蕭匪連日被我擊潰、無力突圍、仍散竄石阡•施秉•餘慶三縣境內深山中、湘桂軍正分向深山搜剿、

【福州十六日下午四時發專電】河田朋口公路、東路軍限兩星期內完成、以便總攻長汀、福州警備司令王敬玖、被選爲五全會江蘇代表、月底將赴京、楊逵年出發赴漳、就漳江封鎖副處長職、閩江處長正遴選中、

【廈門十七日下午九時發專電】軍息、東路軍任務有變更、暫駐距長汀十餘里陣地、因長汀衛要盡克、縣城孤留一廢墟、軍事上非關重要、且石城既下、此路無急進必要、將俟北路南下至相當地點再進、又東路軍進至長汀後、不再西進、

【南昌十七日下午三時發專電】前方俘匪、成千累萬、概由北路總部解抵臨川、呈准行營、設所收容、又僞二區司令部亦完全消滅、大山碉堡七座全部完成、國軍再向武功山圍剿、萌一旅留平

【中央社南昌十七日電】興國收復後、興國縣長謝壽如業經移至縣署辦公、已有電到省府及民廳呈報備案、省協剿會定十八日開會、討論興國善後事宜、

（局部图）

第一張　中華民國二十三年十月十九日　大公報

東路軍向長汀推進

川剿匪事中央已定辦法

蔣張抵蘭馬麟兼程往謁

【中央社蘭州十七日電】蔣委員長·張副司令·宋美齡女士，於十七日下午一時四十分乘福特機抵蘭，降落東郊飛機場，蔣等在軍樂悠揚聲中、下機、朱紹良·鄧寶珊·胡宗南等前趨機旁舉手敬禮，蔣着褐色袍，[illegible]精神奕奕，與歡迎者點首微笑，旋乘汽車巡駛省府、東轅[illegible]外各界嘗盛人員候致敬，軍警戒備極嚴，市路張貼標語，各商均懸旗歡迎。

【中央社蘭州十八日電】蔣十七日晚召見朱紹良·鄧寶珊·胡宗南，縱談甘省治安垂詢甚詳，又十八日下午三時半、蔣赴織呢廠視察機器，並赴西郊小西湖視察農村狀況。

【中央社西寧十七日電】青海主席馬麟等，星夜趕赴蘭州，面向蔣委員長報告一切，並請示機宜。

【廈門十八日下午八時發專電】蔣鼎文令前方部隊即推進長汀。

【南昌十八日下午五時發專電】萍鄉安福蓮花三縣匪巢，已完全爲國軍搗毀，西路陳師已進駐太山，另四團進駐剿坪。

【南昌十八日下午六時四十分發專電】國軍昨在孤橋北與匪激戰半夜，擊斃僞三師長彭國魂、大勝、仍進剿中。

【南京十八日下午十一時發專電】中央對川剿匪事，已定有妥善辦法。

【漢口十八日下午九時發專電】川綏部十八日電漢稱，自蕭匪入黔後，恐其與賀匪聯合，特令達旅率兵四團往剿，旋據探報，賀匪由秀山回陷黔屬沿河，即令力戰收復，現殘匪竄淇灣上寨，正會合田旅及黔軍李旅圍剿。

【廣州十八日下午八時發專電】桂黔軍連日在黔圍剿蕭匪，十三日在大慶斃匪百餘，俘百餘、獲槍四十餘支，匪殘部潰竄山中。

【廣州十八日下午八時發專電】黔駐粵主任王節之談，黔省各將領，現合作一致剿匪，猶國材車鳴翼均先後入貴陽，蔣丕緒亦派代表駐貴，王家烈近以剿共軍事繁忙，請猶國材以民廳長兼代主席，至剿共軍事，會合桂湘軍進行順利。

【香港十八日下午十時發專電】余漢謀十八日下午六時乘廣韶車抵省、李揚敬十八日由汕起程來省。

興國下後之贛剿匪軍事

【漢口通信】江西剿匪軍於上星期克復石城，昨天捷報傳來、把興國也攻下了，從這些勝利的消息裏，我們可以想像出前方剿匪部隊的辛勞奮勇，此後江西的剿匪軍事，確實可以說已到了最後的階段了。

自從黎川廣昌等處先後克復、江西的赤色區域，已縮成了很小的一塊，軍事當局爲防殘匪的流竄，所以採步步爲營的辦法，一面增調生力軍重重包圍、一面令原有部隊，穩紮穩打，一切多佈置妥善，這次蔣委員長離贛前，聽說曾下令前方剿匪各軍，限期將石城長汀興國等五個地方克復，前方將士，一個個奮勇當先，石城本預定在本月二十號克復的，那知到七號便收復了，興國也沒有預定能攻下得這樣快，長汀四周的要塞，多已佔領了，不久也可收復，殘餘的匪區，祗剩下瑞金雩都等很小的區域。

這次剿匪軍勝利得如此迅速，最大的原因，雖在指揮的得宜，士卒的奮勇，孔荷寵的反正，也有很大的關係，因爲贛南瑞金雩都興國寧都一帶，赤化既久，所有山嶺重叠中的羊腸小徑，多已改了僞道，在國軍無所適從的，赤匪多瞭如指掌，因此行軍上有很多不便，再說瑞金一帶，形勢險要，匪區內的所有僞軍政機關，多設立在偏僻的地方，孔荷寵在反正以前，曾在僞都瑞金担任一年以上的軍訓工作，對於赤都附近的山川形勢，以及重要僞機關所在地，當然十分清楚，聽說他到廬山後，曾畫了一張詳細的地圖，呈之當局，於是國軍乃得按圖索驥，收了很大的效果，現在所有僞政治機關，已如鳥獸散，多依附在軍隊裏面，不能再以張的工作，加之食糧恐慌，人心動搖，殘匪的前途，確已到了末日，現在唯一的問題，祗在防範流竄，殘匪的數目，當然還不在少數，被裹脅的民衆，一定更多，要根本消滅，自然不容易，最可慮的，殘匪集中力量，攻破一點，向外流竄，像蕭克的竄往湘黔一帶的例子，所以此時惟有增加力量，重重加圍，把殘匪的力量，再消滅到最小的限度，好在已經克復的地方，保甲保安隊等民衆自衛的力量，多已逐漸培植起來，碉堡公路，亦一一修築，再不會成什麽問題了。（十五日）

2|1

26. 东路军向长汀推进，川剿匪事中央已定办法，蒋（介石）、张（学良）抵兰，马麟兼程往谒，1934年10月19日第3版

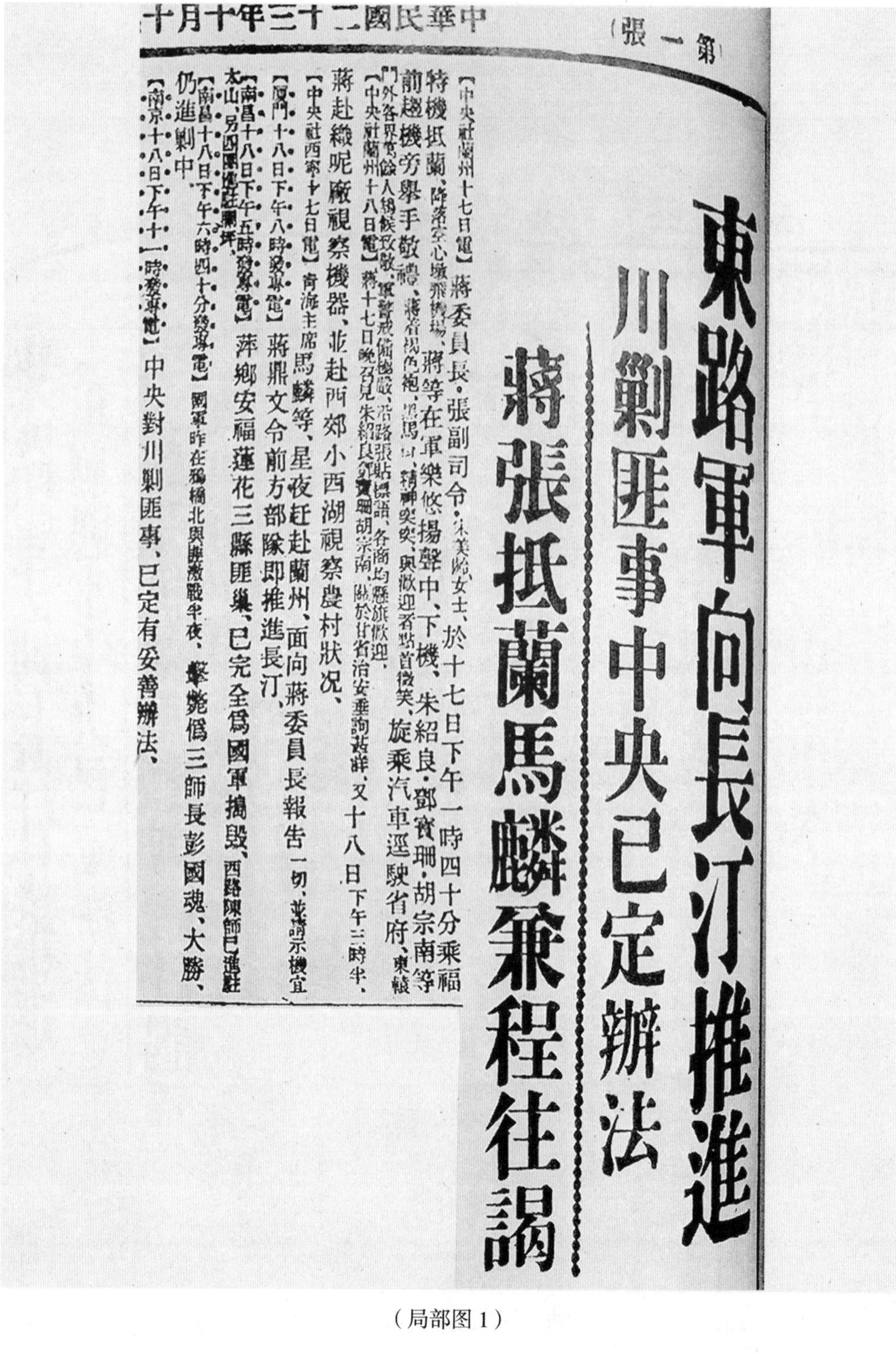

中華民國二十三年十月十

第一張

東路軍向長汀推進

川剿匪事中央已定辦法

蔣張抵蘭馬麟兼程往謁

【中央社蘭州十七日電】蔣委員長·張副司令·宋美齡女士，於十七日下午一時四十分乘福特機抵蘭，降落安心墩飛機場，蔣等在軍樂悠揚聲中、下機，朱紹良·鄧寶珊·胡宗南等前趨機旁舉手敬禮，蔣着褐色袍，黑馬褂，精神奕奕，與歡迎者點首微笑，旋乘汽車逕駛省府，東較門外各界萬餘人鵠候致敬，軍警戒備極嚴，沿路張貼標語，各商均懸旗歡迎，

【中央社蘭州十八日電】蔣十七日晚召見朱紹良鄧寶珊胡宗南，對於甘省治安垂詢甚詳，又十八日下午三時半、蔣赴織呢廠視察機器、並赴西郊小西湖視察農村狀況、

【中央社西寧十七日電】青海主席馬麟等、星夜赶赴蘭州、面向蔣委員長報告一切，並請示機宜

【廈門十八日下午八時發專電】蔣鼎文令前方部隊即推進長汀、

【南昌十八日下午五時發專電】萍鄉安福蓮花三縣匪巢，已完全爲國軍搗毀，西路陳師已進駐太山，另四團進駐關坪，

【南昌十八日下午六時四十分發專電】國軍昨在獨橋北與匪激戰半夜，擊斃僞三師長彭國魂、大勝、仍進剿中、

【南京十八日下午十一時發專電】中央對川剿匪事、已定有妥善辦法、

（局部图 1）

十九日　　大公報

【南京十八日下午十一時發專電】中央對川剿匪事、已定有妥善辦法、

【漢口十八日下午九時發專電】川總部十八日電漢稱、自蕭匪入黔後、恐其與賀匪聯合、特令達旅率兵四團往剿、旋據探報、賀匪由秀山回陷黔屬沿河、即令力戰收復、現殘匪竄洪灣上竄、正會合田旅及黔軍李旅圍剿、

【廣州十八日下午八時發專電】桂黔軍連日在黔圍剿蕭匪、十三日在大慶斃匪百餘、俘百餘、獲槍四十餘支、匪殘部潰竄山中、

【廣州十八日下午八時發專電】黔駐粵主任王節之談、黔省各將領、現合作一致剿匪、猶國材車鳴翼均先後入貴陽、蔣丕緒亦派代表駐貴、王家烈近以剿共軍事繁忙、請猶國材以民廳長兼代主席、至剿共軍事、會合桂湘軍進行順利、

【香港十八日下午十時發專電】余漢謀十八日下午六時乘廣韶車抵省、李揚敬十八日由汕起程來省、

興國下後之贛剿匪軍事

【漢口通信】江西剿匪軍於上星期克復石城、昨天捷報傳來、把興國也攻下了、從這些勝利的消息裏、我們可以想像出前方剿匪部隊的辛勞奮勇、此後江西的剿匪軍事、確實可以說已到了最後的階段了、

自從黎川廣昌等處先後克復、江西的赤色區域、已縮成了很小的一塊、軍事當局為防殘匪的流竄、所以採步步為營的辦法、一面增調生力軍重重包圍、一面令原有部隊、穩紮穩打、一切多依照妥善、這次將委員長離贛前、聽說曾下令前方剿匪各軍、限期將石城長汀興國等五個地方克復、前方將士、一個個奮勇當先、石城本預定在本月二十號克復的、那知到七號便收復了、興國也沒有預定能攻下得這樣快、長汀四周的要隘、多已佔領了、不久也可收復、殘餘的匪區、祇剩下瑞金雩都等很小的區域、這次剿匪軍勝利得如此迅速、最大的原因、雖在指揮的得宜、士卒的奮勇、孔荷寵的反正、也有很大的關係、因為贛南瑞金雩都興國寧都一帶、赤化既久、所有山嶺重疊中的羊腸小徑、多已改了僻道、在國軍無所適從的、赤匪多瞭如指掌、因此行軍上有很多不便、再說瑞金一帶、形勢險要、匪區內的所有偽軍政機關、多設立在偏僻的地方、孔荷寵在反正以前、曾在偽都瑞金担任一年以上的軍訓工作、對於赤都附近的山川形勢、以及重要偽機關所在地、當然十分清楚、聽說他到廬山後、曾畫了一張詳細的地圖、呈之當局、於是國軍乃得按圖索驥、收了很大的效果、現在所有偽政治機關、已如鳥獸散、多依附在軍隊裏面、不能再以張的工作、加之食糧恐慌、人心動搖、殘匪的前途、確已到了末日、現在唯一的問題、祇在防禦流竄、殘匪的數目、當然還不在少數、被裹脅的民衆、一定更多、要根本消滅、自然不容易、最可慮的、殘匪集中力量、攻破一點、向外流竄、像蕭克的竄徙湘黔一帶的例子、所以此時惟有增加力量、重重加圍、把殘匪的力量、再消滅到最小的限度、好在已經克復的地方、保甲保安隊等民衆自衛的力量、多已逐漸培植起來、碉堡公路、亦一一修築、再不會成什麼問題了、（十五日）

（局部图 2）

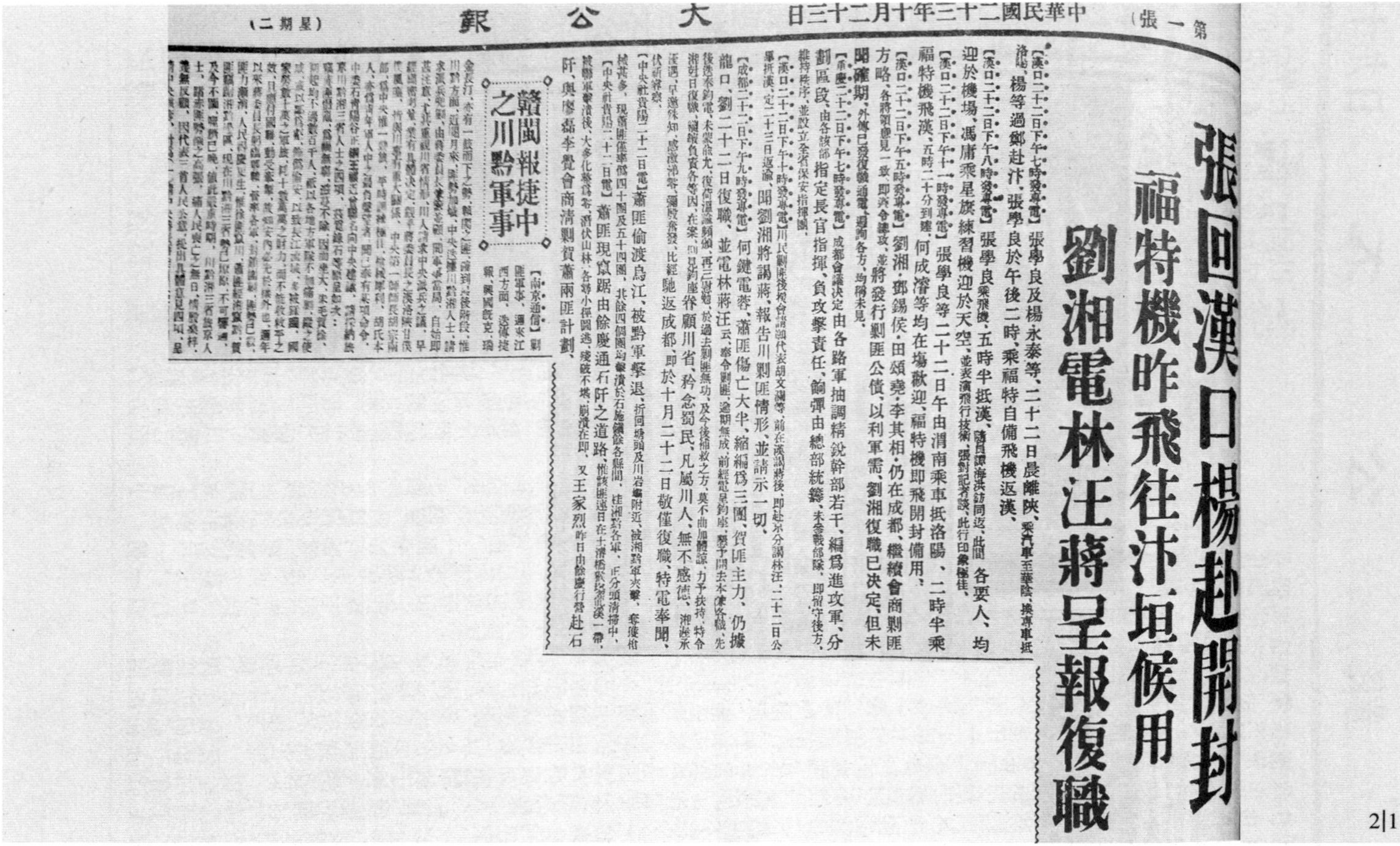

第一張　中華民國二十三年十月二十三日　大公報　（星期二）

張回漢口楊赴開封
福特機昨飛往汴垣候用
劉湘電林汪蔣呈報復職

【漢口二十二日下午七時發專電】張學良及楊永泰等、二十二日晨離陝、乘汽車至華陰、換專車抵洛、楊等過鄭赴汴、張學良於午後二時、乘福特自備飛機返漢、

【漢口二十二日下午八時發專電】張學良乘張機、五時半抵漢、隨員譚海洪舫同返、此間各要人、均迎於機場、馮庸乘星旗練習機迎於天空、並表演飛行技術、張對記者談、此行印象極佳、

【漢口二十二日下午十一時發專電】張學良等二十二日午由渭南乘車抵洛陽、二時半乘福特機飛漢、五時二十分到達、何成濬等均在場歡迎、福特機即飛開封備用、

【漢口二十二日下午五時發專電】劉湘·鄧錫侯·田頌堯·李其相·仍在成都、繼續會商剿匪方略、各將領意見一致、即齊合謀攻、並將發行剿匪公債、以利軍需、劉湘復職已決定、但未聞確期、外傳已發復職通電、週詢各方、均稱未見、

【重慶二十二日下午七時發專電】成都會議決定由各路軍抽調精銳幹部若干、編爲進攻軍、分劃區段、由各該部指定長官指揮、負攻擊責任、餉彈由總部統籌、未參戰部隊、即留守後方、維持秩序、並設立全省保安指揮團、

【漢口二十二日下午十時發專電】川民剿匪後援會請願代表胡文瀾等、前在漢謁蔣後、即赴京分謁林汪、二十二日公畢抵漢、定二十三日返渝、聞劉湘將謁蔣、報告川剿匪情形、並請示一切、

【成都二十二日下午九時發專電】何鍵電蓉、蕭匪傷亡大半、縮編爲三團、賀匪主力、仍據龍口、劉二十二日復職、並電林蔣汪云、奉令剿匪、逾期無成、前經電呈鈞座、懇予開去本兼各職、先後迭奉鈞電、未蒙俞允、復荷温諭頻頒、再三慰勉、於過去剿匪無功、及今後補救之方、莫不曲加體諒、力予扶持、特令湘剋日復職、繼續負責各等因、在案、仰見鈞座眷顧川省、矜念蜀民、凡屬川人、無不感德、湘遊承渥遇、早邀殊知、感激涕零、彌殷奮發、比經馳返成都、即於十月二十二日敬僅復職、特電奉聞、伏祈督察、

【中央社貴陽二十二日電】蕭匪偷渡烏江、被黔軍擊退、折回塘頭及川岩壩附近、被湘黔軍夾擊、奪獲槍械甚多、現蕭匪僅存四十團及五十四團、其餘四個團均擊潰於石施鐵餘各縣間、桂湘黔各軍、正分頭清掃中、

【中央社貴陽二十二日電】蕭匪現竄踞由餘慶通石阡之道路、惟該匪連日在土潰橋猴場渡一帶、被黔軍擊潰後、大多化整爲零、潛伏山林、各將小保圍逃、殘破不堪、崩潰在即、又王家烈昨日由餘慶行營赴石阡、與廖磊李覺會商清剿賀蕭兩匪計劃、

贛閩報捷中之川黔軍事

【南京通信】剿匪軍事、邇來江西方面、迭傳捷……

27. 张（学良）回汉口杨（永泰）赴开封，福特机昨飞往汴垣候用，刘湘电林（森）、汪（精卫）、蒋（介石）呈报复职，1934年10月23日第3版（残）

第一張（ 中華民國二十三年十二月二十三日

張回漢口楊赴開封

福特機昨飛往汴垣候用

劉湘電林汪蔣呈報復職

【漢口二十二日下午七時發專電】張學良及楊永泰等、二十二日晨離陝、乘汽車至華陰、換專車抵洛陽、楊等過鄭赴汴、張學良於午後二時、乘福特自備飛機返漢、

【漢口二十二日下午八時發專電】張學良乘飛機、五時半抵漢、隨員譚海洪鈁同返、此間各要人、均迎於機場、馮庸乘星旗練習機迎於天空、並表演飛行技術、張對記者談、此行印象極佳、

【漢口二十二日下午十一時發專電】張學良等二十二日午由渭南乘車抵洛陽、二時半乘福特機飛漢、五時二十分到達、何成濬等均在場歡迎、福特機即飛開封備用、

【漢口二十二日下午五時發專電】劉湘・鄧錫侯・田頌堯・李其相・仍在成都、繼續會商剿匪方略、各將領意見一致、即資合總攻、並將發行剿匪公債、以利軍需、劉湘復職已決定、但未聞確期、外傳已發復職通電、遍詢各方、均稱未見、

【重慶二十二日下午七時發專電】成都會議決定由各路軍抽調精銳幹部若干、編爲進攻軍、分劃區段、由各該部指定長官指揮、負攻擊責任、餉彈由總部統籌、未參戰部隊、即留守後方、維持秩序、並設立全省保安指揮國、

【漢口二十二日下午十時發專電】川民剿匪後援會請願代表胡文瀾等、前在漢謁蔣後、即赴京分謁林汪、二十二日公

（局部图 1）

大公報　（星期二）

【漢口二十二日下午十時發專電】川民剿匪後援會請願代表胡文瀾等、前在漢謁蔣後、即赴京分謁林汪、二十二日公畢抵漢、定二十三日返渝、聞劉湘將謁蔣、報告川剿匪情形、並請示一切、

【成都二十二日下午九時發專電】何鍵電蓉、蕭匪傷亡大半、縮編爲三團、賀匪主力、仍據龍口、劉二十二日復職、並電林蔣汪云、奉令剿匪、逾期無成、前經電呈鈞座、懇予開去本兼各職、先後迭奉鈞電、未蒙俞允、復荷溫諭頻頒、再三慰勉、於過去剿匪無功、及今後補救之方、莫不曲加體諒、力予扶持、特令湘尅日復職、繼續負責各等因、在案、仰見鈞座眷顧川省、矜念蜀民、凡屬川人、無不感德、湘遊承優遇、早邀殊知、感激涕零、彌殷奮發、比經馳返成都、即於十月二十二日敬謹復職、特電奉聞、伏祈鑒察、

【中央社貴陽二十二日電】蕭匪偷渡烏江、被黔軍擊退、折回塘頭及川岩壩附近、被湘黔軍夾擊、斃傷俘械甚多、現蕭匪僅率爲四十團及五十四團、其餘四個團均經擊潰於石施鎮餘各縣間、桂湘黔各軍、正分頭清掃中、

【中央社貴陽二十二日電】蕭匪現竄踞由餘慶通石阡之道路、惟該匪連日在土濟橋猴場龍溪一帶、被黔軍擊潰後、大多化整爲零、潛伏山林、各尋小徑圖逃、殘破不堪、崩潰在即、又王家烈昨日由餘慶行營赴石阡、與廖磊李覺會商清剿賀蕭兩匪計劃、

贛閩報捷中之川黔軍事

【南京通信】剿匪軍事、邇來江西方面、迭傳捷報、興國既克、瑞金長汀、亦有一鼓而下之勢、贛閩之匪、確到最後階段、惟川黔方面、近閱月來、匪勢加劇、中央迭據川黔湘人士、請求派兵兜剿、由蔣委員長兼參謀總長、闡軍事當局、自始即甚注意、尤其重視川省情形、川人請求中央派兵之議、早經蔣密考量、業有具體決定、[illegible]將委員長之漢洛陝甘[illegible]、特與川事有重大關係、中央第一師師長胡宗南部、爲中央惟一勁旅、平時訓練極佳、械械犀利、胡氏本人、亦屬青年軍人中之最負聲望者、聞已奉有某項命令、中委石青陽谷正綱等最近曾聯名向中央建議、請採納旅京川黔湘三省人士之四項、茲覓錄石等原呈如次、

竊赤匪倡亂、爲禍無窮、苟延不除、因而坐大、朱毛賀徐、初起均不過數百千人、祇以各地方軍隊不加痛剿、縱之使成、成以竄徙擾、[illegible]偷安、以致長江流域、多被蹂躪、國家耗費數十萬之軍旅、耗十數萬萬之財力、而不能收敉平之效、且應付國難、動受牽掣、故知安內必先於攘外也、邇年以來、蔣委員長親臨督戰、督率各軍、封鎖進剿、匪勢已蹙、匪力漸消、人民得慶更生、惟徐匪竄川、蕭匪經湘竄黔、賀匪[illegible]、現在川黔湘三省勢已岌岌、不可終日、及今不圖、噬臍已晚、值此嚴重時期、川黔湘三省旅京人士、睹赤匪聲勢之高張、痛人民喪亡之無日、惴慄殷憂、[illegible]桑梓、義無反顧、因代表三省人民公意、提出具體意見四項、呈請中央[illegible]

（局部图 2）

中华民国二十三年十月二十五日 星期四　大公报　第三张（第一版）

蒋委员长昨抵北平

杨永泰等专车今日到

匪犯赣南经粤军截击

28. 蒋委员长昨抵北平，杨永泰等专车今日到，匪犯赣南经粤军截击，1934 年 10 月 25 日第 3 版

（第一張）　中華民國二十三年十月二十五日　大

蔣委員長昨抵北平

楊永泰等專車今日到

匪犯贛南經粵軍截擊

【北平通信】蔣委員長偕夫人宋美齡女士、乘福特飛機、於昨日下午四時五十分、飛抵南苑、降落後即乘車入城、昨日下午二時許、北平各機關得蔣氏於九時許由開封飛往濟南・在濟稍停即行飛平之訊、遂由公安局首先佈置警戒、由前門直達南苑機場、每隔二三十步、即有騎車隊警崗、北平憲兵及中央憲兵第三團、亦織之佈崗、機場週圍、均由中央憲兵擔任、入機場之路口、由公安局長余晉龢親自率領職員長警檢查入場之人、凡非機關所用汽車、均須以名片證明乘車人身分、二時以後、在平之黨政軍要人、均陸續蒞場、然主席宋哲元偕蕭振瀛先到、憲兵司令邵文凱・軍會辦公廳主任鮑文樾・組長高勝岳繼到、政會黃委員長偕其夫人及市長袁良、到場亦甚早、商震・王樹常・門致中・蔣孝先・方覺慧・苗培成・劉不同・紀亮・白健民・及省市黨部各委員・軍分會各組長、均于三時左右到場、三十二軍商震部駐南苑軍隊、則擔任機場外圍保衛、昨日因西北落雪、故北平氣候較寒、歡迎之人、頗感寒威所襲、均在汽車中避風、約候二時餘、歐亞機始由鄭州飛到、群往問、途中曾見福特機否、該機稍未見、此際日已銜山、正南上空、忽見機影、漸近辨明爲福特雙發動機之雄姿、抵場上空、作半徑盤旋、仍由南向北落地、復掉頭滑行而南、近歡迎人立候之處停駛、事先由軍分會組長高勝岳、在停機之處劃分各界立候界綫、諸人立於界內、機停後、黃委員長首先趨至機前、啟艙門、端納先下、蔣氏繼之、政整會爲蔣氏特備之汽車、遂開抵機旁、蔣氏首與黃氏握手寒喧、並步至歡迎者近處、脫帽答禮、即偕黃同車入城、蔣夫人則由黃夫人陪伴、在蔣車之後隨行、軍樂大作、歡迎之人、紛紛乘車魚貫而行、長達數里、途中臨時阻止車馬穿行、在街衢兩旁佇立之人、踵趾相接、行人便道均被塞滿、咸欲一睹蔣氏之丰采也、蔣氏着中山裝、戴呢帽、披斗風、面色紅潤、其精神固甚康健也、

【中央社北平二十四日電】蔣委員長偕夫人宋美齡・侍衛長宣鐵吾・王世和・端納等、二十四日晨九時四十分

（局部图1）

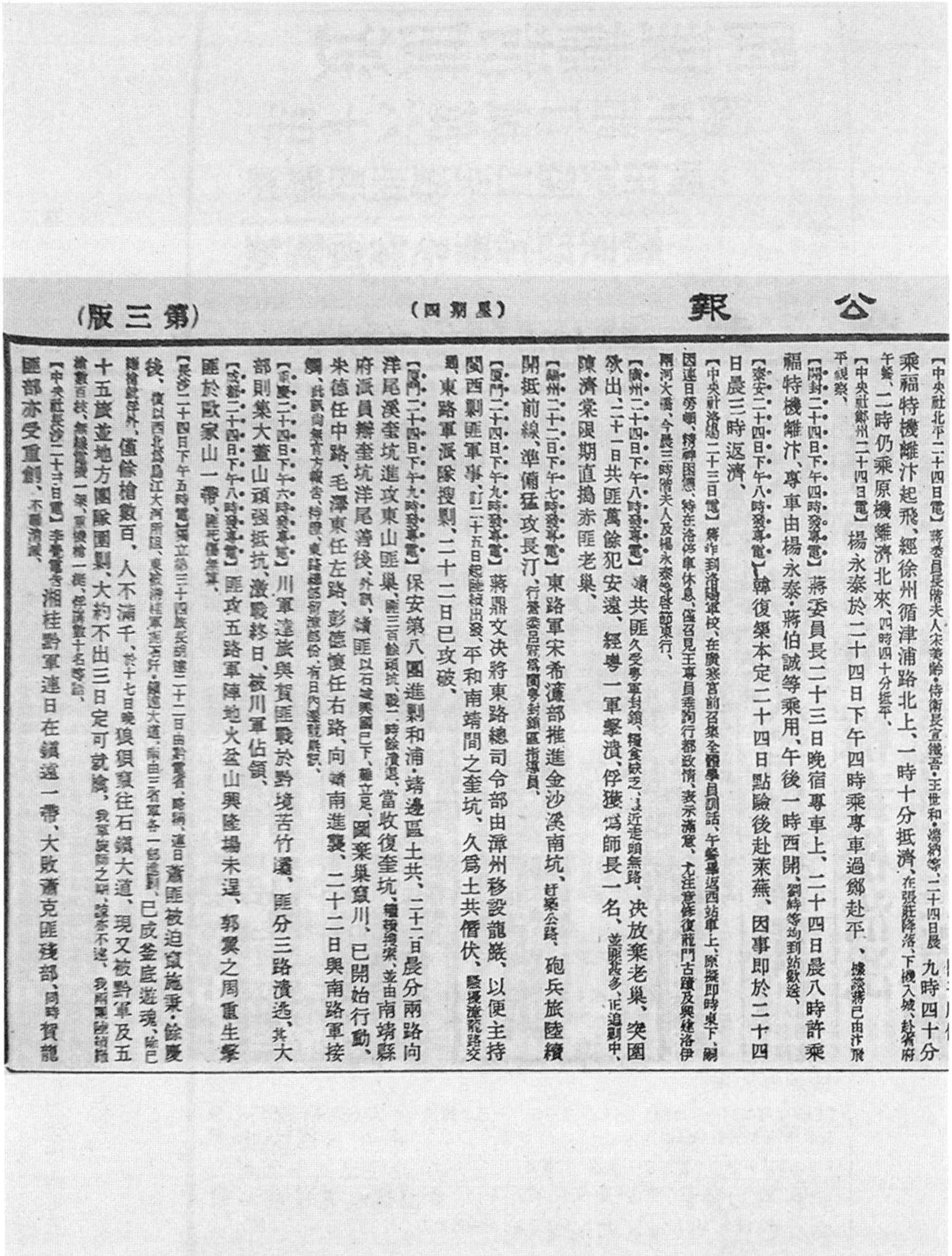

公報

（星期四）

（第三版）

【中央社北平二十四日電】蔣委員長偕夫人宋美齡·侍衛長宣鐵吾·王世和·端納等、二十四日晨九時四十分乘福特機離汴起飛、經徐州循津浦路北上、一時十分抵濟、在張莊降落、下機入城、赴省府午餐、二時仍乘原機離濟北來、四時四十分抵平、

【中央社鄭州二十四日電】楊永泰於二十四日下午四時乘專車過鄭赴平、據談蔣已由汴飛平視察、

【開封二十四日下午四時發專電】蔣委員長二十三日晚宿專車上、二十四日晨八時許乘福特機離汴、專車由楊永泰·蔣伯誠等乘用、午後一時西開、劉峙等均到站歡送、

【泰安二十四日下午八時發專電】韓復榘本定二十四日點驗後赴萊蕪、因事即於二十四日晨三時返濟、

【中央社洛陽二十三日電】蔣昨到洛陽軍校、在廣寒宮前召集全體學員訓話、午餐畢返西站車上、原擬即時東下、嗣因連日勞頓、稍感困憊、特在洛停車休息、僅召見王專員垂詢行都政情、表示滿意、尤注意修復龍門古蹟及興建洛伊兩河大橋、今晨三時偕夫人及楊永泰等啓節東行、

【廣州二十四日下午八時發專電】贛共匪久受粵軍封鎖、糧食缺乏、又近走頭無路、決放棄老巢、突圍欲出、二十一日共匪萬餘犯安遠、經粵一軍擊潰、俘獲偽師長一名、並匪甚多、正追剿中、陳濟棠限期直搗赤匪老巢、

【福州二十二日下午七時發專電】東路軍宋希濂部推進金沙溪南坑、趕築公路、砲兵旅陸續開抵前線、準備猛攻長汀、行營委呂宗禧爲閩粵封鎖區指導員、

【廈門二十四日下午九時發專電】蔣鼎文決將東路總司令部由漳州移設龍巖、以便主持閩西剿匪軍事、訂二十五日起陸續出發、平和南靖間之奎坑、久爲土共潛伏、騷擾漳龍路交通、東路軍派隊搜剿、二十二日已攻破、

【廈門二十四日下午九時發專電】保安第八團進剿和浦·靖邊區土共、二十二日晨分兩路向洋尾溪奎坑進攻東山匪巢、匪三百餘頑抗、戰二時餘潰退、當收復奎坑、續積搜索、並由南靖縣府派員辦奎坑洋尾善後、外訊、贛匪以石城興國已下、難立足、圖棄巢竄川、已開始行動、朱德任中路、毛澤東任左路、彭德懷任右路、向贛南進襲、二十二日與南路軍接觸、此訊尚無官方報告、待證、東路總部得報當份、有日內運龍巖訊、

【重慶二十四日下午六時發專電】川軍達旅與賀匪戰於黔境苦竹壩、匪分三路潰逃、其大部則集大壟山頑強抵抗、激戰終日、被川軍佔領、

【成都二十四日下午八時發專電】匪攻五路軍陣地火盆山興隆場未逞、郭勳之周重生擊匪於歐家山一帶、匪死傷無算、

【長沙二十四日下午五時發專電】獨立第三十四旅長胡達二十二日由黔電省、略稱、連日蕭匪被迫竄施秉·餘慶後、復以西北爲烏江大河所阻、東被湘桂軍堵石阡·鎮遠大道、南由三省軍各一部進剿、已成釜底遊魂、除已繳槍投降外、僅餘槍數百、人不滿千、於十七日晚狼狽竄往石鎮大道、現又被黔軍及五十五旅並地方團隊圍剿、大約不出三日定可就擒、我軍旋師之時、該匪不逃、我兩軍陸續繳槍數百枝、無線電機一架、重機槍一挺、俘匪數十名等語、

【中央社長沙二十三日電】李覺電告湘桂黔軍連日在鎮遠一帶、大敗蕭克匪殘部、同時賀龍匪部亦受重創、不難消滅、

（局部图 2）

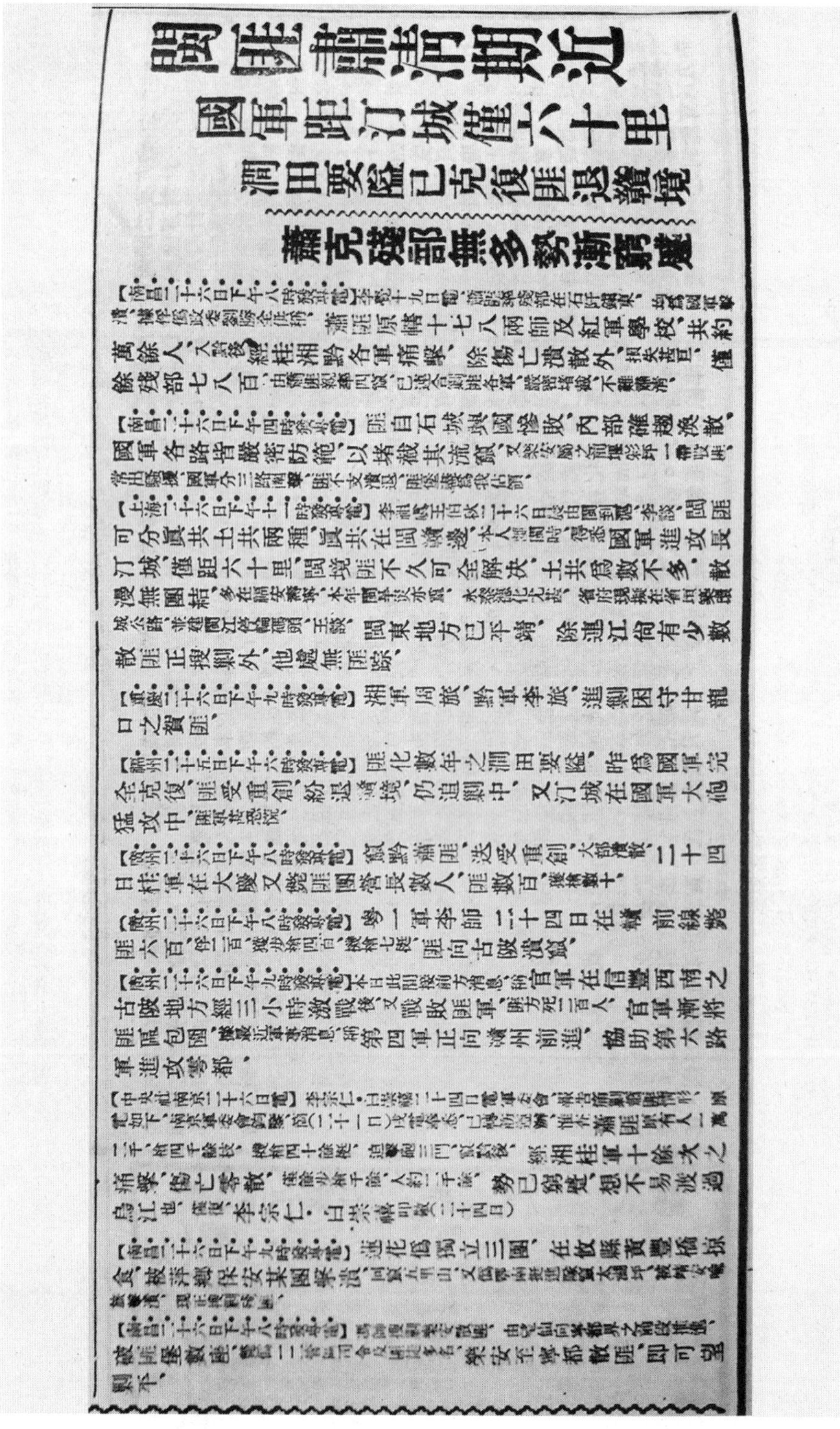

閩匪肅清期近
國軍距汀城僅六十里
澗田要隘已克復匪退贛境
蕭克殘部無多勢漸窮蹙

29.闽匪肃清期近，国军距汀城仅六十里，涧田要隘已克复匪退赣境，萧克残部无多势渐穷蹙，1934年10月27日第3版

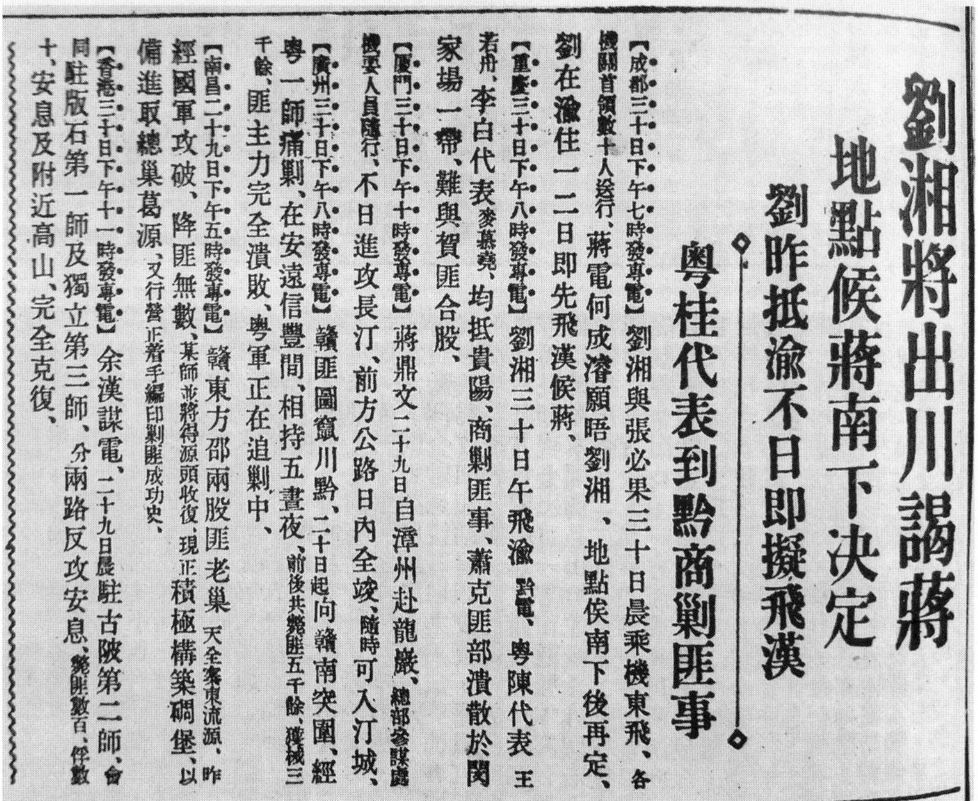

劉湘將出川謁蔣

地點候蔣南下決定

劉昨抵渝不日即擬飛漢

粵桂代表到黔商剿匪事

【成都三十日下午七時發專電】劉湘與張必果三十日晨乘機東飛、各機關首領數十人送行、蔣電何成濬願晤劉湘、地點俟南下後再定、劉在渝住一二日即先飛漢候蔣、

【重慶三十日下午八時發專電】劉湘三十日午飛渝 黔電、粵陳代表王若卅、李白代表麥蘇堯、均抵貴陽、商剿匪事、蕭克匪部潰散於閔家場一帶、難與賀匪合股、

【廈門三十日下午十時發專電】蔣鼎文二十九日自漳州赴龍巖、總部參謀處機要人員隨行、不日進攻長汀、前方公路日內全竣、隨時可入汀城、

【廣州三十日下午八時發專電】贛匪圖竄川黔、二十日起向贛南突圍、經粵一師痛剿、在安遠信豐間、相持五晝夜、前後共斃匪五千餘、獲械三千餘、匪主力完全潰敗、粵軍正在追剿中、

【南昌二十九日下午五時發專電】贛東方邵兩股匪老巢 天全寨東流源、昨經國軍攻破、降匪無數、某師並將得源頭收復、現正積極構築碉堡、以備進取總巢葛源、又行營正着手編印剿匪成功史、

【香港三十日下午十一時發專電】余漢謀電、二十九日晨駐古陂第二師、會同駐版石第一師及獨立第三師、分兩路反攻安息、斃匪數百、俘數十、安息及附近高山、完全克復、

30. 刘湘将出川谒蒋（介石），地点候蒋南下决定，刘昨抵渝不日即拟飞汉，粤桂代表到黔商剿匪事，1934 年 10 月 31 日第 3 版

（第一張） 中華民國二十三年十一月一日 大公報

東路軍進攻長汀
贛閩殘匪圖西竄川湘
蕭賀股傳在黔西會合

【廈門三十一日下午六時發專電】三十一日午後總部息、公路築竣、蔣鼎文二十九日自漳州到龍巖、下令進攻汀城、大軍三十日全線自蔡坊向汀城前進、計三十一或一日可入城、完全克復長汀、贛匪大部已離瑞金雩都老巢、越安遠信豐、向大庾南雄竄去、長汀境原無多匪、可不戰而下、北路軍克瑞金期亦不遠、
【廈門三十一日下午八時發專電】總部續息、攻長汀大軍正前進中、一日晨或晚決可下汀城、
【廣州三十一日下午八時發專電】贛南粵軍張師、二十九日在青龍西南、截擊共匪、戰半日、匪潰、斃匪數百名、
【福州三十日下午四時發專電】長汀龍巖公路全線、尅日完成、省府決招商承租全線、總站設於龍巖、
【香港三十一日下午十一時發專電】余漢謀三十日電總部請示、擬將信豐投誠匪二千餘、解省感化、
【香港三十一日下午十一時發專電】繆培南三十一日由南雄往樂昌視察、仁化商人接桂省一日來電、謂桂東汝城、未發現匪蹤、
【南昌三十一日下午一時發專電】贛閩殘匪、勢甚危殆、決離贛閩、逃入川湘、國軍正截剿、又贛第八行政區境內已絕匪跡、從此河西半壁、得告清平、
【南昌三十一日下午五時發專電】熊式輝以殘匪即肅清、正力謀復興匪區農村、頃令省各廳處、擬訂復興農村之整個計劃、
【南昌三十一日下午五時發專電】新喻等縣匪巢丁田·油田等處、昨爲國軍攻下、救出肉票千餘、仍追剿中、
【重慶三十一日下午十一時發專電】蕭賀兩匪殘部、傳已竄合於黔西邛江附近、極爲猖獗、川湘黔各軍、正謀一網打盡、以免流竄、
【成都三十一日下午七時發專電】靈觀陰陽坪一帶之匪、連日將該處穀米等件運送通江、匪近派青年婦女、混入官軍、復以强健男女懷炸彈、潛入官軍警戒線、圖暴動、陳鳴謙令所部嚴密封鎖、
【成都三十一日下午八時發專電】李宗仁電劉湘、蕭匪率六百餘人、由石阡逃竄、現匿深山中、賀匪、並布告准匪部官兵投誠、一概免罪、
【成都三十一日下午七時發專電】荊沙關監督喬宜齋、奉財孔命入川謁劉湘、商招撫徐向前、喬三十一日已西上、因喬徐係師生、私情極篤、
【中央社南昌三十一日電】行營得李韞珩二十五日電、前派各部、連日分途搜剿、各處殘匪、均被擊散、俘獲甚衆、計在安福屬之山源、生擒僞逃長部長所長等各一員、要匪二十餘名、奪獲機槍一挺、步槍二十支、在永新屬之毛葉山、搜獲僞兵工廠一所、得機件頗多、又搜索各深山匪巢、獲步槍五十餘支、機槍四挺、另擊潰大股匪一股、獲步槍十餘支、現仍飭努力搜剿、以冀根株、

31. 东路军进攻长汀，赣南残匪图西窜川湘，萧（克）、贺（龙）股传在黔西会合，1934 年 11 月 1 日第 3 版

(第一張)　中華民國二十三年十一月二日　大

東路軍昨克長汀
湘桂入黔軍隊奉令撤回
劉湘定明日由重慶飛漢

【南昌一日下午九時發專電】行營據報、國軍一日午克復長汀城、

【中央社龍巖一日電】東路軍一日午刻確實佔領長汀、

【成都一日下午八時發專電】劉湘到渝後、定三日乘郵航機由渝飛漢、候謁蔣委員長、

【中央社貴陽三十一日電】桂軍廖磊部、湘軍李覺部、奉湘桂當局分別電調返省、作截擊共匪一五軍團準備、又電、王家烈委參軍長劉鶚炎爲剿匪前敵總指揮、跟剿蕭賀兩匪、匪不支、有全部退秀山勢、此間已電川軍夾擊、

【香港一日下午十時發專電】余漢謀三十一日電總部、大窩謂自二十七・八日起、匪節節退瑞金・雩都、正擬乘勝進攻、除飭各部大舉前進外、同時令前方飛機每日出發偵察匪區、另訊、三十一日一縱隊全線均無激烈戰事、北路軍已開上猶夾擊、湘東汝城・宜章迄至一日止、總部尚未接有匪竄擾情報、

【重慶一日下午八時發專電】蕭賀兩匪北竄、川軍田達兩旅於凉風埡銅鼓台一帶激戰三晝夜、三十一日始將其擊潰、匪分向興隆坪濯河壩潰退、

【中央社南昌三十一日電】陳誠電省稱、誠率所部已進駐寧都、城中居民甚多、夾道歡迎、狀至熱烈、相顧之下、宛如重見天日、不勝欣慶之感、四郊農民、均在收穫、喜形於色云、

【南昌三十一日下午五時發專電】剿匪軍事猛進中、行營令省府同時推進匪區善後要政、並令所有官吏務須隨軍前進、不准畏縮、即派員隨時嚴密考查、又民廳長呂咸由石城程赴興國、邵鴻基由廣昌赴寧都、辦理善後、朱懷冰奉蔣令抵省、轉前方、辦理善後、又寧都石城興國等縣克復後、各方紛紛來電致賀、

【中央社南昌一日電】公路處奉命興修泰和至興國、廣昌至石城、廣昌至寧都各公路、已派第一・第二兩築路隊前往代築、爲求迅速完工起見、現又派工程師前往督修、又雖口至古龍崗路線限十日內勘測完竣、

32. 东路军昨克长汀，湘桂入黔军队奉令撤回，刘湘定明日由重庆飞汉，1934 年 11 月 2 日第 3 版

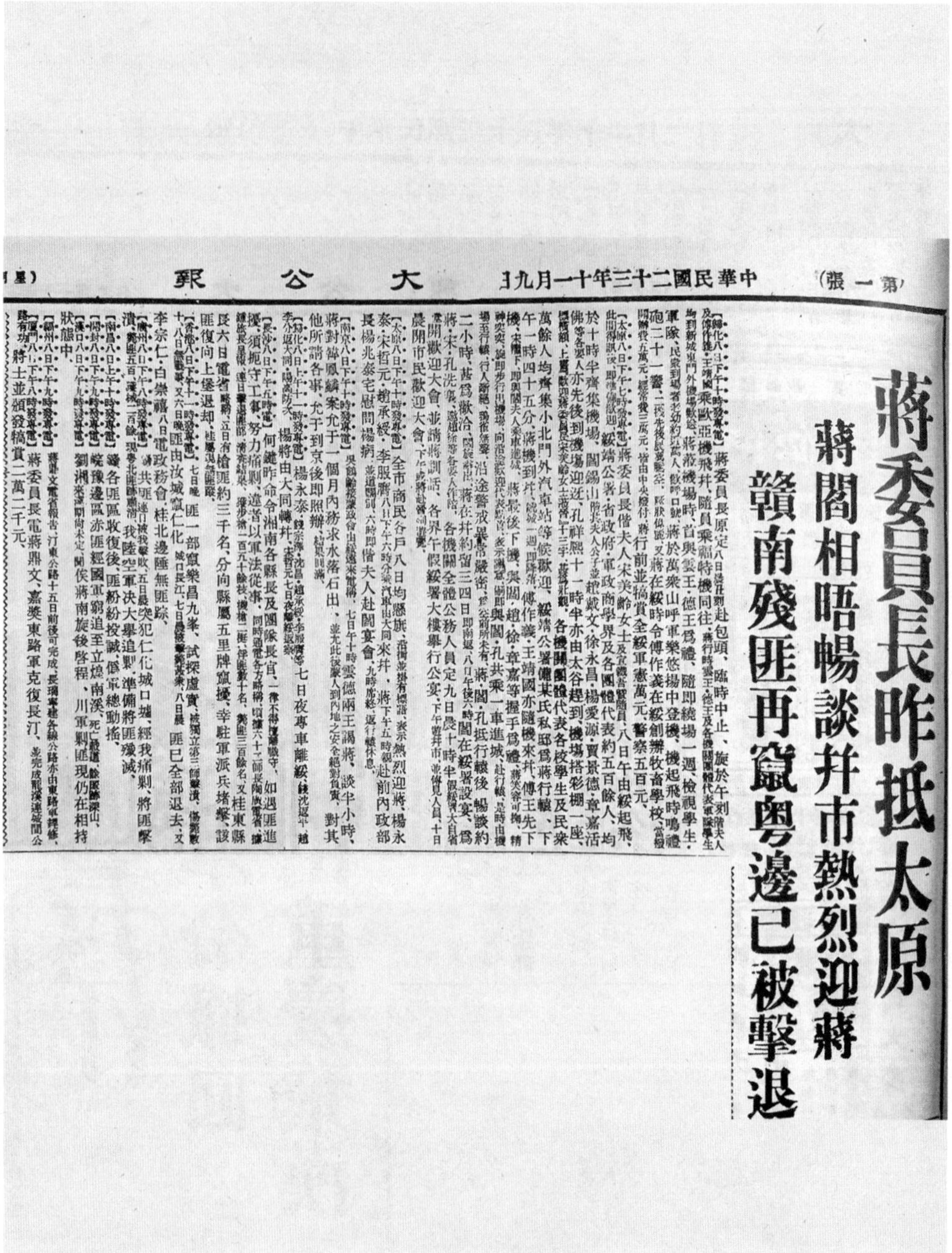

（第一張） 中華民國二十三年十一月九日 大公報 （星期[illegible]）

蔣委員長昨抵太原

蔣閻相晤暢談并市熱烈迎蔣

贛南殘匪再竄粵邊已被擊退

【歸化八日下午十時發專電】蔣委員長原定八日晨赴包頭、臨時中止、旋於午刻偕夫人及傅作義・王靖國乘歐亞機飛幷、隨員乘福特機同往、蔣行時雲王・德王及各機關團體代表軍隊學生均到新城東門外機場歡送、蔣蒞機場時、首與雲王・德王爲禮、隨即繞場一週、檢視學生・軍隊、民衆到場者老幼約[illegible]萬人、歡呼口號、蔣於萬衆山呼軍樂悠揚中登機、機起飛時鳴禮砲二十一響、二機先後昆翼騰空、[illegible]狀似[illegible]、又蔣在綏時令傅作義在綏創辦牧畜學校、[illegible]開辦費五萬元、經常費三萬元、皆由中央撥付、蔣行前並犒賞全綏軍憲萬元、警察五百元、

【太原八日下午七時發專電】蔣委員長偕夫人宋美齡女士及宣鐵吾[illegible]隨員、八日午由綏起飛、此間得訊後、即準備歡迎、綏靖公署・省政府・軍政商學界及各團體代表約五百餘人、均於十時半齊集機場、閻錫山偕其夫人公子並趙戴文・徐永昌・楊愛源・賈景德・章嘉活佛等各要人亦先後到機場迎迓、孔祥熙十一時半亦由太谷趕到、機場搭彩棚一座、懸橫額、上書歡迎蔣委員長暨宋美齡女士蒞晉十三字、甚爲壯觀、各機關團體代表各校學生及民衆萬餘人均齊集小北門外汽車站等候歡迎、綏靖公署備某氏私邸爲蔣行轅、下午一時四十五分、蔣機到幷、繞飛一週、即降落、傅作義・王靖國亦隨機來幷、傅王先下機、宋[illegible]下、即與閻夫人乘車進城、蔣最後下機、與閻・趙・徐・章嘉等握手爲禮、蔣笑容可掬、精神奕奕、旋即步行出機場、向沿途歡迎代表點首、表示謝意、旋即與閻・孔共乘一車進城、赴行轅、是時由機場至行轅、行人斷絕、戒備[illegible]、沿途警戒異常嚴密、爲公前所未有、蔣・閻・孔抵行轅後、暢談約二小時、甚爲歡洽、閻旋辭出、蔣在幷約留三四日即南返、八日午後六時閻在綏署設宴、爲蔣・宋・孔洗塵、邀趙・徐等各要人作陪、各機關全體公務人員定九日晨十時半假綏署大自省堂開歡迎大會、並請蔣訓話、各界午假綏署大樓舉行公宴、下午遊幷市、並傳見人員、十日晨開市民歡迎大會、下午或將赴晉祠遊覽、

【太原八日下午十時發專電】全市商民各戶八日均懸旗、沿街並掛有標語、表示熱烈迎蔣、楊永泰・宋哲元・趙承綬・李服膺八日下午六時分乘汽車由大同來幷、蔣下午五時親赴前內政部長楊兆泰宅慰問楊病、並道謝、六時即偕夫人赴閻宴會、九時席終、返行轅休息、

【南京八日下午十時發專電】吳鼎昌[illegible]政會由綏返京報稱、七日午十時雲德兩王謁蔣、談半小時、蔣對韓鳳麟案允于一個月內務求水落石出、並允此後蒙人到內地之安全絕對負責、對其他所請各事、允于到京後即照辦、結果圓滿、

【歸化八日上午十一時發專電】楊永泰・錢宗澤・沈昌・趙承綬・李服膺等七日夜專車離綏、錢沈返平、趙李分返大同・陽高防次、楊將由大同轉幷、宋哲元七日夜離綏返察、

【長沙八日下午五時電】何鍵昨命令湘南各縣長及團隊長官、一律不得擅離職守、如遇匪進擾、須扼守工事、努力痛剿、違者以軍法從事、同時通電各方略稱、頃據六十二師長陶廣電省、據鍾旅長呈報、連日擊退匪部、清剿結果、繳步槍二百五十餘枝、機槍二挺、俘匪數十名、斃匪三百餘名、又桂東縣長六日電省略稱、五日有槍匪約三千名、分向縣屬五里牌竄擾、幸駐軍派兵堵擊、該匪復向上堡退卻、桂屬現無匪蹤、

【香港八日下午十一時發專電】七日晚匪一部竄樂昌九峯、試探虛實、被獨立第三師擊潰、傷斃數十、八日無戰事、又六日晚匪由汝城竄仁化城口長江、七日晨被擊潰[illegible]、八日晨匪已全部退去、又李宗仁・白崇禧八日電政務會、桂北邊陲無匪蹤、

【廣州八日下午八時發專電】贛共匪[illegible]被我擊敗、五日晨突犯仁化城口墟、經我痛剿、將匪擊潰、斃匪五百、獲械二百餘、現粵北匪跡肅清、我陸空軍決大舉追剿、準備將匪殲滅、

【南昌八日上午十時發專電】贛各匪區收復後、匪紛紛投誠、僞軍總動搖、

【開封八日下午九時發專電】皖豫邊區赤匪經國軍窮追至立煌南溪、死亡殆盡、餘匪[illegible]深山、

【漢口八日下午九時發專電】劉湘來漢期尚未定、聞俟蔣南旋後啓程、川軍剿匪現仍在相持狀態中、

【福州八日下午九時發專電】蔣鼎文電省報告、汀東公路十五日前後可完成、長瑞寧建各線公路亦由東路軍搶修、

【廈門八日下午八時發專電】蔣委員長電蔣鼎文、嘉獎東路軍克復長汀、並完成龍溪連城間公路有功、將士並頒發犒賞二萬二千元、

2|1

33. 蒋委员长昨抵太原，蒋（介石）、阎（锡山）相晤畅谈并市热烈迎蒋，赣南残匪再窜粤边已被击退，1934 年 11 月 9 日第 3 版

第一張　　中華民國二十三年十一月九日

蔣委員長昨抵太原

蔣閻相晤暢談并市熱烈迎蔣

贛南殘匪再竄粵邊已被擊退

〔歸化八日下午十時發專電〕蔣委員長原定八日晨九刻赴包頭、臨時中止、旋於午刻偕夫人及傅作義・王靖國乘歐亞機飛并、隨員乘福特機同往、蔣行時雲王・德王及各機關團體代表軍隊學生均到新城東門外機場歡送、蔣蒞機場時、首與雲王・德王爲禮、隨即繞場一週、檢視學生・軍隊、民衆到場者老幼約近萬人、歡呼口號、蔣於萬衆山呼軍樂悠揚中登機、機起飛時鳴禮砲二十一響、二機先後騰空、隊狀偉麗、又蔣在綏時令傅作義在綏創辦牧畜學校、當撥開辦費五萬元、經常費三萬元、皆由中央撥付、蔣行前並犒賞全綏軍憲萬元、警察五百元、

〔太原八日下午七時發專電〕蔣委員長偕夫人宋美齡女士及宣鐵吾暨隨員、八日午由綏起飛、此間得訊後、即準備歡迎、綏靖公署・省政府・軍政商學界及各團體代表約五百餘人、均於十時半齊集機場、閻錫山偕其夫人公子並趙戴文・徐永昌・楊愛源・賈景德・章嘉活佛等各要人亦先後到機場迎迓、孔祥熙十一時半亦由太谷趕到、機場搭彩棚一座、懸橫額、上書「歡迎蔣委員長宋美齡女士蒞晉」十三字、甚爲壯觀、各機關團體代表各校學生及民衆萬餘人均齊集小北門外汽車站等候歡迎、綏靖公署備某氏私邸爲蔣行轅、下午一時四十五分、蔣機到并、繞旋一週、即降落、傅作義・王靖國亦隨機來并、傅王先下機、宋繼下、即與閻夫人乘車進城、蔣最後下機、與閻・趙・徐・章嘉等握手爲禮、蔣笑容可掬、精神奕奕、旋即步行出機場、向沿途歡迎代表點首、表示謝意、隨即與閻・孔共乘一車進城、赴行轅、是時由機場至行轅、行人斷絕、鴉雀無聲、沿途警戒異常嚴密、爲從前所未有、蔣・閻・孔抵行轅後、暢談約二小時、甚爲歡洽、閻旋辭出、蔣在并約留三四日、即南返、八日午後六時閻在綏署設宴、爲蔣・宋・孔洗塵、邀趙徐等各要人作陪、各機關全體公務人員定九日晨十時半假綏署大自省堂開歡迎大會、並請蔣訓話、各界午假綏署大樓舉行公宴、下午遊并市、並傳見人員、十日晨開市民歡迎大會、下午或將赴晉祠遊覽、

（局部图1）

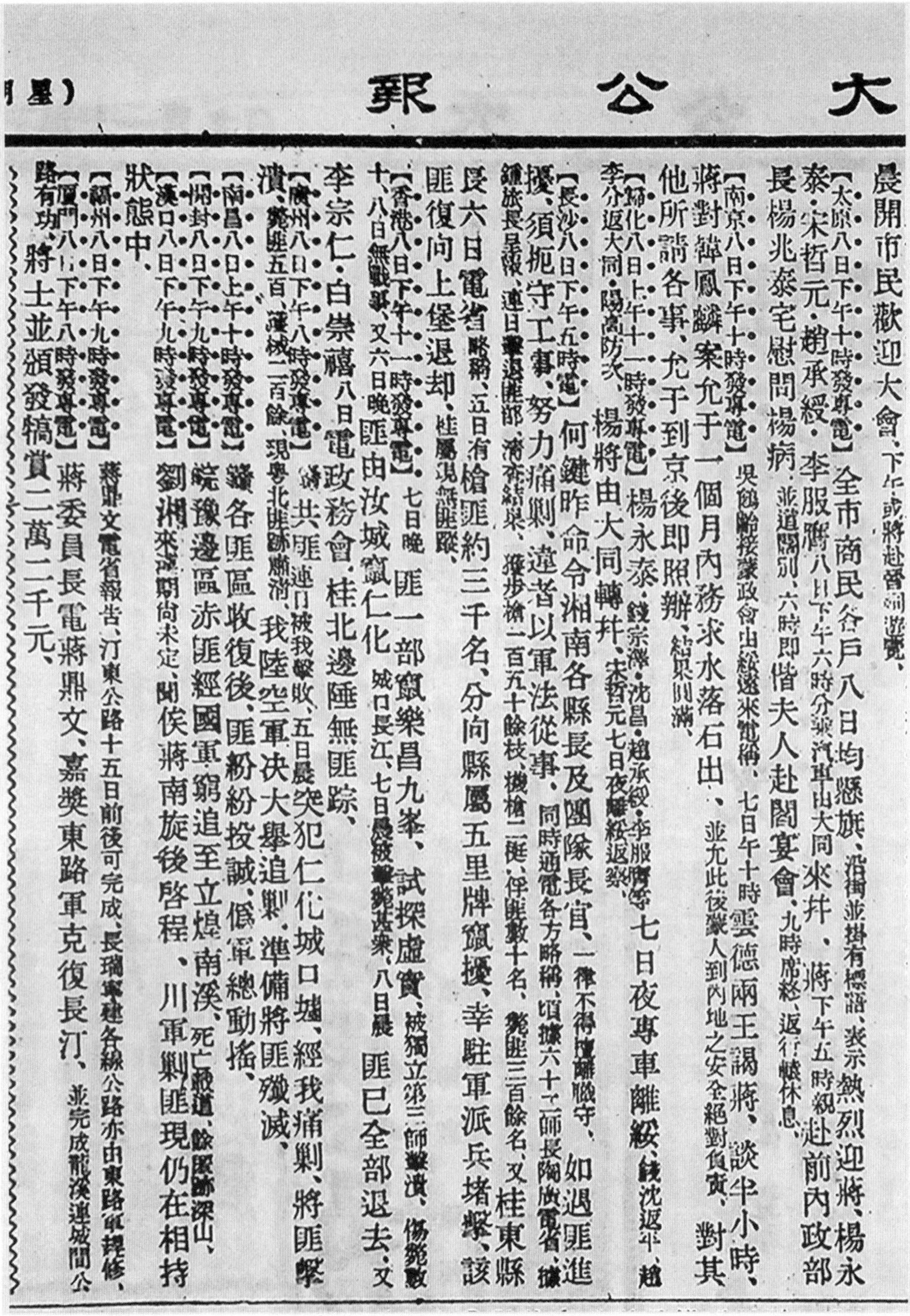

大公報

晨開市民歡迎大會、下午或將赴晉祠遊覽、

【太原八日下午十時發專電】全市商民各戶八日均懸旗、沿街並掛有標語、表示熱烈迎蔣、楊永泰·宋哲元·趙承綬·李服膺八日下午六時分乘汽車由大同來并、蔣下午五時親赴前內政部長楊兆泰宅慰問楊病·並道闊別、六時即偕夫人赴閻宴會、九時席終、返行轅休息、

【南京八日下午十時發專電】吳鶴齡接蒙政會由綏遠來電稱、七日午十時雲德兩王謁蔣、談半小時、蔣對韓鳳麟案允于一個月內務求水落石出、並允此後蒙人到內地之安全絕對負責、對其他所請各事、允于到京後即照辦、結果圓滿、

【歸化八日上午十一時發專電】楊永泰·錢宗澤·沈昌·趙承綬·李服膺等七日夜專車離綏、錢沈返平、趙李分返大同·陽高防次、楊將由大同轉并、宋哲元七日夜離綏返察、

【長沙八日下午五時發專電】何鍵昨命令湘南各縣長及團隊長官、一律不得擅離職守、如遇匪進擾、須扼守工事、努力痛剿、違者以軍法從事、同時通電各方略稱、頃據六十二師長陶廣電省、據鍾旅長呈報、連日擊退匪部、潰奔結果、獲步槍一百五十餘枝、機槍二挺、俘匪數十名、斃匪三百餘名、又桂東縣長六日電省略稱、五日有槍匪約三千名、分向縣屬五里牌竄擾、幸駐軍派兵堵擊、該匪復向上堡退卻、桂屬現無匪蹤、

【香港八日下午十一時發專電】七日晚匪一部竄樂昌九峯、試探虛實、被獨立第三師擊潰、傷斃數十、八日無戰事、又六日晚匪由汝城竄仁化城口長江、七日晨被擊斃甚衆、八日晨匪已全部退去、又李宗仁·白崇禧八日電政務會、桂北邊陲無匪踪、

【廣州八日下午八時發專電】贛共匪連日被我擊敗、五日晨突犯仁化城口墟、經我痛剿、將匪擊潰、斃匪五百、獲械二百餘、現粵北匪跡漸消、我陸空軍決大舉追剿、準備將匪殲滅、

【南昌八日上午十時發專電】贛各匪區收復後、匪紛紛投誠、偽軍總動搖、

【開封八日下午九時發專電】皖豫邊區赤匪經國軍窮追至立煌南溪、死亡殆盡、餘匪竄深山、

【漢口八日下午九時發專電】劉湘來漢期尚未定、聞俟蔣南旋後啓程、川軍剿匪現仍在相持狀態中、

【福州八日下午九時發專電】蔣鼎文電省報告、汀東公路十五日前後可完成、長瑞寧建各線公路亦由東路軍搶修、

【廈門八日下午八時發專電】蔣委員長電蔣鼎文、嘉獎東路軍克復長汀、並完成龍溪連城間公路有功、將士並頒發犒賞二萬二千元、

（局部图 2）

大公　　中華民國二十三年十一月十四日　　（第一張）

湘粵邊境連日激戰

中央軍兩縱隊已到湘南

劉湘昨抵萬縣即日東下

【香港十三日下午十一時發專電】余漢謀十二日電、昨在距九峯二十餘里延壽與我相持之僞一軍團及九軍團、今午爲葉師及獨立第三師獨立第二旅夾擊、獲槍八千餘、俘數千、該兩僞軍團已全部消滅、利樹宗十二日戌電、匪一軍團林彪部十二日與第二師獨立第二旅獨立第三師在延壽九峯間激戰一晝夜、被我軍完全消滅、獲槍六七千、匪傷亡無算、現我軍仍在追剿中、匪以該軍團戰鬥力最強、此次被我軍消滅、殘匪不成問題、

【中央社香港十二日電】粵敎導師全部及桂軍王贊斌廖磊兩部、十一·十二兩日開小北江、截擊殘匪、又僞五軍團殘匪千餘名竄良泳後、獨立第三師跟踪追擊、匪傷亡過半、

【南京十三日下午十時發專電】何鍵電行政院報告、赤匪僞三軍彭德懷率部犯湘、在湘邊汝城一帶接觸後、被擊退逃竄、刻西路軍已集合重兵、扼守要地堵截、中央所派兩縱隊已到達協剿、汪接電後、特復電何氏慰勉、

【廣州十三日下午八時發專電】贛匪經粵軍連日包圍夾擊、已成甕中之鼈、十一日晨粵軍獨立第二師及第二旅在恩溪擊潰匪八千人、十二日晨將匪全部解決、獲械三千餘、俘匪數千、

【廈門十三日下午九時發專電】第四縱隊克瑞金後、副指揮李默庵入城辦理善後、另派一部向會昌推進、與南路夾擊、即可收復、又十二日東路總部紀念週報告、匪全部西竄、現抵汝城仁化間、南路西路正截擊中、雩都會昌僅餘零星散匪及老弱民衆、十二·十三兩日漳廈均開剿匪祝捷大會、

【福州十三日下午一時發專電】汀屬旅省同鄉電慰東路軍將領、並議決關於汀屬收復後、請求政府施行工賑、並飭令四省農民銀行於收復各縣設辦事處、一面酌撥大宗欵項在各縣各鄉設立農民借貸所、以救濟農村、

【漢口十三日下午七時發專電】劉湘十三日晨乘巴渝艦離渝、晚宿萬縣、召集駐萬各將領訓話、十五日可經宜沙來漢、何成濬派飛機一架·兵艦一艘赴宜迎劉、徐源泉亦在沙歡迎、將陪劉東下、又楊永泰十三日晨偕陳延炯乘專車來漢、楊當晚乘輪返贛、

【上海十三日下午十時發專電】王寵惠十三日晨語報界、否認約汪院長來滬會晤、謂最近與胡漢民亦無函電往還、一切待蔣委員長考慮後具體決定、俟得蔣電約、再往晤談、在贛抑在京未定、本人是否南下、亦俟晤蔣後決定、外傳本人將留國內任職不確、日內赴杭遊覽、下月中回海牙云、

34. 湘粤边境连日激战，中央军两纵队已到湘南，刘湘昨抵万县即日东下，1934 年 11 月 14 日第 3 版

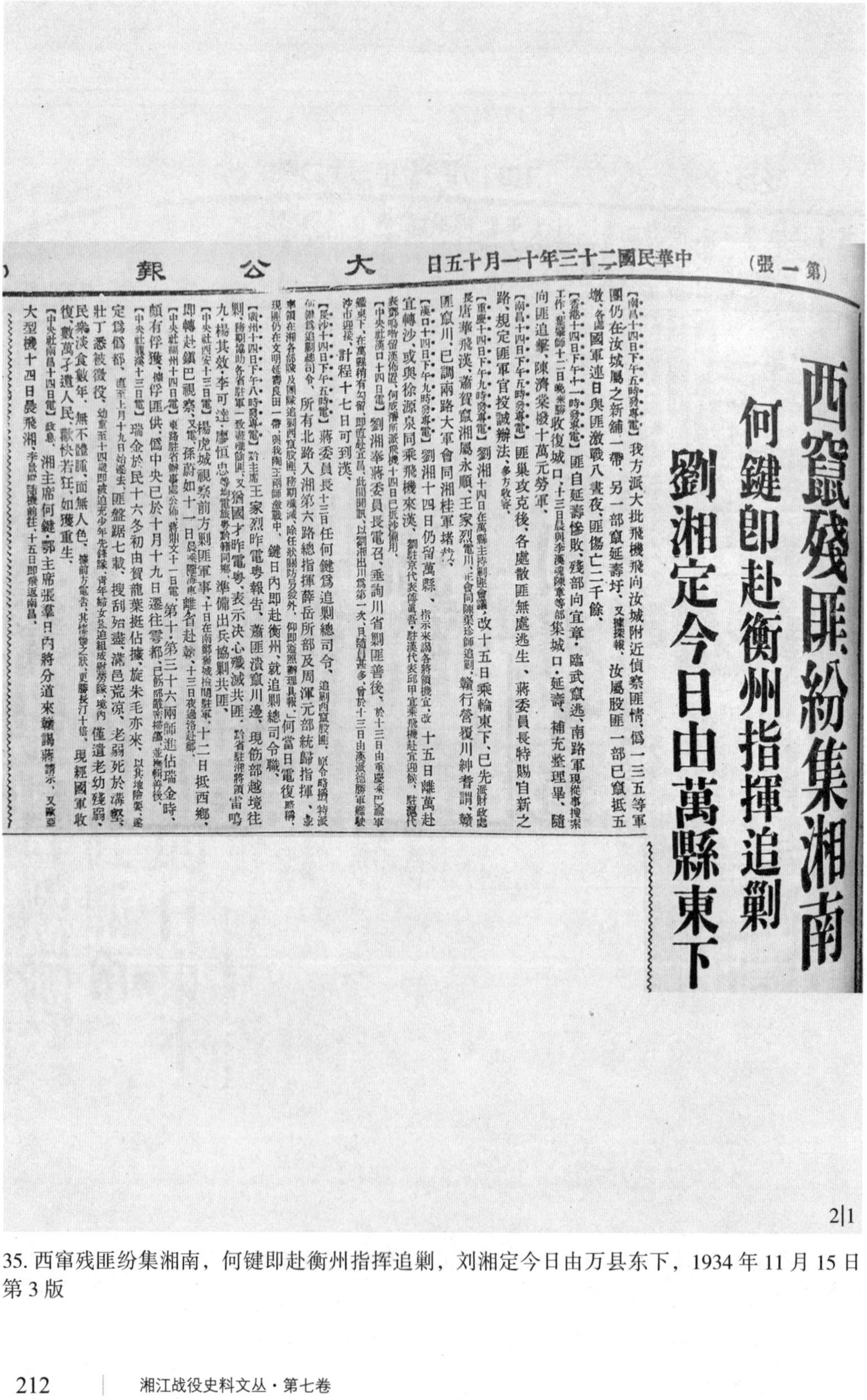

(第一張) 中華民國二十三年十一月十五日 大公報

西竄殘匪紛集湘南
何鍵即赴衡州指揮追剿
劉湘定今日由萬縣東下

【南昌十四日下午五時發專電】我方派大批飛機飛向汝城附近偵察匪情、僞一三五等軍團仍在汝城屬之新舖一帶、另一部竄延壽圩、又據探報、汝屬股匪一部已竄抵五墩、各處國軍連日與匪激戰八晝夜、匪傷亡二千餘、

【香港十四日下午十一時發專電】匪自延壽慘敗、殘部向宜章・臨武竄逃、南路軍現從事搜索工作、張達師十二日晚來勝收復城口、十三日晨與李漢魂陳章等部集城口・延壽、補充整理畢、隨向匪追擊、陳濟棠撥十萬元勞軍、

【南昌十四日下午五時發專電】匪巢攻克後、各處散匪無處逃生、蔣委員長特賜自新之路、規定匪軍官投誠辦法、多方收容、

【重慶十四日下午九時發專電】劉湘十四日在萬縣主持剿匪會議、改十五日乘輪東下、已先派財政處長唐華飛漢、蕭賀竄湘屬永順、王家烈電川、正會同陳渠珍師追剿、贛行營覆川紳耆謂、贛匪竄川、已調兩路大軍會同湘桂軍堵截、

【漢口十四日下午九時發專電】劉湘十四日仍留萬縣、指示來謁各將領機宜、改十五日離萬赴宜轉沙、或與徐源泉同乘飛機來漢、劉駐京代表傅眞吾・駐漢代表邱甲宜乘飛機赴宜迎候、駐滬代表鄧鳴階留漢佈置、何成濬所派飛機十四日已抵沙備用、

【中央社漢口十四日電】劉湘奉蔣委員長電召、垂詢川省剿匪善後、於十三日由重慶乘巴渝軍艦東下、在萬縣稍有勾留、即直赴宜昌、此間聞訊、以劉湘出川爲第一次、且隨員甚多、曾於十三日由漢派德勝軍艦駛沙市迎接、計程十七日可到漢、

【長沙十四日下午五時電】蔣委員長十三日任何鍵爲追剿總司令、追剿西竄股匪、原令略稱、特派何鍵爲追剿總司令、所有北路入湘第六路總指揮薛岳所部及周渾元部統歸指揮、並責令湘各部隊及團隊追剿西竄股匪、務期殲滅、除任狀關防另發外、仰即遵照辦理具報、」何當日電復略稱、現匪仍在文明延壽良田一帶、與我陶王兩師激戰中、鍵日內即赴衡州、就追剿總司令職、

【衡州十四日下午八時發專電】黔主席王家烈昨電粵報告、蕭匪潰竄川邊、現飭部越境往剿、務期協助各省駐軍一致盡殲餘匪、又猶國才昨電粵、表示決心殲滅共匪、黔省駐滬將領雷鳴九・楊其效・李可達・廖恒忠等均電旅粵黔籍同鄉、準備出兵協剿共匪、

【中央社西安十三日電】楊虎城視察前方剿匪軍事、十日在南鄭褒城檢閱駐軍、十二日抵西鄉、即轉赴鎮巴視察、又電、孫蔚如十一日晨乘隴海車離省赴贛、十三日夜過洛赴鄭、

【中央社福州十四日電】東路駐省辦事處公佈、蔣鼎文十一日電、第十・第三十六兩師進佔瑞金時、頗有俘獲、據俘匪供、僞中央已於十月十九日遷往雩都、已飭部嚴密搜索、並擒解訊後、

【中央社贛縣十三日電】瑞金於民十六冬初由賀龍葉挺佔據、旋朱毛亦來、以其地險要、遂定爲僞都、直至上月十九日始遷去、匪盤踞七載、搜刮殆盡、滿邑荒涼、老弱死於溝壑、壯丁悉被徵役、幼童至十四歲即被迫充少年先鋒隊、青年婦女亦迫組成慰勞隊、境內僅遺老幼殘弱、民衆淡食歉年、無不體瘦、面無人色、據前方電告、其慘慘之狀、更勝長汀十倍、現經國軍收復、數萬孑遺人民、歡快若狂、如獲重生、

【中央社南昌十四日電】政息、湘主席何鍵・鄂主席張羣日內將分道來贛謁蔣請示、又歐亞大型機十四日晨飛湘、李景樅隨機前往、十五日即飛返南昌、

2|1

35. 西窜残匪纷集湘南，何键即赴衡州指挥追剿，刘湘定今日由万县东下，1934 年 11 月 15 日第 3 版

（第一張） 中華民國二十三年十一月十五日

西竄殘匪紛集湘南

何鍵即赴衡州指揮追剿

劉湘定今日由萬縣東下

【南昌十四日下午五時發專電】我方派大批飛機飛向汝城附近偵察匪情、僞一三五等軍團仍在汝城屬之新舖一帶、另一部竄延壽圩、又據探報、汝屬股匪一部已竄抵五墩、各處國軍連日與匪激戰八晝夜、匪傷亡二千餘、

【香港十四日下午十一時發專電】匪自延壽慘敗、殘部向宜章·臨武竄逃、南路軍現從事搜索工作、葉肇師十二日晚乘勝收復城口、十三日晨與李漢魂陳章等部集城口·延壽、補充整理畢、隨向匪追擊、陳濟棠撥十萬元勞軍、

【南昌十四日下午五時發專電】匪巢攻克後、各處散匪無處逃生、蔣委員長特賜自新之路、規定匪軍官投誠辦法、多方收容、

【重慶十四日下午九時發專電】劉湘十四日在萬縣主持剿匪會議、改十五日乘輪東下、已先派財政處長唐華飛漢、蕭賀竄湘屬永順、王家烈電川、正會同陳渠珍師追剿、贛行營覆川紳耆謂、贛匪竄川、已調兩路大軍會同湘桂軍堵截、

【漢口十四日下午九時發專電】劉湘十四日仍留萬縣、指示來謁各將領機宜、改十五日離萬赴

（局部图1）

大公報

【漢口十四日下午九時發專電】劉湘十四日仍留萬縣、指示來謁各將領機宜、改十五日離萬赴宜轉沙、或與徐源泉同乘飛機來漢、劉駐京代表傅眞吾·駐漢代表邱甲宜乘飛機赴宜迎候、駐滬代表鄧鳴階留漢佈置、何成濬所派飛機十四日已抵沙備用、

【中央社漢口十四日電】劉湘奉蔣委員長電召、垂詢川省剿匪善後、於十三日由重慶乘巴渝軍艦東下、在萬縣稍有勾留、即直赴宜昌、此間聞訊、以劉湘出川爲第一次、且隨員甚多、曾於十三日由漢派德勝軍艦駛沙市迎接、計程十七日可到漢、

【長沙十四日下午五時電】蔣委員長十三日任何鍵爲追剿總司令、追剿西竄股匪、原令略稱「特派何鍵爲追剿總司令、所有北路入湘第六路總指揮薛岳所部及周渾元部統歸指揮、並率領在湘各部隊及團隊追剿西竄股匪、務期殲滅、除任狀關防另發外、仰即遵照辦理具報」、何當日電復略稱、現匪仍在文明延壽良田一帶、與我陶王兩師激戰中、鍵日內即赴衡州、就追剿總司令職、

【廣州十四日下午八時發專電】黔主席王家烈昨電粵報告、蕭匪潰竄川邊、現飭部越境往剿、務期協助各省駐軍一致盡殲餘匪、又猶國才昨電粵、表示決心殲滅共匪、黔省駐湘將領雷鳴九·楊其效·李可達·廖恒忠等均電旅粵黔籍同鄉、準備出兵協剿共匪、

【中央社西安十三日電】楊虎城視察前方剿匪軍事、十日在南鄭褒城檢閱駐軍、十二日抵西鄉、即轉赴鎮巴視察、又電、孫蔚如十一日晨乘隴海車離省赴贛、十三日夜過洛赴鄭、

【中央社福州十四日電】東路駐省辦事處公佈、蔣鼎文十一日電、第十·第三十六兩師進佔瑞金時、頗有俘獲、據俘匪供、僞中央已於十月十九日遷往雩都、已飭部嚴密掃蕩、並撫輯善後、

【中央社贛縣十三日電】瑞金於民十六冬初由賀龍葉挺佔據、旋朱毛亦來、以其地險要、遂定爲僞都、直至上月十九日始遷去、匪盤踞七載、搜刮殆盡、滿邑荒凉、老弱死於溝壑、壯丁悉被徵役、幼童至十四歲即被迫充少年先鋒隊、青年婦女並迫組成慰勞隊、境內僅遺老幼殘弱、民衆淡食數年、無不體腫、面無人色、據前方電告、其悽慘之狀、更勝長汀十倍、現經國軍收復、數萬孑遺人民、歡快若狂、如獲重生、

【中央社南昌十四日電】改息、湘主席何鍵·鄂主席張羣日內將分道來贛謁蔣請示、又歐亞大型機十四日晨飛湘、李景樅隨機前往、十五日即飛返南昌、

（局部图 2）

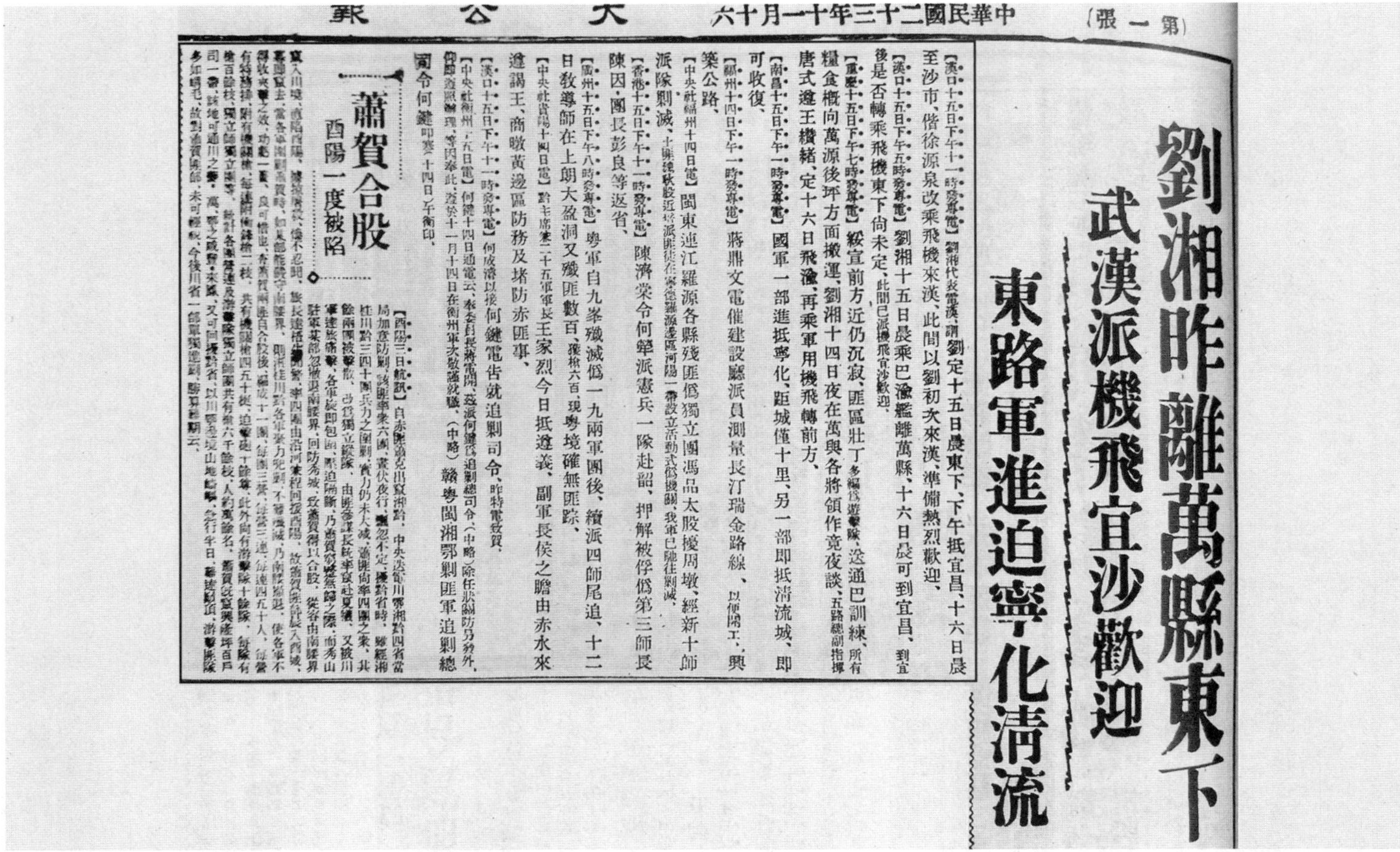

大公報 中華民國二十三年十一月十六日 （第一張）

劉湘昨離萬縣東下

武漢派機飛宜沙歡迎

東路軍進迫寧化清流

【漢口十五日下午十一時發專電】劉湘代表電漢，謂劉定十五日晨東下，下午抵宜昌，十六日晨至沙市，偕徐源泉改乘飛機來漢，此間以劉初次來漢，準備熱烈歡迎。

【漢口十五日下午五時發專電】劉湘十五日晨乘巴渝艦離萬縣，十六日晨可到宜昌，到宜後是否轉乘飛機東下尚未定，此間已派機飛宜沙歡迎。

【重慶十五日下午七時發專電】綏宣前方近仍沉寂，匪區壯丁多編為遊擊隊，迭通巴訓練，所有糧食概向萬源後坪方面搬運，劉湘十四日夜在萬與各將領作竟夜談，五路總副指揮唐式遵王纘緒，定十六日飛渝，再乘軍用機飛轉前方。

【南昌十五日下午一時發專電】國軍一部進抵寧化，距城僅十里，另一部即抵清流城，即可收復。

【贛州十四日下午一時發專電】蔣鼎文電催建設廳派員測量長汀瑞金路線，以便開工，興築公路。

【中央社福州十四日電】閩東連江羅源各縣殘匪偽獨立團馮品太股擾周墩，經新十師派隊剿滅，十師捷報稱股近經派匪徒在寧德羅源邊區河陽一帶設立活動式偽機關，我軍已跟往剿滅。

【香港十五日下午十一時發專電】陳濟棠令何犖派憲兵一隊赴韶，押解被俘偽第三師長陳因·團長彭良等返省。

【廣州十五日下午八時發專電】粵軍自九峯殲滅偽一九兩軍團後，續派四師尾追，十二日教導師在上朗大盈洞又殲匪數百，獲槍六百，現粵境確無匪踪。

【中央社貴陽十四日電】黔主席王家烈今日抵遵義，副軍長侯之瞻由赤水來遵謁王，商暾黃邊區防務及堵防赤匪事。

【漢口十五日下午十一時發專電】何成濬以接何鍵電告就追剿司令，昨特電致賀。

【中央社衡州十五日電】何鍵十四日通電云，奉委員長蔣電開，茲派何鍵為追剿總司令，（中略）除任北路剿匪總司令外，仰即遵照辦理，等因奉此，遵於十一月十四日在衡州軍次敬謹就職。（中略）贛粵閩湘鄂剿匪軍追剿總司令何鍵叩寒（十四日）午衡印。

蕭賀合股

酉陽一度被陷

【酉陽三日航訊】自赤匪蕭克出竄湘黔，中央迭電川鄂湘黔四省當局加意防剿，該匪率衆六團，晝伏夜行，飄忽不定，擾黔省時，疊經湘桂川黔三四十團兵力之圍剿，實力仍未大減，蕭匪尚率四團之衆，共餘兩團被擊散，改為獨立縱隊，由匪參謀長既率竄赴夏犢，又被川軍連族衝擊，各軍旋即包圍，緊迫隔斷，乃蕭賀竄擾無歸之際，而秀山駐軍某部忽撤退南腰界，回防秀城，致蕭賀得以合股，從容由南腰界[illegible]據不忍聞，旅長達括[illegible]警，率四團由沿河東茂向後酉陽，故蕭賀得以長驅入酉城，[illegible]如果部能戰守南腰界，則川桂川黔各軍集力兜剿，不難殲滅，乃南腰撤退，使各軍不[illegible]措也，各蕭賀兩匪自合股後，編成十一團，每團三營，每營三連，每連四五十人，每營[illegible]錄槍二枝，共有機關槍四五十挺，迫擊砲十餘尊，此外尚有游擊隊十餘隊，每隊有[illegible]各軍[illegible]及游擊隊獨立師團共有槍六千餘枝，人約萬餘名，蕭賀既竄興隆坪百戶[illegible]之處[illegible]，又可回擾黔省，以川鄂湘邊境山地綿亙，今行半日，[illegible]遊擊匪隊[illegible]械，今後川省一部單獨進剿，勝算難期云。

36. 刘湘昨离万县东下，武汉派机飞宜（昌）、沙（市）欢迎，东路军进迫宁化、清流，1934 年 11 月 16 日第 3 版

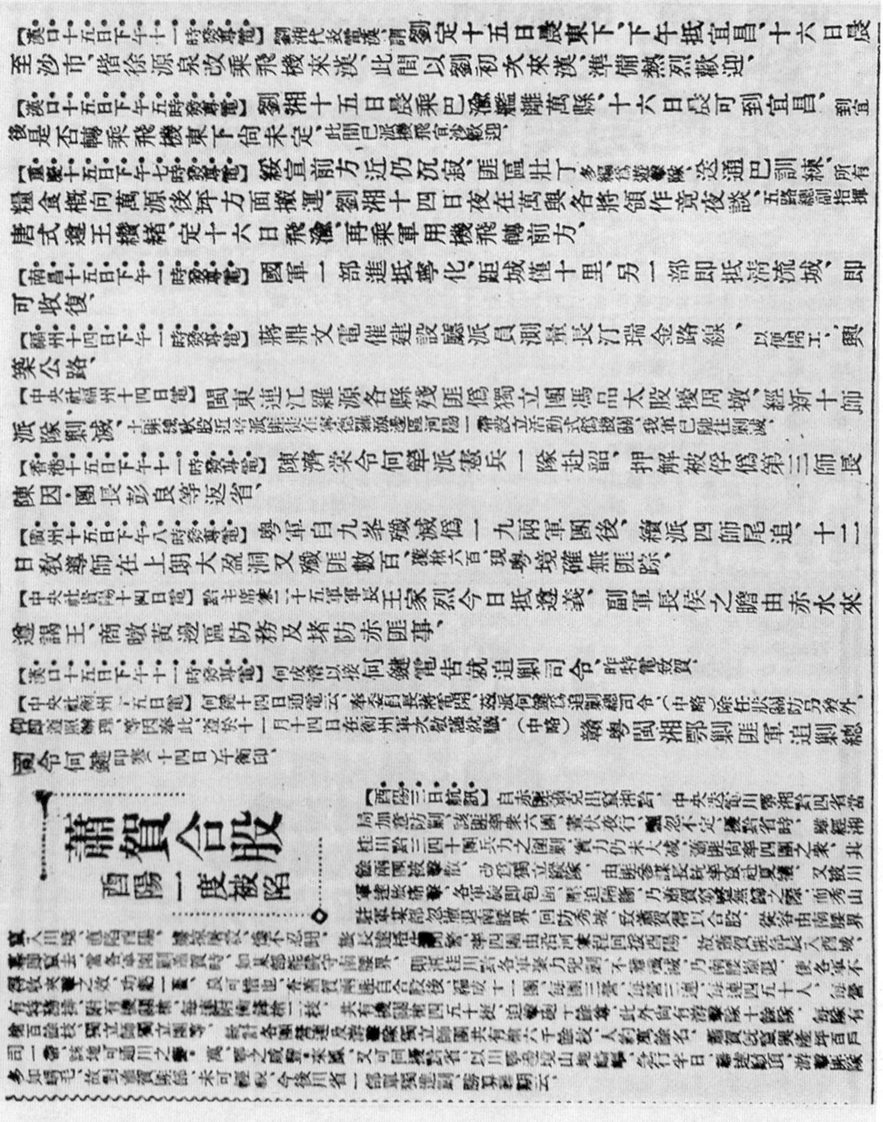

【漢口十五日下午十一時發專電】劉湘代表電漢，謂劉定十五日晨東下，下午抵宜昌，十六日晨至沙市，偕徐源泉改乘飛機來漢，此間以劉初次來漢，準備熱烈歡迎。

【漢口十五日下午五時發專電】劉湘十五日晨乘巴渝艦離萬縣，十六日晨可到宜昌，到宜後是否轉乘飛機東下尚未定，此間已派機飛宜渝歡迎。

【重慶十五日下午七時發專電】綏宣前方近仍沉寂，匪區壯丁多編爲遊擊隊，從事訓練，所有糧食概向萬源後坪方面搬運，劉湘十四日夜在萬與各將領作竟夜談，五路總副指揮唐式遵王纘緒，定十六日飛渝，再乘軍用機飛轉前方。

【南昌十五日下午一時發專電】國軍一部進抵寧化，距城僅十里，另一部即抵清流城，即可收復。

【福州十四日下午一時發專電】蔣鼎文電催建設廳派員測勘長汀瑞金路線，以便開工，興築公路。

【中央社福州十四日電】閩東連江羅源各縣殘匪偽獨立團馮品太股據丹埠，經新十師派隊剿滅，[illegible]我軍已隨往剿滅。

【香港十五日下午十一時發專電】陳濟棠令何犖派憲兵一隊赴韶，押解被俘偽第三師長陳因、團長彭良等返省。

【廣州十五日下午八時發專電】粵軍自九峰殲滅偽一九兩軍團後，續派四師尾追，十二日教導師在上朗大盆洞又殲匪數百，獲槍六百，現粵境確無匪蹤。

【中央社貴陽十四日電】黔主席兼二十五軍軍長王家烈今日抵遵義，副軍長侯之擔由赤水來遵謁王，商黔黃邊區防務及堵防赤匪事。

【漢口十五日下午十一時發專電】何成濬以接何鍵電告就追剿司令，昨特電致賀。

【中央社衡州十五日電】何鍵十四日通電云，奉委員長蔣電開，茲派何鍵爲追剿總司令，（中略）除任北路防另委外，仰即遵照爲要，等因奉此，遵於十一月十四日在衡州軍次就職視事，（中略）贛粵閩湘鄂剿匪軍追剿總司令何鍵叩寒（十四日）午衡印。

蕭賀合股

酉陽一度被陷

【酉陽三日航訊】[illegible]

（局部图）

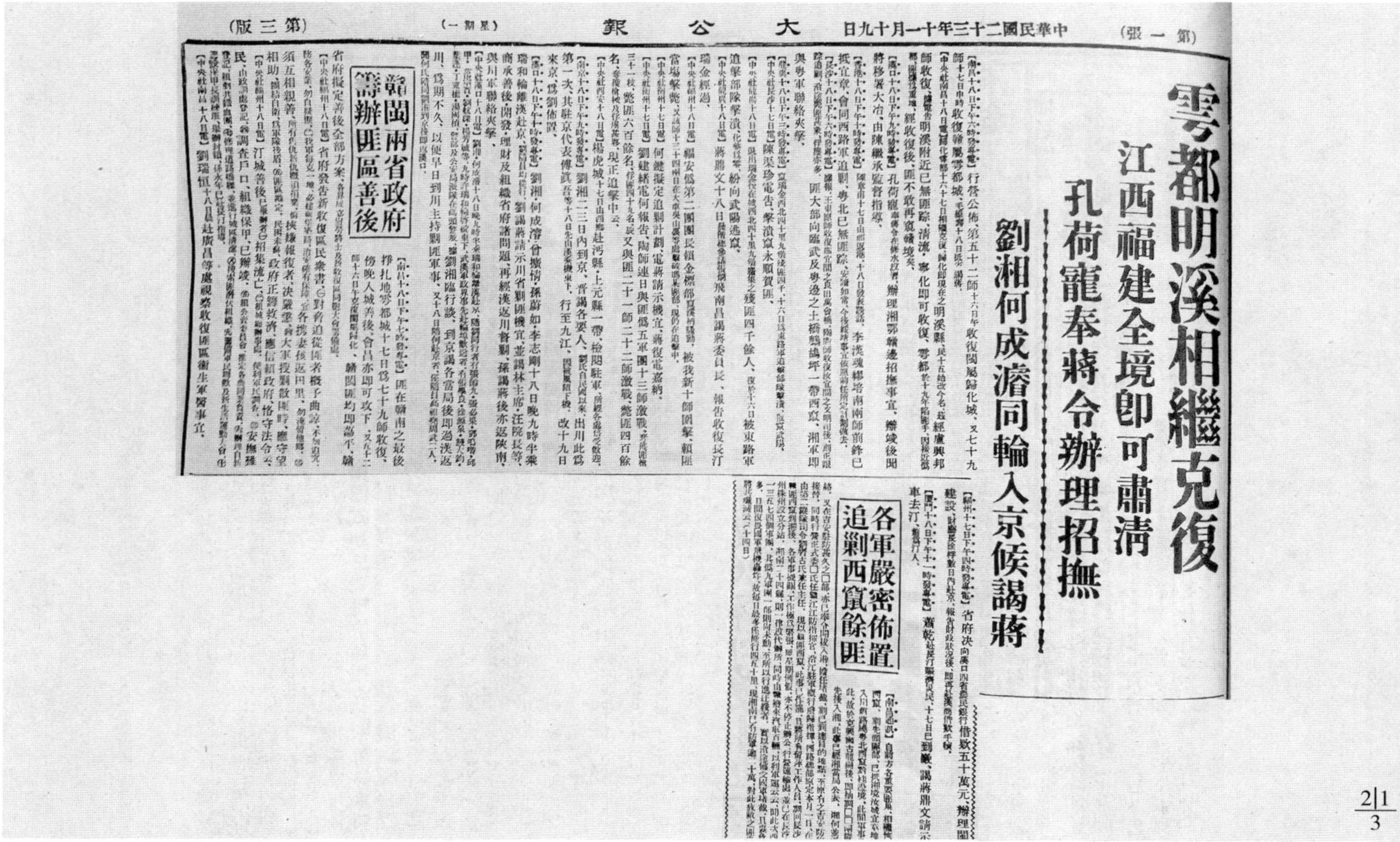

(第三版)　(星期一)　大公報　中華民國二十三年十一月十九日　(第一張)

雩都明溪相繼克復

江西福建全境即可肅清

孔荷寵奉蔣令辦理招撫

劉湘何成濬同輪入京候謁蔣

各軍嚴密佈置追剿西竄餘匪

贛閩兩省政府籌辦匪區善後

37. 雩都、明溪相继克复，江西、福建全境即可肃清，孔荷宠奉蒋（介石）令办理招抚，刘湘、何成濬同轮入京候谒蒋，1934 年 11 月 19 日第 3 版（残）

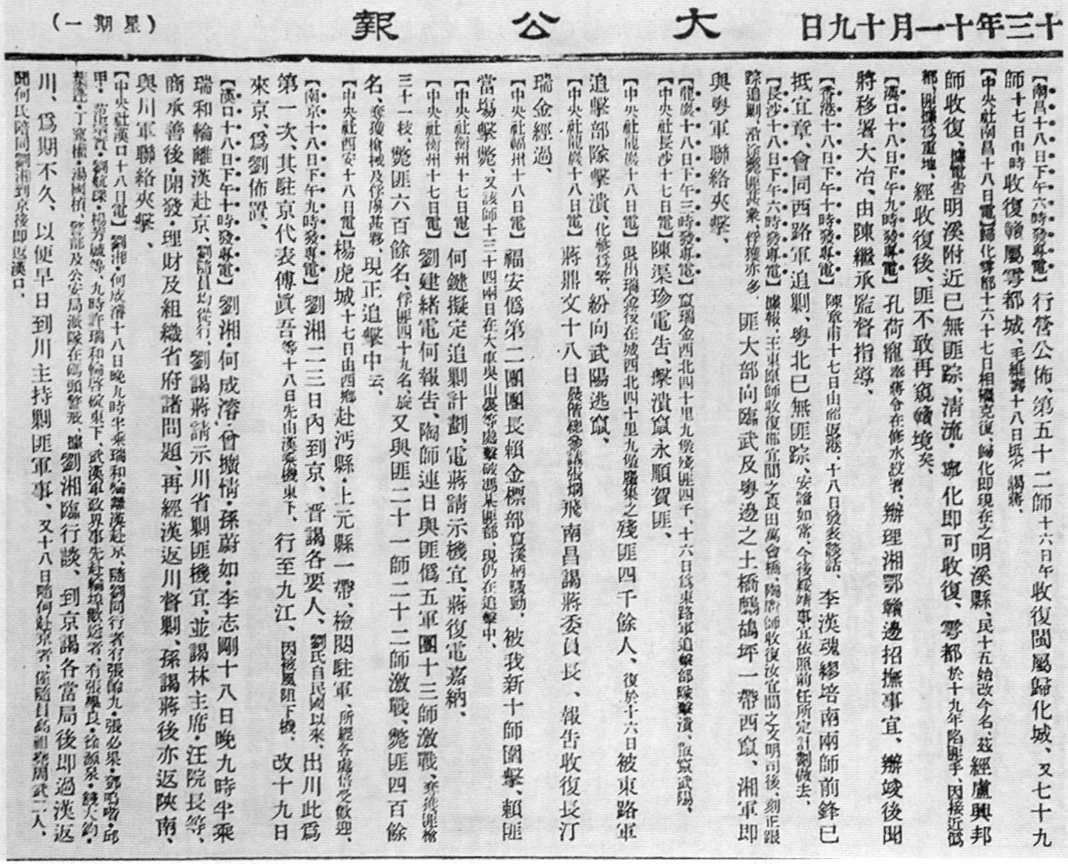

十三年十一月十九日　大公報　（星期一）

【南昌十八日下午六時發專電】行營公佈、第五十二師十六日午收復閩屬歸化城、又七十九師十七日申時收復贛屬雩都城、毛維壽十八日抵寧謁蔣、

【中央社南昌十八日電】歸化雩都十六十七日相繼克復、歸化即現在之明溪縣、民十五始改今名、茲經盧興邦師收復、據電告明溪附近已無匪踪、淸流・寧化即可收復、雩都於十九年陷匪手、因接近僞都、匪倚爲重地、經收復後、匪不敢再窺贛境矣、

【漢口十八日下午九時發專電】孔荷寵奉蔣令在修水設署、辦理湘鄂贛邊招撫事宜、辦竣後即將移署大冶、由陳繼承監督指導、

【香港十八日下午十時發專電】陳濟棠十七日由韶返港、十八日發表談話、李漢魂繆培南兩師前鋒已抵宜章、會同西路軍追剿、粵北已無匪踪、安謐如常、今後綏靖事宜依照前任所定計劃做去、

【長沙十八日下午六時發專電】據報、王東原師收復郴宜間之良田萬會橋、陶廣師收復汝宜間之文明司後、刻正跟踪追剿、沿途擊匪甚衆、俘獲亦多、匪大部向臨武及粵邊之土橋鷓鴣坪一帶西竄、湘軍即與粵軍聯絡夾擊、

【龍巖十八日下午三時發專電】竄瑞金西北四十里九堡殘匪四千、十六日爲東路軍追擊部隊擊潰、復竄武陽、

【中央社長沙十七日電】陳渠珍電告、擊潰竄永順賀匪、

【中央社龍巖十八日電】與出瑞金後在城西北四十里九堡糜集之殘匪四千餘人、復於十六日被東路軍追擊部隊擊潰、化整爲零、紛向武陽逃竄、

【中央社龍巖十八日電】蔣鼎文十八日晨偕總參議張炯飛南昌謁蔣委員長、報告收復長汀瑞金經過、

【中央社福州十八日電】福安僞第二團團長賴金標部竄漢柄騷動、被我新十師圍擊、賴匪當場擊斃、又該師十三十四兩日在大車與山裏等處擊破馮某匪部、現仍在追擊中、

【中央社衡州十七日電】何鍵擬定追剿計劃、電蔣請示機宜、蔣復電嘉納、

【中央社衡州十七日電】劉建緒電何報告、陶師連日與匪僞五軍團十三師激戰、斃匪四十九名、俘匪四十九名、旋又與匪二十一師二十二師激戰、斃匪四百餘名、奪獲槍械及俘虜甚夥、現正追擊中云、

【中央社西安十八日電】楊虎城十七日由西鄉赴沔縣・上元縣一帶、檢閱駐軍、所經各處備受歡迎、

【南京十八日下午九時發專電】劉湘二三日內到京、晉謁各要人、劉氏自民國以來、出川此爲第一次、其駐京代表傅眞吾等十八日先由漢乘機東下、行至九江、因機翼阻下墜、改十九日來京、爲劉佈置、

【漢口十八日下午十時發專電】劉湘・何成濬・曾擴情・孫蔚如・李志剛十八日晚九時半乘瑞和輪離漢赴京、劉隨員均從行、劉謁蔣請示川省剿匪機宜、並謁林主席・汪院長等、商承善後・開發・理財及組織省府諸問題、再經漢返川督剿、孫謁蔣後亦返陝南、與川軍聯絡夾擊、

【中央社漢口十八日電】劉湘・何成濬十八日晚九時半乘瑞和輪離漢赴京、隨劉同行者有張篤九・張必果・鄧鳴階・邱甲・鄧漢祥・劉航琛・楊芳毓等、九時許瑞和啓碇東下、武漢軍政界事先赴輪埠歡送者、有張學良・徐源泉・錢大鈞・葉蓬・丁案權・湯國楨、警部及公安局派隊在碼頭警戒、據劉湘臨行談、到京謁各當局後即過漢返川、爲期不久、以便早日到川主持剿匪軍事、又十八日隨何赴京者、僅隨員高祖芬周武二人、聞何氏陪同劉湘到京後即返漢口、

（局部图1）

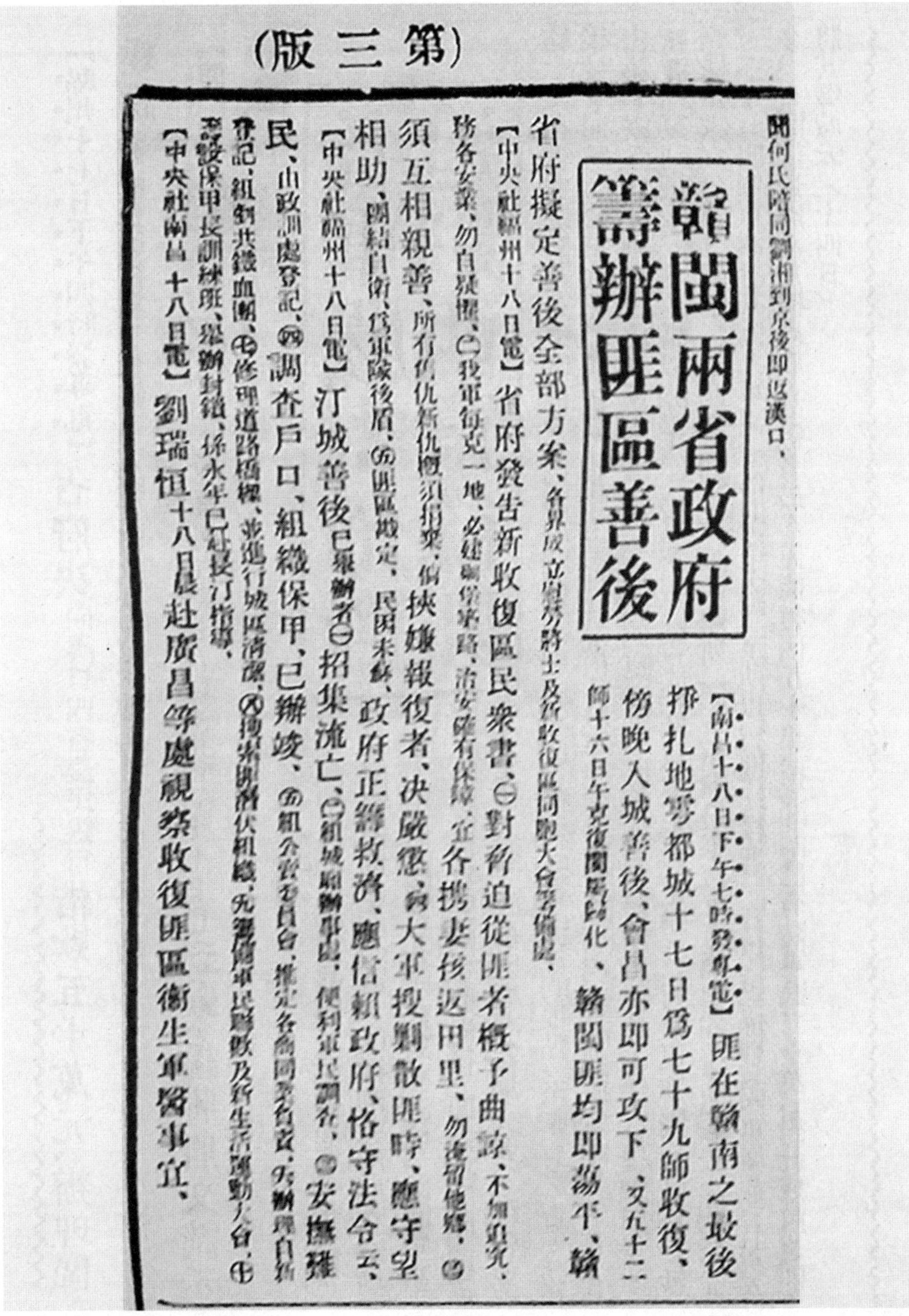

(第三版)

閩何氏隨同劉湘到京後即返漢口、

贛閩兩省政府籌辦匪區善後

【南昌十八日下午七時發專電】匪在贛南之最後據扎地雩都城十七日爲七十九師收復、傷晚入城善後、會昌亦即可攻下、又九十二師十六日午克復閩屬歸化、贛閩匪均即蕩平、贛省府擬定善後全部方案、各縣成立[illegible]及各收復區同胞大會[illegible]、

【中央社福州十八日電】省府發告新收復區民衆書、㈠對脅迫從匪者概予曲諒、不加追究、務各安業、勿自疑懼、㈡我軍每克一地、必建碉堡築路、治安確有保障、宜各携妻孥返田里、勿滯留他鄉、㈢須互相親善、所有舊仇新仇概須捐棄、倘挾嫌報復者、决嚴懲、㈣大軍搜剿散匪時、應守望相助、團結自衛、爲軍隊後盾、㈤匪區甫定、民困未蘇、政府正籌救濟、應信賴政府、恪守法令云、

【中央社福州十八日電】汀城善後已舉辦者㈠招集流亡、㈡組城區辦事處、便利軍民調查、㈢安撫難民、由政訓處登記、㈣調查戶口、組織保甲、已辦竣、㈤組公安委員會、推定各商同業公會負責、㈥辦理自新登記、組織共鐵血團、㈦修理道路橋樑、並進行城區清潔、㈧搜索匪潛伏組織、先籌備軍民聯歡及新生活運動大會、㈨開設保甲長訓練班、舉辦封鎖、孫永年已赴長汀指導、

【中央社南昌十八日電】劉瑞恒十八日晨赴廣昌等處視察收復匪區衛生軍醫事宜、

(局部图 2)

【贛州十七日下午四時發專電】省府決向漢口四省農民銀行借款五十萬元、辦理閩
建設、財廳長徐桴數日內赴京、報告財政狀況後、即再赴漢商借款手續、

【廈門十八日下午十一時發專電】蕭乾赴長汀賑濟災民、十七日已到贛、謁蔣鼎文請示
車去汀、蕭係汀人、

各軍嚴密佈置 追剿西竄餘匪

【南昌通訊】自前方各重要匪巢、相繼恢
西竄、劉先頭匪部、已抵湘境汝城宜章地
入川與路總部北西竄黔桂邊境、此間軍事
此、故於克興國古龍崗後、即抽調□□部隊
先後入湘、此事已經湘當局公表、湘何總
絡、又在吉安駐防甚久之□部、亦已奉令開拔入湘、擔任堵截、劉已到達目的地點、至原有之吉安防務
接替、同時行營正式委□氏任贛江江防指揮官、沿江駐軍概行改歸指揮、西路總部原定本月一日、在
由第二縱隊司令劉膺古氏兼任主任、現以贛匪西竄、此事已作罷、且將所有留來工作人員、調回長沙
贛匪西竄到湘後、各軍事機關、工作極爲緊張、雖星期例假、亦不停止辦公、行營運輸處、並已在長沙
州株州設立分站、湘南二十四縣、則一律設代辦所、同時由贛撥來汽車百輛、以利軍運云云、聞此次西
一三五七四個軍團、共僞九軍團一部則尚未動、至所以行進迂緩者、實以沿途備受國軍堵截、且疲於
多、日間復受國軍飛機轟炸、故每日最多僅能行四五十里、現湘南已有防軍逾二十萬、對此疲敝之匪
將其殲滅云、(十四日)

（局部图 3）

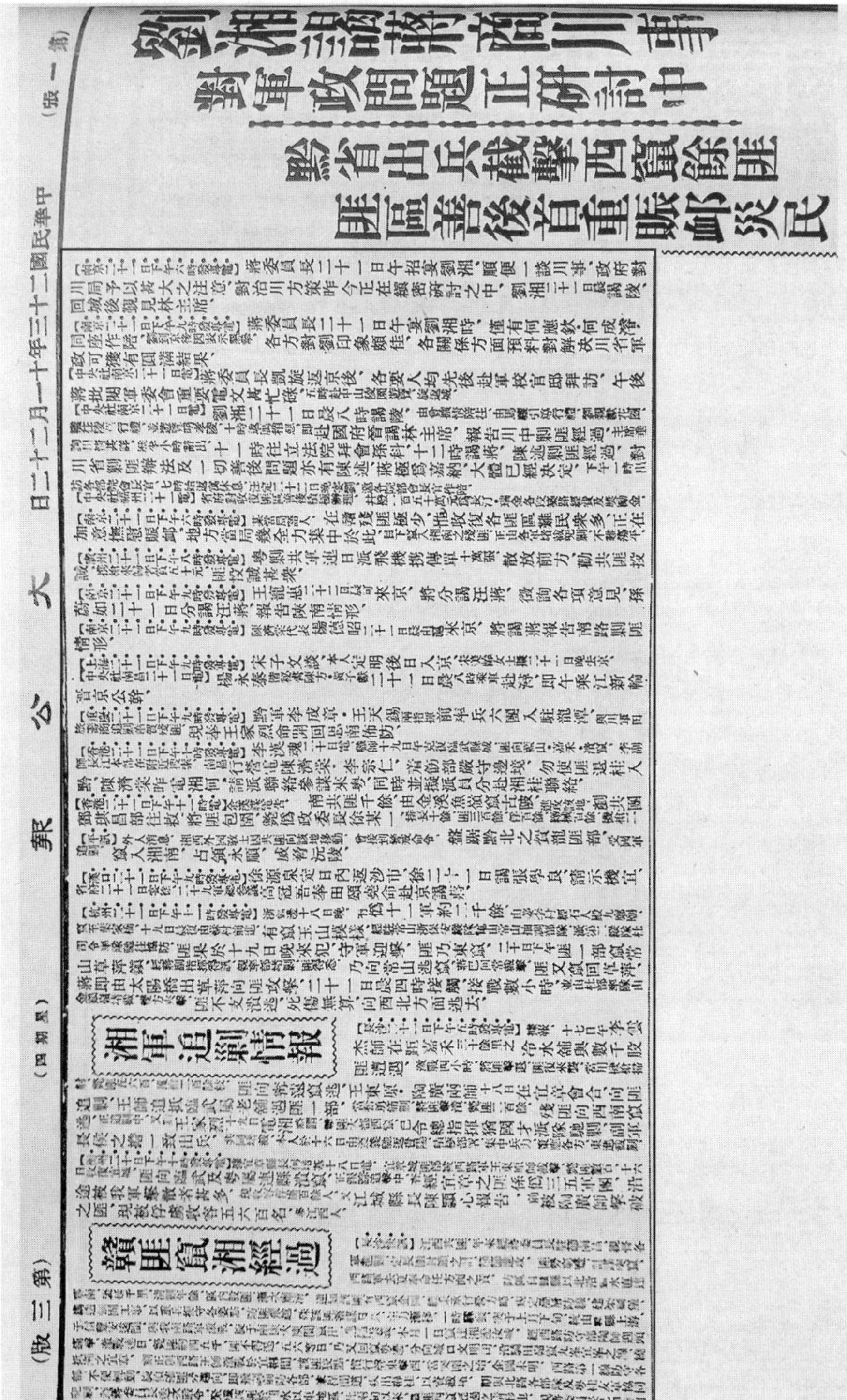

大公報

中華民國二十三年十一月二十二日

（第一張）

劉湘謁蔣商川事
對軍政問題正研討中
黔省出兵截擊西竄餘匪
匪區善後首重賑卹災民

（第三版）

湘軍追剿情報

贛匪竄湘經過

38. 刘湘谒蒋（介石）商川事，对军政问题正研讨中，黔省出兵截击西窜余匪，匪区善后首重赈恤灾民，1934 年 11 月 22 日第 3 版

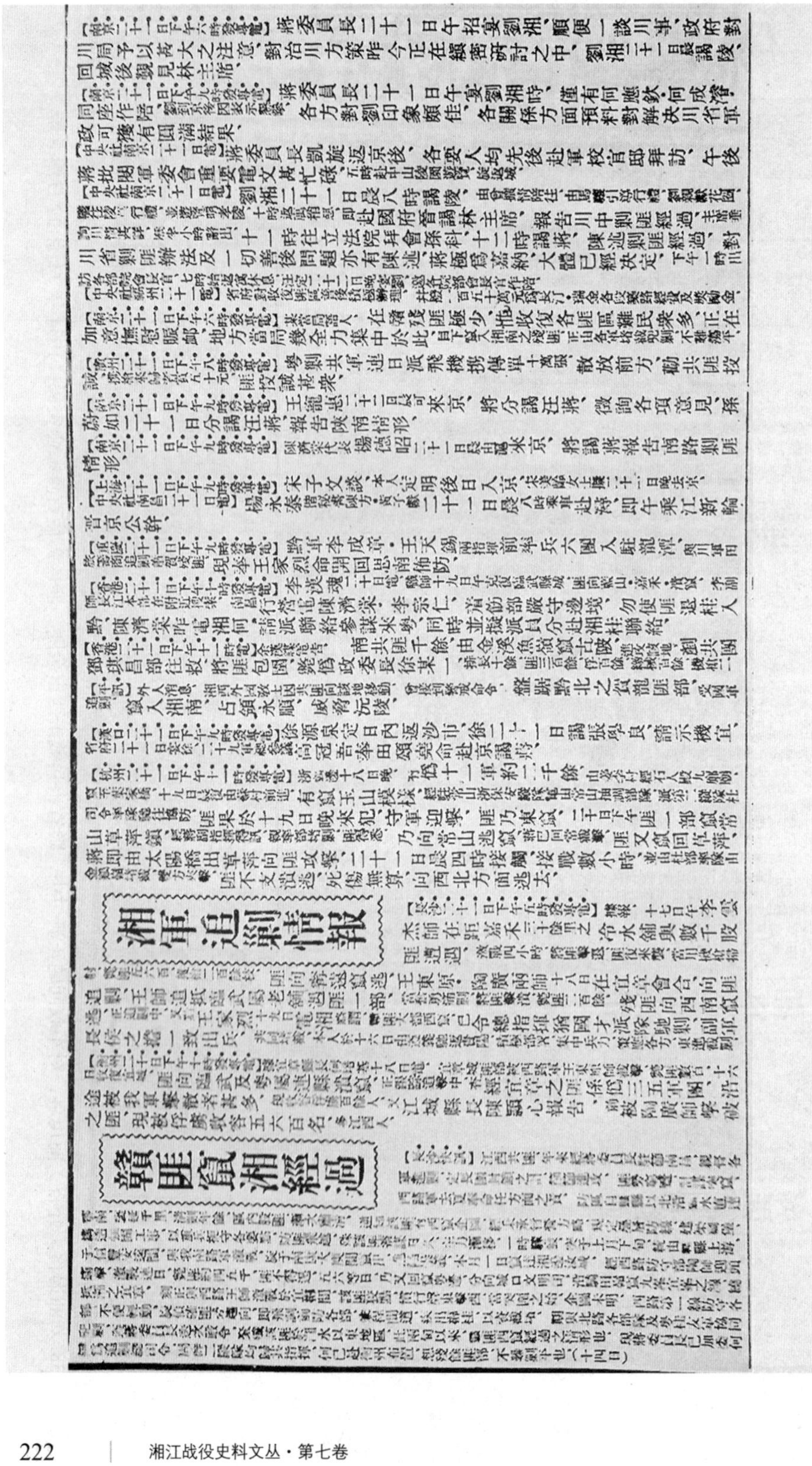

湘軍追剿情報

贛匪竄湘經過

（局部图）

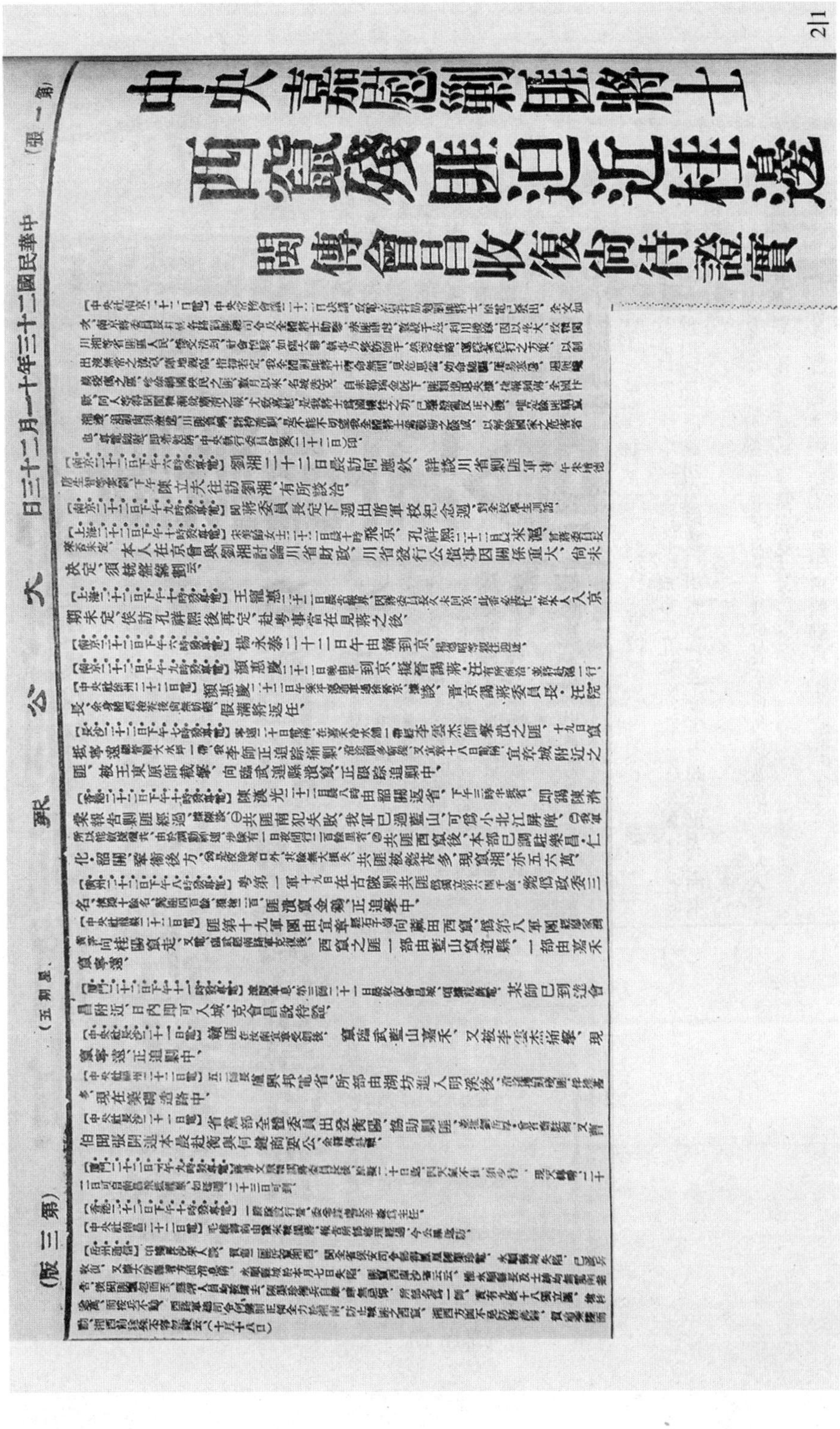
大公報 中華民國二十三年十一月二十三日 （星期五） （第三版） （第一張）

中央嘉慰剿匪將士

西竄殘匪迫近桂邊

閩傳會昌收復尚待證實

39. 中央嘉慰剿匪将士，西窜残匪迫近桂边，闽传会昌收复尚待证实，1934 年 11 月 23 日第 3 版

（第一張）　中華民國二十三年十一月二十三日　大公

中央嘉慰剿匪將士

西竄殘匪迫近桂邊

閩傳會昌收復尚待證實

【中央社南京二十二日電】中央常務會議二十二日決議、致電蔣委員長并勗勉剿匪將士、原電已發出、全文如次、南京蔣委員長并轉各路剿匪總司令及全體將士勛鑒、赤匪肆虐、數載于茲、利用機緣、因以坐大、致贛閩川湘等省匪區人民、慘受浩劫、社會恟駭、如臨大難、執事乃督飭師干、熟籌偉略、運以築碉打之方策、以制出沒無常之流寇、躬地親臨、指揮若定、我全體剿匪將士用命無間、見危思奮、効命馳驅、履易涉險、週歷嶢嶮瘴癘之區、殄除禍國殃民之匪、數月以來、名城迭克、自赤都瑞金既下、匪類遁退失據、捷報頻傳、全國忭欣、同人等得聞閩贛漸就肅清之報、尤致嘉慰、是我將士爲國犧牲之功、已肇殄亂反正之機、唯是殘匪竄湘邊、追剿尚須努進、川匪貪頑、猶待清剿、是不能不切望我全體將士益勵勝之餘威、以解除國家之危害者也、專電馳慰、即希勉旃、中央執行委員會叩(二十二日)印、

【南京二十二日下午六時發專電】劉湘二十二日晨訪何應欽、詳談川省剿匪軍事 午朱培德唐生智等宴劉、下午陳立夫往訪劉湘、有所談洽、

【南京二十二日下午九時發專電】聞蔣委員長定下週出席軍校紀念週、對全校學生訓話、

【上海二十二日下午十時發專電】宋美齡女士二十二日晨十時飛京、孔祥熙二十二日晨來滬、晉謁蔣委員長來否未定、本人在京曾與劉湘討論川省財政、川省發行公債事因關係重大、尚未決定、須統盤籌劃云、

【上海二十二日下午十時發專電】王寵惠二十二日晨告報界、因蔣委員長久未回京、此番必甚忙、故本人入京期未定、俟訪孔祥熙後再定、赴粵事當在見蔣之後、

【南京二十二日下午六時發專電】楊永泰二十二日午由贛到京、楊德昭等親往迎迓、

【南京二十二日下午九時發專電】顏惠慶二十二日晚由平到京、擬晉謁蔣・汪有所商洽、並將赴滬一行、

【中央社徐州二十二日電】顏惠慶二十二日午乘平滬車過徐晉京、據談、晉京謁蔣委員長・汪院長、余身體經檢查後尚無妨礙、假滿將返任、

（局部图 1）

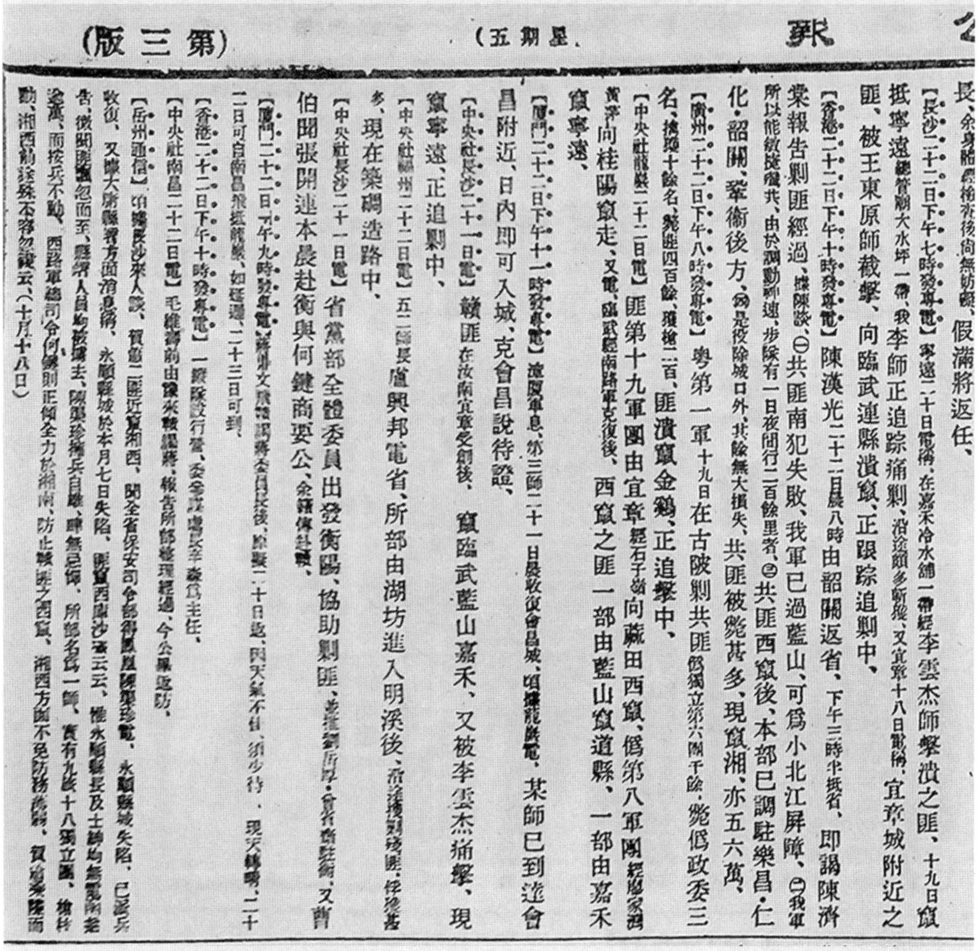

公 報　（星期五）　（第三版）

長、余身體[illegible]後尚無妨礙、假滿將返任、

【長沙二十二日下午七時發專電】寧遠二十日電稱、在嘉禾冷水鋪一帶經李雲杰師擊潰之匪、十九日竄抵寧遠總管廟大水坪一帶、我李師正追踪痛剿、沿途頗多斬獲、又宜章十八日電稱、宜章城附近之匪、被王東原師截擊、向臨武連縣潰竄、正跟踪追剿中、

【香港二十二日下午十時發專電】陳漢光二十二日晨八時由韶關返省、下午三時半抵省、即謁陳濟棠報告剿匪經過、據陳談、㈠共匪南犯失敗、我軍已過藍山、可爲小北江屏障、㈡我軍所以能徹[illegible]共、由於調動神速、步隊有一日夜間行二百餘里者、㈢共匪西竄後、本部已調駐樂昌・仁化・韶關、鞏衛後方、㈣是役除城口外、共餘無大損失、共匪被斃甚多、現竄湘、亦五六萬、

【衡州二十二日下午八時發專電】粵第一軍十九日在古陂剿共匪僞獨立第六團千餘・斃僞政委三名、擒匪十餘名、斃匪四百餘、獲槍二百、匪潰竄金雞、正追擊中、

【中央社[illegible]二十二日電】匪第十九軍團由宜章經石子嶺向藏田西竄、僞第八軍團經[illegible]黃茅向桂陽竄走、又電、臨武經南路軍克復後、西竄之匪一部由藍山竄道縣、一部由嘉禾竄寧遠、

【廈門二十二日下午十一時發專電】漳廈軍息、第三師二十一日晨收復會昌城、頃據龍巖電、某師已到達會昌附近、日內即可入城、克會昌說待證、

【中央社長沙二十一日電】贛匪在汝南宜章受創後、竄臨武藍山嘉禾、又被李雲杰痛擊、現竄寧遠、正追剿中、

【中央社郴州二十二日電】五二師長盧興邦電省、所部由湖坊進入明溪後、沿途搜剿殘匪、俘獲甚多、現在築碉造路中、

【中央社長沙二十一日電】省黨部全體委員出發衡陽、協助剿匪、並推劉[illegible]厚・曾省齋駐衡、又曾伯閎張開璉本晨赴衡與何鍵商要公、余籍傳赴贛、

【廈門二十二日下午九時發專電】[illegible]謁蔣委員長後、原擬二十日返、因天氣不佳、須少待、現天轉晴、二十二日可自南昌飛抵龍巖、如延遲、二十三日可到、

【香港二十二日下午十時發專電】一路隊設行營、委[illegible]爲主任、

【中央社南昌二十二日電】毛維壽前由豫來贛謁蔣、報告所部整理經過、今公畢返防、

【岳州通信】頃據長沙來人談、賀龍二匪近竄湘西、聞全省保安司令部得鳳凰陳渠珍電、永順縣城失陷、已派兵收復、又據大庸縣署方面消息稱、永順縣城於本月七日失陷、[illegible]云云、惟永順縣長及士紳均無電向省告、微聞賀匪忽而至、縣署人員均被擄去、陳渠珍擁兵自衛、毫無忌憚、所部名爲一師、實有九旅十八獨立團、槍枝[illegible]、而按兵不動、西路軍總司令何鍵則正傾全力於湘南、防止贛匪之西竄、湘西方面不免防務稍弛、賀龍乘隙而動、湘西前途殊不容忽視云、（十月十八日）

（局部图2）

中華民國二十三年十一月二十五日　（第一張）

（第三版）

會昌收復全贛肅清
何鍵委任五路司令合力追剿
永州寧遠藍山連日均有激戰

湘南剿匪新組織
壯烈隊守衛長隊

40. 会昌收复全赣肃清，何键委任五路司令合力追剿，永州、宁远、蓝山连日均有激战，1934 年 11 月 25 日第 3 版（残）

民國二十三年十一月二十五日

【中央社龍巖二十四日電】東路軍第三師李玉堂部二十三日午後三時入會昌、殘匪向西南潰退、臨行將城內所積糧食悉燒毀、房屋破壞甚多、

【中央社南昌二十四日電】會昌克復後、全贛已無匪踪、該縣被匪佔據六年、縣政府曾遷筠門嶺辦公、省府已電令遷回縣治、責成縣長辦理地方善後、撫輯流亡、並併入特別政治區、與各收復縣區統籌清鄉善後、

【衡州二十四日下午五時發專電】追剿軍分五路截擊、經委長各路司令如下、第一路劉建緒、第二路薛岳、第三路周渾元、第四路李雲杰、第五路李韞珩、又李雲杰師二十日午將洪觀圩・土橋圩・北高山偽三軍團四・五兩師頑抗之匪擊潰、佔領土橋圩・三眼頭、向洪觀圩進擊、二十一日午佔領洪觀圩、偽一軍亦加入作戰、午後戰鬥甚烈、俘匪一三五八九軍團均有、

【長沙二十四日下午五時發專電】據報、周渾元部蕭師二十二日在寧遠城南之萬石山・黃家橋・天堂圩・兩河口一帶與匪激戰、斃匪甚多、

【南京二十四日下午十時發專電】何鍵電京報告、所部師長李雲杰率隊與偽三軍團四五兩師戰於洪觀圩、偽六師及偽一軍團均加入、戰鬥甚烈、共竄永州之匪、正分途追擊、又我蕭師與匪在萬石山黃家橋一帶激戰、

【廣州二十四日下午八時發專電】湘藍山共匪被粵軍進攻、向永州退竄、擬改道全州西竄、共匪先頭部隊入桂境、又被遊擊團周部痛擊、竄回湘邊、

【中央社長沙二十四日電】贛匪經李雲杰王東原兩師在嘉禾藍山縣界追剿、中途逃亡落伍、幾達半數、匪首朱德病劇、偽職由彭匪德懷代理、

【香港二十四日下午十一時發專電】黃贊斌二十二日電省報告、偽五軍團楊廣華部千餘人二十二日晨犯永州之河圩鎮、國軍派兵一團剿、激戰約一小時、匪不支潰退、據探報匪八千續由藍山江華來犯、我已有備、龍虎關・黃沙河各地均有我軍駐守、

【成都二十四日下午九時發專電】宣綏方面、以金斗寨至高峯寺爲主力陣地、以鳳凰庵・桂子河・太平寺・大官堂・牛頭寨爲前進陣地、火盆埡鐵頂山被匪夜襲、發生激戰、羅師用別動隊由馬龍山抄襲、匪傷亡極衆、

【杭州二十四日下午十時發專電】方志敏殘部千餘由贛德興越玉山擾常山、經浙軍進剿、已由芳村竄天蓉鎮、浙軍追擊、匪向西北潰去、省方得報天蓉鎮匪已潰敗、略受損失、劉正追

（局部图 1）

（第三版）　　　　　　　　　　　　　　　　　　　　　　　　　　（日剿墨）

北潰去，省方得悉大舉剿匪已潰敗，略受損失，劉正追剿中，常山安謐。

【漢口二十四日下午十一時發專電】川匪進犯老君山、金圖擴佔，均被我軍擊退，攻陝又失敗，現仍以大部向綏軍移動，圖接應賀匪合股入川，但川陝軍嚴密封鎖，匪區恐慌萬狀，陝軍孫蔚如部已佈置完善，定期總攻，川軍須俟劉湘返川後全線總剿。

【徐州二十四日下午七時發專電】王均由皖南抵徐，語記者，羅炳輝匪部竄川，皖南正辦理善後。

【中央社南昌二十四日電】行營為料察各部隊剿匪情形，後方勤務，及地方善後設施，決按剿匪計劃所定各清剿區每區派遣剿匪督察專員一人，並訂定服務規則十三條，並經派定劉一公為贛皖浙邊區剿匪督察專員。

【中央社福州二十四日電】東路第四縱隊收復瑞金後，匪主力分竄湘南粵北及汀東一帶，瑞金附近五十里山間仍有殘部匿伏，現已派隊搜剿，瑞金善後如保甲工作等，均在進行中。

【南昌通信】蔣委員長北行月餘，已於十二日返抵贛垣，[illegible]，並為促進收復匪區之善後工作起見，十六日在行營[illegible]接見省府主席·各廳廳長及省賑務會·農村合作委員會·全省衛生處·市政委員會·公路處暨其他有關係各機關[illegible]，舉行談話會，關於收撫民衆，救濟災民，及衛生·交通·財政·建設，與夫民團保甲諸事項，均有詳細指示，同時省府方面，並奉令籌擬清匪善後方案，現此項方案，已決定由以上各機關分別[illegible]，又此間[illegible]收復[illegible]，即可告一段落，[illegible]籌備大規模之祝捷大會，由省黨部召集進行，[illegible]元日起，易名中正路，[illegible]蔣委員長歷年在贛剿匪之功績云。（十九日發）

湘南剿匪新組織

壯婦隊與尊長隊

【長沙通信】朱德·毛澤東率大股西竄，情形迭誌本報，[illegible]由贛南閩粵邊侵入湘南汝城·宜章之後，一部占據郴·宜間之良田，一部占據汝·郴間之文明司，擁衆數萬，情勢嚴重，湘南一帶當時頗受震動，幸中央軍與西路軍調動有度，均甚敏捷，[illegible]後，即赴衡州就職督剿，[illegible]氣勢一壯，自十四日起至十六日，連日激戰於湘南宜·汝之線，第十五師王東原部收復良田·[illegible]，第六十二師陶廣部，旋亦收復文明司，匪知大軍雲集郴州·衡州，遂不復作直下郴·衡之想，乃由宜·汝折向臨武，[illegible]，其計劃在欲繞臨武·新田，進竄祁陽·零陵（按零陵即永州）渡過湘水，侵及廣西邊界，而經黔境，以達四川，[illegible]北路軍薛岳所部刻已集中衡州，[illegible]同時桂軍某部亦抵永州附近，協同截剿，則匪設匪竄過祁·永，由[illegible]道克西竄之舊路入黔轉川，[illegible]

（局部图 2）

[illegible]郴・永、湘南匪勢、殆未稍減、何氏現一面令王東原師由宜章向臨武方面尾
水以東、毋使渡過、以便圍殲、同時通令湘南各縣、鞏固後方治安
本部奉令負指揮追剿之責、進駐衡陽、所有湘東各縣後方治安、以及防衛工作
示緊急警戒辦法五項、以東電通行在案、近日湘南接近粵贛邊境、匪
項、亟應探要督促實現、鞏固後防、特舉數端、限期趕辦、㊀各縣無
保甲制度、編組保甲、清查戶口、編製門牌、辦理聯結、㊁剿共義勇隊
子隊・壯婦隊・耆長隊、分別擔任勤務、㊂督飭義勇隊于扼要
匪徒混入、製發運輸證、及人民通行路單、實施檢查、㊃趕速于扼要處
完成電話網、㊄嚴密偵緝反動份子、防止乘機煽惑、搖動人心、以上各項、統予文
部以憑考核云、（十一月十九日）

（局部图 3）

（第一張）

中華民國二十三年十一月二十七日

星）

湘桂邊境連日激戰

匪主力四五萬紛集道縣

後隊萬餘人已越過寧遠

【衡州二十六日上午三時發專電】二十五日午空軍二隊飛往道縣、江華、永明一帶偵察、在江華之上江、高橋附近村落發現匪部、當投彈、並用機槍掃射、匪多死傷、匪主力四五萬、在道縣蔣佛寺之線、一部萬餘人、在道縣北王母橋附近、繞竄龍虎關附近之匪約萬餘人、向永明北之上江圩附近行進、匪後隊萬餘人、連日在寧遠西南之把截大界一帶、與我三、四路軍節節抗戰、匪被擊斃不少、逃散亦衆、我軍獲槍千餘、

【衡州二十六日上午一時發專電】寧遠之匪於二十三日擊潰、在該縣天堂墟與某某等部激戰、我軍擊斃匪二三千、並獲槍千餘支、我軍亦略有傷亡、周渾元部二十四日晨向道縣大道攻擊、匪利用橋頭洞五六里長之隘道、節節抗戰、蕭師由右翼繞出其後、匪始不支、向把截河以西潰退、沿河西岸頑抗、我軍大部追擊、因水深天晚、隔河對峙、是役斃匪甚衆、我軍亦略有傷亡、又汝城陳縣長二十四日午電告、該縣團隊近又俘匪一千四百名、獲槍甚多、又宜章何縣長二十五日電告俘匪千餘、獲槍三千餘支、正訊辦中、

【衡州二十六日上午一時發專電】二十五日空軍二三兩隊分往寧遠及文市、龍虎關一帶偵察、據報、寧遠潰竄之匪正向四眼橋竄走、一部在後掩護、投彈多枚、龍虎關尚無匪踪、

【南京二十六日下午九時發專電】何鍵派張慕先二十六日下午乘飛機到京、向蔣報告追剿情況、何有兩電（廿五日）託到京報告前方情形、略謂、㈠寧遠之匪於二十三日擊潰、曾在該縣天堂圩與周渾元李雲杰下中原等部激戰、我軍擊斃匪二三千、獲槍千餘支、㈡據報、寧遠之匪正向四眼橋竄走、一部在後掩護、龍虎關尚無匪踪、㈢匪主力在道縣蔣佛寺之線、一部在道縣北王母橋附近、一部向永明北之上江圩附近行進、

【漢口二十六日下午七時發專電】赤匪在道縣寧遠之間、被擊西竄、何鍵委劉建緒、薛岳、周渾元、李雲杰、李韞珩爲五路追剿司令、均就職、粵軍李漢魂部亦入湘協剿、

【漢口二十六日下午七時發專電】湘南匪在寧遠道縣間被擊潰、三、五軍團死亡山積、粵軍入湘部隊已抵臨武、加入協剿、又鄂境蒲圻中伙鋪間二十四日發現散匪百餘人、圖刦湘鄂路車未逞、在附近綁票四人、該省保安隊二十五日出發追剿、

【香港二十六日下午十時發專電】李漢魂二十五日由連縣借空軍三隊長吳建文飛韶、謁余漢謀、商追剿計劃、二十六日乘原機回連、

【長沙二十六日下午六時發專電】陳渠珍電省、賀匪再犯永順、已派□旅追至延西坪、匪向石堤西潰竄、

【廈門二十六日下午十時發專電】第三師克會昌後、師部移設縣城、李玉堂飛會昌辦理善後、[illegible]

41. 湘桂边境连日激战，匪主力四五万纷集道县，后队万余人已越过宁远，1934 年 11 月 27 日第 3 版

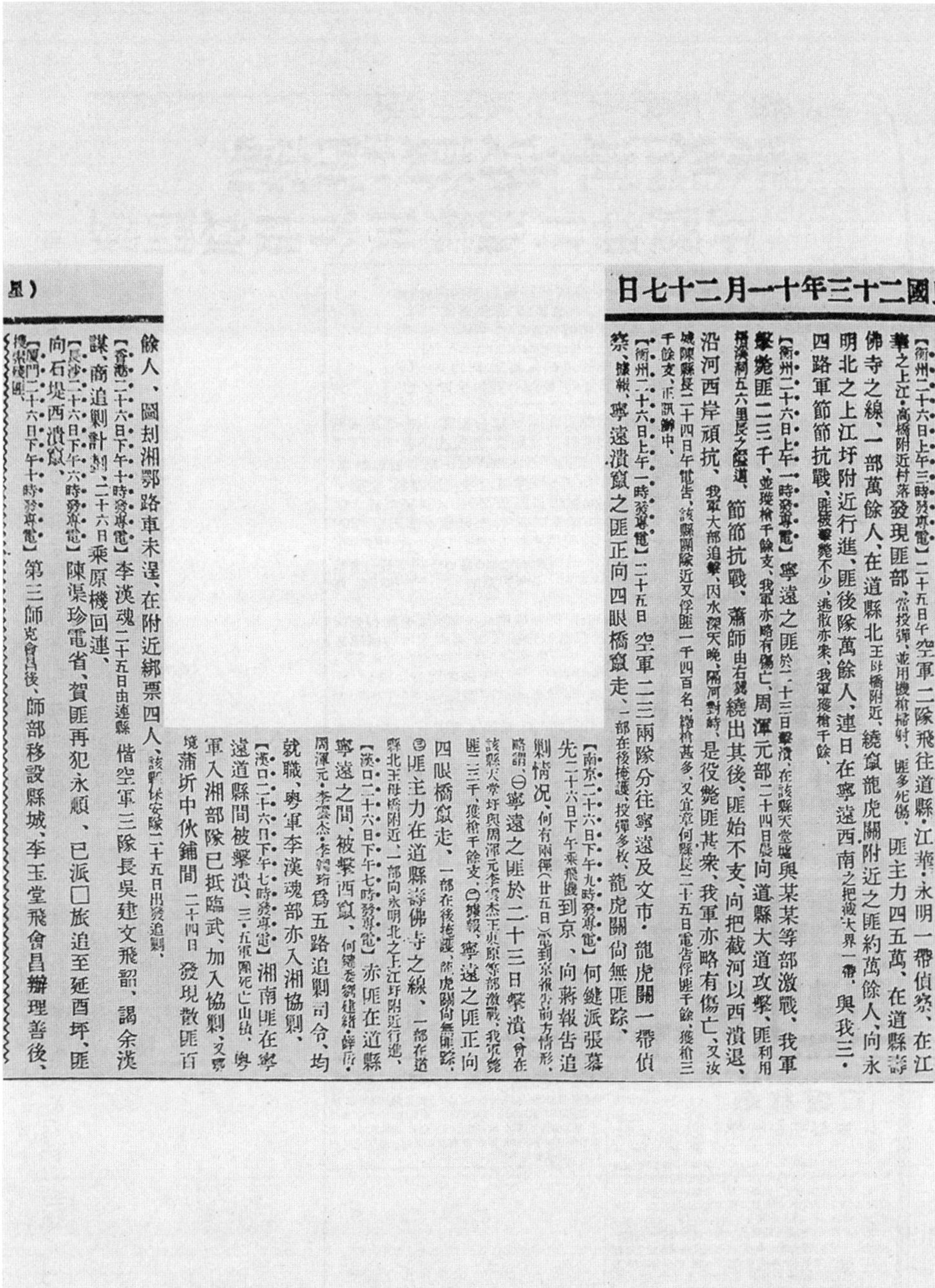

民國二十三年十一月二十七日

星）

【衡州二十六日上午三時發專電】二十五日午空軍二隊飛往道縣・江華・永明一帶偵察、在江華之上江・高橋附近村落發現匪部、當投彈、並用機槍掃射、匪多死傷、匪主力四五萬、在道縣壽佛寺之線、一部萬餘人、在道縣北王母橋附近、繞竄龍虎關附近之匪約萬餘人、向永明北之上江圩附近行進、匪後隊萬餘人、連日在寧遠西南之把截大界一帶、與我三・四路軍節節抗戰、匪被擊斃不少、逃散亦衆、我軍獲槍千餘、

【衡州二十六日上午一時發專電】寧遠之匪於二十三日擊潰、在該縣天堂墟與某某等部激戰、我軍擊斃匪二三千、並獲槍千餘支、我軍亦略有傷亡、周渾元部二十四日晨向道縣大道攻擊、匪利用楊梅洞五六里長之隘道、節節抗戰、蕭師由右翼繞出其後、匪始不支、向把截河以西潰退、沿河西岸頑抗、我軍大部追擊、因水深天晚、隔河對峙、是役斃匪甚衆、我軍亦略有傷亡、又汝城陳縣長二十四日午電告、該縣團隊近又俘匪一千四百名、機槍甚多、又宜章何縣長二十五日電告俘匪千餘、獲槍三千餘支、正訊辦中、

【衡州二十六日上午一時發專電】二十五日空軍二三兩隊分往寧遠及文市・龍虎關一帶偵察、據報、寧遠潰竄之匪正向四眼橋竄走、一部在後掩護、投彈多枚、龍虎關尚無匪踪、

【南京二十六日下午九時發專電】何鍵派張慕先二十六日下午乘飛機到京、向蔣報告追剿情況、何有兩電（廿五日）託張到京報告前方情形、略謂、㈠寧遠之匪於二十三日擊潰、曾在該縣天堂圩與周渾元李雲杰王東原等部激戰、我斃匪二三千、獲槍千餘支、㈡據報、寧遠之匪正向四眼橋竄走、一部在後掩護、龍虎關尚無匪踪、㈢匪主力在道縣壽佛寺之線、一部在道縣北王母橋附近、一部向永明北之上江圩附近行進、

【漢口二十六日下午七時發專電】赤匪在道縣寧遠之間、被擊西竄、何鍵委劉建緒・薛岳・周渾元・李雲杰・李韞珩爲五路追剿司令、均就職、粵軍李漢魂部亦入湘協剿、

【漢口二十六日下午七時發專電】湘南匪在寧遠道縣間被擊潰、三・五軍團死亡山積、粵軍入湘部隊已抵臨武、加入協剿、又鄂境蒲圻中伙鋪間二十四日發現散匪百餘人、圖刦湘鄂路車未逞、在附近綁票四人、該縣保安隊二十五日出發追剿、

【香港二十六日下午十時發專電】李漢魂二十五日由連縣借空軍三隊長吳建文飛韶、謁余漢謀、商追剿計劃、二十六日乘原機回連、

【長沙二十六日下午六時發專電】陳渠珍電省、賀匪再犯永順、已派□旅追至延西坪、匪向石堤西潰竄、

【廈門二十六日下午十時發專電】第三師克會昌後、師部移設縣城、李玉堂飛會昌辦理善後、攜來機關、

（局部图）

中華民國二十三年十一月二十九日 大公報 第三版

匪部二萬人已入桂境

東路軍收復清流

孔劉昨日商談川省財政問題

42. 匪部二万人已入桂境，东路军收复清流，孔（祥熙）、刘（湘）昨日商谈川省财政问题，1934 年 11 月 29 日第 3 版

劉匪蠹心 轉至湘桂邊境

中央四川 增加密切程度

川局善後 軍政兩項商妥

（局部图）

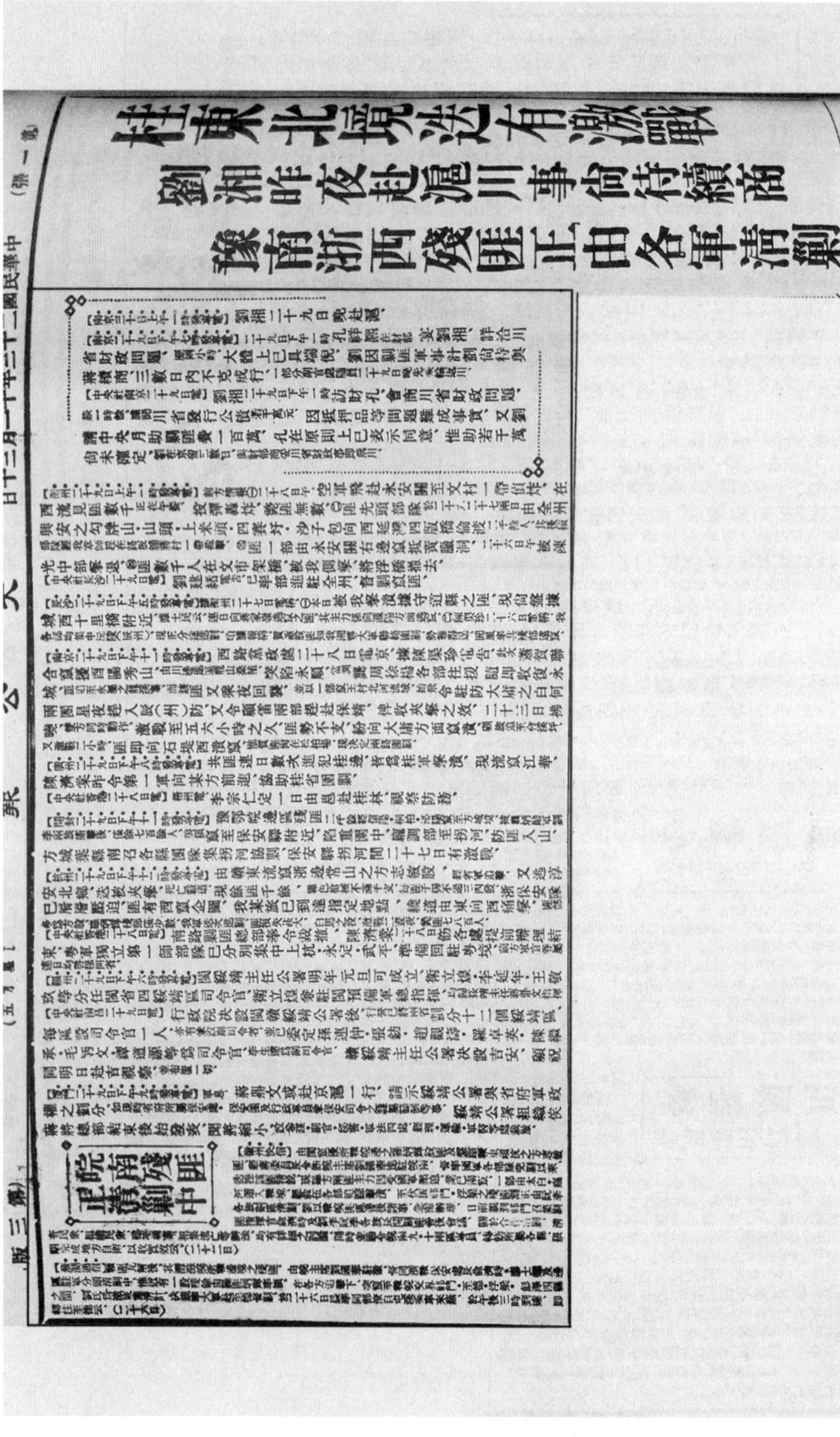

43. 桂东北境迭有激战，刘湘昨夜赴沪川事尚待续商，豫南浙西残匪正由各军清剿，1934 年 11 月 30 日第 3 版

（局部图）

◇皖南進剿殘匪中◇

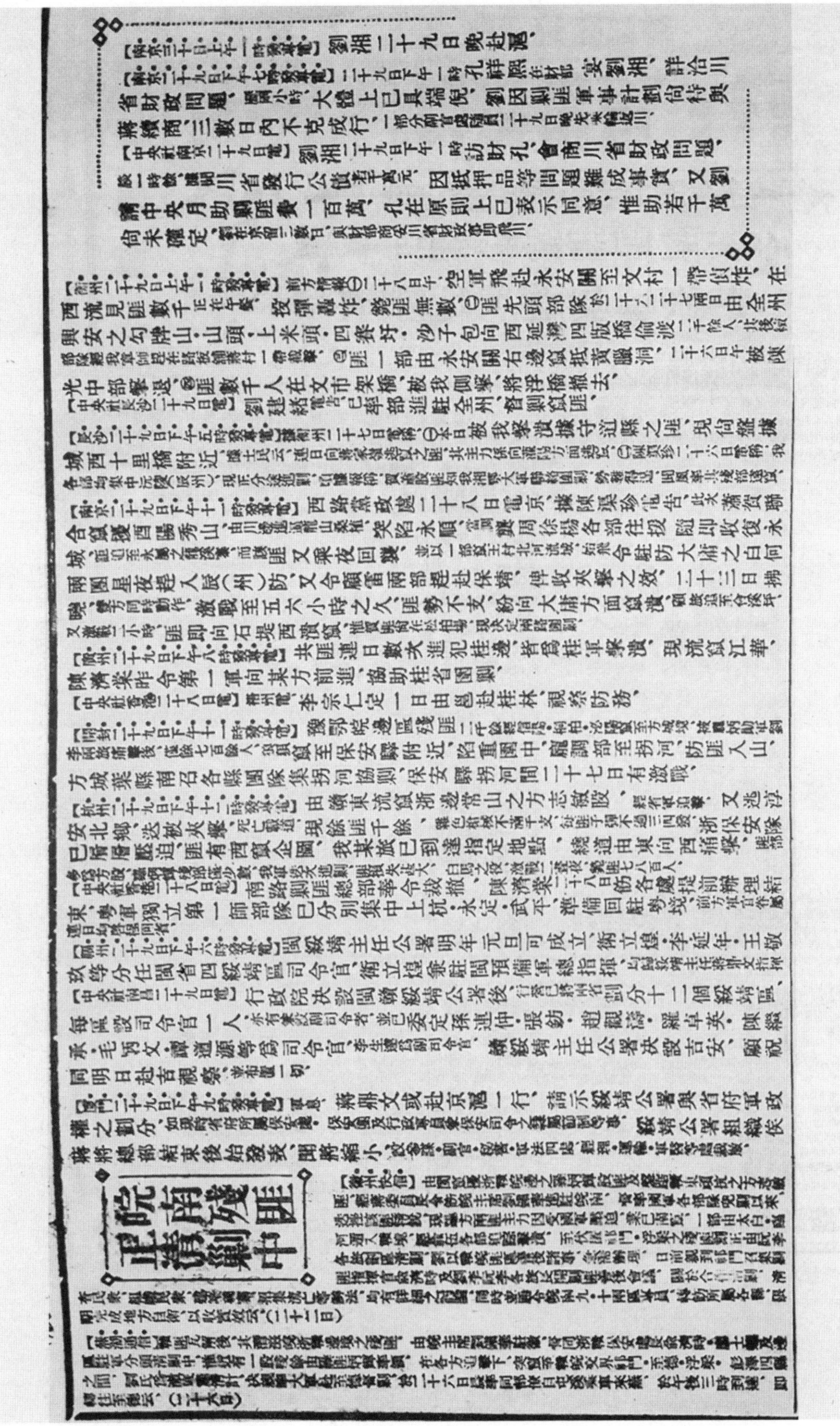

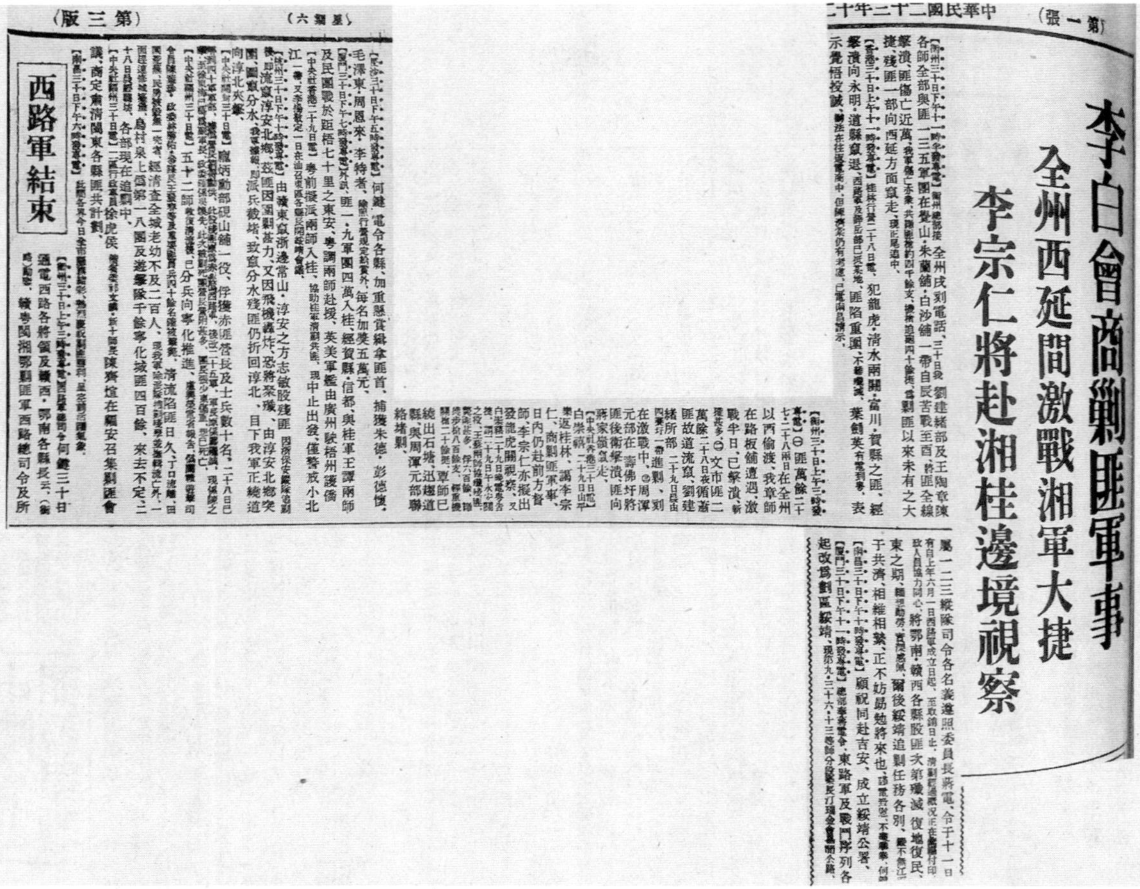

（第一張）　中華民國二十三年十二……

李白會商剿匪軍事
全州西延間激戰湘軍大捷
李宗仁將赴湘桂邊境視察

【衡州三十日下午十一時發專電】衡州總部接全州戌刻電話、三十日我劉建緒部及王陶章陳各師全部與匪一三五軍團在覺山·朱蘭鋪·白沙鋪一帶自辰苦戰至酉、將匪全線擊潰、匪傷亡近萬、……為剿匪以來未有之大捷、殘匪一部向西延方面竄走、現正尾追中、

【香港三十日上午十一時發專電】桂林行營二十八日電、犯龍虎·清水兩關·富川·賀縣之匪、經擊潰向永明·道縣竄退、……匪陷重圍、不難殲滅、葉劍英有電到粵、表示覺悟投誠、……

【衡州三十日上午三時發專電】㈠匪萬餘二十七·二十八兩日在全州以西偷渡、我章師在路板鋪遭遇、激戰半日、已擊潰、斬獲甚多、㈡文市匪二萬餘二十八日夜循蕭匪故道流竄、劉建緒所部二十九日晨由四冨圩一帶進剿、㈢周渾元部在壽佛圩在激戰中、匪後衛擊潰、匪向蔣家嶺竄走、

【中央社香港三十日電】白崇禧二十九日由平樂返桂林、謁李宗仁、商剿匪軍事、日內仍赴前方督師、李宗仁亦擬出發龍虎關視察、又……絡出石塘、迅趨道縣、與周渾元部聯絡堵剿、

（第三版）　（星期六）

【長沙三十日下午五時發專電】何鍵電令各縣、加重懸賞緝拿匪首、捕獲朱德·彭德懷·毛澤東·周恩來·李特者、除照行營規定給賞外、每名加獎五萬元、

【廈門三十日下午七時發專電】外訊、匪一·九軍團四萬入桂、經賀縣·信都、與桂軍王譚兩師及民團戰於距梧七十里之東安、粵調兩師赴援、英美軍艦由廣州駛梧州護僑、

【中央社香港二十九日電】粵前擬派兩師入桂、協助桂軍清剿共匪、現中止出發、僅警戒小北江一帶、……

【杭州三十日下午十一時發專電】由贛東竄浙邊常山·淳安之方志敏股殘匪……即流竄淳安北鄉、茲匪因剿甚力、又因飛機轟炸、恐將殲殘、由淳安北鄉突圍、竄分水、……即派兵截堵、致竄分水殘匪仍折回淳北、目下我軍正繞道向淳北夾擊、

【中央社開化三十日電】龐炳勳部硯山鋪一役、俘獲赤匪營長及士兵數十名、二十八日已……

【中央社福州三十日電】五十二師……已分兵向寧化推進、清流陷匪日久、……經清查全城老幼不及二百人、……烏村泉上為第一八團及遊擊隊千餘、寧化城匪四百餘、來去不定、二十八日……各部現在追剿中、

【中央社福州三十日電】二區行政專員徐虎侯……陳齊煊在福安召集剿匪會議、商定肅清閩東各縣匪共計劃、

【南昌三十日下午六時發專電】……

西路軍結束

【衡州三十日上午三時發專電】……何鍵三十日通電西路各將領及贛西·鄂南各縣長云、（銜略）勛鑒、贛粵閩湘鄂剿匪軍西路總司令及所屬一二三縱隊司令各名義、遵照委員長蔣電、令于十一日……將鄂南·贛西各縣股匪次第殲滅、復地復民、……東之期、……爾後綏靖追剿任務各別、……于共濟、相維相繫、正不妨勗勉將來也、……

【南昌三十日下午十時發專電】顧祝同赴吉安、成立綏靖公署、

【廈門三十日下午十一時發專電】……東路軍及駐閩門……列各……起改為剿匪綏靖、……

2|1
3

44. 李（宗仁）、白（崇禧）会商剿匪军事，全州、西延间激战湘军大捷，李宗仁将赴湘桂边境视察，1934 年 12 月 1 日第 3 版（残）

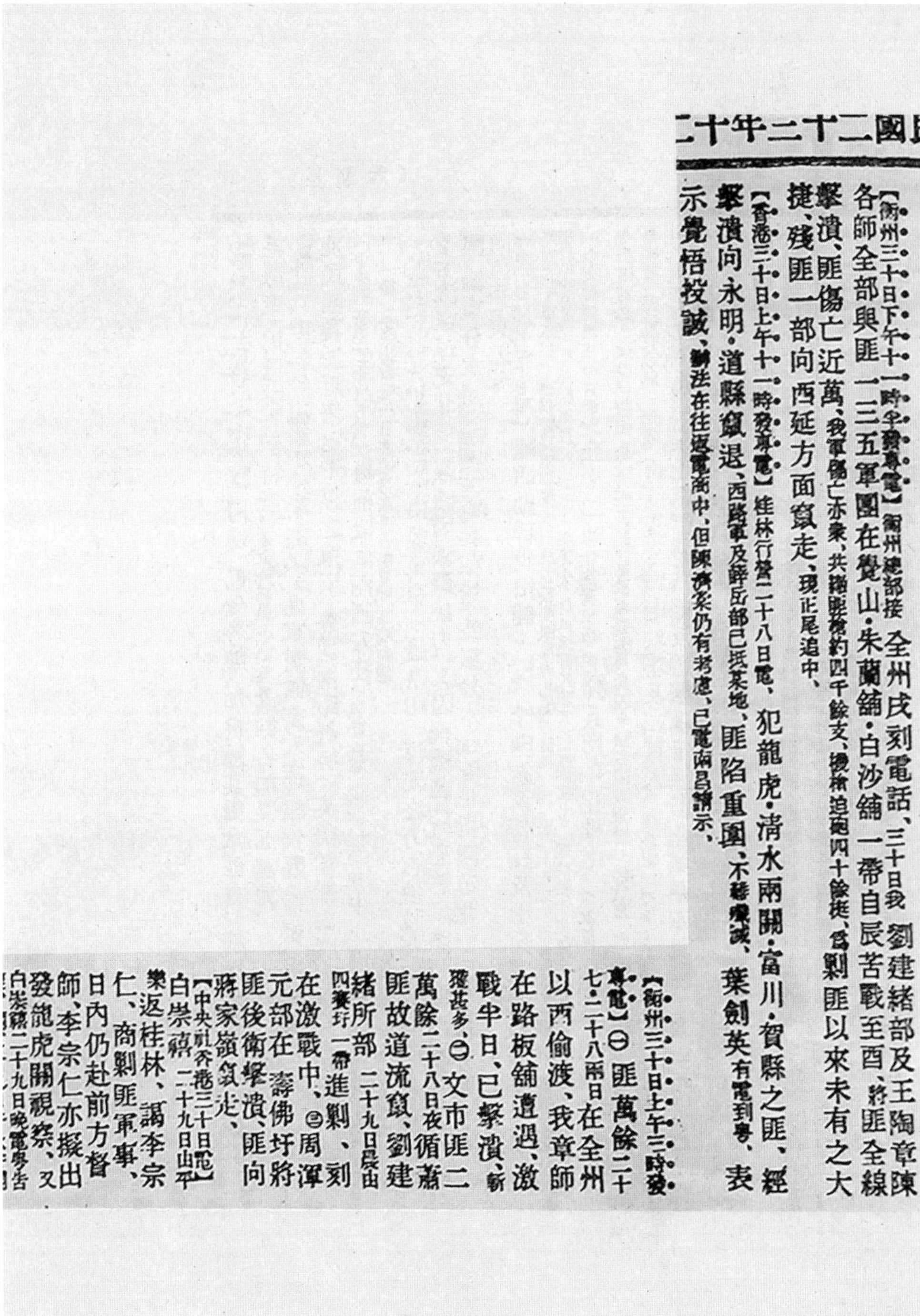

民國二十二年十二

【衡州三十日下午十一時半發專電】衡州總部接全州戌刻電話、三十日我劉建緒部及王陶章陳各師全部與匪一三五軍團在覺山・朱蘭舖・白沙舖一帶自辰苦戰至酉、將匪全線擊潰、匪傷亡近萬、我軍傷亡亦衆、共繳匪槍約四千餘支、機槍迫砲四十餘挺、爲剿匪以來未有之大捷、殘匪一部向西延方面竄走、現正尾追中、

【香港三十日上午十一時發專電】桂林行營二十八日電、犯龍虎・清水兩關・富川・賀縣之匪、經擊潰向永明・道縣竄退、西路軍及薛岳部已抵某地、匪陷重圍、不難殲滅、葉劍英有電到粵、表示覺悟投誠、辦法在往返電商中、但陳濟棠仍有考慮、已電南昌請示、

【衡州三十日上午三時發專電】㊀匪萬餘二十七・二十八兩日在全州以西偷渡、我章師在路板舖遭遇、激戰半日、已擊潰、斬獲甚多、㊁文市匪二萬餘二十八日夜循蕭匪故道流竄、劉建緒所部二十九日晨由四養圩一帶進剿、刻在激戰中、㊂周渾元部在壽佛圩將匪後衛擊潰、匪向蔣家嶺竄走、

【中央社香港三十日電】白崇禧二十九日由平樂返桂林、謁李宗仁、商剿匪軍事、日內仍赴前方督師、李宗仁亦擬出發龍虎關視察、又白崇禧二十九日晚電粵告

（局部图 1）

（第三版）　　（星期六）

白崇禧二十九日晚電粵告捷、謂二十九日午永安關之役、王蔡兩師協殲殘匪、斃匪甚多、俘六百餘、擄槍步槍八百餘支、輕重機關槍二十餘挺、覃師已繞出石塘、迅趨道縣、與周渾元部聯絡堵剿、

【長沙三十日下午五時發專電】何鍵電令各縣、加重懸賞緝拿匪首、捕獲朱德・彭德懷・毛澤東・周恩來・李特者、除照行營規定給賞外、每名加獎五萬元、

【廈門三十日下午七時發專電】外訊、匪一・九軍團四萬入桂、經賀縣・信都、與桂軍王譚兩師及民團戰於距梧七十里之東安、粵調兩師赴援、英美軍艦由廣州駛梧州護僑

【中央社香港二十九日電】粵前擬派兩師入桂、協助桂軍清剿共匪、現中止出發、僅警戒小北江一帶、又李揚敬定一日在汕召東區各縣長開綏靖會議、

【杭州三十日下午十時發專電】由贛東竄浙邊常山・淳安之方志敏股殘匪 因浙保安縱隊追剿緊、即流竄淳安北鄉、茲匪因圍剿甚力、又因飛機轟炸、恐將聚殲、由淳安北鄉突圍、圖竄分水、我軍據報、即派兵截堵、致竄分水殘匪仍折回淳北、目下我軍正繞道向淳北夾擊、

【中央社開封三十日電】龐炳勳部硯山鋪一役、俘獲赤匪營長及士兵數十名、二十八日已解到四十軍軍部、據[illegible]營長[illegible]供、此股殘匪係赤[illegible]西路[illegible]、後改二十五軍、軍長原係[illegible]、現係[illegible]之[illegible]、政委[illegible]保吳煥先、此次被[illegible]死[illegible]營長[illegible]甚多、[illegible]團長張少[illegible]傷重、想已死亡、

【中央社福州三十日電】五十二師收復清流後、已分兵向寧化推進、[illegible]省級者、偽閩[illegible]司令員陳[illegible]、政委[illegible]、各縣長王[illegible]等及軍[illegible]兵四十餘名[illegible]被擊斃、清流陷匪日久、丁口流離、田園荒蕪、民房被毀者一[illegible]者、經清查全城老幼不及二百人、現我軍除派隊搜剿殘孽並[illegible]流亡外、一面[illegible]修城[illegible]、烏村泉上僞第一八團及遊擊隊千餘寧化城匪四百餘、來去不定、二十八日[illegible]坊、各部現在追剿中、

【中央社福州三十日電】二區行政專員徐虎侯 偕參謀長[illegible]文[illegible]・新十師長陳齊煊在福安召集剿匪會議、商定肅清閩東各縣匪共計劃、

【南昌三十日下午六時發專電】此間各界今日全市懸旗結彩、熱烈慶祝剿匪勝利、呈空前活躍氣象、

西路軍結束

【贛州三十日上午三時發專電】西路軍總司令何鍵三十日通電西路各將領及贛西・鄂南各縣長云、（銜略）勛鑒、贛粵閩湘鄂剿匪軍西路總司令及所

（局部图 2）

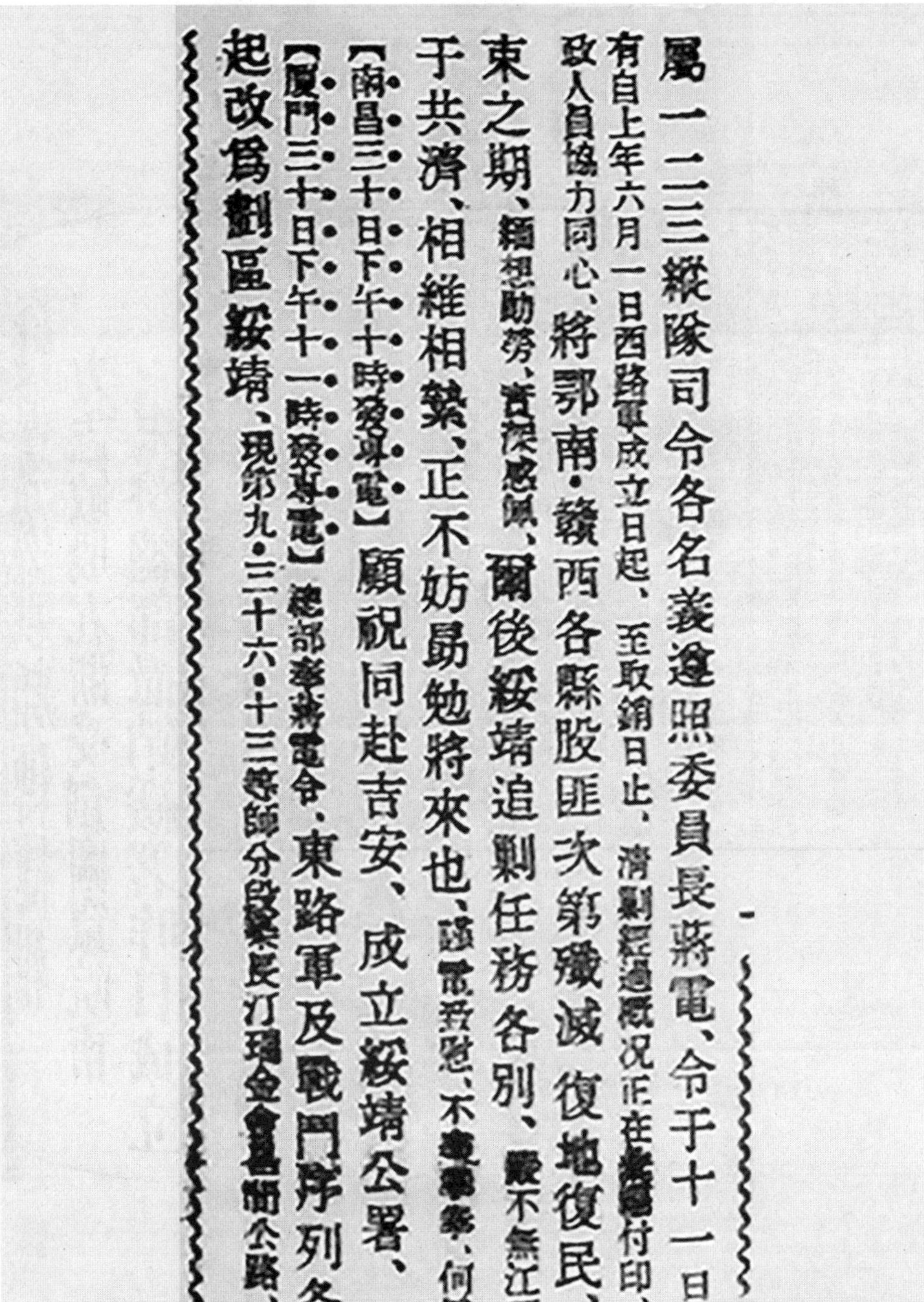

屬一二三縱隊司令各名義遵照委員長蔣電、令于十一日
有自上年六月一日西路軍成立日起、至取銷日止、濟剿經過概况正在[illegible]付印、
致人員協力同心、將鄂南・贛西各縣股匪次第殲滅、復地復民、
東之期、緬想勛勞、實深感佩、爾後綏靖追剿任務各別、[illegible]不無江干
于共濟、相維相繫、正不妨勗勉將來也、謹電致慰、不[illegible]、何[illegible]
【南昌三十日下午十時發專電】顧祝同赴吉安、成立綏靖公署、
【廈門三十日下午十一時發專電】總部奉蔣電令、東路軍及戰鬥序列各
起改爲劃區綏靖、現第九・三十六・十三等師分段築長汀瑞金會昌閩公路、

（局部图 3）

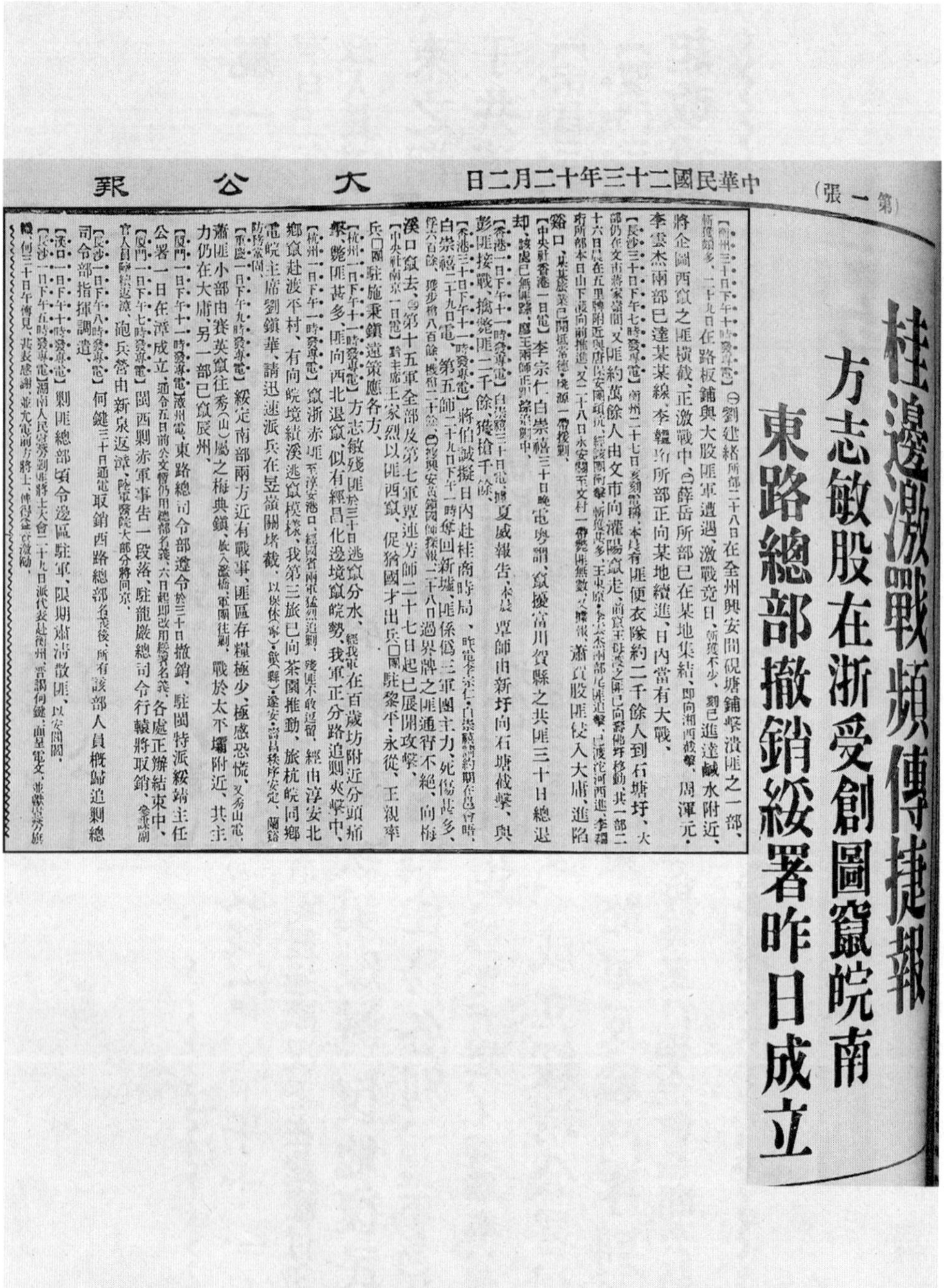

第一張　中華民國二十三年十二月二日　大公報

桂邊激戰頻傳捷報
方志敏股在浙受創圖竄皖南
東路總部撤銷綏署昨日成立

【衡州三十日下午十時發專電】㈠劉建緒所部二十八日在全州興安間硯塘鋪擊潰匪之一部、斬獲頗多、二十九日在路板鋪與大股匪軍遭遇、激戰竟日、斬獲不少、劉已進達鹹水附近、將企圖西竄之匪攔截、正激戰中、㈡薛岳所部已在某地集結、即向湘西截擊、周渾元・李雲杰兩部已達某某線、李韞珩所部正向某地續進、日內當有大戰、

【長沙三十日下午七時發專電】衡州二十七日亥刻電稱、本日有匪便衣隊約二千餘人到石塘圩、大部仍在文市蔣家嶺間、又匪約萬餘人由文市向灌陽竄走、前竄王母渡之匪已向蔣佛圩移動、其一部二十六日晨在五里牌附近與唐保安團頑抗、經該團衔擊、斬獲甚多、王東原・李雲杰兩部尾匪追擊、已渡花河西進、李韞珩所部本日由下蔭向前推進、又二十八日永安關至文村一帶蹤匪無數、又據報、蕭賀股匪侵入大庸、進陷谿口、某某處業已開抵常德・桃源一帶援剿、

【中央社香港一日電】李宗仁・白崇禧三十日晚電粵謂、竄擾富川賀縣之共匪三十日總退却、該處已無匪蹤、廖王兩師正跟蹤窮剿中、

【香港一日下午十一時發專電】白崇禧三十日電、據夏威報告、本晨覃師由新圩向石塘截擊、與彭匪接戰、擒斃匪二千餘、獲槍千餘、

【香港三十日下午十一時發專電】蔣伯誠擬日內赴桂商時局、昨電李宗仁・白崇禧請約期在邕會晤、白崇禧二十九日電、第五師二十九日下午一時奪回新墟、匪係僞三軍團主力、死傷甚多、俘六百餘、獲步槍八百餘、機槍二十餘、㈡據興安黃鎮國師探報、二十八日過界牌之匪通宵不絕、向梅溪口竄去、㈢第十五軍全部及第七軍覃連芳師二十七日起已展開攻擊、

【中央社南京一日電】黔主席王家烈以匪西竄、促猶國才出兵□圍、駐黎平・永從、王親率兵□圍駐施秉鎮遠策應各方、

【杭州一日下午十一時發專電】方志敏殘匪於三十日逃竄分水、經我軍在百歲坊附近分頭痛擊、斃匪甚多、匪向西北退竄、似有經昌化邊境竄皖勢、我軍正分路追剿夾擊中、

【杭州一日下午一時發專電】竄浙赤匪至淳安港口、經岡省兩軍猛烈追剿、殘匪不敢逗留、經由淳安北鄉竄赴渡平村、有向皖境績溪逃竄模樣、我第三旅已向茶園推動、旅杭皖同鄉電皖主席劉鎮華、請迅速派兵在昱嶺關堵截、以保休(寧)・歙(縣)・遂安・壽昌秩序安定、關路防務嚴固、

【重慶一日下午九時發專電】綏定南部兩方近有戰事、匪區存糧極少、極感恐慌、又秀山電、蕭匪小部由賽英竄往秀(山)屬之梅典鎮、旋入鎮橋、軍團往剿、戰於太平壩附近、其主力仍在大庸、另一部已竄辰州、

【廈門一日下午十一時發專電】漳州電、東路總司令部遵令於三十日撤銷、駐閩特派綏靖主任公署一日在漳成立、通令五日前公文暫仍用總部名義、六日起即改用綏署名義、各處正辦結束中、

【廈門一日下午七時發專電】閩西剿赤軍事告一段落、駐龍巖總司令行轅將取銷、參謀副官人員歸綏返漳、砲兵營由新泉返漳、陸軍醫院大部分將回京、

【長沙一日下午八時發專電】何鍵三十日通電取銷西路總部名義後、所有該部人員概歸追剿總司令部指揮調遣、

【漢口一日下午十時發專電】剿匪總部頃令邊區駐軍、限期肅清散匪、以安閭閻、

【長沙一日下午五時發專電】湖南人民慰勞剿匪將士大會二十九日派代表赴衡州、晉謁何鍵、面呈電文、並獻慰勞旗幟、何三十日午傳見、甚表感謝、並允電前方將士、俾得益資激勵、

45. 桂边激战频传捷报，方志敏股在浙受创图窜皖南，东路总部撤销绥署昨日成立，1934 年 12 月 2 日第 3 版

【衡州三十日下午十時發專電】㈠劉建緒所部二十八日在全州與安間硯塘鋪擊潰匪之一部、斬獲頗多、二十九日在路板鋪與大股匪軍遭遇、激戰竟日、斬獲不少、刻已進達鹹水附近、將企圖西竄之匪橫截、正激戰中、㈡薛岳所部已在某地集結、即向湘西截擊、周渾元・李雲杰兩部已達某某線、李韞珩所部正向某地續進、日內當有大戰、

【長沙三十日下午七時發專電】衡州二十七日亥刻電稱、本晨有匪便衣隊約二千餘人到石塘圩、大部仍在文市蔣家嶺間、又匪約萬餘人由文市向灌陽竄走、前竄王母渡之匪已向蔣佛圩移動、其一部二十六日晨在五里牌附近與唐保安團頑抗、經該團衝擊、斬獲甚多、王東原・李雲杰兩部尾匪追擊、已渡花河西進、李韞珩所部本日由山下渡向前推進、又二十八日永安關至文村一帶斃匪無數、又據報、蕭賀股匪仗入大庸、進陷谿口、某某旅業已開抵常德・桃源一帶援剿、

【中央社香港一日電】李宗仁白崇禧三十日晚電粵謂、竄擾富川賀縣之共匪三十日總退却、該處已無匪蹤、廖王兩師正跟蹤追剿中、

【香港一日下午十一時發專電】白崇禧三十日電、據夏威報告、本晨覃師由新圩向石塘截擊、與彭匪接戰、擒斃匪二千餘、獲槍千餘、

【香港三十日下午十一時發專電】蔣伯誠擬日內赴桂商時局、昨電李宗仁・白崇禧約期在邕會晤、白崇禧二十九日電、第五師二十九日下午一時奪回新墟、匪係僞三軍團主力、死傷甚多、俘六百餘、獲步槍八百餘、機槍二十餘、㈡據興安黃鎮國師探報、二十八日過界牌之匪通宵不絕、向梅溪口竄去、㈢第十五軍全部及第七軍覃連芳師二十七日起已展開攻擊、

【中央社南京一日電】黔主席王家烈以匪西竄、促猶國才出兵□團駐黎平・永從、王親率兵□團駐施秉鎮遠策應各方、

【杭州一日下午十一時發專電】方志敏殘匪於三十日逃竄分水、經我軍在百歲坊附近分頭痛擊、斃匪甚多、匪向西北退竄、似有經昌化邊境竄皖勢、我軍正分路追剿夾擊中、

【杭州一日下午一時發專電】竄浙赤匪至淳安港口、經國省兩軍猛烈追剿、殘匪不敢逗留、經由淳安北鄉竄赴渡平村、有向皖境績溪逃竄模樣、我第三旅已向茶園推動、旅杭皖同鄉電皖主席劉鎮華、請迅速派兵在昱嶺關堵截、以保休(寧)・歙(縣)・遂安・壽昌秩序安定、開始防務常備、

【重慶一日下午九時發專電】綏定南部兩方近有戰事、匪區存糧極少、極感恐慌、又秀山電、蕭匪小部由賽英竄往秀(山)屬之梅典鎮、旋入溶橋、軍團往剿、戰於太平壩附近、其主力仍在大庸、另一部已竄辰州、

【厦門一日下午十一時發專電】漳州電、東路總司令部遵令於三十日撤銷、駐閩特派綏靖主任公署一日在漳成立、通令五日前公文暫仍用總部名義、六日起即改用綏署名義、

【厦門一日下午七時發專電】閩西剿赤軍事告一段落、駐龍巖總司令行轅將取銷、參謀副官人員陸續返漳、砲兵營由新泉返漳、陸軍醫院大部分將同京、

【長沙一日下午八時發專電】何鍵三十日通電取銷西路總部名義後、所有該部人員概歸追剿總司令部指揮調遣、

【漢口一日下午十時發專電】剿匪總部頃令邊區駐軍、限期肅清散匪、以安閭閻、

【長沙一日下午五時發專電】湖南人民慰勞剿匪將士大會二十九日派代表赴衡州、晉謁何鍵、面呈電文、並獻慰勞旗幟、何三十日午傳見、甚表感謝、並允電前方將士、俾得益資激勵、

（局部图）

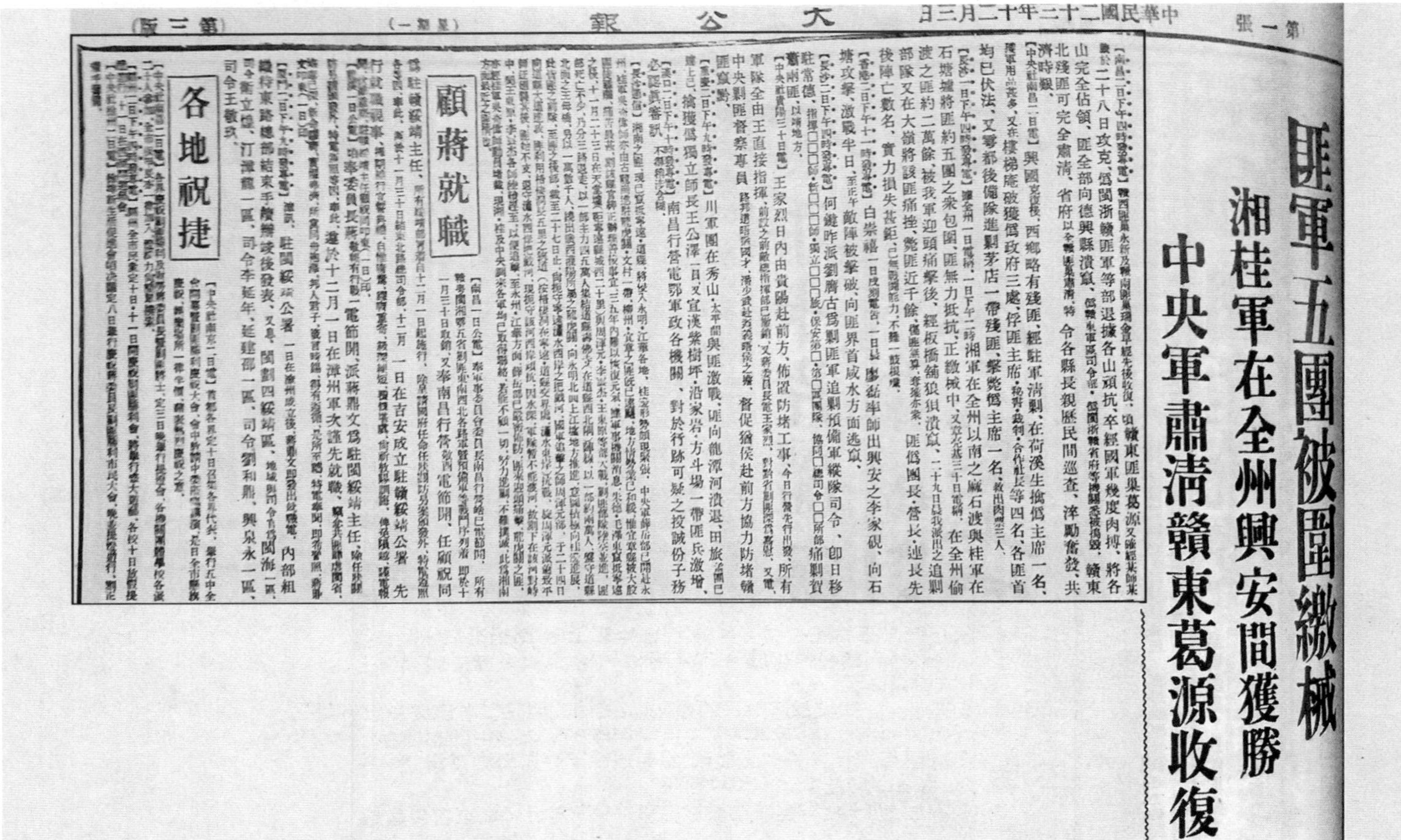

中華民國二十三年十二月三日　大公報　（星期一）　第三版

匪軍五團被圍繳械
湘桂軍在全州興安間獲勝
中央軍肅清贛東葛源收復

【南昌二日下午四時發專電】贛西匪巢永新及贛南匪巢瑞金、寧都先後收復，頃贛東匪巢葛源又確經某師某旅於二十八日攻克，偽閩浙贛匪軍等部退據各山頑抗，卒經國軍幾度肉搏，將各山完全佔領，匪全部向德興縣潰竄，偽贛東軍區司令部、偽閩浙贛省府等機關悉被搗毀，贛東北殘匪可完全肅清，省府以全贛匪巢肅清，特令各縣長親歷民間巡查，淬勵奮發，共濟時艱。

【中央社南昌二日電】興國克復後，西鄉略有殘匪，經駐軍清剿，在荷溪生擒偽主席一名、[illegible]，又在樓梯庵破獲偽政府三處，俘匪主席、秘書、裁判、合作社長等四名，各匪首均已伏法，又寧都後備隊進剿茅店一帶殘匪，擊斃偽主席一名，救出肉票三人。

【長沙一日下午四時發專電】據全州一日電稱，一日下午二時湘軍在全州以南之麻石渡與桂軍在石塘墟將匪約五團之衆包圍，匪無力抵抗，正繳械中，又零陵三十日電稱，在全州偷渡之匪約二萬餘，被我軍迎頭痛擊後，經板橋鋪狼狽潰竄，二十九日我派出之追剿部隊又在大嶺將該匪痛挫，斃匪近千餘，[illegible]，匪偽團長、營長、連長先後陣亡數名，實力損失甚鉅，已無戰鬥能力，不難一鼓殲滅。

【香港二日下午十一時發專電】白崇禧一日[illegible]電告，一日晨廖磊率師出興安之李家硯、向石塘攻擊，激戰半日，至正午敵陣被擊破，向匪界首咸水方面逃竄。

【長沙二日下午四時發專電】何鍵昨派劉膺古為剿匪軍追剿預備軍縱隊司令，即日移駐常德，指揮□□師、新□□師、獨立□□旅、保安第□、第□區團隊，協同□總司令□□所部痛剿賀蕭兩匪，以靖地方。

【中央社貴陽三十日電】王家烈日內由貴陽赴前方，佈置防堵工事，今日行營先行出發，所有軍隊全由王直接指揮，前設之前敵總指揮部已撤銷，又蔣委員長電王家烈，對黔省剿匪深為嘉慰，又電中央剿匪督察專員[illegible]，督促猶侯赴前方協力防堵贛匪竄黔。

【重慶二日下午九時發專電】川軍圍在秀山、太平壩與匪激戰，匪向龍潭河潰退，田旅[illegible]，擒獲偽獨立師長王公澤一員，又宜漢柴樹坪、沿家岩、方斗場一帶匪兵激增，[illegible]

【漢口二日下午十時發專電】南昌行營電鄂軍政各機關，對於行跡可疑之投誠份子務必認真審訊，[illegible]

【長沙通信】[illegible]

顧蔣就職

【南昌一日公電】奉軍事委員會委員長南昌行營略已電飭閩、[illegible]一月三十日取銷，又奉南昌行營敬西電飭閩、任顧祝同為駐贛綏靖主任，[illegible]十二月一日在吉安成立駐贛綏靖公署，先行就職視事，[illegible]

【福州一日公電】[illegible]奉委員長蔣[illegible]電飭閩，派蔣鼎文為駐閩綏靖主任，[illegible]遂於十二月一日在漳州軍次謹先就職，[illegible]

【廈門二日下午九時發專電】[illegible]駐閩綏靖公署一日在漳州成立後，[illegible]內部組織將東路總部結束手續辦竣後發表，又息，閩劃四綏靖區，[illegible]閩海一區，司令衛立煌，汀漳龍一區，司令李延年，延建邵一區，司令劉和鼎，興泉永一區，司令王敬玖。

各地祝捷

[illegible]

46. 匪军五团被围缴械，湘桂军在全州、兴安间获胜，中央军肃清赣东葛源收复，1934 年 12 月 3 日第 3 版

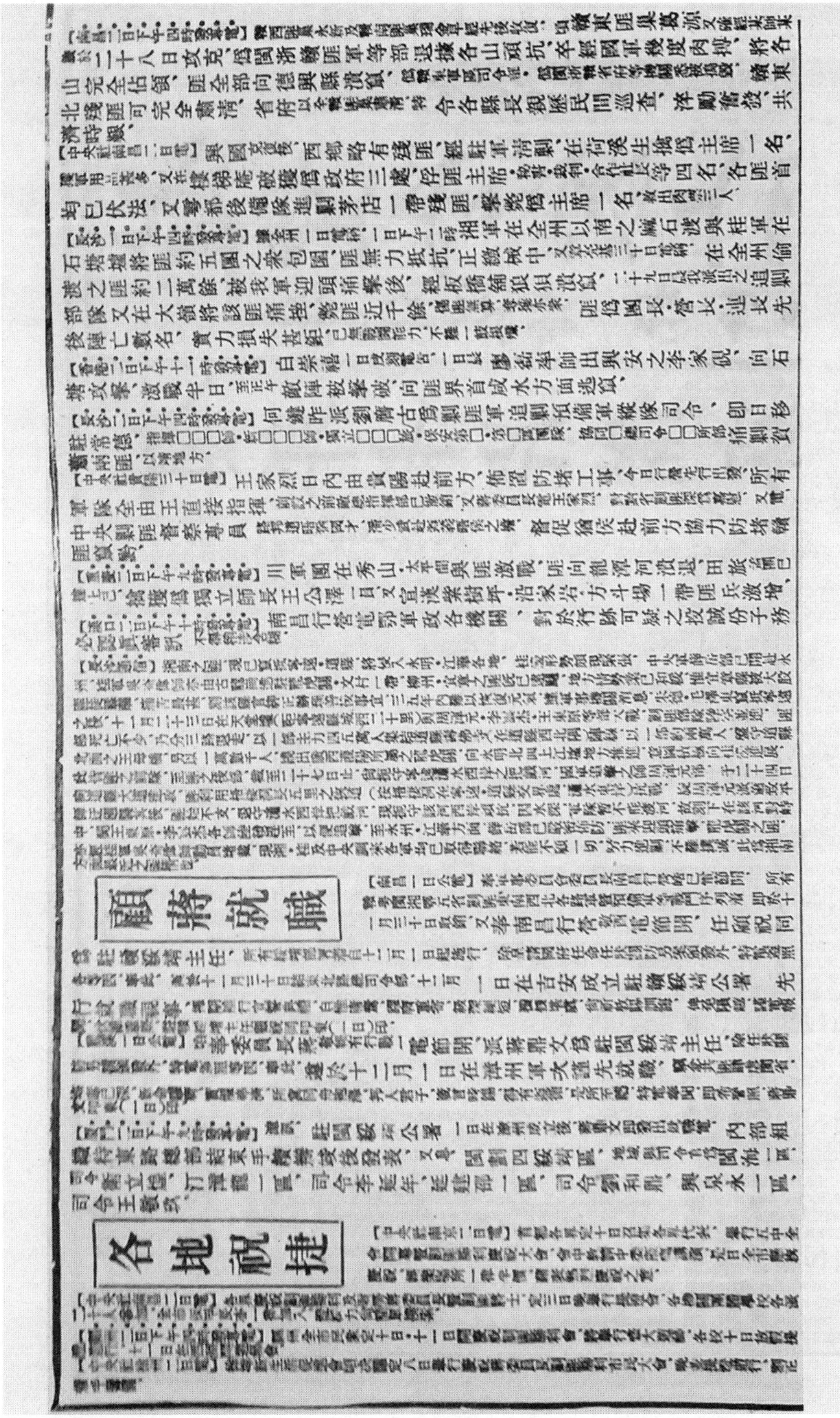

（局部图）

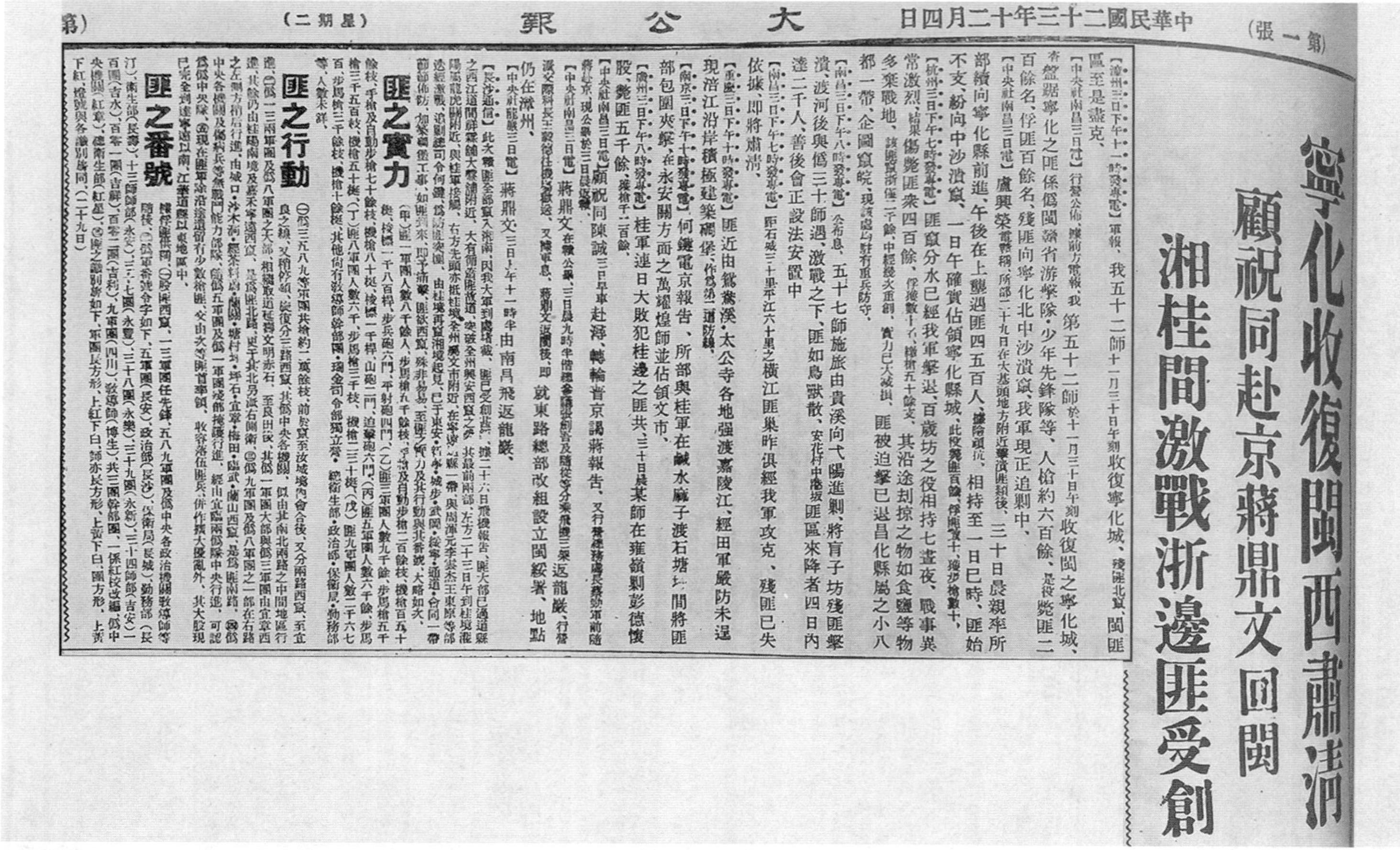

（第一張） 中華民國二十三年十二月四日 大公報 （星期二） （第

寧化收復閩西肅清

顧祝同赴京蔣鼎文回閩

湘桂間激戰浙邊匪受創

【漳州三日下午十一時發專電】軍報、我五十二師十一月三十日午刻收復寧化城、殘匪北竄、閩匪區至是盡克、

【中央社南昌三日電】行營公佈、據前方電報、我第五十二師於十一月三十日午刻收復閩之寧化城、查盤踞寧化之匪係僞閩贛省游擊隊・少年先鋒隊等、人槍約六百餘、是役斃匪二百餘名、俘匪百餘名、殘匪向寧化北中沙潰竄、我軍現正追剿中、

【中央社南昌三日電】盧興榮電稱、所部二十九日在大基頭地方附近擊潰匪類後、三十日晨親率所部續向寧化縣前進、午後在上壟遇匪四五百人、據險頑抗、相持至一日巳時、匪始不支、紛向中沙潰竄、一日午確實佔領寧化縣城、此役斃匪百餘、俘匪數十、獲步槍數十、

【杭州三日下午七時發專電】匪竄分水已經我軍擊退、百歲坊之役相持七晝夜、戰事異常激烈、結果傷斃匪衆四百餘、俘擄數十名、擄槍五十餘支、其沿途刦掠之物如食鹽等物多棄戰地、該匪竄浙僅二千餘、中經幾次重創、實力已大減損、匪被迫擊已退昌化縣屬之小八都一帶、企圖竄皖、現該處均駐有重兵防守、

【南昌三日下午八時發專電】公布息、五十七師施旅由貴溪向弋陽進剿、將盲子坊殘匪擊潰、渡河後與僞三十師遇、激戰之下、匪如鳥獸散、安花村中心坂匪區來降者四日內達二千人、善後會正設法安置中

【南昌三日下午七時發專電】距石城三十里平江六十里之横江匪巢昨俱經我軍攻克、殘匪已失依據、即將肅清、

【重慶三日下午十時發專電】匪近由鴛鴦溪・太公寺各地强渡嘉陵江、經田軍嚴防未逞、現涪江沿岸積極建築碉堡、作爲第二道防線、

【南京三日下午十時發專電】何鍵電京報告、所部與桂軍在鹹水麻子渡石塘圩間將匪部包圍夾擊、在永安關方面之爲羅煌師並佔領文市、

【廣州三日下午八時發專電】桂軍連日大敗犯桂邊之匪共、三十日晨某師在雍嶺剿彭德懷股、斃匪五千餘、獲槍千二百餘、

【中央社南昌三日電】顧祝同陳誠三日早車赴潯、轉輪晉京謁蔣報告、又行營秘書長楊永泰前隨蔣赴京、現公畢於三日晨返贛、

【中央社南昌三日電】蔣鼎文在贛公畢、三日晨九時半偕總參議劉創吾及隨從等分乘飛機三架返龍巖、行營派交際科長王毅從往機場歡送、又據軍息、蔣鼎文返閩後、即就東路總部改組設立閩綏署、地點仍在漳州、

【中央社龍巖三日電】蔣鼎文三日上午十一時半由南昌飛返龍巖、

【長沙通信】此次贛匪全部竄入湘南、因我大軍到處堵截、匪已受創甚鉅、據二十六日飛機報告、匪大部已通道縣之西江道間群衆錦大概嶺附近、大有備窩匪故道、突破全州興安西竄之勢、其最前兩部、左方二十三日午到桂境灌陽萬龍洸關附近、與桂軍接觸、右方先頭亦抵桂境全州興文市附近、在寧遠・道縣一帶、與周渾元李雲杰王東原等部迭經激戰、追剿總司令何鍵、爲防匪突圍、由桂境再竄湘境起見、已于東安・紅岑・城步・武岡・綏寧・通道・會同一帶節節佈防、加緊構築工事、如匪到來、即予痛擊、匪欲西竄、殊非易易、至匪之實力及其行動與其番號、大略如次、

匪之實力

（甲）匪一軍團人數八千餘人、步馬槍九千餘枝、手槍及自動步槍二百餘枝、機槍百五十挺、梭標一千八百桿、步兵砲六門、平射砲四門、（乙）匪三軍團人數九千餘、步馬槍五千餘枝、手槍及自動步槍七十餘枝、機槍八十挺、梭標一千桿、山砲二門、迫擊砲六門、（丙）匪五軍團人數六千餘、步馬槍三千五百枝、機槍五十挺、（丁）匪八軍團人數六千、步馬槍三千枝、機槍二三十挺、（戊）匪九軍團人數二千六七百、步馬槍三千餘枝、機槍十餘挺、其他尚有政治部幹部團・瑞金司令部獨立營・總衛生部・政治部・保衛局・勤務部等、人數未詳、

匪之行動

㈠僞三五八九等軍團共槍約二萬餘枝、前於竄至汝城境內會合後、又分兩路西竄、至宜良之線、又稍分頭、旋復分三路西竄、其僞中央各機關、似由其南北兩路之中間地區行進、㈡僞一三兩軍團及僞八軍團之大部、相繼取道延壽文明赤石、至良田後、其僞一軍團大部與僞三軍團由宜章西進、其餘乃由桂陽兩境及嘉禾寧遠西竄、是爲匪北路、更于其北另派右側衛、㈢僞九軍團及僞八軍團之一部在右路之左側方稍后行進、由城口・沙木洞・䔥茶坪崗・盤團・塘村圩・坪石・宜章・梅田・臨武・藍山西竄、是爲匪南路、㈣僞中央各機關及僞紅軍兵等無戰鬥能力部隊、偕僞五軍團及僞一軍團殘部掩護行進、經由宜臨兩僞隊中央行進、可認爲僞中央隊、㈤現在匪軍除沿途遺留有少數殘匪、交由某匪首率領、收容落伍匪兵、併作擴大擾亂外、其大股現已完全到達寧遠以南、江華道縣以東地區中、

匪之番號

據俘匪供稱、㈠股匪西竄、一三軍團任先鋒、五八九軍團及僞中央各政治機關散殿後、㈡僞軍番號代字如下、五軍團（長安）、政治部（長沙）、保衛局（長城）、勤務部（長江）、衛生部（長壽）、十三師師部（永安）、三十七團（永豐）、三十八團（永樂）、三十九團（永新）、三十四師師部（吉安）、一百團（吉水）、百零一團（吉祥）、百零二團（吉利）、九軍團（四川）、教導師（博生）、共三團幹部團、一係紅校改編、僞中央機關（紅章）、總衛生部（紅星）、㈢匪之識別符號如下、軍團長方形、上紅下白、師亦長方形、上黃下白、團方形、上黃下紅、燈號與各識別旗同、（二十九日）

47. 宁化收复闽西肃清，顾祝同赴京蒋鼎文回闽，湘桂间激战浙边匪受创，1934 年 12 月 4 日第 3 版

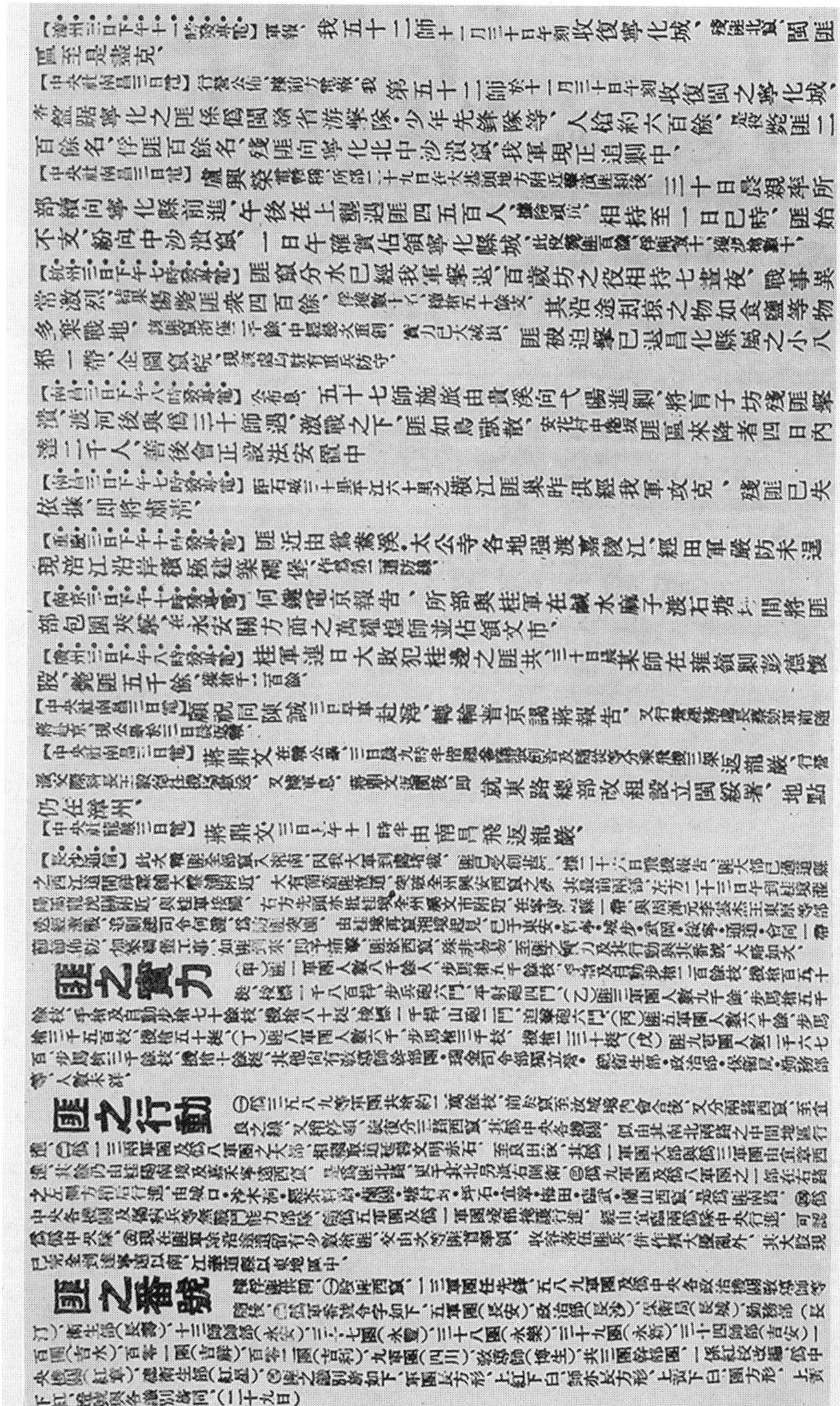

匪之實力

匪之行動

匪之番號

（局部图）

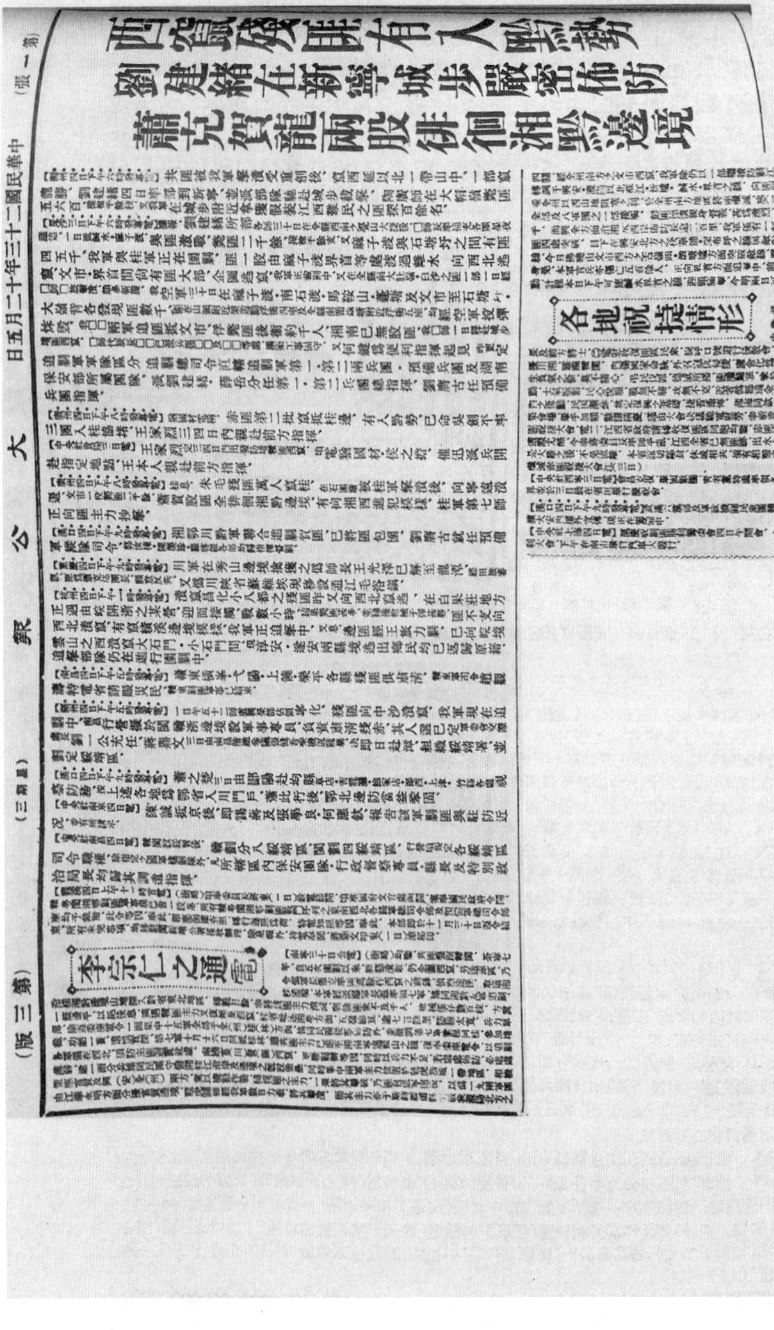

48. 西窜残匪有入黔势，刘建绪在新宁、城步严密布防，萧克、贺龙两股徘徊湘黔边境，1934 年 12 月 5 日第 3 版（残）

華民國二十三年十二月五日　　大　公

【衡州四日下午六時發專電】共匪被我軍擊潰受重創後、竄西延以北一帶山中、一部竄龍勝、劉建緒四日率部到新寧、並派部隊馳赴城步截擊、陶廣師在大帽嶺斃匪五六百、獲槍千餘枝、又我軍在城步附近拿獲假裝江西難民之匪探百餘名、

【長沙三日下午六時發專電】據報、劉建緒所部各師三十日在全縣西南之覺山大捷後、□師長率補充各團星夜躡追、一日抵鹹水·麻子渡、與匪激戰、斃匪二千餘、獲槍千餘支、又麻子渡與石塘圩之間有匪四五千、我軍與桂軍正在圍剿、匪一股由麻子渡界首等處渡過離水 向西北逃竄、文市·界首間尚有匪大部、企圖逃竄、我軍正截剿中、又在全縣南大肚嶺·白沙之匪一部一日經□師□旅擊潰、頗多斬獲、 我空軍三十日在麻子渡·南石渡·馬鞍山·蓬塘及文市至石塘圩·大嶺背各發現匪數千、匪在山頭附近架設動浮橋四座及全縣南衙蕊塘附近浮橋五座、均經空軍投彈炸毀、 我□□兩軍追匪抵文市、俘斃匪後衛約千人、湘南已無股匪、我□師一日歸赴城步堵匪西竄、□師代旅長□□已派兵扼□□及□□等處、構築工事固守、 又何鍵爲便利指揮起見 昨更定追剿軍軍隊區分 追剿總司令直轄追剿軍第一·第二兩兵團·預備兵團及湖南保安部所屬團隊、派劉建緒·薛岳分任第一·第二兵團總指揮、劉膺古任預備兵團指揮、

【廣州四日下午八時發專電】猶國材電稱、赤匪第二批竄抵桂邊、有入黔勢、已命吳劍平率三團入桂協堵、王家烈三四日內親赴前方指揮、

【中央社貴陽三日電】王家烈定三四日內出發防堵贛匪西竄、頃電猶國材·侯之擔、催迅派兵開赴指定地點、王本人親赴前方指揮、

【廣州四日下午八時發專電】桂息、朱毛殘匪萬人竄桂、在石園塘被桂軍擊潰後、向寧遠潰退、文市一役斃匪二千餘、蕭賀股匪全徘徊湘黔邊境、有向湘西進犯模樣、桂軍第七師正向匪主力抄擊、

【漢口四日下午九時發專電】湘鄂川黔軍聯合進剿賀匪、已將匪包圍、劉膺古就任預備軍縱隊司令、郭汝棟·陳獲珍·羅啓疆各部均歸指揮會剿、

【重慶四日下午九時發專電】川軍在秀山邊境擒獲之僞師長王光澤已解至龍潭、經田旅審訊、原爲蕭克部團長、願意反共、又僞川陝省蘇維埃現移設通江毛浴鎮、

【杭州四日下午一時發專電】潰竄昌化小八都之殘匪昨又向西北竄逃、在白果莊地方正遇由皖開浙之某營、迎面接觸、戰數小時、結果斃匪甚多、並繳獲槍械子彈甚夥、匪不支向

（局部图 1）

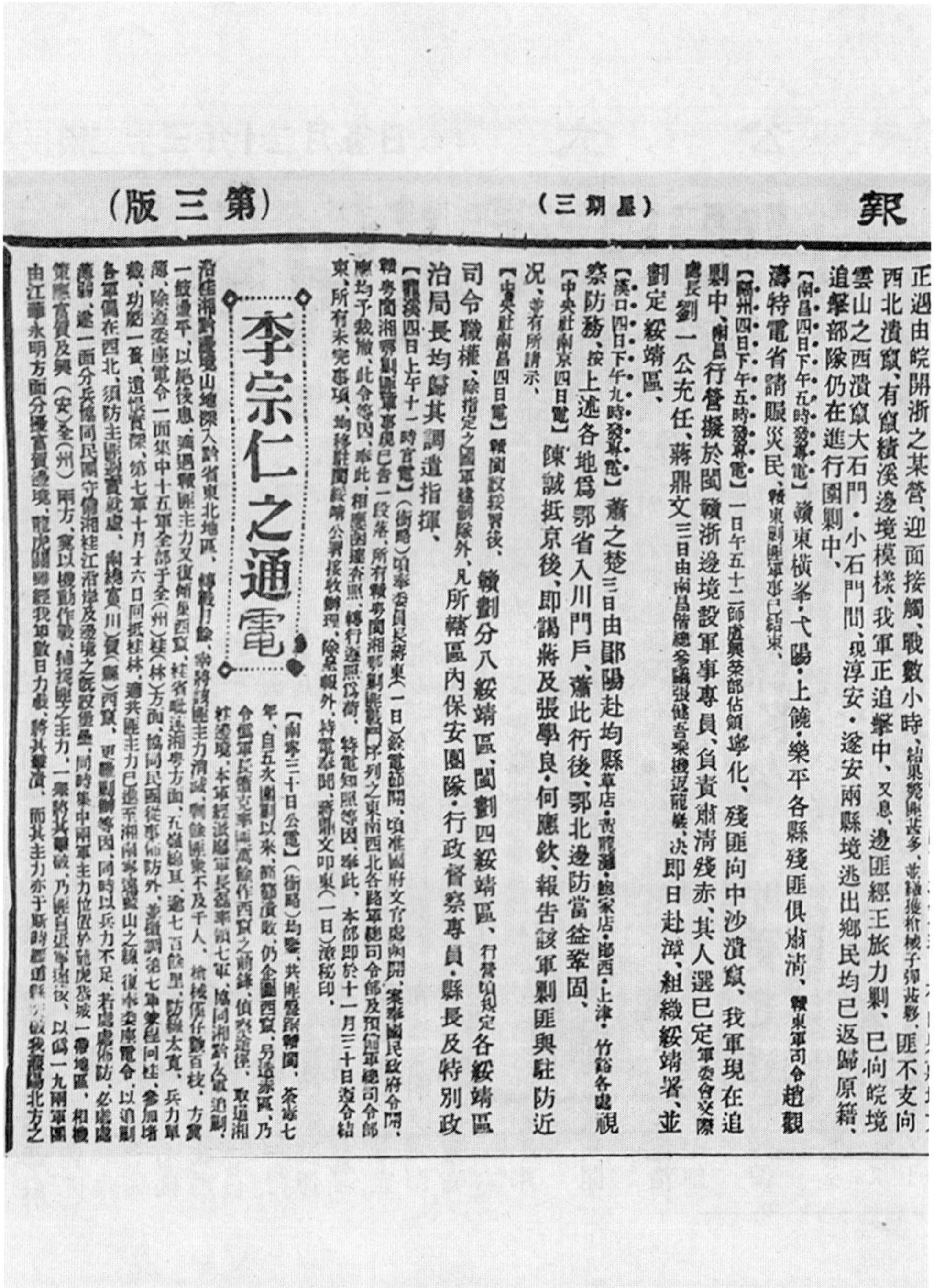

(第三版) (星期三) 報

正遇由皖開浙之某營、迎面接觸、戰數小時、結果斃匪甚多、並繳獲槍械子彈甚夥、匪不支向西北潰竄、有竄積溪邊境模樑、我軍正追擊中、又息、邊匪經王旅力剿、已向皖境雲山之西潰竄大石門・小石門間、現淳安・遂安兩縣境逃出鄉民均已返歸原籍、追擊部隊仍在進行圍剿中、

【南昌四日下午五時發專電】贛東橫峯・弋陽・上饒・樂平各縣殘匪俱肅清、贛東軍司令趙觀濤特電省請賑災民、贛東剿匪軍事已結束、

【福州四日下午五時發專電】一日午五十二師盧興榮部佔領寧化、殘匪向中沙潰竄、我軍現在追剿中、南昌行營擬於閩贛浙邊境設軍事專員、負責肅清殘赤、其人選已定軍委會交際處長劉一公充任、蔣鼎文三日由南昌偕總參議張健吾乘機返龍巖、決即日赴潭、組織綏靖署、並劃定綏靖區、

【漢口四日下午九時發專電】蕭之楚三日由鄖陽赴均縣草店・黃龍灘・鮑家店・鄖西・上津・竹谿各處視察防務、按上述各地為鄂省入川門戶、蕭此行後、鄂北邊防當益鞏固、

【中央社南京四日電】陳誠抵京後、即謁蔣及張學良・何應欽、報告該軍剿匪與駐防近況、並有所請示、

【中央社南昌四日電】贛閩設綏署後、贛劃分八綏靖區、閩劃四綏靖區、行營頃規定各綏靖區司令職權、除指定之國軍建制隊外、凡所轄區內保安團隊・行政督察專員・縣長及特別政治局長均歸其調遣指揮、

【漢口四日上午十一時官電】(銜略)頃奉委員長蔣東(一日)總電開、頃准國府文官處函開、案奉國民政府令開、贛粵閩湘鄂剿匪總司令部序列之東南西北各路軍總司令部及預備軍總司令部應均予裁撤、此令等因、奉此、相應函達查照、轉行遵照爲荷、特電知照等因、奉此、本部即於十一月三十日遵令結束、所有未完事項、均移駐閩綏靖公署接收辦理、除呈報外、特電奉聞、蔣鼎文叩東(一日)滬秘印、

李宗仁之通電

【南寧三十日公電】(銜略)均鑒、共匪竄踞贛閩、荼毒七年、自五次圍剿以來、節節潰敗、仍企圖西竄、另謀赤區、乃令偽軍長蕭克率匪衆爲偽作西竄之前鋒、偵察途徑、取道湘桂邊境、本軍經派總軍長廖磊率領七軍、協同湘黔各軍追剿、沿經湘黔邊境山地竄入黔省東北地區、轉戰月餘、卒將該匪主力消滅、僅餘匪衆不及千人、槍械僅存數百枝、方冀一鼓盪平、以絕後患、適遇贛匪主力又復傾巢西竄、桂省毗連湘粵方面、五嶺綿亘、逾七百餘里、防線太寬、兵力單薄、除遵委座電令一面集中十五軍全部于全(州)桂(林)方面、協同民團從事佈防外、並徵調第七軍星夜回桂、參加堵截、功虧一簣、遺恨實深、第七軍十月廿六日回抵桂林、適共匪主力已進至湘南寧遠藍山之線、復奉委座電令、以追剿各軍偏在西北、須防主匪竄擾此處、向總竄(川)黔(縣)西竄、更難剿辦等因、同時以兵力不足、若處處佈防、必處處薄弱、遂一面分兵協同民團守備湘桂江沿岸及邊境之既設堡壘、同時集中兩軍主力位置於龍虎恐城一帶地區、相機策應富賀及興(安)全(州)兩方、冀以機動作戰、捕捉匪之主力、一舉將其擊破、乃匪自經寧遠後、以爲一九兩軍團由江華永明方面分擾富賀邊境、龍虎關經我軍數日力戰、將其擊潰、而共主力亦于斯時經道縣突破我灌陽北方之

(局部图 2)

四關、經全州南方之文市西嶺，我軍除仍以一部繼續防剿江華永明方面之匪外、轉調于興安·灌陽以北萊江·新墟·鹹水·界首之線、向匪側面攻擊、同時與追乘全州以西山地阻塞之利、於全州南方地區將匪殲滅，感(二十七)日以來、我十全部及八軍團之一部接觸、彭匪德懷親身督戰、甚爲激烈、以新墟一地、彼此肉千、而興全方面沿湘水西岸佈防長逾二百里，我軍僅有一師，協同民團堵截，然匪四處突破、目下在興安北方之伏華舖·深布坪之線與敵對峙，現我第七軍主力線、今日拂曉由文市西方之石嶺頭·激塘墟方面突破敵線、爛腰截擊、擒斬赤匪二千身晃、本軍官兵亦傷亡五百餘人、正向界首方面追擊中、前據我聯絡飛機報告、全動，計程本日下午可達鹹水界首之線，迎頭痛擊，今明兩日可望將匪之主力擊潰也

各地祝捷情形

【中央社衡州三日電】湘

湖濱運動場舉行殲滅赤

衆十萬人、大會主席賴偉

由葉渊中、王微煌等演講

長及前方將士、(一)電慰收復匪區民衆、旋呼口號遊行散會、原電如下、電一、蔣委員

擾川湘、騷擾黔閩、內傷國家命脈、外召寇仇侵陵、廬舍化爲坵墟、人民陷於火水、極

生負氣之倫、莫不痛心、弔民伐罪、德威所播、匪膽爲寒、衆於軍事之外、運用政治力量

勵、士氣振奮、民心悅服、戰無不勝、攻無不克、近者僞都瑞金宣告克復、巢穴全傾、無

內之作動、民困漸蘇、奠定復興之基礎、捷音遞傳、薄海同欽、本省各界於本日舉行殲

集會場、舉手加額、歡躍稱慶、謹由大會決議馳電致賀、幷祈垂鑒、並乞轉電前方剿赤將

匪祝捷大會、電二、江西省政府請轉收復匪區同胞均鑒、赤匪流竄中國、六七年於茲、

遭際尤酷、今幸蔣委員長率師平亂、江西全省已無匪蹤、出水火而登袵席、撥雲霧而見天

處大難之後、不免流離、本省誼切鄰封、休戚相共、倘有相需之處、自當竭盡棉薄、先

殲滅赤匪祝捷大會江(三日)

【中央社西寧三日電】會昌克復、舉國歡騰、青省黨特處率領各民衆團體·縣黨部致電慰

界並於三日晨在省垣舉行慶祝會、

【漢口四日下午九時發專電】武漢六黨部及軍政機關民衆團體定十日舉行盛大之慶祝五

擴大安內攘外宣傳，現正在籌備中、

【中央社上海四日電】滬慶祝剿匪勝利籌委會四日午開會、決定十日晨假市商會舉行上

利大會、下午在南市舉行汽車大遊行、

（局部图 3）

（第三版）　　　　　　　　　　　　（星期四）

西竄殘匪越過西延

賀龍竄擾桑植·永順

【長沙四日下午七時發專電】據衡州電、匪大部被劉建緒部擊潰後、一日經鹹水口·西延逃竄、我□師已到新寧、□師取捷徑向西延跟擊、□部已開向新寧·城步一帶堵剿、又□師二十九日經永安關前進、在楊家灣·高明橋·永安關節節擊潰股匪千餘、沿途俘斃匪各數百、獲槍八十餘枝、三十日申時佔領文市、現已過石頭嶺·蓮花塘西進中 又我軍一日在興隆村見匪五六百、將斃殆盡、鹹水·麻子渡等處各發現匪二三千、亦將斃甚衆、我臨武團隊連日搜索竄散匪兵、斃匪百餘、獲步槍四十餘枝、手機槍·重機槍各一挺、俘匪數千、

【長沙四日下午七時發專電】據全州電、□□一日率補充各團及□師大部向鹹水鋪·白沙鋪推進、遇匪一部、協同痛擊、斃匪甚多、當尾追至鹹水麻子渡間、復遇匪後援部隊、經我包圍痛擊、斃匪千餘、獲步槍三四百枝及機槍·迫砲·自動步槍等、俘匪二千餘、即解全縣治照、

【香港四日下午十一時發專電】白崇禧二日戌時電告、石塘方面之匪經我軍一日下午四時擊潰後、全線追擊、二日晨佔鹹水、殘匪向通梅·溪口竄逃、白崇禧二日下午三時赴興安部署追剿、此次與匪在興安·全縣境內作戰五日、斃匪千餘、俘一千餘、降五百餘、獲槍二千五百餘、

【長沙四日下午七時發專電】慈利一日電、二十八日進犯縣屬水口之匪約千餘、經朱指揮樹勛擊退、匪向·大庸回竄、又三日電稱、匪大部確於三十日由大庸分向桑植·永順兩方退竄、我軍剗正分路進剿、

49. 西窜残匪越过西延，贺龙窜扰桑植、永顺，1934 年 12 月 6 日第 3 版

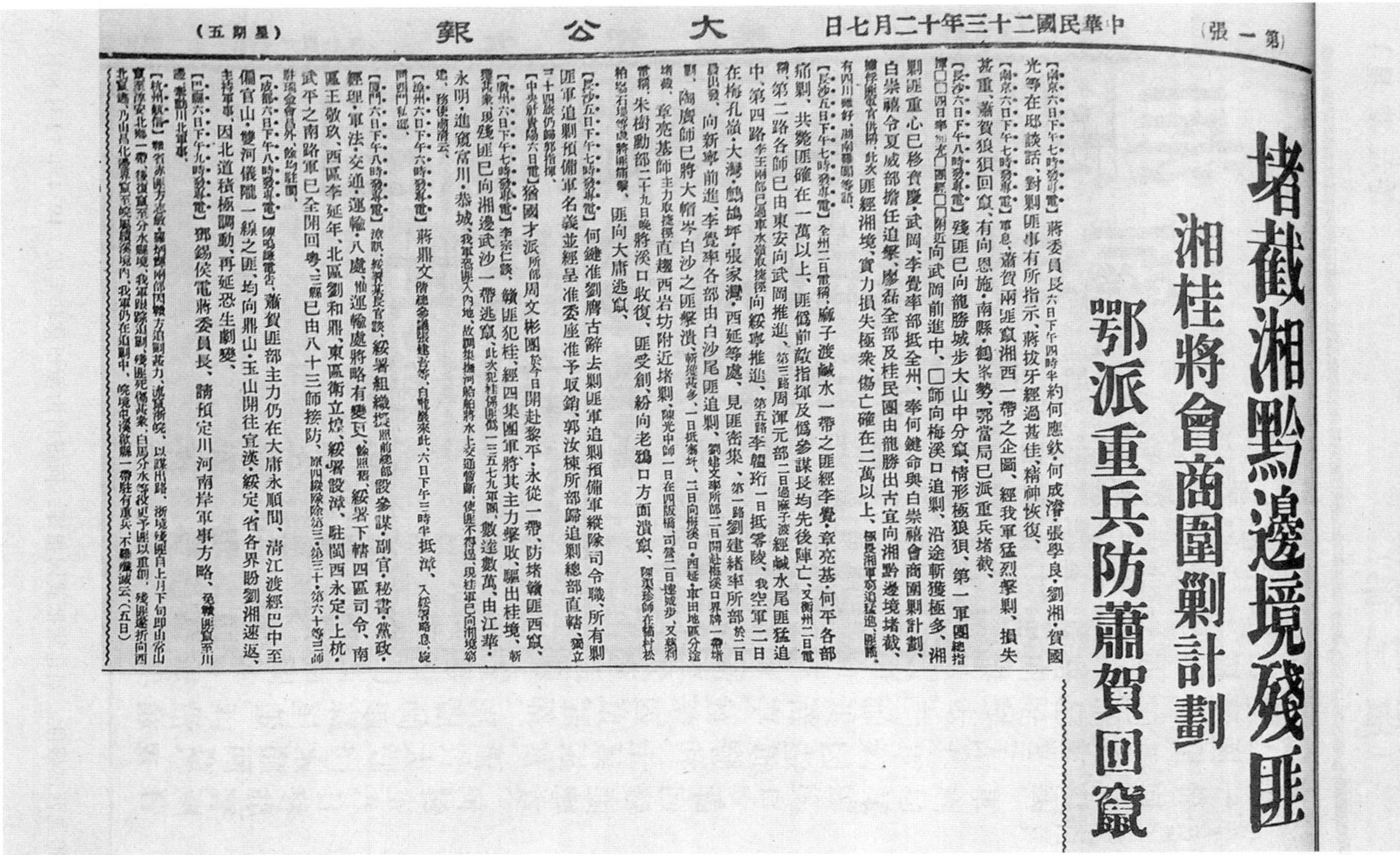
（第一張）　中華民國二十三年十二月七日　大公報　（星期五）

堵截湘黔邊境殘匪
湘桂將會商圍剿計劃
鄂派重兵防蕭賀回竄

【南京六日下午七時發專電】蔣委員長六日下午四時半約何應欽·何成濬·張學良·劉湘·賀國光等在邸談話、對剿匪事有所指示、蔣拔牙經過甚佳、精神恢復、

【南京六日下午七時發專電】軍息、蕭賀兩匪竄湘西一帶之企圖、經我軍猛烈擊剿、損失甚重、蕭賀狼狽回竄、有向恩施·南縣·鶴峯勢、鄂當局已派重兵堵截、

【長沙六日下午八時發專電】殘匪已向龍勝城步大山中分竄、情形極狼狽、第一軍團總指揮□□四日奉□令□圍經□□附近向武岡前進中、□師向梅溪口追剿、沿途斬獲極多、湘剿匪重心已移資慶·武岡、李覺率部抵全州、奉何鍵命與白崇禧會商圍剿計劃、白崇禧令夏威部擔任追擊、廖磊全部及桂民團由龍勝出古宜向湘黔邊境堵截、據俘匪供稱、此次匪經湘境、實力損失極衆、傷亡確在二萬以上、湘軍仍追猛進、匪將有四川雙好、湖南雞鳴等語、

【長沙五日下午七時發專電】全州二日電稱、麻子渡鹹水一帶之匪經李覺·章亮基·何平各部痛剿、共斃匪確在一萬以上、匪僞前敵指揮及僞參謀長均先後陣亡、又衡州二日電稱、第二路各師已由東安向武岡推進、第三路周渾元部二日過麻子渡經鹹水尾匪猛追中、第四路李王兩師已過車水嶺取捷徑向綏寧推進、第五路李韞珩一日抵零陵、我空軍二日在梅孔嶺·大灣·鴿鵠坪·張家灣·西延等處、見匪密集、第一路劉建緒率所部於二日晨出發、向新寧前進、李覺率各部由白沙尾匪追剿、劉建文率所部二日開赴梅溪口界牌一帶堵剿、陶廣師已將大帽岑白沙之匪擊潰、斬獲甚多、一日抵黃坪、二日向梅溪口·西延·車田地區分途堵截、章亮基師主力取捷徑直趨西岩坊附近堵剿、陳光中師一日在四版橋、司營二日達城步、又蔡秉電稱、朱樹勳部二十九日晚將溪口收復、匪受創、紛向老鴉口方面潰竄、陳渠珍師在貓村松柏坳石壩等處將匪痛擊、匪向大庸逃竄、

【長沙五日下午七時發專電】何鍵准劉膺古辭去剿匪軍追剿預備軍縱隊司令職、所有剿匪軍追剿預備軍名義並經呈准委座准予取銷、郭汝棟所部歸追剿總部直轄、獨立三十四旅仍歸郭指揮、

【中央社貴陽六日電】猶國才派所部周文彬團於今日開赴黎平·永從一帶、防堵贛匪西竄、

【廣州六日下午七時發專電】李宗仁談、贛匪犯桂、經四集團軍將其主力擊敗、驅出桂境、斬獲其衆、現殘匪已向湘邊武沙一帶逃竄、此次犯桂保匪僞一三五七九軍團、數達數萬、由江華·永明·進窺富川·恭城、我軍恐匪入內地、故調集撫河船將水上交通皆斷、使匪不得逞、現桂軍已向湘境窮追、務使肅清云、

【梧州六日下午六時發專電】蔣鼎文偕總參議張建吉等、自韓莊來此、六日下午三時半抵漳、入綏署略息、旋開四門私邸、

【廈門六日下午八時發專電】漳訊、綏署某長官談、綏署組織擬照前總部設參謀·副官·秘書·黨政·經理·軍法·交通·運輸·八處、惟運輸處將略有變更、餘照舊、綏署下轄四區司令、南區王敬玖、西區李延年、北區劉和鼎、東區衛立煌、綏署設漳、駐閩西永定·上杭·武平之南路軍已全開回粵、三縣已由八十三師接防、原四縱隊除第三·第三十·第六十等三師尉頭會會員外、餘均駐閩、

【成都六日下午八時發專電】陳鳴謙電告、蕭賀匪部主力仍在大庸永順間、清江渡經巴中至儀官山·雙河儀隴一線之匪、均向鼎山·玉山開往宣漢·綏定、省各界盼劉湘速返、主持軍事、因北道積極調動、再延恐生劇變、

【巴縣六日下午九時發專電】鄧錫侯電蔣委員長、請預定川河南岸軍事方略、免贛匪竄至川邊、聯動川北軍事、

【杭州航信】贛省赤匪方志敏·尋淮洲兩部因贛方追剿甚力、流竄浙皖、以謀出路、浙境殘匪自上月下旬即由常山竄至淳安北鄉一帶、後復竄至分水縣境、我軍跟蹤追剿、殘匪死傷甚衆、自馬分水等役更予匪以重創、殘匪遂折向西北竄逃、乃由昌化邊界竄至皖屬積溪境內、我軍仍在追剿中、皖境屯溪歙縣一帶駐有重兵、不難殲滅云、（五日）

50. 堵截湘黔边境残匪，湘桂将会商围剿计划，鄂派重兵防萧（克）、贺（龙）回窜，1934 年 12 月 7 日第 3 版

(第三版)　(星期六)

湘軍追剿西竄殘匪

劉建緒抵武岡指揮

何鍵將由衡州移駐寶慶

【南昌七日下午一時發專電】竄擾安福洋溪等處之匪三百餘人、擬佔領要隘、嗣經各保安隊進剿、與匪激戰竟日、卒被我軍擊潰、

【南昌七日下午五時發專電】困處吉安天河城一帶之僞十九師、迭被國軍十八師及各縣團隊痛擊、現復竄至十三景地方、我十九軍已派隊追擊、即可殲滅、

【長沙七日下午七時發專電】匪大部由西延西南苗兒山·土崗嶺向龍勝西竄、先頭竄抵兩渡橋附近、一部向城步方面竄走、軍隊正分途追剿、劉建緒已抵武岡、指揮猛攻桂邊殘匪、□師已到城步、□師抵新寧、截擊西竄匪部、陶廣師跟踪尾追、匪沿途傷亡極重、連日俘匪達三千以上、軍隊因迭獲勝利、士氣振奮、蕭賀大股向永順回竄、現大庸一帶尚有殘匪、軍隊已進駐溪口、即向殘匪總攻、何鍵定八日移駐寶慶督剿、前站人員已由衡州出發、

51. 湘军追剿西窜残匪，刘建绪抵武冈指挥，何键将由衡州移驻宝庆，1934 年 12 月 8 日第 3 版（残）

粵軍將全部復員

閩省積極辦理綏靖工作

湘桂軍協剿殘匪

【漳州八日下午九時發專電】蔣鼎文八日在綏署接見記者談、綏靖工作、首重與民休息、閩西閩北陷匪多年、尙有殘匪潛滋、當續行搜剿並辦理匪區復興、閩南土匪綁架勒贖、致華僑裹足、此後唯人民自由控訴、以便剿辦、民軍經省府收編後、仍時有叛逃、此後決從寬大、使之自新、如仍怙惡、決予剿滅、封鎖決撤銷、日內實行、四綏靖區司令部已成立、各區所轄部隊年底可調防完竣、閩西武平上杭永定粵軍悉數回粵、已派隊接防云、

【香港八日下午十一時發專電】陳濟棠擬十五日召開綏靖會議、討論綏署調遣防軍及綏靖問題、已電令各軍師長來省與會、

【南昌七日下午五時發專電】贛剿匪勝利、省各界即建築剿匪紀念館、已呈中央、並設傷病兵工廠、

【中央社貴陽七日電】蕭克匪部獨立第五師長王公澤被生擒、

【廈門八日下午九時發專電】蕭乾八日過廈經泉回省談、綏署成立、閩南剿匪司令決撤銷、過廈時已令結束、

【中央社長沙八日電】何鍵八日午由衡州乘專車返省、追剿總部全部移寶慶、各部隊均已到達目的地、即日開始向匪區進剿、何定九日赴寶督剿、

【杭州八日下午六時發專電】贛殘匪此次擾浙、交通稍受影響、杭州至建德以上公路當時略有阻碍、杭州至徽州亦被波及、現匪已竄皖境、杭桐路交通於六日恢復、杭徽路因潁口站以上有三木橋爲匪所毀、在修理中、故暫通至潁口、浙省府派六區專員王人望往淳安等縣撫慰被匪擾害民衆、並各飭縣辦理善後、

52. 粤军将全部复员，闽省积极办理绥靖工作，湘桂军协剿残匪，1934 年 12 月 9 日第 3 版（残）

匪沿桂北續向西竄

湘追剿總部移寶慶

大軍雲集湘西蕭賀竄鄂邊

【長沙九日下午四時發專電】贛匪現沿桂北西竄、我追剿軍已移轉陣線、向新寧城步綏寧方面堵剿、何鍵爲便利指揮起見、擬日內將追剿總部由衡州移寶慶、規劃一切、

【長沙九日下午六時發專電】匪實力已銷滅三分之一、陳渠珍已由鳳凰山赴前線督剿賀匪、總部電陳濟棠李宗仁、謂僞一三五軍團被我擊潰後、林彭董匪首、率衆沿興全北竄、桂東全北已無匪踪、

【長沙九日下午七時發專電】何鍵因省方軍政要務、亟待處理、特先返省一行、八日下午二時由衡抵省、赴寶慶期擬在兩三天後、寶慶行轅、刻正佈置中、常德桃源沅陵連日大軍雲集、澧州至常德一帶、自羅啓疆旅開到、防務更固、民心安定、

【長沙九日下午四時發專電】常德電稱、常澧各縣防務、自羅啓疆旅部隊到達佈防後、民心安定、防地鞏固、桃源沅陵連日開到□□部隊、軍團雲集、安謐如常、賀蕭匪股、悉竄桑植大庸永順及鄂邊一帶、情形極爲狼狽、

【香港九日下午十時發專電】白崇禧七日由興安啓程返邕、追剿事宜交廖磊負責、刻我□□部正會同□□部向匪地進剿、

【成都九日下午六時發專電】五路軍以所部防線延長至千餘里、特令前線各部隊、指派參謀、在南□總部集合、組織參謀考察團、馳赴各地考察敵情及工事交通衞生經理運輸各項、

【南昌八日下午六時發專電】贛西南各地小股匪、近圖牽掣我追剿之師、僞一三四五獨立團、槍二千枝、人數倍之、由永新北竄、據蓮花萍鄉等縣交界一帶、國軍□□師及各縣團隊、集結兵力猛攻、股匪乃化整爲零、散竄武功山、不難肅清、

【漳州九日下午九時發專電】綏靖署組織條例頒到、主任下設參謀長及預備軍總指揮各一員、又設八處主任、共謀權責處辦殘匪、完成交通、

53. 匪沿桂北续向西窜，湘追剿总部移宝庆，大军云集湘西，萧（克）、贺（龙）窜鄂边，1934 年 12 月 10 日第 3 版（残）

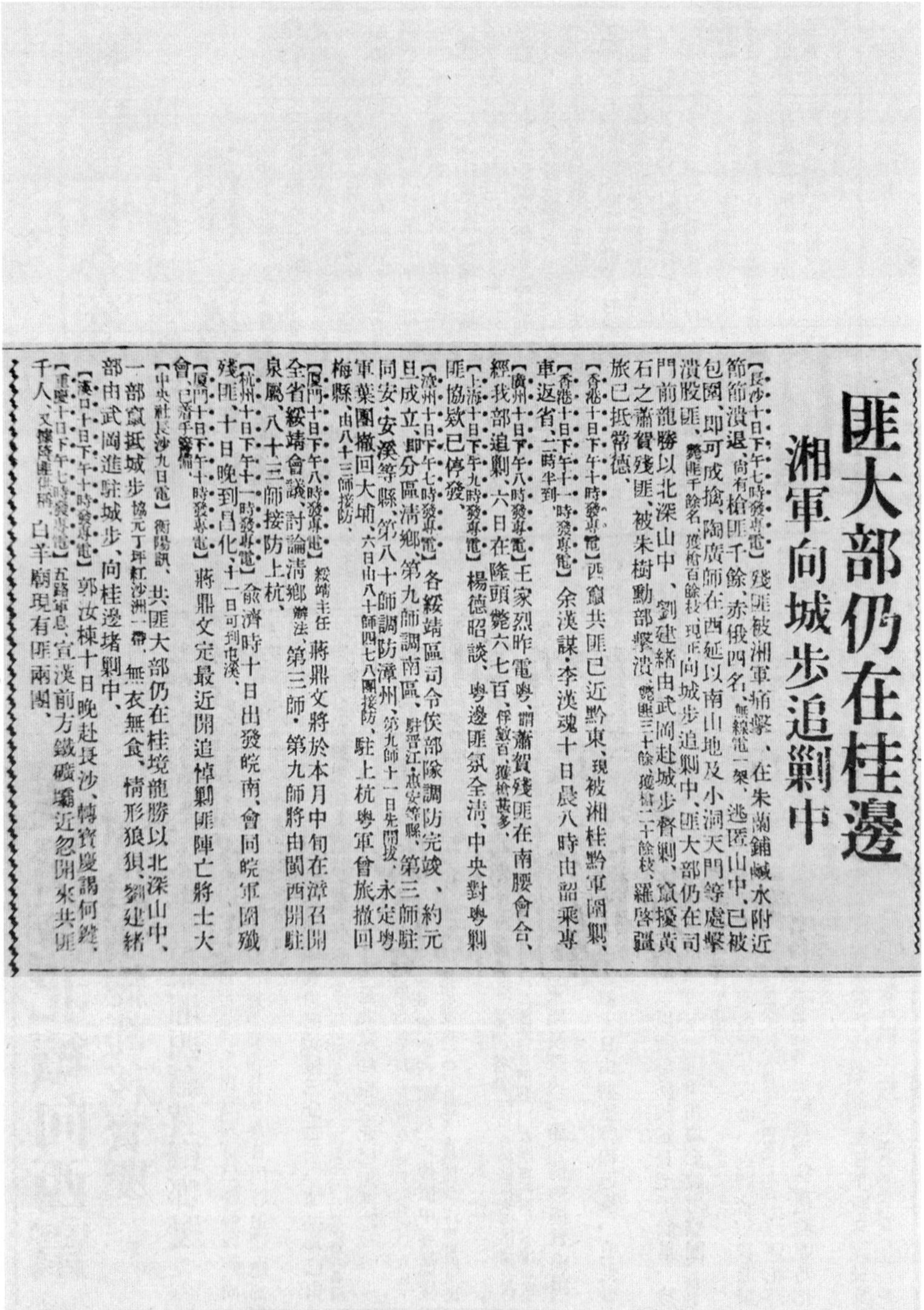

匪大部仍在桂邊
湘軍向城步追剿中

【長沙十日下午七時發專電】殘匪被湘軍痛擊、在朱蘭鋪鹹水附近節節潰退、尚有槍匪千餘、赤俄四名、無線電一架、逃匿山中、已被包圍、即可成擒、陶廣師在西延以南山地及小洞天門等處擊潰股匪、斃匪千餘名、獲槍百餘枝、現正向城步追剿中、匪大部仍在司門前龍勝以北深山中、劉建緒由武岡赴城步督剿、竄擾黃石之蕭賀殘匪、被朱樹勳部擊潰、斃匪三十餘、獲槍二十餘枝、羅啓疆旅已抵常德、

【香港十日下午十時發專電】西竄共匪已近黔東、現被湘桂黔軍圍剿、

【香港十日下午十一時發專電】余漢謀·李漢魂十日晨八時由韶乘專車返省、二時半到、

【廣州十日下午八時發專電】王家烈昨電粵、謂蕭賀殘匪在南腰會合、經我部追剿、六日在隆頭斃六七百、俘數百、獲槍甚多、

【上海十日下午九時發專電】楊德昭談、粵邊匪氛全清、中央對粵剿匪協款已停發、

【漳州十日下午七時發專電】各綏靖區司令俟部隊調防完竣、約元旦成立、即分區清鄉、第九師調南區、駐晉江·惠安等縣、第三師駐同安·安溪等縣、第八十師調防漳州、第九師十一日先開拔、永定粵軍葉團撤回大埔、六日由八十師四七八團接防、駐上杭粵軍曾旅撤回梅縣、由八十三師接防、

【厦門十日下午八時發專電】綏靖主任蔣鼎文將於本月中旬在漳召開全省綏靖會議、討論清鄉辦法、第三師·第九師將由閩西開駐泉屬、八十三師接防上杭、

【杭州十日下午十一時發專電】俞濟時十日出發皖南、會同皖軍圍殲殘匪、十日晚到昌化、十一日可到屯溪、

【厦門十日下午十時發專電】蔣鼎文定最近開追悼剿匪陣亡將士大會、已着手籌備、

【中央社長沙九日電】衡陽訊、共匪大部仍在桂境龍勝以北深山中、一部竄抵城步協元丁坪紅沙洲一帶、無衣無食、情形狼狽、劉建緒部由武岡進駐城步、向桂邊堵剿中、

【漢口十日下午十時發專電】郭汝棟十日晚赴長沙、轉賓慶謁何鍵、

【重慶十日下午七時發專電】五路軍息、宣漢前方鐵礦壩近忽開來共匪千人、又據降匪供稱、白羊廟現有匪兩團、

54. 匪大部仍在桂边，湘军向城步追剿中，1934 年 12 月 11 日第 3 版

追剿總部移寶慶

何鍵報告殘匪尚有五六萬

蔣昨約晤張何等 在軍校有所指示

【長沙十一日下午九時發專電】軍息、匪主力尚在龍勝東北越城嶺金坑一帶、一部由距城步三十里之江沙洲、向長安營方面西竄、東山後附近潰留殘匪千餘、向四關同竄、我軍正分別堵追、不難殲滅、我軍十一日在城步西南橫水寨以下大山、發現匪二三千人、擊斃甚多、追剿總部十一日由衡州開保慶、蕭賀匪七日二次犯辰州、戰事極烈、適顧旅由古丈進至距辰城三十里之處、匪恐遭夾擊、趁大霧中潰走、我軍分兩路向長安山尾追、羅啓疆旅已推進桃源、

【南京十一日下午七時發專電】十一日晚八時蔣約張學良・何應欽・何成濬等各高級將領在軍校訓示一切、

【長沙十日下午八時發專電】追剿總部定十一日由衡移駐寶慶督剿、又據報賀匪大部尚在大庸、蕭匪主力仍在城西之丁安塘一帶、

【長沙十日下午八時發專電】何鍵十日在紀念週席上報告剿匪經過情形、謂贛匪入湘南時、號稱十萬、經迭次截擊、所餘尚有五六萬、未能完全將其殲滅、不無遺憾、殘匪現竄抵桂境龍勝以北、及湘境城步・綏寧・通道以南一帶地區、我湘桂大軍正在聯絡追剿、並電黔省派軍堵截、一面組織民衆、實行堅壁清野、使匪無所掠奪、不攻自滅、湘南方面散匪尚多、已令李師長覺積極督率所部從事搜剿、並辦理清鄉善後、以安閭閻、

【中央社貴陽十日電】此間接洪江電、中央軍薛岳部向洪江武岡推進、李覺部到洪江、贛匪在千家寺被擊潰、聞槍聲即逃、狀極狼狽、殘匪三萬餘人、有由古宜出通道竄黔勢云、

【中央社福州十日電】寧化經五十二師收復後、清查人口、女多於男三倍、匪竄退時、將男丁脅走、不從者即被殺、十歲以上孩童均被搜殺殆盡、現滿城屍臭、到處啼聲、五十二師政訓處赶辦善後、招撫難民、回鄉歸來日數百人、盧興榮捐俸購鹽散賑、並收埋四野殘骸、短時期內可復舊觀、

【漳州十一日下午八時發專電】第十一綏靖區轄域劃定閩中閩南思明・晉江・龍溪・永春・莆田・永泰・大田・尤溪・仙遊・沙縣・長樂・平潭・福清等二十七縣、司令李延年十一日自汀率第九師出發、經漳轉泉設立司令部、

【漢口十一日下午七時發專電】僞二十八・二十五軍之殘部只剩五百餘、因上官雲相部嚴追、已竄至雒南、何成濬電楊虎城蕭之楚派部堵剿、上官雲相司令部進駐靈寶、即可殲滅殘匪、

【重慶十一日上午十時發專電】田頌堯劃南部・閬中・西充・鹽亭四縣爲第一戒嚴區、以陳鸞東爲戒嚴司令、胡宗南派代表到廣元商洽聯防問題、又王三春方廂子殘匪二千餘人近由萬源方面竄入巫溪、川軍前在秀(山)邊擒獲之僞師長王光澤、已由龍潭起解來渝、

55. 追剿总部移宝庆，何键报告残匪尚有五六万，蒋（介石）昨约晤张（学良）、何（应钦）等，在军校有所指示，1934 年 12 月 12 日第 3 版

西竄殘匪迫近黔邊
徐海東部竄陝企圖入川

【長沙十三日下午六時發專電】殘匪主力由龍勝以北紛向廣南・平郎方面西竄，其一部在蓬洞被劉建緒旅痛擊，向長安營・岩寨・老寨潰退，……劉建緒率部推進綏寧督剿，並令□師向通道堵擊，□師亦向西急進中。

【長沙十三日下午七時發專電】郭汝棟軍已陸續開抵湘西剿匪，郭本人於十二日晚由鄂乘車抵省，俟謁何鍵承商一切後，即轉赴常德督剿。

【中央社長沙十三日電】賀蕭兩匪……進犯，……痛擊，匪已潰退。

【長沙十三日下午七時發專電】……馮匪冠雄自稱湘西剿匪司令，潛伏桃源風觀音寺，……圖謀不軌，……劉運乾司令比派余營前往剿辦，拿獲僞司令馮冠雄・僞營長某・及匪部官兵二十餘人，……

【西安十三日下午三時發專電】……由豫西竄陝邊維鳳雞頭關，被四十二師擊潰，十二日……

……竄老君峪一帶，……

【漢口十三日下午十時發專電】總部公佈，據投誠僞主任供，豫鄂皖邊區殘匪上月在吳家灣開會，因黨派紛歧，發生內訌，互相殘殺，……

【中央社香港十三日電】省訊，陳濟棠・李宗仁擬明年元旦分令一二縱隊，限十五日結束完竣，……

【漳州十三日下午九時發專電】……綏靖會議……各司令部元旦成立，……預備軍總指揮決由衛立煌兼任，……

【中央社重慶十三日電】營山散匪十一日晨向三匯山祥市場一帶進犯，被我軍擊潰，……

【廣州十二日公電】陳濟棠通電云，……

【中央社贛州十三日電】保安十四團……搜剿廻龍猪子岩餘匪，生擒僞蘇主席等五名，……閩西上杭・武平・永定等處散匪已漸肅清，……

桂林行營報告戰況

【桂林十一日公電】……

匪擾皖南 旌德失陷

……旌德縣城於六日夜被匪攻陷，縣長不知下落，全境……

56. 西窜残匪迫近黔边，徐海东部窜陕企图入川，1934 年 12 月 14 日第 3 版

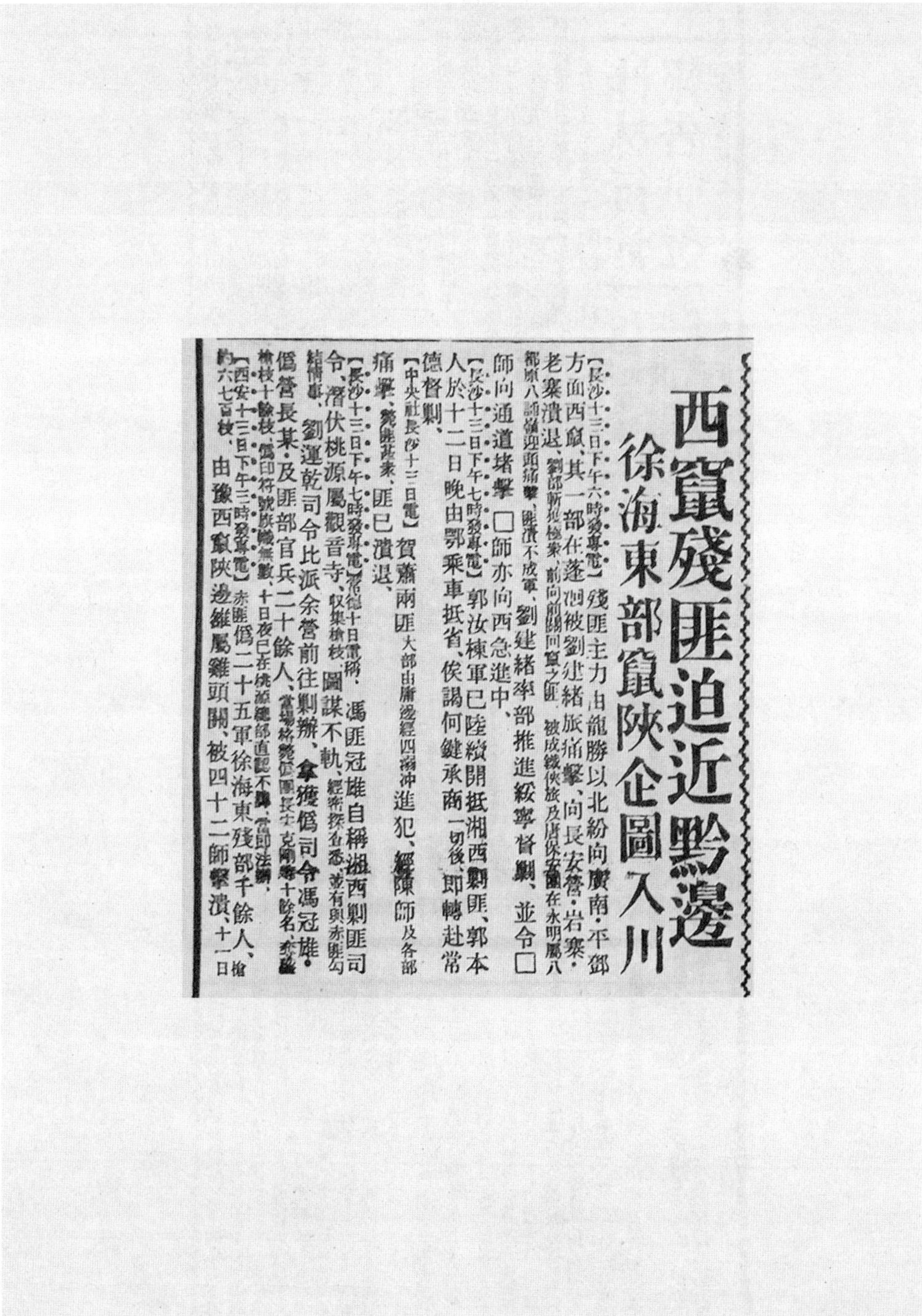

西竄殘匪迫近黔邊

徐海東部竄陝企圖入川

【長沙十三日下午六時發專電】殘匪主力由龍勝以北紛向廣南·平鄧方面西竄、其一部在蓬洞被劉建緒旅痛擊、向長安營·岩寨·老寨潰退、劉部新投極東、前向前錫同竄之匪、被成鐵俠旅及唐保安團在永明屬八都廣八語嶺迎頭痛擊、匪潰不成軍、劉建緒率部推進綏寧督剿、並令□師向通道堵擊□師亦向西急進中、

【長沙十三日下午七時發專電】郭汝棟軍已陸續開抵湘西剿匪、郭本人於十二日晚由鄂乘車抵省、俟謁何鍵承商一切後、即轉赴常德督剿、

【中央社長沙十三日電】賀蕭兩匪大部由庸邊經四溪沖進犯、經陳師及各部痛擊、殘匪甚衆、匪已潰退、

【長沙十三日下午七時發專電】沅陵十日電稱、馮匪冠雄自稱湘西剿匪司令、潛伏桃源屬觀音寺、收集槍枝、圖謀不軌、經密探查悉、並有與赤匪勾結情事、劉運乾司令比派余營前往剿辦、拿獲僞司令馮冠雄·僞營長某·及匪部官兵二十餘人、當場格斃僞團長宋克明等十餘名、奪獲槍枝十餘枝、僞印符號旗幟無數、十日夜已在桃源總部直認不諱、當即法辦、

【西安十三日下午三時發專電】赤匪僞二十五軍徐海東殘部千餘人、槍約六七百枝、由豫西竄陝邊雒屬雞頭關、被四十二師擊潰、十一日

（局部图 1）

竄老君峪一帶，朗匪有經山陽入川北企圖，綏署已派勁旅堵剿，

【漢口十三日下午十時發專電】總部公佈，據投誠偽主任供，豫鄂皖邊區殘匪上月在吳家灣開會，因黨派紛歧，發生內訌，互相殘殺，偽一路游擊師長朱世生、游擊總部政治主任吳廣道、保衛局長曾朝陽、二十八軍長江求勝、政治主任吳保才等匪首均被殺，匪心渙散，咸欲投誠，

【中央社香港十三日電】省訊，陳濟棠李宗仁擬明年元旦分別在廣州、南寧就粵桂綏靖主任職，又陳濟棠十三日分令一二縱隊，限十五日結束完竣，余漢謀李揚敬當分飭參謀處整辦，

【漳州十三日下午九時發專電】趙南十三日自漳飛省，就省保安副處長，綏靖會議將俟各司令部元旦成立後召集，預備軍總指揮決由衛立煌兼任，

【中央社重慶十三日電】營山散匪十一日晨向三僊山捽市場一帶進犯，被我軍擊潰，傷亡頗衆，

【廣州十二日公電】陳濟棠通電云、贛粵閩湘鄂剿匪軍南路總司令部業經奉令裁撤，遵於十二月五日結束，除分行外，謹電奉聞，陳濟棠叩陽（七日）印，

【中央社贛州十三日電】保安十四團會紹裘部搜剿廻龍猪子岩餘匪，發現殘留之偽遊擊隊二十餘，經完全撲滅，生擒偽蘇主席等五名，並偽秘書等十餘，水口羊斗里赤告平靖，閩西上杭·武平·永定等處散匪已漸肅清，

桂林行營報告戰況

【桂林十一日公電】（甲）頃據邕司令蔡十日電如下、（一）龍勝屬河口（石村東北方）之匪、本月十日被我譚師截為兩段，斬獲甚多，晚七時已竄過獨境之匪千餘人、復回至石村反攻、被我顧團潰擊，（二）據俘匪供稱、當面之匪係偽三軍團彭德懷所部，其先頭之一師已通過河口、餘五團尚未通過，故由獨境來援，（三）據報，今晨長安堡之匪有向通道縣平等之下鄉竄去，廣南之匪向下林洗寶，殘匪主力似在長安營平鄧下鄉木路之間，經石村潰南之匪，乃其左側衛，經我迭次截擊，已潰不成軍，（乙）接夏司令威十日酉皮兩電如下：（一）黃師九日上午五時在江底與匪接觸，頗有斬獲，匪向老猫頭黃蘚洗寶，十日向河口（龍勝東北約二十餘里）轉進，與匪遭遇激戰，俘匪三百餘，獲槍三百餘枝，輕機槍五挺，據土人云，此路匪係偽五軍團五師及九軍團，已入湘境，（二）據俘匪少年團供稱，朱毛親率一三兩軍團經兩渡橋向龍勝前進，五八九各軍團已潰散，匪軍戰鬥員及槍枝現存不過萬餘，匪軍師以上有無線電，已在界首附近被我軍飛機炸燬兩架，（三）據被匪拉去逃回之工人報稱，匪確有由通道竄黔之企圖各等語，第四軍團總司令桂林行營參謀處寅（十一日），

匪擾皖南旌德失陷

【安慶通信】此間日前盛傳浙邊有大股匪徒竄入皖之績溪縣境，勢甚猖獗，惟詢之官場，則云地方安謐，並無股匪竄入，不料旅省旌德同鄉會頃據蕪湖急電，謂旌德縣城（按旌德縣城南距績溪七十里，北距蕪湖二百八十里）於本月六日失陷，原電云，『安慶江足坪·李維強·譚詠南·呂蟠溪·江世鄉·汪[illegible]·汪[illegible]諸鄉先生，旅省諸同鄉均鑒，頃據確息，我旌德縣城於六日夜被匪（按該匪係由浙邊竄安昌化間竄入皖境）攻陷，縣長不知下落，全境糜爛，除已電呈南昌行營及省政府，迅派勁旅前往清剿外，務乞諸公本維護桑梓之懷，就近推派代表，向省府請願，以救危亡，不勝盼禱之至，旌德旅蕪同鄉會叩，』（九日）

【平訊】中國內地會傳教士美人史坦夫婦之三月幼子在皖南旌德地方被共匪擄去，既今杳無消息，北平美使館，昨奉美國務部十二日訓令，命飭駐京總領事伯[illegible]向國民政府提出照會，請速加營救，

（局部图 2）

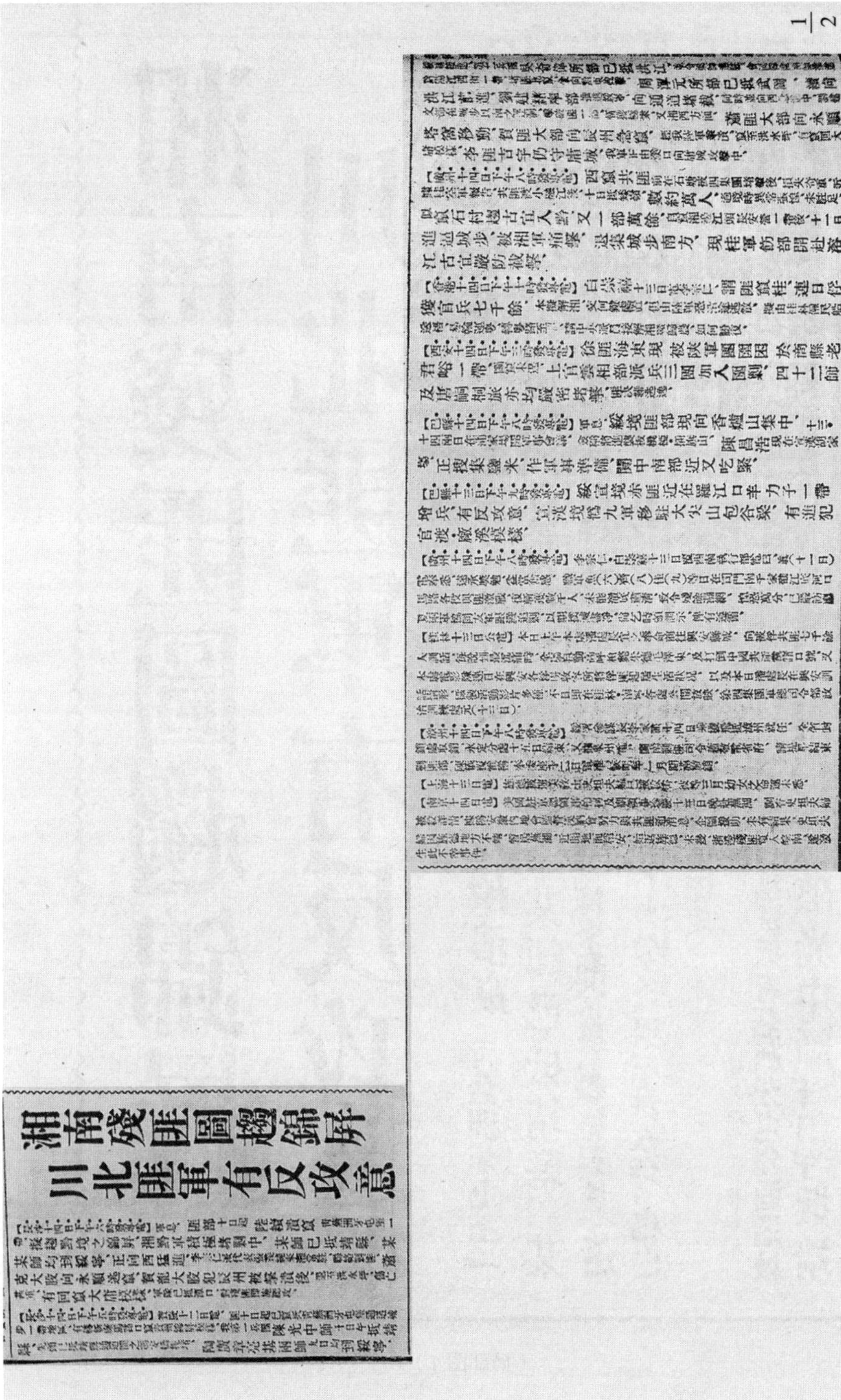

湘南殘匪圖趨錦屏
川北匪軍有反攻意

57. 湘南残匪图趋锦屏，川北匪军有反攻意，1934 年 12 月 15 日第 3 版

湘南殘匪圖趨錦屏 川北匪軍有反攻意

【長沙十四日下午六時發專電】軍息、匪部十日起陸續潰竄菁蕪洲牙屯堡一帶、擬趨黔境之錦屏、湘黔軍積極堵剿中、某師已抵靖縣、某師均到綏寧、正向西猛進、李宗仁派代表張[illegible]來湘[illegible]、聯絡剿匪、蕭克大股向永順逃竄、賀龍大股犯辰州被擊潰後、退至洪水坪、傷亡甚重、有回竄大庸模樣、軍隊已抵澧口、對殘匪即施總攻、

【長沙十四日下午五時發專電】衡陽十二日電、匪十日起已竄抵菁蕪洲牙屯堡通道境步一帶地區、有轉竄綏寧路口竄貴州錦屏模樣、我第一兵團陳光中師十日午抵靖縣、先頭已抵錦屏通道間之[illegible]安橋堵擊、陶廣章亮基兩師九日均到綏寧、

（局部图 1）

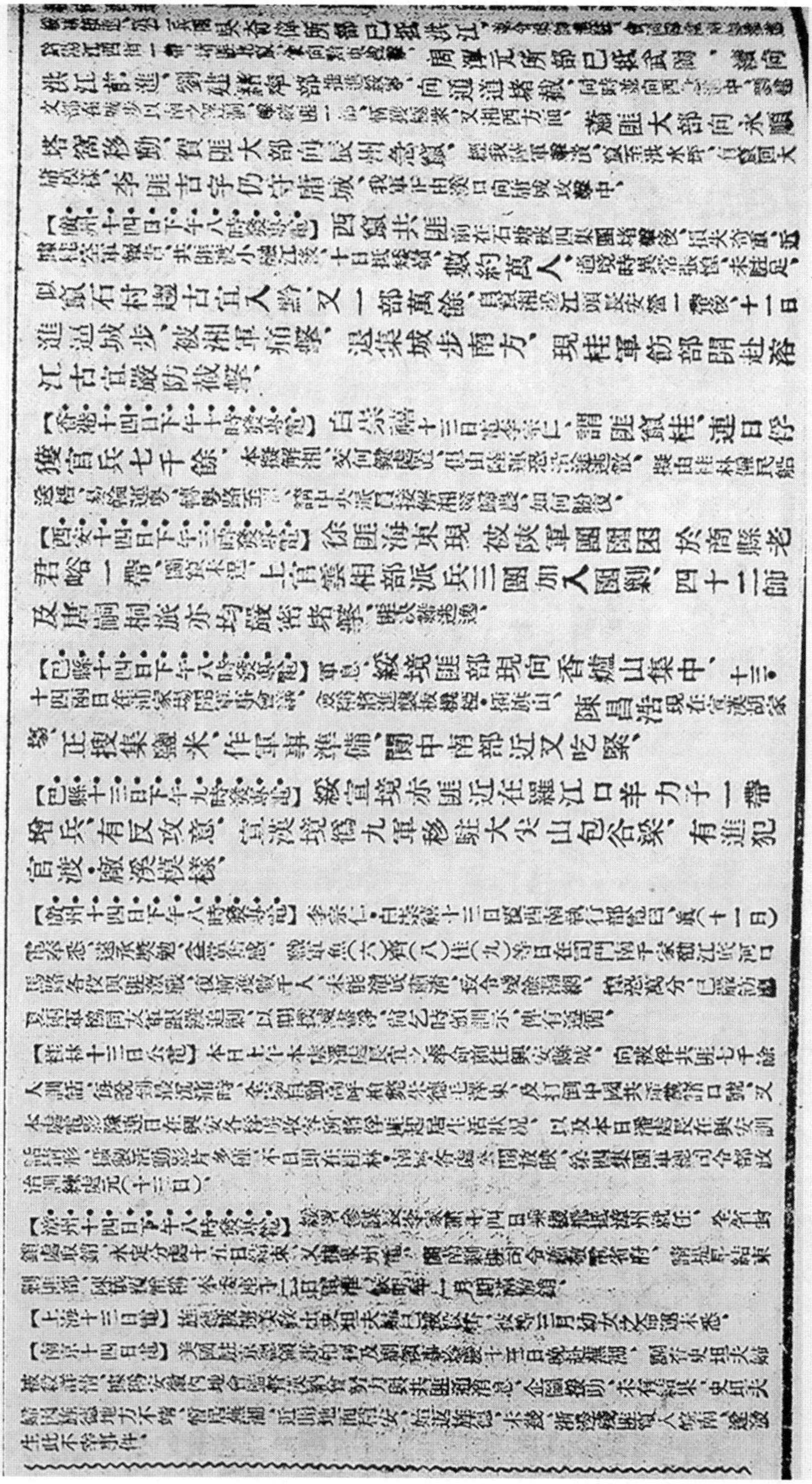

（局部图2）

大公報
第三版
全會決議移送執行
王寵惠電京陳述團結原則
黔邊浙緊張黔軍大舉動員
湘南戰況
何鍵報告
剿匪軍事一大關鍵
湘西方面大軍雲集

58. 全会决议移送执行，王宠惠电京陈述团结原则，黔边浙紧张黔军大举动员，1934 年 12 月 16 日第 3 版（残）

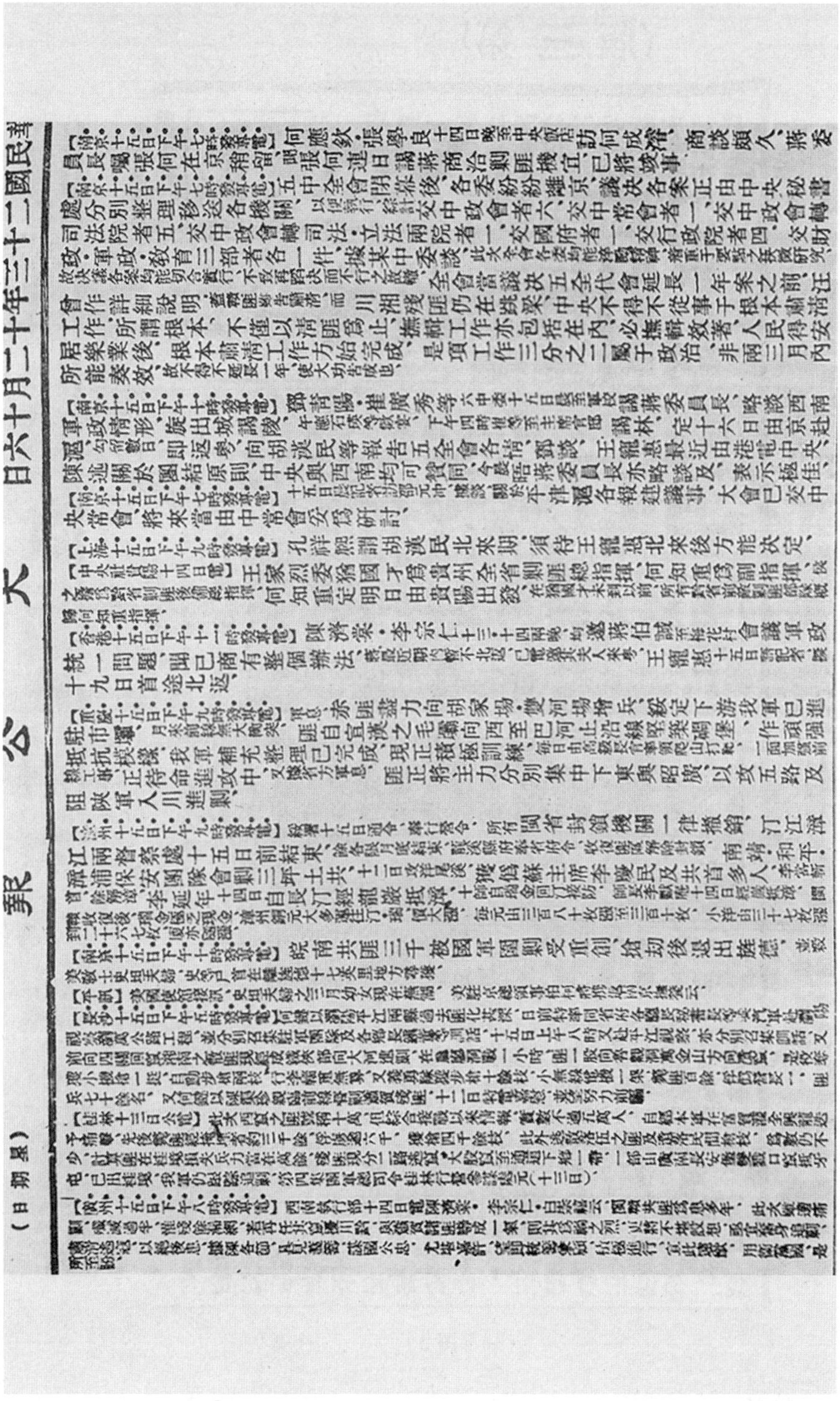

（局部图 1）

（第三版）

所至盼、

剿匪軍事一大關鍵

【南京通信】蔣委員長于剿清江西共匪之後、在其『慶祝剿匪勝利之意義』一文中、流露十分謙抑的襟懷、而在此共匪竄擾湘桂邊境的時候、他連日晚間都邀何應欽・張學良・何成濬・顧祝同等各高級將領、到軍校去聽訓、他要在拔治牙病的中間、依然時時刻刻忘不了剿滅共匪、安定國家的宏願、軍事領袖的苦幹精神、恐怕誰也趕不上的、

從江西竄出的朱毛殘部、現在已越過湘南、由桂境偷渡湘江、而竄湘西、有入黔川的企圖、該匪在大軍層層包圍之中、雖然很受損失、還是被他竄去、共經過的情形、很有一段不愉快的事實、據昨日從衡陽回京的友人談稱、匪竄出江西之前、汝城・宜章一帶、本劃爲粵軍防地、而粵軍不守、何鍵得匪竄出之報、立調某團馳赴汝城、到城不過兩小時、匪部亦到、遂即接觸、終究因爲兵力不厚、沒有能够堵住、後來王東原陶廣等部、又在宜章下灘等處與匪激戰、下灘一役、王東原師打得很厲害、殘匪僅千餘支、還有李雲杰一師和薛岳吳奇偉各部作戰均努力、當時統計中央軍與湘軍追剿實力、在十萬以上、何鍵追剿的策略、本來一方面扼守湘江、使不得偷渡、一方面希望桂軍固守桂邊、想把共匪一網打盡、上月底有殘匪萬餘人、曾一度攻打龍虎關、在全州的白崇禧因爲策略關係、把全州永安關各軍、悉數撤到龍虎關後面、殘匪當時的策略、是聲東擊西、曉得桂邊駐有重兵、不易竄過去、就虛張聲勢、彷彿是要向平樂恭城進襲的模樣、好叫桂軍回顧後方、他可乘隙逃竄、當白下令撤回全州及黃沙河部隊時、曾電何鍵請速派軍接防、何是夜調一師人到全州、時則匪如漏網之魚、已急從永安關入桂境、取道全州興安之間、選出西延、偷渡湘江、大部均已過去（請參閱另條何鍵通電）、何得此報、連忙改變策略、令薛岳等部分佈城步・新寧・武岡・綏寧・通道等處、主力軍則從洪江、由劉建緒指揮、追擊總部也移到寶慶、匪越過湘江、仍入湘西境界、企圖竄黔、非經過城步等處不可、故何鍵仍擬在此等地方、再施堵截、至於匪部逃川之人數、段

（局部图 2）

（局部图 3）

大公報　中華民國二十三年十二月十七日

殘匪大部竄入黔境

黔東情勢緊張何知重部出動

中央軍兩師抵洪江堵匪回竄

59. 残匪大部窜入黔境，黔东情势紧张何知重部出动，中央军两师抵洪江堵匪回窜，1934 年 12 月 17 日第 3 版（残）

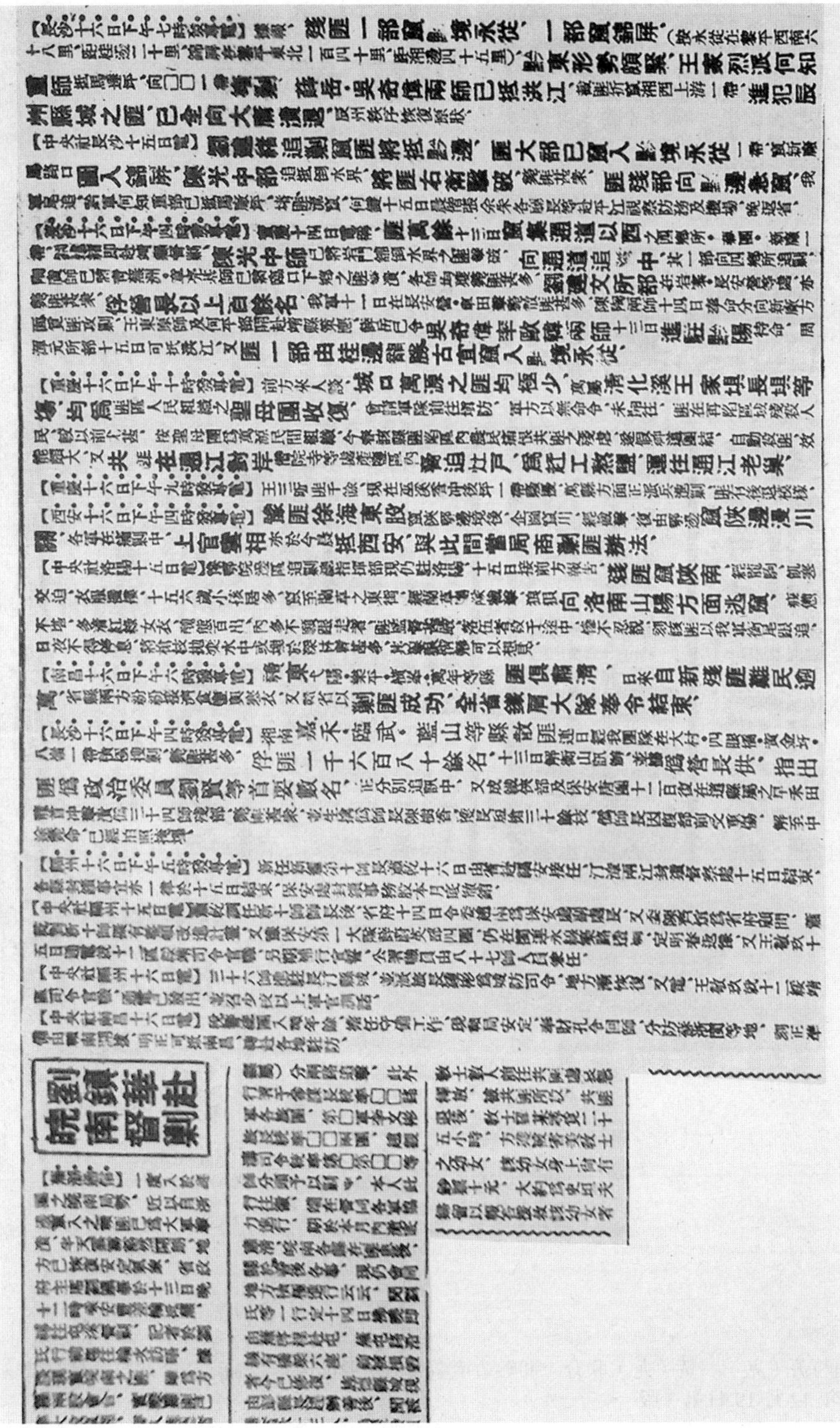

【長沙十六日下午七時發專電】據報，殘匪一部竄……

【中央社長沙十五日電】……

劉鎮華赴皖南督剿

（局部图）

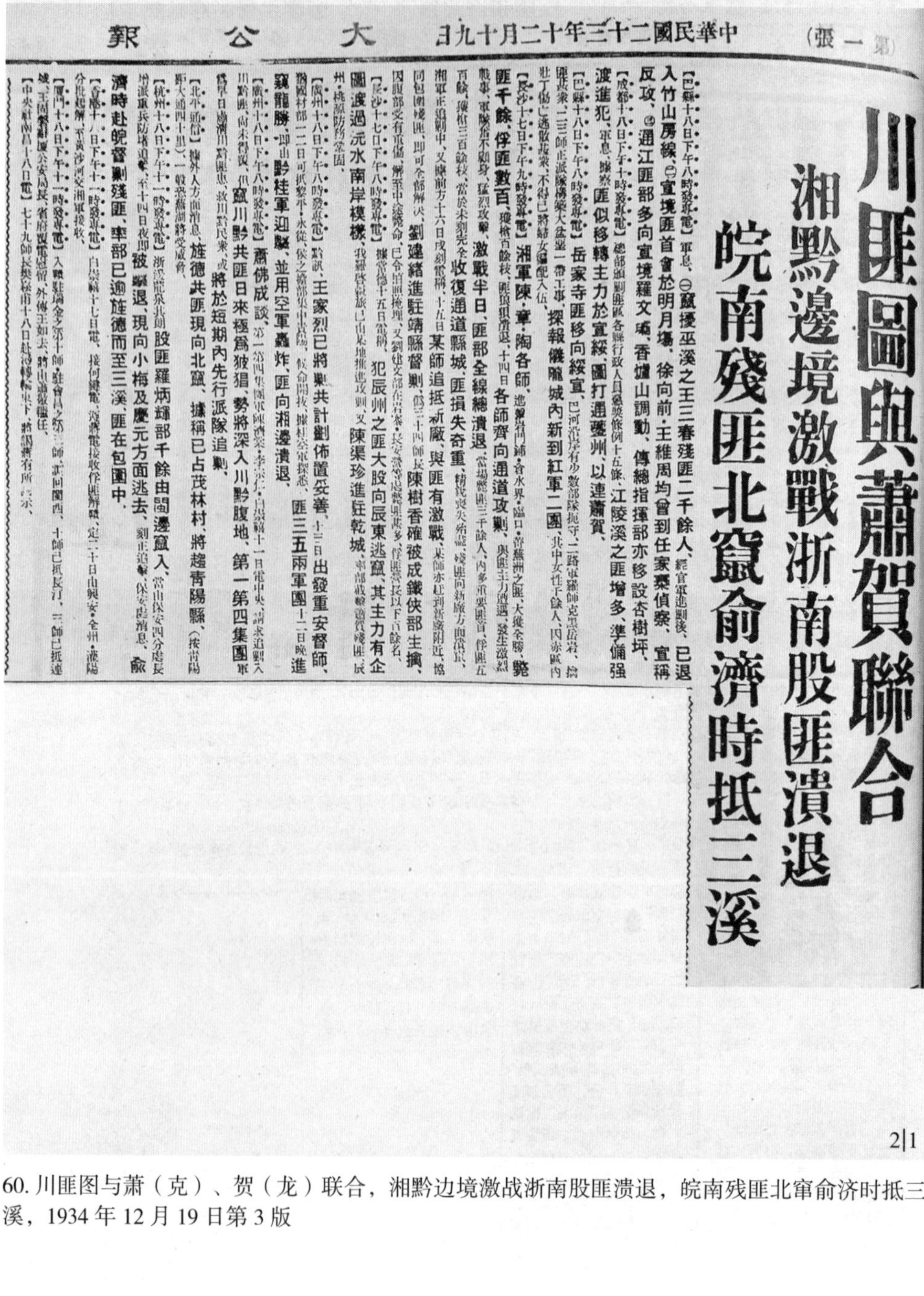

大公報 中華民國二十三年十二月十九日 （第一張）

川匪圖與蕭賀聯合
湘黔邊境激戰浙南股匪潰退
皖南殘匪北竄俞濟時抵三溪

【巴縣十八日下午八時發專電】軍息、㈠竄擾巫溪之王三春殘匪二千餘人、經官軍進剿後、已退入竹山房線、㈡宣境匪首會於明月場、徐向前·王維周均曾到任家寨偵察、宣稱反攻、㈢通江匪部多向宣境羅文壩、香爐山調動、傳總指揮部亦移設杏樹坪、

【成都十八日下午十時發專電】總部頒剿匪區各縣行政人員獎懲條例十五條、江陵溪之匪增多、準備強渡進犯、軍息、據然匪似移轉主力於宣綏、圖打通夔州、以連蕭賀、

【巴縣十八日下午八時發專電】岳家寺匪移向綏宣、巴河沿岸有少數部隊扼守、二路軍羅師克黑岩岩、搶匪甚衆、二三師正派隊構築大盆溼一帶工事、探報儀隴城內新到紅軍二團、其中女性千餘人、因赤區內壯丁傷亡逃散甚衆、不得已將婦女編配入伍、

【長沙十七日下午九時發專電】湘軍陳·章·陶各師、進剿岩門鋪·齊水界·臨口·普蕪洲之匪、大獲全勝、斃匪千餘、俘匪數百、獲槍百餘枝、匪狼狽潰退、十四日各師齊向通道攻剿、與匪主力遭遇、發生激烈戰事、軍隊倍不顧身、猛烈攻擊、激戰半日、匪部全線總潰退、當場斃匪三千餘人、內多重要匪首、俘匪五百餘、獲槍三百餘枝、當於未刻完全收復通道縣城、匪損失奇重、精銳喪失殆盡、殘匪向新廠方面潰竄、湘軍正追剿中、又陳前方十六日戌刻電稱、十五日某師追抵新廠、與匪有激戰、某師亦趕到新廠附近、協同包圍殘匪、即可全部解決、劉建緒進駐靖縣督剿、偽三十四師長陳樹香確被成鐵俠部生擒、因腹部受有重傷、解至中途斃命、已令陷陣掩埋、又劉赴文部在岩寨·長安營等處斃匪甚多、俘匪營長以下百餘名、

【長沙十七日下午八時發專電】據常德十五日電稱、犯辰州之匪大股向辰東逃竄、其主力有企圖渡過沅水南岸模樣、我羅啓疆旅已由某地推進攻剿、又陳渠珍進駐乾城、率部截擊竄貧殘匪、辰州·桃源防務鞏固、

【廣州十八日下午八時發專電】黔訊、王家烈已將黔共計劃佈置妥善、十三日出發重安督師、猶國材部一二日可抵黎平·永從、侯之擔部集中貴陽、候命開拔、據桂空軍探悉、匪三五兩軍團十二日晚進竄龍勝、即由黔桂軍迎擊、並用空軍轟炸、匪向湘邊潰退、

【廣州十八日下午八時發專電】蕭佛成談、第一第四集團軍陳濟棠·李宗仁·白崇禧十一日電中央、請求追剿入川黔匪、尚未得覆、但竄川黔共匪日來極爲猖獗、勢將深入川黔腹地、第一第四集團軍暫守日過湘川黔匪患、救川黔民衆、或將於短期內先行派隊追剿、

【北平通信】據外人方面消息、旌德共匪現向北竄、據稱已占茂林村、將趨青陽縣、（按青陽距大通四十里）、一般恐蕪湖將受威脅、

【杭州十八日下午十一時發專電】浙邊龍泉北鄉股匪羅炳輝部千餘由閩邊竄入、當由保安四分處長增派軍兵防堵追擊、至十四日夜即被擊退、現向小梅及慶元方面逃去、劉正追擊、保安處消息、俞濟時赴皖督剿殘匪、率部已逾旌德而至三溪、匪在包圍中、

【香港十八日下午十一時發專電】白崇禧十七日電、接何鍵電、沒將電接收俘匪解贛、定二十日由興安·全州·灌陽分批起解、至黃沙河交湘軍接收、

【廈門十八日下午十一時發專電】入贛駐瑞金之第十師·駐會昌之第三師、均回閩西、十師已抵長汀、三師已抵連城、王固磐調廈公安局長、省府改電慰留、外傳王如去、將由黃強繼任、

【中央社南昌十八日電】七十九師長樊崧甫十八日赴浮梁督率下、將調著有所指示、

60. 川匪图与萧（克）、贺（龙）联合，湘黔边境激战浙南股匪溃退，皖南残匪北窜俞济时抵三溪，1934 年 12 月 19 日第 3 版

中華民國二十三年十二月十九日　（第一張）

川匪圖與蕭賀聯合

湘黔邊境激戰浙南股匪潰退

皖南殘匪北竄俞濟時抵三溪

【巴縣十八日下午八時發專電】軍息、㈠竄擾巫溪之王三春殘匪二千餘人、經官軍進剿後、已退入竹山房線、㈡宣境匪首會於明月場、徐向前·王維周均曾到任家寨偵察、宣稱反攻、㈢通江匪部多向宣境羅文壩、香爐山調動、傳總指揮部亦移設杏樹坪、

【成都十八日下午十時發專電】總部頒剿匪區各縣行政人員懲奬條例十五條、江陵溪之匪增多、準備強渡進犯、軍息、據熟匪似移轉主力於宣綏、圖打通夔州、以連蕭賀、

【巴縣十八日下午八時發專電】岳家寺匪移向綏宣、巴河沿岸有少數部隊扼守、二路軍羅師克黑岩岩、擒匪甚衆、二三師正派隊構築大盆壟一帶工事、探報儀隴城內新到紅軍一團、其中女性千餘人、因赤區內壯丁傷亡逃散甚衆、不得已將婦女編配入伍、

【長沙十七日下午九時發專電】湘軍陳·章·陶各師、進剿岩門鋪·會水界·隘口·青蕪洲之匪、大獲全勝、斃匪千餘、俘匪數百、獲槍百餘枝、匪狼狽潰退、十四日各師齊向通道攻剿、與匪主力遭遇、發生激烈戰事、軍隊奮不顧身、猛烈攻擊、激戰半日、匪部全線總潰退、當場斃匪三千餘人、內多重要匪首、俘匪五百餘、獲槍三百餘枝、當於未刻完全收復通道縣城、匪損失奇重、精銳喪失殆盡、殘匪向新廠方面潰竄、湘軍正追剿中、又陳前方十六日戌刻電稱、十五日某師追抵新廠、與匪有激戰、某師亦赶到新廠附近、協同包圍殘匪、即可全部解決、劉建緒進駐靖縣督剿、偽三十四師長陳樹香確被成鐵俠部生擒、

（局部图 1）

大公報

同包圍殘匪、即可全部解決、**劉建緒進駐靖縣督剿**、僞三十四師長**陳樹香確被成鐵俠部生擒**、因腹部受有重傷、解至中途斃命、已令就照掩埋、又劉建文部在岩寨・長安營等處繳匪甚多、俘匪營長以下百餘名、

【長沙十七日下午八時發專電】據常德十五日電稱、**犯辰州之匪大股向辰東逃竄、其主力有企圖渡過沅水南岸模樣**、我羅啓疆旅已由某地推進攻剿、又**陳渠珍進駐乾城**、率部截擊竄賀殘匪、辰州・桃源防務鞏固、

【廣州十八日下午八時發專電】黔訊、**王家烈已將剿共計劃佈置妥善**、十三日**出發重安督師**、猶國材部一二日可抵黎平・永從、侯之擔部集中貴陽、候命開拔、據桂省衆探悉、**匪三五兩軍團**十二日晚**進窺龍勝**、即由**黔桂軍迎擊、並用空軍轟炸、匪向湘邊潰退**、

【廣州十八日下午八時發專電】**蕭佛成談**、第一第四集團軍陳濟棠・李宗仁・白崇禧十一日電中央、請求追剿入川黔匪、尚未得覆、但**竄川黔共匪日來極爲猖獗、勢將深入川黔腹地、第一第四集團**軍籌畢日內援川黔剿匪患、救川黔民衆、或**將於短期內先行派隊追剿**、

【北平通信】據外人方面消息、**旌德共匪現向北竄、據稱已占茂林村、將趨青陽縣**、（按青陽距大通四十里）、一般恐蕪湖將受威脅、

【杭州十八日下午十一時發專電】浙邊流竄共匪**股匪羅炳輝部千餘由閩邊竄入**、當由保安四分處長竺派重兵防堵追擊、至十四日夜即**被擊退、現向小梅及慶元方面逃去**、刻正追擊、保安處消息、**俞濟時赴皖督剿殘匪、率部已迴旌德而至三溪、匪在包圍中**、

【香港十八日下午十一時發專電】白崇禧十七日電、接何鍵電、沒將電接收俘匪解硤、定二十日由興安・全州・灌陽分批起解、至黃沙河交湘軍接收、

【廈門十八日下午十一時發專電】入贛駐瑞金之第十師・駐會昌之第三師、調回閩西、十師已抵長汀、三師已抵連城、王固磐辭廈公安局長、省府覆電慰留、外傳王如去、將由蕭微繼任、

【中央社南昌十八日電】七十九師長樊崧甫十八日赴潯轉輪東下、將因蔣有所指示、

（局部图 2）

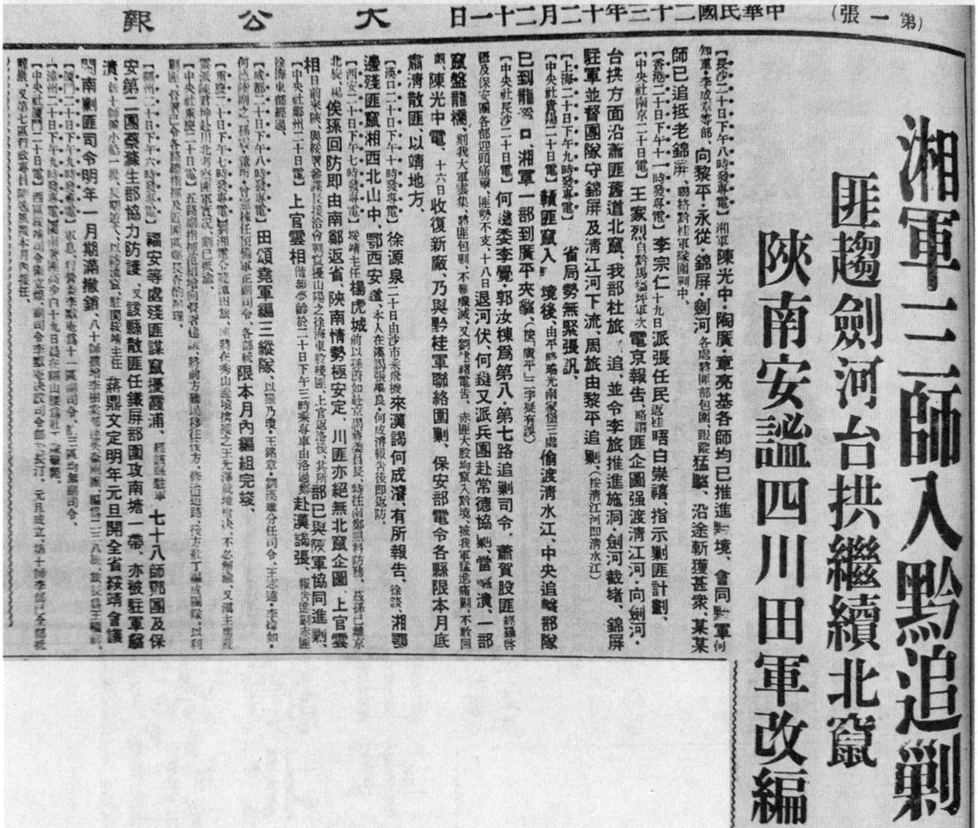

中華民國二十三年十二月二十一日 大公報 （第一張

湘軍三師入黔追剿

匪趨劍河台拱繼續北竄

陝南安謐四川田軍改編

【長沙二十日下午八時發專電】湘軍陳光中·陶廣·章亮基各師均已推進黔境、會同黔軍何知重·李成章等部、向黎平·永從·錦屏·劍河各處將匪部包圍、跟蹤猛擊、沿途斬獲甚衆、某某師已追抵老錦屏、與粵桂黔軍隊圍剿中、

【香港二十日下午十一時發專電】李宗仁十九日派張任民返桂晤白崇禧、指示剿匪計劃、

【中央社南京二十日電】王家烈自黔馬場坪電京報告、略謂匪企圖强渡清江河·向劍河·台拱方面沿蕭匪舊道北竄、我部杜旅[illegible]追、並令李旅推進施洞·劍河截堵、錦屏駐軍並督團隊守錦屏及清江河下流、周旅由黎平追剿、（按清江河即清水江）

【上海二十日下午九時發專電】省局勢無緊張訊、

【中央社貴陽二十日電】赣匪竄入黔境後、由平略·瑞光·南家堡三處偷渡清水江、中央追剿部隊已到龍溪口、湘軍一部到廣平央敝、（按「廣平」二字疑有誤）

【中央社長沙二十日電】何鍵委李覺·郭汝棟爲第八·第七路追剿司令、蕭賀股匪經蘇啓勝及保安團各部迎頭痛擊、匪勢不支、十八日退河伏、何鍵又派兵團赴常德協剿、當將擊潰、一部竄盤龍橋、刻我大軍雲集、將匪包剿、不難殲滅、又劉建緒電告、赤匪大股均竄入黔境、被我軍猛追痛剿、不敢回頭、陳光中電、十六日收復新廠、乃與黔桂軍聯絡圍剿、保安部電令各縣限本月底肅清散匪、以靖地方、

【漢口二十日下午十時發專電】徐源泉二十日由沙市乘飛機來漢謁何成濬、有所報告、徐談、湘鄂邊殘匪竄湘西北山中、鄂西安謐、本人在漢謁張學良·何成濬報告後即返防、

【西安二十日下午七時發專電】綏靖主任楊虎城前以孫蔚如赴京謁蔣委員長、特往南鄭照料防務、茲孫已離京北旋、楊俟孫回防即由南鄭返省、陝南情勢極安定、川匪亦絕無北竄企圖、上官雲相日前來陝、與綏署參謀長接洽[illegible]山陽之徐海東股殘匪、上官返洛後、其所部已與陝軍協同進剿、

【中央社鄭州二十日電】上官雲相偕都參謀長於二十日下午三時乘專車由洛過鄭赴漢謁張、報告進剿赤匪徐海東部經過、

【成都二十日下午八時發專電】田頌堯軍編三縱隊、以羅乃琼·王銘章·劉漢雄分任司令、王志遠·李煒如·[illegible]任預備軍正副司令、各部統限本月內編組完竣、

【重慶二十日下午七時發專電】[illegible]

【中央社重慶二十日電】五路總指揮部[illegible]

【福州二十日下午六時發專電】福安等處殘匪謀竄援霞浦、經該區駐軍七十八師鄧團及保安第二團蔡蕃生部協力防護、又該縣散匪任鐵屏部圍攻南塘一帶、亦被駐軍痛潰、[illegible]蔣鼎文定明年元旦開全省綏靖會議、

【廈門二十日下午九時發專電】[illegible]

【漳州二十日下午九時發專電】閩南剿匪司令明年一月期滿撤銷、八十師[illegible]

【中央社廈門二十日電】[illegible]

2|1

61. 湘军三师入黔追剿，匪趋剑河、台拱继续北窜，陕南安谧四川田军改编，1934 年 12 月 21 日第 3 版

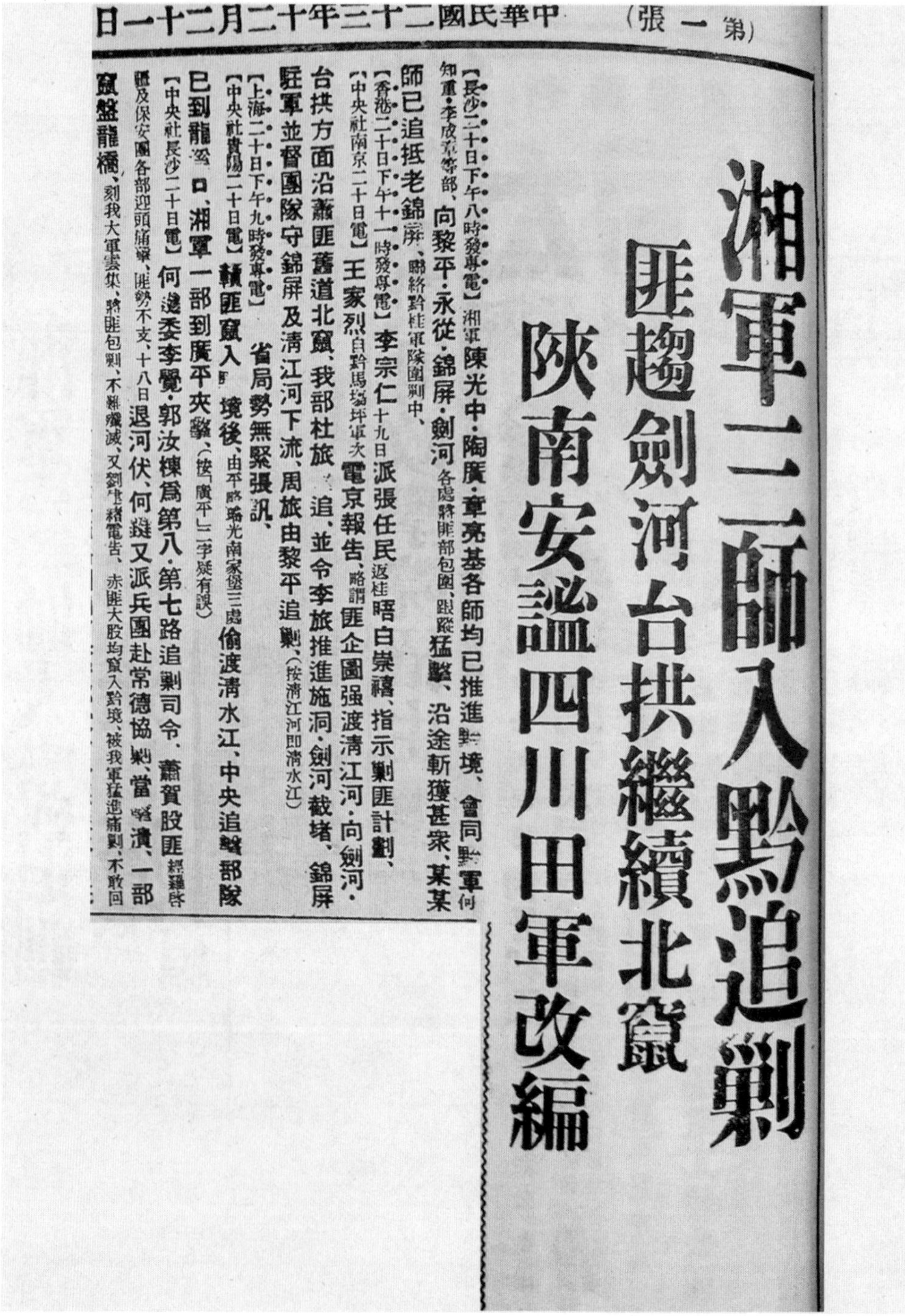

（第一張）　中華民國二十三年十二月二十一日

湘軍三師入黔追剿

匪趨劍河台拱繼續北竄

陝南安謐四川田軍改編

【長沙二十日下午八時發專電】湘軍陳光中·陶廣·章亮基各師均已推進黔境、會同黔軍何知重·李成章等部、向黎平·永從·錦屏·劍河各處將匪部包圍、跟蹤猛擊、沿途斬獲甚衆、某某師已追抵老錦屏、聯絡黔桂軍隊圍剿中、

【香港二十日下午十一時發專電】李宗仁十九日派張任民返桂晤白崇禧、指示剿匪計劃、

【中央社南京二十日電】王家烈自黔馬場坪軍次電京報告、略謂匪企圖强渡清江河·向劍河·台拱方面沿蕭匪舊道北竄、我部杜旅□追、並令李旅推進施洞·劍河截堵、錦屏駐軍並督團隊守錦屏及清江河下流、周旅由黎平追剿、（按清江河即清水江）

【上海二十日下午九時發專電】省局勢無緊張訊、

【中央社貴陽二十日電】贛匪竄入黔境後、由平略瑞光南家堡三處偷渡清水江、中央追剿部隊已到龍溪口、湘軍一部到廣平夾擊、（按「廣平」二字疑有誤）

【中央社長沙二十日電】何鍵委李覺·郭汝棟爲第八·第七路追剿司令、蕭賀股匪經羅啓疆及保安團各部迎頭痛擊、匪勢不支、十八日退河伏、何鍵又派兵團赴常德協剿、當擊潰、一部竄盤龍橋、刻我大軍雲集、將匪包剿、不難殲滅、又劉建緒電告、赤匪大股均竄入黔境、被我軍猛進痛剿、不敢回

（局部图 1）

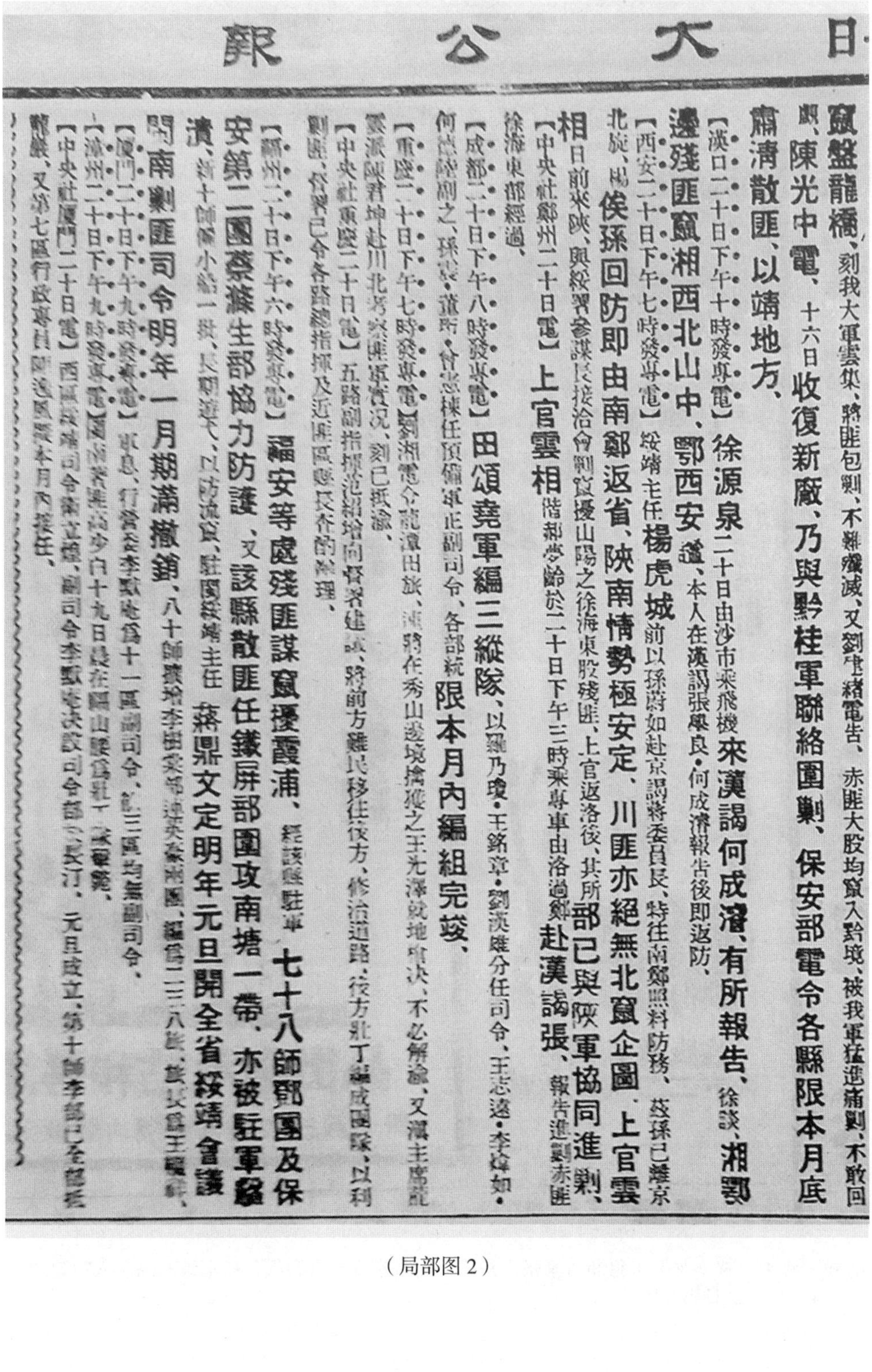

大公報

竄盤龍橋、刻我大軍雲集、將匪包剿、不難殲滅、又劉建緒電告、赤匪大股均竄入黔境、被我軍猛進痛剿、不敢回顧、陳光中電、十六日收復新廠、乃與黔桂軍聯絡圍剿、保安部電令各縣限本月底肅清散匪、以靖地方、

【漢口二十日下午十時發專電】徐源泉二十日由沙市乘飛機來漢謁何成濬、有所報告、徐談、湘鄂邊殘匪竄湘西北山中、鄂西安謐、本人在漢謁張學良・何成濬報告後即返防、

【西安二十日下午七時發專電】綏靖主任楊虎城前以孫蔚如赴京謁蔣委員長、特往南鄭照料防務、茲孫已離京北旋、楊俟孫回防即由南鄭返省、陝南情勢極安定、川匪亦絕無北竄企圖、上官雲相日前來陝、與綏署參謀長接洽會剿竄擾山陽之徐海東股殘匪、上官返洛後、其所部已與陝軍協同進剿、

【中央社鄭州二十日電】上官雲相偕部參謀於二十日下午三時乘專車由洛過鄭赴漢謁張、報告進剿赤匪徐海東部經過、

【成都二十日下午八時發專電】田頌堯軍編三縱隊、以羅乃琼・王銘章・劉漢雄分任司令、王志遠・李煒如・何德隆副之、孫震・董宋珩・曾憲棟任預備軍正副司令、各部統限本月內編組完竣、

【重慶二十日下午七時發專電】劉湘電令龍潭出旅、湘將在秀山邊境擒獲之王光澤就地槍決、不必解渝、又湘主席派[illegible]派陳君坤赴川北考察匪軍實況、刻已抵渝、

【中央社重慶二十日電】五路剿指揮范紹增向督署建議、將前方難民移往後方、修治道路、後方壯丁編成團隊、以利剿匪、督署已令各路總指揮及近匪區縣長查酌辦理、

【福州二十日下午六時發專電】福安等處殘匪謀竄擾霞浦、經該縣駐軍七十八師鄧團及保安第二團蔡藩生部協力防護、又該縣散匪任鐵屏部圍攻南塘一帶、亦被駐軍擊潰、新十師派小船一批、長期遊弋、以防流竄、駐閩綏靖主任蔣鼎文定明年元旦開全省綏靖會議

【廈門二十日下午九時發專電】閩南剿匪司令明年一月期滿撤銷、八十師擬增李鐵奕等連奕泰兩團、編為二三八旅、旅長為王建鋒、軍息、行營委李默庵為十一區副司令、[illegible]三區均無副司令、

【漳州二十日下午九時發專電】閩西善後[illegible]六十九日晨在龍山[illegible]壯丁[illegible]

【中央社廈門二十日電】西區綏靖司令部成立後、副司令李默庵決設司令部於長汀、元旦成立、第十師李部已全部抵龍巖、又第七區行政專員陳[illegible]本月內接任、

（局部图2）

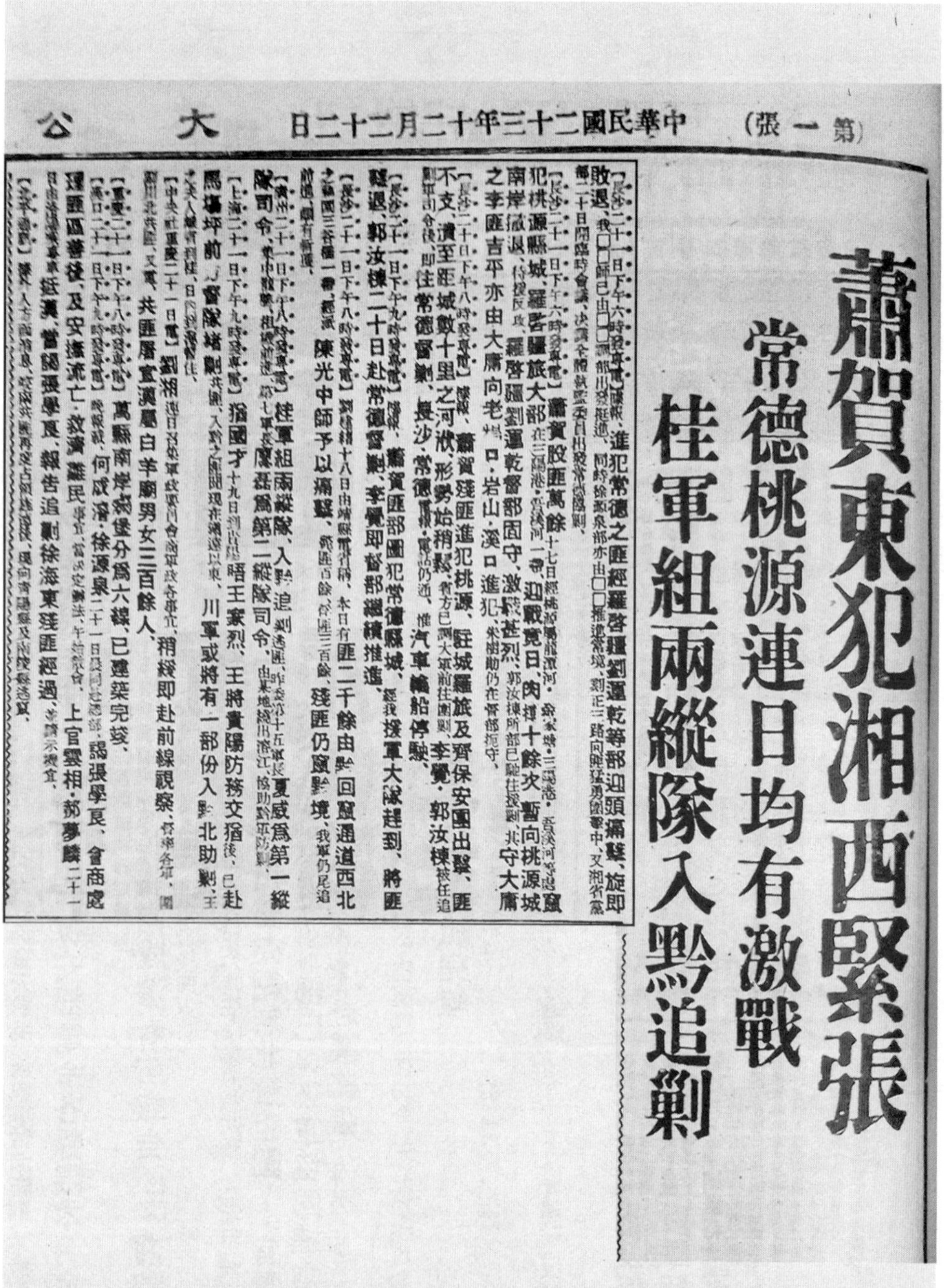
(第一張)　中華民國二十三年十二月二十二日　大公

蕭賀東犯湘西緊張

常德桃源連日均有激戰

桂軍組兩縱隊入黔追剿

【長沙二十一日下午六時發專電】[illegible]進犯常德之匪經羅啓疆劉運乾等部迎頭痛擊、旋即敗退、我□□師已由□□調部川發挺進、同時徐源泉部亦由□□推進常境、劉正三路向匪猛勇圍擊中、又湘省黨部二十日開臨時會議、決議全體執監委自出發常德慰剿、

【長沙二十一日下午六時發專電】蕭賀股匪萬餘十七日經桃源縣前溪河・余家峪・三陽港・吾溪河窺犯桃源縣城、羅啓疆旅大部在三陽港・吾溪河一帶、迎戰竟日、肉搏十餘次、暫向桃源城南岸撤退、待援反攻、羅啓疆劉運乾督部固守、激戰甚烈、郭汝棟所部已馳往援剿、共守大庸之李匪吉平亦由大庸向老[?]口・岩山・溪口進犯、朱樹勛仍在督部扼守、

【長沙二十日下午八時發專電】[illegible]、蕭賀殘匪進犯桃源、駐城羅旅及齊保安團出擊、匪不支、潰至距城數十里之河洑、形勢始稍鬆、省方已調大軍前往圍剿、李覺・郭汝棟被任追剿軍司令後、即往常德督剿、長沙・常德電報・電話仍通、惟汽車輪船停駛、

【長沙二十一日下午九時發專電】[illegible]、蕭賀匪部圍犯常德縣城、經我援軍大隊趕到、將匪擊退、郭汝棟二十日赴常德督剿、李覺即督部繼續推進、

【長沙二十一日下午八時發專電】[illegible]十八日由[illegible]、本日有匪二千餘由黔回竄通道西北之[illegible]一帶、經派陳光中師予以痛擊、斃匪百餘、俘匪三百餘、殘匪仍竄黔境、我軍仍尾追前進、[illegible]

【廣州二十一日下午八時發專電】桂軍組兩縱隊、入黔追剿[illegible]、[illegible]第十五軍長夏威為第一縱隊司令、[illegible]第七軍長廖磊為第二縱隊司令、由某地經川溶江、協助黔軍防剿、

【上海二十一日下午九時發專電】猶國才十九日到[illegible]晤王家烈、王將貴陽防務交猶後、已赴馬場坪前方督隊堵剿共匪、入黔之匪[illegible]、川軍或將有一部份入黔北助剿、王[illegible]

【中央社重慶二十一日電】劉湘[illegible]、稍緩即赴前線視察、[illegible]川北共匪、又電、共匪屠宣漢屬白羊廟男女三百餘人、

【重慶二十一日下午八時發專電】萬縣南岸碉堡分為六線、已建築完竣、

【漢口二十一日下午九時發專電】[illegible]何成濬・徐源泉二十一日[illegible]、謁張學良、會商處理匪區善後、及安撫流亡・救濟難民[illegible]、上官雲相・郝夢齡二十一日[illegible]抵漢、晉謁張學良、報告追剿徐海東殘匪經過、並請示機宜、

【南昌專電】[illegible]

62. 萧（克）、贺（龙）东犯湘西紧张，常德、桃源连日均有激战，桂军组两纵队入黔追剿，1934 年 12 月 22 日第 3 版

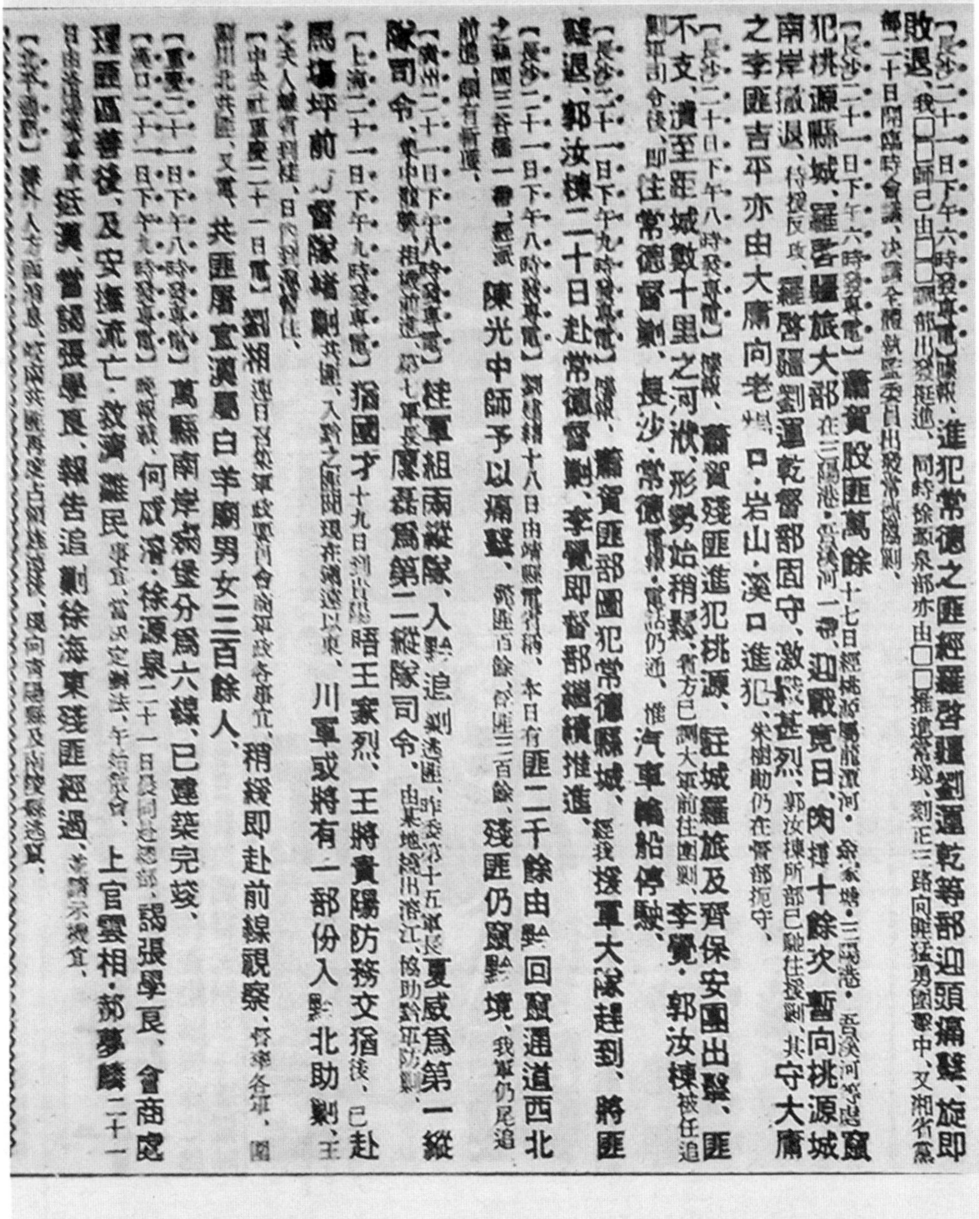

【長沙二十一日下午六時發專電】據報、進犯常德之匪經羅啓疆劉進乾等部迎頭痛擊、旋即敗退、我□□師已由□□調部出發挺進、同時徐源泉部亦由□□推進常境、刻正三路向匪猛勇圍擊中、又湘省黨部二十日開臨時會議、決議全體執監委員出發常德督剿、

【長沙二十一日下午六時發專電】蕭賀股匪萬餘十七日經[illegible]渡河・[illegible]・三陽港・[illegible]溪河[illegible]竄犯桃源縣城、羅啓疆旅大部在三陽港・[illegible]溪河一帶、迎戰竟日、肉搏十餘次、暫向桃源城南岸撤退、待援反攻、羅啓疆劉進乾督部固守、激戰甚烈、郭汝棟所部已馳往援剿、共守大庸之李匪吉平亦由大庸向老坪口・岩山・溪口進犯、朱紹助仍在[illegible]部扼守、

【長沙二十日下午八時發專電】據報、蕭賀殘匪進犯桃源、駐城羅旅及齊保安團出擊、匪不支、潰至距城數十里之河洑、形勢始稍鬆、省方已調大軍前往圍剿、李覺・郭汝棟被任追剿軍司令後、即往常德督剿、長沙・常德[illegible]・電話仍通、惟汽車輪船停駛、

【長沙二十一日下午九時發專電】據報、蕭賀匪部圖犯常德縣城、經我援軍大隊趕到、將匪擊退、郭汝棟二十日赴常德督剿、李覺即督部繼續推進、

【長沙二十一日下午八時發專電】[illegible]十八日由[illegible]、本日有匪二千餘由黔回竄通道西北[illegible]三[illegible]一帶、經派陳光中師予以痛擊、斃匪百餘、俘匪三百餘、殘匪仍竄黔境、我軍仍尾追前進、現有斬獲、

【廣州二十一日下午八時發專電】桂軍組兩縱隊、入黔追剿[illegible]、以[illegible]十五軍長夏威爲第一縱隊司令、[illegible]七軍長廖磊爲第二縱隊司令、由[illegible]協助黔軍防剿、

【上海二十一日下午九時發專電】猶國才十九日[illegible]晤王家烈、王將貴陽防務交猶後、已赴馬場坪[illegible]督隊堵剿共匪、入黔之匪[illegible]以東、川軍或將有一部份入黔北助剿、王[illegible]人[illegible]、日[illegible]任、

【中央社重慶二十一日電】劉湘[illegible]稍後即赴前線視察、[illegible]各軍、圍剿川北共匪、又電、共匪屠宣漢屬白羊廟男女三百餘人、

【重慶二十一日下午八時發專電】萬縣南岸碉堡分爲六線、已建築完竣、

【漢口二十一日下午九時發專電】[illegible]、何成濬・徐源泉二十一日[illegible]、謁張學良、會商處理匪區善後、及安撫流亡、救濟難民事宜、[illegible]、上官雲相・郝夢齡二十一日由[illegible]、晉謁張學良、報告追剿徐海東殘匪經過、[illegible]、

【[illegible]】[illegible]人[illegible]、現向[illegible]竄、

（局部图）

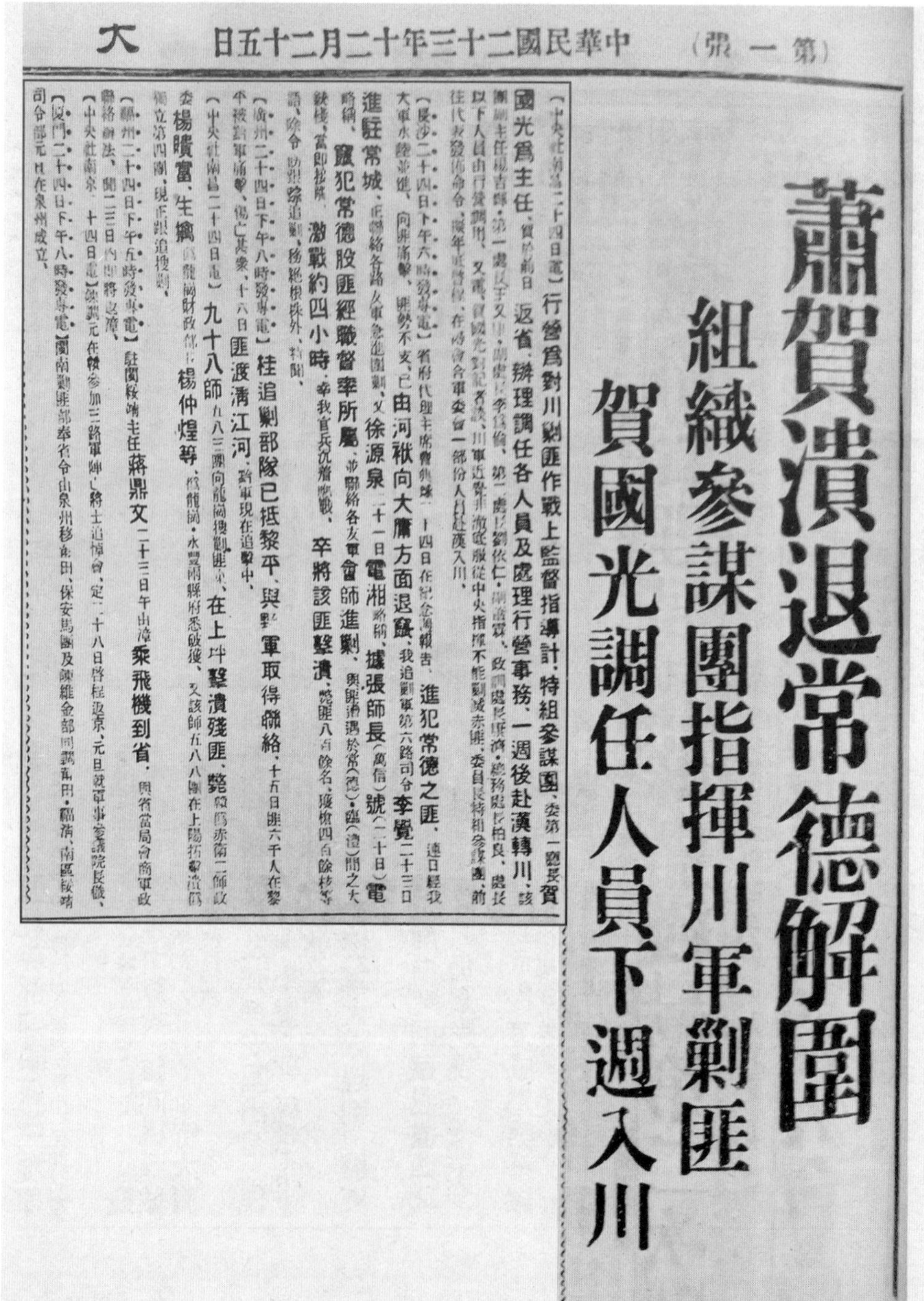

（第一張）　中華民國二十三年十二月二十五日　大

蕭賀潰退常德解圍

組織參謀團指揮川軍剿匪

賀國光調任人員下週入川

（中央社南昌二十四日電）行營爲對川剿匪作戰上監督指導計，特組參謀團，委第一廳長賀國光爲主任，賀於前日返省，辦理調任各人員及處理行營事務，一週後赴漢轉川，該團副主任楊吉輝，第一處長于文華，副處長李伯倫，第二處長劉依仁，副處長…，政訓處長…濟，總務處長柏良，處長以下人員由行營調用，又電，賀國光對記者談，川軍近對非徹底服從中央指揮不能剿滅赤匪，委員長特組參謀團，前往代表發佈命令，擬年底啓程，在漢會合軍委會一部份人員赴漢入川。

（長沙二十四日下午六時發專電）省府代理主席曹典球二十四日在紀念週報告，進犯常德之匪，連日經我大軍水陸並進，向匪痛擊，匪勢不支，已由河洑向大庸方面退竄，我追剿軍第六路司令李覺二十三日進駐常城，正聯絡各路友軍急進圍剿，又徐源泉二十一日電湘略稱，據張師長（萬信）號（二十日）電略稱，竄犯常德股匪經職督率所屬，並聯絡各友軍會師進剿，與匪遭遇於常（德）臨（澧）間之大缺棧，當即接戰，激戰約四小時，幸我官兵沉着應戰，卒將該匪擊潰，斃匪八百餘名，獲槍四百餘枝等語，除令跟踪追剿，務絕根株外，特聞。

（廣州二十四日下午八時發專電）桂追剿部隊已抵黎平，與粵軍取得聯絡，十五日匪六千人在黎平被粵軍痛擊，傷亡甚衆，十六日匪渡清江河，粵軍現在追擊中。

（中央社南昌二十四日電）九十八師五八三團向龍岡搜剿匪東，在上坪擊潰殘匪，斃偽赤偽二師政委楊贖富，生擒偽龍岡財政部長楊仲煌等，偽龍岡、水豐兩縣府悉破獲，又該師五八八團在上陽拓擊潰偽獨立第四團，現正跟追搜剿。

（福州二十四日下午五時發專電）駐閩綏靖主任蔣鼎文二十三日午由漳乘飛機到省，與省當局會商軍政聯絡辦法，閩二三日內即將返漳。

（中央社南京二十四日電）陳調元在贛參加三路軍陣亡將士追悼會，定二十八日啓程返京，元旦就軍事參議院長職。

（廈門二十四日下午八時發專電）閩南剿匪部奉省令由泉州移莆田，保安馬團及陳維金部同調莆田、福清，南區綏靖司令部元旦在泉州成立。

63. 萧（克）、贺（龙）溃退常德解围，组织参谋团指挥川军剿匪，贺国光调任人员下周入川，1934 年 12 月 25 日第 3 版

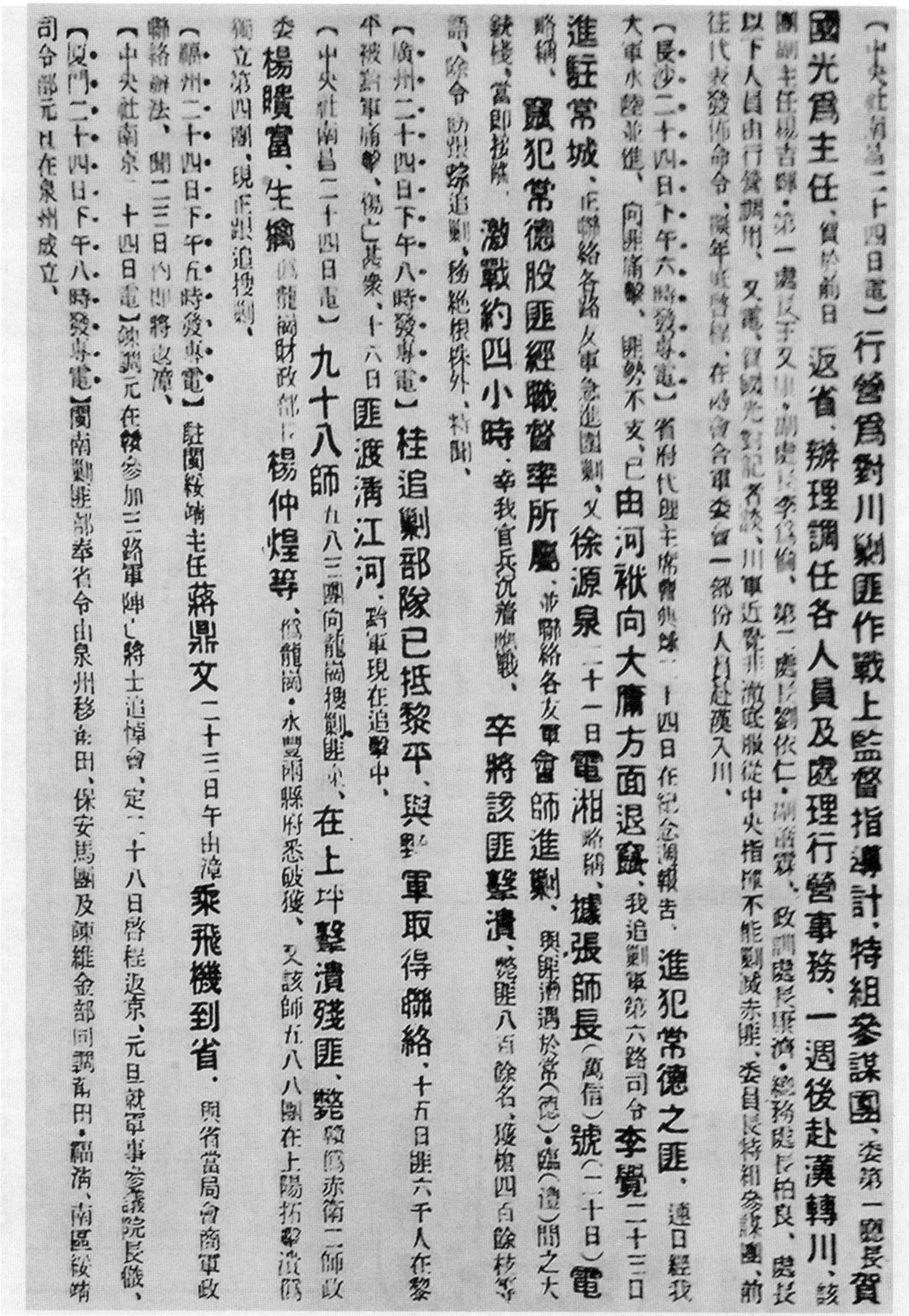

（中央社南昌二十四日電）行營為對川剿匪作戰上監督指導計、特組參謀團、委第一廳長賀國光為主任、賀於前日返省、辦理調任各人員及處理行營事務、一週後赴漢轉川、該團副主任楊吉輝・第一處長于文俊・副處長李俊倫、第二處長劉依仁・副處長蕭贊育、政訓處長康澤・總務處長柏良、處長以下人員由行營調用、又電、賀國光對記者談、川軍近雖非徹底服從中央指揮不能剿滅赤匪、委員長特組參謀團、前往代表發佈命令、擬年底啓程、在武漢會合軍委會一部份人員赴渝入川、

（長沙二十四日下午六時發專電）省府代理主席曾與綵二十四日作紀念週報告、進犯常德之匪、連日經我大軍水陸並進、向匪痛擊、匪勢不支、已由河洑向大庸方面退竄、我追剿軍第六路司令李覺二十三日進駐常城、正聯絡各路友軍急進圍剿、又徐源泉二十一日電湘省府、據張師長（萬信）號（二十日）電略稱、竄犯常德股匪經職督率所屬、並聯絡各友軍會師進剿、與匪遭遇於常（德）臨（澧）間之大鈦棧、當即接除、激戰約四小時、幸我官兵沉着應戰、卒將該匪擊潰、斃匪八百餘名、獲槍四百餘枝等語、除令跟蹤追剿、務絕根株外、特聞、

（廣州二十四日下午八時發專電）桂追剿部隊已抵黎平、與黔軍取得聯絡、十五日匪六千人在黎平被黔軍痛擊、傷亡甚衆、十六日匪渡清江河、黔軍現在追擊中、

（中央社南昌二十四日電）九十八師九八三團向龍崗搜剿匪來、在上坪擊潰殘匪、斃偽赤衛一師政委楊贖富、生擒偽龍崗財政部長楊仲煌等、偽龍崗・永豐兩縣府悉破獲、又該師五八八團在上陽折擊潰偽獨立第四團、現正跟追搜剿、

（福州二十四日下午五時發專電）駐閩綏靖主任蔣鼎文二十三日午由漳乘飛機到省、與省當局會商軍政聯絡辦法、聞二三日內即將返漳、

（中央社南京二十四日電）陳調元在贛參加三路軍陣亡將士追悼會、定二十八日啓程返京、元旦就軍事參議院長職、

（廈門二十四日下午八時發專電）閩南剿匪部奉省令由泉州移莆田、保安馬團及陳維金部同調莆田・福清、南區綏靖司令部元旦在泉州成立、

（局部图）

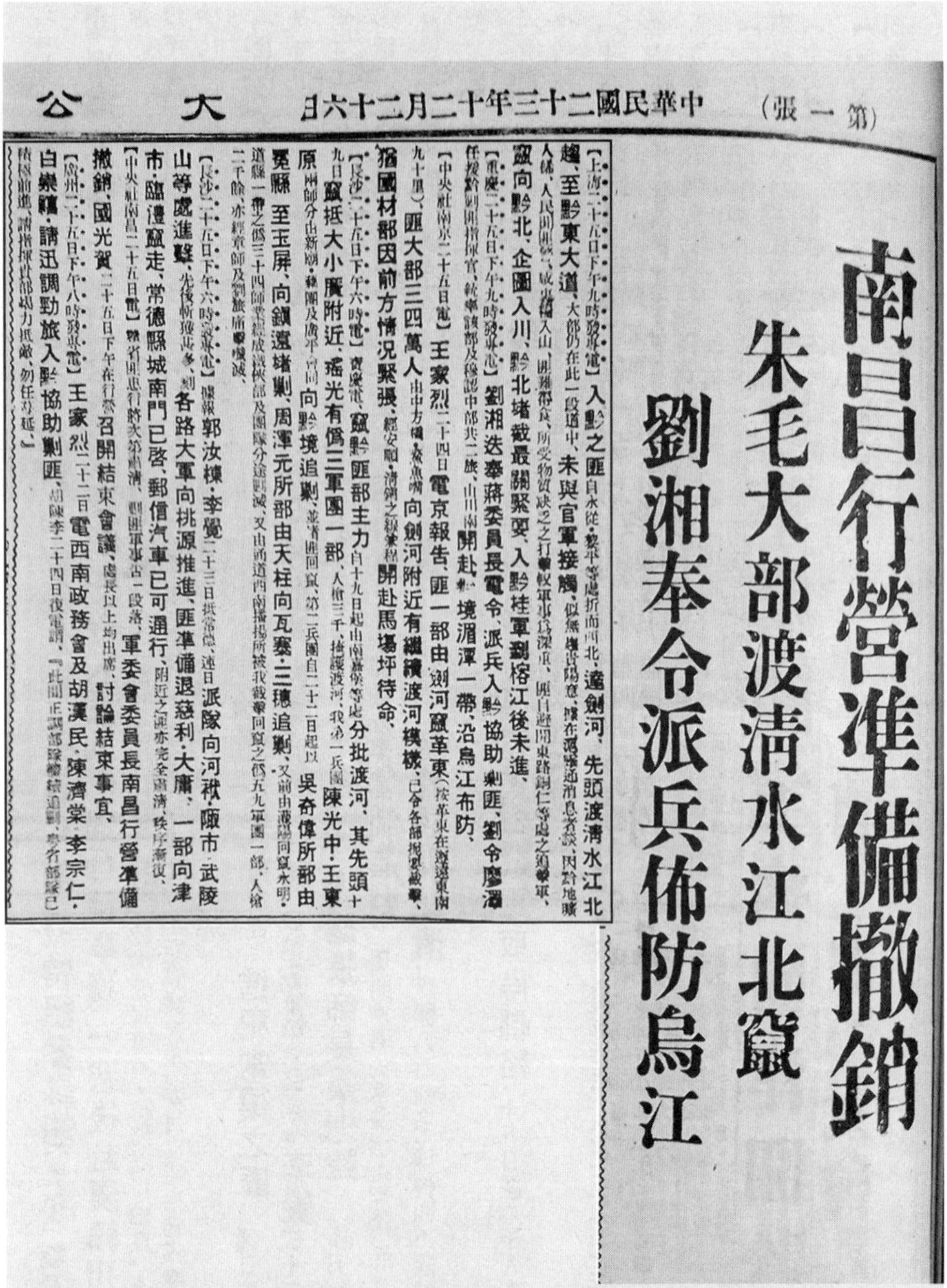

大公

中華民國二十三年十二月二十六日

（第一張）

南昌行營準備撤銷

朱毛大部渡淸水江北竄

劉湘奉令派兵佈防烏江

【上海二十五日下午九時發專電】入黔之匪自永從·黎平等處折而西北，遶劍河，先頭渡清水江北趨，至黔東大道，大部仍在此一段道中，未與官軍接觸，似無積極意，據在鎮遠消息者談，因黔地曠人稀，人民開[illegible]，威由[illegible]入山，匪難得食，所受物質缺乏之打擊較軍事爲深重，匪自避開東路銅仁等處之湘軍，竄向黔北，企圖入川，黔北堵截最關緊要，入黔桂軍到榕江後未進，

【重慶二十五日下午九時發專電】劉湘迭奉蔣委員長電令，派兵入黔協助剿匪，劉令廖澤任援黔剿匪指揮官，統率該部及穆瀛中部共二旅，由川南開赴黔境湄潭一帶，沿烏江布防，

【中央社南京二十五日電】王家烈二十四日電京報告，匪一部由劍河竄革東（按革東在鎮遠東南九十里），匪大部三四萬人由中方[illegible]·森魚[illegible]向劍河附近有繼續渡河模樣，已令各部扼要截擊，猶國材部因前方情況緊張，經安順·清鎮之線兼程開赴馬場坪待命，

【長沙二十五日下午六時發專電】貴陽電，竄黔匪部主力自十九日起由南嘉堡等處分批渡河，其先頭十九日竄抵大小廣附近，猶光有偽三軍團一部，人槍三千，掩護渡河，我第一兵團陳光中·王東原兩師分由新廠·林關及廣平向黔境追剿，並將匪向竄，第二兵團自二十二日起以吳奇偉所部由冕縣至玉屏，向鎮遠堵剿，周渾元所部由天柱向瓦寨·三穗追剿，又前由洪江向竄永明·道縣一帶之偽三十四師業經成該被我部及團隊分途剿滅，又由西道西南搖揚所被我截擊同竄之偽五九軍團一部，人槍二千餘，亦經章師及劉旅痛擊殲滅，

【長沙二十五日下午六時發專電】據報郭汝棟·李覺二十三日抵常德，連日派隊向河洑·陬市·武陵山等處進擊，先後斬獲甚多，刻各路大軍向桃源推進，匪準備退慈利·大庸，一部向津市·臨澧竄走，常德縣城南門已啓，郵信汽車已可通行，附近之匪亦完全肅清，秩序漸復，

【中央社南昌二十五日電】贛省匪患行將次第肅清，剿匪軍事告一段落，軍委會委員長南昌行營準備撤銷，國光賀二十五日下午在行營召開結束會議，處長以上均出席，討論結束事宜，

【廣州二十五日下午八時發專電】王家烈二十二日電西南政務會及胡漢民·陳濟棠·李宗仁·白崇禧·請迅調勁旅入黔協助剿匪，胡陳李二十四日復電謂，『此間正調部隊繼續追剿，桂省部隊已積極前進，請指揮貴部竭力抵禦，勿任竄延，』

64. 南昌行营准备撤销，朱（德）、毛（泽东）大部渡清水江北窜，刘湘奉令派兵布防乌江，1934 年 12 月 26 日第 3 版

【上海二十五日下午九時發專電】入黔之匪自水從・黎平等處折而西北、遶劍河、先頭渡清水江北趨、至黔東大道、大部仍在此一段道中、未與官軍接觸、似無攻貴陽意、據在鎮遠逃消息者談、因黔地瘠人稀、人民困窮、匪衆分竄入山、困難得食、所受物質缺乏之打擊較軍事爲深重、匪自避開東路銅仁等處之追擊軍、竄向黔北、企圖入川、黔北堵截最關緊要、入黔桂軍到榕江後未進、

【重慶二十五日下午九時發專電】劉湘迭奉蔣委員長電令、派兵入黔協助剿匪、劉令廖澤任援黔剿匪指揮官、統率該部及穆瀛洲部共二旅、由川南開赴黔境湄潭一帶、沿烏江布防、

【中央社南京二十五日電】王家烈二十四日電京報告、匪一部由劍河竄革東（按革東在鎮遠東南九十里）、匪大部三四萬人由中方鋪・松燕哨向劍河附近有繼續渡河模樣、已令各部兜剿截擊、猶國材部因前方情況緊張、經安順・清鎮之線東移開赴馬場坪待命、

【長沙二十五日下午六時發專電】貴陽電、竄黔匪部主力自十九日起由南嘉堡等處分批渡河、其先頭十九日竄抵大小廣附近、搖光有僞三軍團一部、人數三千、搶渡渡河、我派一兵團陳光中・王東原兩師分由新場・稱關及廣平會同向黔境追剿、並將匪同竄、第二兵團自二十二日起以吳奇偉所部由晃縣至玉屏、向鎮遠堵剿、周渾元所部由天柱向瓦寨・三穗追剿、又前由瀟陽向竄永明・道縣一帶之僞三十四師業經成鐵俠部及團隊分途剿滅、又由通道西南播揚所被我截擊回竄之僞九軍團一部、人槍二千餘、亦經章師及劉旅痛擊殲滅、

【長沙二十五日下午六時發專電】據報郭汝棟・李覺二十三日抵常德、連日派隊向河袱・陬市・武陵山等處進擊、先後俘獲甚多、劉各路大軍向桃源推進、匪準備退慈利・大庸、一部向津市・臨澧竄走、常德縣城南門已啓、郵信汽車已可通行、附近之匪亦完全肅清、秩序漸復、

【中央社南昌二十五日電】贛省匪患行將次第肅清、剿匪軍事告一段落、軍委會委員長南昌行營準備撤銷、國光賀二十五日下午在行營召開結束會議、處長以上均出席、討論結束事宜、

【廣州二十五日下午八時發專電】王家烈二十二日電西南政務會及胡漢民・陳濟棠・李宗仁・白崇禧・請迅調勁旅入黔協助剿匪、胡陳李二十四日復電謂、『此間正調部隊繼續追剿、粵省部隊已積極前進、請指揮黔部協力抵禦、勿任寬延、』

（局部图）

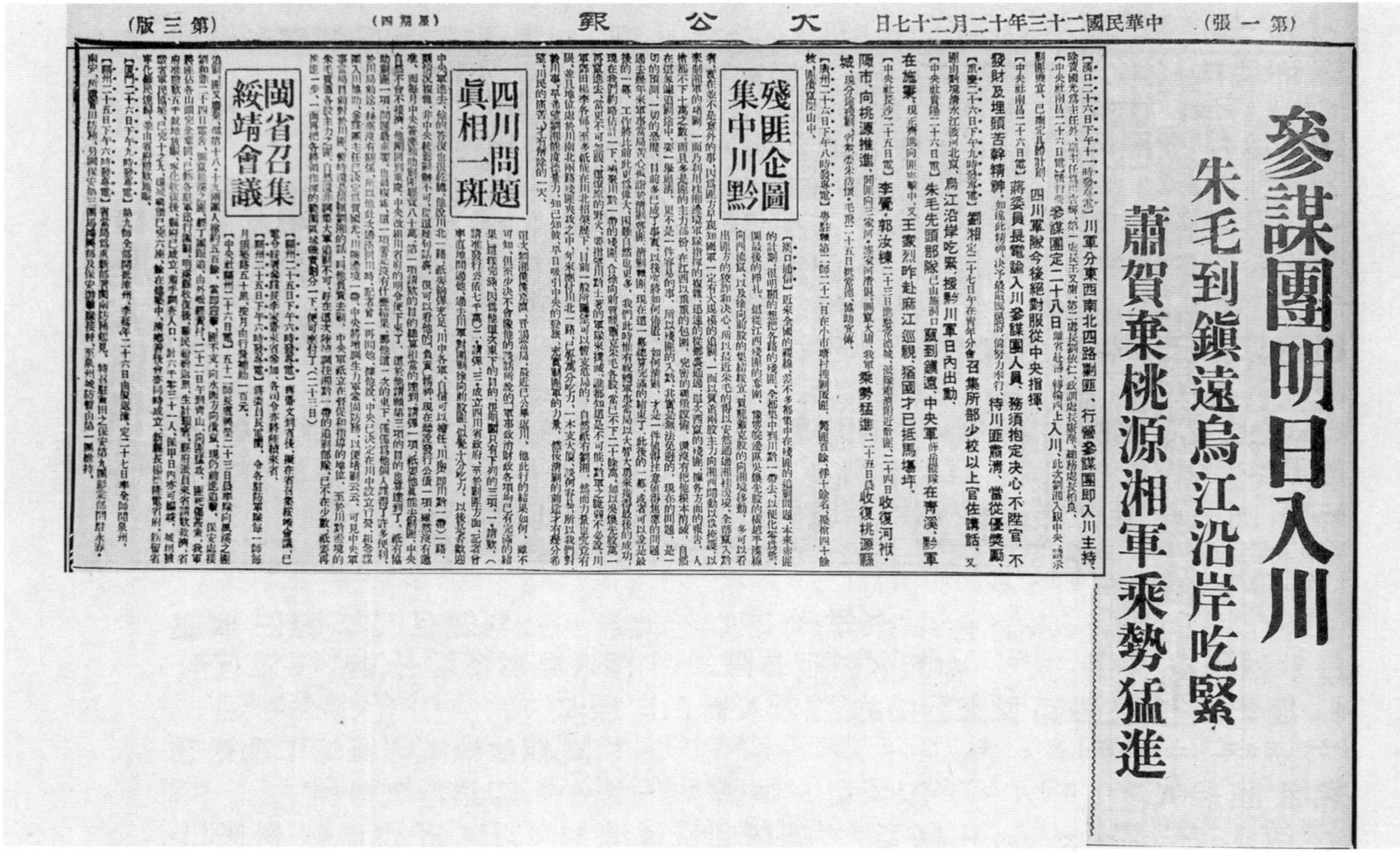
(第一張)　中華民國二十三年十二月二十七日　大公報　(星期四)　(第三版)

參謀團明日入川

朱毛到鎮遠烏江沿岸吃緊

蕭賀棄桃源湘軍乘勢猛進

【漢口二十六日下午十一時發專電】川軍分東西南北四路剿匪、行營參謀團即入川主持、

【中央社南昌二十六日電】參謀團定二十八日入川、

四川軍隊今後絕對服從中央指揮、

【中央社南昌二十六日電】蔣委員長電諭入川參謀團人員、務須抱定決心、不陞官、不發財及埋頭苦幹精神、待川匪肅清、當從優獎勵、

【重慶二十六日下午九時發專電】劉湘定二十七日午在青年分會召集所部少校以上官佐講話、

烏江沿岸吃緊、援黔川軍日內出動、

【中央社貴陽二十六日電】朱毛先頭部隊已由施洞口竄到鎮遠、中央軍在青溪、黔軍在施秉、又王家烈昨赴麻江巡視、猶國才已抵馬場坪、

【中央社長沙二十五日電】李覺、郭汝棟二十四日收復河袱隴市、向桃源推進、我軍乘勢猛進、二十五日晨收復桃源縣城、

【廣州二十六日下午八時發專電】

殘匪企圖集中川黔

【漢口通信】

四川問題眞相一斑

閩省召集綏靖會議

【福州二十五日下午六時發專電】

【福州二十六日下午九時發專電】

65. 参谋团明日入川，朱（德）、毛（泽东）到镇远，乌江沿岸吃紧，萧（克）、贺（龙）弃桃源湘军乘势猛进，1934年12月27日第3版

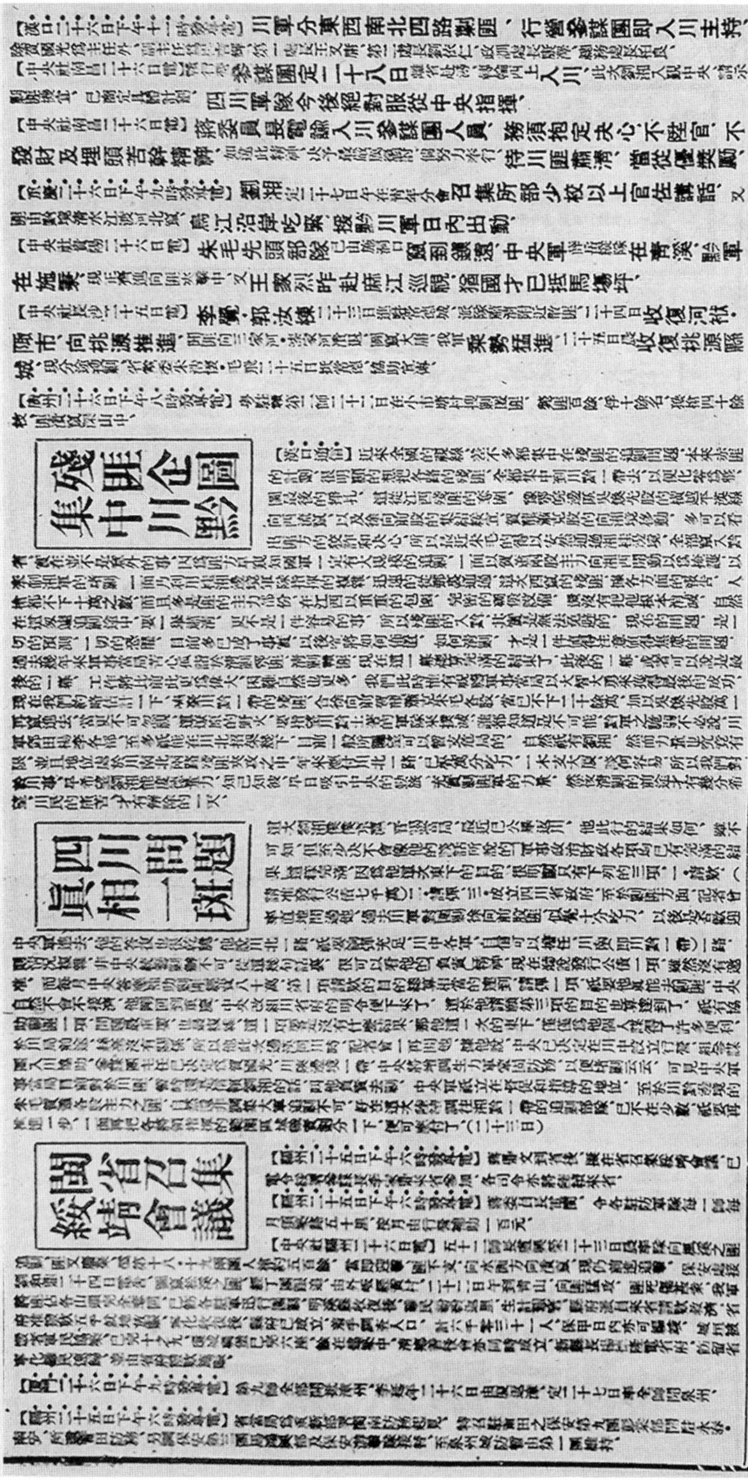

川軍分東西南北四路剿匪、行營參謀團即入川主持

參謀團定二十八日入川

四川軍隊今後絕對服從中央指揮

殘匪企圖集中川黔

四川問題真相一斑

閩省召集綏靖會議

（局部图）

中華民國二十三年十二月二十八日　大公報　（第三版）

粤桂合編追剿軍

蔣已贊同下月出發湘黔

駐川參謀團人員即出發

桃源克後湘西漸安

閩東餘匪限期肅清

殘匪入黔渡江北竄

川黔兩軍佈防遵義

66. 粤桂合编追剿军，蒋（介石）已赞同下月出发湘黔，驻川参谋团人员即出发，1934 年 12 月 28 日第 3 版（残）（附正文释文）

释文：

【南昌二十七日下午二时发专电】湘电称，我陈、章各师昨在黔边与匪主力遭遇，激战竟日，匪不支，全线崩溃，毙匪两千余，匪受包围，可全部解决。

【□县二十七日下午七时发专电】刘湘二十七日午后二时半在青年会召集江、巴两县及渝市各机关法团主要人员讲话，要点如下：①蒋委员长设渝行营参谋团在明了各军及"共匪"情况，以定军事计划，对官军将严厉执行赏罚。②川北徐匪乃虚张声势，今后匡矫过去不调协弱点，徐匪实不足畏。③朱、毛现约四万人，惊恐疲敝，给养困难。川省奉中央令，已派队入黔截堵。④今后厉行新生活，以简单、朴素、清洁为目标，取缔烟赌娼，先从公共事情做起，以□□风。⑤四川今后除剿匪外，同时注重生产事业。

【成都二十七日下午九时发专电】刘文辉防孟匪西窜，饬部封锁汎口，并向大凸口、香樟坪、公义坝一带推进。

【成都二十七日下午九时发专电】驻川参谋团人员二十八日由浔赴汉，留两日西上。团员百余人，督察员四百人，电务员百余人，政训员百余人，宪兵约十余人。连部电渝，包轮□川。

【中央社贵阳二十六日电】王家烈、犹国才昨自马场坪联名点呈蒋委员长、汪院长，以黔省财政困窘，军食无着，对剿匪经费，请中央酌予补助。

【杭州二十七日下午十时发专电】浙保安处长俞济时赴皖剿匪，迭克失地，已推进皖南之太平县，□将残匪包围。皖南匪患，将渐肃清，徽境安谧。余县党部来电慰劳，当匪由浙昌化窜扰绩溪，旌德、黄山、□口一带时，幸俞率部迎面痛击，故徽属各地得保安全。

【广州二十七日下午八时发专电】粤桂一四集团军总司令陈济棠、李宗仁、白崇禧十一日曾电中央，请命粤桂编组追剿军，十九日再电蒋请示，二十五日蒋已复电赞同。陈拟派第二军全部及独立第三师归张达统率，下月出发湘黔，追剿"赤匪"。

【广州二十七日下午八时发专电】粤驻赣第二师二十四日在马岭剿毙残匪百余，俘数十，获枪四十余。

【汉口二十七日下午十时发专电】蒋为便利鄂南清剿，将一、二两区归赣绥署指挥。

【汉口二十七日下午十时发专电】梁冠英、萧之楚二十七日抵汉，谒张学良、何成濬报告剿匪情况，日内返防。

桃源克后湘西渐安

【长沙二十七日下午六时发专电】宝庆二十五日电，朱、毛股匪主力十八、二十二等日经剑河、台拱西窜，先头窜抵施洞口对岸，其一部经梁上、岑松于二十三日已抵施洞口附近。我第一兵团陈光中师二十二日在黎平、潭溪击溃匪一部，毙匪甚多，获枪三十余支，仍续向剑河、施洞口追击中；我李韫珩部已抵邛水，向剑河、施洞口方面觅匪追击；我第二兵团□周南□分向三□□□推进，□匪主力截击中。

【长沙二十七日下午六时发专电】桃源二十六日电，我李觉师、陈子贤旅、郭汝栋部、王振东旅自收复县城后，现常德大军已陆续来桃，王、陈二旅当即尾匪追击。二十五日戌刻遇匪于黄石及溪口，□在山南、山坪等处□□甚烈。匪伤亡近半，俘匪无数。残匪纷向大庸境老鸦口、潭口等处溃退，现正跟踪追击中。又慈利二十四日电，窜踞黄市股匪千余，窜回大庸，其他小股亦均退走。

【长沙二十六日下午八时发专电】①常德二十五日电，我李师、陈旅、郭师、王旅收复桃源县城后，现正分途搜索，一俟主力集中后，即向大庸方面攻剿。②宝庆二十四日电，窜黔匪大部二十日窜过剑河，经胜秉分股西窜施洞口，一部窜梁上、岑松等处。我第一兵团陈光中师二十二日抵黎平，向剑河追剿。王东原师一部二十二日抵锦屏，移□口，策应李云杰部；二十三日经团河，向会同前进。我第二兵团吴其伟率所部□师二十二日由芷江经玉屏、清溪向镇远前进；周浑元率□□□各师经黔阳、托口、天柱、瓦寨向三穗前进；郭师向焦溪前进。

【中央社长沙二十六日电】李觉、郭汝栋部收复桃源后，向漆家河、黄市猛进，与萧、贺残匪接触。匪伤亡近千，俘数百，残部向老鸦口溃退。慈利县境安谧，长沙常德水路交通恢复。

常德民□电请嘉□□□□□，□□□城，□功□□。

闽东余匪限期肃清

【赣州二十七日下午四时发专电】□十二□□□□令□王敬玖为解决闽东残匪，□□调沈发藻旅长指挥二五九旅二团及保安第十一团部队负罗源、连江、闽侯等三县清剿之责，刘安琪旅指挥二六一旅二团及保安特务团部队负屏南、古田、闽清等三县清剿之责，统限一个月内肃清。王、刘□□同等兵力，□□，□□两□□□，使其努力，俾增效率。福宁属之匪，则统归新编第十师萧乾部负责剿办。

【中央社福州二十七日电】卢兴荣二十五日率部攻破塘地伪闽赣军区司令部，俘获八十，□枪百余及驴马肉票等，现仍猛追中。

残匪入黔渡江北窜

【上海通信】赣匪大举入黔，已逾旬日。此次匪队窜湘南一带，多假道乡村，故与官军接触之次数，不如理想之多。匪军中之被裹挟者乘机脱逃被俘。匪入黔初到之永从、黎平，即所谓贵州南路，因追击军在湘桂边界，遂折向西北而趋剑河，渡清水江而北。盖企图略入腹地，避免邀击。其前部趋向东大道，东大道者既由湘西入黔大道，由此可趋黔北，亦可以趋贵阳。匪绝无久留黔境之理，缘黔境山深林密，村落稀少，平民粮食储蓄甚少。其后民团乘其疲敝之际，出而截击，并获枪千支。萧部窜至乌江，适值江水大涨，竟不得飞渡，始回窜湘西。

川黔两军布防遵义

此次匪军之入黔者，较萧部尤多，以数万之众，入贫瘠之乡。现在中央追击军已达铜仁，系准备向回窜北窜匪军兜头痛击，惟匪似有规避之势。现在最重要之关键，在乎遵义，盖此乃入川要道，匪祸消灭与否，当与此决之。川南军队已有一部飞向此处开拔，助黔军防守。桂军将领，前曾请中央给以追击指挥名义，虽中央尚未有令，桂军追击部队，则已由桂北入黔南，惟仅至古州（榕江县）而止。犹国才自到贵阳后，其原驻黔西部队，已逐渐向省城开拔，加入剿匪，大致“赤匪”命运如何，在半个月内可以判明。

（残）

大公报（长沙版）

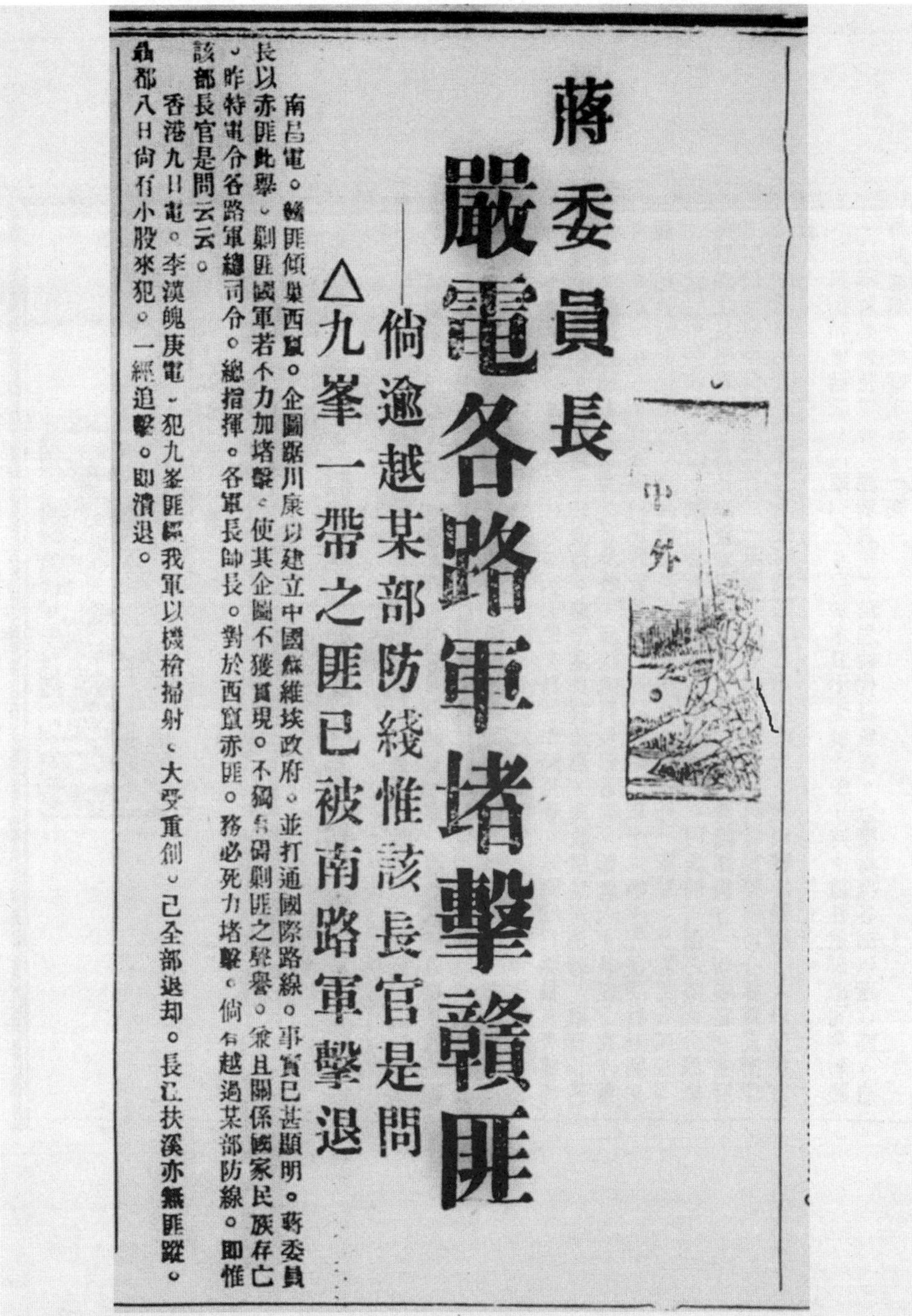

蔣委員長
嚴電各路軍堵擊贛匪
——倘逾越某部防綫惟該長官是問
△九峯一帶之匪已被南路軍擊退

南昌電。贛匪傾巢西竄。企圖竄川康以建立中國蘇維埃政府。並打通國際路線。事實已甚顯明。蔣委員長以赤匪此舉。剿匪國軍若不力加堵擊。使其企圖不獲實現。不獨有礙剿匪之發展。兼且關係國家民族存亡。昨特電令各路軍總司令。總指揮。各軍長師長。對於西竄赤匪。務必死力堵擊。倘有越過某部防線。即惟該部長官是問云云。

香港九日電。李漢魂庚電、犯九峯匪經我軍以機槍掃射、大受重創。已全部退却。長江扶溪亦無匪蹤。匪部八日尚有小股來犯。一經追擊。即潰退。

1.蒋委员长严电各路军堵击赣匪，倘逾越某部防线惟该长官是问，九峰一带之匪已被南路军击退，1934 年 11 月 12 日第 2 版

何總司令

昨早率總部人員出發衡陽

本日就追勦總司令職

劉大使文島代表監誓

何總司令以贛匪繞道粵邊。竄入湘南。現向宜（章）臨（武）逃竄。我追擊堵勦各部已布置完畢。北路軍與粵桂友軍。均已到達預定地區。同時奉蔣委員長任命爲追勦總司令。亟應進駐衡州。組成追勦總司令部。指揮在湘各部。聯絡粵桂友軍圍殲該匪。以除黨國隱患。何總司令特於昨十四號上午八時廿分鐘。由公館乘汽車。逕駛衡州。陪往者有劉大使文島。李師長覺。奉調隨行職員。有總部參謀長郭持平。辦公廳主任凌璋。參謀處長鄭兆熙。黨政處長何浩若 副官長熊士鼎。辦公廳秘書王政詩。王景羲。參謀處科長彭奇峯。梁祗六。及經，交。醫。械。副。法。黨政各處科長各數員。由東站共乘汽車十六輛。先後隨行赴衡。屆時在公館歡送者。有張余兩廳長。易秘書長。吳主任（家騄）及總部各處長等。聞當日正午即達衡城。劉司令建緒等在站歡迎極盛。何氏於啓節之頃。令派總部副參謀長吳家騄。爲長沙後方留守主任。代行西四兩總部後方一切事宜。省府主席仍推曹委員典球代行。一面諭令保安司令部。會同省會警備司令部負責辦理。關於省會治安一切事宜。如有造謠。搖動人心者。准以軍法嚴辦 。以安後方云。

又衡州電話云。何總司令。定於本日十五號上午十時。就任追勦總司令新職。已奉蔣委員長電令。派劉大使文島屆時代表監督。以便指揮各部迅殲竄匪。想屆時必有一番盛況云。（國）

2. 何总司令昨早率总部人员出发衡阳，本日就追剿总司令职，刘大使文岛代表监誓，1934 年 11 月 15 日第 6 版

赤匪在延壽大敗後

殘部向湘桂邊境逃竄

李宗仁已調軍佈防桂邊防堵

蔣電陳李約四路軍合圍堵剿

廣州十四日電。韶行營捷報。十一日林彪率匪萬餘。再犯城口西北之延壽線。與我獨二旅激戰竟夜。十二日晨獨三師出九峯側擊。將匪截數段。獨二旅將匪一部包圍。午後四時將匪擊潰。俘三千餘。爲南路軍空前大捷。又報。城口長江坪石線。被我軍三路擊退後。餘匪肅清。坪樂間電話復通。余漢謀現駐樂昌指揮。

廣州十四日電。余漢謀電陳。我李漢魄葉肇師陳章旅。十一十二兩日在湘邊九峯口延壽與匪激戰兩晝夜。我軍卒獲大勝。俘數千。繳槍約六千。匪主力一軍團全消滅。又李漢魂電稱。僞一軍團十一日犯延壽。職會同獨二旅劇戰竟日。十二日。我葉師由九峯出延壽。向匪陣側擊。午後四時。匪全部受殲。傷斃匪無算。俘三千餘。獲槍四五千。劉仍追擊中。又九峯驛報。匪首林彪彭德懷率僞一三軍團約二萬。突犯我延壽。係牽制我軍追擊。掩護大部西竄。激戰兩日夜。僞一軍團退路爲我獨三師截擊。殲滅無算。

香港十四日電。匪自延壽慘敗後。殘部向宜章臨武藍山潰竄。南路軍現從事搜索工作。並電約西路軍截擊。

廣州十四日電。連山探報。彭匪率萬餘從小北江。圖犯桂邊鍾山富川灌陽。以牽制桂軍截擊。並護前隊。由湘西竄黔川。頃(宗仁)電陳(濟棠)彭匪從小北江圖犯桂邊。令口師迎擊外。派口口口師入口口口堵截。湘何鍵派張沛乾乘機抵粵謁陳。商西南路軍堵匪機宜。詳情未悉。

廣州十四日電。總部息。蔣委長電陳濟棠。李宗仁。白崇禧。東南西北路軍合圍堵剿。指定陣線。毋使匪漏網入川。

本報上海十六日電。廣州訊。西南政務會昨日發出獎勉剿共將士於延壽一役殲滅共匪一九兩軍團電。其電末謂倘希全軍奮勇。一鼓蕩平云。

3.“赤匪”在延寿大败后，残部向湘桂边境逃窜，李宗仁已调军布防桂边防堵，蒋（介石）电陈（济棠）、李（宗仁）约四路军合围堵剿，1934 年 11 月 17 日第 2 版

本省

李雲杰王東原兩部
在寧道間與匪主部激戰
朱彭親在陣前指揮戰事極烈
我軍連日斃匪俘匪各千餘名

我西北各路軍。現追匪到達寧遠。道縣間。戰鬥甚烈。斃匪甚衆。玆錄前方捷電如下。

電一——衡州總部敬（廿四）日來電云。（一）寧遠東南地區洪觀圩。楠木橋之匪。查係朱（德）彭（德懷）在陣前指揮。抗戰激烈。經李雲杰部痛擊。向落山廟逃竄。永樂圩之匪大部亦被擊潰。一部仍抗戰中。（二）王東原師。巳追匪至東村胡家 遇僞五軍團全部。當令張旅（毅中）出擊。自巳至午。連奪數山。匪愈戰愈衆。僞一軍團來援。與我陳旅沿下灌至寧遠大道左側高地。雙方衝擊。戰事異常猛烈。後匪陸續增至萬餘。幾經肉搏。我官兵亢着應戰。迭以機槍。手溜彈痛擊。現尙相持於兩白米之間。左翼之匪被我張旅長督部猛力衝潰。退至距下灌里許之寶塔山東北端。復停止反攻。即就現地對峙激夜。計本日斃匪千餘。獲槍數百。我方亦傷亡連長羅簡等百餘員名。等語。

電二——衡州總部敬（廿四）亥電云。情報。（一）王東原師。敬（廿四）日拂曉。向下灌攻擊。晨刻攻佔下灌。當派汪旅長（之斌）跟追。迫抵大界要險。由辰至午。均在激烈對戰中。（二）王師東原。昨俘匪千餘。據供與該師對戰之匪。係五八兩軍團全部及第一軍團之一部。受創甚鉅。現向道縣西窟中云。

（國）

4. 李云杰、王东原两部在宁（远）、道（县）间与匪主部激战，朱（德）、彭（德怀）亲在阵前指挥战事极烈，我军连日毙匪俘匪各千余名，1934 年 11 月 26 日第 6 版

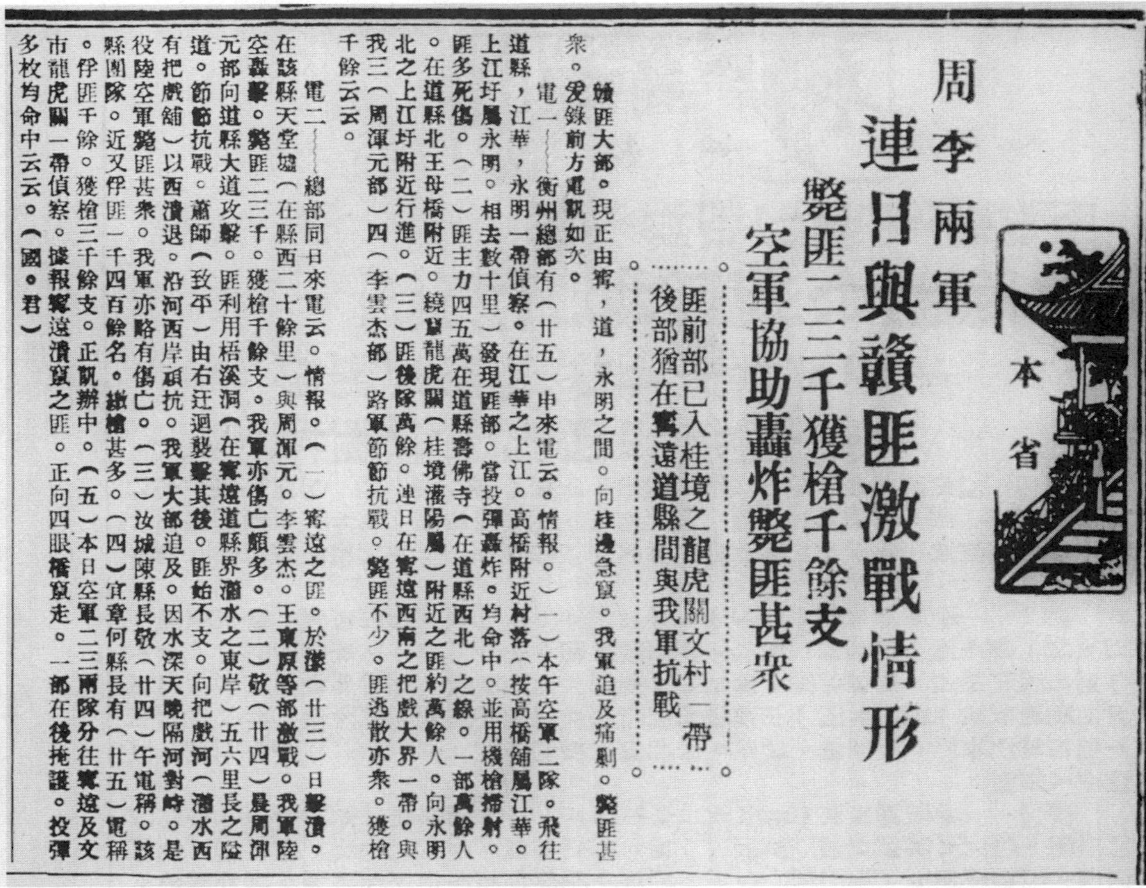

本省

周李兩軍

連日與贛匪激戰情形

斃匪二三千獲槍千餘支

空軍協助轟炸斃匪甚衆

匪前部已入桂境之龍虎關文村一帶
後部猶在寧遠道縣間與我軍抗戰

贛匪大部。現正由寧，道，永明之間。向桂邊急竄。我軍追及痛剿。斃匪甚衆。爰錄前方電訊如次。

電一——衡州總部有（廿五）申來電云。情報。）一）本午空軍二隊。飛往道縣，江華，永明一帶偵察。在江華之上江。高橋附近村落（按高橋舖屬江華。上江圩屬永明。相去數十里）發現匪部。當投彈轟炸。均命中。並用機槍掃射。匪多死傷。（二）匪主力四五萬在道縣壽佛寺（在道縣西北）之線。一部萬餘人。在道縣北王母橋附近。繞竄龍虎關（桂境灌陽屬）附近之匪約萬餘人。向永明北之上江圩附近行進。（三）匪後隊萬餘。連日在寧遠西南之把戲大界一帶。與我三（周渾元部）四（李雲杰部）路軍節節抗戰。斃匪不少。匪逃散亦衆。獲槍千餘云云。

電二——總部同日來電云。情報。（一）寧遠之匪。於漾（廿三）日擊潰。在該縣天堂墟（在縣西二十餘里）與周渾元。李雲杰。王東原等部激戰。我軍陸空轟擊。斃匪二三千。獲槍千餘支。我軍亦傷亡頗多。（二）敬（廿四）晨周渾元部向道縣大道攻擊。匪利用梧溪洞（在寧遠道縣界瀟水之東岸）五六里長之隘道。節節抗戰。蕭師（致平）由右迂迴襲擊其後。匪始不支。向把戲河（瀟水西有把戲舖）以西潰退。沿河西岸頑抗。我軍大部追及。因水深天晚隔河對峙。是役陸空軍斃匪甚衆。我軍亦略有傷亡。（三）汝城陳縣長敬（廿四）午電稱。該縣團隊。近又俘匪一千四百餘名。繳槍甚多。（四）宜章何縣長有（廿五）電稱。俘匪千餘。獲槍三千餘支。正訊辦中。（五）本日空軍二三兩隊分往寧遠及文市龍虎關一帶偵察。據報寧遠潰竄之匪。正向四眼橋竄走。一部在後掩護。投彈多枚均命中云云。（國。君）

5. 周（浑元）、李（云杰）两军连日与赣匪激战情形，毙匪二三千获枪千余支，空军协助轰炸毙匪甚众，匪前部已入桂境之龙虎关、文村一带，后部犹在宁远、道县间与我军抗战，1934 年 11 月 27 日第 6 版

周縱隊萬師已進駐道縣

赤匪分途向桂境潰竄

——已與桂軍在桃川附近激戰

△王師進佔四眼橋斃匪甚多

我第三路周渾元部。第四路李雲杰部。在寧（遠）道（縣）之間下灘。水打舖。四眼橋一帶。痛剿匪之後隊。斃匪甚衆。現跟踪追剿。於廿六日進駐道縣。匪全竄道縣河西岸。先頭似到桂境全縣文村一帶。正在我湘桂部隊堵截中。錄電訊如下。

電一～～衡州總部感（廿七）日來電云。（一）竄入桂境四關（即永安關）及文村（屬全縣）之匪約二萬人。現正調軍圍擊中。（二）匪衆萬餘。有（廿五）晚在桃川附近。與第七軍（即桂軍）激戰。死傷頗衆。現仍相持。（三）我萬師（周渾元部）敬（廿四）由寧遠跟匪追擊。匪扼水抗拒。萬師宥（廿六）晚由下游白馬渡强渡。並猛擊十餘次。匪始紛向道西竄走。宥（廿六）下午三時。萬師全入道城。

電二～～衡州總部宥（廿六）日來電云。（一）王東原部有（廿五）未攻佔四眼橋。偽五八軍團及第一軍團之一部。計二萬餘。分向九井渡。福祿岩。界排竄走。其後衛槍匪。被汪旅（之斌）追擊。激戰於四眼橋東北高地。斬獲甚多。正猛追中。（二）臨武團隊。昨又搜獲竄散匪槍卅餘支。俘匪卅餘名。擊斃甚衆云。（國）

6. 周纵队万师已进驻道县，“赤匪”分途向桂境溃窜，已与桂军在桃川附近激战，王师进占四眼桥毙匪甚多，1934 年 11 月 29 日第 6 版

本省

贛匪循蕭匪故道偷渡湘江

劉建緒部在全興間截擊
周渾元部擊潰匪部後衛

贛匪企圖渡河由文市向西延逃竄。已誌本報。玆昨前方來電云。

電一……衡州總部豔(二十九)日來電云。(一)匪萬餘。感(二十七)儉在全州以西偷渡，我章師(亮基)在路板舖遭遇。激戰半日。已擊潰。斬獲甚多。(二)文市匪二萬餘。儉(二十八)夜循蕭匪故道漏竄。我劉司令(建緒)所部。豔(二十九)辰由蔘圩名鹹水進剿。刻在激戰中。(三)周渾元部在壽佛圩。將匪後衛擊潰。匪向蔣家嶺竄走云云。

電二……全州來豔(二十九)電云。匪先頭萬餘。在麻子渡。屏山舖一帶。企圖渡過湘水。並出沒於路板舖、珠塘舖。沙子包。界首。)在全州、興安間)我章師先頭何旅(友松)已在路板舖及汽車道兩側白茄屋佔領陣地。向該匪猛攻。激戰半日。將匪擊潰。斃匪甚多。追至馬靜山。帶子衛。及汽車道北側。將匪截斷包圍痛剿云。(國)

7. 赣匪循萧匪故道偷渡湘江，刘建绪部在全（州）、兴（安）间截击，周浑元部击溃匪部后卫，1934 年 12 月 1 日第 6 版

劉建緒部

大破赤匪於全州興安間

匪傷亡近萬殘部竄西延

繳槍六千機砲四十餘挺

贛匪山全縣屬之文市。向興安屬之西延逃竄。我軍在全興汽車大道截獲其大部。包圍痛剿。曾誌本報。玆續將前方捷訊。探誌如下。

電一……衡州總部三十日來電云。頃據全州本日戌刻電話。三十日。我劉建緒部王（東原）陶（廣）李（覺）章（亮基）陳（光中）各師。全部與匪一三五軍團。在覺山。朱蘭舖。白沙舖一帶。自辰苦戰至酉。將匪全線擊潰。匪傷亡近萬。我軍傷亡亦衆。共繳匪槍六千餘支。機槍迫炮四十餘挺。爲剿匪以來未有之大捷。殘匪一部向西延方面竄走。現正尾追中云云。

電二……衡州總部艷（二十九）日來電云。（一）匪大部仍在四關至文村相灘水以東一帶大分。其一部感（二十七）日經全屬勾牌山。及山頭上。未頭一帶渡河。向沙子包蔡壠等處分竄。（二）章師（亮基）儉（二十八）未在全縣以西之路板舖。沙子包。高車一帶與匪一部激戰至酉。將匪擊潰。斃匪三百餘。（三）李（雲杰）王（東原）兩師。已過沱水尾匪追剿。該路自篠（十七）起追匪激戰七次。先後俘斃匪二千餘。（四）空軍第二隊儉（二十八 午在文市附近。炸斃匪兵甚多。同時第三隊在支市東之東流。發現匪約千餘。亦炸斃匪部數百云。（國）

8. 刘建绪部大破“赤匪”于全州、兴安间，匪伤亡近万残部窜西延，缴枪六千机炮四十余挺，1934 年 12 月 2 日第 6 版

本省

衡州總部電告

我軍連日剿匪勝況

—東日又殲匪二千圍匪數千

……我軍追入桂境湘南已無股匪……

劉建緒部。在全（州）興（安）間之覺山。珠蘭舖。白沙舖一帶。截獲僞一三五軍團。奮力痛剿。匪部傷亡近萬。我各部獲槍六千餘支。曾誌昨報。玆悉我軍乘勝追剿。又擊潰匪一部。聯絡桂軍包圍匪之一部。斬獲甚多。現正截斷全興大道。堵匪西竄。一面尾追道永間之匪軍入桂。以期包圍聚殲。錄前方電訊如次。

電一……衡州總部卅電云。（一）全州至興安間。路距百七十里。我軍到達全州後。始偵知全興間無一守兵。桂軍僅兵一團。在興安閉城固守。（二）劉司令建緒所部。儉（二十八）日在全興間珠塘舖擊潰匪之一部。斬獲頗多。艶（二十九）日在路板舖。與大股匪軍遭遇。激戰竟日。斬獲尤多。刻已進達鹹水附近。（在興安縣東北三四十里）將企圖西竄之匪橫截。正激戰中。（三）我周司令渾元。李司令雲杰部。追擊匪後隊。已達永安關。支市之線。（均桂邊）。（略）。

電二……衡州總部卅電云。（一）空軍本日在蘇子渡。南石渡。馬鞍山。蓮塘。及文市至石塘圩。大嶺背各發現匪數千。當投彈。幷開機槍掃射。殲匪甚多。（二）匪在山頭附近架遊動浮橋四座。及全縣南循稱塘附近浮橋五座。均經空軍投彈炸毀。殲匪多名。（三）周（渾元）李（雲杰）兩軍追匪抵文市。俘殲匪後衛千人。湘南已無股匪云云。

電三……衡州總部東（一日）電云。（一）我劉建緒部李覺。章（亮基）師。及補充各團。（成鐵俠。何平兩部）本日追抵鹹水。蘇子渡。與匪激戰。殲匪二千餘。獲槍千餘支。（二）蘇子渡。與石塘圩之間。有匪四五千。我軍與桂軍正在圍剿中。（三）空軍將向西延逃竄之匪。投彈炸殲無算。（四）周渾元。李雲杰兩路。躡匪追剿。已過蓮塘。俘匪獲槍近千云云。

電四……全州劉司令建緒東（一日）電云（一）白副總司令電話云。我夏軍長（威）所部已將新圩當面之匪擊潰。刻追抵古頭嶺附近。與我蘇子渡章李各師。將石塘圩。界首匪軍六七團包圍繳械中。（二）匪一股。由蘇子渡界首等處。渡過鹹水。向西北竄逃。文市。界首間尚有匪大部企圖逃竄。正在我軍截剿中。（三）全州南。大肚嶺。白沙之匪一部。本日經我陶師鍾旅擊潰。頗多斬獲云云。（國）

9. 衡州总部电告我军连日剿匪胜况，东日又毙匪二千围匪数千，我军追入桂境湘南已无股匪，1934 年 12 月 3 日第 6 版

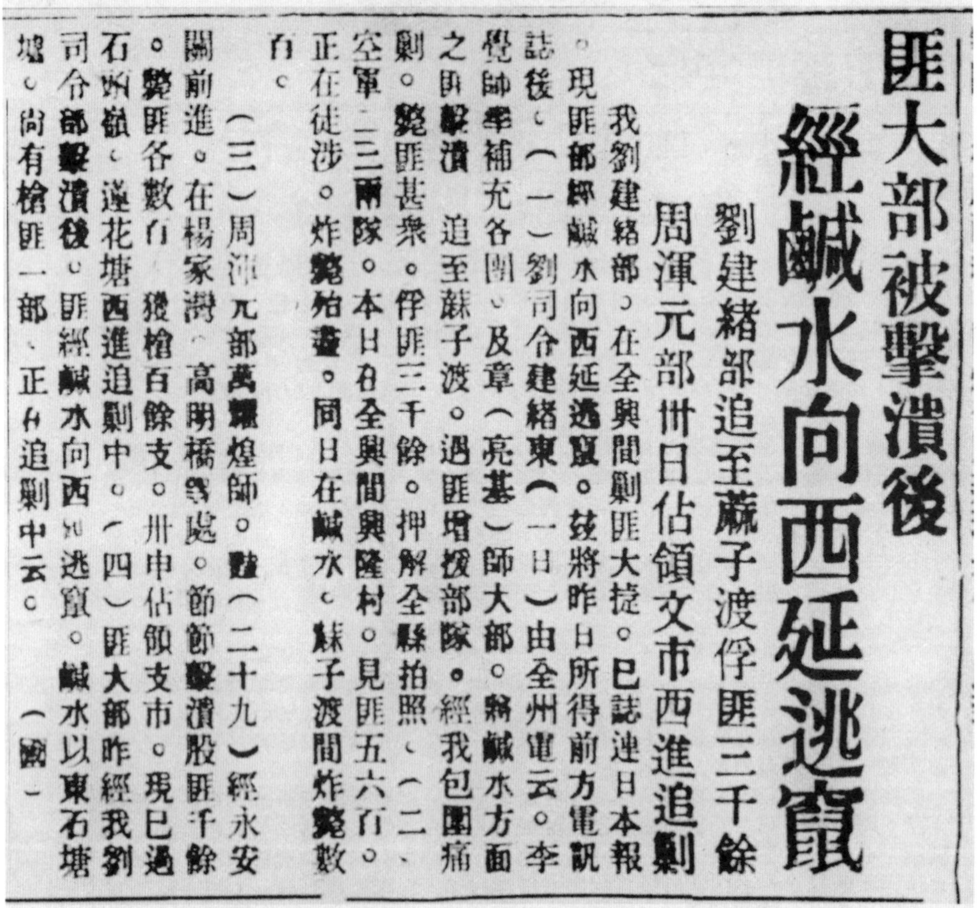

匪大部被擊潰後
經鹹水向西延逃竄
劉建緒部追至蔴子渡俘匪三千餘
周渾元部卅日佔領文市西進追剿

我劉建緒部。在全興間剿匪大捷。已誌連日本報。現匪部即經鹹水向西延逃竄。茲將昨日所得前方電訊誌後。（一）劉司令建緒東（一日）由全州電云。李覺師率補充各團、及章（亮基）師大部。將鹹水方面之匪擊潰 追至蘇子渡。遇匪增援部隊。經我包圍痛剿。斃匪甚衆。俘匪三千餘。押解全縣拍照、（二）空軍二三兩隊。本日在全興間興隆村。見匪五六百。正在徒涉。炸斃殆盡。同日在鹹水、蘇子渡間炸斃數百。

（三）周渾元部萬耀煌師。於（二十九）經永安關前進。在楊家灣、高明橋等處。節節擊潰股匪千餘。斃匪各數百 獲槍百餘支。卅申佔領文市。現已過石塘嶺、蓮花塘西進追剿中。（四）匪大部昨經我劉司令部擊潰後。匪經鹹水向西延逃竄。鹹水以東石塘墟。尚有槍匪一部、正在追剿中云。（國）

10. 匪大部被击溃后经咸水向西延逃窜，刘建绪部追至麻子渡俘匪三千余，周浑元部卅日占领文市西进追剿，1934 年 12 月 4 日第 6 版

劉李各部

肅清全興間殘匪

即向西延方面追剿

贛匪竄到全（州）與（安）間之路板舖。覺山。蘇子渡。鹹水、石塘圩一帶。被我劉建緒部連日痛剿。傷斃匪兵近萬。奪槍六千餘支、俘匪三千餘名。均誌本報。茲悉全興間殘匪。經李（覺）、章（亮基）各部。分途搜剿。同時我追剿部隊李雲杰。王東原各部亦到達全縣。與李章等師會合。已將全興間大榕江以東之股匪完全肅清。即日向西延方面逃匪追剿。務期消滅云。（國）

11. 刘（建绪）、李（觉）各部肃清全（州）、兴（安）间残匪，即向西延方面追剿，1934 年 12 月 5 日第 6 版

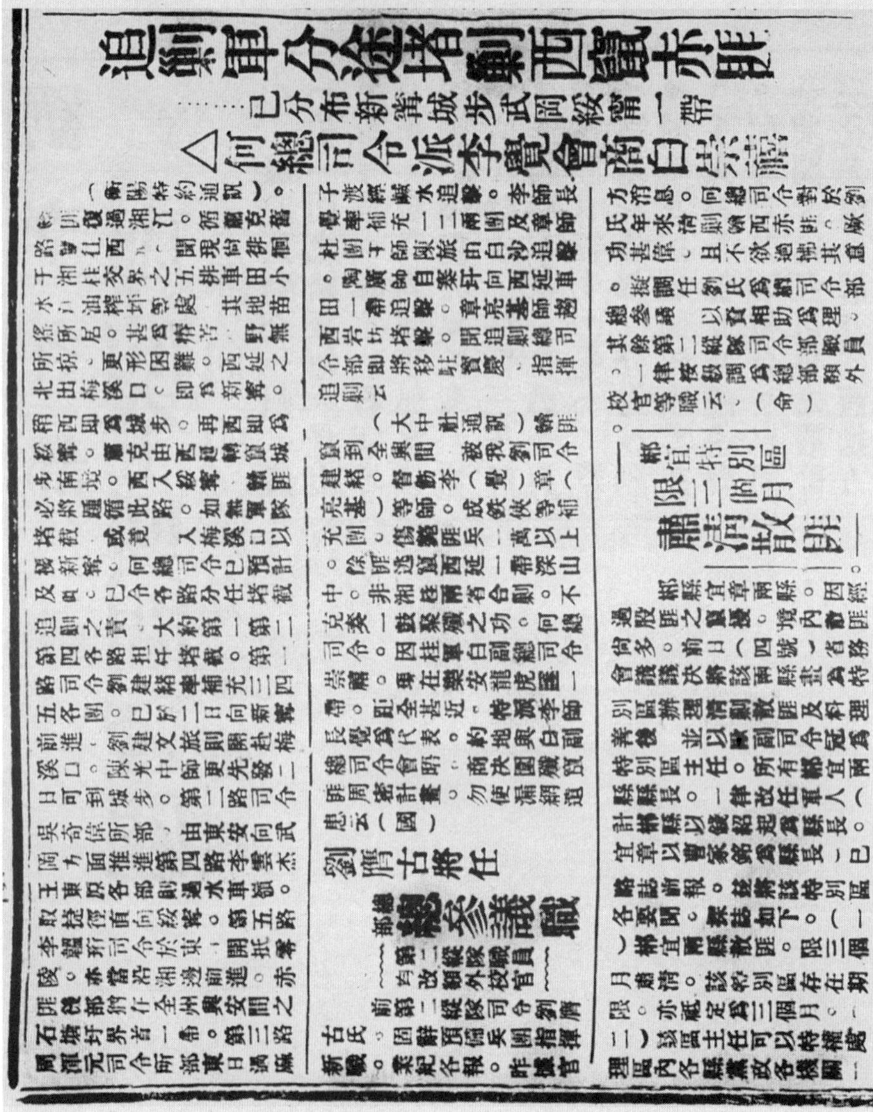

追剿軍分途堵剿西竄赤匪

已分布新寧城步武岡綏甯一帶

△何總司令派李覺會商白崇禧

劉膺古將任總參議職

湘宜特別區限三個月肅清散匪

12. 追剿军分途堵剿西窜“赤匪”，已分布新宁、城步、武冈、绥宁一带，何总司令派李觉会商白崇禧，1934年12月6日第6版

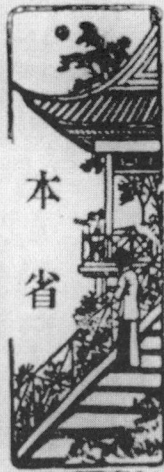

本省

贛匪向城步龍勝大山中分竄

劉建緒率部向武岡前進堵截

桂軍夏威部與我軍聯絡追剿

贛匪在全興間被我軍擊潰後。現已竄入湘桂邊境深山中。我湘桂各軍。正在分途堵截中。昨衡州總部來徵（五日）戌電云。（衡路）。（一）殘匪爲本路軍擊潰後。似已向龍勝城步方面大山中分竄。情形極爲狼狽。（二）第一兵團劉總指揮建緒率補充三四五各團。支往新寧附近。向武岡前進中。陶師向梅溪口方面追剿。沿途斬獲極多。（三）永明汝城等縣團隊。連日搜剿散匪。各獲槍數十支。斃匪數百。（四）據擄匪軍官供稱。匪此次經過湘境實力損失極重。匪部傷亡確在二萬以上。對湘軍之窮追猛進。各縣團隊之穩扎穩打。極具畏心。匪中有「四川雖好。湖南難闖」之謠。（五）空軍未發。現大股匪但沿途炸斃小股匪甚多。并散發傳單數萬。等語云云。

又全縣四日來電云。（一）萬師長耀煌進抵全縣。準徵（五日）日繞出新寧方面。向西追進。截剿逃匪。務期消滅。（二）桂軍夏（威）部。已與我軍聯絡。向匪追剿。沿途繳獲散槍甚多云。

又訊贛匪竄到桂境。今後圍剿進行。湘桂兩軍。實有密切合作必要。何總司令。特派參議王啓華君赴桂林。常駐接洽。關於剿匪軍事聯絡事宜。以昭周密云。（試，國）

13. 赣匪向城步、龙胜大山中分窜，刘建绪率部向武冈前进堵截，桂军夏威部与我军联络追剿，1934 年 12 月 7 日第 6 版

何追剿總司令定明日移駐寶慶

……以便就近指揮追剿

贛匪西竄。經我第一第二兵團。協同友軍沿途截擊。損失甚鉅。現仍向城步一帶西竄。何追剿總司令偵知其詭謀。已派隊在新寧。城步。武岡。綏寧一帶。預爲布防。擬予迎頭痛擊。茲據交通界消息。何氏爲便于指揮追剿起見。訂於明日移節寶慶。其前站人員早已出發。高速度電機。亦業由衡遷寶云。（命）

14. 何追剿总司令定明日移驻宝庆，以便就近指挥追剿，1934 年 12 月 7 日第 6 版

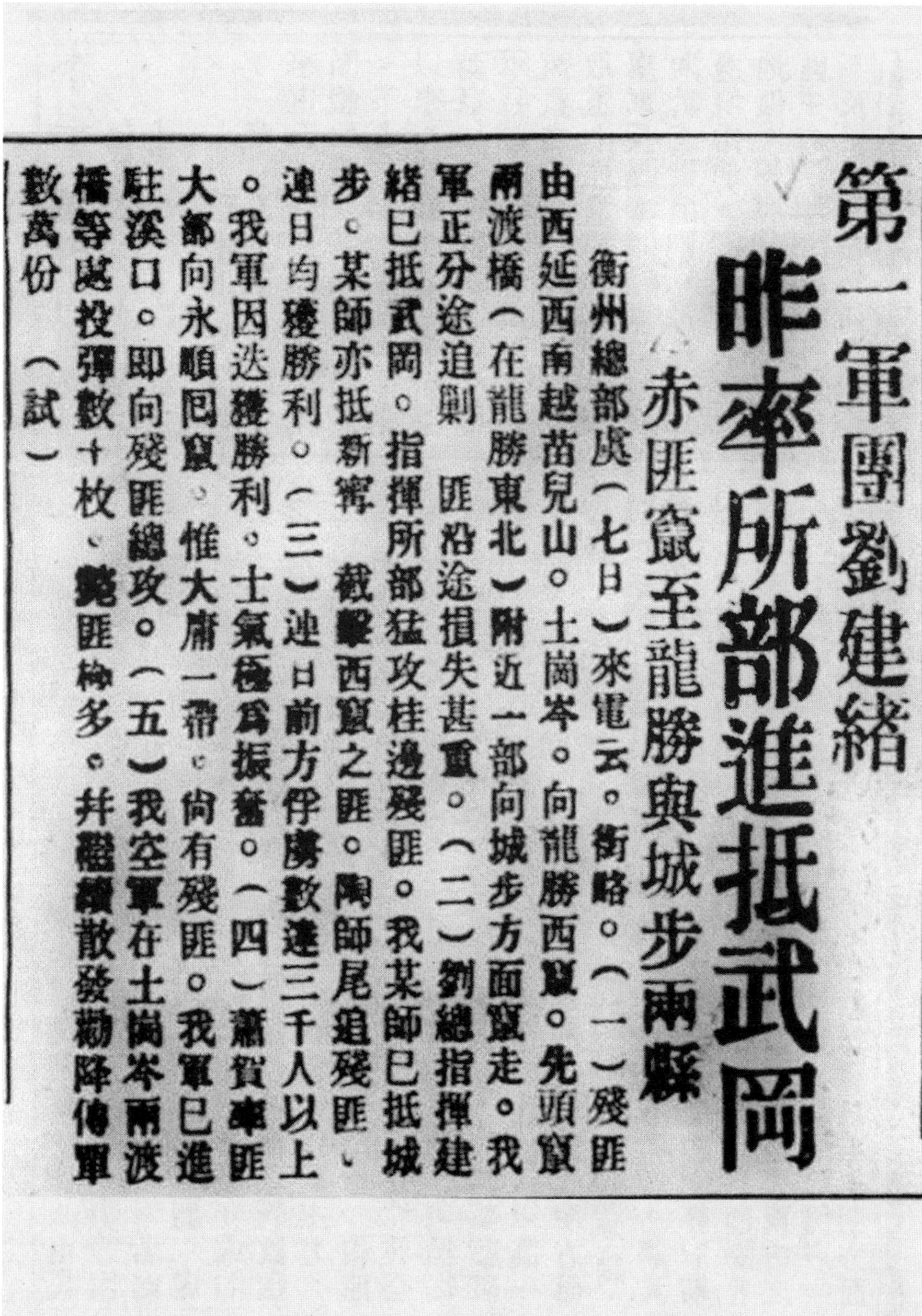

第一軍團劉建緒
昨率所部進抵武岡
赤匪竄至龍勝與城步兩縣

衡州總部虞（七日）來電云。銜略。（一）殘匪由西延西南越苗兒山。土崗岑。向龍勝西竄。先頭竄兩渡橋（在龍勝東北）附近一部向城步方面竄走。我軍正分途追剿　匪沿途損失甚重。（二）劉總指揮建緒已抵武岡。指揮所部猛攻桂邊殘匪。我某師已抵城步。某師亦抵新寧　截擊西竄之匪。陶師尾追殘匪、連日均獲勝利。（三）連日前方俘虜數達三千人以上。我軍因迭獲勝利。士氣極爲振奮。（四）蕭賀率匪大部向永順回竄。惟大庸一帶。尚有殘匪。我軍已進駐溪口。即向殘匪總攻。（五）我空軍在土崗岑兩渡橋等處投彈數十枚、斃匪極多。并繼續散發勸降傳單數萬份　（試）

15. 第一军团刘建绪昨率所部进抵武冈，“赤匪”窜至龙胜与城步两县，1934 年 12 月 8 日第 6 版

李宗仁電告

桂軍堵剿贛匪情形

……自蕭克西竄起至贛匪渡湘止

南京五日訊。李宗仁來電云。各報館各省民衆團體均鑒。共匪盤踞贛閩。荼毒七年。自五次圍剿以來。節節潰敗。仍企圖西竄。另造赤區。乃令僞軍長蕭克。率匪萬餘。作西竄之前鋒。偵察途徑。取道湘桂邊境。本軍經派廖軍長磊率領口軍。協同湘黔友軍追剿。沿桂湘黔邊境山地。深入黔省東北地區。轉戰月餘。幸將該匪主力消滅。剩餘匪衆。不及千人。槍械僅存數百枝。方冀一鼓盪平。以絕後患。適遇贛匪主力。又復傾巢西竄。桂省毗連湘粵方面。五嶺綿亘。逾七百餘里。防線太寬。兵力單薄。除遵委座電令。一面集中口口軍全部。於全桂方面。協同民團。從事佈防外。並檄調第口軍衆程回桂參加堵截。功虧一簣。遺恨實深。第口軍十月十六日回抵桂林。適共匪主力。已進至湘南寧遠藍山之線。復奉委座電令。以追剿各軍偏在西北。須防共匪避實就虛。南繞富賀西竄。更難剿辦等因。同時以兵力不足。若處處布防。必處處薄弱。遂一面分兵協同民團守備湘桂江沿岸及邊境之既設堡壘。同時集中兩軍主力。位置於龍虎關恭城…帶地區。相機策應富賀及。興全兩方。策以機動作戰捕捉匪之主力。一舉將其擊破。乃匪自西竄後、以僞一九兩軍圍田江華永明方面分擾富賀邊境。及龍虎關。雖經我軍數日力戰。將其擊潰。而其主力。亦於斯時。經道縣突破我灌陽北方之四關。經全州南方之文市西竄。我軍除仍以一部繼續掃盪江華永明方面

16. 李宗仁电告桂军堵剿赣匪情形，自萧克西窜起至赣匪渡湘止，1934 年 12 月 8 日第 6 版（2–1）

之匪外。即韓口口軍全部及韓口軍一部 迅速轉移於興安灌陽以北蘇江新墟鹹水界首之線。向匪側面攻擊 同時與僞入全州附近之湘軍協定 兩方夾擊。實乘全州以西之山地阻塞之利 於全州南方地區。將匪殲滅。二十七日以來。我十五軍主力。在文廟南方。與僞三五兩軍團全部 及僞八軍團之一部接戰。彭匪德懷親身督戰。甚爲激烈 以新墟一地。我軍奮勇肉搏 匪軍死傷過千 目下在興安北方

之伏華舖深布呷之線。與敵對峙。現我軍已於二十九日加入文市南方戰線。今拂曉由文市西方之古嶺頭勃塘墟方面突破敵線。斷腰截擊。擒斬赤匪二千餘。獲槍一千二百餘枝。彭匪僅以身免。本軍官兵亦傷亡五百餘人。正向界首方面追擊中。刻據報告。全州附近之湘軍。今晨已開始向南運動。計程本日下午可達某地。迎頭堵截。料今明兩日。可望將匪之主力擊潰也。謹電略陳。李宗仁叩三十日印。

16. 李宗仁电告桂军堵剿赣匪情形，自萧克西窜起至赣匪渡湘止，1934 年 12 月 8 日第 6 版（2–2）

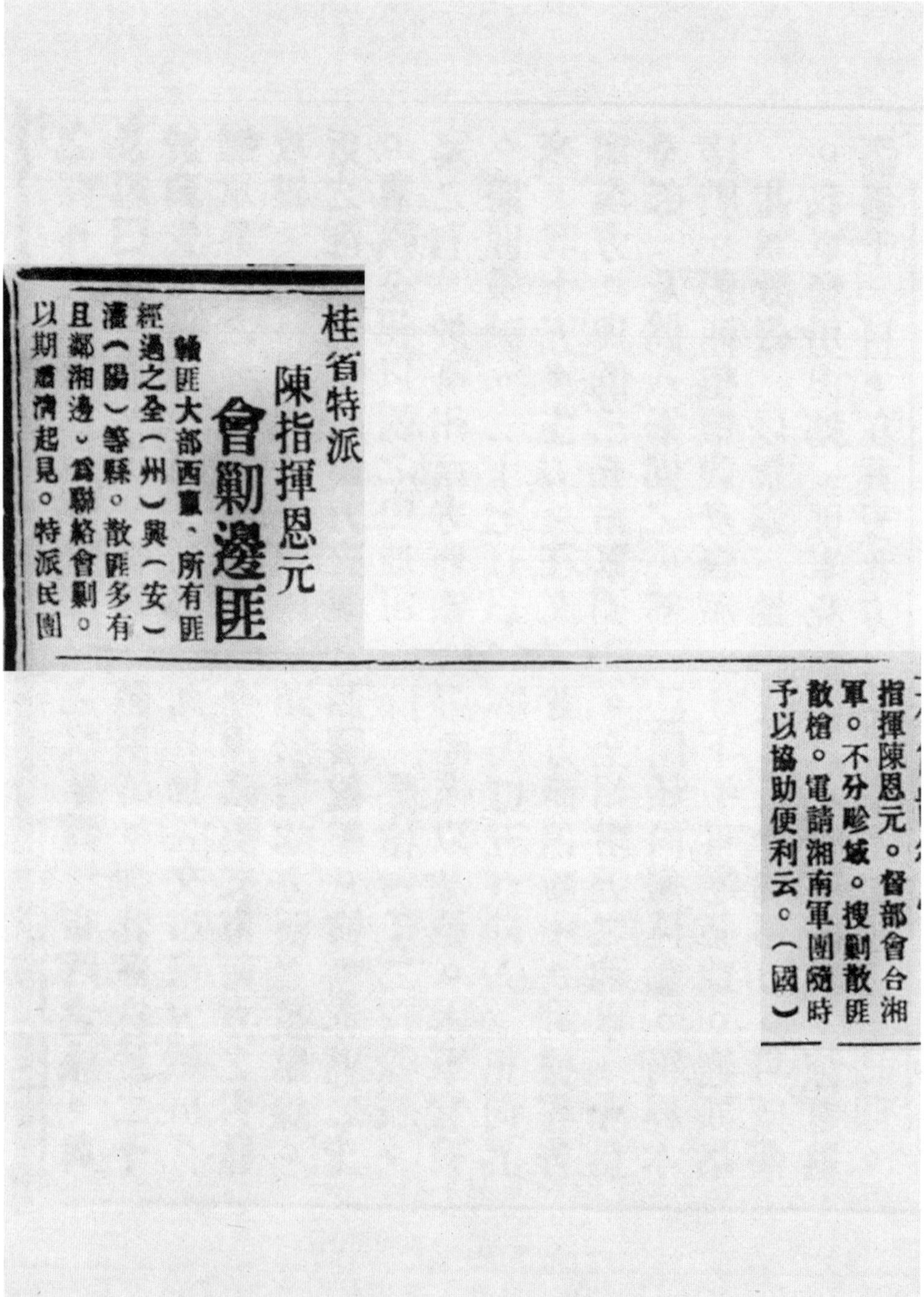

桂省特派
陳指揮恩元
會剿邊匪

殘匪大部西竄、所有匪經過之全（州）興（安）灌（陽）等縣。散匪多有且鄰湘邊、爲聯絡會剿。以期肅清起見。特派民團指揮陳恩元。督部會合湘軍。不分畛域。搜剿散匪散槍。電請湘南軍團隨時予以協助便利云。（國）

17. 桂省特派陈指挥恩元会剿边匪，1934 年 12 月 9 日第 6 版

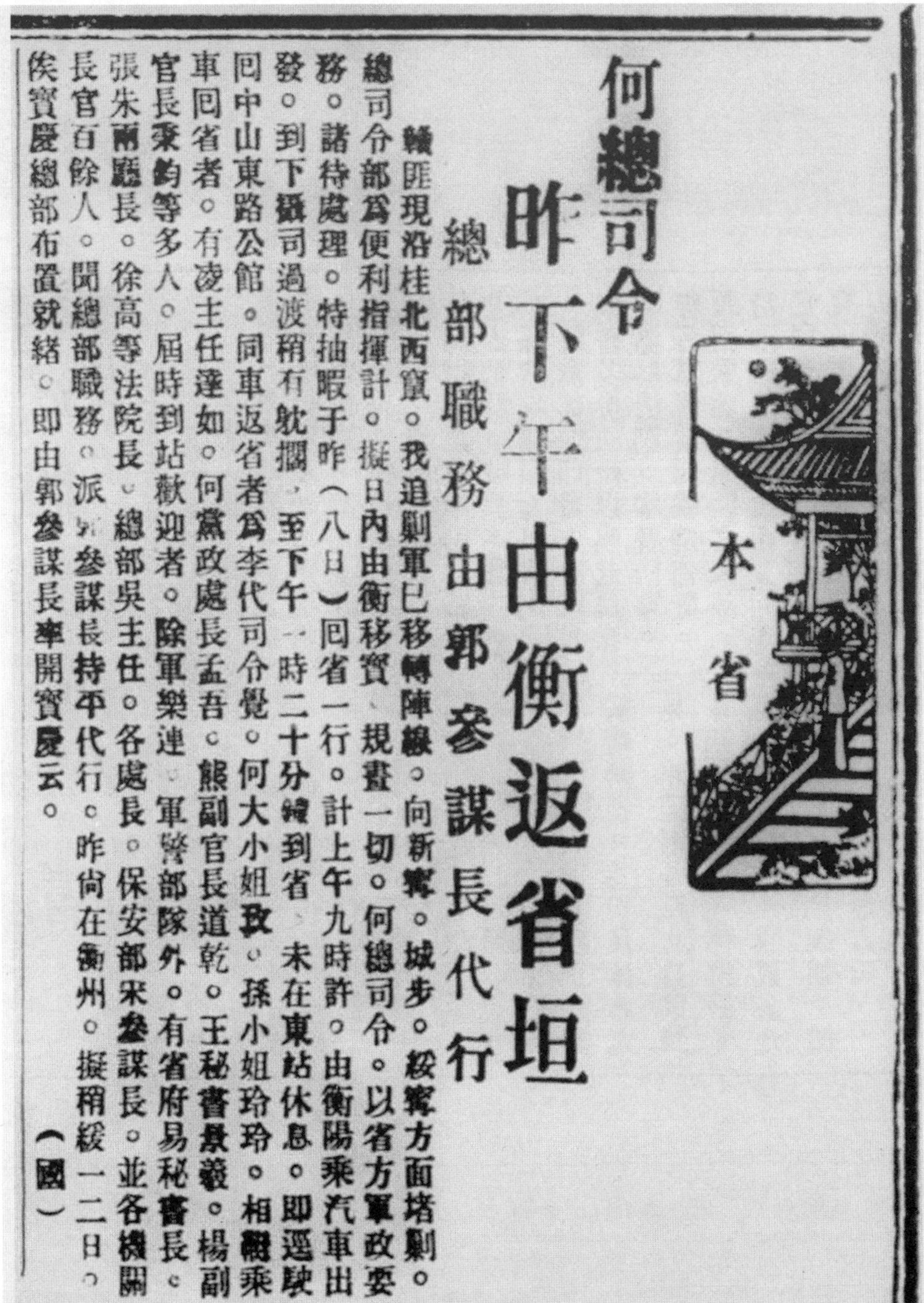
本省

何總司令昨下午由衡返省垣

總部職務由郭參謀長代行

贛匪現沿桂北西竄。我追剿軍已移轉陣線。向新寧。城步。綏寧方面堵剿。總司令部爲便利指揮計。擬日內由衡移寶、規畫一切。何總司令。以省方軍政要務。諸待處理。特抽暇于昨(八日)回省一行。計上午九時許。由衡陽乘汽車出發。到下攝司過渡稍有躭擱，至下午一時二十分鐘到省、未在東站休息。即逕駛回中山東路公館。同車返省者爲李代司令覺。何大小姐玫。孫小姐玲玲。相繼乘車回省者。有凌主任達如。何黨政處長孟吾。熊副官長道乾。王秘書景羲。楊副官長秉鈞等多人。屆時到站歡迎者。除軍樂連。軍警部隊外。有省府易秘書長。張朱兩廳長。徐高等法院長。總部吳主任。各處長。保安部宋參謀長。並各機關長官百餘人。聞總部職務。派郭參謀長持平代行。昨尚在衡州。擬稍緩一二日。俟寶慶總部布置就緒。即由郭參謀長率開寶慶云。(國)

18. 何总司令昨下午由衡返省垣，总部职务由郭参谋长代行，1934年12月9日第6版

武岡大軍雲集

防務亦極鞏固

匪部竄抵龍勝以北綏甯以南

（武岡專訊）西竄贛匪。已抵城步縣境，前線向綏甯竄逃。劉司令建緒支日抵縣。微晨向城步方面前進。指揮堵剿軍事。薛總指揮魚晨率第六路軍全部抵縣。駐紮本城內外。縣黨政機關。組協剿會。縣黨部並印發告全縣民衆書多份。藉以喚起民衆。協助清剿。本縣防務。經各軍事當局妥爲佈置。頗稱鞏固。聞匪之大部。沿湘桂邊境深山西竄。現已竄至龍勝以北與湘屬綏甯通道之極南。企圖藉崇山峻嶺之掩蔽。以入黔境云。

湘東南各縣

股匪肅清

宣佈解嚴

何總司令。以湘東南各縣已無股匪。現正趕辦綏靖善後。爲與民休息起見。昨通電各縣。自電到日起。湘東南一律解嚴。至於潛伏散匪。責成各地文武長官。限期搜捕。澈底肅清。以安地方云。（國）

19. 武冈大军云集，防务亦极巩固，匪部窜抵龙胜以北绥宁以南，1934 年 12 月 11 日第 6 版

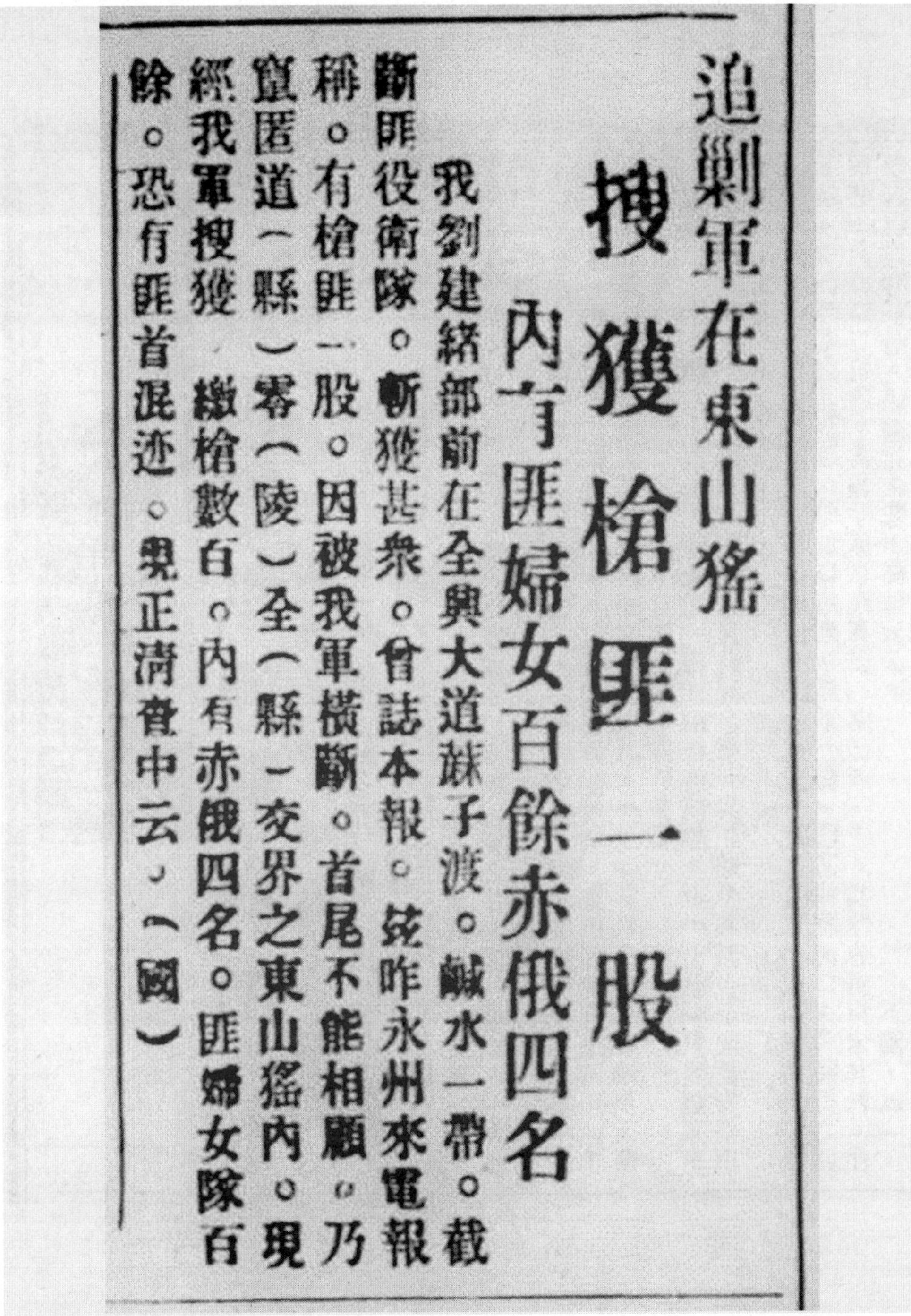

追勦軍在東山猺

搜獲槍匪一股

內有匪婦女百餘赤俄四名

我劉建緒部前在全興大道蘇子渡。鹹水一帶。截斷匪役衛隊。斬獲甚衆。曾誌本報。玆昨永州來電報稱。有槍匪一股。因被我軍橫斷。首尾不能相顧。乃竄匿道（縣）零（陵）全（縣）交界之東山猺內。現經我軍搜獲。繳槍數百。內有赤俄四名。匪婦女隊百餘。恐有匪首混迹。現正清查中云。（國）

20. 追缴军在东山瑶搜获枪匪一股，内有匪妇女百余“赤俄”四名，1934 年 12 月 11 日第 6 版

本省

贛匪竄抵通道以南

經城步境內者向長安營西竄

飛機在橫水寨以西斃匪甚多

桂軍廖磊部出龍勝截擊

贛匪三五八九軍團。由西延西竄。經龍勝桂邊猺山。竄到綏寧。通道一帶。匪一軍團。則猝桂湘邊境西北竄。現經城步以南到城綏之間。我湘桂軍正會同進剿。分錄前方電訊如次。

電一……衡州蒸（十日）電云。（一）匪主力。尙在龍勝東北趕城岑。金坑一帶。一部由城步以南之紅沙洲。向長安營方面西竄。東山猺附近遺留殘匪千餘。向四關方面回竄我軍正分別堵追。不難殲滅。（二）空軍本日。在城步西南橫水寨以西大山。發現二三千人。當即投彈。斃匪甚多。

電二……靖縣來電云。匪先頭一部。由桂邊龍勝。蒸（十日）竄通道東南之牙屯堡。及綏（寧）通（道）間之青蕪洲一帶。其在城步共匪。企向長安營西竄。我軍正集中堵剿云云。

電三……興安白副總司令崇禧佳（九）電云。敝部夏軍（威）已將興安屬王隘。中洞等處之匪擊破，向口口口追剿。廖軍（磊）已將龍勝河口。馬蹄街之匪擊破。向口口口追擊。前後俘匪。在興安一處已過三千。其餘各處尙未詳計。俘虜衣帽均有紅邊。係爲匪之基本部隊云云。

（國，試）

21. 赣匪窜抵通道以南，经城步境内者向长安营西窜，飞机在横水寨以西毙匪甚多，桂军廖磊部出龙胜截击，1934 年 12 月 12 日第 6 版

本省

贛匪分兩路潰竄黔境

一部由桂境竄入黔屬永從
一部由通道之北圖入錦屏

我追剿部隊亦達到黔邊

贛匪竄到通道。企圖入黔。已誌本報。茲昨邵陽有元（十三）寒（十四）兩電到省云。（一）匪大部。由桂龍勝。古宜。竄入黔境永從。一部竄通道北之新廠馬路口。圖入黔錦屏。（二）我劉總指揮（建緒）部陳師。已追到通道北倒水界將匪右衛部隊擊破。斃匪甚衆。殘匪向黔邊急竄。我某某等師。向黔邊急進追剿。（三）某某等師。已將蓬洞（屬城步）至長安堡（屬綏寧）迄青蕪洲（通道綏寧之間）沿途股匪肅清。斬獲頗多。現向通道追剿中。（四）黔軍何總指揮（知重）已抵馬場坪。現指揮口口口旅向黎平一帶堵剿中云。（國）

（洪江特訊）保安四區司令部。昨接武岡電話、北路軍總指揮。兼第五軍軍長薛（岳）副總指揮兼第四軍軍長吳（奇偉）率大軍已抵武岡。昨（七日）由武岡出發。灰（十）日准到達洪江。茲悉楊代司令[illegible]松。謝副司令饗初。以薛吳兩總指揮。追剿贛匪。遠道入湘。枕甲荷戈。千里跋涉。爲民族除大害。爲黨國爭光榮。如此勞苦功高之剿匪軍。亟應籌備盛大歡迎。以表誠敬。聞區部已命令周副官長。協同劉公安局長。妥爲籌備。周劉兩君奉令後。擬召集本市各機關團體。開會討論辦法云。（月旦）

22. 赣匪分两路溃窜黔境，一部由桂境窜入黔属永从，一部由通道之北图入锦屏，我追剿部队亦达到黔边，1934 年 12 月 16 日第 6 版

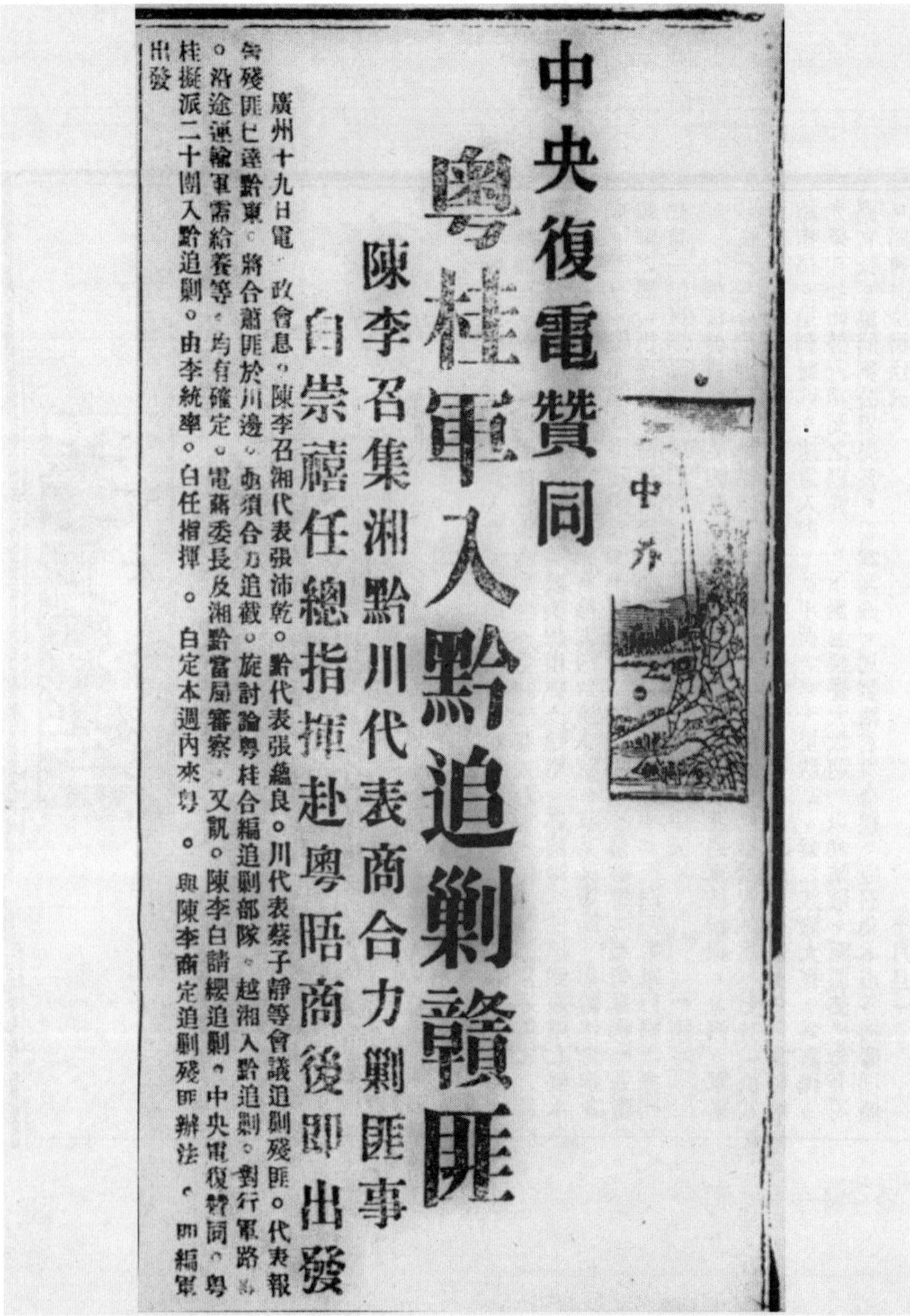

中央復電贊同

粵桂軍入黔追剿贛匪

陳李召集湘黔川代表商合力剿匪事

白崇禧任總指揮赴粵晤商後即出發

廣州十九日電。政會息。陳李召湘代表張沛乾。黔代表張蘊良。川代表蔡子靜等會議追剿殘匪。代表報告殘匪已達黔東。將合蕭匪於川邊。亟須合力追截。旋討論粵桂合編追剿部隊。越湘入黔追剿。對行軍路綫。沿途運輸軍需給養等。均有確定。電蔣委長及湘黔當局審察。又訊。陳李白請纓追剿。中央電復贊同。粵桂擬派二十團入黔追剿。由李統率。白任指揮。白定本週內來粵。與陳李商定追剿殘匪辦法。即編軍出發

23. 中央复电赞同粤桂军入黔追剿赣匪，陈（济棠）、李（宗仁）召集湘黔川代表商合力剿匪事，白崇禧任总指挥赴粤晤商后即出发，1934 年 12 月 22 日第 2 版

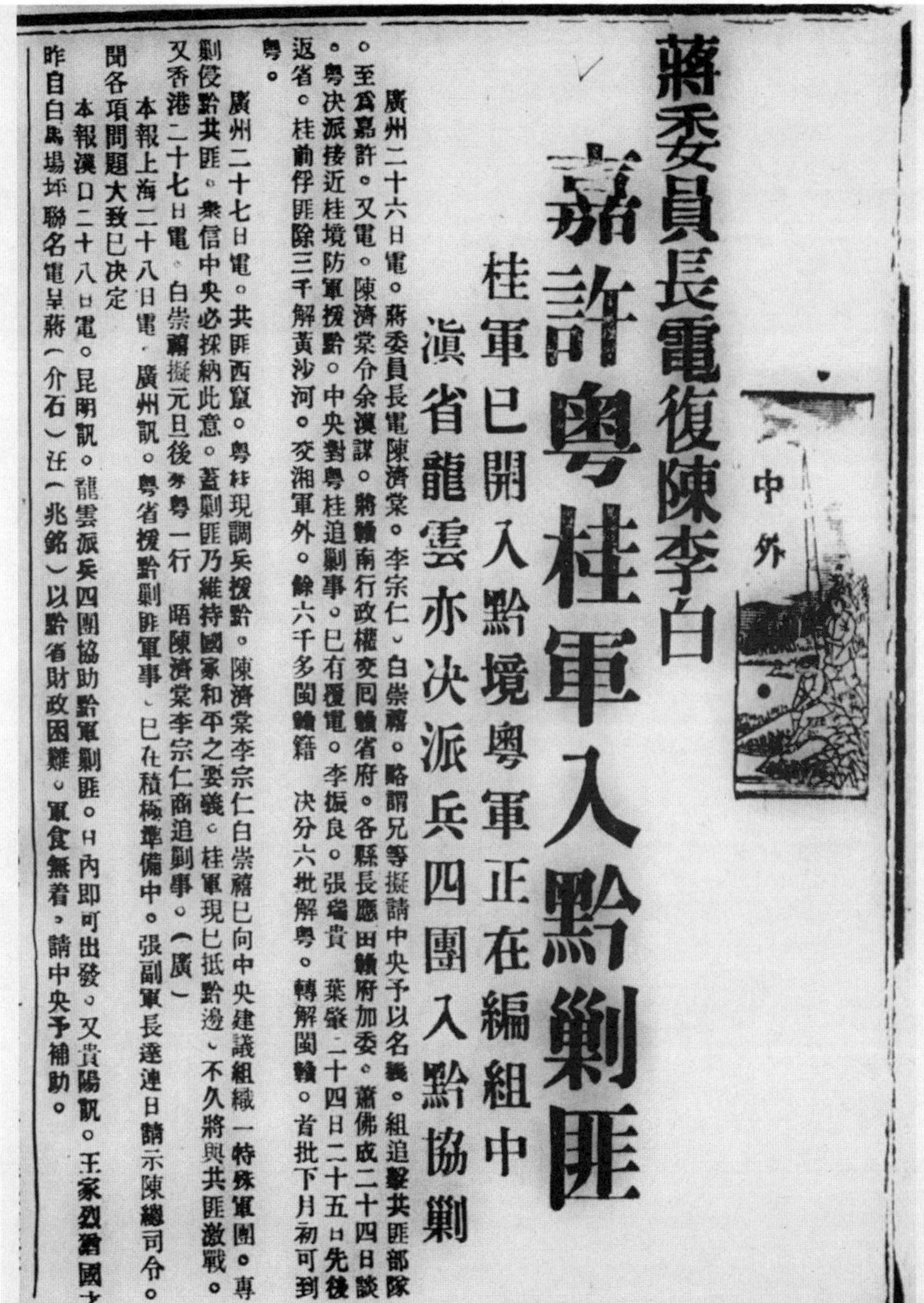
中外

蔣委員長電復陳李白
嘉許粵桂軍入黔剿匪
桂軍已開入黔境粵軍正在編組中
滇省龍雲亦決派兵四團入黔協剿

廣州二十六日電。蔣委員長電陳濟棠。李宗仁、白崇禧。略謂兄等擬請中央予以名義。組追擊共匪部隊。至爲嘉許。又電。陳濟棠令余漢謀。將贛南行政權交回贛省府。各縣長應由贛府加委。蕭佛成二十四日談。粵決派接近桂境防軍援黔。中央對粵桂追剿事。已有覆電。李振良。張瑞貴 葉肇二十四日二十五日先後返省。桂俘匪除三千解黃沙河。交湘軍外。餘六千多閩贛籍 決分六批解粵。轉解閩贛。首批下月初可到粵。

廣州二十七日電。共匪西竄。粵桂現調兵援黔。陳濟棠李宗仁白崇禧已向中央建議組織一特殊軍團。專剿侵黔共匪。衆信中央必採納此意。蓋剿匪乃維持國家和平之要義。桂軍現已抵黔邊、不久將與共匪激戰。又香港二十七日電。白崇禧擬元旦後赴粵一行 晤陳濟棠李宗仁商追剿事。(廣)

本報上海二十八日電。廣州訊。粵省援黔剿匪軍事、已在積極準備中。張副軍長達連日請示陳總司令。

聞各項問題大致已決定

本報漢口二十八日電。昆明訊。龍雲派兵四團協助黔軍剿匪。日內即可出發。又貴陽訊。王家烈、猶國才昨自白馬場坪聯名電呈蔣(介石)汪(兆銘)以黔省財政困難。軍食無着。請中央予補助。

24. 蒋委员长电复陈（济棠）、李（宗仁）、白（崇禧）嘉许粤桂军入黔剿匪，桂军已开入黔境粤军正在编组中，滇省龙云亦决派兵四团入黔协剿，1934 年 12 月 29 日第 2 版

天津益世报

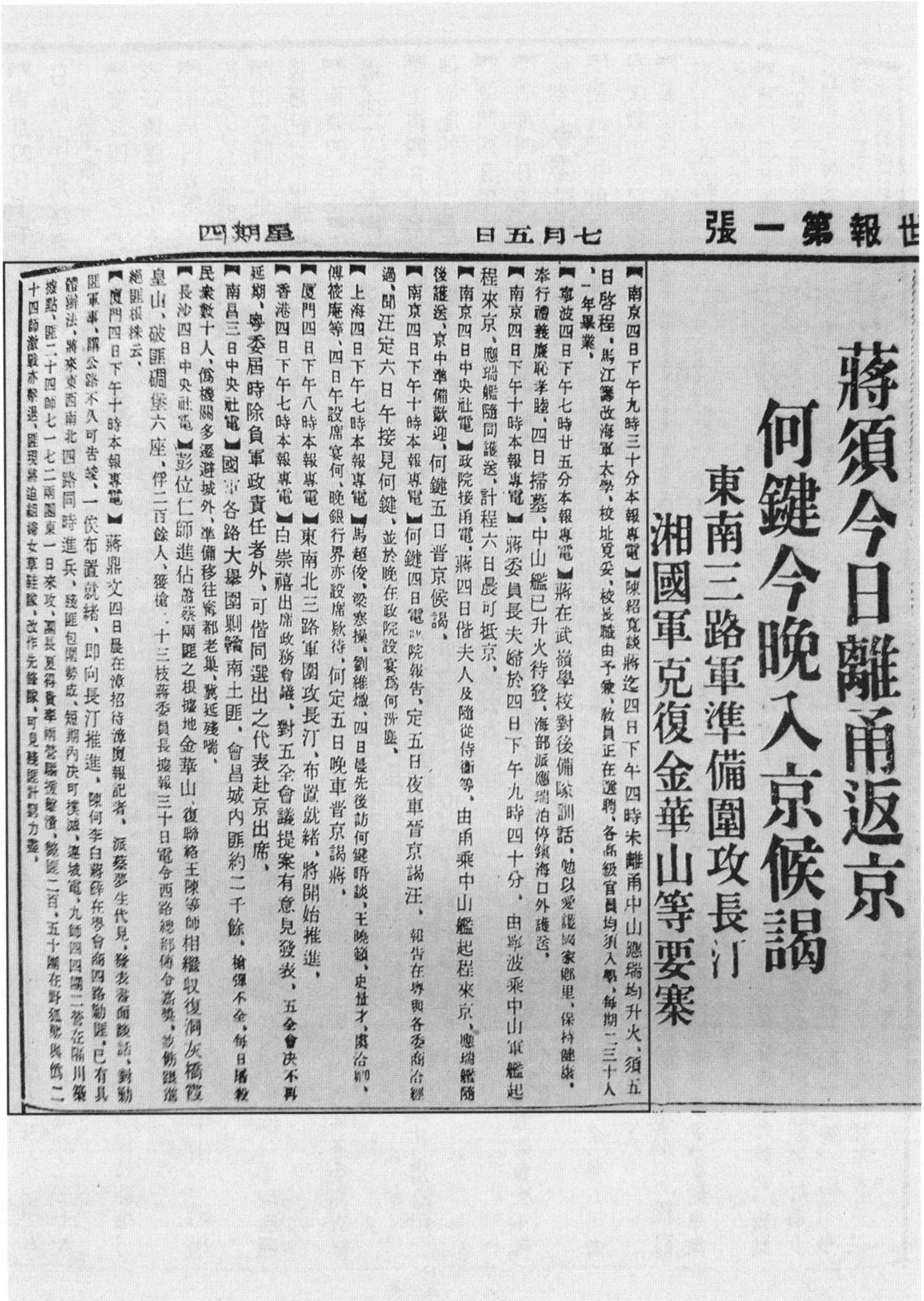

世報第一張　七月五日　星期四

蔣須今日離甬返京
何鍵今晚入京候謁
東南三路軍準備圍攻長汀
湘國軍克復金華山等要塞

【南京四日下午九時三十分本報專電】陳紹寬談、蔣迄四日下午四時未離甬、中山應瑞均升火、須五日啓程、馬江籌改海軍大學、校址覓妥、校長職由予兼、教員正在選聘、各處級官員均須入學、每期二三十人、一年畢業、

【寧波四日下午七時廿五分本報專電】蔣在武嶺學校對後備隊訓話、勉以愛護國家鄉里、保持健康、奉行禮義廉恥孝睦、四日掃墓、中山艦已升火待發、海部派應瑞泊停鎮海口外護送、

【南京四日下午十時本報專電】蔣委員長夫婦於四日下午九時四十分、由寧波乘中山軍艦起程來京、應瑞艦隨同護送、計程六日晨可抵京、

【南京四日中央社電】政院接甬電、蔣四日偕夫人及隨從侍衛等、由甬乘中山艦起程來京、應瑞艦隨後護送、京中準備歡迎、何鍵五日晋京候謁、

【南京四日下午十時本報專電】何鍵四日電政院報告、定五日夜車晋京謁汪、報告在湘與各委商洽經過、聞汪定六日午接見何鍵、並於晚在政院設宴爲何洗塵、

【上海四日下午七時本報專電】馬超俊、梁寒操、劉維熾、四日晨先後訪何鍵晤談、王曉籟、史量才、虞洽卿、傅筱庵等、四日午設席宴何、晚銀行界亦設席款待、何定五日晚車晋京謁蔣、

【廈門四日下午八時本報專電】東南北三路軍圍攻長汀、布置就緒、將開始推進、

【香港四日下午七時本報專電】白崇禧出席政務會議、對五全會議提案有意見發表、五全會決不再延期、粵委屆時除負軍政責任者外、可偕同選出之代表赴京出席、

【南昌三日中央社電】國軍各路大舉圍剿贛南土匪、會昌城內匪約二千餘、槍彈不全、每日擄殺民衆數十人、僞機關多遷避城外、準備移往甯都老巢、苟延殘喘、

【長沙四日中央社電】彭位仁師進佔蕭蔡兩匪之根據地金華山、復聯絡王陳等師相繼收復洞灰橋霞皇山、破匪碉堡六座、俘二百餘人、獲槍十三枝、蔣委員長據報三十日電令西路總部傳令嘉獎、並飭跟蹤絕匪根株云、

【廈門四日下午十時本報專電】蔣鼎文四日晨在漳招待漳廈報記者、派蔡夢生代見、發表書面談話、對勦匪軍事、謂公路不久可告竣、一俟布置就緒、即向長汀推進、陳何李白蔣薛在粵會商四路勦匪、已有具體辦法、將來東西南北四路同時進兵、殘匪包圍勢成、短期內決可撲滅、連城電、九師四團二營在隔川築據點、匪二十四師七一七二兩團東一日來攻、團長夏得貴率兩營馳援擊潰、斃匪二百、五十團在野狐嶺與僞二十四師激戰亦擊退、匪現集迫紹婦女草鞋隊、改作先鋒隊、可見殘匪計窮力盡、

1. 蒋（介石）须今日离甬返京，何键今晚入京候谒，东南三路军准备围攻长汀，湘国军克复金华山等要塞，1934 年 7 月 5 日第 2 版

【南京四日下午九時三十分本報專電】陳紹寬談蔣迄四日下午四時未離甬中山應瑞均升火、須五日啓程，馬江籌改海軍大學、校址覓妥、校長職由予兼、教員正在選聘、各艦級官員均須入學，每期二三十人、一年畢業、

【寧波四日下午七時廿五分本報專電】蔣在武嶺學校對後備隊訓話，勉以愛護國家鄉里，保持健康，奉行禮義廉恥孝睦、四日掃墓、中山艦已升火待發、海部派應瑞泊停鎮海口外護送、

【南京四日下午十時本報專電】蔣委員長夫婦於四日下午九時四十分、由寧波乘中山軍艦起程來京、應瑞艦隨同護送、計程六日晨可抵京、

【南京四日中央社電】政院接甬電，蔣四日偕夫人及隨從侍衛等、由甬乘中山艦起程來京、應瑞艦隨後護送、京中準備歡迎、何鍵五日晉京候謁、

【南京四日下午十時本報專電】何鍵四日電政院報告、定五日夜車晉京謁汪、報告在粵與各委商洽經過、聞汪定六日午接見何鍵、並於晚在政院設宴爲何洗塵、

【上海四日下午七時本報專電】馬超俊、梁寒操、劉維熾、四日晨先後訪何鍵暢談，王曉籟、史量才、虞洽卿、傅筱庵等、四日午設席宴何、晚銀行界亦設席款待，何定五日晚車晉京謁蔣、

【廈門四日下午八時本報專電】東南北三路軍圍攻長汀、布置就緒，將開始推進、

【香港四日下午七時本報專電】白崇禧出席政務會議、對五全會議提案有意見發表、五全會決不再延期、粵委屆時除負軍政責任者外、可偕同選出之代表赴京出席、

【南昌三日中央社電】國軍各路大舉圍剿贛南土匪、會昌城內匪約二千餘、槍彈不全，每日屠殺民衆數十人、僞機關多遷避城外、準備移往寗都老巢、冀延殘喘、

【長沙四日中央社電】彭位仁師進佔蕭蔡兩匪之根據地金華山、復聯絡王陳等師相繼收復洞灰橋霞皇山、破匪碉堡六座、俘二百餘人、獲槍十三枝蔣委員長據報三十日電令西路總部傳令嘉獎，並飭跟蹤絕匪根株云、

【廈門四日下午十時本報專電】蔣鼎文四日晨在漳招待漳廈報記者、派蔡夢生代見，發表書面談話、對剿匪軍事、謂公路不久可告竣、一俟布置就緒、即向長汀推進、陳何李白蔣薛在粵會商四路剿匪，已有具體辦法，將來東西南北四路同時進兵、殘匪包圍勢成、短期內決可撲滅，連城電，九師四四團二營在隔川築據點、匪二十四師七一七二兩團東一日來攻、團長夏得貴率兩營赴援擊潰，斃匪二百，五十團在野狐嶺與僞二十四師激戰亦擊退，匪現緊迫組婦女草鞋隊，改作先鋒隊，可見殘匪計窮力盡、

（局部图）

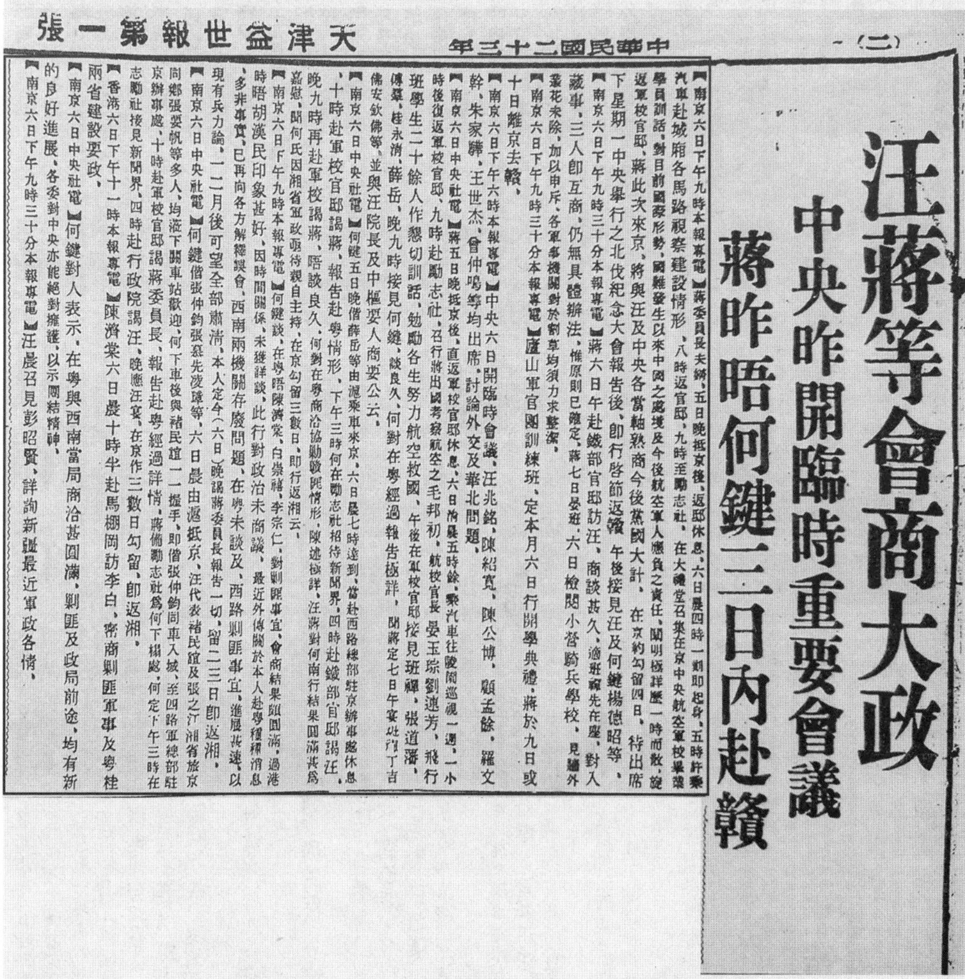

天津益世報第一張　中華民國二十三年　（二）

汪蔣等會商大政

中央昨開臨時重要會議

蔣昨晤何鍵三日內赴贛

【南京六日下午九時本報專電】蔣委員長夫婦、五日晚抵京後、返邸休息、六日晨四時一刻即起身、五時許乘汽車赴城廂各馬路視察建設情形、八時返官邸、九時至勵志社、在大禮堂召集在京中央航空軍校畢業學員訓話、對目前國際形勢、國難發生以來中國之處境及今後航空軍人應負之責任、闡明極詳歷一時而散、旋返軍校官邸、蔣此次來京、將與汪及中央各當軸熟商今後黨國大計、在京約勾留四日、待出席下星期一中央舉行之北伐紀念大會報告後、即行啓節返贛、午後接見汪及何鍵楊德昭等、

【南京六日下午九時三十分本報專電】蔣六日午赴鐵部官邸訪汪、商談甚久、適班禪先在座、對入藏事、三人即互商、仍無具體辦法、惟原則已確定、蔣七日晏班、六日檢閱小營騎兵學校、見牆外蓬花未除、加以申斥、各軍事機關對於剷草均須力求整潔、

【南京六日下午九時三十分本報專電】廬山軍官團訓練班、定本月六日行開學典禮、蔣於九日或十日離京去贛、

【南京六日下午六時本報專電】中央六日開臨時會議、汪兆銘、陳紹寬、陳公博、顧孟餘、羅文幹、朱家驊、王世杰、曾仲鳴等均出席、討論外交及華北問題、

【南京六日中央社電】蔣五日晚抵京後、直返軍校官邸休息、六日晨五時餘、乘汽車往陵園巡視一週、一小時後復返軍校官邸、九時赴勵志社、召行將出國考察航空之毛邦初、航校官長晏玉琮劉達芳、飛行班學生二十餘人作懇切訓話、勉勵各生努力航空救國、午後在軍校官邸接見班禪、張道藩、傅汝霖、桂永清、薛岳、晚九時接見何鍵、談良久、何對在粵經過報告極詳、聞蔣定七日午宴班禪丁吉佛安欽佛等、並與汪院長及中樞要人商要公云、

【南京六日中央社電】何鍵五日晚偕薛岳等由滬乘車來京、六日晨七時達到、當赴西路總部駐京辦事處休息、十時赴軍校官邸謁蔣、報告赴粵情形、下午三時何在勵志社招待新聞界、四時赴鐵部官邸謁汪、晚九時再赴軍校謁蔣、晤談良久、何對在粵商洽協勦贛匪情形、陳述極詳、汪蔣對何南行結果圓滿甚爲嘉慰、聞何氏因湘省宜政亟待親自主持、在京勾留三數日、即行返湘云、

【南京六日下午九時本報專電】何鍵談、在粵晤陳濟棠、白崇禧、李宗仁、對剿匪事宜、會商結果頗圓滿、過港時晤胡漢民印象甚好、因時間關係、未獲詳談、此行對政治未商議、最近外傳關於本人赴粵種種消息、多非事實、已再向各方解釋誤會、西南兩機關存廢問題、在粵未談及、西路剿匪事宜、進展甚速、以現有兵力論、一二月後可望全部肅清、本人定今（六日）晚謁蔣委員長報告一切、留二三日即返湘、

【南京六日中央社電】何鍵偕張仲鈞張嘉先淩璋等、六日晨由滬抵京、汪代表褚民誼及張之江湘省旅京同鄉張要帆等多人、均至下關車站歡迎、何下車後與褚民誼一一握手、即偕張仲鈞同車入城、至四路軍總部駐京辦事處、十時赴軍校官邸謁蔣委員長、報告赴粵經過詳情、蔣備勵志社爲何下榻處、何定下午三時在志勵社接見新聞界、四時赴行政院謁汪、晚應汪宴、在京作三數日勾留、即返湘、

【香港六日下午十一時本報專電】陳濟棠六日晨十時半赴馬棚岡訪李白、密商剿匪軍事及粵桂兩省建設要政、

【南京六日中央社電】何鍵對人表示、在粵與西南當局商洽甚圓滿、剿匪及政局前途、均有新的良好進展、各委對中央亦能絕對擁護、以示團結精神、

【南京六日下午九時三十分本報專電】汪晨召見彭昭賢、詳詢新疆最近軍政各情、

2. 汪（精卫）、蒋（介石）等会商大政，中央昨开临时重要会议，蒋昨晤何键三日内赴赣，1934 年 7 月 7 日第 2 版

【南京六日下午九時本報專電】蔣委員長夫婦、五日晚抵京後、返邸休息、六日晨四時一刻即起身、五時許乘汽車赴城廂各馬路視察建設情形、八時返官邸、九時至勵志社、在大禮堂召集在京中央航空軍校畢業學員訓話、對目前國際形勢、國難發生以來中國之處境及今後航空軍人應負之責任、闡明極詳、歷一時而散、旋返軍校官邸、蔣此次來京、將與汪及中央各當軸熟商今後黨國大計、在京約勾留四日、待出席下星期一中央舉行之北伐紀念大會報告後、即行啓節返贛、午後接見汪及何鍵楊德昭等、

【南京六日下午九時三十分本報專電】蔣六日午赴鐵部官邸訪汪、商談甚久、適班禪先在座、對入藏事、三人即互商、仍無具體辦法、惟原則已確定、蔣七日晏班、六日檢閱小營騎兵學校、見牆外蒿花未除、加以申斥、各軍事機關對於剷草均須力求整潔、

【南京六日下午九時三十分本報專電】廬山軍官團訓練班、定本月六日行開學典禮、蔣於九日或十日離京去贛、

【南京六日下午六時本報專電】中央六日開臨時會議、汪兆銘、陳紹寬、陳公博、顧孟餘、羅文幹、朱家驊、王世杰、曾仲鳴等均出席、討論外交及華北問題、

【南京六日中央社電】蔣五日晚抵京後、直返軍校官邸休息、六日晨五時餘、乘汽車往陵園巡視一週、一小時後復返軍校官邸、九時赴勵志社、召行將出國考察航空之毛邦初、航校官長晏玉琮劉速芳、飛行班學生二十餘人作懇切訓話、勉勵各生努力航空救國、午後在軍校官邸接見班禪、張道藩、傅汝霖、桂永清、薛岳、晚九時接見何鍵、談良久、何對在粵經過報告極詳、聞蔣定七日午宴班禪丁吉佛安欽佛等、並與汪院長及中樞要人商要公云、

【南京六日中央社電】何鍵五日晚偕薛岳等由滬乘車來京、六日晨七時逵到、當赴西路總部駐京辦事處休息、十時赴軍校官邸謁蔣、報告赴粵情形、下午三時何在勵志社招待新聞界、四時赴鐵部官邸謁汪、晚九時再赴軍校謁蔣、晤談良久、何對在粵商洽協勦殘匪情形、陳述極詳、汪蔣對何南行結果圓滿甚爲嘉慰、聞何氏因湘省軍政亟待親自主持、在京勾留三數日、即行返湘云、

【南京六日下午九時本報專電】何鍵談、在粵晤陳濟棠、白崇禧、李宗仁、對勦匪事宜、會商結果頗圓滿、過港時晤胡漢民印象甚好、因時間關係、未獲詳談、此行對政治未商議、最近外傳關於本人赴粵種種消息、多非事實、已再向各方解釋誤會、西南兩機關存廢問題、在粵未談及、西路勦匪事宜、進展甚速、以現有兵力論、一二月後可望全部肅清、本人定今(六日)晚謁蔣委員長報告一切、留二三日即返湘、

【南京六日中央社電】何鍵偕張仲鈞張慕先凌璋等、六日晨由滬抵京、汪代表褚民誼及張之江湘省旅京同鄉張要帆等多人、均蒞下關車站歡迎、何下車後與褚民誼一一握手、即偕張仲鈞同車入城、至西路軍總部駐京辦事處、十時赴軍校官邸謁蔣委員長、報告赴粵經過詳情、蔣備勵志社爲何下榻處、何定下午三時在勵志社接見新聞界、四時赴行政院謁汪、晚應汪宴、在京作三數日勾留、即返湘、

【香港六日下午十一時本報專電】陳濟棠六日晨十時半赴馬棚岡訪李白、密商勦匪軍事及粵桂兩省建設要政、

【南京六日中央社電】何鍵對人表示、在粵與西南當局商洽甚圓滿、勦匪及政局前途、均有新的良好進展、各委對中央亦能絕對擁護、以示團結精神、

【南京六日下午九時三十分本報專電】汪晨召見彭昭賢、詳詢新疆最近軍政各情、

（局部图）

白崇禧抵香港

談再將抽一師入閩剿匪

【香港十三中央社電】白崇禧十三晚戌時由省乘專車抵港、梧警備司令夏威偕行、黃紹雄派其秘書石喁琛到站歡迎、白談在粵曾晤東路軍代表蔣伯誠湘主席何鍵及薛岳等各方對剿匪、咸認爲當前急務、短期內入桂、或再抽調一師入閩協剿、本人手疾尚未全愈、來港純爲私務、一二日即返省云、談畢七時半驅車赴九龍塘訪黃、

【香港十三日中央社電】白崇禧十三日晚十時赴廣西銀行行長曾其新宴後、暫寓九龍塘黃紹雄私邸、

3. 白崇禧抵香港，谈再将抽一师入闽剿匪，1934 年 7 月 14 日第 2 版

津益世報第一張　七月二十日

贛匪勢呈總崩潰
僅餘五縣未收復
南路軍準備第二次總攻

【漢口十九日下午五時本報專電】何鍵偕張沛乾凌璋、十九日晨六時半乘寧紹輪由潯抵漢、何談、在廬山數次謁蔣委員長、報告南行經過、並有所商洽、安內攘外、消滅匪共、西南極贊成、粵桂增兵剿共、現在準備中、兵力多寡、隨時出動、四路軍決取一致動作、對殘匪合力堵擊、使其走頭無路、澈底消滅、當屬可期、贛匪勢呈總崩潰、現僅五縣未收復、蔣表示十一月以前準可肅清、胡漢民出國考察、確有此訊、行期此時未定、五全大會十一月間可如期舉行、本人在廬山與張學良、徐庭瑤、何成濬、均晤面、張等二十日或二十一日可同返漢、湘省財政問題、謁蔣時並未談到、本人即返湘處理軍政事務、暫不出巡云、

【漢口十九日下午七時本報專電】張羣十九日午宴何鍵、晚六時何偕張沛乾、凌璋、專車返湘、張在湘稍留仍返粵、代何聯絡剿匪軍事、又王家烈派胡雨亭赴贛謁蔣、報告軍情、胡經湘來漢、十九日晤何解釋湘黔邊軍誤會事件、即去贛、

【南昌十九日下午七時本報專電】廣昌屬之白水被匪佔多年、近由北路總部收復、災民三千待救濟

【漢口十九日下午八時本報專電】粵陳代表楊德昭、現留廬山、就商進一步聯絡事宜、

【中央社】廣州十九日路透電、陳濟棠今日語報界、粵軍對贛省匪共作第二次總攻擊之準備、現正在進行中、不日即將實行、陳對於香港華文報數種登載關於粵省防務消息、大爲不悅、謂凡屬國民、皆有嚴守秘密之責云、

【漢口十九日下午十時本報專電】蔣令張羣兼鄂省保安處長、張定下月一日視事、

4. 赣匪势呈总崩溃，仅余五县未收复，南路军准备第二次总攻，1934 年 7 月 20 日第 2 版

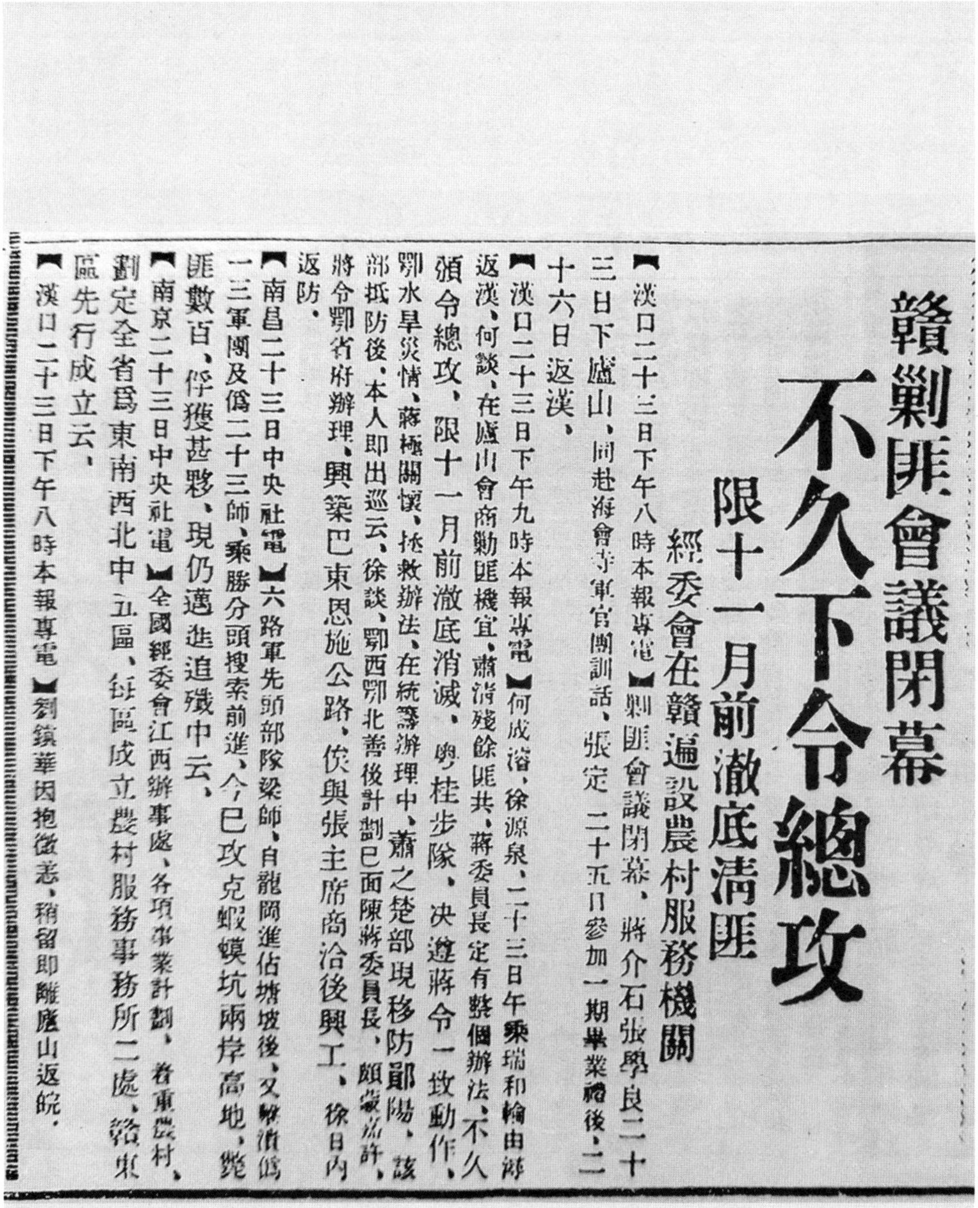

贛剿匪會議閉幕
不久下令總攻
限十一月前澈底清匪
經委會在贛遍設農村服務機關

【漢口二十三日下午八時本報專電】剿匪會議閉幕、蔣介石張學良二十三日下廬山、同赴海會寺軍官團訓話、張定二十五日參加一期畢業禮後、二十六日返漢、

【漢口二十三日下午九時本報專電】何成濬、徐源泉、二十三日午乘瑞和輪由潯返漢、何談、在廬山會商剿匪機宜、肅清殘餘匪共、蔣委員長定有整個辦法、不久須令總攻、限十一月前澈底消滅、粵桂步隊、決遵蔣令一致動作、鄂水旱災情、蔣極關懷、拯救辦法、在統籌辦理中、蕭之楚部現移防鄱陽、該部抵防後、本人即出巡云、徐談、鄂西鄂北善後計劃已面陳蔣委員長、頗蒙嘉許、將令鄂省府辦理、興築巴東恩施公路、俟與張主席商洽後興工、徐日內返防、

【南昌二十三日中央社電】六路軍先頭部隊梁師、自龍岡進佔塘坡後、又擊潰僞一三軍團及僞二十三師、乘勝分頭搜索前進、今已攻克蝦蟆坑兩岸高地、斃匪數百、俘獲甚夥、現仍邁進追殲中云、

【南京二十三日中央社電】全國經委會江西辦事處、各項事業計劃、着重農村、劃定全省爲東南西北中五區、每區成立農村服務事務所一處、籌東區先行成立云、

【漢口二十三日下午八時本報專電】劉鎮華因抱微恙、稍留即離廬山返皖、

5. 赣剿匪会议闭幕，不久下令总攻，限十一月前彻底清匪，经委会在赣遍设农村服务机关，1934 年 7 月 24 日第 2 版

川匪又犯漢中

萬源附近有激戰

邊區殘匪勢蹙即可肅清

【成都今晨零時二十分本報專電】赤匪分路犯漢中、距鎮巴城約五十里、劉湘電飭各路部隊圍勦、五路軍在萬源附近與匪激戰、潘文華將簡家山焚毀、

【漢口二十四日下午十時本報專電】何柱國二十四日過漢赴廬山、何談、邊區殘匪、經各軍派隊追擊後、勢極窮蹙、短期內可望消滅、何離防期內、追擊殘匪任務、由郝夢齡負責云、

【廈門二十四日下午十時本報專電】軍息、閩西前方勦匪東路軍最前線在新地、連日苦雨、築路未停、俘匪供朱（德）毛（澤東）彭（德懷）去月底在汀召開軍事會議、現朱毛回瑞金、主力現集瑞金、

【長沙二十三日中央社電】第二縱隊司令劉膺古、以贛西北方面匪獨立師參謀長吳續湘、及僞師長高泳生伏誅、僞湘鄂贛省委兼視察員李克明、及僞獨立第一師長陳行舟被擒、元兇既除、匪勢益孤、目前苟延殘喘、時竄於修銅間者、僅徐軼彥率殘部僅數百、不難消滅、昨特通令各部官兵及各縣地方團隊、一致分頭猛勦、掃蕩徐匪、除盡妖氛、二、據報竄擾桂各屬之李宗保李林兩股匪、經某軍團節節痛勦、二十日由桂東黃泥潭向贛西邊境遂川屬大汾竄逃、三、十九師長李覺、昨奉令赴廬山報到聽訓云、

【南昌二十四日中央社電】蕭克匪部僞第二師、由鄂陽新竄擾贛西北、近因鹽糧俱缺、內部突起變化、僞師長張某已被刺、所綁肉票均已乘隙逃出、又匪區日來酷熱、患者病者特多、醫藥毫無、死亡日衆、

6. 川匪又犯汉中，万源附近有激战，边区残匪势蹙即可肃清，1934 年 7 月 25 日第 2 版

天津 中華民國二十三年 （二）

爲謀團結救國

蔣函李白請合作

蔣昨返南昌張學良返漢

閩三沙危急川軍三路攻萬源

【香港二十五日下午六時本報專電】蔣有親筆函、交楊德昭面致李宗仁、白崇禧、函內力言能合作之利、不能合作之害、注重團結救國、

【南京二十五日下午九時本報專電】黃紹雄將赴牯嶺謁蔣、報告在粵桂與西南會晤情形、並請示今後部務進行步驟、一二三日內即成行、行前或先往滬料理私務、再轉牯嶺、

【牯嶺二十五日下午八時本報專電】蔣二十五日在軍官訓練團行畢業禮訓話後、赴星子縣、乘民權艦返南昌、督勦赤匪、張學良亦於二十五日晨由星子乘塞可斯機飛返漢口、

【南昌二十五日中央社電】行營據贛皖邊區勦匪指揮官鄺士翹電告、彭澤境內經連日進勦已無匪踪、匪首先後被擒、匪區民衆多已來歸、現正興築碉堡及分區訓練勦共義勇隊云、

【福州二十五日中央社電】僞二十四師七十團工兵營及獨立營、在大洋埸經我軍□師會同保安團痛擊、狼狽敗退、現僞七十團竄回才溪獨立營竄永定境、

【漢口二十五日下午八時本報專電】張學良二十五日晨十時、由潯飛返漢、即赴怡和村休息、並接見何柱國等、詢追勦邊區殘匪情況、午後赴總部辦公、定二十六日接見華北各軍來漢受訓之受訓人員、

【成都廿五日下午十一時本報專電】唐式遵由石塘埸轉赴白沙河督師攻萬源、距城二十里、赤匪確竄陝南西鄉鎮巴紫陽等、孫蔚如軍已由峽嶮出兵堵截、

【漢口二十五日下午八時本報專電】軍息、據確報、川五路軍、前於孔家山大山坡之役、劇戰數日、匪傷斃在千名以上、現唐式遵以五六兩路軍分三路進攻萬源、指日可下、

【上海今晨一時十分本報專電】閩筱浦三沙灣社閩電、滬華僑聯合會、福安赤匪被中央軍圍勦、竄擾筱浦牙城石門坑等處、大肆焚殺擄掠、三沙危急萬狀、速即電蔣及閩派艦堵勦、

7. 为谋团结救国蒋（介石）函李（宗仁）、白（崇禧）请合作，蒋昨返南昌张学良返汉，闽三沙危急川军三路攻万源，1934 年 7 月 26 日第 2 版

天津益

中華民國二十三年

（二）

陳李派員謁蔣商剿匪

携有粵桂將領條陳

匪犯三沙經海軍擊散

鄂邊區殘匪連日受重創

【南京二十六日下午十時本報專電】陳濟棠李宗仁爲求勦匪計劃更精密起見、特派軍事要員鄭楷北上、轉往南昌謁蔣、請示一切、鄭携有粵桂將領聯合條陳書、

【漢口二十六日下午四時本報專電】軍息、邊區殘匪、僞三路游擊師吳資才部及僞戰鬥營約七八百人、槍四百餘枝、十七日夜由燕子河竄兩河口一帶、由劉茂恩派隊會剿、匪復竄據九尖頭山嶺 憑險頑抗、經成師圍勦、激戰八小時、肉搏十餘次、斃匪二百餘人、生擒數十名、奪獲步槍數十枝、匪受重創、遂狼狽向青菜冲逃竄、現正續追兜勦中、

【南京二十五日下午九時本報專電】海部據報、閩東三沙海面、有匪共滋擾、當派永績艦前往堵勦、日前突有股匪數百人、進攻三沙、經該艦開砲掃射、斃匪數十人、匪不支潰退、當經該艦派隊登岸梭巡、藉安民心、

【南昌二十六日中央社電】軍息、匪一五軍團、踞守向水西南之斧頭山、大寨、腦下嶺、桂風台等處、經我湯縱隊猛烈攻擊、匪衆據高臨下、頑強抵抗、我軍奮勇衝鋒、肉搏多次、卒於二十二日上午完全佔領斧頭山一帶、旋有匪三軍團數千來援、復向我佔領地反攻數次、未逞、是役計斃匪七八百、俘匪百餘人、獲槍百餘枝、

【福州二十六日中央社電】寧汀殘匪、以我大軍前進圍勦、消滅在即、因復化整爲零、分組若干小隊、謀衝圍而出、我軍已窺破詭計、連日派兵邀擊、並由空軍掩護搜索、據報永安尤溪大田間、發現赤匪千餘、五二師已調派所部勁旅、分別防勦、盧興邦召陳仲聰赴尤、浦城殘匪圖竄江山、閩浙保安隊即開始會勦、

【長沙二十五日中央社電】陳旅長子賢二十二日由酃縣電呈來省、略謂二十一日經我三七五團在大院擊退之李匪宗保、人槍約七八百、向觀禾塘紅水江退去、二十二日午前十一時、又向我方米湖之保安第七團二營攻擊、激戰五小時、匪不支潰敗、向桂東方面潰竄、是役匪死傷甚衆、仍飭部追勦中、等語、

8. 陈（济棠）、李（宗仁）派员谒蒋（介石）商剿匪，携有粤桂将领条陈，匪犯三沙经海军击散，鄂边区残匪连日受重创，1934 年 7 月 27 日第 2 版

天津益世報 第一張　中華民國二十三年　（二）

赤匪迭攻連城未逞
閩西軍事大進展
蕭克匪股被湘桂軍包圍
贛南各屬匪區完全肅清

【廈門二十四日下午十時電】軍息、第九師二十一日在大陶擊潰匪一五九軍團、同時匪連日進襲連城、均被擊退、

【廈門二十四日下午十一時電】赤匪連日迭攻連城、均被中央軍擊退、東路總司令部委楊逢年爲漳龍護路司令、將第一二兩補充團、及河南保安隊第二四兩團歸其指揮、楊二十三日在漳州就職、總部委李樹棠爲汀龍護路司令、

【福州二十四日中央社電】連日閩西方面勦匪陣勢、有極大進展、北路陳誠部已由寧兩進至□□六路蔣鼎文部亦由古龍岡出動、南路軍亦展至龍岩、配置極爲週密、日內會師長汀、陳濟棠廿三日電省府報告匪情並商勦匪機要、竄擾永安大小陶之匪爲第一第九兩軍團、經我李延年部分佈重兵向大陶洋東北高地匪主力陣地猛攻、激戰二十餘小時、將匪全部擊散、俘匪連長指導員排長各一、匪兵二十、斃匪四百餘、傷七八百、繳槍七十六桿、擊毀一桿、殘匪竄苦竹寨地方、我軍在追勦中、方匪志敏率部自羅源窮竄福安穆洋駐行騷擾、我四十九師師長伍誠仁、已親率所部、馳至□口、與新十師陳齊煊部前進夾擊、李默庵今晨偕十勦餘赴潤轉贛、陳琪已就任八十師師長新職、劉安琪部開抵水口後、沿江治安益鞏固、零匪均歛跡、省保安處爲鞏固各地自衛力量起見、特設碉堡構築指導組長、司指導各縣鄉鎮人民築碉堡事宜、以陳重任組長、劉揚凱副之、日內即率同組員分赴各縣督導進行、省府派吳鼎和赴羅源調查被匪實況、並悉殉難縣長徐從方運柩來省、聞徐死極慘、屍體被支解、其弟亦遇害、科長廖立藩被砍兩段、省會各界組織協助委員會、二十三日下午正式成立推李祖虞爲主任委員、省垣四郊增建碉堡、工程由警備部負責、需費二十五萬、徵收房舖捐一個月約十五萬、餘由各委員設籌云、

【南昌二十四日中央社電】行營據長汀民衆代表報稱、長汀境內之匪、前聞國軍進勦、大起恐慌、自知難保、即將所有重要軍用器械物品、移往瑞金、各匪首亦均逃避、該處現僅留殘匪二三百、擬我東路軍痛勦中、不日即可消滅云、

【香港二十四日下午十一時電】余漢謀二十三日電省報告、二十一日晨僞獨六團及游擊隊七八百人、突犯我龍佈防綫、當被我軍痛擊、潰竄師子寨、是役斃匪過百、傷三十餘、

【廣州二十四日下午八時電】粵第四師長張達、駐防贛南、搜索殘匪、據報、有赤匪於江口設僞稅卡、當夜派隊圍勦、斃匪百名、並將僞稅局貿易局搗毀、奪獲軍用品及現銀米稻鹽布甚多、救出肉票九人、

【廣州二十四日下午八時電】粵一軍參謀長羅梓村、由贛返粵、據談、贛南勦匪、綏靖、建設、均有進步、贛南各屬共匪、已完全肅清、蕭彭匪部已竄閩邊、蕭匪竄湘東、現正與各路軍聯絡防勦、贛南各地均組成警衛隊勦共團、及建設堡壘、地方治安極佳、

【長沙二十三日中央社電】何鍵以蕭匪克率部西竄、企圖入川、連日調集軍團、分途堵截、並電粵桂派隊圍勦、現桂軍已到達某某地點、匪陷重圍、不難將其消滅云、

【漢口二十四日下午十時電】陳繼承二十日電總部稱、盤據崇洋西境八斗山鍛場山一帶之僞獨立團、經我周與賀師痛勦、受創頗重、茲與師長爲澈底痛勦計、於十三日派秦團往勦、行抵大竹園後該處殘匪即紛紛竄匿、經我軍縱橫搜勦、十六十七兩日、先後斃匪五十餘名、俘匪三十四名、獲槍二十六枝、摧破僞機關三所、刻仍繼續搜勦殘匪、不日即可完全肅清云云、

2|1

9.“赤匪”迭攻连城未逞，闽西军事大进展，萧克匪股被湘桂军包围，赣南各属匪区完全肃清，1934年8月25日第2版

中華民國二十三年　（二）

閩西軍事大進展

蕭克匪股被湘桂軍包圍

贛南各屬匪區完全肅清

赤匪迭攻連城未逞

【廈門二十四日下午十時電】軍息、第九師二十一日在大陶擊潰匪一五九軍團、同時匪連日進襲連城、均被擊退、

【廈門二十四日下午十一時電】赤匪連日迭攻連城、均被中央軍擊退、東路總司令部委 楊逢年爲漳龍護路司令、 將第一二兩補充團、及河南保安隊第二四兩團歸其指揮、 楊二十三日在漳州就職、總部委李樹棠爲汀龍護路司令、

【福州二十四日中央社電】連日閩西方面勦匪陣勢、有極大進展、北路陳誠部已由寅哂進至□□六路蔣師部亦由古龍岡出動、南路軍亦展至龍岩、 配置極爲週密、日內會師長汀陳濟棠廿三日電省府報告匪情並南勦匪機要竄擾永安大小陶之匪僞第一第九兩軍團經我李延年部分佈重兵向大陶洋東北 高地匪主力陣地猛攻、激戰二十餘小時、將匪全部擊散、 俘匪連長指導員排長各一、匪兵二十、斃匪四百餘、傷七八百、繳槍七十六桿、駁殼一桿、殘匪竄苦竹羅地方、 我軍在追勦中、 方匪志敏率部自羅源竊竄福安穆洋駐行騷擾、我四十九師師長伍誠仁、已親率所部、馳至□口、與新十師陳齊煊部前進夾擊、李默庵今晨偕十勳師赴洞轉贛、陳琪已就任八十師師長新職、 劉安琪部開抵水口後、沿江治安益鞏固、零匪

（局部图 1）

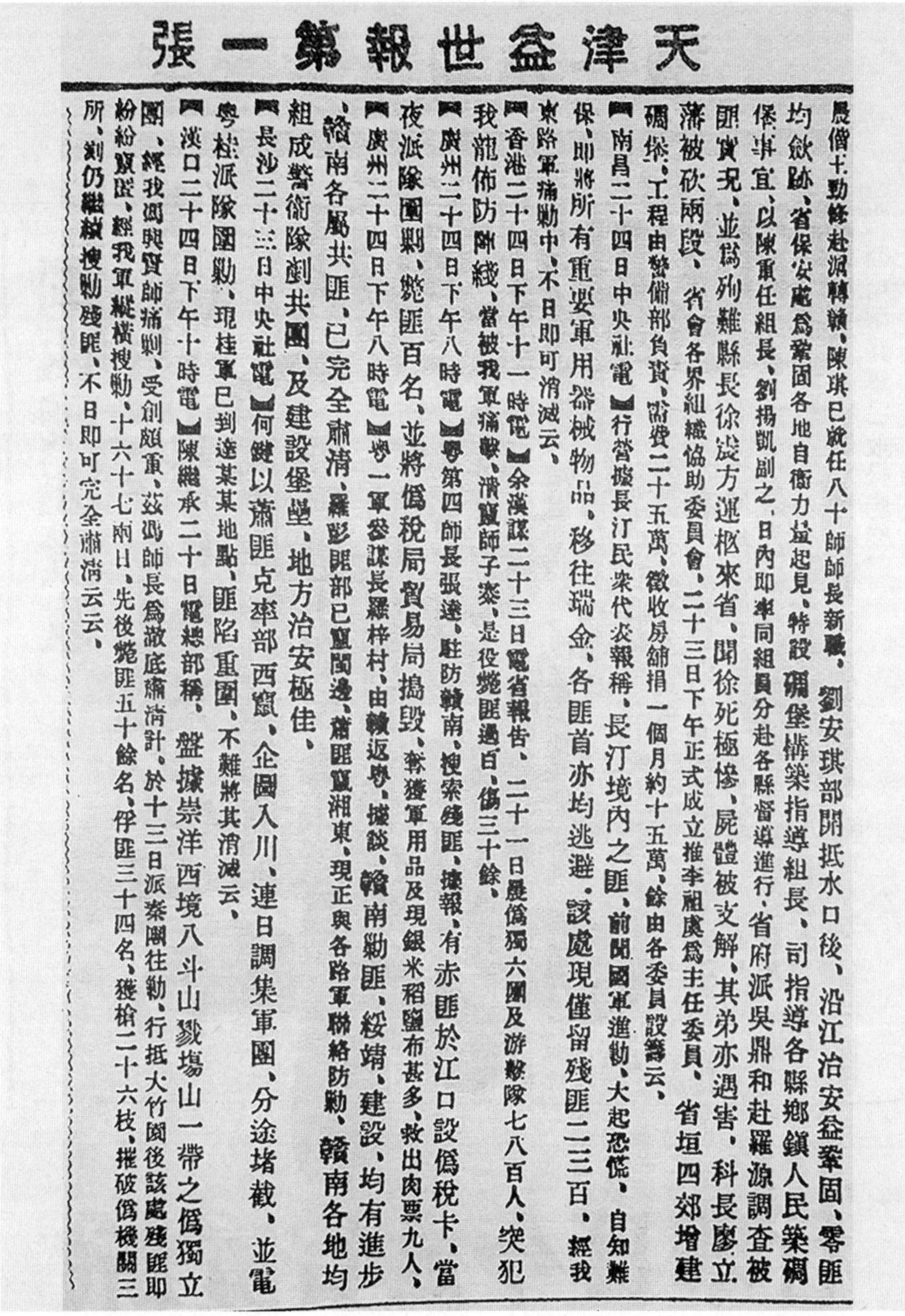

天津益世報第一張

晨偕士勁烽赴汎轉贛、陳琪已就任八十師師長新職、 劉安琪部開抵水口後、沿江治安益鞏固、零匪均歛跡、省保安處為鞏固各地自衛力益起見、特設碉堡構築指導組長、司指導各縣鄉鎮人民築碉堡事宜、以陳重任組長、劉揚凱副之、日內即率同組員分赴各縣督導進行、省府派吳鼎和赴羅源調查被匪實況、並為殉難縣長徐㼆方運柩來省、聞徐死極慘、屍體被支解、其弟亦遇害、科長廖立藩被砍兩段、 省會各界組織協助委員會、二十三日下午正式成立推李祖虞為主任委員、 省垣四郊增建碉堡、工程由警備部負責、需費二十五萬、徵收房舖捐一個月約十五萬、餘由各委員設籌云、

【南昌二十四日中央社電】行營據長汀民衆代表報稱、長汀境內之匪、前聞國軍進勦、大起恐慌、 自知難保、即將所有重要軍用器械物品、移往瑞金、各匪首亦均逃避、該處現僅留殘匪二三百、經我東路軍痛勦中、不日即可消滅云、

【香港二十四日下午十一時電】余漢謀二十三日電省報告、二十一日晨偽獨六團及游擊隊七八百人、突犯我龍佈防陣綫、當被我軍痛擊、潰竄師子寨、是役斃匪過百、傷三十餘、

【廣州二十四日下午八時電】粵第四師長張達、駐防贛南、搜索殘匪、據報、有赤匪於江口設偽稅卡、當夜派隊圍勦、斃匪百名、並將偽稅局貿易局搗毀、奪獲軍用品及現銀米稻鹽布甚多、救出肉票九人、

【廣州二十四日下午八時電】粵一軍參謀長羅梓村、由贛返粵、據談、贛南勦匪、綏靖、建設、均有進步、贛南各屬共匪、已完全肅清、羅彭匪部已竄閩邊、蕭匪竄湘東、現正與各路軍聯絡防勦、 贛南各地均組成警衛隊剿共團、及建設堡壘、地方治安極佳、

【長沙二十三日中央社電】何鍵以蕭匪克率部西竄、企圖入川、連日調集軍團、分途堵截、 並電粵桂派隊圍勦、現桂軍已到達某某地點、匪陷重圍、不難將其消滅云、

【漢口二十四日下午十時電】陳繼承二十日電總部稱、 盤據崇洋西境八斗山戮場山一帶之偽獨立團、經我獨與貿師痛剿、受創頗重、茲獨師長為徹底肅清計、於十三日派秦團往勦、行抵大竹園後該處殘匪即紛紛竄逃、經我軍縱橫搜勦、十六十七兩日、先後斃匪五十餘名、俘匪三十四名、獲槍二十六枝、摧破偽機關三所、刻仍繼續搜勦殘匪、不日即可完全肅清云云、

（局部图 2）

閩西殘匪潰敗

南路將總攻會昌

西南兩路軍已取得聯絡

匪區逃出難民雲集廣昌

黔軍與賀龍匪發生激戰

【廈門二十五日下午九時電】閩西殘匪潰敗、甯化縣城即可收復、

【廣州二十五日下午八時電】駐贛粵勦匪軍、準備向會昌總攻、匪軍恐慌、遂派散匪向我軍前綫竄擾、以圖牽制、昨經我軍擊潰、斃匪甚多、餘向獅子寨潰竄、又贛南剿共團、搜勦各地殘匪、昨在贛河東岸、揚背坑、斃僞第十二團匪數十、傷匪無數、殘餘潰退、

【南昌二十五日下午九時電】匪區近日逃出難民七千餘人、雲集廣昌、第十二區行政督察專員邵鴻基、正努力辦理救護工作、

【長沙二十五日下午十時電】蕭克殘匪、原擬由湘南西竄川黔、現困於桂陽新田、何鍵已調集軍堵勦、桂亦出兵協勦、不難消滅、

【貴陽二十五日下午十時電】黔軍張立功團、頃在印江縣屬板溪地方、與賀匪激戰六時、斃匪團長一名、傷亡數十名、匪向來安營一帶潰退、

【香港二十五日下午十二時電】粵第二師長葉肇談、贛南地方元氣已恢復、西南兩路軍已取得聯絡、

10. 闽西残匪溃败，南路将总攻会昌，西南两路军已取得联络，匪区逃出难民云集广昌，黔军与贺龙匪发生激战，1934 年 8 月 26 日第 2 版

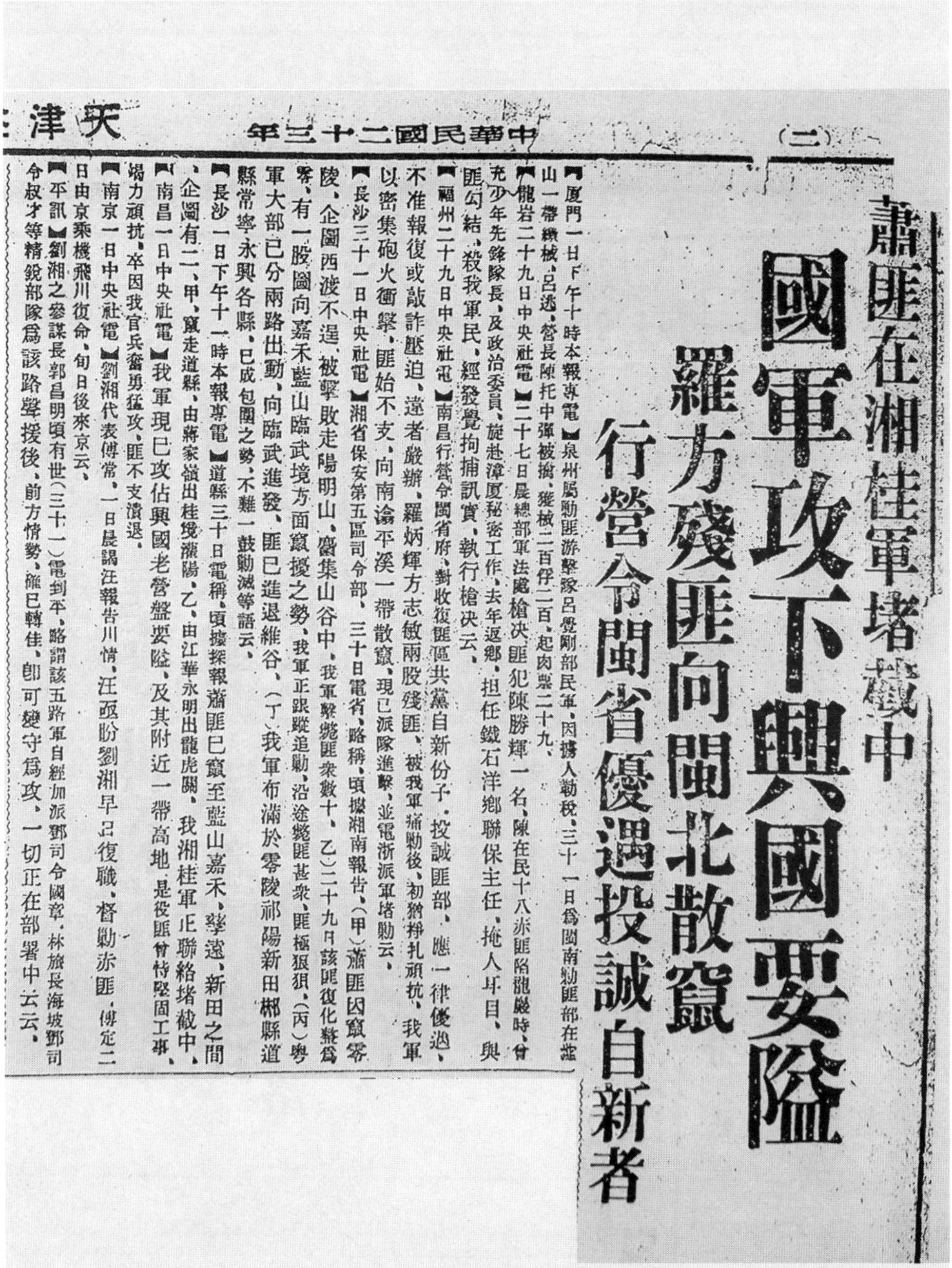

天津　中華民國二十三年　(二)

蕭匪在湘桂軍堵截中

國軍攻下興國要隘

羅方殘匪向閩北散竄

行營令閩省優遇投誠自新者

【廈門一日下午十時本報專電】泉州屬勦匪游擊隊呂覺剛部民軍、因擄人勒稅、三十一日爲閩南勦匪部在紫山一帶繳械、呂逃、營長陳托中彈被擒、獲械二百俘二百、起肉票二十九、

【龍岩二十九日中央社電】二十七日晨總部軍法處槍決匪犯陳勝輝一名、陳在民十八赤匪陷龍巖時、曾充少年先鋒隊長、及政治委員、旋赴漳厦秘密工作、去年返鄉、担任鐵石洋鄉聯保主任、掩人耳目、與匪勾結、殺我軍民、經發覺拘捕訊實、執行槍决云、

【福州二十九日中央社電】南昌行營令閩省府、對收復匪區共黨自新份子、投誠匪部、應一律優遇、不准報復或敲詐壓迫、違者嚴辦、羅炳輝方志敏兩股殘匪、被我軍痛勦後、初猶掙扎頑抗、我軍以密集砲火衝擊、匪始不支、向南淪平溪一帶散竄、現已派隊進擊、並電浙派軍堵勦云、

【長沙三十一日中央社電】湘省保安第五區司令部、三十日電省、略稱、頃據湘南報告、(甲)蕭匪因竄零陵、企圖西渡不逞、被擊敗走陽明山、竄集山谷中、我軍擊斃匪衆數十、乙)二十九日該匪復化整爲零、有一股圖向嘉禾藍山臨武境方面竄擾之勢、我軍正跟蹤追勦、沿途斃匪甚衆、匪極狼狽、(丙)粵軍大部已分兩路出動、向臨武進發、匪已進退維谷、(丁)我軍布滿於零陵祁陽新田郴縣道縣常寧永興各縣、已成包圍之勢、不難一鼓勦滅等語云、

【長沙一日下午十一時本報專電】道縣三十日電稱、頃據探報蕭匪已竄至藍山嘉禾、寧遠、新田之間、企圖有二、甲、竄走道縣、由蔣家嶺出桂境灌陽、乙、由江華永明出龍虎關、我湘桂軍正聯絡堵截中、

【南昌一日中央社電】我軍現已攻佔興國老營盤要隘、及其附近一帶高地、是役匪曾恃堅固工事、竭力頑抗、卒因我官兵奮勇猛攻、匪不支潰退、

【南京一日中央社電】劉湘代表傅常、一日晨謁汪報告川情、汪亟盼劉湘早日復職、督勦赤匪、傅定二日由京乘機飛川復命、旬日後來京云、

【平訊】劉湘之參謀長郭昌明頃有世(三十一)電到平、略謂該五路軍自經加派鄧司令國章、林旅長海坡鄧司令叔才等精銳部隊爲該路聲援後、前方情勢、確已轉佳、即可變守爲攻、一切正在部署中云云、

11. 萧匪在湘桂军堵截中，国军攻下兴国要隘，罗（炳辉）、方（志敏）残匪向闽北散窜，行营令闽省优遇投诚自新者，1934 年 9 月 2 日第 2 版

天津益世報 第一

中華民國二十三年

（二）

閩浙兩省國軍
在慶元與匪激戰
蕭克匪經首尾截擊即可消滅
贛勦匪工作年內可告一段落

【福州三日下午九時本報專電】閩東殘匪、因我軍層層包圍、圖謀竄回老巢、我軍知匪詭計、進迫愈急、□□師及浙□□旅、均在慶元與匪激戰、閩浙尤溪交界之桃坪黃峰等處、零匪亦經□旅游擊、匪雖欲苟延殘喘亦恐不易、東路軍蔣鼎文、以閩地瀕海、境內水道甚便、對通匪區之河流津卡、及扼要市鎮、決逐漸構築碉堡、並加緊檢查、以杜生活必須品漏入匪區、

【廣州三日下午九時本報專電】贛匪蕭克殘部竄湘南、經粵獨立三師協同桂湘軍圍勦後殘部潰竄、現一集團爲澈底肅清計、除派隊搜索外、並着第一機隊每日到宜章藍山等處轟炸、斃匪甚多、至獨三師三十日已抵宜章、匪聞風遠竄、現湘粵邊已無匪踪、

【南昌三日中央社電】第三路軍佔領豹子山南嶺至金鷄山等處後、乘勝圍勦驛前、今已完全克復、匪大部向石城潰退、按驛前位廣昌甯都之間、形勢險要、爲軍事上必爭之地、匪曾搆築堅固工事、據險頑抗、

【長沙三日中央社電】劉建緒電告蕭匪克向江華永明逃竄、湘桂兩軍、首尾截擊、即可殲滅、

【漢口三日中央社電】豫鄂邊區之羅山禮山邊境、自僞二十五軍東竄後、尚有小股殘匪潛伏、我軍爲澈底肅清計、仍逐日派隊搜勦、頃接吳克仁二十九日酉電稱、王團一營、二十八日午在楊家店東北六里之張崗、與匪七八十名遭遇、經我軍猛擊、匪不支、遂潰竄深山中、是役斃匪十餘名、檢查屍體、並有匪首詹若愚一名、我軍仍繼續搜勦、務期肅清云云、

【南京三日下午十時本報專電】孔祥熙三日語記者、蔣因公務紛繁、略感不適、現已完全恢息健康、贛省勦匪情況甚佳、年內可告一段落、戰爭本爲人類最殘酷之行爲、政府爲鞏固國基、決心蕩平赤匪、但所取步驟、悉本仁義之心、於軍政力量雙管齊下中、不忍採取極嚴酷之方策、以重兵器炸轟匪巢、現勦匪工作、步步進展、求在擊破匪之主力、對新收復匪區、趕辦善後、使民安生、

赤匪竄擾閩境
到處遭遇挫折
現已喘息不遑

【南昌通訊】江西匪軍、近受國軍碉堡封鎖之壓迫、爲圖苟延殘喘作最後之掙扎計、以僞第三第九軍團盤踞石城方面以僞第一軍團流竄閩西方面、牽制國軍前進、防守匪區、另以僞第七第九軍團、（從軍團不過二千餘人）突竄閩東方面、僞劫掠物資、乃於七月十八日由永安逃城間之大小陶東竄西洋桃源（永安南）一帶、二十日僞七軍團犯大田縣、僞第九軍團竄清水池、進犯尤溪縣、經駐軍迎頭痛擊、未得逞、陸續向閩江方面流竄、二十九日襲佔樟湖坂水口一帶、閩綏靖國軍圍勦、該僞第七第九軍團即分道逃竄、八月四日僞第九軍團由水口經樟湖坂回竄十五日仍竄抵西洋桃源一帶、十八日繼續向洪田西竄、二十一日經我李九師在緊村東（大陶東北）之隘嶺痛勦、是役匪傷亡奇重、向苦竹潰退、我軍仍跟蹤窮追、復由苦竹向北奔逃、所掠物資、均遺棄途中、未及運去、現該股匪殘部竄集苦竹北之磔溪長川附近休息整理中、至僞第七軍團、於八月三日由水口東竄福州北之大小北嶺降虎等處、十日經我陸空軍之攻擊轟炸、傷亡極大、向北潰退、十三日竄踞羅源、我伍師跟蹤窮追十五日由羅源竄至牛亭、十七日在牛亭經我伍師追勦、損失亦奇重、繼續向北竄至福安西之穆洋、二十三日復經我伍師在穆洋圍勦、潰不成股、殘餘之匪、不滿千人、仍盤踞福安西北地區、現閩軍除仍繼續追勦外、閩浙邊區、已有部隊堵截、區區之匪、自不難消滅也、

12. 闽浙两省国军在庆元与匪激战，萧克匪经首尾截击即可消灭，赣剿匪工作年内可告一段落，1934 年 9 月 4 日第 2 版

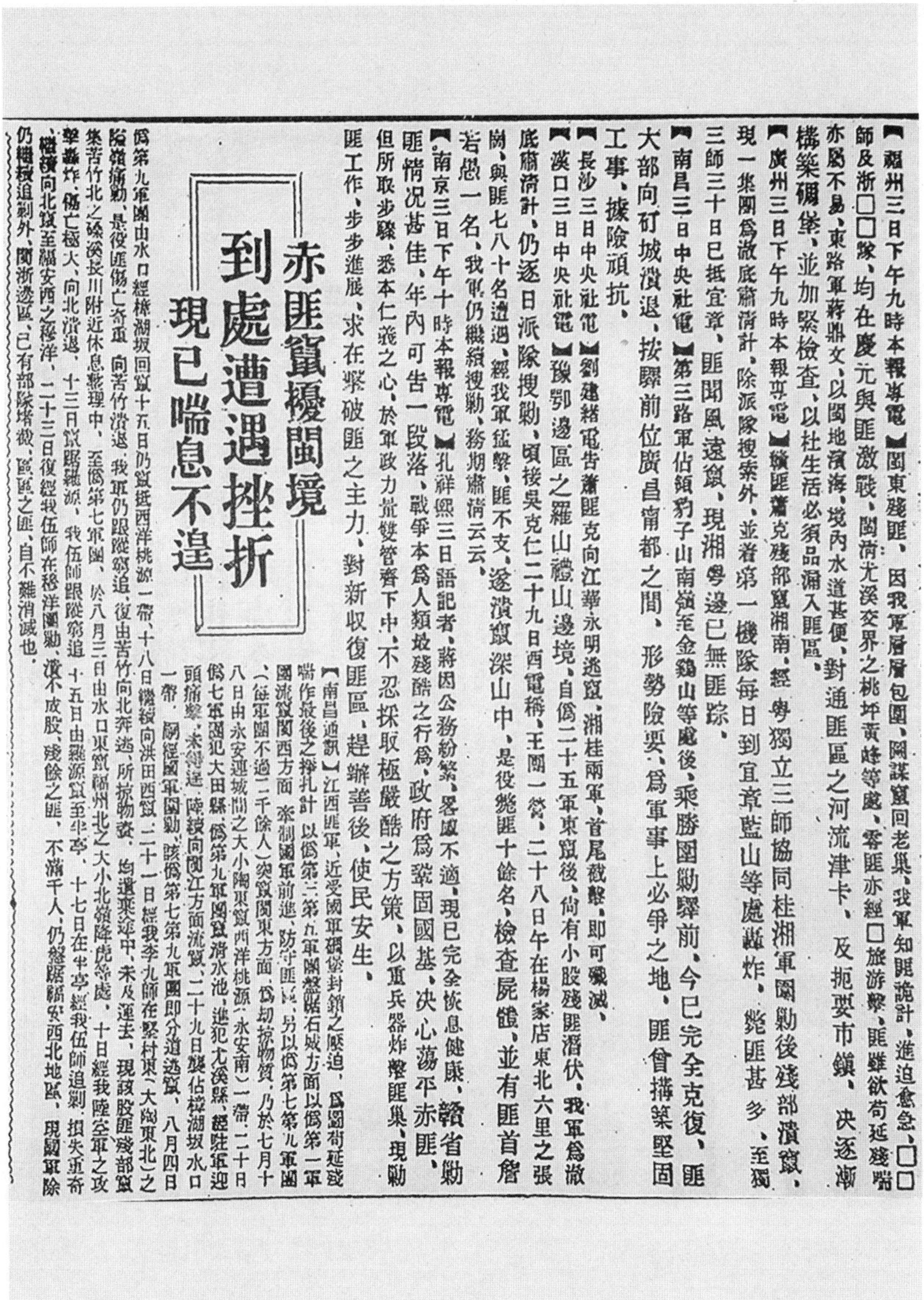

【福州三日下午九時本報專電】閩東殘匪、因我軍層層包圍、圖謀竄回老巢、我軍知匪詭計、進迫愈急、□□師及浙□□隊、均在慶元與匪激戰、閩浙尤溪交界之桃坪黃蜂等處、零匪亦經□旅游擊、匪雖欲苟延殘喘亦屬不易、東路軍蔣鼎文、以閩地濱海、境內水道甚便、對通匪區之河流津卡、及扼要市鎮、決逐漸構築碉堡、並加緊檢查、以杜生活必須品漏入匪區、

【廣州三日下午九時本報專電】贛匪蕭克殘部竄湘南、經粵獨立三師協同桂湘軍圍勦後殘部潰竄、現一集團爲澈底肅清計、除派隊搜索外、並着第一機隊每日到宜章藍山等處轟炸、斃匪甚多、至獨三師三十日已抵宜章、匪聞風遠竄、現湘粵邊已無匪踪、

【南昌三日中央社電】第三路軍佔領豹子山南嶺至金雞山等處後、乘勝圍勦驛前、今已完全克復、匪大部向石城潰退、按驛前位廣昌甯都之間、形勢險要、爲軍事上必爭之地、匪曾構築堅固工事、據險頑抗、

【長沙三日中央社電】劉建緒電告蕭匪克向江華永明逃竄、湘桂兩軍、首尾截擊、即可殲滅、

【漢口三日中央社電】豫鄂邊區之羅山禮山邊境、自僞二十五軍東竄後、尚有小股殘匪潛伏、我軍爲澈底肅清計、仍逐日派隊搜勦、頃接吳克仁二十九日西電稱、王閣一營、二十八日午在楊家店東北六里之張崗、與匪七八十名遭遇、經我軍猛擊、匪不支、遂潰竄深山中、是役斃匪十餘名、檢查屍體、並有匪首詹若愚一名、我軍仍繼續搜勦、務期肅清云云、

【南京三日下午十時本報專電】孔祥熙三日語記者、蔣因公務紛繁、畧感不適、現已完全恢息健康、贛省勦匪情況甚佳、年內可告一段落、戰爭本爲人類最殘酷之行爲、政府爲鞏固國基、決心蕩平赤匪、但所取步驟、悉本仁義之心、於軍政力並雙管齊下中、不忍採取極嚴酷之方策、以重兵器炸燬匪巢、現勦匪工作、步步進展、求在擊破匪之主力、對新收復匪區、趕辦善後、使民安生、

赤匪竄擾閩境
到處遭遇挫折
現已喘息不遑

【南昌通訊】江西匪軍、近受國軍碉堡封鎖之壓迫、爲圖苟延殘喘作最後之掙扎計 以僞第三第九軍團盤踞石城方面以僞第一軍團流竄閩西方面 牽制國軍前進、防守匪區、另以僞第七第九軍團、（每軍團不過二千餘人）突竄閩東方面、爲劫掠物資、乃於七月十八日由永安連城間之大小陶東竄西洋桃源（永安南）一帶、二十日僞七軍團犯大田縣、僞第九軍團竄清水池、進犯尤溪縣、經駐軍迎頭痛擊、未得逞、陸續向閩江方面流竄、二十九日襲佔樟湖坂水口一帶、嗣經國軍圍勦、該僞第七第九軍團即分道逃竄、八月四日僞第九軍團由水口經樟湖坂回竄十五日仍竄抵西洋桃源一帶、十八日繼續向洪田西竄、二十一日經我李九師在緊村東（大陶東北）之險嶺痛勦、是役匪傷亡奇重 向苦竹潰退、我軍仍跟蹤窮追、復由苦竹向北奔逃、所掠物資、均遺棄途中、未及運去、現該股匪殘部竄集苦竹北之際溪長川附近休息整理中、至僞第七軍團、於八月三日由水口東竄福州北之大小北嶺降虎等處、十日經我陸空軍之攻擊轟炸、傷亡極大、向北潰退、十三日竄踞羅源、我伍師跟蹤窮追 十五日由羅源竄至半亭、十七日在半亭經我伍師追剿、損失亟奇、繼續向北竄至福安西之穆洋、二十三日復經我伍師在穆洋圍勦、潰不成股、殘餘之匪、不滿千人、仍繼續追剿外、閩浙邊區、已有部隊堵截、區區之匪、自不難消滅也、

（局部图）

天津益世報第一張　中華民國二十三年　（二）

閩浙軍收復慶元

閩西赤匪主力漸向瑞金移動

閩西收復匪區元氣漸復

蕭克企圖竄擾川黔湘邊區

【杭州四日下午十一時本報專電】軍息、閩浙軍克復慶元、積極搜索、敗匪大部現竄至寶龍泉、我軍正追勦中、

【廈門四日下午十一時本報專電】砲兵一旅第一四兩營、三日輪運抵廈、四日到漳、即開往攻汀前線、四日晨飛機自漳州携傳單二十萬份飛汀寧散放、總攻令明後日可下、

【杭州四日下午十一時本報專電】松溪縣長三日電、匪在小梅與浙軍相持、松北離城四十里之源山鄉、亦發現赤匪五百餘人、槍數未詳、至流竄閩西北之彭德懷股匪、經我兜勦後、匪主力竄清流方面、盧興榮電、匪有回竄瑞金模樣、惟安砂附近尚有匪千餘、現我軍已加緊勦辦、

【福州四日中央社電】盧興榮由永安電省、報告赤匪主力竄清流後、有向瑞金移動模樣、安砂附近殘匪、正在追勦中、方志敏羅炳輝殘匪、在龍泉小梅與浙保安隊方志英部激戰中、匪有向北潰竄勢、福安、湳溪、柏柱、溪北等處之匪、經新十師搜勦後、紛紛竄匿寧德之赤溪、企圖未明、又第二區行政專員徐龐侯電省報告、在某某匪巢、搜獲方志敏羅炳輝二匪與土匪馬烈風任鐵峰等來往信札多件、任馬邀羅方入閩東、羅答尚有其他任務、暫不能來、並贈馬任兩匪洋一千元、快槍二十枝、受傷匪卒百餘、俟痊愈即留閩東協助任馬云云、我駐軍已加緊搜勦、以清匪孽、霞浦石門坑之匪七百餘人、被八七師鄧團猛勦、斃匪甚多、餘匪狼狽向裏洋潰退、我部在追勦中云、

【福州四日下午九時本報專電】連城電、記者一日出發連城視察、上午七時由龍岩啓行、一路鄉民早出事農、貨担絡繹於途、三十里至小池鎮、又二十里至大池鎮、該地曾遭匪洗劫、被毁民房甚多、龍岩四十里至古田鎮、又五十里至廟前鎮、再十六里至新泉堡、在口口師駐其地、由新泉循朋溪而上、六十里爲望口第口師師部在建朋隨、午膳後復前進、又六十里到達連城、全程達二百十六里、以山路險阻、車行七小時餘、沿途農民正忙於秋收、田隴間尤多婦女操作、縱目所及、不復有村落爲墟田疇荒蕪之象、足見閩西匪區之元氣、日漸恢復矣、

【長沙四日下午九時本報專電】蕭克匪部竄桂後、企圖沿湘桂邊境向西急竄、湘桂軍刻正分堵截、余籍傳携欵赴桂促築飛機場、以利清勦、

【南京四日中央社電】何鍵三日亥電京稱、蕭匪因我軍不斷追擊、渡江不成、退入陽明山、復迂迴於藍嘉江道全永之間、但從未進犯縣城、現其主力竄至粢邊之黃沙河文市一帶、我十五、十六兩師、連日在粢東之水汾均、泉泥均、桐子坪、瀨江嶺、白果市、石家洞等處、與匪接觸、頗有斬獲、刻正協同桂軍於全州東安新寧一帶堵勦中、又三日未電稱、蕭匪有企圖竄擾湘黔川邊區之模樣、刻正令各部分途追勦、並電桂軍派隊協同堵截中、

【南昌四日中央社電】贛皖邊區勦匪指揮官廖士翹、將彭澤殘匪完全肅清、贛邊區剿匪軍事已告一段落、特呈准行營、將指揮部移駐浮粱、

【廣州四日下午九時本報專電】陳濟棠爲樹立贛南民衆武力輔助防軍清勦匪類、特令各屬組織剷共團、並飭各縣認眞督促訓練、

13. 闽浙军收复庆元，闽西“赤匪”主力渐向瑞金移动，闽西收复匪区元气渐复，萧克企图窜扰川黔湘边区，1934 年 9 月 5 日第 2 版

【杭州四日下午十一時本報專電】軍息、閩浙軍克復慶元、積極搜索、敗匪大部現竄至實龍泉、我軍正追勦中、

【廈門四日下午十一時本報專電】砲兵一旅第一團兩營、三日輪運抵廈、四日到漳、卽開往攻汀前線、四日晨飛機自漳州携傳單二十萬份飛汀寗散放、總攻令明後日可下、

【杭州四日下午十一時本報專電】松溪縣長三日電、匪在小梅與浙軍相持、松北離城四十里之源山鄉、亦發現赤匪五百餘人、槍數未詳、至流竄閩西北之彭德懷股匪、經我兜勦後、匪主力竄淸流方面、盧興榮電、匪有回竄瑞金模樣、惟安砂附近尙有匪千餘、現我軍已加緊勦辦、

【福州四日中央社電】盧興榮由永安電省、報告赤匪主力竄淸流後、有向瑞金移動模樣、安砂附近殘匪、正在追勦中、方志敏羅炳輝殘匪、在龍泉小梅與浙保安隊方志英部激戰中、匪有向北潰竄勢、福安、蒲溪、柏柱、溪北等處之匪、經新十師搜勦後、紛紛竄匿寧德之赤溪、企圖未明、又第二區行政專員徐虎侯電省報告、在某某匪巢、搜獲方志敏羅炳輝二匪與土匪馬烈風任鐵峰等來往信札多件、任馬邀羅方入閩東、羅答尙有其他任務、暫不能來、並贈馬任兩匪洋一千元、快槍二十枝、受傷匪卒百餘、俟痊愈卽留閩東協助任馬云云、我駐軍已加緊搜勦、以消匪孽、霞浦石門坑之匪七百餘人、被八七師鄧圖鉉勦、斃匪甚多、餘匪狼狽向褒洋潰退、我部在追勦中云、

【福州四日下午九時本報專電】連城電、記者一日出發連城視察、上午七時由龍岩啓行、一路鄉民早出事農、貨担絡繹於途、三十里至小池鎭、又二十里至大池鎭、該地曾遭匪洗劫、被毁民房甚多、龍岩四十里至古甸鎭、又五十里至廟前鎭、再十六里至新泉堡、在□□師駐其地、由新泉循朋隨溪而上、六十里爲望口第□師師部在建朋隨、午膳後復前進、又六十里到達連城、全程達二百十六里、以山路險阻、車行七小時餘、沿途農民正忙於秋收、田隴間尤多婦女操作、縱目所及、不復有村落爲墟田疇荒蕪之象、足見閩西匪區之元氣、日漸恢復矣、

【長沙四日下午九時本報專電】蕭克匪部竄桂後、企圖沿湘桂邊境向西急竄、湘桂軍刻正分堵截、余籍傳携欵赴郴促築飛機場、以利淸勦、

【南京四日中央社電】何鍵三日亥電京稱、蕭匪因我軍不斷追擊、渡江不成、退入陽明山、復迂迴於藍嘉江道全永之間、但從未進犯縣城、現其主力竄至粢邊之黃沙河文市一帶、我十五、十六兩師、連日在零東之水汾均、皇泥均、桐子坪、瀨江嶺、白果市、石家洞等處、與匪接觸、頗有斬獲、刻正協同桂軍於全州東安新寧一帶堵勦中、又三日未電稱、蕭匪有企圖竄擾湘黔川邊區之模樣、刻正令各部分途追勦、並電桂軍派隊協同堵截中、

【南昌四日中央社電】贛皖邊區勦匪指揮官廖士翹、將彭澤殘匪完全肅淸、贛邊區勦匪軍事已告一段落、特呈准行營、將指揮部移駐浮梁、

【廣州四日下午九時本報專電】陳濟棠爲樹立贛南民衆武力輔助防軍淸勦匪類、特令各屬組織剷共團、並飭各縣認眞督促訓練、

（局部图）

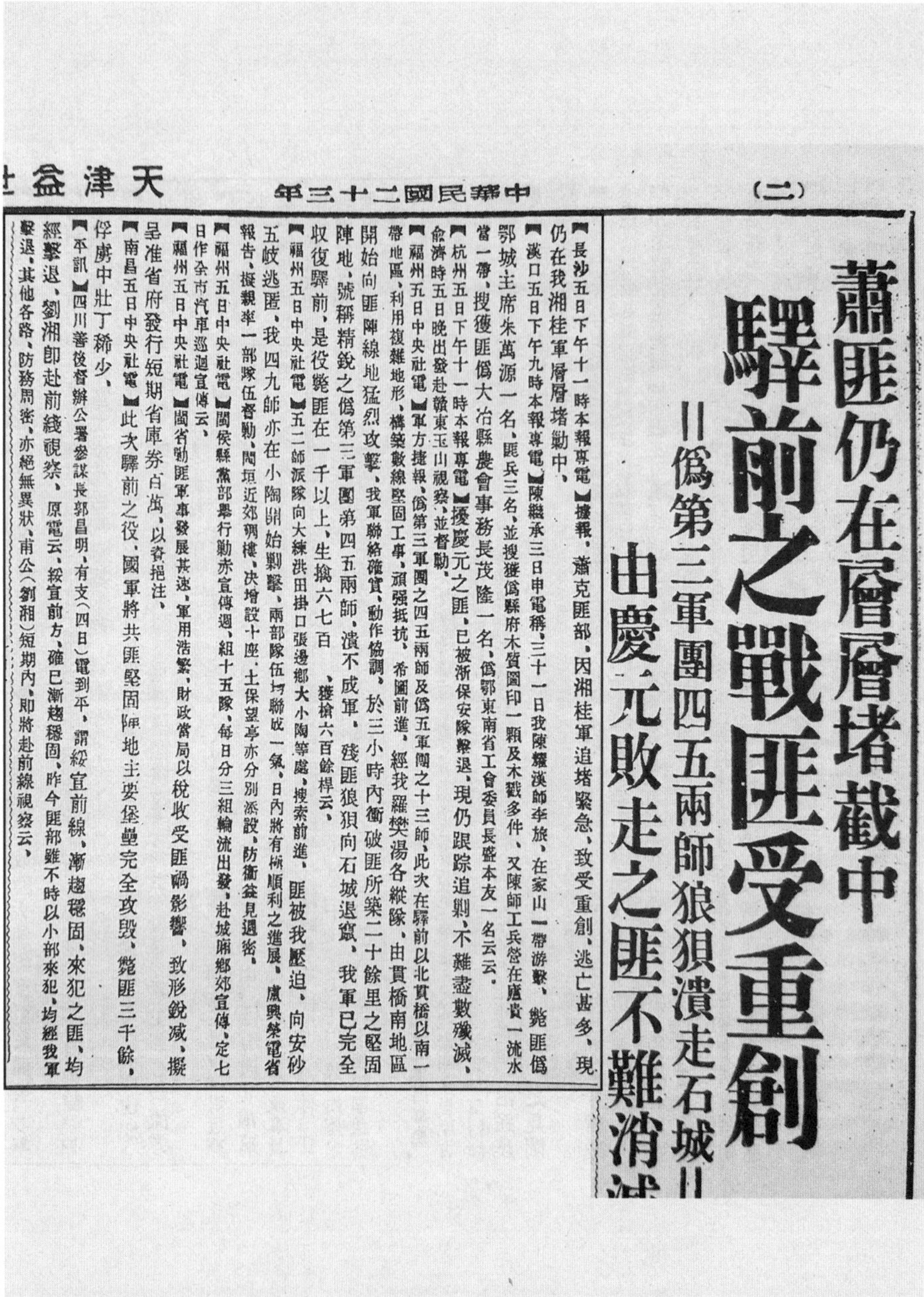

天津益世　　中華民國二十三年　　（二）

蕭匪仍在層層堵截中
驛前之戰匪受重創
＝偽第三軍團四五兩師狼狽潰走石城＝
由慶元敗走之匪不難消滅

【長沙五日下午十一時本報專電】據報、蕭克匪部、因湘桂軍追堵緊急、致受重創、逃亡甚多、現仍在我湘桂軍層層堵勦中、

【漢口五日下午九時本報專電】陳繼承三日申電稱、三十一日我陳耀漢師李旅、在家山一帶游擊、斃匪偽鄂城主席朱萬源一名、匪兵三名、並搜獲偽縣府木質圖印一顆及木戳多件、又陳師工兵營在鷹貴一流水當一帶、搜獲匪偽大冶縣農會事務長茂隆一名、偽鄂東南省工會委員長盛本友一名云云、

【杭州五日下午十一時本報專電】擾慶元之匪、已被浙保安隊擊退、現仍跟踪追剿、不難盡數殲滅、俞濟時五日晚出發赴贛東玉山視察、並督勦、

【福州五日中央社電】軍方捷報、偽第三軍團之四五兩師及偽五軍團之十三師、此次在驛前以北貫橋以南一帶地區、利用複雜地形、構築數線堅固工事、頑强抵抗、希圖前進、經我羅樊湯各縱隊、由貫橋南地區開始向匪陣線地猛烈攻擊、我軍聯絡確實、動作協調、於三小時內衝破匪所築二十餘里之堅固陣地、號稱精銳之偽第三軍團第四五兩師、潰不成軍、殘匪狼狽向石城退竄、我軍已完全收復驛前、是役斃匪在一千以上、生擒六七百、獲槍六百餘桿云、

【福州五日中央社電】五二師派隊向大練洪田掛口張邊鄉大小陶等處、搜索前進、匪被我壓迫、向安砂五岐逃匿、我四九師亦在小陶開始剿擊、兩部隊伍均聯成一氣、日內將有極順利之進展、處興榮電省報告、擬親率一部隊伍督勦、閩垣近郊碉樓、決增設十座、土保望亭亦分別添設、防衛益見週密、

【福州五日中央社電】閩侯縣黨部舉行勦赤宣傳週、組十五隊、每日分三組輪流出發、赴城廂鄉郊宣傳、定七日作全市汽車巡迴宣傳云、

【福州五日中央社電】閩省勦匪軍事發展甚速、軍用浩繁、財政當局以稅收受匪禍影響、致形銳減、擬呈准省府發行短期省庫券百萬、以資挹注、

【南昌五日中央社電】此次驛前之役、國軍將共匪堅固陣地主要堡壘完全攻毀、斃匪三千餘、俘虜中壯丁稀少、

【平訊】四川善後督辦公署參謀長郭昌明、有支（四日）電到平、謂綏宣前線、漸趨穩固、來犯之匪、均經擊退、劉湘即赴前綫視察、原電云、綏宣前方、確已漸趨穩固、昨今匪部雖不時以小部來犯、均經我軍擊退、其他各路、防務周密、亦絕無異狀、甫公（劉湘）短期內、即將赴前線視察云、

14. 萧匪仍在层层堵截中，驿前之战匪受重创，“伪第三军团四、五两师”狼狈溃走石城，由庆元败走之匪不难消灭，1934 年 9 月 6 日第 2 版

【長沙五日下午十一時本報專電】據報、蕭克匪部、因湘桂軍追堵緊急、致受重創、逃亡甚多、現仍在我湘桂軍層層堵勦中、

【漢口五日下午九時本報專電】陳繼承三日申電稱、三十一日我陳耀漢師李旅、在家山一帶游擊、斃匪僞鄂城主席朱萬源一名、匪兵三名、並搜獲僞縣府木質圖印一顆及木戳多件、又陳師工兵營在應貴一流水當一帶、搜獲匪僞大冶縣農會事務長茂隆一名、僞鄂東南省工會委員長盛本友一名云云、

【杭州五日下午十一時本報專電】擾慶元之匪、已被浙保安隊擊退、現仍跟踪追剿、不難盡數殲滅、俞濟時五日晚出發赴贛東玉山視察、並督勦、

【福州五日中央社電】軍方捷報、僞第三軍團之四五兩師及僞五軍團之十三師、此次在驛前以北貫橋以南一帶地區、利用複雜地形、構築數線堅固工事、頑强抵抗、希圖前進、經我羅樊湯各縱隊、由貫橋南地區開始向匪陣線地猛烈攻擊、我軍聯絡確實、動作協調、於三小時內衝破匪所築二十餘里之堅固陣地、號稱精銳之僞第三軍團第四五兩師、潰不成軍、殘匪狼狽向石城退竄、我軍已完全收復驛前、是役斃匪在一千以上、生擒六七百、獲槍六百餘桿云、

【福州五日中央社電】五二師派隊向大練洪田掛口張邊鄉大小陶等處、搜索前進、匪被我壓迫、向安砂五岐逃匿、我四九師亦在小陶開始剿擊、兩部隊伍均聯成一氣、日內將有極順利之進展、盧興榮電省報告、擬親率一部隊伍督勦、閩垣近郊碉樓、決增設十座、土保望亭亦分別添設、防衛益見週密、

【福州五日中央社電】閩侯縣黨部舉行勦赤宣傳週、組十五隊、每日分三組輪流出發、赴城廂鄉郊宣傳、定七日作全市汽車巡迴宣傳云、

【福州五日中央社電】閩省勦匪軍事發展甚速、軍用浩緊、財政當局以稅收受匪禍影響、致形銳減、擬呈准省府發行短期省庫券百萬、以資挹注、

【南昌五日中央社電】此次驛前之役、國軍將共匪堅固陣地主要堡壘完全攻毀、斃匪三千餘、俘虜中壯丁稀少、

【平訊】四川善後督辦公署參謀長郭昌明、有支(四日)電到平、謂綏宣前線、漸趨穩固、來犯之匪、均經擊退、劉湘即赴前綫視察、原電云、綏宣前方、確已漸趨穩固、昨今匪部雖不時以小部來犯、均經我軍擊退、其他各路、防務周密、亦絕無異狀、甫公(劉湘)短期內、即將赴前線視察云、

（局部图）

報第一張　九月七日　星期五

北路正面國軍 距瑞金僅九十里 僞府將遷避寧化

【福州六日下午十時本報專電】前方電告、我軍迭勝後、北路正面之綫、距瑞金僞府、僅九十里、匪決將僞府遷寧化避鋒、

【龍岩六日中央社電】連城由四師李延年部收復後、當時城內人口不及一千、最近調查、全部約八萬、城廂二萬强、女多於男足過兩倍以上、日來長汀、清流、寧化匪區難民來歸者甚多、城內有大街二、商店均已營業、外來生意之貨擔尤多、入夜無已、食鹽、火油火柴設公賣所、限制綦嚴、食鹽每人每日一錢、火油一角四兩、火柴每盒四分 新米上市、每元十一斤餘、四郊在晚、碉樓警戒嚴密、城防鞏固、民衆團體、有商會、敎育會、 學校僅初小兩所、人民對匪深惡痛根、故我軍備受民衆歡迎云、

【南昌六日中央社電】北路勦匪軍迭獲勝利、前鋒距瑞金僅九十里、匪開緊急會議、僞府將遷往寧化、

【長沙通訊】此次蕭克匪部、率萬餘之衆、竄入湘南、 其企圖原欲由湘南而入湘西、再由湘西而入川黔、以遂其苟安圖存之計劃、幸西路軍集中追勦。層層逼近、還置重兵於寶慶、武岡、截斷該匪入湘西之路、而以第十五師王東原部、跟踪前進、致使匪喘息不遑、匪部本已到達新田者、因王師(東原)攻擊追勦、 乃折回又竄入臨武、藍山、有向粵境活動之模樣、上月二十九日、匪全部向臨武、藍山之土橋墟、新村、逃竄、據投誠匪兵供稱、匪部人數衆多、 槍四五千、 迫擊砲十餘座、機關槍三十餘尊、 有向黃桶山、 經廣東邊境活動等語、該匪抵黃桶山後、見粵軍滿佈、遂不敢入粵、復轉向西竄、三十日清晨、其前衛匪部、 由藍山土橋墟、新村、黃桶山、竄達寧遠道縣間之楠木橋、入粵不能、又有入桂企圖、故楠木橋以下之下灌、 打水舖沿綫盡屬匪軍、頃根據前綫軍息報告、匪企圖有二、即一、竄走道縣、由蔣家嶺出廣西所屬之灌陽縣、二、由江華永明出龍虎關、國軍既悉匪之計劃如此、遂造成湘桂部隊合勦之勢、 桂軍已於三十日、派兵一團、抵道縣距城二十五里之地、另派兩營、馳抵道縣縣城、湘軍方面、仍由王東原師、向前追擊、道縣保安團長唐季侯、率部沿河堵截、第二十八軍軍長、兼西路第一縱隊司令劉建緒、於三十一日、由衡陽進駐郴州、指揮大軍圍勦、現蕭匪進退已難、唯一出路、勢必仍踞高山峻嶺、以避軍隊堵截、若言完全消滅、則尚有待也(一日)

15. 北路正面国军距瑞金仅九十里，“伪府”将迁避宁化，1934 年 9 月 7 日第 2 版

何鍵電京報告

堵擊蕭匪斃俘甚多

閩省各軍積極進行築路

【南京九日中央社電】何鍵八日電京，報告剿匪勝利，略謂：蕭匪部衆六七千西竄，[illegible]斃匪及俘匪五六百名，俘獲甚多，現匪部已竄湘桂邊界一帶，不難殲滅。

【長沙特訊】[illegible]（九月六日發）

【福州八日中央社電】四九師伍誠仁部，[illegible]處，跟蹤殘匪，劇戰多次，匪傷亡在五百以上，被我俘獲甚多，閩省各軍對各軍築路進行甚積極，[illegible]各軍協助築路工作。

【福州八日中央社電】閩西各匪經蔣鼎文總司令[illegible]各部極力追剿大獲勝利，東路總部近據寧洋縣長報告，[illegible]一帶赤匪係偽新編第九團團長羅德民匪衆約千餘人，槍約七八百枝，[illegible]所有糧米牲畜擄掠一空，並脅迫各地民衆工作，[illegible]至小陶永安情況，現甚安謐，各鄉區撤匪，[illegible]退，駐永安城部隊，現正向小陶推進，[illegible]築路各師。

16. 何键电京报告堵击萧匪毙俘甚多，闽省各军积极进行筑路，1934 年 9 月 10 日第 2 版

中華民國二十三年

俘匪辛克明供述
湘鄂贛邊赤匪崩潰情形
下級匪與民衆一致覺悟
方志敏有竄回贛東企圖

【長沙十一日中央社電】零陵六日電稱、蕭匪經過道縣偷渡、竄入桂省、灌陽全縣間桂軍、由龍洎進剿、湘軍同時跟擊、當遇匪於距龍洎二十里地方接觸、激戰整日、斃匪四百餘名、奪獲槍枝三百餘枝、軍用品甚多、匪受重創、狼狽已極、現被我湘桂軍[illegible]圍任中云、

俘匪辛克明供述
湘鄂贛邊區赤匪
崩◇潰◇之◇情◇形

【南昌八日快訊】行營頃據俘匪辛克明供述、湘鄂贛邊匪區物質缺乏以及人民離散情形、可見赤匪崩潰原因、茲節錄其原供如下、（上略）因此近來匪區日益崩潰、民衆起來反抗 且近來捉的土豪、多不繳款 以致戰費無着、現匪首大起恐慌、物質來源、在我軍封鎖之下、又無現金購買、因此日見斷絕、但赤匪祇是壟斷強迫和欺騙民衆、抖股開辦合作社、利用邊區的民衆、採運油鹽及日常需要品 近來湘鄂贛邊匪區崩潰之速、主要的是匪共之覺悟、不願再在匪首壓迫底下過非人生活、因此不斷的拋槍投誠國軍、同時匪區民衆忍受不住赤匪壓迫與剝削、尤其是農村壯丁、完全被強迫充當匪共、造成農村田地荒蕪、民衆流離失所、另一方面、匪共慘無人道、祇是以殺人放火爲家常便飯、在這情況之下、匪共與民衆日益覺悟起來、以致在國軍痛剿當中 匪軍日益孤立、還是湘鄂贛邊匪崩潰之主要因素、

【福州十一日中央社電】方匪志敏、以國軍四圍兜擊、有由龍泉經浦城崇安回竄贛東老巢企圖、國軍已跟踪追擊云、

17. 俘匪辛克明供述湘鄂赣边“赤匪”崩溃情形，下级匪与民众一致觉悟，方志敏有窜回赣东企图，1934 年 9 月 12 日第 2 版

贛剿匪各軍
向寧都挺進
湘桂軍將澈底追蕭匪

【南昌十四日中央社電】我軍先頭步隊、現向古龍岡挺進、已攻佔小松凹、雄嶺洞等要隘、斃匪三百餘名、殘匪狼狽南竄、各路軍節節進展、士氣極旺、會師寧都、爲期不遠、

【貴陽十三日中央社電】蕭克匪部、有由湘桂邊境向湘黔竄逃模樣、王家烈氏已派周旅長率部越境防剿並電請中央轉令何鍵飭屬越境追擊、

18. 赣剿匪各军向宁都挺进，湘桂军将彻底追萧匪，1934 年 9 月 15 日第 2 版

贛匪圖西竄未逞
入湘蕭匪化整爲零分竄粵桂
三省勁旅圍剿指日即可殲滅

【本報南昌特約通訊】股匪蕭克、自由贛西竄往湘南後、初時形勢、似頗嚴重、蓋蕭匪爲贛中赤匪西竄圖入黔川之先導者（此爲贛赤匪預備之計劃）前因得以徐洪、李林、李宗保（久據湘南股匪）等股匪之取得聯絡、後又將有贛匪主力之傾巢繼續西來、冀圖入黔川、徐圖恢復、爾時故蕭匪之竄擾湘南、形極活動、勢亦洶湧、西路軍因此曾一度頗形緊張、頗感吃力、蔣委員長惟恐贛匪主力繼蕭匪之後以西竄、嚴令駐贛西各軍師嚴密防守、趕築碉堡、一方分電粵桂湘各省調派勁旅兜剿湘南股匪、毋使西竄、遁入黔川、致成前途之大患、各該省軍奉電之後、贛軍則任截匪主力之西竄與防蕭匪之返贛、湘軍則爲主攻湘南之各股匪而粵桂兩省軍則爲協助兜剿股匪之工作、故竄跡湘南之各股匪、在此贛湘粵桂四省大軍合圍兜剿之下、邇來甚形侷促、即贛匪主力雖頻頻欲動傾巢西竄、卒以贛軍

19. 赣匪图西窜未逞，入湘萧匪化整为零分窜粤桂，三省劲旅围剿指日即可歼灭，1934 年 9 月 16 日第 2 版（残）

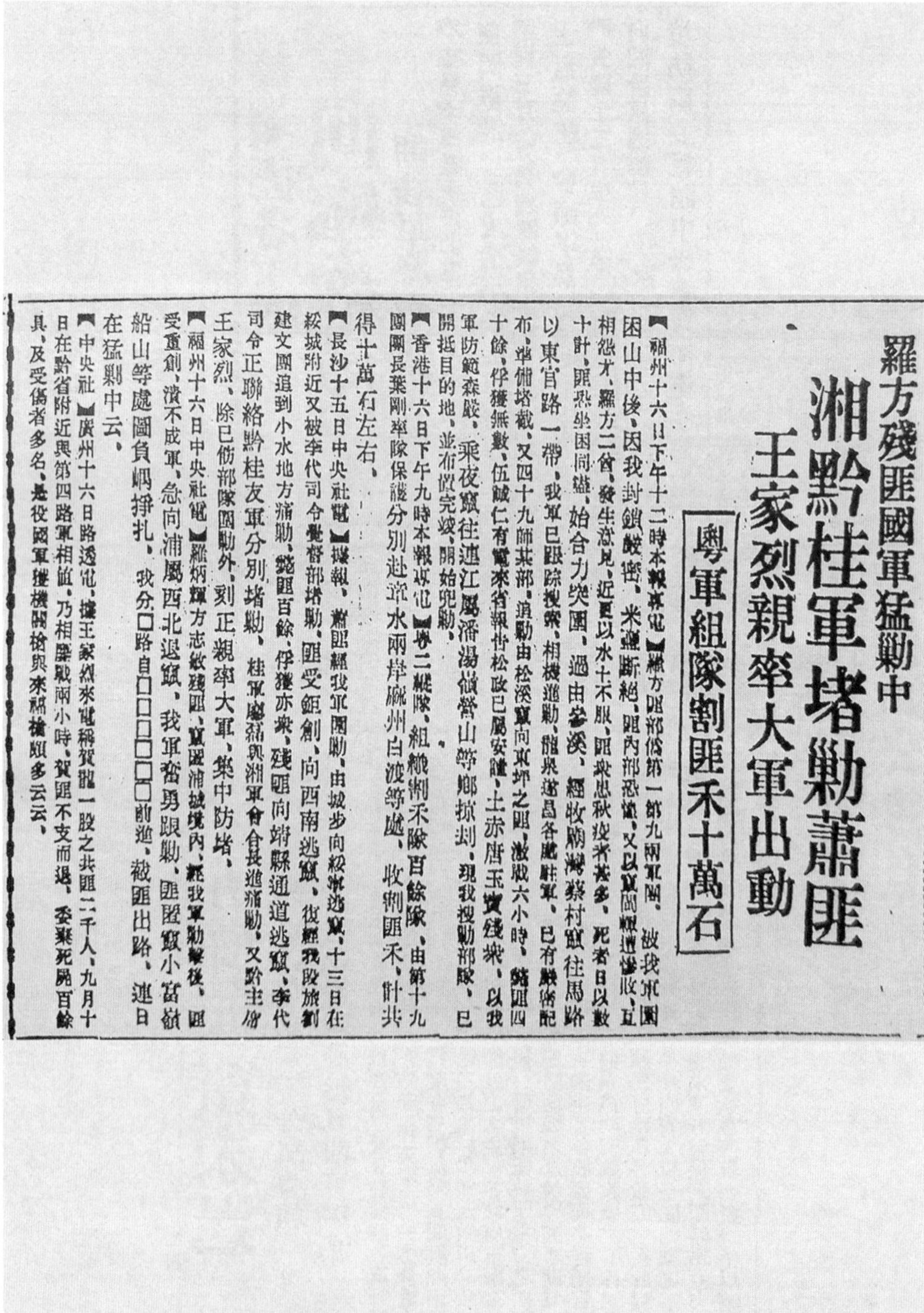

羅方殘匪國軍猛勦中

湘黔桂軍堵勦蕭匪

王家烈親率大軍出動

粵軍組隊割匪禾十萬石

【福州十六日下午十二時本報專電】羅方匪部僅第一師九兩軍團、被我軍圍困山中後、因我封鎖嚴密、米鹽斷絕、匪內部恐慌、又以竄閩糧道遭擊收、互相怨尤、羅方二酋、發生歧見、近更以水土不服、匪衆患秋疫者甚多、死者日以數十計、匪恐坐困同盡、始合力突圍、過由岑溪、經牧朋灣蔡村竄往馬路以東官路一帶、我軍已跟踪搜索、相機進勦、龍泉遂昌各處駐軍、已有嚴密配布、準備堵截、又四十九師某部、頃勦由松溪竄向東坪之匪、激戰六小時、擊匪四十餘、俘獲無數、伍誠仁有電來省報告松政已屬安謐、土赤唐玉寶殘衆、以我軍防範森嚴、乘夜竄往連江屬潘湯嶺鶯山等鄉掠劫、現我搜勦部隊、已開抵目的地、並布置完竣、開始兜勦、

【香港十六日下午九時本報專電】粵二縱隊、組織刈禾隊百餘隊、由第十九團團長葉剛率隊保護分別赴潯水兩岸廉州白渡等處、收割匪禾、計共得十萬石左右、

【長沙十五日中央社電】據報、蕭匪經我軍圍勦、由城步向綏寧逃竄、十三日在綏城附近又被李代司令覺部堵勦、匪受鉅創、向西南逃竄、復經我段旅劉建文團追到小水地方痛勦、斃匪百餘、俘獲亦衆、殘匪向靖縣通道逃竄、李代司令正聯絡黔桂友軍分別堵勦、桂軍廖磊與湘軍會合長進痛勦、又黔主席王家烈、除已飭部隊圍勦外、刻正親率大軍、集中防堵、

【福州十六日中央社電】羅炳輝方志敏殘匪、竄匪浦城境內、經我軍勦擊後、匪受重創、潰不成軍、急向浦屬西北退竄、我軍奮勇跟勦、匪遂竄小窩嶺船山等處圖負嵎掙扎、我分□路自□□□□□前進、截匪出路、連日在猛勦中云、

【中央社】廣州十六日路透電、據王家烈來電稱賀龍一股之共匪二千人、九月十日在黔省附近與第四路軍相值、乃相鏖戰兩小時、賀匪不支而退、委棄死屍百餘具、及受傷者多名、是役國軍獲機關槍與來福槍頗多云云、

20. 罗（炳辉）、方（志敏）残匪国军猛剿中，湘黔桂军堵剿萧匪，王家烈亲率大军出动，粤军组队割匪禾十万石，1934 年 9 月 17 日第 2 版

天津益世報　中華民國二十三年　（二）

贛匪區民怨沸騰
無不希望國軍早臨
蕭匪至黔後向天柱北竄
閩省一失城縣長已槍決

【成都二十一日下午九時本報專電】劉湘在開江、改委范華聰爲萬城警備司令、王三春爲城口游擊司令、歸范紹增指揮、定二十日起召集前綫連長以上團長以下軍官到開訓話、又四路軍大部現在營岳前万、與匪相持、匪區難民紛走順慶、一路軍退守東河西岸、胡宗南師前鋒已入廣元、羅澤洲再棄儀隴、請中央撤職查辦、

【長沙二十一日下午九時本報專電】蕭匪竄到黔境錦屏後、向天柱北竄、黔派王伯勛堵勦、據俘匪供、匪四九、五十、五一等團長徐志英、劉式楷、張鴻基、在桂湘邊界陣亡、

【漢口二十一日下午九時本報專電】軍息、裴昌會師奉令追勦僞二十五軍、十七日在霍山西境青苔關東南之紙棚河、與該匪二千餘入接觸、戰三小時、匪向西北潰退、是役匪傷亡極重、遺屍滿山、該師仍繼續追勦、

【漢口二十一日下午十時本報專電】蔣電各省府、嚴飭各縣長嚴修守備、倘遇匪警、即應固守、與城共存亡、不得隻身潛逃、倘仍安泄沓、則軍法具在、決不姑寬、

【福州二十一日下午九時本報專電】省府奉行營令、槍決前失陷安□之縣長蕭業恩、

【南昌二十一日中央社電】軍訊、僞七軍團匪部四千餘、由上下洋竄擾江山縣屬之賀村、十四日午、陳旅令派方團偕保安團馳往勦辦、激戰約四小時、匪勢不支、紛向浙境常山方面逃竄、十五日晨、由王旅長親率李團由廣平出發、向常山追擊、十六日午在常山附近追及、即行接觸、該匪依山負隅頑抗、激戰約五小時、王旅長親臨前敵、身先士卒、銳氣大振、官兵併力猛烈進攻、卒將匪軍擊破、狼狽逃竄周圍深山中、我軍現仍繼續攻剿中、行營據俘匪供稱、僞七軍團五月間從瑞金出發時、計第一、二、三三師、詭稱北上抗日、先遣隊經閩浙邊界轉竄忠信付陽大楓口時、以進兵甚緊、連夜逃竄、夥甚狼狽、逃亡及病傷者甚多、現每連入約五十、槍約三四十枝、機槍共約十挺、竹口之役、僞第二師師長陣亡、寧都瑞金等地、物質壯丁兩缺、未赤化前、一元可買米三十斤、今則僅買六斤、食鹽一元買一斤一兩、若用僞蘇維埃鈔票、一元買鹽二兩五錢、布衣每套須五元、用僞蘇維埃票須十餘元、男自八歲至十三歲、被逼入兒童團、十二至二十三、入模範少年隊、二十四至三十五、入模範營、三十六至四十九、入赤衛軍、壯丁被征殆盡、婦女種田、田多荒蕪、又畏飛機偵炸、匪衆每天早餐後即上山躲避、民怨沸騰、無不暗盼國軍之早臨、

21. 赣匪区民怨沸腾，无不希望国军早临，萧匪至黔后向天柱北窜，闽省一失城县长已枪决，1934 年 9 月 22 日第 2 版

【成都二十一日下午九時本報專電】劉湘在開江、改委范華聰爲萬城警備司令、王三春爲城口游擊司令、歸范紹增指揮、定二十日起召集前綫連長以上團長以下軍官到開訓話、又四路軍大部現在營岳前万、與匪相持、匪區難民紛走順慶、一路軍退守東河西岸、胡宗南師前鋒已入廣元、羅澤洲再棄儀隴、請中央撤職查辦、

【長沙二十一日下午九時本報專電】蕭匪竄到黔境錦屏後、向天柱北竄、黔派王仂助堵勦、據俘匪供、匪四九、五十、五一等團長徐志英、劉式楷、張鴻基、在桂湘邊界陣亡、

【漢口二十一日下午九時本報專電】軍息、裴昌會師奉令追勦偽二十五軍、十七日在霍山西境青苔關東南之紙棚河、與該匪二千餘入接觸、戰三小時、匪向西北潰退、是役匪傷亡極重、遺屍滿山、該師仍繼續追勦、

【漢口二十一日下午十時本報專電】蔣電各省府、嚴飭各縣長嚴修守備、倘遇匪警、即應固守、與城共存亡、不得隻身潛逃、倘仍安泄沓、則軍法具在、決不姑寬、

【福州二十一日下午九時本報專電】省府奉行營令、槍決前失陷安口之縣長蕭業恩、

【南昌二十一日中央社電】軍訊、偽七軍團匪部四千餘、由上下洋竄擾江山縣屬之賀村、十四日午、陳旅令派方團偕保安團馳往勦辦、激戰約四小時、匪勢不支、紛向浙境常山方面逃竄、十五日晨、由王旅長親率李團由廣平出發、向常山追擊、十六日午在常山附近追及、即行接觸、該匪依山負隅頑抗、激戰約五小時、王旅長親臨前敵、身先士卒、銳氣大振、官兵併力猛烈進攻、卒將匪軍擊破、狼狽逃竄周圍深山中、我軍現仍繼續攻勦中、行營據俘匪供稱、偽七軍團五月間從瑞金出發時、計第一、二、三三師、詭稱北上抗日、先遣隊經閩浙邊界轉竄忠信付陽大楓口時、以進兵甚緊、連夜逃竄、勢甚狼狽、逃亡及病傷者甚多、現每連人約五十、槍約三四十枝、機槍共約十挺、竹口之役、偽第二師師長陣亡、雩都瑞金等地、物質壯丁兩缺、未赤化前、一元可買米三十斤、今則僅買六斤、食鹽一元買一斤一兩、若用偽蘇維埃鈔票、一元買鹽二兩五錢、布衣每套須五元、用偽蘇維埃票須十餘元、男自八歲至十三歲、被逼入兒童團、十二至二十三、入模範少年隊、二十四至三十五、入模範營、三十六至四十九、入赤衛軍、壯丁被征殆盡、婦女種田、田多荒蕪、又畏飛機偵炸、匪衆每天早餐後即上山躲避、民怨沸騰、無不暗盼國軍之早臨、

（局部图）

天津益世報　　中華民國二十三年　　（二）

閩國軍北路猛攻殘匪

驛前戰事又轉激烈

蕭匪紛向黔省黎平竄走

劉湘即返渝沿江築碉堡

【福州二十二日下午十時本報專電】國軍北路連日繼續猛攻殘匪根據地、驛前戰事又轉激烈、現國軍已將姚坊西南及福林寨一帶匪場佔領、俘偽三師營長張勝一名、

【漢口二十二日下午十時本報專電】劉湘抵開江後積極計劃進剿五六兩路約十萬人即北進某地、設兵站部糧食在收買徵集中、

【重慶二十二日下午十時本報專電】劉湘將於短期內返渝、沿大江南北岸將調集民團實行建築碉壘、防患未然、

【南京二十二日中央社電】軍息、蕭匪經四路軍何鍵部在新廠擊斃三百餘名、殘匪紛向黔省之黎平方面竄走、其先頭匪部在黎平邊境之鋪口被黔省駐軍扼要堵擊、該匪仍圖向西北竄走、與賀匪相合、湘桂兩省追剿部隊刻分路跟踪推進、覓匪進擊、以期將該匪在黔邊一鼓殲滅之云、

【長沙特訊】蕭克匪部、自由贛竄入湘南後，經西路軍追擊、乃由湘南而入廣西興安邊境、復被湘桂兩軍夾剿、前進已屬不能，後退亦不許可，又因桂境民團組織嚴密，軍隊進剿，亦甚厲害，故不能在桂立足，遂折回竄入湘境，本月十二日、先頭匪隊、即抵岩寨、距城步約三十里其主力則在孟公坳、新老寨等處，圖向城步、綏寧、一帶逃竄、適值省會警備司令胡達、率兵兩團由梅溪口尾追蕭匪到達城步，同時第十九師師長李覺，則於是日由城步抵綏寧、桂軍長廖磊，率部分兩路，一向下邊溪、一由寨子坪，跟踪追進，使匪不能到城步，又不能入綏寧，乃旋迴於城，綏、交界之山地，十三日，李（覺）師長派劉建文團、趕到小水塘擊，匪遇戰即逃，未曾抵抗，比向彬木橋、寨牙、一帶逃竄，餘匪散於大南山附近、官軍原來進剿計劃，係由桂軍跟踪尾追，黔軍則在靖縣，通道堵截，因匪行動迅速，深恐桂，黔，兩軍部隊，動作方面來不及，故李師長（覺）於十二日，由城步赶到綏寧，堵匪前面，準備予以痛擊，十五日晨，匪又由彬木橋分兩路潰竄，一由郭水出塘冲，竄湘黔交界之雙江口，一由芙蓉里，牙屯堡 竄入黔境，截至十七日止消息，匪距通道縣，僅約數里，通道係黔軍担任防務，聞此刻已入通城，該縣縣長率隊退守大營坪一帶 待援軍會剿，由李師長（覺），業派員向通道進剿而匪部勢必又將流竄依目前情勢觀察，蕭匪全部將竄入黔，故黔主席王家烈，已由貴州城移駐鎮遠，指揮各師督剿，以保邊圉，至湘桂兩軍，決匪竄何處，即追至何處，務期將其消滅而後已何鍵以會剿事態重大，特派代表朱彥斐赴黔，洽商一切，此為蕭匪最近流竄湘西之情形也，茲將前線重要電文，摘錄數則如次，俾明眞相，（電一）衡署，一，蕭克一部，寒日竄抵靖縣，通道，馴之彬木橋企圖進犯靖縣城經黔軍周芳仁旅，會同我蒲士勝，龍運鴻，李國鴻各團，奮勇堵剿，將匪擊退斃匪數十，除一部竄黄山之線外，餘皆散竄寨牙之間，刻正會同李可達旅，及補充總隊各部包剿中，二，據二十五軍王軍長家烈電告，湘黔邊區板溪一帶之賀龍匪，經李成章率第九團，將其擊潰，斃匪團長一名，匪兵四十餘名，除派部窮追，務絕根株外，並已率兵一部，由鎮遠向湘邊推進堵剿，等語，第四保安區司令楊石松叩呈，（電二）蕭匪經桂回竄城步，綏寧，進犯通道，靖縣，企圖總道入川，業調派李可達旅全部，開赴會同，協同保安團隊，馳往堵截，頃據電稱，匪部探知我部猛進，遂退走通黔邊境之石家冲，比予痛擊，時李師長（覺）督部抄擊匪之右黔軍周芳仁旅，抄擊匪之左，混戰數小時，斃匪二百餘，傷匪百餘，奪獲其夥，匪遭此慘敗，已進退維谷，不難殲滅，等語 特聞，第三十四師師長，陳渠珍，叩銑，九月十八日）

◇ ◇ ◇

22. 闽国军北路猛攻残匪，驿前战事又转激烈，萧匪纷向黔省黎平窜走，刘湘即返渝沿江筑碉堡，1934 年 9 月 23 日第 2 版

【福州二十二日下午十時本報專電】國軍北路連日繼續猛攻殘匪根據地，驛前戰事又轉激烈，現國軍已將姚坊西南及福林寨一帶匪場佔領，俘偽三師營長張勝一名。

【漢口二十二日下午十時本報專電】劉湘抵開江後積極計劃進剿五六兩路約十萬人即北進某地，設兵站部糧食在收買徵集中。

【重慶二十二日下午十時本報專電】劉湘將於短期內返渝，沿大江南北岸將調集民團實行建築碉壘，防患未然。

【南京二十二日中央社電】軍息，蕭匪經四路軍何鍵部在新廠擊斃三百餘名，殘匪紛向黔省之黎平方面竄走，其先頭匪部在黎平邊境之鋪口被黔省駐軍扼要堵擊，該匪仍圖向西北竄走，與賀匪相合，湘桂兩省追剿部隊刻分路跟踪推進，覓匪進擊，以期將該匪在黔邊一鼓殲滅之云。

【長沙特訊】蕭克匪部，自由諸竄入湘南後，經西路軍追擊，乃由湘南而入廣西興安邊境，復被湘桂兩軍夾剿，前進已屬不能，後退亦不許可，又因桂境民團組織嚴密，軍隊進剿，亦甚厲害，故不能在桂立足，遂折回竄入湘境，本月十二日，先頭匪隊，即抵岩寨，距城步約三十里其主力則在孟公坳、新老寨等處，圖向城步、綏寧一帶逃竄，適值省會警備司令胡達，率兵兩團由梅溪口尾追蕭匪到達城步，同時第十九師師長李覺，則於是日由城步抵綏寧，桂軍長廖磊，率部分兩路，一向下遜溪、一由寨子坪，跟踪追進，使匪不能到城步，又不能入綏寧，乃旋廻於城、綏、交界之山地，十三日，李(覺)師長派劉建文團、趕到小水堵擊，匪遇戰即逃，未曾抵抗，比向彬木橋、寨牙、一帶逃竄，餘匪散於大南山附近、官軍原來進剿計劃，係由桂軍跟踪尾追，黔軍則在靖縣，通道堵截，因匪行動迅速，深恐桂、黔，兩軍部隊，動作方面來不及，故李師長(覺)於十二日，由城步趕到綏寧，堵匪前面，準備予以痛擊，十五日晨，匪又由彬木橋分兩路潰竄 一由郝水出塘冲，竄湘黔交界之雙江口，一由芙蓉里，牙屯堡 竄入黔境，據至十七日止消息，匪距通道縣、僅約數里，通道係黔軍担任防務，聞此刻已入通城，該縣縣長率隊退守大微坪一帶 待援軍會剿，現李師長(覺)，業派員向通道進剿而匪部勢必又將流竄依目前情勢觀察，蕭匪全部將竄入黔，故黔主席王家烈，已由貴州城移駐鎮遠，指揮各師督剿，以保邊圉，至湘桂兩軍，決匪竄何處 即追向何處，務期將其消滅而後已何鍵以會剿事態重大，特派代表朱後榮赴黔，洽商一切 此為蕭匪最近流竄湘西之情形也，茲將前線重要電文，摘錄數則如次，俾明眞相，(電一)衡署，一、蕭克一部，寇日竄抵靖縣，通道，迴之彬木橋企圖進犯靖縣城經黔軍周芳仁旅，會同我蒲士勝，龍運鴻，李國鴻各團，奮勇堵剿，將匪擊退斃匪數十，除一部竄黃山之線外，餘皆散竄寨牙之間，刻正會同李可達旅，及補充總隊各部包剿中，二、據二十五軍王軍長家烈電告，湘黔邊區板溪一帶少賀龍匪，經李成萼率第九團、將其擊潰，斃匪團長一名，匪兵四十餘名，除派部窮追，務絕根株外，並已率兵一部，由鎮遠向湘邊推進堵剿，等語，第四保安區司令楊石松叩呈，(電二)蕭匪經桂回竄城步，綏寧，進犯通道，靖縣， 企圖繞道入川，業調派李可達旅全部，開赴會同，協同保安團隊，馳往堵截，頃據電稱，匪部探知我部猛進，遂退走通屬邊境之石家冲，比予痛擊，時李師長(覺)督部抄擊匪之右黔軍周芳仁旅，抄擊匪之左，混戰數小時，斃匪二百餘，傷匪百餘，奪獲其移，匪遭此慘敗，已進退維谷，不難殲滅，等語 特聞，第三十四師師長，陳渠珍，叩銑，九月十八日)

◇ ◇ ◇

（局部图）

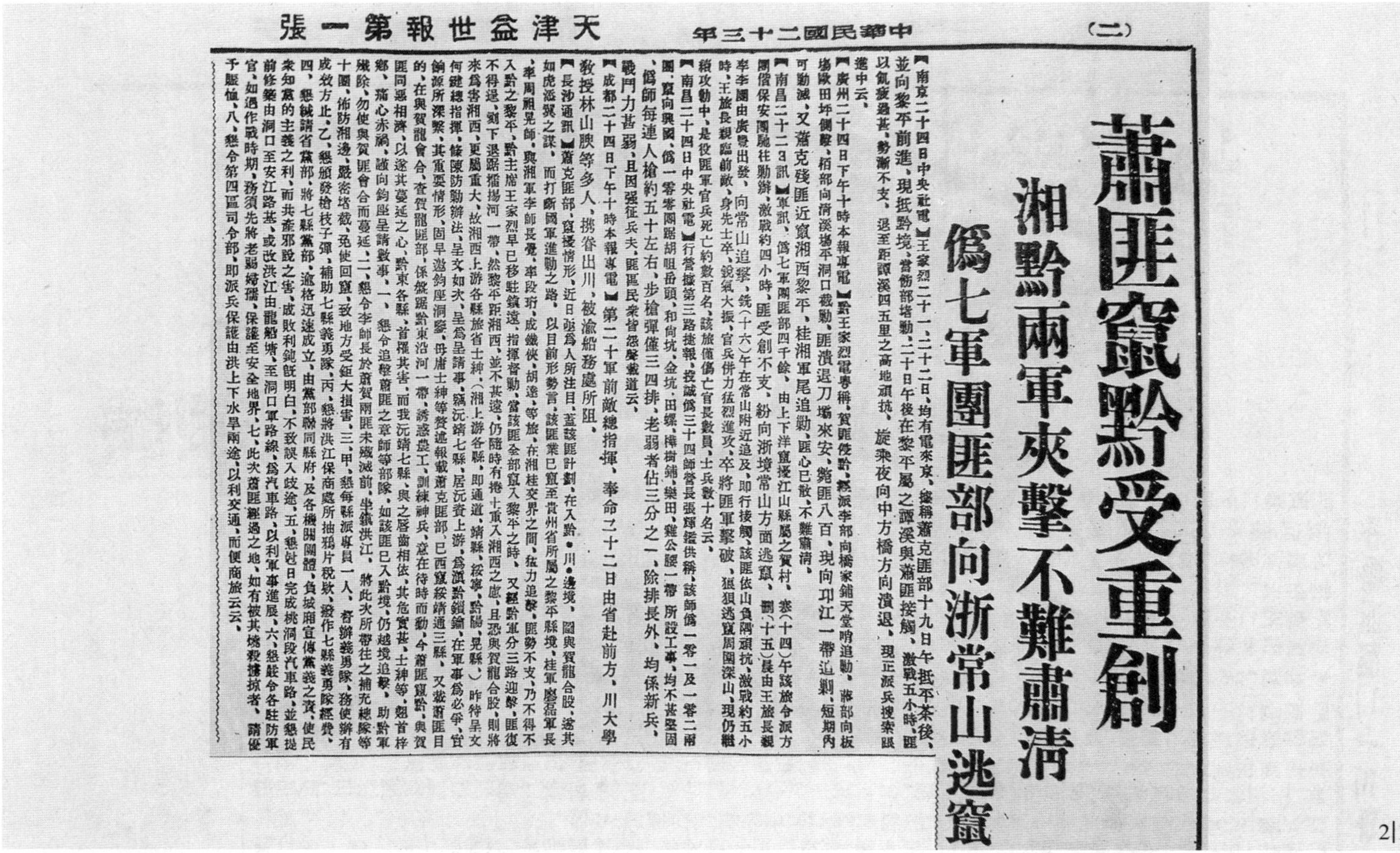

天津益世報第一張　中華民國二十三年　(二)

蕭匪竄黔受重創

湘黔兩軍夾擊不難肅清

僞七軍團匪部向浙常山逃竄

【南京二十四日中央社電】王家烈二十一、二十二日、均有電來京、據稱蕭克匪部十九日午抵平茶後、並向黎平前進、現抵黔境、當飭部堵勦、二十日午後在黎平屬之譚溪與蕭匪接觸、激戰五小時、匪以飢疲過甚、勢漸不支、退至距譚溪四五里之高地頑抗、旋乘夜向中方橋方向潰退、現正派兵搜索跟進中云、

【廣州二十四日下午十時本報專電】黔王家烈電粵稱、賀匪侵黔、經派李部向橋家鋪天堂哨追勦、蔣部向板場歐田坪側擊、栢部向清溪塘平洞口截勦、匪潰退刀壩來安、斃匪八百、現向卬江一帶追剿、短期內可勦滅、又蕭克殘匪近竄湘西黎平、桂湘軍尾追勦、匪心已散、不難肅清、

【南昌二十二日訊】軍訊、僞七軍團匪部四千餘、由上下洋竄擾江山縣屬之賀村、寒(十四)午該旅令派方團偕保安團馳往勦辦、激戰約四小時、匪受創不支、紛向浙境常山方面逃竄、刪(十五)晨由王旅長親率李團由廣豐出發、向常山追擊、銑(十六)午在常山附近追及、即行接觸、該匪依山負隅頑抗、激戰約五小時、王旅長親臨前敵、身先士卒、銳氣大振、官兵併力猛烈進攻、卒將匪軍擊破、狼狽逃竄周圍深山、現仍繼續攻勦中、是役匪軍官兵死亡約數百名、該旅僅傷亡官長數員、士兵數十名云、

【南昌二十四日中央社電】行營據第三路捷報、投誠僞三十四師營長張輝鍇供稱、該師僞一零一及一零二兩團、竄向興國、僞一零零團踞胡咀岳頭、和尚坑、金坑、田螺、樺樹鋪、欒田、雞公腰一帶、所設工事、均不甚堅固、僞師每連人槍約五十左右、步槍彈僅三四排、老弱者佔三分之一、除排長外、均係新兵、戰鬥力甚弱、且因强征兵夫、匪區民衆皆怨聲載道云、

【成都二十四日下午十時本報專電】第二十軍前敵總指揮、奉命廿二日由省赴前方、川大學教授林山腴等多人、携眷出川、被渝船務處所阻、

【長沙通訊】蕭克匪部、竄擾情形、近日亟爲人所注目、蓋該匪計劃、在入黔・川・邊境、圖與賀龍合股、遂其如虎添翼之謀、而打斷國軍進勦之路、以目前形勢言、該匪業已竄至貴州省所屬之黎平縣境、桂軍廖磊軍長、率周祖晃師、與湘軍李師長覺、率段珩、成鐵俠、胡達、等旅、在湘桂交界之間、猛力追擊、匪勢不支、乃不得不入黔之黎平、黔主席王家烈早已移駐鎮遠、指揮督勦、當該匪全部竄入黎平之時、又經黔軍分三路迎擊、匪復不得逞、刻下退踞搖揚河一帶、然黎平距湘西、並不甚遠、仍隨時有捲土重入湘西之虞、且恐與賀龍合股、則將來爲害湘西、更屬重大、故湘西上游各縣旅省士紳、(湘上游各縣、即通道、靖縣、綏寧、黔陽、晃縣、)昨特呈文何鍵總指揮、條陳防勦辦法、呈文如次、呈爲呈請事、竊沅靖七縣、居沅資上游、爲滇黔鎖鑰、在軍事爲必爭、宜餉源所深繫、其重要情形、固早邀鈞座洞鑒、毋庸士紳等贅述、報載蕭克匪部、已西竄綏靖通三縣、又據蕭匪目的、在與賀龍會合、查賀龍匪部、係盤踞黔東沿河一帶、誘惑農工、訓練神兵、意在待時而動、今蕭匪竄黔、與賀匪同惡相濟、以遂其蔓延之心、黔東各縣、首罹其害、而我沅靖七縣、與之唇齒相依、其危實甚、士紳等、翹首梓鄉、痛心赤禍、謹向鈞座呈請數事、一、懇令追擊蕭匪之章師等部隊、如該匪已入黔境、仍越境追擊、助黔軍殲除、勿使與賀匪會合而蔓延、二、懇令李師長於蕭賀兩匪未殲滅前、坐鎮洪江、將此次所帶往之補充總隊等十團、佈防湘邊、嚴密堵截、免使回竄、致地方受鉅大損害、三、甲、懇每縣派專員一人、督辦義勇隊、務使辦有成效方止、乙、懇頒發槍枝子彈、補助七縣義勇隊、丙、懇將洪江保商處所抽鴉片稅款、撥作七縣義勇隊經費、四、懇諭請省黨部、將七縣黨部、遴格迅速成立、由黨部聯同縣府、及各機關團體、負城廂宣傳黨義之責、使民衆知黨的主義之利、而共產邪說之害、成敗利鈍既明白、不致誤入歧途、五、懇剋日完成桃洞段汽車路、並懇提前修築由洞口至安江路基、或改洪江由龍船塘、至洞口軍路線、爲汽車路、以利軍事進展、六、懇嚴令各駐防軍官、如遇作戰時期、務須先將老弱婦孺、保護至安全地界、七、此次蕭匪經過之地、如有被其燒殺擄掠者、請優予賑恤、八、懇令第四區司令部、即派兵保護由洪上下水旱兩途、以利交通、而便商旅云云、

23. 萧匪窜黔受重创，湘黔两军夹击不难肃清，“伪七军团”匪部向浙常山逃窜，1934 年 9 月 25 日第 2 版

中華民國二十三年　（二）

蕭匪竄黔受重創

湘黔兩軍夾擊不難肅清

偽七軍團匪部向浙常山逃竄

【南京二十四日中央社電】王家烈二十一、二十二日、均有電來京、據稱蕭克匪部十九日午抵平茶後、並向黎平前進、現抵黔境、當飭部堵勦、二十日午後在黎平屬之譚溪與蕭匪接觸、激戰五小時、匪以飢疲過甚、勢漸不支、退至距譚溪四五里之高地頑抗、旋乘夜向中方橋方向潰退、現正派兵搜索跟進中云、

【廣州二十四日下午十時本報專電】黔王家烈電粵稱、賀匪侵黔、經派李部向橋家鋪天堂哨追勦、蔣部向板場歐田坪側擊、栢部向清溪塲平洞口截勦、匪潰退刀塲來安、甕匪八百、現向邛江一帶追剿、短期內可勦滅、又蕭克殘匪近竄湘西黎平、桂湘軍尾追勦、匪心已散、不難肅清、

【南昌二十二日訊】軍訊、偽七軍團匪部四千餘、由上下洋竄擾江山縣屬之賀村、寒(十四)午該旅令派方團偕保安團馳往勦辦、激戰約四小時、匪受創不支、紛向浙境常山方面逃竄、刪(十五)晨由王旅長親率李團由廣豐出發、向常山追擊、銑(十六)午在常山附近追及、即行接觸、該匪依山負隅頑抗、激戰約五小時、王旅長親臨前敵、身先士卒、銳氣大振、官兵併力猛烈進攻、卒將匪軍擊破、狼狽逃竄周圍深山、現仍繼續攻勦中、是役匪軍官兵死亡約數百名、該旅僅傷亡官長數員、士兵數十名云、

【南昌二十四日中央社電】行營據第三路捷報、投誠偽三十四師營長張輝鑑供稱、該師偽一零一及一零二兩

（局部图1）

天津益世報 第一張

【南昌二十四日中央社電】行營據第三路捷報、投誠僞三十四師營長張輝鑑供稱、該師僞一零一及一零二兩團、竄向興國、僞一零零團踞胡咀岳頭、和尚坑、金坑、田螺、樺樹鋪、樂田、雞公腰一帶所設工事、均不甚堅固、僞師每連人槍約五十左右、步槍彈僅三四排、老弱者佔三分之一、除排長外、均係新兵、戰鬥力甚弱、且因強征兵夫、匪區民衆皆怨聲載道云、

【成都二十四日下午十時本報專電】第二十軍前敵總指揮、奉命二十二日由省赴前方、川大學教授林山腴等多人、携眷出川、被渝船務處所阻、

【長沙通訊】蕭克匪部、竄擾情形、近日亟爲人所注目、蓋該匪計劃、在入黔・川・邊境、圖與賀龍合股、遂其如虎添翼之謀、而打斷國軍進勦之路、以目前形勢言、該匪業已竄至貴州省所屬之黎平縣境、桂軍廖磊軍長、率周祖晃師、與湘軍李師長覺、率段珩、成鐵俠、胡達、等旅、在湘桂交界之間、猛力追擊、匪勢不支、乃不得不入黔之黎平、黔主席王家烈早已移駐鎮遠、指揮督勦、當該匪全部竄入黎平之時、又經黔軍分三路迎擊、匪復不得逞、刻下退踞播揚河一帶、然黎平距湘西、並不甚遠、仍隨時有捲土重入湘西之慮、且恐與賀龍合股、則將來爲害湘西、更屬重大、故湘西上游各縣旅省士紳、（湘上游各縣、即通道、靖縣、綏寧、黔陽、晃縣、）昨特呈文何鍵總指揮、條陳防勦辦法、呈文如次、呈爲呈請事、竊沅靖七縣、居沅資上游、爲滇黔鎖鑰、在軍事爲必爭、實餉源所深繫、其重要情形、固早邀鈞座洞鑒、毋庸士紳等贅述、報載蕭克匪部、已西竄綏靖通三縣、又載蕭匪目的、在與賀龍會合、查賀龍匪部、係盤踞黔東沿河一帶、誘惑農工、訓練神兵、意在待時而動、今蕭匪竄黔、與賀匪同惡相濟、以遂其蔓延之心、黔東各縣、首罹其害、而我沅靖七縣、與之唇齒相依、其危實甚、士紳等、翹首梓鄉、痛心赤禍、謹向鈞座呈請數事、一、懇令追擊蕭匪之章師等部隊、如該匪已入黔境、仍越境追擊、助黔軍殲除、勿使與賀匪會合而蔓延、二、懇令李師長於蕭賀兩匪未殲滅前、坐鎮洪江、將此次所帶往之補充總隊等十團、佈防湘邊、嚴密堵截、免使回竄、致地方受鉅大損害、三、甲、懇每縣派專員一人、督辦義勇隊、務使辦有成效方止、乙、懇頒發槍枝子彈、補助七縣義勇隊、丙、懇將洪江保商處所抽鴉片稅欵、撥作七縣義勇隊經費、四、懇緘請省黨部、將七縣黨部、逾格迅速成立、由黨部聯同縣府、及各機關團體、負城廂宣傳黨義之責、使民衆知黨的主義之利、而共產邪說之害、成敗利鈍既明白、不致誤入歧途、五、懇剋日完成桃洞段汽車路、並懇提前修築由洞口至安江路基、或改洪江由龍船塘、至洞口軍路線、爲汽車路、以利軍事進展、六、懇嚴令各駐防軍官、如遇作戰時期、務須先將老弱婦孺、保護至安全地界、七、此次蕭匪經過之地、如有被其燒殺擄掠者、請優予賑恤、八、懇令第四區司令部、即派兵保護由洪上下水旱兩途、以利交通、而便商旅云云、

（局部图 2）

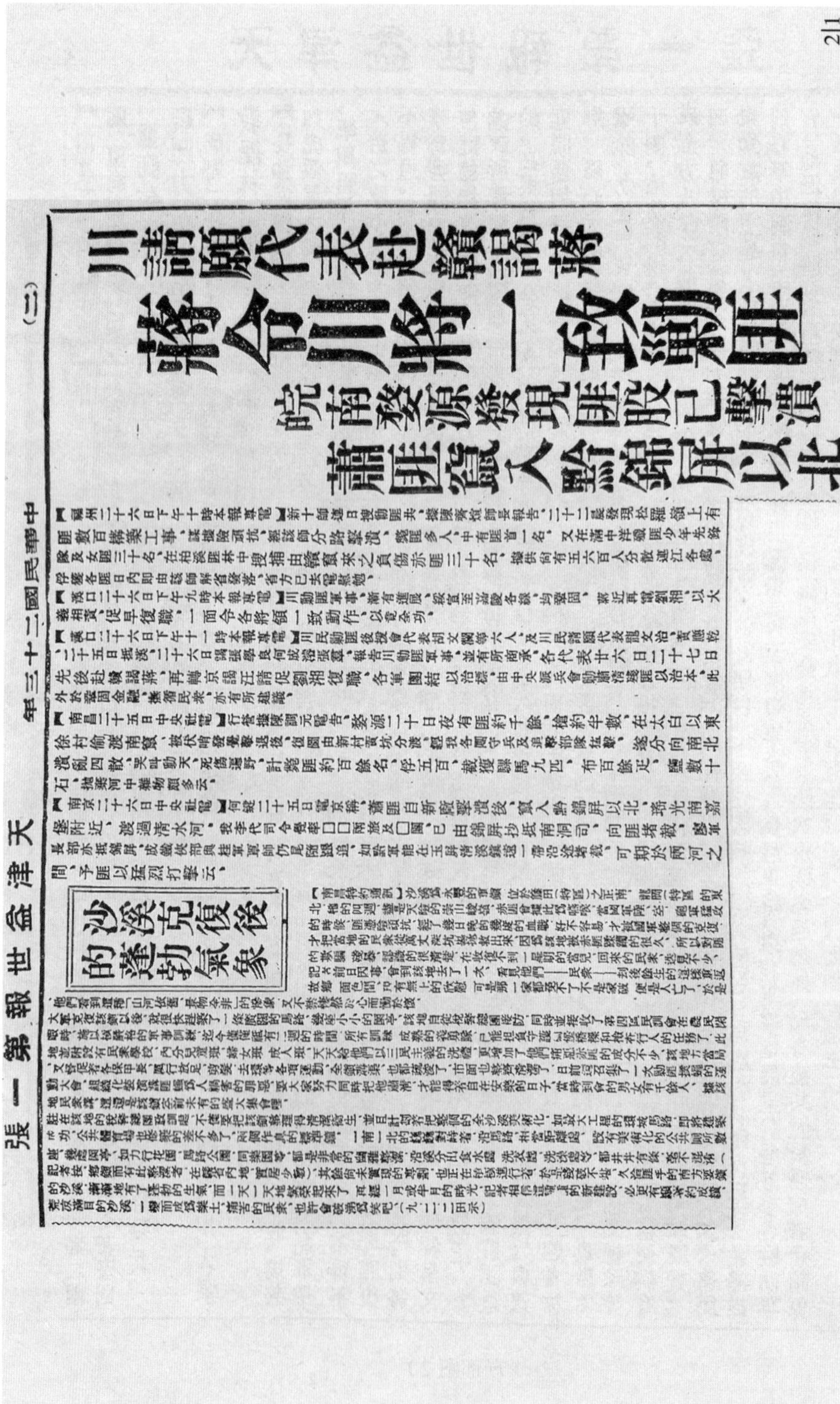

天津益世報 第一張 中華民國二十三年 (二)

川請願代表赴贛謁蔣
蔣令川將一致剿匪
皖南婺源發現匪股已擊潰
蕭匪竄入黔錦屏以北

沙溪克復後的蓬勃氣象

24. 川请愿代表赴赣谒蒋（介石），蒋令川将一致剿匪，皖南婺源发现匪股已击溃，萧匪窜人黔锦屏以北，1934 年 9 月 27 日第 2 版

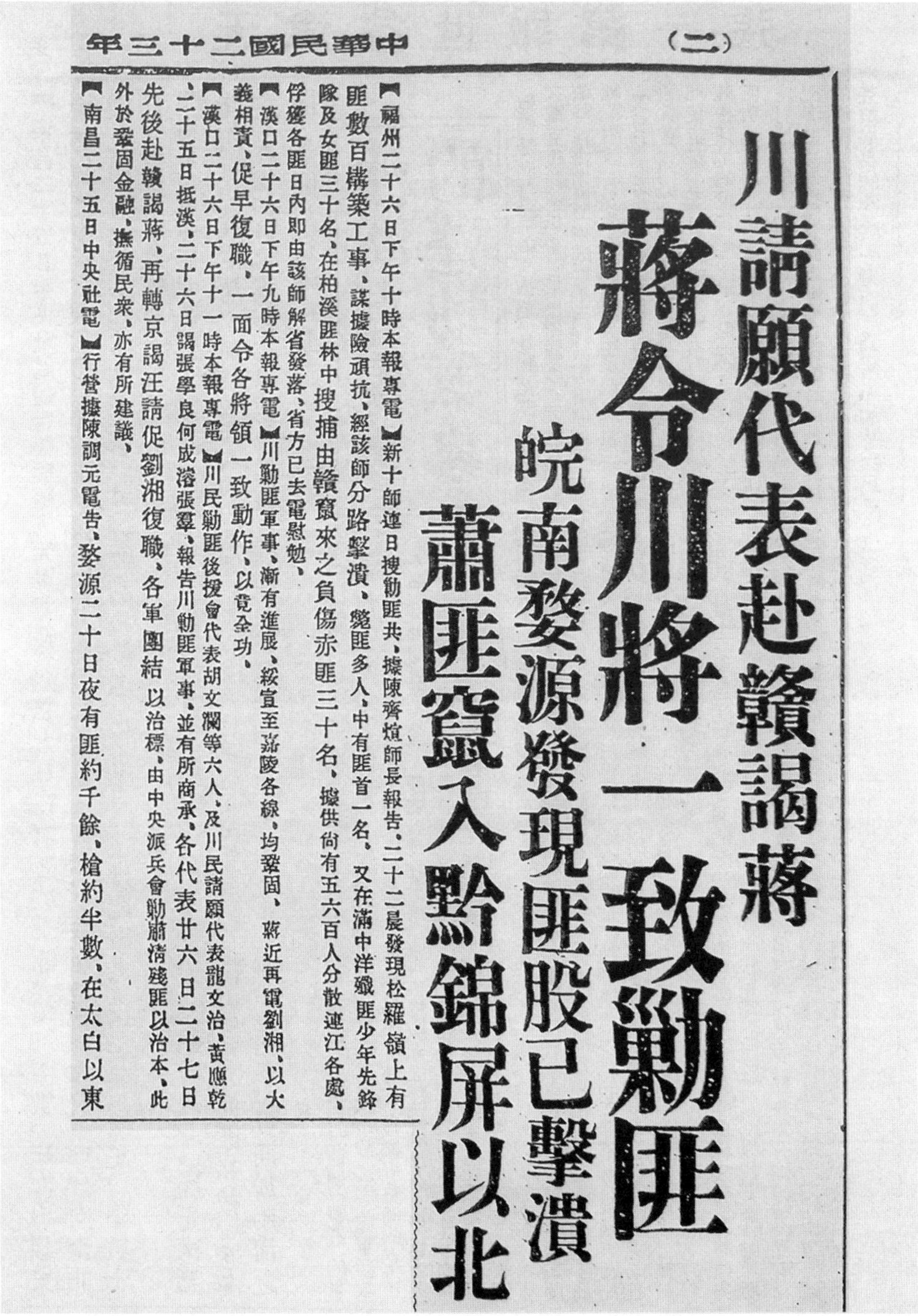

中華民國二十三年　（二）

川請願代表赴贛謁蔣

蔣令川將一致勦匪

皖南婺源發現匪股已擊潰

蕭匪竄入黔錦屏以北

【福州二十六日下午十時本報專電】新十師連日搜勦匪共，據陳齊煊師長報告，二十二晨發現松羅嶺上有匪數百構築工事，謀據險頑抗，經該師分路擊潰，斃匪多人，中有匪首一名，又在滿中洋殲匪少年先鋒隊及女匪三十名，在柏溪匪林中搜捕由贛竄來之負傷赤匪三十名，據供尚有五六百人分散連江各處，俘獲各匪日內即由該師解省發落，省方已去電慰勉，

【漢口二十六日下午九時本報專電】川勦匪軍事，漸有進展，綏宣至嘉陵各線，均鞏固，蔣近再電劉湘，以大義相責，促早復職，一面令各將領一致動作，以竟全功，

【漢口二十六日下午十一時本報專電】川民勦匪後援會代表胡文瀾等六人，及川民請願代表龍文治，黃應乾，二十五日抵漢，二十六日謁張學良何成濬張羣，報告川勦匪軍事，並有所商承，各代表廿六日二十七日先後赴贛謁蔣，再轉京謁汪請促劉湘復職，各軍團結以治標，由中央派兵會勦肅清殘匪以治本，此外於鞏固金融，撫循民衆，亦有所建議，

【南昌二十五日中央社電】行營據陳調元電告，婺源二十日夜有匪約千餘，槍約半數，在太白以東

（局部图 1）

年

天津益世報第一張

【南昌二十五日中央社電】行營據陳調元電告、婺源二十日夜有匪約千餘、槍約半數、在太白以東徐村偷渡南竄、被伏哨發覺擊退後、復圖由新村黃坑分渡、經我各囤守兵及追擊部隊猛擊、遂分向南北潰亂四散、哭叫動天、死傷遍野、計斃匪約百餘名、俘五百、截獲騾馬九匹、布百餘疋、鹽數十石、拋棄河中雜物頗多云、

【南京二十六日中央社電】何鍵二十五日電京稱、蕭匪自新廠擊潰後、竄入黔錦屏以北、瑤光南嘉堡附近、渡過清水河、我李代司令覺率□□兩旅及□團、已由錦屏抄抵南洞司、向匪堵截、廖軍長部亦抵錦屏、成鐵俠部與桂軍覃師仍尾隨跟追、如黔軍能在玉屏清溪鎮遠一帶沿途堵截、可期於兩河之間、予匪以猛烈打擊云、

沙溪克復後的蓬勃氣象

【南昌特約通訊】沙溪爲永豐的重鎮、位於藤田(特區)之正南、龍岡(特區)的東北、牠的四週、盡是天險的崇山峻嶺、赤匪曾據此爲咽喉、當國軍陸、空、砲軍猛攻的時候、匪憑險頑抗、經了幾日晚的幾度的血戰、好不容易、才被國軍整個的克復、才把當地的民衆從萬丈深坑裏拯救出來、因爲該地被赤匪蹂躪的很久、所以對匪的欺騙、殘暴、認識的很清楚、在收復不到一星期的當兒、回來的民衆、迭見不少、記者前日因事、曾到該地去了一次、看見他們——民衆——刦後餘生的這樣重返故鄉、面色間、現有無上的欣慰、可是那一家都免不了不是家破、便是人亡了、於是、他們看到這種「山河依舊、景物全非」的慘象、又不禁悽然於心而慟於懷、

大軍克復該鎮以後、就很快趕築了一條廣闊的馬路、幾座小小的園亭、該地自從稅警總團接防、同時並接收了第四區民訓會在農民閒暇時、施以極嚴格的軍事訓練、迄今僅僅祗有二週的時間、所有訓練成熟的義勇隊、已能担負守護碉堡橋樑和檢查行人的任務了、此地並附設有民衆學校、內分兒童班、婦女班、成人班、天天給他們以三民主義的洗禮、更增加了他們痛惡赤匪的成分不少、該地方當局、又督促着各保甲長、厲行放足、剪髮、去環等各項運動、全鎮溝渠、也都疏浚了、市面也整齊清潔了、日前還召集了一次勦匪撲蠅的運動大會、組織化裝演講匪蠅爲人禍害的罪惡、要大家努力同時把他肅淸、才能得着自在安樂的日子、當時到會的男女有千餘人、據該地民衆講、這還是該鎮空前未有的盛大集會哩、

駐在該地的稅警總團政訓處、不僅要把該鎮整理得清潔衛生、並且計劃着把整個的全沙溪美術化、如最大工程的環城馬路、即將建築成功、公共體育場也修築的差不多了、兩個作息的標準鐘、一南一北的巍巍對峙着、沿馬路、相當距離處、設有美術化的公共廁所數座、幾處園亭、如力行花園、馬路公園、同樂園等、都是非常的幽雅整潔、沿溪分出食水處、洗衣處、洗滌處等、都井井有條、毫不混淆(記者按、鄉鎮而有此整潔者、在贛省內地、實居少數)、其餘尚未實現的計劃、也正在積極進行着、於是殘破不堪、久淪匪手的南方要鎮的沙溪、漸漸地有了蓬勃的生氣、而一天一天地繁榮起來了、再經一月或半月的時光、記者相信這種偉大的新建設、必更有顯著約成績、荒凉滿目的沙溪、一變而成爲樂土、痛苦的民衆、也許會破涕爲笑吧、(九.二二.二田示)

（局部图 2）

天津益世報第一張　中華民國二十三年　（二）

東路軍即將迫攻長汀
蔣委員長昨抵漢
今日在總部召見各將領
劉湘允復職即將返成都

【漢口五日下午九時本報專電】蔣乘艦今日抵漢、張學良何成濬等各要人均到碼頭迎迓、軍艦鳴禮砲、蔣張肅立艦上致敬、氣象莊嚴雄烈、旋即相偕離艦、赴中央銀行休息、張何劉徐等分別有所報告、聞蔣此來爲視察剿匪殘匪情況、在漢有短期勾留、公畢仍回贛云、

【漢口五日下午十時本報專電】蔣五日抵漢後、定六日赴武昌總部視察、劉峙劉鎮華何柱國王以哲等、均到漢晉謁、聞蔣定六日在總部召見各將領、垂詢剿匪近況、並面授方略、另定期接見省委各廳長、垂詢施政情形、省市黨委、亦將定期謁見、報告工作、

【漢口五日下午八時本報專電】劉峙四日率隨員徐冰等七人抵漢、候迎蔣、並致賀鄂省府合署辦公情形、劉談、豫省除毗連鄂皖邊境外、均建成公路五千里、另五千里在建築中、黃河決口、由省府籌款一百五十萬分別補助、

【漢口五日下午九時本報專電】蔣令川各將領一致總攻殘匪、川民代表胡文瀾等五日到漢候謁蔣請願救川、何成濬談、蔣來漢係爲視察邊區剿匪情形、並指示肅清善後計劃及救災辦法、

【漢口五日下午十時本報專電】劉湘電漢稱、連日川軍克長嶺寨、老君山、鳳凰寨、石橋河、武廟山、七家山、王君寨、各要隘、匪分退巴河及濛水河、狀極狼狽、江陵以下無匪蹤跡、

【漢口五日下午十時本報專電】楊永泰、夏斗寅、定六日來漢、孔祥熙亦有來漢說、樂冠英王樹常分由豫平乘車來漢、六日可達、

【南京五日中央社電】新二十三師長羅澤洲、在川剿匪、藐視戰情、望風奔逃、蔣委員長三十日特電劉湘、將羅撤職查辦、原電云、近日川中匪情、依然猖獗有加、各路部隊、亦復渙散如故、除已另電劉總司令即將捏報戰情望風奔逃之新編二十三師長羅澤洲革職查辦、以資儆懲、並轉令知照外、目前第一切要者、即甫澄兄應即日遵命復職、重行區分、提挈進剿、以資振作、並遵照巧（十八日）電之命令推進、毋得再有局部之撤退、致影響全綫之戰局、其在五路方面、應即督剿反攻、以永根匪之西犯、務希兄等分別切實遵照、關於陝西方面、業已令楊主任迅飭陝南各路軍襲擊匪後、以資呼應等語、

【成都五日下午十時本報專電】劉湘經各路代表之懇而敦促、已允復職、短期內即返成都、召集各路總副指揮會議、再定進攻策略、又五路軍日來迭有進展、巴河右岸之匪多退入左岸江陵濛濮江河一帶、

【龍岩四日中央社電】東路軍最近收復之溫坊至中屋村一帶匪區、長五十餘里、山路紆迴、崗嶺起伏、戰後滿地積屍、臭不可聞、因一二兩日後均尚暴露、前方救護衛生工作甚忙、現國軍進駐部隊、掩埋在各要隘處趕築碉堡、完成封鎖綫、一面續修公路、展長汽車道、汽車已由朋口通至溫坊附近云、

【廣州五日下午九時本報專電】贛南克飛匪竄黔、在孟有被桂軍擊潰、闖竄王橋、復被截擊、竄向八卦河、二十八日桂廖磊部進剿、匪略接觸即向大明逃竄、是役斃匪四百餘、匪戰鬥力已失、不難肅清、

【福州五日中央社電】蔣鼎文電告盤踞太平嶺、植樹嶺、猪區嶺、松毛嶺、古縣嶺、供仙岩、綿亘三四十里之匪軍堅固陣地、經我東路軍各師將匪擊潰、完全佔領、匪之後方要點中屋村以西一帶高地、距河田僅十餘里、匪聞風逃竄、我軍即可進佔河田、迫攻長汀、又前次朋口中屋村之役、肉搏甚烈、匪衆死亡纍纍、戰地匪屍枕藉、省府令第六區專員林斯賑、剋日限令各縣長辦理收埋、善後費用、由省電京撥請指撥的款以資應用、林氏現抵連城、日內即赴口口籌劃善後工作、東路總部通令各縣政府、以因公派赴出外人員旅費等項、均由本部照章支給、所到之處、地方機關不得招待及供應、違者照律嚴懲云、

25. 东路军即将迫攻长汀，蒋委员长昨抵汉，今日在总部召见各将领，刘湘允复职即将返成都，1934 年 10 月 6 日第 2 版

【漢口五日下午九時本報專電】蔣乘艦今日抵漢，張學良何成濬等各要人均到碼頭迎迓、軍艦鳴禮砲、蔣張肅立艦上致敬，氣象莊嚴雄烈，旋即相偕離艦、赴中央銀行休息、張何劉徐等分別有所報告、聞蔣此來爲視察剿匪殘匪情況、在漢有短期勾留、公畢仍回贛云、

【漢口五日下午十時本報專電】蔣五日抵漢後、定六日赴武昌總部視察、劉峙劉鎮華何柱國王以哲等、均到漢晉謁，聞將定六日在總部召見各將領、垂詢剿匪近況、並面授方略，另定期接見省委各廳長、垂詢施政情形，省市黨委，亦將定期謁見，報告工作，

【漢口五日下午八時本報專電】劉峙四日率隨員徐冰等七人抵漢，候迎蔣，並攷豫鄂皖省府合署辦公情形，劉談，豫省除毗連鄂皖邊境外，均建成公路五千里，另五千里在建築中，黃河決口，由省府籌款一百五十萬分別補助，

【漢口五日下午九時本報專電】蔣令川各將領一致總攻殘匪、川民代表胡文瀾等五日到漢候謁蔣請願救川，何成濬談、蔣來漢係爲視察邊區剿匪情形，並指示肅清善後計劃及救災辦法、

【漢口五日下午十時本報專電】劉湘電漢稱，連日川軍克長嶺寨，老君山，鳳凰寨，石橋河，武廟山，七家山，王君寨，各要隘，匪分退巴河及濛水河，狀極狼狽，江陵以下無匪蹤跡，

【漢口五日下午十時本報專電】楊永泰、夏斗寅、定六日來漢，孔祥熙亦有來漢說，梁冠英王樹常分由豫平乘車來漢，六日可達、

【南京五日中央社電】新二十三師長羅澤洲，在川剿匪，謊報戰情，望風奔逃，蔣委員長三十日特電劉湘，將羅撤職查辦，原電云，近日川中匪情，依然猖獗有加，各路部隊，亦復渙散如故，除已另電劉總司令即將捏報戰情望風奔逃之新編二十三師長羅澤洲革職查辦，以資儆懲，並轉令知照外，目前第一切要者，即甫澄兄應即日遵命復職，重行區分，提挈進剿，以資振作，並遵照巧（十八日）電之命令推進，毋得再有局部之撤退，致影響全綫之戰局，其在五路方面，應即督勵反攻，以殲犯匪之西犯，務希兄等分別切實遵照，關於陝西方面，業已令楊主任迅飭陝南各路軍襲擊匪後，以資呼應等語，

【成都五日下午十時本報專電】劉湘經各路代表之當面敦促，已允復職，短期內即返成都，召集各路總副指揮會議，再定進攻策略，又五路軍日來迭有進展，巴河右岸之匪多退入左岸江陵溪濛江河一帶，

【龍岩四日中央社電】東路軍最近收復之溫坊至中屋村一帶匪區，長五十餘里，山路紆廻，崗嶺起伏，戰後滿地積屍，臭不可聞，因一二兩日後均尚暴露，前方救護衛生工作甚忙，現國軍進駐部隊，掩埋在各要隘處趕築碉堡，完成封鎖綫，一面積修公路，展長汽車道，汽車已由朋口通至溫坊附近云，

【廣州五日下午九時本報專電】贛蕭克殘匪竄黔，在孟有被桂軍擊潰，圖竄王橋，復被截擊，竄回八卦河，二十八日桂廖磊部進剿，匪略接觸即向大明逃竄，是役斃匪四百餘，匪戰鬥力已失，不難肅清，

【福州五日中央社電】蔣鼎文電告盤踞太平嶺、植樹嶺、猪鬃嶺、松毛嶺、古蛟嶺、供仙岩、綿亘三四十里之匪軍堅固陣地，經我東路軍各師將匪擊潰，完全佔領，匪之後方要點中屋村以西一帶高地，距河田僅十餘里，匪聞風逃竄，我軍即可進佔河田，迫攻長汀，又前次朋口中屋村之役，肉搏甚烈，匪衆死亡纍纍，戰地匪屍枕藉，省府令第六區專員林斯賑，尅日限令各縣長辦理收埋，善後費用，由省電京贛請指撥的欵以資應用，林氏現抵連城，日內即赴□□辦理善後工作，東路總部通令各縣政府，以因公派赴出外人員旅費等項，均由本部照章支給，所到之處，地方機關不得招待及供應，違者照律嚴懲云，

（局部图）

張　　十月十三日　星期六

國軍先頭部隊
距長汀僅十餘里
北路軍正進攻興國

【漢口十二日下午九時本報專電】軍息、中央近撥二百萬元、令劉湘復職、再定剿匪計劃、責成川將領切實合作、並派參謀團入川監勵、王家烈電告、蕭匪竄老黃坪、已協同湘桂軍跟踪截擊、現川軍田冠五全部開抜秀山、陳萬仞師到龍潭、夾擊賀匪、

【厦門十二日中央社電】東路軍克河田後繼續前進、現距長汀僅四十里、河田以西均平地無高山、匪有放棄長汀意、預料收復長汀、可無甚戰事、名記者葉如音日前因在前方翻車受傷、來厦醫治、談閩西現狀、謂自連城收復後、鄰近匪區脅從者來歸日衆、足証民心反正、匪末日即至、現國軍所至各地秩序平定、商賈樂業、最近東路軍進攻長汀、迭摧匪要塞、剋河田已下、全力正向長汀挺進、直搗瑞金匪巢、爲期亦不在遠、

【福州十二日中央社電】閩省各段公路、在趕築中、朋口至長汀一段、自洋坊以下之石坊橋已開工、

【福州十二日中央社電】河田經我軍收復後、殘匪除留一部留汀掩護退却外、其餘紛向老巢潰竄、我□□兩師、跟踪追擊、先頭部隊已抵距長汀十餘里之□□一帶、汀城週內可收復、

【福州十一日中央社電】伍誠仁電告方羅敗匪竄鮑家村、被我軍追及、在鈞金山迭嫁嶺激戰、匪傷亡山積、狼狽潰竄、伍部跟踪追擊、八區行政專員林新賢電省報告、河田殘匪被各軍痛擊後、匪主力三五兩軍團已逃竄瑞金我軍已越湖洋向前進剿、

【南昌十一日中央社電】花□□及□□隊、十日分赴古龍岡及興國進攻、預計數日內可攻下、蕭匪亦經湘桂黔各軍包圍、短期內可殘滅、

26. 国军先头部队距长汀仅十余里，北路军正进攻兴国，1934 年 10 月 13 日第 2 版

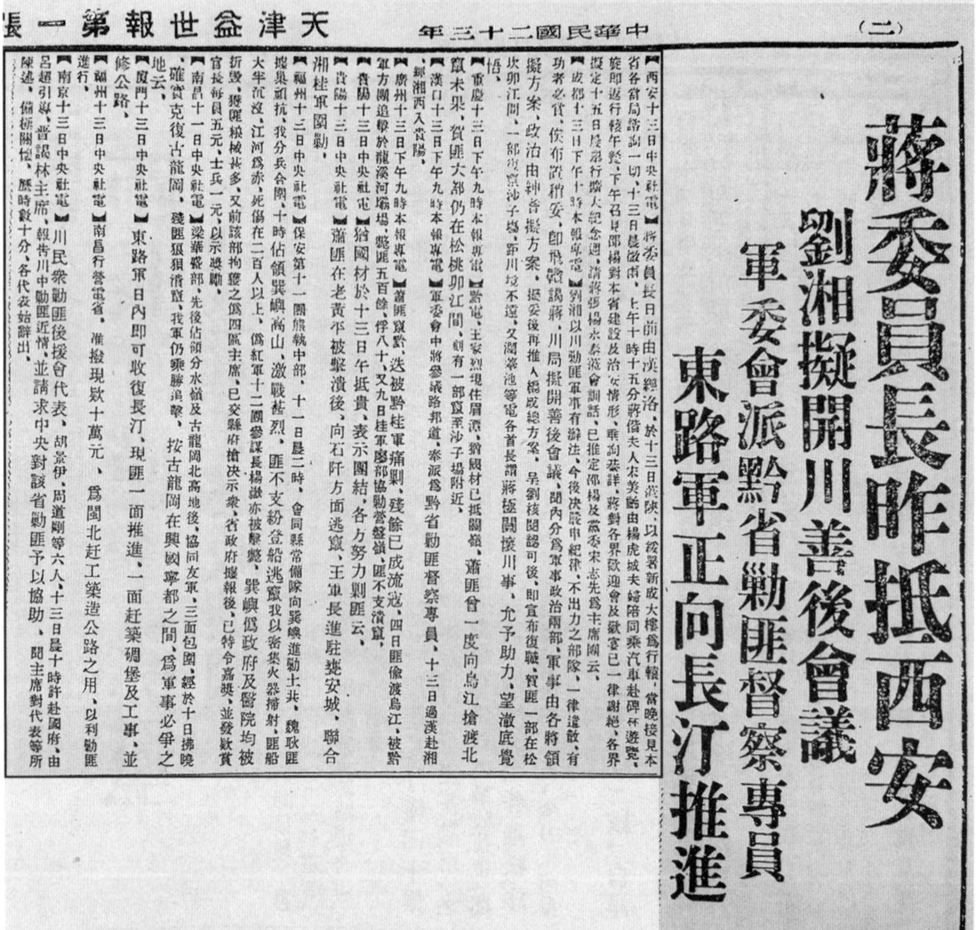

天津益世報第一張　　中華民國二十三年　　（二）

蔣委員長昨抵西安
劉湘擬開川善後會議
軍委會派黔省勦匪督察專員
東路軍正向長汀推進

【西安十三日中央社電】蔣委員長日前由漢經洛、於十三日蒞陝、以綏署新成大樓爲行轅、當晚接見本省各當局諮詢一切、十三日晨徵雨、上午十時十五分蔣偕夫人宋美齡由楊虎城夫婦陪同乘汽車赴碑林遊覽、旋即返行轅午餐、下午召見邵楊對本省建設及治安情形、垂詢恭詳、蔣對各界歡迎會及歡宴已一律謝絕、各界擬定十五日晨舉行擴大紀念週、請蔣張楊來蒞會訓話、已推定邵楊及黨委宋志先爲主席團云、

【成都十三日下午十時本報專電】劉湘以川勦匪軍事有辦法、今後決嚴申紀律、不出力之部隊、一律遣散、有功者必賞、俟布置稍安、即飛贛謁蔣、川局擬開善後會議、閱內分爲軍事政治兩部、軍事由各將領擬方案、政治由紳耆擬方案、擬妥後再推人綜成總方案、呈劉核閱認可後、即宣布復職、賀匪一部在松坎卯江間、一部復竄沙子場、距川境不遠、又潤苹池等電各首長請蔣極關懷川事、允予助力、望澈底覺悟、

【重慶十三日下午九時本報專電】黔電、王家烈現住眉潭、猶國材已抵關嶺、蕭匪曾一度向烏江搶渡北竄未果、賀匪大部仍在松桃卯江間、刻有一部竄至沙子場附近、

【漢口十三日下午九時本報專電】軍委會中將參議路邦道、奉派爲黔省勦匪督察專員、十三日過漢赴湘、經湘西入貴陽、

【廣州十三日下午九時本報專電】蕭匪竄黔、迭被黔桂軍痛剿、殘餘已成流寇、四日匪偷渡烏江、被黔軍方團追擊於龍溪河壩場、斃匪五百餘、俘八十、又九日桂軍廖部協勦營盤嶺、匪不支潰竄、

【貴陽十三日中央社電】猶國材於十三日午抵貴、表示團結、各方努力剿匪云、

【貴陽十三日中央社電】蕭匪在老黃平被擊潰後、向石阡方面逃竄、王軍長進駐甕安城、聯合湘桂軍圍剿、

【福州十三日中央社電】保安第十一團熊執中部、十一日晨二時、會同縣常備隊向巽嶼進勦土共、魏耿匪據巢頑抗、我分兵合圍、十時佔領巽嶼高山、激戰甚烈、匪不支紛登船逃竄我以密集火器掃射、匪船大半沉沒、江河爲赤、死傷在二百人以上、僞紅軍十二團參謀長楊澂亦被擊斃、巽嶼僞政府及醫院均被折毀、獲匪粮械甚多、又前該部拘獲之僞四區主席、已交縣府槍決示衆、省政府據報後、已特令嘉獎、並發獎賞官長每員五元、士兵一元、以示獎勵、

【南昌十一日中央社電】梁華盛部、先後佔領分水嶺及古龍岡北高地後、協同友軍、三面包圍、經於十日拂曉、確實克復古龍岡、殘匪狼狽潰竄、我軍仍乘勝追擊、按古龍岡在興國寧都之間、爲軍事必爭之地云、

【廈門十三日中央社電】東路軍日內即可收復長汀、現匪一面推進、一面赶築碉堡及工事、並修公路、

【福州十三日中央社電】南昌行營電省、准撥現欵十萬元、爲閩北赶工築造公路之用、以利勦匪進行、

【南京十三日中央社電】川民衆勦匪後援會代表、胡景伊、周道剛等六人、十三日晨十時許赴國府、由呂超引導、晉謁林主席、報告川中勦匪近情、並請求中央對該省勦匪予以協助、林主席對代表等所陳述、備極關懷、歷時數十分、各代表始辭出、

27. 蒋委员长昨抵西安，刘湘拟开川善后会议，军委会派黔省剿匪督察专员，东路军正向长汀推进，1934年10月14日第2版

【西安十三日中央社電】蔣委員長日前由漢經洛、於十三日蒞陝、以綏署新成大樓爲行轅、當晚接見本省各當局諮詢一切、十三日晨微雨、上午十時十五分蔣偕夫人宋美齡由楊虎城夫婦陪同乘汽車赴碑林遊覽、旋即返行轅午餐、下午召見邵楊對本省建設及治安情形、垂詢綦詳、蔣對各界歡迎會及歡宴已一律謝絕、各界擬定十五日晨舉行擴大紀念週、請蔣張楊永泰蒞會訓話、已推定邵楊及黨委宋志先爲主席團云、

【成都十三日下午十時本報專電】劉湘以川勦匪軍事有辦法、今後決嚴申紀律、不出力之部隊、一律遣散、有功者必賞、俟布置稍安、即飛贛謁蔣、川局擬開善後會議、聞內分爲軍事政治兩部、軍事由各將領擬方案、政治由紳耆擬方案、擬妥後再推人編成總方案、呈劉核閱認可後、即宣布復職、賀匪一部在松坎卯江間、一部竄沙子場、距川境不遠、又瀏莘池等電各首長謂蔣極關懷川事、允予助力、望澈底覺悟、

【重慶十三日下午九時本報專電】黔電、王家烈現住眉潭、猶國材已抵關嶺、蕭匪曾一度向烏江搶渡北竄未果、賀匪大部仍在松桃卯江間、刻有一部竄至沙子場附近、

【漢口十三日下午九時本報專電】軍委會中將參議路邦道、奉派爲黔省勦匪督察專員、十三日過漢赴湘、經湘西入貴陽、

【廣州十三日下午九時本報專電】蕭匪竄黔、迭被黔桂軍痛剿、殘餘已成流寇、四日匪偷渡烏江、被黔軍方團追擊於龍溪河壩場、斃匪五百餘、俘八十、又九日桂軍廖部協勦營盤嶺、匪不支潰竄、

【貴陽十三日中央社電】猶國材於十三日午抵貴、表示團結、各方努力剿匪云、

【貴陽十三日中央社電】蕭匪在老黃平被擊潰後、向石阡方面逃竄、王軍長進駐甕安城、聯合湘桂軍圍勦、

【福州十三日中央社電】保安第十一團熊執中部、十一日晨二時、會同縣常備隊向巽嶼進勦土共、魏耿匪據巢頑抗、我分兵合圍、十時佔領巽嶼高山、激戰甚烈、匪不支紛登船逃竄我以密集火器掃射、匪船大半沉沒、江河爲赤、死傷在二百人以上、僞紅軍十二團參謀長楊嶽亦被擊斃、巽嶼僞政府及醫院均被折毀、獲匪粮械甚多、又前該部拘獲之僞四區主席、已交縣府槍決示衆、省政府據報後、已特令嘉奬、並發欵賞官長每員五元、士兵一元、以示奬勵、

【南昌十一日中央社電】梁華盛部、先後佔領分水嶺及古龍岡北高地後、協同友軍、三面包圍、經於十日拂曉、確實克復古龍岡、殘匪狼狽潰竄、我軍仍乘勝追擊、按古龍岡在興國寧都之間、爲軍事必爭之地云、

【廈門十三日中央社電】東路軍日內即可收復長汀、現匪一面推進、一面趕築碉堡及工事、並修公路、

【福州十三日中央社電】南昌行營電省、准撥現欵十萬元、爲閩北趕工築造公路之用、以利勦匪進行、

【南京十三日中央社電】川民衆勦匪後援會代表、胡景伊、周道剛等六人、十三日晨十時許赴國府、由呂超引導、晉謁林主席、報告川中勦匪近情、並請求中央對該省勦匪予以協助、聞主席對代表等所陳述、備極關懷、歷時數十分、各代表始辭出、

（局部图）

蕭匪竄紫金關

被湘桂黔三軍包圍

贛閩殘匪有由湘竄川勢

【南昌十五日下午十一時本報專電】總部令 豫鄂皖三省府、轉飭鄰匪各區、嚴防殘匪竄入、以期盡殲、

【長沙十五日中央社電】蕭克匪經湘桂黔軍團勦潰竄紫金關云、

【長沙十五日中央社電】李代司令覺、廖軍長磊、十二日由前方電省報告、蕭匪殘部、在黔屬石阡擊潰後、回竄施秉餘慶之間、又經湘桂大軍在大地方擊潰、十一日追至大塘、十二日逃至白角、沿途斃匪百餘、獲槍五十枝、殘匪向紫金關逃竄、我湘桂黔三省聯軍、刻將該匪層層包圍痛剿云、

【福州十五日中央社電】東路軍連日均有進展、在河田蔡坊一帶高地、構築工事、居高臨下、匪如籠鷄甕鼈、長汀殘匪確有棄汀西退模樣、北路軍已克瑞金、長汀收復更不成問題、東北兩路本月可會師直搗會昌、預料匪或經信豐出南雄竄湘西南入川、

一收復興國詳情一

【南昌十四日公電】各報館均鑒、綜合贛南興國方面最近情報自我周縱隊佔領沙村後、匪主力陸續竄集興國附近、自上杭以南、沿老營盤、高興圩通興國大道兩側一帶深山、匪部均築有强固工事、而老營盤至高興圩一段、形勢尤稱險峻、匪所築工事亦更稠密、漫山偏谷、棋布星羅、形成一大碉堡羣、自上月以來經我周中縱隊、連合空軍、奮勇進擊、被我節節摧破、僞五軍團及僞八軍團之二十一師、經我先後痛擊、已殘敗不堪、即新由長汀石城各方面先後趕來增援之僞一三兩軍團、亦被我擊斃甚衆、我周縱隊先頭萬耀煌師、遂於戰日午前九時、乘勝進佔興國城、殘匪紛向寧都及龍岩方向潰竄、刻正清掃戰場、分途追勦中・南昌行營第一廳寒（十四日）酉戰二印、

28. 萧匪窜紫金关被湘桂黔三军包围，赣闽残匪有由湘窜川势，1934 年 10 月 16 日第 2 版

國軍已收復瑞金

蕭匪在黔迭受重創

【漢口十六日下午十時中央社電】興國爲贛南重鎮、僞都瑞金之屏障、自我軍五次圍勦以來、節節勝利、僞都瑞金、已於本月十五日被我軍攻克、興國則係十四日午前九時被我萬耀煌師佔領、

【福州十六日下午十一時本報專電】軍方確息、贛南興國自我周渾元部佔領沙村後、匪主力集興國附近、自上月以來、經我軍奮勇搖擊、節節摧破、僞五軍團及僞八軍之二十一師、被我先後擊破、傷亡大半、長汀石城方面匪卒退往該處之僞一三兩軍團、亦被我殲滅甚多、周部萬耀煌師、十四日晨完全佔領興國、匪紛向寧都方向潰竄、第八區行政專員公署移廟前後、已由林斯賢召集地方人士協同籌劃連城善後、省府委楊逢年爲潭江水道封鎖督察處副處長、已赴潭視事、新十師近在流坪附近痛勦土匪、匪力傾千餘、激戰三小時、斃匪六十餘、格殺僞連排長各一、生擒僞連長一、匪向霞浦福安交界散竄、

【廣州十六日下午九時本報專電】黔訊、蕭匪迭被黔桂軍擊潰、疲敝已極、十五日在甘溪又被桂軍衝擊、斃匪三百餘、獲槍六十餘、

29. 国军已收复瑞金，萧匪在黔迭受重创，1934 年 10 月 17 日第 2 版

長汀縣城已成廢墟
蕭匪在黔竄入深山
蕭賀合股絕不可能

【廈門十七日下午九時本報專電】軍息、東路軍任務有變更、暫駐距汀十餘里不卽入、因長汀要隘盡克、縣城僅一廢墟、軍事上非重要、且南城下此路不急進、俟北路南至相當地點、再進駐、又東路將來以進至長汀爲止、不再西進、

【平訊】關係方面昨（十七日）接四川善後督辦署參謀長郭昌明電稱、桂軍追擊部隊、已達川黔交界地點、蕭匪大部、經桂湘黔各軍追擊、已竄匿石阡施東餘慶一帶深山中、與賀匪合股企圖、絕難實現、賀匪仍盤駐印江沿河間、經我陳師徐何各團、由黔邊沙子場進攻、將其擊潰、刪（十五日）我軍佔領沿河、殘匪向淇灘潰竄、刻正跟踪追擊中等語、

【廈門十七日中央社電】長汀收復在卽、贛行營令軍部在汀設無線電台、因廈滬陸綫時生阻碍、交部已准請添備無綫機、以利電訊、

30. 长汀县城已成废墟，萧匪在黔窜入深山，萧（克）、贺（龙）合股绝不可能，1934 年 10 月 18 日第 2 版

天津益世報　　中華民國二十三年　　（二）

成都會議決分區負責進勦

贛閩殘匪開始西竄

贛州安遠信豐間發現殘匪三千

豫鄂皖邊匪內部火併

【香港二十二日下午十一時本報專電】省訊、贛閩殘匪、因受東北南路軍夾擊、勢甚危殆、決放棄贛閩地盤、逃入川湘、故贛州至安遠信豐各綫、二十一日午忽發現殘匪三千餘名、南路軍現正圍勦、余漢謀即偕張達李漢魂乘粵漢專車啓行、二十二日晨四時抵韶關、余張即轉汽車直赴大庾、李揚敬十二二日午亦偕黃延楨乘廣九專車轉赴筠門指揮所部協勦、

【重慶二十二日下午十時本報專電】成都會議、決定由各軍抽調精銳幹部若干、編爲進攻軍、分劃區段、由各該部指定長官指揮、負攻擊責任、餉彈由總部統籌、未參戰部隊、即留守後方、維持秩序、並設立全省保安總指揮部、

【南京二十二日下午九時本報專電】劉湘復職通電發出、成渝紳商代表千餘人、向軍事會議請願、一、從速消滅川省赤匪、二、請當局統一軍民財三要政、三、確定軍餉餉額、另向大會建議容許人民組織委員會、幫同政府籌餉及監督用度、劉湘答復職後、必竭力進行、

【漢口二十二日下午十時本報專電】川民勦匪後援會請願代表胡文瀾等、在漢謁蔣後、即赴京謁林汪、二十二日公畢抵漢、定二十三日返渝、聞劉湘將南下謁蔣、報告川勦匪情形、並請示一切、

【廈門二十二日中央社電】汀匪要員供、匪之物質接濟向賴於汀江運輸、按汀江自長汀下流經上杭入粵而通汕頭、今東路軍佔河田、將江面封鎖、一切接濟斷絕、困守自難圖存、故決棄閩贛地盤、另謀出路、匪如西竄、必取道會昌、向西經南豐大庾而入湘川、

【貴陽二十二日中央社電】蕭匪偷渡烏江、被黔軍擊退、折回塘頭及川岩壩附近、被湘黔軍夾擊、奪獲槍械甚多、現蕭匪僅率僞四十團及五十四團其餘四個團均擊潰於石施鎮餘各縣間、桂湘黔各軍正分頭清掃中、

【貴陽二十二日中央社電】此間省府規定湘黔川聯絡公路線、限半年內完成通車、以資剿匪云、

【香港二十二日下午十一時本報專電】余漢謀二十一日晚返大庾、李揚敬日內亦返防、

【開封二十二日中央社電】豫鄂皖邊區赤匪內部近日益形分化、呈崩潰狀、前僞二十八軍軍長江求順、近經赤匪內部指爲改組派、每日非刑拷打、體無完膚、僞二十八軍委員吳保彩、亦以改組派嫌疑、致被誅戮、匪衆以屢興大獄、人人自危、因是向國軍投誠者日益衆多、

31. 成都会议决分区负责进剿，赣闽残匪开始西窜，赣州、安远、信丰间发现残匪三千，豫鄂皖边匪内部火并，1934 年 10 月 23 日第 2 版

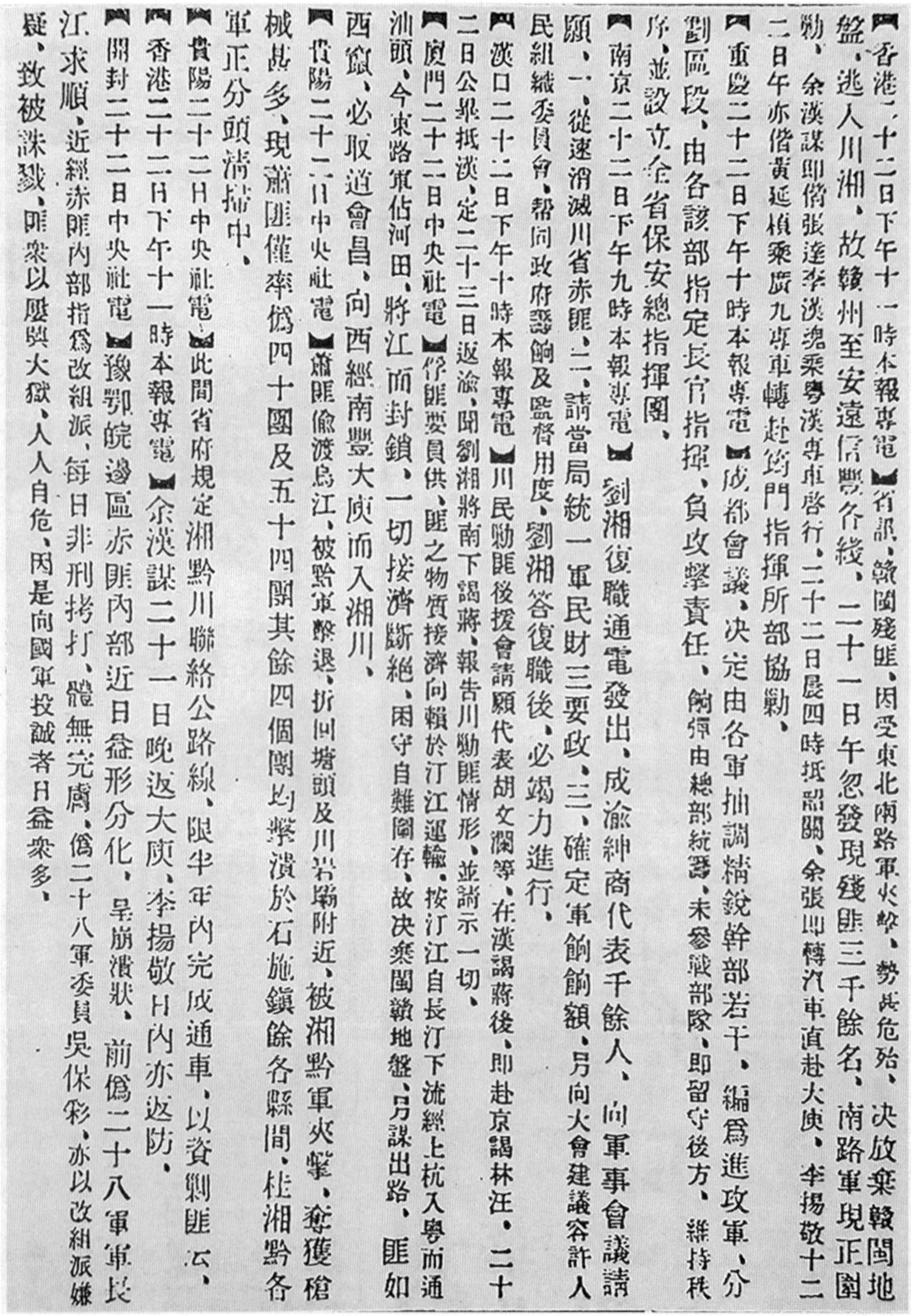
【香港二十二日下午十一時本報專電】省訊、贛閩殘匪、因受東北南路軍火攻、勢甚危殆、決放棄贛閩地盤、逃入川湘、故贛州至安遠信豐各綫、二十一日午忽發現殘匪三千餘名、南路軍現正圍剿、余漢謀即偕張達李漢魂乘粵漢專車啓行、二十二日晨四時抵韶關、余張即轉汽車直赴大庾、李揚敬十二二日午亦偕黃延楨乘廣九專車轉赴筠門指揮所部協剿、

【重慶二十二日下午十時本報專電】成都會議、決定由各軍抽調精銳幹部若干、編爲進攻軍、分劃區段、由各該部指定長官指揮、負攻擊責任、餉彈由總部統籌、未參戰部隊、即留守後方、維持秩序、並設立全省保安總指揮團、

【南京二十二日下午九時本報專電】劉湘復職通電發出、成渝紳商代表千餘人、向軍事會議請願、一、從速消滅川省赤匪、二、請當局統一軍民財三要政、三、確定軍餉餉額、另向大會建議容許人民組織委員會、幫同政府籌餉及監督用度、劉湘答復職後、必竭力進行、

【漢口二十二日下午十時本報專電】川民剿匪後援會請願代表胡文瀾等、在漢謁蔣後、即赴京謁林汪、二十二日公畢抵漢、定二十三日返渝、聞劉湘將南下謁蔣、報告川剿匪情形、並請示一切、

【廈門二十二日中央社電】俘匪要員供、匪之物質接濟向賴於汀江運輸、按汀江自長汀下流經上杭入粵而通汕頭、今東路軍佔河田、將江面封鎖、一切接濟斷絕、困守自難圖存、故決棄閩贛地盤、另謀出路、匪如西竄、必取道會昌、向西經南豐大庾而入湘川、

【貴陽二十二日中央社電】蕭匪偷渡烏江、被黔軍擊退、折回塘頭及川岩壩附近、被湘黔軍夾擊、奪獲槍械甚多、現蕭匪僅率僞四十團及五十四團其餘四個團均擊潰於石施鎮餘各縣間、桂湘黔各軍正分頭清掃中、

【貴陽二十二日中央社電】此間省府規定湘黔川聯絡公路線、限半年內完成通車、以資剿匪云、

【香港二十二日下午十一時本報專電】余漢謀二十一日晚返大庾、李揚敬日內亦返防、

【開封二十二日中央社電】豫鄂皖邊區赤匪內部近日益形分化、呈崩潰狀、前僞二十八軍軍長江求順、近經赤匪內部指爲改組派、每日非刑拷打、體無完膚、僞二十八軍委員吳保彩、亦以改組派嫌疑、致被誅戮、匪衆以屢興大獄、人人自危、因是向國軍投誠者日益衆多、

（局部图）

朱毛彭率匪數萬
由雩都會昌西竄
信豐南康連日發生激戰
蕭克匪迭受勦擊將肅清

【廣州二十三日下午十二時本報專電】軍息、朱毛彭各匪、率部數萬、離會昌、雩都、犯信豐、南康等地、與一縱隊防軍接觸、二十一日二十二日均有激戰、南路軍總部已飛電前方各軍、非奉令不得擅撤、應沉着堵截、調李漢魂師集南雄、參加信豐作戰、獨立師調移平遠與寧、令駐省教導師赴韶、星夜出發、招夫兩千、運送北上備用、余漢謀因前方匪氛告緊、偕李漢魂專車赴贛、二十二日晚抵大庾、李揚敬廷楨亦於二十二日晚赴惠州、轉筠門指揮、

【廣州二十三日下午九時本報專電】贛省蕭克匪竄黔、經黔湘桂軍十餘次痛勦、匪傷亡十分之九、餘匪現竄黔北、最近在平貫馬格坪又被桂軍截擊、斃匪二百餘、獲槍百餘枝、流竄西部殘匪、亦被桂軍搜勦、斃匪三十餘、再經追擊、即可完全肅清云、

【成都二十三日下午十二時本報專電】劉湘復職通電、二十二日發出、飭前綫各路準備總攻、

【漢口二十三日下午十二時本報專電】川勦匪總部電漢稱、沙子壩之役、我軍確將賀匪僞七師長盧東生擊斃、現以僞團長鍾來亭升充、正聯合湘黔軍圍勦、又蕭匪被湘桂軍擊潰、分竄閻家場松口萬叢山、殲滅在即、

【南京二十三日下午十時本報專電】劉湘二十二日電漢復職、有於過去勦匪困難之處及今後補救之方、鈞座等莫不曲加體諒、力予扶持、令湘剋日復職、繼續負責各等因在案、具見鈞座眷顧川省、矜及蜀民、凡屬川人、無不感德、湘承優遇殊知、感激涕零、彌殷奮發、比經馳往成都復職、

【漢口二十三日下午十一時本報專電】武漢警備部、二十三日槍決曾留俄企圖擾亂長江流域之共黨孫英傑一名、

32. 朱（德）、毛（泽东）、彭（德怀）率匪数万由雩都、会昌西窜，信丰、南康连日发生激战，萧克匪迭受剿击将肃清，1934 年 10 月 24 日第 2 版

第一張　十月二十五日　星期四

贛匪分兩路出竄 在信豐等處受重挫

湘桂黔軍連日在鎮遠破蕭匪

川軍重組出擊部隊穩紮穩打

【廣州二十四日下午九時本報專電】贛共匪久受粵軍封鎖、糧食缺乏、最近走頭無路、決放棄老巢、突圍欲出、二十一日共匪萬餘犯安遠、經粵一軍擊潰、十九日在百室老虎坑斃匪千餘、及僞師長蕭柳平、俘獲甚多、陳總司令濟棠決乘機將共匪全部解決、已令一軍跟踪直搗匪巢、限期殲滅、

【廣州二十四日下午十二時本報專電】探報　匪棄贛老巢集中主力兩路突圍出動、一犯安遠擾三南襲南雄、始興、泊小北江入湘竄黔川、一偷渡贛江、襲上猶、崇義轉湘、另息、朱毛彭各匪、襲重石板石古陂信豐新城等處、爲一集團軍截擊、斃匪萬餘、戰事移信豐安遠北、陳濟棠委余漢謀爲前敵剿匪總指揮、凡贛南及東北江各軍、均歸調遣、委李漢魂爲預備隊總指揮、

【福州二十三日中央社電】保安十四團鍾紹葵部奉令開上杭、並進剿大洋塥等地之匪、二十二日電省報告、大洋塥、雷風凹、牛陸嶺之匪、被擊已向濯洋逃竄、又東路軍宋希濂師及砲兵旅、越金沙溪南坑前進、以大砲猛轟汀城、赤匪懾於我軍兵力無鬥志、朱德深恐內部瓦解、對匪兵監視甚嚴云、

【貴陽二十四日下午十二時本報專電】聞贛匪因受中央軍圍剿、不能生存、有縱竄匪竄黔說、此間甚爲惶慮、將致電中央、請轉飭湘桂軍嚴爲防堵、並對黔省剿匪軍積極予以補充、

【福州二十四日下午十時本報專電】閩東剿匪軍事積極布置中、三期圍剿、月內可開始、各處碉堡工事已完成、七十八師鄧團二十日進剿霞浦三斗洋一帶殘匪、經我擊潰散、匪向福安下樓遠竄、是役計破壞匪醫院一所、斃匪無數、內有女匪數名、

【長沙二十三日中央社電】李覺電告、湘桂黔軍連日在鎮遠一帶、大敗蕭克匪殘部、同時賀龍匪部亦受重創、不難消滅云、

【成都二十四日下午十一時本報專電】劉湘請中央簡鄧鋕乾爲成都市長、一面報由督署任命、總政治部不設、改組戰地政委會、現已起草大綱、匪攻五路陣地火益山興隆場未逞、郭勛之周重生旅擊匪於歐家山一帶、匪死傷無算、

【成都二十四日下午十一時本報專電】川軍重組出擊部隊、前綫擇險築工事、並整理交通、穩紮穩打、

33. 赣匪分两路出窜，在信丰等处受重挫，湘桂黔军连日在镇远破萧匪，川军重组出击部队稳扎稳打，1934 年 10 月 25 日第 2 版

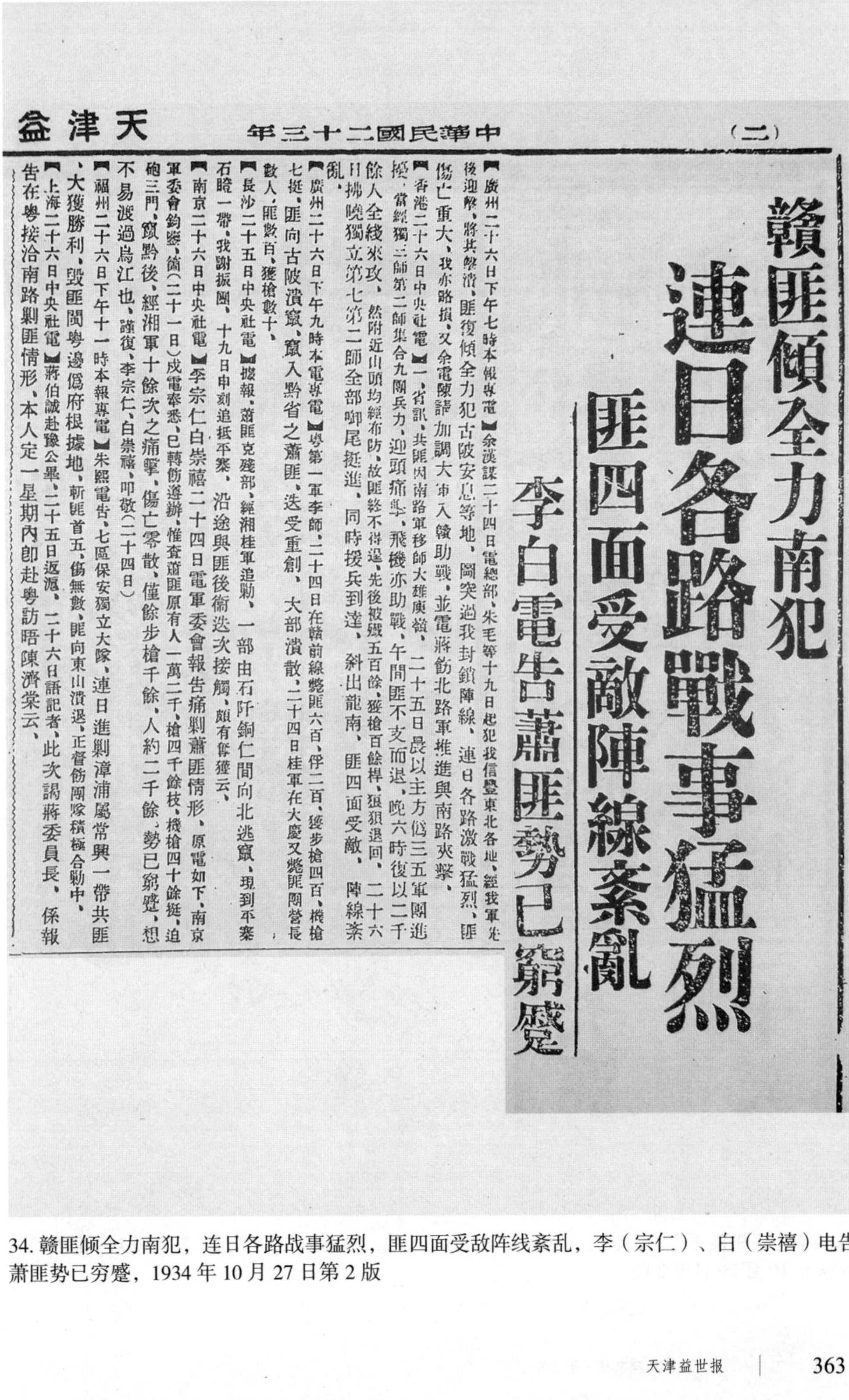

贛匪傾全力南犯
連日各路戰事猛烈
匪四面受敵陣線紊亂
李白電告蕭匪勢已窮蹙

【廣州二十六日下午七時本報專電】余漢謀二十四日電總部、朱毛等十九日起犯我信豐東北各地、經我軍先後迎擊、將共擊潰、匪復傾全力犯古陂安息等地、圖突過我封鎖陣線、連日各路激戰猛烈、匪傷亡重大、我亦略損、又余電陳請加調大軍入贛助戰、並電蔣飭北路軍推進與南路夾擊、

【香港二十六日中央社電】一、省訊、共匪因南路軍移師大雄庾嶺、二十五日晨以主力偽三五軍圖進援、當經獨三師第二師集合九團兵力、迎頭痛擊、飛機亦助戰、午間匪不支而退、晚六時復以二千餘人全綫來攻、然附近山頭均經布防、故匪終不得逞、先後被殲五百餘、獲槍百餘桿、狼狽退回、二十六日拂曉獨立第七第二師全部啣尾挺進、同時援兵到達、斜出龍南、匪四面受敵、陣線紊亂、

【廣州二十六日下午九時本電專電】粵第一軍李師、二十四日在贛前線殲匪六百、俘二百、獲步槍四百、機槍七挺、匪向古陂潰竄、竄入黔省之蕭匪、迭受重創、大部潰散、二十四日桂軍在大慶又殲匪兩營長數人、匪數百、獲槍數十、

【長沙二十五日中央社電】據報、蕭匪克殘部、經湘桂軍追勦、一部由石阡銅仁間向北逃竄、現到平寨石曉一帶、我謝振圖、十九日申刻追抵平寨、沿途與匪後衛迭次接觸、頗有俘獲云、

【南京二十六日中央社電】李宗仁白崇禧二十四日電軍委會報告痛剿蕭匪情形、原電如下、南京軍委會鈞鑒、箇(二十一日)戌電奉悉、已轉飭遵辦、惟查蕭匪原有人一萬二千、槍四千餘枝、機槍四十餘挺、迫砲三門、竄黔後、經湘軍十餘次之痛擊、傷亡零散、僅餘步槍千餘、人約二千餘、勢已窮蹙、想不易渡過烏江也、謹復、李宗仁、白崇禧、叩敬(二十四日)

【福州二十六日下午十一時本報專電】朱熙電告、七區保安獨立大隊、連日進剿漳浦屬常興一帶共匪、大獲勝利、毀匪閩粵邊偽府根據地、斬匪首五、傷無數、匪向東山潰退、正督飭團隊積極合剿中、

【上海二十六日中央社電】蔣伯誠赴豫公畢、二十五日返滬、二十六日語記者、此次謁蔣委員長、係報告在粵接洽南路剿匪情形、本人定一星期內即赴粵訪晤陳濟棠云、

34. 赣匪倾全力南犯，连日各路战事猛烈，匪四面受敌阵线紊乱，李（宗仁）、白（崇禧）电告萧匪势已穷蹙，1934 年 10 月 27 日第 2 版

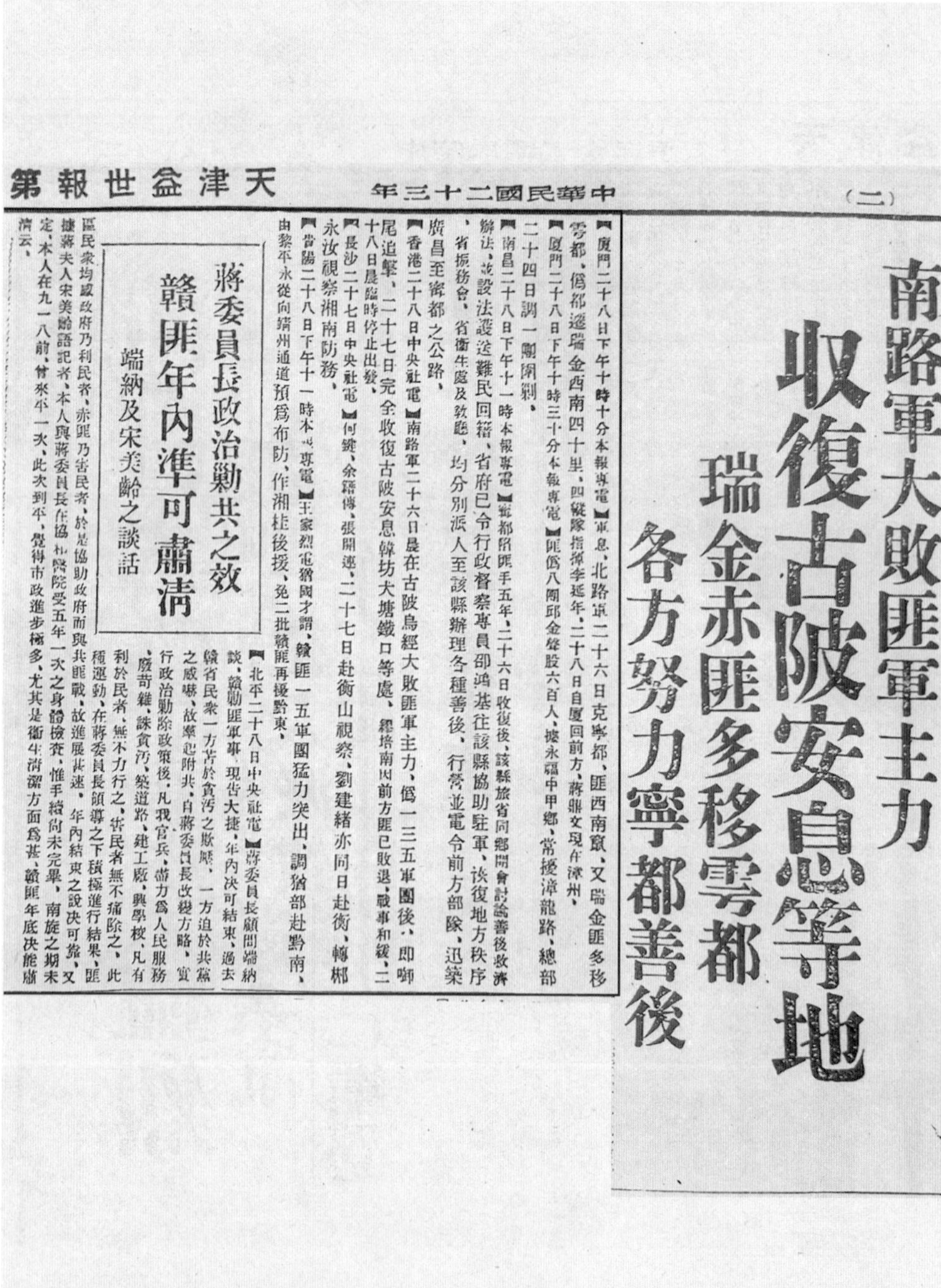

天津益世報　第（二）　中華民國二十三年

南路軍大敗匪軍主力
收復古陂安息等地
瑞金赤匪多移雩都
各方努力寧都善後

【廈門二十八日下午十時十分本報專電】軍息、北路軍二十六日克寧都、匪西南竄、又瑞金匪多移雩都、僞都遷瑞金西南四十里、四縱隊指揮李延年、二十八日自廈回前方、蔣鼎文現在漳州、

【廈門二十八日下午十時三十分本報專電】匪僞八團邱金聲股六百人、據永福中甲鄉、常擾漳龍路、總部二十四日調一團圍剿、

【南昌二十八日下午十一時本報專電】寧都陷匪手五年、二十六日收復後、該縣旅省同鄉開會討論善後救濟辦法、並設法護送難民回籍、省府已令行政督察專員邵鴻基往該縣協助駐軍、恢復地方秩序、省振務會、省衛生處及教廳、均分別派人至該縣辦理各種善後、行營並電令前方部隊、迅築廣昌至寧都之公路、

【香港二十八日中央社電】南路軍二十六日晨在古陂烏經大敗匪軍主力、僞一三五軍團後、即啣尾追擊、二十七日完全收復古陂安息韓坊犬塘鐵口等處、繆培南因前方匪已敗退、戰事和緩、二十八日晨臨時停止出發、

【長沙二十七日中央社電】何鍵、余籍傳、張開璉、二十七日赴衡山視察、劉建緒亦同日赴衡、轉郴永汝視察湘南防務、

【貴陽二十八日下午十一時本報專電】王家烈電猶國才謂、贛匪一五軍團猛力突出、調猶部赴黔南、由黎平永從向靖州通道預爲布防、作湘桂後援、免二批贛匪再擾黔東、

蔣委員長政治勦共之效
贛匪年內準可肅清
端納及宋美齡之談話

【北平二十八日中央社電】蔣委員長顧問端納談、贛勦匪軍事、現告大捷、年內決可結束、過去贛省民衆一方苦於貪汚之欺壓、一方迫於共黨之威嚇、故纔起附共、自蔣委員長改變方略、實行政治勦除政策後、凡我官兵、都力爲人民服務、廢苛雜、誅貪汚、築道路、建工廠、興學校、凡有利於民者、無不力行之、害民者無不痛除之、此種運動、在蔣委員長領導之下積極進行結果、匪區民衆均感政府乃利民者、赤匪乃害民者、於是協助政府而與共匪戰、故進展甚速、年內結束之說決可靠、又據蔣夫人宋美齡語記者、本人與蔣委員長在協和醫院受五年一次之身體檢查、惟手續尚未完畢、南旋之期未定、本人在九一八前、曾來平一次、此次到平、覺得市政進步極多、尤其是衛生清潔方面爲甚、贛匪年底決能肅清云、

35. 南路军大败匪军主力，收复古陂、安息等地，瑞金“赤匪”多移雩都，各方努力宁都善后，1934 年 10 月 29 日第 2 版

【廈門二十八日下午十時十分本報專電】軍息、北路軍二十六日克寧都、匪西南竄、又瑞金匪多移雩都、僞都遷瑞金西南四十里、四縱隊指揮李延年、二十八日自廈回前方、蔣鼎文現在漳州、

【廈門二十八日下午十時三十分本報專電】匪僞八團邱金聲股六百人、據永福中甲鄉、常擾漳龍路、總部二十四日調一團淸剿、

【南昌二十八日下午十一時本報專電】寧都陷匪手五年、二十六日收復後、該縣旅省同鄉開會討論善後救濟辦法、並設法護送難民回籍、省府已令行政督察專員邵鴻基往該縣協助駐軍、恢復地方秩序、省振務會、省衛生處及敎廳、均分別派人至該縣辦理各種善後、行營並電令前方部隊、迅築廣昌至寧都之公路、

【香港二十八日中央社電】南路軍二十六日晨在古陂烏經大敗匪軍主力、僞一三五軍團後、即啣尾追擊、二十七日完全收復古陂安息韓坊犬塘鐵口等處、繆培南因前方匪已敗退、戰事和緩、二十八日晨臨時停止出發、

【長沙二十七日中央社電】何鍵、余籍傳、張開連、二十七日赴衡山視察、劉建緒亦同日赴衡、轉郴永汝視察湘南防務、

【貴陽二十八日下午十一時本報專電】王家烈電猶國才謂、贛匪一五軍團猛力突出、調猶部赴黔南、由黎平永從向靖州通道預爲布防、作湘桂後援、免二批贛匪再擾黔東、

蔣委員長政治勦共之效
贛匪年內準可肅清
端納及宋美齡之談話

【北平二十八日中央社電】蔣委員長顧問端納談、贛勦匪軍事、現告大捷、年內決可結束、過去贛省民衆一方苦於貪汚之欺壓、一方迫於共黨之威嚇、故率起附共、自蔣委員長改變方略、實行政治勦除政策後、凡我官兵、盡力爲人民服務、廢苛雜、誅貪汚、築道路、建工廠、興學校、凡有利於民者、無不力行之、害民者無不痛除之、此種運動、在蔣委員長領導之下積極進行結果、匪區民衆均認政府乃利民者、赤匪乃害民者、於是協助政府而與共匪戰、故進展甚速、年內結束之說決可靠、又據蔣夫人宋美齡語記者、本人與蔣委員長在協和醫院受五年一次之身體檢査、惟手續尙未完畢、南旋之期未定、本人在九一八前、曾來平一次、此次到平、覺得市政進步極多、尤其是衛生淸潔方面爲甚、贛匪年底決能肅淸云、

（局部图）

(二)　中華民國二十三年　天津益世

東路軍昨克復長汀

贛匪西竄湘邊宜章一帶

湘桂粤諸軍正分途堵

【廈門一日下午十時本報專電】東路軍自三十日即由河田蔡坊向長汀推進、一日可抵長汀近郊、據東路駐閩辦事處稱，本日可進駐長汀城、

【南昌一日下午十時本報專電】行營公布捷報、據前方電報、我李縱隊一日午前十一時、克復長汀、俘獲無算，現正淸查中、

【龍岩一日下午十時本報專電】東路軍一日午刻確實佔領長汀、

【廈門一日下午十一時本報專電】西縱隊一日向長汀進展，贛匪大部竄大庾上猶間、長汀僅存殘餘、

【廣州一日下午十一時本報專電】粤路局訊、贛匪竄湘邊之桂東、汝城，宜章、郴州、湘南民衆大恐、戴紹段工程因以停工、四集團總部電粤稱，贛匪西竄，現令入黔各部急回駐全州灌陽、調夏威王贊斌部守平樂，準備堵擊，等語、余漢謀因匪大部西竄、令一縱隊各部集大庾、南雄、始興、仁化、樂昌、梅嶺關一帶、分三路向湘贛邊追擊、據第一飛機隊長譚壽報稱，連日乘機赴安遠、南康、重石、板石、信豐等處偵察，已無大隊匪踪云、

【南昌一日中央社電】公路處奉命興修泰和至興國、廣昌至石城、廣昌至寧都各公路、已派第一第二兩築路隊前往代築，爲趕速完工、現又派工程師前往督修、又雄口至古龍山崗路線、限十日內勘測完竣、

【成都一日下午十一時十分本報專電】蕭匪向北竄，川軍田達兩旅、於涼風椏銅鼓台一帶、激戰三晝夜、三十一日始將其擊潰、殘匪分向興隆坪灘河塲潰退中、

【貴陽三十一日電】桂軍廖磊所部、湘軍李覺所部、奉湘桂當局分別電調返省、作截擊共匪一五軍團準備云、

【成都一日下午十一時本報專電】中央派荊沙關監督喬宜齋來川、與劉湘有所商洽、聞此行任務關係極重、

【廣州一日下午七時三十分本報專電】蕭佛成談、五全代會延期、各方選出代表、現尙留粤，俟交換意見北上參加後始歸云、剿共軍事自南路擊潰贛匪後、贛匪與川匪勾結、希冀退川、進勦共匪、實吾人防患未然、應以主力入川消滅共禍云云、

36. 东路军昨克复长汀，赣匪西窜湘边宜章一带，湘桂粤诸军正分途堵剿，1934 年 11 月 2 日第 2 版

天津　中華民國二十三年　（二）

贛匪向西總潰竄

何鍵本日赴衡督剿

蔣委何爲追剿總司令

劉湘昨已乘艦離渝東下

【長沙今晨一時十分本報專電】贛匪全部過汝城城口、主力到粵邊塘村九峯、先頭向臨武西竄、王東原等師、正在郴州宜章間痛擊、何鍵卽出發、約桂省白崇禧及粵軍迅出圍剿、蔣委何鍵爲追剿總司令、加指揮周渾元薛岳兩縱隊、何擬十四日赴衡設行營督剿、

【廣州十三日下午九時本報專電】粵邊匪共、經粵軍連日包圍夾擊、已成甕中之鼈、十一晨粵獨二師及二旅在恩溪擊潰匪八千人、十二日晨將匪全部解決、獲俘頗多、

【香港十二日中央社電】敎導師全部及桂軍王贊斌廖磊兩部、十一十二兩日來、開小北江、截擊餘匪、又僞五軍團殘匪千餘名、竄良泳後、獨立三師跟踪追擊、匪傷亡過半、

【漢口十三日下午九時本報專電】劉湘十三日晨乘巴渝艦離渝、晚宿萬縣、召集將領訓話、十五日可經宜昌沙市來漢、何成濬派飛機一架兵艦一艘赴宜迎劉、徐源泉亦在沙歡迎、將陪劉東下、

【漢口十三日下午十時本報專電】何成濬十三日接劉湘電稱、已起程來漢轉贛謁蔣請示機宜、晤敎匪遙、諸祈亮察、何接電後、當電徐源泉在沙市代表歡迎、

【南昌十三日中央社電】贛民廳長呂咸、由興國電主席熊式輝、報告該地情形、並電衞生處、派醫師携藥、前往設治療所救濟、電敎廳速在城鄉設民衆學校、對匪化兒童、施感化敎育、電電政管理局架設電桿設局通報、

【南昌十三日中央社電】各界徵募寒衣散發收復縣區難民、現已達五萬件、定十四日先運二萬餘件至前方散發、分發廣昌寧都興國石城四縣難民、瑞金因交通尚未恢復、俟通行後、第二批運往、南昌婦女慰勞金、亦購衞生衣綫衫等、托振務會代發、

37. 赣匪向西总溃窜，何键本日赴衡督剿，蒋（介石）委何为追剿总司令，刘湘昨已乘舰离渝东下，1934 年 11 月 14 日第 2 版

天津益　　中華民國二十三年　　（二）

五省剿匪軍追剿總司令
何鍵在衡通電就職
蔣電令粵桂軍合圍堵剿
劉湘昨離萬縣本日抵漢

【漢口十五日下午九時本報專電】劉湘十五日晨六時乘巴渝艦離萬縣，下午四時抵宜昌，賈新奉徐源泉命、在宜歡迎，過宜未停，定十六日晨抵沙、如不停留當午即可偕徐源泉乘機飛漢，劉隨員分三批東下、張必果等從劉行，蔣派總務處長蔡勁軍在贛準備歡迎，

【漢口十五日下午九時本報專電】劉湘十五日早乘巴渝艦離萬縣，晚抵宜昌，定十六日赴沙市，與徐源泉晤面後，同飛漢，再與何成濬聯袂赴贛謁蔣，商川省剿匪事，蔣派總務處長蔡勁軍屆時到潯歡迎，

【漢口十五日下午十時本報專電】劉湘奉蔣電召往謁報告川勦匪軍事，十三日由重慶乘巴渝軍艦東下、據此間消息，劉十六日可抵沙市、即偕徐源泉改乘飛機來漢，下午可到，稍事勾留、即赴贛、

【成都十五日下午九時本報專電】敘宜前方近仍沉寂，匪區壯丁多編為游擊隊，送通巴訓練，所有糧食概向萬源後坪方面搬運，劉湘十四日夜在萬縣與各將領作竟夜談、五路總副指揮唐式遵王纘緒、定十六日飛渝，再乘軍用機飛轉前方、

何鍵就職通電

【衡州十五日下午九時本報專電】何鍵十四日通電云、奉委員長蔣電開，茲派何鍵為追剿總司令、（中路）除任狀關防另發外、仰電遵照辦理，等因奉此，遵於十一月十四日在衡州軍次，敬謹就職，竊自共匪盤踞贛南，經我委座親臨督剿，分路並進、已屆最後成功之期、不謂邇來該匪自知在贛無可倖存、棄巢南犯，折而西竄，鍵負西路重責，業經秉承行營策定、督率所部，嚴密勦擊，茲奉新命，誓當益矢有我無匪之決心、竄匪所至，不殲不止，所望我長官袍澤，宏賜指教，我全國民衆，多予協助，尤冀我友軍，嚴防堵截，俾收夾擊之效，而完一簣之功，謹布悃忱，諸維鑒察，贛粵閩湘鄂勦匪軍追勦總司令何鍵叩，寒（十四日）午衡印

【廣州十五日下午九時本報專電】粵軍自九峰殲滅偽一九兩軍團後，續派四師尾追、十二日教導師在上朗大盆洞，又殲匪數百，獲槍六百，現粵境確無匪踪，

【貴陽十四日中央社電】黔主席兼二十五軍軍長王家烈、今日抵遵義、副軍長侯之擔，由赤水來遵謁王、商黔貴邊區防務及堵防赤匪事、

【廣州十五日下午九時三十分本報專電】蔣電陳濟棠、李宗仁、向東南西北軍合圍堵剿，指定陣綫，勿使匪漏網入川、何鍵派張沛乾謁陳商堵匪機宜、

38. 五省剿匪军追剿总司令何键在衡通电就职，蒋（介石）电令粤桂军合围堵剿，刘湘昨离万县本日抵汉，1934 年 11 月 16 日第 2 版

【漢口十五日下午九時本報專電】劉湘十五日晨六時乘巴渝艦離萬縣、下午四時抵宜昌、黃新奉徐源泉命、在宜歡迎、過宜未停、定十六日晨抵沙、如不停留當午即可偕徐源泉乘機飛漢、劉隨員分三批東下、張必果等從劉行、蔣派總務處長蔡勁軍在贛準備歡迎、

【漢口十五日下午九時本報專電】劉湘十五日早乘巴渝艦離萬縣、晚抵宜昌、定十六日赴沙市、與徐源泉晤面後、同飛漢、再與何成濬聯袂赴贛謁蔣、商川省剿匪事、蔣派總務處長蔡勁軍屆時到潯歡迎、

【漢口十五日下午十時本報專電】劉湘奉蔣電召往謁報告川勦匪軍事、十三日由重慶乘巴渝軍艦東下、據此間消息、劉十六日可抵沙市、即偕徐源泉改乘飛機來漢、下午可到、稍事勾留、即赴贛、

【成都十五日下午九時本報專電】敘宜前方近仍沉寂、匪區壯丁多編為游擊隊、送通巴訓練、所有糧食概向萬源後坪方面搬運、劉湘十四日夜在萬縣與各將領作竟夜談、五路總副指揮唐式遵王纘緒、定十六日飛渝、再乘軍用機飛轉前方、

何鍵就職通電

【衡州十五日下午九時本報專電】何鍵十四日通電云、奉委員長蔣電開、茲派何鍵為追剿總司令、(中路)除任狀關防另發外、仰電遵照辦理、等因奉此、遵於十一月十四日在衡州軍次、敬謹就職、竊自共匪盤踞贛南、經我委座親臨督剿、分路並進、已屆最後成功之期、不謂邇來該匪自知在贛無可倖存、棄巢南犯、折而西竄、鍵負西路重責、業經秉承行營策定、督率所部、嚴密勦擊、茲奉新命、誓當益矢有我無匪之決心、竄匪所至、不殲不止、所望我長官袍澤、宏賜指教、我全國民衆、多予協助、尤冀我友軍、嚴防堵截、俾收夾擊之效、而完一簣之功、謹布悃忱、諸維鑒察、贛粵閩湘鄂勦匪軍追勦總司令何鍵叩、寒(十四日)午衡印

【廣州十五日下午九時本報專電】粵軍自九峰殲滅偽一九兩軍團後、續派四師尾追、十二日教導師在上朗大盆洞、又殲匪數百、獲槍六百、現粵境確無匪踪、

【貴陽十四日中央社電】黔主席兼二十五軍軍長王家烈、今日抵遵義、副軍長侯之擔、由赤水來遵謁王、商黔黃邊區防務及堵防赤匪事、

【廣州十五日下午九時三十分本報專電】蔣電陳濟棠、李宗仁、向東南西北軍合圍堵剿、指定陣綫、勿使匪漏網入川、何鍵派張沛乾謁陳商堵匪機宜、

（局部图）

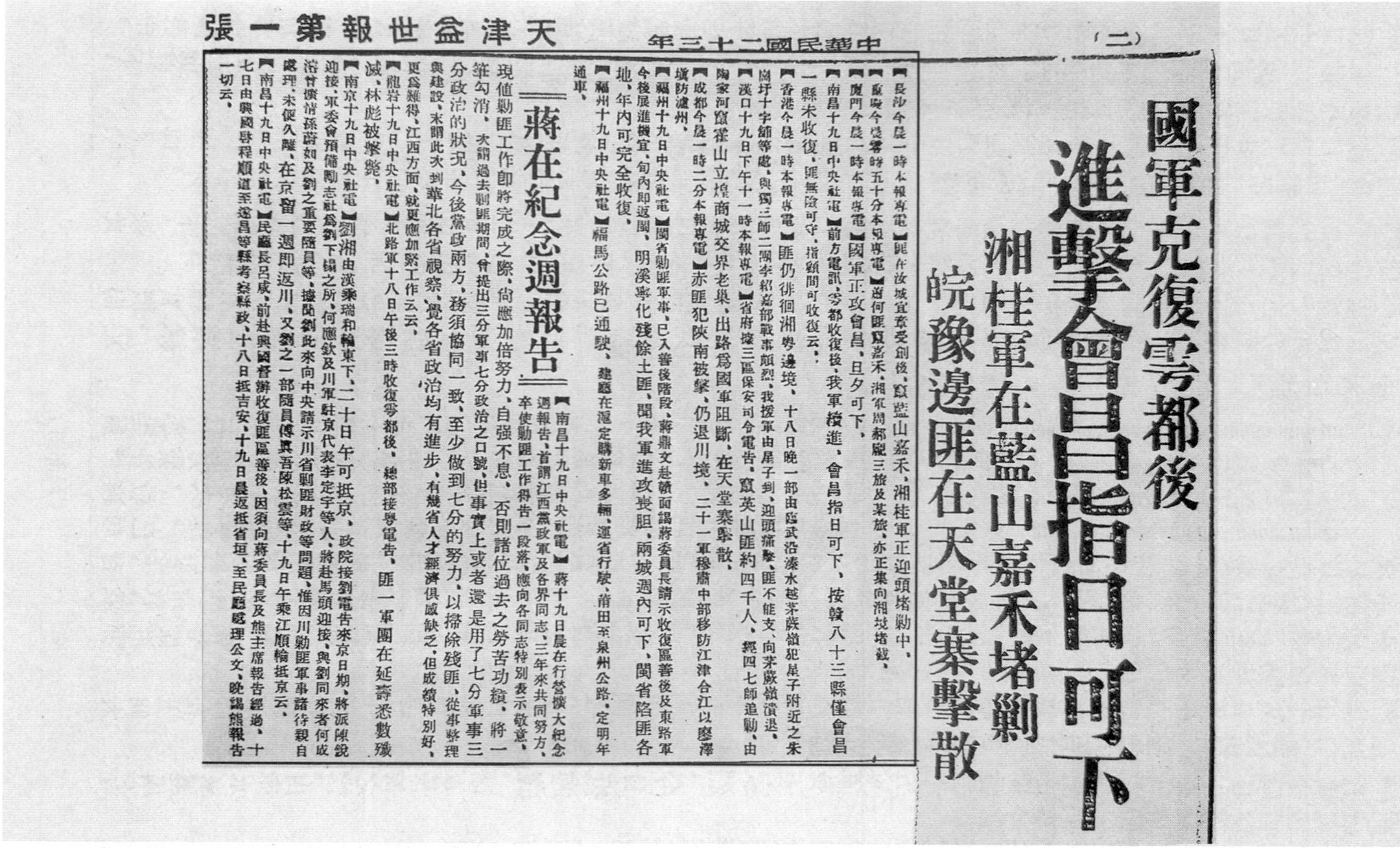

（二） 中華民國二十三年 天津益世報 第一張

國軍克復雩都後
進擊會昌指日可下
湘桂軍在藍山嘉禾堵剿
皖豫邊匪在天堂寨擊散

【長沙今晨一時本報專電】匪在汝城宜章受創後、竄藍山嘉禾、湘桂軍正迎頭堵剿中、

【贛州今晨零時五十分本報專電】竄何匪竄嘉禾、湘軍周部及某旅、亦正集向湘境堵截、

【廈門今晨一時本報專電】國軍正攻會昌、旦夕可下、

【南昌十九日中央社電】前方電訊、雩都收復後、我軍續進、會昌指日可下、按贛八十三縣僅會昌一縣未收復、匪無險可守、指顧間可收復云、

【香港今晨一時本報專電】匪仍徘徊湘粵邊境、十八日晚一部由臨武沿溱水越茅蕨嶺犯星子附近之朱岡圩十字鋪等處、與獨三師二團李紹嘉部戰事頗烈、我援軍由星子到、迎頭痛擊、匪不能支、向茅蕨嶺潰退、

【漢口十九日下午十一時本報專電】省府據三區保安司令電告、竄英山匪約四千人、經四七師追剿、由陶家河竄霍山立煌商城交界老巢、出路爲國軍阻斷、在天堂寨擊散、

【成都今晨一時二分本報專電】赤匪犯陝南被擊、仍退川境、二十一軍移蕭中部移防江津合江以廖澤壩防瀘州、

【福州十九日中央社電】閩省剿匪軍事、已入善後階段、蔣鼎文赴贛面謁蔣委員長請示收復區善後及東路軍今後展進機宜、旬內即返閩、明溪寧化殘餘土匪、聞我軍進攻喪胆、兩城週內可下、閩省陷匪各地、年內可完全收復、

【福州十九日中央社電】福馬公路已通駛、建廳在滬定購新車多輛、運省行駛、莆田至泉州公路、定明年通車、

蔣在紀念週報告

【南昌十九日中央社電】蔣十九日晨在行營擴大紀念週報告、首謂江西黨政軍及各界同志、三年來共同努力、辛使剿匪工作得告一段落、應向各同志特別表示敬意、現值剿匪工作即將完成之際、尚應加倍努力、自強不息、否則諸位過去之勞苦功績、將一筆勾消、次謂過去剿匪期間、曾提出三分軍事七分政治之口號、但事實上或者還是用了七分軍事三分政治的狀況、今後黨政兩方、務須協同一致、至少做到七分的努力、以掃除殘匪、從事整理與建設、末謂此次到華北各省視察、覺各省政治均有進步、有幾省人才經濟俱感缺乏、但成績特別好、更爲難得、江西方面、就更應加緊工作云云、

【龍岩十九日中央社電】北路軍十八日午後三時收復雩都後、總部接粵電告、匪一軍團在延壽悉數殲滅、林彪被擊斃、

【南京十九日中央社電】劉湘由漢乘瑞和輪東下、二十日午可抵京、政院接劉電告來京日期、將派陳銳迎接、軍委會預備勵志社爲劉下榻之所、何應欽及川軍駐京代表李定宇等人、將赴馬頭迎接、與劉同來者何成濬曾擴情孫蔚如及劉之重要隨員等、據聞劉此來向中央請示川省剿匪財政等問題、惟因川剿匪軍事諸待親自處理、未便久離、在京留一週即返川、又劉之一部隨員傅真吾陳松雲等、十九日午乘江順輪抵京云、

【南昌十九日中央社電】民廳長呂咸、前赴興國督辦收復匪區善後、因須向蔣委員長及熊主席報告經過、十七日由興國啓程順道至遂昌等縣考察縣政、十八日抵吉安、十九日晨返抵省垣、至民廳處理公文、晚謁熊報告一切云、

39. 国军克复雩都后，进击会昌指日可下，湘桂军在蓝山、嘉禾堵剿，皖豫边匪在天堂寨击散，1934 年 11 月 20 日第 2 版

【長沙今晨一時本報專電】匪在汝城宜章受創後、竄藍山嘉禾、湘桂軍正迎頭堵剿中、

【衡陽今晨零時五十分本報專電】肖何匪竄嘉禾、湘軍周郝斂三旅及某旅、亦正集向湘垅堵截、

【廈門今晨一時本報專電】國軍正攻會昌、旦夕可下、

【南昌十九日中央社電】前方電訊、雩都收復後、我軍續進、會昌指日可下、按贛八十三縣僅會昌一縣未收復、匪無險可守、指顧間可收復云、

【香港今晨一時本報專電】匪仍徘徊湘粵邊境、十八日晚一部由臨武沿溱水越茅蕨嶺犯星子附近之朱崗圩十字鋪等處、與獨三師二團李紹嘉部戰事頗烈、我援軍由星子到、迎頭痛擊、匪不能支、向茅蕨嶺潰退、

【漢口十九日下午十一時本報專電】省府據三區保安司令電告、竄英山匪約四千人、經四七師追剿、由陶家河竄霍山立煌商城交界老巢、出路為國軍阻斷、在天堂寨擊散、

【成都今晨一時二分本報專電】赤匪犯陝南被擊、仍退川境、二十一軍穆肅中部移防江津合江以廖澤塡防瀘州、

【福州十九日中央社電】閩省剿匪軍事、已入善後階段、蔣鼎文赴贛面謁蔣委員長請示收復區善後及東路軍今後展進機宜、旬內即返閩、明溪寧化殘餘土匪、聞我軍進攻喪胆、兩城週內可下、閩省陷匪各地、年內可完全收復、

【福州十九日中央社電】福馬公路已通駛、建甌在滬定購新車多輛、運省行駛、莆田至泉州公路、定明年通車、

蔣在紀念週報告

【南昌十九日中央社電】蔣十九日晨在行營擴大紀念週報告、首謂江西黨政軍及各界同志、三年來共同努方、卒使剿匪工作得告一段落、應向各同志特別表示敬意、現值剿匪工作即將完成之際、尙應加倍努力、自強不息、否則諸位過去之勞苦功績、將一筆勾消、次謂過去剿匪期間、曾提出三分軍事七分政治之口號、但事實上或者還是用了七分軍事三分政治的狀況、今後黨政兩方、務須協同一致、至少做到七分的努力、以掃除殘匪、從事整理與建設、末謂此次到華北各省視察、覺各省政治均有進步、有幾省人才經濟俱感缺之、但成績特別好、更為難得、江西方面、就更應加緊工作云云、

【龍岩十九日中央社電】北路軍十八日午後三時收復雩都後、總部接粵電告、匪一軍團在延壽悉數殲滅、林彪被擊斃、

【南京十九日中央社電】劉湘由漢乘瑞和輪東下、二十日午可抵京、政院接劉電告來京日期、將派陳銳迎接、軍委會預備勵志社為劉下榻之所、何應欽及川軍駐京代表李定字等人、將赴馬頭迎接、與劉同來者何成浚曾擴情孫蔚如及劉之重要隨員等、據聞劉此來向中央請示川省剿匪財政等問題、惟因川剿匪軍事諸待親自處理、未便久離、在京留一週即返川、又劉之一部隨員傅眞吾陳松雲等、十九日午乘江順輪抵京云、

【南昌十九日中央社電】民廳長呂咸、前赴興國督辦收復匪區善後、因須向蔣委員長及熊主席報告經過、十七日由興國啓程順道至遂昌等縣考察縣政、十八日抵吉安、十九日晨返抵省垣、至民廳處理公文、晚謁熊報告一切云、

（局部图）

（二）　天津益世報　第一張　中華民國二十三年

在滬各要人陸續入京謁蔣

贛行營電粵桂防剿竄匪

黔省積極部署策應東進

【上海二十一日下午九時本報專電】于右任、覃振、劉文島、陳布雷、白雲梯、傅汝霖，晚車入京，謁蔣委員長，王寵惠、宋子文、一二日內亦赴京，聞于陸一來滬向于報告，監院積壓各方控案彈劾案、已達四百餘件，

【上海二十一日下午十一時本報專電】吳鐵城、趙丕廉、潘公展、葛志游，夜車入京，宋美齡未行，

【上海二十一日下午九時本報專電】蔣抵京後，本市各要人均將赴京晉謁報告一切，除駐意大使劉文島已於二十日晚晉京外，尚有宋子文王寵惠白雲梯覃振等，均定二十一日晚或日內入京謁蔣，

【南京二十一日中央社電】蔣委員長凱旋返京後，各要人均先後赴軍校官邸拜謁，午間蔣在官邸宴請劉湘、何成濬、何應欽，席間晤談極歡，午後蔣批閱軍委會重要電文甚忙碌，五時赴中山陵園遊覽旋返城云，

【南昌二十一日中央社電】楊永泰偕秘書陳方黃子猷、二十一日晨八時乘車赴潯、即午乘江新輪晉京公幹云，

【南京二十一日下午八時本報專電】全國經委會、以蔣汪孔孫四常委已在京、擬本週內開常會、宋子文日內來京、共商進行，

【廣州二十一日下午十時本報專電】粵省府會議議決撥款二萬元、爲總司令部及省府犒賞此次前方剿匪將士，

蔣宴劉湘何成濬

【南京二十一日下午十時本報專電】劉湘二十一日晨八時謁陵、由曾擴情陪往、由馬驥引導行禮、劉氏親獻花圈、繼往陵墓行禮、並遊覽明孝陵、十時返寓稍憩、即赴國府晉謁林主席報告川中剿匪經過、主席垂詢川情甚詳，歷半小時辭出，十一時往立法院拜會孫科，十二時謁蔣、陳述剿匪經過、對川省剿匪辦法及一切善後問題亦有陳述，蔣極爲嘉納、大體已經決定、下午一時出訪各部院會長官、七時始返寓休息，汪定二十二日午宴劉、邀各院部會長官作陪，

【南京二十一日中央社電】國府林主席於二十一日晨十一時許、在國府接見劉湘、垂詢川軍政與剿匪各情甚詳、歷半時許劉始辭出、繼接見何成濬、對鄂省綏靖事宜及地方災情、亦多垂詢云、

匪連日投誠甚衆

【廣州二十一日下午十時本報專電】粵剿匪軍近日派飛機擲傳單十萬散放前方、勸共匪覺悟、携槍來歸者賞五十元、匪投誠者甚衆、

【南昌二十一日下午十時本報專電】東路李玉堂師越古城抵會昌郊外、行營電粵桂防匪竄桂黔、

【長沙二十一日中央社電】據報十七日午我李雲杰師、在距嘉禾三十里之冷水鋪與數千股匪遭遇、激戰四時、將匪擊退、匪復來襲、當用機槍掃射、斃匪五六百、繳槍二百餘枝、陶廣兩師十八日在宜章會合、向匪追剿、王師追抵臨武属老師遇匪、當猛勇痛剿、將匪擊潰、斃匪二百餘、殘匪向西南竄逃、正追剿中、黔王十九日電湘、略謂黔匪大部西竄、已飛令猶總指揮國才派隊馳剿、侯副軍長之擔一致出兵、共同堵擊、本人已於十六日由遵馳返貴陽、積極部署集中兵力、策應各方東進截剿、

【贛州二十一日下午十時本報專電】省府對收復匪區善後、積極辦理、並撥一百五十萬元爲長汀瑞金各段築路經費及獎勵金、

40. 在沪各要人陆续入京谒蒋（介石），赣行营电粤桂防剿窜匪，黔省积极部署策应东进，1934年11月22日第2版

【上海二十一日下午九時本報專電】于右任、覃振、劉文島、陳布雷、白雲梯、傅汝霖、晚車入京、謁蔣委員長、王寵惠、宋子文、一二日內亦赴京、聞于陸一來滬向予報告、監院積壓各方控案彈劾案、已達四百餘件、

【上海二十一日下午十一時本報專電】吳鐵城、趙丕廉、潘公展、趙志游、夜車入京、宋美齡未行、

【上海二十一日下午九時本報專電】蔣抵京後、本市各要人均將赴京晉謁報告一切、除駐意大使劉文島已於二十日晉京外、尚有宋子文王寵惠白雲梯覃振等、均定二十一日晚或日內入京謁蔣、

【南京二十一日中央社電】蔣委員長凱旋返京後、各要人均先後赴軍校官邸拜訪、午間蔣在官邸宴請劉湘、何成濬、何應欽、席間晤談極歡、午後蔣批閱軍委會重要電文甚忙碌、五時赴中山陵園遊覽旋返城云、

【南昌二十 日中央社電】楊永泰偕秘書陳方黃子獻、二十一日晨八時乘車赴潯、即午乘江新輪晉京公幹云、

【南京二十一日下午八時本報專電】全國經委會、以蔣汪孔孫四常委已在京、擬本週內開常會、宋子文日內來京、共商進行、

【廣州二十一日下午十時本報專電】粵省府會議議決撥款二萬元、爲總司令部及省府犒賞此次前方剿匪將士、

蔣宴劉湘何成濬

【南京二十一日中央社電】國府林主席於二十一日晨十一時許、在國府接見劉湘、垂詢川軍政與剿匪各情甚詳、歷半時許劉始辭出、繼接見何成濬、對鄂省綏靖事宜及地方災情、亦多垂詢云、

【南京二十一日下午十時本報專電】劉湘二十一日晨八時謁陵、由俞濟時陪往、由馬驥引導行禮、劉氏親獻花圈、繼往陵墓行禮、並遊覽明孝陵、十時返寓稍憩、即赴國府晉謁林主席報告川中剿匪經過、主席垂詢川情甚詳、歷半小時辭出、十一時往立法院拜會孫科、十二時謁蔣、陳述剿匪經過、對川省剿匪辦法及一切善後問題亦有陳述、蔣極爲嘉納、大體已經決定、下午一時出訪各部院會長官、七時始返寓休息、汪定二十二日晚宴劉、邀各院部會長官作陪、

匪連日投誠甚衆

【廣州二十一日下午十時本報專電】粵剿匪軍近日派飛機携傳單十萬散放前方、勸共匪覺悟、携槍來歸者賞五十元、匪投誠者甚衆、

【南昌二十一日下午十時本報專電】東路李玉堂師越古城抵會昌郊外、行營電粵桂防匪竄桂黔、

【長沙二十一日中央社電】據報十七日午我李雲杰師、在距嘉禾三十里之冷水舖與數千股匪遭遇、激戰四時、將匪擊退、匪復來襲、當用機槍掃射、斃匪五六百、獲槍二百餘枝、陶廣兩師十八日在宜章會合、向匪追勦、王師追抵臨武與老師遇匪、當猛勇痛勦、將匪擊潰、斃匪二百餘、殘匪向西南竄逃、正追勦中、黔王十九日電湘、略謂黔匪大部西竄、已飛令猶總指揮國才派隊馳剿、侯副軍長之擔一致出兵、共同堵擊、本人已於十六日由遵馳返貴陽、積極部署集中兵力、策應各方東進截剿、

【福州二十一日下午十時本報專電】省府對收復匪區善後、積極辦理、並撥一百五十萬元爲長汀瑞金各段築路經費及獎勵金、

（局部图）

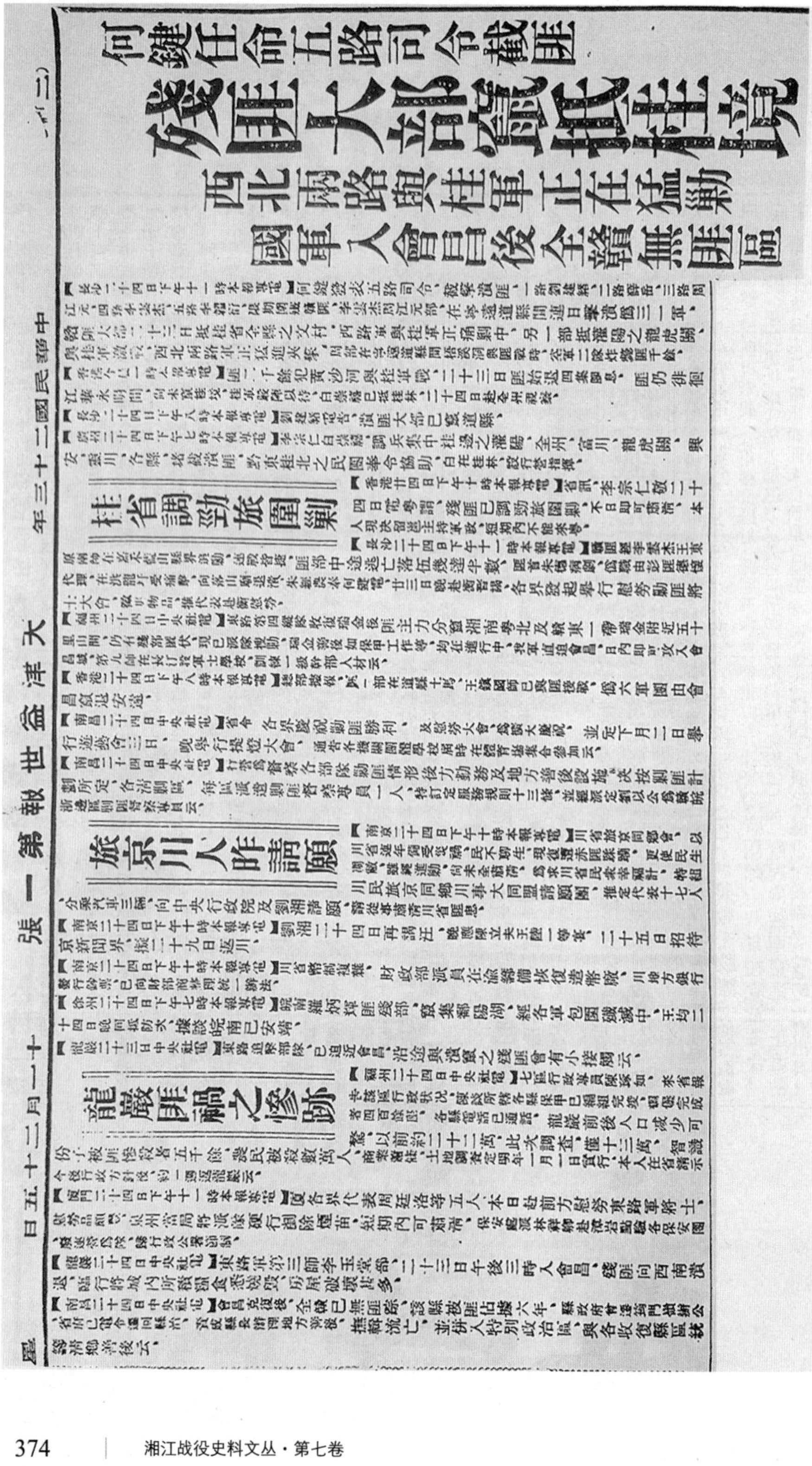

天津益世報 第一張

中華民國二十三年十一月二十五日

何鍵任命五路司令截匪

殘匪大部竄抵桂境

西北兩路與桂軍正在猛剿

國軍入會昌後全贛無匪區

桂省調勁旅圍剿

旅京川人昨請願

龍巖匪禍之慘跡

41. 何键任命五路司令截匪，残匪大部窜抵桂境，西北两路与桂军正在猛剿，国军入会昌后全赣无匪区，1934 年 11 月 25 日第 2 版

（二） 中華民國二十三年 天津益世報第一張 十一月二[illegible]

川黔軍擊退蕭賀匪

沿邊置重兵助湘桂協剿

竄贛西殘匪極零落狼狽

【南京二十五日下午九時本報專電】[illegible]湘鄂剿匪軍東路總司令處電京、李玉堂[illegible]（二十三日）酉電稱、先頭部隊第十八團及師特務隊、二十二日未刻將會昌佔領、全縣民衆被匪脅迫隨行、所有糧秣貨物、概行焚燬、現正招撫[illegible]中、

【成都二十五日下午十時本報專電】川黔兩軍已將蕭賀兩匪擊退邊境、沿邊防置重兵、助湘桂軍協剿、

【香港二十五日下午十一時本報專電】獨立第三師副師長李江二十四日電總部謂、本師二十日午克復寧武、續向鵝山推進、二十二日[illegible]巴心鋪星夜續進、二十三日晨克復藍山縣城、匪潰退下灌、被我李雲杰王東原部截擊、狼狽向道縣逃竄、現本師在藍山候命、王東原部向竹管寺白勝營追擊中云云、

【南京二十五日中央社電】何鍵頃有電到京、報告王東原部二十四日晨佔領下灌、斃匪千餘、獲槍數百云、

【南昌二十五日中央社電】行營據劉膺古電稱、朱耀華師追剿遂川一帶殘匪後、俘斃匪首匪共數百、奪獲槍械甚多、並搜獲匪機關數處、現正繼續清剿中云、

平漢線截剿殘匪

【開封二十五日下午十時本報專電】赤匪偽二十五軍徐海東、在豫鄂皖邊區被國軍迭次痛剿、狼狽西竄、二十二日越平漢路被上官雲相、龐炳勳部堵截、匪傷亡甚衆、僅餘千餘人、各軍正分途截剿、即可殲滅、

【西安二十五日中央社電】楊虎城前由南鄭赴沔縣一帶視察、二十三日返南鄭、會赴穆家壩視察前方情形、楊俟佈置防務後、即返西安、

【長沙二十四日中央社電】據報、我周指揮官渾元所部蕭師、二十二日在寧遠城南之留石山萬家橋天堂圩兩河口一帶、與匪激戰、斃匪甚多、又我李雲杰師二十日午將洪觀圩十橋圩北高山之偽三軍團四五兩師擊潰後、佔領上橋圩洪觀圩間之三眼頭、向洪觀圩追擊、二十一日午佔領洪觀圩、匪仍抵抗、偽三軍團第六師及偽一軍團旋亦相繼加入、戰鬪甚烈、其竄永樂圩之匪、已被我軍擊潰、向盤石圩萬山廟等處竄走、現正分途追截中、俘匪偽一三五八九軍團均有、又據于師長東原二十一日電稱、據俘匪供稱、匪軍編制系統、偽總司令轄一三五七八九六個軍團、各轄一師、每師共計達十七連、每連輕機槍一挺、因長途轉戰、逃亡落伍、現每連不滿四十人、偽五九軍團各轄二師、七軍團有留贛說、八軍團係新成立、兵力未詳、朱德病重、現由彭德懷代理云、

【廈門二十五日下午十一時本報專電】匪區收復後、有擬設漳龍警備司令、以李延年兼任司令訊、

【廈門二十五日下午十時本報專電】三師第八旅長梁鋭行營調補充團團長趙錫田升任、

【南京二十五日下午九時本報專電】張方前率所部赴閩勦匪、近以前方軍事勝利 二十五日抵京謁蔣、報告一切、陳肇英下月向京、

會昌殘匪竄山中

【南昌二十五日中央社電】行營二十五日公布、據前方電報、我第三師於二十三日未時完全收復會昌城、民衆全體被匪脅走、物資焚燬、刻正招撫綏輯中、是役匪死傷無數、其餘殘匪紛向附近山中竄去云、

【南京二十五日中央社電】軍息、李玉堂部二十二日下午三時確佔領會昌云、

【福州二十五日中央社電】蔣鼎文電省報告、謂何鍵電、王師在朱樹橋將匪擊潰、乘勝收復宜章城、匪向[illegible]等處竄去、又李師在冷水舖擊潰匪一股、經中和圩冷水舖以西抵仙人橋出小圩一帶、與匪激戰、方圖[illegible]南高地有匪工事、[illegible]係[illegible]

【南昌二十五日中[illegible]電】[illegible]近役獲匪所埋藏飛機一架、已取回、大部機件尚可應用、

42. 川黔军击退萧（克）、贺（龙）匪，沿边置重兵助湘桂协剿，窜赣西残匪极零落狼狈，1934 年 11 月 26 日第 2 版

中華民國二十三年　大　（二）

川黔軍擊退蕭賀匪

沿邊置重兵助湘桂協剿

竄贛西殘匪極零落狼狽

【南京二十五日下午九時本報專電】長沙湘鄂剿匪軍東路總司令處電京、李玉堂徳（二十三日）西電稱、先頭部隊第十八團及師特務隊、二十二日未刻將會昌佔領、全縣民衆被匪脅迫隨行、所有糧秣貨物、概行焚燬、現正招撫難民中、

【成都二十五日下午十時本報專電】川黔兩軍已將蕭賀兩匪擊退邊境、沿邊防置重兵、助湘桂軍協剿、

【香港二十五日下午十一時本報專電】獨立第三師副師長李江二十四日電總部稱、本師二十日午克復寧武、續向藍山推進、二十二日抵田心舖、星夜續進、二十三日晨克復藍山縣城、匪潰退下灌、被我李雲杰王東原部截擊、狼狽向道縣逃竄、現本師在藍山候命、王東原部向竹管寺白勝營追擊中云云、

【南京二十五日中央社電】何鍵頃有電到京、報告王東原部二十四日晨佔領下灌、斃匪千餘、獲槍數百云、

【南昌二十五日中央社電】行營據劉膺古電稱、朱耀華師追剿遂川一帶殘匪後、俘斃匪首匪共數百、繳獲槍械甚多、並搜獲匪機關數處、現正繼續清剿中云、

平漢線截剿殘匪

【開封二十五日下午十時本報專電】赤匪僞二十五軍徐海東、在豫鄂皖邊區被國軍迭次痛剿、狼狽西竄、二十二日越平漢路被上官雲相、龐炳勳部堵截、匪傷亡甚衆、僅餘千餘人、各軍正分途截剿、即可殲滅、

【西安二十五日中央社電】楊虎城前由南鄭赴沔縣一帶視察、二十三日返南鄭、會赴穆家壩視察前方

（局部图 1）

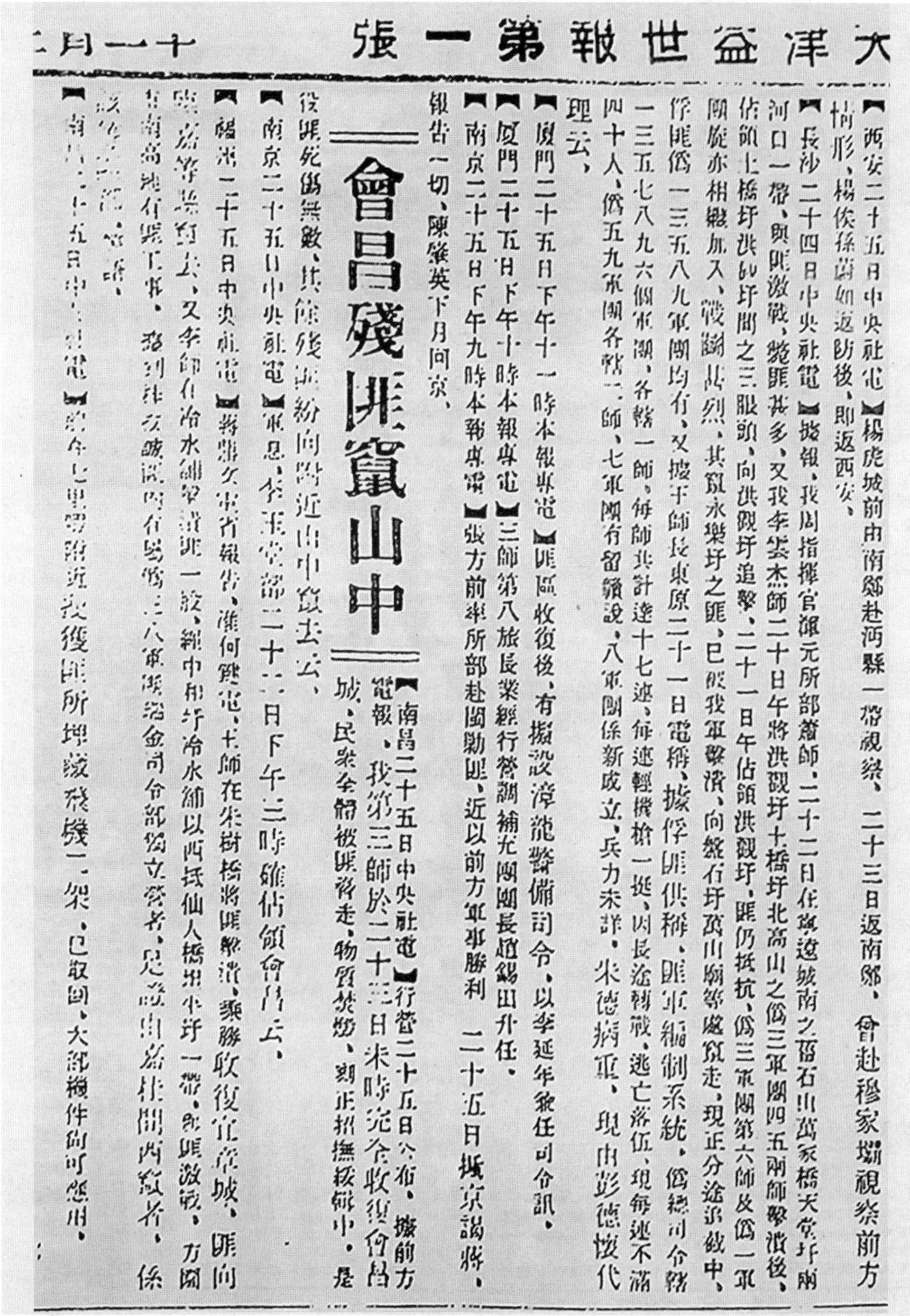

大津益世報 第一張 十一月二

【西安二十五日中央社電】楊虎城前由南鄭赴沔縣一帶視察、二十三日返南鄭、會赴穆家壩視察前方情形、楊俟孫蔚如返防後、即返西安、

【長沙二十四日中央社電】據報、我周指揮官渾元所部蕭師、二十二日在寧遠城南之留石山萬家橋天堂圩兩河口一帶、與匪激戰、斃匪甚多、又我李雲杰師二十日午將洪觀圩十橋圩北高山之僞三軍團四五兩師擊潰後、佔領上橋圩洪觀圩間之三眼頭、向洪觀圩追擊、二十一日午佔領洪觀圩、匪仍抵抗、僞三軍團第六師及僞一軍團旋亦相繼加入、戰鬪甚烈、其竄永樂圩之匪、已被我軍擊潰、向盤石圩茲山嶺等處竄走、現正分途追剿中、俘匪僞一三五八九軍團均有、又據于師長東原二十一日電稱、據俘匪供稱、匪軍編制系統、僞總司令轄一三五七八九六個軍團、各轄一師、每師共計達十七連、每連輕機槍一挺、因長途轉戰、逃亡落伍、現每連不滿四十人、僞五九軍團各轄二師、七軍團有留贛說、八軍團係新成立、兵力未詳、朱德病重、現由彭德懷代理云、

【廈門二十五日下午十一時本報專電】匪區收復後、有擬設漳龍警備司令、以李延年兼任司令訊、

【廈門二十五日下午十時本報專電】三師第八旅長業經行營調補充兩團團長趙錫田升任、

【南京二十五日下午九時本報專電】張方前率所部赴閩勦匪、近以前方軍事勝利 二十五日抵京謁蔣、報告一切、陳儀英下月向京、

會昌殘匪竄山中

【南昌二十五日中央社電】行營二十五日公布、據前方電報、我第三師於二十三日未時完全收復會昌城、民衆全體被匪脅走、物質焚燬、刻正招撫救濟中、是役匪死傷無數、其餘殘匪紛向附近山中竄去云、

【南京二十五日中央社電】軍息、李軍當部二十二日下午三時確佔領會昌云、

【福州二十五日中央社電】蔣鼎文宋省報告、准何鍵電、十師在朱樹橋將匪擊潰、乘勝收復宜章城、匪向嶺窩等處竄去、又李師在冷水鋪擊潰匪一股、經中和圩冷水鋪以西抵仙人橋坍水圩一帶、與匪激戰、方閩甘南高地有匪工事、我劉旅猛攻破碉內有曾僞三八軍匪軍總司令部僞立發者、足證由窩往間內竄者、係該處…省…、要隘、

【南昌二十五日中央社電】前在七里鋪附近投獲匪所埋藏飛機一架、已取回、大部機件尚可應用、

（局部图 2）

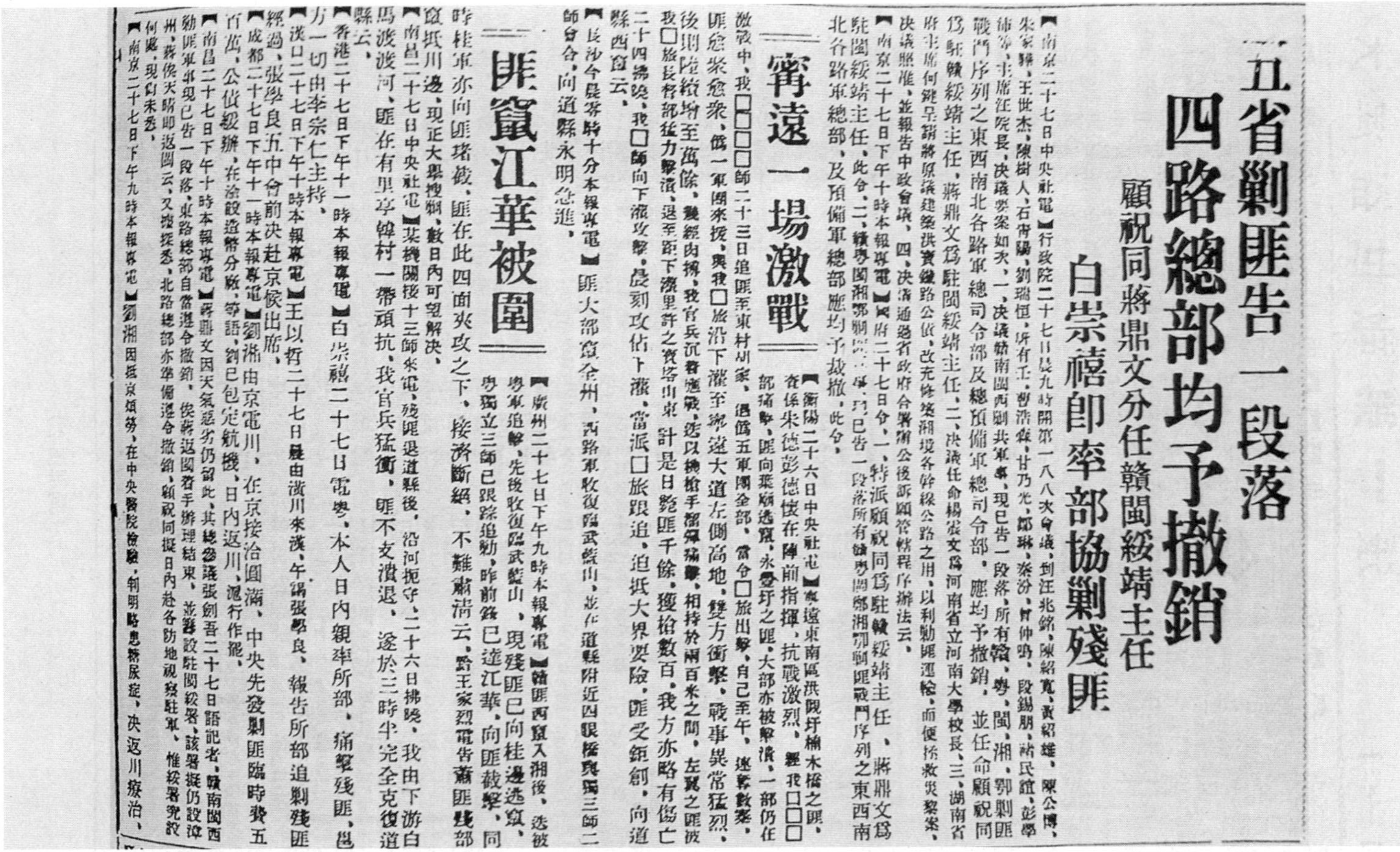

五省剿匪告一段落
四路總部均予撤銷
顧祝同蔣鼎文分任贛閩綏靖主任
白崇禧即率部協剿殘匪

【南京二十七日中央社電】行政院二十七日晨九時開第一八八次會議，到汪兆銘、陳紹寬、黃紹雄、陳公博、朱家驊、王世杰、陳樹人、石青陽、劉瑞恒、唐有壬、曾浩森、甘乃光、鄒琳、秦汾、曾仲鳴、段錫朋、褚民誼、彭學沛等，主席汪院長，決議要案如次，一、決議贛南閩西剿共軍事，現已告一段落，所有贛、粵、閩、湘、鄂剿匪戰鬥序列之東西南北各路軍總司令部及總預備軍總司令部，應均予撤銷，並任命顧祝同爲駐贛綏靖主任，蔣鼎文爲駐閩綏靖主任，二、決議任命楊裕文爲河南省立河南大學校長，三、湖南省府主席何鍵呈請將原議建築洪實鐵路公債，改充修築湘境各幹線公路之用，以利勦匪運輸，而便拯救災黎案，決議照准，並報告中政會議，四、決議通過省政府合署辦公後新頒管轄程序辦法云，

【南京二十七日下午十時本報專電】國府二十七日令、一、特派顧祝同爲駐贛綏靖主任，蔣鼎文爲駐閩綏靖主任，此令，二、贛粵閩湘鄂剿匪□□□，現已告一段落所有贛粵閩鄂湘剿匪戰鬥序列之東西南北各路軍總部，及預備軍總部應均予裁撤，此令，

寧遠一場激戰

【衡陽二十六日中央社電】寧遠東南區洪觀圩楠木橋之匪，查係朱德彭德懷在陣前指揮，抗戰激烈，經我□□□部猛擊，匪向藥廟逃竄，永豐圩之匪，大部亦被擊潰，一部仍在激戰中，我□□□□師二十三日追匪至東村胡家，遇僞五軍團全部，當令□旅出擊，自己至午，迭經數衝，匪愈聚愈衆，僞一軍團來援，與我□旅沿下灌至寧遠大道左側高地，雙方衝擊，戰事異常猛烈，後則陸續增至萬餘，幾經肉搏，我官兵沉着應戰，迭以機槍手溜彈猛轟，相持於兩百米之間，左翼之匪被我□旅長督部猛力擊潰，退至距下灌里許之寶塔山東，計是日斃匪千餘，獲槍數百，我方亦略有傷亡，二十四拂曉，我□師向下灌攻擊，晨刻攻佔下灌，當派□旅跟追，迫抵大界要隘，匪受鉅創，向道縣西竄云，

【長沙今晨零時十分本報專電】匪大部竄全州，西路軍收復臨武藍山，並在道縣附近四眼橋與獨三師二師會合，向道縣永明急進，

匪竄江華被圍

【廣州二十七日下午九時本報專電】贛匪西竄入湘後，迭被粵軍追擊，先後收復臨武藍山，現殘匪已向桂邊逃竄，同粵獨立三師已跟踪追勦，昨前鋒已達江華，向匪截擊，同時桂軍亦向匪堵截，匪在此四面夾攻之下，接濟斷絕，不難肅清云，黔王家烈電告肅匪殘部竄抵川邊，現正大舉搜剿，數日內可望解決，

【南昌二十七日中央社電】某機關接十三師來電，殘匪退道縣後，沿河扼守，二十六日拂曉，我由下游白馬渡渡河，匪在有里亭韓村一帶頑抗，我官兵猛衝，匪不支潰退，遂於三時半完全克復道縣云，

【香港二十七日下午十一時本報專電】白崇禧二十七日電粵，本人日內親率所部，痛擊殘匪，邕方一切由李宗仁主持，

【漢口二十七日下午十時本報專電】王以哲二十七日晨由漢川來漢，午謁張學良，報告所部追剿殘匪經過，張學良五中會前決赴京候出席，

【成都二十七日下午十一時本報專電】劉湘由京電川，在京接洽圓滿，中央先發剿匪臨時費五百萬，公債緩辦，在渝設造幣分廠，等語，劉已包定航機，日內返川，混行作罷，

【南昌二十七日下午十時本報專電】蔣鼎文因天氣惡劣仍留此，其總參議張劍吾二十七日語記者，贛南閩西勦匪軍事現已告一段落，東路總部自當遵令撤銷，俟蔣返閩着手辦理結束，並籌設駐閩綏署，該署擬仍設漳州，蔣俟天晴即返閩云，又據探悉，北路總部亦準備遵令撤銷，顧祝同擬日內赴各防地視察駐軍，惟綏署究設何處，現尚未悉，

【南京二十七日下午九時本報專電】劉湘因抵京煩勞，在中央醫院檢驗，旬明略患痔疾，決返川療治、

43. 五省剿匪告一段落，四路总部均予撤销，顾祝同、蒋鼎文分任赣闽绥靖主任，白崇禧即率部协剿残匪，1934 年 11 月 28 日第 2 版

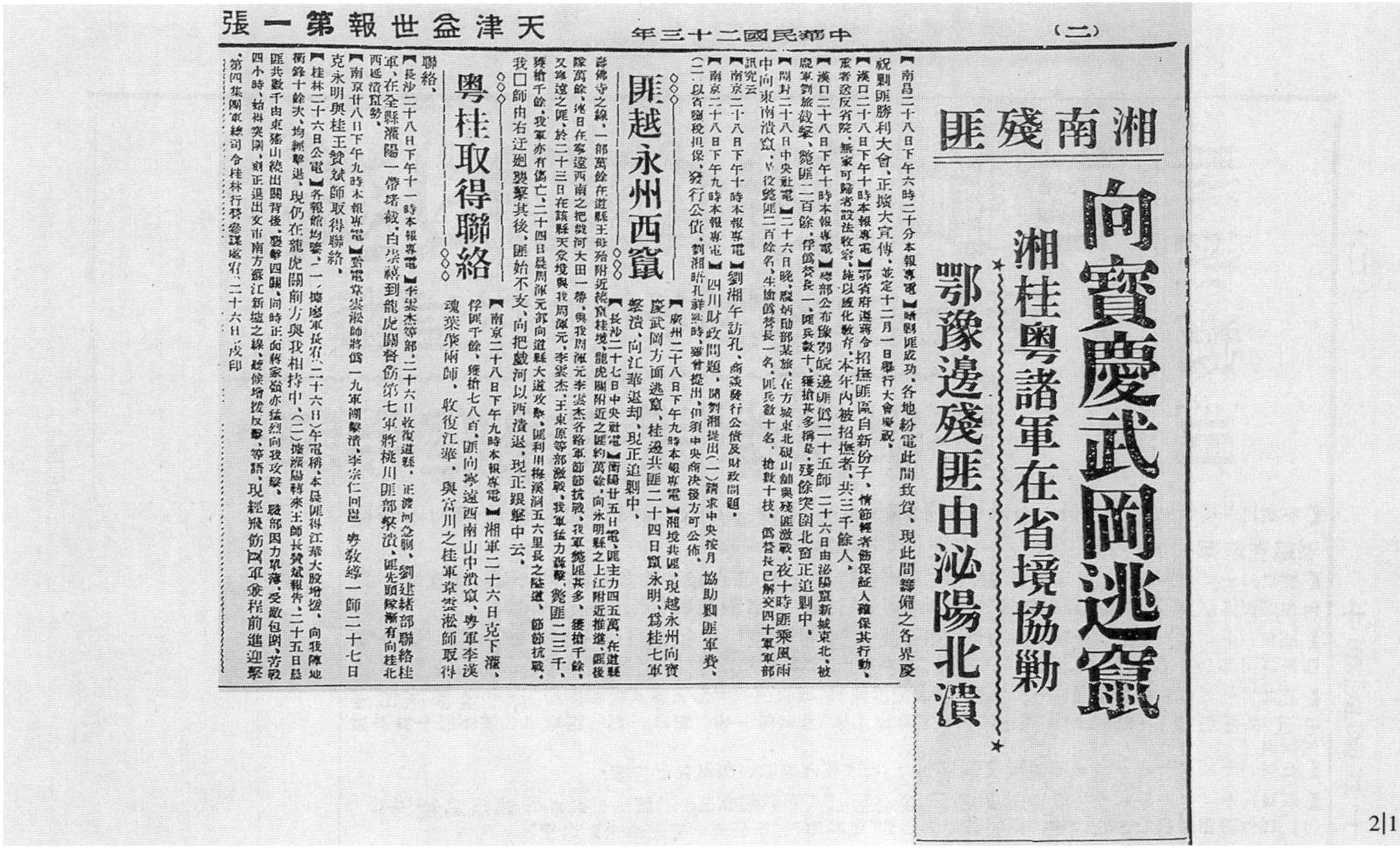

天津益世報第一張　中華民國二十三年　（二）

湘南殘匪

向寶慶武岡逃竄

湘桂粵諸軍在省境協剿

鄂豫邊殘匪由泌陽北潰

【南昌二十八日下午六時二十分本報專電】贛剿匪成功、各地紛電此間致賀、現此間籌備之各界慶祝剿匪勝利大會、正擬大宣傳、並定十二月一日舉行大會慶祝、

【漢口二十八日下午十時本報專電】鄂省府遵蔣令招撫匪區自新份子、惟飭轄者飭保証人確保其行動、豪者送反省院、無家可歸者設法收容、施以感化教育、本年內被招撫者、共三千餘人、

【漢口二十八日下午十時本報專電】總部公布豫鄂皖邊匪僞二十五師二十六日由泌陽竄新城東北、被鄂軍劉旅截擊、斃匪二百餘、俘僞營長一、匪兵數十、獲槍甚多、殘餘突圍北竄正追剿中、

【開封二十八日中央社電】二十六日晚、駐柄勵部某旅、在方城東北硯山鋪與殘匪激戰、夜十時匪乘風雨中向東南潰竄、是役斃匪二百餘名、生擒僞營長一名、匪兵數十名、槍數十枝、僞營長已解交四十軍軍部訊究云

【南京二十八日下午十時本報專電】劉湘午訪孔、商談發行公債及財政問題、

【南京二十八日下午九時本報專電】四川財政問題、聞劉湘提出（一）請求中央按月協助剿匪軍費、（二）以省鹽稅担保、發行公債、劉湘昨謁孔祥熙時、曾付提出、但須中央商決後方可公佈、

匪越永州西竄

【廣州二十八日下午九時本報專電】湘境共匪、現越永州向寶慶武岡方面逃竄、桂邊共匪二十四日竄永明、爲桂七軍擊潰、向江華退卻、現正追剿中、

【長沙二十七日中央社電】衡陽廿五日電、匪主力四五萬、在道縣彭佛寺之線、一部萬餘在道縣王母殆附近窺桂境、龍虎關附近之匪約萬餘、向永明縣之上江附近推進、匪後隊萬餘、後日在寧遠西南之把截河大田一帶、與我周渾元李雲杰各路軍節節抗戰、我軍斃匪甚多、獲槍千餘、又寧遠之匪、於二十三日在該縣天堂墟與我周渾元、李雲杰、王東原等部激戰、我軍猛力轟擊、斃匪一二三千、獲槍千餘、我軍亦有傷亡、二十四日晨周渾元部向道縣大道攻擊、匪利用梅溪洞五六里長之隘道、節節抗戰、我口師由右迂廻襲擊其後、匪始不支、向把截河以西潰退、現正跟擊中云、

粵桂取得聯絡

【南京二十八日下午九時本報專電】湘軍二十六日克下灌、俘匪千餘、獲槍七八百、匪向寧遠西南山中潰竄、粵軍李漢魂葉肇兩師、收復江華、與富川之桂軍覃雲淞師取得聯絡、

【長沙二十八日下午十一時本報專電】李雲杰等部、二十六日收復道縣、正渡河急剿、劉建緒部聯絡桂軍、在全縣灌陽一帶堵截、白崇禧到龍虎關督飭第七軍將桃川匪部擊潰、匪先頭縱隊有向桂北西延潰竄勢、

【南京廿八日下午九時本報專電】粵電、葉肇師將僞一九軍團擊潰、李宗仁同邕　粵教導一師二十七日克永明與桂王贊斌師取得聯絡、

【桂林二十六日公電】各報館均鑒、（一）據廖軍長宥（二十六日）午電稱、本晨匪得江華大股增援、向我陣地衝鋒十餘次、均經擊退、現仍在龍虎關前方與我相持中、（二）據灌陽轉來王師長贊斌報告、二十五日晨匪共數千由東猺山繞出關背後、襲擊四關、同時正面將家嶺亦猛烈向我攻擊、職部因力單薄、受敵包圍、苦戰四小時、始得突圍、刻正退出文市南方猺江新墟之線、建候增援反攻、等語、現經飛飭夏軍衆程前進迎擊、第四集團軍總司令桂林行營參謀處宥（二十六日）戌印

2|1

44. 湘南残匪向宝庆、武冈逃窜，湘桂粤诸军在省境协剿，鄂豫边残匪由泌阳北溃，1934 年 11 月 29 日第 2 版

中華民國二十　　（二）

湘南殘匪

向寶慶武岡逃竄

湘桂粵諸軍在省境協剿

鄂豫邊殘匪由泌陽北潰

【南昌二十八日下午六時二十分本報專電】贛剿匪成功、各地紛電此間致賀、現此間籌備之各界慶祝剿匪勝利大會、正擬大宣傳、並定十二月一日舉行大會慶祝、

【漢口二十八日下午十時本報專電】鄂省府遵蔣令招撫匪區自新份子、情節輕者飭保証人確保其行動、重者送反省院、無家可歸者設法收容、施以感化教育、本年內被招撫者、共三千餘人、

【漢口二十八日下午十時本報專電】總部公布豫鄂皖邊匪僞二十五師 二十六日由泌陽竄新城東北、被飛軍劉旅截擊、斃匪二百餘、俘僞營長一、匪兵數十、獲槍甚多稱是、殘餘突圍北竄正追剿中、

【開封二十八日中央社電】二十六日晚、龐炳勛部某旅、在方城東北硯山舖與殘匪激戰、夜十時匪乘風雨中向東南潰竄、是役斃匪二百餘名、生擒僞營長一名、匪兵數十名、槍數十枝、僞營長已解交四十軍軍部訊究云

【南京二十八日下午十時本報專電】劉湘午訪孔、商談發行公債及財政問題、

【南京二十八日下午九時本報專電】四川財政問題、聞劉湘提出(一)請求中央按月 協助剿匪軍费、(二)以省鹽稅担保、發行公債、劉湘晤孔祥熙時、曾提出、但須中央商決後方可公佈、

（局部图 1）

十三年　天津益世報　第一張

（三）以省鹽稅担保、發行公債、劉湘晤孔祥熙時、曾允提出、但須中央府決後方可公佈、

匪越永州西竄

【廣州二十八日下午九時本報專電】湘境共匪、現越永州向資慶武岡方面逃竄、桂境共匪二十四日竄永明、爲桂七軍擊潰、向江華退卻、現正追剿中、

【長沙二十七日中央社電】衡陽廿五日電、匪主力四五萬、在道縣瀧佛寺之線、一部萬餘在道縣王母殆附近竄桂境、龍虎關附近之匪約萬餘、向永明縣之上江附近推進、匪後隊萬餘、連日在寧遠西南之把截河大田一帶、與我周渾元李雲杰各路軍節節抗戰、我軍斃匪甚多、獲槍千餘、又寧遠之匪、於二十三日在該縣天堂圩與我周渾元、李雲杰、王東原等部激戰、我軍猛力截擊、斃匪二三千、獲槍千餘、我軍亦有傷亡、二十四日晨周渾元部向道縣大道攻擊、匪利用梅溪洞五六里長之隘道、節節抗戰、我□師由右迂迴襲擊其後、匪始不支、向把截河以西潰退、現正跟擊中云、

粵桂取得聯絡

【南京二十八日下午九時本報專電】湘軍二十六日克下灌、俘匪千餘、獲槍七八百、匪向寧遠西南山中潰竄、粵軍李漢魂葉肇兩師、收復江華、與富川之桂軍夏雲滋師取得聯絡、

【長沙二十八日下午十一時本報專電】李雲杰等部、二十六日收復道縣、正渡河急剿、劉建緒部聯絡桂軍、在全縣灌陽一帶堵截、白崇禧到龍虎關督飭第七軍將桃川匪部擊潰、匪先頭隊漸有向桂北西延流竄勢、

【南京廿八日下午九時本報專電】粵電夏雲滋師將僞一九軍團擊潰、李宗仁回邕　粵教導一師二十七日克永明與桂王贊斌師取得聯絡、

【桂林二十六日公電】各報館均鑒、（一）據廖軍長宥（二十六日）午電稱、本晨匪得江華大股增援、向我陣地衝鋒十餘次、均經擊退、現仍在龍虎關前方與我相持中、（二）據灌陽轉來王師長贊斌報告、二十五日晨匪共數千由東猫山繞出關背後、襲擊四關、同時正面將家嶺亦猛烈向我攻擊、敝部因力單薄、受敵包圍、苦戰四小時、始得突圍、刻正退出文市南方富江新墟之線、暫候增援反擊、等語、現經飛飭四軍兼程前進迎擊、第四集團軍總司令桂林行營參謀處宥（二十六日）戌印

（局部图 2）

益世報 第一張 星期五 （第二版）

龍虎關連日擊潰竄匪

匪已陷入國軍包圍線

粵第一軍奉命前進協剿

【長沙二十九日下午十一時本報專電】匪先頭部隊二三千名，二十七日由全州興安間偷渡，向西延境竄走，大軍在文村永安關蔣村一帶，湘軍劉建緒部章陶陳三師，向文村進擊，桂軍由灌陽夾擊，匪後隊尚在道縣西岸，折我追軍，我一二兩路軍均入桂境截擊，三四五路軍，由道縣永安急追。

【廣州二十九日下午九時本報專電】共匪連日進犯桂邊龍虎關，爲桂軍擊潰，現流竄江華，粵陳濟棠，昨令一軍向某方前進，協助桂省閘剿逃匪，粵海此次被共匪竄擾，一集團總部，昨撥款三千元交西北區救賑樂昌仁化各縣。

【南昌二十九日下午一時本報專電】西竄匪已陷入國軍包圍線內，何鍵令所部猛進，綜派之五路司令，正分途追截與進剿。

贛閩劃區綏靖

【南昌廿九日下午十一時本報專電】政院決設閩贛綏靖公署後，行營已將兩省劃分十二個綏靖區，每區設司令官一人，亦有兼設副司令者，並已委定孫連仲、張鈁、趙觀濤、羅卓英、[illegible]、毛炳文、譚道源等爲司令官，李生達等爲副司令官，贛綏靖署決設吉安，顧祝同明日赴吉視察，[illegible]一切。

【長沙二十九日中央社電】劉建緒電告已率部進駐全州，督剿竄匪云。

【南京二十九日中央社電】劉湘二十九日下午一時訪財孔，會商川財政問題，談一時許，請閱川發行公債若干萬元，內抵押品等問題，孔已允予考慮，又劉請中央月助剿匪費一百萬，財孔在原則上已表示同意，惟助若干萬，尚未確定，劉在京留三數日與財部商妥川財政事即飛川云。

【香港二十八日中央社電】獨立第一師部隊，已分別集中上杭永定武平，準備回駐粵境，前方軍官存局，連日均謀返回省。

龍巖牲畜皆盡

【福州二十八日中央社電】閩省府報告巡視汀情形，㈠龍巖連江沿途十室九空，牲畜皆盡，汚穢不堪，朋口溫坊等處尤甚，及春恐生瘟疫，㈡龍汀公路，雖灣曲過多，路基尚固，而高低不平，路面狹窄，現由兵工分途築造，惟工價甚昂，㈢龍汀碉堡已完成，沿途保線不靖，綫外尚有殘散匪孽待清，耕種無人，春荒可慮，㈣朋口至汀，路多死殍，無人收埋，至足憫惻，㈤沿途所見田畝界限尚有未劃者，㈥民衆極恨匪，覺悟亦深，壯丁減少太多，存者多老弱，人民尚有古風，陳儀據此，已電林斯賢注意衛生，認真防疫，並妥辦農賑，隨時通知民撫隊，爲病民撫治，一面電京衛生署請派專家赴收復區考察防疫云。

【福州二十九日中央社電】五二師盧興榮電告，所部二十六日午進抵清流附郊，殘匪踞險頑抗，同時復由下窟匪部增來救匪百餘，並該師分頭猛擊，將附郊及下窟來匪擊潰，即前進附城，由□□□渡河，衝入城內，巷戰至申時將城池完全收復，當場格斃匪司令參謀長政委各一名，俘獲極多。

45. 龙虎关连日击溃窜匪，匪已陷入国军包围线，粤第一军奉命前进协剿，1934 年 11 月 30 日第 2 版

【長沙二十九日下午十一時本報專電】匪先頭部隊二三千名、二十七日由全州興安間偷渡、向西延境竄走、大軍在文村永安關將村一帶、湘軍劉建緒部章陶陳三師、向文村進擊、桂軍由灌陽夾擊、匪後隊尚在道縣西岸、拒我追軍、我一二兩路軍均入桂境截擊、三四五路軍、由道縣永安急追、

【廣州二十九日下午九時本報專電】共匪連日進犯桂邊龍虎關、爲桂軍擊潰、現流竄江華、粵陳濟棠、昨令一軍向某方前進、協助桂省閘剿逃匪、粵海此次被共匪竄擾、一集團總部、昨撥款三千元交西北區散賑樂昌仁化各縣、

【南昌二十九日下午一時本報專電】西竄匪已陷入國軍包圍線內、何鍵令所部猛進、經派之五路司令、正分途追截與進剿、

贛閩劃區綏靖

【南昌廿九日下午十一時本報專電】政院決設閩贛綏靖公署後、行營已將兩省劃分十二個綏靖區、每區設司令官一人、亦有兼設副司令者、並已委定孫連仲、張鈁、趙觀濤、羅卓英、陳誠、毛炳文、[illegible]等爲司令官、李生達等爲副司令官、贛綏靖署決設吉安、顧祝同明日赴吉視察、[illegible]一切、

【長沙二十九日中央社電】劉建緒電告已率部進駐全州、督剿竄匪云、

【南京二十九日中央社電】劉湘二十九日下午一時訪財孔、會商川財政問題、談一時餘、劉請川發行公債若干萬元、因指押品等問題、猶改未定、又劉請中央月助剿匪費一百萬、財孔在原則上已表示同意、惟助若干萬、尚未確定、劉在京留三數日與財部商妥川財政事即飛川云、

【香港二十八日中央社電】獨立第一師部隊、已分別集中上杭永定武平、準備回駐粵境、前方軍官存感、連日均謀返回省、

龍巖牲畜皆盡

【福州二十八日中央社電】蔣乾宋省假告巡視連汀情形、㈠龍巖連江沿途十室九空、牲畜皆盡、污穢不堪、朋口溫坊等處尤甚、及恐牛瘟疫、㈡龍汀公路、雖彎曲過多、路基尚闊、而高低不平、路面狹窄、現由兵工分途築造、惟工價甚昂、㈢龍汀電係已完成、沿途僅線本部、綫外尚有殘散匪擊待清、耕種無人春荒可慮、㈣朋口至汀、路多死屍、無人收埋、至足憐憫、㈤沿途所過田畝界限尚有未劃者㈥民衆極恨匪、覺悟亦深壯丁減少太多、存者多老弱、人民尚有古風、陳儀據此、已電林所長注意衛生、認真防疫、並妥辦農賑、隨時通知民救隊、爲病民救治、一面電京衛生署請派專家赴收復區考察防疫云、

【福州二十九日中央社電】五二師盧興榮電告、所部二十六日午進抵汀流附郭、殘匪猶頑抗、同時復由下[illegible]匪部增來救匪百餘、經該師分頭痛擊、將附郭及下窯殘匪擊潰、即前進閩城、由□□□閩渡河、衝入城內、巷戰至申時將城池完全收復、當場格斃匪司令參謀長政委各一名、截獲械多、

（局部图）

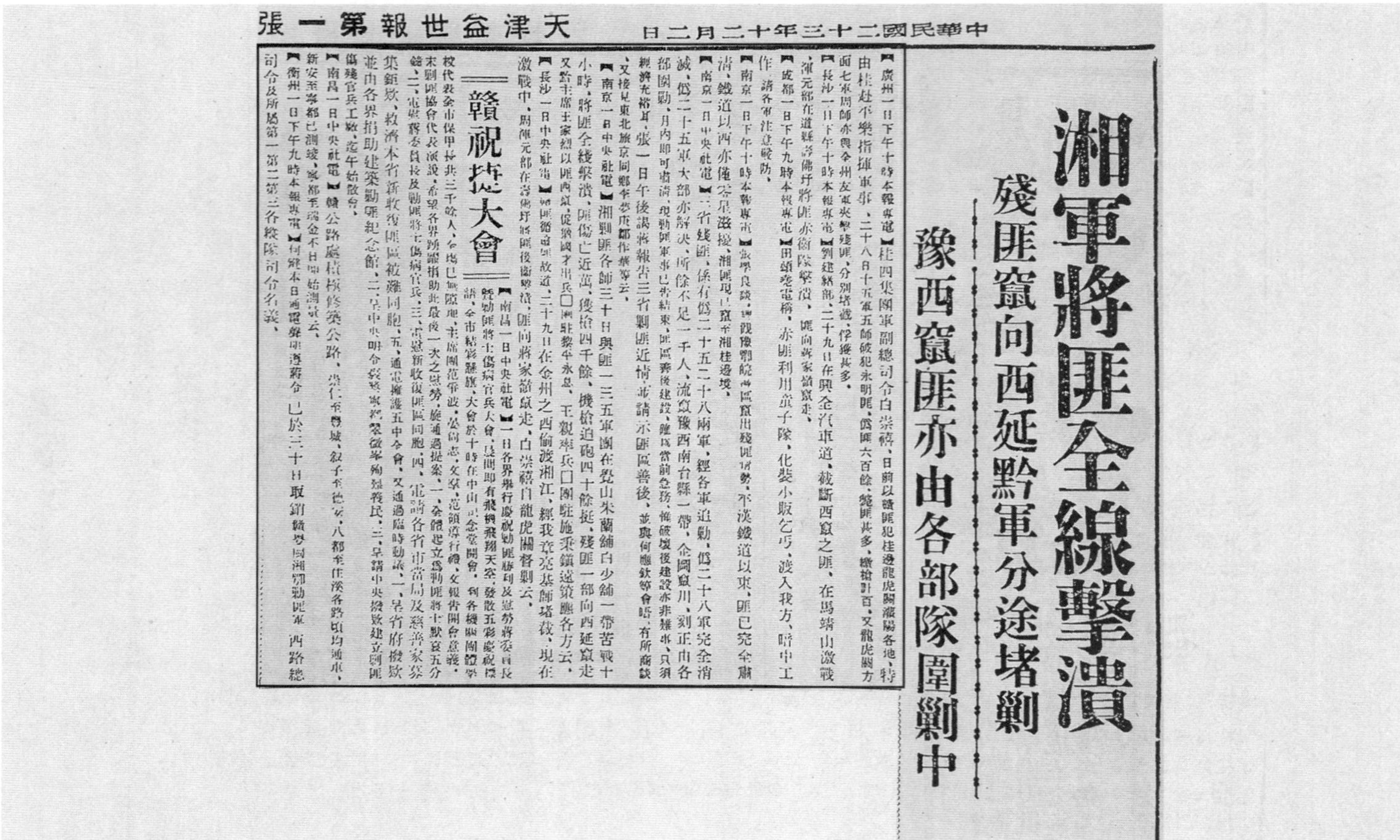

中華民國二十三年十二月二日　天津益世報第一張

湘軍將匪全線擊潰

殘匪竄向西延黔軍分途堵剿

豫西竄匪亦由各部隊圍剿中

【廣州一日下午十時本報專電】桂四集團軍副總司令白崇禧，日前以贛匪犯桂邊龍虎關灌陽各地，特由桂赴平樂指揮軍事，二十八日十五軍五師破犯永明匪，俘匪六百餘，斃匪甚多，繳槍計百，又龍虎關方面七軍周師亦與全州友軍夾擊殘匪，分別堵截，俘獲甚多。

【長沙一日下午十時本報專電】劉建緒部，二十九日在興全汽車道，截斷西竄之匪，在馬蹄山激戰，陳元部在道縣痛擊將匪亦衛隊擊潰，匪向蔣家嶺竄走。

【成都一日下午九時本報專電】田頌堯電稱，赤匪利用童子隊，化裝小販乞丐，渡入我方，暗中工作，請各軍注意嚴防。

【南京一日下午十時本報專電】張學良談，現豫鄂皖赤區竄出殘匪情勢，平漢鐵道以東，匪已完全肅清，鐵道以西亦僅零星滋擾，湘匪現已竄至湘桂邊境。

【南京一日中央社電】三省殘匪，係有偽二十五二十八兩軍，經各軍追剿，偽二十八軍完全消滅，偽二十五軍大部亦解決，所餘不足一千人，流竄豫西南台縣一帶，企圖竄川，刻正由各部圍剿，月內即可肅清，現剿匪軍事已告結束，匪區善後建設，雖為當前急務，惟破壞後建設亦非難事，只須經濟充裕耳，張一日午後謁蔣報告三省剿匪近情，並請示匪區善後，並與何應欽等會晤，有所商談，又接見東北旅京同鄉李夢庚鄒作華等云。

【南京一日中央社電】湘剿匪各師三十日與匪一三五軍團在覺山朱蘭舖白沙舖一帶苦戰十小時，將匪全線擊潰，匪傷亡近萬，獲槍四千餘，機槍迫砲四十餘挺，殘匪一部向西延竄走，又黔主席王家烈以匪西竄，促猶國才出兵□□駐黎平永息，王親率兵□團駐施秉鎮遠策應各方云。

【長沙一日中央社電】竄匪循蕭匪故道，二十九日在全州之西偷渡湘江，經我章亮基師堵截，現在激戰中，附陳元部在道縣將匪後衛擊潰，匪向蔣家嶺竄走，白崇禧自龍虎關督剿云。

贛祝捷大會

【南昌一日中央社電】一日各界舉行慶祝剿匪勝利及慰勞蔣委員長暨剿匪將士傷病官兵大會，是日即有飛機飛翔天空，發散五彩慶祝標語，全市結彩懸旗，大會於十時在中山紀念堂開會，到各機關團體學校代表全市保甲長共三千餘人，台場已無隙地，主席團熊範帶波，公伯志，文群，范領導行禮，文報告開會意義，末剿匪協會代表演說，希望各界踴躍捐助此最後一次之慰勞，旋通過提案，一、全體起立為剿匪將士默哀五分鐘，二、電慰蔣委員長及剿匪將士傷病官兵，三、電慰新收復匪區同胞，四、電請各省市當局及慈善家募集鉅款，救濟本省新收復匪區被難同胞，五、通電擁護五中全會，又通過臨時動議，一、呈省府撥款並由各界捐助建築剿匪紀念館，二、呈中央明令褒獎陣亡殉難義民，三、呈請中央撥款建立剿匪傷殘官兵工廠，至午始散會。

【南昌一日中央社電】贛公路處積極修築公路，崇仁至豐城，叙子至德安，八都至佳溪各路，頃均通車，新安至寧都已測竣，寧都至瑞金不日即始測量云。

【衡州一日下午九時本報專電】何鍵本日通電發表，遵蔣令，已於三十日取銷贛粵閩湘鄂剿匪軍西路總司令及所屬第一第二第三各縱隊司令名義。

46. 湘军将匪全线击溃，残匪窜向西延黔军分途堵剿，豫西窜匪亦由各部队围剿中，1934 年 12 月 2 日第 2 版

【廣州一日下午十時本報專電】桂四集團軍副總司令白崇禧、日前以赣匪犯桂邊龍虎關灌陽各地、特由桂赴平樂指揮軍事、二十八日十五軍五師破犯永明匪、俘匪六百餘、斃匪甚多、繳槍計百、又龍虎關方面七軍周師亦與全州友軍夾擊殘匪、分別堵截、俘獲甚多、

【長沙一日下午十時本報專電】劉建緒部、二十九日在興全汽車道、截斷西竄之匪、在馬踏山激戰、陳元部在道縣壽佛圩將匪亦衛隊擊潰、匪向蔣家嶺竄走、

【成都一日下午九時本報專電】田頌堯電稱、赤匪利用童子隊、化裝小販乞丐、滲入我方、暗中工作、請各軍注意嚴防、

【南京一日下午十時本報專電】張學良談、鄂豫皖區竄出殘匪情勢、平漢鐵道以東、匪已完全肅清、鐵道以西亦僅零星激擾、湘匪現已竄至湘桂邊境、

【南京一日中央社電】三省殘匪、係有偽二十五二十八兩軍、經各軍追剿、偽二十八軍完全消滅、偽二十五軍大部亦解決、所餘不足一千人、流竄豫西南台縣一帶、企圖竄川、刻正由各部圍剿、月內即可肅清、現剿匪軍事已告結束、匪區善後建設、雖爲當前急務、惟破壞後建設亦非難事、只須經濟充裕耳、張一日午後謁蔣報告三省剿匪近情、並請示匪區善後、並與何應欽等會晤、有所商談、又接見東北旅京同鄉李夢庚鄒作華等云、

【南京一日中央社電】湘剿匪各師三十日與匪一三五軍團在覺山朱蘭舖白少舖一帶苦戰十小時、將匪全綫擊潰、匪傷亡近萬、獲槍四千餘、機槍迫砲四十餘挺、殘匪一部向西延竄走、又黔主席王家烈以匪西竄、促猶國才出兵□團駐黎平永息、王親率兵□團駐施秉鎮遠策應各方云、

【長沙一日中央社電】朱匪循蕭匪故道、二十九日在全州之西偷渡湘江、經我章亮基師堵截、現在激戰中、周渾元部在壽佛圩將匪後衛擊潰、匪向蔣家嶺竄走、白崇禧自龍虎關督剿云、

赣祝捷大會

【南昌一日中央社電】一日各界舉行慶祝剿匪勝利及慰勞蔣委員長暨剿匪將士傷病官兵大會、是開即有飛機飛翔天空、發散五彩慶祝標語、全市結彩懸旗、大會於十時在中山紀念堂開會、到各機關團體學校代表全市保甲長共三千餘人、台場已無隙地、主席團范爭波、婁尚志、文群、范頌導行禮、文報告開會意義、末劉匪協會代表演說、希望各界踴躍捐助此最後一次之慰勞、旋通過提案、一、全體起立爲剿匪將士默哀五分鐘、二、電蔣委員長及剿匪將士傷病官兵、三、電慰新收復匪區同胞、四、電請各省市當局及慈善家募集鉅欵、救濟本省新收復匪區被難同胞、五、通電擁護五中全會、又通過臨時動議、一、呈省府撥欵並由各界捐助建築剿匪紀念館、二、呈中央明令褒獎剿匪陣亡將士殉難義民、三、呈請中央撥欵建立剿匪傷殘官兵工廠、迄午始散會、

【南昌一日中央社電】赣公路處積極修築公路、崇仁至豐城、叙子至德安、八都至往溪各路頃均通車、新安至寧都已測竣、寧都至瑞金不日即始測量云、

【衡州一日下午九時本報專電】何鍵本日通電稱、頃奉蔣令、已於三十日取銷總參國湘鄂剿匪軍西路總司令及所屬第一第二第三各縱隊司令名義、

（局部图）

中華民國二十三年十二月三日 天津益世報第一張

湘追剿軍均抵桂境
湖南各縣無股匪
贛東股匪老巢亦收復
劉茂恩等部進圍川匪

【成都今晨一時本報專電】中央軍劉茂恩、蕭之楚、范石生各部、已向某地邊境出動、圍剿川匪、楊虎臣駐南鄭調度軍事、巴中難民五十萬發代電作最後呼籲、謂嘉陵江岸難民兩月來死傷數萬、望當局急賑、

【長沙今晨零時五十分本報專電】追剿軍均抵桂境、湖南各縣無股匪、何鍵決即移某地指揮、向桂邊堵剿殘匪、

【南昌二日下午五時十分本報專電】贛東方面股匪老巢葛源、頃已某師收復、僞贛東軍區總部、僞閩浙贛省府俱被搗毀、匪全部退德興縣、即可殲滅、全贛將從此清平、

【南昌二日下午九時本報專電】行營令行湘省府、對赤匪西竄、除追剿外、應迎頭宣傳招撫、以期使竄匪相率來歸、並速設歡迎投誠軍招待處、以期早日肅清、

【重慶二日下午九時本報專電】川軍陶在秀山太平與匪激戰、匪向龍潭河潰退、田旅孟團已達上巳、擒獲僞獨立師長王公深一員、又宣漢紫樹坪沿家岩、方斗場一帶、匪仍未退、

王家烈赴前方布置

【貴陽三十日中央社電】李宗仁電何鍵、請派兵至全州堵截贛匪、王家烈日內由貴陽赴前方佈設防堵工事、行營今日先行出發、所有軍隊全由王直接指揮、前設之前敵總指揮部已撤銷、蔣委員長電王、對黔省剿匪深爲嘉慰、中央剿匪督察專員路邦道晤猶國才、潘少武赴遵義晤侯之担、督促猶侯赴前方協力防堵贛匪竄黔、

【南昌二日中央社電】興國克復後、西鄉略有殘匪、經駐軍清剿、在荷溪生擒僞主席一名、獲軍用品甚多、又在樓梯庵破獲僞政府三處、俘匪主席秘書裁判合作社長等四名、各匪首均已伏法、又黃都後備隊進剿茅店一帶殘匪、擊斃僞主席一名、救出肉票三人云、

【長沙二日下午十時本報專電】何鍵昨派劉膺古爲剿匪軍追剿預備軍縱隊司令、即日移駐某處、

剿匪以來空前大捷

【長沙二日下午十時本報專電】全州三十日電稱、本日我劉建緒部與匪一三五軍團在覺山、朱蘭鋪、白沙鋪一帶激戰、將匪全線擊潰、匪傷亡近萬、共繳獲槍六千餘枝、機槍迫砲四十餘挺、爲剿匪以來未有之大捷、殘匪竄走、正尾追中、又一日電稱、本日下午二時、在全州以南之麻石渡、與桂軍在石塘墟將匪約五團之衆包圍、匪無力抵抗、正繳械中、又章師長亮基三十日電稱、在全州偷渡之匪約二萬餘、自經我軍迎頭痛擊後、經板橋鋪狼狽潰竄、二十九日晨我派出之追剿部隊、又在途中大敗、將該匪痛剿、斃匪千餘、匪僞團長營長連長先後陣亡數人、實力損失甚重、已無戰鬥能力、不難一鼓根殲、

47. 湘追剿军均抵桂境，湖南各县无股匪，赣东股匪老巢亦收复，刘茂恩等部进围川匪，1934 年 12 月 3 日第 2 版

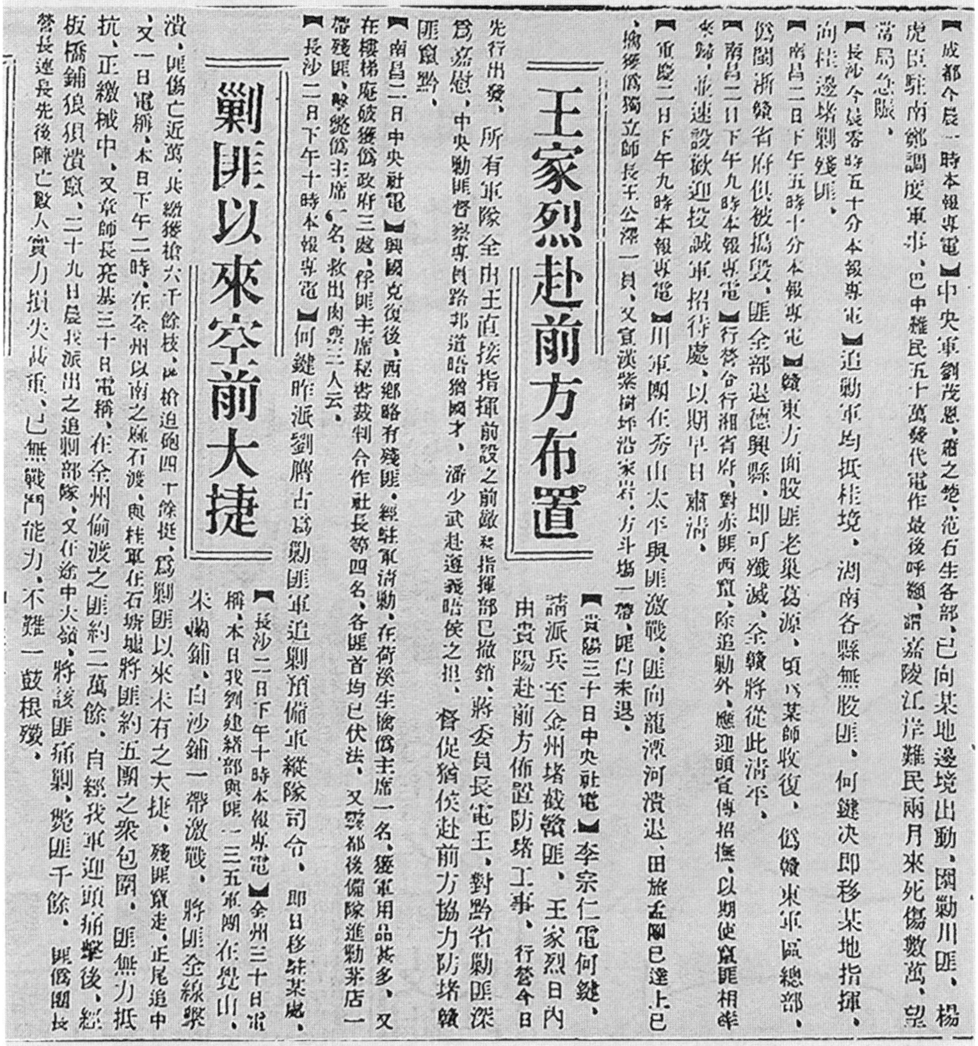

【成都今晨一時本報專電】中央軍劉茂恩、蕭之楚、范石生各部、已向某地邊境出動、圍剿川匪、楊虎臣駐南鄭調度軍事、巴中難民五十萬發代電作最後呼籲、謂嘉陵江岸難民兩月來死傷數萬、望當局急賑、

【長沙今晨零時五十分本報專電】追剿軍均抵桂境、湖南各縣無股匪、何鍵決即移某地指揮、向桂邊堵剿殘匪、

【南昌二日下午五時十分本報專電】贛東方面股匪老巢葛源、頃已某師收復、偽贛東軍區總部、偽閩浙贛省府俱被搗毀、匪全部退德興縣、即可殲滅、全贛將從此清平、

【南昌二日下午九時本報專電】行營令行湘省府、對赤匪西竄、除追剿外、應迎頭宣傳招撫、以期使竄匪相率來歸、並速設歡迎投誠軍招待處、以期早日肅清、

【重慶二日下午九時本報專電】川軍剛在秀山太平與匪激戰、匪向龍潭河潰退、田旅孟剛已達上巴、擒獲偽獨立師長王公澤一員、又宣漢柴樹埡沿家岩、方斗埡一帶、匪尚未退、

王家烈赴前方布置

【貴陽三十日中央社電】李宗仁電何鍵、請派兵至全州堵截贛匪、王家烈日內由貴陽赴前方佈置防堵工事、行營今日先行出發、所有軍隊全由王直接指揮、前設之前敵總指揮部已撤銷、蔣委員長電王、對黔省剿匪深爲嘉慰、中央剿匪督察專員路邦道晤猶國才、潘少武赴遵義晤侯之担、督促猶侯赴前方協力防堵贛匪竄黔、

【南昌二日中央社電】興國克復後、西鄉略有殘匪、經駐軍清剿、在荷溪生擒偽主席一名、獲軍用品甚多、又在樓梯庵破獲偽政府三處、俘匪主席秘書裁判合作社長等四名、各匪首均已伏法、又寧都後備隊進剿茅店一帶殘匪、擊斃偽主席一名、救出肉票三人云、

【長沙二日下午十時本報專電】何鍵昨派劉膺古爲剿匪軍追剿預備軍縱隊司令、即日移駐某處、

剿匪以來空前大捷

【長沙二日下午十時本報專電】全州三十日電稱、本日我劉建緒部與匪一三五軍團在覺山、朱蘭鋪、白沙鋪一帶激戰、將匪全線擊潰、匪傷亡近萬、共繳獲槍六千餘枝、機槍迫砲四十餘挺、爲剿匪以來未有之大捷、殘匪竄走、正尾追中、又一日電稱、本日下午二時、在全州以南之麻石渡、與桂軍在石塘墟將匪約五團之衆包圍、匪無力抵抗、正繳械中、又章師長亮基三十日電稱、在全州偷渡之匪約二萬餘、自經我軍迎頭痛擊後、經板橋鋪狼狽潰竄、二十九日晨我派出之追剿部隊、又在途中大敗、將該匪痛剿、斃匪千餘、匪偽團長營長連長先後陣亡數人、實力損失甚重、已無戰鬥能力、不難一鼓根殲、

（局部图）

世報 第一張 星期二 （第二版）

各地殘匪均在肅清中

閩寧化城業已收復

【長沙三日下午八時本報專電】劉建緒部、一日追抵全興鹹水蘇子渡、截擊匪數千、擊斃二千餘衆、繼進至石塘圩與桂軍夏威部會合、圍匪五六團、正激戰中、

【南昌三日下午八時本報專電】葛源業於二十八日克復、該地位於横峯與德興上饒玉山間、爲僞閩浙贛省匪軍僞十軍等部所在、四週山嶺扼要、築有堅固工事、經官軍擊破後、將僞府等機關均搗毀、方志敏匪根據地已破、邊匪即可肅清、現僞十軍退德興、正追擊中、

【南昌三日中央社電】行營公佈、據前方電報、我第五十二師於十一月三十日午刻收復閩之寧化城、查盤踞寧化之匪、係僞閩贛省游擊隊、少年先鋒隊等、人槍約六百餘、是役斃匪二百餘名、俘獲百餘名、殘匪向寧化北中沙潰竄、我軍現正追剿中云、

【南昌三日中央社電】[illegible]電稱、所部二十九日在大坂頭地方附近擊潰匪軍後、三十日晨親率所部紛向寧化[illegible]、午後在上[illegible]遇匪四五百人、據險頑抗、相持至一日巳時、匪始不支、紛向中沙潰竄、一日午繼[illegible]、先後斃匪百餘、俘匪數十、繳步槍數十枝、

蔣鼎文返龍岩

【南昌三日中央社電】蔣鼎文在贛公畢、三日晨九時半偕總參議張劍吾及隨從等、分乘機三架返龍岩、行營派交際科長王毅德往機場歡迎、蔣返閩後、即就東路總部改組、設立閩綏署、地點仍在漳州、

【龍岩三日中央社電】蔣鼎文偕總參議張炤、三日上午十一時半由南昌飛返龍岩云、

南昌祝捷大會

【南昌三日下午十時本報專電】省台各界慶祝蔣暨剿匪將士剿匪勝利、三日晚復舉行提燈大會、參加者數萬人、四時在公共體育場集合、繞場一週後、經環湖路回體育場、七時半散會遊行時、以祝捷大會旗及省府軍樂隊前導、次爲黨政軍各機關各民衆團體各學校、依序而進、沿途高呼慶祝蔣委員長及將士剿匪勝利等口號、佇立道旁觀看之民衆、傾城空巷、路爲之塞、充滿升平氣象、

【南昌三日中央社電】各界慶祝剿匪勝利及慰勞蔣委員長及剿匪將士大會、三日發出擁護五中全會、慰勞蔣委員長及剿匪將士、傷病官兵、收復匪區被難同胞、與請求全國各省府、黨部、慈善團體、捐助匪[illegible]等電五則、

【上海三日下午十時本報專電】滬各界慶祝剿匪勝利大會、定四日午開各次籌委會、討論進行辦法、

【南昌三日中央社電】顧祝同談、三日早車赴滬、轉輪晋京謁蔣報告、行營總務廳長蔡勁軍、前隨蔣駐京、現公畢於三日晨返贛、

【廣州三日下午九時本報專電】桂四集團軍、連日大敗[illegible]桂邊殘匪三十日晨七軍覃師在古嶺剿彭匪、

48. 各地残匪均在肃清中，闽宁化城业已收复，1934 年 12 月 4 日第 2 版（附正文释文）

释文：

【长沙三日下午八时本报专电】刘建绪部一日追抵全兴咸水、麻子渡，截围匪数千，击毙二千余众，继进至石塘圩与桂军夏威联合，围匪五六团，正激战中。

【南昌三日下午八时本报专电】葛源业于二十八日克复。该地位于横峰与德兴上饶玉山间，为“伪闽浙赣省匪军”“伪十军”等部所在。四周山岭扼要，筑有坚固工事，经官军击破后，将“伪府”等机关均捣毁。方志敏匪根据地已破，边区即可肃清。现“伪十军”退德兴，正追击中。

【南昌三日中央社电】行营公布，据前方电报，我第五十二师于十一月三十日午刻收复闽之宁化城。查盘踞宁化之匪，系“伪闽赣省”游击队、少年先锋队等，人、枪约六百余。是役毙匪二百余名，俘匪百余名。残匪向宁化北中沙溃窜，我军现正追剿中云。

【南昌三日中央社电】卢兴荣电赣称，所部二十九日在大基头地方附近击溃匪军后，三十日晨亲率所部续向宁化县□前进。午后在上饶遇匪四五百人，据险顽抗，相持至一日巳时，匪始不支，纷向中沙溃窜，一日午确实占领宁化县□。此役毙匪百余，俘匪数十，获步枪数十支。

蒋鼎文返龙岩

【南昌三日中央社电】蒋鼎文在赣公毕，三日晨九时半偕总参议张剑吾及随从等，分乘机三架返龙岩。行营派交际科长王毅德往机场欢迎。蒋返闽后，即就东路总部改组，设立闽绥署，地点仍在漳州。

【龙岩三日中央社电】蒋鼎文偕总参议张炯，三日上午十一时半由南昌飞返龙岩云。

南昌祝捷大会

【南昌三日下午十时本报专电】省会各界庆祝蒋暨剿匪将士剿匪胜利，三日晚复举行提灯大会，参加者数万人。四时在公共体育场集合，绕场一周后，经环湖路回体育场。七时半散会游行时，以祝捷大会旗及省府军乐队前导，次为党政军各机关、各民众团体、各学校，依序而进，沿途高呼庆祝蒋委员长及将士剿匪胜利等口号。伫立道旁观看之民众，倾城空巷，路为之塞，充满升平景象。

【南昌三日中央社电】各界庆祝剿匪胜利及慰劳蒋委员长及剿匪将士大会，三日发出拥护五中全会，慰劳蒋委员长及剿匪将士、伤病官兵，收复匪区被难同胞，与请求全国各省府、党部、慈善团体捐助赈款等电五则。

【上海三日下午十时本报专电】沪各界庆祝剿匪胜利大会，定四日午开首次□委会，讨论进行办法。

【南昌三日中央社电】顾祝同、陈诚三日早车赴浔，转轮晋京谒蒋报告。行营总务处长蔡劲军前随蒋赴京，现公毕，于三日晨返赣。

【广州三日下午九时本报专电】桂四集团军连日大败犯桂边残匪。三十日晨，七军章师在古岭剿彭匪。

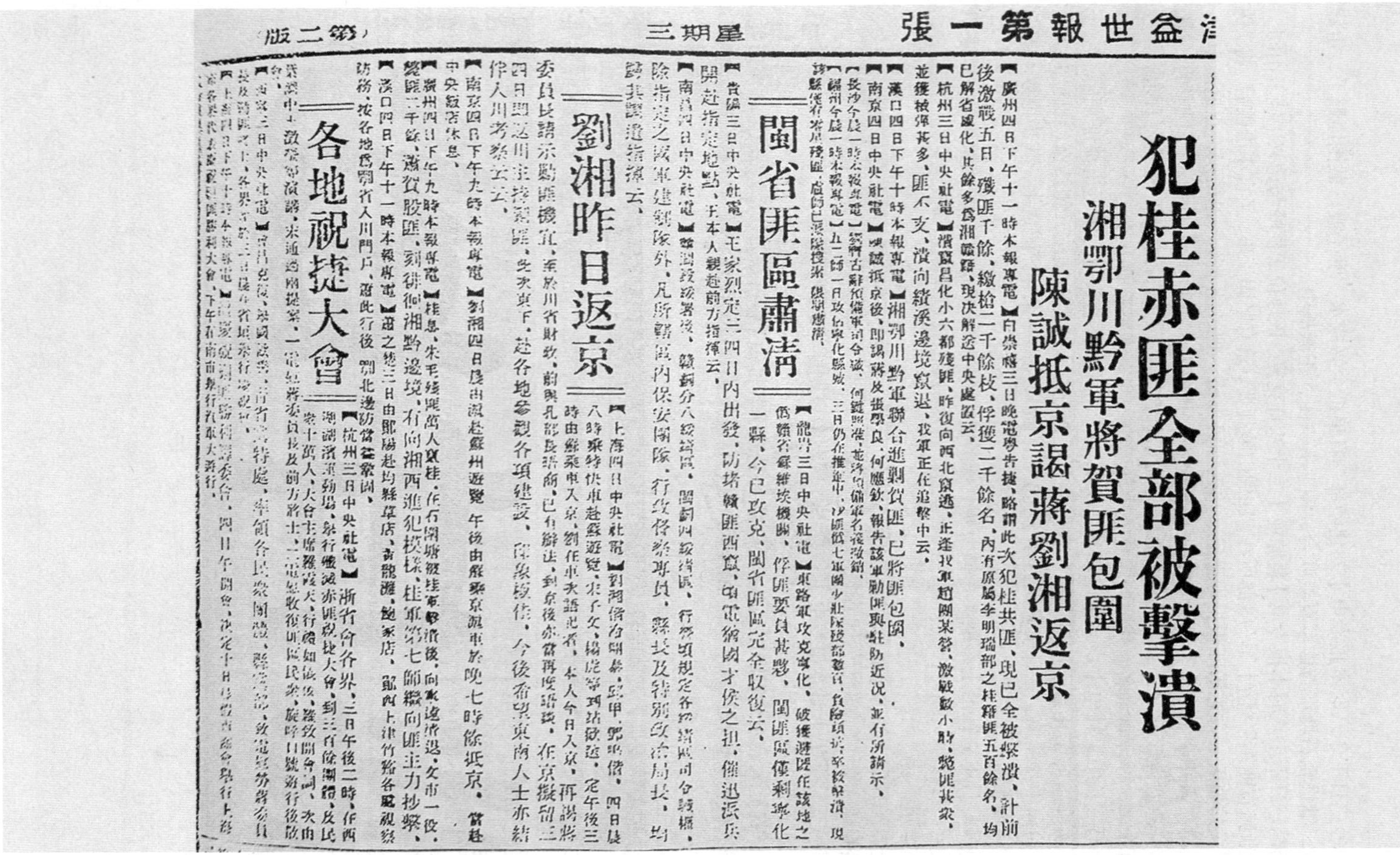

益世報 第一張 星期三 （第二版）

犯桂赤匪全部被擊潰

湘鄂川黔軍將賀匪包圍

陳誠抵京謁蔣劉湘返京

【廣州四日下午十一時本報專電】白崇禧三日晚電粵告捷、略謂此次犯桂共匪、現已全被擊潰、計前後激戰五日、殲匪千餘、繳槍二千餘枝、俘獲二千餘名、內有原屬李明瑞部之桂籍匪五百餘名、均已解省感化、其餘多爲湘籍、現決解送中央處置云、

【杭州三日中央社電】潰竄昌化小六都殘匪、昨復向西北竄逃、正逢我軍趙團某營、激戰數小時、斃匪甚衆、並獲械彈甚多、匪不支、潰向績溪邊境竄退、我軍正在追擊中云、

【漢口四日下午十時本報專電】湘鄂川黔軍聯合進剿賀匪、已將匪包圍、

【南京四日中央社電】陳誠抵京後、即謁蔣及張學良、何應欽、報告該軍剿匪與駐防近況、並有所請示、

【長沙今晨一時本報專電】[illegible]、何鍵照准、並[illegible]名義撤銷、

【[illegible]今晨一時本報專電】[illegible]一日攻[illegible]化縣城、三日仍在推進中、[illegible]、現該縣[illegible]殘匪、[illegible]、

閩省匪區肅清

【福州三日中央社電】東路軍攻克寧化、破獲邇匪在該地之僞贛省蘇維埃機關、俘匪要員甚夥、閩匪區僅剩寧化一縣、今已攻克、閩省匪區完全收復云、

【貴陽三日中央社電】王家烈定三四日內出發、防堵赣匪西竄、已電縮國才[illegible]之担、儘迅派兵開赴指定地點、王本人親赴前方指揮云、

【南昌四日中央社電】[illegible]、贛劃分八綏靖區、閩劃四綏靖區、行營頃規定各綏靖區司令職權、除指定之國軍建制隊外、凡所轄區內保安團隊、行政督察專員、縣長及特別政治局長、均歸其調遣指揮云、

劉湘昨日返京

【上海四日中央社電】劉湘偕劉[illegible]、[illegible]、四日晨八時乘特快車赴蘇遊覽、[illegible]、定午後三時由蘇乘車入京、劉在車次語記者、本人今日入京、再謁蔣委員長請示剿匪機宜、至於川省財政、前與孔部長諮商、已有辦法、到京後亦當再度諮議、在京擬留三四日即返川主持剿匪、先來京下、赴各地參觀各項建設、[illegible]、今後希望東南人士亦結伴入川考察云云、

【南京四日下午九時本報專電】劉湘四日晨由滬赴蘇州遊覽、午後由蘇乘京滬車於晚七時餘抵京、當赴中央飯店休息、

【廣州四日下午九時本報專電】桂息、朱毛殘匪萬人竄桂、在石關塘經桂軍擊潰後、向東逃潰退、文市一役、斃匪二千餘、殲賀股匪、刻徘徊湘黔邊境、有向湘西進犯模樣、桂軍第七師繼向匪主力抄擊、

【漢口四日下午十一時本報專電】[illegible]三日由鄖陽赴均縣草店、[illegible]、[illegible]、鄖西上津竹谿各縣視察防務、按各地爲鄂省入川門戶、藉此行後鄂北邊防當益鞏固、

各地祝捷大會

【杭州三日中央社電】浙省會各界、三日午後二時、在西湖湖濱運動場、舉行慶祝剿滅赤匪祝捷大會、到三百餘團體、及民衆十萬人、大會主席[illegible]、行禮如儀後、[illegible]致開會詞、次由[illegible]報告[illegible]、[illegible]、[illegible]旋即出發遊行後散[illegible]、[illegible]

【[illegible]三日中央社電】[illegible]克復、[illegible]、[illegible]、[illegible]各民衆團體、[illegible]、致電[illegible]委員長及前方將士、[illegible]

【[illegible]四日下午十時本報專電】[illegible]慶祝剿匪勝利籌委會、四日午開會、決定十日[illegible]各界代表[illegible]勝利大會、下午在[illegible]舉行汽車大遊行、

49. 犯桂“赤匪”全部被击溃，湘鄂川黔军将贺匪包围，陈诚抵京谒蒋（介石），刘湘返京，1934 年 12 月 5 日第 2 版（附正文释文）

释文：

【广州四日下午十一时本报专电】白崇禧三日晚电粤告捷，略谓此次犯桂“共匪”现已全被击溃，计前后激战五日，歼匪千余，缴枪二千余支，俘获二千余名。内有原属李明瑞部之桂籍匪五百余名，均已解省感化。其余多为湘赣籍，现决解送中央处置云。

【杭州三日中央社电】溃窜昌化小六都残匪，昨复向西北窜逃，正逢我军赵团某营，激战数小时，毙匪甚众，并获械弹甚多。匪不支，溃向绩溪边境窜退，我军正在追击中云。

【汉口四日下午十时本报专电】湘鄂川黔军联合进剿贺匪，已将匪包围。

【南京四日中央社电】陈诚抵京后，即谒蒋及张学良、何应钦，报告该军剿匪与驻防近况，并有所请示。

【长沙今晨一时本报专电】刘膺古辞预备军司令职，何键照准，并将预备军名义撤销。

【福州今晨一时本报专电】五二师一日攻占宁化县城，三日仍在推进中。“共匪伪七军团”少壮队残部数百，负险顽抗，卒被击溃。现该县仅有零星残匪，卢师已派队搜索，限期肃清。

闽省匪区肃清

【龙岩三日中央社电】东路军攻克宁化，破获避匿在该地之“伪赣省苏维埃机关”，俘匪要员甚夥。闽匪区仅剩宁化一县，今已攻克，闽省匪区完全收复云。

【贵阳三日中央社电】王家烈定三四日内出发，防堵赣匪西窜。顷电犹国才、侯之担，催迅派兵开赴指定地点。王本人亲赴前方指挥云。

【南昌四日中央社电】赣闽设绥署后，赣划分八绥靖区，闽划四绥靖区。行营顷规定各绥靖区司令职权，除指定之国军建制队外，凡所辖区保安团队、行政督察专员、县长及特别政治局长，均归其调遣指挥云。

刘湘昨日返京

【上海四日中央社电】刘湘偕冷开泰、邱甲、邓鸣偕，四日晨八时乘特快车赴苏游览，宋子文、杨虎等到站欢送。定午后三时由苏乘电入京。刘在车次语记者：“本人今日入京，再谒蒋委员长请示剿匪机宜。至于川省财政，前与孔部长晤商，已有办法，到京后亦当再度晤谈。在京拟留三四日即返川主持剿匪。此次东下赴各地参观各项建设，印象极佳，今后希望东南人士亦结伴入川考察。”云云。

【南京四日下午九时本报专电】刘湘四日晨由沪赴苏州游览，午后由苏乘京沪车，于晚七时余抵京，当赴中央饭店休息。

【广州四日下午九时本报专电】桂息，朱毛残匪万人窜桂，在石围塘被桂军击溃后，向宁远溃退。文市一役，毙匪二千余。萧、贺股匪刻徘徊湘赣边境，有向湘西进犯模样。桂军第七师继向匪主力抄击。

【汉口四日下午十一时本报专电】萧之楚三日由郧阳赴均县草店、黄龙滩、鲍家店，郧西上津、竹谿各处视察防务。按各地为鄂省入川门户，萧此行后，鄂北边防当益巩固。

各地祝捷大会

【杭州三日中央社电】浙省会各界，三日午后二时在西湖湖滨运动场举行歼灭“赤匪”祝捷大会。到三百余团体，及民众十万人。大会主席罗霞天，行礼如仪后，罗致开会词，次由叶□中、王澂莹等演讲。末通过两提案，一电慰蒋委员长及前方将士，二电慰收复匪区民众。旋呼口号游行后散会。

【西宁三日中央社电】会昌克复，举国欢腾。青省党特处，奉领各民众团体、县党部，致电慰劳蒋委员长及剿匪将士，各界□于三日晨在省垣举行庆祝会。

【上海四日下午十时本报专电】沪庆祝剿匪胜利筹委会，四日午开会，决定十日晨假古商会上海市各界代表庆祝剿匪胜利大会，下午在南市举行汽车大游行。

星期四　天津益世報第一張

湘桂軍將匪主力包圍

蔣令贛各縣士紳回籍辦善後

陳誠談赤匪崩潰四原因

【漢口五日下午十一時本報專電】總部五日電三省迅籌安撫豫鄂皖邊區大計、謂殘匪肅清在即、軍事告一段落後、即政治加緊之初期、奠安黎庶、永遏亂源、惟地方政府是賴、今後應樹立人民信仰、清除餘孽、糾正思想、興復農村、安集流亡、健全自衛、鄭重縣長人選、均應詳爲規劃、報核施行、

【南昌五日下午八時十分本報專電】蔣關懷收復匪區善後、令省府勸導士紳回籍、共襄要政、縣長對服務地方士紳應優禮相遇、

【廣州五日下午八時本報專電】石塘東西匪均被擊潰、向界首鹹水全州逃竄、七師在文市分道堵剿、白崇禧電告石塘東方之匪已潰散全州以南、全州附近湘軍、已開始向南移動、今明可達界首鹹水之線、可望將匪主力擊潰云、

【長沙四日中央社電】前方俘虜達一萬餘、已押解後防、設所收容、何鍵委彭灼爲收容所長、

【南京五日下午十時本報專電】陳誠談、寧都雩都爲匪盤踞已久、赤化最深、當我克復時、全城祇留有老幼五六十人、遍地白骨、幾無人煙、慘苦如活地獄、本人總指揮部已移駐該地、急辦善後、招撫鄉人歸里、刻已有二千餘人、積極建碉堡、築公路、繁榮市面、匪總崩潰原因、(一)蔣在[illegible]軍官訓練團、流散勦匪軍士者日衆、[illegible]觀念、訓練使匪怕官軍、(二)封鎖[illegible]之收效、(三)修碉堡、築公路、使匪失[illegible]、(四)政治之效大著、凡匪[illegible]、均被招待、[illegible]倉救濟、匪部軍心渙散、咸願降、

50. 湘桂军将匪主力包围，蒋（介石）令赣各县士绅回籍办善后，陈诚谈“赤匪”崩溃四原因，1934 年 12 月 6 日第 2 版

匪大部向湘西南急竄

何鍵明日赴寶督師

湘軍分途向洪江推進

【長沙今晨零時三十分本報專電】匪大部向城步急竄、除由桂軍廖磊馳往堵截外、並由湘一兵團劉建緒、二兵團薛岳率部協剿、何鍵派王啓𥊍赴桂晤李白商聯勦、派李覺統部清剿湘南散匪。

【南京六日下午八時本報專電】何鍵定八日移駐寶慶督勦、令胡鎮委先赴寶慶武岡協勦、蕭賀匪傾全部進犯慈利未逞、向竄大庸、

【南昌六日下午一時本報專電】湘軍電告、赤匪全部被我軍包圍、即易消滅。

【南京六日下午八時本報專電】長沙電、何鍵派李覺在興安與白崇禧會晤、商合截竄匪方略、白決派廖磊軍會同湘軍追勦、李夢威軍抄龍勝堵截、何令技術教導總隊月底撤消、併入軍訓處、

桂軍向湘境窮追

【廣州六日下午九時本報專電】桂四集團總司令李宗仁、五日抵粵、據談、此次因孫科來粵電約、故特來粵晤談、竄匪犯桂、經四集團軍將匪主力擊敗、驅出桂境、斬獲甚衆、現殘匪已潰不成軍、其犯桂係匪僞一三五七九軍團、數逾十萬、由江華永明進竄、我軍恐匪渡河、故調集撫河船舶、將水上交通斷絕、使匪不得逞、商人不察、誤爲失守、致港報所載富賀失守、實屬謠傳、現桂軍已向湘境窮追、務使肅清云、

湘西南大軍雲集

【長沙六日中央社電】何鍵派李覺與白崇禧會商圍殲西竄共匪周密計劃、匪大部已由西延北竄大埠頭、一部向龍勝方面分竄、我劉建緒部、三日抵新寧、旋飭其向西岩市前進、陶廣在大帽岑附近擊潰匪五

51. 匪大部向湘西南急窜，何键明日赴宝（庆）督师，湘军分途向洪江推进，1934 年 12 月 7 日第 2 版（残）

追剿總部前站人員抵寶

何鍵今日前往指揮

桂軍努力剿匪蔣電嘉獎

劉湘定日內飛返川

【南京七日下午十時本報專電】蔣因桂軍在桂北迭殲共匪，特電李宗仁、白崇禧嘉獎、

【長沙七日下午八時中央社電】追剿總部前站人員均已抵寶，何鍵定本日返省一行，處理後方公務，八日移駐寶慶指揮各部進剿殘匪、李國鈞部在黃龍潭與偽獨立營相遇，迎頭痛擊，將匪全部剿滅，斃匪二百餘名，生擒偽獨立營長彭運鴻及女匪二名，救出宜章學生四名，汝城商人一名、

【長沙七日下午九時本報專電】匪大部竄集龍勝城，桂湘邊境，劉建緒率部堵剿，匪中有四川雖好，湘南雖鬧口號、

【南昌七日下午一時本報專電】據西竄俘匪稱，匪近編制系統，偽偽總司令，轄一、三、五、七、八、九、六個軍團，一、三軍團各轄二師，五、九軍團各轄三師、

【南昌七日下午八時本報專電】寧都經國軍克復，招撫流民，已有數萬返籍，正辦急賑賑濟、

【廈門七日中央社電】封鎖匪區監務委員唐奕、王繼春、張冠文等，視察漳屬各縣封鎖情形已畢，現分別出發龍岩一帶，視察封鎖工作情況云，東路軍駐廈辦事處，今改為綏靖公署，駐廈辦事處主任，仍係朱本之云，七區行政公署，在龍岩創辦保長訓練班，訓練保甲人材，已正式開課、

【漳州六日中央社電】東路總部參謀長趙南九日由閩飛往西路衛立煌，商綏靖事宜，六日乘原機返漳向蔣復命云、

【福州六日中央社電】第六十一師師長楊步飛在作戰時失踪，將飛天水晤胡宗南商剿匪事云、

【南京七日下午九時本報專電】劉湘在京謁蔣，中央對川省決定補助，惟數目未定，劉二三日後飛返川。

【南昌七日下午七時本報專電】某某師某旅一日午攻克萬年縣廿綠嶺谷營，同時克復九天嶺，偽贛東指揮馮命被生擒，殘匪雖民相率??、

52. 追剿总部前站人员抵宝（庆），何键今日前往指挥，桂军努力剿匪蒋（介石）电嘉奖，刘湘定日内飞返川，1934 年 12 月 8 日第 2 版

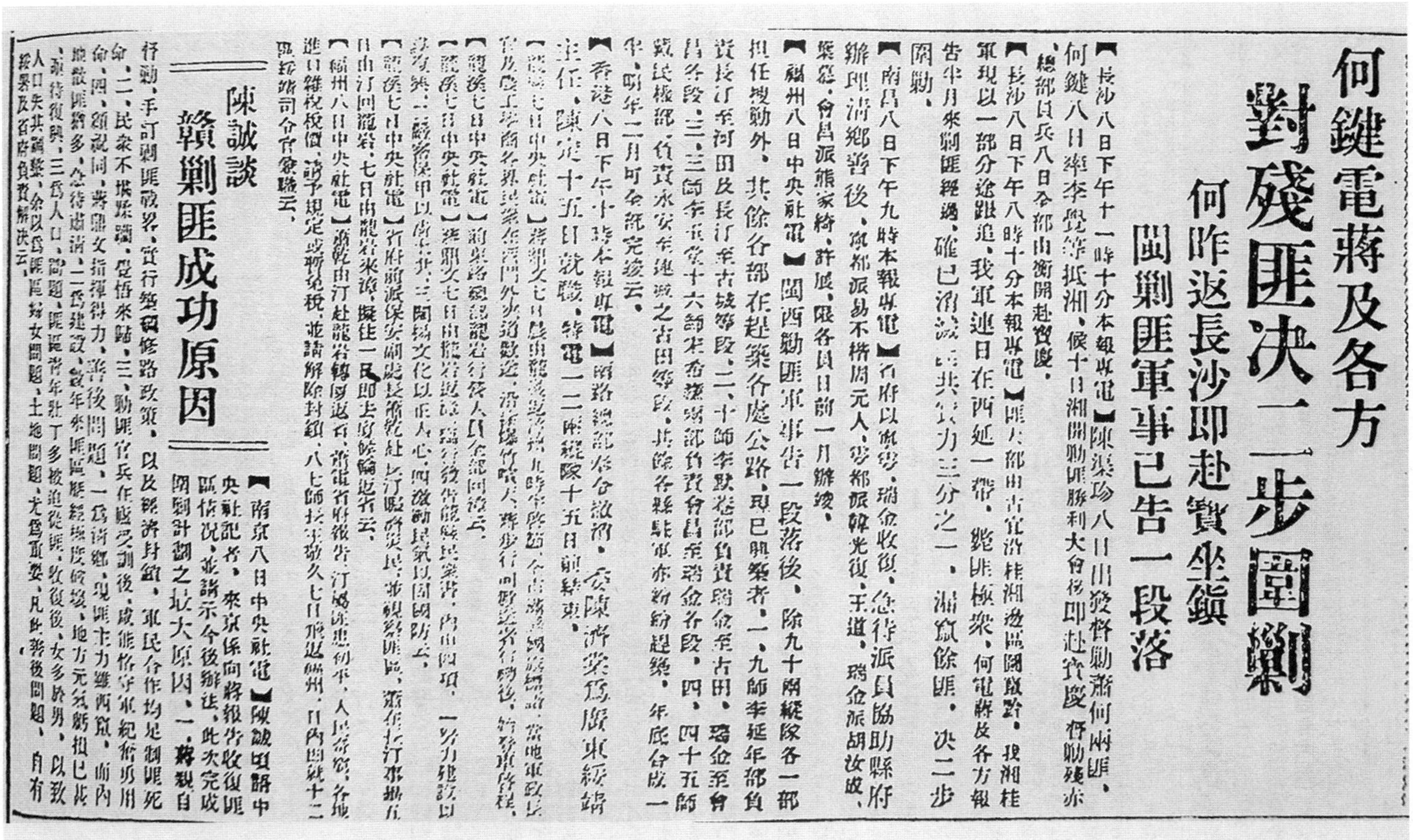

何鍵電蔣及各方 對殘匪決二步圍勦

何昨返長沙即赴寶坐鎮 閩勦匪軍事已告一段落

【長沙八日下午十一時十分本報專電】陳渠珍八日出發督勦蕭何兩匪、何鍵八日偕李覺等抵湘、候十日湘鄂贛勦匪勝利大會後即赴寶慶督勦殘赤、總部員兵八日全部由衡開赴寶慶、

【長沙八日下午八時十分本報專電】匪大部由古宜沿桂湘邊區圖竄黔、我湘桂軍現以一部分途跟追、我軍連日在西延一帶、斃匪極衆、何電蔣及各方報告半月來勦匪經過、確已消滅[illegible]共實力三分之一、湘竄餘匪、決二步圍勦、

【南昌八日下午九時本報專電】省府以寧都、瑞金收復、急待派員協助縣府辦理清鄉善後、寧都派易不梼周元人、雩都派韓光復、王道、瑞金派胡汝皮、葉嶽、會昌派熊家綺、許展、限各員日前一月辦竣、

【福州八日中央社電】閩西勦匪軍事告一段落後、除九十兩縱隊各一部担任搜勦外、其餘各部在趕築各處公路、現已興築者、一、九師李延年部負責長汀至河田及長汀至古城等段、二、十師李默菴部負責瑞金至古田、昌各段、三、三師李玉堂十六師朱希濂兩部負責會昌至瑞金各段、四、四十五師衛立煌部、負責永安至連城之古田等段、其餘各縣駐軍亦紛紛趕築、年底合成一部、明年一月可全部完竣云、

【香港八日下午十時本報專電】兩路總部將令撤消、余陳濟棠爲廣東綏靖主任、陳定十五日就職、特電一二兩縱隊十五日前結束、

【龍巖七日中央社電】蔣鼎文七日晨由龍巖赴[illegible]、九時半啓程、[illegible]、當地軍政長官及黨工學商各界民衆在西門外歡送、沿途爆竹喧天、蔣步行[illegible]後、始登車啓程、

【龍巖七日中央社電】[illegible]行營人員全部同行云、

【龍巖七日中央社電】蔣鼎文七日由龍巖[illegible]發佈施政要旨、內有四項、一努力建設以[illegible]、二整頓保甲以[illegible]、三闡揚文化以正人心、四激勵民氣以固國防云、

【龍巖七日中央社電】省府前派保安副處長[illegible]赴長汀慰問災民、並視察匪區、留在長汀本擬五日由汀回龍巖、七日由龍巖來漳、擬住一日即去省[illegible]云、

【福州八日中央社電】蔣鼎文由汀赴龍巖轉回返省、前電省府報告、汀城[illegible]、人民[illegible]、各地進口雜稅稅價、請予規定或暫免稅、並請解除封鎖、八七師長王敬久七日飛返福州、日內回就十二區綏靖司令官兼職云、

陳誠談 贛勦匪成功原因

【南京八日中央社電】陳誠頃語中央社記者、來京係向蔣報告收復匪區情況、並請示今後辦法、此次完成圍勦計劃之最大原因、一、蔣親自行動、手訂勦匪戰略、實行築碉修路政策、以及經濟封鎖、軍民合作均足制匪死命、二、民衆不挺走險、覺悟來歸、三、勦匪官兵作戰之訓後、咸能恪守軍紀、奮勇用命、四、頒親同、蔣鼎文指揮得力、善後問題、一爲清鄉、現匪主力雖西竄、而內地散匪猶多、亟待肅清、二爲建設、數年來匪區經破壞、地方元氣斲喪已甚、亟待復興、三爲人口問題、匪區青年壯丁多被迫從匪、收復後、女多於男、以致人口失其調整、余以爲匪區婦女問題、土地問題、尤爲重要、凡此善後問題、自有[illegible]及省府負責解決云、

53. 何键电蒋（介石）及各方，对残匪决二步围剿，何昨返长沙即赴宝（庆）坐镇，闽剿匪军事已告一段落，1934 年 12 月 9 日第 2 版（附正文释文）

释文：

【长沙八日下午十一时十分本报专电】陈渠珍八日出发督剿萧、何两匪。何键八日率李觉等抵湘，候十日湘开剿匪胜利大会后即赴宝庆督剿“残赤”。总部员兵八日全部由衡开赴宝庆。

【长沙八日下午八时十分本报专电】匪大部由古宜沿桂湘边区图窜黔，我湘桂军现以一部分途跟追。我军连日在西延一带毙匪极众。何电蒋及各方报告半月来剿匪经过，确已消灭“匪共”实力三分之一，漏窜余匪，决二步围剿。

【南昌八日下午九时本报专电】省府以宁雩、瑞金收复，急待派员协助县府办理清乡善后。宁都派易不楷、周元人，雩都派韩光复、王道，瑞金派胡汝成、叶慕，会昌派熊家绮、许展。限各员日前一月办竣。

【福州八日中央社电】闽西剿匪军事告一段落后，除九、十两纵队各一部担任搜剿外，共余各部在赶筑各处公路。现已兴筑者：一、九师李延年部负责长汀至河田，及长汀至古城等段；二、十师李默庵部负责瑞金至古田、瑞金至会昌各段；三、三师李玉堂、十六师宋希濂两部负责会昌至瑞金各段；四、四十五师戴民权部负责永安至连城之古田等段。共余各县驻军亦纷纷赶筑，年底合成一半，明年二月可全部完竣云。

【香港八日下午十时本报专电】南路总部奉令撤销，委陈济棠为广东绥靖主任。陈定十五日就职，特电一、二两纵队十五日前结束。

【龙溪七日中央社电】蒋鼎文七日晨由龙岩返漳州，九时半启程。全□满□国旗标语，当地军政长官及农工学商各界民众在西门外夹道欢送，沿途爆竹喧天。蒋步行向欢送着行礼后，始登车启程。

【龙溪七日中央社电】前东路总部龙岩行营人员全部回漳云。

【龙溪七日中央社电】蒋鼎文七日由龙岩返漳，临行发告龙溪民众书，内有四项：一、努力建设以□□□；二、严密保甲以清土共；三、阐扬文化以正人心；四、激励民气以固国防云。

【龙溪七日中央社电】省府前派保安副处长萧乾赴长汀赈济灾民，并视察匪区。萧在长汀事毕，五日由汀回龙岩；七日由龙岩来漳，拟住一日即去厦候轮返省云。

【福州八日中央社电】萧乾由汀赴龙岩转厦返省。萧电省府报告汀属匪患初平，人民奇穷，各地进口杂税税价请予规定或暂免税，并请解除封锁。八七师长王敬久七日飞返福州，日内即就十二区绥靖司令官兼职云。

陈诚谈赣剿匪成功原因

【南京八日中央社电】陈诚顷语中央社记者，来京系向蒋报告收复匪区情况，并请示今后办法。此次完成围剿计划之最大原因：一、蒋亲自督剿，手订剿匪战略，实行筑碉修路政策，以及经济封锁，军民合作均足制民死命；二、民众不堪蹂躏，觉悟来归；三、剿匪官兵在卢受训后，咸能恪守军纪奋勇用命；四、顾祝同、蒋鼎文指挥得力。善后问题：一为清乡，现匪主力虽四窜，而内地散匪犹多，急待肃清；二为建设，数年来匪区□经极度破坏，地方元气亏损已甚，亟待复兴；三为人口问题，匪区青年壮丁多被迫从匪，收复后女多于男，以致人口失其调整。余以为匪区妇女问题、土地问题，尤为重要。凡此善后问题，自由绥署及省府负责解决云。

湘匪分兩路西竄

新寧興安間已無匪踪

王家烈電猶同赴前方指揮

【長沙九日上午十一時本報專電】匪分兩路西竄、新寧興安間已無匪踪、羅啓疆與陳渠珍部協勦大庾賀匪、

【香港今晨一時本報專電】政務會明日討論南路總部改組事、

【南昌九日上午九時五十分本報專電】軍訊、追勦軍進抵西延、湖南已無大股匪、

【南昌九日下午六時本報專電】桂省白崇禧電、我軍已進至青嶺、現令李師策應江防、白自率部堵擊僞一九軍、又追勦軍昨在庾子渡西延、俘匪三千餘、桂軍亦擒匪一千、

【廣州今晨零時三十分本報專電】白崇禧七日由興安返邕、追勦事交廖磊負責、

【長沙八日中央社電】湘省府七日常會、通過民衆協勦委會組織大綱、及湖南省檢查私運現銀暫行辦法云、

【貴陽八日中央社電】王家烈電猶國材、邀即日來省、同赴前方指揮各部隊防勦西竄之贛省殘匪、語詞極懇切、

【廈門八日中央社電】蔣主任鼎文、昨、漳州綏靖署召開會議、討論綏靖經設方針云、

54. 湘匪分两路西窜，新宁、兴安间已无匪踪，王家烈电犹（国才）同赴前方指挥，1934 年 12 月 10 日第 2 版

天津益世報第一張　星期二

西竄匪被湘桂軍包圍

徘徊武岡綏寧城步間狀極狼狽

劉湘昨晚離京返川

【香港十日下午九時本報專電】西竄之匪、徘徊武岡綏寧、城步、龍勝一帶、中央及湘桂軍會合、將大舉進剿、陳濟棠委李振球為第一軍副軍長、所遺一師長缺由莫希德繼任、張達為第二軍副軍長、陳濟棠電中央、請繼續補助軍費每月六十萬、

【長沙十日下午九時本報專電】匪分兩路西竄、大部由龍勝闖出竄、小部闖竄綏寧、薛岳率部馳往堵截、新寧東安間已無匪跡、綏靖部與陳渠珍部協剿大庸賀蕭匪部、

【長沙九日中央社電】衡陽訊、共匪大部仍在桂境龍勝以北深山中、一部竄抵城步協元丁坪紅沙洲一帶、無衣無食、情形狼狽、劉建緒部由武岡進駐城步、向桂邊堵剿中云、

【南京十日下午十時本報專電】[illegible]

【南京十日中央社電】劉湘十日晨八時偕隨員鄧鳴階等出京、搭武穴輪赴漢、因該輪須午後方到、乃偕將之歡送代表[illegible]、於下午一時乘汽車赴下關登輪、汪代表彭學沛及何成濬特趕往話別、武穴輪因裝運貨物、直至下午八時始起碇上駛、劉抵漢後換乘飛機返川、擬召各軍將領指示軍機、並赴前線視察、劉臨行語中央社記者、抵京後向中央請示川剿匪各問題、已有所商定、當在中央指導下於最近期內救中赤匪、整理地方政治、努力四川建設、達到安內攘外之目的、總之、中央與地方已打成一片、余對中央苦幹精神、深表欽崇云、

【南京十日下午十時本報專電】劉湘偕隨員、十日晚離京返川、劉臨行談、四川剿匪及財政問題、已與中央商有具體辦法、返川後當遵照指示方針進行、財政當在辦法、軍事不難推行、本人逕在漢口留二三日即返川云、孔祥熙談、川省發行公債、係維以前借欠、此次劉湘來京係洽決作戰、中央銀行在川設分行事、近在籌劃考慮中、

【漢口十日下午十一時專電】王家烈電[illegible]、請濟賀殘匪在南談會合、[illegible]我部追剿、六日在[illegible]六七百、俘[illegible]、獲[illegible]多云、

55. 西窜匪被湘桂军包围，徘徊武冈、绥宁、城步间状极狼狈，刘湘昨晚离京返川，1934 年 12 月 11 日第 2 版（附正文释文）

释文：

【香港十日下午九时本报专电】西窜之匪，徘徊武冈、绥宁、城步、龙胜一带。中央及湘桂军会合，将大举进击。陈济棠委李振球为第一军副军长，所遗一师长缺由莫希德继任，张达为第二军副军长。陈济棠电中央，请继续补助军匪每日六十万。

【长沙十日下午九时本报专电】匪分两路西窜，大都由龙胜图出窜，小部图窜绥宁，薛岳率部驰往堵截。新宁、东安间已无匪迹。罗启疆部与陈渠珍部协剿大庾贺、萧匪部。

【长沙九日中央社电】衡阳讯，“共匪”大部仍在桂境龙胜以北深山中，一部窜抵城步、协元、丁坪、红沙洲一带，无衣无食，情形狼狈。刘建绪部由武冈进驻城步，向桂边堵剿中云。

【南京十日下午十时本报专电】邵力子电李宗仁，贵部堵截残匪，迭获胜利，积年匪患，得获荡平，奇功伟绩，举国欢腾。

【南京十日中央社电】刘湘十日晨八时偕随员邓鸣阶等出发，拟搭武穴轮赴汉。因该轮须午后方到，乃偕蒋之欢送代表晏道刚乘汽艇至草鞋峡参观宁海舰，并游览燕子矶。下午一时乘汽车返下关登轮，汪代表彭学沛及何成濬均赶往话别。武穴轮因装运货物，直至下午八时始起碇上驶。刘抵汉后换乘机返川，拟召各军将领指示军机，并赴前线视察。刘临行语中央社记者，抵京后向中央请示川剿匪各问题，已有所商定，当在中央指导下于最近期内敉平“赤匪”，整理地方政治，努力四川建设，达到安内攘外之目的。总之，中央与地方已打成一片，余对中央苦干精神深表钦崇云。

【南京十日下午十时本报专电】刘湘偕随员，十日晚离京返川。刘临行谈，四川剿匪及财政问题已与中央商有具体办法，返川后当遵蒋指示方针进行，财政苟有办法，军事不难推行，本人过汉口留二三日即返川云。孔祥熙谈，川省发行公债，系补以前亏欠，此次刘湘来京商洽决作罢，中央银行在川设分行事，正在计划考虑中。

【广州十日下午十一时专电】王家烈电粤，谓萧、贺残匪在南滕会合，经我部追剿，六日在隆头毙匪六七百，俘数百，获枪甚多云。

湘南各縣股匪肅清

追勦總部昨移寶慶

洪江武岡殘匪有竄黔勢

上官雲相追勦豫陝邊匪

【長沙十一日晨一時本報專電】匪三五八九軍團、沿桂北深山竄湘邊、九日在綏寧通道間之長安營雙江口一帶發現匪一軍團、由城步向綏寧西竄、均圖趨黔、薛岳部在靖縣通道、劉建緒部在城步綏寧截勦、電促王家烈部扼黔邊堵擊、桂軍側擊、匪在三省大軍包圍中、又電、何鍵以贛東匪已遠竄、電湘南各縣十日起解嚴、贊成李覺綏靖、

【長沙十日中央社電】湘南各縣股匪肅清何鍵宣佈解嚴、勦匪總部定十一日開駐寶慶、

【貴陽十日中央社電】此間接洪江電、中央軍薛岳部、向洪江武岡推進、李覺部到洪江、贛匪在千家寺被擊潰、聞槍聲即逃、狀極狼狽、殘餘三萬餘人、有由古宜出通道竄黔勢云、

【鄭州十一日中央社電】上官雲相、十日晚偕總指揮部全部職員、由許昌過鄭、指揮追勦僞二十五軍殘匪云、

【洛陽十一日中央社電】三省追勦總指揮上官雲相、今晨抵洛、指揮部隊追勦逃竄豫陝邊境殘匪、據談、殘匪僅剩數百人、狼狽不堪、即將殲滅云、

【香港十一日下午八時五分本報專電】蕭勤華抵粵謁陳（濟棠）李、（宗仁）商勦匪事、

【長沙十一日下午十時本報專電】湘東南無股匪、何鍵令十日起解嚴、在各縣設盤查所、搜查散匪私槍、蕭賀二匪由大庸犯辰州、經陳師擊潰、向永順竄走、李覺部協同桂軍將匿桂邊東山猺匪股解決、俘俄人四名、婦女隊百餘名、

56. 湘南各县股匪肃清，追剿总部昨移宝庆，洪江、武冈残匪有窜黔势，上官云相追剿豫陕边匪，1934 年 12 月 12 日第 2 版

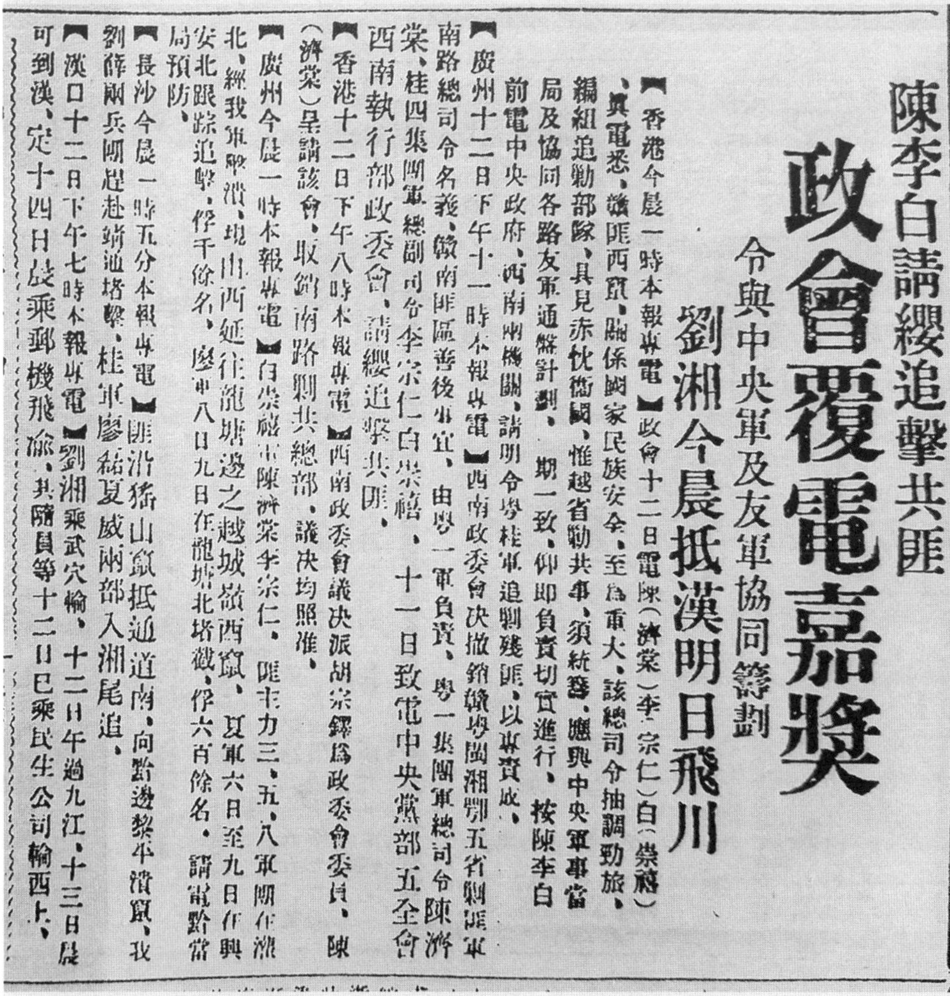

陳李白請纓追擊共匪

政會覆電嘉獎

令與中央軍及友軍協同籌劃

劉湘今晨抵漢明日飛川

【香港今晨一時本報專電】政會十二日電陳（濟棠）李（宗仁）白（崇禧）、真電悉、贛匪西竄、關係國家民族安全、至為重大、該總司令抽調勁旅、編組追勦部隊、具見赤忱衛國、惟越省勦共事、須統籌、應與中央軍事當局及協同各路友軍通盤計劃、期一致、仰即負責切實進行、按陳李白前電中央政府、西南兩機關、請明令粵桂軍追勦殘匪、以專責成、

【廣州十二日下午十一時本報專電】西南政委會決撤銷贛粵閩湘鄂五省勦匪軍南路總司令名義、贛南匪區善後事宜、由粵一軍負責、粵一集團軍總司令陳濟棠、桂四集團軍總副司令李宗仁白崇禧、十一日致電中央黨部五全會西南執行部政委會、請纓追擊共匪、

【香港十二日下午八時本報專電】西南政委會議決派胡宗鐸為政委會委員、陳（濟棠）呈請該會、取銷南路勦共總部、議決均照准、

【廣州今晨一時本報專電】白崇禧電陳濟棠李宗仁、匪主力三、五、八軍剛在灕北、經我軍擊潰、現由西延往龍塘邊之越城嶺西竄、我軍六日至九日在興安北跟踪追擊、俘千餘名、廖軍八日九日在龍塘北堵截、俘六百餘名、請電黔當局預防、

【長沙今晨一時五分本報專電】匪沿猺山竄抵通道南、向黔邊黎平潰竄、我劉薛兩兵團趕赴靖通堵擊、桂軍廖磊夏威兩部入湘尾追、

【漢口十二日下午七時本報專電】劉湘乘武穴輪、十二日午過九江、十三日晨可到漢、定十四日晨乘郵機飛渝、其隨員等十二日已乘民生公司輪西上、

57. 陈（济棠）、李（宗仁）、白（崇禧）请缨追击“共匪”，政会复电嘉奖，令与中央及友军协同筹划，刘湘今晨抵汉明日飞川，1934 年 12 月 13 日第 2 版

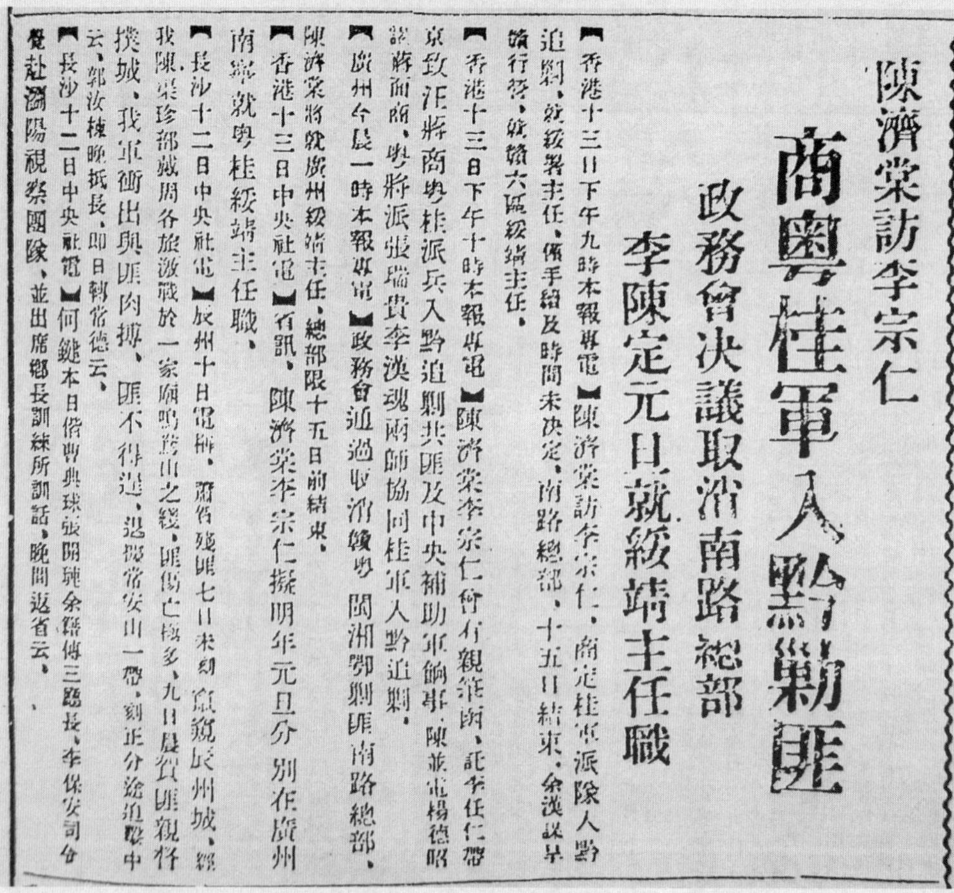
陳濟棠訪李宗仁

商粵桂軍入黔剿匪

政務會决議取消南路總部

李陳定元旦就綏靖主任職

【香港十三日下午九時本報專電】陳濟棠訪李宗仁、商定桂軍派隊入黔追剿、就綏署主任、俟手續及時間未決定、南路總部、十五日結束、余漢謀早曉行營、就贛六區綏靖主任。

【香港十三日下午十時本報專電】陳濟棠李宗仁曾有親筆函、託李任仁帶京致汪蔣商粵桂派兵入黔追剿共匪及中央補助軍餉事、陳並電楊德昭謁蔣面商、粵將派張瑞貴李漢魂兩師協同桂軍入黔追剿。

【廣州今晨一時本報專電】政務會通過取消贛粵閩湘鄂剿匪南路總部、陳濟棠將就廣州綏靖主任、總部限十五日前結束。

【香港十三日中央社電】有訊、陳濟棠李宗仁擬明年元旦分別在廣州南寧就粵桂綏靖主任職。

【長沙十二日中央社電】辰州十日電稱、蕭賀殘匪七日來犯窺辰州城、經我陳渠珍部截阻各旅激戰於一家廟鳴鶉山之綫、匪傷亡極多、九日晨賀匪親督撲城、我軍衝出與匪肉搏、匪不得逞、退竄常安山一帶、刻正分途追擊中云、郭汝棟晚抵長、即日轉常德云。

【長沙十二日中央社電】何鍵本日偕曹典球張開璉余籍傳三廳長、李保安司令覺赴瀏陽視察團隊、並出席鄉長訓練所訓話、晚間返省云。

58. 陈济棠访李宗仁，商粤桂军入黔剿匪，政务会决议取消南路总部，李（宗仁）、陈（济棠）定元旦就绥靖主任职，1934 年 12 月 14 日第 2 版（残）

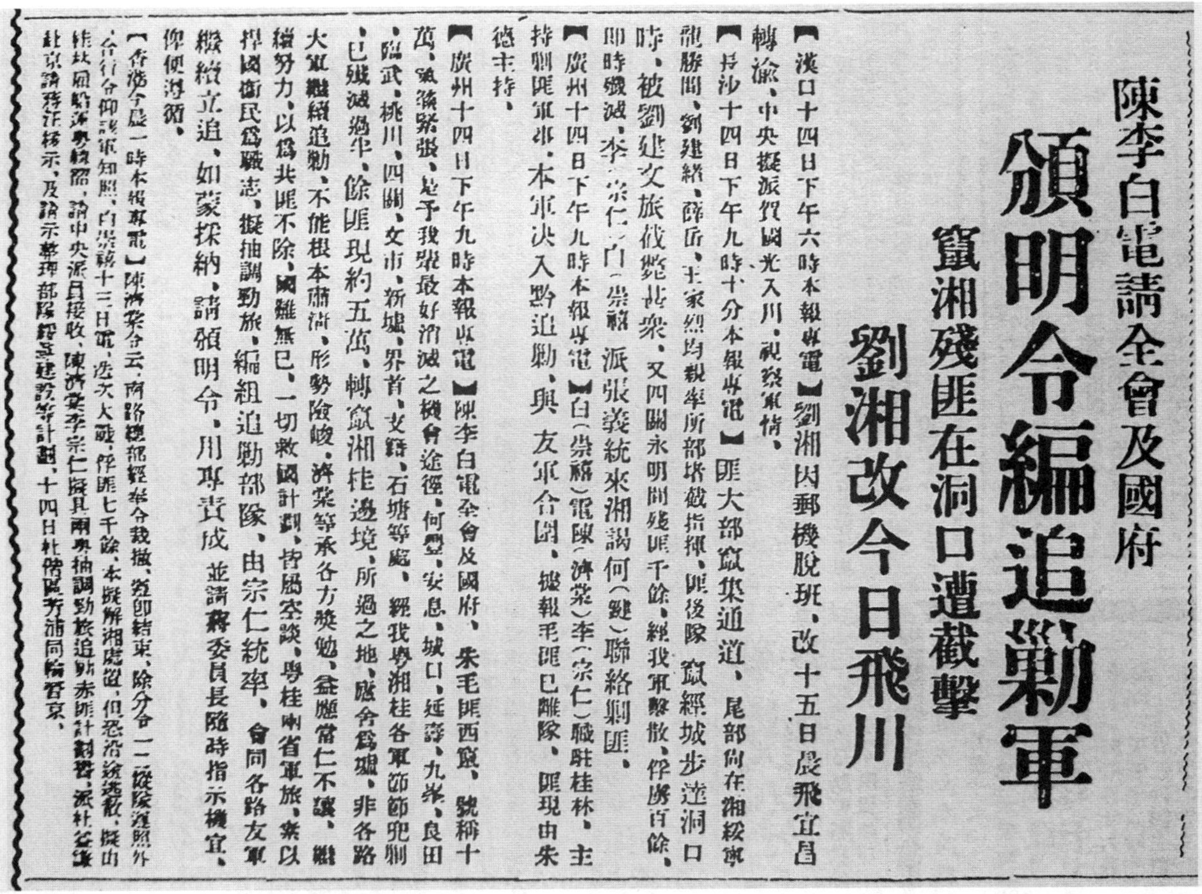

陳李白電請全會及國府
頒明令編追剿軍
竄湘殘匪在洞口遭截擊
劉湘改今日飛川

【漢口十四日下午六時本報專電】劉湘因郵機脫班、改十五日晨飛宜昌轉渝、中央擬派賀國光入川、視察軍情、

【長沙十四日下午九時十分本報專電】匪大部竄集通道、尾部尚在湘綏寧龍勝間、劉建緒、薛岳、王家烈均親率所部堵截指揮、匪後隊竄經城步並洞口時、被劉建文旅截斃甚衆、又四關永明間殘匪千餘、經我軍擊散、俘虜百餘、即時殲滅、李（宗仁）白（崇禧）派張義純來湘謁何（鍵）聯絡剿匪、

【廣州十四日下午九時本報專電】白（崇禧）電陳（濟棠）李（宗仁）稱駐桂林、主持剿匪軍事、本軍決入黔追剿、與友軍合圍、據報毛匪已離隊、匪現由朱德主持、

【廣州十四日下午九時本報專電】陳李白電全會及國府、朱毛匪西竄、號稱十萬、氣燄緊張、是予我最好消滅之機會途徑、何豐、安息、城口、延壽、九峯、良田、臨武、桃川、四關、文市、新墟、界首、支路、石塘等處、經我粵湘桂各軍節節兜剿、已殲滅過半、餘匪現約五萬、轉竄湘桂邊境、所過之地、咸舍爲墟、非各路大軍繼續追剿、不能根本肅清、形勢險峻、濟棠等承各方獎勉、益癒當仁不讓、繼續努力、以爲共匪不除、國難無已、一切救國計劃、皆屬空談、粵桂兩省軍旅、素以捍國衛民爲職志、擬抽調勁旅、編組追剿部隊、由宗仁統率、會同各路友軍繼續立追、如蒙採納、請頒明令、用專責成、並請蔣委員長隨時指示機宜、俾便遵循、

【香港今晨一時本報專電】陳濟棠令云、南路總部經奉令裁撤、茲即結束、除分令一二兩縱隊遵照外、合行令仰該軍知照、白崇禧十三日電、造次大戰、俘匪七千餘、本擬解湘處置、但恐沿途逃散、擬由桂就[illegible]、請中央派員接收、陳濟棠李宗仁擬具兩粵抽調勁旅追剿赤匪計劃書、派杜益謙赴京請蔣核示、及請示整理部隊暨建設等計劃、十四日杜偕區芳浦同輪晉京、

59. 陈（济棠）、李（宗仁）、白（崇禧）电请全会及国府颁明令编追剿军，窜湘残匪在洞口遭截击，刘湘改今日飞川，1934 年 12 月 15 年第 3 版

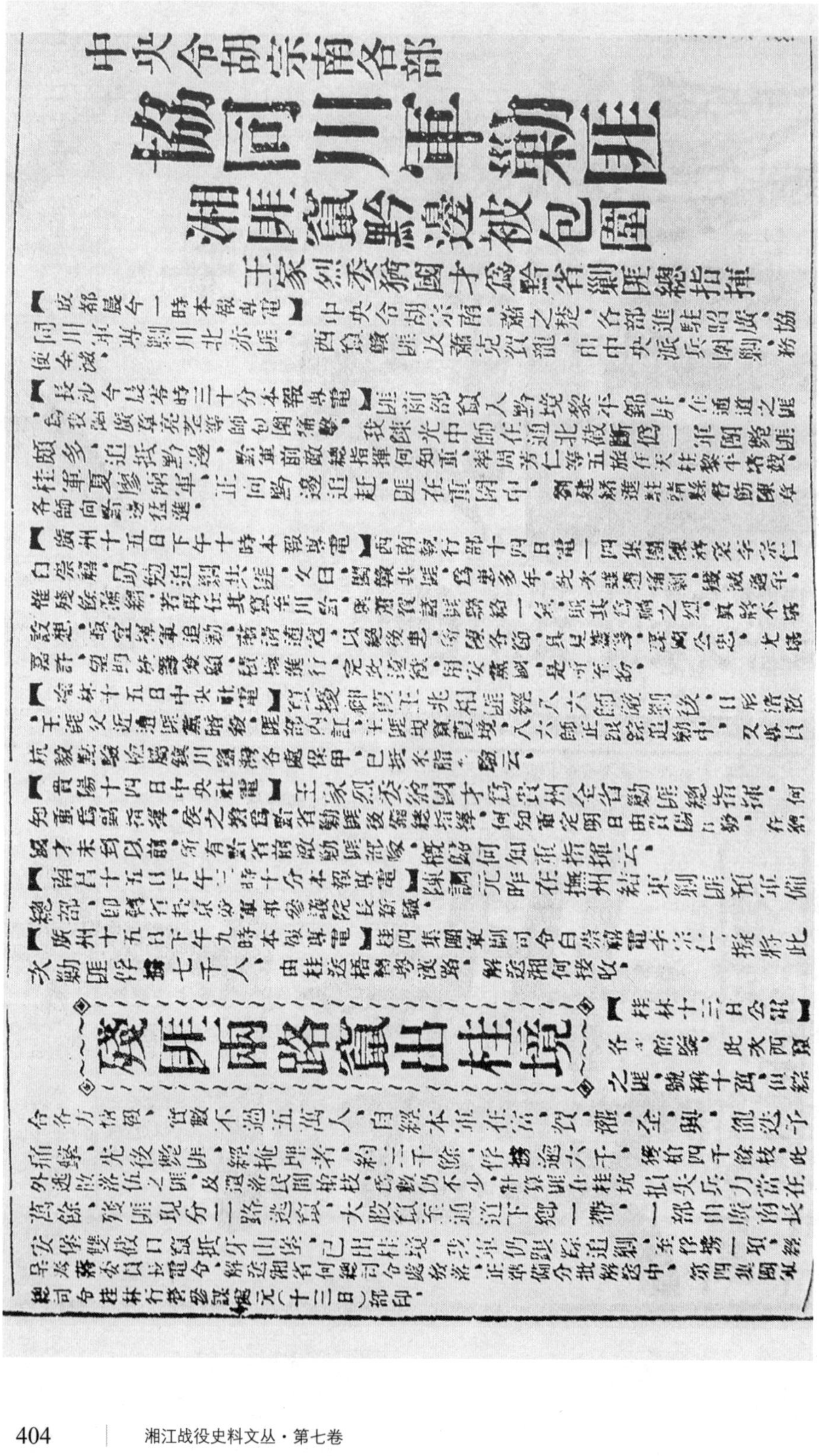

中央令胡宗南各部
协同川军剿匪
湘匪窜黔边被包围
王家烈委犹国才为黔省剿匪总指挥

残匪两路窜出桂境

60. 中央令胡宗南各部协同川军剿匪，湘匪窜黔边被包围，王家烈委犹国才为黔省剿匪总指挥，1934 年 12 月 16 日第 2 版

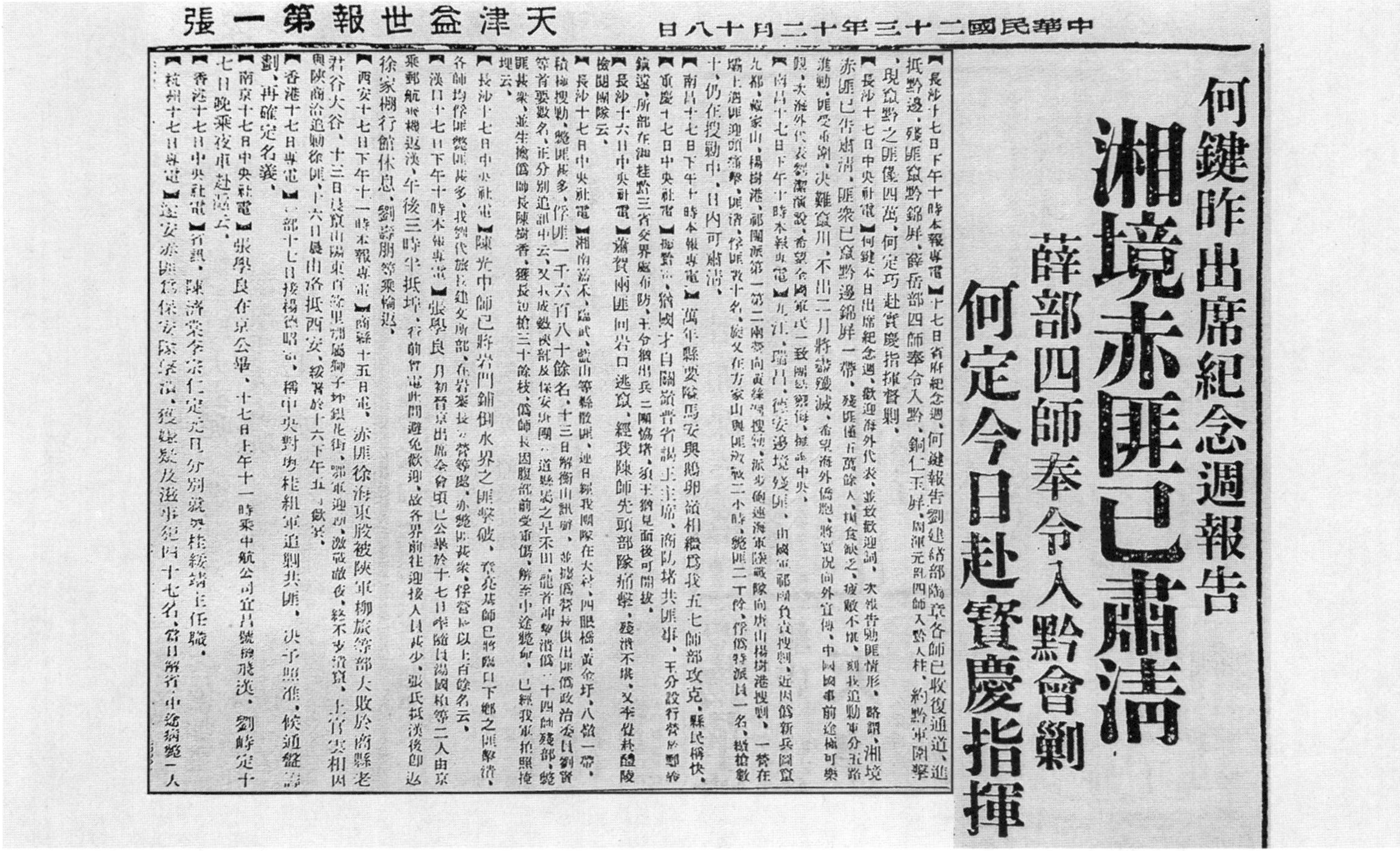

天津益世報第一張　中華民國二十三年十二月十八日

何鍵昨出席紀念週報告

湘境赤匪已肅清

薛部四師奉令入黔會剿

何定今日赴寶慶指揮

【長沙十七日下午十時本報專電】十七日省府紀念週、何鍵報告劉建緒部陶章各師已收復通道、進抵黔邊、殘匪竄黔錦屏、薛岳部四師奉令入黔、銅仁玉屏、周渾元部四師入黔入柱、約黔軍圍擊、現竄黔之匪僅四萬、何定巧赴寶慶指揮督剿、

【長沙十七日中央社電】何鍵本日出席紀念週、歡迎海外代表、並致歡迎詞、次報告剿匪情形、略謂、湘境赤匪已告肅清、匪衆已竄黔邊錦屏一帶、殘匪僅五萬餘人、糧食缺乏、疲敝不堪、刻我追剿軍分五路進剿、匪受重創、決難竄川、不出二月將告殲滅、希望海外僑胞、將實況向外宣傳、中國國事前途極可樂觀、次海外代表劉潔演說、希望全國軍民一致團結禦侮、擁護中央、

【南昌十七日下午十時本報專電】九江、瑞昌、德安邊境殘匪、由國軍部隊負責搜剿、近因僞新兵團竄九都、載家山、楊樹港、郝陶派第一第二兩營向黃綠灣搜剿、派步砲連海軍陸戰隊向廣山楊樹港搜剿、一營在塌上灣匪迎頭痛擊、匪潰、俘匪數十名、旋又在方家山與匪激戰二小時、斃匪二十餘、俘僞特派員一名、繳槍數十、仍在搜剿中、日內可肅清、

【南昌十七日下午十時本報專電】萬年縣要隘馬安與鵝卵嶺相繼爲我五七師部攻克、縣民稱快、

【重慶十七日中央社電】撫黔訊、猶國才自關嶺晉省謁王主席、商防堵共匪事、王分設行營於鎮遠、所部在湘桂黔三省交界處布防、王令猶出兵三團協堵、須王猶見面後可開拔、

【長沙十六日中央社電】蕭賀兩匪回岩口逃竄、經我陳師先頭部隊痛擊、殘潰不堪、又李覺赴醴陵檢閱團隊云、

【長沙十七日中央社電】湘南藍山、臨武、藍山等縣散匪、連日經我團隊在大社、四眼橋、黃金圩、八嶺一帶積極搜剿、斃匪甚多、俘匪一千六百八十餘名、十三日解衡山訊辦、並擒僞縣長與出匪僞政治委員劉寶等首要數名、正分別追訊中云、又朱成數蔣部及保安中團、道縣某之早不出、瀧者沖擊潰僞二十四師殘部、斃匪甚衆、並生擒僞師長陳樹香、獲長短槍三十餘枝、僞師長因腹部前受重傷、解送中途斃命、已經我軍拍照掩埋云、

【長沙十七日中央社電】陳光中師已將岩門鋪倒水界之匪擊破、龔堯基師已將臨口下鄉之匪擊潰、各師均俘匪斃匪甚多、我劉代旅長建文所部、在岩寨長營等處、亦斃匪甚衆、俘營長以上百餘名云、

【漢口十七日下午十時本報專電】張學良月初晉京出席全會頃已公畢於十七日率隨員湯國楨等二人由京乘鄂航飛機返漢、午後三時半抵埠、行前曾電此間避免歡迎、故各界前往迎接人員甚少、張氏抵漢後即返徐家棚行館休息、劉爵朋等乘輪返、

【西安十七日下午十一時本報專電】商縣十五日電、赤匪徐海東股被陝軍柳旅等部大敗於商縣老君谷大谷、十三日竄山陽東百餘里獅子坪銀花街、鄂軍迎頭激戰竟夜、終不支潰竄、上官雲相因與陝商洽追剿徐匪、十六日晨由洛抵西安、綏署於十六下午五時歡宴、

【香港十七日專電】部十七日接楊德昭電、稱中央對坳桂組軍追剿共匪、決予照准、候通盤籌劃、再確定名義、

【南京十七日中央社電】張學良在京公畢、十七日上午十一時乘中航公司宜昌號機飛漢、劉峙定十七日晚乘夜車赴滬云、

【香港十七日中央社電】官訊、陳濟棠李宗仁定元旦分別就粵桂綏靖主任職、

【杭州十七日專電】遂安赤匪爲保安隊擊潰、獲婁犯及滋事匪四十七名、當日解省、中途病斃一人

61. 何键昨出席纪念周报告，湘境“赤匪”已肃清，薛部四师奉令入黔会剿，何定今日赴宝庆指挥，1934 年 12 月 18 日第 2 版

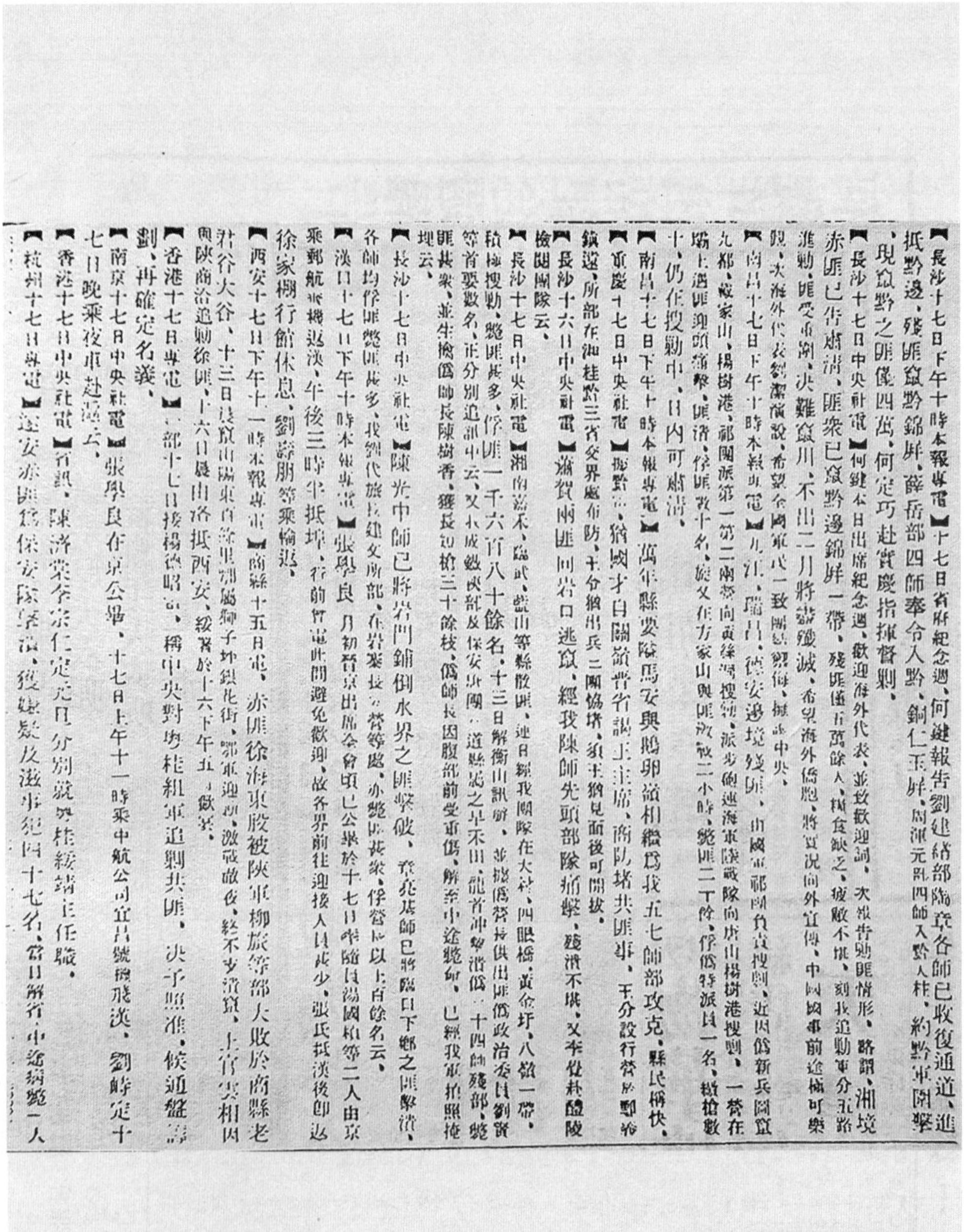

【長沙十七日下午十時本報專電】十七日省府紀念週、何鍵報告劉建緒部陶章各師已收復通道、進抵黔邊，殘匪竄黔錦屏，薛岳部四師奉令入黔，銅仁玉屏，周渾元部四師入黔入桂，約黔軍圍擊，現竄黔之匪僅四萬，何定巧赴貴慶指揮督剿。

【長沙十七日中央社電】何鍵本日出席紀念週，歡迎海外代表，並致歡迎詞，次報告剿匪情形，略謂，湘境赤匪已告肅清，匪衆已竄黔邊錦屏一帶，殘匪僅五萬餘人，糧食缺乏，疲敝不堪，刻我追剿軍分五路進剿，匪受重創，決難竄川，不出二月將尅殲滅，希望海外僑胞，將實況向外宣傳，中國國事前途極可樂觀，次海外代表劉潔痕說，希望全國軍民一致團結禦侮，擁護中央。

【南昌十七日下午十時本報專電】九江，瑞昌，德安邊境殘匪，由國軍部隊負責搜剿，近因偽新兵團竄九都，嶺家山，楊樹港，祁陽派第一第二兩營向黃絲灣搜剿，派步砲連海軍陸戰隊向虎山楊樹港搜剿，一營在塥上遇匪迎頭痛擊，匪潰，俘匪數十名，旋又在方家山與匪激戰二小時，斃匪二千餘，俘偽特派員一名，繳槍數十，仍在搜剿中，日內可肅清。

【南昌十七日下午十時本報專電】萬年縣要隘馬安與鵝卵嶺相繼爲我五七師部攻克，縣民稱快。

【重慶十七日中央社電】據黔訊，猶國才自關嶺晉省謁王主席，商防堵共匪事，王分設行營於鄧鎮遠，所部在湘桂黔三省交界處布防，王令猶出兵二團協堵，須王猶見面後可開拔。

【長沙十六日中央社電】蕭賀兩匪由岩口逃竄，經我陳師先頭部隊痛擊，殘潰不堪，又李覺赴醴陵檢閱團隊云。

【長沙十七日中央社電】湘南嘉禾、臨武、藍山等縣散匪，連日經我團隊在大社、四眼橋、黃金圩、八嶺一帶積極搜剿，斃匪甚多，俘匪一千六百八十餘名，十三日解衡山訊辦，並擒偽營長與中匪偽政治委員劉資等首要數名，正分別追訊中云，又朱成勳部及保安團，道縣寧遠之草不田、龍首冲擊潰偽二十四師殘部，斃匪甚衆，並生擒偽師長陳樹香，獲長短槍三十餘枝，偽師長因腹部前受重傷，解至中途斃命，已經我軍拍照掩埋云。

【長沙十七日中央社電】陳光中師已將岩門鋪倒水界之匪擊破，章亮基師已將臨口下鄉之匪擊潰，各師均俘匪斃匪甚多，我劉代旅長建文所部，在岩寨長安營等處，亦斃匪甚衆，俘營長以上百餘名云。

【漢口十七日下午十時本報專電】張學良月初晉京出席全會，頃已公畢，於十七日率隨員湯國楨等二人由京乘郵航飛機返漢，午後三時半抵埠，行前曾電此間避免歡迎，故各界前往迎接人員甚少，張氏抵漢後即返徐家棚行館休息，劉蔚朋等乘輪返。

【西安十七日下午十一時本報專電】商縣十五日電，赤匪徐海東股被陝軍柳旅等部大敗於商縣老君谷大谷，十三日竄山陽東百餘里鄂陝交界之獅子坪銀花街，鄂軍迎剿，激戰竟夜，終不支潰竄，上官雲相因與陝商洽追剿徐匪，十六日晨由洛抵西安，綏署於十六下午五時歡宴。

【香港十七日專電】□部十七日接楊德昭電，稱中央對粵桂組軍追剿共匪，決予照准，候通盤籌劃，再確定名義。

【南京十七日中央社電】張學良在京公畢，十七日上午十一時乘中航公司宜昌號機飛漢，劉峙定十七日晚乘夜車赴漢云。

【香港十七日中央社電】省訊，陳濟棠李宗仁定元旦分別就粵桂綏靖主任職。

【杭州十七日專電】遂安赤匪爲保安隊擊潰，獲嫌疑及滋事犯四十七名，當日解省，中途病斃一人

（局部图）

天津益世報

中華民國二十三年十二月十九日

陳李商編追勦軍

入黔路線及給養均已決定

何鍵昨赴寶督勦竄匪

【廣州十八日下午十時本報專電】政會息、陳濟棠、李宗仁、召湘黔川各代表張沛乾等集議追勦殘匪、黔代表張維良報告匪達黔東、亟須合剿、旋討論粵桂合編追勦部隊、越湘入黔、對行軍路線運輸給養等、均有決定、即電蔣及湘黔當局審察、致陳李白電、請組追勦部隊、中央已贊同粵桂擬派二十團入黔、由李宗仁統率、白崇禧任指揮、俟蔣核准即編軍出發、

【廣州十八日下午十二時本報專電】猶國材部一二日可抵巴平、集中貴陽、候命開拔、據桂空軍探悉、僞匪三五兩軍團、十二晚進窺龍勝、即被桂軍迎擊、匪向湘邊潰退、

【重慶十八日下午十一時本報專電】各路前方時有匪擾、均遭我軍痛擊、山家寺匪亦他竄、二路羅師擒匪長衆、二十三師正派隊搶築工事、探報儀隴城內新到匪屬、其中女性千餘人、因赤匪內壯丁傷亡逃散甚衆、不得已將婦人編配入伍、

【南昌十八日下午九時本報專電】行營軍訊、湘桂境慘敗之匪已一蹶不振、難與川匪聯絡、撲鄂皖邊區匪共短期內可敉平、川匪剿滅、已有整個計劃、劉亦抵川、

【長沙十八日下午十時三十分本報專電】竄湘西通道、靖縣、綏寧之匪、經劉建緒連日督部痛勦、陳光中師在通靖間倒水界一帶、斃匪數百繳槍三百餘支、章亮基陶廣等師、在通道城附近斃匪千餘、繳槍三百餘支俘匪六七百、十五日已全克通道城、殘匪分竄黔邊錦屏一帶、湘軍追入黔境、包圍勦擊、何鍵在紀念週報告竄黔之匪、已陷重圍、不難消滅、何巧（十八）赴寶慶督勦竄匪、事畢返省、

湘郴宜兩縣劃特區

【長沙通訊】此次贛匪經過湘南各縣、所到之處、焚燒劫擄、地方受害最深、人口流離、財產損失、實不可以數計、據臨武呈報此同匪災、僅損失一百萬元以上、其他如寧遠、道州、嘉禾、藍山、通道等縣、凡匪股經過之區者、無不遭受重大之損失、尤以郴（州）宜（章）各縣、被匪盤踞稍久、[illegible]亦烈故所受之損害、較諸他縣爲甚、追勦總司令何鍵、現以殘匪已竄抵城步、龍勝、湘南業已安寧、雖有零星[illegible]股、爲害閭里、不難肅清、因特派第十九師師長李覺、率部駐紮衡州、辦理湘南一帶綏靖事宜、並於昨日省府會議通過劃定郴宜兩縣爲特別區、以便撫綏民衆、而資閭蘇息、茲將該特別區組織規程、探誌如下、第一條、湖南省政府、爲肅清郴宜兩縣地方匪亂、及撫綏被難民衆、暫劃郴宜兩縣爲特別區、第二條、特別區期限、暫定爲三[illegible]月、第三條、特別區設主任一人、辦理清勦撫綏事宜、以區司令或副區司令兼任之、第四條、特別區主任、爲實行清勦撫綏任務、得以便宜從事、並以特權處理該兩縣所轄各機關一切事宜、第五條、在特別區清勦期限內、關於各機關不急費用、得暫時停支、移作清勦經費、第六條、在特別區清勦期限內、必要時、得由政府酌予物質補助、第七條、在特別區內爲清勦便利起見、得實行堅壁清野、第八條、實行五家聯坐、凡通匪、濟匪、保匪、窩匪、經訊實有據者、一律槍決、第九條、絕對保護自首自新者之生命財產、對於挾仇誣報者、分別輕重、予以監禁或槍決、第十條、本規程自核准日施行云、

62. 陈（济棠）、李（宗仁）商编追剿军，入黔路线及给养均已决定，何键昨赴宝（庆）督剿窜匪，1934 年 12 月 19 日第 2 版

天津益世報　　中華民國二十三年十二月二十日

湘匪已竄抵黔東

何鍵昨赴寶令各軍追剿

劉湘抵渝談日內返成都

【長沙十九日下午十一時本報專電】蕭賀兩匪犯常德失敗，竄盤龍橋，何鍵令各路馳剿部隊收復新廠，進抵黔境錦屏，斃匪數百俘千餘。

【南昌十九日下午九時本報專電】匪化最深之瑞金、寧都、雩都、會昌、興國、石城六縣，頃經行營正式劃定為特別政治區，工作切重教養衛，委定邵鴻基等為各該區局長。

【香港十九日下午十時本報專電】陳濟棠李宗仁召湘代表張沛乾、黔代表張鑄良、川代表蔣子靜等，會議追剿殘匪，各代表報告殘匪已達黔東，企圖會合蕭匪於川邊，亟須合力追剿，旋討論粵桂合編追剿部隊越湘入黔追剿，其行軍路線、沿途運輸給養，均有所決定，當將及湘黔當局審核。中央電李宗仁白崇禧贊同請纓追剿，由李統率，白任指揮，俟蔣核准，即編軍出發。

【長沙十九日中央社電】經通道之匪經我軍堵擊分竄新廠，馬路已竄入黔境，一部抵老錦屏，一部竄向吐劍河。我劉總指揮建緒率王東原師，十五日午抵靖縣，當以王師及何平部趕築靖會間及靖綏間碉堡，五三及二十六兩師向綏寧急進，陳陶章三師，十三日在岩門菁蕪洲各役，斃匪數百，俘百餘，獲槍二百餘枝，十四日各部齊向通道進攻，激戰半日後，復斃匪千餘，俘二百餘，獲槍三百餘枝，於未刻收復通道，城北匪大部分向新廠潰竄，我陳光中師當即尾匪追剿，我陶廣章亮基兩師，由牙屯堡雙江口向湘黔邊境追擊，十五日陳師追抵新廠附近，與匪激戰，章師亦趕到，新廠及溶溪澀之我錢薛總指揮已進駐黔陽，比令各師分向湘黔邊界之芷江、玉屏、銅江、天柱一帶推進堵擊。

【長沙十八日中央社電】何鍵定十九日赴寶慶督部進剿殘匪云。

【成都十九日下午七時十分本報專電】劉湘十九日午後五時乘民康輪抵渝，據語記者，此行印象極佳，對中央新建設及埋頭苦幹精神均敬佩，川省府必改組，財政中央擬派員視察後再定整理辦法，竄湘贛匪決由中央軍負責堵剿，對川匪軍事委員會亦將派數部協剿。

【重慶十九日中央社電】劉湘十九日午後四時半乘民康輪抵渝，黨政軍及民眾團體代表歡迎者四百餘人，劉語記者，四川剿匪軍事省政財政各問題均與中央商定辦法，中央政府富於生氣，各省政治亦逐漸走入軌道，本人日內入省，召各路將領商決川北剿匪事宜。

【上海十九日下午十時本報專電】川省府改組事，劉湘來京時已徵得同意，勢在必行，且人選均已內定，大約下次政院會議當可通過云。

【香港十九日下午十時專電】白崇禧電遊將電，俘匪解贛，定二十四日由興全灌分批起解至黃沙河，交湘軍接收，約二週可完竣。

63. 湘匪已窜抵黔东，何键昨赴宝（庆）令各军追剿，刘湘抵渝谈日内返成都，1934 年 12 月 20 日第 2 版

【長沙十九日下午十一時本報專電】蕭賀兩匪犯常德失敗、竄盤龍橋、何鍵令各路驅剿部隊收復新廠、進抵黔境錦屏、斃匪數百俘千餘、

【南昌十九日下午九時本報專電】匪化最深之瑞金、寧都、雩都、會昌、興國、石城六縣、頃經行營正式劃定爲特別政治區、工作切重教養衛、委定邵鴻基等爲各該區局長、

【香港十九日下午十時本報專電】陳濟棠李宗仁召湘代表張沛乾 黔代表張蘊良、川代表蔣子靜等、會議追剿殘匪、各代表報告殘匪已達黔東、企圖會合蕭匪於川邊、亟須合力追剿、旋討論粵桂合編追剿部隊越湘入黔追剿、對行軍路綫、沿途運輸給養、均有所決定、俟蔣及湘黔當局審核、中央電李宗仁白崇禧、贊同請纓追剿、由李統率、白任指揮、俟蔣核准、即編軍出發、

【長沙十九日中央社電】竄通道之匪經我軍堵擊分經新廠鴻路已竄入黔境、一部抵老錦屏、一部竄向吐劍河、我劉總指揮建緒率王東原師、十五日午抵靖縣、當以王師及何平部趕築靖會間及靖綏間碉堡五三及二十六兩師向綏寧急進、與陶廣三師、十三日在岩門菁蕪洲各役、斃匪數百、俘百餘、獲槍二百餘枝、十四日各部齊向通道進攻、激戰半日後、復斃匪千餘、俘二百餘、獲槍三百餘枝、於未刻收復通道、城北匪大部分向新廠潰竄、我陳光中師當即尾匪追剿、我陶廣章亮基兩師、由牙屯堡經汇口向湘黔邊境追擊、十五日陳師追抵新廠附近、與匪激戰、章師亦趕到、新廠及溶溆溼之我錢薛總指揮已進駐黛陽、比令各師分向湘黔邊界之茫江、玉展、銅江、天柱一帶推進堵擊、

【長沙十八日中央社電】何鍵定十九日赴寶慶督部進剿殘匪云、

【成都十九日下午七時十分本報專電】劉湘十九日午後五時乘民康輪抵渝、據語記者、此行印象極佳、對中央新建設及地頭苦幹精神均敬佩、川省府必改組、財政中央擬派員視察後再定整理辦法、致湘贛匪決由中央軍負責堵剿、對川匪軍事委員會亦將派數部協剿、

【重慶十九日中央社電】劉湘十九日午後四時半乘民康輪抵渝、黨政軍及民衆團體代表歡迎者四百餘人、劉語記者、四川剿匪軍事省政財政各問題均與中央商定辦法、中央政府富於生氣、各省政治亦逐漸走入軌道、本人日內入省、召各路將領商決川北剿匪事宜、

【上海十九日下午十時本報專電】川省府改組事、劉湘來京時已徵得同意、勢在必行、且人選均已內定、大約下次政院會議當可通過云、

【香港十九日下午十時專電】白崇禧電遊蔣電、俘匪解贛、定二十四日由興全灌分批起解至黃沙河 交湘軍接收、約二週可完竣、

（局部图）

中華民國二十三年十二月廿一日　天津益世報第一張

赤匪大股竄黔境

賀蕭匪部犯慈利未逞

江西明年定爲「建設年」

【長沙今晨零時五十分本報專電】劉建緒率章亮基師在黔湘邊遇僞五九兩軍團、十六日起激戰兩日、斃匪千餘、俘五六百、正追剿中、僞一軍團損失極大、僅餘千餘人、向黔境天柱潰竄、在常德擊潰之賀蕭匪部、退芋毛灘、圖竄慈利、郭汝棟李覺廿、廿一日將先後由省赴常德督剿、何鍵增調某兩師會剿、

【長沙二十日中央社電】何鍵委李覺郭汝棟爲八七路進剿司令、蕭賀股匪經羅啓疆及保安團各部迎頭痛擊、匪勢不支、十八日退河伏、何鍵又派兵團赴常德協剿、當擊潰一部、竄盤龍橋、刻我大軍雲集、將匪包剿、不難殲滅、又劉建緒電告赤匪大股均竄入黔境、被我軍猛進痛剿、不敢回竄、陳光中電、十六日收復新廠及與黔桂軍聯絡圍剿、保安部電令各縣限本月底肅清散匪、以靖地方云

【南京二十日下午八時三十五分本報專電】蕭賀兩匪、被常德駐軍擊退、竄盤龍橋、何鍵令各路會剿、在道縣擒斬僞師長陳樹香首級、劉建緒收復新同、俘匪千餘、追抵錦屏、黔軍又在劍河剿竄過匪、匪向爲河亂竄、孔荷寵十八日抵大庾、設招撫處、

【貴陽二十日中央社電】贛匪竄入黔境後、由平略、瑞光、南家保三處偷渡清水江、中央追擊部隊已到龍溪口、湘軍一部到廣平夾擊、

【南京二十日中央社電】王家烈自黔馬場坪東來電京報告、略謂　匪企圖強渡清江河、向劍河台拱方面沿蕭匪舊道北竄、我部仕旅尾追、並令李旅推進施洞劍河截堵、錦屏駐軍並督團隊守錦屏及清江河下流、周旅由黎平追剿、

【南昌二十日下午十時本報專電】區興桑於十九日拂曉、率主力部隊剿匪、斃匪百餘名、下午四時、確實佔領店上山要隘、

【漢口二十日下午八時本報專電】何成濬二十日乘江新輪返抵漢口、黎天才等同輪返、徐源泉二十日由沙市飛抵漢、即謁何報告截堵蕭賀殘匪經過、并有所請示、

【漢口二十日中央社電】何成濬二十日晨九時乘江新輪由京抵漢、陳光組、陳漢存等在輪迎候、何當返寓休息、據談、五中全會、結果至爲圓滿、劉湘此次入京、謀陳治川剿匪大計、中央至爲嘉納、決定周密布置後、再行進剿、以圖聚殲、劉督辦以此行結果圓滿、故先行返川、佈置一切、中央復允於剿匪期間、按月補助川軍臨時經費、至由贛西竄之匪、經湘桂及追剿部隊數度痛擊後、已無戰鬥能力、近已竄至貴州邊境、湘境僅有零星小匪、然以與大股失却聯絡、故不足爲害、至於禁煙、在湖北境內較其他各省更爲迫切、切望人民努力奮發、以自救救國云、又張學良隨員戴海、黎天才、洪鈁、田雨時等、亦同輪返漢、徐源泉談、湘鄂邊殘匪竄湘西北山中、鄂西安謐、在漢謁張何報告後即返防、

【福州二十日下午十一時本報專電】贛行營電、閩限三個月將散匪一律掃滅、

【南昌二十日下午七時本報專電】贛省前秉承蔣意旨、定本年爲江西剿匪年、今匪已滅、復經決定念四年爲江西建設年、以圖劫後農村經濟之復興、各項計畫已經擬定、

【洛陽二十日下午十時本報專電】上官雲相定二十日偕郝夢齡赴漢謁張學良、報告追剿殘匪經過、

【南昌二十日下午十時本報專電】省保安處爲充實自衛肅清殘匪、將各縣保安團隊改編爲保安團、全部共編三十二團、團長即由保安隊中級幹部訓練畢業生充任、

【廈門今晨一時本報專電】軍息、行營委李默庵爲閩西十區副司令、餘三區均無副、王敬玖二十日午自省飛抵泉謁蔣鼎文、閩南匪首高少白、十九日晨、在福山腰匪巢爲壯丁隊擊斃、高爲已斃匪首高爲岡之弟、

【廈門二十日中央社電】西區綏靖司令衛立煌、副司令李默庵、決設司令部於長汀、尤日成立、第十師李部已全部抵龍岩、第七區行政專員陳逸凡、擬本月內接任、

2|1

64.“赤匪”大股窜黔境，贺（龙）、萧（克）匪部犯慈利未逞，江西明年定为“建设年”，1934年12月21日第2版

中華民國二十三年十二月廿一日

赤匪大股竄黔境

賀蕭匪部犯慈利未逞

江西明年定爲「建設年」

【長沙今晨零時五十分本報專電】劉建緒率章亮基師在黔湘邊遇僞五九兩軍團、十六日起激戰兩日、斃匪千餘、俘五六百、正追剿中、僞一軍團損失極大、僅餘千餘人、向黔境天柱潰竄、在常德擊潰之賀蕭匪部、退竿毛灘、圖竄慈利、郭汝棟李覺廿、廿一日將先後由省赴常德督剿、何鍵增調某兩師會剿、

【長沙二十日中央社電】何鍵委李覺郭汝棟爲八七路進剿司令、蕭賀股匪經羅啓疆及保安團各部迎頭痛擊、匪勢不支、十八日退河伏、何鍵又派兵團赴常德協剿、當擊潰一部、竄盤龍橋、刻我大軍雲集、將匪包剿、不難殲滅、又劉建緒電告赤匪大股均竄入黔境、被我軍猛進痛剿、不敢向覦、陳光中電、十六日收復新廠及與黔桂軍聯絡圍剿、保安部電令各縣限本月底肅清散匪、以靖地方云

【南京二十日下午八時三十五分本報專電】蕭賀兩匪、被常德駐軍擊退、竄盤龍橋、何鍵令各路會剿、在道縣擒斬僞師長陳樹香首級、劉建緒收復新同、俘匪千餘、追抵錦屏、黔軍又在劍河廻龍遇匪、匪向谿河亂竄、孔荷寵十八日抵大庾、設招撫處、

【貴陽二十日中央社電】贛匪竄入黔境後、由平路、瑤光、南家保三處偷渡清水江、中央追擊部隊已到龍溪口、湘軍一部到廣平夾擊、

【南京二十日中央社電】王家烈自黔馬場坪軍次電京報告、略謂匪企圖強渡清江河、向劍河台拱方

（局部图1）

天津益世報　第一張

【南京二十日中央社電】古家烈自松馬場坪軍次電京報告、略謂匪企圖強渡清江河、向劍河台拱方面沿蕭匪舊道北竄、我部杜旅尾追、並令李旅推進施洞劍河截堵、錦屏駐軍並督團隊守錦屏及清江河下流、周旅由黎平追剿、

【南昌二十日下午十時本報專電】盧興榮於十九日拂曉、率主力部隊剿匪、斃匪百餘名、下午四時、確實佔領店上山要隘、

【漢口二十日下午八時本報專電】何成濬二十日乘江新輪返抵漢口、黎天才等同輪返、徐源泉二十日申刻由沙市飛抵漢、即謁何報告截堵蕭賀殘匪經過、并有所請示、

【漢口二十日中央社電】何成濬二十日晨九時乘江新輪由京抵漢、陳光組、陳漢存等在輪迎候、何當返寓休息、據談、五中全會、結果至為圓滿、劉湘此次入京、縷陳治川剿匪大計、中央至為嘉納、決定周密布置後、再行進剿、以圖聚殲、劉督辦以此行結果圓滿、故先行返川、佈置一切、中央復允於剿匪期間、按月補助川軍臨時經費、至由贛西竄之匪、經湘桂及追剿部隊數度痛擊後、已無戰鬥能力、近已竄至貴州邊境、湘境僅有零星小匪、然以與大股失卻聯絡、故不足為害、至於禁煙、在湖北境內較其他各省更為迫切、切望人民努力奮發、以自救救國云、又張學良隨員談海、黎天才、洪紡、田雨時等、亦同輪返漢、徐源泉談、湘鄂邊殘匪竄湘西北山中、鄂西安謐、在漢謁張何報告後即返防、

【福州二十日下午十一時本報專電】贛行營電、閩限三個月將散匪一律掃滅、

【南昌二十日下午七時本報專電】贛省前秉承蔣意旨、定本年為江西剿匪年、今匪已滅、復經決定念四年為江西建設年、以圖劫後農村經濟之復興、各項計畫已經擬定、

【洛陽二十日下午十時本報專電】上官雲相定二十日偕郝夢齡赴漢謁張學良、報告追剿殘匪經過、

【南昌二十日下午十時本報專電】省保安處為充實自衛清剿殘匪、將各縣保安團隊改編為保安團、全部共編三十二團、團長即由保安隊中級幹部訓練畢業生充任、

【廈門今晨一時本報專電】軍息、行營委李默庵為閩西十區副司令、然三區均無副、王敬玖二十日午自省飛抵漳謁蔣鼎文、閩南匪首高少白、十九日晨、在福山腰匪巢為壯丁隊擊斃、高為已斃匪首高為閎之弟、

【廈門二十日中央社電】西區綏靖司令衛立煌、副司令李默庵、決設司令部於長汀、元旦成立、第十師李部已全部抵龍岩、第七區行政專員陳逸凡、擬本月內接任、

（局部图2）

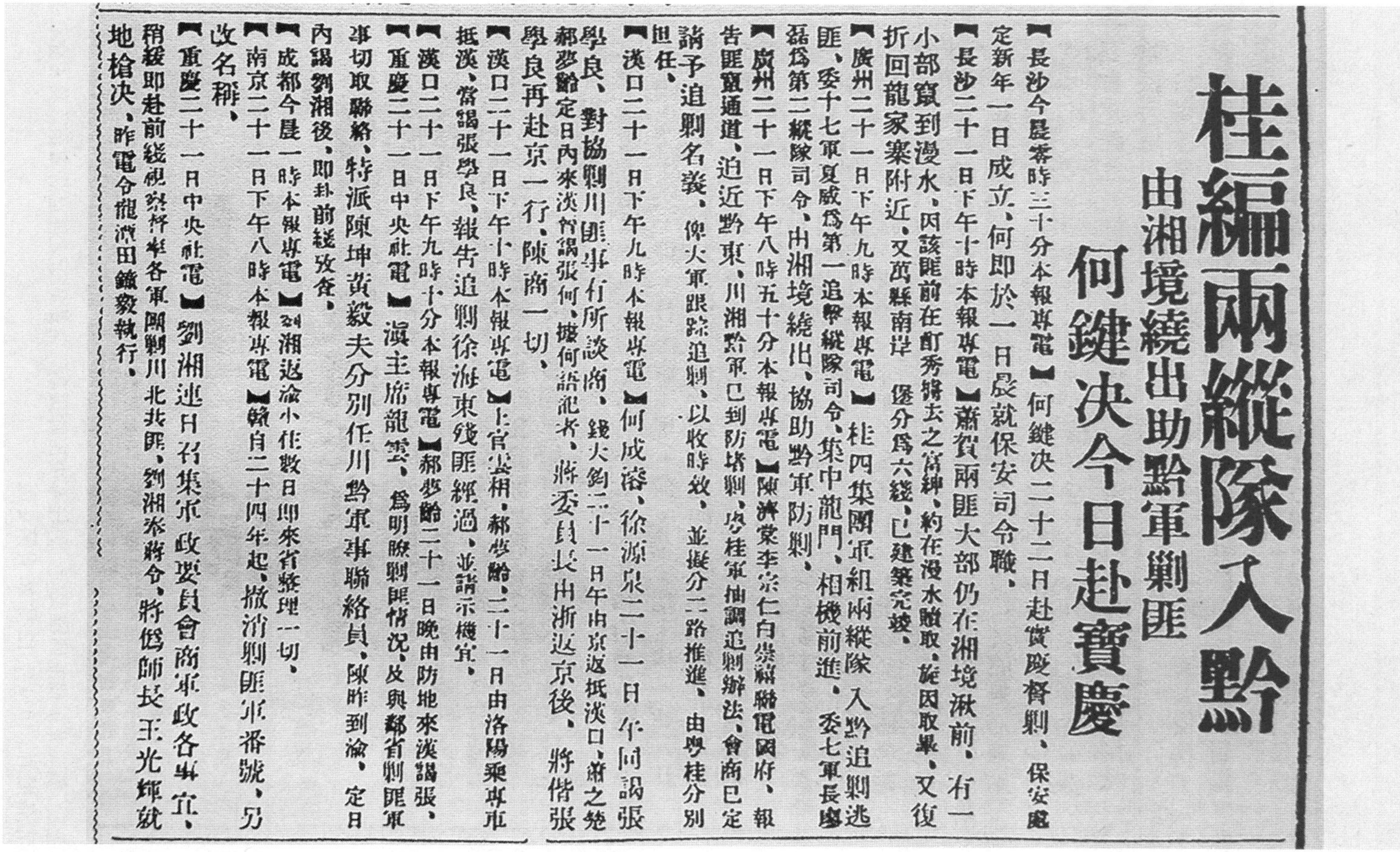

桂編兩縱隊入黔

由湘境繞出助黔軍剿匪

何鍵決今日赴寶慶

【長沙今晨零時三十分本報專電】何鍵決二十二日赴寶慶督剿、保安處定新年一日成立、何即於一日晨就保安司令職、

【長沙二十一日下午十時本報專電】蕭賀兩匪大部仍在湘境漵前、有一小部竄到漫水、因該匪前在酉秀擄去之富紳、約在漫水贖取、旋因取畢、又復折回龍家寨附近、又苗縣南岸　堡分爲六綫、已建築完竣、

【廣州二十一日下午九時本報專電】桂四集團軍組兩縱隊入黔追剿逃匪、委十七軍夏威爲第一追擊縱隊司令、集中龍門、相機前進、委七軍長廖磊爲第二縱隊司令、由湘境繞出、協助黔軍防剿、

【廣州二十一日下午八時五十分本報專電】陳濟棠李宗仁白崇禧聯電國府、報告匪竄通道、迫近黔東、川湘黔軍已到防堵剿、粵桂軍抽調追剿辦法、會商已定請予追剿名義、俾大軍跟踪追剿、以收時效、並擬分二路推進、由粵桂分別担任、

【漢口二十一日下午九時本報專電】何成濬、徐源泉二十一日午同謁張學良、對協剿川匪事有所談商、錢大鈞二十一日午由京返抵漢口、蔣之幹部郝夢齡定日內來漢晉謁張何、據何語記者、蔣委員長由浙返京後、將偕張學良再赴京一行、陳商一切、

【漢口二十一日下午十時本報專電】上官雲相、郝夢齡二十一日由洛陽乘專車抵漢、當謁張學良、報告追剿徐海東殘匪經過、並請示機宜、

【漢口二十一日下午九時十分本報專電】郝夢齡二十一日晚由防地來漢謁張、

【重慶二十一日中央社電】滇主席龍雲、爲明瞭剿匪情況、及與鄰省剿匪軍事切取聯絡、特派陳坤黃毅夫分別任川黔軍事聯絡員、陳昨到渝、定日內謁劉湘後、即赴前綫攷査、

【成都今晨一時本報專電】劉湘返渝小住數日即來省整理一切、

【南京二十一日下午八時本報專電】贛自二十四年起、撤消剿匪軍番號、另改名稱、

【重慶二十一日中央社電】劉湘迭日召集軍政要員會商軍政各事宜、稍緩即赴前綫視察、將督各軍圍剿川北共匪、劉湘承蔣令、將僞師長王光輝就地槍決、昨電令龍濟田鐵毅執行、

65. 桂编两纵队入黔，由湘境绕出助黔军剿匪，何键决今日赴宝庆，1934 年 12 月 22 日第 2 版

天津益世報　中華民國二十三年十二月廿六日

蕭賀殘匪回竄大庸
粵桂軍決出師援黔
常德附近之匪已告肅清
蔣南昌行營準備撤消

【廣州二十五日下午九時本報專電】黔王家烈二十二日電西南政務會及陳（濟棠）李（宗仁）白（崇禧）、請迅調勁旅入黔協助剿匪、胡陳李二十四日復電謂、此間桂省部隊、仍繼續追剿、粵省部隊、亦已積極準備、請指揮貴部竭力抵禦、毋任蔓延云、

【香港今晨一時本報專電】蕭佛成談粵桂決即出師援黔、陳濟棠昨已召張達、李振良、李漢魂、商出師事、候中央令即動員、

【南京二十五日中央社電】王家烈二十四日自黔電京報告、匪一部由劍河竄華東、匪大部三四萬人、由中方橋、鰲魚嘴、向劍河附近、有繼續渡河模樣、已令各部扼要截擊、猶國才部因前方情況緊張、退向安順清鎮之線、自貴陽附近兼程開赴馬場坪待命、

【長沙廿五日下午九時卅分本報專電】蕭賀匪回竄大庸、朱毛大股沿清江北岸逃竄、先頭匪部抵大小庸、我薛岳部、在鎮遠之线、與黔軍會合堵截、劉建緒督率所部追剿、李覺部郭汝棟二十三日抵常德、二十四日將常城附近河南一帶之匪肅清、秩序恢復、向桃源追進、桃城即可收復、

【重慶二十五日中央社電】朱毛殘匪前鋒、已過清水江西竄云、

【香港二十五日下午十時本報專電】湘劉建緒等部二十三日克黎平、桂夢廖兩軍亦由通道榕江向黔急進夾擊、僞三軍團、向高場回竄、余漢謀向陳濟棠請纓入黔剿匪、陳已轉呈蔣委員長鑒核、余定元旦後赴吉安謁顧祝同、

【南昌二十五日中央社電】贛省匪患行將次第肅清、剿匪軍事告一段落、軍委會委員長南昌行營準備撤銷、賀國光二十五日下午在行營召開結束會議、處長以上均出席討論結束事宜云、

【南昌二十五日中央社電】贛東殘匪僞獨立團、自我軍攻下葛源、即退據靈山水晶嶺、經十二師所部繞路攀登衝入、匪徒滾死崖下、俘獲亦多、該嶺唐代所建之城垣猶在、形勢險要、被我軍攻克、殘匪在贛東已失其最後依據、

【福州二十五日中央社電】蔣主任到省後、省府二十四日晚設宴洗塵、聞蔣來省任務、係與陳主席晤商軍政聯繫辦法、在期限內肅清全省散匪及收復匪區施政計劃、制定方案實施、並擬召集各綏靖區司令官開會、面示方針、蔣之隨從副官秘書等二十四日乘輪隨到、二十四日蔣電漳州綏靖公署、召參謀長李家鼐乘機來省云、

66. 萧（克）、贺（龙）残匪回窜大庚，粤桂军决出师援黔，常德附近之匪已告肃清，蒋（介石）南昌行营准备撤消，1934 年 12 月 26 日第 2 版

【廣州二十五日下午九時本報專電】黔王家烈二十二日電西南政務會及陳（濟棠）李（宗仁）白（崇禧）、請迅調勁旅入黔協助剿匪、胡陳李二十四日復電謂、此間桂省部隊、仍繼續追剿、粵省部隊、亦已積極準備、請指揮貴部竭力抵禦、毋任蔓延云、

【香港今晨一時本報專電】蕭佛成談粵桂決即出師援黔、陳濟棠昨已召張達、李振良、李漢魂、商出師事、候中央令即動員、

【南京二十五日中央社電】王家烈二十四日自黔電京報告、匪一部由劍河竄華東、匪大部三四萬人、由中方橋、鰲魚嘴、向劍河附近、有繼續渡河模樣、已令各部扼要截擊、猶國才部因前方情況緊張、逕向安順清鎮之線、自貴陽附近兼程開赴馬場坪待命、

【長沙廿五日下午九時卅分本報專電】蕭賀匪向竄大庾、朱毛大股渡清江北岸逃竄、先頭匪部抵大小庾、我薛岳所部、在鎮遠之綫、與黔軍會合堵截、劉建緒督率所部追剿、李覺部郭汝棟二十三日抵常德、二十四日將常城附近河南一帶之匪肅清、秩序恢復、向桃源追進、桃城即可收復、

【重慶二十五日中央社電】朱毛殘匪前鋒、已過清水江西竄云、

【香港二十五日下午十時本報專電】湘劉建緒等部二十三日克黎平、桂廖磊兩軍亦由通道榕江向黔急進夾擊、僞三軍團、向高場同竄、余漢謀向陳濟棠請纓入黔剿匪、陳已轉呈蔣委員長發核、余定元旦後赴吉安謁顧祝同、

【南昌二十五日中央社電】贛省匪患行將次第肅清、剿匪軍事告一段落、軍委會委員長南昌行營準備撤銷、賀國光二十五日下午在行營召開結束會議、處長以上均出席討論結束事宜云、

【南昌二十五日中央社電】贛東殘匪僞獨立團、自我軍攻下葛源、即退據靈山水晶嶺、經十二師所部絜路攀登衝入、匪徒滾死崖下、俘獲亦多、該嶺唐代所建之城垣猶在、形勢險要、被我軍攻克、殘匪在贛東已失其最後依據、

【福州二十五日中央社電】蔣主任到省後、省府二十四日晚設宴洗塵、聞蔣來省任務、係與陳主席晤商軍政聯繫辦法、在期限內肅清全省散匪及收復匪區施政計劃、制定方案實施、並擬召集各綏靖區司令官開會、面示方針、蔣之隨從副官秘書等二十四日乘輪隨到、二十四日蔣電漳州綏靖公署、召參謀長李家鼐乘機來省云、

（局部图）

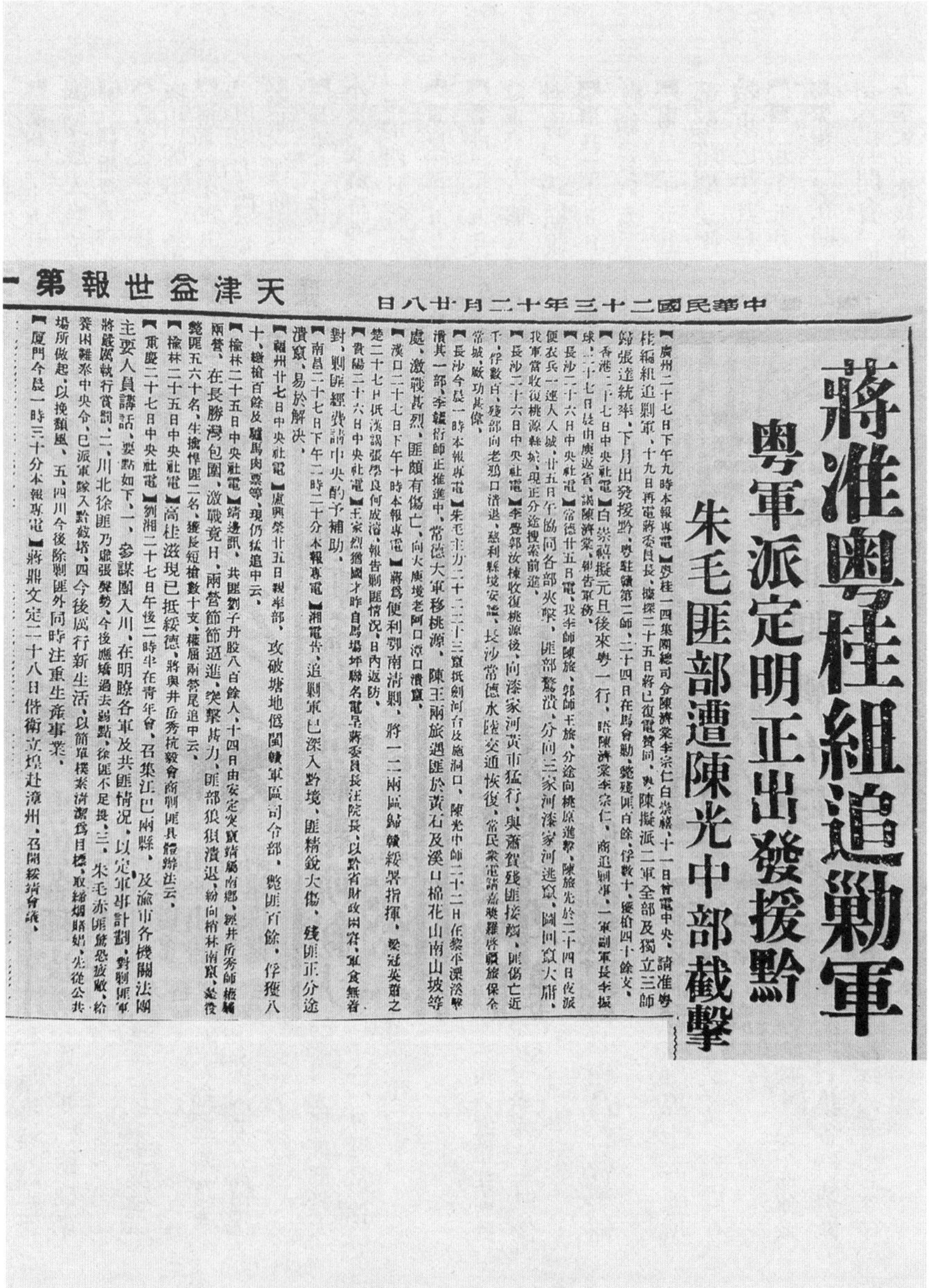

天津益世報第一

中華民國二十三年十二月廿八日

蔣准粵桂組追勦軍

粵軍派定明正出發援黔

朱毛匪部遭陳光中部截擊

【廣州二十七日下午九時本報專電】粵桂一四集團總司令陳濟棠李宗仁白崇禧、十一日曾電中央、請准粵桂編組追勦軍、十九日再電蔣委員長、據探二十五日蔣已復電贊同、與陳擬派二軍全部及獨立三師歸張達統率、下月出發援黔、粵駐贛第二師、二十四日在馬會勦、斃殘匪百餘、俘數十、獲槍四十餘支、

【香港二十七日中央社電】白崇禧擬元旦後來粵一行、晤陳濟棠李宗仁、商追剿事、一軍副軍長李振球、二十七日晨由廣返省、謁陳濟棠、報告軍務、

【長沙二十六日中央社電】常德廿五日電、我李師陳旅、郭師王旅、分途向桃源進擊、陳旅先於二十四日夜派便衣兵一連入城、廿五日午協同各部夾擊、匪部驚潰、分向三家河漆家河逃竄、闖回竄大庸、我軍當收復桃源縣城、現正分途搜索前進、

【長沙二十六日中央社電】李覺部汝棟收復桃源後、向漆家河黃市猛行、與蕭賀殘匪接觸、匪傷亡近千、俘數百、殘部向老鴉口潰退、慈利縣境安謐、長沙常德水陸交通恢復、常民衆電請嘉獎羅啓疆旅保全常城、厥功甚偉、

【長沙今晨一時本報專電】朱毛主力二十二二十三竄抵劍河台及施洞口、陳光中師二十二日在黎平渠溪擊潰其一部、李韞珩師正推進中、常德大軍移桃源、陳王兩旅遇匪於黃石及溪口棉花山南山坡等處、激戰甚烈、匪頗有傷亡、向大庸境老阿口漕口潰竄、

【漢口二十七日下午十時本報專電】蔣爲便利鄂南清剿、將一二兩區歸贛綏署指揮、樊冠英蘢之楚二十七日抵漢謁張學良何成濬、報告剿匪情況、日內返防、

【貴陽二十六日中央社電】王家烈猶國才昨自馬場坪聯名電呈蔣委員長汪院長、以黔省財政困窘、軍食無着對、剿匪經費請中央酌予補助、

【南昌二十七日下午二時二十分本報專電】湘電告、追剿軍已深入黔境、匪精銳大傷、殘匪正分途潰竄、易於解決、

【贛州廿七日中央社電】虔興榮廿五日親率部、攻破塘地僞閩贛軍區司令部、斃匪百餘、俘獲八十、繳槍百餘及驢馬肉票等、現仍猛追中云、

【榆林二十五日中央社電】靖邊訊、共匪劉子丹股八百餘人、十四日由安定突竄靖屬南鄉、經井岳秀師橫擊兩營、在長勝灣包圍、激戰竟日、兩營節節退進、突擊甚力、匪部狼狽潰退、紛向榆林南竄、是役斃匪五六十名、生擒悍匪二名、獲長短槍數十支、殘匪兩營尾追中云、

【榆林二十五日中央社電】高桂滋現已抵綏德、將與井岳秀抗毅會商剿匪具體辦法云、

【重慶二十七日中央社電】劉湘二十七日午後二時半在青年會、召集江巴兩縣、及渝市各機關法團主要人員講話、要點如下、一、參謀團入川、在明瞭各軍及共匪情況、以定軍事計劃、對剿匪軍將嚴厲執行賞罰、二、川北徐匪乃虛張聲勢、今後應矯過去弱點、徐匪不足畏、三、朱毛赤匪黨恐被敗、給養困難、秦中央令、已派軍隊入黔截堵、四今後厲行新生活、以簡單樸素清潔爲目標、取締烟賭娼、先從公共場所做起、以挽頹風、五、四川今後除剿匪外同時注重生產事業、

【廈門今晨一時三十分本報專電】蔣鼎文定二十八日偕衛立煌赴漳州、召開綏靖會議、

2|1

67. 蒋（介石）准粤桂组追剿军，粤军派定明正出发援黔，朱（德）、毛（泽东）匪部遭陈光中部截击，1934 年 12 月 28 日第 2 版

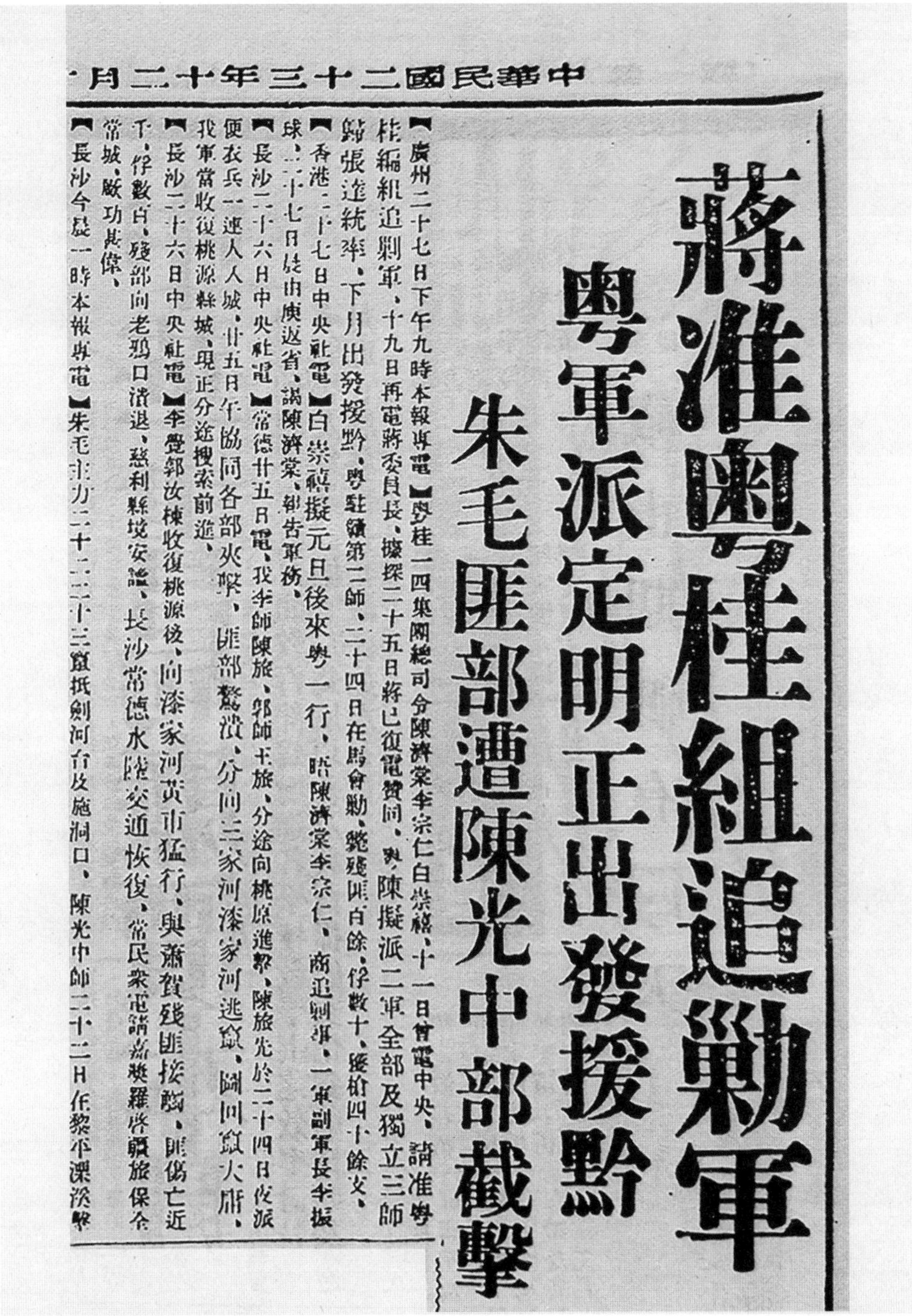
中華民國二十三年十二月

蔣准粵桂組追剿軍

粵軍派定明正出發援黔

朱毛匪部遭陳光中部截擊

【廣州二十七日下午九時本報專電】粵桂一四集團總司令陳濟棠李宗仁白崇禧、十一日曾電中央、請准粵桂編組追剿軍、十九日再電蔣委員長、據探二十五日蔣已復電贊同、與陳擬派二軍全部及獨立三師歸張達統率、下月出發援黔、粵駐贛第二師、二十四日在馬會剿、斃殘匪百餘、俘數十、獲槍四十餘支、

【香港二十七日中央社電】白崇禧擬元旦後來粵一行、晤陳濟棠李宗仁、商追剿事、一軍副軍長李振球二十七日徒由桂返省、謁陳濟棠、報告軍務、

【長沙二十六日中央社電】常德廿五日電、我李師陳旅、郭師王旅、分途向桃源進剿、陳旅先於二十四日夜派便衣兵一連入人城、廿五日午協同各部夾擊、匪部驚潰、分向三家河漆家河逃竄、斃匪大部、我軍當收復桃源縣城、現正分途搜索前進、

【長沙二十六日中央社電】李覺郭汝棟收復桃源後、向漆家河黃市猛行、與蕭賀殘匪接觸、匪傷亡近千、俘數百、殘部向老鴉口潰退、慈利縣境安謐、長沙常德水陸交通恢復、常民衆電請嘉獎羅啟疆旅保全常城、厥功甚偉、

【長沙今晨一時本報專電】朱毛主力二十二二十三竄抵劍河台及施洞口、陳光中師二十二日在黎平溧淡截擊

（局部图 1）

天津益世報 第一

廿八日

【長沙今晨一時本報專電】朱毛主力二十二二十三竄抵劍河台及施洞口、陳光中師二十二日在黎平深淤擊潰其一部、李韞珩師正推進中、常德大軍移桃源、陳王兩旅遇匪於黃石及溪口棉花山南山坡等處、激戰甚烈、匪頗有傷亡、向大庾境老阿口濟口潰竄、

【漢口二十七日下午十時本報專電】蔣爲便利鄂南清剿、將一二兩區歸贛綏署指揮、梁冠英豬之楚二十七日抵漢謁張學良何成濬、報告剿匪情況、日內返防、

【貴陽二十六日中央社電】王家烈猶國才昨自馬場坪聯名電呈蔣委員長汪院長、以黔省財政困窘、軍食無着、對、剿匪經費請中央酌予補助、

【南昌二十七日下午二時二十分本報專電】湘電告、追剿軍已深入黔境、匪精銳大傷、殘匪正分途潰竄、易於解決、

【福州廿七日中央社電】盧興榮廿五日親率部、攻破塘地僞閩贛軍區司令部、斃匪百餘、俘獲八十、繳槍百餘及騾馬肉票等、現仍猛追中云、

【榆林二十五日中央社電】靖邊訊、共匪劉子丹股八百餘人、十四日由安定突竄靖縣南鄉、經井岳秀師權兩營、在長勝灣包圍、激戰竟日、兩營節節逼進、突擊甚力、匪部狼狽潰退、紛向榆林南竄、是役斃匪五六十名、生擒悍匪二名、獲長短槍數十支、權屆兩營尾追中云、

【榆林二十五日中央社電】高桂滋現已抵綏德、將與井岳秀杭毅會商剿匪具體辦法云、

【重慶二十七日中央社電】劉湘二十七日午後二時半在青年會、召集江巴兩縣、及渝市各機關法團主要人員講話、要點如下、一、參謀團入川、在明瞭各軍及共匪情況、以定軍事計劃、對剿匪軍將嚴厲執行賞罰、二、川北徐匪乃虛張聲勢、今後應矯過去弱點、徐匪不足畏、三、朱毛赤匪然恐疲敝、給養困難、叅中央令、已派軍隊入黔截堵、四、今後厲行新生活、以簡單樸素清潔爲目標、取締烟賭娼、先從公共場所做起、以挽頹風、五、四川今後除剿匪外同時注重生產事業、

【廈門今晨一時三十分本報專電】蔣鼎文定二十八日偕衛立煌赴漳州、召開綏靖會議、

（局部图 2）

民　报

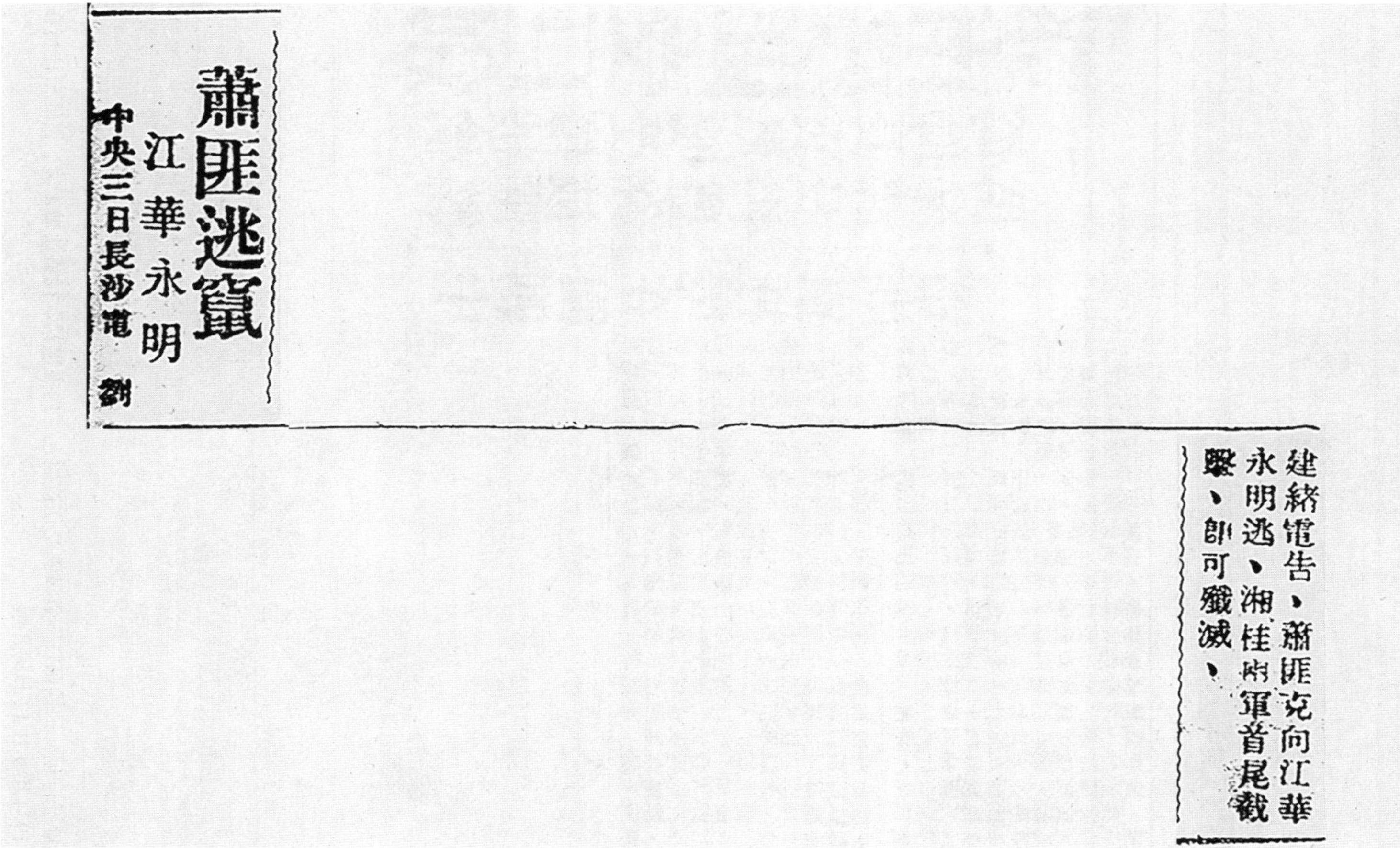

蕭匪逃竄 江華永明

中央三日長沙電 劉建緒電告、蕭匪竄向江華永明逃、湘桂兩軍首尾截擊、即可殲滅、

1. 萧匪逃窜江华、永明，1934年9月4日第2版

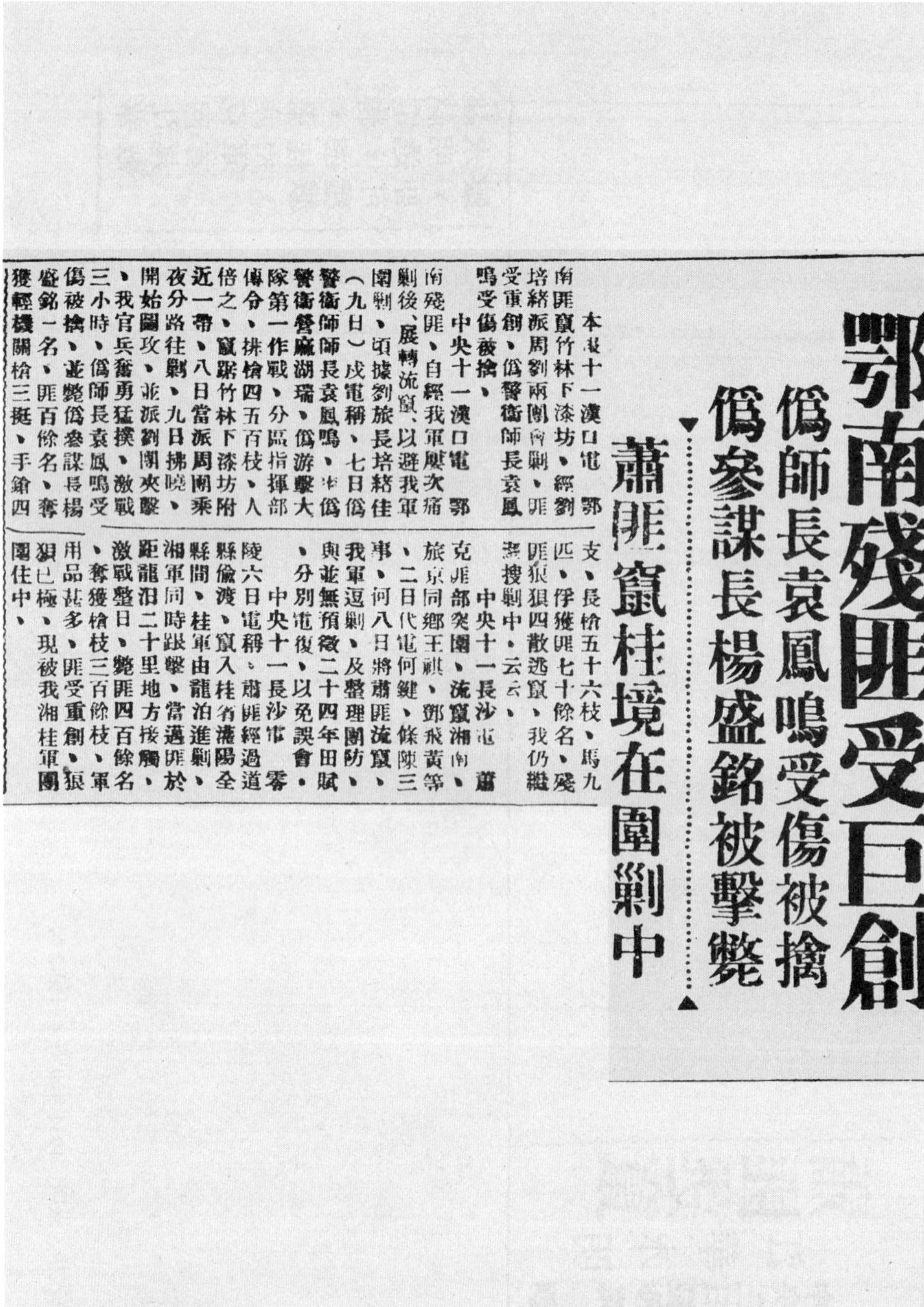

鄂南殘匪受巨創

偽師長袁鳳鳴受傷被擒
偽參謀長楊盛銘被擊斃

蕭匪竄桂境在圍剿中

本報十一漢口電　鄂南匪竄竹林下滁坊、經劉培緒派周劉兩團兩剿、匪受重創、偽警衛師長袁鳳鳴受傷被擒、

中央十一漢口電　鄂南殘匪、自經我軍屢次痛剿後、展轉流竄、以避我軍圍剿、頃據劉旅長培緒佳（九日）戌電稱、七日偽警衛師師長袁鳳鳴、率偽警衛營麻湖瑞、偽游擊大隊第一作戰、分區指揮部傳令、排槍四五百枝、入倍之、竄踞竹林下滁坊附近一帶、八日當派周團乘夜分路往剿、九日拂曉、開始圖攻、並派劉團夾擊、我官兵奮勇猛撲、激戰三小時、偽師長袁鳳鳴受傷被擒、並斃偽參謀長楊盛銘一名、匪百餘名、奪獲輕機關槍三挺、手鎗四支、長槍五十六枝、馬九匹、俘獲匪七十餘名、殘匪狼狽四散逃竄、我仍繼續搜剿中、云云、

中央十一長沙電　蕭克匪部突圍、流竄湘南旅京同鄉王祺、鄧飛黃等、二日代電何鍵、條陳三事、何八日將蕭匪流竄、我軍逗剿、及整理團防、與並無預徵、二十四年田賦、分別電復、以免誤會・

中央十一長沙電　零陵六日電稱、蕭匪經過道縣偷渡、竄入桂省灌陽全縣間、桂軍由龍泊進剿、湘軍同時跟擊、當邁匪於距龍泪二十里地方接觸、激戰盤日、斃匪四百餘名、奪獲槍枝三百餘枝、軍用品甚多、匪受重創、狼狽已極、、現被我湘桂軍圍住中、

2. 鄂南残匪受巨创，“伪师长”袁凤鸣受伤被擒，“伪参谋长”杨盛铭被击毙，萧匪窜桂境在围剿中，1934 年 9 月 12 日第 3 版

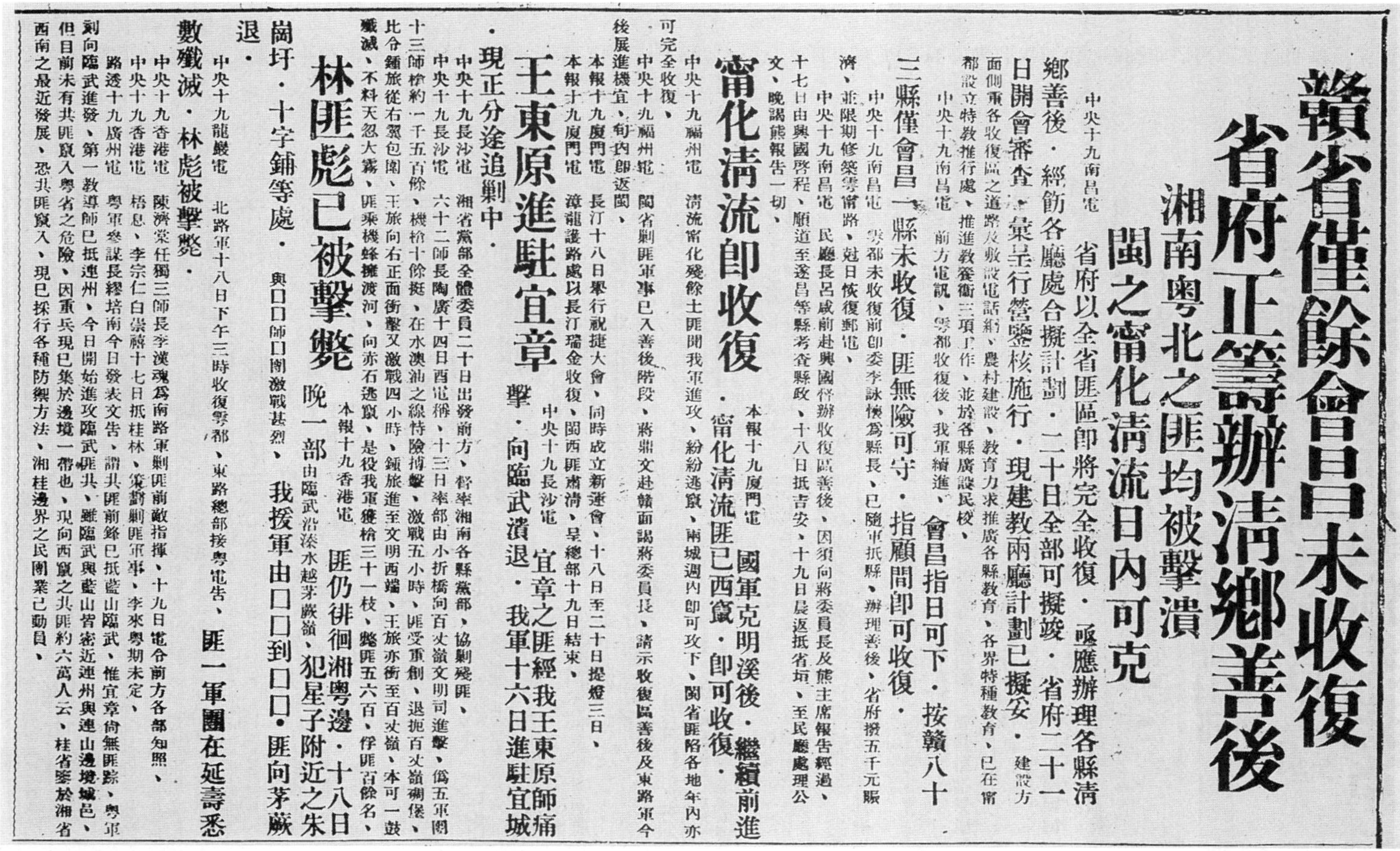
贛省僅餘會昌未收復
省府正籌辦清鄉善後
湘南粵北之匪均被擊潰
閩之甯化清流日內可克

中央十九南昌電　省府以全省匪區即將完全收復、亟應辦理各縣清鄉善後、經飭各廳處合擬計劃、二十日全部可擬竣、省府二十一日開會審查、彙呈行營鑒核施行、現建教兩廳計劃已擬妥、建設方面側重各收復區之道路及敷設電話網、農村建設、教育力求推廣各縣教育、各界特種教育、已在甯都設立特教推行處、推進教養衛三項工作、並於各縣廣設民校、

中央十九南昌電　前方電訊、雩都收復後、我軍續進、會昌指日可下、按贛八十三縣僅會昌一縣未收復、匪無險可守、指顧間即可收復、

中央十九南昌電　雩都未收復前即委李詠懷為縣長、已隨軍抵縣、辦理善後、省府撥五千元賑濟、並限期修築雩甯路、尅日恢復郵電、

中央十九南昌電　民廳長呂咸前赴興國督辦收復區善後、因須向蔣委員長及熊主席報告經過、十七日由興國啓程、順道至遂昌等縣考查縣政、十八日抵吉安、十九日晨返抵省垣、至民廳處理公文、晚謁熊報告一切、

甯化清流即收復

本報十九廈門電　國軍克明溪後、繼續前進、甯化清流匪已西竄、即可收復、

中央十九福州電　清流甯化殘餘土匪聞我軍進攻、紛紛逃竄、兩城週內即可攻下、閩省匪區各地年內亦可完全收復、

中央十九福州電　閩省剿匪軍事已入善後階段、蔣鼎文赴贛面謁蔣委員長、請示收復區善後及東路軍今後展進機宜、旬內即返閩、

本報十九廈門電　長汀十八日舉行祝捷大會、同時成立新運會、十八日至二十日提燈三日、

本報十九廈門電　漳龍護路處以長汀瑞金收復、閩西匪肅清、呈總部十九日結束、

王東原進駐宜章

中央十九長沙電　宜章之匪經我王東原師痛擊、向臨武潰退、我軍十六日進駐宜城、現正分途追剿中、

中央十九長沙電　湘省黨部全體委員二十日出發前方、督率湘南各縣黨部、協剿殘匪、

中央十九長沙電　六十二師長陶廣十四日酉電稱、十三日率部由小折橋向百丈嶺文明司進擊、偽五軍團十三師約一千五百餘、機槍十餘挺、在水澳油之線恃險拚鬥、激戰五小時、匪受重創、退扼百丈嶺碉堡、比令鍾旅從右翼包圍、王旅向右正面衝擊又激戰四小時、鍾旅進至文明西端、王旅亦衝至百丈嶺、本可一鼓殲滅、不料天忽大霧、匪乘機蜂擁渡河、向赤石逃竄、是役我軍獲槍三十一枝、斃匪五六百、俘匪百餘名、

林匪彪已被擊斃

本報十九香港電　匪仍徘徊湘粵邊、十八日晚一部由臨武沿湊水越茅蕨嶺、犯星子附近之朱崗圩、十字鋪等處、與口口師口團激戰甚烈、我援軍由口口到口口、匪向茅蕨退、

中央十九龍巖電　北路軍十八日下午三時收復雩都、東路總部接粵電告、匪一軍團在延壽悉數殲滅、林彪被擊斃、

中央十九香港電　陳濟棠任獨三師長李漢魂為南路軍剿匪前敵指揮、十九日電令前方各部知照、

中央十九香港電　梧息、李宗仁白崇禧十七日抵桂林、策劃剿匪軍事、李來粵期未定、

路透十九廣州電　粵軍參謀長繆培南今日發表文告、謂共匪前鋒已抵藍山臨武、惟宜章尚無匪蹤、粵軍刻向臨武進發、第一教導師已抵連州、今日開始進攻臨武匪共、蓋臨武與藍山皆密近連州與連山邊境城邑、但目前未有共匪竄入粵省之危險、因重兵現已集於邊境一帶也、現向西竄之共匪約六萬人云、桂省鑒於湘省西南之最近發展、恐共匪竄入、現已採行各種防禦方法、湘桂邊界之民團業已動員、

3. 赣省仅余会昌未收复，省府正筹办清乡善后，湘南粤北之匪均被击溃，闽之宁化、清流日内可克，1934 年 11 月 20 日第 2 版

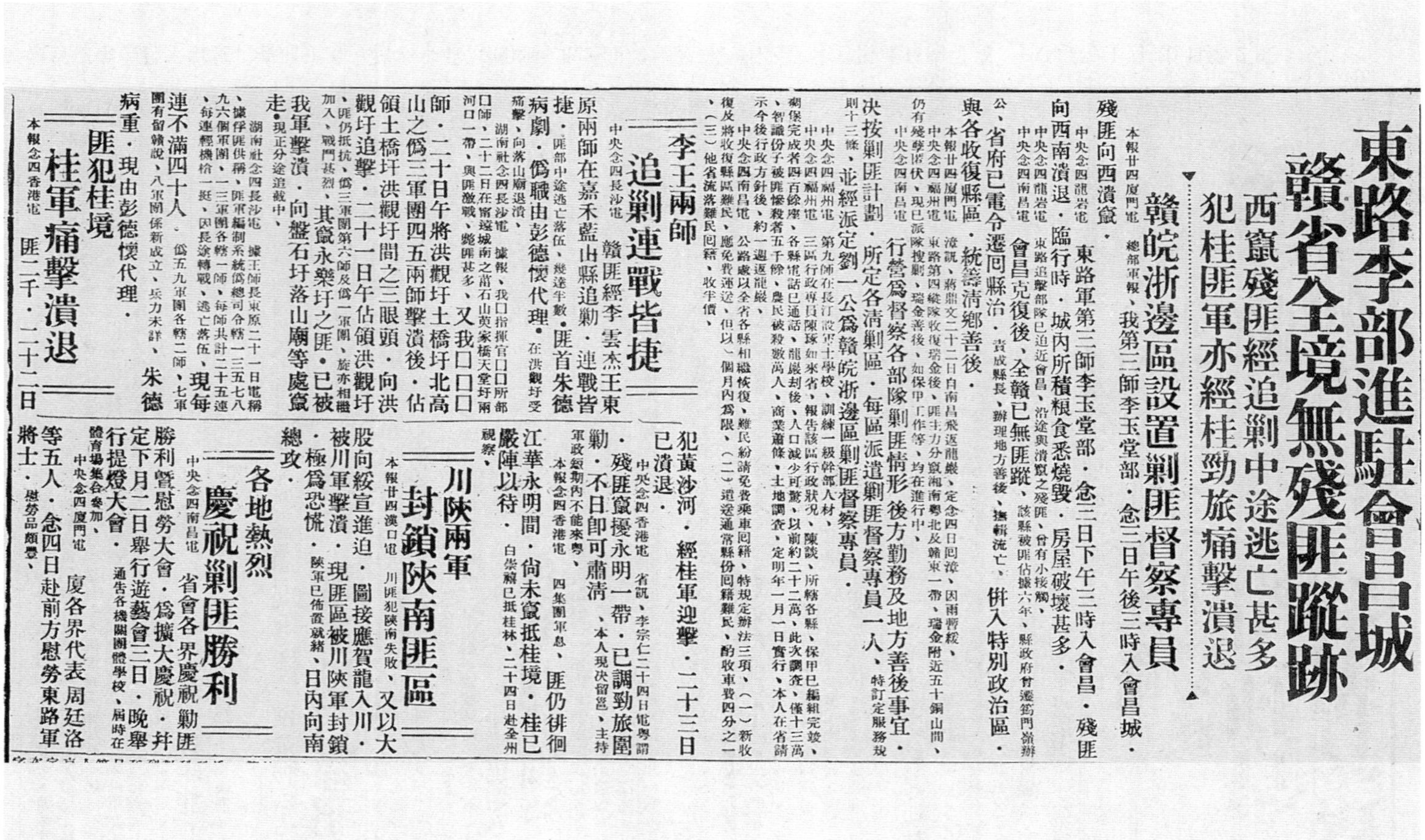
東路李部進駐會昌城
贛省全境無殘匪蹤跡
西竄殘匪經追剿中途逃亡甚多
犯桂匪軍亦經桂勁旅痛擊潰退
（本報廿四廈門電）總部軍報、我第三師李玉堂部、念三日午後三時入會昌城、殘匪向西潰竄、
（中央念四龍岩電）東路軍第三師李玉堂部、念二日下午三時入會昌、殘匪向西南潰退、臨行時、城內所積糧食悉燒毀、房屋破壞甚多、
（中央念四南昌電）會昌克復後、全贛已無匪蹤、該縣被匪佔據六年、縣政府曾遷筠門嶺辦公、省府已電令遷回縣治、責成縣長、辦理地方善後、撫輯流亡、併入特別政治區、與各收復縣區、統籌清鄉善後、
贛皖浙邊區設置剿匪督察專員
決按剿匪計劃、所定各清剿區、每區派遣剿匪督察專員一人、
則十三條、並經派定劉一公爲贛皖浙邊區剿匪督察專員、
李王兩師
追剿連戰皆捷
（中央念四長沙電）贛匪經李雲杰王東原兩師在嘉禾藍山縣追剿、連戰皆捷、匪部中途逃亡落伍、匪首朱德病劇、僞職由彭德懷代理、
匪犯桂境
桂軍痛擊潰退
（本報念四香港電）匪二千、二十二日連不滿四十人、現每病重、現由彭德懷代理、
犯黃沙河、經桂軍迎擊、二十三日已潰退、
川陝兩軍
封鎖陝南匪區
各地熱烈
慶祝剿匪勝利

4.东路李部进驻会昌城，赣省全境无残匪踪迹，西窜残匪经追剿中途逃亡甚多，犯桂匪军亦经桂劲旅痛击溃退，赣皖浙边区设置剿匪督察专员，1934年11月25日第2版

藍山宜章均收復

王東原部又佔領下灌

竄湘殘匪將全數消滅

本報念五香港電 獨三師副師長李江念四日電、本師念日午克復臨武、抵續向藍山推進、念二日抵田心舖、星夜續進、念三日晨克復藍山縣城、匪潰退下灌、被我李雲杰王東原部截擊、復狼狽向街縣追竄、現本師在藍候命、王東原部向竹管寺百勝營追擊中、

中央念五南京電 何鍵頃有電到京、報告王東原部念四日晨佔領下灌、斃匪千餘、獲槍數百、

中央念五福州電 蔣鼎文電省報告、淮何鍵電、王師在朱榻橋將匪擊潰、乘勢攻復宜章城、匪向臨武藍山嘉禾等縣竄去、又李師在冷水舖擊潰匪一股、經中和圩冷水舖以西、抵仙人橋坦平圩一帶、與匪激戰、方園市南高地有匪工事、到桂投誠之匪內有屬偽三八軍團瑞金司令部獨立營者、足證由嘉禾桂東間西竄者係該匪部等語、

湖南社念五長沙電 湘西方面、賀蕭兩匪十三日在永順被我陳渠珍部襲同田各旅、擊潰後、圖擾桑植大庸、又經我駐軍防剿、乃向塔臥龍家寨竄逸、繼被我陳渠珍師長調集所部、楊皮雷廖各部、協同龐周顧各旅圍剿、本可聚殲、殊匪衝破我楊皮各部陣地、乘隙欲逃、因川鄂方面友軍嚴密堵截、兼以常桃方面派隊協剿、乃竄向古丈辰州邊境之王村附近、刻我陳師已調大部馳剿、殘匪不難全數消滅

湖南社念五長沙電 永州電稱、匪偽三五軍團一部、二十二日經周縱隊蕭師截獲、激戰於甯遠西南道縣以東之梧溪洞下灌之線、匪頑強增援、相持至晚、斃匪甚衆、匪一部二十三日竄到道縣、永安關及桂境文市一帶、但沿途消滅逃亡投誠不少、處處受我側擊堵截、龍虎關方面亦有股匪一部竄到、二十二日與桂軍激戰頗烈、

中央念四長沙電 據王師長東原念一日電稱、據俘匪供稱、匪軍編制系統、偽總司令轄一三五七八九六個軍、一三軍團各轄一師、每師共計二十七連、每連輕機槍一架、因長途轉戰、逃亡落伍、現每連不滿四十人、偽五九軍團各轄二師、七八軍團各轄二師、七軍團係新成立、兵力未詳、朱德病重、現由彭德懷代理、

★★★

5. 蓝山、宜章均收复，王东原部又占领下灌，窜湘残匪将全数消灭，1934 年 11 月 26 日第 2 版

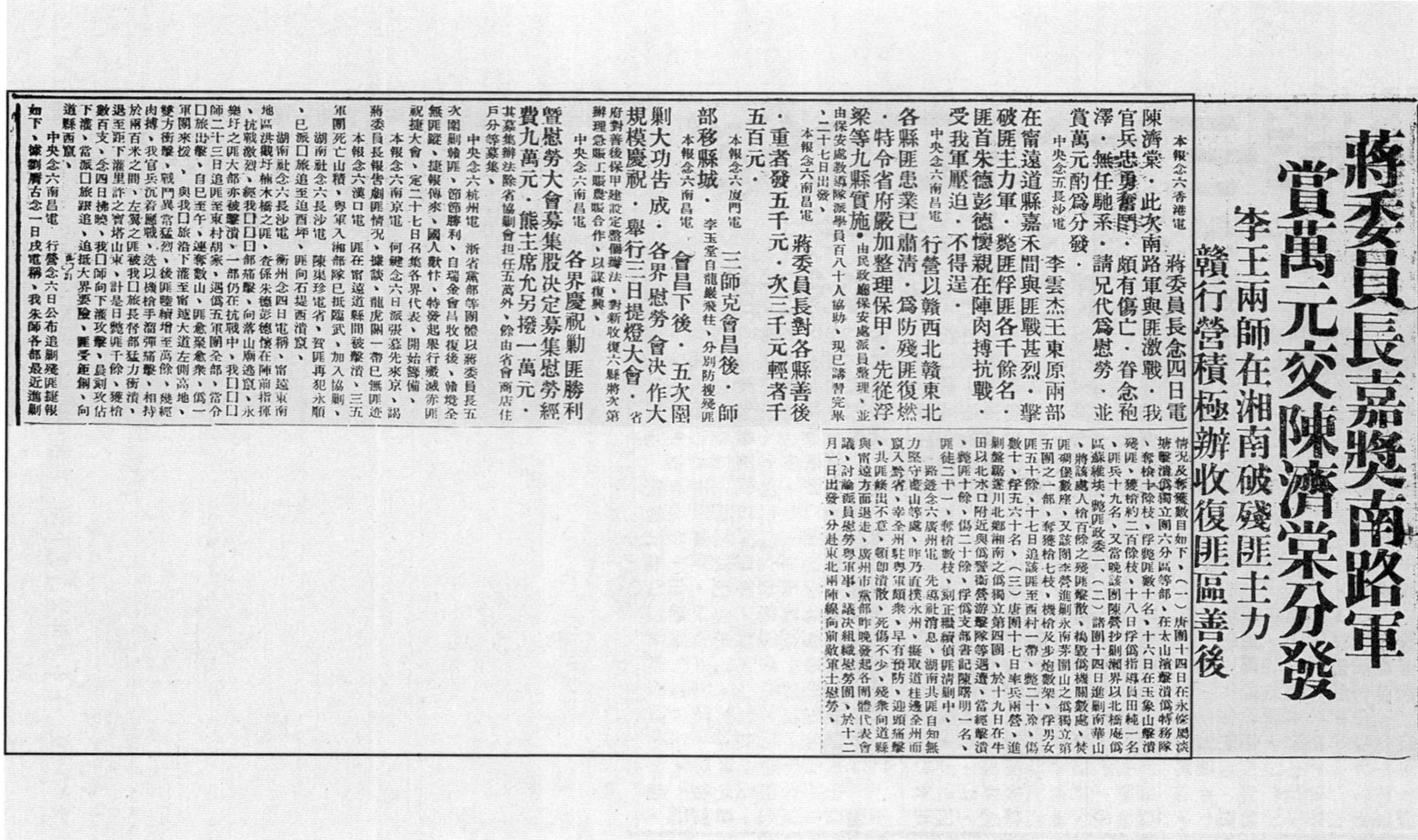

蔣委員長嘉獎南路軍 賞萬元交陳濟棠分發

李王兩師在湘南破殘匪主力

贛行營積極辦收復匪區善後

本報念六香港電 蔣委員長念四日電陳濟棠・此次南路軍與匪激戰・我官兵忠勇奮鬥・頗有傷亡・眷念袍澤・無任馳系・請兄代爲慰勞・並賞萬元酌爲分發・

中央念五長沙電 李雲杰王東原兩部在甯遠道縣嘉禾間與匪戰甚烈・擊破匪主力軍・斃匪俘匪各千餘名・匪首朱德彭德懷親在陣肉搏抗戰・受我軍壓迫・不得逞・

中央念六南昌電 行營以贛西北贛東北各縣匪患業已肅清・爲防殘匪復燃・特令省府嚴加整理保甲・先從浮梁等九縣實施・由民政廳保安處派員整理、並由保安處教導隊派學員百八十人協助、現已講習完畢、二十七日出發、

本報念六南昌電 蔣委員長對各縣善後・重者發五千元・次三千元輕者千五百元・

本報念六廈門電 三師克會昌後・師部移縣城・李玉堂自龍巖飛往、分別防搜殘匪

本報念六南昌電 會昌下後・五次圍剿大功告成・各界慰勞會決作大規模慶祝・舉行三日提燈大會・省府對善後保甲建設定整個辦法、對新收復六縣將次第辦理急賑工賑農賑合作、以謀復興、

中央念六南昌電 各界慶祝剿匪勝利暨慰勞大會募集股決定募集慰勞經費九萬元・熊主席允另撥一萬元・其募集辦法除省協剿會担任五萬外、餘由省會商店住戶分等募集、

中央念六杭州電 浙省黨部等團體以蔣委員長五次圍剿贛匪、節節勝利、自瑞金會昌收復後、贛境全無匪蹤、捷報傳來、國人歡忭、特發起舉行殲滅赤匪祝捷大會、定二十七日召集各界代表、開始籌備、

本報念六南京電 何鍵念六日派張慕先來京、謁蔣委員長報告剿匪情況、據談、龍虎關一帶已無匪迹

本報念六漢口電 匪在甯遠道縣間被擊潰、三五軍團死亡山積、粵軍入湘部隊已抵臨武、加入協剿、

湖南社念六長沙電 陳渠珍電省、賀匪再犯永順、已派□旅追至追西坪、匪向石堤西潰竄、

湖南社念六長沙電 衡州念四日電稱、甯遠東南地區洪觀圩楠木橋之匪、查係朱德彭德懷在陣前指揮、抗戰激烈、經我□□□匪、□部痛擊、向落山廟逃竄、□永樂圩之匪大部亦被擊潰、一部仍在抗戰中、我□□□師二十三日追匪至東村胡家、遇僞五軍團全部、當□介□旅出擊、自巳至午、連奪數山、匪愈聚愈衆、僞一軍團來援、與我□旅沿下灌至甯遠大道左側高地、雙方衝擊、戰鬥異常猛烈、後匪陸續增至萬餘、幾經肉搏、我官兵沉着應戰、迭以機槍手溜彈痛擊、相持於兩百米之間、左翼之匪被我□旅長督部猛力衝潰、退至距下灌里許之寶塔山東、計是日斃匪千餘、獲槍數百支、念四日拂曉、我□師向下灌攻擊、晨刻攻佔下灌、當派□旅跟追、追抵大界要隘、匪受重創、向道縣西竄、

中央念六南昌電 行營念六日公布追剿殘匪捷報如下、據劉屑古念一日戌電稱、我朱師各部最近進剿情況及奪獲數目如下、（一）唐團十四日在永修周淡塘擊潰僞獨立團六分區等部、在太山濱擊潰僞特務隊、奪槍十餘枝、俘斃匪數十名、十六日在玉象山擊潰殘匪、獲槍約二百餘枝、十八日俘僞指導員田純一名、匪兵十九名、又當晚該團陳營抄剿瀏界以北橋庵僞區蘇維埃、斃匪政委一、（二）諸團十四日進剿南華山、將該處人槍百餘之殘匪擊散、搗毀僞機關數處、焚匪碉堡數座、又該團李營進剿永南茅園山之僞獨立第五團之一部、奪獲槍七枝、機槍及步炮數架、俘男女匪五十餘、十七日追該匪至西村一帶、斃二十余、僞數十、俘五六十名、（三）唐團十七日率兵兩營、進剿盤踞蓬川北鄉湘南之僞獨立第四團、於十九日在牛田以北水口附近與僞警衛營游擊隊等遇遭、當經擊潰、斃匪十餘、僞二十餘、俘僞支部書記陳嚐明一名、匪徒二十一、奪槍數枝、刻正繼續偵匪清剿中、

路透念六廣州電 先導社消息、湖南共匪自知無力堅守處山等處、乃直撲永州、擬取道桂邊全州而竄入黔省、幸全州駐粵軍頗衆、早有預防、迎頭痛擊、共匪條出不意、頓即潰散、死傷不少、殘衆向道縣與甯遠方面退走、廣州市黨部昨晚發起各團體代表會議、討論派員慰勞粵軍事、議決組織慰勞團、於十二月一日出發、分赴東北兩陣線向前敵軍士慰勞、

6. 蒋委员长嘉奖南路军，赏万元交陈济棠分发，李（云杰）、王（东原）两师在湘南破残匪主力，赣行营积极办收复匪区善后，1934 年 11 月 27 日第 2 版

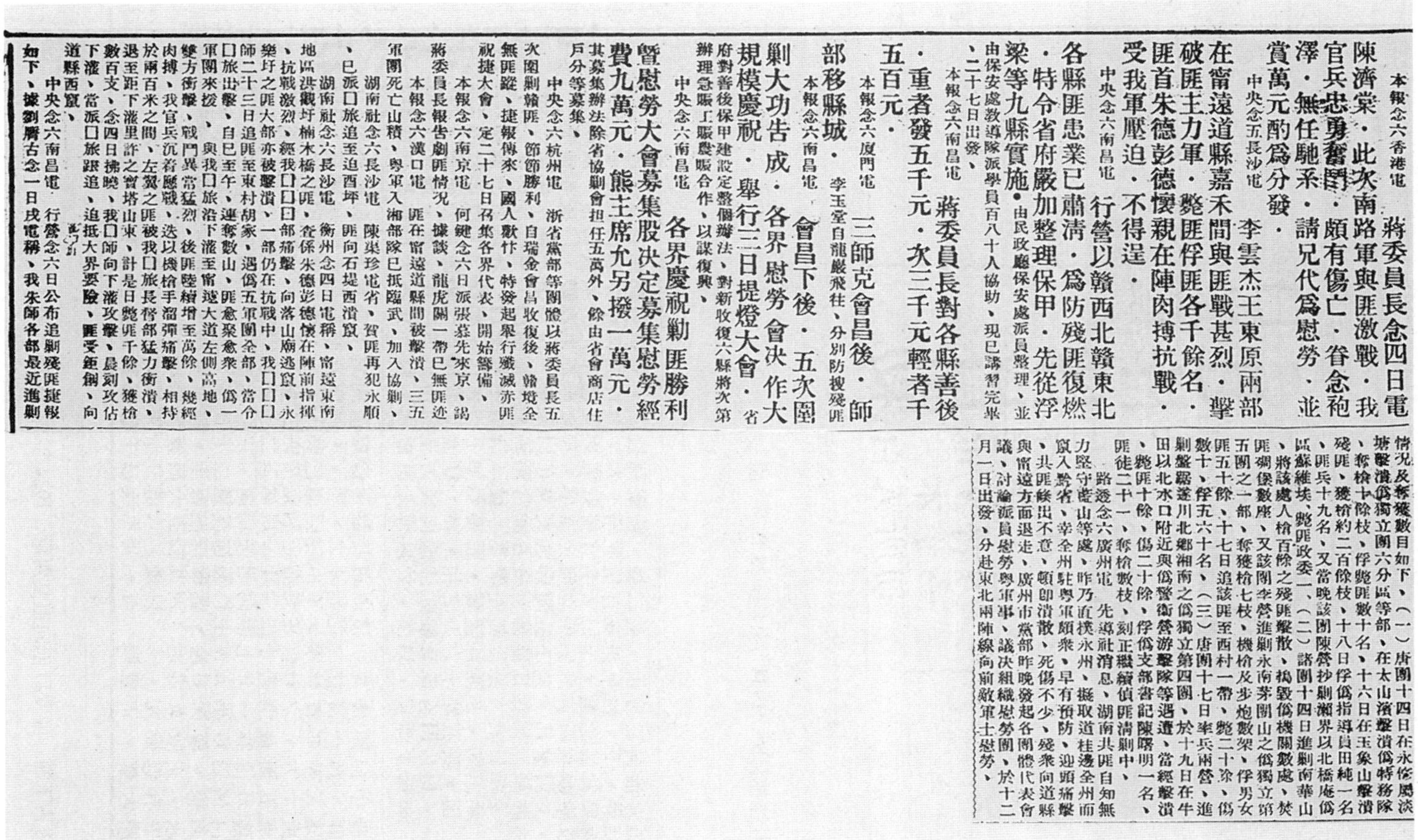

本報念六香港電　蔣委員長念四日電陳濟棠・此次南路軍與匪激戰・我官兵忠勇奮鬥・頗有傷亡・眷念袍澤・無任馳系・請兄代為慰勞・並賞萬元酌為分發・

中央念五長沙電　李雲杰王東原兩部在甯遠道縣嘉禾間與匪戰甚烈・擊破匪主力軍・斃匪俘匪各千餘名・匪首朱德彭德懷親在陣肉搏抗戰・受我軍壓迫・不得逞・

中央念六南昌電　行營以贛西北贛東北各縣匪患業已肅清・為防殘匪復燃・特令省府嚴加整理保甲・先從浮梁等九縣實施●由民政廳保安處派員整理、並由保安處教導隊派學員百八十人協助、現已講習完畢、二十七日出發、

本報念六南昌電　蔣委員長對各縣善後・重者發五千元・次三千元輕者千五百元・

本報念六廈門電　三師克會昌後・師部移縣城・李玉堂自龍巖飛往、分別防搜殘匪

本報念六南昌電　會昌下後・五次圍剿大功告成・各界慰勞會決作大規模慶祝・舉行三日提燈大會・省府對善後保甲建設定整個辦法、對新收復六縣將次第辦理急賑工賑農賑合作、以謀復興、

中央念六南昌電　各界慶祝剿匪勝利暨慰勞大會募集股決定募集慰勞經費九萬元・熊主席允另撥一萬元・其募集辦法除省協剿會担任五萬外、餘由省會商店住戶分等募集、

中央念六杭州電　浙省黨部等團體以蔣委員長五次圍剿贛匪、節節勝利、自瑞金會昌收復後、贛境全無匪蹤、捷報傳來、國人歡忭、特發起舉行殲滅赤匪祝捷大會、定二十七日召集各界代表、開始籌備、

本報念六南京電　何鍵念六日派張慕先來京、謁蔣委員長報告剿匪情況、據談、龍虎關一帶已無匪迹、

本報念六漢口電　匪在甯遠道縣間被擊潰、三五軍團死亡山積、粵軍入湘部隊已抵臨武、加入協剿、

湖南社念六長沙電　陳渠珍電省、賀匪再犯永順、已派口旅追至追西坪、匪向石堤西潰竄、

湖南社念六長沙電　衡州念四日電稱、甯遠東南地區洪觀圩楠木橋之匪、查係朱德彭德懷在陣前指揮、抗戰激烈、經我口口口、口部痛擊、向落山廟逃竄、永樂圩之匪大部亦被擊潰、一部仍在抗戰中、我口口口師二十三日追匪至東村胡家、遇偽五軍團全部、當令口旅出擊、自巳至午、連奪數山、匪愈聚愈衆、偽一軍團來援、與我口旅沿下灌至甯遠大道左側高地、雙方衝擊、戰鬥異常猛烈、後匪陸續增至萬餘、幾經肉搏、我官兵沉着應戰、迭以機槍手溜彈痛擊、相持於兩百米之間、左翼之匪被我口旅長督部猛力衝潰、退至距下灌里許之寶塔山東、計是日斃匪千餘、獲槍數百支、念四日拂曉、我口師向下灌攻擊、晨刻攻佔下灌、當派口旅跟追、追抵大界要隘、匪受鉅創、向道縣西竄、

中央念六南昌電　行營念六日公布追剿殘匪捷報如下、據劉膺古念一日戌電稱、我朱師各部最近進剿情況及奪獲數目如下、（一）唐團十四日在永修周淡塘擊潰偽獨立團六分區等部、在太山演擊潰偽特務隊、奪槍十餘枝、俘斃匪數十名、十六日在玉象山擊潰殘匪、獲槍約二百餘枝、俘偽指導員田純一名、匪兵十九名、又當晚該團陳營抄剿瀨界以北橋庵偽區蘇維埃、斃匪政委一、（二）諸團十四日進剿南華山、將該處人槍百餘之殘匪擊散、搗毀偽機關數處、焚匪碉堡數座、又該團李營進剿永南茅圍山之偽獨立第五團之一部、奪獲槍七枝、機槍及步炮數架、俘男女匪五十餘、十七日追該匪至西村一帶、斃二十余、俘偽數十、俘五六十名、（三）唐團十七日率兵兩營進剿盤踞蓮川北鄉湘南之偽獨立第四團、於十九日在牛田以北水口附近與偽警衛營游擊隊等遇、當經擊潰、斃匪十餘、偽二十餘、俘偽支部書記陳曙明一名、匪徒二十一、奪槍數枝、刻正繼續偵匪清剿中、

路透念六廣州電　先遣社消息、湖南共匪自知無力堅守雷山等處、昨乃直撲永州、擬取道桂邊全州而竄入黔省、幸全州駐粵軍頗衆、早有預防、迎頭痛擊、共匪倏出不意、頓即潰散、死傷不少、殘衆向道縣與甯遠方面退走、廣州市黨部昨晚發起各團體代表會議、討論派員慰勞粵軍事、議決組織慰勞團、於十二月一日出發、分赴東北兩陣線向前敵軍士慰勞、

（局部图）

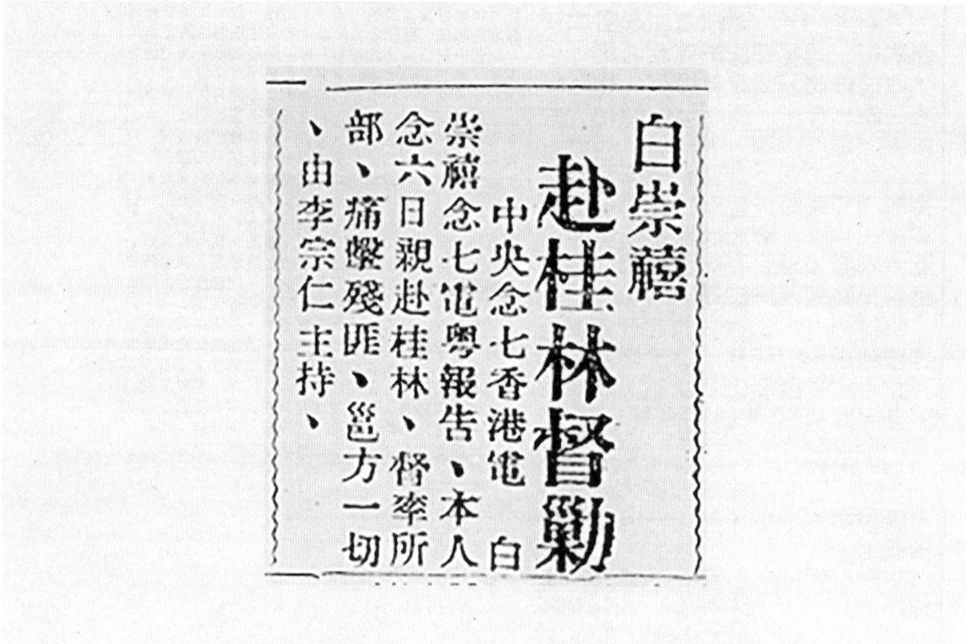

白崇禧赴桂林督剿

中央念七香港電　白崇禧念七電粵報告、本人念六日親赴桂林、督率所部、痛擊殘匪、邕方一切、由李宗仁主持、

7. 白崇禧赴桂林督剿，1934 年 11 月 28 日第 3 版

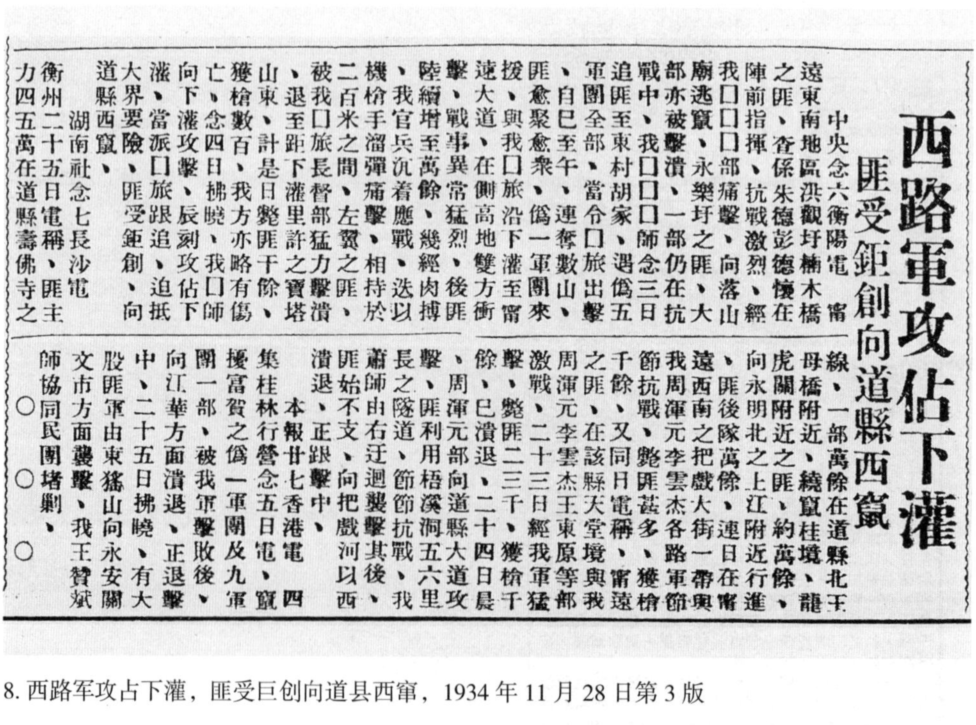

西路軍攻佔下灌

匪受鉅創向道縣西竄

中央念六衡陽電　甯遠東南地區洪觀圩楠木橋之匪、査係朱德彭德懷在陣前指揮、抗戰激烈、經我口口部、痛擊、向落山廟逃竄、永樂圩之匪、大部亦被擊潰、一部仍在抗戰中、我口口口師念三日追匪至東村胡家、遇僞五軍團全部、當令口旅出擊、自巳至午、連奪數山、匪愈聚愈衆、、僞一軍團來援、與我口旅沿下灌至甯遠大道、在側高地雙方衝擊、戰事異常猛烈、後匪陸續增至萬餘、幾經肉搏、我官兵沉着應戰、迭以機槍手溜彈痛擊、相持於二百米之間、左翼之匪、被我口旅長督部猛力擊潰、退至距下灌里許之寶塔山東、計是日斃匪千餘、獲槍數百、我方亦略有傷亡、念四日、拂曉我口師向下灌攻擊、辰刻、攻佔下灌、當派口旅跟追、追抵大界要險、匪受鉅創、向道縣西竄、

湖南社念七長沙電　衡州二十五日電稱、匪主力四五萬在道縣壽佛寺之線、一部萬餘在道縣北王母橋附近、繞竄桂境、龍虎關附近之匪、約萬餘、向永明北之上江附近行進、匪後隊萬餘、連日在甯遠西南之把戲大街一帶與我周渾元李雲杰各路軍節節抗戰、斃匪甚多、獲槍千餘、又同日電稱、甯遠之匪、在該縣天堂境與我周渾元、李雲杰王東原等部激戰、二十三日經我軍猛擊、斃匪二三千、獲槍千餘、巳潰退、二十四日晨、周渾元部向道縣大道攻擊、匪利用梧溪洞五六里長之隧道、節節抗戰、我蕭師由右迂迴襲擊其後、匪始不支、向把戲河以西潰退、正跟擊中、

本報廿七香港電　四集桂林行營念五日電、竄擾富賀之僞一軍團及九軍團一部、被我軍擊敗後、向江華方面潰退、正退擊中、二十五日拂曉、有大股匪軍由東豬山向永安關文市方面襲擊、我王贊斌師協同民團堵剿、○○○

8. 西路军攻占下灌，匪受巨创向道县西窜，1934 年 11 月 28 日第 3 版

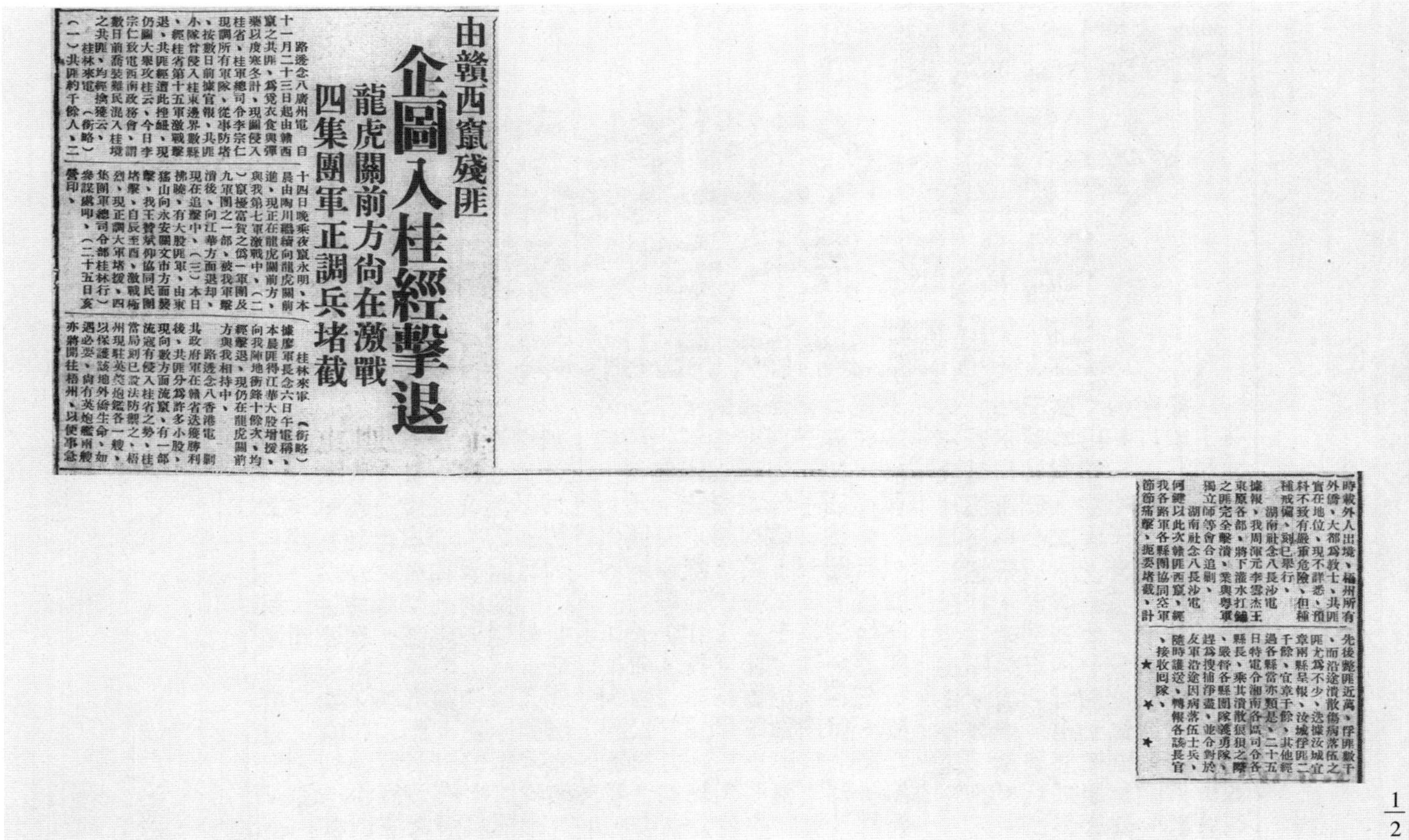

由贛西竄殘匪

企圖入桂經擊退

龍虎關前方尚在激戰

四集團軍正調兵堵截

路透念八廣州電自十一月二十三日起由贛西竄之共匪、爲覓衣食與彈藥以度寒冬計、現圖侵入桂省、桂軍總司令李宗仁現調所有軍隊、從事防堵、按數日前據官報、共匪小隊曾侵入桂東邊界數縣、經桂省第十五軍激戰擊退、共匪經遭此挫銳、現仍圖大擧攻桂云、今日李宗仁致電西南政務會、謂數日前喬裝難民混入桂境之共匪、均經擒獲云、桂林來電（銜略）（一）共匪約千餘人、二十四日晚乘夜竄永明、本晨由陶川繼續向龍虎關前進、現正在龍虎關前方、與我第七軍激戰中、（二）竄擾富賀之偽一軍團及九軍團之一部、被我軍擊潰後、向江華方面退卻、現在追擊中、（三）本日拂曉、有大股匪軍、由東猺山向永安關文市方面竄擊、我王贊斌部協同民團堵擊、自辰至酉、激戰極烈、現正調大軍堵援、四集團軍總司令部桂林行）參謀處即、（二十五日亥營印、

桂林來電（銜略）據廖軍長念六日午電稱、本晨匪得江華大股增援、向我陣地衝鋒十餘次、均經擊退、現仍在龍虎關前方與我相持中、

路透念八香港電剿共政府軍在贛省迭獲勝利後、共匪分爲許多小股、現向數方面流竄、有一部流竄有侵入桂省之勢、桂當局刻已設法防禦之、梧州現駐英美炮艦各一艘、以保護該地外僑生命、如遇必要、倘有英炮艦兩艘亦將開往梧州、以使事急

時載外人出境、福州所有外僑、大都爲教士、共匪實在地位、現不詳悉、預科不致有嚴重危險、但種種戒備、刻已擧行、

湖南社念八長沙電據報、我周渾元李雲杰王東原各部、將下灌水打鏞之匪完全擊潰、業與粵軍獨立師等會合追剿、

湖南社念八長沙電何鍵以此次贛匪西竄、經我各路軍各縣團協同空軍節節痛擊、扼要堵截、計先後斃匪近萬、俘匪數千、而沿途潰散傷病落伍之匪、尤爲不少、迭據汝城宜章兩縣呈報、汝城俘匪二千餘、宜章于餘、其他經過各縣當亦類是、二十五日特電令湘南各區司令各縣長、乘其潰散狼狽之際、嚴督各團隊義勇隊、趕爲搜捕淨盡、並令對於友軍沿途因病落伍士兵、隨時護送、轉報各該長官、接收回隊、

★ ★ ★

9. 由赣西窜残匪企图入桂经击退，龙虎关前方尚在激战，四集团军正调兵堵截，1934 年 11 月 29 日第 2 版

由贛西竄殘匪

企圖入桂經擊退

龍虎關前方尚在激戰

四集團軍正調兵堵截

路透念八廣州電　自十一月二十三日起由贛西竄之共匪、爲覓衣食與彈藥以度寒冬計、現圖侵入桂省、桂軍總司令李宗仁現調所有軍隊、從事防堵、按數日前據官報、共匪小隊曾侵入桂東邊界數縣、經桂省第十五軍激戰擊退、共匪經遭此挫衄、現仍圖大舉攻桂云、今日李宗仁致電西南政務會、謂數日前喬裝難民混入桂境之共匪、均經擒獲云、

桂林來電（衛略）（一）共匪約千餘人、二十四日晚乘夜竄永明、本晨由陶川繼續向龍虎關前進、現正在龍虎關前方、與我第七軍激戰中、（二）竄擾富賀之僞一軍團及九軍團之一部、被我軍擊潰後、向江華方面退却、現在追擊中、（三）本日拂曉、有大股匪軍、由東猺山向永安關文市方面襲擊、我王贊斌仰協同民團堵擊、現自辰至酉、激戰極烈、現正調大軍堵援、四集團軍總司令部桂林行）參謀處叩、（二十五日亥營印、

桂林來電（衛略）據廖軍長念六日午電稱、本晨匪得江華大股增援、向我陣地衝鋒十餘次、均經擊退、現仍在龍虎關前方與我相持中、

路透念八香港電　劉共政府軍在贛省迭獲勝利後、共匪分爲許多小股、現向數方面流竄、有一部流寇有侵入桂省之勢、桂當局刻已設法防禦之、梧州現駐英美炮艦各一艘、以保護該地外僑生命、如遇必要、尚有英炮艦兩艘亦將開往梧州、以便事急

（局部图 1）

時載外人出境、梧州所有外僑、大都爲教士、共匪實在地位、現不詳悉、預料不致有嚴重危險、但種種戒備、刻已舉行、

湖南社念八長沙電　據報、我周渾元李雲杰王東原各部、將下灌水打鋪之匪完全擊潰、業與粵軍獨立師等會合追剿、

湖南社念八長沙電　何鍵以此次贛匪西竄、經我各路軍各縣團協同空軍節節痛擊、扼要堵截、計先後斃匪近萬、俘匪數千、而沿途潰散傷病落伍之匪尤爲不少、迭據汝城宜章兩縣呈報、汝城俘匪二千餘、宜章千餘、其他經過各縣當亦類是、二十五日特電令湘南各區司令各縣長、乘其潰散狼狽之際、嚴督各縣團隊義勇隊、趕爲搜捕淨盡、並令對於友軍沿途因病落伍士兵、隨時護送、轉報各該長官、接收回隊、

★★★

（局部图 2）

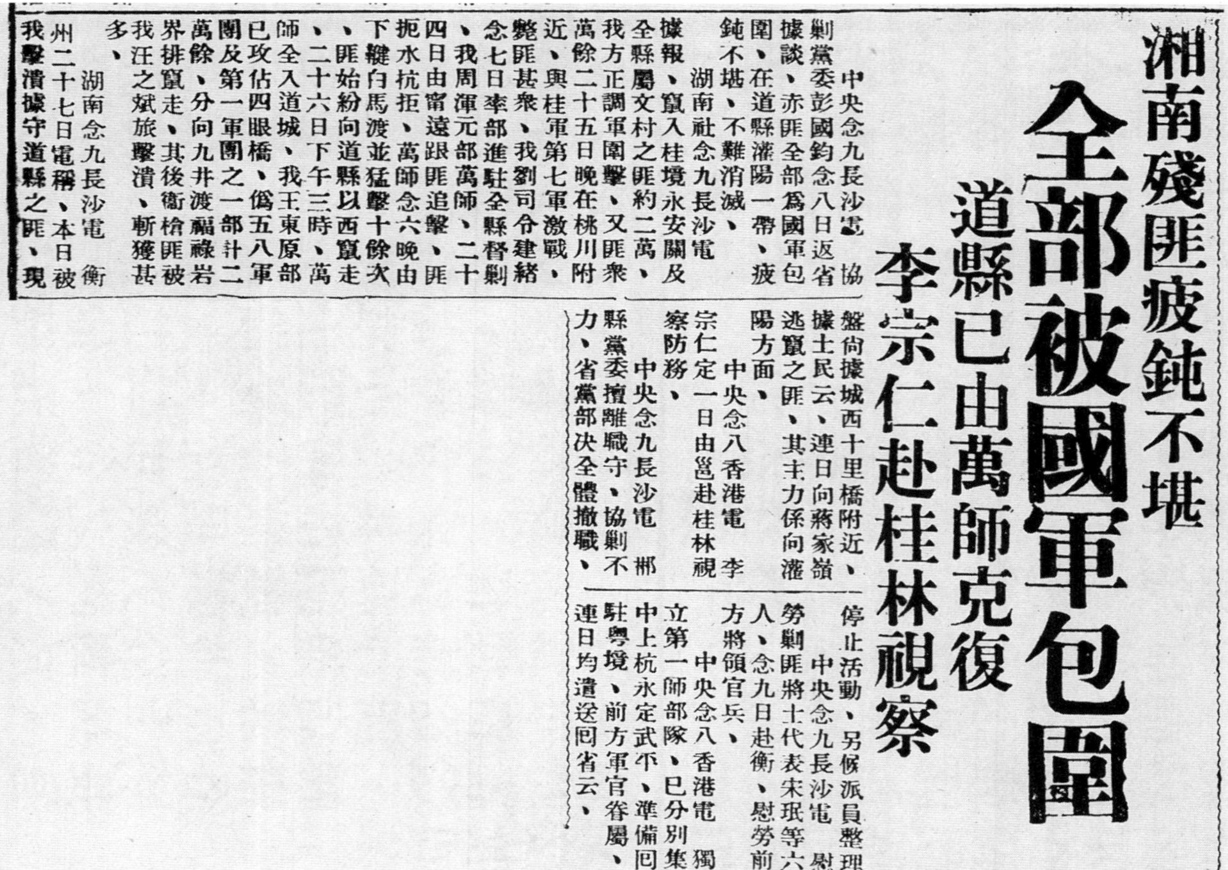

湘南殘匪疲鈍不堪

全部被國軍包圍

道縣已由萬師克復

李宗仁赴桂林視察

中央念九長沙電　協剿黨委彭國鈞念八日返省據談、赤匪全部爲國軍包圍、在道縣灌陽一帶、疲鈍不堪、不難消滅、

湖南社念九長沙電　據報、竄入桂境永安關、及全縣屬文村之匪約二萬、我方正調軍圍擊、又匪衆萬餘二十五日晚在桃川附近、與桂軍第七軍激戰、斃匪甚衆、我劉司令建緒念七日率部進駐全縣督剿、我周渾元部萬師、二十四日由甯遠跟匪追擊、匪扼水抗拒、萬師念六晚由下鞭白馬渡並猛擊十餘次、匪始紛向道縣以西竄走、二十六日下午三時、萬師全入道城、我王東原部已攻佔四眼橋、僞五八軍團及第一軍團之一部計二萬餘、分向九井渡禍祿岩界排竄走、其後衛匪被我汪之斌旅、擊潰、斬獲甚多、

湖南念九長沙電　衡州二十七日電稱、本日被我擊潰據守道縣之匪、現盤尙據城西十里橋附近、據土民云、連日向蔣家嶺逃竄之匪、其主力係向灌陽方面、

中央念八香港電　李宗仁定一日由邕赴桂林視察防務、

中央念九長沙電　郴縣黨委擅離職守、協剿不力、省黨部決全體撤職、停止活動、另候派員整理

中央念九長沙電　慰勞剿匪將士代表宋珉等六人、念九日赴衡、慰勞前方將領官兵、

中央念八香港電　獨立第一師部隊、已分別集中上杭永定武平、準備回駐粵境、前方軍官眷屬、連日均遣送回省云、

10. 湘南残匪疲钝不堪，全部被国军包围，道县已由万师克复，李宗仁赴桂林视察，1934 年 11 月 30 日第 2 版

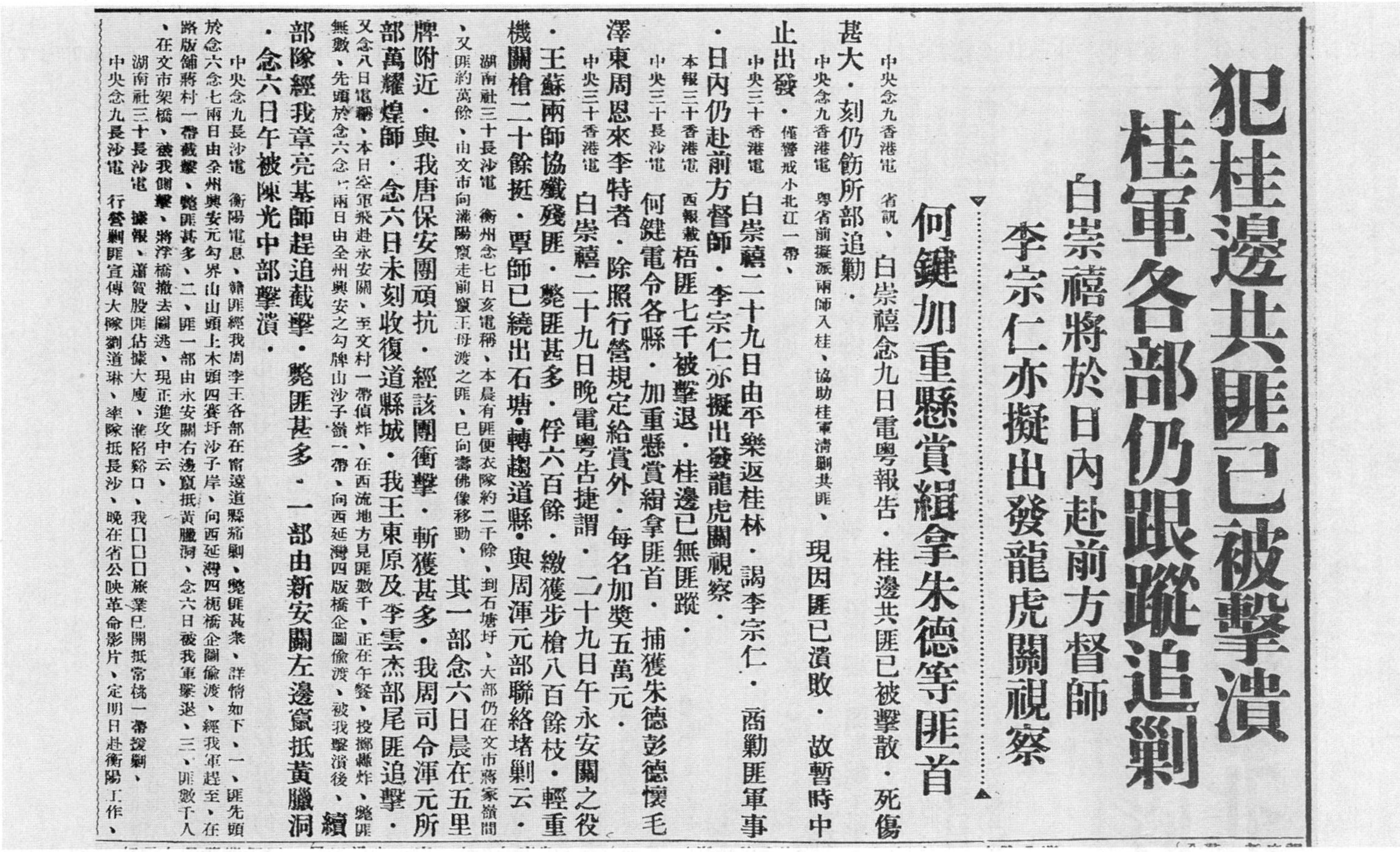

犯桂邊共匪已被擊潰
桂軍各部仍跟蹤追剿
白崇禧將於日內赴前方督師
李宗仁亦擬出發龍虎關視察
何鍵加重懸賞緝拿朱德等匪首

（中央念九香港電）省訊、白崇禧念九日電粵報告・桂邊共匪已被擊散・死傷甚大・刻仍飭所部追剿・

（中央念九香港電）粵省前擬派兩師入桂、協助桂軍清剿共匪、現因匪已潰敗・故暫時中止出發・僅警戒小北江一帶、

（中央三十香港電）白崇禧二十九日由平樂返桂林・謁李宗仁・商剿匪軍事・日內仍赴前方督師・李宗仁亦擬出發龍虎關視察・

（本報三十香港電）西報載梧匪七千被擊退・桂邊已無匪蹤・

（中央三十長沙電）何鍵電令各縣・加重懸賞緝拿匪首・捕獲朱德彭德懷毛澤東周恩來李特者・除照行營規定給賞外・每名加獎五萬元・

（中央三十香港電）白崇禧二十九日晚電粵告捷謂・二十九日午永安關之役・王蘇兩師協殲殘匪・斃匪甚多・俘六百餘・繳獲步槍八百餘枝・輕重機關槍二十餘挺・覃師已繞出石塘・轉趨道縣・與周渾元部聯絡堵剿云・

（湖南社三十長沙電）衡州念七日亥電稱、本晨有匪便衣隊約二千餘、到石塘圩、大部仍在文市蔣家嶺間、又匪約萬餘、由文市向灕陽窴走前竄王母渡之匪、已向壽佛像移動、其一部念六日晨在五里牌附近・與我唐保安團頑抗・經該團衝擊・斬獲甚多・我周司令渾元所部萬耀煌師・念六日未刻收復道縣城・我王東原及李雲杰部尾匪追擊・又念八日電稱、本日空軍飛赴永安關、至文村一帶偵炸、在西流地方見匪數千、正在午餐、投擲轟炸、斃匪無數、先頭於念六念七兩日由全州興安之勾牌山沙子嶺一帶、向西延灣四版橋企圖偸渡、被我擊潰後、續部隊經我章亮基師趕追截擊・斃匪甚多・一部由新安關左邊竄抵黃臘洞・念六日午被陳光中部擊潰・

（中央念九長沙電）衡陽電息、贛匪經我周李王各部在甯遠道縣痛剿、斃匪甚衆、詳情如下、一、匪先頭於念六念七兩日由全州興安元勾界山山頭上木頭四賽圩沙子岸、向西延灣四梘橋企圖偸渡、經我軍趕至、在路版鋪蔣村一帶截擊、斃匪甚多、二、匪一部由永安關右邊竄抵黃臘洞、念六日被我軍擊退、三、匪數千人、在文市架橋、被我側擊、將浮橋撤去圖逃、現正進攻中云、

（湖南社三十長沙電）據報、蕭賀股匪佔據大庸、滸陷谿口、我口口口旅業已開抵常桃一帶堵剿、

（中央念九長沙電）行營剿匪宣傳大隊劉道琳、率隊抵長沙、晚在省公映革命影片、定明日赴衡陽工作、

11. 犯桂边“共匪”已被击溃，桂军各部仍跟踪追剿，白崇禧将于日内赴前方督师，李宗仁亦拟出发龙虎关视察，何键加重悬赏缉拿朱德等匪首，1934年12月1日第3版

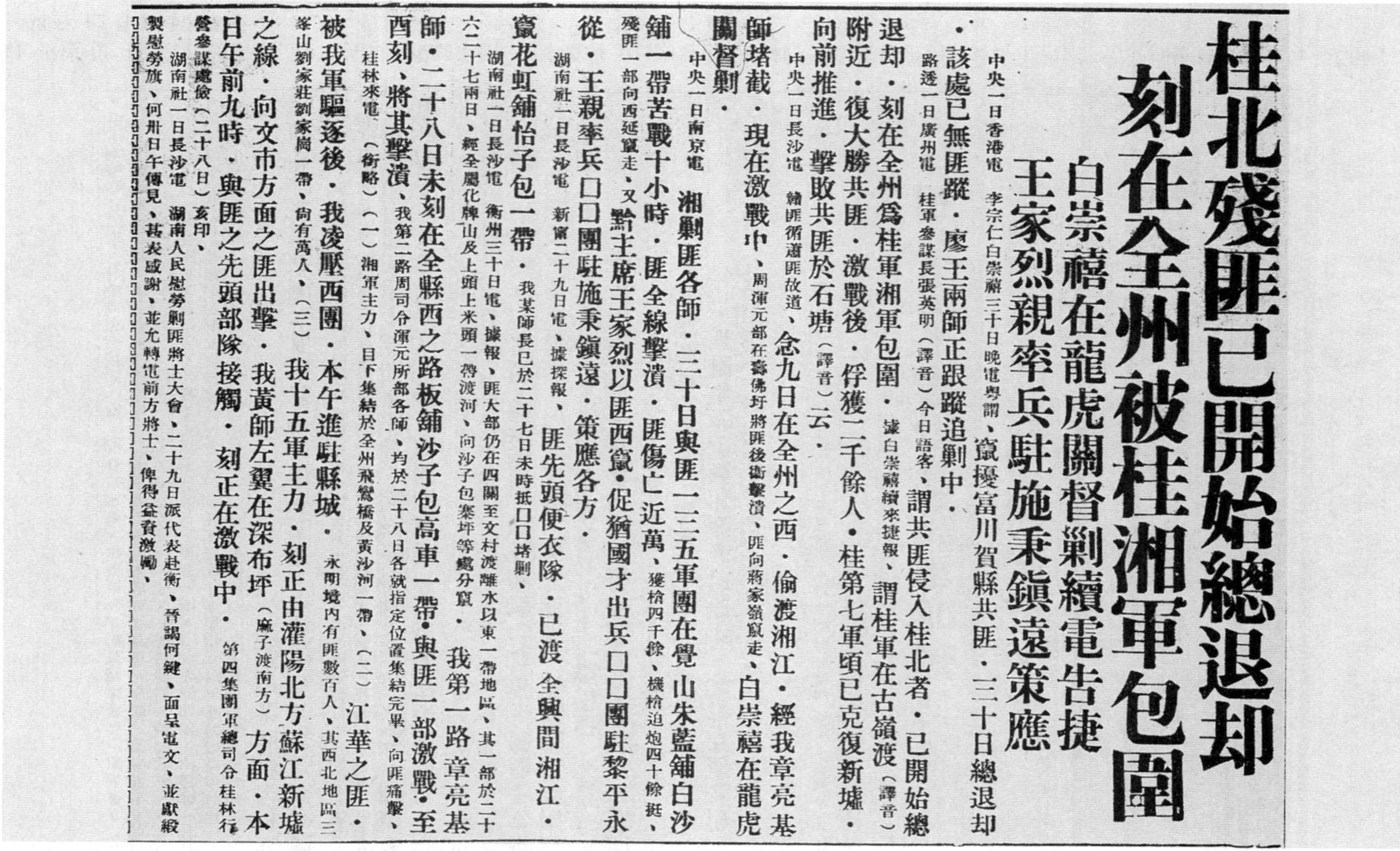

桂北殘匪已開始總退却
刻在全州被桂湘軍包圍
白崇禧在龍虎關督剿續電告捷
王家烈親率兵駐施秉鎮遠策應

中央一日香港電　李宗仁白崇禧三十日晚電粵謂、竄擾富川賀縣共匪、三十日總退却・該處已無匪蹤・廖王兩師正跟蹤追剿中・

路透一日廣州電　桂軍參謀長張英明（譯音）今日語客、謂共匪侵入桂北者・已開始總退却・刻在全州爲桂軍湘軍包圍・據白崇禧續來捷報、謂桂軍在古嶺渡（譯音）附近・復大勝共匪・激戰後・俘獲二千餘人・桂第七軍頃已克復新墟・向前推進・擊敗共匪於石塘（譯音）云・

中央一日長沙電　贛匪循蕭匪故道、念九日在全州之西・偷渡湘江・經我章亮基師堵截・現在激戰中、周渾元部在壽佛圩將匪後衛擊潰、匪向蔣家嶺竄走、白崇禧在龍虎關督剿・

中央一日南京電　湘剿匪各師・三十日與匪一三五軍團在覺山朱蘭鋪白沙鋪一帶苦戰十小時・匪全線擊潰・匪傷亡近萬、獲槍四千餘、機槍迫炮四十餘挺、殘匪一部向西延竄走、又黔主席王家烈以匪西竄・促猶國才出兵口口團駐黎平永從・王親率兵口口團駐施秉鎮遠・策應各方・

湖南社一日長沙電　新甯二十九日電、據探報、匪先頭便衣隊・已渡全興間湘江・竄花虹鋪怡子包一帶・我某師長已於二十七日未時抵口口堵剿、

湖南社一日長沙電　衡州三十日電、據報、匪大部仍在四關至文村渡灘水以東一帶地區、其一部於二十六二十七兩日、經全屬化牌山及上頭上米頭一帶渡河、向沙子包寨坪等處分竄・我第一路章亮基師・二十八日未刻在全縣西之路板鋪沙子包高車一帶・與匪一部激戰・至酉刻、將其擊潰、我第二路周司令渾元所部各師、均於二十八日各就指定位置集結完畢、向匪痛擊、

桂林來電（銜略）（一）湘軍主力、目下集結於全州飛鸞橋及黃沙河一帶、（二）江華之匪・被我軍驅逐後・我凌壓西團・本午進駐縣城・永明境內有匪數百人、其西北地區三峯山劉家莊劉家崗一帶、向有萬人、（三）我十五軍主力・刻正由灌陽北方蘇江新墟之線・向文市方面之匪出擊・我黃師左翼在深布坪（麻子渡南方）方面・本日午前九時・與匪之先頭部隊接觸・刻正在激戰中・第四集團軍總司令桂林行營參謀處儉（二十八日）亥印・

湖南社一日長沙電　湖南人民慰勞剿匪將士大會、二十九日派代表赴衡、晉謁何鍵、面呈電文、並獻緞製慰勞旗、何卅日午傳見、甚表感謝、並允轉電前方將士、俾得益資激勵、

12. 桂北残匪已开始总退却，刻在全州被桂湘军包围，白崇禧在龙虎关督剿续电告捷，王家烈亲率兵驻施秉、镇远策应，1934 年 12 月 2 日第 3 版

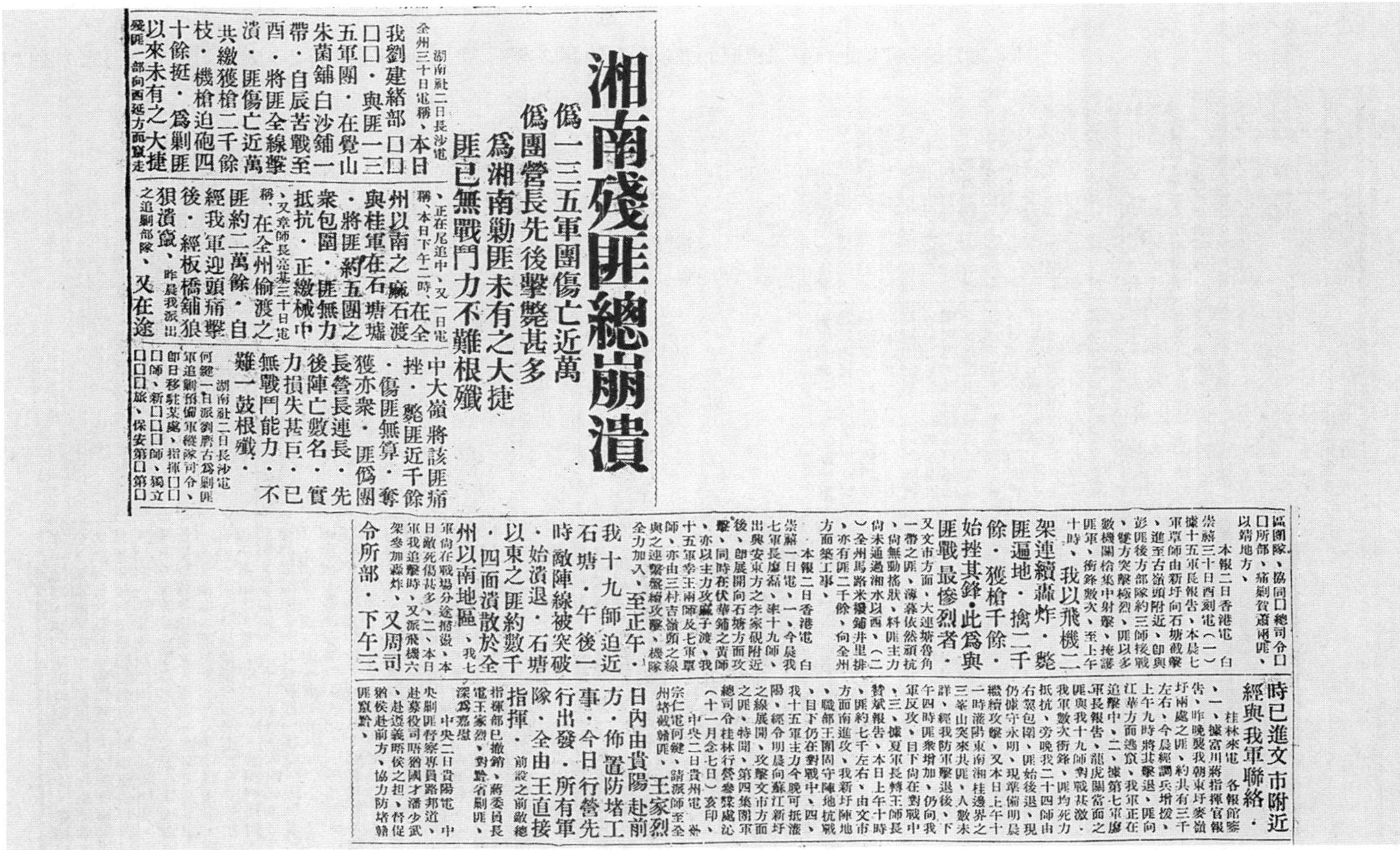

湘南殘匪總崩潰

僞一三五軍團傷亡近萬
僞團營長先後擊斃甚多
爲湘南勦匪未有之大捷
匪已無戰鬥力不難根殲

（湖南社二日長沙電）全州三十日電稱、本日我劉建緒部口口口口・與匪一三五軍團・在覺山朱蘭鋪白沙鋪一帶・自辰苦戰至酉・將匪全線擊潰・匪傷亡近萬・共繳獲槍二千餘枝・機槍迫砲四十餘挺・爲勦匪以來未有之大捷（殘匪一部向西延方面竄走）、正在尾追中、又一日電稱、本日下午二時、在全州以南之麻石渡與桂軍在石塘墟・將匪約五團之衆・包圍・匪無力抵抗・正繳械中、又章師長亮基三十日電稱、在全州偷渡之匪約二萬餘・自經我軍迎頭痛擊後・經板橋鋪狼狽潰竄、昨晨我派出之追勦部隊、又在途中大嶺將該匪痛挫・斃匪近千餘・傷匪無算・奪獲亦衆・匪僞團長營長連長・先後陣亡數名・・・實力損失甚巨・・・已無戰鬥能力・・・不難一鼓根殲・

（湖南社二日長沙電）何鍵一日派劉膺古爲勦匪軍追勦預備軍縱隊司令、即日移駐某處、指揮口口、口師、新口口師、獨立口口口旅、保安第口第口

……架連續轟炸・斃匪遍地・擒二千餘・獲槍千餘・與匪始挫其鋒・此爲與匪戰最慘烈者・

……我十九師午後一時・近石塘・敵陣線被突破・始潰退・石塘以東之匪約數千・四面潰散於全州以南地區・……令所部・下午三時、又周司……

時已進文市附近・經與我軍聯絡・

……宗仁、王家烈赴前方・佈置防堵工事・今日行營先行出發・所有軍隊・全由王直接指揮・……

13. 湘南残匪总崩溃，“伪一、三、五军团”伤亡近万，“伪团、营长”先后击毙甚多，为湘南剿匪未有之大捷，匪已无战斗力不难根歼，1934年12月3日第2版

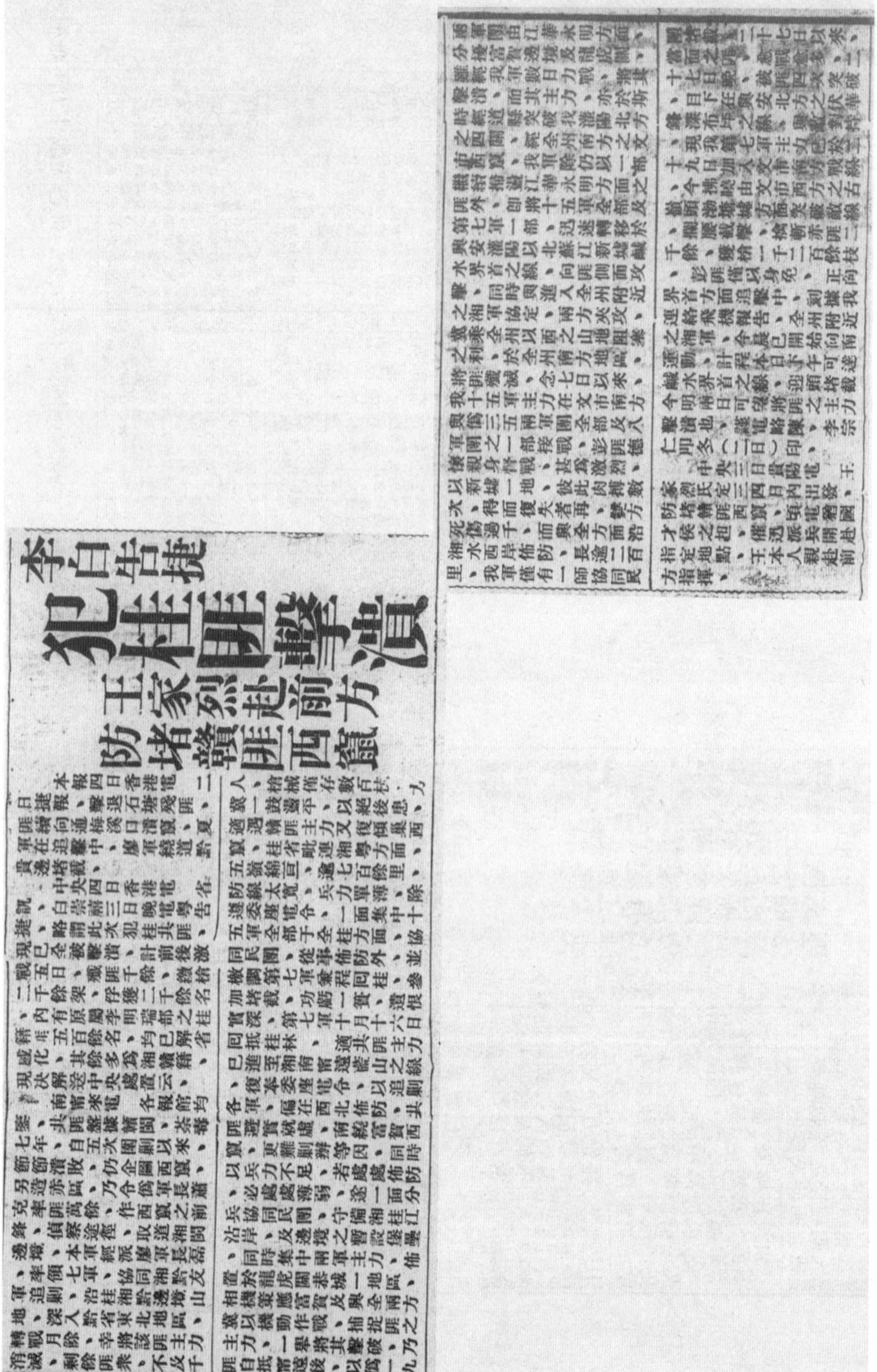

李白告捷
犯桂匪擊潰
王家烈赴前方
防堵贛匪西竄

14. 李（宗仁）、白（崇禧）告捷，犯桂匪击溃，王家烈赴前方防堵赣匪西窜，1934 年 12 月 5 日第 2 版

湘南殘匪大慘潰

俘獲甚多炸斃亦衆

文市已經湘軍收復

湖南社四日長沙電　衡州一日電、匪大部被我劉建緒擊潰後、匪經鹹水向西延逃竄、我口口口師已到新甯、我口口口師取捷徑向西延跟擊、我口口口部已開向新甯城步一帶園剿、我口口口師念九日經永安關前進、在楊家灣高明橋永安關、節節擊潰股匪千餘、沿途俘斃匪各數百、獲槍八十餘枝、三十申佔領文市、現已過石頭嶺蓮花塘西進中、我空軍一日在興隆村見匪五六百、正在跋涉、炸斃殆盡、鹹水麻子渡等處、各發現匪二三千、亦炸斃甚衆、我臨武團隊、連日搜索竄散匪兵、斃匪百餘、獲步槍四十餘枝、手機槍、重機槍各一挺、俘匪數千、湖南社四日長沙電

全州一日電、我口口口率補充各團及口口口師大部、向鹹鋪白沙鋪、遇匪一部、協同空軍痛擊、斃匪甚多、當尾追至鹹水麻子渡間、復遇匪後援部隊、經我包圍痛擊、斃匪千餘、獲步槍三四百枝、自動步槍等、俘匪二千餘、即解全縣拍照、湖南社四日長沙電

慈利一日電、念八日進犯縣屬水口之匪約千餘、經我朱指揮樹勛擊退、匪向大庸回竄、又三日電稱、匪大部確於三十日由大庸分向桑植永順兩方退竄、我軍刻正分路向匪進剿、

15. 湘南残匪大惨溃，俘获甚多炸毙亦众，文市已经湘军收复，1934 年 12 月 5 日第 2 版

白崇禧電告

匪分兩路潰退湘境

桂軍已追過龍虎關

本報五日香港電 白崇禧四日電、匪自一日全線潰逃後、分兩路循桂邊退湘境、我七軍已追過龍虎關、沿途斃匪甚多、

16. 白崇禧电告：匪分两路溃退湘境，桂军已追过龙虎关，1934 年 12 月 6 日第 2 版

灌陽文市殘匪肅清

分竄匪在包圍中

總部委定追剿軍指揮長官

何鍵派員與白崇禧商圍殲

中央六日南昌電　唐淮源電省稱、所部廿九日起、由道縣向永宛關追擊、迭在楊家橋高明橋蔣家岑等地、與匪千餘人激戰、均經擊潰、乘勢將廣西灌陽文市等處殘匪肅清、所部已渡河跟追、此役計斃數百、獲槍六十餘支、

中央六日長沙電　何鍵派李覺與白禧禧會商圍殲西竄共匪周密計劃、匪大部已由西延北竄大埠頭、一部向龍勝方面分竄、我劉建緒部三日抵新甯、章亮基向西岩市前進、陶廣在大帽山附近、擊潰匪五六百、俘匪獲槍各數十、李覺部與桂軍夏廖各部、向桂黔邊堵截、薛岳部由洪機向武岡急進、周渾元部已抵全州、向新甯挺進、王東原經全縣新甯武岡向洪江前進、李雲杰部集中長鋪子梅口待命、李韞珩部抵石期、匪在各部包圍中、決難漏網、

中央六日南昌電　行營爲便利各追剿軍指揮計、委定劉建緒吳奇偉爲一二兵團總指揮、劉膺古爲預備兵團總指揮、李雲杰李韞珩周渾元爲各路司令

中央六日長沙電　省府決定限期肅清郴宜兩縣散匪、劃郴宜爲特區、以歐冠爲主任、

中央六日長沙電　殘匪被各路軍擊潰後、分向龍勝城步方面大山中分竄、情形狼狽、各軍仍在追剿中、沿途新獲甚多、據俘匪軍官供、此次在湘境實力損失極重、匪部傷亡確在二萬以上、、對窮追猛剿、極具畏心、

中央六日貴陽電　猶國才派所部周文彬團、於六日開赴黎平永從一帶、防堵贛匪西竄、

★★★

17. 灌阳文市残匪肃清，分窜匪在包围中，总部委定追剿军指挥长官，何键派员与白崇禧商围歼，1934 年 12 月 7 日第 2 版

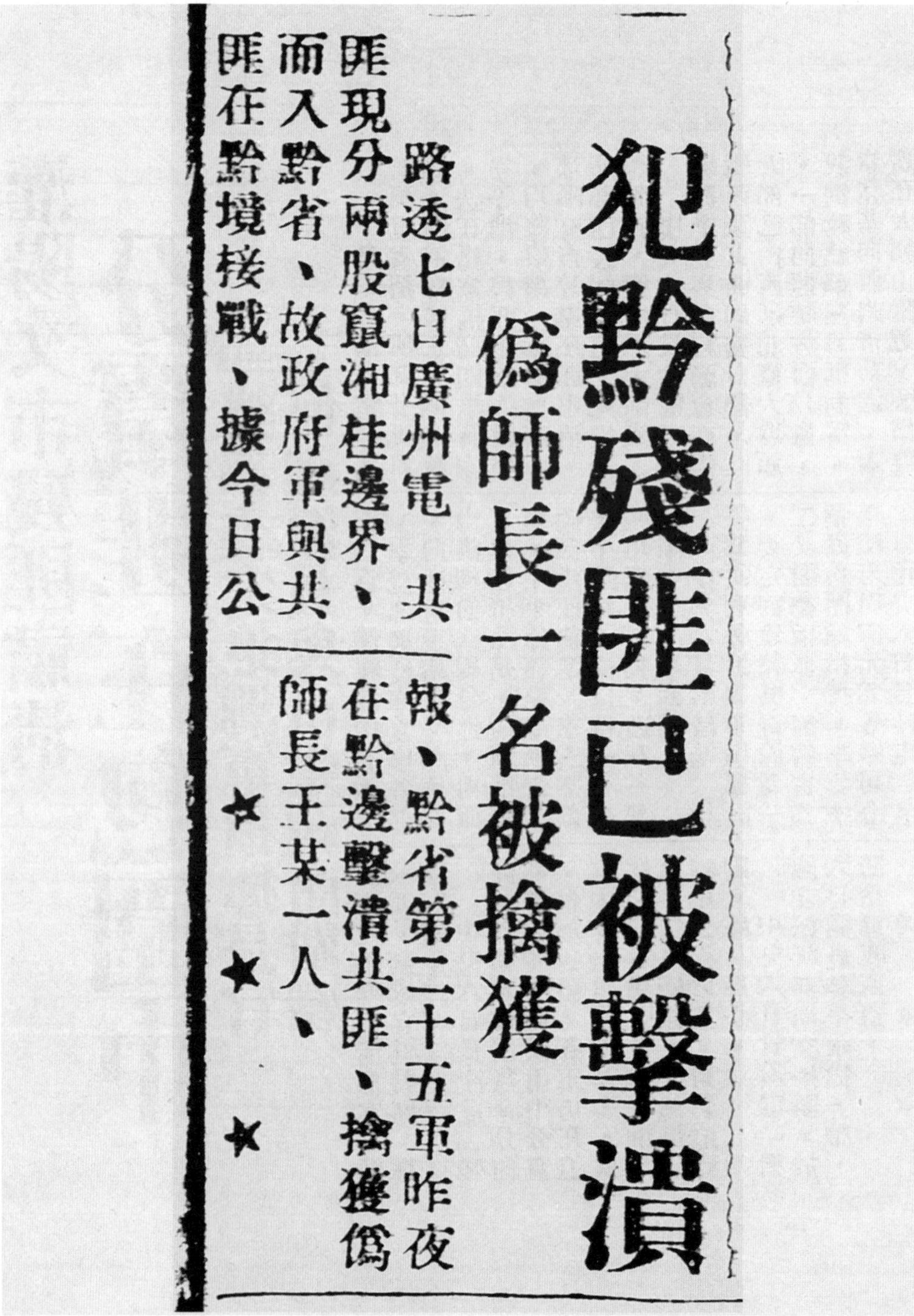

犯黔殘匪已被擊潰

僞師長一名被擒獲

路透七日廣州電 共匪現分兩股竄湘桂邊界、而入黔省、故政府軍與共匪在黔境接戰、據今日公報、黔省第二十五軍昨夜在黔邊擊潰共匪、擒獲僞師長王某一人、

★ ★ ★

18. 犯黔残匪已被击溃，“伪师长”一名被擒获，1934 年 12 月 8 日第 4 版

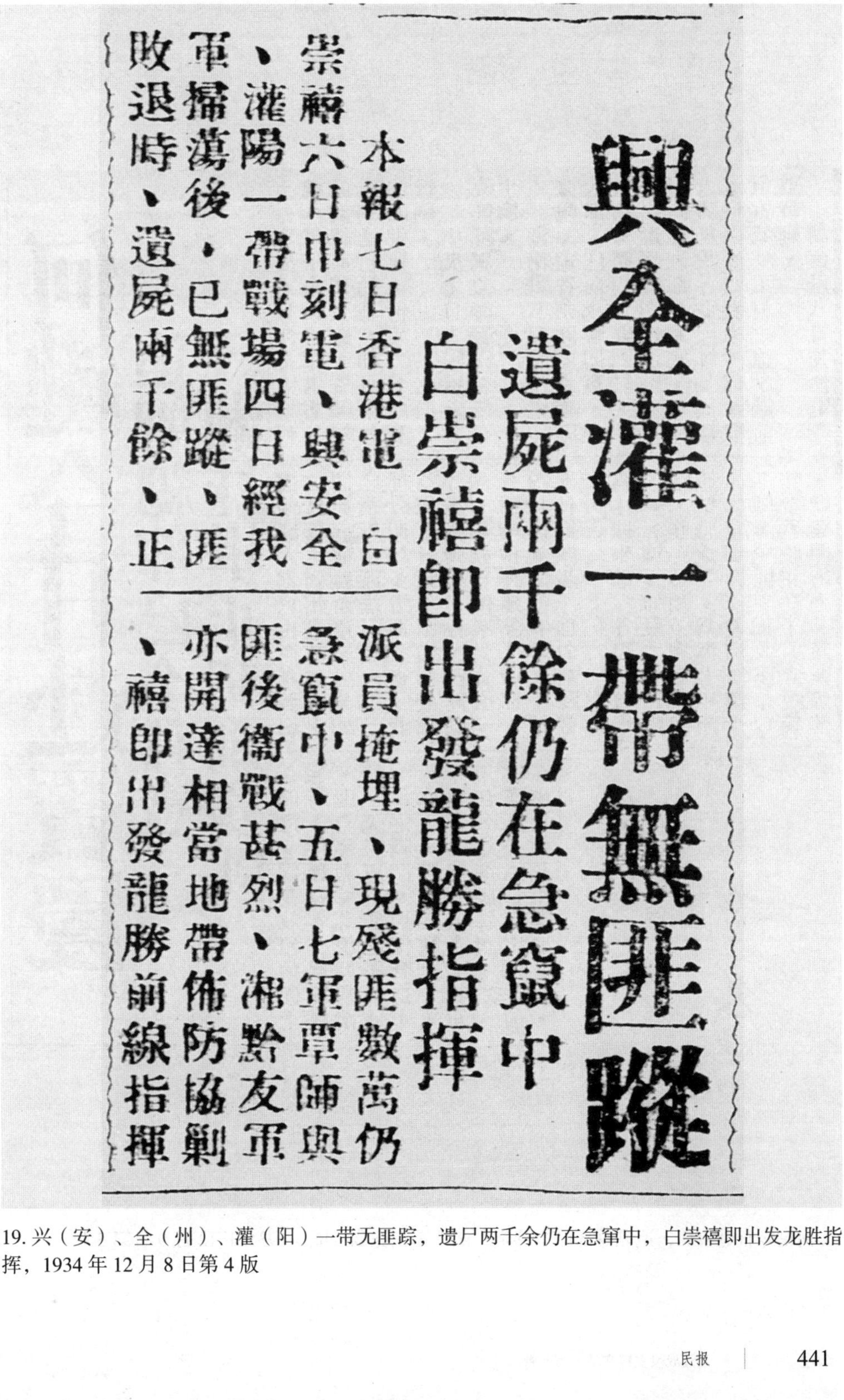

興全灌一帶無匪蹤

遺屍兩千餘仍在急竄中
白崇禧即出發龍勝指揮

本報七日香港電　白崇禧六日申刻電、興安全、灌陽一帶戰場四日經我軍掃蕩後·已無匪蹤、匪敗退時、遺屍兩千餘、正派員掩埋、現殘匪數萬仍急竄中、五日七軍覃師與匪後衞戰甚烈、湘黔友軍亦開達相當地帶佈防協剿、禧即出發龍勝前線指揮

19. 兴（安）、全（州）、灌（阳）一带无匪踪，遗尸两千余仍在急窜中，白崇禧即出发龙胜指挥，1934 年 12 月 8 日第 4 版

何鍵今日赴寶慶

追剿總部已全移寶

湘桂軍正兜剿殘匪

中央八日沙長電　何鍵八日午由衡專車返省、追剿總部移寶慶、各部均已到達目的地、即日耕始向匪進剿、何定九日赴寶督剿、

中央七日貴陽電　克匪部獨立師長王公澤被[illegible]生擒、

湖南社八日長沙電　據報、蕭賀兩匪本人率匪大部、已向永順回竄、但大庸一帶尚留匪圍駐、我朱樹勛保安團已進駐溪口、侯會剿部隊到齊、即向大庸總攻、我陳師長渠珍本日由鳳凰親率所部、取道古城與王村之線、赴前敵督剿、

湖南社八日長沙電　據報匪大部已由西延西南之廣塘雷霸州赴苗兒山七岡嶺向龍勝西竄、其先頭已竄抵兩渡橋附近、其一部分向城步方面竄走、我空軍五日在土岡嶺兩渡橋等處投彈數十枚、斃匪甚衆、並散發傳單數萬份、我劉總指揮建緒率所部、四日抵武岡、我陳光中師五日抵城步、即向靖縣截擊、

▲桂林來電　各報館均鑒、一、據夏軍長六日西電稱、昨在與屬千家寺與我軍抗戰之匪、爲僞五軍團董政堂部匪軍左例衛第十三師、董匪與僞政委朱瑞昨夜八時正在千家寺晚養、我梁團衝過、該匪等落荒而逃、當夜我軍佔領千家寺、俘獲甚多、據匪供、匪白經新墟芬塘墟擊潰後、僞三五兩軍已不成軍、每遇戰鬥、兵僅有二十餘名、子彈非常缺乏、董率殘部已向北竄走、我軍現仍分途進剿等語、二、據章師長六日西電稱、前在灌北被我軍擊潰之匪、

20. 何键今日赴宝庆，追剿总部已全移宝，湘桂军正兜剿残匪，1934 年 12 月 9 日第 3 版

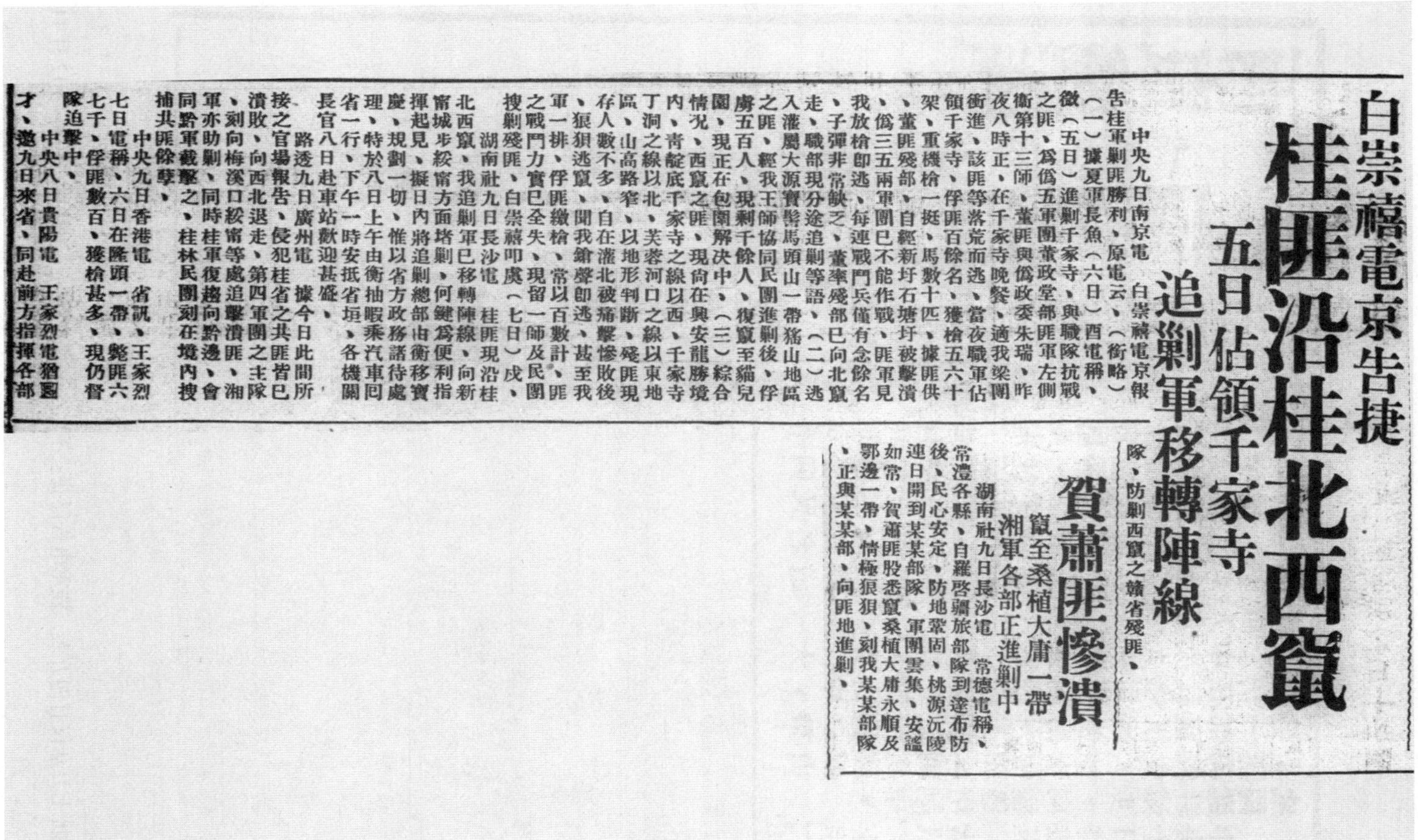

白崇禧電京告捷

桂匪沿桂北西竄

五日佔領千家寺

追剿軍移轉陣線

中央九日南京電　白崇禧電京報告桂軍剿匪勝利、原電云、（銜略）（一）據夏軍長魚（六日）酉電稱、微（五日）進剿千家寺、與職隊抗戰之匪、爲偽五軍團董政堂部匪軍左側衛第十三師、董匪與偽政委朱瑞、昨夜八時正、在千家寺晚餐、適我梁團銜進、該匪等落荒而逃、當夜職軍佔領千家寺、倅匪百餘名、獲槍五六十架、重機槍一挺、馬數十匹、據匪供、董匪殘部、自經新圩石塘圩被擊潰、偽三五兩軍團巳不能作戰、匪軍見我放槍即逃、每連戰鬥兵僅有念餘名、子彈非常缺乏、董率殘部巳向北竄走、職部現分途追剿等語、（二）逃入灌屬大源實髯馬頭山一帶猶山地區之匪、經我王師協同民團進剿後、倅虜五百人、現剩千餘人、復竄至貓兒園、現正在包圍解決中、（三）綜合情况、西竄之匪、現尙在與安龍勝境內、青靛底千家寺之線以西、千家寺丁洞之線以北、芙蓉河口之線以東地區、山高路窄、以地形判斷、殘匪現存人數不多、自在灌北被痛擊慘敗後、狼狽逃竄、聞我鎗聲即逃、甚至我軍一排、倅匪繳槍、常以百數計、匪之戰鬥力實巳全失、現留一師及民團搜剿殘匪、白崇禧叩虞（七日）戌、

湖南社九日長沙電　桂匪現沿桂北西竄、我追剿軍巳移轉陣線、向新甯城步綏甯方面堵剿、何鍵爲便利指揮起見、擬日內將追剿總部由衡移實慶、規劃一切、惟以省方政務諸待處理、特於八日上午由衡抽暇乘汽車回省一行、下午一時安抵省垣、各機關長官八日赴車站歡迎甚盛、

路透九日廣州電　據今日此間所接之官場報告、侵犯桂省之共匪皆巳潰敗、向西北退走、第四軍團之主隊、刻向梅溪口綏甯等處追擊潰匪、湘軍亦助剿、同時桂軍復趨向黔邊、會同黔軍截擊之、桂林民團刻在境內搜捕共匪餘孽、

中央九日香港電　省訊、王家烈七日電稱、六日在隆頭一帶、斃匪六七千、俘匪數百、獲槍甚多、現仍督隊追擊中、

中央八日貴陽電　王家烈電猶圖才、邀九日來省、同赴前方指揮各部隊、防剿西竄之贛省殘匪、

賀蕭匪慘潰

竄至桑植大庸一帶

湘軍各部正進剿中

湖南社九日長沙電　常德電稱、常澧各縣、自羅啓疆旅部隊到達布防後、民心安定、防地鞏固、桃源沅陵連日開到某某部隊、軍團雲集、安謐如常、賀蕭匪股悉竄、桑植大庸永順及鄂邊一帶、情極狼狽、刻我某某部隊、正與某某部、向匪地進剿、

21. 白崇禧电京告捷，桂匪沿桂北西窜，五日占领千家寺，追剿军移转阵线，1934 年 12 月 10 日第 2 版

西竄殘匪 七萬衆僅有四萬人

桂軍電告俘獲三千名 劉建緒部向桂邊堵剿

路透十日廣州電　桂林桂軍司令部今日來電報稱、桂軍在桂黔邊界與安地方激戰後、俘共匪三千名、又稱、共匪由贛省西竄者、原有七萬名以上、今僅存四萬名、若輩仍圖取道黔境入川云、

中央九日長沙電　衡訊、赤匪大部仍在桂境司門前龍勝以北深山中、另一部竄抵城步南元丁坪紅沙洲一帶、無衣無食、情形狼狽、劉建緒部由武岡進駐城步、向桂邊堵剿中、

中央十日香港電　省訊、李宗仁十日晨九時出席聯合紀念週、報告桂軍協剿共匪經過、

22. 西窜残匪七万众仅有四万人，桂军电告俘获三千名，刘建绪部向桂边堵剿，1934 年 12 月 11 日第 3 版

桂委李任仁

暢談桂省最近設施

外貨絕少輸入日貨尤爲僅見

民團訓練有素地方匪類潛蹤

桂省中委李任仁氏、於昨午與粵委崔廣秀關素人及立法院長孫哲生等、同乘大來公司之格蘭總統號輪由港抵滬、出席五中全會、李氏抵埠後、暫假新亞酒店休息、定當晚入京、記者昨訪之於寓次、暢談廣西最近政情甚詳、茲爲分誌如下、

全國團結 心理一致

首據李氏稱、本人匆匆由桂乘飛機抵粵、候輪北上、故未與孫院長等詳談、西南有無提案、不得而知、但精神團結禦侮圖存、此爲全國一致之心理、桂省當局、當無異議、本人離省之前、曾與李總司令一晤、彼對汪蔣兩氏之通電、亦極表贊同、並希望中央能貫徹主張、見諸實施而已、

督剿匪共 一鼓肅清

贛省竄桂之共匪餘孽、經李總司令協力督剿、總計自十一月念六日至念九日、大小十餘次、將匪主力擊潰、現在龍虎關、永安、新墟一帶、已無匪踪、此役僞一九軍團匪之主力、喪亡殆盡、共計俘虜三千七百五十名、內有僞師長一、僞團營將佐無數、械繳二千餘枝、擊斃匪衆五千餘名、雖爲將士效命疆場、然亦爲蔣委員長之鼓勵有方所致、

財政適合 建設方興

桂省本爲貧瘠之區、幸外貨絕少輸入、尤以日貨爲絕無僅有、故經濟狀況、尚不致如他省之不景氣、省府財政、每月收入約二百餘萬、如營業稅、統稅等類、支出亦二百餘萬、收支狀況、尚屬適合、苛捐雜稅、均已廢除、故民間負担尚輕、建設方面、省道已成七千餘公里、大半爲軍工築路、兵額自裁減後、現尚存十六團、水利則由水利工程處督辦、實業除南甯牧場、業已開辦外、現擬在柳州創一大規模之製糖廠、資本共五十萬元、機件已向外洋定購、預計明夏可以出貨、

航空初辦 教育可觀

廣西提倡航空事業、本年尚屬初辦、軍用航空、正在着手設施、民營航空、則有西南航空公司行駛、由梧州至龍州之航線、營業尚稱發達、俟省庫稍裕、再擬協助擴充、至於桂省教育情形、則現有廣西大學一所、中學九十餘所、小學一萬三千餘所、學生名額、在十五六萬名以上、

民團精練 地方安靖

廣西民團、因平時訓練有素、故地方尚屬安靖、除此次贛共餘孽竄入擾亂、業已肅清外、地方上向無匪警發生、此則與他省情形稍有不同也、最後李氏又稱、本人決於當晚入京、出席全會、待會畢後、擬考察江浙農業、以資借鏡云、

23. 桂委李任仁畅谈桂省最近设施，外货绝少输入日货尤为仅见，民团训练有素地方匪类潜踪，1934 年 12 月 11 日第 4 版

南路總部遵令撤消

陳李白電呈中央及國府
請明令粵桂軍追剿殘匪
並請蔣委員長指示機宜

本報十一日香港電　陳濟棠李宗仁白崇禧十一日電五中全會、西南執行部、政委會、國府林主席、行政院汪院長、軍委會蔣委員長、詳述匪竄川黔危機、謂粵桂兩省、已卽抽調勁旅、編組追剿部隊、由宗仁統率、會同各路友軍、繼續窮追、以竟全功、請頒佈明令、用專責成、並請蔣委員長隨時指示機宜等語、

本報十一日香港電　西南政務會十一日晨接執行部函、請派胡宗鐸爲政委、決議照准、增加委員額一名、又決議、南路總部名義卽日取消、又陳濟棠呈、李振球調第一軍副軍長、莫希德升第一師長、張達充第二軍副軍長、巫劍虹升第四師長、黃延楨充第三軍副軍長、

中央社十一日香港電　余漢謀十一日晨謁陳濟棠、商議軍務、陳當晚設筵爲余漢謀李漢魂洗塵、

深山中、其一部槍約數千、已竄至城步以南之丁坪沙洲一帶、我軍協同桂軍圍剿東山竄殘匪、我追剿總部定十一日由衡移駐邵陽督剿、

中央社十日長沙電　湘南各縣股匪肅清、何鍵宣佈解嚴、剿匪總部定十一日開駐寶慶、

中央社十一日貴陽電　此間接洪江電、中央軍薛岳部向洪江武岡推進、李覺部到洪江、贛匪在千家寺被擊潰、聞槍聲卽逃、狀極狼狽、殘餘三萬餘人、有由古宜出通道竄黔勢、

24. 南路总部遵令撤消，陈（济棠）、李（宗仁）、白（崇禧）电呈中央及国府，请明令粤桂军追剿残匪，并请蒋委员长指示机宜，1934 年 12 月 12 日第 3 版

四集團軍再電告捷

西竄匪實力無幾

朱毛率僞軍向龍勝前進
確有由通道竄黔省企圖

蔣委員長特獎劉建緒部一萬元

桂林來電 各報館均鑒、(甲)頃接廖司令磊十日電如下、(一)龍勝屬河口(石村東北方)之匪、十日被我覃師截爲段、斬獲甚多、晚七時已竄過獨境之匪千餘人、復回至石村反攻、被我顏團擊潰、(二)據俘匪供稱、當面之匪、係僞三軍團彭德懷所部、其先頭之一師、已通過河口、餘五團尚未通過、故由獨境來援、(三)據報、今晨長安堡之匪、轉向通道綏寧之下鄉竄去、廣南之匪、向西林逃竄、殘匪主力似在長安營平鄉下鄉木路口之間、經石村廣南之匪乃其左側衛、經我迭次截擊、已潰不成軍、(乙)接夏司令威十日酉戌兩電如下、一、黃師九日上午五時在江底與匪接觸、頗有斬獲、匪向老鴉頭黃祥逃竄、十日向河口(龍勝東北約二十餘里)轉進、與匪遭遇激戰、俘匪三百餘、獲槍二百餘枝、輕機關槍五挺、我軍亦略傷亡、據士人云、武路匪係僞五軍團五師及九軍團、已入湘境、二、據俘匪少年團供稱、朱毛親率一三兩軍團、經兩渡橋向龍勝前進、五八九各軍團已潰散、匪軍戰鬥員及槍枝、現存不過萬餘、匪軍團以上有無線電技師爲俄人、已在界首附近被我軍飛機炸燬兩架、三、據被匪拉去逃回之士人報稱、匪確有由通道竄黔之企圖各等語、第四集團軍總司令桂林行營參謀處眞(十一日)戌部印

湖南社十二日長沙電 靖縣電稱、匪先頭一部隊由桂邊龍勝、十日竄通道東南之牙屯堡及綏甯道間之靖撫洲一帶、其在城步之匪、介向長安營西竄、我劉總指揮建緒所部章亮基師、八日達梅口待命、陳光中師抵綏甯城、劉代旅長建文所部、奉令繩丹口向西堵截、我薛總指揮岳所部、八日達洞口武崗青草灣一帶、惠支隊到達武崗附近、巳向洪江前進、我周司令渾元截部八日抵新甯城、郎向武崗續進、我王東原師七日抵新甯城蕭家灣之線、

湖南社十二日長沙電 蔣委員長以此次匪渡湘邊、劉司令建緒所率各師、在覺山截擊、忠勇奮僨、斬獲甚多、殊堪嘉獎、特獎洋一萬元、以資鼓勵、

1/2

25. 四集团军再电告捷，西窜匪实力无几，朱（德）、毛（泽东）率“伪军”向龙胜前进，确有由通道窜黔省企图，蒋委员长特奖刘建绪部一万元，1934 年 12 月 13 日第 2 版

四集團軍再電告捷

西竄匪實力無幾

朱毛率偽軍向龍勝前進

確有由通道竄黔省企圖

蔣委員長特獎劉建緒部一萬元

桂林來電　各報館均鑒、（甲）頃接廖司令磊十日電如下、（一）龍勝屬河口（石村東北方）之匪、十日被我覃師截爲段、斬獲甚多、晚七時巳竄過獨境之匪千餘人、復回至石村反攻、被我顏團擊潰、（二）據俘匪供稱、當面之匪、係偽三軍團彭德懷所部、其先頭之一師、巳通過河口、餘五團尚未通過、故由獨境來援、（三）據報、今晨長安堡之匪、轉向通道綏察之下鄉竄去、廣南之匪、向西林逃竄、殘匪主力似在長安營平鄧下

（局部图 1）

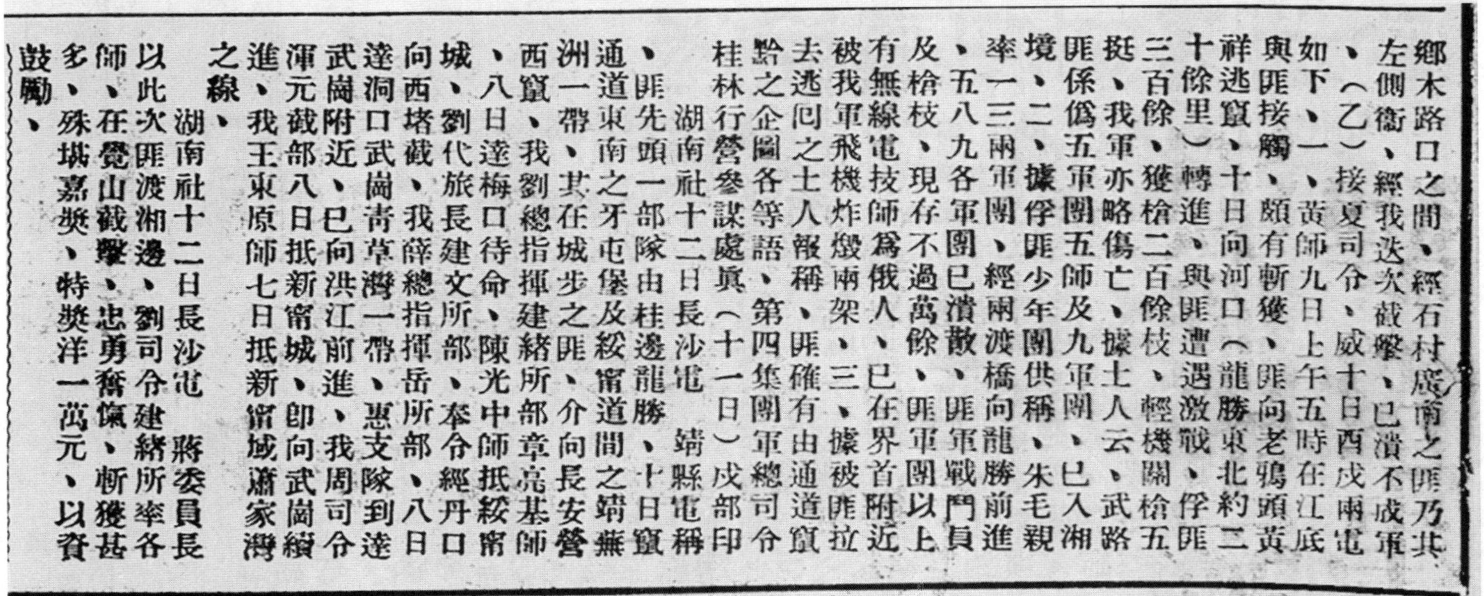

鄉木路口之間、經石村底南之匪乃共左側衛、經我迭次截擊、已潰不成軍、（乙）接夏司令、威十日西戌兩電如下、一、黃師九日上午五時在江底與匪接觸、頗有斬獲、匪向老鴉頭黃祥逃竄、十日向河口（龍勝東北約二十餘里）轉進、與匪遭遇激戰、俘匪三百餘、獲槍二百餘枝、輕機關槍五挺、我軍亦略傷亡、據士人云、武路匪係偽五軍團五師及九軍團、已入湘境、二、據俘匪少年團供稱、朱毛親率一三兩軍團、經兩渡橋向龍勝前進、五八九各軍團已潰散、匪軍戰門員及槍枝、現存不過萬餘、匪軍團以上有無線電技師為俄人、已在界首附近被我軍飛機炸燬兩架、三、據被匪拉去逃囘之士人報稱、匪確有由通道竄黔之企圖各等語、第四集團軍總司令桂林行營參謀處眞（十一日）戍部印

湖南社十二日長沙電 靖縣電稱、匪先頭一部隊由桂邊龍勝、十日竄通道東南之牙屯堡及綏甯道間之靖兼洲一帶、其在城步之匪、介向長安營西竄、我劉總指揮建緒所部章亮基師、八日達梅口待命、陳光中師抵綏甯城、劉代旅長建文所部、奉令綏丹口向西塔截、我薛總指揮岳所部、八日達洞口武崗青草灣一帶、惠支隊到達武崗附近、已向洪江前進、我周司令渾元截部八日抵新甯城、即向武崗續進、我王東原師七日抵新甯城蕭家灣之線、

湖南社十二日長沙電 蔣委員長以此次匪渡湘邊、劉司令建緒所率各師、在覺山截擊、忠勇奮僨、斬獲甚多、殊堪嘉獎、特獎洋一萬元、以賚鼓勵、

（局部图 2）

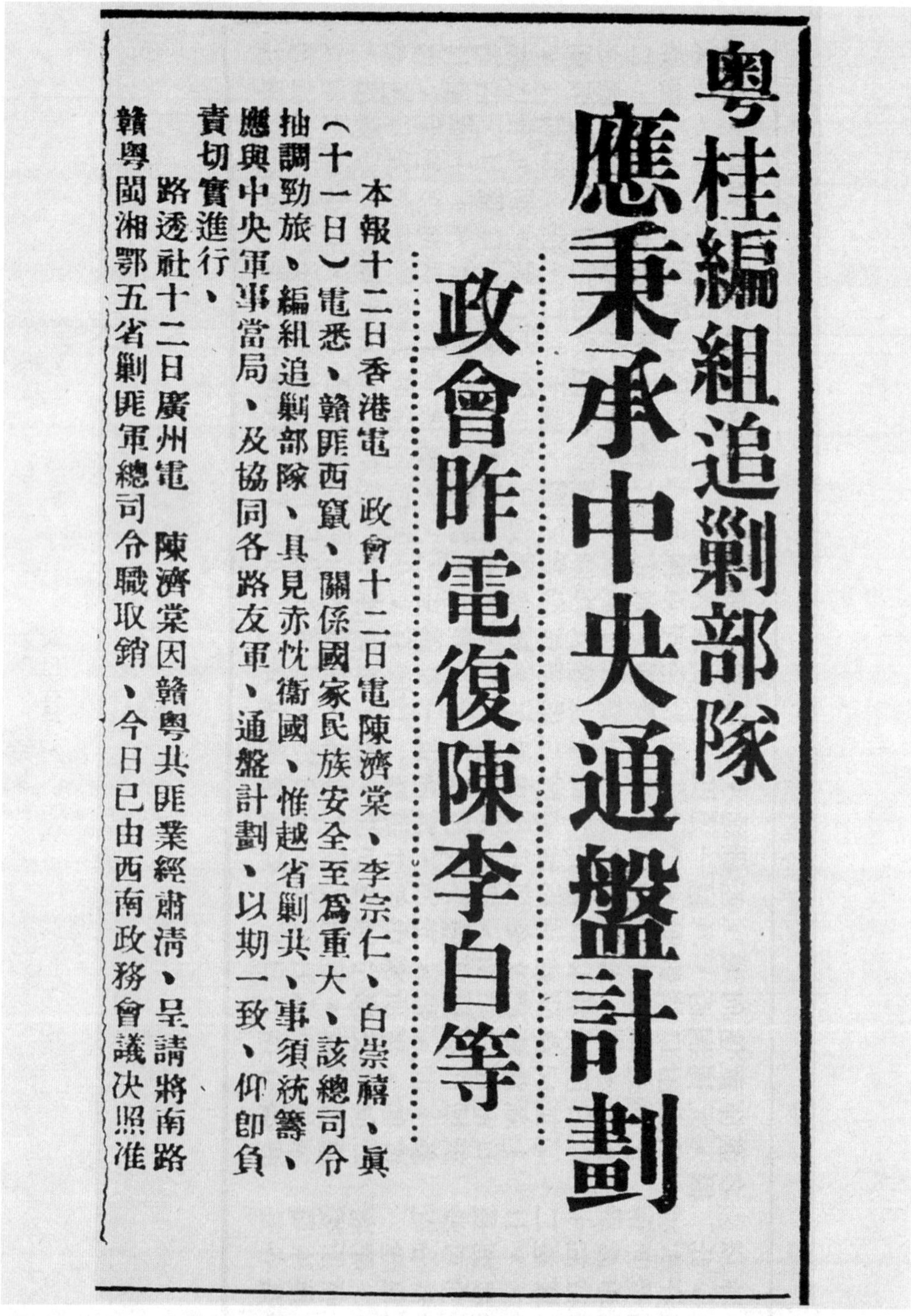

粵桂編組追剿部隊
應秉承中央通盤計劃
政會昨電復陳李白等

本報十二日香港電　政會十二日電陳濟棠、李宗仁、白崇禧、眞（十一日）電悉、贛匪西竄、關係國家民族安全至爲重大、該總司令抽調勁旅、編組追剿部隊、具見赤忱衛國、惟越省剿共、事須統籌、應與中央軍事當局、及協同各路友軍、通盤計劃、以期一致、仰卽負責切實進行、

路透社十二日廣州電　陳濟棠因贛粵共匪業經肅清、呈請將南路贛粵閩湘鄂五省剿匪軍總司令職取銷、今日已由西南政務會議決照准

26. 粤桂编组追剿部队，应秉承中央通盘计划，政会昨电复陈（济棠）、李（宗仁）、白（崇禧）等，1934 年 12 月 13 日第 3 版

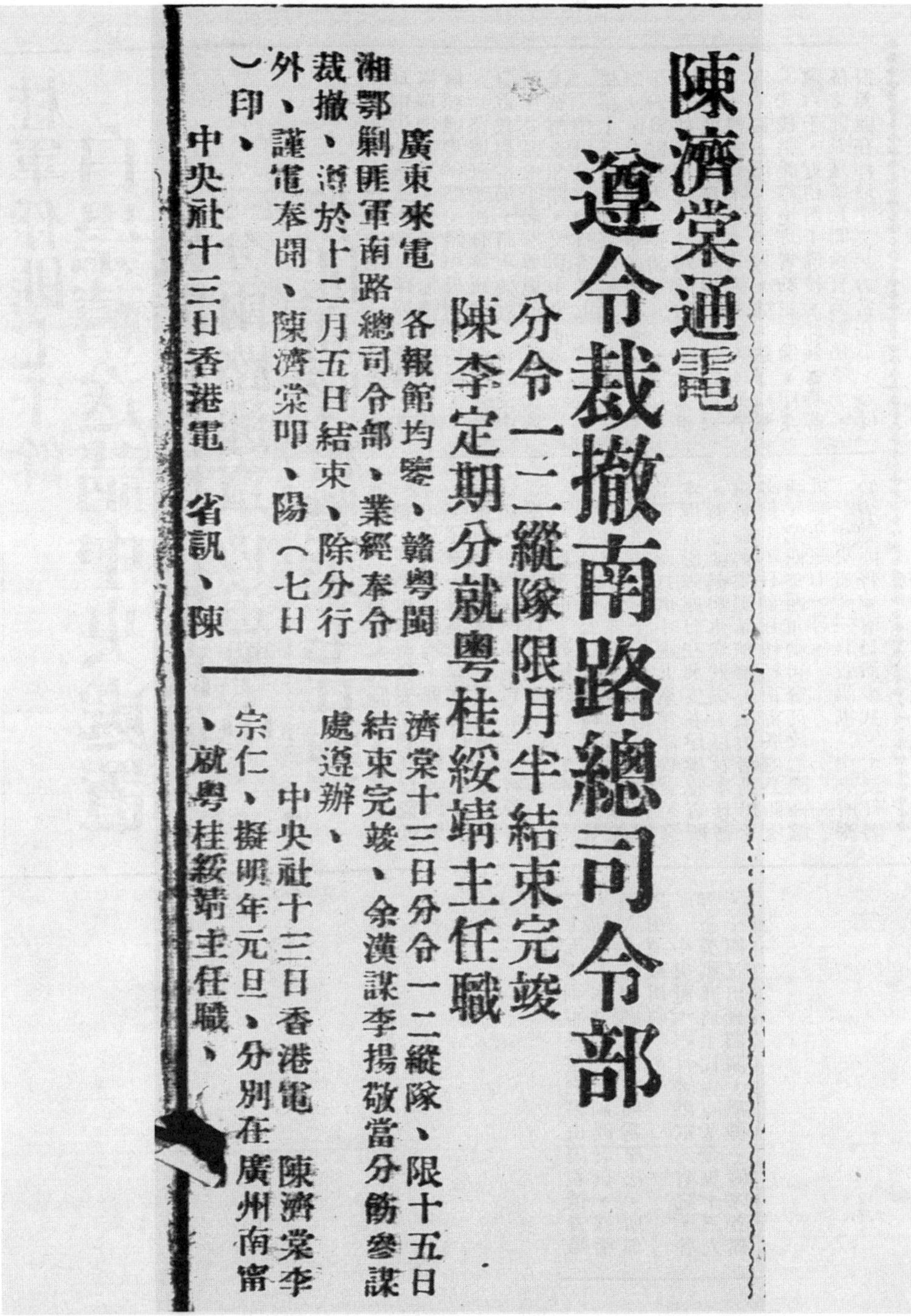

陳濟棠通電

遵令裁撤南路總司令部

分令一二縱隊限月半結束完竣

陳李定期分就粵桂綏靖主任職

廣東來電 各報館均鑒、贛粵閩湘鄂勦匪軍南路總司令部、業經奉令裁撤、遵於十二月五日結束、除分行外、謹電奉聞、陳濟棠叩、陽（七日）印、 中央社十三日香港電 省訊、陳濟棠十三日分令一二縱隊、限十五日結束完竣、余漢謀李揚敬當分飭參謀處遵辦、

中央社十三日香港電 陳濟棠李宗仁、擬明年元旦、分別在廣州南甯、就粵桂綏靖主任職、

27. 陈济棠通电遵令裁撤南路总司令部，分令一、二纵队限月半结束完竣，陈（济棠）、李（宗仁）定期分就粤桂绥靖主任职，1934 年 12 月 14 日第 3 版

桂軍俘匪七千餘

白崇禧送請中央處置

殘匪在桂境損失萬餘
分兩路逃竄仍追擊中

俘匪高呼槍斃朱毛口號

本報十四日香港電　白崇禧十三日電告、迭次大戰、俘匪七千餘、本擬解湘處置、但恐沿途逃散、擬由桂林僱船運粵轉韶、請中央派員接收、

路透社十四日廣州電　白崇禧今日電致粵當局、謂現將近今在戰役中所俘共匪七千名解粵處置、渠意宜將若輩解至韶關、交與中央軍云、

中央社十四日香港電　省訊、白崇禧十三日電李宗仁、請示處置俘匪辦法、李以解送贛感化院施行感化、十四日電蔣委員長請示、

桂林來電　各報館均鑒、此次西竄之匪、號稱十萬、但綜合接戰以來、情報實數不過五萬人、自經本軍在富、賀、灌、全、興、龍、迭予痛擊、先後斃匪經掩埋者約三千餘、俘匪逾六千、獲槍四千餘枝、此外逃時落伍之匪及遺落民間槍枝爲數仍不少、計算匪在桂境損失兵力當在萬、殘餘匪現分二路逃竄、大股竄至通道下鄉一帶、一部由廣南長安堡雙江口竄抵牙屯堡、已出桂境、我軍仍跟蹤逃剿、至俘虜一項經呈奉蔣委員長電令解送湘何總司令處置、現已準備分批解送中、第四集團軍總司令桂林行營參謀處元（十三日）部印、

桂林來電　各報館均鑒、本日上午本處潘處長宜之、奉命前往興安縣城、向被俘共匪七千餘人訓話、每說到最沉痛時、全場自動高呼槍斃朱德毛澤東及打倒中國共產黨諸口號、又本處電影隊連日在興安各俘虜收容所、將俘匪起居生活狀況、以及本日潘處長在興安訓話情形、攝製活動影片多種、不日即在桂林南甯各處公開放映、第四集團軍總司令部政治訓練處元（十三日）印、

中央社十三日貴陽電　中央所派黔省剿匪督察專員潘少武、十二日偕

二十五軍副軍長侯之擔由遵義抵貴陽、訪晤王家烈氏、商剿匪計劃、據潘語人、侯對剿匪意志頗爲堅決、所部已由遵義出動云、

中央社十四日香港電　省訊、各界慰勞剿匪將士代表陳璧金等十三人、十四日出發韶關、慰勞一縱隊各部

28. 桂军俘匪七千余，白崇禧送请中央处置，残匪在桂境损失万余，分两路逃窜仍追击中，俘匪高呼枪毙朱（德）、毛（泽东）口号，1934年12月15日第4版

黔軍克復黎平城

桂軍向榕江進協助堵剿

王家烈遵義鎮遠設行營

中央社十七日貴陽電　黔軍周旅於十五日拂曉向匪猛攻、已將黎平城克復、匪向老錦屏移動、又桂軍周師由古宜經下江向榕江前進、協助黔軍堵剿、

中央社十七日重慶電　據黔電、猶國才自關嶺晉省、謁王主席、商防堵共匪事、王分設行營于遵義鎮遠、所部在湘桂黔三省交界處布防、王令猶出兵三團協堵須王猶見面後可開拔

中央社十六日長沙電　蕭賀兩匪向巖口逃竄、經我陳師先頭部隊痛擊、殘潰不堪、李覺赴醴陵檢閱團隊、

29. 黔军克复黎平城，桂军向榕江进协助堵剿，王家烈遵义、镇远设行营，1934 年 12 月 18 日第 3 版

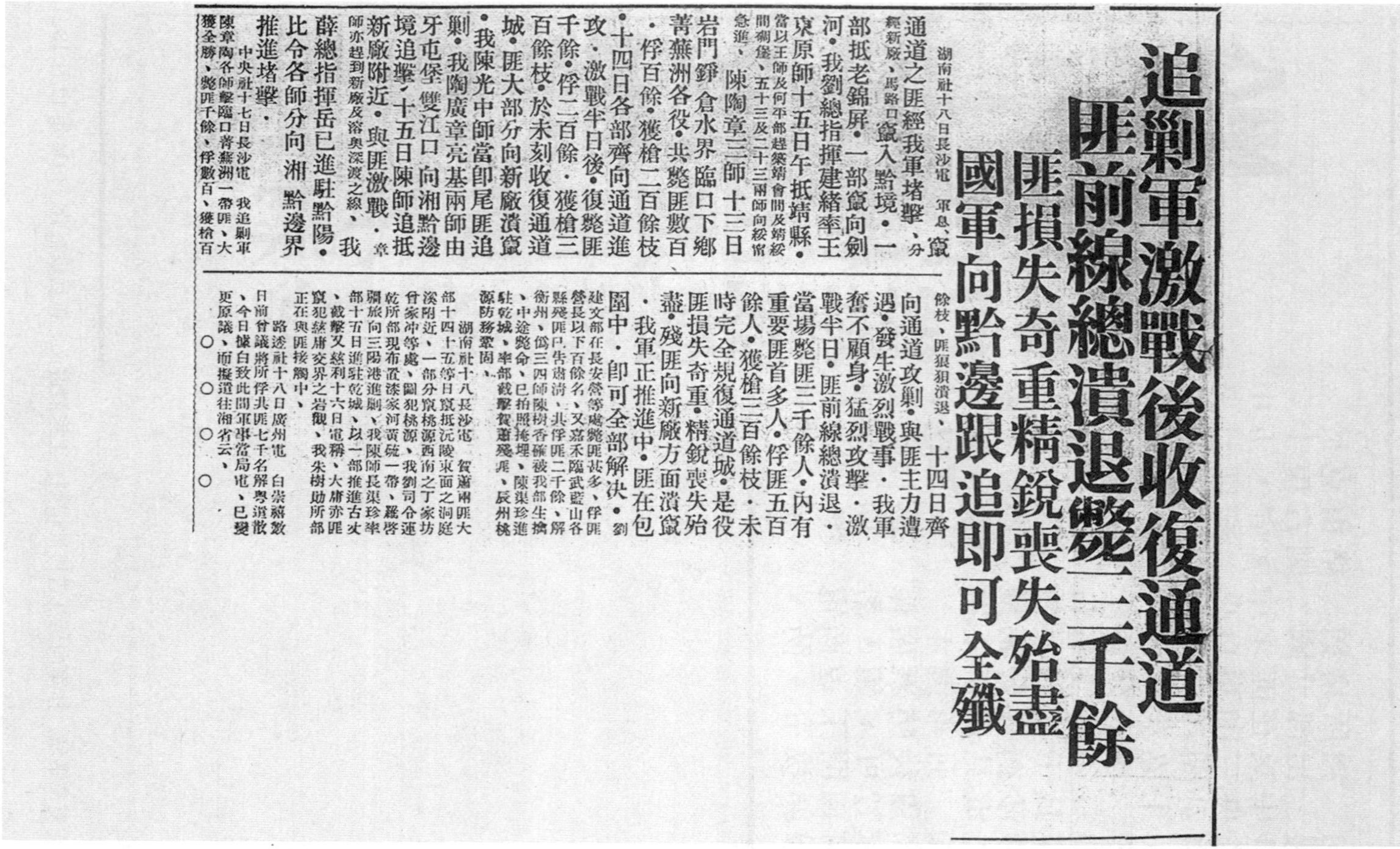

追剿軍激戰後收復通道
匪前線總潰退斃三千餘
匪損失奇重精銳喪失殆盡
國軍向黔邊跟追即可全殲

湖南社十八日長沙電　軍息、竄通道之匪經我軍堵擊、分經新廠、馬路口竄入黔境．一部抵老錦屏．一部竄向劍河．我劉總指揮建緒率王東原師十五日午抵靖縣．當以王師及何平部趕築靖會間及靖綏間碉堡、五十三及二十三兩師向綏甯急進、陳陶章三師十三日岩門鋪倉水界臨口下鄉菁蕪洲各役．共斃匪數百．俘百餘．獲槍二百餘枝．十四日各部齊向通道進攻．激戰半日後．復斃匪千餘．俘二百餘．獲槍三百餘枝．於未刻收復通道城．匪大部分向新廠潰竄．我陳光中師當即尾匪追剿．我陶廣章亮基兩師由牙屯堡雙江口向湘黔邊境追擊、十五日陳師追抵新廠附近．與匪激戰．章師亦趕到新廠及溶輿深渡之線、我薛總指揮岳已進駐黔陽．比令各師分向湘黔邊界推進堵擊．

中央社十七日長沙電　我追剿軍陳章陶各師擊臨口菁蕪洲一帶匪、大獲全勝、斃匪千餘、俘數百、獲槍百餘枝、匪狼狽潰退、十四日齊向通道攻剿．與匪主力遭遇．發生激烈戰事．我軍奮不顧身．猛烈攻擊．激戰半日．匪前線總潰退．當場斃匪三千餘人．內有重要匪首多人．俘匪五百餘人．獲槍三百餘枝．未時完全規復通道城．是役匪損失奇重．精銳喪失殆盡．殘匪向新廠方面潰竄．我軍正推進中．匪在包圍中．即可全部解決．劉建文部在長安營等處斃匪甚多、俘匪營長以下百餘名、又嘉禾臨武藍山各縣殘匪、已告肅清、共俘匪二千餘、解衡州、僞三四師陳樹香確被我部生擒、中途斃命、已拍照掩埋、陳渠珍進駐乾城、率部截擊賀蕭殘匪、辰州桃源防務鞏固、

湖南社十八長沙電　賀蕭兩匪大部十四十五等日竄抵沅陵東面之洞庭溪附近、一部分竄桃源西南之丁家坊曾家冲等處、圖犯桃源、我劉司令運乾所部現布置漆家河黃硫一帶、羅啓彊旅向三陽港進剿、我陳師長渠珍率部十五日進駐乾城、以一部推進古丈、截擊又慈利十六日電稱、大庸亦匪竄犯慈庸交界之岩觀、我朱樹助所部正在與匪接觸中、

路透社十八日廣州電　白崇禧數日前曾議將所俘共匪七千名解粵遣散、今日據白致此間軍事當局電、已變更原議、而擬遣往湘省云、

○○○○○

30. 追剿军激战后收复通道，匪前线总溃退毙三千余，匪损失奇重精锐丧失殆尽，国军向黔边跟追即可全歼，1934 年 12 月 19 日第 2 版

湖南民国日报

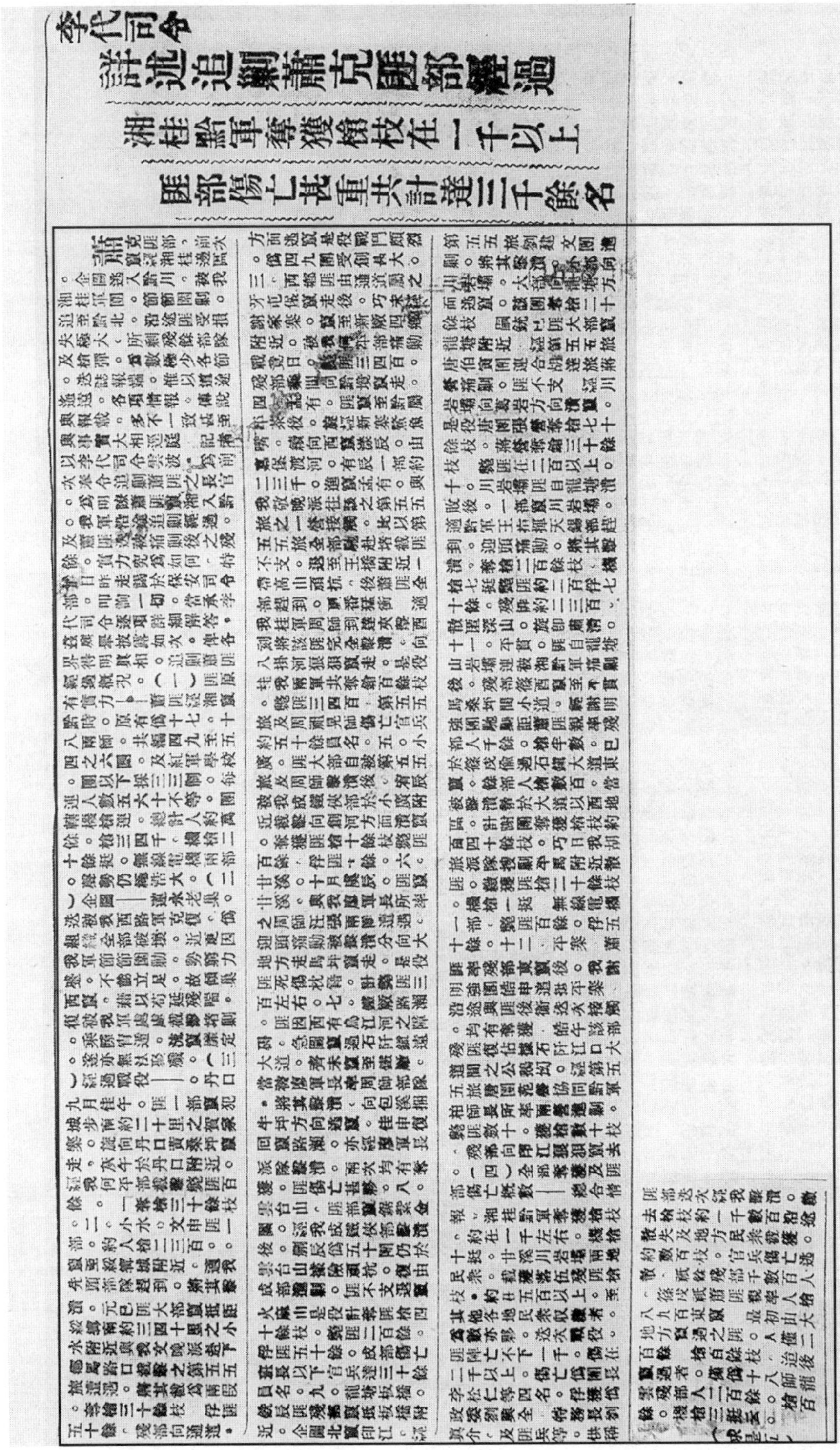

李代司令详述追剿萧克匪部经过
湘桂黔军夺获枪枝在一千以上
匪部伤亡甚重共计达三千余名

1. 李代司令详述追剿萧克匪部经过，湘桂黔军夺获枪支在一千以上，匪部伤亡甚重共计达三千余名，1934 年 11 月 15 日第 7 版

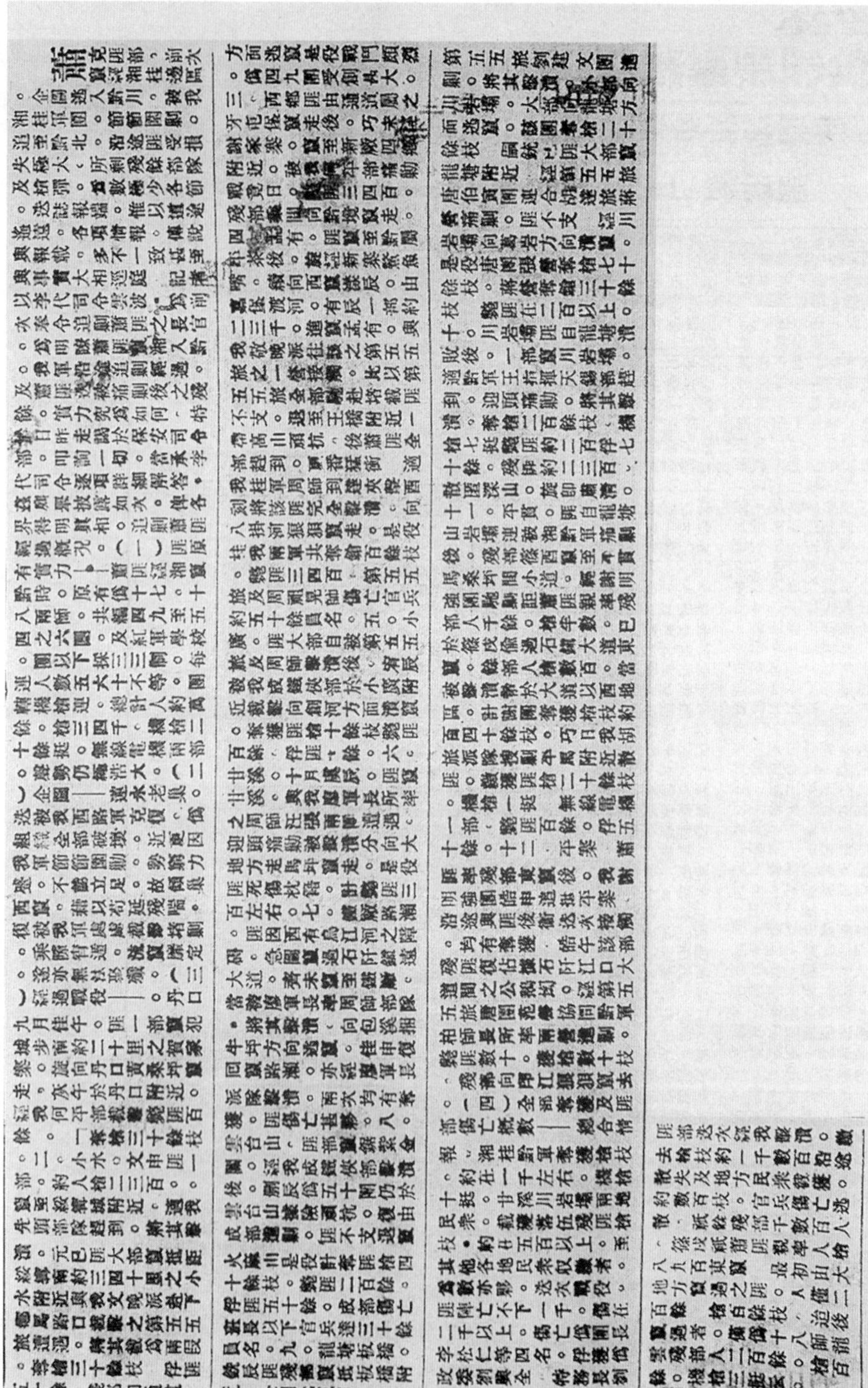

（局部图）

西南執行部議決

協力堵剿西竄殘匪

促王寵惠南來共商救國辦法

西南參加全會問題亦待籌商

本報上海十五日專電　西南執行部元（十三）議決。（甲）粵贛湘桂邊境。匪氛緊張。與西北兩路軍協力堵剿。（乙）促王寵惠南來商中央與粵具體救國辦法。及西南各委參加五全會問題。

行政院長汪精衛來滬與監委王寵惠博士會晤說。除由鐵道部次長曾仲鳴及汪氏本人先後否認外。昨晨王寵惠博士於接見記者之際。亦表示並無此次約會。故見面與否尚未定。至赴杭州遊覽之舉。王氏謂本人因在外數年。國內各地。興革頗多。杭州一埠。聞近來發展頗速、公路等之開闢。亦以浙省為多　因之頗思前往杭州一行。但最近歐美各地。以及國內各方。寄來函件極多。且各方友好不時過訪。以致中外書翰堆積未覆。大約俟於一二日內。函復各方後。方可作西子湖之遊。是以本星期內。能否離滬赴杭。現亦難以預定。姑蘇方面　固亦思一遊。但尚未知事實上能許可否。胡展堂先生近無電報等往還、蔣委員長現已回抵南昌。此後會見時。是否在贛、抑在南京。現均未定。俟有電來約。至再度南下否。亦須俟再度謁蔣後決定。外傳本人將應中央諸同志邀　留國內任事說、絕非事實。本人係向海牙法庭請假歸國者。假期為六個月。夫人等均尚留歐。至本年底假期即屆滿。預計於十二月中、即須離滬返歐。東莞原籍。暫不擬再往云。

2. 西南执行部议决，协力堵剿西窜残匪，促王宠惠南来共商救国办法，西南参加全会问题亦待筹商，1934 年 11 月 16 日第 2 版

中央軍克復瑞金經過

被匪蹂躪六年民衆今慶復蘇

匪首率殘部向川黔邊境逃竄

南昌通信。瑞金僻處贛省東南部之閩邊。北連石城寧都。西與雩都並行。南可由會昌入粵。東則與長門唇齒相依。自民國十八年朱毛敗棄井岡山老巢後。沿贛粵邊入閩。擾武平上杭。陷汀州。瑞金亦入匪手。迨東固為國軍擊破。匪以瑞金處於贛閩西之中。處於匪區。頗為適中。乃

定為偽都

並闢偽全國代表大會。建偽中華蘇維埃政府於是。成為共匪發號施令中心地。偽中央黨部政府偽軍事委員會。偽紅軍學校 偽兵工廠 等首要機關 悉有盡有 遂有小莫斯科之號。蔣委員長督率贛粵閩湘桂五省大軍。分東西南北。先後作第五次圍剿。部以會師瑞金為犁庭掃穴之目標。而匪則或避實就虛。或死守硬打。或四散流竄。亦莫不以固守偽中央區。保持此

指揮根據

徐圖發展的為目的。去年國軍開始圍剿以來。贛東閩北匪區 完全收復 東北兩路大軍。逼近匪之腹心、贛南閩西毗連地區 當時匪以瑞金門戶為石城及長汀。石城之險要在血禾嶺 長汀之險要在龍巖邊區 故以最精銳之偽一。三。五。九。軍團。配置於此 並構築縱橫交錯工事 以期負隅。同時以羅炳輝方志敏之偽七。九。兩軍團一部。竄擾皖浙。偽六軍團蕭克之十七十八師。流竄湘川 以圖分散圍剿兵力。乃守石汀之匪。為

國軍擊破

流竄之匪。又經皖浙湘桂黔軍沿途堵截。直至石汀失陷。瑞金無險可守 朱毛乃召集偽中央會議 議決放棄偽中央區 集中偽一。三。五。七。八。九。軍團西竄 偽中央各首腦機關。悉數西遷。匪首自朱德毛澤東。項英 博古。張聞天。李德。及至下級幹部。亦盡隨軍逃命。上月二十日 由雩都突過信豐南康大庾線。掠崇義上猶及粵邊之仁化以入湘之汝城桂東。竄圖竄至川黔邊區。而留守贛閩邊之匪。不過為偽地方獨立團游擊隊。及當地散匪耳。先是東路軍克汀州之際。以李默庵師經古城西進、

直取瑞金

城、宋希濂師出瑞金之南。以斷雩都會昌赤匪之接應。並絕匪南竄之路。另以攻下石城之三路軍 直取瑞北。藉資策應。李師過古城後。沿途只遇散匪、進行順利。本月十日上午十時半・遂駐瑞金、宋亦達瑞南之羅來街。散匪向雩都南逃。正追擊中。惟瑞金被匪竊作偽都。歷已六年。赤化之深。國內無出其右。國軍入城時。只餘老弱民衆 本偽機關。悉空洞無人。荒涼悽慘。一如死城。惟反動標語。則觸目皆是。國軍入城後。當即布告化民 只餘少數殘匪流散雩都。會昌。寧化。消

3. 中央军克复瑞金经过，被匪蹂躏六年民众今庆复苏，匪首率残部向川黔边境逃窜，1934 年 11 月 17 日第 2 版（2–1）

流各處。自可迎刃而解也。

贛省當民國十六年。賀龍葉挺在南昌叛變以還。即浸淫於水深火熱之赤禍中、東南半壁。以及豫鄂皖川。亦爲匪氛瀰漫。國力民力。兩受其傷。但自民國十九年以後、即爲勦赤軍事中心。中央用全副精神。平亂安內。

五次圍勦

經過。係

十九年夏至十二月東固之役爲第一次　二十年三月以至廣昌之役爲第二次。由克復寧都雩都以至高興圩之役。頗爲勝利。乃因九一八事變而功敗垂成。是爲第三次。二十一年下半年開始第四次圍勦、至二十二年三月間。匪乘國軍五十二。五十九兩師。正在蛟洲集中。由宜黃南進時。在宜樂交界襲擊。全線被其牽制。於是蔣委員長乃在廬山將勦匪軍幹部。一一加以嚴格訓練。二十二年十月初。開始五次圍勦。除軍事外。並極力注意政治善後。乃有今日之成功。瑞金收復。實屬清赤匪安定內部之一大分野　匪化最深之贛南、從此踏入清匪善後時期。不過匪之主力仍有一部分竄至湘邊。勦赤重心。又由贛轉移於川湘黔邊。本省今後任務。一則傾全力於清散匪善後、一則須以全力追匪。合粵湘桂黔川軍。以消滅朱毛徐賀諸股、庶勦赤任務。全部完成也。

3. 中央军克复瑞金经过，被匪蹂躏六年民众今庆复苏，匪首率残部向川黔边境逃窜，1934年11月17日第2版（2-2）

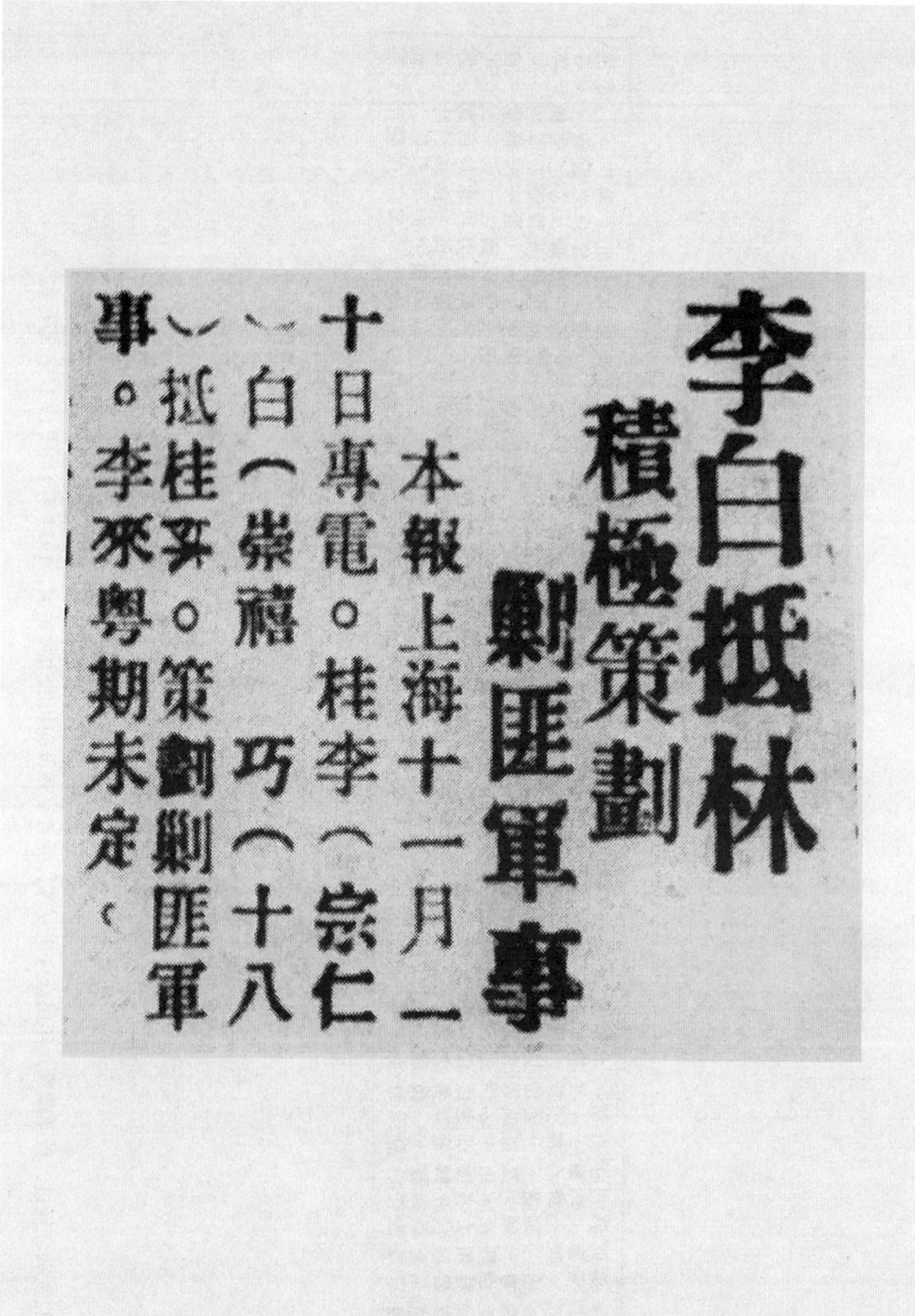
李白抵林
積極策劃
剿匪軍事

本報上海十一月二十日專電。桂李（宗仁）白（崇禧　巧（十八）抵桂林。策劃剿匪軍事。李來粵期未定（

4. 李（宗仁）、白（崇禧）抵（桂）林积极策划剿匪军事，1934 年 11 月 21 日第 2 版

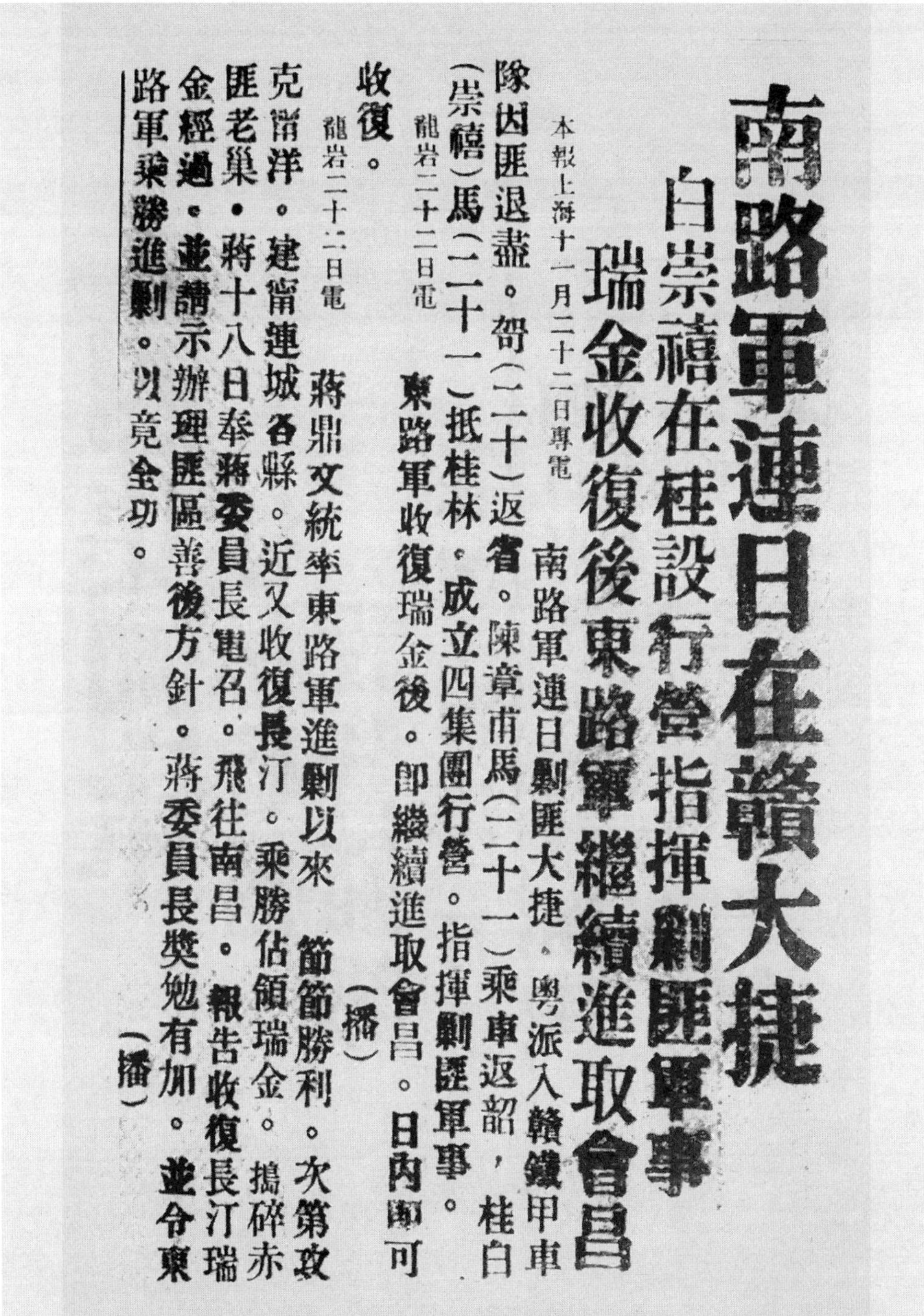

南路軍連日在贛大捷

白崇禧在桂設行營指揮剿匪軍事

瑞金收復後東路軍繼續進取會昌

本報上海十一月二十二日專電 南路軍連日剿匪大捷．粵派入贛鐵甲車隊因匪退盡。將(二十)返省。陳章甫馬(二十一)乘車返韶，桂白(崇禧)馬(二十一)抵桂林．成立四集團行營。指揮剿匪軍事。

龍岩二十二日電 東路軍收復瑞金後。即繼續進取會昌。日內即可收復。(播)

龍岩二十二日電 蔣鼎文統率東路軍進剿以來 節節勝利。次第攻克甯洋。建甯連城各縣。近又收復長汀。乘勝佔領瑞金。搗碎赤匪老巢。蔣十八日奉蔣委員長電召。飛往南昌。報告收復長汀瑞金經過。並請示辦理匪區善後方針。蔣委員長獎勉有加。並令東路軍乘勝進剿。以竟全功。(播)

5. 南路军连日在赣大捷，白崇禧在桂设行营指挥剿匪军事，瑞金收复后东路军继续进取会昌，1934 年 11 月 23 日第 2 版

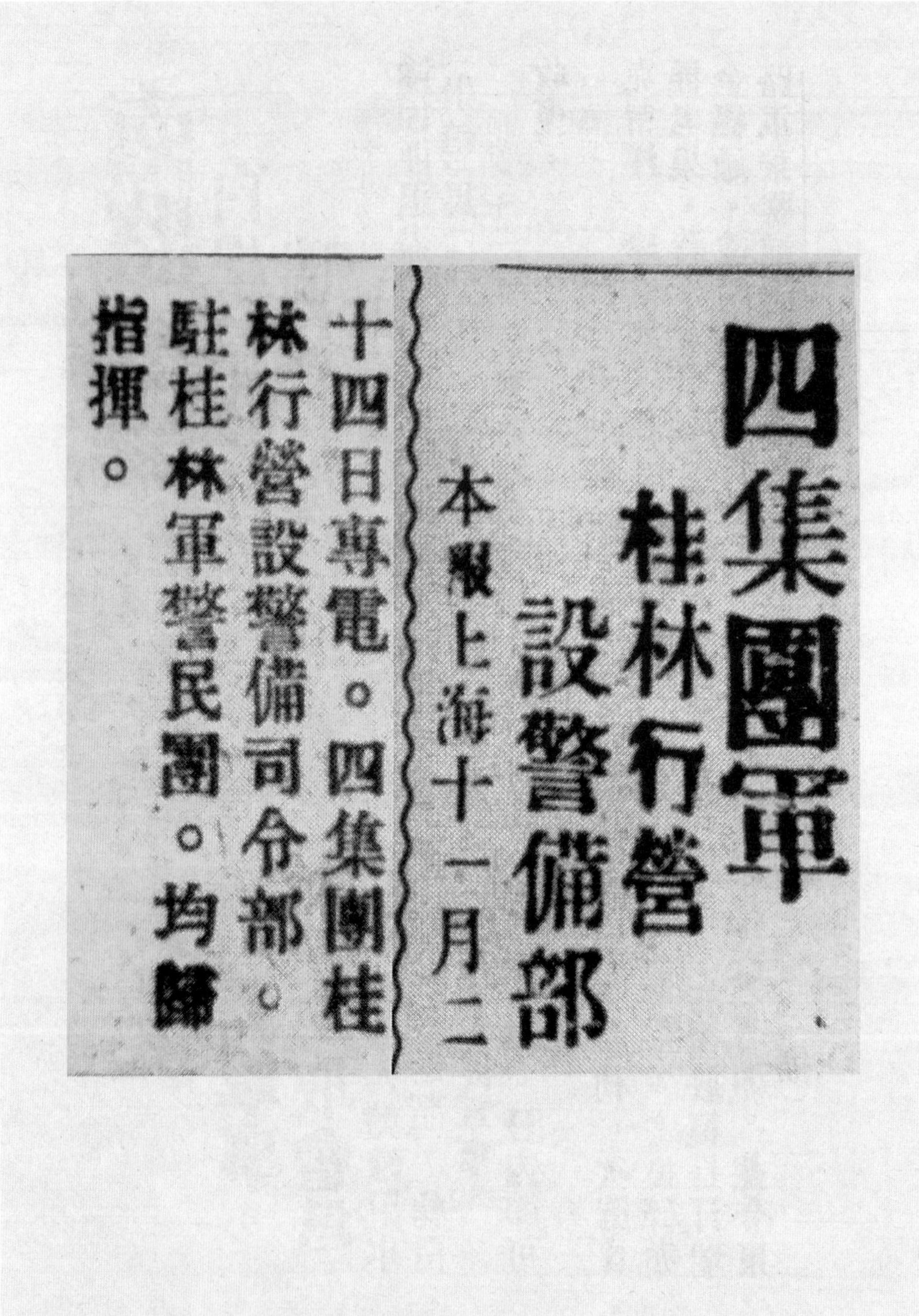

四集團軍桂林行營設警備部

本報上海十一月二十四日專電。四集團桂林行營設警備司令部。駐桂林軍警民團。均歸指揮。

6. 四集团军桂林行营设警备部，1934 年 11 月 25 日第 2 版

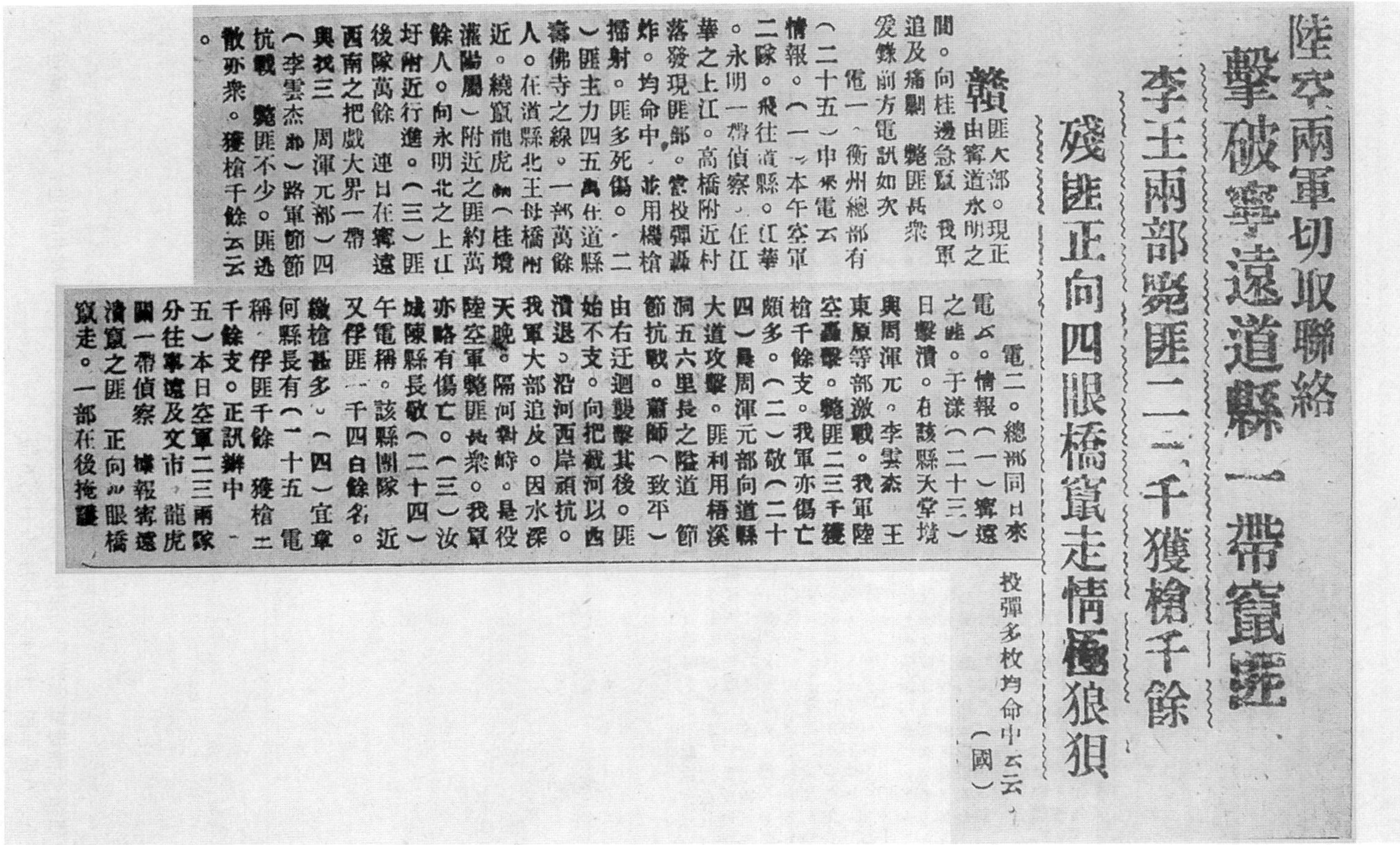

陸空兩軍切取聯絡

擊破寧遠道縣一帶竄匪

李王兩部㔸匪二三千獲槍千餘

殘匪正向四眼橋竄走情極狼狽

贛匪大部。現正由寧道永明之間。向桂邊急竄。我軍追及痛剿。艷匪長衆。爰錄前方電訊如次。電一、衡州總部有（二十五）中央電云。情報。（一）本午空軍二隊。飛往道縣。江華。永明一帶偵察、任江華之上江。高橋附近村落發現匪部。當投彈轟炸。均命中、並用機槍掃射。匪多死傷。、二）匪主力四五萬人在道縣壽佛寺之線。一部萬餘人。在道縣北王母橋附近。繞竄龍虎關（桂境灘陽關）附近之匪約萬餘人。向永明北之上江圩附近行進。（三）匪後隊萬餘 連日在寧遠西南之把戲大界一帶與我三 周渾元部）四（李雲杰部）路軍節節抗戰。艷匪不少。匪逃散亦衆。獲槍千餘云云。

電二。總部同日來電云。情報（一）寧遠之匪。于漾（二十三）日擊潰。右該縣天堂墟與周渾元。李雲杰 王東原等部激戰。我軍陸空轟擊。艷匪二三千獲槍千餘支。我軍亦傷亡頗多。（二）敬（二十四）晨周渾元部向道縣大道攻擊。匪利用梧溪洞五六里長之隘道 節節抗戰。蕭師（致平）由右迂迴。襲擊其後。匪始不支。向把截河以西潰退。沿河西岸頑抗。我軍大部追及。因水深天晚。隔河對峙。是役陸空軍艷匪甚衆。我軍亦略有傷亡。（三）汝城陳縣長敬（二十四）午電稱。該縣團隊 近又俘匪一千四百餘名。繳槍甚多。（四）宜章何縣長有（一十五）電稱、俘匪千餘 獲槍二千餘支。正訊辦中 、五）本日空軍二三兩隊分往寧遠及文市、龍虎關一帶偵察 據報寧遠潰竄之匪 正向四眼橋竄走。一部在後掩護投彈多枚均命中云云。（國）

7. 陆空两军切取联络，击破宁远、道县一带窜匪，李（云杰）、王（东原）两部毙匪二三千获枪千余，残匪正向四眼桥窜走情极狼狈，1934年11月27日第6版

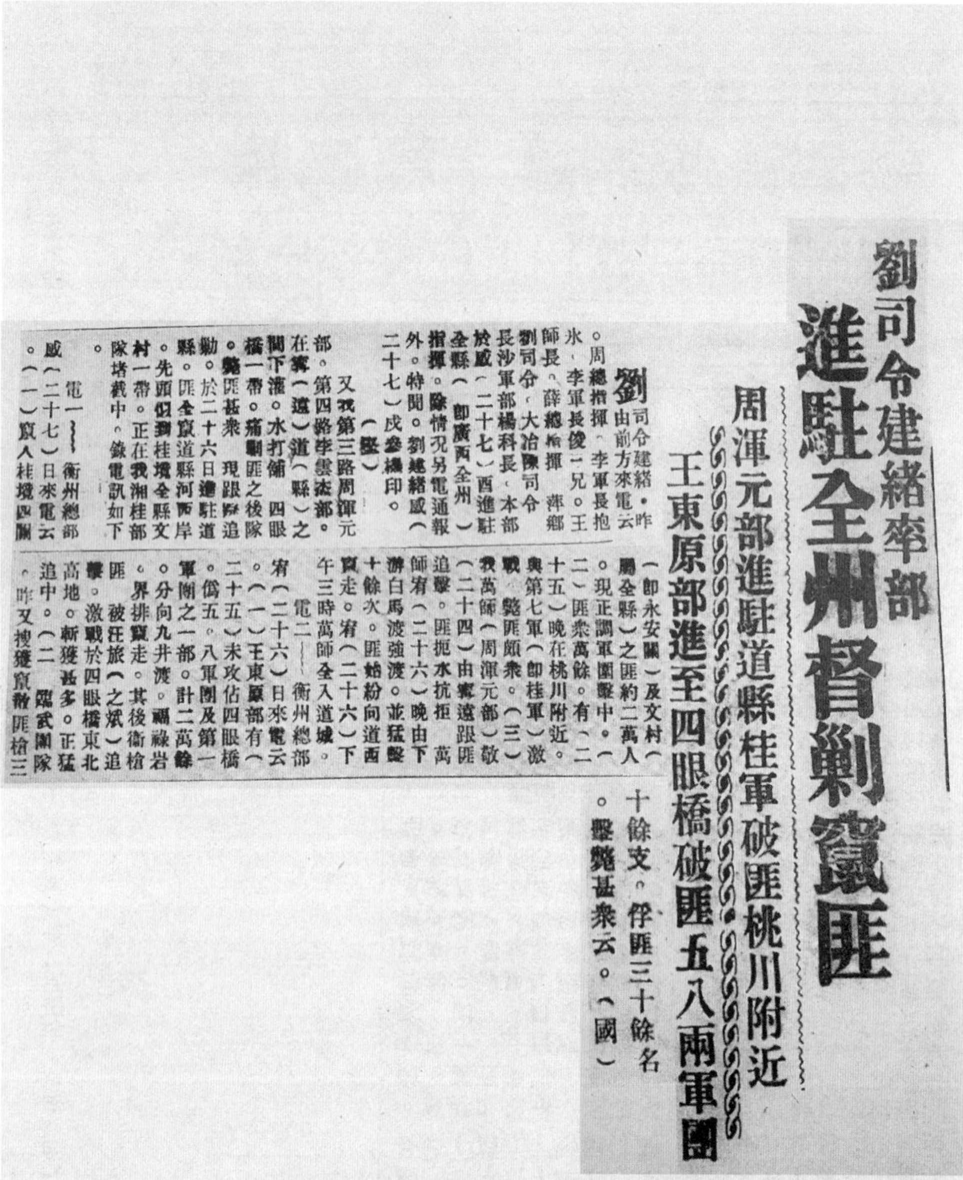

劉司令建緒率部進駐全州督剿竄匪

周渾元部進駐道縣桂軍破匪桃川附近

王東原部進至四眼橋破匪五八兩軍團

劉司令建緒・昨由前方來電云。周總指揮、李軍長抱冰、李軍長俊一兄。王師長。薛總指揮 萍鄉劉司令、大冶陳司令長沙軍部楊科長、本部於感（二十七）酉進駐全縣（即廣西全州）指揮。除情況另電通報外。特聞。劉建緒感（二十七）戌參樞印。（醒）

又我第三路周渾元部。第四路李雲杰部。在寧（遠）道（縣）之間下灌。水打舖 四眼橋一帶。痛剿匪之後隊。殲匪甚衆 現跟踪追勦。於二十六日進駐道縣。匪全竄道縣河西岸。先頭仍到桂境全縣文村一帶。正在我湘桂部隊堵截中。錄電訊如下。

電一～～衡州總部感（二十七）日來電云。（一）竄入桂境四關（即永安關）及文村（屬全縣）之匪約二萬人。現正調軍團聚中。（二）匪衆萬餘。有（二十五）晚在桃川附近。與第七軍（即桂軍）激戰。殲匪頗衆。（三）我萬師（周渾元部）敬（二十四）由寧遠跟匪追擊。匪扼水抗拒 萬師宥（二十六）晚由下游白馬渡強渡。並猛擊十餘次。匪始紛向道西竄走。宥（二十六）下午三時萬師全入道城。

電二～～衡州總部宥（二十六）日來電云。（一）王東原部有（二十五）未攻佔四眼橋。偽五。八軍團及第一軍團之一部。計二萬餘。分向九井渡。福祿岩。界排竄走。其後衛槍匪 被汪旅（之斌）追擊。激戰於四眼橋東北高地。斬獲甚多。正猛追中。（二 臨武團隊。昨又搜獲竄散匪槍三十餘支。俘匪三十餘名。擊斃甚衆云。（國）

8. 刘司令建绪率部进驻全州督剿窜匪，周浑元部进驻道县桂军破匪桃川附近，王东原部进至四眼桥破匪五、八两军团，1934 年 11 月 29 日第 6 版

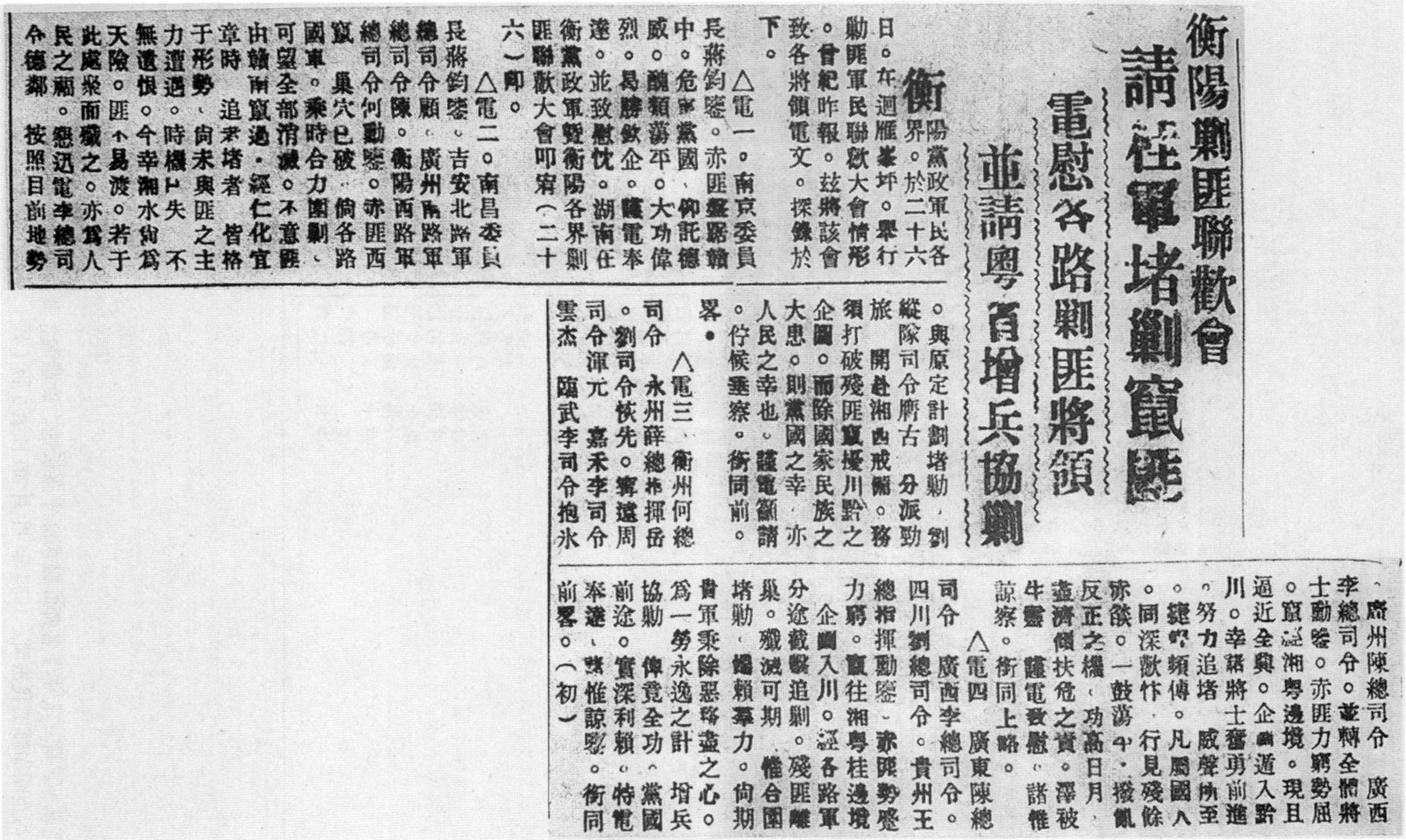

衡陽剿匪聯歡會
請桂軍堵剿竄匪
電慰各路剿匪將領
並請粵省增兵協剿

衡陽黨政軍民各界。於二十六日。在迴雁峯坪。舉行勦匪軍民聯歡大會情形。會紀昨報。茲將該會致各將領電文。探錄於下。

△電一。南京委員長蔣鈞鑒。赤匪盤踞贛中。危害黨國、仰託德威。醜類蕩平。大功偉烈。局勝欽企。謹電奉達。並致慰忱。湖南任衡黨政軍暨衡陽各界剿匪聯歡大會叩宥（二十六）印。

△電二。南昌委員長蔣鈞鑒、吉安北路軍總司令顧、廣州南路軍總司令陳。衡陽西路軍總司令何勛鑒。赤匪西竄巢穴已破、倘各路國軍。乘時合力圍剿、可望全部消滅。不意匪由贛南竄過・經仁化宜章時 追者堵者、皆格于形勢、尚未與匪之主力遭遇。時機已失 不無遺恨。今幸湘水尚為天險。匪不易渡。若于此處聚而殲之。亦為人民之福。懇迅電李總司令德鄰 按照目前地勢。與原定計劃堵勦，劉縱隊司令廨古分派勁旅 開赴湘西戒備。務須打破殘匪竄擾川黔之企圖。而除國家民族之大患。則黨國之幸、亦人民之幸也。謹電籲請。佇候垂察。衡同前。署•

△電三、衡州何總司令 永州薛總指揮岳。劉司令恢先。寧遠周司令渾元 嘉禾李司令雲杰 臨武李司令抱冰、廣州陳總司令 廣西李總司令。並轉全體將士勳鑒。赤匪力竄勢屈。竄詎湘粵邊境。現且逼近全興。企圖遁入黔川。幸諸將士奮勇前進，努力追堵。威聲所至。捷報頻傳。凡屬國人。同深歡忭。行見殘餘赤燄。一鼓蕩平・撥亂反正之機、功高日月。盡濟傾扶危之責。澤被牛靈。謹電致慰。諸惟諒察。衡同上略。

△電四 廣東陳總司令 廣西李總司令。四川劉總司令。貴州王總指揮勳鑒、赤匪勢蹙。力竄。竄往湘粵桂邊境企圖入川。經各路軍分途截擊追剿。殘匪離巢。殲滅可期 惟合圍堵勦、端賴羣力。尚期貴軍乘除惡務盡之心。為一勞永逸之計 增兵協勦、俾竟全功、黨國前途。實深利賴。特電奉達、諸惟諒察。衡同前署。（初）

9. 衡阳剿匪联欢会，请桂军堵剿窜匪，电慰各路剿匪将领，并请粤省增兵协剿，1934 年 11 月 30 日第 6 版

章陳各師

昨破竄匪於路板舖黃臘洞

我空軍在永安關一帶殲匪甚衆

匪在西延灣企圖偷渡被我擊潰

贛 匪經我周（渾元）李（雲杰）王（東原）各部在寧（遠）道（縣）痛勦。殘匪甚衆、匪向桂境竄逃。我劉建緒所部第一路軍正嚴密堵截。據前方來電如次。電一……衡州總部偵（二十八）電云。（一）本日空軍飛赴永安關至文村一帶偵炸。在西流地方見匪數千。正午發投彈轟炸。殘匪無數。（二）匪先頭、於宥（二十六）晨（二十七）兩日。由全州、興安之勾牌山。山頭上米頭、四春城。沙子嶺向西延灣西版橋企圖偷渡。被我擊潰。後續殘匪。經我章師亮基趕至在路板舖。蔣村一帶截擊、殘匪甚多。（三）匪一部由新安關左邊竄抵黃臘洞。宥（二十六）午被陳光中部擊退。（四）匪數十人。在文市架橋。被我側擊。將浮橋撤去。圖逃。正追攻中云云。

電二……第三路司令周渾元部萬師長耀煌致該師駐長沙張處長光寅電云。本師於敬（二十四）日由寧遠城向股匪攻擊。當日經夫堂城。柑子園逐次與匪激戰。匪受痛創不支。於有（二十五）日退竄道縣境。沿河扼守。宥（二十六）日拂曉。我軍由下游白馬渡強行渡河。匪覺全力在月巢亭。韓村一帶高地頑強抵抗。我官兵猛衝十餘次。匪紛向道縣西南方向潰竄。本師遂於宥（二十六）日下午三時半完全收復道縣。現正跟追中。特先電聞云云。（國）

電三……保安司令部昨通電云（銜略）接劉軍長（建緒）宥戌電。（一）據唐團長季侯電稱。宥午周司令（渾元）歐部達駐道縣。（二）全州陳司令恩元宥午電。桃川附近之匪與桂七軍戰鬥激烈。斬獲甚衆。白總指揮（崇禧）宥晨赴龍虎關督剿。（三）陳師長光中宥午電稱。派謝營將馬子岡黃臘洞之匪擊潰。

右三項等語特聞。代理全省保安司令李覺勘（二十八）未長參。（命）

又本報上海十一月二十九日專電 李漢魂

10. 章（亮基）、陈（光中）各师昨破窜匪于路板铺、黄腊洞，我空军在永安关一带毙匪甚众，匪在西延湾企图偷渡被我击溃，1934 年 11 月 30 日第 6 版（残）

贛匪潰我周（渾元）李（雲杰）王（東原）各部在寧（遠）道（縣）痛勦。斃匪甚衆、匪向桂境竄逃。我劉建緒所部第一路軍正嚴密堵截。錄前方來電如次。電一……衡州總部儉（二十八）電云。（一）本日空軍飛赴永安關至文村一帶偵炸。在西流地方見匪數千。正午餐投彈轟炸。斃匪無數。（二）匪先頭、於宥（二十六）感（二十七）兩日。由全州。與安之勾牌山。山頭上米頭、四養塘。沙子嶺 向西延灣圳版橋企圖偷渡。被我擊潰。後續部隊。經我章師亮基趕至在路板舖。蔣村一帶截擊、斃匪甚多。（三）匪一部由新安關左邊竄抵黃臘洞。宥（二十六）午被陳光中部擊退。（四）匪數十人。在文市架橋。被我側擊。將浮橋撤去圖逃。正迫攻中 云云。

電二……第三路司令周渾元部萬師長耀煌。致該師駐長沙張處長光寅電云。本師於敬（二十四）日由寧遠城。向股匪攻擊。當日經夫室塘。柑子園逐次與匪激戰。匪受痛創不支。於有（二十五）日退踞道縣境。沿河扼守 宥（二十六）日拂曉。我軍由下游白馬渡強行渡河。匪覺全力在月華亭。韓村一帶高地頑強抵抗。我官兵猛衝十餘次。匪紛向道縣西南方向潰竄。本師遂於宥（二十六）日下午三時半完全收復道縣。現正跟追中特先電聞云云。

（國）

電三……保安司令部昨通電云（衛略）接劉軍長（建緒）宥戌電。（一）據唐團長季侯電稱。宥午周司令（渾元）歐部進駐道縣、（二）全州陳司令恩元宥午電。桃川附近之匪。與桂七軍戰鬥激烈。斬獲甚衆。白總指揮（崇禧）宥晨赴龍虎關督剿。（三）陳師長光中宥午電稱。派謝營將馬子岡 黃臘洞之匪擊潰。

右三項等語特聞．代理全省保安司令李覺勘（二十八）未長參。（命）

又本報上海十一月二十九日專電 李漢魂

（局部图）

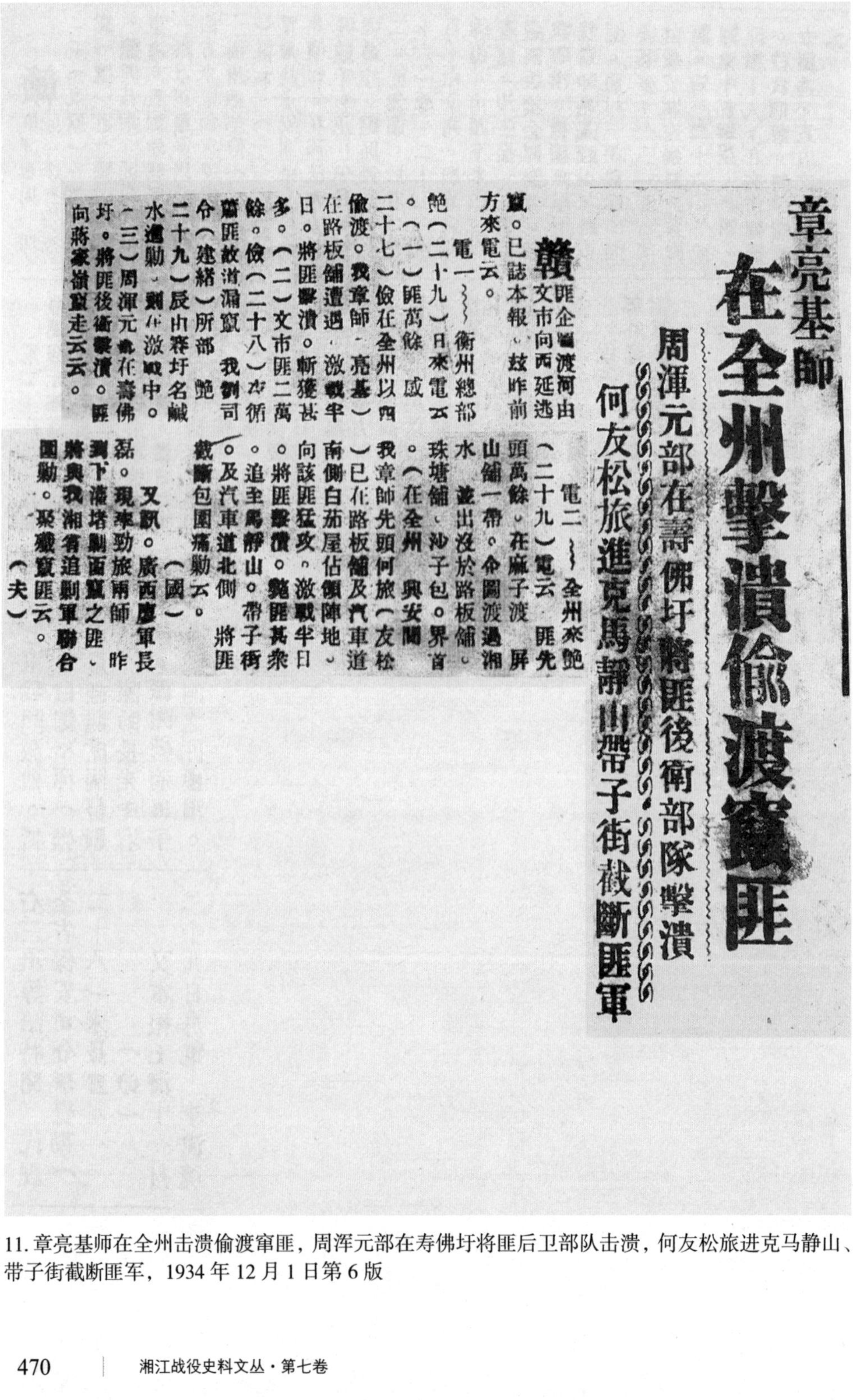

章亮基師在全州擊潰偷渡竄匪

周渾元部在壽佛圩將匪後衛部隊擊潰

何友松旅進克馬靜山帶子街截斷匪軍

贛匪企圖渡河由文市向西延逃竄。已誌本報、玆昨前方來電云。

電一~衡州總部艷（二十九）日來電云。（一）匪萬餘 感（二十七）竄在全州以西偷渡。我章師（亮基）在路板舖遭遇、激戰半日。將匪擊潰。斬獲甚多。（二）文市匪二萬餘。竄（二十八）衣衛竄匪故消漏竄 我劉司令（建緒）所部 艷（二十九）辰由蔣圩名鹹水追剿、劉在激戰中。（三）周渾元部在壽佛圩。將匪後衛擊潰。匪向蔣家嶺竄走云云。

電二~全州來艷（二十九）電云 匪先頭萬餘、在麻子渡屏山舖一帶。企圖渡過湘水 並出沒於路板舖、珠塘舖、沙子包。界首。（在全州興安間）我章師先頭何旅（友松）已在路板舖及汽車道南側白茄屋佔領陣地、向該匪猛攻。激戰半日。將匪擊潰。艷匪其衆。追至馬靜山。帶子街。及汽車道北側 將匪截斷包圍痛勦云。（國）

又訊。廣西廖軍長磊。現率勁旅兩師 昨到下灌塔馴西竄之匪、將與我湘省追剿軍聯合圍勦。聚殲竄匪云。（夫）

11. 章亮基师在全州击溃偷渡窜匪，周浑元部在寿佛圩将匪后卫部队击溃，何友松旅进克马静山、带子街截断匪军，1934 年 12 月 1 日第 6 版

我追剿軍在全州境大破匪一三五軍團

繳獲匪槍六千餘枝機槍迫砲四十餘挺　李覺師與桂軍在石塘墟包圍匪部五團

贛匪由全縣屬之文市。向興安屬之西延逃竄。我軍在全興汽車大道截獲其大部。包圍痛剿。會誌本報。茲續將前方捷訊探誌如下。

衡州總部三十日晚電云。頃接全州本日戌刻電話。三十。我劉建緒部王（東原）陶（廣）李（覺）章（亮基）陳（光中）各師。全部與匪一三五軍團。（全）覺山。朱蘭鋪。白沙鋪一帶。自辰苦戰至酉。將匪全線擊潰。匪傷亡近萬。我軍傷亡亦衆。共繳獲槍六千餘支。機槍迫砲四十餘挺。為剿匪以來未有之大捷。殘匪一部向西延方面竄走。現正尾追中云云。

又劉司令建緒。自全州來電話稱。我軍李覺部。本日（一日）下午二時。在全州以南之麻石渡。與桂軍在石塘墟。將匪約五團之衆包圍。匪無力抵抗。現正繳械中等語。詳情候探續誌（商）

衡州總部艷（二十九）日來電云。（一）匪大部仍在四關[illegible]文村湘濱水以東一帶地區其一部或（二十七）日經全縣勾牌山。及山頭上。朱頭一帶渡河。向沙子包。梁爛塘分竄。（二）章師（亮基）儉（二十八）未在全州經以南之路板鋪。沙子包。高車一帶與匪部激戰。滿西將匪擊潰。斃匪三百餘。（三）李（雲杰）王（東原）兩師已過花水尾匪追剿

該路自篠（十七）起追匪激戰七次。先後俘斃匪二千餘。（四）空軍第二隊儉（二十八）午在文市附近炸斃匪兵甚多。同時第三隊在文市東之東塘發現匪約千餘　亦炸斃匪部數百云（國）

又訊。贛匪大股。已西竄桂湘邊境　所有經過之區。潛伏散匪所在多有。尤以粵湘邊區為最甚。故悉湘粵兩省當局　為綏靖邊區伏匪起見。湘省劃段區司令所所部　粵省派李漢魂所部聯絡會勦　俾早肅清。以安邊閭云。（國）

又章師長亮基昨來路電云。（衡冬）在全州偷渡之匪。約二萬餘。自經我軍迎頭痛擊後。向板橋舖狼狽潰竄。昨晨我派出之追勦隊。又在途中大嶺將該匪痛挫。斃匪近千餘名、傷匪無算。俘獲亦衆。匪偽團長營長連長先後陣亡數名。實力損失甚鉅。已無戰鬥能力。不難一鼓殲滅　又我在路版舖搜剿之部隊　連日斃殘匪百餘。搗破偽機關數所等語云云。

本報上海十二月一日專電。桂白由平樂返桂林謁李（宗仁）商剿匪軍事　日內仍赴前方督師　李亦擬出發龍虎關觀察

12. 我追剿军在全州境大破匪一、三、五军团，缴获匪枪六千余支机枪迫炮四十余挺，李觉师与桂军在石塘墟包围匪部五团，1934 年 12 月 2 日第 6 版

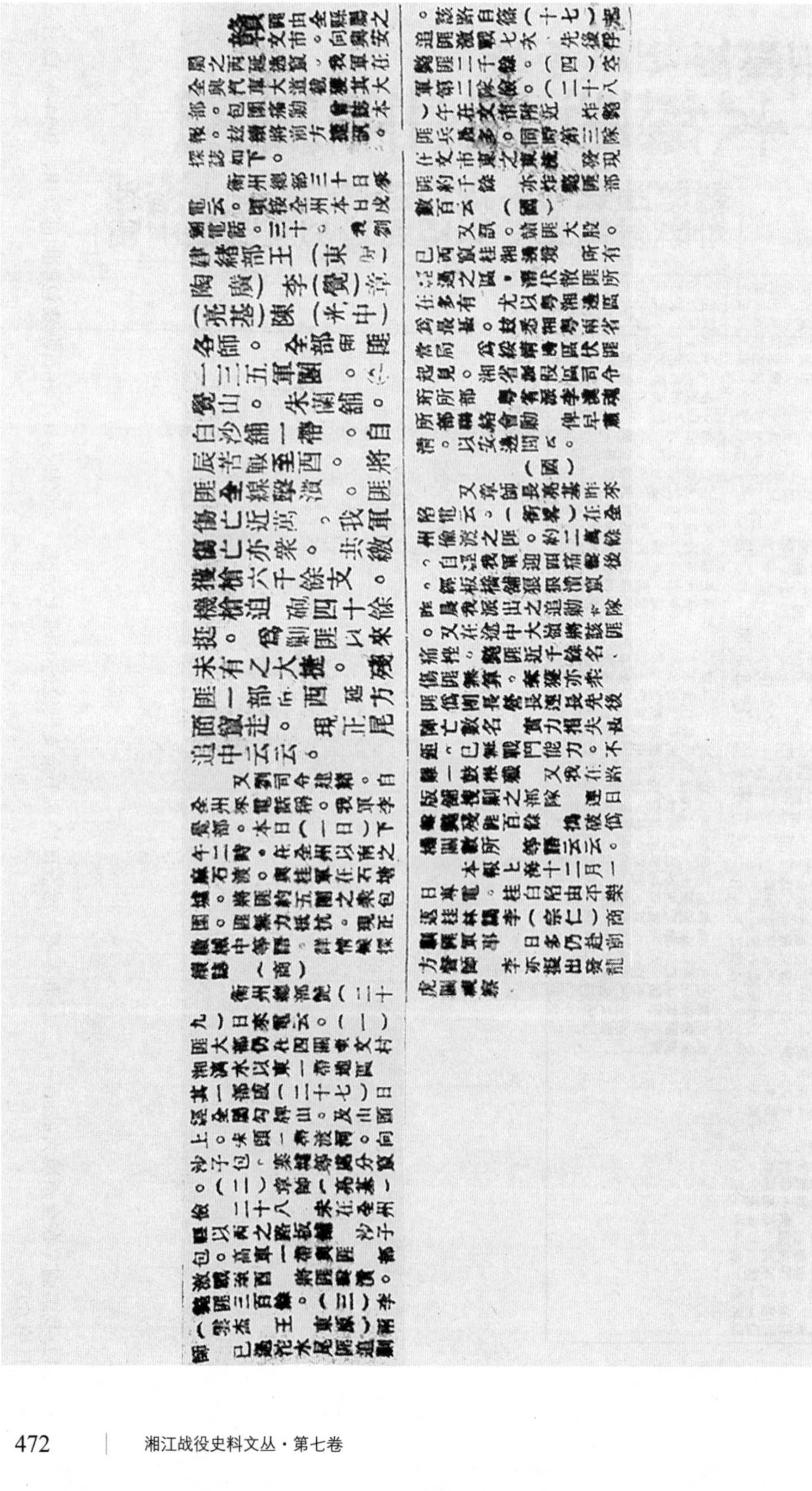

（局部图）

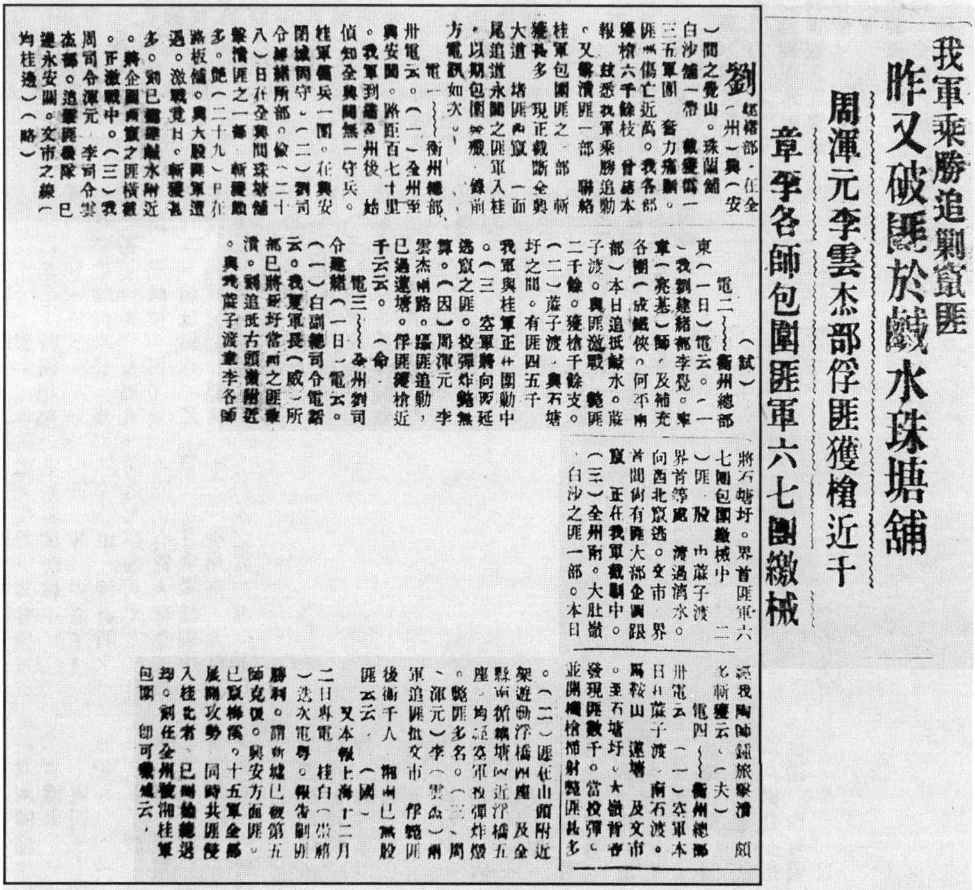

我軍乘勝追剿竄匪

昨又破匪於鹹水珠塘舖

周渾元李雲杰部俘匪獲槍近千

章李各師包圍匪軍六七團繳械

劉（建緒部，在全州）與（安）間之覺山。珠蘭舖、白沙舖一帶，激戰竟一三五軍團，奮力痛剿。匪＊傷亡近萬，我各部俘獲槍六千餘枝，曾誌本報。茲悉我軍乘勝追剿，又擊潰匪一部，聯絡桂軍包圍匪之一部，斬獲甚多，現正截斷全興大道，堵匪西竄，一面尾追道永關之匪，軍入桂，以期包圍殲滅，前方電訊如次，

電一~~衡州總部卅電云。（一）全州至興安間，路距百七十里，我軍到達全州後，始偵知全興間無一守兵。桂軍僅兵一團，在興安閉城固守。（二）劉司令總指揮所部，於二十八日在全興間珠塘舖，擊潰匪之一部，斬獲頗多。俘（二十九）日在路板舖，與大股匪軍遭遇。激戰竟日，斬獲甚多。劉已督部向鹹水附近，將企圖西竄之匪橫截，正激戰中。（三）我周司令渾元、李司令雲杰部，追擊匪殘部已進永安關。文市之線（已均桂邊）（略）

電二~~衡州總部（試）東（一日）電云。（一）我劉建緒部李覺。李章（亮基）師，及補充各團（成鐵俠）何平兩部）本日追抵鹹水。蔣子渡。與匪激戰，斃匪二千餘。獲槍千餘支。（二）蔣子渡，與石塘圩之間。有匪四五千，我軍與桂軍正在圍剿中。（三）空軍轟炸向西延逃竄之匪。投彈炸斃無算。（因）周渾元，李雲杰兩路。據匪追剿，已過道塘。俘匪獲槍近千云云。（命）

電三~~全州劉司令總指揮（一日）電云。（一）白副總司令電話（一）我夏軍長（威）所部已將新圩當面之匪擊潰。與劉追抵古頭嶺附近之我蔣子渡章李各師

將石塘圩。界首匪軍六七團包圍繳械中。（二）匪一股由蔣子渡，潰過鹹水界首等處向西北竄逃。文市界首間尚有匪大部企圖跟竄，正在我軍截剿中。（三）全州南。大肚嶺，白沙之匪一部。本日

電四~~衡州總部卅（一日）電云（一）空軍本日在蔣子渡，兩石渡。及文市、大嶺背等處，與山達塘。至石塘圩，發現匪數千。當投彈，並開機槍掃射，斃匪甚多，（二）匪在山頭附近架設浮橋四座，及全縣南鎮塘附近浮橋五座，均經空軍投彈炸燬。斃匪多名。（三）周（渾元）李（雲杰）兩軍追匪抵文市，俘斃匪後衛千人，湘南已無股匪云云，（國）

又本報上海十二月二日專電　桂白（崇禧）迭次電粵，報告剿匪勝利。謂新墟已被第五師克復。與安方面匪已竄梅溪。十五軍全部展開攻勢，同時共匪侵入桂北者，已剿偽總退却。劉任全州被匪桂軍包圍，即可繳械云。

13. 我军乘胜追剿窜匪，昨又破匪于咸水、珠塘铺，周浑元、李云杰部俘匪获枪近千，章（亮基）、李（觉）各师包围匪军六、七团缴械，1934年12月3日第6版

劉（建緒部・在全州）興（安）

）間之覺山。珠蘭舖一白沙舖一帶殘匪僞一三五軍團奮力痛剿。匪僞傷亡近萬。我各部獲槍六千餘枝。曾誌本報。茲悉我軍乘勝追勦。又擊潰匪一部。聯絡桂軍包圍匪之一部。斬獲甚多。現正截斷全興大道。堵匪內竄。一面尾追道永關之匪。軍入桂・以期包圍殲滅・錄前方電訊如次。

電一～～衡州總部、卅電云。（一）全州至興安間。路距百七十里。我軍到達全州後。始偵知全興間無一守兵。桂軍僅兵一團。在興安閉城固守。（二）劉司令建緒所部。於（二十八）日在全興間珠塘鋪擊潰匪之一部。斬獲頗多。繼（二十九）日在路板鋪。與大股匪軍遭遇。激戰竟日。斬獲甚多。如已進抵鹹水附近。將企圖南竄之匪橫截。正激戰中。（三）我周司令渾元、李司令雲杰部。追擊匪殘隊。已達永安關。文市之線（均桂邊）（略）

電二～～（試）衡州總部東（一日）電云。（一）我劉建緒部李覺。李韞珩、章（亮基）師，及補充各團（成鐵俠。何平兩部）本日追抵鹹水。蔣子渡。與匪激戰。斃匪二千餘。獲槍千餘支。（二）蔣子渡，與石塘圩之間。有匪四五千。我軍與桂軍正在圍勦中。（三）空軍轉向西延逃竄之匪。投彈炸斃無算。（四）周渾元、李雲杰兩路。躡匪追勦，已過道塘。俘匪獲槍近千云云。（命）

電三～～全州劉司令建緒（一日）電云。（一）白副總司令電話云。我夏軍長（威）所部已將新圩當面之匪擊潰。劉追抵古頭嶺附近。與我蔣子渡章李各師將石塘圩。界首匪軍六七團包圍殲械中。（二）匪一股由蔣子渡界首等處渡過湘水。向西北竄逃。文市界首間街有匪大部企圖跟竄。正在我軍截剿中。（三）全州附。大肚嶺、白沙之匪一部。本日經我陶師鍾旅擊潰。頗多斬獲云。（大）

電四～～衡州總部卅電云（一）空軍本日在蔣子渡，兩石渡。馬鞍山、道塘、及文市。至石塘圩，大嶺背等發現匪數千。當投彈。並開機槍掃射。斃匪甚多。（二）匪在山頭附近架遊動浮橋四座。及全縣南鄉橫塘附近浮橋五座。均經空軍投彈炸燬。斃匪多名。（三）、周、渾元）李（雲杰）兩軍追匪抵文市。俘斃匪後衛千人。惟匪已無股匪云云。（國）

又本報上海十二月二日專電　桂白（崇禧）迭次電粵。報告剿匪勝利。謂新墟已被第五師克復。興安方面匪。已竄梅溪。十五軍全部展開攻勢。同時共匪侵入桂北者。已向總退却。劉任全州被徹桂軍包圍　即可殲滅云，

（局部图）

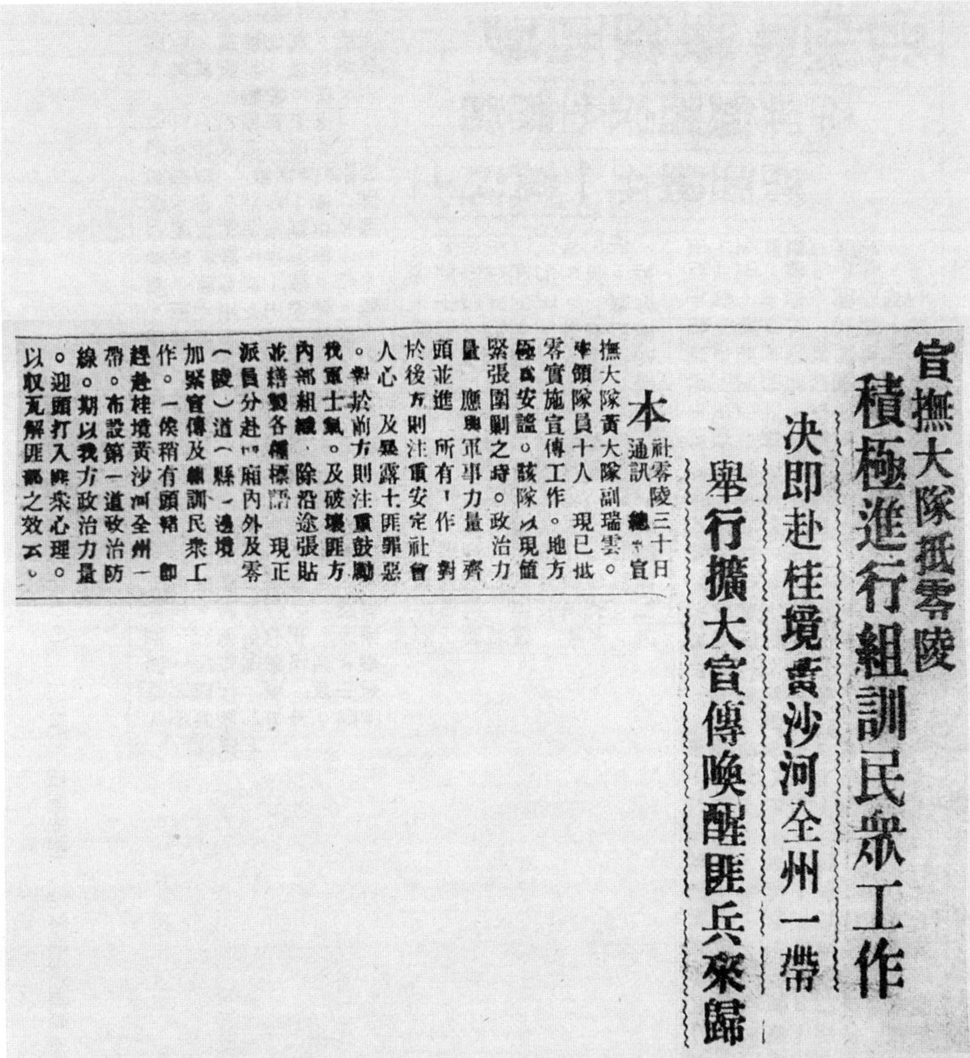

宣撫大隊抵零陵

積極進行組訓民衆工作

決即赴桂境黃沙河全州一帶

舉行擴大宣傳喚醒匪兵來歸

本社零陵三十日通訊　總部宣撫大隊黃大隊副瑞雲。率領隊員十八人現已抵零實施宣傳工作。地方極為安謐。該隊以現值緊張圍剿之時。政治力量應與軍事力量齊頭並進所有工作對於後方則注重安定社會人心及暴露土匪罪惡。對於前方則注重鼓勵我軍士氣。及破壞匪方內部組織、除沿途張貼並精製各種標語　現正派員分赴四廟內外及零（陵）道（縣）邊境加緊宣傳及組訓民衆工作。一俟稍有頭緒　即經赴桂境黃沙河全州一帶。布設第一道政治防線。期以我方政治力量。迎頭打入匪衆心理。以收瓦解匪部之效云。

14. 宣抚大队抵零陵，积极进行组训民众工作，决即赴桂境黄沙河、全州一带，举行扩大宣传唤醒匪兵来归，1934 年 12 月 4 日第 6 版

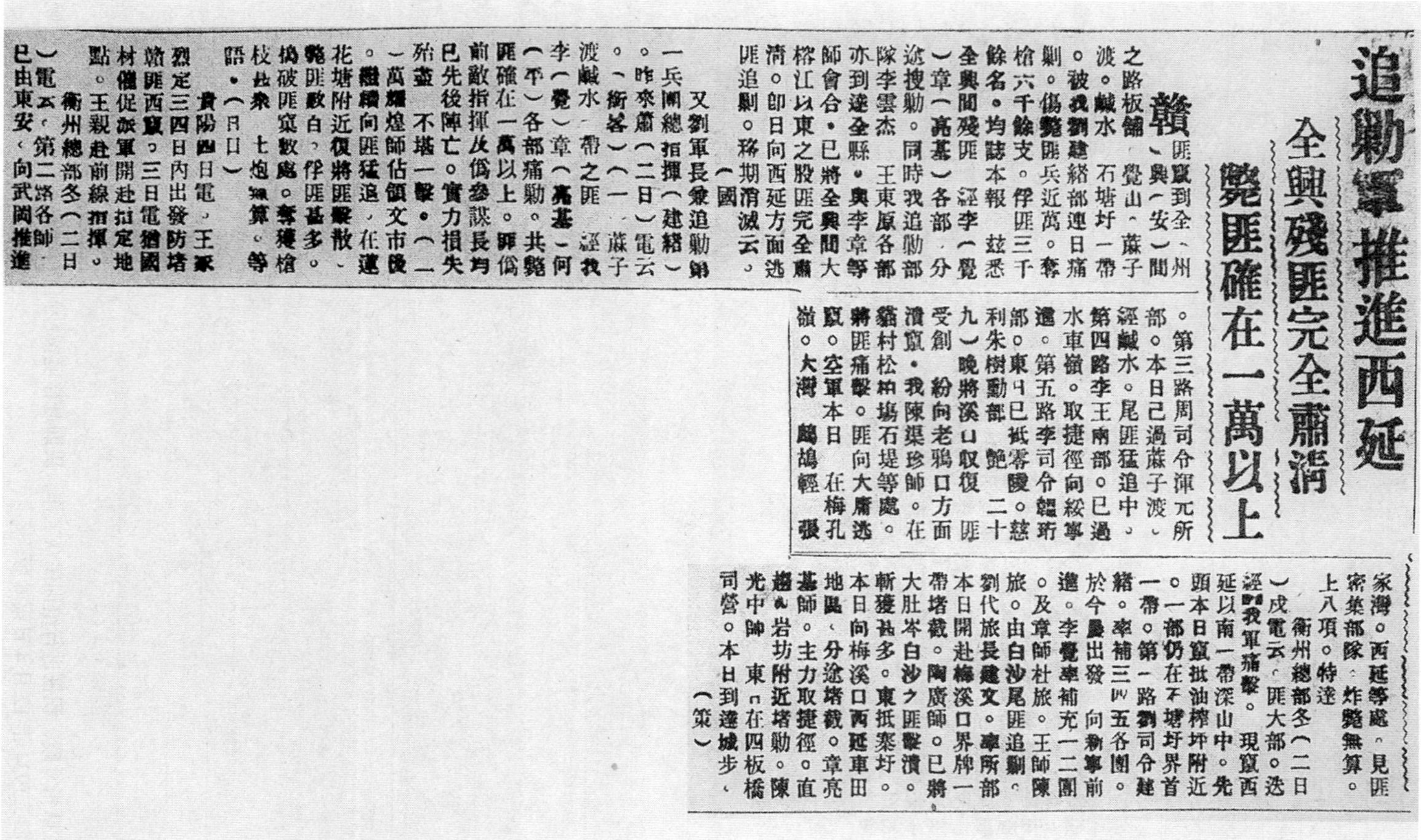

追剿軍推進西延

全興殘匪完全肅淸

斃匪確在一萬以上

贛 匪竄到全、州)興(安)間之路板舖、覺山、蔗子渡。鹹水、石塘圩一帶。被我劉建緒部連日痛剿。傷斃匪兵近萬。奪槍六千餘支。俘匪三千餘名。均誌本報茲悉全興間殘匪經李(覺)章(亮基)各部分途搜剿。同時我追剿部隊李雲杰 王東原各部亦到達全縣。與李章等師會合。已將全興間大榕江以東之股匪完全肅淸。即日向西延方面逃匪追剿。務期消滅云。(國

又劉軍長兼追剿第一兵團總指揮(建緒)昨來蕭(二日)電云。(銜略)(一)蔗子渡鹹水一帶之匪。經我李(覺)章(亮基)何(平)各部痛剿。共斃匪確在一萬以上。匪偽前敵指揮及偽參謀長均已先後陣亡。實力損失殆盡 不堪一擊。(二)萬耀煌師佔領文市後。繼續向匪猛追、在蓮花塘附近復將匪擊散、斃匪數白、俘匪甚多。擄破匪窠數處。奪獲槍枝共衆七炮無算。等語。(日日)

貴陽四日電。王家烈定三四日內出發防堵贛匪西竄。三日電猶國材催促該軍開赴指定地點。王親赴前線指揮。

衛州總部冬(二日)電云、第二路各師巳由東安、向武岡推進。第三路周司令渾元所部。本日己過蔗子渡、經鹹水。尾匪猛追中、第四路李王兩部。已過水車嶺。取捷徑向綏寧遣。第五路李司令韞珩部。東ㄐ已抵零陵。慈利朱樹勳部 艶 二十九)晚將溪山收復 匪受創、紛向老鴉口方面潰竄。我陳渠珍師。在貓村松柏塲石堤等處。將匪痛擊。匪向大庸逃竄。空軍本日在梅孔嶺。大灣鷓鴣輕張家灣。西延等處。見匪密集部隊、炸斃無算。上八項。特達

衛州總部冬(二日)戍電云、匪大部。逃經我軍痛擊。現竄西延以南一帶深山中。先頭本日竄抵油榨坪附近。一部仍在石塘圩界首一帶。第一路劉司令建緒。率補三四五各團。於今晨出發向新寧前進。李覺率補充一二團。及章師杜旅。王師陳旅。由白沙尾匪追剿、劉代旅長建文。率所部本日開赴梅溪口界牌一帶堵截。陶廣師。已將大肚岑白沙之匪擊潰。斬獲甚多。東抵寨圩。。本日向梅溪口兩延車田地區、分途堵截。章亮基師。主力取捷徑。直趨ゐ岩坊附近堵剿。。陳光中師 東ロ在四板橋司營。本日到達城步、(策)

15. 追剿军推进西延，全（州）、兴（安）残匪完全肃清，毙匪确在一万以上，1934 年 12 月 5 日第 6 版

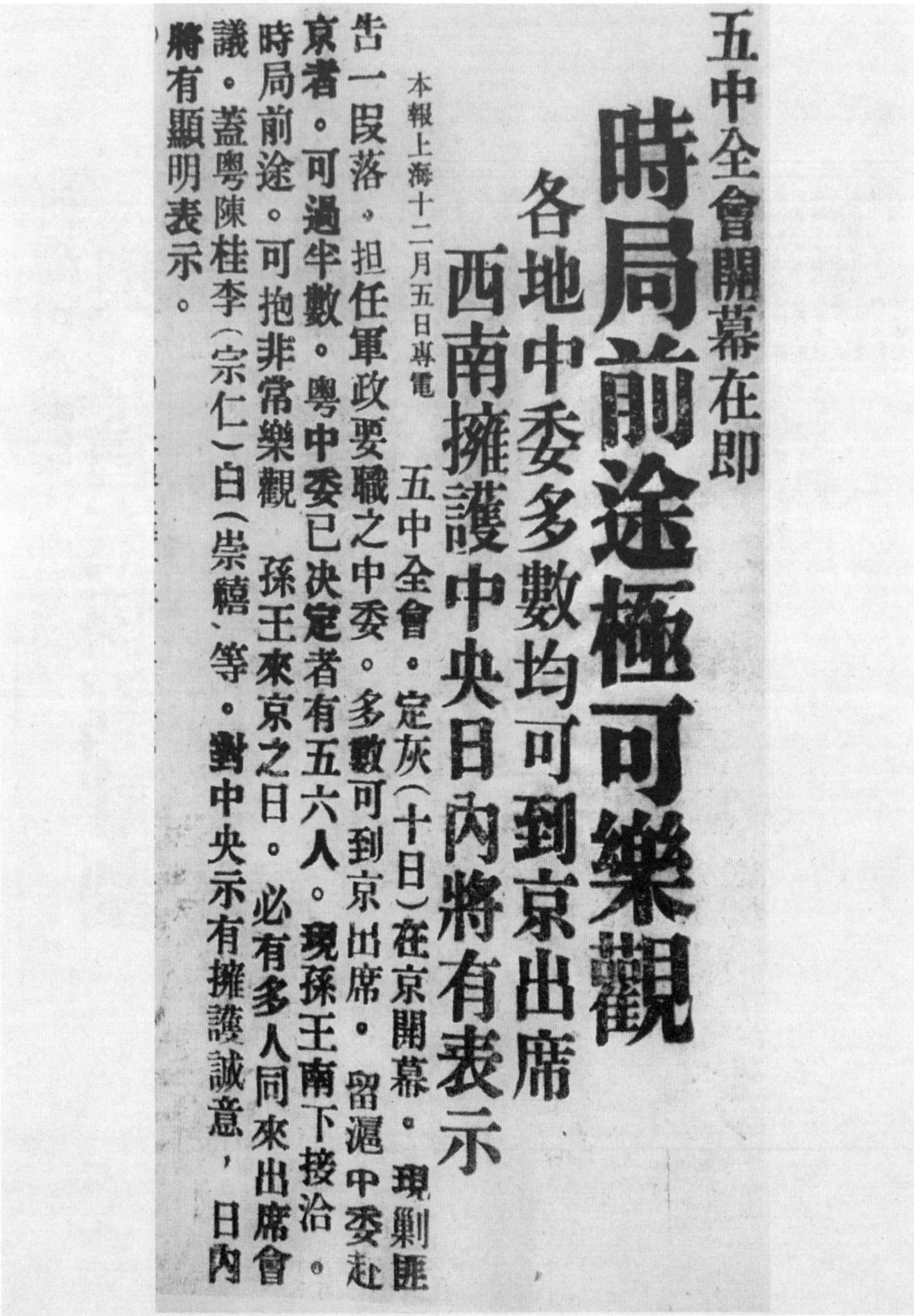

五中全會開幕在即

時局前途極可樂觀

各地中委多數均可到京出席

西南擁護中央日內將有表示

本報上海十二月五日專電　五中全會．定灰（十日）在京開幕．現剿匪告一段落．担任軍政要職之中委．多數可到京出席．留滬中委赴京者．可過半數．粵中委已決定者有五六人．現孫王南下接洽．時局前途．可抱非常樂觀　孫王來京之日．必有多人同來出席會議．蓋粵陳桂李（宗仁）白（崇禧）等．對中央示有擁護誠意，日內將有顯明表示。

16. 五中全会开幕在即，时局前途极可乐观，各地中委多数均可到京出席，西南拥护中央日内将有表示，1934 年 12 月 6 日第 2 版

何總司令派李師長覺

與桂會商協勦計劃

白副總司令率部進駐樂安龍虎關一帶

空軍在西延及城步附近炸斃匪徒甚多

贛 匪竄到全與閩。被我劉司令建緒。督飭李（覺）章（亮基）等師。截鐵俠等補充團。傷斃匪兵一萬以上。餘匪逃竄西延一帶深山中。非湘桂兩省合勦。不克奏一鼓聚殲之功。何總司令、因桂軍白副總司令崇禧。現在樂安。龍虎關一帶。距全甚近。特派李師長覺爲代表。約地與白副總司令會晤。商決圍殲竄匪周密計劃。勿使漏網遺患云。（國）

衡州總部江（三日）亥來電云。匪大部已由西延北竄大埠頭附近一帶深山中、一部向龍勝方面分竄。第一兵團劉總指揮建緒，率補充三四五各團。本日抵新寧附近。章亮基師。經四板橋新寧。向西岩市前進中。陶廣師在大帽岑附近。擊潰匪五六百。俘斃匪各數十名。獲槍十餘支。匪向大埠頭潰竄。仍尾追中。李覺率補充一二團，及章師杜旅。陶師陳旅。本日抵全縣，面商白副總司令、已派夏威全部。担任追擊・部隊（一支）。廖磊全部・附民團一部。由龍勝出古宜。向湘黔邊境堵截。第一兵團。薛總指揮岳、率五九九二兩師。本日抵白沙附近宿營。其九十九三兩師。抵大廟口附近、明日向新寧續進、口口（電碼不明）本日由洪橋取捷徑、向武岡急進中。第三路周司令渾元。率部已抵全州。其先頭正向黎寧前進。第四路王東原師。已令經全縣新寧武岡、向洪江前進。李雲杰部、經新寧集中長舖子梅口待命。第五路李韞珩部。本日抵石期附近宿營。晏品司令所部。在城步附近。拿獲化裝江西難民之偵探百餘名。正取押嚴訊中・羅啓疆旅。東抵公安鳳之陡湖堤附近、已令兼程開赴津澧向慈石推進。空軍本日在西延以北及城步附近高山中投彈四五十枚。斃匪甚衆。上九項特達。（遠聞）

又本報上海十二月五日專電。桂李江（三日）電京。報告連日激戰情形。湘桂邊匪一敗塗地。古嶺頭渤塘墟一役。斬匪數千。彭匪德懷僅以身免。湘桂勦匪軍隊業已取得切實聯絡。全州附近湘軍已到鹹水界。迎頭堵擊。日內可將匪主力擊潰。

香港五日電、省訊。白崇禧三日晚電粵告捷。略謂此次犯桂共匪・現已全被擊潰。計前後激戰五日斃匪千餘。繳槍二千餘支。俘匪二千餘名。（播）

17. 何总司令派李师长觉与桂会商协剿计划，白副总司令率部进驻乐安、龙虎关一带，空军在西延及城步附近炸毙匪徒甚多，1934 年 12 月 6 日第 6 版

贛匪竄到全與閩。被我劉司令建緒。督飭李（覺）章（亮基）等師。成鐵俠等補充團。傷斃匪兵一萬以上。餘匪逃竄西延一帶深山中。非湘桂兩省合剿。不克奏－鼓蕩殲之功。何總司令．因桂軍白副總司令崇禧現在樂安。龍虎關一帶。距全甚近。特派李師長覺為代表。約地與白副總司令會晤。商決圍殲竄匪周密計劃。勿使漏網遺患云。（國）

衡州總部江（三日一亥來電云。匪大部已由西延北竄大埠頭附近一帶深山中、一部向龍勝方面分竄。第一兵團劉總指揮建緒．率補充三四五各團。本日抵新寧附近。章亮基師。抵四板橋新寧。向西岩市前進中。陶廣師在大帽岑附近。擊潰匪五六百。俘斃匪各數十名。獲槍十餘支。匪向大埠頭潰竄。仍尾追中。李覺率補充一二團。及章師杜旅。陶師陳旅。本日抵全縣，面商白副總司令．已派夏威全部。担任追擊部隊。全部（支）廖磊全部．附民團一部。由龍勝出古宜。向湘黔邊境堵截。第一兵團。薛總指揮岳、率五九九二兩師。本日抵白沙附近宿營。其九十九三兩師。抵大廟口附近、明日向新寧繼進、□口（電碼不明 本日由洪橋取捷徑、向武岡急進中。第三路周司令渾元。率部已抵全州。其先頭正向新寧前進。第四路王東原師。已令經全縣新寧武岡、向洪江前進。李雲杰部經新寧集中長舖子梅口待命 第五路李韞珩部。本日抵石期附近宿營。晏[illegible]司令所部。在城步附近。拿獲化裝江西難民之偵探百餘名。正取押嚴訊中・羅啓疆旅。東抵公安屬之陡湖堤附近、已令章程開赴津澧向慈石推進。空軍本日在西延以北及城步附近高山中投彈四五十枚 斃匪甚衆。上九項特達。（達閩）

又本報上海十二月五日專電。桂李江（三日）電京。報告連日激戰情形。湘桂邊匪一敗塗地。古嶺頭渤塘墟一役。斬匪數千。彭匪德懷僅以身免。湘桂剿匪軍隊業已取得切實聯絡。全州附近湘軍已到鹹水界。迎頭堵擊。日內可將匪主力擊潰。

香港五日電、省訊。白崇禧三日晚電粵告捷。略謂此次犯桂共匪・現已全被擊潰。計前後激戰五日斃匪千餘。繳槍二千餘支。俘匪二千餘名。（播）

（局部图）

孫王再度訪胡

洽商已有圓滿結果

現已乘車入省當局設宴洗塵

桂李談話贊佩蔣汪感電主張

五中全會開幕在即各地中委紛紛晉京

本報上海十二月六日專電

孫科王寵惠支（四日）兩度訪胡漢民。商洽已有圓滿結果、微（五日）晨同乘粵陳派來之花車赴省。下車後入迎賓館。晚由當局在館設宴洗塵。席間商談甚洽。

本報上海十二月六日專電

桂李宗仁微（五日）發表談話。謂因孫王南下。故特來粵一晤。汪蔣感（二十七）電主張。切中時弊。胡及留粵各中委。對之均甚滿意、今後當本精誠團結之旨。協助中央。解決國是。現犯桂殘匪。已受重創最近期內。必能澈底肅清。

18. 孙（科）、王（宠惠）再度访胡（汉民），洽商已有圆满结果，现已乘车入省当局设宴洗尘，桂李（宗仁）谈话赞佩蒋（介石）、汪（精卫）感电主张，五中全会开幕在即各地中委纷纷晋京，1934 年 12 月 7 日第 2 版

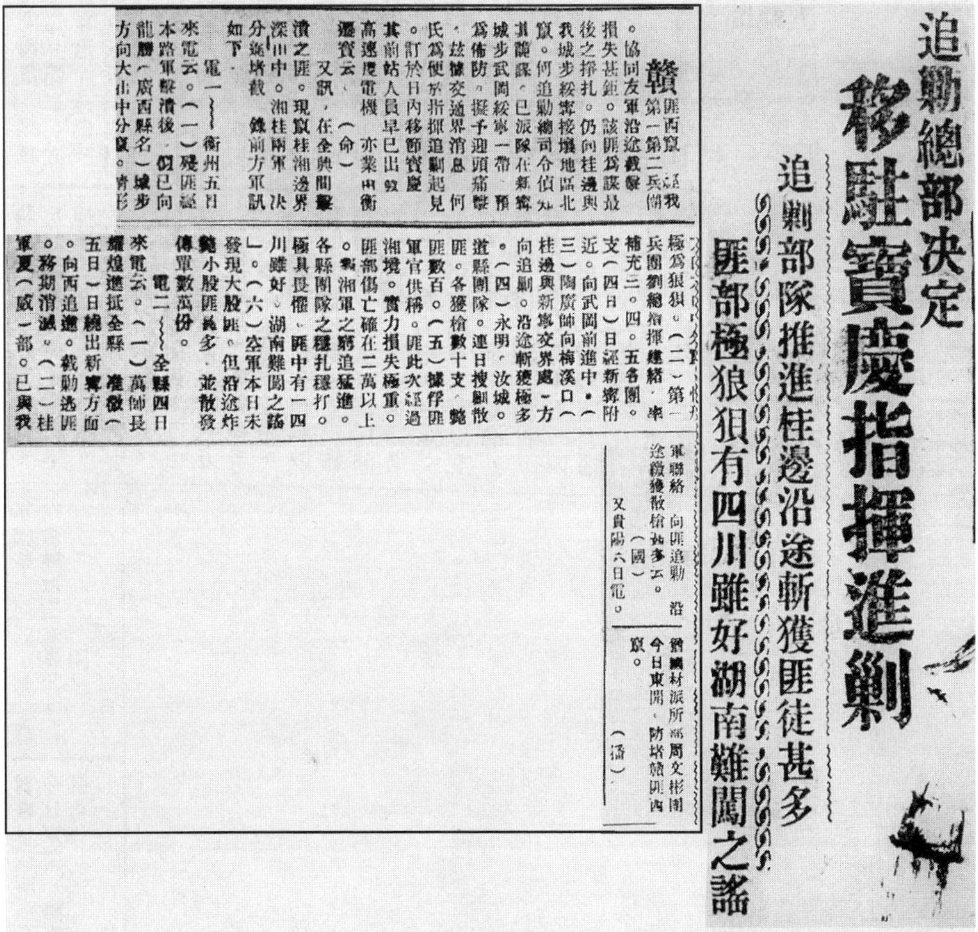
追勦總部決定
移駐寶慶指揮進勦
追勦部隊推進桂邊沿途斬獲匪徒甚多
匪部極狼狽有四川雖好湖南難闖之謠

贛匪西竄經我第一第二兵團。協同友軍沿途截擊損失甚鉅。該匪為謀最後之掙扎。仍向桂邊與我城步綏甯接壤地區北竄。何追勦總司令偵知其陰謀、已派隊在新甯城步武岡綏寧一帶預為佈防。擬予迎頭痛擊、玆據交通界消息何氏為便於指揮追勦起見。訂於日內移節寶慶其前站人員早已出發高速度電機亦業由衡遷寶云、（命）

又訊，在全與間擊潰之匪。現竄桂湘邊界深山中。湘桂兩軍決分途堵截錄前方軍訊如下

電一~~衡州五日來電云。（一）殘匪經本路軍擊潰後、僞已向龍勝（廣西縣名）城步方向大山中分竄。青彬……極為狼狽。（二）第一兵團劉總指揮建緒、率補充三、四、五各團。支（四日）日經新甯附近。向武岡前進中・（三）陶廣師向梅溪口（桂邊與新甯交界處）方向追勦。沿途斬獲極多。（四）永明、汝城。道縣團隊。連日搜勦散匪。各獲槍數十支、斃匪數百。（五）據俘匪軍官供稱。匪此次經過湘境。實力損失極重。匪部傷亡確在二萬以上。我湘軍之窮追猛進。各縣團隊之穩扎穩打。極具畏懼、匪中有「四川雖好、湖南難闖之謠」。（六）空軍本日未發現大股匪。但沿途炸斃小股匪甚多、並散發傳單數萬份。

電二~~全縣四日來電云。（一）萬師長耀煌進抵全縣。准微（五日）日繞出新甯方面。向西追進。截勦逃匪。務期消滅。（二）桂軍夏（威）部。已與我軍聯絡向匪追勦沿途繳獲散槍甚多云。（國）

又貴陽六日電。[illegible]材派所部周文彬團今日東開、防堵竄匪西竄。（[illegible]）

19. 追剿总部决定移驻宝庆指挥进剿，追剿部队推进桂边沿途斩获匪徒甚多，匪部极狼狈有“四川虽好，湖南难闯”之谣，1934年12月7日第6版

贛匪西竄經我第一第二兵團

。協同友軍沿途截擊損失甚鉅。該匪爲謀最後之掙扎。仍向桂邊與我城步綏寧接壤地區北竄。何追勦總司令偵知其謀。已派隊在新寧城步武岡綏寧一帶預爲佈防。擬予迎頭痛擊、兹據交通界消息何氏爲便於指揮追剿起見。訂於日內移節寶慶其前站人員早已出發高速度電機亦業由衡運寶云、（命）

又訊，在全典間擊潰之匪。現竄桂湘邊界深山中。湘桂兩軍決分途堵截。錄前方軍訊如下。

電一～～衡州五日來電云。（一）殘匪經本路軍擊潰後。僞已向龍勝（廣西縣名）城步方向大山中分竄。情形極爲狼狽。（二）第一兵團劉總指揮建緒、率補充三。四。五各團。支（四日）日經新寧附近。向武岡前進中。（三）陶廣師向梅溪口（桂邊與新寧交界處）方向追剿。沿途斬獲極多。（四）永明、汝城。道縣團隊。連日搜剿散匪。各獲槍數十支、斃匪數百。（五）據俘匪軍官供稱。匪此次經過湘境。實力損失極重。匪部傷亡確在二萬以上。對湘軍之窮追猛進。各縣團隊之穩扎穩打。極具畏懼、匪中有一四川雖好、湖南難鬭之謠」。（六）空軍本日未發現大股匪。但沿途炸斃小股匪甚多、並散發傳單數萬份。

電二～～全縣四日來電云。（一）萬師長耀煌進抵全縣、准微（五日）日總出新寧方面。向西追進。截勦逃匪。務期消滅。（二）桂軍夏（威一部。已與我軍聯絡 向匪追勦 沿途繳獲散槍甚多云。（國）

又貴陽六日電。猶國材派所部周文彬團今日東開、防堵贛匪西竄。（播）

（局部图）

何總司令電告

半月來追剿竄匪經過

總計匪部實力確已被我消滅三分之一

再督所部遵照委座方略作第二步圍剿

贛匪此次西竄，經過湘南、桂北各地。彼我剿堵等部。節節痛剿情形，已誌本報。茲悉何總司令發出徵（五日）電，將近半月以來。各部隊追剿匪部各役經過。作有統系之報告，想關心勦匪人士所欲知。用探誌如次。

（衔略）鑒：敝部奉令追剿西竄股匪，未能完全達到殲匪於瀟水以東地區之任務。實深慚悚。謹將經過。摘陳察照。當該股匪初由瀟水突圍，我李覺部尚遠在黔東北。追剿縱匪（克）。該股匪繼陷宜章。我陶廣師仍在汝城文田司。與其一部激戰，我陳光中師仍在桂東。防堵北竄。我薛岳。周渾元、李雲杰。李韞珩各部。始次第由贛西開拔入湘。僅有王東原。章亮基兩師，一位置於郴州、一位衛郴江防線。湘南地區遼闊。匪衆號稱十萬，以我兩師兵力。兼顧追與剿二者。誠不自量，惟奉委座新命。義無反顧。元（十三）日奉電，寒（十四）日抵衡。一面以王師（東原）、收復宜章。尾匪追擊。一面馳調周（渾元）李（雲杰）李（韞珩）各部。取道嘉（禾）藍（山）向南側擊。一面調薛（岳）李（覺）陶（廣）陳（光中）章（亮基）各部。於自衡州至黃沙河之線布防，尚集結主力於東安。零陵二點。除章（亮基）王（東原）兩師外。皆晝夜兼程。強行千里。本在匪後。而先匪到達。尤以薛（岳）周（渾元）兩部入戰道遠，勞苦更甚。所幸各部將士。莫不忠勇奮發。予匪重創。闡

炸不計焉。追該股匪將抵桂邊，一部竄龍虎關窺賀（縣）富（川）經桂軍痛擊。一面由道縣北竄王母橋。及西頭東山猺等處。企圖牽制我零陵兵力。而其主力。則由蔣家嶺。出四關。步竄匪（克）故輸。其先頭漾（二十三）午已達文市。幸彼因顧慮桂軍堵截。未敢急進。不然。我薛部敬（二十四）日方達零陵。我陶師（廣）有（二十五）日方達黃沙河。大可乘我兵力未集。強渡而西竄。梗（二十三）日奉委座養（二十二）西電，准桂軍將興（安）全（州）灌（陽）之主力南移恭城。敝部向南延伸弟難以時間兵力難以辦到。但事機迫切，故立令劉司令建緒。率章（亮基）李（覺）陶（廣）陳（光中）各師、趕赴全縣。於感（二十七）晚到達。不意匪於宥（二十六）感（二十七）等日。已在興安北。

師（廣）汝城東岡嶺。勾刀坳各役，斃匪近千。文明司之役、斃匪六七百，獲槍百二十餘支。王師（東原）良田，萬會橋之役、斃匪數百，獲槍百數十支，樟樹橋之役，獲槍百餘支。梅田，保和墟之役，俘匪百餘。獲槍百五十除支，下灌之役，斃匪千餘。李雲杰師。仙人橋。冷水舖。七橋坪。洪觀坪。永業坪。下灌各役。各鄉共計傷亡匪官兵二千餘。獲槍五百餘支、周渾元部寧遠附近之役斬匪數百。文市之役，斃匪數百。獲槍八十餘支。匪逕過之各縣團防義勇隊所俘獲之散匪散槍。已據電解報部者。如汝城。宜章、郴縣等，多則千餘。少亦數百。而空軍之轟

界首架設浮橋。竄過灌本。我劉司令（建緒）急率所部，向鹹水。界首猛力堵截。自感（二十七）晚起，經儉（二十八）艷（二十九）等日。在桑坪，路板橋，沙子包，珠蘭舖。五里

20. 何总司令电告半月来追剿窜匪经过，总计匪部实力确已被我消灭三分之一，再督所部遵照委座方略作第二步围剿，1934 年 12 月 8 日第 6 版（残）

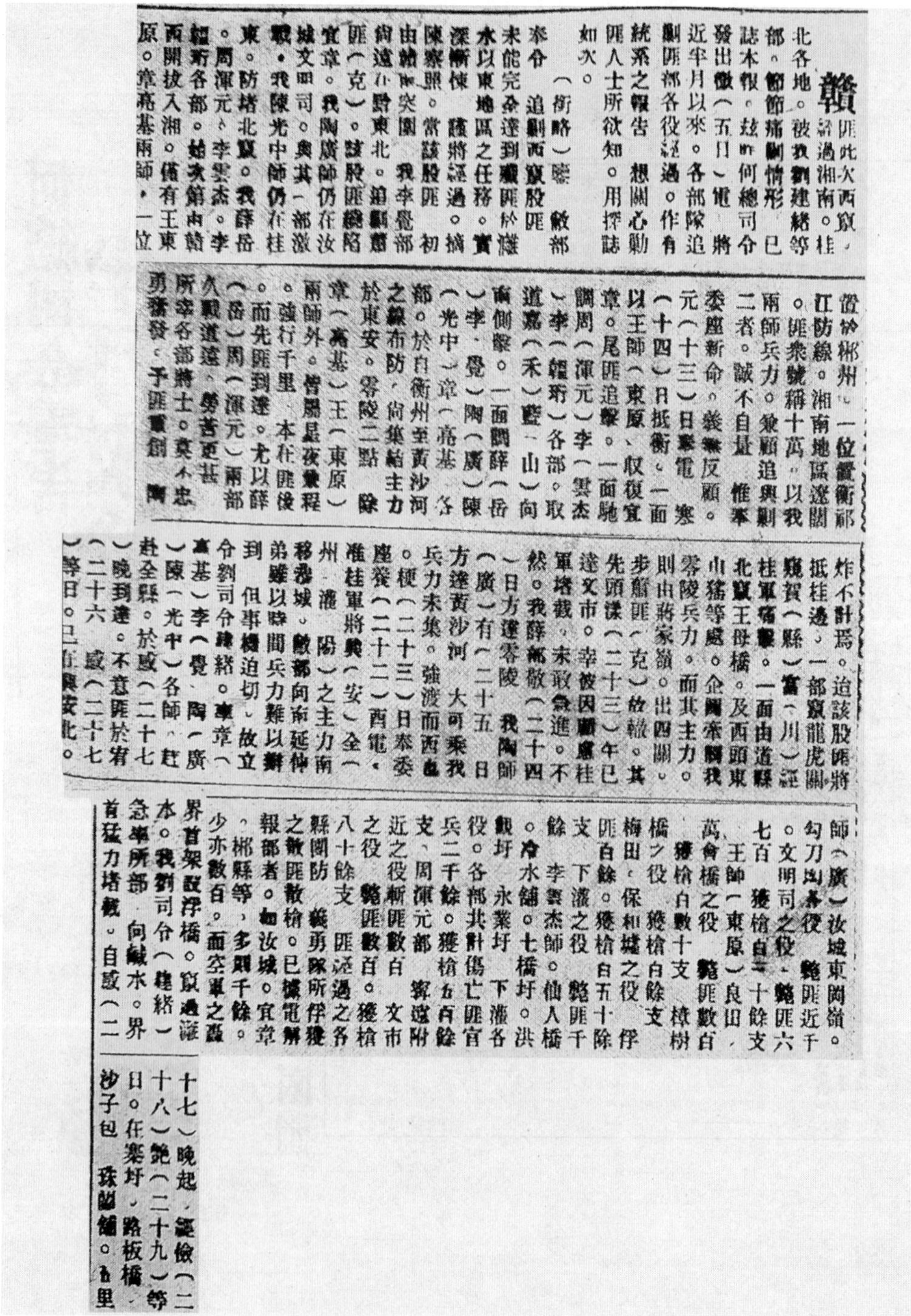

贛匪此次西竄桂，經過湘南。北各地。被我劉建緒等部。節節痛剿情形已誌本報。茲昨何總司令發出徵（五日）電將近半月以來。各部隊追剿匪部各役經過。作有統系之報告。想關心剿匪人士所欲知。用探誌如次。

（衡陽）電。敝部奉令追剿西竄股匪未能完全達到殲匪於瀟水以東地區之任務。實深慚悚。謹將經過。摘陳察照。當該股匪初由鎮南突圍。我李覺部尚遠在黔東北。追剿薛匪（克）。該股匪總陷宜章。我陶廣師仍在汝城文明司。與其一部激戰。我陳光中師仍在桂東。防堵北竄。我薛岳。周渾元。李雲杰。李韞珩各部。始終銜尾西開拔入湘。僅有王東原。章亮基兩師。一位置於郴州。一位置衡郴江防線。湘南地區遼闊。匪衆號稱十萬。以我兩師兵力。兼顧追與剿二者。誠不自量。惟奉委座新命。幾經反顧。元（十三）日奉電。寒（十四）日抵衡。一面以王師（東原）、收復宜章。尾匪追擊。一面馳調周（渾元）李（雲杰）李（韞珩）各部。取道嘉（禾）藍（山）向南側擊。一面調薛（岳）李（覺）陶（廣）陳（光中）章（亮基）各部。於自衡州至黃沙河之線布防，尚集結主力於東安。零陵二點。除章（亮基）王（東原）兩師外。皆屬晝夜兼程。強行千里。本在匪後。而先匪到達。尤以薛（岳）周（渾元）兩部久戰道遠。勞苦更甚所率各部將士。莫不忠勇奮發。予匪重創。轟炸不計焉。迨該股匪將抵桂邊。一部竄龍虎關窺賀（縣）富（川）經桂軍痛擊。一面由道縣北竄王母橋。及西頭東山豬等處。企圖牽制我零陵兵力。而其主力。則由蔣家嶺。出四關。步躡匪（克）故轍。其先頭漾（二十三）午已達文市。幸彼因顧慮桂軍堵截。未敢急進。不然。我薛部敬（二十四）日方達零陵。我陶師（廣）有（二十五）日方達黃沙河。大可乘我兵力未集。強渡而西矣。梗（二十三）日奉委座養（二十二）西電。准桂軍將興（安）全（州）灌陽之主力南移恭城。敝部向南延伸弟雖以時間兵力難以對到。但事機迫切。故立令劉司令建緒。率章（亮基）李（覺）陶（廣）陳（光中）各師。赶赴全縣。於感（二十七）晚到達。不意匪於宥（二十六）感（二十七）等日。已在興安北。

師（廣）汝城東崗嶺。勾刀凹各役。斃匪近千。文明司之役。斃匪六七百。獲槍百二十餘支王師（東原）良田，萬會橋之役。斃匪數百。獲槍百數十支。樟樹橋之役。獲槍百餘支。梅田、保和墟之役。俘匪百餘。獲槍百五十餘支。下灌之役。斃匪千餘。李雲杰師。仙人橋。冷水舖。七橋。洪觀圩永業圩下灌各役。各部共計傷亡匪官兵二千餘。獲槍五百餘支、周渾元部寧遠附近之役。斬匪數百。文市之役。斃匪數百。獲槍八十餘支。匪經過之各縣團防義勇隊所俘獲之散匪散槍。已據電解報部者。如汝城。宜章、郴縣等。多則千餘。少亦數百。而空軍之轟

界首架設浮橋。竄過灕本。我劉司令（建緒）急率所部向鹹水。界首猛力堵截。自感（二十七）晚起。經儉（二十八）艷（二十九）等日。在楽圩、路板橋、沙子包 珠蘭舖。五里

（局部图）

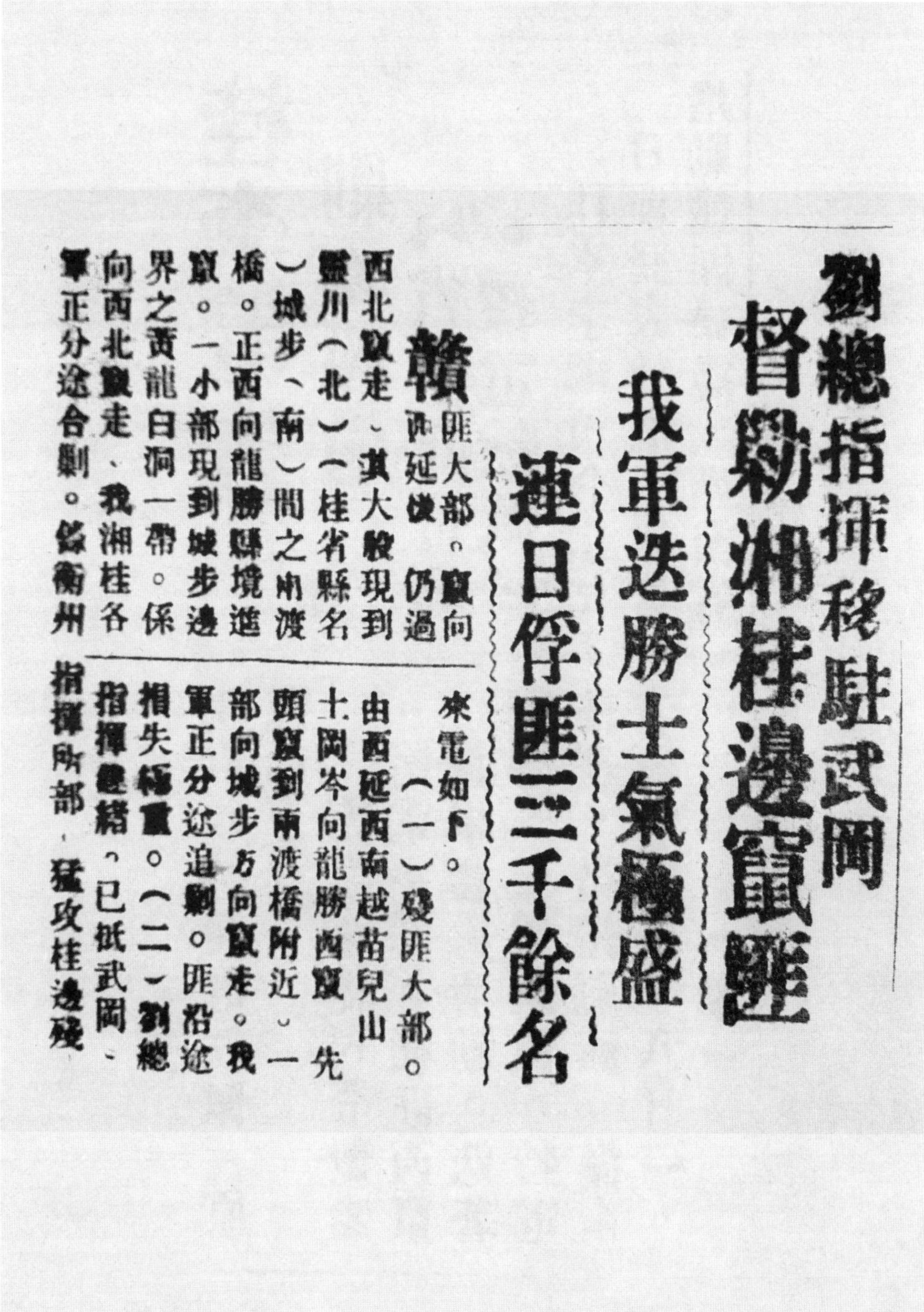

劉總指揮移駐武岡 督剿湘桂邊竄匪

我軍迭勝士氣極盛 連日俘匪三千餘名

贛匪大部。竄向西延後，仍過西北竄走、其大股現到豐川（北）（桂省縣名）城步（南）間之兩渡橋。正西向龍勝縣境進竄。一小部現到城步邊界之黃龍白洞一帶。係向西北竄走、我湘桂各軍正分途合剿。除衡州

來電如下。（一）殘匪大部。由西延西南越苗兒山士岡岑向龍勝西竄。先頭竄到兩渡橋附近。一部向城步方向竄走。我軍正分途追剿。匪沿途損失極重。（二）劉總指揮總結，已抵武岡、指揮所部，猛攻桂邊殘

21. 刘总指挥移驻武冈督剿湘桂边窜匪，我军迭胜士气极盛连日俘匪三千余名，1934 年 12 月 8 日第 6 版（残）

桂李電告

剿匪經過

【省府昨日覆電欽佩】

桂軍李總司令宗仁日前發表通電報告堵勦贛匪經過湖南省政府昨特覆電欽佩原電如下。南寧李總司令勳鑒。陷電奉悉。贛匪西竄。貴軍奮勇堵勦。迭著勤勞。至爲欽佩。特電佈覆　敬頌勳祺。湖南省政府叩齊（八日）。（湖）

22. 桂李（宗仁）电告剿匪经过，省府昨日复电钦佩，1934 年 12 月 9 日第 6 版

劉總指揮電告
追勦軍進展近況
殘匪徘徊桂邊深山
無衣無食情極狼狽
辰常部隊昨擊破賀蕭殘部

衡州庚（八日）日來電云（一）匪大部仍在桂境司門前。龍勝以北一帶深山中。另一小部槍約千支。竄到城步以南邊境之丁坪。紅紗洲一帶、無衣無食。情極狼狽（二）劉總指揮建緒已率部由武岡進駐城步。向桂邊堵截中、（三）賀匪大部尚在大庸蕭匪殘餘仍在城西之丁家溪塘一帶。我辰（州）常、德）部隊。正聯合進剿。其竄黃石一在庸桃邊境之匪已被我朱樹勳部擊潰。斃匪三十餘、獲槍二十餘支。桃慈縣境已肅清。（四）空軍本日。在龍勝以東、及城步以南地區偵炸斃匪頗多。

又新寧縣長李紀猷陽（七日）日來電云據探報赤匪分兩部逃竄。一榨江。華江一由上五牌龍塘似沿城步邊境西竄。縣境安謐云、（國）

又劉總指揮建緒自武岡來電云。（衡略）本日情報彙述如下。一。李代司令覺江（三日）午電。在鹹水時十五軍參謀長云。桂軍擬於支（四日）日分兩路進堵殘匪夏軍出西延跟追。廖軍出古宜。沿湘黔邊境堵截、二。陶師長廣江（三日）戌電。江晨有偽一軍殘部約兩團佔領西延綿亘山地經王旅及戴團猛烈擊潰。斃匪五百餘、獲槍百餘支匪向梅溪口紛竄陸續追抵天門山洞三據報支日偽一軍團殘部竄抵車田。有向綏寧通道西竄之勢。其餘之五八九軍團。未經大戰頭。似向龍勝方面竄走四。晏區司令國濤歌五日）西轉報城步譚團長電話偽一軍團殘部。過車田後。有便衣匪數百。到轉下白洞。上四項特聞。劉建緒齊（八日）參謀印。（防）

又電云。（衡略）據晏區司令國濤魚（六日）申轉城步方面探報。前經車田竄蓬洞之偽一軍團殘部其先頭匪約二千人。於魚（六日）午竄抵蓬洞以南之紅紗洲有出丹口西逃之模。等語特聞。劉建緒魚（六日）參謀印、（敏）

又六十二師師長陶廣。昨來齊（八日）電云。（衡略）西竄龍勝殘匪。逕我軍連日尾追。在十里岑（南渡橋附近一帶外後激戰數次。卒因我軍大勝之後。士氣振奮。擊斃匪衆七百餘名。偽（及俘虜無算、除督飭所屬跟蹤追剿務絕根株外謹聞云云。

又保安司令部通電云。（衡略）據第二十六師（郭汝棟）劉主任報稱敵師奉令開駐湘西頃奉敵師長陳電決以七十八旅旅長王鎮東率部由懷（水）屬之山口出發等因乞予通知沿途及省會附近軍警為禱等語。希即飭屬知照為要。代司令劉司令李覺庚（八日）西長參謀。（命）

23. 刘总指挥电告追剿军进展近况，残匪徘徊桂边深山无衣无食情极狼狈，辰（州）、常（德）部队昨击破贺（龙）、肃（萧克）残部，1934 年 12 月 10 日第 6 版

衡州庚（八日）日來電云（一）匪大部仍在桂境司門前。龍勝以北一帶深山中。另一小部槍約千支。竄到城步以南邊境之丁坪。紅紗洲一帶、無衣無食。情形狼狽（二）劉總指揮建緒已率部由武岡進駐城步。向桂邊堵截中、（三）賀匪大部向在大庸、蕭匪殘餘仍在城西之丁家溪塘一帶。我辰（州）常、德）部隊。正聯合進剿 其竄黃不一在庸桃邊境 之匪已被我朱樹勳部擊潰。斃匪三十餘、獲槍二十餘支。桃慈縣境已肅清。（四）空軍本日。在龍勝以東、及城步以南地區偵炸 斃匪頗多。

又新寧縣長李紀猷陽（七日）日來電云、據探報赤匪分兩部逃竄。一榕江。華江一竄似沿由上五牌 龍塘 城步邊境西竄。縣境安謐云、（國）又劉總指揮建緒。自武岡來電云。（衡略）本日情報彙達如下。一。李代司令覺江（三日）午電。在鹹水晤十五軍廖參謀長云。桂軍擬於支（四日）日分兩路進堵殘匪 夏軍出西延跟追。廖軍出古宜。沿湘黔邊境堵截、二。陶師長廣江（三日）戌電。江晨有僞一軍殘部約兩團 佔領西延綿亘山地 經王旅及鐵閘猛烈擊潰 斃匪五百餘、獲槍百餘支 匪向梅溪口紛竄 陸續追抵天門山洞 三 據報支日僞一軍團殘部竄抵車田。有向綏寧通道西竄之勢。其餘之五八九軍團。未經大關頭。似向龍勝方面竄走 四。婁區司令國濤歌 五日）西轉報城步譚團長電話 僞一軍團殘部。過車田後。有便衣匪數百。到劉轉下白洞。上四項特聞。劉建緒齊（八日）參謀印。（防）

又電云。（衡略）據婁區司令國濤魚（六日）申轉城步方面探報。前經車田竄蓬洞之僞一軍團殘部 其先頭匪約二千人。於魚（六日）午竄抵蓬洞以南之紅紗洲 有出丹口西逃之模。等語特聞。劉建緒魚（六日）參謀印、（敏）

又六十二師師長陶廣。昨來齊（八日）電云、（衡略）西竄龍勝殘匪。經我軍連日尾追。在十八岑又兩渡橋附近一帶 先後激戰數次。卒因我軍大勝之後士氣振奮。將斃匪千七百餘名。傷及俘虜無算、除督飭所屬跟蹤追剿。務絕根株外 謹聞云云。

月旦

又保安司令部通電云、（衡略）據第二十六師（郭汝棟）劉主任報稱 敝師奉令開駐湘西 頃奉敝師長廣電 決以七十八旅旅長王鎮東率部由修水）屬之山口出發等因 乞予通知沿途及省會附近軍警爲禱等語。希即飭屬知照爲要。代司令劉司令李覺庚（八日）西長參機。（命）

（局部图）

劉司令建緒空前大捷

蔣委員長頒賞萬圓

匪大部逗遛龍勝東北我軍正集中堵剿

桂軍破匪興安俘匪基本部隊三千餘名

此次追剿軍第一兵團總指揮劉建緒指揮所部在覺山一帶截擊竄匪，斃匪萬餘，繳槍六千，爲我方勦匪空前勝利。蔣委員長特由京電湘，獎洋萬元，以示鼓勵。茲錄劉總指揮日武岡來電如次：武岡電報局留交李司令俊三兄、王師長（東原）、長沙李代司令（覺）並轉成主任（鐵俠）、軍部楊科長（道勳）、武岡抄送李司令抱公並轉羅師長（霖）。並轉奉總座何支（四日）由衛參機電開，奉委座江（三日）午參京電開：匪渡湘江，我劉司令建緒所率各師在覺山截擊，忠勇奮憤，斬獲甚多，殊堪嘉尉，着賞洋一萬元，以資鼓勵，仍希轉飭各級將士，益加淬勉，迅速追剿，務期殲滅，是爲至盼等因。除電京辦事處具領轉發外，特電知照，等因，特達。劉建緒庚（八日）參機印。（敏）

又訊，贛匪三五八軍團，由西延西竄，經龍勝桂湘邊猺山，竄到綏寧、通道一帶。匪一軍團，則沿桂湘邊境西北竄，現經城步以南到城綏之間，我湘桂軍正會同進剿，分錄前方電訊如次。

電一～衡州蒸（十日）電云：（一）匪主力，尚在龍勝東北越城岑，金坑一帶，一部由城步以南之紅沙洲方長安營方面西竄，東山猺附近遺留殘匪千餘，向西關方面回竄。我軍正分別堵追，不難殲滅。（二）空軍本日在城步西南橫水寨以西大山，發現匪二三千人，當即投彈，斃匪甚多。（試）

電二～靖縣來電云：匪先頭一部由桂邊龍勝蒸（十日）竄通道東南之牙屯堡，及綏（寧）通（道）間之菁蕪洲一帶，其在城步之匪，企向長安營西竄，我軍正集中堵剿云云。

電三～興安白副總司令崇禧佳（九日）電云：敝部夏軍（威）已將興安屬王隘、中洞等處之匪擊破，廖軍（磊）已將龍勝河口、馬路街之匪擊破。前後俘匪，在興安一處已過三千。其餘各處尚未詳計。俘虜衣帽均有紅邊，係爲匪之基本部隊云云。（國）

電四～黔軍王家烈佳來陽電云：「衛路）企圖由湘邊竄黔之匪，經我派部堵截，斃匪三四百名，擊斃僞獨立師長王公澤一名，僞匪百餘，奪獲甚衆，正繼續會同包剿中」等語。（日日）

24. 刘司令建绪空前大捷蒋委员长颁赏万圆，匪大部逗留龙胜东北我军正集中堵剿，桂军破匪兴安，俘匪基本部队三千余名，1934 年 12 月 12 日第 6 版

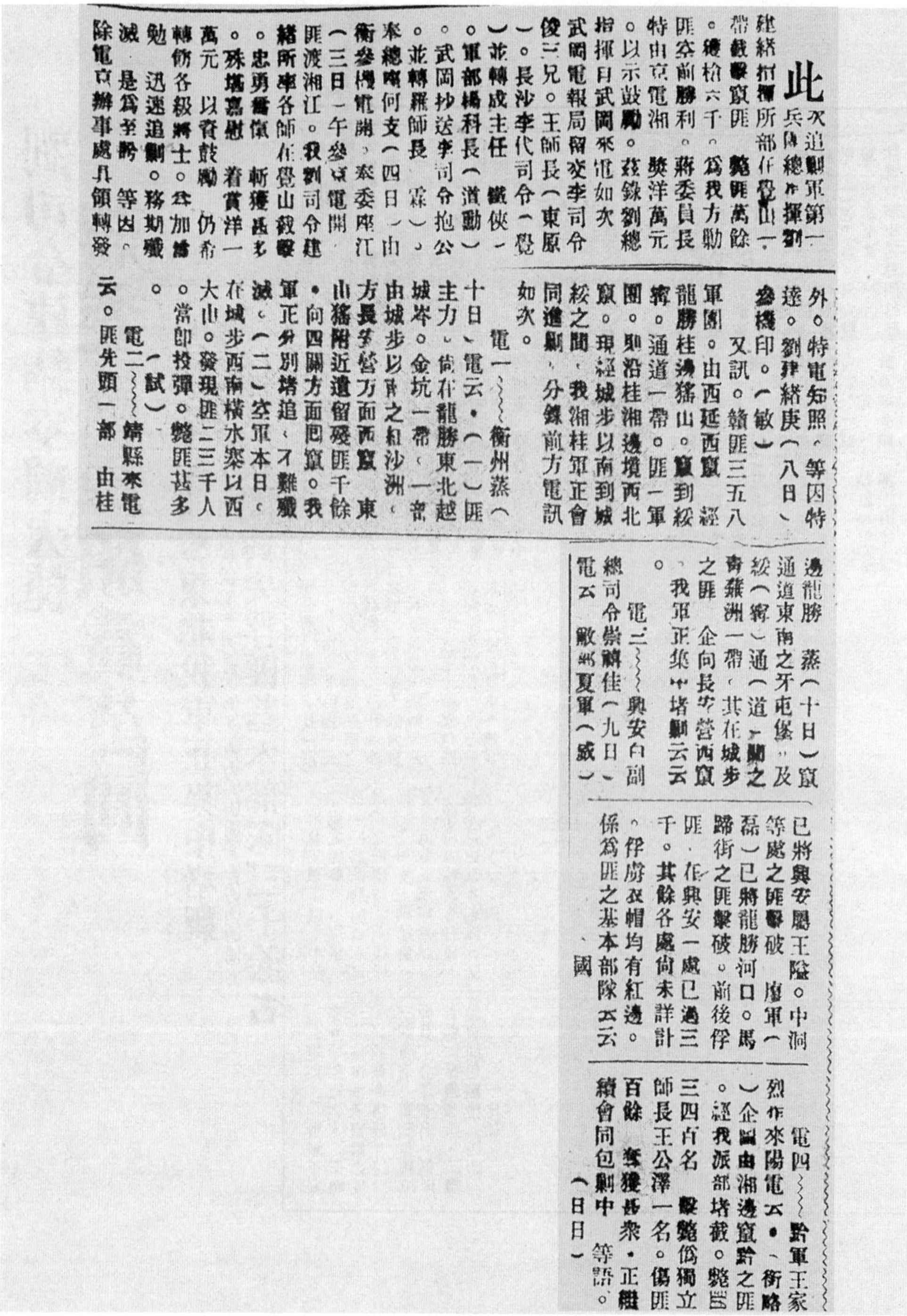

此次追勦軍第一兵團總指揮劉建緒指揮所部在覺山一帶截擊竄匪。斃匪萬餘。獲槍六千。爲我方勦匪空前勝利。蔣委員長特由京電湘。獎洋萬元。以示鼓勵。玆錄劉總指揮自武岡來電如次。武岡電報局留交李司令俊三兄。王師長（東原）。長沙李代司令（覺）並轉成主任（鐵俠）。軍部楊科長（道勳）。武岡抄送李司令抱公。並轉羅師長（霖）。奉總座何支（四日）由衡參機電開。奉委座江（三日）午參京電開。匪渡湘江。我劉司令建緒所率各師在覺山截擊。忠勇奮懷。斬獲甚多。殊堪嘉慰。着賞洋一萬元以資鼓勵。仍希轉飭各級將士。益加奮勉。迅速追勦。務期殲滅。是爲至盼。等因。除電京辦事處具領轉發外。特電知照。等因特達。劉建緒庚（八日）參機印。（敏）

又訊。贛匪三五八軍團。由西延西竄。經龍勝桂邊猫山。竄到綏寧。通道一帶。匪一軍團。則沿桂湘邊境西北竄。現經城步以南到城綏之間。我湘桂軍正會同進勦。分錄前方電訊如次。

電一～～衡州蒸（十日）電云。（一）匪主力。尚在龍勝東北越城岑。金坑一帶。一部由城步以南之紅沙洲。方長安營方面西竄東山猺附近遺留殘匪千餘。向四關方面回竄。我軍正分別堵追。不難殲滅。（二）空軍本日。在城步西南橫水寨以西大山。發現匪二三千人。當即投彈。斃匪甚多。（試）

電二～～靖縣來電云。匪先頭一部由桂邊龍勝蒸（十日）竄通道東南之牙屯堡。及綏（寧）通（道）間之青雞洲一帶。其在城步之匪企向長安營西竄。我軍正集中堵勦云云。

電三～～興安白副總司令崇禧佳（九日）電云歐米夏軍（咸）已將興安屬王陸。中洞等處之匪擊破。廖軍（磊）已將龍勝河口。馬蹄街之匪擊破。前後俘匪、在興安一處已過三千。其餘各處尚未詳計。俘虜衣帽均有紅邊。係爲匪之基本部隊云云、國

電四～～黔軍王家烈作來陽電云・「衡略）企圖由湘邊竄黔之匪。經我派部堵截。斃匪三四百名。擊斃僞獨立師長王公澤一名。傷匪百餘。奪獲甚衆。正繼續會同包勦中。等語。（日日）

（局部图）

粵桂兩省派勁旅協剿竄匪

匪部此次經過湘桂損失確逾三分之一

段司令報告搜剿股匪情况

本報上海十二月十一日專電、粵陳（濟棠）桂李（宗仁）白（崇禧）真（十一）電五中會，詳陳共匪竄擾川黔危機。粵桂兩省已抽調勁旅。組織追擊部隊。由李（宗仁）統率。請中央頒發明令。以專責成。

又新寧縣長李紀猷。昨有佳（九日）電到省云。頃據探報。微（五日）午在距大埠渡五里之大冲。遇徒手赤匪六名。當在該匪等身上。搜出蘇維埃紙幣五角・銅幣一枚　據稱於三日晚　由油榨坪逃出。所有槍支。已被當地民衆繳去。、二）據該逃匪供稱、赤匪共有槍支三萬餘，人數倍之。機關槍。迫擊炮均有。此次經過湘桂、損失在三分之一以上、三日由油榨坪出發。分兩路逃竄。一由五牌車田向城步。一由華江。榕江。東江　川口　經柴興界。黃茅界。向龍勝逃竄。匪中子彈極少。生活太苦。多半私逃、（三）總部龔參謀琨、現到屬縣。督修碉堡事宜、上三項。謹聞云。

25. 粤桂两省派劲旅协剿窜匪，匪部此次经过湘桂损失确逾三分之一，段司令报告搜剿股匪情况，1934 年 12 月 13 日第 6 版

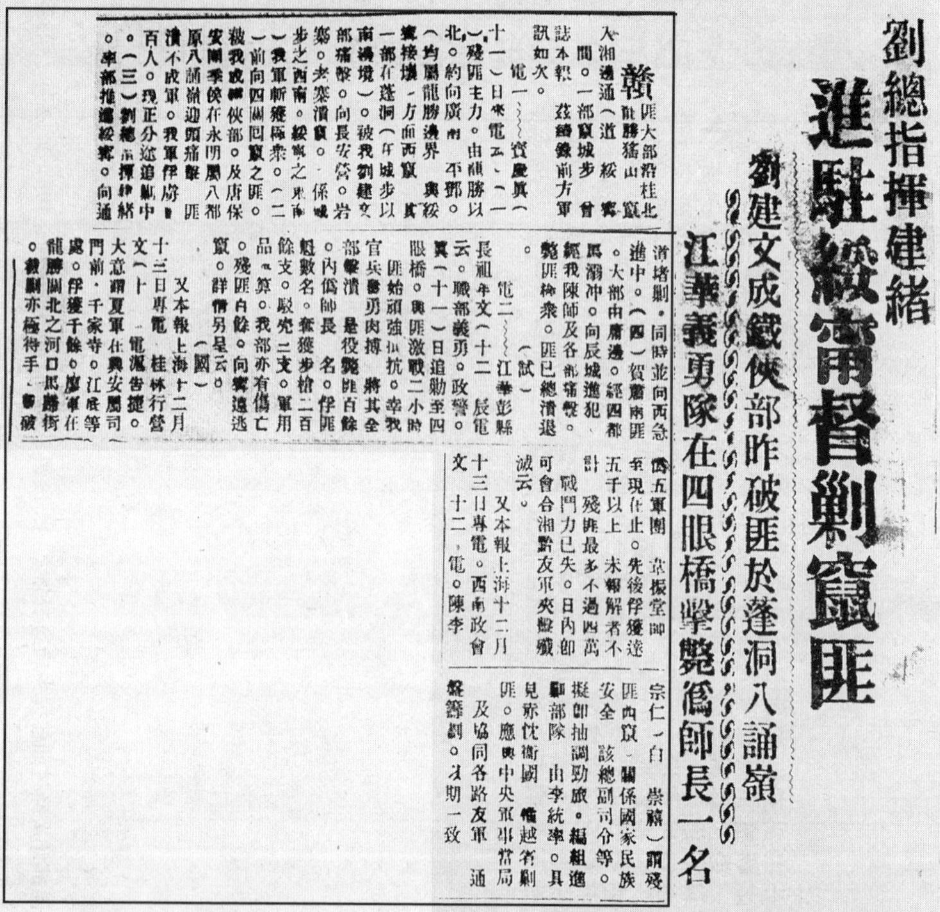

劉總指揮建緒

進駐綏甯督剿竄匪

劉建文成鐵俠部昨破匪於蓬洞八誦嶺

江華義勇隊在四眼橋擊斃僞師長一名

贛匪大部沿桂北龍勝猶山竄入湘邊通（道綏寗間。一部竄城步會誌本報。茲錄前方軍訊如次。

電一～寶慶眞（十一）日來電云、（一）殘匪主力。由龍勝以北。約向廣南平鄉。（均屬龍勝邊界與綏寗接壤）方面西竄。一部在蓬洞（在城步以南邊境）。被我劉建文部痛擊。向長安營。岩寨。老寨潰竄。（係城步之西南。綏寗之東南）我軍斬獲極衆。（二）前向四關回竄之匪。被我成鐵俠部。及唐保安團季侯在永明屬八都原八誦嶺迎頭痛擊。匪潰不成軍。我軍俘虜百人。現正分途追剿中。（三）劉總指揮建緒。率部推進綏寗。向通道消堵剿。同時並向西急進中。（四）賀龍肅匪。大部由龐邊。經四都馬溺沖。向辰城進犯。經我陳師及各部痛擊。斃匪極衆。匪已總潰退。（試）

電二～江華彭縣長祖年文（十二）辰電云。職部義勇。政警。（十一）日追剿至四眼橋。與匪激戰二小時。匪始頑強抵抗。幸我官兵奮勇肉搏。將其全部擊潰。是役斃匪百餘。內僞師長一名。俘匪數名。奪獲步槍二百餘支。駁殼二支。軍用品無算。我部亦有傷亡。殘匪百餘。向寗遠逃竄。詳情另呈云。（國）

又本報上海十二月十三日專電。桂林行營文（十）電滬告捷。大意謂夏軍在興安屬司門前・千家寺。江底等處。俘獲千餘。廖軍在龍勝關北之河口・馬堤街。殲剿亦極得手、[illegible]破

僞五軍團京振堂師至現在止。先後俘獲達五千以上。未繳解者不計。殘匪最多不過四萬。戰鬥力已失。日內即可會合湘黔友軍夾擊殲滅云。

又本報上海十二月十三日專電。西南政會文（十二）電。陳李（宗仁）白（崇禧）謂殘匪內竄。關係國家民族安全。該總副司令等。擬即抽調勁旅。編組進剿部隊。由李統率。具見赤忱衛國。[illegible]越者剿匪。應與中央軍事當局及協同各路友軍通盤籌劃。以期一致

26. 刘总指挥建绪进驻绥宁督剿窜匪，刘建文、成铁侠部昨破匪于蓬洞、八诵岭，江华义勇队在四眼桥击毙“伪师长”一名，1934 年 12 月 14 日第 6 版

贛匪大部沿桂北
龍勝猺山竄
入湘邊通（道綏寧
間。一部竄城步會
誌本報　茲續錄前方軍
訊如次。
電一～～寶慶眞（
十一）日來電云、一一
）殘匪主力。由龍勝以
北。約向廣南　不郡。
（均屬龍勝邊界　與綏
寧接壤、方面西竄　其
一部在蓬洞（在城步以
南邊境）。被我劉建文
部痛擊。向長安營。岩
寨。老寨潰竄。、係城
步之西南。綏寧之東南
）我軍斬獲極衆。（二
）前向四關囤竄之匪。
被我成鐵俠部。及唐保
安陶季俠在永明屬八都
原八都嶺迎頭痛擊　匪
潰不成軍。我軍俘虜。
百人。現正分途追剿中
。（三）劉總指揮緒
。率部推進綏寧。向通

道堵剿。同時並向西急
進中。（四）賀蕭兩匪
。大部由廣邊。經四都
馬溺沖。向辰城進犯、
經我陳師及各部痛擊。
竄匪極衆。匪已總潰退
。（試）
電二～～江華彭縣
長祖年文（十二辰電
云。職部義勇。政警。
眞（十一）日追剿至四
眼橋。與匪激戰二小時
匪始頑強抵抗。幸我
官兵奮勇肉搏。將其全
部擊潰。是役斃匪百餘
。內偽師長　名。俘匪
頭數名。奪獲步槍二百
餘支。駁殼二支。軍用
品無算。我部亦有傷亡
。殘匪百餘。向寧遠逃
竄。詳情另呈云。（國）
又本報上海十二月
十三日專電　桂林行營
文（十）電、滬告捷。
大意謂夏軍在興安屬司
門前、千家寺。江底等
處。俘獲千餘。廖軍在
龍勝關北之河口思歸街
。截剿亦極得手、擊破

偽五軍團　韋振堂即
亦現在止。先後俘獲達
五千以上　未報解者不
計　殘匪最多不過四萬
戰鬥力已失。日內即
可會合湘黔友軍夾擊殲
滅云。
又本報上海十二月
十三日專電。西南政會
文十二電。陳李

宗仁、白崇禧）謂殘
匪內竄、關係國家民族
安全　該總副司令等。
擬即抽調勁旅。編組進
剿部隊　由李統率。具
見孫忱衛國　權越省剿
匪。應與中央非常局
及協同各路友軍　通
盤籌劃。才期一致

（局部图）

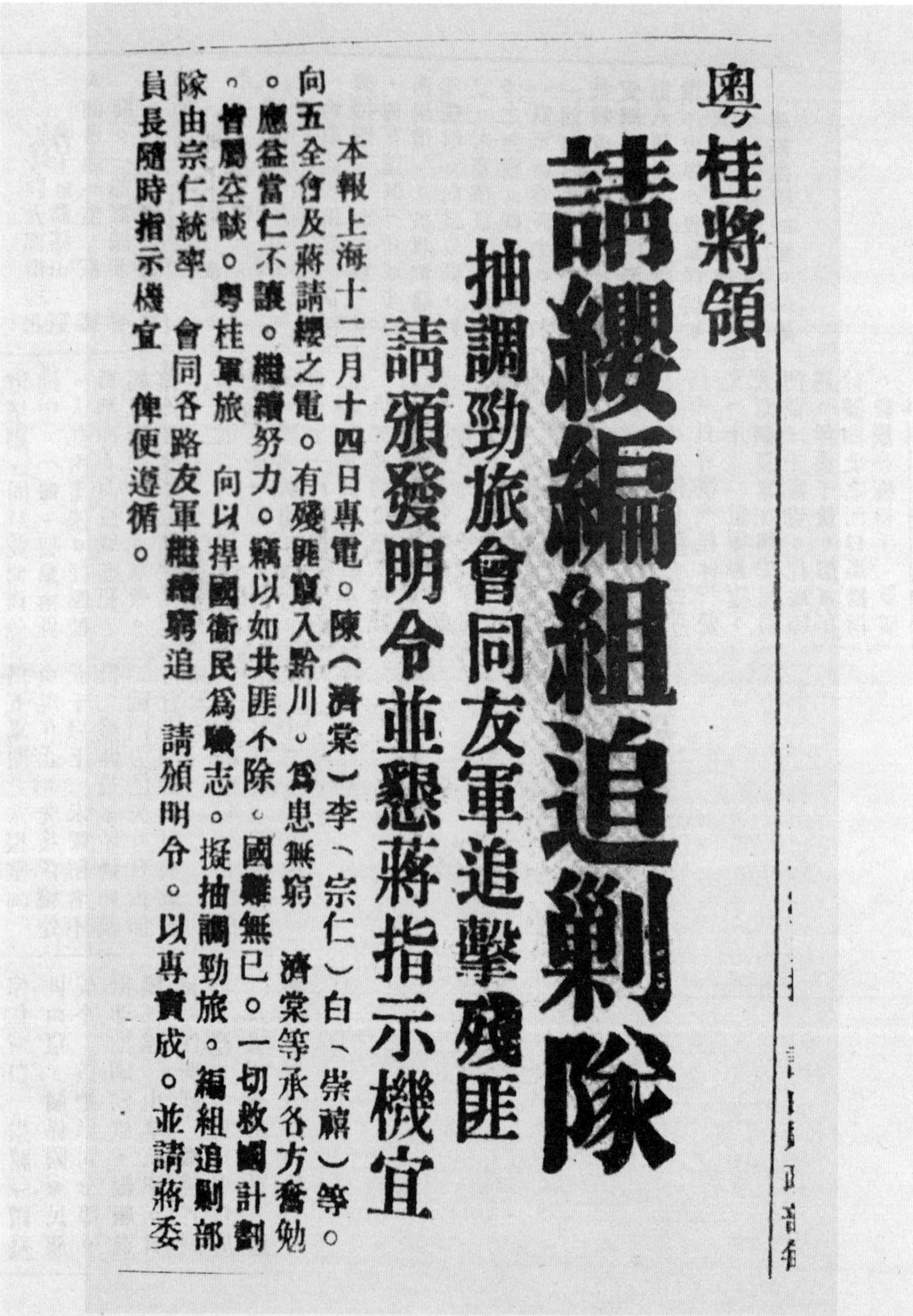

粵桂將領

請纓編組追剿隊

抽調勁旅會同友軍追擊殘匪

請頒發明令並懇蔣指示機宜

本報上海十二月十四日專電。陳（濟棠）李（宗仁）白（崇禧）等。向五全會及蔣請纓之電。有殘匪竄入黔川。爲患無窮 濟棠等承各方督勉。應益當仁不讓。繼續努力。竊以如共匪不除。國難無已。一切救國計劃。皆屬空談。粵桂軍旅 向以捍國衛民爲職志。擬抽調勁旅。編組追剿部隊由宗仁統率 會同各路友軍繼續窮追 請頒明令。以專責成。並請蔣委員長隨時指示機宜 俾便遵循。

27. 粤桂将领请缨编组追剿队，抽调劲旅会同友军追击残匪，请颁发明令并恳蒋（介石）指示机宜，1934 年 12 月 15 日第 2 版

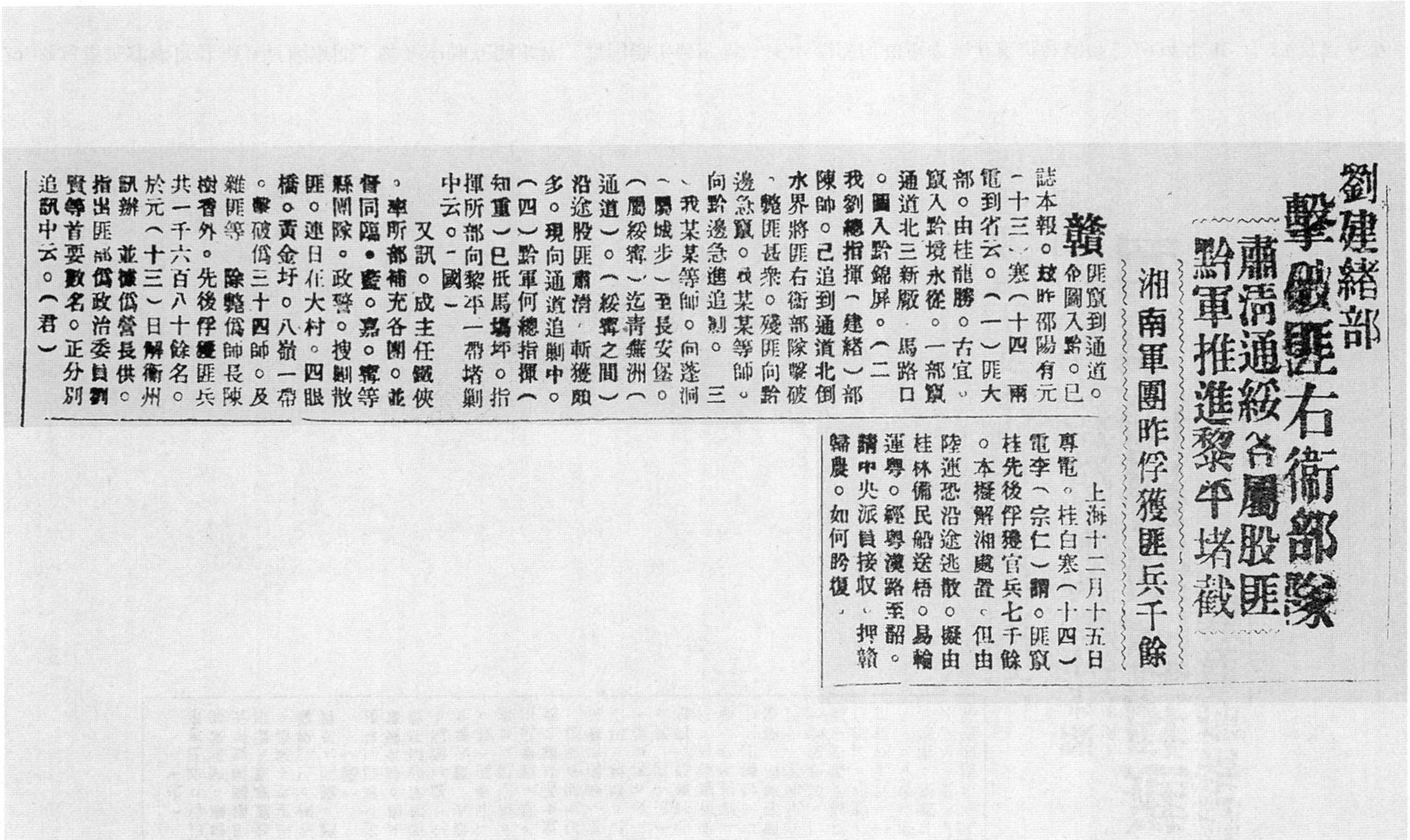

劉建緒部擊破匪右衛部隊

肅清通綏各屬股匪

黔軍推進黎平堵截

湘南軍團昨俘獲匪兵千餘

贛 匪竄到通道。已令圖入黔。

誌本報。茲昨邵陽有元一十三、寒（十四）兩電到省云。（一）匪大部。由桂龍勝。古宜。竄入黔境永從。一部竄通道北三新廠．馬路口。圖入黔錦屏。（二）我劉總指揮（建緒）部陳師。已追到通道北側水界將匪右衛部隊擊破、斃匪甚衆。殘匪向黔邊急竄。我某某等師。向黔邊急進追剿。（三）、我某某等師。向遂洞（屬城步）至長安堡。（屬綏寧）迄青蕪洲（通道）。（綏寧之間）沿途股匪肅清，斬獲頗多。現向通道追剿中。（四）黔軍何總指揮（知重）已抵馬場坪。指揮所部向黎平一帶堵剿中云。「國」

又訊。成主任（鐵俠）。率所部補充各團。並督同臨•藍。嘉。寧等縣團隊。政警。搜剿散匪。連日在大村。四眼橋。黃金圩。八嶺一帶。擊破僞三十四師。及雜匪等。除斃僞師長陳樹香外。先後俘獲匪兵共一千六百八十餘名。於元（十三）日解衛州訊辦，並據僞營長供。指出匪部僞政治委員劉賢等首要數名。正分別追訊中云。（君）

上海十二月十五日專電。桂白寒（十四）電李（宗仁）謂。匪竄桂先後俘獲官兵七千餘。本擬解湘處置。但由陸運恐沿途逃散。擬由桂林備民船送梧。易輪運粵。經粵漢路至韶。請中央派員接收、押贛歸農。如何盼復。

28. 刘建绪部击破匪右卫部队，肃清通（道）、绥（宁）各属股匪，黔军推进黎平堵截，湘南军团昨俘获匪兵千余，1934 年 12 月 16 日第 6 版

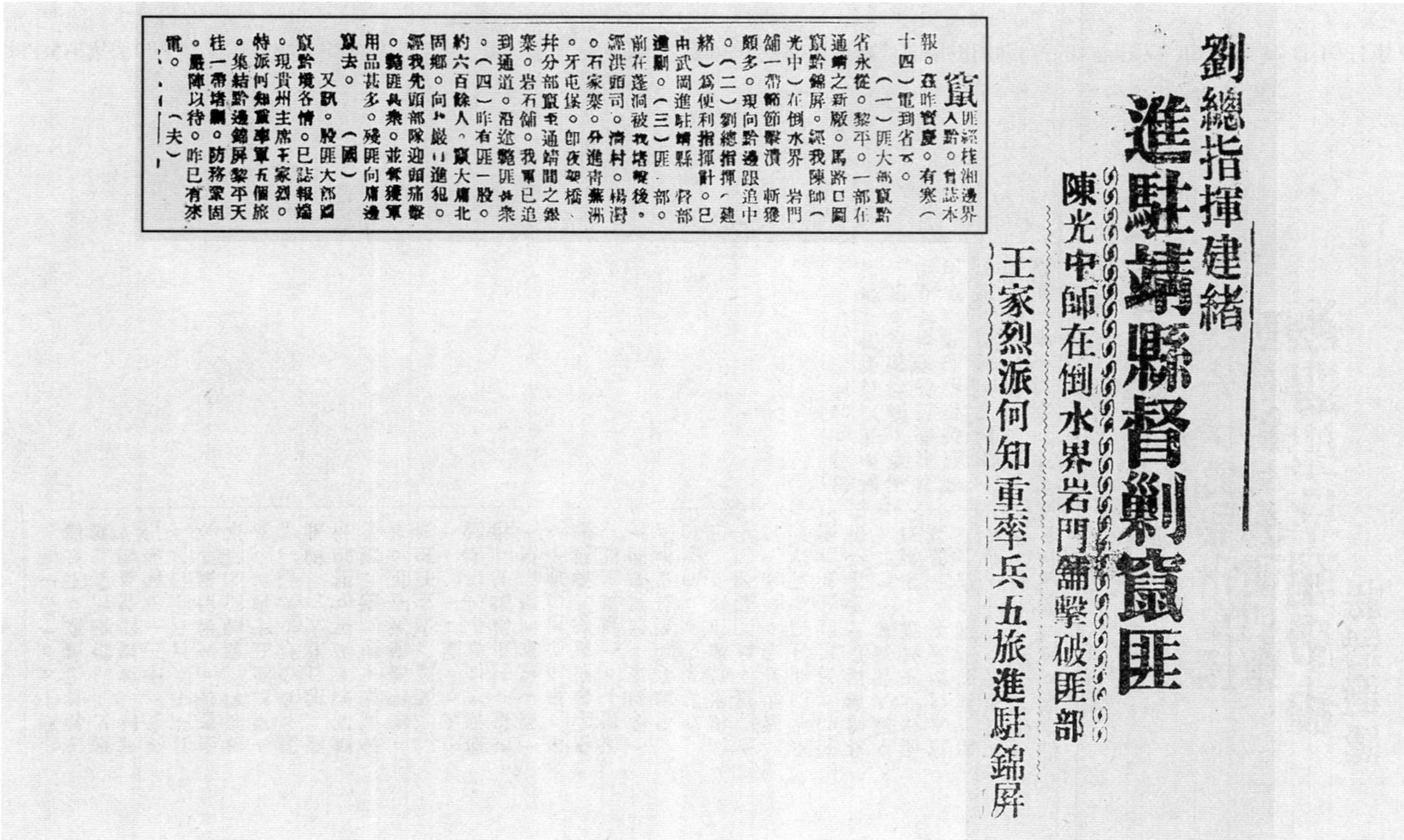

劉總指揮建緒

進駐靖縣督剿竄匪

陳光中師在倒水界岩門舖擊破匪部

王家烈派何知重率兵五旅進駐錦屏

竄匪經桂湘邊界入黔。有誌本報。茲昨寶慶。有寒（十四）電到省云。（一）匪大部竄黔省永從。黎平。一部在通靖之新廠。馬路口圖竄黔錦屏。經我陳師（光中）在倒水界岩門舖一帶節節擊潰斬獲頗多。現向黔邊跟追中。（二）劉總指揮、建緒）為便利指揮計。已由武岡進駐靖縣督部進剿。（三）匪部前在蓬洞被我堵擊後。經洪頭司。清村。楊潭。石家寨。分進青蕪洲。牙屯堡。即夜架橋、并分部竄至通靖間之綫寨。岩石舖。我軍已追到通道。沿途斃匪甚衆。（四）昨有匪一股。約六百餘人。竄大庸北岡鄉。向北嚴口進犯。經我先頭部隊迎頭痛擊。斃匪甚衆。並俘獲軍用品甚多。殘匪向庸邊竄去。（國）

又訊。股匪大部回竄黔境各情。已誌報端。現貴州主席王家烈。特派何知重率軍五個旅。集結黔邊錦屏黎平天桂一帶堵剿。防務鞏固。嚴陣以待。昨已有來電。（夫）

29. 刘总指挥建绪进驻靖县督剿窜匪，陈光中师在倒水界、岩门铺击破匪部，王家烈派何知重率兵五旅进驻锦屏，1934 年 12 月 17 日第 6 版

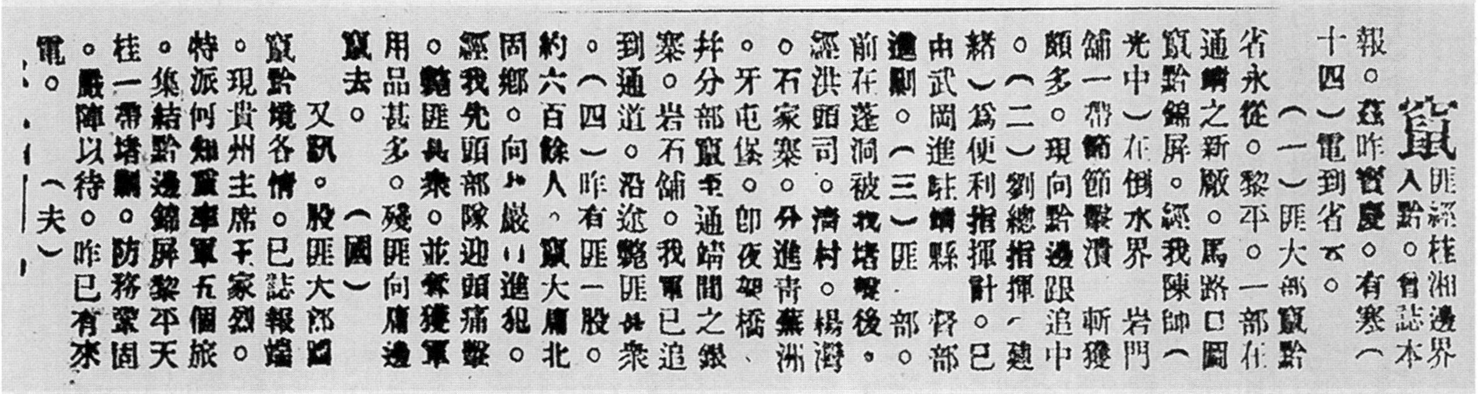

匪經桂湘邊界竄入黔

○曾誌本報。茲昨實慶。有寒（十四）電到省云。（一）匪大部竄黔省永從。黎平。一部在通靖之新廠。馬路口圖竄黔錦屏。經我陳帥（光中）在倒水界岩門鋪一帶節節擊潰斬獲頗多。現向黔邊跟追中。（二）劉總指揮、建緒）爲便利指揮計。已由武岡進駐靖縣督部進剿。（三）匪．部前在蓬洞被我堵擊後。經洪頭司。濟村。楊灣。石家寨。分進青蕪洲。牙屯堡。卽夜架橋、并分部竄平通靖間之鐵寨。岩石鋪。我軍已追到通道。沿途斃匪共衆。（四）昨有匪一股。約六百餘人、竄大庸北門鄉。向上巖口進犯。經我先頭部隊迎頭痛擊。斃匪共衆。並獲軍用品甚多。殘匪向庸邊竄去。（國）

又訊。股匪大部因竄黔境各情。已誌報端。現貴州主席王家烈。特派何知重率軍五個旅。集結黔邊錦屏黎平天桂一帶堵剿。防務鞏固。嚴陣以待。昨已有來電。（夫）

（局部图）

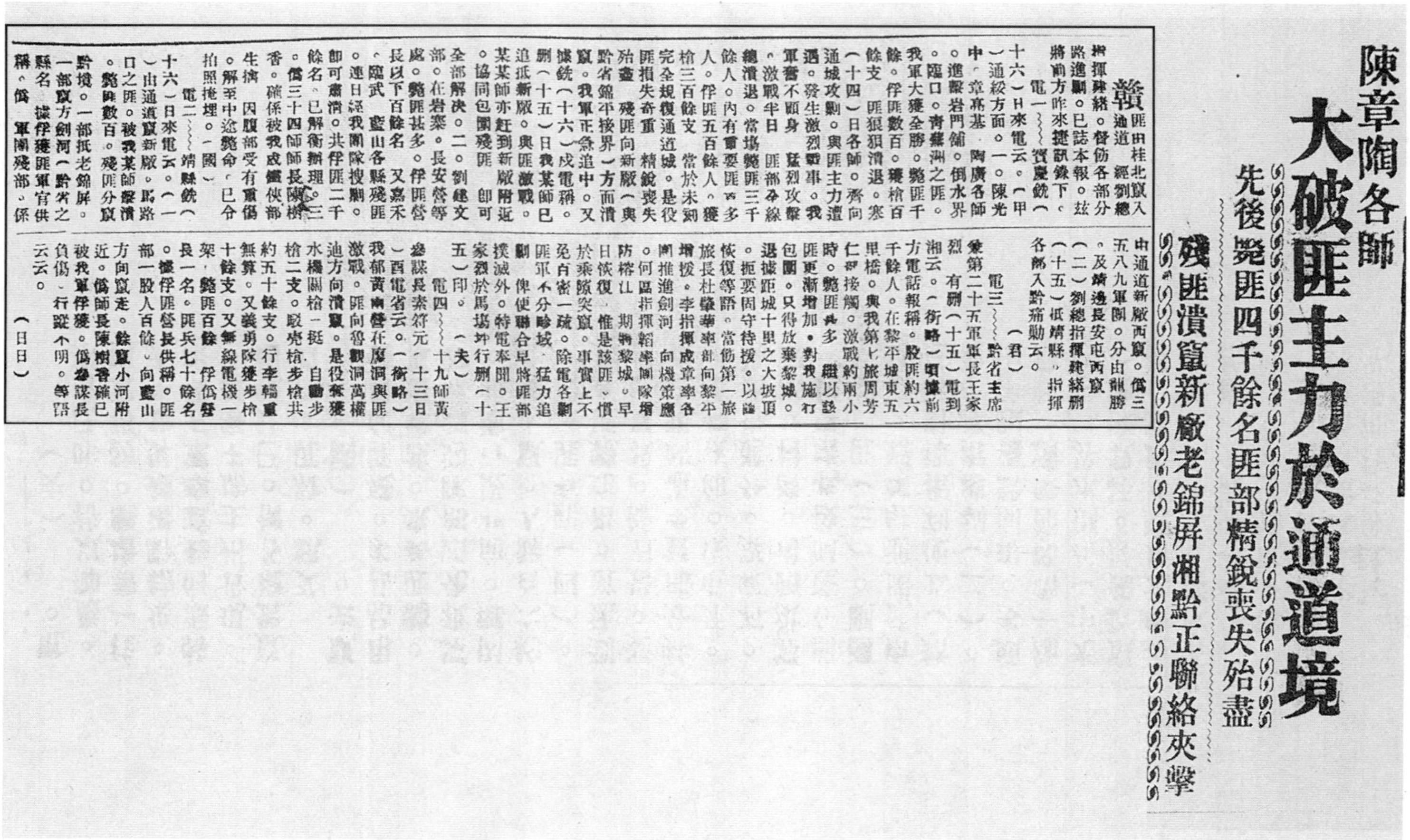

陳章陶各師
大破匪主力於通道境
先後斃匪四千餘名匪部精銳喪失殆盡
殘匪潰竄新廠老錦屏湘黔正聯絡夾擊

贛 匪由桂北竄入通道經劉總指揮建緒。督飭各部分路進剿。已誌本報。玆將前方昨來捷訊錄下。

電一〰〰寶慶銳（十六）日來電云。（甲）通綏方面。一。陳光中、章亮基、陶廣各師。進擊岩門舖。倒水界。臨口。青蘿洲之匪。我軍大獲全勝。斃匪千餘。俘匪數百。獲槍百餘支。匪狼狽潰退。寒（十四）日各師。齊向通城攻剿。與匪主力遭遇。發生激烈戰事。我軍奮不顧身。猛烈攻擊、激戰半日。匪部全線總潰退。當場斃匪三千餘人。內有重要匪首多人。俘匪五百餘人、獲槍三百餘支。當於未刻完全規復通道城。是役匪損失奇重、精銳喪失殆盡。殘匪向新廠（與黔省錦平接界）方面潰竄。我軍正急追中。又據銳（十六）戌電稱。刪（十五）日我某師已追抵新廠。與匪激戰。某某師亦趕到新廠附近。協同包圍殘匪 即可全部解決。二。劉建文部。在岩寨。長安營等處。斃匪甚多。俘匪營長以下百餘名。又嘉禾、臨武藍山各縣殘匪。連日經我團隊搜剿。即可肅清。共俘匪二千餘名、已解衡辦理。三。僞三十四師師長陳樹香。確係被我成鐵俠部生擒 因腹部受有重傷。解至中途斃命、已令拍照掩埋。（國）

電二〰〰靖縣銳（十六）日來電云。（一）由通道竄新廠。馬路口之匪。被我某師擊潰。斃匪數百。殘匪分竄黔境。一部抵老錦屏。一部竄方劍河（黔省之縣名）據俘獲匪軍供稱。僞　軍團殘部。係中通道新廠西竄。僞三五八九軍團。分由龍勝。及靖邊長安屯西竄（二）劉總指揮建緒刪（十五）抵靖縣。指揮各部入黔痛剿云。（君）

電三〰〰黔省主席兼第二十五軍軍長王家烈 有刪（十五）電到湘云。（銜略）頃據前方電話報稱。股匪約六千餘人。在黎平城東五里橋。與我第七旅周芳仁部接觸。激戰約兩小時。斃匪甚多 繼以談匪更漸增加。對我施打包圍。只得放棄黎城。退據距城十里之大坡頂。扼要固守待援。以圖恢復等語。當飭第一旅旅長杜肇華率部向黎平增援。李指揮成章率各團推進。劍河 向機策應。何區指揮韜率團隊增防榕江 期剋黎城。早日恢復、惟是該匪、慣於乘隙突竄。事實上不免百密一疏。除電各剿匪軍不分畛域、猛力追剿。俾使聯合早將匪部撲滅外。特電奉聞。王家烈於馬場坪行刪（十五）印。（夫）

電四〰〰十九師黃參謀長素符元、十三日）西電省云。（銜略）我部黃兩營在廖洞與匪激戰。匪向魯觀洞萬權迪方向潰竄。是役奪獲水機關槍一挺、自動步槍二支。駁殼槍步槍共約五十餘支。行李輜重無算。又襲勇隊獲步槍十餘支。又無線電機一架、斃匪百餘 俘偽營長一名。匪兵七十餘名。據俘匪營長供稱。匪部一股入百餘、向盧山方向竄走。餘竄小河附近。偽師長陳樹香確已被我軍俘獲。偽參謀長負傷、行蹤不明。等語云云。（日日）

30. 陈（光中）、章（亮基）、陶（广）各师大破匪主力于通道境，先后毙匪四千余名匪部精锐丧失殆尽，残匪溃窜新厂、老锦屏湘黔正联络夹击，1934 年 12 月 18 日第 6 版

贛 匪田桂北竄入通道經劉總揮肆緒。督飭各部分路進剿。已誌本報。茲將前方昨來捷訊錄下。

電一~~~賀慶銑（十六）日來電云。（甲）通綏方面。一。陳光中、章亮基、陶廣各師。進擊岩門舖。倒水界。臨口。齊集洲之匪。我軍大獲全勝。斃匪千餘。俘匪數百。獲槍百餘支 匪狼狽潰退。寨（十四）日各師。齊向通城攻剿。與匪主力遭遇。發生激烈戰事。我軍奮不顧身 猛烈攻擊。激戰半日 匪部全線總潰退。當場斃匪三千餘人。內有重要匪首多人。俘匪五百餘人。獲槍三百餘支 當於未刻完全規復通道城。是役匪損失奇重 精銳喪失殆盡 殘匪向新廠（與黔省錦平接界）方面潰竄。我軍正急追中。又據銑（十六）戌電稱。刪（十五）日我某師已追抵新廠。與匪激戰。某某師亦趕到新廠附近。協同包圍殘匪 即可全部解決。二。劉建文部。在岩寨。長安營等處。斃匪甚多。俘匪營長以下百餘名 又嘉禾、臨武 藍山各縣殘匪。連日經我團隊搜剿。即可肅清。共俘匪二千餘名、已解衡辦理。三。偽三十四師師長陳樹香。確係被我成鐵俠部生擒 因腹部受有重傷。解至中途斃命、已令拍照掩埋。（國）

電二~~~靖縣銑（十六）日來電云。（一）由通道竄新廠。馬路口之匪。被我某師擊潰。斃匪數百。殘匪分竄黔境。一部抵老錦屏。一部竄方劍河（黔省之縣名 據俘獲匪軍官供稱、偽 軍團殘部、係由通道新廠西竄。偽三五八九軍團。分由龍勝。及靖邊長安屯西竄（二）劉總指揮建緒刪（十五）抵靖縣、指揮各部入黔痛剿云。（君）

電三~~~黔省主席兼第二十五軍軍長王家烈 有刪（十五）電到湘云。（衡略）頃據前方電話報稱。股匪約六千餘人。在黎平城東五里橋。與我第七旅周芳仁部接觸。激戰約兩小時。斃匪虫多 繼以該匪更漸增加。對我施行包圍。只得放棄黎城。退據距城十里之大坡頂。扼要固守待援。以論恢復等語。當飭第一旅旅長杜肇華率部向黎平增援。李指揮成章率各團推進劍河 向機策應。何區指揮紹率團隊增防榕江 期將黎城。早日恢復、惟是該匪、慣於乘隙突竄。事實上不免有鑽隙竄城。除電各剿匪軍不分畛域、猛力追剿 俾便聯合早將匪部撲滅外。特電奉聞。王家烈於馬場坪行刪（十五）印。（夫）

電四~~~十九師黃參謀長素符元、十三日）西電省云。（衡略）我部黃團營在廖洞與匪激戰。匪向爵洞萬權迪方向潰竄。是役奪獲水機關槍一挺 自動步槍二支。駁殼槍 步槍共約五十餘支。行李輜重無算。又義勇隊獲步槍十餘支。又無線電機一架、斃匪百餘 俘偽營長一名。匪兵七十餘名。據俘匪營長供稱。匪部一股人百餘、向藍山方向竄走。餘竄小河附近。偽師長陳樹香確已被我軍俘獲。偽參謀長負傷、行蹤不明。等語云云。（日日）

（局部图）

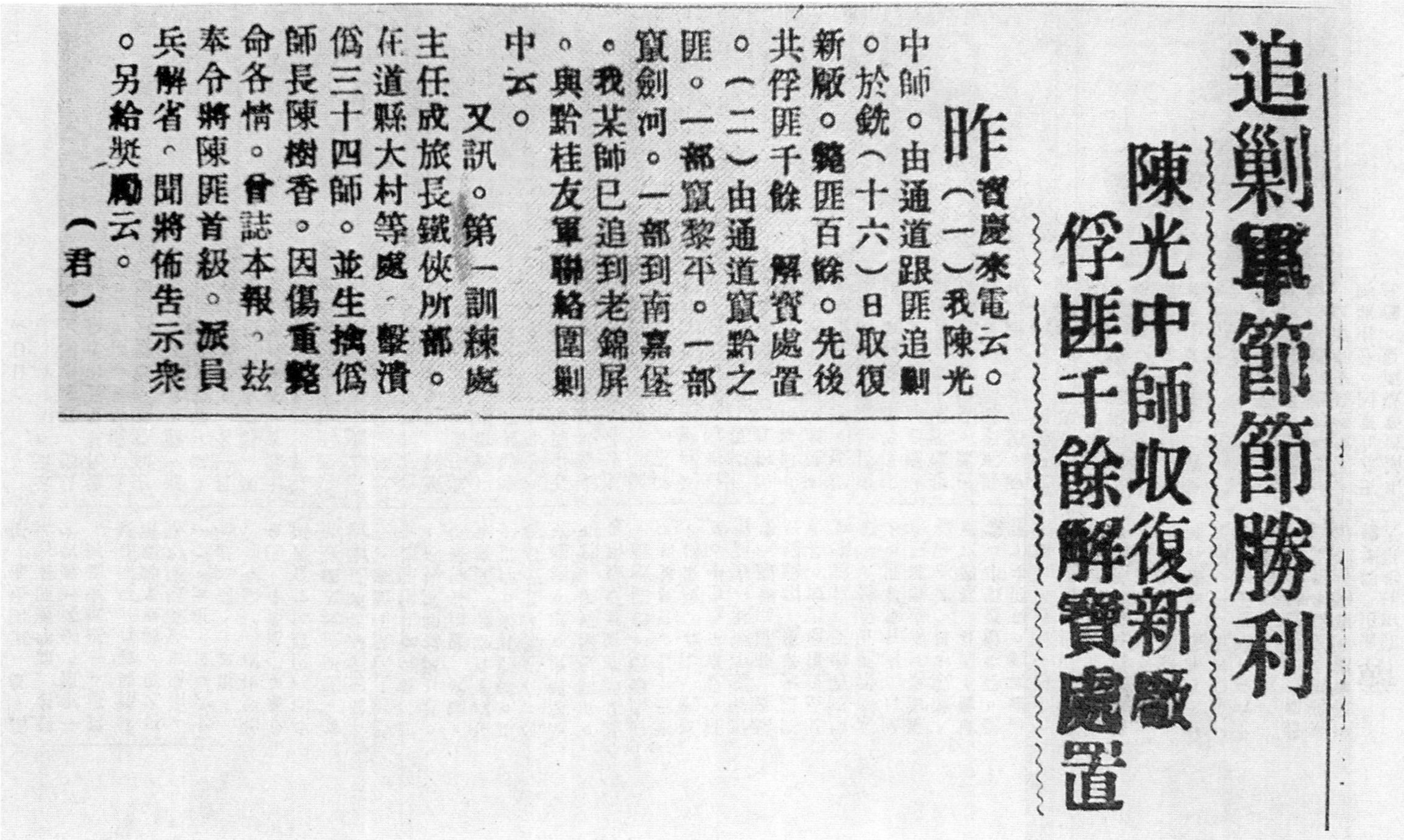

追剿軍節節勝利

陳光中師收復新廠 俘匪千餘解寶處置

昨寶慶來電云。（一）我陳光中師。由通道跟匪追剿。於銑（十六）日取復新廠。斃匪百餘。先後共俘匪千餘 解寶處置。（二）由通道竄黔之匪。一部竄黎平。一部竄劍河。一部到南嘉堡。我某師已追到老錦屏。與黔桂友軍聯絡圍剿中云。

又訊。第一訓練處主任成旅長鐵俠所部。在道縣大村等處、擊潰僞三十四師。並生擒僞師長陳樹香。因傷重斃命各情。曾誌本報、茲奉令將陳匪首級。派員兵解省、聞將佈告示衆。另給獎勵云。（君）

31. 追剿军节节胜利，陈光中师收复新厂，俘匪千余解宝（庆）处置，1934 年 12 月 20 日第 6 版

绥远民国日报

李白策劃剿匪事

湘南連日激戰匪竄臨武

香港二十一日電 省訊，陳濟棠命獨三師長李漢魂任南路剿匪前敵指揮，并電令前方各部知照，梧息，李宗仁，白崇禧，篠（十七日）抵桂林，策劃剿匪軍事，李來粵期未定。

【長沙二十一日電】宜章之匪，經我王東原師痛擊，向臨武潰退，我軍進駐宜城，現正分途追剿中，六三師長陶廣電稱，刪（十五日）日率部由小折橋向白丈嶺文明司進擊，偽五軍團十三師槍約一千五百餘，機槍十餘挺，佔領我進路兩翼永澳汕之線，恃險搏擊，激戰五小時，匪受重創退扼白丈嶺碉堡，比分令鍾指揮往右翼包圍，王旅正面衝擊，又激戰四小時，鍾指揮進至撫明西端，王旅亦衝至白丈嶺，本可一鼓殲滅，不料天忽大霧，匪乘機蜂擁渡河向赤石逃竄，是役我軍獲槍二十一支，斃匪五六百，俘匪百餘。

1. 李（宗仁）、白（崇禧）策划剿匪事，湘南连日激战匪窜临武，1934 年 11 月 22 日第 2 版

（第二版） 中華民國二十三年 綏

入桂匪受創回竄湘邊

湘南殘匪全被擊潰

湘粵桂軍已確實會合不難一鼓蕩平

贛閩分設區司令官

【長沙二十八日電】殘匪一部經道縣入桂在全縣受重創復回竄，追剿各軍與桂軍取得聯絡，分路圍剿，不難一鼓肅清。

【中央社長沙二十八日電】衡訊，我軍各部將通縣臨武藍山各處共匪，完全擊潰，業與粵軍會合，向匪猛剿，斃匪無數。（廣）

【中央社南昌二十八日電】殘匪竄至黃柏塘，王耀武旅命所部進剿，於昨（二十七日）晚佔領黃柏塘，匪部反攻，激戰數小時，卒不得逞，計斃死僞獨立營長各一，斃匪四百，俘匪五十，及槍械甚多。

【廣州二十八日電】湖南共匪，自知無力堅守藍山等處，有（二十五日）乃直撲永州，擬取道桂邊界之全州，而竄入黔省，幸全州駐南路軍頗衆，早有預防，迎頭痛擊，共匪頓即潰散，死傷不少，殘衆向道州與寧遠方面退竄。廣州市黨部昨晚發起各團體代表會議，討論派員慰勞南路軍事，議決組織慰勞團，於十二月一日出發分赴東北兩陣線向前敵將士慰勞。

【中央社南昌二十八日電】行營發表顧祝同蔣鼎文為贛閩綏靖主任，主任下設區司令官，閩劃分四區衛立煌李延年王敬久劉和鼎分任區司令官。（廣）

2. 入桂匪受创回窜湘边，湘南残匪全被击溃，湘粤桂军已确实会合不难一鼓荡平，赣闽分设区司令官，1934 年 11 月 29 日第 2 版

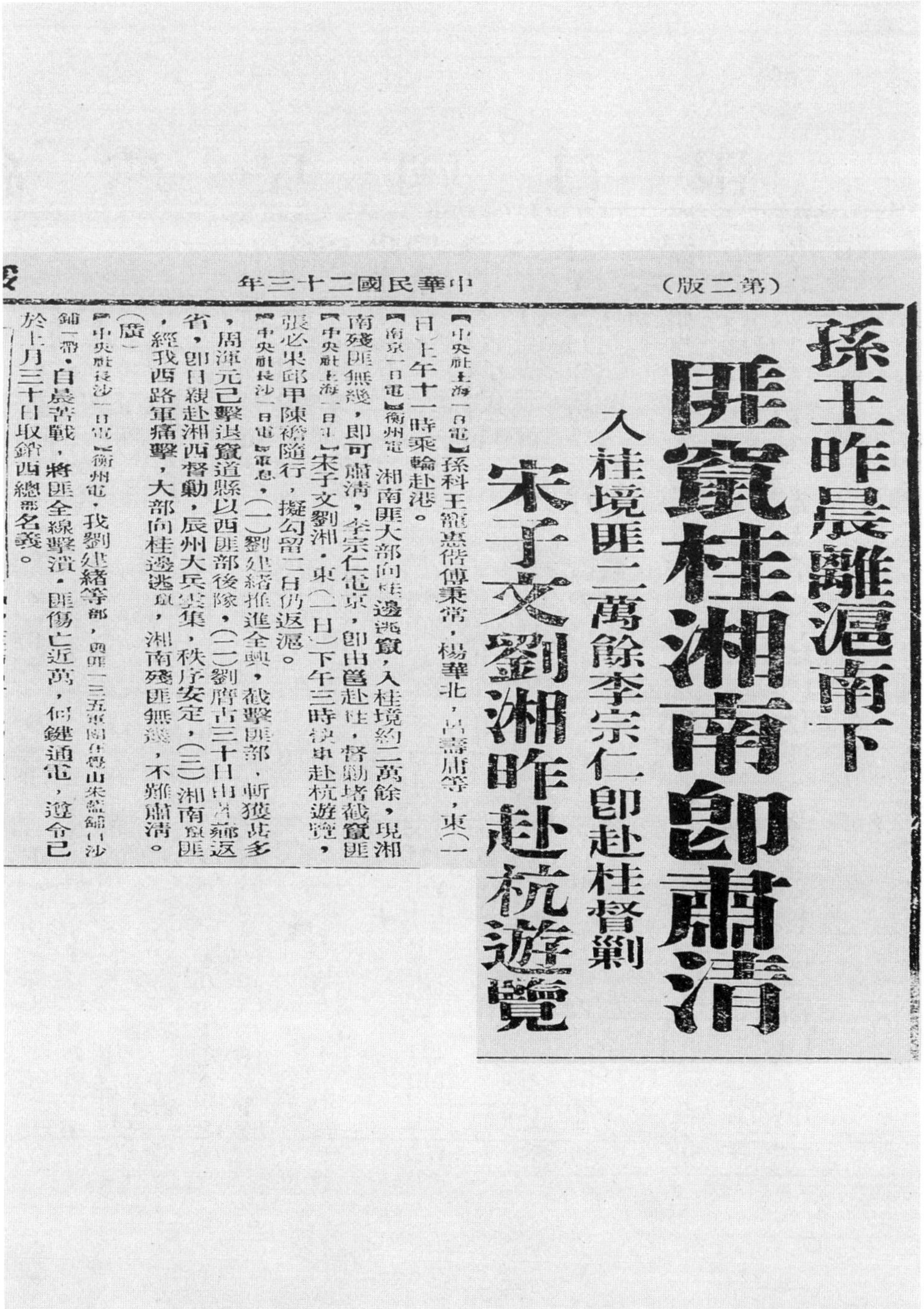

（第二版）　中華民國二十三年

孫王昨晨離滬南下

匪竄桂湘南即肅清

入桂境匪二萬餘李宗仁即赴桂督剿

宋子文劉湘昨赴杭遊覽

【中央社上海一日電】孫科王寵惠偕傅秉常，楊華北，呂壽康等，東（一日）上午十一時乘輪赴港。

【南京一日電】衡州電　湘南匪大部向桂邊逃竄，入桂境約二萬餘，現湘南殘匪無幾，即可肅清，李宗仁電京，即由邕赴桂，督勦堵截竄匪

【中央社上海一日電】宋子文劉湘，東（一日）下午三時快車赴杭遊覽，張必果邱甲陳務隨行，擬勾留二日仍返滬。

【中央社長沙一日電】軍息，（一）劉建緒推進全興，截擊匪部，斬獲甚多，周渾元已擊退竄道縣以西匪部後隊，（二）劉膺古三十日由沅陵返省，即日親赴湘西督勦，辰州大兵雲集，秩序安定，（三）湘南竄匪，經我西路軍痛擊，大部向桂邊逃竄，湘南殘匪無幾，不難肅清。（廣）

【中央社長沙一日電】衡州電，我劉建緒等部，與匪一三五軍團在興山朱蓋鋪（沙鋪）一帶，自晨苦戰，將匪全線擊潰，匪傷亡近萬，何鍵通電，遵令已於上月三十日取銷西總部名義。

3. 孙（科）、王（宠惠）昨晨离沪南下，匪窜桂湘南即肃清，入桂境匪二万余李宗仁即赴桂督剿，宋子文、刘湘昨赴杭游览，1934 年 12 月 2 日第 2 版

綏遠民國日報

桂邊匪共已潰

粵中止派師入桂

【香港二日電】省訊，白崇禧艷（二十九）由平樂返桂林，謁李宗仁商剿匪事，日內擬赴前方督師，李宗仁亦擬出發龍虎關視察，白崇禧艷（二十九）晚電粵告捷，謂艷（二十九）午永安關之役，五蘇兩師，協殲殘匪，斃匪尤多，俘六百餘，繳獲步槍八百餘枝，輕重機槍二十餘挺，章匪已竄出石塘，趨道縣，與周渾元部聯絡堵剿，

【香港二日電】省訊：白崇禧二十九日電粵報告，桂邊共匪，已被擊散，匪衆死傷甚夥，刻仍飭所部追剿，

【香港二十九日電】粵前擬派兩師入桂，協助桂軍清剿共匪，現因匪已潰敗，故暫時中止出發，僅警戒小北江一帶，

【中央社衡陽三十日電】李宗仁電何健速請派師至全州堵截贛匪，王家烈日內由貴陽赴前方佈置防堵，其先行出發所有軍隊，全由王直接指揮，前設之總部已撤銷，

【中央社南昌二日電】興國克復後，西鄉尚有殘匪，經駐軍清剿，在荷溪生擒僞主席一名，獲軍用品甚多，又在樓梯底破獲僞政府三處，俘僞主席秘書袁刊合作社長等四名，各匪首均已伏法，又寧都後備隊進剿茅店一帶殘匪，擊斃僞主席一名，救出肉票三人。

4. 桂边“匪共”已溃，粤中止派师入桂，1934 年 12 月 3 日第 2 版

桂邊勦匪獲空前大捷

殘匪受致命打擊

匪死傷近萬已無力西竄不難殲滅

李白即出發前方督師

【長沙二日電】入桂殘匪，企圖經全州西竄，現齊集桂邊，尚未渡越湘水，我軍湘桂各部，已切實聯絡，沿湘桂線佈防堵截，陷（三十日）日周王部與匪激戰，將匪完全擊潰，傷匪近萬，繳槍六千餘枝，為勦匪以來未有之大捷，為殘匪致命之打擊，經此一役，匪西竄企圖，決難得逞，殲滅不成問題。

【中央社長沙二日電】全州三十日電據報，本日我軍周王各部與偽第一五軍團在全南湘水東岸，一帶激戰，將匪完全擊潰，是役匪傷亡近萬，共繳獲槍六千餘枝，機槍迫砲四十餘挺，為勦匪以來未有之大捷，殘匪竄走，正尾追中，又東（一日）電稱，本日下午二時在全州以南之咸水石渡，與桂軍在石塘墟，將匪約五團之衆包圍，匪無力抵抗，正繳械中，又章師長亮基三十日電稱，在全州偷渡之匪約二萬餘，自經我軍迎頭痛擊後，經板橋鋪狼狽潰竄，二十九日我派出之追勦部隊，又在途中大敗將該匪痛擊，斃匪千餘，匪偽團長蔡長沚長先後陣亡數人，實力損失甚鉅，已無戰鬥能力，不難一鼓根殲，（二）何鍵昨派劉膺古為勦匪軍追勦預備軍縱隊司令，即日移駐某處。

5. 桂边剿匪获空前大捷，残匪受致命打击，匪死伤近万已无力西窜不难歼灭，李（宗仁）、白（崇禧）即出发前方督师，1934 年 12 月 3 日第 2 版

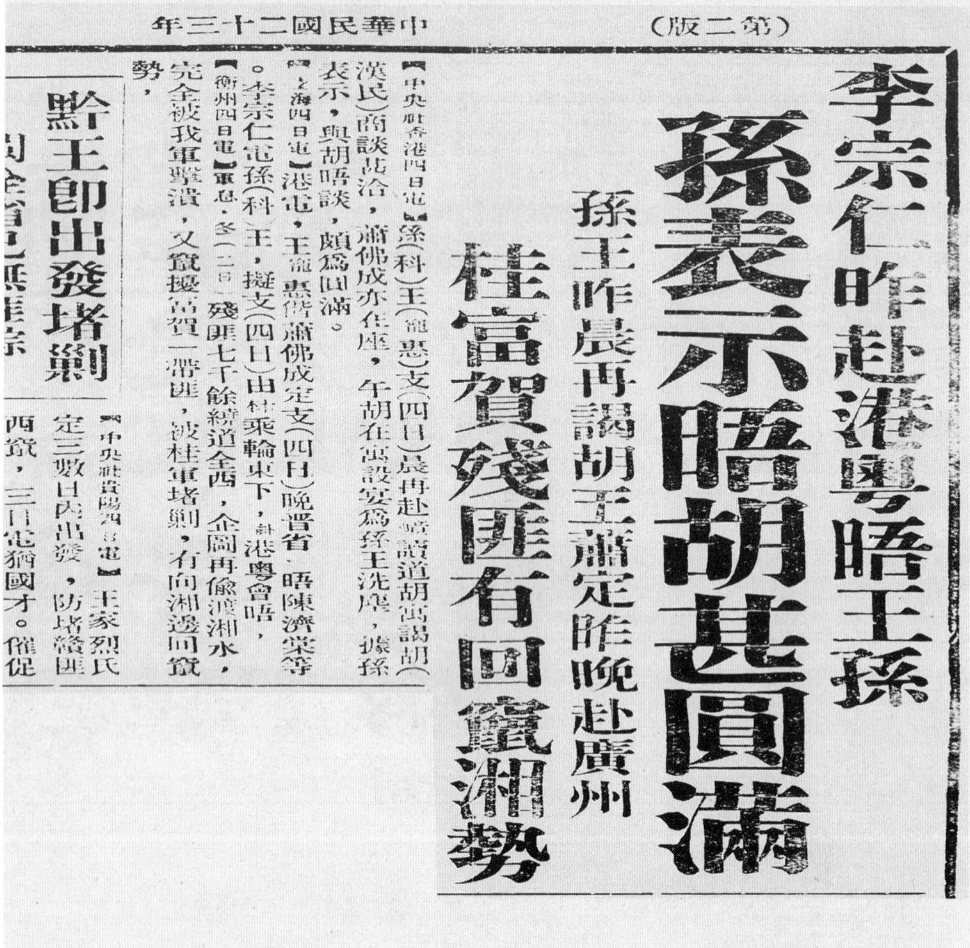

(第二版)　中華民國二十三年

李宗仁昨赴港粵晤王孫

孫表示晤胡甚圓滿

孫王昨晨再謁胡王蕭定昨晚赴廣州

桂富賀殘匪有回竄湘勢

【中央社香港四日電】孫(科)王(寵惠)支(四日)晨再赴[illegible]道胡寓謁胡(漢民)商談甚洽，蕭佛成亦在座，午胡在寓設宴為孫王洗塵，據孫表示，與胡晤談，頗為圓滿。【上海四日電】港電，王寵惠偕蕭佛成定支(四日)晚晋省，晤陳濟棠等。李宗仁電孫(科)王，擬支(四日)由桂乘輪東下，赴港粵會晤，【衡州四日電】軍息，冬(二日)殘匪七千餘繞道全西，企圖再偷渡湘水，完全被我軍擊潰，又竄擾富賀一帶匪，被桂軍堵剿，有向湘邊回竄勢，

黔王即出發堵剿

【中央社貴陽四日電】王家烈氏定三數日內出發，防堵竄匪西竄，三日電猶國才。催促

6. 李宗仁昨赴港粤晤王（宠惠）、孙（科），孙表示晤胡（汉民）甚圆满，孙、王昨晨再谒胡，王、萧（佛成）定昨晚赴广州，桂富（川）、贺（县）残匪有回窜湘势，1934 年 12 月 5 日第 2 版（残）

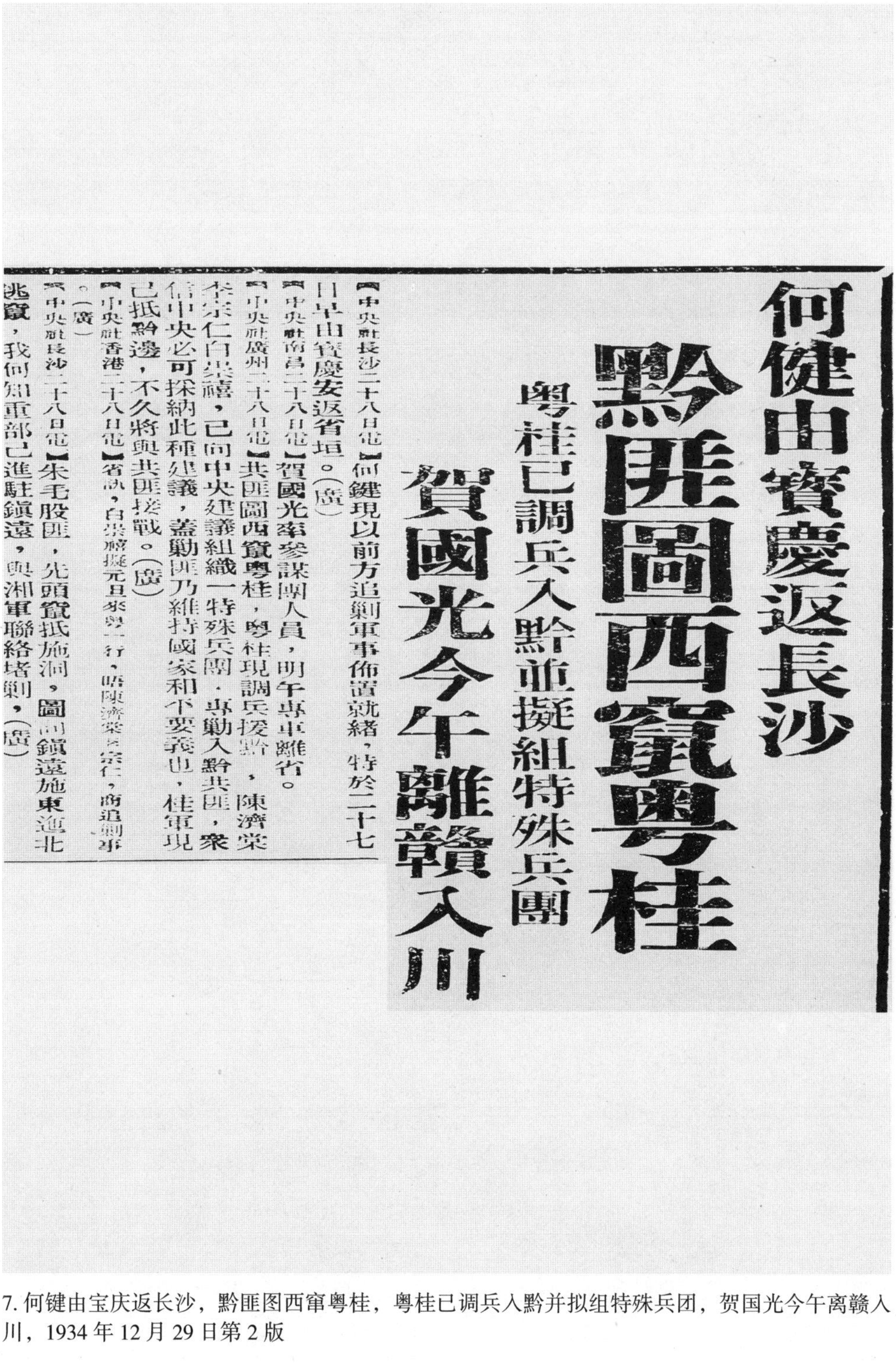
何健由寶慶返長沙

黔匪圖西竄粵桂

粵桂已調兵入黔並擬組特殊兵團

賀國光今午離贛入川

【中央社長沙二十八日電】何鍵現以前方追剿軍事佈置就緒，特於二十七日早由寶慶安返省垣。（廣）

【中央社南昌二十八日電】賀國光率參謀團人員，明午專車離省。

【中央社廣州二十八日電】共匪圖西竄粵桂，粵桂現調兵援黔，陳濟棠李宗仁白崇禧，已向中央建議組織一特殊兵團，專剿入黔共匪，衆信中央必可採納此種建議，蓋剿匪乃維持國家和平要義也，桂軍現已抵黔邊，不久將與共匪接戰。（廣）

【中央社香港二十八日電】省訊，白崇禧擬元旦來粵一行，晤陳濟棠李宗仁，商追剿事。（廣）

【中央社長沙二十八日電】朱毛股匪，先頭竄抵施洞，圖向鎮遠施秉進北逃竄，我何知重部已進駐鎮遠，與湘軍聯絡堵剿，（廣）

7. 何键由宝庆返长沙，黔匪图西窜粤桂，粤桂已调兵入黔并拟组特殊兵团，贺国光今午离赣入川，1934 年 12 月 29 日第 2 版

中央周报

蕭匪竄擾桂邊湘桂軍協剿中

據長沙三十一日電：湘省保安隊第五區司令部三十日電省，略稱：頃據湘南報告：（甲）蕭匪因竄零陵企圖西渡不逞，被擊敗走陽明山，麕集山谷中，我軍擊斃匪衆數十。（乙）二十九日該匪復化整爲零，有一股竄向嘉禾藍山臨武境方面竄擾之勢，我軍正跟蹤追剿，沿途斃匪甚衆，匪極狼狽。（丙）粵軍大部已分兩路出動，向臨武進發，匪已進退維谷。（丁）我軍布滿於零陵，祁陽，新田，桂縣，道縣，常寧，永興各縣，已成包圍之勢，不難一鼓剿滅等語。又長沙一日電：道縣三十日電稱：頃據探報：蕭匪已竄至藍山，嘉禾，甯遠，新田之間，企圖有二，甲、竄走道縣，由蔣家嶺出桂境灌陽。乙、由江華永明出龍虎關。我湘桂軍正聯絡堵截中。又長沙三日電：據報：蕭克匪部現已由甯遠道縣竄抵桂境全縣之文魚，桂軍周祖晃師，湘軍王東原章亮基各師，刻已切取聯絡，督同民團大舉進剿。又廣州三日電：赤匪蕭克殘部竄湘南，經粵軍獨立第三師協同桂湘軍團剿後，殘部潰竄，現一集團爲徹底肅清計，除派隊搜索外，並調第一飛機隊每日到宜章，藍山等處轟炸。又長沙三日電：劉建緒電告，蕭匪克向江華永明竄逃，湘桂兩軍首尾截擊，即可殲滅。又何鍵三日亥電京稱：蕭匪因我軍不斷追擊，渡江不成，退入陽明山，復迂迴於藍山嘉禾江華道縣全縣永明之間，但從未進犯縣城。現其主力竄至桂邊之黃沙河文市一帶，我十五十六兩師連日在雾東之水汾坳，白泥坳，桐子坪，瀨江嶺，白還市，石家洞等處，與匪接觸，頗有斬獲。刻正協同桂軍於全州東安新甯一帶堵剿中。又三日未電稱：蕭匪有企圖竄擾湘黔川邊區之模樣，刻正令各部分途追剿，並電桂軍，派隊協同堵截中。又香港四日電：桂師長周祖晃二日電李宗仁報告：職部□□□團二日晨七時在湘道州蔣家嶺，與蕭克匪五千餘遭遇，激戰四小時，匪不支，向沙田南竄　斃匪八百餘，正追擊中。

1. 萧匪窜扰桂边，湘桂军协剿中，1934 年 9 月 10 日第 327 期

。又十五日何鍵電京報告，蕭匪竄岩寨後，十三日申刻經黃桑坪向綏城附近突竄，正與我龍保安團接觸激戰，適李代司令率主力趕到，當經痛擊。該匪轉經黃桑坪向臨口逃竄，李代司令督率部隊，以跑步超越匪之先頭，趕到臨口下鄉之線截擊。十三日下午，匪被我劉建文團在小水擊潰，即向於木寨竄走。我李代司令率部仍繞道向匪截擊，廖軍所率四團，十四日晨由舟口繼續跟追中，何鍵删。又長沙十七日電：據洪江十五日電：蕭匪一部十四日竄抵靖縣通道間之應木橋，企圖進犯靖縣城。經黔軍周芳仁旅舉團，會同湘軍蒲龍李各團奮勇堵勦，將匪擊退。除一部有竄黃山模樣外，餘皆散竄，刻正圍勦中。又據同日新甯電：蕭匪已竄抵綏寧，通道縣境，李覺進駐長舖市督勦，胡達晏國濤兩旅長，率部經新甯縣向綏寧進勦。又長沙十八日電：蕭匪經我軍追勦，現由通道紛向湘黔邊境之牙屯堡雙江口一帶逃潰，湘桂兩軍決定入黔追勦，何鍵昨已派員赴黔，担任聯絡，接洽一切勦匪軍事。又長沙十九日電：成鐵俠旅收復通道，蕭匪克全部出湘。

2. 湘黔桂军堵剿萧匪，1934 年 9 月 24 日第 329 期（残）

湘桂兩軍協剿蕭匪

長沙通訊：蕭克匪部自被我軍迭次痛剿後，現已狼狽不堪。殘餘匪共不滿二千，現經我軍跟追窮剿，匪已入我重圍，不日即將肅清。茲將我軍追截情形，爰誌於後：

匪竄經過

蕭克匪部竄入湘南後，以避戰西竄爲目的，擬在永(州)祁(陽)間渡過湘河西竄，因我軍沿河防守周密，不能偷渡。乃於上月二十四日，由永州菱角塘轉頭南竄，繞過永州，經新田，嘉禾，寧遠，藍山，復西竄道縣，渡過瀟水，而入廣西全州地界之黃沙河，文市，企圖由湘桂邊境西向急竄。現我桂湘兩省軍團，已密切聯絡，分途堵追。

防止情形

蕭匪經我軍分途追截及包圍以後，西竄固不可能，故殲滅亦將在即。昨當局爲鞏固地方起見，特擬訂軍民合作辦法五項：(一)各團隊義勇隊無論兵力大小，應以大部不分晝夜，四出活動，協同地方軍民搜匪捕匪截匪阻匪，使匪不能活動，不可呆守碉堡之內，坐聽散匪橫行。(二)無論附近目下有無匪警，各縣長均應督同團隊民衆，固守城鎮，不得疏誤。(三)各縣區鄉鎮保甲團義各長官，均應設法組織化裝遊擊隊，偵探隊，通訊隊，編成有系統之活動搜索，通訊網密佈全境。即由縣長團隊長統一指揮，隨時報告。(四)關於各縣匪情之電報，得由電報局照軍電記賬，不得拒絕收發。(五)電報電話線，由縣長督同所在地方保甲團甲長負責守護，隨時考察修理，並分令各軍團切實施行以資防堵。

湘桂會剿

蕭匪殘部因被我軍痛剿失利，殘餘匪共因力不支，紛向寧遠道縣邊境逃竄，但因我軍佈置周密，現有南竄江華永明模樣。但匪心渙散，狼狽不堪，已呈瓦解之象，向我軍團投誠者極多。我王東原師跟蹤緊追，將匪痛剿。章亮基師，已過新田堵匪東竄，現桂軍周師張蘇陳各團已到達目的地，堵匪南竄，餘部正在出動。周師長已由全州進駐道縣指揮。然逃匪受創甚鉅，逃亡頗衆，匪部因以竄走更急，昨已向廣

27—226

3. 湘桂两军协剿萧匪，1934 年 9 月 28 日第 328 期（3–1）

西興安縣境渡河西竄，大抵已達羊角山蓮花塘一帶，現我湘桂兩軍已切取聯絡勢，而匪已入我重圍，刻正大舉進剿，務期一鼓殲滅云。

何鍵報告

長沙通訊：此次蕭克匪部，因在贛西不能立足，企圖另謀根據地，以求苟延殘喘，乃突圍而竄湘南。擬由湘南一帶，再竄湘西，入黔川，與賀龍匪部會合。殊西路軍自聞該匪突圍而出以後，乃調重兵，分別集中寶，武，郴，衡，截匪去路，蕭匪入川之線，遂被打斷，其原定計劃，無法實現。乃由新田折回，沿嘉禾，藍山，向桂邊竄去。上月二十四日，渡過瀟水，竄到全州黃沙河，文村等地。嗣因桂軍周祖晃師，出發協助湘軍夾擊，匪部竄走更急。於本月三日，到廣西興安縣境，渡河復向西竄。刻下湘桂兩軍，正採取大包圍形勢，即日向匪總攻，務期將該匪全部殲滅，以靖地方，而安人民。至此次蕭匪突圍而出之原因，及軍隊圍剿情形，外間尚多不明眞相，爰將西路軍總司令何鍵之報告，誌之如次，俾明蕭匪突圍之前後情況也（以下何鍵報告）：蕭匪因在湘西迭受巨創，而國軍又圍剿急迫，不能存在，故率全部匪衆約六千人，槍三千餘枝，竄入湘境。最初由汝城，資興，經郴州而到桂陽，企圖渡過湘水，竄入川黔。我國軍除第□□，□□，兩師，由贛跟追之外，本人（何鍵自稱）並調有許多軍團，沿湘水一帶防堵，匪不得逞，遂竄往陽明山。繼而仍欲在祁陽，永州，之間渡河，因防堵甚嚴，未能偷渡。又竄回陽明山，意欲在山稍事停頓，再圖突竄。查陽明山，地勢險峻，匪剛竄入，則滅較易。故我□□，□□師，毫不停息，急上山窮追，使其無喘息機會，匪因之不能在山停留，又折而南竄，預備仍回老巢。適粵軍已開抵宜章，而郴州方面，我軍又加調重兵駐守，匪見難以竄過。乃於二十七日，向新田以南之土橋圩，三十日早，竄抵藍山之南坑圩，勢有竄入廣東連州，星子之模樣。因知此處地勢，竄入之後，不易竄出，故匪又於三十一日，折竄九井渡，州背，過沱水而竄道縣，因瀟水，沱水，均可徒涉，故匪衆竟得竄過道縣。匪乃急遽由高明橋，沙田，向廣西竄去。嗣又竄抵全州，文村，現由文村，又竄入廣西興安縣境。查蕭匪自竄湘以來，我□□□□師，始終跟追，時東時西，時左時右，追逐數千里。因爲匪衆只圖急竄，故僅在永州之東分水坳，白泥坳，劉子坪，石家洞等處，稍有接觸，雖均有所斬獲，其沿途擲械投誠者，亦不乏人，但從未遇其主力，予以重大打擊。因爲匪部，大都是在較優的地勢，以很少的匪部據守，佯與國軍接觸，其實完全是使大部份匪的主力，可以乘機急遁，藉以遲緩國軍的追程。現在□□，□□師，即可追到廣西境地，並令長沙警備司令胡達，率部由東安，開到□□□協剿。這是最近蕭匪竄與國軍追剿的大概情形。蕭匪此次竄湘，路經數千里，時越念餘日，而迄未予匪的主力以重大打擊。其中原因，爲匪部完全避實就虛，決不與我接觸，如水之傾瀉，遇阻即又回流。故我軍迄未能兜擊其主力。剿匪不是專憑軍隊一部份力量所能做到，全體民衆，要一致動員，才能澈底肅清。專靠軍隊去打流匪，縱銅筋鐵骨，亦將疲於奔命，希望大家民衆，完成防禦工事，才有辦法云云。（九月六日）

又長沙八日電：據報：蕭匪竄入廣西全州興安間，仍圖西竄，湘桂兩軍，刻正大舉圍剿。黔王家烈亦派黎平駐軍，開入廣西之江龍勝等處，聯絡會剿。又何鍵八日電京：報告蕭克匪部竄抵

27—227

3. 湘桂两军协剿萧匪，1934 年 9 月 28 日第 328 期（3–2）

中央週報　第三二八期　一週大事彙述

廣西文市附近，被我十六師及桂軍周師夾擊，頃退至西延油榨坪一帶，現派保安司令李覺，督隊圍剿。又長沙九日電：劉建緒四日電省略稱：蕭匪自三日經我章師及桂軍周師擊潰於廣西之文市後，當夜竄興安之界首附近，仍向西北急竄。我章師現仍協同桂軍繼續進剿，王師已抵某地，肅清散匪，現由代保安司令李覺，指揮各部，正向某地堵截中。又長沙十日電：零陵六日電稱：蕭匪經過道縣偷渡，竄入桂省灌陽全縣間。桂軍由龍泪進剿，湘軍同時跟擊，當遇匪於距龍泪二十里地方接觸，激戰終日，斃匪四百餘名，奪獲槍枝三百餘桿，軍用品甚多。匪受重創，狼狽已極，現在我湘桂軍團包圍中。又香港十日電：李宗仁接葉琪電：白崇禧定十一日由邕啓程赴柳，轉往桂林，視察湘桂邊防務。又周祖晃八日電：蕭匪七日撲攻灌陽，號稱兩師團，人槍五千餘。職師佈防文市，與匪激戰，斃匪百餘，俘三百餘，繳槍百餘支。

3. 湘桂两军协剿萧匪，1934 年 9 月 28 日第 328 期（3–3）

竄湘殘匪
聚殲在即

（一）殘匪由贛竄湘經過——據十一月十九日長沙通信：朱德，毛澤東率殘匪西竄，查該匪由贛南閩粵邊侵入湘南汝城，宜章之後，一部占據郴，宜間之良田，一部占據汝，郴間之文明司。情勢嚴重，湘南一帶，當時頗受震動，幸中央軍與西路軍調動布置，均甚敏速。何鍵受蔣委員長任爲追剿總司令後，即赴衡州就職督剿，前線官兵氣勢一壯。自十四日起至十六日，連日激戰於湘南宜，汝之線。第十五師王東原部收復良田，萬會橋。第六十二師陶廣部，旋亦收復文明司。匪知大軍雲集郴州，衡州，遂不復作直下郴，衡之想，乃由宜，汝折向臨武，而至粵邊所屬之土橋，鷓鴣坪一帶。其計劃在欲繞臨武，新田，進竄祁陽，零陵（按零陵即永州）渡過湘水，侵及廣西邊界，而經黔境

28

4. 窜湘残匪聚歼在即，1934 年 12 月 3 日第 339 期（3–1）

，以達四川。目前宜章縣城已由王東原師於十六日午進駐，辦理善後，郴州乃比較安全。此後國軍之注意點，將移至祁陽，零陵之間，北路軍薛岳所部刻已集中衡州，或將由衡開往祁陽佈防。同時桂軍某部亦抵永州附近，協同截剿，期阻該匪竄過祁，永，由蕭克西竄之舊路入黔轉川。又何鍵親到衡州督師進剿後，一面令王東原師由宜章向臨武方面尾追，一面以大軍佈防于祁，永，扼守湘水以東，毋使渡過，以便圍殲。同時通令湘南各縣，鞏固後方治安。令文略云：查現值贛匪傾巢西竄，本部奉令負指揮追剿之責，進駐衡陽，所有湘東各縣後方治安，以及防衛工作，隨時警戒，均屬非常重要，前經指示緊急警戒辦法五項，以東電通行在案，近日湘南接近粵贛邊境，匪竄情勢，益趨嚴重，關於設備各種事項，亟應擇要督促實現，鞏固後防，特舉數端，限期趕辦：（一）各縣無論已否辦理自治，均須即日依照保甲制度，編組保甲，清查戶口，編製門牌，辦理聯絡。（二）劃共義勇隊須加緊訓練，支配工作，並另編童子隊，壯婦隊，尊長隊，分別擔任勤務。（三）督飭義勇隊于扼要處所守崗放哨，封鎖匪區物資，防止匪徒混入。製發運輸憑證，及人民通行路單，實施檢查。（四）趕速于扼要處所多築碉堡，並整理交通路道，完成電話網。（五）嚴密偵緝反動份子，防止乘機煽惑，搖動人心。以上各項，統於文到兩星期內辦理完善，詳報衡陽本部，以憑查核云。又廿六日漢口通信：近月以來，贛，閩，皖，豫，鄂，五省剿匪軍事，同有長足進展。殘匪失去聯絡，不敢與官軍抗衡，乃決以川省為尾閭，紛紛西竄。湘南各縣，首當其衝，形勢初頗嚴重，迨何鍵受任追剿總司令，出發衡州督剿以後，殘匪迭受重創，遂漸緩和。頃據確實消息：偽一三五軍團，現在道縣甯遠之間，自二十日起，至二十五日，與官軍晝夜鏖戰，以官軍力厚，加以空軍威脅，匪卒不支。所有衡永附近要地，如梧溪洞，四眼橋，下茶園，洪觀圩，土橋圩，三眼頭，下灌各處，均被官軍先後收復。擊斃之匪，屍如山積。粵東李漢魂師，聞已行至臨武，實行入湘會剿。在此各軍雲集之際，贛匪雖悍，當難繼續西進。湘西賀龍蕭克兩匪，由永順竄桑植大庸邊境，企圖入鄂，被鄂軍堵截，再思竄川，又被川軍擊退。近改變方向，竄至辰州邊境。何鍵已令劉膺古部，負責圍剿，川鄂兩軍亦嚴密佈防。又衡州二十四日電：追剿軍分五路截擊，經發表各路司令如下：第一路劉建緒，第二路薛岳，第三路周渾元，第四路李雲杰，第五路李韞珩。又李雲杰師二十日午將洪觀圩，土橋圩，北高山偽三軍團四五兩師頑抗之匪擊潰，佔領土橋圩，三眼頭，向洪觀圩進擊。二十一日午佔領洪觀圩，偽一軍亦加入作戰，午後戰鬥甚烈，俘匪一三五八九軍團均有。

（二）湘桂邊境連日激戰——何鍵廿五日電京云：（一）竄踞洪觀圩楠木圩一帶之偽三軍團全部，經我李雲杰部痛擊，斃匪甚多，匪向寧遠方面潰竄，復與我周縱隊所部接觸，於拐溪洞天堂圩一帶激戰，我軍頗為得利。（二）據王東原二十三日電稱：職師二十三日辰刻追匪至回村蓬家，遇偽五軍團全部，當令張旅前擊，自巳至午，連奪數山，匪愈戰愈衆，偽一軍團與我陳旅沿下灌至寧遠大道左側高地，雙方衝擊，戰事異常猛烈。後偽軍續增至萬餘，幾經肉搏，我官兵沉着應戰，以機槍手溜彈痛擊，現在尚相持於兩百米之間。右翼之匪，經我張旅長督部猛力衝潰，追距下灌里許之寶塔山東北端，復停止反抗，即就現地對峙徹夜。計本日斃匪千餘，繳槍數百，等語，特聞。又訊：何鍵派張纛先二十六日下午乘飛機到京，向蔣報告追剿情況。何有兩徑（二十五

4. 窜湘残匪聚歼在即，1934 年 12 月 3 日第 339 期（3–2）

日）電到京報告前方情形，略謂：寧遠之匪於二十三日擊潰，曾在該縣天堂圩與周渾元李雲杰王東原等部激戰，我軍斃匪二三千，獲槍千餘支。（二）據報，寧遠之匪正向四眼橋竄走，一部在後掩護，龍虎關尚無匪踪。（三）匪主力在道縣壽佛寺之線。一部在道縣北王母橋附近，一部向永明北之上江圩附近行進。又衡州二十六日電：二十五日午空軍二隊飛往道縣，江華，永明一帶偵察。在江華之上江，高橋附近村落發現匪部，當投彈，並用機槍掃射，匪多死傷。匪主力四五萬，在道縣壽佛寺之線。一部萬餘人，在道縣北王母橋附近。繞竄龍虎關附近之匪約萬餘人，向永明北之上江圩附近行進。匪後隊萬餘人，連日在寧遠西南之把截大界一帶，與我三，四路軍節節抗戰。匪被擊斃不少，逃散亦衆，我軍獲槍千餘。另電：寧遠之匪於二十三日擊潰，在該縣天堂墟與某某等部激戰。我軍擊斃匪二三千，並獲槍千餘支，我軍亦略有傷亡。周渾元部二十四日晨向道縣大道攻擊，匪利用梧溪洞五六里長之隘道，節節抗戰。蕭師由右翼繞出其後，匪始不支，向把截河以西潰退，沿河西岸頑抗，我軍大部追擊，因水深天晚，隔河對峙。是役斃匪甚衆，我軍亦略有傷亡。

（三）粵桂軍迭次克要地——據十一月廿七日香港電：湘軍二十六日克下灌，俘匪千餘，獲槍七八百，匪向甯遠西南山中潰竄。粵李漢魂，葉肇，兩師二十六日收復江華與富川，與桂軍韋雲淞師取得聯絡，準備向永明道縣挺進。另電：王遜志談：接邕電：韋雲淞師二十二日將偽一九軍團擊潰，匪又擾恭城，灌陽，全州，龍虎關，永安關，淸水關等處。二十三日至二十五日先後被王贊斌，周祖晃，覃連芳，黃鎮國，等師擊退，李宗仁已回邕云。另電：粵教導一師二十七日克永明，與桂王贊斌師取得聯絡。

又二十七日南昌電：某機關接十三師來電：殘匪退道縣後，沿河扼守。二十六日拂曉，我軍由下游白馬渡渡河，匪在有里亭韓村一帶頑抗。我官兵猛衝，匪不支潰退，遂於三時半完全克復道縣。又二十八日長沙電：匪大部竄集全州，道縣間。我周渾元等部克復道縣，強迫渡河進追。劉建緒部在全州，黃沙河截擊。白崇禧督部在灌陽截擊，已將龍虎關之匪擊潰。匪部仍沿蕭克路線，向興安西延竄去。又二十九日長沙電：劉建緒電告已率部進駐全州，督剿竄匪。另電：匪大隊到全縣文村迄永安關之線。劉建緒二十七日率□□等師，向路板鋪蔣村側擊，斃匪甚衆，並炸燬文市匪架浮橋，正相持中。匪先頭二千餘，二十七渡過大榕江趨西延，向西北急竄。

4. 窜湘残匪聚歼在即，1934 年 12 月 3 日第 339 期（3–3）

桂邊殘匪被湘桂軍重重包圍

自贛匪西竄湘南，國軍節節追剿，赤匪受創甚巨。現在殘匪大部竄抵桂邊全州興安灌陽之間，被湘桂軍重重包圍中。上月底湘桂軍在鹹水，麻子渡，及新墟等地斃主力三千餘人。本月初又在全州以南之石塘圩一帶將匪五團包圍繳械。湘軍爲防匪突圍循蕭匪故道再行西竄起見，已在東安，新寧，城步，武岡，綏甯，通道，會同一帶層層佈防，匪縱欲西竄，勢亦有所不能矣。茲彙誌本週軍要消息如左：

匪在桂邊被圍繳械

衡州三十日電：(一)劉建緒所部二十八日在全州興安間硯塘鋪擊潰匪之一部，斬獲頗多。二十九日在路板鋪與大股匪軍遭遇，激戰竟日，斬獲不少，刻已進達鹹水附近，將企圖西竄之匪橫截，正激戰中。(二)薛岳所部已在某地集結，即向湘西截擊。周渾元，李雲杰兩部已達某某線，李韞珩所部正向某地續進，日內當有大戰。又長沙三十日電：衡州二十七日亥刻電稱：本晨有匪便衣隊約二千餘人到石塘圩，大部仍在文市蔣家嶺間。又匪約萬餘人甲文市向灌陽竄走，前竄王母渡之匪已向壽佛圩移動，其一部二十六日晨在五里牌附近與唐保安團頑抗，經該團衝擊，斬獲甚多。王東原，李雲杰兩部尾匪追擊，已渡沱河西進。李韞珩所部本日由下灌向前推進。又二十八日永安關至文村一帶斃匪無數。又長沙一日電：據全州一日電稱：一日下午二時，湘軍在全州以南之麻石渡與桂軍在石塘墟將匪約五團之衆包圍，匪無力抵抗，正繳械中。又章亮基三十日電稱：在全州偷渡之匪約二萬餘，被我軍迎頭痛擊後，經板橋鋪狼狽潰竄。二十九日晨我派出之追剿部隊又在大嶺將該匪痛挫，斃匪近千餘，傷匪無算，奪獲亦衆。匪僞團長，營長，連長先後陣亡數名，實力損失甚鉅，已無戰鬥能力，不難一鼓根殲。又長沙三日電：據報：劉建緒所部各師三十日在全縣西南之覺山大捷後，□師長率補充各團星夜踹追。一日抵鹹水，麻子渡，與匪激戰，斃匪二千餘，獲槍千餘支。又麻子渡與石塘圩之間有匪四五千，我軍與桂軍正在圍剿。匪一股由麻子渡界首等處渡過離水，向西北逃竄，文市，界首間尚有匪大部，企圖逃竄，我軍正截剿中。又在全縣南大肚嶺，白沙之匪一部一日經□師□旅擊潰，頗多斬獲。我空軍三十日在麻子渡，南石渡，馬鞍山，蓬塘及文市至石塘圩，大嶺背各發現匪數千。匪在山頭附近架游動浮橋四座及各縣南衕藕塘附近浮橋五座，均經空軍投彈炸毀。我□□兩軍追匪抵文市，俘斃匪後衛約千人，湘南已無股匪。我□師一日趕赴城步堵匪西竄。□師代旅長□□已派兵扼□□及□□等處，構築工事固守。又何鍵爲便利指揮起見，昨更定追剿軍軍隊區分。追剿總司令直轄追剿軍第一，第二兩兵團，預備兵團及湖南保安部所屬團隊，派劉建緒，薛岳分任第一，第二兵團總指揮。劉膺古任預備兵團指揮。又長沙四日電：衡州一日電，匪大部被我劉建緒部擊潰後，匪經鹹水向西延逃竄。我某某某師，已到新寧，我某某師取捷徑向西延跟擊，我某某部已開向新寧城步一帶堵剿。我某某某師二十九日經永安關前

5. 桂边残匪被湘桂军重重包围，1934 年 12 月 10 日第 340 期（4–1）

進，在楊家灣高明橋永安關，節節擊潰股匪千餘，沿途俘斃匪各數百，獲槍八十餘枝。三十日中佔領文市，現已過石頭嶺蓮花塘西進中。我臨武團隊連日搜索竄散匪兵斃匪百餘，獲步槍四十餘枝，手機槍重機槍各一挺，俘匪數千。又長沙五日電：全州二日電稱：麻子渡鹹水一帶之匪，經我李覺章亮基何平各部痛剿，共斃匪確在一萬以上，匪僞前敵指揮及僞參謀長，均先後陣亡。又衡州同日電稱：我第二路各師，已由東安向武崗推進。我第三路周渾元部，二日過麻子渡經鹹水尾匪猛追中。我第四路李王兩部，已過車水嶺，取捷徑向綏甯進。我第五路李韞珩部一日抵零陵。我第一路劉司令建緒率所部於二日晨出發，向新甯前進。我李師長覺率各部由白沙尾匪追剿，我代旅長建文率所部二日開赴梅溪口界牌一帶堵截。我陶廣師已將大肚岑白沙之匪擊潰，斬獲甚多，一日抵寨圩，二日向梅溪口西延車田地區分途堵截。我章亮基師主力，取捷徑直趨西岩坊附近堵剿。我陳光中師一日在四版橋司營，二日達城步。又長沙六日電：何鍵派李覺與白崇禧會商圍殲西竄共匪周密計劃。匪大部已由西延北竄大埠頭，一部向龍勝方面分竄，我劉建緒部三日抵新甯。章亮基向西巖市前進。陶廣在大帽岑附近，擊潰匪五六百，俘匪獲槍各數十。李覺部與桂軍夏廖各部，向桂黔邊堵截，薛岳部由洪機向武岡急進，周渾元部已抵全州，向新寧挺進，王東原經全縣新寧武岡向洪江前進，李雲杰部集中長鋪子梅口待命，李韞珩部抵石期，匪在各部包圍中，決難漏網。陳渠珍電，我軍破匪於四喜河，湘鄂川軍夾擊賀匪，慈桃方面，已無匪踪，省府決定限期肅清郴宜兩縣散匪，劃郴宜爲特區，以歐冠爲主任。又長沙七日電：殘匪大部分向兩渡橋城步竄走，劉建緒六日抵武剛，李部猛攻桂邊殘匪，予重創，損失極重，連日俘虜達三千餘。蕭賀匪部，向永順回竄，已達馬谷口，現我軍向匪總攻。

匪之實力及其行動

據上月廿九日長沙通信：此次贛匪全部竄入湘南，因我大軍到處堵截，匪已受創甚鉅。據二十六日飛機報告：匪大部已過道縣之西江道間祥霖鋪大盤舖附近，大有循蕭匪故道，突破全州興安西竄之勢。其最前兩部，左方二十三日午到桂境灌陽屬龍虎關附近，與桂軍接觸，右方先頭亦抵桂境全州屬文市附近，在寧遠道縣一帶，與周渾元李雲杰王東原等部迭經激戰。追剿總司令何鍵，爲防匪突圍，由桂境再竄湘境起見，已于東安，新寧，城步，武岡，綏寧，通道，會同一帶節節佈防，加築碉堡工事，如匪到來，則予痛擊，匪欲西竄，殊非易易。至匪之實力及其行動與其番號，大略如次：

匪之實力　（甲）匪一軍團人數八千餘人，步馬槍五千餘枝，手槍及自動步槍二百餘枝，機槍百五十挺，梭標一千八百桿，步兵砲六門，平射砲四門。（乙）匪三軍團人數九千餘，步馬槍五千餘枝，手槍及自動步槍七十餘枝，機槍八十挺，梭標一千桿，山砲二門，迫擊砲六門。（丙）匪五軍團人數六千餘，步馬槍三千五百枝，機槍五十挺。（丁）匪八軍團人數六千，步馬槍三千枝，機槍二三十挺。（戊）匪九軍團人數二千六七百，步馬槍三千餘枝，機槍十餘挺，其他尚有教導師幹部團，瑞金司令部獨立營，總衛生部，政治部，保衛局，勤務部等，人數未詳。

匪之行動　（一）僞三五八九等軍團共槍約二萬餘枝，前於竄至汝城境內會合後，又分兩路西竄。至宜良之線，又稍停頓。旋復分三路西竄，其僞中央各機關，似由其南北兩路之中間地區行

5. 桂边残匪被湘桂军重重包围，1934 年 12 月 10 日第 340 期（4–2）

進。（二）偽一三兩軍團及偽八軍團之大部，相繼取道延壽文明赤石，至良田後，其偽一軍團大部與偽三軍團由宜章西進，其餘仍由桂陽南境及嘉禾寧遠西竄，是為匪北路。更於其北另派右側衛。（三）偽九軍團及偽八軍團之一部在右路之左側方稍后行進，由城口，沙木洞，經茶料蔚，蘭關，塘村圩，坪石，宜章，梅田，臨武，蘭山西竄，是為匪南路。（四）偽中央各機關及傷病兵等無戰鬥能力部隊，隨偽五軍團及偽一軍團殘部掩護行進，經由宜臨兩偽隊中央行進，可認為偽中央隊。（五）現在匪軍除沿途遺留有少數槍匪，交由次等匪首率領，收容落伍匪兵，併作擴大擾亂外，其大股現已完全到達甯遠以南，江華道縣以東地區中。

匪之番號　據俘匪供稱：（一）股匪西竄，一三軍團任先鋒，五八九軍團及偽中央各政治機關教導師等隨後。（二）偽軍番號令字如下：五軍團（長安）：政治部（長沙），保衛局（長城），勤務部（長汀），衛生部（長壽），十三師師部（永安），三十七團（永豐），三十八團（永樂），三十九團（永新），三十四師部（吉安），一百團（吉水），百零一團（吉祥），百零二團（吉利），九軍團，（四川），教導師（博生），共三團幹部團，一係紅校改編，偽中央機關（紅章），總衛生部（紅星）。（三）匪之識別旂如下：軍團長方形，上紅下白，師亦長方形，上黃下白，團方形，上黃下紅，燈號與各識別旂同。

李宗仁通電報勝利

南甯三十日公電：（銜略）均鑒：共匪盤踞贛閩，荼毒七年。自五次圍剿以來，節節潰敗，仍企匪西竄，另造赤區，乃令偽軍長蕭克率匪萬餘作西竄之前鋒，偵察途徑，取道湘桂邊境。本軍經派廖軍長磊率領七軍，協同湘黔友軍追剿，沿桂湘黔邊境山地深入黔省東北地區，轉戰月餘，幸將該匪主力消滅，剩餘匪衆不及千人，槍械僅存數百枝。方冀一鼓盪平，以絕後患，適遇贛匪主力又復傾巢西竄，桂省毗連湘粵方面，五嶺綿亘，逾七百餘里，防線太寬，兵力單薄。除遵委座電令一面集中十五軍全部于全（州）桂（林）方面，協同民團從事佈防外，並檄調第七軍兼程回桂，參加堵截，功虧一簣，遺恨實深。第七軍十月十六日回抵桂林，適共匪主力已進至湘南甯遠藍山之線，復奉委座電令，以追剿各軍偏在西北，須防主匪避實就虛，南繞富（川）賀（縣）西竄，更難剿辦等因。同時以兵力不足，若處處佈防，必處處薄弱，遂一面分兵協同民團守備湘桂江沿岸及邊境之既設堡壘。同時集中兩軍主力位置於龍虎恭城一帶地區，相機策應富賀及興（安）全（州）兩方，冀以機動作戰，捕捉匪之主力，一舉將其擊破。乃匪自抵寧遠後，以偽一九兩軍團由江華永明方面分擾富賀邊境，龍虎關雖經我軍數日力戰，將其擊潰，而其主力亦於斯時經道縣突破我灌陽北方之四關，經全州南方之文市西竄。我軍除仍以一部繼續防剿江華永明方面之匪外，即將十五軍全部及第七軍一部迅速轉調于興安，灌陽以北蘇江，新墟，鹹水，界首之線，向匪側面攻擊。同時與進入全州附近之湘軍協同兩方夾擊，冀乘全州以西山地阻塞之利，於全州南方地區將匪殲滅。感（二十七）日以來，我十五軍主力在文市南方與偽三五軍團全部及八軍團之一部接觸。彭匪德懷親身督戰，甚為激烈。以新墟一地，彼此肉搏數次，得而復失者再，雙方死傷過千，而與全方面沿湘水西岸佈防長逾二百里，我軍僅有一師，協同民團堵截，感日以來，當面之匪愈戰愈多，感晚被匪四處突破。目下在興安北方之伏華舖，深布坪之線與敵對峙。現我第七軍主力已於豔（二十九日）加入

5. 桂边残匪被湘桂军重重包围，1934年12月10日第340期（4–3）

中央週報　第三四〇期　一週大事彙述

文市南方戰線，今日拂曉由文市西方之古嶺頭，激塘墟方面突破敵綫，攔腰截擊，擒斬赤匪二千餘，獲槍一千二百餘枝，彭匪僅以身免，本軍官兵亦傷亡五百餘人，正向界首方面追擊中。前據我聯絡飛機報告，全州附近之湘軍今晨已開始向南運動，計程本日下午可達鹹水界首之線，迎頭痛擊，今明兩日可望將匪之主力擊潰也。謹電略陳。李宗仁叩卅。

5. 桂边残匪被湘桂军重重包围，1934 年 12 月 10 日第 340 期（4–4）

剿匪近訊

西竄殘匪，自經湘桂軍在桂北全州興安一帶，包圍痛擊，殲滅大半，主力喪失殆盡，所餘殘匪現復竄抵桂境龍勝以北，及湘境城步，綏寧，通道以南一帶地區，湘桂軍正在聯絡追擊，黔軍亦在協力堵剿。當不難於最短期內一鼓蕩平之也。茲彙誌各項消息如次：

桂北殘匪圖竄湘西

(一)匪沿桂北續向西竄——據十二月五日長沙通信：此次竄湘大股赣匪，經西路軍總司令何鍵，督率湘軍暨周渾元，薛岳等部，截擊於瀟水東西兩岸，軍匪雙方戰爭激烈，因之匪部在湘境以內，傷亡損失亦多。何氏坐鎮衡陽，苦心籌劃，頗著

成績。惟匪之裹脅既衆，如游魚之入大江，欲求一網打盡，而事實上殊不可能，故匪乃卒得由湘南而入桂邊之全州，興安，初竄踞全興間路板舖，蔴子塘，石塘圩，鹹水一帶。旋經湘軍劉建緒部，迭次痛剿，傷斃匪卒近萬，獲槍五六千枝，俘匪三千餘名，爲追剿該匪以來之第一次大勝。其餘殘匪，竄入大榕江以東，主力集結於西延一帶，意圖由西延，榕江，而入黔之黎平，錦屏，以擾川省邊界及湘西各地，俾得與蕭(克)賀(龍)會合，增其勢焰。此事湘省當局，已特別注意防範，調赴湘西兵力，計有徐源泉部及郭汝棟師羅啓疆旅，會同原駐湘西之陳渠珍部，不下十師之衆。郭師羅旅，均到達常德。徐源泉之張萬信師，亦抵津澧。陳渠珍部集中辰州者有萬餘人，集中古文者亦有八九千。佈防極爲周密。至大榕江方面之匪，又經湘軍李覺，章亮基等師，會同李雲杰，王東原各部，將大榕江東岸肅清，刻已向西延追剿，該匪無路可逃時，勢必入黔。聞黔王(家烈)亦陳重兵於黎平，錦屏，一帶，以阻匪蹤。目前此間因赣匪已出湘境，湘南前線剿匪消息，頗爲沉寂，注重之點，今後已移視線於湘西矣。又同日廣州通訊：竄桂北股匪朱德彭德懷林彪董季堂各股，當抵文市時，勢甚披猖。經桂軍集重兵，分由新圩古嶺頭等處出擊，文市石塘諸役，予匪以重創後，匪無心戀戰，衝過全州興安之線，循西延出湘西，另分派一股，沿全州南下，窺山蠶界首，牽制桂軍由桂林腰擊，以掩護匪衆過西延入湘西。自本月二日起，陸續將咸水以西露塘羅江之線次第佔據，大股則循向梅溪逃竄。桂軍副總司令白崇禧爲指揮各軍追剿計，業於二日下午三時，由平樂出發興安，指示各軍追匪機宜。同時爲協助黔軍堵擊起見，除派桂第十五軍跟蹤向匪追擊外，并派第七軍繞道入黔，協助黔軍，鞏固邊防。

28—510

6. 剿匪近讯，1934 年 12 月 17 日第 341 期（5–1）

此間接白電稱：略謂（一）石塘圩麻子渡及伏華鋪各地之匪，自經我軍昨（一日）下午四時將其擊潰後，即全線開始追擊，今晨以來陸續掃蕩戰場，開進咸水西方露塘之線，匪紛向通梅溪口各道路逃竄。禧於本（二日）日下午三時轉來興安，處理以後追剿事宜。（二）此次與我軍戰鬥之匪，確係偽一三五軍團主力，數逾二萬。其餘諸匪，於艶（二十九）日起，陸續由咸水通梅溪口道及車田通龍勝江道方面逃竄。綜合各種情報，判斷匪至少尚有五六萬人。（三）本軍現除以十五軍跟蹤追剿外，并以第七軍繞道桂黔邊境，協同友軍堵截。（四）此次與匪在興全邊境內戰鬥五日，總共斃匪千餘名，俘虜二千餘名，投誠者有原屬李明瑞之桂籍匪五百餘名，繳械五千二百桿。再者，俘匪除本省籍者擬留桂或遣他處外，其餘二千餘名，各省皆有，但以江西湖南為多，且有各級官長在內，應否解送中央，抑交芸兄，（按即何鍵）聽候電示，崇禧冬（二）戌印云云。昨又接電稱：桂軍第七及十五軍全部，三日在界首與匪軍一三等軍團接觸，匪且戰且退，勢將不支。又長沙十日電：殘匪被湘軍痛擊，在朱蘭鋪鹹水附近節節潰退，尚有槍匪千餘，赤俄四名，無線電一架，逃匿山中，已被包圍，即可成擒。陶廣師在西延以南山地及小洞天門等處擊潰股匪，斃匪千餘名，獲槍百餘枝，現正向城步追剿中。匪大部仍在司門前龍勝以北深山中，劉建緒由武岡赴城步督剿。另電：何鍵十日在紀念週席上報告剿匪經過情形謂：贛匪入湘南時，號稱十萬，經迭次截擊，所餘尚有五六萬，未能完全將其殲滅，不無遺憾。殘匪現竄抵桂境龍勝以北，及湘境城步，綏寧，通道以南一帶地區，我湘桂大軍正在聯絡追剿，並電黔省派軍堵截。一面組織民衆，實行堅壁清野，使匪無所掠奪，不攻自滅。湘南方面散匪尚多，已令李師長覺積極督率所部從事搜剿，並辦理清鄉善後，以安閭閻。又長沙十一日電：軍息，匪主力尚在龍勝東北越城嶺金坑一帶，一部由距城步三十里之江沙洲，向長安營方面西竄。東山猺附近遺留殘匪千餘，向四關回竄，我軍正分別堵追，不難殲滅。我軍十一日在城步西南橫水寨以下大山，發現匪二三千人，擊斃甚多。追剿總部十一日由衡州開寶慶。又長沙十二日電：靖縣電稱：匪先頭一部十日由桂邊龍勝竄通道東南之牙屯堡，及綏甯通道間之青蕪洲一帶。其在城步之匪企圖向長安營西竄。劉建緒部章亮基師，八日到達梅口待命。陳光中師抵綏寧城。劉建文所部奉令經丹口向西堵截。薛岳部八日到達洞口武岡青草灣一帶。惠支隊到達武岡附近，已向洪江前進。周渾元率部八日抵新甯城，即向武岡續進。我王東原師七日抵新甯城蒔家灣之線。又十三日長沙電：匪大部竄集通道，尾部尚在湘綏甯桂龍勝間。劉建緒進駐□□。薛岳在□□追堵。王家烈親率□□團在□□指揮堵截。匪後隊竄經城步蒞洞時，被劉建文旅截斃甚衆。又四關永明間殘匪千餘，經成鐵俠旅擊散，俘數百，即可殲滅。桂李白派張義純來謁何，聯絡剿匪。

（二）湘桂各軍佈置堵勦——據十二月六日長沙通訊：竄湘贛匪，現已越過湘江，循蕭克舊路，竄往桂邊西延，情形極狼狽，經我軍分途追剿，復由西延之北，竄大埠頭附近一帶深山中，一部向龍勝方面分竄。劉總指揮建緒，率各部，於四日到達新寧附近。章亮基師，經市板橋，新寧，向□□前進中。陶廣師則在□□附近，準備側擊。李覺師長，率□□□□兩部，及章亮基師杜道周旅，陶廣師陳旅，於三日到達全州。白崇禧原駐樂安，龍虎關一帶，指揮督剿，現因李覺已抵全州，何鍵飭李與白氏會商湘桂進剿計劃，業已晤面，已有具體辦法，毋使該匪漏網，故白崇

28—511

6. 剿匪近讯，1934 年 12 月 17 日第 341 期（5–2）

隴巳派夏威全部，担任追擊部隊。廖磊全部，附廣西民團一部分，由龍勝出口口向湘黔邊境堵截。薛總指揮岳，統率口口兩師，於四日抵白沙附近宿營，即向口口續進。口師陶廣部，由祁陽洪橋，取捷徑向口口急進中。周司令渾元部，抵全州以後，先頭部隊，正向口口前進。王司令東原部，經全州，出新寧，武岡，向口口前進。李雲杰部，由新甯集中口口待命。李司令韞珩部，集結口口地方，集命開拔。此爲湘桂兩軍最近追剿之佈置經過也。查該匪大股，現巳急向口口竄進中。現各軍均努力圍剿，不難一鼓撲滅。

(三)蕭賀股匪被擊西竄——據十二月五日長沙訊：目前賀龍，蕭克，兩股，雖侵入永順，桑植，見軍隊雲集，不敢再進慈，庸。數日之前，常德本有風聲鶴唳之不甯氣象，居民紛紛遷避。旋郭汝棟，羅啓疆，兩部，開到常城，秩序爲之大定，常德可保無他危險。當局欲以劉膺古統率湘西各軍，指揮督剿，已發表劉氏爲剿匪軍追剿預備軍縱隊司令職。而劉（膺古）以湘西駐軍複雜，難負重責，親至衡州謁何辭職，何以其情詞懇切，已准所請，並通電取消該項預備軍縱隊名義。今後湘西剿匪之統制全局者，或將屬於徐源泉。又六日長沙訊：湘西方面，常德，桃源，現已安於磐石。蕭克，賀龍，前次進佔永順，桑植之後，復據谿口，幸軍隊推進甚速，始保無恙，谿口亦經收復，人心遂定。匪部現正向老鴉口一帶竄走。徐源泉總司令，由沙市趕到常城，與軍事當局接洽堵剿事宜。並抽調該部周旅進駐津市，澧州。又加派羅啓疆部．星夜馳抵湘西。於必要時，徐總司令將親率所部口口師至常。總計湘西前方部隊，連同陳渠珍師，兵力頗厚，蕭賀兩股，以形勢觀察，決難作進犯常德之夢想云。又長沙九日電：常德電稱：常澧各縣防務，自羅啓疆旅部隊到達布防後，民心安定，防地鞏固。桃源沅陵連日開到口口部隊，軍團雲集，安謐如常。賀蕭匪股，悉竄桑植大庸永順及鄂邊一帶，情形極爲狼狽，刻我口口部正會同口口部向匪地進勦。又十日長沙電：竄擾黃石之蕭賀殘匪，被朱樹勳部擊潰，斃匪三十餘，獲槍二十餘枝。羅啓疆旅巳抵常德。另電：追剿總部定十一日由衡移駐寶慶督剿。又據報賀匪大部尚在大庸，蕭匪主力仍在城西之丁安塘一帶。又十一日長沙電：蕭賀匪七日二次犯辰州，戰事極烈。適顧旅由古文進至距辰城三十里之處，匪恐遭夾擊，趁大霧中潰走，我軍分兩路向長安山尾追，羅啓疆旅巳推進桃源。又十三日長沙電：蕭賀兩匪經辰桃軍團夾擊，受創甚重，又回竄大庸。又長沙十一日電：

（一）新編三十四師長陳渠珍八日由鳳凰電省略稱：蕭賀殘匪由庸邊四都坪馬潼水向辰州直犯，七日午後與我戴周各部在東門外接觸．經我守兵沉着應戰，激戰至夜半，該匪衝鋒五次，均被擊退。八日拂曉，匪復分三路衝鋒，戰鬥極烈，匪因傷亡甚重，迄未得逞，乃乘大霧全部潰退。我顧旅長巳率部由古文進至距辰州城三十里之烏宿，分兩路向長安山尾匪追擊中。又同日朱團長樹勳由桃源電呈來省，略稱：竄黃石之匪，在大庸附近經職部擊潰，殘匪竄向沅陵境果河洲，龍石溪，旋折竄大庸西溪坪，現正聯絡友軍進勦中。又羅啓疆旅八日到桃源，縣境安謐。

(四)白崇禧電告剿匪勝利——白崇禧電京報告桂軍勦匪勝利，原電云：（銜略）（一）據夏軍長魚（六日）酉電稱：昨（五）日進剿千家寺，與職隊抗戰之匪爲偽五軍團董政堂部，匪軍左側衞第十三師。董匪與偽政委朱瑞，昨夜八時正，在千家寺晚餐，適我梁團衝進，該匪等落荒而逃。常夜職軍佔領千家寺，斃匪百餘名，獲槍五六十枝，重機槍一挺，馬數十匹。據匪供：[illegible]匪

28—512

6. 剿匪近讯，1934 年 12 月 17 日第 341 期（5–3）

殘部，自經新圩石塘圩被擊潰，僞三五兩軍團，已不能作戰。匪軍見我放槍即逃，每連戰鬥兵，僅有二十餘名，子彈非常缺乏。董率殘部，已向北竄走，殘部現分途追剿等語。（二）逃入灌陽大源寶髻馬頭山一帶猺山地區之匪，經我王師，協同民團進剿後，俘虜五百人，現剩千餘人，後竄至貓兒園，現正在包圍解決中。（三）綜合情況，西竄之匪，現尚在與安龍勝境內，青靛底千家寺之線以西。千家寺丁洞之線以東地區，山高路窄，依地形判斷，殘匪現存人數不多。自在灌北被痛擊慘敗，狼狽逃竄，聞我槍聲即逃，甚至我軍一排，俘匪繳槍，常以百數計。匪之戰鬥力，實已全失，現留一師及民團，搜勦殘匪，白崇禧叩虞（七）戌行參。

何鍵電告追剿湘南竄匪經過

據七日長沙通信：湘南方面剿匪任務，現已告一段落，朱（德）毛（澤東）兩匪部刻下有由桂邊龍勝，竄湘城步之勢，我總指揮劉建緒，業率部馳抵□□，即日指揮向桂邊殘匪猛攻，又派重兵扼守要隘，故該匪見我軍防務鞏固，竄擾無計。追剿軍總司令何鍵，以湘南之匪，業竄桂邊，闖出湘西，定於即日移駐寶慶，以便指揮督剿，而收殲滅之功，特在移駐寶慶之前，將湘南半月以來，追剿各役情況，彙集電告各方，俾明眞實狀態。查此次贛匪竄經湘南，損失極重，匪部斃於戰剿之下者，當在三萬人以上，槍枝損失，爲數更多。現在我軍若聚匪於寶武而殲之，則大功告成矣。爰將何總司令原電，誌之如下：

（銜略）均鑒：敝部奉令追剿西竄股匪，未能完全達到殲匪於瀟水以東地區之任務，實深慚悚，謹將經過，摘陳察照。當該股匪初由贛南突圍，我李覺部尚追剿蕭匪。該股匪擾陷宜章，我陶廣師仍在汝城文明司與其一部激戰。我陳光中師防堵北竄，我薛周李李各部，始次第由贛西開拔入湘。僅有王章兩師，一位置於□□，一位置□□江防線。湘南地區遼闊，以我兩師兵力，兼顧追與剿二者，誠不自量。惟奉委座新命，義無反顧，元日奉電，寒日抵衡。一面以王師東原收復宜章，尾匪追擊，一面馳調周李李各部，取道嘉禾，藍山，向南側擊。一面調薛岳，李覺，陶廣，章亮基，陳光中各部，布防前線。除章王兩師外，皆屬星夜兼程，強行千里。本在匪後，而先匪到達。尤以薛周兩部，久戰道遠，勞苦更甚。所幸各部將士，莫不忠勇奮發，予匪重創。陶（廣）師汝城東崗嶺，勾刀坳各役，斃匪近千。文明司之役，斃匪六七百，獲槍百三十餘枝。王（東原）師良田，萬會橋之役，斃匪數百，獲槍百數十枝。樟樹橋之役，獲槍百餘枝。梅田，保和墟之役，俘匪百餘，獲槍百五十餘枝。下灌之役，斃匪千餘。李雲杰師，仙人橋，冷水鋪，土橋圩，洪觀圩，永業圩，下灌各役，斬共計擊斃匪衆二千餘，獲槍五百餘枝。周部，寧遠附近之役，斬匪數百。文市之役，斃匪數百，獲槍八十餘支。匪經過之各縣，團防，義勇隊，所俘獲之散匪散槍，已據電解報部者，如汝城，宜章，郴縣等，多則千餘，少亦數百。迨該股匪將抵桂邊，一部竄龍虎關，經桂軍痛擊，一面由道縣北竄王母橋，及西頭，東山猺等處。而其主力，則由蔣家嶺，出四關，步蕭（克）匪故轍，其先頭漾午已達文市。幸彼因顧慮桂軍堵截，未敢急進。梗日奉委座養酉電，准桂軍南移，敝部向南延伸，雖以時間兵力，難以辦到，但事機迫切，故立令劉司令建緒，率章亮基，李覺，陶廣，陳光中各師，趕赴全州，于感晚到達。劉司令建緒，急率所部，向鹹水，界首，猛力堵截。自感晚起，經儉，豔，等日，在寨

中央週報　第三四一期　一週大事彙述　一七

6. 剿匪近讯，1934年12月17日第341期（5-4）

圩，路板橋，沙子包，珠蘭舖，五里牌，覺山，一帶，連日激戰，匪死傷約六千餘，俘虜二千餘，奪獲步槍三千餘枝，機槍，迫砲，三四十門，殘匪乘夜向西潰竄。此半月來，剿匪經過之大概情形也。弟力薄任重，一簣功虧，總計各役，匪部實力，確已消滅三分之一。而殘部西竄，仍勞麾旌，惶愧之餘，惟有再督各部，遵照委座指示方略，爲第二步之圍剿。所有以後追剿情形，當隨時奉達，何鍵徽未衡叄機印云。

6. 剿匪近讯，1934 年 12 月 17 日第 341 期（5–5）

一週大事彙述

湘桂黔軍聯絡圍剿竄黔殘匪

西竄殘匪由桂北復竄湘境一節，詳情業誌前報。在匪未回竄湘境以前，湘西國軍早有周密佈防，至匪竄抵通道一帶時，各路國軍即迎頭與以痛擊，匪遂全線崩潰，紛紛竄入黔境，初則竄據永從，錦屏，黎平一帶，繼復偷渡清江，圖沿蕭匪舊道北竄。唯湘桂軍隊均已追入黔境，協助黔軍圍剿。匪入重圍，決難再向北竄也。茲將本週剿匪消息彙誌如次：

國軍雲集湘西追剿殘匪

據十二月八日長沙通信：流竄湘南之匪，經我大軍追剿，節節敗走，本可聚殲於湘桂交界之灕水以東一帶地區，乃桂軍方面於匪到達全州興安附近之時，以七百餘里之五嶺綿亘，防線太寬，兵力單薄為詞，將全州、興安，灌陽各地之師，撤抵桂林，匪乃乘機渡過灕水，而竄西延，到龍勝，出湘西之城步。湘西總指揮劉建緒雖率部追到全州，興安，卒因孤軍深入，前無堵截之師，致令功虧一簣。目前匪部已將及城步一帶，今後湘省剿匪重心，已移寶(慶)武(岡)，湘西將成剿匪重要區域。何鍵即由衡州移駐寶慶，以便督剿，並已擇定該地之特商公所為行營。所有前站人員，大部抵寶。第一兵團總指揮劉建緒，率補充三，四，五團，進駐武岡。湘南前線各師，分途向城步，綏甯各地追擊，連日均獲勝利。現所顧慮者，即朱毛兩股竄抵城步之後，或再北竄，與現在湘西永順，桑植，大庸之蕭賀會合，則其勢陡增，蔓延更甚。雖匪對湘軍之窮追猛攻，實深畏怖，故有『四川雖好，湖南難關』之謠。六七兩日，風傳桃源失守。以形勢論，蕭賀兩股匪既侵及大庸，慈利，而桃源與慈庸密邇，原為旦夕危急之地。實則桃源駐軍，防絕甚嚴，桃源失守消息，殊非事實。陳渠珍近亦鑒於湘西形勢日非，本人勢力將受影響，決於八日由鳳凰出發，取道古丈與王村之線，親赴前敵督率指揮。此外薛岳部亦急遽開湘西，以增厚兵力。總計郭汝棟，羅啓疆等部，大軍之雲集湘西方面者，約在三四十團以上。而何鍵親自坐鎮寶慶，劉建緒督戰武岡，雖朱毛兩股有會合蕭賀之可能，我軍前有堵截之師，後有追擊之部，四面八方，布防森嚴，『湖南難關』，殆將實驗乎？

殘匪大部潰竄黔邊

(一)未竄黔境以前情形——據長沙十四日電：寶慶十二日電：匪十日起已竄抵青蘸洲牙屯堡通道城步一帶地區，有轉新廠馬路口竄貴州錦屏模樣。我第一兵團陳光中師十日抵靖縣，先頭已抵靖縣通道間之濁安橋拖堵。陶廣章亮基兩師九日均到綏寧，續向西進。王東原師十三日抵長鋪子，李雲杰師隨後跟進。李韞珩師由武岡大道向綏靖續進。第二兵團吳奇偉所部已抵洪江，並令梁師進駐，會同韓歐兩師推進黔陽江西街一帶，堵匪北竄，兼向黔東截擊。周渾元所部已抵武岡，續向洪江前進。劉建緒率部推進綏寧，向通道堵截，同時並向西急進中。劉建文部在城步以南之蓬洞，擊破匪一部，斬獲極衆。又桂林十三日公電：此次西竄之匪號稱十萬，但綜合接戰以來情報，實數不

中央週報　第三四二期　一週大事彙述　一

29—3

7. 湘桂黔军联络围剿窜黔残匪，1934 年 12 月 24 日第 342 期（3–1）

過五萬人，自經本軍在富賀濠全與龍送予痛擊，先後斃匪經掩埋者約三千餘。俘虜逾六千，獲槍四千餘枝，此外逃散落伍之匪及逃落民間槍枝，爲數仍不少，計算匪在桂境損失兵力當在萬餘。殘匪現分二路逃竄，大股竄至通道下鄉一帶。一部由廣南長安堡雙鞍口竄抵牙屯，已出桂境，我軍仍跟蹤追剿，第四集團軍總司令桂林行營參謀處元。又長沙十六日電：寶慶十四日電稱：匪萬餘十三日竄集通道以西之四鄉所，窺圍，新廠一帶，劉建緒即赴靖縣督剿。陳光中師已將岩門鋪倒水界之匪擊破，向通道追擊中，其一部向四鄉所追剿。陶廣師已將青蕪洲，章亮基師已將臨口下鄉之匪擊潰，各師均獲斃匪甚多。劉建文所部在岩寨，長安營等處，亦斃匪甚衆，俘營長以下百餘名。我軍十一日在長安營，車田擊斃散匪甚多。陳陶兩師十四日奉命分向新廠方面覓匪攻剿，王東原師及何平部開赴靖縣策應，薛岳已令吳奇偉率歐韓兩師十三日進駐黔陽待命。周渾元所部十五日可抵洪江。又匪一部由桂邊龍勝古宜竄入黔境永從。

(二)竄入黔境以後情形——據長沙十五日電；劉建緒追剿竄匪將抵黔邊，匪大部已竄入黔境永從一帶，竄新廠馬路口圖入錦屏。陳光中部追抵倒水界，將匪右翼擊破，斃匪甚衆，匪殘部向黔邊急竄，我軍尾追。黔軍何知重部已抵馬廠坪，堵匪流竄。何鍵十五日晨偕張余朱各廳長等赴平江視察防務及機場，晚返省。又長沙十六日電：據報：殘匪一部竄黔境永從，一部竄錦屏。(按永從在黎平西南六十八里，距桂邊二十里。錦屏在黎平東北一百四十里，距湘邊四十五里。)黔東形勢頗緊。王家烈派何知重師抵馬廠坪，向口口一帶堵剿。薛岳，吳奇偉兩師已抵洪江，截擊竄湘西上游一帶。湘邊長州縣城之匪，已全向大庸潰退，長州秩序恢復原狀。又南昌十七日電：軍息：黔軍周旋十五日拂曉向匪猛攻，已將黎平城克復，匪向老錦屏移動。又桂軍周師由古宜經下江向榕江前進，協助黔軍堵剿。又寶慶十七日電：據黔電，猶國才自關嶺晉省謁王家烈，商防堵共匪事。王分飭行營於遵義，鎮遠，所部在湘桂黔三省交界處布防。王令猶出兵三團協堵，須王猶會面後可開拔。又長沙十七日電：何鍵本日報告剿匪情形：略謂湘南赤匪已告肅清，匪衆已竄黔邊錦屏一帶，殘匪僅五萬餘人，糧食缺乏，疾疫不堪。刻我追剿軍分五路進剿，匪受重圍，決難竄川，不出二月將盡殲滅。又廣州十八日電：黔訊：王家烈已將剿共計劃佈置妥善，十三日出發貢安督師。猶國材部一二日可抵黎平，永從，侯之擔部集中貴陽，候命開拔。據桂空軍探悉：匪三五兩軍團十二日晚進竄龍勝，卽由黔桂軍迎擊，並用空軍轟炸，匪向湘邊潰退。又長沙十九日電：何鍵以此次西竄贛匪經我軍節節痛擊，所餘殘部業已盡竄黔邊，湘東南各地自須一律解嚴，回復原狀。所有以前集中之糧食，應卽分別發還，又以前臨時規定之封鎖辦法，亦將准予停止進行。昨特命令各縣長遵照辦理。

(三)湘軍克復通道經過——據長沙十七日電：湘軍陳，章，陶各師，進擊岩門鋪，倉水界，臨口，青蕪洲之匪，大獲全勝，斃匪千餘。俘匪數百，獲槍百餘枝，匪狼狽潰退。十四日各師齊向通道攻剿，與匪主力遭遇，發生激烈戰事，軍隊奮不顧身，猛烈攻擊，激戰半日，匪部全線總潰退。當場斃匪三千餘人，內多重要匪首。俘匪五百餘，獲槍三百餘枝，當於未刻完全收復通道縣城。匪損失奇重，精銳喪失殆盡，殘匪向新廠方面潰竄，湘軍正追剿中。又據前方十六日戌刻電稱：十五日某師追抵

29—4

7. 湘桂黔军联络围剿窜黔残匪，1934 年 12 月 24 日第 342 期（3–2）

新廠，與匪有激戰，某師亦趕到新廠附近，協同包圍殘匪，卽可全部解决。劉建緒進駐靖縣督剿。僞三十四師長陳樹香確被成鐵俠部生擒，因腹部受有重傷，解至中途斃命，已令拍照掩埋。又劉建文部在岩寨，長安營等處斃匪甚多，俘匪營長以下百餘名。另電：竄湘西通道，靖縣，綏甯，之匪，經劉建緒連日督部痛剿。陳光中師在通靖間倒水界一帶，斃匪數百，奪槍三百餘支。章亮基陶廣等師在通道城附近斃匪千餘，獲槍三百餘支，並俘匪六七百，十五日完全收復通道城。殘匪分竄黔邊老錦屏劍河，湘軍追入黔境，包圍剿擊。

（四）殘匪偷渡清江情形——據貴陽十九日電：赣匪竄入黔境後，由平略瑤光南家堡三處偷渡清水江，中央追剿部隊已到龍溪口，湘軍一部到廣平火擊。又貴州省政府主席兼第二十五軍軍長王家烈，十八日自貴州馬場坪軍次電京報告剿匪情况，原電云：據何副指揮知重巧（十八）晨電稱，匪一部約五六千人，删（十五）日在黎平，被我周旅擊退，遂向天柱青溪北竄，復被我五六兩團，迎頭擊斃匪甚衆。銑午匪分數股，向我南嘉堡瑤光等處猛攻，企圖強渡清江河，向劍河台拱方面，沿蕭匪舊道北竄，當與守河部隊激戰，匪部續到甚衆，并以機砲向我岸猛擊，江岸碉堡，多被擊毁，致被突破渡江等語。當飭杜旅長肇華率部尾追，并令李旅率部推進施洞劍河截堵。錦屏駐軍并督團隊扼守錦屏及清江河下流，周旅由黎平仍尾匪追剿云。

7. 湘桂黔军联络围剿窜黔残匪，1934 年 12 月 24 日第 342 期（3–3）

湘桂川軍入黔協剿

(一)黔軍佈置防務情形——據貴陽二十一日電：黔省剿匪後備總指揮侯之擔，以北防重要，特於二十一日由貴陽返遵義佈置烏江防堵工事，務使匪不能渡河，逝竄入川。又貴陽二十二日電：黔省剿匪總指揮猶國才今午偕剿匪督察專員路邦道潘少武由貴陽出發前方督部剿匪。又電：汪院長電王家烈，希激勵士氣，迅赴事機，早蕩匪氛。又上海二十一日電：猶國才十九日到貴陽晤王家烈，王將貴陽防務交猶後，已赴馬場坪前方督隊堵剿共匪。入黔之匪聞現在鎮遠以東。川軍或將有一部份入黔北助剿。王之夫人離省到桂，日內到滬暫住。

二

(二)湘桂川軍入黔協剿——據廣州二十一日電：桂軍組兩縱隊，入黔追剿逃匪。昨委第十五軍長夏威為第一縱隊司令，集中龍勝，相機前進。第七軍長廖磊為第二縱隊司令，由某地繞出溶江，協助黔軍防剿。又長沙二十三日電：何鍵以赣匪竄入黔境錦屏，黎平，永從以後，仍圖循蕭匪路線北竄，允宜規劃督剿，以期聚殲，二十三日上午八時特乘汽車赴寶慶指揮一切，當日正午即抵寶慶。又廣州二十四日電：桂追剿部隊已抵黎平，與黔軍取得聯絡。十五日匪六千人在黎平被黔軍痛擊，傷亡甚衆。十六日匪渡清江河，黔軍現在追擊中。又重慶二十五日電：劉湘迭奉蔣委員長電令，派兵入黔協助剿匪，劉令廖澤任援黔剿匪指揮官，統率該部及穆認中部共二旅，由川南開赴黔境湄潭一帶，沿烏江布防。又重慶二十四日電：赣殘匪竄黎平場，約五萬人。中央令川黔湘桂四省軍隊，三線包圍。湘守城步綏甯黔南，桂扼玉屏天柱台拱以南，為第一線。黔守天柱玉屏清溪思南遵義，為第二線。川推至沿河遵義，輔助扼守，為第三線。又長沙二十六日電：竄黔殘匪大部西竄施洞口，一部竄梁上岑松等處。我軍陳光中師，二十二日抵□□，向□□追剿，王東原師一部，二十二日抵錦屏，移遠口策應。李雲杰部二十三日經團河，會同前進。吳司令奇偉率所部，二十二日由芷江經使水玉屏清溪向□□前進。周司令渾元率某某各師經黔陽托口天柱瓦寨向□□前進，郭師向□□前進。

(三)匪大部已渡過清江——據上海二十五日電：入黔之匪自

29—56

8. 湘桂川军入黔协剿，1934 年 12 月 31 日第 343 期（2–1）

永從，黎平等處折而西北，達劍河，先頭渡清水江北趨，至黔東大道，大部仍在此一段道中，未與官軍接觸，似無竄貴陽意。據在滬靈通消息者談：因黔地曠人稀，人民聞匪警，咸裹粮入山，匪難得食，所受物資缺乏之打擊較軍事為深重。匪自避開東路銅仁等處之追擊軍，竄向黔北，企圖入川。黔北堵截最關緊要，入黔桂軍到榕江後未進。又訊：王家烈二十四日電京報告：匪一部由劍河竄革東（按革東在鎮遠東南九十里），匪大部三四萬人由中方橋，鰲魚嘴向劍河附近有繼續渡河模樣，已令各部扼要截擊。猶國材部因前方情況緊張，經安順，清鎮之線兼程開赴馬場坪待命。又長沙二十五日電：竄黔匪部主力自十九日起由南嘉堡等處分批渡河，其先頭十九日竄抵大小廣附近，瑤光有偽三軍團一部，人槍三千，掩護渡河。我第一兵團陳光中，王東原兩師分由新廟，藕團及廣平會同向黔境追剿，並堵匪回竄。第二兵團自二十二日起以吳奇偉所部由冕縣至玉屏，向鎮遠堵剿。周渾元所部由天柱向瓦寨，三穗追剿。又前由灌陽回竄永明，道縣一帶之偽三十四師，業經成鐵俠部及團隊分途剿滅。又由通道西南播揚所被我截擊回竄之偽五九軍團一部，人槍二千餘，亦經章師及劉旅痛擊殲滅。

（四）行營參謀團即入川——據南昌二十四日電：行營為對川剿匪作戰上監督指導計，特組參謀團，委第一廳長賀國光為主任。賀於前日返省，辦理調任各人員及處理行營事務，一週後赴漢轉川。該團副主任楊吉輝，第一處長王又康，副處長李為倫，第二處長劉依仁，副處長蕭霖，政訓處長康濟，總務處長柏良，處長以下人員由行營調用。又電：賀國光對記者談：川軍近覺非澈底服從中央指揮不能剿滅赤匪，委員長特組參謀團，前往代表發佈命令，擬年底啓程，在潯會合軍委會一部份人員赴漢入川。又漢口二十六日電：川軍分東西南北四路剿匪，士氣極旺。行營參謀團即入川主持。除賀國光為主任外，副主任為楊吉輝，一處長王又庸，二處長劉依仁，政訓處長康澤，總務處長柏良，聞已內定。即由賀率領偕川新省委鄧漢祥等過漢西上。又南昌二十六日電：蔣委員長電諭入川參謀團人員，務須抱定決心，不陞官不發財，及埋頭苦幹精神。如違背此種精神，決予最嚴厲之懲罰。倘努力奉行，待川匪肅清，當從優獎勵。另電：贛行營參謀團定二十八日離省赴潯，轉輪西上入川。

中央週報　第三四三期　　一週大事彙述

8. 湘桂川军入黔协剿，1934 年 12 月 31 日第 343 期（2-2）